상서학사

『상서』에 관한 2천여 년의 해석사

This book is a result of the translation license agreement between Zhonghua Book Company and Yemoonseowon Publishing Company. This book is translated into Korean from the original 《尚书学史》(shangshuxueshi) with financial support from the Chinese Fund for the Humanities and Social Sciences.
This book is about two thousands history of academic study on 尚书 the most authoritative Confucian scripture.

연구총서 44
상서학사 − 『상서』에 관한 2천여 년의 해석사

지은이   劉起釪
옮긴이   이은호
펴낸이   오정혜
펴낸곳   예문서원

편 집   김병훈
인쇄 및 제책 주) 상지사 P&B

초판 1쇄   2016년 12월 27일

주   소   서울시 성북구 안암동 4가 41-10 건양빌딩 4층
출판등록   1993년 1월 7일 (제307-2010-51호)
전화번호   925-5913~4 / 팩시밀리 929-2285
E-mail   yemoonsw@empas.com

ISBN 978-89-7646-364-7   93150

YEMOONSEOWON #4 Gun-yang B.D. 41-10 Anamdong 4-Ga, Seongbuk-Gu Seoul KOREA 136-074
Tel) 02-925-5913~4, Fax) 02-929-2285

값 70,000원

연구총서 44

상서학사

『상서』에 관한 2천여 년의 해석사

예문서원

이제 조금은 엉성하나마 『상서학사』 한 부를 독자들에게 선보이게
되었다. 『상서』는 중국 고대학술사의 중심인 경학사에 있어 중요 경전
가운데 하나인데, 이 책에서는 『상서』라는 사적史籍의 출현 및 유전遺傳에서
나타나는 얽히고설킨 변화의 대강을 대략적으로 풀어내었다. 그러나
이 과정에서 과도한 자료의 나열과 수많은 도서의 소개로 인해 상서학에
내재된 역사발전의 규율을 탐색하지 못했고 또 각 학파를 대표하는
것이 과연 무엇인지도 제대로 분석하지 못한 감이 있다. 그래서 혹 독자들
은 이것을 '사史'라고 할 수 있을지 의문스럽게 느낄 수도 있을 것이다.
만약 이와 같은 비판이 가해진다 하더라도 필자는 감사하고 겸허하게
받아들일 것이다. 부끄럽게도 필자는 과거의 전통적 역사편찬학歷史編纂學
의 영향을 받아 초보적인 사료史料 조사만을 알기 때문에 이렇게밖에
쓸 수가 없었다. 그러나 독자들이 이 책을 읽고 난 후 상서학과 관련하여
어느 정도 정리된 '사史'의 개념을 알 수 있게 될 것이라 믿었기 때문에
직접적으로 이렇게 『상서학사』라는 서명을 사용하게 되었다.

과거에 체계적으로 상서학의 변천을 서술한 것으로는 당대 육덕명陸德
明의 『경전석문經典釋文』과 청말 피석서皮錫瑞의 『경학역사經學歷史』가 대표적
이다. 그런데 『경전석문』은 위고문僞古文을 진짜로 여겨 기록에 오류가
많고, 『경학역사』는 『상서』에 대한 서술이 여타 경經들에 비해 상세하지
못하다. 이와 별개로 피석서는 『경학통론經學通論』에서도 『상서』의 내용
및 관련 문제를 논한 바 있지만, 상서학사에 관한 서술은 없다. 이들
외에도 각 조대 역사서 속의 「유림전儒林傳」·「예문지藝文志」·「경적지經籍志」

등에 해당 시대의 『상서』 관련 불완전한 기록들이 실려 있으며, 또한 『직재서록해제直齋書錄解題』, 『경의고經義考』, 『사고전서총목四庫全書總目』 같은 참고할 만한 후대의 서목書目들도 많다. 근래에 전기박錢基博(1887~1957)은 구문舊文으로부터 정수精髓를 모으고 간략하게 정리하여 각 경의 원류를 서술한 『경학통지經學通志』를 펴내었는데, 『상서』에 관한 서술이 18,000자에 달한다. 전인前人들의 연구 성과를 문적文籍에서 폭넓게 수집하고 있는 이 책은 독자들에게 상서학 발전에 관한 상세한 정보를 제공해 줄 수 있을 것으로 생각된다.

　필자는 1962년 봄에 북경北京으로 옮겨 와서 『상서』에 관한 고힐강 선생 만년의 연구와 정리 작업을 도왔고, 선생이 돌아가신 후에는 그 유지를 받들어 『상서교석역론尙書校釋譯論』의 저술에 착수하였다. 이 책은 선생의 『대고역증大誥譯證』을 표본으로 해서 연구의 영역을 『상서』 전체로 확장한 것으로, 일부 학자들의 견해에 따라 체제를 약간 수정하였으며 지금도 여전히 작업 중이다.(2005년 4월에 中華書局에서 발행되었다.) 마치 늙은 소가 수레를 끌고 막 구부능선에 오른 것과 같아서, 만약 먹을 것을 주고 격려해 준다면 어려움 속에서도 일을 완수해 낼 수 있겠지만, 가장 두려운 것은 도중에 수레가 뒤집혀서 멈추어 버리는 것이다. 필자에게 맡겨진 이 중임을, 상서학사의 흐름 속에 현대 상서학을 아로새기는 이 작업을 완수하지 못한다면 필자를 지켜보는 외부의 기대에 어떻게 부응할 것이며 천추의 책망을 어떻게 감당해 내겠는가! 그러므로 주어진 길을 향해 전진하여 이 작업을 완성할 수 있기를 간절히 기원할 뿐이다.

『상서』 내용에 대한 정리와 연구가 조금씩 쌓여 가면서 자연스럽게 『상서』 자체의 역사에 대한 이해가 필요하게 되었다. 진정한 과학연구는 역사와 논리가 상호 결합되어야만 한다. 만약 연구 대상의 역사적 발전 정황에 대한 진정한 이해가 없다면 연구 대상의 내용에 대해서도 본질적이고 깊이 있는 이해를 할 수 없게 된다. 그래서 필자는 『상서』 연구의 초기부터 『상서』의 원류와 변천에 관한 자료를 수집하는 데 관심을 기울였고, 시간이 지남에 따라 쌓인 것이 제법 되어 투박하나마 '상서학사'의 기본 골격을 갖추게 되었다. 그리고 이렇게 모은 자료들을 바탕으로 필자는 1979년 요녕대학遼寧大學의 요청을 받아들여 역사학 동학들에게 '상서학원류개요尙書學源流槪要'를 강의하였고, 같은 해에 대학 학보에 게재하였다. 1985년, 요녕대학출판사에서는 필자가 강의한 내용을 정리하여 책으로 발간할 것을 요청해 왔다. 이에 필자는 1987년 요녕대학출판사에서 『상서의 원류 및 전본에 관한 고찰』(尙書源流及傳本考)을 출판하였는데, 8만여 자 정도로 정리된 '상서』 원류' 부분에다 석경石經·예고정사본隸古定寫本·역대간본歷代刊本 등 『상서』의 세 전본傳本과 관련된 원고를 추가하여 완성한 책이었다. 8만여 글자의 간략한 분량으로 『상서』 원류를 서술하긴 했으나 대략적으로나마 큰 윤곽은 잡혀 있었으므로 따로 새로운 자료를 추가하거나 더 상세하게 서술할 필요는 없었다. 그래서 대신에 이미 틀이 갖추어져 있는 『상서학사』에 전념하기로 하여, 원자료들을 좀 더 완벽하게 정리하고 분석하는 작업을 진행하며 1986년 한 해 동안 『상서학사』의 집필에 매진하였다. 『상서교석역론』의 자매편이라 할 수 있는 이 책이 『상서』에 대한 독자들의 이해에 도움을 주고 상서학의 연구에 조금이나마 보탬이 되었으면 하는 바람이다. 아울러 여러 분야에서의 질정도 희망하는 바이다.

1987년 『상서의 원류 및 전본에 관한 고찰』의 출판을 앞두고 교정을 보면서 필자는 일부 내용을 조정하고 관련된 곳에 "『상서학사』에 보인다"라는 주석을 달았다. 실제로 두 책은 복잡하고 간단함의 차이만 있지 내용상으로는 같기 때문에 가능한 한 불필요한 중복을 피한 것이다.

『상서학사』가 완성된 후, 『상서』 연구의 정통을 일관되게 이어 온 사학계의 원로 주곡성周穀城(1898~1996) 교수께서 서명을 제사題寫하여 『상서』 연구에 대한 끊임없는 지지를 보여 주셨다. 이와 같은 학문 장려의 열정에 심심한 사의를 표한다.

이 책은 1986년 11월 말 중화서국中華書局으로 원고가 보내진 후 곧바로 진금생陳金生 부총편집副總編輯이 계획 외 원고의 출간을 승인하였고, 뒤이어 이간李侃 총편總編, 등경원鄧經元 부총경리副總經理, 사방謝方·장침석張忱石 고대사편집실古代史編輯室 주임, 장우張宇 출판부 부주임 등이 도움을 주었다. 아울러 장렬張烈 책임편집 및 부편심副編審이 이 책 전체에 대한 교정과 편집 과정에 힘써 주었으니, 특히 그의 신속한 작업으로 인해 이 책이 비교적 빠른 시간에 높은 수준으로 출판될 수 있었다. 마지막으로 위수신衛水山 동지가 겉표지를 제작하였다. 이 모든 성의가 학술에 도움이 되었음을 밝히며, 여기에서 진심으로 감사의 마음을 표한다.

1987년 12월

중국사회과학원 역사연구소에서 필자 씀

역자가 이 책을 처음 접한 시기는 대학원 석사과정생 때였다. 누렇게 바랜 종이에 빽빽하게 채워진 작은 글씨들과 오래된 책 냄새가 지금도 기억에 생생하다. 1989년 출판 당시 9.65위안元 하던 책자의 목차를 넘기면서 내심 기술되어 있는 내용에 희열을 느꼈지만, 한편으로는 문자의 난해함과 만만치 않는 분량으로 인해 독해에 부담을 가졌던 것도 사실이다. 그러나 국내에서도 상서학사의 정리는 누군가는 해야 할 작업임이 분명하였기에, 우선 번역으로나마 역자의 손으로 국내에 소개하게 될 수 있게 되었다는 사실에 감사할 뿐이었다. 이미 역자의 박사학위논문에 이 책의 일부를 번역하여 인용하기도 했지만 역자가 본격적으로 전서 완역을 시작하게 된 것은 산동사범대학의 외국인 교수로 재직하면서부터였다. 이후 외국인 교수로 지내는 3년 동안 역자는 거의 매일 이 책과 동고동락하며 유기우劉起釪(1917~2012) 선생을 사숙私淑하였다.

저자 유기우 선생은 1917년 호남성湖南省 안화安化출신이다. 고사변파古史辨派 고힐강顧頡剛(1893~1980)의 제자로서, 동서업童書業(1908~1968), 양향규楊向奎(1910~2000), 하정생何定生(1911~1970), 담기양譚其驤(1911~1992) 등과 함께 거론된다. 특히 선생은 고힐강 말년에 스승을 도와 함께 상서학을 연구하였고, 사후에 스승의 상서학을 정리한 인물이다. 『상서』 전편을 주석하고 번역한 『상서교석역론尙書校釋譯論』과, 상서학의 역사를 정리한 『상서학사』 두 책은 고顧ㆍ유劉 상서학의 진수眞髓이다.

유기우 선생은 거의 백수白壽를 누렸지만 아쉽게도 역자는 직접 뵙지를 못했다. 번역하는 동안 선생에 관한 뉴스를 보게 되었는데, 남경南京의 한 요양원에서 쓸쓸하게 말년을 보내고 있는 상황과 국학國學의 대사大師가 그런 지경에 이르게 된 것에 대한 안타까움을 전하는 기사였다. 후일 중국 측과 출판계약을 맺는 과정에서도 선생의 유족을 찾지 못해 계약이 지연되고 있다는 이야기를 전해들을 수 있었다. 초고가 거의 완성되고 곧 한국으로 돌아가야 할 즈음이 되어, 역자는 마지막으로 선생의 묘소라도 찾아뵐 요량으로 중화서국中華書局 관계자를 통해 유족의 연락처를 알아냈다. 그러나 전화기 너머로 들려오는 노인의 "전화 잘못 걸었소"라는 퉁명스런 대꾸와 함께 통화는 바로 끝이 났고, 이후 노인은 더 이상 전화를 받지 않았다. 그 노인 분은 선생의 영애令愛셨는데, 정황상 선생의 순탄치 못했던 가정사를 얼핏 그려볼 수 있었다.

『상서尙書』(書經)는 유가儒家의 시원始原을 밝혀 주는 역사서로 추앙받는 유가의 주요 경전이다. 그러나 이천 년 이상 된 고대의 문자를 수록하고 있기 때문에 예로부터 읽기가 매우 까다로웠다. 더욱이 한대漢代 이후 위진魏晉시대를 거치면서 기존의 상서문헌들이 소실되고 위조된 문헌들이 등장함으로 인해 그 진위 여부나 경전의 자구字句 해석 등에 있어서 많은 논쟁을 일으키며 경학사經學史에 큰 획을 긋게 된다. 그리고 「대우모大禹謨」의 구절로부터 송대 성리학의 이론적 기반이 되는 '인심人心・도심道心'의 설이 비롯되는 등, 『상서』는 동아시아 역사・철학에 지대한 공헌을 미치는 경전으로 자리매김하게 된다. 유기우의 『상서학사』는 상서의 탄생에서부터 금문今文과 고문古文의 등장 및 금고문今古文논쟁, 『상서』의 소멸, 그리고 위조된 『상서』의 등장, 성리학적 재해석, 위조에 대한 폭로, 지하자료를 이용한 새로운 연구에 이르기까지 오천 년 동안의 상서학의 여정을 기록한 거작이다. 이 책의 번역출간은 아직은 미흡한 한국의 경학과 상서학 연구에 중요한 밑거름이 될 것으로 기대된다.

『상서학사』의 번역 과정에서 가장 큰 문제는 번역 자체보다는 관련 자료를 찾는 과정에 있었다. 그나마 중국에서 생활하던 터라 한국에 비해 자료를 쉽게 찾을 수 있었던 것은 다행이었다. 산동사범대학 도서관에서 근무하시는 여러 선생님들은 외국인 교수가 찾는 생소한 자료들을 꺼내 주는 데 수고로움을 아끼지 않았다. 번역에 있어서는 역자에게 한국어를 배웠던 여러 학생들의 도움이 적지 않았다. 난해한 문장을 접하게 되면 따로 기록을 해 두었다가 학생들에게 번역 과제를 내어 교학상장敎學相長의 계기로 삼았다. 인명과 서명 등 원문原文을 입력하는 작업 역시 학생들의 큰 도움으로 수고로움을 조금이나 덜 수 있었다. 마침내 출판에 즈음하여, 산동사범대학 도서관의 사서 선생님들과 역산학원 한국어과 제자(2012~2015년 재학)들의 수고에 대해 지면으로나마 감사의 말씀을 적는다.

원고의 초역을 끝내고서는 무작정 도서출판 예문서원에 메일을 띄웠다. 특별한 인연이 있었던 것은 아니고, 단지 동양학 관련 도서를 전문적으로 출판해 왔던 만큼 본고에 관심이 있을 것이라고 판단했기 때문이다. 일면식도 없고 그렇게 알려지지도 않은 역자임에도 불구하고, 오정혜 사장님께서 흔쾌히 출판을 수락하시고 일사천리로 중국 측과 출판계약을 진행해 주셨다. 출판교정 과정에 있어서는 김병훈 편집장님의 노고 역시 잊지 못한다. 김 편집장님께서는 축자대조를 통해 거칠고 딱딱한 초고의 오탈자와 오역을 하나하나 바로잡고 부드럽게 해주시는 수고로움을 아끼지 않으셨다. 또한 그 동안의 출판 경험을 토대로 번역과 한자음독에 전문성을 발휘해 주셨다. 『상서학사』의 출판을 결정하고 완성해 주신 예문서원 출판관계자 여러분들에게 깊은 감사의 말씀을 전하는 바이다.

"任重而道遠", 해야 할 일의 책임은 무겁고 갈 길은 아직 멀다.……

동선와려東仙蝸廬에서 역자 적다

차례

尚書學史

이끄는 말

　중국 최초의 역사 문헌은 『상서尙書』이다. 『상서』는 중국이 문자로 기록된 역사시대로 접어든 이후 가장 이른 시기의 세 왕조인 하夏·상商·주周의 최고 통치자들의 정치활동 과정에서 형성된 고어誥語·서사誓詞·담화기록 등을 사신史臣이 기록으로 남긴 것인데, 이후 다사다난하고 복잡다단한 유전流傳 과정을 거치면서 당시의 수많은 문헌기록들 중에서 요행히 보존되어 전해진 것은 소수의 몇 편뿐이었다. 그런데 비록 유전 과정에서 살아남은 서편書篇들이라 하더라도 서주西周시대의 극소수 고사誥詞를 제외한 나머지 대부분의 편목들은 정도의 차이가 있을 뿐 후대 문자의 영향을 받은 것이었다. 하지만 전체적으로 볼 때 이것들은 하·상·주 삼대三代의 정치활동에 관한 최초이자 유일한 역사증거이며 1차 문헌자료 이다. 『상서』는 또한 고대중국의 인문과학 및 자연과학에 관한 각종 중요한 자료들이 풍부하게 보존되어 있기도 하다.

　한대漢代에 이르러 『상서』는 유가의 오경五經 가운데 가장 중요한 경전으로 존숭되었는데, 이 시기에 금문今文과 고문古文이라는 서로 다른 판본이 출현하였다. 『상서』와 더불어 『좌전左傳』과 『주례周禮』에도 서로 다른 판본이 존재하였고, 이로 인해 장기간에 걸친 금고문논쟁이 펼쳐졌다. 그리고 진대晉代에 이르러서는 다시 위고문僞古文이 출현하여 논란이 더욱 심해졌다. 그러나 어떤 변고가 발생했든지 간에 『상서』는 2천여 년의 기간 동안 줄곧 이데올로기의 최고자리를 차지하면서 역대의 제왕과 사대부가 반드시 읽고 따라야만 했던 정치·도덕의 교과서가 되었으며, 한대 이후 모든 봉건왕조의 정치와 사상에 지대한 영향을 끼쳤다.

현존하는 『상서』의 형성 과정이 매우 복잡하고 그 편장篇章 내용이 매우 난삽하며 역사적인 정황 역시 매우 번잡하게 얽혀 있는 까닭에 『상서』는 중국학술사의 핵심인 경학사經學史에서 특수한 지위를 점하게 되었다. 따라서 이 『상서』 자체의 정황 및 오랜 역사 동안의 변화·발전의 대강은 학술사의 중요한 과제 가운데 하나이다.

이제 경전經典인 동시에 중요한 사적史籍이기도 한 이 책에 대해, 그 역사발전의 정황에 근거하여 변천 과정을 탐구하고, 유가 경학의 중요한 교과 가운데 하나가 된 과정을 상세히 고찰하며, 전후의 과정을 종합적으로 조망해 보기로 하겠다.

제1장 『상서』의 형성

제1절 『상서』 편장의 탄생

　『상서』의 모든 초기 편장篇章들은 하상주夏商周 삼대의 통치자들이 정치활동 과정에서 행한 발언의 기록이다. 당시 "군왕의 거동은 반드시 기록한다"(君擧必書)[1]라는 원칙은 고대 사관史官제도의 중요한 직능이었다. 중국민족이 세계적으로 독보적이고 풍부한 역사전적을 소유하게 된 까닭도 바로 고대의 통치자들이 사관제도에 관심을 기울인 데 있었다. 이 때문에 헤겔은 "역사는 중국에서 기원하였다", "중국의 역사가들이 계속해서 생겨나고 끊임없이 이어지는 것은 그 어떤 민족도 따라갈 수 없다"[2]라고 말했던 것이다. 이 말은 중국이 고대로부터 역사를 중시하여 끊임없이 수많은 역사문헌을 만들어 낸 사실을 잘 드러내고 있다.

　오늘날에 이르러 하夏나라의 사관제도를 확인할 수는 없지만, "은나라는 하나라의 예법禮法을 본받았다"[3]라는 말에 근거해 보면 상商(殷)나라는 하나라를 계승한 것을 알 수 있다. 갑골문을 통해 보면 상나라의 왕은 상제上帝에게 무슨 일을 요청하고 까다로운 일에 대해 점을 쳐서 물은 다음 어떤 행사를 준비하였는데, 이처럼 종교·전례典禮·전쟁·생산·생활 등 모든 사안에 대해 정복貞卜을 담당한 관원으로 하여금 점을 치게

---

1) 『漢書』, 「藝文志」.
2) 王造時 譯, 『歷史哲學』, 185쪽 및 191쪽.
3) 『論語』, 「爲政」, "殷因於夏禮."

하고 그 사실을 갑골에 기록하게 하였다. 그런데 이 정복을 담당한 관리가 바로 상대商代 초기의 사관史官이었다. 『상서』 「다사多士」에 의하면 상나라에는 역사를 기록한 수많은 '책冊'과 '전典'이 있었다고 하는데, 이것들도 당연히 사관들이 기록한 것들이다. 상나라가 후대의 사관에 해당하는 비교적 초기 형태의 관원을 설치한 일은 필연적이었다. 그리고 주대周代에 이르러 사관제도는 상대에 비해 더욱 완비되는데, 문헌뿐만 아니라 금문金文을 통해서도 적지 않은 사직史職을 발견할 수 있다.

상나라와 주나라의 사직을 통해 보면, 사관의 역할은 크게 두 가지 측면으로 드러난다. 하나는 통치자의 정치활동 과정에서 이루어진 문서 작업이다. 이는 군주의 요구에 의해 만들어진 문건과 명령 등으로, 이것이 결과적으로 사료史料가 되어 전해지게 된다.[4] 다른 하나는 통치자에게 종합된 경험을 제공함으로써 미래를 경계하게 하려는 일련의 역사적 목적을 위한 기록 작업으로, 바로 군주의 언행을 환기시키기 위해 사료를 직접 기록하는 고대 사관의 '기록' 작업이다. 『예기禮記』 「옥조玉藻」에 "행동은 좌사左史가 기록하고 말씀은 우사右史가 기록한다"(動則左史書之, 言則右史書之)라는 말이 있다. 또 『한서漢書』 「예문지藝文志」에서는 "좌사는 말씀을 기록하고 우사는 사실事實을 기록한다"(左史記言, 右史記事)라고 하였고, 정현鄭玄은 『육예론六藝論』에서 "우사는 사실을 기록하고 좌사는 말씀을 기록한다"(右史記事, 左史記言)라고 하였다. 비록 좌사와 우사의 직무가 반대로 기록되긴 했지만, 당시의 통치자 측근에 있던 사관들이 통치자의 '말'과 '행동'을 수시로 기록하였다는 사실을 잘 반영하고 있다. 「예문지」에서는 그 목적에 대해 "고대의 성왕聖王에게는 대대로 이어지는 사관이 있어 군주의 거동을 반드시 기록하였으니, 언행을 신중하게 하고 모범을 밝히기 위함이었다"[5]

---

4) 『周禮』에 기재된 관직의 소속 관원들은 모두 해당 업무의 문서 작업을 담당하는 '史'에서 발전한 것이다.

5) 『漢書』, 「藝文志」, "古之王者, 世有史官, 君擧必書, 所以愼言行, 昭法式也."

라고 하였고, 이어지는 문장에서 "행동은 『춘추春秋』가 되고 말은 『상서尚書』가 되었다"[6]라고 하였다. 이 중 '행동 기록'의 성과는 오랜 세월 동안의 기록이 누적된 '대사기大事記'인데, 후세에 전해진 것은 『춘추』와 진대晉代에 출토된 『죽서기년竹書紀年』이다. '말씀 기록'의 성과는 강화講話나 공문서 등인데, 후세에 전해진 기록들은 『상서』와 『일주서逸周書』의 몇 편이다. 이렇게 요행히 전해진 흔적들을 통해서 당시 사관들의 작업이 무엇이었는지를 매우 자세히 알 수 있다. 군주의 말씀이 있으면 사관들은 그것들을 분명하게 기록하였고, 군주가 일을 행하면 사관들은 항상 그 사안들을 기록하였다. 그로 인해 수많은 『서書』들이 만들어졌으니, 당시에는 그것들을 모두 '서書'라고 불렀다.

---

6) 『漢書』, 「藝文志」, "事爲春秋, 言爲尚書."

제2절 『상서』 명칭의 확립

'서書'자는 초기에는 "군주의 행동은 반드시 기록한다"(君擧必書)에서의 '서書'와 같은 동사로 쓰여, 사관이 군주의 언행을 기록한다는 뜻을 지녔다. 따라서 『설문說文』에서는 "서書는 죽간기록(箸)이다. '필聿'을 의미요소로 하고 '자者'를 소리요소로 한다"[7]라고 '서'의 의미를 해석하였다. 그러다가 이후 사관들이 기록한 것을 모두 '서'라고 부르면서 마침내 '서'는 명사가 되었다. 이에 대한 설명이 많이 있는데, 그 주요 내용은 다음과 같다.

> 서書는 정사政事의 기록이다.[8]

> 죽간과 비단에 기록한 것을 서書라고 하였다.[9]

> 서書는 사관이 기록한 것이다. '필聿'과 '자者'를 구성 요소로 한다. '필聿'은 '필筆'의 옛글자로, 필획으로 문자를 적어 간책簡冊에 기록하는 것을 '서書'라고 하였다. '자者'는 소리를 나타내는 부분이다.[10]

이상은 '서書'가 명사의 의미임을 명확하게 설명하고 있다. 즉 전해지는

---

7) 『說文解字』, "書, 箸也. 從聿, 者聲."
8) 『荀子』, 「勸學」, "書者, 政事之紀也."
9) 許愼, 『說文解字』, 「序」, "著于竹帛謂之書."
10) 吳澄, 『書纂言』, "書者, 史之所紀錄也, 從聿從者. 聿, 古筆字, 以筆畫成文字, 載之簡冊曰書. 者, 諧聲."

사관의 기록을 통칭하여 '서'라고 한 것이다. 그래서 선진시기[11] 문헌에서는 역사기록들을 인용할 때 전부 『서』라고 하였는데, 이를 구분해 보면 다음과 같다.

첫째, 보편적으로 『상서』의 편목들을 『서』라고 불렀다. 예를 들어 『논어』의 「위정爲政」과 「헌문憲問」에는 "서운書云"이라는 말이 나오는데, 하나는 『일서逸書』[12]를 가리키고 다른 하나는 『상서』 「무일無逸」편을 가리킨다. 또 『국어國語』의 「주어周語」 및 「초어楚語」에서는 "서왈書曰"이라 하고 또 "서유지왈書有之曰"이라 하였는데, 모두 『일서』를 인용하였다. 『좌전左傳』에는 "서왈書曰"이라는 말이 7번 나오는데, 그 가운데 3번은 현전하는 『상서』이고 4번은 『일서』이다. 『묵자墨子』에는 "선왕지서先王之書의 모편某篇"이란 말이 자주 인용되었는데, 그 중에는 현전 『상서』도 있고 『일서』도 있다. 『맹자孟子』에는 "서왈書曰"이라는 말이 10번 나오는데, 1번은 현전 『상서』를 인용하였고 나머지 9번은 『일서』를 인용하였다. 『순자荀子』에서는 "서왈書曰"이라는 말이 열 개의 편목에 걸쳐 12차례 나타나는데, 그 중 10번은 현전 『상서』이고 2번은 『일서』이다. 『전국책戰國策』에 나온 2차례의 "서운書云"은 모두 『일서』이다. 이 외에도 『예기』 「방기坊記」에서는 1차례 "서운書云"이라 하여 『일서』를 인용하였고, 『대대예기大戴禮記』 「보부保傅」에서는 1차례 "서왈書曰"이라 하여 「여형呂刑」편을 인용하였으며, 『여씨춘추呂氏春秋』에서는 1차례 "서書"라 하여 『일서』를 인용하였다. 『논어』 외의 다른 경서들에서

---

11) 秦왕조는 불과 15년 밖에 지속되지 못했기 때문에, '先秦'이라는 개념은 일반적으로 漢代 이전을 가리킨다.

12) '逸書'란 일반적으로 '망실된 서적'이라는 의미이지만, 이 책에서는 현전하는 伏生의 今文 28편에 속하지 않는 書篇들을 총칭하는 말로 사용되고 있다. 이 逸書의 대표적인 것이 眞古文 『상서』의 편목들이다. 이들 逸書들은 漢代 이전에 이미 망실되었지만, 東周와 漢의 여러 저작들에서 인용이 되고 있어서 그 존재를 확인할 수 있다. 이들 단편적인 逸書들은 후대 僞古文 『상서』 저작들에 사료로 사용되어 현전하는 『尙書』 편장 속에 마구 뒤섞여 들어가게 되었다. 逸書가 특정한 서책을 지칭하는 것은 아니지만, 이 책에서는 편의상 『逸書』 혹은 '逸書'로 표기하도록 한다.

는 『상서』의 편명을 인용하기도 하고 혹은 왕조에 따라 「하서夏書」・「상서商書」・「주서周書」 등으로 칭하기도 했는데, 모두 언행을 기록한 『상서』의 일편逸篇들이다.

둘째, 사건의 경과 등을 기록한 역사전적을 인용할 때에도 『서』라고 부르기도 했다. 예를 들어 『묵자墨子』 「명귀하明鬼下」에서는 수차례에 걸쳐 어떤 사건에 대해 "주나라의 『춘추』에 기재되어 있다"(著在周之春秋), "연나라의 『춘추』에 기재되어 있다"(著在燕之春秋), "송나라의 『춘추』에 기재되어 있다"(著在宋之春秋), "제나라의 『춘추』에 기재되어 있다"(著在齊之春秋)라고 한 뒤에 이어서 반드시 "이러한 『서』의 설을 보건대"(以若書之說觀之)라는 말을 덧붙이고 있다. 즉 각국의 편년사도 『서』라고도 불렀던 것이다. 또 「명귀하明鬼下」에는 "주서대아유지周書大雅有之"라는 말이 있으니, 「대아大雅」편도 주나라의 『서』로 불렸음을 알 수 있다. 『좌전』 소공昭公 2년조에서는 진晉나라의 대부 한기韓起가 노나라를 방문하여 "태사씨太史氏에게서 『서』를 살펴보았으니, 『역易』 「상전象」과 「노춘추魯春秋」이다"(觀書于大史氏, 見易象與魯春秋)라고 하였다. 『역』과 『춘추』도 『서』라고 불렸던 것이다. 또 『논어』 「선진先進」에는 "『서』를 읽어야만 공부라고 할 수 있습니까?"(何必讀書, 然後爲學)라는 자로子路의 말이 있는데, 『논형論衡』 「정설正說」편에서는 이 말을 인용한 뒤 "오경五經의 총칭을 일러 『서』라 한다"(五經總名爲書)라고 풀이하고 있다. '오경'은 한대에 이르러 비로소 생겨난 명칭으로, 선진시기에 이것은 왕실의 서로 다른 직무의 사관들이 "죽간과 비단에 서술"하여 형성된 전적典籍에 불과한 것이었다. 따라서 이때의 '서'란 사관이 죽간과 비단에 서술한 문헌사료文獻史料의 통칭이었다.

하지만 역사가 발전함에 따라 사직史職도 발전하여, 춘추전국시대에 들면 사관이 기록하는 분야가 확대되면서 새로운 체제가 나타나고 새로운 명칭이 출현하게 된다. 예를 들어 『국어』 「초어楚語」에는 당시 귀족이 읽어야 했던 서적으로 『춘추』·『시詩』·『예禮』 외에 '세世'·'령令'·'어語'·'지志'·'훈訓'·'전典' 등이 있다. '세'는 『세본世本』[13], '령'은 「하령夏令」[14], '어'는 『국어國語』의 편, '지'는 「주지周志」·「전지前志」·「군지軍志」[15] 등, '훈'은 「하훈夏訓」[16]·「고종지훈高宗之訓」[17] 등, '전'은 「제전帝典」[18]과 같은 부류이다. 또한 「첩기諜記」 등을 뜻하는 '첩諜', 「역보力譜」·「주보周譜」 등의 '보譜', 「제계帝系」 등의 '계系', 「우본기禹本紀」 등의 '기紀'와 같은 것이 있다.[19] 한편 편년대사기編年大事記의 명칭은 나라에 따라 각각 달랐다. 노魯나라의 역사는 '춘추', 진晉나라의 역사는 '승乘', 진秦나라는 '기記', 초楚나라는 '도올檮杌'이라고 불렀는데, 묵자는 이를 통칭하여 '어느 나라의 춘추'라 부르고 또 뭉뚱그려 '백국춘추百國春秋'라고 불렀다.[20] 체제가 다른 역사적 기록들에 고유한 명칭이 생기면서 원래 사관 기록들의 통칭이었던 '서書'라는 용어는 '말씀을 기록한'(記言) 사詞·고誥 등의 서편만을 지칭하게 되었다. 결국 '서'는 원래는 각종 역사전적의 통칭이었다가 사詞·고誥와 같은 기언체記言體의 고유 명칭으로 변해 간 것이다.

선진시대 문헌 가운데 앞에서 언급한 "서운書云", "서왈書曰", "선왕지서왈先王之書曰" 외에도 편명을 인용하거나 문구를 직접 인용하면서 정확한 출처를 밝히지 않는 경우도 있다. 이 외에도 「하서夏書」·「상서商書」·「주서周書」 등의 고유 명칭이 나타나는데, 이를 통하여 선진시대 학자들이 그 서편이 속한 시대를 기준으로 해당 편명을 부르거나 혹은 시대에 속하는

---

13) 현재 輯本이 전한다.
14) 『國語』, 「周語」 참조.
15) 『左傳』, 文公 2년조 및 6년조; 宣公 12년조 참조.
16) 『左傳』, 襄公 4년조 참조.
17) 『史記』, 「殷本紀」 참조.
18) 『禮記』, 「大學」 참조.
19) 『史記』 참조. 帝系는 『世本』과 『大戴記』에 보존되어 있다.
20) 『墨子閒詁』는 『史通』 「六家」, 『隋書』 「李德林傳」 등에서 『墨子』의 "吾見百國春秋"라는 말을 인용하고 있음을 기록하고 있다.

모든 서편들을 모아 하나의 책으로 만들었다는 사실을 알 수 있다. 다만 『좌전』 문공文公 18년조에 「우서虞書」가 1차례 나타나는데, 이는 선진의 전적에서 유일한 사례이다. 『좌전』의 다른 부분들, 예를 들어 장공莊公 8년, 희공僖公 24년 및 27년, 양공襄公 26년, 소공昭公 14년 등의 조항에서는 당우唐虞의 역사적 사건을 인용하면서 모두 「하서夏書」라고 하였다. 이는 당시에 보편적으로 하·상·주 삼대의 역사만을 알았다는 사실과 일치한다. 가령 『묵자』의 「상현尙賢」·「천지天志」·「명귀明鬼」·「귀의貴義」 등에서는 모두 요堯·순舜·우禹·탕湯을 '삼대의 성왕'으로 통칭하면서 요·순을 하나라에 배속시켰는데, 이것이 당시의 공통된 인식이었다. 오직 『좌전』 문공 18년조에서만 책의 내용을 혼동하였으니 이는 거론할 것이 못 된다. 일반적으로 『좌전』은 한대 사람들에 의해 착란錯亂되었을 것이라는 혐의를 받고 있는데, 문공 18년조는 확실히 착란된 것이다. 그래서 고염무顧炎武는 『일지록日知錄』 권1의 '고문상서'조에서 "옛날에는 「요전堯典」은 있었지만 「순전舜典」은 없었고, 「하서」는 있었으나 「우서」는 없었다"라고 정확하게 지적하였다. 『묵자』 「명귀하明鬼下」의 "상고上古의 서書는 「하서夏書」이고, 그 다음은 상商·주周의 서書이다"(尙書夏書, 其大商周之書)라는 구절은 바로 이 점을 증명하고 있다. 이 구절에 대해 왕염손王念孫은 『독서잡지讀書雜志』 권7의 3에서 "'상尙'은 '상上'과 같은 뜻이고 '서書'는 '자者'의 뜻이니, 가장 오래된 것은 곧 「하서夏書」이고 그 다음이 상商·주周의 서書라는 말이다"라고 해석하였는데, 이 설이 매우 옳다.

결국 전국시기에 가장 먼저 출현한 것은 「하서夏書」이고, 애초에 「우서虞書」는 없었다는 것을 알 수 있다. 손지조孫志祖는 『독서좌록讀書脞錄』에서 『좌전』 문공 18년조의 잘못된 사료를 인용하여 고염무의 설을 반대하였는데, 그 학설이 견고하지 못하다. 「명귀하」의 문장은 설령 왕염손의 수정을 거치지 않는다 하더라도 같은 의미이므로 가장 오래된 '서'가 「하서」라는 사실은 변하지 않는다. 원래 '상尚'자는 단지 시간 관련 관형사로만 사용되었고, 당시에 『상서尚書』라는 책이 있었던 것은 아니다. 결국 선진시기의 서書의 편들은 통상적으로 '서'라고만 불렸으며, 때때로 「하서夏書」·「상서商書」·「주서周書」라는 제목으로 불리기는 했지만 「우서虞書」와 『상서尚書』라는 제목은 아직 출현하지 않았다는 것을 알 수 있다.

이처럼 역사 분야의 『서書』와 문학 분야의 『시詩』는 춘추전국시대의 가장 중요한 두 가지 서적이 되었으며, 그것들을 병칭하여 '시서詩書'라고 불렀던 것이다.

『서』를 『상서』라고 이름붙인 것은 한나라 때에 이르러서이지만, 선진시기에도 '상尚'자는 이미 사용되고 있었다. 위에서 인용한 「명귀하」 외에도 「묵자」에는 또 다른 언급이 있는데, 예를 들면 「비명상非命上」의 "위로 선왕의 '서書'를 본다"(尚觀於先王之書)와 「명귀하」의 "위로 「상서商書」를 본다"(上觀於商書), "위로 「하서」를 본다"(上觀於夏書) 등이다. 이것은 "옛날을 본다", "고대를 본다", "선왕의 서를 본다", "상고의 서를 본다" 등의 뜻이니, '상서'라는 단어는 앞선 시대에 나타난 책을 가리킨다. '상서'는 한대에 이르러 서명으로 확정되었는데, 다음과 같은 말이 있다.

상서는 '올곧은 말'이라는 뜻으로, 구양씨歐陽氏가 최초로 그 이름을 정했다.[21]

복생伏生은 이 상고의 서를 「상서」라고 하였다.[22]

복생伏生은 진秦의 박사博士로서 한대에 『상서』를 전한 시조이며, 구양씨歐陽氏는 복생이 전수한 금문삼가今文三家 중의 주요한 일가一家이다. 『상서』를 서명으로 확정한 것이 한대의 금문가들임을 알 수 있다.

---

21) 劉歆, 『七略』, "尙書, 直言也, 歐陽氏先名之." 朱彝尊의 『經義考』에서 인용.
22) 『尙書』, 「序」, "伏生以其上古之書, 謂之尙書."

왜 『상서』로 명명하였을까? 그 의미에 대해 다음과 같은 여러 가지 설명이 있다.

이제二帝의 치적과 삼왕三王의 의의를 오늘날에 되살린 것이다.…… '상尙'이란 '상上'의 의미이니, 고대 제왕의 유서遺書이다.[23]

『상서』는 고대 제왕의 책이다.[24]

'상尙'이란 '상上'의 의미이니, 요堯를 시작으로 당시의 일을 기록한 것이다.[25]

고대 유우씨有虞氏의 책이므로 『상서』라고 부른다.[26]

'상尙'은 상上의 의미이다. 고대로부터의 일을 적은 책이기 때문에 『상서』라고 한다.[27]

이상의 제가들은 고대의 서를 『상서』라고 불렀다는 것을 정확하게 설명하고 있다. 그런데 '상尙'을 '(지위의) 높음'이라는 의미로 해석하는 경우도 있다.

어떤 사람이 『상서』에 대해 다음과 같이 물었다. "상尙이라는 것은 상上의 뜻으로, 윗사람이 행동한 바를 아랫사람이 기록한 것이다. (그렇다면) 아랫사람이란 누구를 말하는 것인가?" 답하기를 "신하이다" 하였다.[28]

어떤 사람은 윗사람이 한 행동을 아랫사람이 기록한 책이라고 한다.…… 『상서』를 말하는 사람은 경전의 진수를 얻은 것이다.[29]

---

23) 黃奭, 『春秋說題辭』, "尙書者, 二帝之迹, 三王之義, 所以推其期運.……尙者, 上也, 上世帝王之遺書也." 朱彛尊의 『經義考』에서 인용.
24) 王充, 『論衡』, 「正說」, "尙書者, 以爲上古帝王之書."
25) 劉熙, 『釋名』, "尙, 上也, 以堯爲上始而書其時事也."
26) 馬融, 『尙書注』, "上古有虞氏之書, 故曰尙書." 孔穎達, 『尙書正義』, 「序」에서 인용.
27) 孔穎達, 『尙書正義』, 「序」, "尙者, 上也. 言此上代以來之書, 故曰尙書."
28) 王充, 『論衡』, 「須頌」, "或說尙書曰, 尙者, 上也, 上所爲下所書也. 下者誰也? 曰, 臣子也."

윗사람이 한 말을 아랫사람이 역사로써 기록한 것이기 때문에 『상서』라고 한다.[30]

그러나 이것은 '서' 편목의 형성 정황일 뿐이고, 앞에서 서술한 '서'라는 명칭의 유래가 아니다. 또한 더 나아가 '상上'이라는 시간상의 개념을 공간적인 '상천上天'의 개념으로 오인하고 거기에 존경의 개념을 더하여 잘못된 해석을 한 경우도 있다.

『상서』의 '상尙'자는 상천上天의 의미이다. 상천이 천문天文을 드리우고 절도節度를 규정한 것이 서書로서, 하늘의 운행과 같다.[31]

공자孔子가 존숭하여 『상서』라고 이름 붙였다. '상尙'은 하늘(上)이다. 존경스럽고 중요한 것이 하늘과 같은 책이므로 『상서』라고 한 것이다.[32]

이것은 한대의 유가들이 함부로 말한 것이다.

정리해 보면, 앞에서의 정확한 설명과 같이 '상尙'이란 단지 상고上古의 뜻일 뿐이다. 현대 언어로 말하면 『상서』란 '상고의 사서史書'를 가리킨다. 실제로 정부문서에 보존되어 있던 고대 문헌사료였던 것을 후대의 사람이 집성한 것이다.

고대로부터 전해 내려오는 『상서』 속에는 고誥·모謨·서誓·명命·전典 등으로 칭해지는 편목이 포함되어 있다.

'고誥'는 군주가 신하에게 말한 것이고, '모謨'는 신하가 군주에게 말씀 올린 것이며, '서誓'는 군주가 민중들에게 말한 것으로 대부분 군사행동에

---

29) 王充, 『論衡』, 「正說」, "或以爲上所爲下所書也.……說尙書者得經之實."
30) 王肅, 『尙書注』, "上所言, 下爲史所書, 故曰尙書也."
31) 『尙書璇璣鈐』, "尙書篇題號, 尙者, 上也. 上天垂文象布節度書也, 如天行也." 『經義考』에서 인용.
32) 鄭玄, 『尙書贊』, "孔子尊而命之曰尙書. 尙者, 上也. 尊而重之若天書然, 故曰尙書." 孔穎達의 『尙書正義』에서 인용.

대한 서약이며, '명命'은 책명册命 혹은 군주가 내린 명령이고, '전典'은 중대한 사실이나 전문적이고 역사적인 기록물이다. 또한 인명으로 제목을 정한 편목인 「반경盤庚」·「미자微子」 등이 있고, 사건으로 제목을 정한 편목인 「고종융일高宗肜日」·「서백감려西伯戡黎」 등이 있으며, 내용으로 제목을 정한 편목인 「우공禹貢」·「홍범洪範」·「무일無逸」 등이 있다. 과거부터 이런 정황에 대해 해석한 사람들이 많았는데, 송대의 임지기林之奇는 다음과 같이 말하였다.

비록 『상서』의 체제가 전典·모謨·훈訓[33]·고誥·서誓·명命 등 6가지에 다 속하지만, 편명을 고찰해 보면 이 6가지로 다 명명할 수는 없다. 비록 이 6가지로 다 명명할 수는 없지만, 그 체제는 이 6가지를 벗어나지 않는다.[34]

실제로 모든 편목을 이 6가지 체제에 억지로 귀속시킬 필요는 없는데, 이 편목들은 대부분 통치자가 말한 기록이나 공문서이므로 문체에 따라 명명해도 무방하다. 다만 서사가 비교적 많이 기록된 「요전」이나 말씀이 많이 기록된 「우공」은 『상서』 전체의 체계와 일치하지 않아서, 다른 편들과 달리 비교적 후대에 엮어진 편목들임을 보여 준다.

---

33) 僞古文 「伊訓」 등.
34) 『尙書全解』, 「洪範」, "書之爲體, 雖盡於典·謨·訓·誥·誓·命之六者, 然而以篇名求之, 則不皆繫以此六者之名也. 雖不皆繫於六者之名, 然其體則無以出於六者之外."

제2장 선진시기의 『상서』 유전 정황

『상서』가 춘추전국시기까지 전해진 정황에 대하여 과거에 다음과 같은 설명이 있었다.

> 공자가 『서書』를 구하였는데, 황제黃帝의 현손 제괴帝魁의 『서』로부터 진秦 목공穆公에 이르기까지 모두 3240편을 얻었다. (공자가) 그것을 정리하여 후세에 본받을 만한 120편을 산정했으니, 102편을 『상서尙書』로 하고 18편을 『중후中候』1)로 하였으며 3120편은 삭제하였다.2)

> 『서』의 기원은 오래되었는데, 공자가 찬수하였다. 위로는 요堯로부터 시작해서 아래로는 진秦나라에 이르기까지 모두 100편이고, 그 서序를 지었다.3)

여기에서는 두 가지 관점을 제시하고 있다. 첫째는 원래 『서』의 편목은 매우 많아서 3천여 편에 달했다는 것이고, 둘째는 공자가 몇 천여 편을 삭제하고 단지 100편만을 가려 뽑아 보존하였다는 것이다.4)

첫 번째 관점은 원래 『서』 편목의 구체적인 숫자를 제시하고 있는데, 이는 근거 없는 말이기는 하지만 원래의 『서』가 수천 편에 달할 정도로 많았다는 것은 이치에 맞다. 왜냐하면 하・상・주가 모두 천 수백 년을 거치는 동안 통치자들이 행한 각종 행사와 각종 명령이 이미 "군거필서君擧必書"되었기 때문에 『서』의 편목은 당연히 매우 많을 수밖에 없다. 『상서』 본문에서도 이러한 정황이 잘 반영되어 있다. 「다사多士」편에 주공周公이 은민殷民들에게 "당신네들이 알다시피, 은나라의 선인들은 책冊과 전典을 소유하였다"(惟爾如, 惟殷先人有冊有典)라고 말한 것이 기록되어 있는데, 이것은 상왕조의 책전冊典의 대부분이 주공에게 장악되었다는 것으로, 상대의 사관들이 기록한 서편들이 주대 초기에도 여전히 적지 않게 남아 있었다는 사실을 말해 주고 있다. 그래서 『묵자』 「귀의貴義」에서 "옛날에

---

1) 漢代의 緯書名에 보인다.
2) 『尙書璿璣鈐』, "孔子求書, 得黃帝元孫帝魁之書, 迄於秦穆公, 凡三千二百四十篇. 斷可取近, 定可以爲世法者百二十篇, 以百二篇爲尙書, 十八篇爲中候, 去三千一百二十篇." 鄭玄의 『書論』 및 司馬貞의 『史記索隱』, 「伯夷列傳」에서 인용함.
3) 劉歆 『七略』, "書之所起遠矣. 至孔子纂焉, 上斷於堯, 下訖于秦, 凡百篇, 而爲之序." 『漢書』 「藝文志」에 보인다.
4) '102편'이라 한 것은 「尙書序」가 2편을 차지하기 때문이다.

주공은 아침마다 『서』 백편을 읽었다"(昔者周公旦朝讀書百篇)라고 하였던 것이다. 주공이 매일 상대의 『서』 백편을 읽었다고 말한 것은 과장된 것이기는 하지만, 당시에 상대의 『서』가 확실히 적지 않았다는 사실을 잘 보여 준다. 주대 초기의 몇몇 고사誥辭에서 주공이 하상夏商의 역사를 잘 알고 있었다는 점을 확인할 수 있는데, 특히 상대의 역사적 사건을 거론할 때는 마치 자기 집 보물 다루듯 하였다는 대목은 그가 상대로부터 전해진 『서』의 편들을 확실하게 파악하고 있었음을 증명하기에 충분하다. 더욱이 주대는 통치 기간이 상왕조보다 더 길었고 문자 기술도 더욱 진보하였기 때문에 『서』의 편도 더 증가하였을 것이다. 따라서 당시에 『서』의 편목이 수천 편에 달했다는 것은 조금도 과장이 아니다.

그러나 두 번째 공자가 수천여 편을 산삭刪削하여 100편으로 확정했다는 것은 오랫동안 유자들이 맹신해 온 말이기는 하지만 실제 이치에는 맞지 않다. 공자는 줄곧 '문헌의 부족'을 개탄하며 그것을 구하고 찾는 데 여념이 없었는데, 그런 공자가 산삭을 했을 리 없기 때문이다. 오히려 이것은 『서』의 편들이 그때까지만 하더라도 거의 없었다는 점을 반증하고 있다. 즉 공자 당시만 하더라도 『서』의 편목들 중 보존된 것은 거의 없었던 것이다. 『사기』 「공자세가孔子世家」에서는 이 사실을 비교적 이치에 가깝게 설명하고 있다.

> 주왕실이 미약해지자 예악禮樂이 붕괴되고 『시』·『서』가 없어졌는데, (공자가) 삼대의 예禮를 추적하여 『서전書傳』을 차례 지으니 위로 당우唐虞시대로부터 아래로 진秦 목공穆公에 이르기까지의 사적들을 편찬하였다.5)

여기에서는 『시』·『서』가 이미 없어졌다는 것을 말하였지 공자가 산삭했다고 는 언급하지 않았는데, 이것은 매우 옳은 말이다. 그리고 "『서전』을 차례 짓다"와 같은, 없어진 『서』를 정리하고 배열하는 작업을 공자에게 귀결시킨 것은 당연하고 도 가능한 일이다. 『시』·『서』가 유가 교육에서 주요한 교과서였으며 유가에서 공자를 존숭했을 뿐만 아니라 공자 또한 "항상 『시』·『서』를 말씀하신"6) 만큼,

---

5) 『史記』, 「孔子世家」, "周室微而禮樂廢, 詩書缺, 追跡三代之禮序書傳, 上紀唐堯之際下至秦繆公, 編次其事."

훼손되어 온전하지 못한 『서』를 수집하여 유가 교과서에 편성하는 일은 공자가 그의 교육을 전개해 나갈 때에 당연히 해야 할 일이었기 때문이다. 그러나 사실 묵가墨家 역시도 『서』를 주요 교과서로 삼고 있었다. 그들은 항상 수레에 『서』를 싣고 다녔으며 『묵자』에서도 『서』를 많이 인용하고 있다. 묵가에서 『서』를 인용한 횟수는 유가의 『논어』·『맹자』·『순자』의 경우보다 훨씬 많다. 실제로 『서』의 수집과 편성에는 유가뿐만 아니라 다른 제자諸子들도 관여하였고 어떤 것은 유가보다 더욱 많았다. 따라서 한대에 전해진 『서』는 오직 유가에서만 전한 것이라고는 할 수 없다.

왜 춘추전국시기에 이르러 원래 수많았던 서편들이 거의 없어지게 되었을까? 그것은 바로 옛날의 『서』는 주로 죽간에 적었기 때문인데, 죽간은 쉽게 썩어 수백 년이 지나면 보존되기 어렵다. 근래 발견된 출토 죽간들은 우연히도 특수한 환경의 보호 덕분에 잘 보존된 예외적인 경우이고 대부분은 썩게 마련인데, 심하게 문드러진 것들이 있으면 일정부분 남겨진 부분이 있더라도 읽어 낼 도리가 없다. 특히 일반적으로 보존되었던 관부官府의 문서자료들은 보호조건이 갖추어지지 않으면 더 쉽게 썩게 된다. 요행히 살아남은 노魯나라의 역사서 『춘추』를 예전 사람들은 "훼손되어 불완전한 공문서"(斷爛朝報)라 비웃었다. 『춘추』는 노나라 역사 중간의 일부분일 뿐으로, 백금伯禽이 노魯에서 나라를 건립할 때부터 은공隱公 때까지의 수백 년간의 죽간이 모두 소실되고 은공 이후의 죽간만 보존되었기 때문에 애공哀公 이후에 유가가 수집하여 전한 『춘추』는 한 더미 폐품에 지나지 않았다. 『상서』의 상황도 이와 마찬가지여서, 애초에 풍부했던 서편은 이 시기에 이르러 남겨진 몇 편들조차 서로 뒤섞여 읽어내기가 어려웠다. 그것은 죽간이 쉽게 훼손되었고 그 외의 좋은 보존 수단이 없었기 때문이다. 게다가 어떤 서편들은 시대의 흐름에 따라 소용이 없어져서 버려지기도 했고, 또 언어가 변하여 어떤 일족一族의 사투리로 써진 것이 후대에 와서 이해하기 어려워 버려지기도 했다. 또한 춘추전국시기에는 『맹자』의 "제후들이 자신을

---

6) 『論語』, 「述而」, "雅言詩書."

41

해치는 것을 싫어하여 그 전적을 모두 없앴다"[7]라는 말에서와 같은 고의적인 파괴(진시황의 분서 등)나 빈번한 전란으로 인한 문헌의 소실도 발생하였으니, 이는 예기치 않은 인위적 파괴였다. 이와 같은 이유들로 말미암아 원래 풍부했던 서편은 별로 남아 있지 않게 되었다. 비록 고대인들은 당대의 역사기록을 중시했지만 역사기록의 보존을 소홀히 하는 바람에 이러한 안타까운 상황이 도래하였으며, 이로 인해 후대인들은 역사를 연구하는 데에 많은 어려움을 겪게 되었다.

백가쟁명百家爭鳴의 전국시기에 제가들은 각국의 통치자들에게 어려운 시기를 극복하고 국가를 잘 다스릴 만한 좋은 방안들을 제공하였다. 그들은 통치자들의 택함을 받고 사회의 찬동을 얻어내기 위해 자신들의 학설을 고취시키려는 여러 가지 노력들을 기울였다. 그들의 주요한 수법 가운데 하나는 바로 자신의 주장과 의견이 옛날부터 있었던 것임을 강조하는 것이었다. 그래서 그들은 고대 문헌사료로부터 증거를 찾기 위해 온 힘을 다해 고대 문헌을 수집하였으니, 그들의 노력을 통해 상당한 서편들이 발굴되었다. 실제로 유가와 제자백가의 저작 가운데 서편을 인용한 것이 적지 않은데, 그 가운데 어떤 것은 한대 이후 전해진 『상서』에서 볼 수 있고, 또 어떤 것은 실전失傳된 '일서逸書'에 나타나며, 또 어떤 것들은 선진시기에는 나타나지 않다가 선진에서 한대로 전해졌다고 여겨지는 자료들에서 나타나기도 한다. 이제 이와 같은 몇몇 유형을 통해 선진시기 『상서』의 유전流傳 정황을 살펴보도록 한다.

여기에서 우리는 청대淸代의 학술성과를 이용할 수 있다. 청대인들의 선진문헌 정리는 우리에게 많은 편리함을 제공한다. 특히 그들은 선진시대 『상서』의 존실存失 정황을 보여 주는 많은 작업들을 수행하였는데, 이 책 8장의 제5절에 그들의 집일輯逸 성과를 기록해 두었다. 이 책에서는 주이준朱彝尊, 강성江聲, 손성연孫星衍, 완원阮元, 왕선겸王先謙 등의 집록輯錄을 바탕으로 하면서 별도로 그들이 인용하지 않은 선진 서적들도 덧붙였다. 주이준은 『경의고經義考』의 「일경逸經」 3권 속에 『상서』의 일편逸篇과 일문逸文을 수집해 두었는데, 비록 소략하고 빠진 부분이

---

7) 『孟子』, 「萬章下」, "諸侯惡其害己也, 而皆去其籍."

있지만 집록輯錄을 개창한 공로가 있다. 강성의 『상서집주음소尚書集注音疏』는 관련 편에 일문을 첨부하고 책 끝에 따로 1권을 두어 일편의 문구를 집록하였는데, 비록 완전하지는 않지만 전체적으로 이전보다 진일보한 것이었다. 다만 그는 「상서서尚書序」의 각 편에 한정하고 있다. 손성연은 강성의 견해에 근거해서 『상서일문尚書逸文』을 찬하였는데 조금 보충한 정도에 그치고 있다. 풍부하게 자료를 수집한 것은 완원의 『시서고훈詩書古訓』이다. 그러나 선진시대의 고전들이 너무 번다하여 완전하게 수집할 수 없었기 때문에 완원은 선진의 문헌들 중 13종에서만 채록하고 『관자』, 『장자』, 『한비자』 등 6~7종의 중요한 문헌에서는 수집하지 않았다. 청말 왕선겸의 『상서공전참정尚書孔傳參正』도 「상서서尚書序」를 상세히 해석하면서 부분적으로 선진 자료를 수집하였는데, 비록 근거한 선진 문헌이 많지는 않지만 자료적인 부분에서 강성이나 완원에 비해 조금 더 보충된 면모를 보여 준다. 고힐강顧頡剛은 완원의 『시서고훈』에 의거하여 「초기 『상서』의 잔존편목표」(早期尚書殘存篇目表)를 펴내었다. 이 표는 한대의 인용을 포함하고 있는데, 선진의 문헌은 14종만 채택되어 있다. 진몽가陳夢家의 『상서통론尚書通論』 「선진인서편先秦引書篇」은 대체로 청유淸儒에 근거하면서 선진 문헌 9종을 채용하였다. 이 장에서는 제가의 집록을 종합하면서 청대 학자들이 수집한 것을 보충하고, 거기에 학자들이 미처 인용하지 못한 책들을 더해서 선진 문헌 총 20종을 대상으로 서편들의 인용 정황을 살펴보겠다.

제1절 선진시기 문헌에 나타난 금문상서 28편

　　한대 초기에 복생伏生에 의해 전수된 『금문상서今文尙書』 28편8)은 당시에
통용되던 예서隸書로 쓰였기 때문에 금문今文이라고 불린다. 이 금문 서편
들이 선진시기에 인용된 정황을 나열하면 다음과 같다.

　　① 「요전堯典」: 14회 인용됨

◦ 『국어』 「주어하周語下」: "태자 진晉이 말하였다. 유우씨有虞氏 시대에 숭백
　崇伯 곤鯀이 있었는데,…… 요堯가 우산羽山에서 주살하였다."(太子晉曰, 其在有
　虞, 有崇伯鯀,……堯用殛之於羽山.); 이는 「요전」의 서술과 대체로 같다.

◦ 『국어』 「진어晉語 14」: "옛날 곤鯀이 제帝의 명을 어겨서 우산羽山에서
　죽임을 당했다. 위소韋昭의 주: 제帝는 요堯이다."(昔日鯀違帝命, 殛之於羽山. 韋昭注:
　帝, 堯也.); 원래 『국어』의 제帝는 상제上帝를 가리키는데, 「요전」에서 역사기
　사로 바뀌면서 '요堯'로 주석되었다.

◦ 『좌전』 문공文公 18년: 「우서虞書」의 말을 빌려 수차례 우禹의 공을 말하는
　가운데 "삼가 오륜을 아름답게 행해지게 하다"(愼徽五典), "백관을 총괄하
　는 자리에 앉다"(納於百揆), "사방의 현인들을 맞이하다"(賓於四門) 등의 6구절
　이 인용됨; 그런데 주살된 '사흉四凶' 및 등용한 인사들의 이름이 모두
　금문의 「요전」과 같지 않다. 따라서 「요전」이 『국어』·『좌전』의 시기에

---

　　8) 편명은 제3장 제1절에서 확인할 수 있다.

이미 존재했었고 일부 주요 문구도 이미 등장하였지만 여전히 후대에 유행한 최종본은 출현하지 않았다는 것을 알 수 있다.

◇ 『좌전』 소공昭公 7년: "옛날에 요堯가 우산羽山에서 곤鯀을 주살하였다."(昔 堯殛鯀於羽山.)

◇ 『맹자』 「등문공상滕文公上」: 요堯가 순舜을 천거하고, 순이 익益으로 하여금 산택山澤을 다스리게 하고 직稷으로 하여금 오곡五穀을 담당하게 하며 설契을 사도司徒로 삼는 등의 일은 곧 「요전」의 "사익위우使益爲虞", "직예 백곡稷藝百穀", "설작사도契作司徒" 등을 인용한 것이다.

◇ 『맹자』 「등문공상」: "방훈放勳이 말하였다. 수고롭게 하고 오게 하며 바르게 하고 곧게 하며 보태게 하고 돕게 하여, 스스로 깨닫게 하고 또 그대로 따라서 덕을 펼치게 하라."(放勳曰, "勞之來之, 匡之直之, 輔之翼之, 使自得之, 又從而振德之.); 이것은 「요전」의 일문이다.

◇ 『맹자』 「만장상萬章上」: "순舜이 공공共工을 유주幽州에 유배 보내고 환두驩 兜를 숭산崇山으로 추방하며 삼묘三苗를 삼위三危에서 죽이고 곤을 우산 에서 주살하였다."(舜流共工于幽州, 放驩兜于崇山, 殺三苗于三危, 殛鯀于羽山.)

◇ 『맹자』 「만장상」: "(순 섭정) 28년에 방훈이 돌아가시니, 백성들은 자기 부모가 돌아가신 것과 같이 슬퍼하였다. 3년 동안 온 세상은 음악을 연주하지 않았다."(二十有八載放勳乃殂落, 百姓如喪考妣. 三年, 四海遏密八音.)

◇ 『맹자』 「만장상」: "제요의 두 여식에게 장가들다"(妻帝之二女) 구절은 확실히 「요전」의 "두 딸을 하가下嫁시키다"(釐降二女) 구절에 근거한 것이다.

◇ 『순자』 「성상成相」: "요堯가 능력 있는 이에게 자리를 물려주고 순舜이 때를 만났으니…… 두 딸을 시집보내어 나랏일을 맡겼네.…… 우禹가 몸과 마음을 다하여 요堯의 법도를 있게 하니, 무기를 쓰지 않아도 삼묘三苗가 복종해 왔네.…… 후직后稷을 등용하니 오곡이 잘 자라고, 기夔를 악정樂正으로 임명하고…… 설契을 사도司徒로 임명했네.……"(堯授

能, 舜遇時……妻以二女任以事……禹勞心力堯有法, 幹戈不用三苗服…… 得后稷, 五穀殖, 夔爲樂正……契 爲司徒……); 이것은 운어韻語를 사용하여 「요전」의 내용을 읊은 것이다.

◇ 『예기』「대학大學」: "「제전帝典」에 이르기를 '큰 덕을 밝힌다'라고 하였다."
(帝典曰, 克明俊德.)

◇ 『예기』「제법祭法」: 곤鯀이 홍수鴻水를 막고 죽임을 당한 내용도 「요전」의 내용을 인용한 것이다.

◇ 『예기』「왕제王制」9): "2월에 동쪽으로 순수巡狩하여 태산泰山에 이르다"(歲二 月, 東巡狩, 至於岱宗)에서부터 "돌아와서 사당(祖禰)에 희생을 바치다"(歸假於祖禰) 까지의 단락은 「요전」을 인용한 것인데, 약간의 삽입이 있다.

◇ 『일주서逸周書』「무목해武穆解」: "옛일을 고찰하다"(曰若稽古)와 "제요의 사업 을 밝히다"(熙帝之載)의 두 구절을 습용하였다.

② 「고요모皐陶謨」: 3회 인용됨

◇ 『좌전』 희공僖公 27년: "「하서夏書」에 이르기를 '사람을 등용함에, 그 사람 의 말을 받아들이고 그 사람의 일 처리를 밝게 시험하며 수레와 복식으 로 그 공로를 포상한다' 하였다."(夏書曰, 賦納以言, 明試以功, 車服以庸.)

◇ 『좌전』 장공莊公 8년: "「하서」에 이르기를 '고요皐陶는 힘써 덕을 선양하였 다' 하였다."(夏書曰, 皐陶邁種德.); 이는 「고요모」의 일문이다. 위고문 「대우모大 禹謨」에서 습용하였다.

◇ 『예기』「명당위明堂位」: "포박(拊搏)·옥경玉磬·게직(揩擊)·대금大琴·대슬大 瑟……은 사대四代의 악기이다"(拊搏玉磬揩擊大琴大瑟……四代之樂器也); 이는 「고요 모」의 "명구鳴球(玉磬)를 두드리고 금슬琴瑟을 뜯으며"(戛擊鳴球搏拊琴瑟) 구를 인용한 것이다.

---

9) 鄭玄은 『三禮目錄』에서 "「王制」가 만들어진 시기는 秦漢 연간이다"라고 하였다. 盧植 은 漢 文帝가 博士諸生들에게 명한 것이라고 하였는데, 실제는 先秦의 자료를 모아 가공해서 만든 것이다.

③「우공禹貢」: 7회 인용됨

◇ 『국어』「주어하周語下」: "(鯀의 아들) 백우伯禹는 부친의 치수 실패를 거울삼아"(其后伯禹念前之非度)에서부터 "구주九州의 토지가 모두 살 만하게 되었고, 모든 하천이 바다로 흘러가게 되었다"(宅居九隩, 合通四海)까지의 17구는 우禹의 치수治水에 관한 내용으로, 「우공」과 기본적으로 일치한다.

◇ 『묵자』「겸애중兼愛中」: "옛날 우가 천하를 다스렸는데"(古者禹治天下) 이하의 단락에 "저주산底柱山에서 분류分流시키다"(灑爲底柱), "용문산龍門山을 뚫다"(鑿爲龍門), "동쪽의 대륙수大陸水에 모인 물을 흐르게 하다"(東方漏之陸)[10], "아홉 개의 하천을 분류시키다"(灑爲九澮)[11] 등의 구절이 있는데, 「우공」의 내용과 동일하다.

◇ 『맹자』「등문공상滕文公上」: "우가 구하九河를 소통시키고 약수瀹水 · 제수濟水 · 탑수漯水를 바다로 흘러들게 하였으며 여수汝水 · 한수漢水의 물길을 트고 회수淮水 · 사수泗水를 열어 장강長江에 흘러들게 하였다"(禹疏九河, 瀹濟漯而注諸海, 決汝漢 · 排淮泗而注之江)의 단락은 우의 치수를 서술한 것으로, 구하九河 · 제濟 · 탑漯 · 한漢 · 회淮 · 사泗는 모두 「우공」과 같다. 그 외에 같지 않은 것은 인용의 과정에서 차이가 생긴 것이다.

◇ 『순자』「성상成相」: "우禹는 공이 있으니 아래의 홍수를 막아내고……북으로 구하九河의 물길을 트고 열두 모래톱을 통하게 하며 삼강三江을 소통시켰네."(禹有功, 抑下鴻[洪]……北決九河, 通十二渚, 疏三江.); 이는 운어韻語를 사용하여 「우공」의 내용을 읊은 것이다.

◇ 『주례』「직방씨職方氏」: "연주兗州: ……큰 못은 노수盧水와 유수維水이다."(兗州: ……其浸盧維); 이에 대해 정현鄭玄은 "노유盧維는 뇌옹雷雍으로 써야 하니, 글자가 잘못된 것이다. 「우공」에 이르기를 '뇌하雷夏에 이미 물이 고이고,

---

10) 孫詒讓은 '之'를 '大'로 교정하였다.
11) 畢沅은 곧 九河를 말한다고 했다.

옹수雍水와 저수沮水가 함께 모인다'(雷夏旣澤, 雍沮會同) 하였다'라고 설명하였다.

◇ 『주례』「직방씨」: "예주豫州: ……하천은 형수滎水와 낙수雒水이고, 큰 못은 파수波水와 자수溠水이며, 특산은 대나무ㆍ옻ㆍ실ㆍ삼이다."(豫州: ……其川滎雒, 其浸波溠, 其利林漆絲枲.); 정현은 "'형滎'은 형양滎陽에 있고, '파波'는 '파播'로 읽는다.「우공」에 이르기를 '형수滎水와 파수播水는 이미 모여 큰 호수가 되었다'(滎播旣都) 하였다"라고 주하였다. "형락滎雒"ㆍ"파자波溠"와 "칠사시漆絲枲" 등은 모두「우공」을 인용한 것이 확실하다.

◇ 『주례』「고공기考工記」: "형주荊州의 나무줄기"(荊之幹); 이것은「우공」에 기록된, 형주의 공물貢物에 참죽나무줄기(杶榦)가 있다는 사실에 근거한 것이다.

④ 「감서甘誓」: 2회 인용됨

◇ 『묵자』「명귀하明鬼下」에 인용된「우서禹誓」는 실제「감서」 전문으로, 문구에 약간의 출입이 있다.

◇ 『여씨춘추』「선기先己」편에 하후夏后가 유호有扈와 감택甘澤에서 싸운 사실을 기록하고 있는데, 바로「감서」의 사건이다.

⑤ 「탕서湯誓」: 1회 인용됨

◇ 『맹자』「양혜왕상梁惠王上」: "「탕서」에 이르기를 '저 해는 언제 지려나? 내 저 해와 함께 죽으리라' 하였다."(湯誓曰, 時日害喪, 予及女皆亡.)
이 외에 『묵자』「상현중尙賢中」에서도「탕서」라는 제목 아래 "이에 큰 성인을 구하여 그 성인과 힘과 뜻을 모아 천하를 다스린다"(聿求元聖, 與之戮力同心, 以治天下)라는 구절을 인용하고 있지만, 이는 걸桀을 정벌할 때의 서사誓詞가 아니라 『묵자』에 실린 다른 판본의「탕서」이다. 또

『논어』, 『국어』, 『묵자』, 『순자』, 『시자尸子』, 『여씨춘추』에 인용된 「탕서」는 기우祈雨와 관련된 것으로서 이 역시 본편本篇이 아니다. 이 두 가지는 모두 뒤의 '일서逸書'에 배속시켰다.

⑥ 「반경盤庚」 3편: 4회 인용됨

◇ 『국어』 「주어상周語上」: "「반경」에 이르기를 '나라가 잘됨은 그대들 덕이요, 나라가 잘되지 못함은 오직 나 때문이니 나에게 죄가 있는 것이다' 하였다."(盤庚曰, 國之臧, 則惟女衆. 國之不臧, 則惟餘一人. 是有逸罰.)

◇ 『좌전』 은공隱公 6년: "「상서商書」에 이르기를 '악의 뻗어나감이 마치 불이 평원을 태우는 것과 같으니, 그 불을 끌 수 있겠는가?' 하였다."(商書曰, 惡之易也, 如火之燎于原, 不可鄕邇, 其猶可撲滅.)

◇ 『좌전』 장공莊公 14년: "「상서商書」에 이르기를 '악의 뻗어나감이 마치 불이 평원을 태우는 것과 같으니, 그 불을 끌 수 있겠는가?' 하였다."(商書所謂, 惡之易也, 如火之燎于原, 不可鄕邇, 其猶可撲滅.)

◇ 『좌전』 애공哀公 11년: "「반경지고盤庚之誥」에 이르기를 '만약 사납게 뻗대어 복종하지 않는 자가 있다면 그 후손을 멸절시켜 이곳에 뿌리내리지 못하게 하리라' 하였다."(盤庚之誥曰, 其有顚越不共, 則劓殄無遺育, 無俾易種于兹邑.)

⑦ 「목서牧誓」: 2회 인용됨

◇ 『국어』 「주어하周語下」에 인용된 "무왕이 은殷을 정벌할 때, 세성歲星은 순화鶉火였다"(武王伐殷, 歲在鶉火) 및 "목야牧野에서 전진戰陣을 펴다"(布戎於牧之野) 등의 구절은 확실히 주초周初의 「목서牧誓」와 관련 있다.

◇ 『맹자』 「진심하盡心下」: "무왕이 은을 정벌할 때, 전차가 삼백 량이고 용사가 삼천 명이었다."(武王伐殷也, 革車三百乘, 虎賁三千人.); 「목서서牧誓序」와 동일하다.

⑧ 「홍범洪範」: 18회 인용됨

◇ 『시경』 「소민小旻」: "나라가 비록 크지 않으나 성인聖人도 있고 범인凡人도
  있으며, 백성이 비록 많지 않으나 어진 이도 있고 영리한 이도 있으며
  신중한 이도 있고 숙달된 이도 있네."(國雖靡止, 或聖或否, 民雖靡膴, 或哲或謀, 或肅或
  艾.); 「홍범」 '오사五事'의 숙肅·예乂·철哲·모謀·성聖을 읊은 것이다.

◇ 『좌전』 문공文公 5년: "「상서商書」에 이르기를 '소극적인 사람은 강함으로
  다스리고, 존귀한 사람은 부드러움으로 다스린다' 하였다."(商書曰, 沈漸剛克,
  高明柔克.)

◇ 『좌전』 성공成公 6년: "「상서商書」에 이르기를 '세 사람이 점을 쳐서, 두
  사람의 점괘를 따른다' 하였다."(商書曰, 三人占, 從二人.)

◇ 『좌전』 양공襄公 3년: "「상서商書」에 이르기를 '어느 한쪽으로도 치우치지
  않으니 왕도가 널리 퍼져 나가는구나' 하였다."(商書曰, 無偏無黨, 王道蕩蕩.)

◇ 『좌전』 소공邵公 6년: "『서書』에 이르기를 "성인聖人이 법을 만드셨다"
  하였다."(書曰, 聖作則.)

◇ 『묵자』 「상동상尙同上」: "위와 뜻을 같이하고, 아래로 나쁜 사람들과
  엮이지 않는다"(上同而不下比), "지금 만약 거센 바람이나 큰비가 이르러
  온다면, 이는 백성들이 위로 하늘과 함께하지 않음을 하늘이 벌주는
  것이다."(今若天飄風苦雨, 溱溱而至者, 此天所以罰百姓之不上同於天者也.)

◇ 『묵자』 「상동중尙同中」: "무릇 나라의 만백성은 위로 천자와 함께하고,
  감히 아래로 나쁜 사람들과 엮이지 말아야 한다"(凡國之萬民上同於天子, 而不敢下
  比), "거센 바람과 큰비가 끊임없이 몰려오는 것은 바로 하늘이 내리는
  벌이다."(飄風苦雨薦臻而至者, 此天之降罰也.)

◇ 『묵자』 「상동하尙同下」: "진실로 의義가 같지 않으면 파당을 짓게 된다."(若
  苟義不同者, 有黨.)

  위의 『묵자』 3곳은 「홍범」에 나오는 "관리들에게 사사로운 비덕比德이

있지 아니하면 오직 왕은 황극을 세운다"(人無有比德, 惟王作極), "치우치지 않고 무리 짓지 않는다"(無偏無黨) 및 '서징庶徵' 중의 "풍우지구風雨之咎" 등을 습용한 것이다.

◇ 『묵자』「겸애하兼愛下」: "「주시周詩」에 이르기를 '왕도王道가 널리 퍼져 나감은 치우치지 않고 무리 짓지 않음이네, 왕도가 평이平易함은 무리 짓지 않고 치우치지 않음이네'라고 하였다."(周詩曰, 王道蕩蕩, 不偏不黨. 王道平平, 不黨不偏.); 이 아래에 다시 『시경』「대동大東」의 "그 곧음은 화살과 같고, 그 반질함은 숫돌과 같네. 군자가 행하는 바이고, 소인이 우러러 보는 바이네"(其直若矢, 其易若厎, 君子之所履, 小人之所視)라는 4구가 이어진다. "왕도탕탕 王道蕩蕩" 이하의 구절은 「홍범」의 내용을 운문으로 읊었기 때문에 「주시 周詩」라 칭한 것이다.

◇ 『순자』「수신修身」: "「서書」에 이르기를 '좋아하는 마음을 짓지 말고 선왕 의 도를 따르며, 미워하는 마음을 짓지 말고 선왕의 길을 따르라' 하였 다."(書曰, 無有作好, 遵王之道, 無有作惡, 遵王之路.)

◇ 『순자』「천론天論」: "「서書」에 이르기를 '좋아하는 마음을 짓지 말고 선왕 의 도를 따르며, 미워하는 마음을 짓지 말고 선왕의 길을 따르라' 하였 다."(書曰, 無有作好, 遵王之道, 無有作惡, 遵王之路.)

◇ 『관자』「군신하君臣下」: "따라서 (明君은) 팔정八政으로 면려勉勵한다."(是故厲 之以八政); 윤지장尹知章의 주注에서는 "팔정八政은 「홍범」의 팔정을 말한다" 라고 했는데, 이 설이 옳다. 처음 팔정이 제기된 곳은 「홍범」제3주疇이다.

◇ 『장자』「천운天運」: "하늘에는 육극六極(東西南北上下)과 오상五常(五行)이 있으 니, 제왕帝王이 이를 따르면 (나라가) 다스려지고 어기면 흉할 것이다. 천하의 일(九州聚落之事)이 잘 다스려지고 덕이 갖추어지면"(天有六極五常, 帝王順 之則治, 逆之則凶. 九洛之事, 治成德備) 등; 이는 「홍범」의 내용을 개괄적으로 인용한 것이다.

◦ 『한비자』「유도有度」: "선왕先王의 법도에 이르기를, '신하는 자신의 위엄을 세우지 말고 자신의 이익을 도모하지 말며 왕의 뜻을 따라야 한다. 싫어하는 마음을 짓지 말고 왕의 길을 따라야 한다."(先王之法曰, 臣毋或作威, 毋或作利, 從王之指. 毋或作惡, 從王之路.)

◦ 『주례』「하관夏官·광인匡人」의 "감히 위배됨이 없게 하여 왕명을 받든다"(使無敢反側, 以聽王命)에 대한 정현의 주(反側猶違背法度也)는 『상서』의 "위배됨이 없고 치우침이 없으니 왕도王道가 정직正直하다"(無反無側, 王道正直)에 근거한 것이다.

◦ 『여씨춘추』「귀공貴公」: "「홍범鴻範」에 이르기를, '하늘이 조용히 백성을 안정시킨다' 하였다."(鴻範曰, 惟天陰騭下民.)

◦ 『일주서』「상훈常訓」: "사징四徵이 드러나지 않고, 육극六極이 행해지지 않으며, 팔정八政이 따라지지 않는다"(四徵不顯, 六極不服, 八政不順), "육극六極은 명命·추醜·복福·상賞·화禍·벌罰이다. 육극이 그 법도를 넘어서지 않으면 팔정이 화평할 것이다."(六極, 命醜福賞禍罰. 六極不贏, 八政和平.); 모두 「홍범」의 내용을 따른 것이다.

◦ 『일주서』「본전本典」: "사람에게는 팔정八政이 있으니, 모두 그 법칙을 지킨다."(人有八政, 皆得其則.); 이 역시 「홍범」의 내용을 따르고 있다.

⑨ 「강고康誥」: 31회 인용됨

◦ 『국어』「진어晉語 15」: "「주서周書」에서는 '원망은 큰 데에 있지 않고 또한 작은 데에도 있지 않다'라고 하였다."(周書, 怨不在大, 亦不在小.)

◦ 『좌전』 희공僖公 23년: "「주서」에서는 '이에 크고 밝게 복종한다'라고 하였다."(周書, 乃大明服.)

◦ 『좌전』 희공 33년: "「강고」에 이르기를 '어버이가 자애롭지 않고, 자식이 공경하지 않으며, 형이 우애롭지 않고, 아우가 공손하지 않다' 하였다."

(康誥曰, 父不慈, 子不祇, 兄不友, 弟不共.); 여기에 이어 "(그 죄가) 서로에게 미치지 않는다"(不相及也) 구절이 더해져 있는데, 이것은 원편의 대의를 종합해서 서술한 것이다.

◇ 『좌전』 선공宣公 6년: "「주서」에 이르기를 '대은大殷을 멸하였다'라고 하였다."(周書曰, 殪戎殷.)

◇ 『좌전』 선공 15년: "「주서」에 '수고롭고 수고로우며 공경스럽고 공경스럽다'라고 하였다."(周書, 庸庸祇祇.)

◇ 『좌전』 성공成公 2년: "「주서」에 '덕을 밝히고 벌을 신중히 내린다'라고 하였다."(周書, 明德愼罰.)

◇ 『좌전』 성공 8년: "「주서」에 '감히 홀아비와 과부를 업신여기지 않는다'라고 하였다."(周書, 不敢侮鰥寡.)

◇ 『좌전』 성공 16년: "「주서」에서는 '천명天命은 일정치 않다'라고 하였다." (周書, 惟命不於常.)

◇ 『좌전』 양공襄公 23년: "『서』에 이르기를 '천명은 일정치 않다'라고 하였다."(書曰, 惟命不於常.)

◇ 『좌전』 소공昭公 8년: "「주서」에서는 '따르지 않는 사람을 따르게 하고 힘쓰지 않는 사람을 힘쓰게 했다'라고 하였다."(周書, 惠不惠, 茂不茂.); 여기에 "이것이 강숙康叔의 사업이 넓고 크게 떨친 까닭이다"(康叔所以服弘大也)라는 말을 덧붙임으로써 다음 구절의 의미를 서술하였다.

◇ 『좌전』 소공 20년조에는 「강고」의 말로서 "부자형제의 죄가 서로에게 미치지 않는다"(父子兄弟罪不相及)라는 구절이 있는데, 이것 또한 「강고」의 대의大意를 기록한 것이다.

◇ 『좌전』 정공定公 4년: "강숙康叔에게 대로大路·소백少帛 등을 나누어 주고…… 「강고」로써 명하여 은허殷墟에 봉하였다."(分康叔以大路, 少帛……命以康誥, 而封於殷墟.)

◇ 『맹자』 「등문공상滕文公上」: "옛사람들은 갓난아기를 보호하듯이 하였
  다."(古之人若保赤子.)

◇ 『맹자』 「만장상萬章下」: "「강고」에 이르기를, '재물 때문에 사람을 죽이고
  도 난폭하여 죽음을 두려워하지 않는 사람은 백성들 가운데 미워하지
  않는 이가 없다' 하였다."(康誥曰, 殺越人於貨, 閔不畏死, 凡民罔不譈.)

◇ 『순자』 「부국富國」: "「강고」에 이르기를 '하늘처럼 크게 덮으라' 하였다."
  (康誥曰, 弘覆乎天.)

◇ 『순자』 「부국」: "『서書』에 이르기를 '이에 크고 밝게 복종하니, 오직
  백성들은 경계하고 화합에 힘쓰리라' 하였다."(書曰, 乃大明服, 惟民其勅懋和.)

◇ 『순자』 「군도君道」: "『서』에 이르기를 '문왕이 (백성을) 공경하고 조심스러
  워하였다'라고 하였다."(書曰, 惟文王敬忌.)

◇ 『순자』 「신도臣道」: "갓난아기를 양육하듯이 하다."(若養赤子.); 이것은 "갓난
  아기를 보호하듯이 하다"(若保赤子) 구절을 변형시킨 것이다.

◇ 『순자』 「치사致士」: "『서』에 이르기를 '합당한 형벌이나 죽임이라도 즉시
  시행하지 말아야 하니, 너는 오직 <사정이 아직 밝혀지지 않았다>라고
  해야 한다' 하였다."(書曰, 義刑義殺, 勿庸以即, 汝惟曰未有順事.)

◇ 『순자』 「정론正論」: "『서』에 이르기를 '능히 밝은 덕을 밝혀라' 하였다."(書曰,
  克明明德.)

◇ 『순자』 「군자君子」: "『서』에 이르기를 '사람들은 스스로 죄를 짓는다'
  하였다."(書曰, 凡人自得罪.)

◇ 『순자』 「유좌宥坐」: "『서』에 이르기를 '합당한 형벌이나 죽임이라도 즉시
  시행하지 말아야 하니, 나는 오직 <사정이 아직 밝혀지지 않았다>라고
  말한다' 하였다."(書曰, 義刑義殺, 勿庸以即, 予維曰未有順事.)

◇ 『순자』 「성상成相」: "덕을 밝히고 벌을 신중히 내린다."(明德慎罰.)

◇ 『전국책』 「위책魏策 3」: "「주서」에 이르기를 '천명은 일정치 않다' 하였다."

(周書曰, 惟命不於常.); 이것은 위魏의 중대부中大夫 수가須賈의 말이다.

◇ 『예기』「중용中庸」: "한 번의 전쟁으로 천하를 소유하였다."(一戎衣而有天下.); 이것은 「강고」의 "대은大殷을 멸하다"(殪戎殷)[12] 구절로부터 나온 말이다.

◇ 『예기』「치의緇衣」: "「강고」에 이르기를 '조심스럽고 현명하게 벌을 내린다' 하였다."(康誥曰, 敬明乃罰.)

◇ 『예기』「대학大學」: "「강고」에 이르기를 '능히 덕을 밝힌다' 하였다."(康誥曰, 克明德.)

◇ 『예기』「대학」: "「강고」에 이르기를 '백성을 새롭게 하라' 하였다."(康誥曰, 作新民.)

◇ 『예기』「대학」: "「강고」에 이르기를 '갓난아기를 보호하듯이 한다' 하였다."(康誥曰, 如保赤子.)

◇ 『예기』「대학」: "「강고」에 이르기를 '천명은 일정치 않다' 하였다."(康誥曰, 惟命不于常.)

◇ 『일주서』「화오和寤」: "소인小人은 보호하기 어렵다."(小人難保.)

⑩ 「주고酒誥」: 1회 인용됨

◇ 『한비자』「설림상說林上」: "「강고康誥」에 이르기를 '이주彝酒가 없다' 하였으니, 이주彝酒는 늘 취해 있다는 뜻이다."(康誥曰, 無彝酒. 彝酒, 常酒也.); 살펴보건대, "이주彝酒가 없다"(無彝酒)라는 말은 금문「주고酒誥」에 보인다. 정현은 『주례周禮』「서序」에서 "「반경盤庚」・「강고康誥」 등은 모두 3편으로 되어 있다"라고 하였고 단옥재段玉裁는 『고문상서찬이古文尚書撰異』에서 "주대 당시에 「주고酒誥」・「재재梓材」는 「강고」였다"라고 하였으니, 피석서皮錫瑞는 『금문상서고증今文尚書考證』에서 "이에 근거해서 볼 때 3편(「강고」・「주고」・「재재」)은 실제로는 동일한 편이다. 『한비』는 분서焚書 이전의 책이기

---

12) "殪戎殷"의 '戎'은 원래 '大'의 뜻인데, 「중용」의 편자가 '戰'의 뜻으로 오인한 것이다.

때문에 그 설을 믿을 만하다"라고 하였다.

⑪「낙고洛誥」: 7회 인용됨

◇ 『맹자』「고자하告子下」: "『서書』에 이르기를 '조향朝享(조례하며 폐백을 올림)에는 예의가 많다' 하였다."(書曰, 享多儀.)

◇ 『관자』「유관幼官」: "사보四輔13)에게 보고하다."(請四輔.)

◇ 『관자』「유관」: "삼경三卿이 사보四輔를 부리다."(三卿使四輔.)

◇ 『관자』「유관도幼官圖」: "삼경三卿이 사보四輔를 부리다."(三卿使四輔.)

◇ 『대대예기』「천승千乘」: "나라에 사보四輔를 두다."(國有四輔.)

◇ 『예기』「문왕세자文王世子」: "사師·보保, 의疑·승丞을 두고, 사보四輔를 설치하다."(有師保, 有疑丞, 設四輔.)

위의 다섯 곳은 「낙고」의 "(사방을) 다스려 사보四輔가 되다"(亂爲四輔) 구절에 근거한 것이다.

◇ 『예기』「명당위明堂位」: "주공周公이······ 7년간 성왕成王 아래에서 정사를 맡았다."(周公······七年致政於成王.); 이는 「낙고」의 "주공이 문왕과 무왕이 받은 천명을 크게 보존한 것이 7년이었다"(周公, 誕保文武受命, 惟七年)와 관련이 있다.

⑫「무일無逸」: 4회 인용됨

◇ 『논어』「헌문憲問」: "『서書』에 이르기를 '고종高宗이 거상居喪하면서 3년 동안 말하지 않았다' 하였다."(書云, 高宗諒陰, 三年不言.)

◇ 『국어』「초어楚語」: "「주서周書」에 이르기를 '문왕文王은 해가 질 때까지 밥 먹을 겨를도 없이 정사를 돌보았으니, 백성들에게 은혜를 베풀고 공경스럽게 정사를 처리하였다'라고 하였다."(周書曰, 文王至於日中昃, 不皇暇食,

---

13) 「皐陶謨」에 "欽四鄰"이란 구절이 있고 이를 『大傳』에서 "前曰疑, 後曰丞, 左曰輔, 右曰弼"이라 풀이했는데, 이 四鄰이 四輔에 해당될 것으로 보인다. 四鄰과 四輔는 본래 左右의 大臣을 두루 칭하는 말로서 특정한 관직을 지칭하는 말이 아니었을 것이다.

惠于小民, 唯政之恭.)

◇ 『예기』 「방기坊記」: "고종이 말하기를 '3년 동안 말을 하지 않았고, 말을 하자 백성들이 이에 기뻐했다' 하였다."(高宗云, 三年其惟不言, 言乃讙.)[14]

◇ 『여씨춘추』 「중언重言」: "고종은 천자天子이다. 즉위 후 거상居喪하니, 3년 동안 말을 하지 않았다."(高宗, 天子也. 卽位諒闇, 三年不言.)

⑬ 「군석君奭」: 1회 인용됨

◇ 『예기』 「치의緇衣」: "「군석」에 이르기를 '옛날 상제께서 문왕의 덕을 더욱 고쳐시켜 문왕에게 대명大命이 모이게 하셨다' 하였다."(君奭曰, 昔在上帝, 周田觀文王之德, 其集大命於厥躬.); 글자에 약간의 차이가 있다.

⑭ 「여형呂刑」: 16회 인용됨

◇ 『좌전』 양공襄公 13년: "『서』에 이르기를 '한 사람이 선善을 행하면 모든 백성이 이에 힘입게 되니, 나라의 안녕이 영원할 것이다' 하였다."(書曰, 一人有慶, 兆民賴之, 其寧惟永.)

◇ 『묵자』 「상현중尙賢中」: "선왕지서先王之書 「여형」에서 말하기를, '황제가 백성들에게 어려움을 살펴 묻자…… 세 제후가 그 공을 완성하니, 덕이 백성들에게 베풀어져 풍성하게 되었다'라고 하였다."(先王之書呂刑曰, 皇帝淸問下民……三后成功, 維假於民.); 17구의 상당한 장문인데, 원편의 글에 비해 약간의 차이가 있다.

◇ 『묵자』 「상현하尙賢下」: "선왕지서 「여형」에서 왕이 말하기를, '아! 오너라. 나라를 다스리고 땅을 다스리는 이들이여.…… 무엇을 공경하게 하는가, 형벌이 아닌가? 무엇을 생각하는가, 도에 이르는 것이 아닌가?'라고 하였다."(先王之書呂刑, 王曰, 於來, 有國有土……何敬不刑, 何度不及.); 이 8구절의 문장

---

14) 孔穎達은 이것이 「高宗之訓」의 문장이라고 잘못 말했다.

역시 원편에 비해 약간의 차이가 있다.

◇ 『묵자』「상동중尙同中」: "선왕지서 「여형」에서 말하기를, '묘민苗民이 복종하지 않으므로 형벌로써 제재하였으며, 오살五殺의 형벌을 지어 법法이라고 불렀다' 하였다."(先王之書呂刑曰, 苗民否用練, 折則刑, 唯作五殺之刑, 曰法.)

◇ 『순자』「왕제王制」: "『서』에 이르기를 '가지런한 것이 있고 가지런하지 않은 것도 있다' 하였다."(書曰, 維齊非齊.)

◇ 『순자』「정론正論」: "『서』에 이르기를 '형벌은 때로는 가볍게, 때로는 무겁게 한다' 하였다."(書曰, 刑罰世輕世重.)

◇ 『순자』「군자君子」: "『서』에 이르기를 '한 사람이 선善을 행하면 모든 백성이 이에 힘입는다' 하였다."(書曰, 一人有慶, 兆民賴之.)

◇ 『예기』「표기表記」: "「보형甫刑」에 이르기를 '경건하고 삼가서 자신에게 나쁜 말이 없도록 해야 한다' 하였다."(甫刑曰, 敬忌而罔有擇言在躬.)

◇ 『예기』「표기」: "「보형」에 이르기를 '덕의 위엄이 오직 위엄 있고, 덕의 밝음이 오직 밝다' 하였다."(「甫刑」, 德威惟威, 德明惟明.)

◇ 『예기』「치의緇衣」: "「보형」에 이르기를 '묘민苗民이 명령에 복종하지 않으므로 형벌을 만들었으니, 오학五虐의 형벌을 제정하고 법이라고 했다'라고 하였다.(甫刑, 苗民匪用命, 制以刑, 惟作五虐之刑, 曰法.)

◇ 『예기』「치의」: "「보형」에 이르기를 '한 사람이 선善을 행하면 모든 백성이 이에 힘입는다' 하였다."(甫刑, 一人有慶, 兆民賴之.)

◇ 『예기』「치의」: "「보형」에 이르기를 '도의道義를 따르지 않는 자에게 형벌을 내린다' 하였다."(甫刑, 播戎之不迪.)

◇ 『대대예기』「보부保傅」: "『서書』에 이르기를 '한 사람이 선善을 행하면 모든 백성이 이에 힘입는다' 하였다."(書曰, 一人有慶, 兆民賴之.)

◇ 『효경』「천자장天子章」: "「보형」에 이르기를 '한 사람이 선善을 행하면 모든 백성이 이에 힘입는다' 하였다."(甫刑, 一人有慶, 兆民賴之.)

◇ 『효경』 「오형장五刑章」: "오형五刑에 속하는 것은 삼천 가지가 된다."(五刑之屬 三千.)

◇ 『일주서』 「전보典寶」: "무엇을 고를 것인가, 사람이 아니겠는가?"(何擇非人.); 이후 『일주서』는 춘추전국시대에 유행하던 각종 편들의 "何○非○" 형식 의 구절들15)을 대량으로 습용하여 완성되었다.

⑮ 「진서秦誓」: 2회 인용됨

◇ 『예기』 「대학大學」: "「진서」에 이르기를, '만약 어떤 한 신하가 있어……또한 위태로울 것이다'라고 하였다."(秦誓曰, 若有一個臣……亦曰殆哉.); 모두 19구 이다.

◇ 『공양전公羊傳』 문공文公 12년: "오직 어떤 사람이 있어 그가 전일專一하다 면, 별다른 재주가 없다 하더라도 그 마음이 넉넉하여 모두 포용할 수 있다."(惟一介斷斷焉, 無他技, 其心休休, 能有容.)

이상을 통해 『금문상서』 28편 가운데 선진시대 문헌에 인용된 편목은 모두 15편이고, 13편은 인용되지 않았다는 것을 알 수 있다. 가장 많이 인용된 것은 「강고康誥」로서 31회에 달한다. 그 다음은 「홍범洪範」으로 19회, 「여형呂刑」 16회, 「요전堯典」 14회, 「우공禹貢」・「낙고洛誥」 각 7회, 「반경盤庚」・「무일無逸」 각 4회, 「고요모皐陶謨」 3회, 「감서甘誓」・「목서牧誓」・「진서秦誓」 각 2회, 「탕서湯誓」・「주고酒誥」・「군석君奭」 각 1회씩이다.16)

선진 문헌 18종에서 『금문상서』 중의 15편을 인용한 정황을 표로 나타내 면 다음과 같다.(<>로 표시된 것은 인용된 편명이 기록되어 있는 편이다.)

---

15) 「小開」의 "何愼非言"・"何擇非德"・"何勸非樂", 「大開武」의 "何畏非道"・"何惡非是" 등 수십 구가 있다.

16) 桀을 정벌한 내용이 아닌 逸篇 「湯誓」도 수차례 인용되었는데, 뒤에서 다루기로 한다.

<선진시대 문헌들에 나타난 『금문상서』의 인용 정황>

선진 문헌	인용 횟수	인용 편수	인용 편명
詩	1회	1편	洪範
論語	1회	1편	無逸
國語	7회	6편	堯典 2회, 禹貢, <盤庚>, 牧誓, 康誥, 無逸
左傳	23회	6편	堯典 2회, 皋陶謨 2회, <盤庚> 3회, 洪範 4회, <康誥> 11회, 呂刑
墨子	9회	4편	禹貢, <禹誓(甘誓)>, 洪範 4회, <呂刑> 3회
孟子	12회	6편	<堯典> 5회, 禹貢, 湯誓, 牧誓, 康誥, 洛誥
荀子	16회	5편	堯典, 禹貢, 洪範, <康誥>, 呂刑
管子	4회	2편	洪範, 洛誥 3회
莊子	1회	1편	洪範
韓非子	2회	2편	洪範, <康誥(酒誥)>
戰國策	1회	1편	康誥
周禮	4회	2편	禹貢 3회, 洪範
禮記	20회	8편	<帝典(堯典)> 3회, 皋陶謨, <康誥> 5회, 洛誥 2회, <高宗(無逸)>, <君奭>, <甫刑(呂刑)> 5회, <秦誓>
大戴禮記	2회	2편	洛誥, 呂刑
孝經	2회	1편	<甫刑(呂刑)>
公羊傳	1회	1편	秦誓
呂氏春秋	4회	3편	甘誓, <鴻範(洪範)> 2회, 無逸
逸周書	5회	4편	堯典, 洪範2회, 康誥, 呂刑
합계 (18종)	115회	15편	堯典(帝典), 皋陶謨, 禹貢, 甘誓(禹誓), 湯誓, 盤庚, 牧誓, 洪(鴻)範, 康誥, 酒誥, 洛誥, 無逸(高宗), 君奭, 呂刑(甫刑), 秦誓

제2절 선진시기 문헌에 나타난 고문일서 16편

서한 중기에 출현한 공자가전본孔子家傳本 『고문상서古文尙書』는 공안국孔
安國에 의해 금문今文과 대조되어 읽혀지기 시작했는데, 금문과 동일한
서편을 제외하고도 '일서逸書' 10여 편이 더 많았다고 한다. 유흠劉歆이
학관學官에 『상서』를 세우기를 청할 때 이들 편들이 모두 16편이라고
했는데, 이를 일반적으로 '일서逸書 16편'이라 부르며 그 편명은 『상서정의』
「요전堯典」에 기록되어 있다.[17) 선진시기에 이 일서 16편을 인용하면서
명확하게 편명을 제시하고 있는 것으로는 현재 「이훈伊訓」· 「함유일덕咸有
一德」· 「무성武成」의 3편만이 알려져 있다. 이 외에 순舜의 고사를 기록하고
있는 편이 있는데, 이는 「요전」에서 떨어져 나온 현전하는 「순전舜典」의
기록과 서로 다르다. 아마도 일서 16편 속 「순전」의 일문이 아닌가 한다.
선진시기에 인용된 일서 16편의 현황을 정리해 보면 다음과 같다.

① 「순전舜典」: 3회 인용됨

◦ 『맹자』 「만장상萬章上」: "순舜이 들에 가서 하늘을 향해 울부짖으니"(舜往於
田, 號泣於旻天)에서부터 "제요帝堯가 그의 자식 9남 2녀에게 백관百官과
우양牛羊과 창고를 갖추어 밭이랑 가운데서 순舜을 섬기게 했다"(帝使其子九
男二女百官牛羊倉廩備, 以事舜於畎畝之中)까지의 단락은 맹자가 만장萬章과의 문답

---

17) 제4장 1절의 5항에서 16편의 명칭을 확인할 수 있다.

에서 선진시기 「순전」의 내용에 근거하여 말한 것이다.

◇ 『맹자』 「만장상」: "순舜의 부모父母가 순에게 곳간 지붕을 손질하도록 하고는 사다리를 치운 다음 고수瞽瞍가 창고에 불을 질렀으며, 순에게 우물을 파도록 하고는 순이 나오려고 하자 흙을 덮어 생매장하였다. 동생 상象이 말하기를 '순을 생매장하도록 도모한 것은 모두 나의 공이니…… 상이 '슬퍼하며 형님을 그리워했습니다' 하고는 부끄러워했다. 순이 '너는 내게 와서 이 신하들을 다스려라' 하였다."(父母使舜完廩, 捐階, 瞽瞍焚廩. 使浚井, 出從而揜之. 象曰, 謨蓋都君, 咸我績……象曰, 鬱陶思君爾, 忸怩. 舜曰, 惟兹臣庶, 汝其於予治.); 이 단락은 선진시기 「순전」 일문의 원문일 것이다.

◇ 『맹자』 「만장상」: "『서』에 이르기를 '일을 공경히 하여 고수瞽瞍에게 보이며 두려워하고 공경하니, 고수도 믿고 순응하였다'라고 하였다."(書曰, 祗載見瞽瞍, 夔夔齋栗, 瞽瞍亦允若.); 위고문 「대우모大禹謨」에 습용되었다.

② 「이훈伊訓」: 1회 인용됨

◇ 『맹자』 「만장상」: "「이훈」에 이르기를 '하늘의 벌이 내리니, 공격이 (夏의) 목궁牧宮으로부터 시작되었고 나는 박亳에서 시작하였다'라고 하였다." (伊訓曰, 天誅造, 攻自牧宮, 朕載自亳.); 위고문 「이훈」에 습용되면서 "명조鳴條를 시작으로 공격하게 하니, 나는 박에서 시작하였다"(造攻自鳴條, 朕哉自亳)로 수정되었다.[18]

③ 「함유일덕咸有一德」[19]: 2회 인용됨[20]

◇ 『예기』 「치의緇衣」: "「윤길尹吉」에 이르기를 '나 이윤伊尹은 탕왕湯王과

---

18) 이 외에 『荀子』 「臣道」에서 "書曰" 4句를 인용하고 있는데, 僞古文 「伊訓」에서 襲用하였다. 아래에 보인다.

19) 원래는 「尹吉」이라 되어 있는데, 鄭玄은 「尹告」로 고쳐야 한다고 했다.

20) 또 『呂氏春秋』 「諭大」에서 「商書」의 2구절을 인용하고 있는데, 위고문 「咸有一德」에 습용되었지만 해당 편명이 아니다. 아래의 '편명이 없는 일서' 항목에서 다루었다.

더불어 모두 일덕壹德을 지녔다' 하였다."(尹吉曰, 惟尹躬及湯, 咸有壹德); 정현은
"길吉은 고告가 되어야 하니, 고문 '고誥'자를 잘못 쓴 것이다. 「윤고尹告」는
'이윤伊尹의 고誥'라는 뜻이다. 「상서서尙書序」에는 「함유일덕咸有一德」으
로 되어 있는데, 지금은 망실되었다"(吉當爲告, 古文誥字之誤也. 尹告, 伊尹之誥也.
書序以爲咸有一德, 今亡)라고 주하였다. 위고문 「함유일덕」에 습용되었다.

◦ 『예기』「치의」: "「윤길」에 이르기를 '나 이윤의 선왕은 서쪽 하夏나라에서
섬겼으니, 스스로 두루 사업을 잘 마무리하였고 재상들도 또한 사업을
잘 마무리하였다'라고 하였다."(尹吉曰, 惟尹躬天見於西邑夏, 自周有終, 相亦惟終.); 이
3구는 위고문에 습용되지 않았다.

④ 「무성武成」: 2회 인용됨

◦ 『맹자』「진심하盡心下」: "『서』의 내용을 다 믿는 것은 차라리 『서』가 없느니
만 못할 것이다. 나는 「무성武成」편에서 두세 쪽 정도만 취할 뿐이다.
인인仁人은 천하에 대적할 사람이 없거늘, 지극한 인仁으로 지극히
불인不仁한 사람을 정벌하였는데 어찌 그 피에 절굿공이가 떠다닐
수 있었겠는가?"(盡信書, 則不如無書. 吾於武成, 取二三策而已矣. 仁者無敵於天下, 以至仁伐至不
仁, 而何其血之流杵也.); 이는 「무성」을 평술한 것으로, 반복해서 일구逸句를
인용하고 있다. 위고문에 이 구절이 습용되었다.

◦ 『일주서』「세부世俘」: "4월 을미일에 무왕武王이 천하의 왕업王業을 완성하
였다"(維四月乙未日, 武王成辟四方)에서 "무왕이 상商을 정벌하여 구보옥舊寶玉
일만 사천 가지와 패옥佩玉 일억 팔만 가지를 얻었다"(武王俘商, 得舊寶玉萬四千,
佩玉億有八萬)까지; 전편全篇 842자이다. 『한서漢書』「율력지律曆志」에서 "1월
임진일 방사백旁死霸"(唯一月壬辰旁死霸) 이하, "3월 기사백旣死霸"(三月旣死霸) 이
하, "4월 기방생백旣旁生霸"(惟四月旣旁生霸) 이하, "다음날 신해일"(翌日辛亥) 이
하 등 4단락의 14구절을 인용하면서 모두 「무성」이라고 칭했으니, 「세부」

가 곧 「무성」임을 알 수 있다.[21] 위고문 「무성」은 진대晉代의 위편僞篇이다.

이 밖에 선진 문헌에 인용된 일서 16편 중 진대晉代의 위고문에도 습용된 편목으로는 위고문 「대우모大禹謨」·「오자지가五子之歌」·「윤정胤征」·「여오旅獒」 등이 있다. 「대우모」는 『국어』·『좌전』·『맹자』·『순자』·『여씨춘추』 등에서 『서』나 「하서夏書」 등의 이름으로 14회 습용되었다. 「오자지가」는 5회 습용되었는데, 원래의 「무관武觀」은 습용되지 않았다.[22] 「윤정」은 4회, 「여오」는 1회 습용되었고, 위고문 「이훈伊訓」과 「함유일덕咸有一德」은 각각 1회 습용되었으며, 「무성武成」도 여러 차례 습용되었다. 그러나 이들은 모두 위고문이 선진일서를 습용한 것이지, 선진시기에 이들 편들이 인용되었던 것은 아니기 때문에 여기서는 다루지 않는다.

이상을 통해 한대에 전해진 고문일서 16편 가운데 선진시기에 인용된 것은 12편이며, 편명이 거론된 것은 모두 4편임을 알 수 있다. 아래에 선진 문헌 3종에서 인용하고 있는 고문일서 16편 가운데 4편의 정황을 정리하였다.(<>로 표시된 것은 인용된 편명이 기록되어 있는 편이다.)

<선진시기 문헌에 나타난 고문일서의 인용 현황>

선진 문헌	인용 횟수	인용 편수	일서 16편의 편명
孟子	5	3	舜典, <伊訓>, <武成>
禮記	2	1	<尹吉(咸有一德)>
逸周書	1	1	<世俘(武成)>
합계	8회	4篇	舜典, 伊訓, 咸有一德, 武成

---

21) 이미 清代의 학자들과 顧頡剛이 考定하였다.
22) 「五子之歌」는 「武觀」의 訛傳이다.

제3절 선진시기 문헌에 나타난 한대출현본 45편

서한시대 중기에 백편 『상서』의 편제篇題가 출현하였는데, 각 편들에는 공자의 이름에 가탁하여 해당 편이 만들어진 연유를 설명한 「상서서尙書序」가 있다. 일반적으로 이것을 '상서서, 백 편'이라고 부른다. 그 가운데는 복생의 금문 28편이 31편으로 나뉘고 고문일서 16편이 24편으로 나뉘어 포함되어 있으며, 그 외의 45편은 한대에 새롭게 출현한 편명이다.23) 이들 서편이 써진 연유는 대부분 『사기史記』의 하·상·주 「본기本紀」와 관련 「세가世家」에 보인다. 선진 문헌에서 자주 인용된 「상서서」 100편 가운데 한대에 새로 나타난 45편에 속하는 것으로서 편의 제목이 명확하게 표시된 것은 「중훼지고仲虺之誥」·「태갑太甲」·「열명說命」·「태서太誓」·「채중지명蔡仲之命」·「군진君陳」·「군아君牙」 등 7편이다.

선진 문헌에 인용된 「상서서」 100편에 속하는 한대출현본 45편 가운데 편명이 드러난 7편의 자료는 다음과 같다.

① 「중훼지고仲虺之誥」: 8회 인용됨24)

◇ 『좌전』 선공宣公 12년: "중훼仲虺가 말하기를 '어지럽히는 자를 잡아들이

---

23) 이들 편명은 제4장 1절의 4항에서 확인할 수 있다.
24) 이 8회 외에 또 『孟子』 「梁惠王」 등의 편에도 '湯이 葛을 정벌하는 내용'과 "徯我後" 구절이 있는데, 위고문 「仲虺之誥」에 습용되었다. 그러나 「殷本紀」에 의하면 이것은 「湯征」의 逸文이므로 여기에 수록하지 않았다.

고 망하게 하는 자에게는 모욕을 주며 약한 자를 아우른다' 하였다."(仲虺有言曰, 取亂侮亡, 兼弱也.); 위고문 「중훼지고」에서 "약한 자를 아우르고 어리석은 자를 공격하며, 어지럽히는 자를 잡아들이고 망하게 하는 자를 모욕한다"(兼弱攻昧, 取亂侮亡)로 습용하였다.

◇ 『좌전』 양공襄公 14년: "중훼가 말하기를 '망하게 하는 자는 모욕을 주고 어지러운 자는 잡아들인다. 망하게 하는 자를 밀어 내고 보존하는 자를 굳건히 하는 것이 나라의 도이다'라고 하였다."(仲虺有言曰, 亡者侮之, 亂者取之. 推亡固存, 國之道也.); 위고문에서 이 문장을 습용하였는데, 뒤의 두 구절이 "망하게 하는 자를 밀어 내고 보존하는 자를 굳건히 하면 나라가 번창하게 된다"(推亡固存, 邦乃其昌)라고 되어 있다.

◇ 『좌전』 양공 30년: "「중훼지지仲虺之志」에 이르기를, '어지러운 자를 잡아 들이고 망하게 하는 자를 모욕 주니, 망하게 하는 자를 밀어 내고 보존하는 자를 굳건히 하는 것이 나라의 이로움이다' 하였다."(仲虺之志云, 亂者取之, 亡者侮之, 推亡固存, 國之利也.)

◇ 『묵자』 「비명상非命上」: "「중훼지고仲虺之告」에 이르기를, '내가 하夏나라에 대해 들어 보니, 그 군주가 천명을 업신여기면서 백성들에게 명령을 내렸다. 상제가 그 죄악을 정벌하여 그의 군대를 섬멸하였다'라고 하였다."(於仲虺之告曰, 我聞於夏, 人矯天命, 布命於下. 帝伐之惡, 襲喪厥師.); 위고문에서 이 문장을 습용하였는데, 약간 다른 점이 있다.

◇ 『묵자』 「비명중非命中」: "선왕지서先王之書의 「중훼지고仲虺之告」에 이르기를, '내가 하나라에 대해 들어 보니, 그 군주가 천명을 업신여기면서 백성들에게 명령을 내렸다. 상제가 그를 미워하여 군대를 섬멸하였다'라고 하였다."(於先王之書仲虺之告曰, 我聞有夏, 人矯天命, 布命於下. 帝式是惡, 用闕師.)

◇ 『묵자』 「비명하非命下」: "「중훼지고仲虺之誥」에 이르기를 '내가 하나라에 대해 들어 보니, 그 군주가 천명을 업신여기면서 백성들에게 명령을

내리므로 상제가 그를 미워하여 그의 군대를 섬멸하였다'라고 하였다."

(仲虺之誥曰, 我聞有夏, 人矯天命於下, 帝式是增, 用爽厥師.)

◦ 『순자』「요문堯問」: "「중훼지언仲虺之言」에 이르기를, '제후가 스스로 스승
될 만한 이를 얻으면 왕자王者가 되고, 좋은 벗을 얻으면 패자霸者가
되며, 가까이 둘 만한 신하를 얻으면 존속하고, 스스로 도모할 뿐 주위에
자기만한 자가 없으면 망한다' 하였다."(其在中虺之言曰, 諸侯自爲得師者王, 得友者霸,
得疑者存, 自爲謀而莫己若者亡.); 양경楊倞의 주에는 "중귀中虺는 중훼仲虺와 같다"
(中虺與仲虺同也)라고 하였다. 이 4구가 위고문에서는 2구로 축약되었다.

◦ 『여씨춘추』「교자驕恣」: "중훼의 말에 내가 말한 바가 있으니, 이르기를
'제후의 덕德은, 스스로 스승 될 만한 이를 취할 수 있으면 왕자가
되고, 스스로 친구를 취할 수 있으면 살아남으며, 그 택한 사람이 자기만
못하면 망한다' 하였다."(仲虺有言, 不穀說之, 曰, 諸侯之德, 能自爲取師者王, 能自取友者存,
其所擇而莫如己者亡.)

② 「태갑太甲」 3편: 6회 인용됨[25]

◦ 『맹자』「공손추상公孫丑上」: "「태갑」에 이르기를 '하늘이 지은 재앙은
오히려 피할 수 있으나 스스로 지은 재앙에는 살아날 수 없다' 하였다."(太
甲曰, 天作孽, 猶可違, 自作孽, 不可活.); 위고문 「태갑」에 습용되면서 '활活'이 '환逭'으
로 바뀌었다.

◦ 『맹자』「이루상離婁上」: "「태갑」에 이르기를 '하늘이 지은 재앙은 오히려
피할 수 있으나 스스로 지은 재앙에는 살아날 수 없다' 하였다."(太甲曰,
天作孽, 猶可違, 自作孽, 不可活.)

◦ 『예기』「표기表記」: "「태갑」에 이르기를 '백성은 임금이 아니면 안녕할

---

25) 이와는 별도로 『左傳』의 襄公 25년조와 昭公 10년조, 『禮記』의 「文王世子」편과 「中庸」
   에서 "書曰"이라 하여 『상서』의 逸句를 인용한 것이 위고문 「太甲」에 습용되었는데,
   원래의 편목은 「태갑」이 아니다. 아래의 해당 편목에서 다루었다.

수 없고, 임금은 백성이 아니면 천하에 군림할 수 없다' 하였다."(太甲曰,
民非后, 無能胥以寧, 后非民, 無以辟四方.); 위고문 「태갑상太甲上」에 습용되었는데,
글자에 약간의 차이가 있다.

◇ 『예기』「치의緇衣」: "「태갑」에 이르기를 '그 명命을 업신여겨 스스로 전복
되지 말라. 우인虞人이 궁노弓弩를 쏠 때와 같이, 가서 화살이 법도에
맞는가를 살핀 후 쏘아야 한다'라고 하였다."(太甲曰, 毋越厥命, 以自覆也. 若虞機張,
往省括於厥度則釋.)

◇ 『예기』「치의」: "「태갑」에 이르기를 '하늘이 내린 재앙은 피할 수 있으나
스스로 지은 재앙은 피할 수 없다' 하였다."(太甲曰, 天作孽, 可違也, 自作孽, 不可以逭)
「치의」편의 두 경우도 위고문 「태갑」에 습용되었다.

◇ 『예기』「대학大學」: "「태갑」에 이르기를 '이 하늘의 밝은 명命을 돌아보았
다' 하였다."(太甲曰, 顧諟天之明命.); 위고문 「태갑상」에 습용되었다.

③ 「열명說命」 3편: 8회 인용됨

◇ 『국어』「초어상楚語上」: "무정武丁이 이에 글로 써서 말하기를,…… '만약
쇠가 있다면 너를 숫돌로 삼고, 만약 큰 내를 건넌다면 너를 배로 삼고,
만약 큰 가뭄이 든다면 너를 장맛비로 삼을 것이니, 네 마음을 열어
내 마음을 비옥하게 해 다오. 만약 약藥을 썼는데 독하고 어지럽지 않다면
병이 낫지 않을 것이며, 만약 맨발로 걷는데 땅을 살피지 않는다면 발이
상할 것이다."(武丁於是作書曰……若金用女作礪, 若津水用女作舟, 若天旱用女作霖雨. 啟乃心, 沃朕
心. 若藥不瞑眩, 厥疾不瘳, 若跣不視地, 厥足用傷.); 위고문 「열명」에 습용되었다.

◇ 『맹자』「등문공상滕文公上」: "『서』에 이르기를 '만약 약을 썼는데 독하고
어지럽지 않다면 병이 낫지 않을 것이다'라고 하였다."(書曰, 若藥不瞑眩,
厥疾不瘳.)[26]

---

[26] 또 「告子下」에 "부열은 집 짓는 사이에서 발탁되었다"(傅說舉於版築之間) 하였으니, 이
처럼 고대사 문헌들 중 「楚語」와 같은 종류는 항상 부열을 「說命」과 함께 거론한다.

◇ 『예기』「문왕세자文王世子」: "「열명兌命」에 이르기를 '처음과 끝을 유념하고 배움에 전념한다' 하였다."(兌命曰, 念終始典於學.)

◇ 『예기』「학기學記」: "「열명兌命」에 이르기를 '처음과 끝을 유념하고 배움에 전념한다' 하였다."(兌命曰, 念終始典於學.)

◇ 『예기』「학기」: "「열명兌命」에 이르기를 '가르침은 배움의 반半이다' 하였다."(兌命曰, 學學半.)

◇ 『예기』「학기」: "「열명兌命」에 이르기를 '공경하고 겸손하며 노력하고 때에 맞추며 민첩하면 좋은 결과를 맞이할 것이다' 하였다."(兌命曰, 敬遜務時敏, 厥休乃來.)

◇ 『예기』「치의緇衣」: "「열명兌命」에 이르기를 '말은 부끄러움을 일으키고 갑옷과 투구는 전쟁을 일으키니, 의상衣裳을 상자에 잘 보관해 두고 창과 방패는 자신을 성찰하는 데 쓴다' 하였다."(兌命曰, 惟口起羞, 惟甲冑起兵, 惟衣裳在笥, 惟幹戈省厥躬.)

◇ 『예기』「치의」: "「열명兌命」에 이르기를 '작위는 악덕惡德한 이에게 주지 말아야 하니, 백성이 바로서야 일이 바르게 돌아간다. 오로지 신神만을 위한 제사는 불경不敬스럽다. 절차가 번거로우면 혼란스럽고, 신을 섬겨도 복을 받기 어렵다' 하였다."(兌命曰, 爵無及惡德, 民立而正事. 純而祭祀, 是爲不敬. 事煩則亂, 事神則難.)

이상 『예기』의 6개 인용은 위고문 「열명」에 습용되었는데, 비교적 많이 변형된 것도 있다.

④ 「태서太誓」 3편[27]: 22회 인용됨

◇ 『국어』「주어중周語中」: "「태서」에 이르기를 '백성이 하고자 하는 바를

---

27) 이는 원본 「太誓」를 말한다. 馬融은 원본에 있어야 할 5가지 例가 漢代 「太誓」에 없음을 지적하며 전해지는 漢代의 今文이 原篇이 아님을 증명하였다. 그래서 東晉의 僞古文 「泰誓」는 마융의 설을 근거로 선진시대 原篇의 逸句를 습용하였다.

하늘은 반드시 따른다' 하였다."(在太誓曰, 民之所慾, 天必從之.); 위고문 「태서泰誓」
에 습용되었다.

◇ 『국어』 「주어하周語下」: "내가 듣기에, 「태서·고故」에 '나의 꿈이 나의
점괘와 맞아떨어져 아름다운 기운이 이어지니, 상商나라를 정벌하면
반드시 이길 것이다'라는 말이 있었다."(吾聞之太誓故曰, 朕夢協於朕卜, 襲於休祥,
戎商必克.); 마융은 한대의 금문 「태서太誓」에는 이 문장이 없다고 하였다.
위고문 「태서泰誓」에 습용되었다.

◇ 『국어』 「정어鄭語」: "「태서」에 이르기를 '백성이 하고자 하는 바를 하늘은
반드시 따른다' 하였다."(太誓曰, 民之所欲, 天必從之.)

◇ 『논어』 「태백泰伯」: "무왕武王이 말하기를 '나에게는 난세亂世를 다스릴
수 있는 신하 10명이 있다'라고 하였다."(武王曰, 予有亂臣十人.); 『좌전』 소공
24년조에서 이 구절의 출처를 「태서太誓」로 밝히고 있다.

◇ 『좌전』 성공成公 2년: "「태서」에 이르기를 '상商은 모든 백성의 마음이
이미 떠났지만, 주周는 열 사람이 한 마음이었으니 하나로 뭉칠 수
있었다' 하였다."(太誓所謂, 商兆民離, 周十人同者, 衆也.); 이는 원래의 구절을 약술한
것이다.

◇ 『좌전』 양공襄公 28년: "숙손목자叔孫穆子가 말하기를 '무왕에게는 난세亂
世를 다스릴 수 있는 신하 10명이 있었다' 하였다."(叔孫穆子曰, 武王有亂臣十人.);
이 역시 간략히 말한 것이다.

◇ 『좌전』 양공 31년: "「태서」에 이르기를 '백성이 하고자 하는 바를 하늘은
반드시 따른다' 하였다."(太誓云, 民之所欲, 天必從之.)

◇ 『좌전』 소공昭公 원년: "「태서」에 이르기를 '백성이 하고자 하는 바를
하늘은 반드시 따른다' 하였다."(太誓曰, 民之所欲, 天必從之.)

◇ 『좌전』 소공 24년: "「태서」에 이르기를 '주紂에게는 수많은 신하가 있지만
또한 덕이 떠나 버렸고, 나에게는 난세를 다스릴 수 있는 신하 10명이

있으니 마음을 함께하고 덕을 함께한다' 하였다."(太誓曰, 紂有億兆夷人, 亦有離德, 余有亂臣十人, 同心同德); 위고문 「태서」에 습용되면서 "또한 덕이 떠나다"(亦有離德)가 "마음이 떠나고 덕이 떠나다"(離心離德)로 바뀌었다.

◇ 『묵자』「상동하尙同下」: "선왕지서先王之書 「태서」의 말에 이르기를, '소인은 간특한 일을 목도하고도 묵인하니, 그 죄가 똑같다' 하였다."(於先王之書也, 太誓之言然曰, 小人見奸巧, 乃聞不言也, 發罪鈞.); 이 구절은 위고문 「태서」에 습용되지 않았다.

◇ 『묵자』「겸애중兼愛中」: "옛날에 문왕文王이 서토西土를 다스리니, 마치 해와 달과 같이 사방과 서토를 밝게 비추었다."(昔者文王之治西土, 若日若月, 乍光於四方, 於西土.); 진몽가陳夢家는 『상서통론尙書通論』에서 이 구절은 문왕이 우邘를 정벌할 때의 서誓를 적은 또 다른 「태서太誓」라고 했지만, 이미 여기에서 "옛날에 문왕이"(昔者文王)라고 분명하게 밝히고 있으므로 문왕의 말이 아님이 확실하다. 이것은 무왕이 주紂를 정벌하고자 일어나면서 선왕의 덕을 칭송한 말이다.28)

◇ 『묵자』「겸애하兼愛下」: "「태서」에 이르기를 '문왕은 마치 해와 달과 같이 온 사방과 서토에 밝게 빛났다' 하였다."(泰誓曰, 文王若日若月, 乍照光於四海, 於西土.); 위고문은 이 문구를 습용하면서 약간의 변동을 가하였다.

◇ 『묵자』「천지중天志中」: "「대명大明」의 도道에 이르기를, '주紂는 평소 오만하게 지내면서 상제를 섬기지 않고 선조의 제사도 폐기한 채로 <나에게 천명이 있다>라고 하였다. 천하를 다스리는 일에 힘쓰지 않으니, 하늘 또한 주紂를 버리고 보호하지 않았다'라고 하였다."(大明29)之道之曰, 紂越厥夷居, 不肯事上帝, 棄厥先神祇不祀, 乃曰吾有命. 無寥僇 務天下, 天亦縱棄紂不葆.); 위고문은 이 6구를 바꾸어 8구로 습용하였는데, "천하를 다스리는 일에 힘쓰지 않다"(無寥僇

---

28) 武王은 당시에 文王의 神主를 싣고 紂를 정벌하였다.
29) 『閒詁』에서는 마땅히 「太誓」로 써야 한다고 하였고, 어떤 사람은 '明'은 곧 '盟'의 뜻으로 '誓'와 같은 의미라고도 하였다.

務)는 "그 무례함을 뉘우치지 않다"(罔懲其侮)로 바뀌었다.

◇ 『묵자』 「비명상非命上」: "「태서」에 이르기를 '주紂는 평소에 상제와 귀신을 섬기지 않고 선조와 사직의 신위를 없애어 제사지내지 않으면서 <내 나라에 천명이 있다>라고 하였다. 잘못을 고치려 하지 않으니, 하늘도 주紂를 버리고 보호하지 않았다'라고 하였다."(於太誓曰, 紂夷處, 不肯事上帝鬼神, 禍厥先神提不祀, 乃曰吾民有命. 無廖排漏, 天亦縱棄之而弗葆.)

◇ 『묵자』 「비명중非命中」: "선왕지서先王之書 「태서」에서 말하였다. '주紂는 평상시 거처함에 상제를 섬기려 하지 않고 선조의 신위를 폐기한 채 제사지내지 않으면서 <나에게 천명이 있다>라고만 하였다. 천하를 다스리는 일에 힘쓰지 않으니, 하늘도 그를 버리고 보호하지 않았다.'"(先 王之書太誓之言然曰, 紂夷之居, 而不肯事上帝, 棄闕其先神而不祀也, 曰我命有命. 毋僇其務, 天不亦棄縱而 不保.); 「비명중」은 여기에 이어 "이 말은 주紂 스스로 천명을 지녔음을 주장하자 무왕이 「태서」를 지어 비난한 것이다"라고 하였다.

◇ 『묵자』 「비명하非命下」: "「태서」의 말이니, 「거발去發」에서 이르기를 '아! 군자여, 하늘은 큰 덕을 지녔고 그 행하는 바는 매우 위대하다. 귀감으로 삼을 것이 멀리 있지 않으니 바로 저 은왕殷王이다. 그가 <사람들은 모두 천명을 지녔다>, <(하늘을) 공경하지 않아도 된다>, <제사는 무익하다>, <난폭하게 해도 탈이 없다>라고 주장하자, 상제가 보호하지 않고 구주九州를 망하게 했다. 상제가 도리가 아닌 것으로 여겨 재난을 내리니, 우리 주周가 상商의 천하를 이어받았다'라고 하였다."(太誓 之言也, 於去發30)曰, 惡乎君子, 天有顯德, 其行甚章. 爲鑒不遠, 在彼殷王. 謂人有命, 謂敬不可行, 謂祭無益, 謂暴無傷, 上帝不常, 九有以亡. 上帝不順, 祝降其喪. 惟我有周, 受之大商31).); 전체 15구 가운데 위고문은 중간의 6구를 습용하였는데, 바꾼 곳이 있다. 「비명하」에서는

---

30) 孫星衍·莊述祖·兪越 등은 모두 "太子發" 세 글자를 잘못 쓴 것이라고 하였다.
31) '商'은 원래 '帝'로 잘못 적혀 있는데, 莊述祖·陳喬樅의 校定에 의거해서 고쳤다.

이 문장에 이어서 "옛날에 주紂가 천명을 지녔다면서 함부로 행동하자 무왕이 「태서太誓」·「거발去發」을 지어 비난하였다"라고 하였다.

◦ 『맹자』「양혜왕하梁惠王下」: "주紂라는 한 사내를 죽였다는 말을 듣다."(聞誅一夫紂.); 본래 「태서」에는 "일부주一夫紂"가 "독부주獨夫紂"로 되어 있다.

◦ 『맹자』「등문공하滕文公下」: "「태서」에 이르기를 '우리의 무력을 드날려 저들의 강역으로 쳐들어가서 잔학한 자를 잡아들여 척살하고 위엄을 떨치니, 탕湯의 공적과도 같도다' 하였다."(太誓曰, 我武維揚, 侵於之疆, 則取於殘, 殺伐用張, 於湯有光); 마융은 금문 「태서」에는 이 문구가 없다고 하였다. 위고문 「태서」에서 한두 글자를 바꾸어 전체를 습용하였다. 진몽가는 이 구절이 '문왕이 우邘를 정벌할 때의 서사誓詞'라고 했지만 신뢰하기 어렵다. 「비명하」에 인용된 "거발왈去發曰" 이하의 문구는 운韻이 이 구절과 똑같아서 동일한 편의 서사임을 알 수 있는데, 거기에서 "저 은왕殷王이다"(在彼殷王), "상商의 천하를 이어받다"(受之大商)라고 명확히 밝히고 있고 또 여기에서도 "탕湯이 걸桀을 정벌한 공적"(湯伐桀有光)에 비유하고 있으므로 이것은 주紂를 정벌할 때의 서사임이 분명하다.

◦ 『맹자』「만장상萬章上」: "「태서」에 이르기를 '하늘은 우리 백성이 보는 것을 보고 우리 백성이 듣는 것을 듣는다' 하였다."(泰誓曰, 天視自我民視, 天聽自我民聽.); 위고문에서 습용하면서 "(紂가) 비록 친한 자가 많았지만, 우리의 인인仁人만 못하였다"(雖有周親, 不如仁人) 구절 다음으로 옮겨졌다.

◦ 『순자』「의병議兵」: "그러므로 「태서」에서는 '주紂라는 한 사내'라고 하였다."(故泰誓曰, 獨夫紂.); 마융은 금문 「태서」에 이 문구가 없다고 하였다. 위고문에서 습용하면서 "독부주獨夫紂"를 "독부수獨夫受"라 하였다.

◦ 『관자』「법금法禁」: "「태서」에 이르기를 '주紂에게는 억만 명의 신하가 있지만 마음 또한 억만 개이고, 나에게는 삼천 명의 신하가 있지만 마음은 하나이다' 하였다."(太誓曰, 紂有臣億萬, 亦有億萬之心. 予有臣三千而一心.)

◇ 『예기』「방기坊記」: "「태서」에 이르기를 '내가 주紂를 이긴다면 그것은 나의 무력 때문이 아니라 나의 선친 문왕에게 죄가 없기 때문이요, 주紂가 나를 이긴다면 그것은 나의 선친 문왕에게 죄가 있어서가 아니라 내가 어질지 못하기 때문이다'라고 하였다."(太誓曰, 予克紂, 非予武, 惟朕文考無罪. 紂克予, 非朕文考有罪, 惟予小子無良.); 마융은 금문 「태서」에 이 문구가 없다고 하였다. 위고문 「태서하」의 끝에 이 6구 전체가 습용되었다.

이상의 인용문들은 선진시기 「태서」에 산문본과 운문본이 있었음을 알 수 있게 해 준다. 두 본은 모두 무왕이 주紂를 정벌할 때의 서사誓詞인데, 산문본은 주를 정벌하기 위해 군대를 동원할 때의 서사이고 운문본은 주를 정벌하여 승리한 뒤 그 공을 기리는 서사이다.

⑤ 「채중지명蔡仲之命」: 1회 인용됨[32]

◇ 『좌전』 정공定公 4년: 채숙蔡叔의 아들 채중蔡仲이 행실을 바르게 고치고 덕을 선양하니, 주공周公이 등용하고……『채蔡』를 지어 명하였다. 그 명한 글에 이르기를, '왕이 말씀하셨다. <호胡야! 너의 부친이 왕명을 어긴 것과 같이 하지 말라>' 하였다."(其子蔡仲, 改行帥德, 周公舉之,……而命之以蔡. 其命書云: 王曰: 胡! 無若爾考之違王命也.); 위고문은 이 문장의 "행실을 바르게 고치고 덕을 선양하다"(改行帥德) 구절과 "너의 부친이 왕명을 어긴 것과 같이 하지 말라"(無若爾考之違王命也) 구절을 습용하였다.

⑥ 「군진君陳」: 3회 인용됨[33]

◇ 『예기』「방기坊記」: "「군진」에 이르기를 '너에게 좋은 계획과 대책이

---

32) 이 외에 『左傳』 僖公 5년조에 逸書의 "皇天無親" 2句가 있는데, 僞古文 「蔡仲之命」에 습용되었다.

33) 이 외에 『論語』「爲政」의 "孝乎惟孝" 3句, 『國語』「周語」의 "必有忍也" 2句, 『左傳』 僖公 5년조의 "黍稷非馨" 3句 등은 모두 逸書인데, 僞古文 「君陳」에 襲用되었다.

있거든 안으로 들어와 네 임금에게 고하고, 밖으로 가르쳐 말하기를
<이 계획과 이 대책은 우리 임금의 덕이다>라고 하라. 그렇게 한다면
어짊이 밝게 드러날 것이다' 하였다.”(君陳曰, 爾有嘉謀嘉猷, 入告爾君於內, 女乃順言於
外曰, 此謀此猷, 惟我君之德. 於是乎惟良顯哉.); 위고문 「군진」은 이 문구를 습용하면서
몇 글자를 바꾸었다.

◇ 『예기』 「치의緇衣」: “「군진」에 이르기를 '성인聖人을 보지 못했을 때는
볼 수 없었다는 듯이 하고, 이미 성인을 보고 나서는 또한 성인을
따르려 하지 않는다' 하였다.”(君陳, 未見聖, 若己弗克見; 旣見聖, 亦不克由聖.)

◇ 『예기』 「치의」: “「군진」에 이르기를 '그 나고 듦에 있어서는, 너는 뭇사람
의 뜻을 헤아려서 뭇 말이 같거든 시행하라' 하였다.”(君陳曰, 出入自爾師虞,
庶言同.)

「치의」편의 두 문장 모두 위고문에 습용되었다.

⑦ 「군아君牙」: 1회 인용됨[34]

◇ 『예기』 「치의」: “「군아君雅」에 이르기를 '여름에 덥고 비가 오면 소민小民들
은 원망하고, 겨울이 되어 추위가 기승이어도 소민들은 원망한다'라고
하였다.”(君雅曰, 夏日暑雨, 小民惟曰怨, 資冬祁寒, 小民亦惟曰怨.); 위고문 「군아君牙」에
습용되었으며, 글자는 약간 차이가 있다.

이상은 상商·주周시기의 원본 서편이 선진시대에 유전流傳한 정황이
다.[35] 이들 서편이 후대에 실전되었다가 선진 문헌들 속에 산일散佚된
일부 문구들이 보존되어 있는 것에 힘입어 진대晉代에 이르러 위고문僞古文
의 편으로 표절되어 편입되었고, 편명을 알지 못하는 일구逸句들이 위조된

---

34) 이 외에 『孟子』 「滕文公下」에 “書曰”이라 하여 “丕顯哉” 6句를 인용한 것이 있는데,
 이는 逸書로서 僞古文 「君牙」에 襲用되었다.
35) 당연히 문자는 先秦의 영향을 받았다.

편들에 들어가기도 하였다. 하지만 영향을 받지 않은 문구들은 원래 선진시기에 이미 존재했던 고문들이다. 그 가운데 당시에 가장 많이 인용된 것은 「태서太誓」로 22회에 이르고, 그 다음 「중훼지고仲虺之誥」와 「열명說命」이 각각 8회, 「태갑太甲」 6회, 「군진君陳」 3회, 「채중지명蔡仲之命」과 「군아君牙」가 각각 1회씩이다. 선진 문헌 9종에서 인용하고 있는 「상서서尙書序」 백 편에 속하는 한대출현본 45편 중 7편의 정황을 정리하면 다음과 같다.(<>로 표시된 것은 인용된 편명이 기록되어 있는 편이다.)

<선진시기 문헌에 인용된, 한대출현본 45편 중의 7편>

선진 문헌	인용 횟수	인용 편수	인용된 편명
論語	1	1	太誓
國語	4	2	說命, <太誓> 3회
左傳	9	3	<仲虺之志> 3회, <太誓> 5회, <蔡(蔡仲之命)>
墨子	10	2	<仲虺之誥(告)> 3회, <太誓(大明)> 7회
孟子	6	3	<太甲> 2회, 說命, <太誓> 3회
荀子	2	2	中蘬(仲虺)之言, <太誓>
管子	1	1	<太誓>
禮記	15	5	<太甲> 4회, <兌命(說命)> 6회, <太誓>, <君陳> 3회, <君牙(君牙)>
呂氏春秋	1	1	仲虺之誥
합계	49	7편 : 仲虺之誥, 太甲, 說命, 太誓, 君陳, 君牙, 蔡仲之命

제4절 그 외의 선진일서

앞에서 언급한 세 항목은 선진시기 때 유전되다가 한대와 그 이후의 서편에 나타난 것들이다. 그 가운데 첫째 항목은 전편全篇이 한대에 유전遺傳된 것으로, 한유漢儒의 전수傳授를 거쳐 지금까지 보존된 것들이다. 둘째 항목은 전편이 한대에 유전되었으나 한대 이후 실전된 것들로, 선진 문헌들이 그 산문散文들을 보존하고 있다.36) 셋째 항목은 원문은 전하지 않고 오직 편명만이 한대에 전해진 것으로, 선진 문헌에서 그 산문을 보존하고 있다. 진대晉代의 유생들은 두 번째 항목과 세 번째 항목에 해당하는 서편의 편명을 이용하고 선진 문헌 속에 전하는 일부 문구를 새롭게 편집해서 원본이 아닌 것들을 유전시켰는데, 이것이 지금까지 전해 오고 있다.37) 이 책의 제6장 제3절에서 이에 대해 다루었다.

이상의 세 항목을 제외하고, 선진 문헌에 인용되고 있어 선진시기에 존재했음을 확인할 수는 있지만 한대에 전해지지 못한 '일서逸書'들이 있다. 실제로 이들 일구逸句들은 후대의 위고문에 채택된 것이 적지 않다. 이들 일구는 다시 두 항목으로 나눌 수 있는데, 첫째는 편명이 있는 것이고, 둘째는 흩어진 일구만 있고 편명이 없는 것이다. 아래에서 이 두 가지를 나누어 정리하도록 한다.

---

36) 그 가운데 「武成」편은 「世俘」편에 全文이 보존되어 『逸周書』에 전한다.
37) 가령 「武成」은 僞篇만 전해지고 있으며, 원본 「武成」은 그 존재를 알 수가 없다.

1. 편명이 있는 일서

이 부분은 여러 문헌에 공통으로 동일한 편명이 나타나는 경우와, 특정 문헌에서 단독으로 특정 편명이 제시되는 경우의 둘로 나누어 살펴볼 수 있는데, 전자는 편명에 따라, 후자는 제시된 문헌에 따라 고찰하였다.

1) 여러 문헌에 공통으로 동일한 편명이 나타나는 경우

① 「탕서湯誓」(「湯說」)

이 또한 다시 두 부분으로 나뉜다. 탕湯이 걸桀을 정벌할 때의 서사誓詞인 「탕서」는 이미 금문 28편 가운데 들어가 있는데, 그 외의 또 다른 2개의 일서 「탕서」가 있다. 하나는 『묵자』에서 인용하고 있는 「탕서」로, 치천하治天下를 언급하고 있는 확실히 다른 한 편의 서사이다. 다른 하나는 『국어』 「주어상周語上」에서 인용하고 있는 「탕서」로서 『묵자』에는 「탕설湯說」로 되어 있는데, 『논어』 등에서도 인용하고 있는 기우祈雨에 관한 내용이다. 서로 다른 세 편이 「탕서湯誓」라는 동일한 편명을 사용하고 있는 것이다. 이것은 바로 『묵자』 「명귀하明鬼下」에서 하夏가 유호有扈를 정벌하는 서사誓詞를 「우서禹誓」라 한 뒤 다시 「겸애하兼愛下」에서 하가 유묘有苗를 정벌하는 또 다른 서사도 「우서」라고 칭한 것과 같다. 『시서고훈詩書古訓』은 이들 편들을 「탕고湯誥」라고 하였는데 위고문에 근거한 오류이다.[38] 이들 2편의 일서 「탕서」를 나누어 정리하면 다음과 같다.

(ㄱ) 기우祈雨의 「탕서」: 6회 인용됨

◦ 『국어』 「주어상周語上」: "내사內史 과過가 말하기를, '「탕서湯誓」'에 <나

---

38) 『史記』 「殷本紀」에 「湯誥」 全文이 수록되어 있고, 다른 한편은 「尙書序」 百篇에 들어 있다.

한 사람에게 죄가 있다고 해서 만백성에게로 미치게 하지 말지어다. 만백성에게 죄가 있음은 나 한 사람 때문이라>라는 말이 있습니다' 하였다."(內史過曰, 在湯誓曰, 余一人有罪, 無以萬夫, 萬夫有罪, 在於一人.); 위고문「탕고湯誥」에 습용되었다.

◇『논어』「요왈堯曰」: "나 소자小子 리리履(湯의 字)는 감히 검은 희생으로써 거룩한 상제上帝께 고합니다. (桀에게) 죄가 있으니 감히 용서하지 않겠습니다. 상제의 신하를 가릴 수 없으니, 신하를 선택함은 상제의 마음에 달려 있습니다. 제 몸에 죄가 있어도 만방萬方에 미치게 하지 마시되, 만방에 죄가 있음은 그 죄가 저에게 있습니다."(予小子履, 敢用玄牡, 敢昭告于皇皇后帝, 有罪不敢赦,.帝臣不蔽, 簡在帝心. 朕躬有罪, 無以萬方, 萬方有罪, 罪在朕躬.)

◇『묵자』「겸애하兼愛下」: "「탕설湯說」에도 이와 비슷한 경우가 있다. '탕湯이 말하기를 <나 소자小子 리리履는 감히 검은 희생으로써 상제께 고합니다. 요즘 크게 가뭄이 들어,…… 만방에 죄가 있다면 그 벌이 저에게 미치게 하시고, 저에게 죄가 있어도 만방에 미치게 하지는 마소서> 하였다.'"(雖湯說即亦猶是也. 湯曰, 惟予小子履, 敢用玄牡, 告於上天后曰. 今天大旱……萬方有罪, 及當朕身, 朕身有罪, 無及萬方.)

◇『여씨춘추』「순민順民」: "옛날 탕湯이 하夏를 정벌하고 천하를 바로잡았는데, 큰 가뭄이 들어 5년 동안 수확이 없었다. 이에 탕이 몸소 상림桑林에서 기도하며 '나 한 사람에 죄가 있어도 만백성에게 미치지 말 것이며, 만백성에게 죄가 있다면 나 한 사람 때문입니다. 한 사람의 불민함으로 인해 상제와 귀신이 백성을 상하게 하는 명을 내리는 것은 안 됩니다'라고 하였다."(昔者湯克夏而正天下, 天下大旱, 五年不收. 湯乃以身禱於桑林, 曰: 余一人有罪, 無及萬夫, 萬夫有罪, 在余一人. 無以一人之不敏, 使上帝鬼神傷民之命.)

◇『시자』「작자綽子」: "탕이 말하기를 '저에게 죄가 있어도 만방에 미치지 말 것이며, 만방에 죄가 있다면 제가 그 벌을 받겠습니다' 하였다."(湯曰,

朕身有罪, 無及萬方; 萬方有罪, 朕身受之.)

◇ 『순자』「대략大略」: "탕湯이 가뭄이 들자 기도하였다. '정사政事가 적절하지 않았습니까, 백성이 고통을 겪게 하였습니까, 어찌하여 비를 내리지 않음이 이처럼 지극합니까? 궁실이 영화로웠습니까, 아녀자의 참견이 극성하였습니까, 어찌하여 비를 내리지 않음이 이처럼 지극합니까? 뇌물이 횡행하였습니까, 참소가 흥성하였습니까, 어찌하여 비를 내리지 않음이 이처럼 지극합니까?'"(湯旱而禱曰, 政不節與? 使民疾與? 何以不雨至斯極也! 宮室榮與? 婦謁盛與? 何以不雨至斯極也! 苞苴行與? 讒夫興與? 何以不雨至斯極也.); 이는 가뭄이 들었을 때 올리는 기도문의 이문異文인데, 순자가 원문에 의거해서 쓴 것일 수도 있다.

(ㄴ) 현자를 구하는 내용의 「탕서」: 1회 인용됨

◇ 『묵자』「상현중尙賢中」: "「탕서」에 이르기를 '이에 원성元聖을 구하여 그와 더불어 힘과 마음을 합쳐 천하를 다스렸다' 하였다."(湯誓曰, 聿求元聖, 與之戮力同心, 以治天下.); 위고문 「탕고」에서 앞의 2구(聿求元聖, 與之戮力)를 습용하였다. 살펴보건대, 「은본기殷本紀」에 실린 「탕고」에는 이 구절들이 없으므로 이것이 「탕고」의 일문이 아님을 알 수 있으니, 실은 묵가墨家에 전하는 별개의 「탕서」인 듯하다.

② 「금애禽艾」: 2회 인용됨

◇ 『묵자』「명귀하明鬼下」: "또 「금애禽艾」의 도道에 이르기를, '볼품없는 구슬(璣)을 얻었다고 해도 작은 것이 아니고, 대종大宗이 멸해졌다 해도 큰 것이 아니다'라고 하였다."(且禽艾[39]之道之曰, 得璣無小, 滅宗無大.)

◇ 『여씨춘추』「보경報更」: "이것이 『서』에서 말한 '덕德이 작더라도 작은

---

39) 『閒詁』에 "翟灝는 '「逸周書」「世俘解」에 禽艾侯라는 말이 있는데, 그것이 이 禽艾이다'라고 하였다"라는 기록이 있다.

것이 아니다'라는 것이다.(此書之所謂, 德幾無小者也.)

살펴보건대, 『일주서』「세부世俘」에서 "을사일에 진본陳本과 신황新荒이
촉蜀·마磨에서 돌아와서, 곽후霍侯·애후艾侯를 생포하고 일후佚侯의 소
신小臣 46명을 사로잡았음을 보고했다"(乙巳, 陳本新荒, 蜀磨至, 告禽霍侯艾侯, 佚侯小
臣四十有六)라고 하였으니, 무왕이 주紂를 정벌하는 전쟁에서 애후艾侯를
사로잡고 지은 것임을 알 수 있다.

③「구형九刑」(「刑書九篇」): 2회 인용됨

◇ 『좌전』소공昭公 6년: "주周나라의 정사가 어지러워지자 「구형」이 만들어
졌다."(周有亂政, 而作九刑.)

◇ 『일주서』「상맥嘗麥」: "왕이 대정大正에게 「형서刑書」를 바로잡을 것을
명했다.…… 태사大史 협筴이 「형서」 9편을 올려 대정大正에게 주었다."(王命
大正正刑書,……大史筴, 刑書九篇, 以升, 授大正.)

④「제공지고명祭公之顧命」(「葉公之顧命」): 2회 인용됨

◇ 『예기』「치의緇衣」: "「섭공지고명葉公之顧命」에 이르기를, '소인의 간계로
대신大臣의 행위를 해치지 않게 하며, 애첩이 정부인을 질투하는 말을
듣지 말며, 총애하는 신하가 선비·대부·경사卿士를 비방하는 말을
듣지 말라' 하였다."(葉公之顧命曰, 毋以小謀敗大作, 毋以嬖禦人疾莊后, 毋以嬖御士疾莊士大夫
卿士.)

◇ 『일주서』「제공祭公」: "왕王이 말했다. '제공祭公이시여!…… 듣건대 공은
예에 어긋남을 좋아하지 않는다고 하니,…… 부디 훌륭한 덕을 알려
주시오.' 제공이 머리를 조아리며 읍한 뒤에 말했다. '……병이 낫지
못해 몸은 여기에 있으나 혼은 이미 하늘에 있으니,…… 아! 천자시여.
내 말을 공경할지어다.……애첩이 정부인을 모함하게 하지 말며, 소인의

간계로 대신의 행위를 해치지 않게 하며, 총애하는 신하가 선비·대부·경사卿士를 질시하지 않게 하며, 집사가 왕실을 어지럽히지 못하게 하소서.……"(王若曰, 祖祭公……我聞祖不豫有加……公其告予懿德. 祭公拜手稽首曰……疾維不瘳, 朕身尙在玆, 朕魂在於天.……嗚呼天子! 我丕則寅哉寅哉.……汝無以嬖御固莊后, 汝無以小謀敗大作, 汝無以嬖御士疾莊士·大夫·卿士, 汝無以家相亂王室…….)

「치의緇衣」편의 "섭공葉公"은 "제공祭公"의 오류이니, 제공이 병들어 주왕周王에게 유언을 남긴 것이기 때문에 「제공지고명祭公之顧命」이 되어야 한다. 『일주서』에 이 편의 전문이 보존되어 있는데, 표제를 「제공祭公」이라 한 것은 『상서』 편제篇題의 통례와 일치한다. 공조孔晁가 여기에 주석을 더하여 「제공해祭公解」라 칭했다.

2) 하나의 편명이 특정 문헌에 단독으로 제시되는 경우

① 『국어』

◇ 「주어중周語中」: "그러므로 「하령夏令」에 이르기를 '9월에 길을 닦고 10월에 교량을 완성한다' 하였다."(故夏令曰, 九月除道, 十月成梁.)

◇ 「주어중」: "「주제周制」에 이르기를 '나무를 심어 길의 원근을 표시하고…… 동산에는 숲과 연못을 만들어 재난을 막으라'라고 하였다."(周制有之曰, 列樹以表道……囿有林池, 所以禦災也.)

◇ 「정어鄭語」: "「훈어訓語」에 이르기를, '하夏가 쇠하자 포褒나라의 신이 두 마리 용으로 변하여…… 궤를 짜서 그 침(蔡)을 보관하고 교제를 지내게 했다' 하였습니다."(訓語有之曰, 夏之衰也, 褒之神化爲二龍……櫝而藏之, 傳郊之.); 위소韋昭의 주注에서 "「훈어訓語」는 「주서周書」이다"라고 하였다.

◇ 「초어상楚語上」: 여기에는 옛날에 위무공衞武公이 「의계懿戒」를 지어 스스로를 경계하였다는 내용이 나오는데, 위소의 주에서는 "「의계懿戒」는 『서書』이다"라고 하였다.

②『좌전』

◇ 문공文公 18년: "선군先君 주공周公이…… 「서명誓命」을 지어 이르기를, '그 법을 해치는 자를 적賊이라 하고…… 대흉덕大凶德이라 한다. 이들 죄에 대해서는 정해진 형벌이 있으니 용서함이 없다' 하였다."(先君周公……作誓命 曰, 毀則爲賊……爲大凶德. 有常, 無赦.)

◇ 양공襄公 4년: "「하훈夏訓」에 유궁有窮의 후예后羿에 대해 말한 것이 있습니다."(夏訓有之曰, 有窮后羿.)

◇ 양공 4년: "「우인지잠虞人之箴」에서 읊었다. '넓디넓은 우禹의 자취, 구주九州를 획정하였네.…… 수신獸臣(虞人)은 들판의 관리이니, 감히 복부僕夫께 고합니다.'"(於虞人之箴曰, 芒芒禹跡, 畫爲九州……獸臣司原, 敢告僕夫.)

◇ 소공昭公 6년: "하夏의 정사政事가 어지러워지자 「우형禹刑」이 지어졌고, 상商의 정사가 어지러워지자 「탕형湯刑」이 지어졌다."(夏有亂政, 而作禹刑, 商有亂政, 而作湯刑.)

◇ 정공定公 4년: "노공魯公을…… 「백금伯禽」으로써 명을 내려 소호少昊의 옛터에 분봉하였고,…… 당숙唐叔을…… 「당고唐誥」로써 명을 내려 하夏의 옛터에 분봉하였다."(分魯公……命以伯禽, 而封於少昊之虛……分唐叔……命以唐誥, 而封於夏虛.)

③『묵자』

◇ 「상현중尙賢中」: "상현尙賢(현인을 존숭함)을 정사의 근본으로 삼는다는 것은…… 이것이 성왕聖王의 도道요 선왕지서先王之書 「거년距年」의 말이다. 『전傳』에 이르기를 '성군철인聖君哲人을 구하여 나를 보좌하게 한다' 하였다."(以尙賢爲政之本者……此聖王之道, 先王之書距年之言也. 傳曰, 求聖君哲人, 以脾補而身.)

◇ 「상현하尙賢下」: "선왕지서 「수년豎年」의 말이 그러하니, '성인聖人과 무인武人과 지인知人을 구하여 나를 보좌하게 한다'라고 하였다."(於先王之書豎年之言然, 曰, 晞夫聖武知人, 以屛輔而身.)

◇ 「상동중尙同中」: "이런 까닭에 선왕지서 「상년相年」에서 말하기를 '대저 나라와 수립하고 도읍을 정하여 천자와 제후를 세운 것은…… 오로지 직책을 나누어 천하를 고루 다스리도록 하기 위해서였다'라고 하였다."

(是以先王之書相年之道曰, 夫建國設都, 乃作后王君公……維辯使治天均.)

◇ 「상동중」: "이런 까닭에 선왕지서 「술령術令」에서는 '입은 좋은 말을 내기도 하고 전쟁을 일으키기도 한다'라고 하였다."(是以先王之書術令之道曰, 惟口出好興戎.); 위고문 「대우모大禹謨」에서 이 문구를 습용하였다.

◇ 「겸애중兼愛中」: "옛날 무왕이 태산泰山에 제사를 드리러 갔는데, 그 「전」에 이르기를 '태산에서 도道 있는 분의 증손曾孫 주왕周王이 제사를 올립니다. 대사大事가 이미 완성되었으니, 인인仁人이 서로 도와 상商·하夏 및 사방 민족을 도왔습니다. 그들은 비록 친했지만 우리의 인인仁人만 못했습니다. 만방萬方에 죄가 있음은 오직 저 한사람 때문입니다'라고 하였다."(昔者武王將事泰山隆, 傳曰, 泰山有道曾孫周王有事. 大事旣獲, 仁人尙作, 以祇商夏, 蠻夷醜貉. 雖有周親, 不若仁人, 萬方有罪, 惟予一人.); 전반부는 위고문 「무성武成」에 습용되었고, "수유주친雖有周親" 이하의 후반부도 『논어』 「요왈堯曰」에 보이고 위고문 「진서秦誓」에 습용되었다.

◇ 「겸애하兼愛下」: "「우서禹誓」 또한 이와 같으니, 우禹는 말하기를 '수많은 무리들아, 모두 나의 말을 들어라. 나 소자小子가 감히 혼란을 일으킨 것이 아니라 유묘有苗가 준동하여 하늘이 벌을 내린 것이니, 이제 내가 여러 제후들을 거느리고 유묘를 정벌하려 한다' 하였다."(雖禹誓亦猶是也. 禹曰, 濟濟有衆, 咸聽朕言. 非予小子敢行稱亂, 蠢玆有苗, 用天之罰, 若予旣率爾群對諸群群[40), 以征有苗.); 위고문 「대우모大禹謨」에서 몇 구절을 습용하였다.

◇ 「천지중天志中」: "선왕지서 「순천명불해馴天明不解」의 도道에서 알 수 있으니, '명철明哲하신 하늘이여, 천하에 군림하도다'라고 하였다."(以先王之書馴

---

40) 『閒詁』에서 "群封諸君"으로 校正하였다.

天明不解之道也知之, 曰, 明哲唯天, 臨君下土.)

◦ 「비악상非樂上」: "선왕지서 「탕지관형湯之官刑」에 있으니, 말하기를 '궁중에서 항상 가무歌舞를 일삼는 것을 무풍巫風이라 한다' 하였다."(先王之書湯之官刑有之, 曰, 其恒舞于宮, 是謂巫風.); 위고문 「함유일덕咸有一德」에 습용되었다.

◦ 「비악상」: "「무관武觀」에 이르기를 '계啓가 음탕함이 넘치고 악樂을 즐기니…… 하늘이 좋아하지 않았다'라고 하였다."(於武觀曰, 啓乃淫溢康樂……天用弗式.); 살펴보건대, 고문일서古文逸書 16편은 「무관武觀」을 와전訛傳하여 「오자지가五子之歌」라 했는데, 위고문이 이를 그대로 따랐다. 다만 「무관」의 이 구절을 채용했는지는 알 수 없다.

◦ 「비명중非命中」: "주紂가 천명을 가지고 있다고 하자 무왕武王이 「태서太誓」를 지어 비난하였다. 또한 「삼대백국三代百國」에 이르길 '너희들은 천명을 숭상하지 말지어다' 하였으니, 「삼대백국」에서도 천명이 없다고 한 것이다."(紂之執有命也, 武王以太誓非之. 又[41]於三代不[百]國有之, 曰, 女毋崇天之有命也, 命三[代]不國, 亦言命之無也.[42]); 앞서 「태서太誓」를 인용하고 있는 「천지중天志中」편의 「대명大明」이라 한 곳과 「비명하非命下」편의 "「태서」의 말이니, 「거발」에서 말하기를"(太誓之言也於去發曰) 이하의 구절을 근거로 장술조莊述祖는 『상서금고문고증尙書今古文考證』에서 "묵서墨書에서 「태서」는 「거발去發」・「대명大明」 등으로 인용되고 있는데, 「거발」은 「태자발太子發」로서 「태서」의 상편이고 「대명」은 「시」의 이른바 '회조청명會朝淸明'이니 곧 중편이며 「삼대불국三代不國」은 하편이다"라고 하였다. 그러나 손이양孫詒讓은 『묵자한고墨子閒詁』에서 장술조의 설을 신뢰하기 어렵다고 하였다. 살펴보건대, 「대명」이 「태서」라는 설은 따를 만하고, 「거발」・「삼대불국」은 다른 출전의 편명이 남아 있는 것으로 보인다.

---

41) 원래는 "有"로 되어 있는데, 『閒詁』에 의거해서 고쳤다.

42) 『閒詁』에서 "不"은 마땅히 "百"으로 써야 하며, "三代百國"은 古史記의 명칭일 것이라고 하였다.

◇ 「비명중」: "소공召公의 「집령執令」에서도 그러하니, 말하기를 '공경할지어다, 천명天命은 없도다. 오직 우리 두 사람은 거짓된 말을 지어냄이 없이, 하늘이 내려준 것에 힘입지 않고 우리 스스로 얻었도다' 하였다."(于召公之執令亦然, 敬哉無天命, 惟予二人而無造言, 不自降天之哉得之.); 살펴보건대, 이 구절은 「군석君奭」과 관련이 있다.

◇ 「비명하非命下」: "「우지총덕禹之總德」에 이르기를 '믿음이 깊지 못하면 하늘은 백성을 보호하지 않는다' 하였다."(禹之總德有之曰, 允不著, 惟天民不而葆.)

◇ 「공맹公孟」: "선왕지서 「자역子亦」에 이르기를 '언행이 오만한 것은 너의 나쁜 마음에서 나온 것이다' 하였다."(先王之書子亦有之曰, 亦傲也, 出于子不祥.)

④ 『맹자』

◇ 「양혜왕하梁惠王下」: "「하언夏諺」에 이르기를, '우리 왕이 놀지 않는데 우리가 어찌 쉬겠으며 우리 왕이 즐기지 않는데 우리가 어떻게 돕겠는가 하니, 한 번 놀고 한 번 즐거워함이 제후들의 법도가 되었다' 하였다."(夏諺曰, 吾王不遊, 吾何以休, 吾王不豫, 吾何以助, 一遊一豫, 爲諸侯度.)

⑤ 『일주서』

◇ 「문전文傳」: "「하잠夏箴」에서 말하였다. '소인小人에게 2년 치 식량이 없다면 기아饑餓를 만났을 때 처자식을 보존할 수 없고…… 나라에 2년 치 식량이 없다면 기아를 만났을 때 백성을 보존할 수 없다.'"(夏箴曰, 小人無兼年之食, 遇天飢, 妻子非其有也.……國無兼年之食, 遇天飢, 百姓非其有也.); 살펴보건대, 필원畢沅, 손이양 등은 아래에 나오는 『묵자』「칠환七患」의 "「주서周書」에서 말하기를, 나라에 3년 치 식량이 없다면"(周書曰, 國無三年之食者) 이하 4구절이 바로 이 구절을 인용한 것이라고 하였으니, 이것은 「주서」의 편이다.

2. 편명이 없는 일서

이 부분은 다시 두 가지로 나뉜다. 첫째는, "서왈書曰" 혹은 "모서왈某書曰"이라고 하면서 인용하거나 직접 일서의 문구를 인용한 경우이고, 둘째는 특정한 용어를 사용하여 인용한 경우이다. 아래에서는 선진 문헌들을 표제로 제시하였다.

1) "서왈書曰"·"모서왈某書曰"로 인용되거나 직접 일서 문구가 인용된 경우

"서왈書曰"이나 "모서왈某書曰"이라고 한 예는 앞에서 살펴본 금문 28편, 고문일서 16편, 한대출현본 45편 등에서도 쉽게 발견되는데, 여기서는 단지 편명을 알 수 없는 일문逸文과 일구逸句를 인용한 경우만을 다룬다.

① 『논어』[43]

◇ 「위정爲政」: "『서』에 이르기를 '효孝라는 것은, 오직 효도할 따름이라면 형제간에 우애롭고 정사政事에까지 베풀어진다' 하였다."(書云, 孝乎, 惟孝, 友於兄弟, 施於有政.); 위고문 「군진君陳」에 습용되었다.

◇ 「요왈堯曰」: "요堯가 말하였다. '그대 순舜아! 하늘의 역수曆數가 그대에게 있으니, 진실로 그 중中을 잡으라. 천하가 곤궁하게 되면 하늘의 복록이 영원히 끊어지고 말 것이다.'"(堯曰, 咨爾舜, 天之曆數在汝躬, 允執其中. 四海困窮, 天祿永終.); 위고문 「대우모大禹謨」에 습용되었다.

◇ 「요왈」: "순舜 또한 우禹에게 명하여 말하였다."(舜亦以命禹曰.); "명우왈命禹曰" 이하가 탈간脫簡되어 인용된 원문을 알 수 없다.

◇ 「요왈」: "주나라에서 큰 상을 내리니 착한 사람이 많아졌다. (무왕이

---

43) 「述而」편의 "詩·書·執禮, 皆雅言也"의 경우는 『書』라는 책명을 언급한 것이지 인용한 것이 아니기 때문에 포함시키지 않았다.

말하였다.) 비록 친한 이가 많더라도 인인仁人만 못하였다. 백성들이 과오가 있는 것은 나 한사람의 잘못 때문이다."(周有大賚, 善人是富. 雖有周親, 不如仁人. 百姓有過, 在予一人); 뒤의 4구는 앞의 『묵자』「겸애중兼愛中」에도 보이는데, 위고문 「진서중秦誓中」에 습용되었다.

◇ 「요왈」: "중요한 것은 백성·식량·상례·제례이다. 관대하면 백성들을 모으고, 성실하면 백성들의 신임을 얻는다."(所重民食喪祭. 寬則得衆, 信則民任.); 위고문 「무성武成」에 제1구가 습용되면서 "백성의 다섯 가지 가르침을 소중히 여기며 음식과 상례, 제례를 소중히 여긴다"(重民五敎, 惟食喪祭)로 고쳐졌다.

② 『국어』

◇ 「주어상周語上」: "「하서夏書」에 이르기를 '민중은 임금이 아니면 누구를 받들 것이며, 임금은 민중이 아니면 누구와 더불어 나라를 지키겠는가?' 하였다."(夏書有之曰, 衆非元后何戴, 后非衆無與守邦.); 위고문 「대우모大禹謨」에 습용되었다.

◇ 「주어중周語中」: "『서』에 이르기를 '반드시 인내함이 있으면 너는 이루는 바가 있을 것이다' 하였다."(書之有曰, 必有忍也, 若能有濟也.); 위고문 「군진君陳」에 습용되었다.

◇ 「주어중」: "『서』에 이르기를 '백성을 가까이 하는 것은 되지만 올라서는 것은 안 된다' 하였다."(書曰, 民可近也, 而不可上也.); 위고문 「오자지가五子之歌」에 습용되었다.

◇ 「주어하周語下」: "「하서夏書」에 이르기를 '도량형이 공평하고 고른 것은 왕실의 규칙이 있기 때문이다' 하였다."(夏書有之曰, 關石和鈞, 王府則有.); 위고문 「오자지가」에 습용되었다.

◇ 「진어晉語 4」: "서방西方의 『서』에 이르기를 '향락에 미련을 두고 편안함을 찾는 것은 실로 대사大事를 거르칠 뿐이다' 하였다."(西方之書有之曰, 懷與安,

實疚大事.); 위소韋昭의 주에서 "서방西方은 주周이다"(西方爲周)라고 하였다.

◇ 「진어 15」: "「하서夏書」에 이르기를 '한 사람이 세 번 잘못을 범하더라도 어찌 원망이 밝은 데에 있겠는가. 드러나지는 않지만 도모함이 있을 것이다' 하였다."(夏書有之曰, 一人三失, 怨豈在明, 不見是圖.); 위고문 「오자지가」에 습용되었다.

◇ 「초어하楚語下」: "「주서周書」에서 말한 '중려重黎가 천지天地를 통하지 않게 했다'는 것은 무슨 뜻입니까?"(周書所謂, 重黎實使天地不通者, 何也.)

③ 「좌전」

◇ 희공僖公 5년: "그러므로 「주서周書」에서는 '황천皇天은 친함이 없으니, 오직 덕 있는 사람을 도울 뿐이다'라고 하였다."(故周書曰, 皇天無親, 惟德是輔.); 위고문 「채중지명蔡仲之命」에 습용되었다.

◇ 희공 5년: "「주서周書」에서 또한 말하기를 '서직黍稷이 향기로운 것이 아니라, 밝은 덕이 향기로운 것이다' 하였다."(周書又曰, 黍稷非馨, 明德惟馨.); 위고문 「군진君陳」에 습용되었다.

◇ 희공 5년: "「주서周書」에서 또한 말하기를 '백성이 제물祭物을 바꿀 수 없고, 오직 덕이 제물이 될 뿐이다' 하였다."(周書又曰, 民不易物, 惟德繄物.); 위고문 「여오旅獒」에 습용되었다.

◇ 희공 24년: "「하서夏書」에 이르기를 '땅이 다스려지니 하늘의 일이 완성되었다' 하였다."(夏書曰, 地平天成.); 위고문 「대우모」에 습용되었다.

◇ 문공文公 7년: "「하서夏書」에 이르기를 '경계할 때는 넉넉하게 하시고 독려할 때는 위엄을 보이시며 「구가九歌」로써 권장하여 무너지지 않게 하소서' 하였다."(夏書曰, 戒之用休, 董之用威, 勸之以九歌, 勿使壞.); 위고문 「대우모」에 습용되었다.

◇ 성공成公 16년: "「하서夏書」에 이르기를 '어찌 원망이 밝은 데에 있겠는가.

드러나지는 않지만 도모함이 있을 것이다' 하였다."(夏書曰, 怨豈在明, 不見是圖.); 위고문 「오자지가五子之歌」에 습용되었다.

◇ 양공襄公 5년: "「하서夏書」에 이르기를 '믿음을 다하여 공功을 이룬다' 하였다."(夏書曰, 成允成功.); 위고문 「대우모」에 습용되었다.

◇ 양공 11년: "『서』에 이르기를 '편안하게 있을 때 위기를 생각한다' 하였다."(書曰, 居安思危.)[44]; 위고문 「주관周官」에 습용되었다.

◇ 양공 14년: "그러므로 「하서夏書」에 이르기를 '주인遒人은 목탁木鐸을 치면서 길거리를 순라하고, 관사官師는 서로 규찰하며, 백공百工은 예사藝事를 집행하여 간諫한다'라고 하였다."(故夏書曰, 遒人以木鐸徇於路, 官師相規, 工執藝事以諫.); 위고문 「윤정胤征」에 습용되었다.

◇ 양공 21년: "「하서夏書」에 이르기를 '이(皐陶)를 생각하는 것도 이에 있으며, 이를 버리는 것도 이에 있으며, 이를 이름하여 말하는 것도 이에 있으며, 진실로 마음에서 나오는 것도 이에 있다' 하였다."(夏書曰, 念玆在玆, 釋玆在玆, 名言玆在玆, 允出玆在玆.); 위고문 「대우모」에 습용되었다.

◇ 양공 21년: "『서』에 이르기를 '성인聖人은 모훈謨訓을 지녔으니, 밝게 징험하여 나라를 안정시키고 보존한다' 하였다."(書曰, 聖有謨勳, 明徵定保.); 위고문 「윤정」에 습용되었다.

◇ 양공 23년: "「하서夏書」에 이르기를 '이를 생각하는 것도 이에 있다' 하였다."(夏書曰, 念玆在玆.)

◇ 양공 25년: "『서』에 이르기를 '시작을 신중히 하고 끝을 경건히 하면 끝내 곤궁하지 않을 것이다' 하였다."(書曰, 愼始而敬終, 終以不困.); 『일주서』 「상훈常訓」편에 보이고, 위고문 「채중지명蔡仲之命」에 습용되었다.

◇ 양공 26년: "그러므로 「하서夏書」에 이르기를 '무고한 사람을 죽이기보다는 차라리 법을 따르지 않는 과오를 범하겠다' 하였다."(故夏書曰, 與其殺不辜,

---

44) 『呂氏春秋』・『逸周書』에도 인용되어 있다. 아래에 보인다.

寧失不經.); 위고문 「대우모」에 습용되었다.

◇ 양공 30년: "「정서鄭書」에 이르기를 '국가를 안정시키려면 반드시 대족大族을 우선해야 한다' 하였다."(鄭書有之曰, 安定國家, 必大焉先.)

◇ 양공 31년: "「주서周書」에서 문왕文王의 덕德을 열거하며 말했다. '대국大國은 문왕의 힘을 두려워하였고, 소국小國은 문왕의 덕을 그리워하였다.'"

(周書數文王之德曰, 大國畏其力, 小國懷其德.)

◇ 소공昭公 10년: "「서」에 이르기를 '욕심은 법도를 무너뜨리고 방종은 예를 무너뜨린다' 하였다."(書曰, 欲敗度, 縱敗禮.); 위고문 「태갑太甲」에 습용되었다.

◇ 소공 14년: "「하서夏書」에 이르기를 '혼昏, 묵墨, 적賊은 죽이는 형벌이다' 하였다."(夏書曰, 昏墨賊, 殺.)

◇ 소공 17년: "그러므로 「하서夏書」에 이르기를 '별자리가 제자리에 머물지 못하니, 악사樂師가 북을 울리고 색부嗇夫가 내달리며 서인庶人이 분주하였다'라고 하였다."(故夏書曰, 辰不集於房, 瞽奏鼓, 嗇夫馳, 庶人走.); 위고문 「윤정」에 습용되었다.

◇ 소공 28년: "「정서鄭書」에 이르기를 '올곧음을 미워하고 바름을 싫어하는 사람들이 실로 매우 많다' 하였다."(鄭書有之, 惡直醜正, 實蕃有徒.)

◇ 애공哀公 6년: "「하서夏書」에 이르기를 '저 도당陶唐은 천도天道를 준수하여 이 기방冀方을 소유하였는데, 지금은 그 행실을 잃어버리고 기강이 문란해져 망하게 되었다' 하였다."(夏書曰, 惟彼陶唐, 帥彼天常, 有此冀方, 今失其行, 亂其紀綱, 乃滅而亡.); 위고문 「오자지가」에 습용되었다.

◇ 애공 6년: "(「하서」에서) 또한 말하기를 '진실로 마음에서 나오는 것도 이에 있다' 하였다."(又曰, 允出茲在茲.); 위고문 「대우모」에 습용되었다.

◇ 애공 18년: "「하서夏書」에 이르기를 '관점官占은 오직 점치는 뜻을 간추리고 나서 큰 거북에게 명한다' 하였다."(夏書曰, 官占, 唯能蔽志, 昆命於元龜.); 위고문 「대우모」에 습용되었다.

④『곡량전』

◇ 장공莊公 28년: "나라에 3년 치의 비축이 없으면 그 나라는 나라가 아니다."(國無三年之畜, 曰, 國非其國也.); 『묵자』「칠환七患」편에 의하면 이것은 「주서周書」의 말이다.

⑤『묵자』

◇ 「칠환七患」: "「하서夏書」에 이르기를 '우禹의 시대에 7년간 홍수가 났다' 하였다."(夏書曰, 禹七年水.)

◇ 「칠환」: "「은서殷書」에 이르기를 '탕湯의 시대에 5년간 가물었다' 하였다." (殷書曰, 湯五年旱.)

◇ 「칠환」: "「주서」에 이르기를, '나라에 3년 치의 곡식이 비축되어 있지 않으면 그 나라는 나라가 아니고, 집안에 3년 치의 곡식이 비축되어 있지 않으면 그 자식은 자식이 아니다' 하였다."(周書曰, 國無三年之食者, 國非其國也. 家無三年之食者, 子非其子也.); 앞의 『일주서』「문전文傳」편에 인용된 「하잠夏箴」에 비슷한 내용이 있다.

◇ 「명귀하明鬼下」: "위로 「상서商書」에 보이니, 이르기를 '아! 옛날 하夏나라에 화란禍亂이 없을 때……능히 공손하고 진실할 수 있다면 천하가 화합하고 하토가 보존되리.'"(上觀乎「商書」曰: 嗚呼! 古者有夏方未有禍之時……若能共允, 佳天下之合, 下土之葆.)

◇ 「명귀하」: "『고古』에 이르기를 '길일吉日 정묘丁卯일에 백관百官이 왕을 대신하여 사방신에게 기도하고, 사직과 선조에게 제사를 올려 왕의 장수를 기원하였다'라고 하였다."(於古曰[45], 吉日丁卯, 周代祝方, 歲於社者考, 以延年壽.); '고古'는 고대의 서書를 가리키는데, 바로 『묵자』에서 자주 말한 '모모지서某某之書'이다.[46]

---

45) 『閒詁』는 脫字가 있는 것으로 의심하였다.

◇ 「비명중非命中」: "하상夏商의 『시』·『서』에 이르기를 '명命이라는 것은 포악한 왕이 만들어 낸 것이다'라고 하였다."(在於夏商之詩書曰, 命者, 暴王作之.); 여기의 '시詩'자는 연문이므로 삭제해야 할 것이다.

⑥ 『맹자』

◇ 「양혜왕하梁惠王下」: "『서』에 이르기를 "하늘이 백성을 내리신 뒤 임금을 만들어 주고 스승을 만들어 준 것은 오직 상제를 도와서 사방의 백성들의 사랑하여 다스리도록 하기 위해서이다. 죄가 있고 없음을 내가 살피니, 천하 사람들이 어찌 그 뜻을 거스를 수 있겠는가."(書曰, 天降下民, 作之君, 作之師, 惟曰其助上帝, 寵之四方. 有罪無罪, 惟我在, 天下曷敢有越厥志.); 위고문 「태서泰誓」에 습용되었다.

◇ 「양혜왕하」: "『서』에 이르기를 '탕湯이 정벌을 나섬에 갈葛을 시작으로 하니, 천하 사람들이 모두 신뢰하였다. 동쪽으로 나서면 서쪽의 무리들이 원망하고 남쪽으로 나서면 북쪽의 무리들이 원망하면서, <어째서 우리를 뒤에 구원하는가?> 하였다'라고 하였다.'"(書曰, 湯一征, 自葛始, 天下信之. 東面而征西夷怨, 南面而征北狄怨, 曰, 奚爲後我.); 위고문 「중훼지고」에 습용되었다.

◇ 「양혜왕하」: "『서』에 이르기를 '우리 임금을 기다렸네, 임금이 오시니 살아났네' 하였다."(書曰, 徯我后, 后來其蘇.)

◇ 「등문공하滕文公下」: "『서』에 이르기를 '갈백葛伯이 음식 공양을 원수로 갚았다' 하였다."(書曰, 葛伯仇餉.)

◇ 「등문공하」: "탕湯이 정벌을 시작함에 갈葛로부터 하니, 열한 차례 정벌에 나선 동안 천하에 대적할 자가 없었다. 동쪽으로 정벌을 가면 서쪽의 무리들이 원망하고 남쪽으로 정벌을 가면 북쪽의 무리들이 원망하면서, '어째서 우리를 뒤에 구원하는가?' 하였다."(湯始征, 自葛載, 十一征而無敵於天

---

46) 또한 '故'와도 통하는데, 「太誓故」의 '故'와 같다.

下. 東面而征西夷怨, 南面而征北狄怨, 曰, 奚爲後我.)

◇ 「등문공하」: "『서』에 이르기를 '우리 임금을 기다렸네, 임금이 오시니 형벌이 사라졌네' 하였다."(書曰, 徯我后, 后來其無罰.)

◇ 「진심하盡心下」: "남쪽으로 정벌을 가면 북쪽의 무리들이 원망하고 동쪽으로 정벌을 가면 서쪽의 무리들이 원망하니, '어째서 우리를 뒤에 구원하는가?' 하였다"(南面而征北狄怨, 東面而征西夷怨, 曰, 奚爲後我.)

첫 번째 인용문을 제외한 위의 6개 인용문은 위고문 「중훼지고仲虺之誥」에 습용되었는데, 『사기』 「은본기殷本紀」에 "갈백이 제사를 지내지 않으니 탕이 정벌하였다.…… 「탕정湯征」을 지었다"(葛伯不祀, 湯始伐之,……作湯征)라고 하였으므로 이들은 확실히 원본 「탕정湯征」의 문구이다.

◇ 「등문공하滕文公下」: "『서』에 이르기를 '…… 신하로 복종하지 않으므로 동쪽으로 정벌하여 그 사녀士女를 편안하게 하니, 검고 누른 폐백을 광주리에 담아 우리 주왕周王의 밝은 덕을 기렸다'라고 하였다."(書曰,……有攸不惟臣, 東征綏厥士女, 篚厥玄黃, 紹我周王見休.); 위고문 「무성武成」에 습용되었는데, 『상서정의』 「요전堯典」에 인용된 정현의 주에서는 「윤정胤征」의 일구逸句라고 하였다.

◇ 「등문공하」: "『서』에 이르기를 '홍수洚水가 나를 경계시킨다' 하였다."(書曰, 洚水警余.); 위고문 「대우모大禹謨」에 습용되었다.

◇ 「등문공하」: "『서』에 이르기를 '크게 드러나도다, 문왕의 가르침이여! 영원히 이어지도다, 무왕의 공렬功烈이여!'라고 하였다."(書曰, 丕顯哉, 文王謨. 丕承哉, 武王烈.); 위고문 「군아君牙」에 습용되었다.

◇ 「진심하盡心下」: "무왕武王이 은殷을 정벌하였다.…… 왕이 말하기를 '두려워하지 말라. 너희를 편안하게 한 것이지 백성을 적으로 삼은 것이 아니다'라고 하였다."(武王伐殷也,……王曰, 無畏, 寧爾也, 非敵百姓也.); 위고문 「태서泰誓」에 습용되었다.

⑦ 『순자』

◇ 「군도君道」: "『서』에 이르기를 '때를 앞서는 자는 죽여 용서하지 말며, 때에 미치지 못하는 자도 죽여 용서하지 말라' 하였다."(書曰, 先時者殺無赦, 不逮時者無赦.); 위고문 「윤정胤征」에 습용되었다.

◇ 「신도臣道」: "『서』에 이르기를 '명命을 따름에 어김이 없고 직간直諫함에 게으르지 않으니, 윗사람이 되어서는 명백하게 하고 아랫사람이 되어서는 겸손하게 한다' 하였다."(書曰, 從命而不拂, 微諫而不倦, 爲上則明, 爲下則遜.); 위고문 「이훈伊訓」에 습용되었다.

⑧ 『관자』

◇ 「임법任法」: "『주서周書』에 이르기를 '나라는 법이다. 법이 한결같지 않으면 나라를 소유한 자가 상서롭지 못하다……. 정사를 담당하는 백관들이 법을 떠나서 다스린다면 상서롭지 못하다'라고 하였다."(周書曰, 國, 法. 法不一則有國者不祥……百官服事者離法而治則不祥.)

⑨ 『장자』

◇ 「천도天道」: "그러므로 『서』에 이르기를 '형形이 있고 명名이 있다' 한 것이다."(故書曰, 有形有名.)

◇ 「도척盜跖」: "그러므로 『서』에 이르기를 '누가 악인이고 누가 선인인가? 성공하면 윗자리를 차지하고 성공하지 못하면 끝자리에 앉는다'라고 한 것이다."(故書曰, 孰惡孰美, 成者爲首, 不成者爲尾.)

⑩ 『한비자』

◇ 「설림상說林上」: "『주서周書』에 이르기를 '장차 없애려거든 반드시 먼저 도와주어야 하고, 장차 취하려거든 반드시 먼저 주어야 한다' 하였다."(周書曰, 將欲敗之, 必姑輔之; 將欲取之, 必姑予之.)

◇ 「설림하說林下」: "이것이 「주서周書」의 이른바 '말은 천하나 높이 쓰이니, 이상하도다'라는 말이다."(此周書所謂, 下言而上用者, 惑也.)

◇ 「외저설좌상外儲說左上」: "『서』에 이르기를 "묶고 또 맨다" 하였다.(書曰, 紳之束之.)

◇ 「외저설좌상」: "『서』에 이르기를 '이미 조각하고 다듬어서, 다시 그 질박함으로 돌아간다'라고 하였다."(書曰, 旣雕且琢, 還歸其樸.)

⑪『전국책』

◇ 「진책秦策 1」: "「주서周書」에 '미녀는 충신을 몰아내고…… 미남은 국노國老를 몰아낸다'라는 말이 있다."(周書有言, 美女破舌…… 美男破老.); 『일주서』「무성武成」편에 보인다.

◇ 「진책 3」: "『서』에 이르기를 '덕德을 수립하는 데에는 키워 주는 것만한 것이 없고, 악을 제거하는 데에는 완전히 없애는 것만한 것이 없다'라고 하였다."(書云, 樹德莫若滋, 除害莫若盡.); 위고문 「태서泰誓」에 습용되면서 "덕을 수립할 때는 확장에 힘쓰고, 악을 제거할 때는 그 뿌리를 제거하는 데 힘쓴다"(樹德務滋, 除惡務本)로 되었다.

◇ 「위책魏策 1」: "「주서周書」에 이르기를 '장차 없애려거든 반드시 먼저 도와주어야 하고, 장차 취하려거든 반드시 먼저 주어야만 한다'라고 하였다."(周書曰, 將欲敗之, 必姑輔之, 將欲取之, 必姑予之.); 앞의 『한비자』「설림상」의 인용에서도 보인다.

◇ 「위책 1」: "「주서周書」에 이르기를 '면면히 이어져서 끊어지지 않고 길게 늘어져 가니 어찌할 것인가? 터럭 끝만할 때 뽑아 내지 않으면 장차 도끼자루처럼 자라날 것이다' 하였다."(周書曰, 緜緜不絶, 縵縵奈何, 毫毛不拔, 將成斧柯.); 『일주서』「화오和寤」편에 보인다.

◇ 「조책趙策 2」: "『서』에 이르기를 '사악함을 제거하는 데 의심을 두지

말며, 현인을 임용함에 의혹을 두지 말라' 하였다."(書云, 去邪勿疑, 任賢勿惑.)

⑫『예기』

◦「문왕세자文王世子」: "『어語』에 이르기를 '한 사람의 임금이 선善하면 만국
萬國이 바르게 된다' 하였다."(語曰, 一有元良, 萬國以貞.); 위고문 「태갑太甲」에
습용되었다.

◦「악기樂記」: "말을 화산華山의 남쪽에 풀어 놓고 다시 타지 않았고, 소를
도림桃林의 들에 방목하고 다시 불러들이지 않았다."(馬散之華山之陽而弗復乘,
牛放只桃林之野而弗復服.); 위고문 「무성武成」에 습용되었다.

◦「방기坊記」: "『서』에 이르기를 '임금이 임금답지 않으면 그 조상을 욕보이
는 것이다' 하였다."(書云, 厥辟不辟, 忝厥祖.);『춘추번로春秋繁露』「옥배玉杯」편의
인용에도 보인다.

◦「중용中庸」: "멀리 가는 것도 반드시 가까운 곳으로부터 시작되고, 높이
오르는 것도 반드시 낮은 곳에서부터 시작된다."(行遠必自邇, 登高必自卑.);
위고문 「태갑」에 습용되었다.

◦「대학大學」: "『초서楚書』에 이르기를 '초楚나라에는 보물로 여길 만한
것이 없으니, 오직 선善함을 보배로 여길 뿐이다' 하였다."(楚書曰, 楚國無以爲
寶, 惟善以爲寶.)

⑬『여씨춘추』

◦「청언聽言」: "『주서周書』에 이르기를 '지나간 일은 다시 미칠 수 없고
앞으로 올 일은 기대할 수 없으니, 다만 그 시대를 현명하고 밝게
다스린다. 이러한 이를 일러 천자天子라고 한다'라고 하였다."(周書曰,
往者不可及, 來者不可待, 賢明其世, 謂之天子.)

◦「유대諭大」: "「하서夏書」에 이르기를 '천자의 덕이 광대하게 퍼지니 신묘

함이 있으며 무덕武德이 있고 문덕文德이 있다' 하였다."(夏書日, 天子之德, 廣運乃神, 乃武乃文.); 위고문 「대우모大禹謨」에 습용되었다.

◇ 「유대」: "「상서商書」에 이르기를 '오세五世의 묘묘廟에서 신괴神怪를 볼 수 있다' 하였다."(商書日: 五世之廟, 可以觀怪.); 위고문 「함유일덕咸有一德」에 습용되면서 "칠세七世의 묘묘廟에서 덕성德性을 볼 수 있다"(七世之廟, 可以觀德)로 고쳐졌다.

◇ 「효행孝行」: "「상서商書」에 이르기를 '형벌에 삼백 가지가 있는데, 죄 가운데 불효만큼 무거운 죄는 없다' 하였다."(商書日, 刑三百, 罪莫重於不孝.)

◇ 「신대愼大」: "그러므로 현명한 군주는 편안한 시기에 위험을 생각하니, 「주서周書」에 이르기를 '심연深淵에 임하듯이, 살얼음을 밟듯이'라고 하였다."(故賢主於安思危,[47] 周書日, 若臨深淵, 若履薄冰.); 위고문 「탕고湯誥」에 습용되면서 "심연深淵" 구가 조금 변형되었다.

◇ 「적위適威」: "「주서周書」에 이르기를 '백성이 선하면 다스릴 수 있지만, 선하지 않으면 원수가 된다'라고 하였다."(周書日, 民善之則畜也, 不善則讎也.)

◇ 「귀신貴信」: "「주서周書」에 이르기를 '진실되도다, 진실되도다!' 하였다." (周書日, 允哉允哉.); 『사기』 「주본기周本紀」에 인용된 금문 「태서太誓」에는 "신재信哉"로 되어 있고, 왕인지王引之의 『경의술문經義述聞』 '항재亢才'조에서는 "「상서대전」의 '항재亢才'는 '윤재允哉'의 잘못이다"라고 하였다. 살펴보건대, 『경의술문』에서는 『일주서』의 「풍보酆保」·「대개무大開武」·「대취大聚」 등 여러 편에서 무왕이 말한 '윤재允哉'를 인용하면서 "「주서周書」에는 '윤재允哉'라는 말이 많다"라고 하였다.

⑭ 『효경』

◇ 「오형장五刑章」: "오형五刑에 속하는 것이 삼천 가지인데, 죄 가운데 불효不

---

47) 『左傳』 襄公 11년조에서는 이 구절을 인용하면서 "書日"이라고 하였다.

孝보다 더 큰 것이 없다.”(五刑之屬三千, 而罪莫大於不孝.); 앞의 구절은 「여형呂刑」을 습용한 것이고, 뒤의 구절은 『여씨춘추』 「효행」편에 따르면 『상서』를 출전으로 한다. 두 구절 모두 이미 앞에서 살펴본 바 있다.

⑮ 『일주서』

◦ 「정전程典」: “편안할 때 위험을 생각하고, 시작할 때 끝을 생각한다. 가까운 것에는 대비할 것을 생각하고, 멀리 있는 것은 가까이 올 것을 생각한다. 늙어서 가려 하면 대비할 수 없다. 어김이 없도록 엄히 경계할지어다.”(於安思危, 於始思終, 於邇思備, 於遠思近. 於老思行, 不備. 無違嚴戒.); 『좌전』 양공襄公 11년조에서 “어안사위於安思危” 구절을 인용하면서 “서왈書曰”이라고 하였다.

◦ 「상훈常訓」: “진실한 덕으로 삼간다. 조심스럽게 시작하고 경건하게 끝맺으면 곤란하지 않다.”(允德以愼. 愼微以始, 而敬終不困.); 『좌전』 양공 25년조에서 이 문구를 인용하면서 “서왈書曰”이라고 하였다.

살펴보건대, 「정전」·「상훈」 등은 모두 주대의 원본 『상서』의 편목은 아니지만 『주서周書』의 자료를 일부 보존하고 있다.[48] 따라서 이 편목들은 「주서」의 일문을 인용한 것이라고 할 수 있다.

2) 특정한 용어 아래 인용된 경우

선진 문헌들 가운데는 특정한 용어를 써서 문구를 인용한 경우가 있다. 가령 “선왕지교先王之敎” 등과 같은 것은 앞서 누누이 인용되었던 “선왕지서先王之書”와 동일한 서류書類로 볼 수 있다. 또 고유명칭을 사용해서 문구를 인용한 것도 있는데, 이들 대부분은 기언체記言體로서 『상서』와 체례體例가 서로 같다. 예를 들어 이윤伊尹·사일史佚·주임周任 등의 대신이

---

48) 제3장 4절의 2항 참조.

나 사신史臣들과, 『좌전』 성공 4년조의 "사일지지史佚之志", 『좌전』 양공 3년조의 "중훼지지仲虺之志"는 그 칭법稱法이 완전히 동일한데, "중훼지지"는 곧 "중훼지고仲虺之誥"로서 『상서』에 배속된 것이다. 따라서 이런 부류의 일구들이 원래 『서』에 있었다는 것을 알 수 있다. 이런 예에 비추어 보면 인명이 제시되지 않은 각종 「지志」들은 그것이 비록 후대에 와서 전문 사적史籍이 되었더라도 그 가운데 확실히 기언체인 부분들은 『서』의 부류로 간주할 수 있다. 그러나 문헌에서 수집된 '어語[49]'들은, 간혹 「주서周書」로 불리며 위고문에 습용되기도 하고 일서逸書로 분류되기도 하지만, 대부분 속담이나 격언으로서 관원들의 정치강화政治講話가 아니기 때문에 『예기』 「문왕세자」에 인용된 것을 제외하고는 수록하지 않았다. 여기에서는 해당 예들 가운데 편명이 없는 일서의 인용문들을 수록하였다.

① "선왕지교" 등으로 인용됨

『국어』

◇ 「주어중周語中」: "「선왕지교先王之敎」에 이르길 '비가 그치면 도로를 닦고, 물이 마르면 교량을 완성한다' 하였다."(先王之敎曰, 雨畢而除道, 水涸而成梁.)

◇ 「주어중」: "「선왕지령先王之令」 가운데 이런 말이 있다. '천도天道는 선善함에 상을 내리고 음란함에 벌을 내린다. 그러니 우리 새로운 나라는 법 아닌 것은 따르지 말고 음란함에 빠지지 말며 각각 떳떳함을 지켜서 하늘의 아름다운 명을 받들라.'"(先王之令有之曰, 天道賞善而罰淫, 故凡我造國, 無從非彝, 無卽慆淫, 各守爾典, 以承天休.); 위고문 「탕고湯誥」에 습용되었다.

『좌전』

◇ 양공襄公 25년: "「선왕지명先王之命」에 이르기를 '죄를 지은 바가 있으면 각각 그 죄에 따라 벌을 받게 될 것이다' 하였다."(先王之命, 唯罪所在, 各致其辟.)

---

49) 『荀子』에 적지 않게 있고, 『戰國策』 등에도 들어 있다.

◦ 소공昭公 7년: "「주문왕지법周文王之法」에 이르길 '도망간 자가 있으면 크게 잡아들이라' 하였다."(周文王之法曰, 有亡荒閱.)

◦ 소공 7년: 문왕이 만든 「복구지법僕區之法」에 '훔친 장물을 소장하는 것도 훔친 죄와 같다' 하였다.(文王作僕區之法, 盜所隱器, 與盜同罪.)

◦ 소공 7년: "옛날 무왕이 주紂의 죄목을 열거하며 제후들에게 고하였다. '주紂가 천하의 도망자들의 주인이 되자 도망자들이 수없이 모여들었다.'"
(昔武王數紂之罪以告諸侯曰, 紂爲天下逋逃主, 萃淵藪.); 위고문 「무성武成」에 습용되었다.

◦ 소공 26년: "옛날의 「선왕지명先王之命」에 이르기를 '왕후王后에게 적자嫡子가 없으면 서자庶子 가운데 나이 많은 이를 후사後嗣로 세우고, 나이가 같으면 덕이 높은 이를 세우며, 덕이 같으면 점을 쳐서 세운다. 왕은 사랑함에 따라 후사를 세우지 않고, 공경은 사심을 없게 한다'라고 하였다."(昔先王之命曰, 王后無適, 則擇立長, 年鈞以德, 德鈞以卜, 王不立愛, 公卿無私.)

「묵자」

◦ 「상현중尙賢中」: "그러므로 「선왕지언先王之言」에 이르기를 '이 도道는 크게 천하에 쓰여도 부족함이 없고 작게 쓰여도 곤란을 겪지 않으니, 오랫동안 사용하면 만백성이 그 이익을 입게 되어 평생토록 그침이 없을 것이다'라고 하였다."(故先王之言曰, 此道也, 大用之天下則不窕, 小用之則不困, 修用之則萬民被其利, 終身無已.)

◦ 「비명상非命上」: "일찍이 「선왕지헌先王之憲」에서도 말한 바 있는, '복福은 요청할 수 없고 화禍는 피할 수 없으니, 공경히 하는 것도 무익하고 난폭하게 해도 탈이 없다'라는 말인가?"(先王之憲亦嘗有曰, 福不可請, 而禍不可諱, 敬無益暴無傷者乎?); 위고문 「태서중泰誓中」의 "제사가 무익하다고 말하다"(謂祭無益), "난폭하게 해도 탈이 없다고 말하다"(謂暴無傷)의 두 구절은, 비록 일서 「거발去發」을 직접 습용한 것이지만 이 구절과도 관계가 있다.

◦ 「비명상」: "일찍이 「선왕지형先王之刑」에서도 말한 바 있는, '복福은 요청할

수 없고 화禍는 피할 수 없으니, 공경히 하는 것도 무익하고 난폭하게
해도 탈이 없다'라는 말인가?"(先王之刑亦嘗有曰, 福不可請, 而禍不可諱, 敬無益暴無傷者乎?)

◦ 「비명상」: "일찍이 「선왕지서先王之誓」에서도 말한 바 있는, '복福은 요청할
수 없고 화禍는 피할 수 없으니, 공경히 하는 것도 무익하고 난폭하게
해도 탈이 없다'라는 말인가?"(先王之誓亦嘗有曰, 福不可請, 而禍不可諱, 敬無益暴無傷者乎?)

「순자」

◦ 「대략大略」: "순舜이 말하기를 '오직 나는 바라는 바대로 천하를 다스린다'
하였다."(舜曰, 維予從欲而治.); 양경楊倞의 주에서는 "「우서虞書」는 고요皋陶를
미화한 글이다"(虞書美皋陶之辭)라고 하였다. 위고문 「대우모大禹謨」에 습용
되었다.

「한비자」

◦ 「외저설좌상外儲說左上」: "「선왕지언先王之言」에 이르기를 '이룬 바가 작으나
세상 사람이 크다고 하는 것이 있고, 이룬 바가 크나 세상 사람이 작다고
하는 것이 있다' 하였다."(先王之言, 有其所爲小而世意之大者, 有其所爲大而世意之小者.)

살펴보건대, 이 외에 「관자」 「추언樞言」편에 "선왕先王의 서書는 마음으로
공경하고 아끼는 책이다."(先王之書, 心之敬軾也)라는 말이 있는데, 이는 「상서」라
는 책에 대해 말한 것이지 「상서」를 인용한 것이 아니기 때문에 예문에
넣지 않았다.

② 대신이나 사신 등의 발언으로 인용됨

「국어」

◦ 「주어하周語下」: "옛날에 태사太史 일佚(史佚)이 말하기를 '행동에는 공경함
만한 것이 없고, 거처함에는 절검만한 것이 없으며, 덕행에는 겸양만한

것이 없고, 일을 행함에는 자문만한 것이 없다' 하였다."(昔史佚有言曰, 動莫若敬, 居莫若儉, 德莫若讓, 事莫若咨.)

『좌전』

◇ 문공文公 15년: "사일史佚이 말하기를 '형제兄弟는 친애함을 다하니, 궁핍함에 구제하고 좋은 일에 축하하고 재난에 위로하고 제사에 공경스럽게 하고 상례에 슬퍼한다' 하였다."(史佚有言曰, 兄弟致愛, 救乏, 賀善, 即災, 祭敬, 喪哀.)

◇ 선공宣公 12년: "사일史佚이 말한 '남의 화란禍亂을 나의 이익으로 삼지 말라'는 것은 바로 이러한 류를 가리킨다."(史佚所謂毋怙亂者, 謂是類也.)

◇ 성공成公 4년: "「사일지지史佚之志」에 이르기를 '나의 친족과 같은 무리가 아니면 그 마음이 반드시 다르다' 하였다."(史佚之志有之曰, 非我族類, 其心必異.)

◇ 양공襄公 14년: "사일史佚이 말하기를 '임금이 이미 중심을 잡은 것으로 안무按撫하라' 하였다."(史佚有言曰, 因重而撫之.)

◇ 소공昭公 원년: "사일史佚이 말하기를 '빈객賓客이 아니라면 어찌 공경할 수 있겠는가?' 하였다."(史佚有言曰, 非羈何忌.)

◇ 은공隱公 6년: "주임周任이 말했다. '국가를 다스리는 자는 악惡을 보면 마치 농부가 힘써 잡초를 제거하듯이 하는데, 잡초를 베어 모아 높이 쌓아 올리고 남은 뿌리를 모두 잘라서 다시 번식하지 못하게 한다.'"

(周任有言曰, 爲國家者, 見惡, 如農夫之務去草焉, 芟夷蘊崇之, 絶其本根, 勿使能殖.)

◇ 소공 5년: "주임周任이 말하기를 '정사政事를 담당하는 사람은 사사로운 공로로 상을 주지 않고, 사사로운 원한으로 벌을 주지 않는다' 하였다."(周任有言曰, 爲政者不賞私勞, 不罰私怨.)

『논어』

◇ 「계씨季氏」: "주임周任이 말하기를 '능력을 펼 수 있으면 자리를 얻고, 펴지 못하게 되면 그만둔다' 하였다."(周任有言曰, 陳力就列, 不能者止.)

『맹자』

◇ 「진심상盡心上」: "이윤伊尹이 말하기를 '나는 의리를 따르지 않는 것에 익숙지 않다' 하였다."(伊尹曰, 予不狎於不順.); 위고문 「태갑太甲」에 습용되었다.

③ 각종 「지志」의 기록으로 인용됨

『국어』

◇ 「진어晉語 9」: "「지志」에 이르기를 '고산준령高山峻嶺에는 초목이 뿌리내리지 못하고, 송백松柏이 자라는 땅은 비옥하지 못하다' 하였다."(志有之曰, 高山峻原, 不土草木, 松柏之地, 其土不肥.)

◇ 「초어상楚語上」: "「지志」의 기록에 "나라에 큰 성城을 쌓아도 이로움이 있지 않다" 하였다.(其在志也, 國爲大城, 未有利者.)

『좌전』

◇ 문공文公 2년: "「주지周志」의 기록에 '용맹을 내어 윗사람을 해친 자는 죽어서 명당明堂에 오르지 못한다' 하였다."(周志有之, 勇則害上, 不登於明堂.); 살펴보건대, 이 2구는 『일주서』 「대광大匡」에 보이므로 「지志」가 확실히 「서書」의 종류임을 알 수 있다.

◇ 문공 6년: "옛날의 「지志」에 이르기를 '은혜에 대해서나 원한에 대해서나 그 후손에게 갚지 않는다' 하였다."(前志有之曰, 敵惠敵怨, 不在後嗣.)

◇ 성공成公 15년: "옛날의 「지志」에 이르기를 '성인聖人은 분수를 통달하고, 현인賢人은 분수를 지키며, 하우下愚는 분수를 잃는다'라고 하였다."(前志有之曰, 聖達節, 次守節, 下失節.)

◇ 양공襄公 4년」: "「지志」에서 말한 '행동에 무례無禮함이 많으면 반드시 자신에게 돌아오게 된다'라는 것이다.(志所謂, 多行無禮, 必有及也.)

◇ 양공 25년: "「지志」의 기록에 '말로써 뜻을 충족시키고, 글로써 말을 충족시킨다' 하였다."(志有之, 言以足志, 文以足言.)

◇ 소공昭公 원년: "「지志」에 이르기를 '첩妾을 들일 때 그 성姓을 알지 못하면 점을 친다' 하였다."(志曰, 買妾不知其姓, 則卜之.)

◇ 소공 3년: "「지志」에 이르기를 '능히 공경할 수 있다면 재난이 없을 것이다' 하였다."(志曰, 能敬無災.)

◇ 소공 3년: "또한 (「지」에) 이르기를 '공경스럽게 내빈來賓을 맞는다'라고 하였다."(又曰, 敬逆來者.)

◇ 애공哀公 18년: "「지志」에 이르기를 '성인聖人은 복서卜筮를 사용하지 않는다'라고 하였다."(志曰, 聖人不煩卜筮.)

◇ 선공宣公 12년: "「군지軍志」에 이르기를 '적敵보다 앞선 이는 적의 투지鬪志를 빼앗는다' 하였다."(軍志曰, 先人有奪人之心.)

◇ 소공 21년: "「군지軍志」에 이르기를 '적敵보다 앞선 이는 적의 투지鬪志를 빼앗고, 적보다 뒤처진 이는 적의 사기가 떨어질 때를 기다린다' 하였다."(軍志有之曰, 先人有奪人之心, 後人有待其衰.)

「일주서」

◇ 「대광大匡」: "패악하면 곧 죽이는 것이 용맹이니, 용맹을 내어 윗사람을 해치면 죽어서 명당明堂에 오르지 못한다."(悖則死勇, 勇如害上, 則不登於明堂.)

◇ 「정전程典」: "완고함으로 윗사람을 해치다."(頑乃害上.); 살펴보건대, 『좌전』 문공文公 2년조에 같은 구절이 인용되어 있는데, 『좌전』에서는 「주지周志」로 칭하고 있다.

「맹자」

◇ 「등문공상滕文公上」: "또한 「지志」에 이르기를 '상례喪禮와 제례祭禮는 선조先祖의 예禮를 따른다'라고 하였다."(且志曰, 喪祭從先祖.)

◇ 「등문공하滕文公下」: "또한 「지志」에 이르기를 '한 자를 굽혀서 여덟 자를 편다' 하였다."(且志曰, 枉尺而直尋.)

이상에서 살펴본, 선진 문헌 16종에서 일서, 일편 등을 인용하고 있는
정황을 표로 나타내면 다음과 같다.

<선진시기 문헌에 인용된, 한대에 나타나지 않은 逸書·逸篇들>

선진 문헌	인용 횟수	인용 편명	편명이 없는 경우	
			書·某書 및 逸句	특정한 용어
論語	7	禱雨湯誓 (1회)	書, 逸句 4 (5회)	周任 (1회)
國語	17	禱雨湯誓, 夏令, 周制, 懿戒, 訓語 (5회)	書 2, 夏書 3, 周書, 西方之書 (7회)	史佚, 志 2, 先王之敎, 先王之令 (5회)
左傳	54	周公之誓命, 夏訓, 虞箴, 禹刑, 湯刑, 九刑, 伯禽, 唐誥 (8회)	書 4, 夏書 13, 周書 4, 鄭書 2 (23회)	文王之命 2, 周文王之法, 文王仲區之法, 武王數紂罪, 史佚 5, 周任 2, 志 6, 前志 2, 周志, 軍志 2 (23회)
墨子	28	湯說(禱雨湯誓), 求賢湯誓, 禽艾, 距年, 竪年, 相年, 術令, 執令, 武王將事太山隧之傳, 征苗禹誓, 馴天明不解, 武觀, 湯之官刑, 大明(太誓), 去發, 三代不國, 禹之總德, 子亦 (18회)	夏書, 夏商之書, 商書, 殷書, 周書, 古 (6회)	先王之言, 先王之憲, 先王之刑, 先王之誓 (4회)
孟子	15	夏諺 (1회)	書 8(內湯征逸句 4), 湯征逸句 2, 武王伐殷逸句 (11회)	伊尹, 志 2 (3회)
荀子	4	禱雨湯誓 (1회)	書 2 (2회)	舜曰 (1회)
管子	1		周書 (1회)	
莊子	2		書 2 (2회)	
韓非子	5		書 2, 周書 2 (4회)	先王之言 (1회)
戰國策	5		書 2, 周書 3 (5회)	
禮記	6	菜(祭)公之顧命 (1편)	書, 楚書, 逸句 2, 語 (5회)	
穀梁傳	1		周書逸句 (1회)	
孝經	1		商書逸句 (1회)	
屍子	1	禱雨湯誓 (1편)		
呂氏春秋	9	禱雨湯誓 (1편)	夏書, 商書 2, 周書 4, 禽艾逸句 (8회)	
逸周書	7	刑書九篇(九刑), 夏箴, 祭公(之顧命) (3편)	逸句 2 (2회)	周志逸句 2 (2회)
합계 (16종)	163회	40회(편명은 32)	83회	40회

제5절 선진시대 『상서』 유통 정황 개괄

앞의 고찰을 통해 알 수 있듯이, 선진시대의 각종 문헌들에서 『상서』를 인용한 경우는 모두 330여 차례이며 편명을 알 수 있는 것은 50여 편에 달한다. 그 중 한대에 보이는 편목이 26편이고 한대에 보이지 않는 편들 가운데 편명을 알 수 있는 것이 32편이며, 기타 명칭50)으로 인용된 것이 백 수십 차례 이상이다. 인용 가운데에는 일서逸書 수십 편이 포함되어 있는데, 그 중 어떤 편인지를 추정할 수 있는 것도 19편 이상이 있다. 반면 한대에까지 전해져서 '「상서서尚書序」 100편'으로 일컬어진 편들 중에서 선진시기에 인용되지 않은 것도 60여 편51)에 달하고, 또 한대에 전해진 『일주서逸周書』 중의 믿을 만한 7편과 춘추전국시기에 가공된 10편도 선진시기의 인용에서는 나타나지 않는다.52) 이상이 선진시대 『상서』 인용 정황의 대략이다.

인용 정황에 따르면 아래의 몇 가지를 알 수 있다.

① 한대 금문 28편은 선진시기에 가장 빈번하게 인용되었는데, 이것은 이 판본이 당시에 가장 널리 전해진 판본이었다는 것을 말해 준다. 복생伏生이 그것을 한대에 전수할 수 있었던 것은 습독習讀하는 책이기 때문이었다.

---

50) 가령 "書曰", "某書曰", "先王之敎" 혹은 人名이나 기타 고유명사 등.
51) 「상서서」 100편 가운데 今文 13편, 古文 12편, 그 외 38편은 先秦의 문헌들에 인용된 예가 보이지 않는다.
52) 제3장 4절 2항 참조. 그 중 2편만이 선진시기에 다른 명칭으로 인용되었다.

100편 가운데 나머지 72편(逸書 16篇 포함)은 다만 10편 정도만 인용되어 확실히 비교가 된다. 또한 「태서太誓」·「중훼지고仲虺之誥」·「열명說命」 3편에만 집중되어 있는데, 이는 인용 부분이 매우 협소함을 말해 준다.

② 인용 편목들 가운데에는 「강고康誥」를 인용한 횟수가 30여 회로 가장 많고, 그 다음으로는 「태서太誓」 23회, 「홍범洪範」 19회, 「여형呂刑」·「요전堯典」 각 16회이며, 그 외는 모두 10회 이하로서 적게는 1~2회인 경우도 있다. 「강고」·「홍범」·「여형」은 형정법제刑政法制에 관한 편들로서 통치술을 중요하게 다루고 있어 통치자들의 관심을 끌었고, 「태서」는 주왕조가 주紂를 정벌하는 내용을 다룬 개국보전開國寶典으로서 정권을 세우는 과정에서 경계해야 할 수많은 문제들을 강조하고 있고 또 「요전」은 유가가 편찬한 것으로서 성도왕공聖道王功을 주창하고 있어 중시되었다.

③ 이러한 편들의 문구들은 모두 쉽고 읽기 편한 구절들이었다. 예를 들면 「강고」의 "怨不在大, 亦不在小", "父不慈, 子不祗", "若保赤子", 「태서」의 "民之所欲, 天必從之", "我武維揚", "天視自我民視, 天聽自我民聽", 「홍범」의 "三人占, 從二人", "無偏無黨", 「여형」의 "一人有慶, 兆民賴之", "皇帝淸問下民", 「요전」의 "流共工於幽州", "二十有八載帝乃殂落" 같은 구절은 후대 문자와도 크게 다르지 않다. 「상서」는 원래 전형적인 길굴오아佶屈聱牙의 난삽한 고서로서 상술한 편들 중에도 수많은 어려운 구절이 있지만, 선진 사람들은 그런 구절들은 인용하지 않았다. 인용한 글들을 전체적으로 살펴보면 기본적으로 모두 읽기 편한 구절들이다. 비록 「맹자」 「만장상」에 인용된 「순전」의 "父母使舜完廩" 구절처럼 난삽한 문구가 간혹 나타나기도 하지만, 이 문구의 구조마저도 예스럽기는 하나 비교적 이해하기 쉬운 편이다.

원래 서주시대 초기에 주공周公이 주왕조를 공고히 하기 위하여 만들어 낸 고사誥詞들은 통치술의 중요한 보전寶典으로 특별히 중시되었던 주周왕조의 개국開國 문헌이라 할 수 있는데, 그 가운데서도 단순히 제후국을 봉封하는 데 그치는 「강고康誥」에 비해 더더욱 중시된 몇 편의 고誥가 있다. 따라서 만약 긴요하게 인용해야 할 말이라면 당연히 그처럼 주공이 직접 만든 서편書篇들에서 골랐어야 할 것이다. 그러나 이들 서편들은 대단히 읽기가 어려웠다. 이들 편목은 전부 주공이 일어난 서쪽 기주岐周지역의 방언을 사용하였는데, 시간적으로 이미 5~6백 년의 간격이 있어 중원中原지방의 통용어는 기주의 방언과 매우 달랐기 때문이다. 따라서 그 글을 이해하기 힘들었던 춘추전국시기의 사람들은 아예 외면해 버렸던 것이다. 오직 「강고」만이 어려운 구절 속에서도 몇 개의 쉬운 구절이 있어 다른 각 편의 평이한 구절들과 함께 널리 인용될 수 있었다. 지금 우리는 『상서』의 글들을 읽기 어렵다고 여기지만, 그러한 생각은 이미 주대 후기부터 시작되었던 것이다.

④ 당시 서편을 인용하는 과정에서 학파에 따라 수많은 분기分岐가 일어나게 된다. 위에 인용된 자료에서 확인할 수 있듯이, 기본적으로 관점이 같은 것을 제외하고는 동일한 편목이라 하더라도 그 문구에서는 대부분 큰 차이가 발생하였다. 가령 「감서甘誓」의 경우, 유묵儒墨 양가는 판본의 내용은 서로 같지만 문구의 차이는 매우 크다. 또 「중훼지고仲虺之誥」의 한 단락을 인용할 경우, 『순자』와 『여씨춘추』 사이에는 적지 않은 출입이 있다. 설령 동일한 학파에서 동일한 편목을 인용했다 할지라도 자기 학파 내에서 전승되는 판본들 사이에도 큰 차이가 발생한다. 이는 「중훼지고」의 여러 자료들에서 확인되는 바와 같이, 『묵자』「비명非命」의 상·중·하 각 편은 동일한 문구를 인용하고 있지만 서로 현격한 차이를 보인다.[53] 앞에서 살펴본 자료들에는 이러한 예가 매우 많다. 이와 같은 예들은 모두 『상서』가 전승되는 과정에서 각 편의 문자들에 수많은 변형이 발생하였음을 말해 주며, 이러한 문자의 변형은 후대인으로 하여금 『상서』

---

53) 앞의 제2장 3절에 보인다.

를 읽을 때 숱한 어려움을 겪게 만들었다.

⑤ 당시에 『상서』는 사료史料인 『좌전』에 가장 많이 인용되었는데, 일서逸書에 속하는 것을 포함해서 모두 80여 차례이며 편명을 알 수 있는 것만도 13편에 달한다. 그 다음은 『묵자』로서, 인용 횟수는 47회이지만 인용한 편수는 22편으로 가장 많다. 그 다음이 『예기』 43회 13편, 『맹자』 38회 7편 등이다. 『국어』와 『순자』는 각각 20여 회이고 편수도 수편씩이며, 『논어』는 8회이지만 편명은 보이지 않는다. 이 외 각종 문헌이 인용하고 있는 것은 1~2회에 그친다. 사료에 기록되어 있는 것은 모두 정치인의 언행이다. 따라서 통치의 경험을 전수하고 있는 『상서』의 편목들은 자연히 『좌전』에서 가장 빈번하게 인용되었다. 주목해야 할 점은 제자 가운데 주요한 양가인 묵가와 유가가 모두 빈번하게 『상서』를 인용하였다는 것이다. 법가 계열로는 『관자』 6회, 『한비자』 7회이며, 도가로는 오직 『장자』만이 2차례 인용하고 있다. 이는 제자백가 가운데 특히 유묵 양가가 『상서』의 역할을 중시하여 그것을 자기 학파의 주요 교본으로 삼았기 때문이었다. 당시 유묵은 '드러난 학문'(顯學)이었고, 『상서』는 지식인이라면 읽어야 할 필독서였다.

유가의 교과과정은 원래 시詩·서書·예禮·악樂의 네 가지였다. 이 가운데 예와 악은 교실 밖에서 행해지는 실습과목이었고, 시와 서만이 교실에서의 2가지 교본이었다. 여기서 시가 문학 교본[54]이라면, 서는 역사와 정치철학의 교본이다. 이와 같은 이유로 『시경』과 『서경』은 유학을 대표하는 중요 경전이 되었다. 진秦나라 때에 법가가 정권을 등에 업고 전력으로 없애고자 했던 것도 역시 『시』·『서』의 전적이었다. 그래서 "천하에 감히 『시』·『서』·제자백가의 책을 소장한 것이 있으면 모두 수위守尉들에게

---

54) 『詩』는 당시 사회에 유행하던 詩歌인 동시에, 儒生들이 통치자의 제사 거행이나 外交 典禮를 도울 때 부르던 樂歌이기도 했다.

지시하여 불태우게 하고, 감히 『시』·『서』를 말하는 자는 공개처형하라"[55]
라는 명령이 내려졌던 것이다.

　　유가의 교본은 맹자와 순자의 시기에 들어 사서인 『춘추』가 추가되고,
『예기』 「경해經解」편의 기록과 같이 점복占卜을 행하는 『역易』이 다시 추가되
어 모두 6종이 되었다. 『장자』 「천하天下」편은 이 6종이 추로鄒魯의 유가들이
익히는 것이라고 열거하였고, 「천운天運」편에서는 '육경六經'이라고 칭하
고 있다. 『장자』의 이 2편은 다른 편들에 비해 만들어진 시기가 상대적으로
늦는데, 그만큼 이것은 유가 후기 교과과정의 정황을 잘 반영하고 있다고
할 수 있다. 『사기』의 「공자세가孔子世家」와 「백이열전伯夷列傳」에서는 이
6종을 '육예六藝'라고 칭하였다.[56] 이 6종은 전국시대 후기에 유가들이
주로 전습傳習했던 문헌이었다.

　　⑥ 선진시대 제자들은 모두 『상서』 속의 고대사 자료들을 이용하여
자신들의 학설을 선양하였는데, 이러한 경향은 유묵 양가에서 특히 두드
러지게 나타났다. 이때 그들은 자신들의 학설에 필요한 것을 취사선택하
였기 때문에 앞에서 서술했듯이 양가가 채택한 동일한 서편들이 서로
다르게 되는 현상이 발생하게 되었다. 그들은 대체로 자기 학설을 원본
서편들을 직접 이용하여 자기 학설을 주장하였지만, 자신들에게 적합하
지 않은 것들이 있으면 가공하여 자신의 학설이나 관점과 일치하는
서편을 만들어 내고는 자신들의 학설이 예전에 이미 그와 같이 완성되어
있었다고 주장하였다.

　　유가와 묵가에 의해 선양된 가장 성공한 역사 인물들은 요堯와 순舜
그리고 우禹였다. 그래서 한비자는 "공자와 묵자가 모두 요순堯舜을 말하는
데, 그 취하고 버리는 바가 서로 다른데도 모두 자신들이 진짜 요순이라고

---

　55)『史記』, 「秦始皇本紀」, "天下敢有藏詩書百家語者, 悉詣守尉雜燒之, 有敢偶語詩書者棄市."
　56) 본문에서의 '六藝'는 여섯 가지 교본을 가리키지만, 『周禮』 「地官·保民」에 있는 '六藝'
　　　는 禮·樂·射·禦·書·數의 여섯 가지 技藝를 가리킨다.

주장한다. 요순이 다시 살아나지 않는다면 누가 요순의 참됨을 판정할 수 있겠는가?"57)라고 일갈했다. 이 말은 요순이라는 위인은 유묵 양가가 각각 만든 것으로 원래의 요순과 서로 부합하는지는 아무도 단정할 수 없다는 뜻이다. 요평廖平(1852~1932)은 『서경대통범례書經大統凡例』에서 "유가의 요순은 완벽하고 묵가의 요순은 질박하다"라고 했는데, 이는 유묵 양가가 만들어 낸 요순의 서로 다른 주요한 특징이다. 유가는 요순을 "높고 높도다! 하늘의 크기만큼 큰 성군이여. 예악제도를 정비하니 천하가 다스려졌다"라고 찬양하였고, 묵가는 요순을 "일심一心으로 어진 이에게 양보하고 때에 맞추어 천하를 선양한 도道를 아는 분"이라고 묘사하였다. 당시에 그 밖의 제가들도 이들 양가를 대항해서 자신들의 요순에 대한 견해를 가지고 있었다. 요평은 위의 구절에 이어서 다음과 같이 말하고 있다. "도가의 요순은 천신天神이고, 농가의 요순은 군민君民이 함께 농사를 짓는 것이며, 병가의 요순은 전쟁이고, 법가의 요순은 엄격함과 정확함이다. 각각 한쪽으로 치우침을 잡고 사람마다 다른 것을 말하니, 이 모두는 진짜 요순이 아니다." 이로써 요순에 대한 제가의 설명이 서로 달랐다는 것을 알 수 있다.

『상서』에는 요·순 및 우와 관련된 서편들이 남아 있는데, 그것은 바로 대략 춘추전국시기에 유가가 자료를 수집하여 엮은 「요전堯典」·「고요모皋陶謨」·「우공禹貢」의 3편이다. 유가는 「요전」으로 고대의 제왕체제와 정치제도를 확립하였고, 「고요모」로써 자신들의 정치도덕과 이상을 묘사하였으며, 「우공」으로 대일통大一統의 지리地理와 공부貢賦 등을 종합하여 서술하였다. 고힐강顧頡剛의 견해에 따르면, 이들 편들은 상고사의 중심을 구성하며 특히 「요전」은 중국 고대사의 여러 방면에 영향을 끼쳤다고 하였는데,58)

---

57) 『韓非子』, 「顯學」, "孔子墨子俱道堯舜, 而取舍不同, 皆自謂眞堯舜. 堯舜不復生, 將誰使定儒墨之誠乎?"
58) 제9장 3절 참조.

이들 편들의 중요한 의의를 정확히 지적하고 있다. 과거에는 이들 편들이 요·순·우 당시의 작품이라고 줄곧 신봉되어 「우하서虞夏書」에 배열되었다. 사마천이 편찬한 『사기』의 제1편인 「오제본기五帝本紀」는 「요전」의 전문을 싣고 다시 전국시대 말기에 만들어진 「제계성帝系姓」·「오제덕五帝德」을 첨가하여 만들어졌으며, 제2편 「하본기夏本紀」는 「우공」·「고요모」 두 편의 내용을 초록하고 「감서甘誓」 및 『세본世本』 중의 하夏의 세계世系를 추가하여 완성되었다. 유가가 만든 「요전」·「고요모」·「우공」의 세 편이 중국 최초 역사서의 고대사를 구성하고 있는 것이다.

그러나 이미 송대 때부터 학자들은 이 편들의 진실성에 회의를 품었고, 명·청대 및 근대의 의변疑辨을 거쳐 마침내 고힐강이 세 편 모두 춘추전국 시기에 만들어진 것이라고 고정考定하였다.[59] 이로 인해 유가가 이들 몇 편을 이용해서 세운 고대사의 계통은 근본적으로 흔들리게 된다. 그래서 서욱생徐旭生은 "고힐강과 그 학우들의 최대 공적은 바로 고대사 중 최고의 권위를 가진 『상서』 속의 「요전」·「고요모」·「우공」 3편의 완성 시기를 춘추전국시대로 확정한 것이다"[60]라고 평하였다. 이는 학계가 이미 고힐강의 주장을 인정하였다는 뜻으로, 중국 역사 속의 '이제삼왕二帝三王(堯·舜 및 禹·湯·文武)의 고대사 체계는 유가의 몇 편의 서편들에 기초한 구사료舊史料의 토대 위에서 가공된 것이었다는 점을 말해 준다.

이상은 춘추전국시대에서 진대秦代에 이르기까지의 『상서』의 유전 정황이다. 이 장 전체에서 논의된, 선진시대 문헌들에 보이는 금·고문 『상서』 및 일서 등의 편목들에 대한 인용 상황을 정리하여 표로 나타내어 보면 다음과 같다.

---

59) 제9장 3절 참조.
60) 徐旭生, 『中國古史的傳說時代』, 22쪽.

i) 선진 문헌에서 『상서』 편목들이 인용된 횟수

선진 문헌	총 횟수	금문 28편	고문 16편	한대출현본 45편	상서서 외의 일편	書·某書 혹은 일구 인용	특정한 용어 사용
詩	1회	1회(1편)					
論語	9회	1회(1편)		1회(1편)	1회(1편)	5회	1회(1편)
國語	28회(7편)	7회(6편)		4회(2편)	5회(5편)	7회	5회(4편)
左傳	86회(13편)	23회(6편)		9회(3편)	8회(8편)	23회	23회(10편)
墨子	47회(22편)	9회(4편)		10회(2편)	18회(18편)	6회	4회(4편)
孟子	38회(7편)	12회(6편)	5회(3편)	6회(3편)	1회(1편)	11회	3회(2편)
荀子	22회(3편)	16회(5편)		2회(2편)	1회(1편)	2회	1회(1편)
管子	6회(1편)	4회(2편)		1회(1편)		1회	
莊子	3회	1회(1편)				2회	
韓非子	7회(1편)	2회(2편)				4회	1회(1편)
戰國策	6회	1회(1편)				5회	
周禮	4회	4회(2편)					
禮記	43회(13편)	20회(8편)	2회(1편)	15회(5편)	1회(1편)	5회	
大戴記	2회	2회(2편)					
孝經	3회(1편)	2회(1편)				1회	
公羊傳	1회	1회(1편)					
穀梁傳	1회					1회	
尸子	1회				1회(1편)		
呂氏春秋	14회(2편)	4회(3편)		1회(1편)	1회(1편)	8회	
逸周書	13회(4편)	5회(4편)	1회(1편)		3회	2회	2회(1편)
합계	335회	115회(15편)	8회(4편)	49회(7편)	40회(32편)	83회	40회(19편)

ii) 선진 문헌 속 『상서』 편목들의 인용 정황 1 – '書' 혹은 '○書'의 형태로 인용된
경우("先王之書"는 모두 편명이 밝혀져 있으므로 제외)

인용 형태	인용 횟수	인용 정황		인용 편목의 성격
書	42회	16회 (5篇)	康 7, 呂 5, 洪 2, 洛 1, 無 1 <論 1, 孟 1, 左 3, 荀 10, 大戴 1>	금문 28편에 속하는 편목
		2회 (1篇)	說 2 <國 1, 孟 1>	「상서서」 100편에 속하되 금문 28편 및 고문 16편에는 속하지 않는 편장
		24회	<論 1, 國 2, 左 4, 孟 8, 荀 2, 莊 2, 韓非 1, 戰 2, 禮 1, 呂氏 1>	편명을 알 수 없는 일구

夏書	21회 (그 중 1회는 虞書의 오류)	3회 (2篇)	堯 1, 皐 2 <左 3: 莊8, 僖27-2, 文18은 虞書의 오류>	금문 28편에 속하는 편목
		18회	<國 4, 左 12, 墨 1, 呂氏 1>	편목을 알 수 없는 일구
商書	10회 (그 중 1회는 殷書로 되어 있음)	5회 (2篇)	盤 2, 洪 3 <左 5: 盤庚은 隱6・ 莊14, 洪範은 文5・成6・襄3>	금문 28편에 속하는 편목
		5회	<墨 2(七患에서는 殷書라 칭함), 孝 1, 呂氏 2>	편명을 알 수 없는 일구
周書	27회 (그 중 1회는 周詩로 誤記)	11회 (3篇)	康 9, 洪 1, 無 1 <國 2, 左 7, 墨 1(兼愛下의 周詩는 오류), 戰 1>	금문 28편에 속하는 편목
		16회	<國 1, 左 4, 墨 1, 管 1, 韓非 2, 戰 3, 呂氏 4>	편명을 알 수 없는 일구
鄭書	2회		<左 2(襄30, 昭28)>	편명을 알 수 없는 일구
楚書	1회		<禮 1(大學)>	편명을 알 수 없는 일구
夏商之書	1회		<墨 1(非命中)>	편명을 알 수 없는 일구
西方之書	1회		<國 1(晉語四)>	편명을 알 수 없는 일구
古(書)	1회		<墨 1(明鬼下)>	편명을 알 수 없는 일구

iii) 선진 문헌 속『상서』편목들의 인용 정황 2 - 편목의 인용 ①: 한대 이후 계속
전해져 온 편목들(금문 28편 중의 15편과 고문 16편 중의 4편 및 그 밖의 7편)

인용 편목 및 횟수		인용 형태 및 인용 문헌	인용 편목의 성격
夏書	堯典 14회	堯典 1회 <孟 1(萬章上)> 帝典 1회 <禮 1(大學)> 편명 없음 12회(1회는 "夏書曰"이라 되어 있음) <國 2, 左 2, 孟 4, 荀 1, 禮 2, 逸周 1>	금문 28편에 속하는 편목
	舜典 3회	편명 없음 <孟 3(萬章上)>	
	皐陶謨 3회	편명 없음(2회는 "夏書曰"이라 되어 있음) <左 2, 禮 1>	
	禹貢 7회	편명 없음 <國 1, 墨 1, 孟 1, 荀 1, 周禮 3>	
	甘誓 2회	禹誓 1회 <墨 1(明鬼下)> 편명 없음 1회 <呂氏 1(先己)>	
商書	湯誓 8회	伐桀湯誓 1회 <孟 1(梁惠王上)>	금문 28편에 속하는 편목
		禱雨湯誓 6회(『墨子』에서는 湯說이라 칭함) <國 1, 論 1, 荀 1, 尸 1, 呂氏 1, 墨 1(兼愛下)>	『상서서』100편에 속하지 않는 일편
		求賢湯誓 1회 <墨 1(尙賢中)>	
	仲虺之誥 8회	仲虺 3회 <左 2(宣12, 襄14), 呂氏 1(驕恣)> 仲虺之志 1회 <左 1(襄30)> 仲虺之告 2회 <墨 2(非命上・中)> 仲虺之誥 1회 <墨 1(非命下)> 中蘬之言 1회 <荀 1(堯問)>	『상서서』100편에 속하되 금문 28편 및 고문 16편에는 속하지 않는 편목
	咸有一德 2회	尹吉(告) <禮 2(緇衣)>	고문 16편에 속하는 편목
	伊訓 1회	伊訓 <孟 1(萬章上)>	

	太甲 6회	太甲 <孟 2(公孫丑·離婁), 禮記 4(表記·緇衣·大學)>	「상서서」 100편에 속하되 금문 28편 및 고문 16편에는 속하지 않는 편목
	盤庚 4회	盤庚 1회 <國 1(周語上)> 盤庚之誥 1회 <左 1(哀11)> 편명 없음 2회("商書"라 되어 있음) <左 2(隱6·莊11)>	금문 28편에 속하는 편목
	說命 8회	兌命 6회 <禮 6(文王世子·學記·緇衣)> 편명 없음 2회("書曰"이라 되어 있음) <國 1(楚語上), 孟 1(滕文公上)>	「상서서」 100편에 속하되 금문 28편 및 고문 16편에는 속하지 않는 편목
周書	太誓 22회	太誓 17회 <國 3, 左 4, 墨 5, 孟 2, 荀 1, 管 1, 禮 1> 大明 1회 <墨 1(天志中)> 편명 없음 4회 <論 1, 左 1, 墨 1, 孟 1>	「상서서」 100편에 속하되 금문 28편 및 고문 16편에는 속하지 않는 편목
	牧誓 2회	편명 없음 <國 1(周語), 孟 1(盡心下)>	금문 28편에 속하는 편목
	武成 2회	武成 1회 <孟 1(盡心下)> 世俘 1회 <逸周 1(世俘)>	고문 16편에 속하는 편목
	洪範 19회	鴻範 2회 <呂氏 2(貴公·君守)> 先王之法 1회 <韓非 1(有道)> 편명 없음 16회(2회가 "書"로, 3회가 "商書"로, 1회가 "周詩"로 되어 있음) <詩 1, 左 4, 墨 4, 荀 2, 管 1, 莊 1, 周禮 1, 逸周 2>	금문 28편에 속하는 편목
	康誥 31회	康誥 10회 <左 3, 孟 1, 荀 1, 禮 5> 편명 없음 21회(7회가 "書"로, 9회가 "周書"로 되어 있음) <國 1, 左 8, 孟 1, 荀 8, 戰 1, 禮 1, 逸周 1>	
	酒誥 1회	"康誥"라 칭함 <韓非 1(說林上)>	
	洛誥 7회	편명 없음(그 중 1회는 "書曰"이라 함) <孟 1, 管 3, 禮 2, 大戴 1>	
	無逸 4회	高宗 1회 <禮 1(坊記)> 편명 없음 3회(1회는 "書", 1회는 "周書"라 함) <論 1, 國 1, 禮 1>	
	君奭 1회	君奭 <禮 1(緇衣)>	
	蔡仲之命 1회	蔡仲之命의 '命'자가 '祭'자로 되어 있음 <左 1(定4)>	「상서서」 100편에 속하되 금문 28편 및 고문 16편에는 속하지 않는 편목
	君陳 3회	君陳 <禮 3(坊記, 緇衣2)>	
	君牙 1회	君牙 <禮 1(緇衣)>	
	呂刑 16회	先王之書·呂刑 3회 <墨 3(尙賢中·下, 尙同中)> 甫刑 6회 <禮 5, 孝 1> 편명 없음 7회(그 중 5회는 "書曰") <左 1, 荀 3, 孝 1, 大戴 1, 逸周 1>	금문 28편에 속하는 편목
	秦誓 2회	秦誓 1회 <禮 1(大學)> 편명 없음 1회 <公羊(文12)>	

iv) 선진 문헌 속 『상서』 편목들의 인용 정황 3 - 편목의 인용 ②: 한대 이후 실전된
편목들(「상서서」 100편 이외의 일편들)[61]

인용 편목 및 횟수		인용 형태 및 인용 문헌	특기 사항
夏書	禹誓 2회	禹誓 1회 <墨 1(明鬼下)> 征苗禹誓 1회 <墨 1(兼愛)>	『墨子』「明鬼下」의 禹誓는 甘誓의 誤稱. 표 iii의 甘誓항 참조
	禹刑 1회	禹刑 1회 <左 1(昭6)>	
	禹之總德 1회	禹之總德 1회 <墨1(非命下)>	
	武觀 1회	武觀 1회 <墨 1(非樂上)>	僞古文에 五子之歌로 잘못 습용됨
	夏訓 1회	夏訓 1회 <左 1(襄4)>	
	夏令(命) 1회	夏令 1회 <國 1(周語中)>	
	夏諺 1회	夏諺 1회 <孟 1(梁惠王下)>	
商書	湯說 1회	湯說 1회 <墨 1(兼愛下)>	禱雨湯誓. 표 iii의 湯誓항 참조
	湯刑 1회	湯刑 1회 <左 1(昭6)>	
	湯之官刑 1회	湯之官刑 1회 <墨 1(非樂上)>	
	術令 1회	術令 1회 <墨 1(尙同中)>	
	高宗 1회	高宗 1회 <禮 1(坊記)>	無逸을 가리킴. 표 iii의 無逸항 참조
周書	武王將事泰山隧之傳 1회	將事泰山隧傳 1회 <墨 1(兼愛中)>	
	大明 1회	大明 1회 <墨 1(天志中)>	太誓를 가리킴. 표 iii의 太誓항 참조
	去發 1회	太誓之言去發 1회 <墨 1(非命下)>	
	三代不國 1회	三代不國 1회 <墨 1(非命中)>	
	周公命誓 1회	周公作誓命 1회 <左 1(文18)>	
	禽艾 3회	禽艾 2회 <呂 1, 逸周 1> 禽艾之道 1회 <墨 1(明鬼下)>	
	九刑 2회	九刑 1회 <左 1(昭6)> 刑書九篇 1회 <逸周 1(嘗麥)>	
	伯禽 1회	伯禽 1회 <左 1(定4)>	
	唐誥 1회	唐誥 1회 <左 1(定4)>	
	召公之執令 1회	召公之執令 1회 <墨 1(非命中)>	
	祭公之顧命 2회	葉公之顧命 1회 <禮 1(緇衣)> 祭公 1회 <逸周 1(祭公)>	『禮記』의 葉公은 祭公의 오류.
	懿戒 1회	衛武公作懿戒 1회 <國 1(楚語)>	
	訓語 1회	訓語 1회 <國 1(鄭語)>	

---

61) 특히 「周書」의 逸篇으로는 『逸周書』에 전하는 상당한 분량의 일편들이 따로 있는데,
이와 관련해서는 제3장 4절의 2항에서 상세히 다루도록 한다.

語 1회	語 1회 <禮 1(文王世子)>	『荀子』등 제가의 해당 예는 수록하지 않음.
周制 1회	周制 1회 <國 1(周語中)>	
夏箴 2회	夏箴 1회 <逸周 1(文傳)> "周書"로만 칭한 경우 1회 <墨 1(七患)>	
距年 3회	距年 1회 <墨 1(尙賢中)> 相(據)年 1회 <墨 1(尙同中)> 竪年 1회 <墨 1(尙賢下)>	「尙同中」에 인용된 相年의 '相'은 '拒'의 오류이다. '拒'는 '距'와 같다.
訓天明解 1회	訓天明不解 1회 <墨 1(天志中)>	
子亦 1회	先王之書子亦 1회 <墨 1(公孟)>	
虞箴 1회	虞人之箴 1회 <左 1(哀4)>	

v) 선진 문헌 속『상서』편목들의 인용 정황 4 – 특정한 용어를 사용하여 인용한
 경우(「상서서」 100편 이외의 일편들)

유형		인용 형태 및 인용 문헌
先王의 말이나 가르침 등을 인용한 경우	先王之敎	先王之敎 1회 <國 1(周語)>
	先王之令	先王之令 1회 <國 1(周語)>
	先王之命	先王之命 2회 <左 2(襄25, 昭26)>
	先王之言	先王之言 1회 <墨 1(尙賢)>
	先王之憲	先王之憲 1회 <墨 1(非命上)>
	先王之刑	先王之刑 1회 <墨 1(非命上)>
	先王之誓	先王之誓 1회 <墨 1(非命上)>
	周文王之法	周文王之法 1회 <左 1(昭7)>
	文王仳區之法	文王仳區之法 1회 <左 1(昭7)>
	文王數紂罪	武王數紂之罪 1회 <左 1(昭7)>
	舜	舜曰 1회 <荀 1(大略)>
大臣이나 史臣의 말 등을 인용한 경우	伊尹	伊尹曰 1회 <孟 1(盡心上)>
	史佚	史佚之志 1회 <左 1(成4)> 史佚有言 5회 <國 1, 左 4(文15, 宣12, 襄14, 昭元)>
	周任	周任有言曰 3회 <論 1(季氏), 左 2(隱6, 昭5)>
각종 志의 기록을 인용한 경우	志	志曰 혹은 志有之 9회 <國 2, 左 5, 孟 2>
	前志	前志有之曰 2회 <左 2(文6, 成15)>
	周志	周志有之曰 1회 <左 1(文2)> 『逸周書』「大匡」에 『周志』의 逸文이 인용되어 있다.
	軍志	軍志曰 2회 <左 2(宣12, 昭21)>

제3장 서한의 『금문상서』

전국시대 말기에 유가는 이미 '육경六經'을 가지고 있었는데, 그 중 '악樂'은 악보로 만들어 전할 수 없었기 때문에 한대에 이르러 유가의 경전을 수집할 때는 단지 『시詩』·『서書』·『역易』·『예禮』·『춘추春秋』의 '오경五經'밖에 없었다. 한 문제文帝 때부터 국학國學에 시경박사를 설립한 것을 시작으로 경제景帝 때에는 춘추박사를 설립하였고, 무제武帝 때에 이르러 오경박사를 모두 설립하였다. 이후 선제宣帝와 원제元帝의 때에 몇몇 제가諸家들을 추가하였는데, 당시의 오경박사는 모두 14가家였다. 이때의 경문들은 모두 진대와 한대에 통용되던 예서隸書로 쓰였다. 이후 선진시기의 고주古籒문자로 써진 몇 편의 고문古文이 출현하게 되자 고문과 구별해서 예서로 써진 것을 '금문今文'이라고 칭하였으니, 당시에 통용되던 문체라는 의미이다.

한대 학관에 설립된 '서경書經'은 곧 제남濟南의 진박사秦博士 복생伏生이 전한 금문본 『상서』이다. 진나라가 『시』·『서』를 불태우고 금지했을 당시 복생은 왕조의 박사여서 『상서』를 소유할 수 있었다. 진대 말기의 전란으로 인해 복생은 피난하면서 자신이 가지고 있던 『상서』를 감추어 두었는데, 전란이 끝난 이후 돌아왔으나 한 혜제惠帝 때 협서율挾書律이 해제된 이후에야 그 책들을 꺼낼 수 있었다. 책들은 죽간으로 되어 있었기 때문에 벽 속에서 대부분 썩고 말았고, 복생은 겨우 28편만을 수습하여 제노齊魯지역의 제자들에게 전수하였다. 그리고 몇 대의 전수를 거친 후 상서학의 금문 3가가 형성되어 학관에 설치되기에 이른다.

제1절 서한대『금문상서』의 편목

복생이 전한 금문은 28편이었다. 공영달孔穎達은 『상서정의』에서 현전하
는 위공본偽孔本 58편 가운데 정주본鄭注本에 비해 증가된 25편(즉 偽古文)을
제외한 나머지 편에 대해, "복생이 전한 29편 안에 고문「태서泰誓」는
없고 「서序」를 제외하면 28편이었는데, 「순전舜典」과 「익직益稷」, 「반경盤庚」
2편, 「강왕지고康王之誥」가 각기 분절되어 모두 33편이었다"[1]라고 하였다.
이를 통하여 복생본伏生本은 「태서」가 없이 모두 28편으로 구성되어 있었다
는 것을 알 수 있다. 즉 원래 「순전」은 「요전」에 속하고 「익직」은 「고요모」에
속하며 「강왕지고」는 「고명顧命」에 속하고 「반경」은 하나로 합쳐져 있었기
때문에 모두 28편이 되는 것이다. 이것이 바로 한대에 전해진 금문본이다.
한대의 『상서대전尙書大傳』에 수록된 편명은 다음과 같다.[2]

우서虞書: (1) 요전堯典, (2) 고요모皋陶謨
하서夏書: (3) 우공禹貢, (4) 감서甘誓
상서商書: (5) 탕서湯誓, (6) 반경盤庚, (7) 고종융일高宗肜日, (8) 서백감려西伯戡黎,
　　　　　(9) 미자微子
주서周書: (10) 목서牧誓, (11) 홍범洪範, (12) 금등金縢, (13) 대고大誥, (14) 강고康誥,

---

1) 『尙書正義』, 「虞書」, "於伏生所傳二十九篇內無古文泰誓, 除序尙二十八篇, 分出舜典·益稷·
　　盤庚二篇·康王之誥爲三十三."
2) 한대 금문 가운데 馬融과 鄭玄이 注한 본은 공영달본과 달리 「虞書」와 「夏書」를 합쳐
　　서 「虞夏書」라고 통칭하였다.

(15) 주고酒誥, (16) 재재梓材, (17) 소고召誥, (18) 낙고雒誥, (19) 다사多士,
(20) 무일毋佚, (21) 군석君奭, (22) 다방多方, (23) 입정立政, (24) 고명顧命,
(25) 선서鮮誓(費誓), (26) 여형呂刑, (27) 문후지명文侯之命, (28) 진서秦誓

『사기』「유림전」에는 복생이 『상서』를 제노지역에서 가르쳐서 "제자들이 『상서』에 아주 능하였고, 산동山東(太行山 동쪽 지역)의 대학자들 가운데 『상서』를 가르치지 않는 사람이 없었다"[3]라고 기록하고 있다. 이는 최초의 명확한 기록이다.

『한서』「유림전」에 의하면 복생이 제노지역에서 제자들에게 『상서』를 전수할 때 가장 뛰어난 두 사람은 장생張生과 구양생歐陽生(歐陽和伯)이었다. 이 중 구양화백歐陽和伯이 다시 예관兒寬(倪寬)에게 전하고 예관이 다시 구양화백의 아들 세世[4]에게 전하였으며 이후 구양화백의 증손 구양고歐陽高[5]가 이를 이어받아 한 무제 때 그 학문이 학관에 세워지고 박사가 되었으니, 이를 『금문상서』의 구양씨학歐陽氏學이라 부른다. 한편, 장생은 복생의 학을 하후도위夏侯都尉에게 전하고 하후도위가 조카族子 하후시창夏侯始昌에게, 시창이 하후승夏侯勝에게 전하였는데, 승은 예관의 문인 난경蘭卿으로부터 구양씨의 학을 아울러 배우고 한 선제 때 학관에 세워져 박사가 되었으니, 이를 『금문상서』의 대하후씨학大夏侯氏學이라 한다. 하후승은 그 학을 조카從子 하후건夏侯建에게 전하였는데, 건 또한 한 선제 때 학관에 세워져 박사가 되었으니 이를 『금문상서』의 소하후씨학小夏侯氏學이라 부른다. 이상의 구양씨학, 대하후씨학, 소하후씨학을 일컬어 상서학의 금문 삼가今文三家라 부른다. 이들 삼가는 모두 복생의 재전제자인 예관의 전수傳

---

3) 『史記』, 「儒林傳」, "敎於齊魯之間, 學者由是頗能言尙書, 諸山東大師無不涉尙書以敎矣."
4) 간혹 '世'를 인명이 아니라고 보아 아래 문장과 연결시켜서 "世世相傳至曾孫高"로 읽는 경우도 있으나, 여기서는 일반적인 해석에 따라 和伯 아들의 이름으로 간주한다.
5) 世가 아닌 和伯의 증손으로 보아야 『後漢書』, 「歐陽歙傳」의 "8世는 박사이다"라는 말과 부합하게 된다.

授로 출현하게 되었다.

『사기』와 『한서』의 「유림전」에는 모두 "효문제孝文帝(BC 180~BC 157 재위) 때 『상서』에 능한 학자를 구했으나 구하지 못하였다. 효문제는 복생이 『상서』에 능하다는 소문을 듣고 그를 부르려 했다. 하지만 복생은 90살이 넘어 거동할 수 없었다. 이에 태상장고太常掌故 조조晁錯(朝錯)에게 복생을 찾아가 전수받도록 하였다"[6]라는 기록이 있다. 이것이 한대에 『상서』 본문을 얻기 위해서 조조晁錯를 파견하여 복생을 계승한 정황으로, 결국 초록된 28편은 한왕조로 전승되어 비부秘府에 보관됨으로써 나중에 다른 『상서』 전본傳本을 교정할 때 사용된 '중비본中秘本'이 되었다. 하지만 이 중비본을 따로 『상서』의 일가一家로 세우지는 않았다. 왜냐하면 한대에 세워진 학관은 경사經師가 경문을 해석한 장구가 일가를 이루어야만 설립될 수 있었는데, 조조는 『상서』를 전문적으로 연구하지 않아 조씨晁氏 일가의 학을 구성하지 못하였기 때문이다. 경적經籍의 본문이 비부秘府에 보관된 것만으로는 학관에 세워질 수 없었다.[7]

복생이 전수하여 학관에 세워진 『상서』는 당연히 28편이다. 그런데 『사기』와 『한서』의 「유림전」에는 29편이라고 기재되어 있다. 그 이유는 한 무제 때 민간民間에서 바쳐진 「태서太誓」 때문이다. 이와 관련된 한대의 기록은 분명하다. 당시의 관련 기록들을 열거해 보면 다음과 같다.

---

6) 「儒林傳」(『史記』 및 『漢書』), "孝文帝時, 欲求能治尙書者, 天下無有. 乃聞伏生能治, 欲召之. 是時伏生年九十餘, 老不能行, 於是乃詔太常使掌故朝錯往受之."

7) 張守節의 『史記正義』 및 顏師古의 『漢書注』는 모두 「晁錯傳」의 注에서 衛恒(원문은 宏으로 잘못되어 있다)의 『詔定古文尙書序』를 인용하고 있다. "伏生은 딸에게 자신의 말을 晁錯에게 전하라고 시켰는데, 이미 늙어서 말을 정확하게 할 수 없었고 딸 또한 그의 말을 잘 알아듣지 못했다. 게다가 齊와 潁川의 언어까지 달라서 晁錯가 알아듣지 못한 부분이 열에 두셋이었으니, 뜻을 대략 추측하여 읽을 뿐이었다." 그러나 이는 후대에 나온 가공된 이야기로, 古文家들이 今文家를 폄하하여 한 말이기 때문에 믿을 수 없다.

한 무제(BC 141~BC 87 재위) 말기에 어떤 이가 벽 속에 간직되어 있던 「태서」를 얻어 헌상하였다. 박사들에게 읽어 보게 하고, 수개월 내에 전승하여 사람들을 가르쳤다.(劉向의 『別錄』)8)

당시 사람들은 「상서」 28편이 28수宿를 형상한 것으로 알아서 그것만을 믿고, 『상서』가 100편이 있는지를 알지 못했다.(孔穎達의 『尙書正義』 「堯典」)9)

효무제 말기에 벽 속에서 「태서」를 얻어 바친 자가 있었다. 박사들에게 읽게 하고 전승해서 가르친 것이 지금의 「태서」편이다.(劉歆의 『七略』)10)

「태서」는 뒤에 얻어진 것으로 박사博士가 집록하여 읽었다.(劉歆의 「移讓太常博士書」)

효선제孝宣帝11)(BC 74~BC 49 재위)의 때에 이르러, 하내河內에 사는 어떤 여자가 노옥老屋을 헐다가 일실된 『역』·『예』·『상서』 각 1편씩을 얻어 바쳤다. 선제가 박사에 명하여 살펴보도록 하였고, 이후 『역』·『예』·『상서』가 각각 1편씩 늘어나게 되니 『상서』 29편이 비로소 정립되었다.(王充의 『論衡』 「正說」)

어떤 사람은 『상서』 29편은 북두성과 칠수七宿를 형상화한 것이라고 말한다. 칠수를 네 번 거듭하여(4×7) 28편이 되고 북두성이 나머지 하나가 되어 29편이 되었다는 것이다.(王充의 『論衡』 「正說」)

---

8) 孔穎達은 『尙書正義』 「序」에서 이 내용을 인용하면서 다시 "이 「泰誓」는 伏生이 전한 것이 아니다.…… 武帝 때 「泰誓」가 출현해서 유행하는 것을 본 司馬遷이 伏生이 전한 것들 속에 편입시키자 史書에서도 그렇게 한 것인데, 伏生에서 나온 것이기 때문에 별다른 분석을 하지 않았다"라고 하였는데, 이 설이 매우 옳다. 段玉裁의 『古文尙書撰異』는 『尙書大傳』의 「太誓」 해석, 『史記』 「周本紀」에 실린 「太誓」, 「齊世家」 및 『漢書』에 실린 董仲舒·終軍·谷永·平當의 諸傳, 「郊祀志」 및 『說苑』, 趙岐의 『孟子注』 「離婁」 등 10가지 자료를 근거로 「太誓」가 武帝 초기에 이미 출현한 것이지 武帝 말기에 출현한 것이 아님을 증명한 후, 다시 "伏壁 28편에 더해져 29편이 되었다"라고 하였다.
9) 이는 무제 때의 太常蓼侯 孔臧의 「與孔安國書」의 내용을 인용한 것이다. 한편, 王引之의 『經義述聞』에서는 이것이 僞書인 『孔叢子』의 기록과 관련된다고 하였지만, 그 설은 이미 漢代의 諸說과 서로 부합하며 충분한 방증이 있다.
10) 李善, 『文選』, 「移書讓太常博士」 注에서 인용됨.
11) 아마도 孝武帝(BC 141~BC 87 재위)의 誤記일 것이다.

지금 전해지는 『상서』 「태서」편은 후대에 얻어서 학관에 채워 넣은 것이다.(趙岐의
『孟子注』 「滕文公下」)

이렇듯 많은 한대 사람들의 설들은 당연히 당시의 사실에 근거하고
있다. 그들은 금문 28편을 28수宿에 비유하였으므로, 복생의 금문을 28편으
로 확정하기에 충분하다. 후대에 나온 「태서」를 억지로 북두성에 비유한
것도 28이라는 숫자를 명확하게 설명하고 있다. 그러므로 학관에 세워진
금문삼가는 원래 모두 28편이었다가 「태서」를 더해 29편이 된 것이다.
공영달은 두 「유림전」이 모두 이 29편을 근거로 하고 있다고 설명하였는데,
공영달의 설이 정확하다.

구양씨학은 「반경盤庚」을 상·중·하로 나누어 31권(편수는 29편)이 되고,
다시 「상서서尙書序」 1권[12]을 더해 모두 32권이 되었다. 따라서 『한서』
「예문지」에 실린 『상서』의 경문은 대소하후씨 2가의 경은 29권이고 구양씨
의 경문은 32권이다. 그 장구章句를 살펴보면, 구양씨의 장구는 31권[13]이고
대소하후씨는 29권이다. 이 외에도 대소하후씨의 『해고解詁』 각 29편과
구양씨의 「설의說義」 2편이 있다. 이것이 한대 금문삼가박사본今文三家博士本
『상서』 편권篇卷의 정황이다. 한석경漢石經에 새겨진 구양씨경歐陽氏經 잔석
殘石의 「주고酒誥」편 제목 아래에 "주고제십육酒誥第十六"[14]이라고 새겨져
있다. 따라서 석경의 「반경盤庚」이 비록 상·중·하 세 부분 사이에 간격이
조금 있기는 하지만 그 셋이 하나로 합해져서 제6편으로 있었다는 점을
짐작할 수 있는 것이다.[15] 이로써 한석경에 새겨진 금문의 총 편수가

---

12) 漢石經에 따르면 歐陽氏本은 「序」를 경문과 합하여 맨 마지막에 배치하였다.

13) 「序」에는 章句가 없다.

14) 원래 「酒誥」는 28篇 가운데 15번째 순서였는데, 후대에 「太誓」가 그 앞에 더해져서
    16번째가 되었다.

15) 만약 「盤庚」이 6·7·8편으로 나누어져 있었다면 「酒誥」는 당연히 18번째가 되었을
    것이다.

모두 29편이라는 사실을 알 수 있다.

이 29편은 곧 복생본 28편에 「태서」 1편을 더한 것이다. 한학漢學과 송학宋學을 막론하고 이 숫자에 대해서는 이론異論이 없다. 그런데 명청시기에 이 29편에 대해 다른 학설을 제시하는 학자가 나타나기 시작했다. 그 다른 견해로는 다음의 3가지가 있는데, 실상 이것들은 모두 망설로서 사실과는 거리가 멀다.

첫째, 29편 가운데 「태서太誓」는 없으며, 대신 「상서서尙書序」가 1편을 차지한다.

명대의 매작梅鷟이 『상서고이尙書考異』 「서序」에서 "복생이 경을 전수할 당시 28편과 서序 1편 등 모두 29편이었다"라고 하여 처음 이 학설을 주장하였다. 그 후 청대에 들어 주이준朱彝尊의 『경의고經義考』, 진수기陳壽祺의 『좌해경변左海經辨』과 그 아들 진교종陳喬樅의 『금문상서경설고今文尙書經說考』에서 그 학설을 계승하였다. 그러나 대진戴震의 『상서의고尙書義考』와 강성江聲의 『상서집주음소尙書集注音疏』, 왕인지王引之의 『경의술문經義述聞』에서 이 학설의 잘못됨을 이미 밝혔다.

둘째, 29편 안에 「태서」는 없고, 대신 「고명顧命」에서 나뉜 「강왕지고康王之誥」가 있다.

강성江聲은 『상서집주음소』에서 어떤 설을 인용하여 "사마천은 고문 학자들이 「고명」의 '왕약왈王若曰' 이하를 나누어 「강왕지고」를 만든 것에 근거하였으니, 사실은 모두 29편이다"라고 하였다. 청대 초기에도 이미 이런 설이 있었지만, 강성은 이 설과 「태서」를 주장하는 설 가운데 어느 쪽이 옳을지 잘 모르겠다고 하였다.[16] 그런데 이후 공자진龔自珍이 『태서답문太誓答問』에서 이 설을 강력하게 주장하였고, 유정섭兪正燮의 『계사유고癸

---

16) 살펴보건대, 『釋文』에 따르면 馬融本에서는 "王若曰" 이하가 「康王之誥」라고 했는데, 이는 漢末의 古文에서 비롯된 것으로 司馬遷의 시대와는 거리가 멀다.

已類稿』, 피석서皮錫瑞의 『상서통론尚書通論』, 왕선겸王先謙의 『상서공전참정尚書孔傳參正』 등도 모두 이 설에 동의하였다. 특히 피석서는 『금문상서고증今文尚書考證』을 써서 이를 매우 자세하게 서술하고 있다. 그러나 『경전석문經典釋文』에서는 다른 판본에 근거하여 마융본으로부터 비로소 「강왕지고」를 따로 나누었다고 명확하게 밝히고 있고 또 구양·대소하후의 삼가본에도 모두 「고명」으로 되어 있으니, 이 설을 부정하기에 충분하다.

셋째, 원래 복생본 자체가 이미 29편이었으며, 그 속에 「태서」가 포함되어 있다.

이 주장은 왕명성王鳴盛의 『상서후안尚書後案』, 「변육덕명석문辨陸德明釋文」에 보이며, 왕인지는 『경의술문』에서 12가지의 근거를 들어 이 설을 증명하였다. 그러나 이들 근거는 사실 단옥재段玉裁가 「태서」는 한 무제 초기에 나왔다는 설을 증명하고자 든 것인데, 왕인지는 오히려 이를 복생본에 「태서」가 원래 있었다는 증거로 여겼으니 매우 억지스럽다. 한인들의 28수 비유 및 이후에 「태서」를 얻어 29편이 되었다는 설은 이 주장을 부정하기에 충분하다. 29편 가운데 「태서」가 있었다는 것은 맞지만, 복생이 전한 경문 속에 이미 「태서」가 들어 있었다는 것은 틀렸다.

결과적으로 위의 세 학설은 모두 틀렸으며, 깊이 따져 볼 필요도 없다.

한대의 「태서」에 대해서는 동한의 마융이 「상서서」에서 이미 지적한 바 있다.

「태서」는 후대에 얻은 것이다. 그 문장이 매우 조잡하고, 또 "8백 제후가 부르지 않아도 스스로 모여들었는데, 원래 같은 날을 기약하지도 않았고 같은 말을 도모하지도 않았다"(八百諸侯不召自來, 不期同時, 不謀同辭)와 "불이 위에서 뒤덮어 무왕의 거처에 이르자 독수리로 변하였는데, 다섯 마리가 곡식을 물고 있었으므로 이에 거병하였다"(火複於上, 至於王屋, 流爲雕, 至五, 以穀俱來, 舉火) 등을 말하고 있지만 공자는 '신비롭고 기괴한 것'(神怪)은 말하지 않았다. 또한 『춘추』와 『국어』, 『맹자』, 『순자』(孫卿), 『예기』에서도 「태서」를 인용하고 있지만, 금문 「태서」에는 그런 내용이 없다. 내가 본 책들 가운데 「태서」에서 문장을 인용한다고 밝혔지만 금문 「태서」에는 그 내용이 없는 것이 매우 많다. 일일이 다 기록할 것 없이 이 5가지를 들어 증명해도 충분히 알 수 있다.[17]

확실히 이것은 다음의 2가지 사실을 말해 주고 있다. 첫째, 「태서」편 속에 있는 신괴神怪에 관한 내용은 공자 당시의 원본 「태서」에 속하는 것이 아니다. 둘째, 선진 문헌에 나오는 원본 「태서」는 금문 「태서」에 한 구절도 없기 때문에 금문 「태서」의 내용은 원본이 될 수 없다.

마융은 단지 5가지 예를 들었을 뿐이지만, 앞의 장에서 살펴본 선진시대 문헌에 인용된 원본 「태서」(「大明」포함) 자료 23가지는 금문 「태서」가 한대에 위조된 것임을 더욱 분명하게 보여 준다.

「태서」의 신괴한 내용은 그것이 한대 오행재이설에 의해 만들어졌다는 사실을 말해 준다. 그래서 조기趙岐는 「맹자주」「등문공하」에서 "지금 「상서」 「태서」편은 후대에 발견되어 학관에 세워진 것이기 때문에 옛날의 「태서」 와는 다르다"라고 하였다. 한대의 사람들 가운데 금문 「태서」가 원래의 「태서」가 아니라는 것을 안 사람은 마융만이 아니었던 것이다. 진대晉代에 이르러 위고문僞古文이 출현하였는데, 마융의 학설을 근간으로 선진시기 「태서」의 일구逸句들을 수집해서 한 편의 「태서」[18]가 만들어졌지만 선진의 일구를 완전히 수집하지 않아 허점이 드러났다. 공영달의 「상서정의」에서 금문 「태서」가 위작이라고 한 것은 맞지만, 위고문 「태서」가 진짜라고 한 것은 잘못이다. 청대의 수많은 학자들은 금문 「태서」는 진짜이고 위고문 만이 거짓이라고 하였는데, 이 역시 정확하지 않다. 요컨대 금문과 위고문 두 「태서」 모두를 「상서」라는 테두리 안에 뒤섞어 토론하는 것은 적절하지 않으며, 청유淸儒들이 펼친 「태서」의 상편은 '관병觀兵' 때의 기록이고,

---

17) 孔穎達, 『尚書正義』에 인용됨.
18) '太'자를 '泰'자로 바꾼 것이다.

중·하편은 '정벌征伐' 때의 기록이라는 등의 변론들도 모두 중요한 논의가 아니다. 몇몇 학자들이 한대의 「태서」를 수집하였는데,[19] 이것들은 모두 「상서」나 원본 「태서」와는 무관하며 단지 한대 금문 자료로서의 의의만을 지닐 뿐이다.

---

19) 江聲의 『尙書集注音疏』, 莊述祖의 『尙書今古文考證』, 王鳴盛의 『尙書後案』, 孫星衍의 『尙書古今文注疏』, 王先謙의 『尙書孔轉參政』 등은 모두 輯本이 있다.

제2절 서한대 『금문상서』의 전수계보

『한서』 「유림전」은 서한의 복생이 전한 금문삼가의 전수계보를 기록하고 있으며, 관련된 일부 경사經師들의 열전에도 적지 않은 자료들이 보충되어 있다. 그 가운데 주요한 내용은 다음과 같다.

구양씨학파가 재전되면서 '평진平陳의 학'이 출현하였다. 즉, 재전제자 평당平當·진옹생陳翁生 등이 전한 학문은 내용이 더욱 풍부해진 구양씨학이었다.

대하후씨학파가 초전·재전되면서 '공허孔許'의 학이 출현하였다. 즉, 초전제자 공패孔霸와 재전제자 허상許商이 전한 학문은 내용이 더욱 풍부해진 대하후씨학이었다.

소하후씨학파가 재전되면서 '정장진가이鄭張秦假李'의 학이 출현하였다. 즉, 재전제자 정관중鄭寬中·장무고張無故·진공秦恭·가창假倉·이심李尋 등이 전한 학문은 내용이 더욱 풍부해진 소하후씨학이었다.

시간이 흐르면서 삼가 가운데 구양씨학이 점점 『상서』 금문학의 중심이 되었다. 특히 동한시대에 이르러 구양씨학은 일대를 풍미하게 되는데, 후에 한석경에 새겨진 『상서』는 바로 구양씨본을 근거로 한 것이었다. 대하후씨학은 주로 음양오행설을 선양했다.[20] 하후승夏侯勝이 하후시창夏

---

20) 나머지 두 학파도 똑같이 陰陽五行說을 선양했지만 이 학파가 가장 뛰어났다.

侯始昌으로부터 「홍범오행전洪範五行傳」을 전수받은 이후 그 책이 주로 전해졌는데, 그의 제자 주감周堪이 이를 다시 허상許商에게 전해 주었고, 이에 허상은 「오행론五行論」21)을 지어 선양하니 그 영향이 매우 컸다. 소하후학小夏侯學은 주로 매우 번쇄한 장구章句를 만드는 것으로써 학파의 특색을 이루게 된다.22) 이 학파의 이심李尋은 동시에 「홍범洪範」의 오행재이五行災異를 좋아하여 이름을 날렸는데, 「논재이표주論災異表奏」가 전한다.23) 이상이 삼가 각각의 특색이다.

이 삼가는 서한대 「상서」 전수의 대세를 이루었는데, 간혹 전승이나 사승관계가 불명확한 것들이 있더라도 대부분 이 삼가로 귀결되었다. 청대의 많은 학자들이 한대 여러 경전들의 계통 및 「상서」 계통에 대한 연구를 수행하여 수많은 저작물을 남겼는데 이에 대해서는 이 책 제8장 4절의 3에서 서술하도록 하고, 지금은 강성江聲(1721~1799)의 「상서집주음소尙書集注音疏」 뒤에 덧붙여져 있는 「상서경사계표尙書經師系表」를 통해 그 전수 과정을 살펴보겠다.

「상서경사계표」는 「사기」·「한서」 등의 「유림전」 및 「한서」 속 관련 경사經師들의 본전에 의거하여 편집된 것으로 매우 간결하다. 원래의 표는 서한의 복생에서 시작하여 12대를 거쳐 동한 말기의 양사楊賜로 전해지기까지의 사승관계를 방행사상旁行斜上 방식으로 나열하였는데, 여기서는 그 표를 채용하되 시기를 서한 말기까지로 한정하였으며 전승된 세대의 횟수를 명시하고 지금 통용되고 있는 분지계통표分支系统表로 바꾸어 나타내었다. 아울러 진교종陳喬樅(1809~1869)의 「금문상서서록今文尙書敍錄」 및 「사기」와 「한서」의 기록들을 참조하여 각 경사經師의 저작과 논술을 함께 적었다. 서한西漢의 「금문상서」 경사經師의 계통과 저작 상황을 나타낸 표는 다음과

---

21) 『漢書』「藝文志」에는 「五行傳記」로 되어 있다.
22) 나머지 두 학파도 수많은 章句를 만들어 내었지만 이 학파가 가장 뛰어났다.
23) 관련된 정황은 다음 절 '한대 금문경학의 특징' 부분에 잘 나타나 있다.

같다.(표 속의 경사들 가운데 시원이 된 복생, 초전의 장생, 사숙한 공안국, 4전의
공연년·하후승·구양고, 5전의 공패·하후건·임존·구양○[佚名], 6전의 허상·모흠·
공광·장산부·평당·구양지여, 7전의 오장·결흠·정관중·은숭·구양정, 8전의 조
현·당존·풍빈·환영·팽굉·고굉·구양흡은 박사에 오른 이들이다.)

<서한대 『금문상서』의 전수계보>

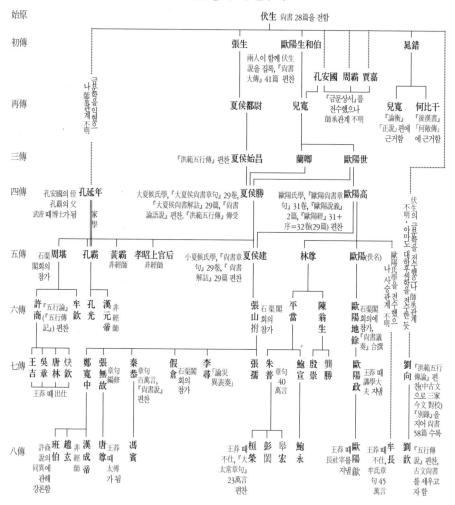

제3절 서한 때 형성된 한대 금문경학의 특징

한대 금문의 특징은 다음과 같다.

첫째, 유생儒生의 방사화方士化와 경학經學의 신학화神學化. 특히 귀신鬼神을 중시하였고 음양오행설로써 경經을 해석하였다. 둘째, '통경치용通經致用'을 창도하여 왕조를 위해 봉사하였고, 경학에 정치가 스며들게 하였다. 셋째, 장구가 번쇄하고 해석이 공소空疏하였다. 넷째, 가법家法·사법師法이 엄격하였으니, 석거각회의石渠閣會議는 가법의 엄중함이 드러난 대변론大辯論이다. 이상 네 가지를 차례대로 서술하면 다음과 같다.

1. 경학의 신학화

전국시대 말기부터 추연鄒衍이 창도한 음양오덕설陰陽五德說이 유행하기 시작하였는데, 이후 오행설五行說이 더해져서 특히 연제燕齊지역의 방술사方術士들에 의해 발전하여 한대 이후로 '음양오행설陰陽五行說' 체계가 성립하였다. 묵가는 귀신을 중시하였는데, 한대 이후 묵학墨學은 사라졌지만 귀신을 중시하는 그들의 정신은 민간의 방사들에 의해 꾸준히 전승되어 음양오행설의 유행을 촉진하는 역할을 하였다. 한나라 경제景帝(BC 157~BC 141 재위)와 무제武帝(BC 141~BC 87 재위) 시기에 동중서董仲舒가 『춘추번로春秋

繁露』를 지어 천인합일天人合一의 학문을 창도했는데, 그는 종래의 유가의 종법윤리宗法倫理를 체體로 하고 음양오행설을 용用으로 삼아 음양을 전문적으로 논한 6편과 오행을 전문적으로 논한 9편으로써[24) 학설을 선양하였다. 결과적으로 음양오행설은 동중서에 의해 완전한 체계의 이론 형태와 완비된 신학神學체계를 갖추게 되었는데, 이것을 통해 묵학의 모습을 볼 수 있다. 동중서의 학문이 묵학의 영향을 받았다는 고힐강의 지적은 매우 정확하다. 또한 동중서는 『재이지기災異之記』라는 책을 지어 신학목적론적 천인감응天人感應의 기상재이설磯祥災異說을 전문적으로 논하였는데, 이로 인해 음양오행설이 서한의 중요한 지도사상이 되고 천인감응의 재이론은 모두가 따르는 종교가 됨으로써 유생들도 방사화方士化하여 음양오행설과 재이감응의 학설로써 경經을 해석하게 되었다. 『상서』가 학관에 세워진 시기는 음양오행설이 큰 권위를 가졌던 무제 때로서, "흰 물고기가 배로 들어왔다"(白魚入舟), "불이 왕의 거처를 덮쳤다"(火覆王屋), "불사조로 변했다"(化爲赤烏) 등으로 대표되는, 한인들이 지어 낸 『태서太誓』를 민간에서 구하여 복생의 금문과 함께 학관에 세우던 때이다.

복생금문학파는 한 걸음 더 나아가 『홍범洪範』을 개조하여 오행재이의 원시경전으로 발전시켰는데, 그들은 『상서대전尙書大傳』에 하후시창이 지은 『홍범오행전洪範五行傳』의 내용을 삽입하여 자연현상, 사회현상, 역사현상 등은 오행의 지배를 받는 것이라고 견강부회했다. 하후승夏侯勝은 이 신학적 해석을 크게 선양하였고, 그의 재전제자 허상許商은 『홍범오행전기洪範五行傳記』라고도 불리는 『오행론五行論』을 지었다. 소하후씨학파의 이심李尋도 『홍범』의 재이설을 크게 추앙하여 『상대사마논재이서上大司馬論災異書』 및 『상애제논재이주上哀帝論災異奏』를 지었다. 말년에 그는 하하량夏賀良을 지지하여 감충가甘忠可(?~22)의 『천관력포원태평경天官曆包元太平經』 속

---

24) 기타 五行과 陰陽을 연관시켜 언급한 글도 적지 않다.

의 학설로써 한나라가 재차 천명을 받았음을 고취시키고, 애제哀帝에게 권유하여 연호를 태초太初로 바꾸고 황제의 호칭도 진성유태평황제陳聖劉太平皇帝로 하게 했다. 이는 당시 사회적·정치적으로 많은 문제가 있었던 한나라를 구제하려고 한 일이지만, 결국 실패를 면치 못하였다. 또 유향劉向이 『홍범오행전론洪範五行傳論』을 짓고 유흠劉歆이 『오행전설五行傳說』을 지음으로써 마침내 『한서』「오행지五行志」를 종합했는데, 우선 「홍범」과 「오행전」의 한 단락을 인용한 후 재이를 기록하고 역사적 사실을 판단하였다. 이로부터 중국 역사를 언급함에 있어 영원히 '홍범·오행'의 바퀴를 벗어날 수 없게 되어 이후의 모든 사서에 「오행지五行志」가 있게 되었고, 이것은 중국의 우주관·역사관·인생관의 지도이념이 되었다.[25] 「홍범」으로부터 비롯된 중국의 역사철학은 2천 년 이상 사람들의 머리를 지배하면서 천인감응의 목적론적 신학사관을 철저히 고양함으로써 마침내 경학은 신학의 노예가 되고 말았다.

한대인들은 계속해서 경전을 신학화하였다. 『역』의 팔괘설八卦說은 상제上帝가 신마神馬에게 짊어지게 해서 황하黃河에서 복희伏羲에게 전해 준 것이라 하여 '하도河圖'라고 칭하였고, 「홍범」의 구주九疇는 상제가 신귀神龜에게 짊어지게 해서 낙수洛水에서 대우大禹에게 전해 준 것이라 하여 '낙서洛書'라고 칭하였다. 『한서』「오행지」는 『홍범오행전』에 의거하여 편의 첫머리의 65자로 된 '구주九疇' 항목이 바로 낙서洛書라고 하였다.[26] 따라서 '하도'·'낙서'는 한나라 유자들이 숭배하던 상제로부터 하사받은 두 개의 신물神物이 되어, 『역』과 『서』에서 해석이 덧붙여져 선양되었다.[27] 그들은

---

25) 『中國社會科學』 1980년 3기 및 『古史續辨』에 수록된 졸고 「洪範成書時代考」에 상세히 서술되어 있다.
26) 『尙書正義』「洪範」에 따르면, 劉焯은 그 중의 38자만이 「낙서」에 해당한다고 보았고, 劉炫은 그 중의 20자만이라고 하였다.
27) 구체적으로 『역』의 「계사전」과 여러 緯書들에 보인다.

『상서』 28편을 28수宿, 「태서」를 북두성北斗星에 비유했는데, 이 또한 경전을 신학적으로 표현한 것이다. 그들이 진정으로 원했던 것은 경학을 신학의 노예로 만드는 것이었다.

전국시대 추연의 음양오덕설과 방사들의 음양재이설은 한대의 음양오행재이설로 발전하였고, 다시 발전을 거듭하여 마침내 참위학讖緯學이 출현하게 되었다. 참위학은 겉으로는 경학과 서로 표리表裏가 되고 경위經緯가 되는 듯 보이지만, 사실은 경의經義와는 전혀 무관하며 경학에 대한 조롱일 뿐이다. 하지만 금문가今文家들은 이 수렁에 빠져들고 말았다. 원래 금문경학은 방사화된 유생들이 만든 것이고, 참위학은 유생과 결합한 방사가 만든 것이다. 참위학이 융성해진 이후 금문학도 그 안으로 흡수되었다.

참讖과 위緯는 원래 별개의 것이었다. 도참圖讖이 완전하게 방사의 것으로 되면서 그들은 한두 마디의 간단한 은어隱語로 어떤 정치적 대사건을 예언하게 되었고, 이후 참讖이라는 말은 선진시대 이래로 계속 존속하면서 하늘의 뜻에 의탁한 것으로서 전해졌다. 반면 위緯가 처음 출현한 시기는 서한 말기로 알려져 왔다. 장형張衡의 「상한순제소上漢順帝疏」에서는 그 시기를 애제哀帝(BC 7~BC 1 재위)와 평제平帝(BC 1~AD 6 재위)의 사이로 보았으며, 공영달의 『상서정의』「홍범」에서도 역시 애제와 평제의 사이라고 했다. 그러나 순열荀悅의 『신감申鑒』「속혐론俗嫌論」에 따르면 위緯가 발생한 것은 광무제光武帝의 중흥 이전이라고 한다. 실제로 유향과 유흠 부자가 당시의 모든 서적을 교정하여 펴낸 『칠략七略』을 보면, 내용 중에 위서緯書는 단 한 권도 없고 또 기재된 술수류術數類 오행가五行家 600여 권과 제자류諸子類 음양가陰陽家 300여 권 속에도 당시에 위서가 있었다고 할 만한 흔적이 전혀 없다. 따라서 유향과 유흠이 살았던 애제와 평제의 시기에 위서가 출현했다고 보기는 어렵고, 광무제光武帝(25~57 재위) 때에 들어 위서가 크게 유행하였으니 차라리 순열이 말한 광무제의 중흥 이전, 즉 신망新莽시대(8~23)에 생겨났다고 보는 편이 사실에 가까울 것이다.

이른바 위서緯書는 경서經書와 상대하여 말한 것이다.[28] 한대 유자들은 음양오행설을 변형시켜 더욱 선양하면서 경經의 우익羽翼이라는 구실로 자신들의 학설을 펼쳤는데, 기이하고 괴상한 역사사실을 꾸며 내어 선왕과 공자 등에 대한 신기한 이야기들을 만들었으니, 아주 요사스럽고 망측하였다. 예를 들면, 『춘추연공도春秋演孔圖』에 이런 기록이 있다.

> 공자의 어머니 안씨顏氏가 대택大澤의 언덕에 있을 때 흑제黑帝가 자신을 따르라고 청하자 따라가서 사귀는 꿈을 꾸었다. 흑제가 "너는 반드시 공상空桑에서 아이를 낳을 것이다"라고 하였다. 안씨가 잠에서 깨자마자 임신했음을 느꼈고, 공자를 공상에서 낳았다. 머리가 니구산尼丘山과 닮았기 때문에 이름을 구丘라 하였다. 가슴에 "제작정制作定, 세부운世符運"이라고 새겨져 있었다.

이 밖에 『효경구명결孝經鉤命訣』에서는 공자의 외모를 형상하며 "소처럼 두터운 입술"(牛脣), "호랑이 발과 같은 손바닥"(虎掌), "바다처럼 넓은 입"(海口), "혀의 심줄이 일곱 겹"(舌理七重) 등으로 묘사하고 있다. 이처럼 황당한 위서들은 자연스럽게 도참圖讖과 합쳐져 참위讖緯라고 일컬어졌고, 이두 가지는 혼연일체가 되어 구별할 수 없게 되었다. 게다가 위緯는 한 걸음 더 나아가 경經의 지위를 빼앗아 '내학內學'으로 일컬어지고, 유가의 오경五經은 '외학外學'으로 폄하되기에 이른다.[29] 『후한서』 「번영전樊英傳」에 '하락칠위河洛七緯'가 기록되어 있는데, 이현李賢의 주에서는 7위가 육경 및 『효경孝經』의 위서 35종이라고 하였다. 그 가운데 '서위書緯'는 5종이다.

---

28) 經은 세로줄(縱絲)이고 緯는 가로줄(橫絲)이니, 緯書는 經書를 위해서 만들어진 것임을 의미한다.

29) 『後漢書』 「方術傳」에 "이로부터 內學을 익혀, 신기한 문장을 숭상하고 괴이한 數를 귀하게 여겼다"라는 말이 있는데, 李賢의 注에서는 "內學은 圖讖의 서적이다"라고 하였다.

『수서隋書』「경적지經籍志」에는 위서 81편이 기록되어 있고, 명대 손각孫殼(1585~1643)이 집록한 『고미서古微書』 36권에도 '서위' 11종이 기록되어 있으며, 청인清人 가운데에도 집록한 학자들이 많다.30)

이러한 서한시기의 신학화된 금문경학이 동한까지 발전하게 된 것은 필연적인 결과였다.

2. 통경치용通經致用

한대의 유학은 동중서가 무제에게 백가百家를 배척하고 유술儒術을 독존獨尊하기를 청한 이후 통치자의 관심을 끌게 되었고, 경사經師들은 봉건왕조의 통치를 위해 봉사하며 특별히 '통경치용通經致用'과 '이경술연식리치以經術緣飾吏治'를 강조하였다. 그러나 실제로는 경문經文을 내세우기만 했을 뿐, "즉시 효용을 드러낼 수 있는"(立竿見影) 방사의 수단을 써서 당시의 여러 일들을 처리했을 뿐이었다. 유학의 근본정신에 바탕하여 한왕조를 오래 지속시킬 수 있는 편안한 정책을 세워서 그 통치를 유지할 수 있게 하는 '통유지학通儒之學'의 확립31)은 경사經師들이 할 수 있는 일이 아니었다. 그들은 이른바 『춘추』로 안건을 결정하고 『시』 300편으로 간언하며 「우공禹貢」으로 하천을 다스리는 대신, 통경치용通經致用의 방면에 있어 「홍범」의 재이설災異說을 최우선으로 삼았다. 예를 들면, 하후시창夏侯始昌이 음양으로 백량전柏梁殿의 화재를 예측하였고, 하후승夏侯勝은 곽광霍光이 창읍왕昌邑王을 폐위시키기 전에 오랫동안 흐리고 비가 내리지 않는 것을 가지고 정변政變의 음모를 예언하였으며, 휴맹眭孟은 고목이 살아난 것으로

---

30) 제8장 5절 5항의 4) 참조.
31) 賈誼나 晁錯와 마찬가지로 董仲舒의 天人三策 역시 이런 역할을 의도하였다.

필부가 천자에 오르는 것을 예측하였다. 또 곡영谷永과 이심李尋은 모두 「홍범」에 의거해서 양을 존숭하고 음을 억제할 것과 대신을 우대하고 외척을 멀리할 것을 주청하기도 하였다. 『사기』「동중서전」에는 동중서가 강도江都의 재상으로 있을 때 재이지변災異之變으로 음양의 착행錯行 원인을 추측하여 남문을 닫고 북문을 열어 비오기를 빌고 또 북문을 닫고 남문을 열어 비 그치기를 기원한 내용을 기록하고 있는데, 이는 방사술과 다를 바 없다. 『한서』「휴양하후경익이전眭兩夏侯京翼李傳」의 찬贊에서는 "한나라 가 흥성한 이후 음양을 추측하여 재이를 말한 이들로는 효무孝武시기의 동중서·하후시창, 소昭·선宣시기의 휴맹·하후승, 원元·성成시기의 경방 京房·익봉翼奉·유향·곡영, 애哀·평平시기의 이심·전종술田終術 등이 있었 는데, 이들의 학설이 받아들여질 당시의 왕들은 밝게 드러났다"라고 하였다. 이들은 모두 경사들이다.[32]

마침내 서한 말기에 이르러서 야심 많은 왕망王莽이 그들의 통경치용을 자신의 정치에 이용하게 된다. 그는 경사들이 창도한 재이감응설, 참위설, 오덕종시오행상생설五德終始五行相生說, 『상서』에 실린 주공지도周公之道[33] 등을 이용하였는데, 이는 경학의 권위에 기대어 허위선전을 바탕으로 한왕조를 대신하여 순탄하게 봉건통치를 하고자 한 것이었다. 그는 조령 서고詔令書告를 내릴 때면 서편의 글귀를 직접 인용하기도 하고 또 서편의 유명한 구절을 위조하기도 하였다. 적의翟義가 군사를 일으켜 왕망에 대항할 당시에 왕망은 주공이 관管·채蔡를 토벌할 때의 「대고大誥」를 모방 하여 자신이 적의를 토벌하는 「대고」를 지었는데, 문장의 대부분은 주공의 것을 그대로 베껴 쓰고 단지 인명과 사실만을 한대의 것으로 바꾸면서 가끔씩 한대의 언어로 명확하게 보충했을 뿐이다. 이것은 비록 가짜

---

32) 董仲舒와 眭孟은 『春秋』, 京房은 『易』, 翼奉은 『詩』를 전공하였고, 나머지 사람들은 대 부분 『尙書』를 기본적으로 전공하면서 특히 「洪範」을 중시하였다.
33) 王莽은 周公의 化身임을 자처하였다.

「대고」이기는 하지만 「대고」의 초기 해석을 이해할 수 있게 해 주는 중요한 문헌이다. 어쨌든 왕망은 이처럼 "기존의 것을 배우고 융통성 있게 활용하여" 최대의 통경치용을 완성했다.

혹자는 왕망의 어떤 개혁들이 역사적 진보의 요구를 반영한 것이라고 말하기도 하지만, 이는 가장 기본적인 사실을 소홀히 한 것이다. 서한 말기의 탐욕스러운 봉건통치계층들은 이 신학화된 경학을 가지고 거짓호소를 하여 통치권을 탈취하였고, 결과적으로 그들의 행위는 당시의 계급 모순을 격화시켜 역사상 그 어느 시기보다도 빈번한 농민봉기가 발생하게 만들었기 때문이다. 우리는 철학사상 중에서 가장 유심唯心주의적이라고 할 수 있는 신학화된 학술 관점을 지닌 인물이, 혹은 이런 유심의 신학사상을 이용하여 개인의 야심을 실현하려는 인물이 정치적으로 진보적이었다는 점을, 또 유심신학이 이렇게 많은 장점을 가지고 있다는 사실을 상상할 수 없다. 정치적으로 유심의 신학화 사상을 가지고 있는 최고 통치자가 역사상의 진보라고 한다면 유물사상과 유심사상 사이의 투쟁의 필요성은 완전히 사라질 것이다. 사실 이 모든 것은 한대 경학의 실체를 알지 못하는 데서 생겨난 잘못된 인식이다.

고힐강의 「진한대의 방사와 유생」(秦漢的方士和儒生) 「서」에서의 분석이 매우 날카롭다. 그는 다음과 같이 말했다.

유생과 방사의 결합은 양한대 경학 형성의 주요 원인이 되었다. 방사는 처음 전국시대 연제燕齊지역에서 출현하였는데, 해상교통의 발달로 사람들은 자연에 대한 환상을 가지게 되었다.…… 동시대 같은 지역에 추연 일파의 음양가가 있었다. 그들은 천인상응의 학설을 창도하였으며, 사람의 모든 행위는 자연계의 규칙을 위배하지 않아야 한다는 점을 역설했다. 진시황이 육국을 통일한 후 동방으로 순행하였다. 방사와 음양가들의 환심을 사기 위해서 그는 해빈海濱문화를 바로 받아들였다. 유생들이 이러한 경향을 보고서는 중앙정권에 다가가려면 반드시 어떤 신비한 것들을 만들어야 한다는 것을 알게 되었다. 따라서 진에서

한에 이르기까지 경학에서는 『홍범오행전』과 같은 '천서天書'가 나타나 금문학가들이 의논하는 주제가 되었고, 일반 유생들이 정치제도를 언급할 때는 항상 추연의 오덕시종설五德始終說로 황제의 의도에 영합하여 황제와 상제를 긴밀하게 연결시켰다. 황제의 신성이 짙을수록 그의 지위는 더욱 높아졌고, 일반 백성들이 고분고분하게 황제의 통치를 받게 하는 것도 더욱 용이했다. 이런 정책은 당연히 황제가 기꺼이 받아들인 것으로, 방사들의 환상 속에서 희망을 찾는 것보다 훨씬 수월한 일이었다. 따라서 유생의 지위가 금방 방사의 지위를 능가하게 되었고, 일반 관리들도 유생 가운데서 선발하게 되었다. 서한 말기에 이르러 유흠이 황가皇家의 도서를 정리하면서 수많은 고대 사료들을 발견했는데, 그는 이것들을 표장表章하고자 했으니 그것은 바로 사학계史學界의 위대한 행동이었다. 학술적인 것은 황제에게 필요한 것이 아니었지만, 황제에게 유리한 것을 덧붙여야만 정치적 역량을 얻을 수 있었다. 그래서 『좌전』에 새로 오덕시종五德始終의 증거를 더하고, 또 『세경世經』을 지어 왕망의 정통을 증명하였다. 이런 분위기 속에서 광무제는 『적복부赤伏符』로 천명을 받아야만 했으니, 위참緯讖과 같은 괴이한 것들이 대량으로 출현하게 되었다. 따라서 나(顧頡剛)는 양한 경학의 골간은 '통치집단의 종교'(통치자가 자기 신분을 꾸미기 위해 내세운 종교)의 창조라고 생각한다. 최고의 주재자는 상제나 오행이며, 황제들은 각자가 '진명천자眞命天子'임을 증명하는 방법을 가지고 있었다. 유생과 관리들도 모두 황제를 돕고 천명을 행하는 공자의 제자들이었다. 황제는 유생을 이용하여 자신에게 유리한 종교를 만들었고, 유생들도 황제를 이용하여 자신들에게 유리한 종교를 시행하였다. 황제가 무엇을 필요로 하면 유생들이 그것을 공급해 주었다. 이러한 공급은 표면적으로 보면 다 성경聖經과 현전賢傳에서 나온 것이지만, 실제로는 방사의 사상에서 빌려온 것들이었다. 한 무제 이후에는 왜 방사들이 많이 보이지 않을까? 그것은 이미 유생들이 방사화하였고, 방사들은 정치적 권리를 얻기 위해 유생의 대열에 들어갔기 때문이다.

이것은 한대 경학과 유생들의 '통경치용通經致用'에 대한 매우 예리한 분석으로 우리들에게 한대 경학의 실제 정황을 잘 알려주고 있다.

수많은 허황된 '통경치용'의 활동 가운데 때로는 『상서』에 대한 유용한 재료를 제공하는 경우도 있다. 예를 들어 보자. 이른바 "『우공禹貢』으로 하천을 다스린다"는 것은 당연히 황당한 일이다. 「우공」의 기록은 원래 간략한 단편이었는데, 한나라 때 황하에 재해가 자주 발생하자 산천의 지리적인 형세를 무시하고 억지로 「우공」이 기록하고 있는 하도河道대로 황하를 다스려 이른바 '우하禹河'를 회복하고자 시도했다. 이것은 어리석은 행위였지만, 다행히도 그들은 「우공도禹貢圖」를 남기게 된다.34) 『후한서』 「왕경전王景傳」에 이 사실을 기록하고 있다. 한 명제明帝 영평永平 12년(69)에 왕경王景에게 황하를 다스리도록 명하면서 그에게 『산해경山海經』·「하거 서河渠書」와 함께 「우공도」를 하사한 일이 그것이다. 이것은 동한 초기의 사건이지만 비부秘府에 소장되어 있던 그 「우공도」는 서한 때부터 전해져 온 것이었다. 아울러 위서緯書에 보존되어 있는 전국시대 이래로 축적된 천문역법 자료들도 매우 귀중한 것들이다.

3. 번쇄함과 공소함

앞에서 이미 말한 것처럼 선진 제자들은 『상서』를 인용할 때 이해하기 쉬운 부분만 인용하였다. 『상서』를 구성하고 있는 문장의 대부분은 길굴오 아佶屈聱牙한 편장篇章들이어서 아무나 인용할 수 없었기 때문이다. 사마천 은 『사기』를 엮을 때 『상서』를 대량으로 인용했는데, 그가 인용한 『상서』는 68편에 달한다.35) 책 맨 앞의 4개의 「본기」, 즉 오제五帝와 하夏·상商·주周 3대의 「본기」, 그리고 여러 국國의 「세가」들은 모두 다 해당 왕조나 해당 나라의 역사에 속하는 『상서』의 편장 전편을 그대로 싣거나 초록한 것들이 다. 그런데 사마천은 이때 대체로 이해하기 쉬운 것들만 수록하고 있다.

---

34) 馬王堆 漢墓에서 출토된 漢代 초기에 그려진 地勢圖와 駐軍圖를 보면 漢代의 繪畵 기술 을 짐작할 수 있다.

35) 어떤 篇目은 여러 篇을 포괄하기도 한다.

유가가 춘추전국시대에 편집한 「요전堯典」·「고요모皐陶謨」·「우공禹貢」과 같은 긴 문장의 글을 한 글자도 빠뜨리지 않고 그대로 수록했고, 또 「송세가宋世家」의 경우 「미자微子」와 「홍범洪範」의 전문을 그대로 실었는데, 그것은 문장이 비교적 평이하기 때문이었다. 또 「노세가魯世家」에는 「금등金縢」의 전문을 단락을 나누어 수록했다. 「금등」은 서사체의 글로서 상대적으로 문장이 평이하였기 때문인데, 과거의 많은 학자들은 이 편이 서주의 문장이 아닐 것이라고 의심한 바 있다. 또한 「무일無逸」편은 간단한 몇 구절만 초록하였고, 「비서費誓」(粉書)를 초록할 때는 어색한 문구를 다 빼버리고 평이한 문구만 골라서 수록했다. 또 「연세가燕世家」에서는 「군석君奭」편을 인용하여 수록하면서 중심 내용만 요약해서 서술하였고, 「진세가晉世家」에서는 「진문후명晉文侯命」 앞머리의 몇 구절만 초록하였다. 「진세가」에서 가장 중요한 「당고唐誥」의 초록이 보이지 않은 것은 아마 그 당시에는 전하는 판본이 없었기 때문일 것이다. 「위세가衛世家」에서는 위나라에 강숙康叔을 분봉하는 명사命詞인 「강고康誥」가 가장 중요한 편목일 터인데, 이것이 오늘날까지 전해지고 있음에도 초록하지 않고 언급만 하는 데 그쳤던 이유는 난삽한 문구가 많았기 때문이다. 특히 「주본기周本紀」의 경우, 사마천은 마땅히 주나라 초기의 고사誥詞 몇 편을 인용해야만 했다. 그것들은 서주의 역사에 관한 중요한 1차 자료이므로, 이미 망실된 자료들까지 망라하여 「사기」를 짓는 과정에서라면 입수된 기존의 중요한 자료를 빠뜨려서는 안 되기 때문이다. 그러나 사마천은 그것들 대부분이 심지어 원형을 그대로 유지하고 있는 상태임에도 불구하고 몇 구절만 언급하는 데 그치거나 제목만 언급하고 지나갈 뿐이었다. 모두 이해하기가 어려운 편들이었기 때문이다. 이를 통해 보면, 사마천 같은 재주 있는 사람이라도 이런 고사誥詞를 이해하고 운용할 도리가 없어서 단지 그렇게 처리할 수밖에 없었다는 사실을 알 수 있다.

한대 경생經生들에 이르러서는 그들의 재주가 사마천에 더욱 못 미쳐 당연히 『상서』의 어려운 편장을 이해하기가 벅찼다. 하지만 그들은 학관의 두터운 봉록을 받았으므로 이해하지 못해도 이해하는 척, 모르면서도 아는 척 해야만 했다. 이에 자신들의 주관적인 생각으로 추측하기도 하고, 혹은 글자만으로 뜻을 대강 짐작하기도 하며, 혹은 그야말로 주제에서 벗어나 멀리 돌아가는 방식으로 자신들의 무지를 숨기기도 하고, 음양오행의 신비한 말로 야릇한 분위기를 만들기도 하였다. 그로 인해 금문 3가들은 서로 번쇄繁瑣한 장구와 공소空疏하고 혼란스러운 '전傳'과 '설說'을 만들어 앞에서 언급했던 음양오행의 설들을 주창하여 경학을 잘못된 길로 이끌었다.

당시에 가장 번쇄했던 것은 하후건夏侯建(小夏侯氏)이었는데, 역사는 그를 "들쭉날쭉하였으니, 오경 유생들의 학문과 『상서』의 서로 다른 부분으로부터 차례대로 장구를 끌어들여 글을 만들고 말을 꾸며내었다"라고 평했다. 이런 방식으로 장구를 꾸몄기 때문에 하후승夏侯勝은 그를 "소유小儒를 장구로 삼고, 대도大道를 파괴했다"라고 비판하였다. 그러나 하후건은 오히려 하후승을 "학문이 소략疏略하여 응적應敵하기 난감하다"라고 비판하였다. 이것은 당시의 여러 경사經師들이 학관의 이록을 위해 서로 투쟁하면서 고의로 장구에 기이한 것을 덧붙여 승리를 얻으려고 했다는 사실을 잘 보여 준다. 이후 역사는 하후건이 "마침내 스스로 경학으로 일가를 이루었다"라고 기록하고 있다.[36] 이런 현상은 더욱 치열해져서, 소하후학파의 제전제자 진공秦恭에 이르러서는 "사법師法을 더하여 백만 언에 이르렀다"[37], "「요전」의 제목 2글자의 의미를 말한 것이 10여만 자나 되었고, 단지 '왈약계고曰若稽古'를 말한 것만도 3만 언이었다"[38]라고 할 정도였다.

---

36) 이상 『史記』 「夏侯勝傳」 참조.
37) 『漢書』, 「儒林傳」.
38) 『漢書』 「藝文志」의 注에 인용된 桓譚의 『新論』.

구양씨학파歐陽氏學派도 번쇄함을 별로 사양하지 않았으니, 구양씨학을 전수한 모장牟長도 『모씨장구牟氏章句』 45만 언을 지었다.[39] 이러한 무의미한 번쇄함은 서양의 '신학의 노예'였던 스콜라학파와 비슷하다. 그들 역시 수만 언의 긴 문장으로 지루하게 "돼지를 시장으로 모는 것이 손인가? 목줄인가?", "아담이 창조될 때 키는 얼마나 컸는가?", "바늘 끝 하나에 천사 몇 명이 설 수 있는가?" 등의 문제를 논쟁했는데, 방법은 달랐으나 허상을 뒤쫓는 무의미함은 마찬가지였다.

유흠은 「이양태상박사서移讓太常博士書」에서 금문가들의 이러한 경전 전수의 정황을 다음과 같이 지적하였다.

> 이전에 학문을 했던 선비들은 서적의 잔결殘缺을 고려하지 않았으며, 그것도 모자라 문장을 나누고 글자를 쪼개고 번잡한 말들을 만들어 내었다. 그래서 학자들은 나이가 들어 늙도록 일예一藝를 알지 못하여, 입에서 나오는 대로 말하고 전기傳記를 외우며 저속한 경사經師를 신봉하고 옛것을 비난하였으며, 나라에 큰일에 대해서도…… 깜깜하여 그 근원을 알지 못하였다.

『한서』 「예문지」에서도 이러한 한대 금문경학의 폐단을 가차 없이 지적하고 있다.

> 옛 학자들은 밭을 일구면서도 수양修養을 하여 3년이 지나면 일예一藝를 통달하고 대체大體를 보존하며 경문을 완전히 파악하였다.…… 후세의 경과 전은 이미 서로 모순이 되었고, 박학자博學者들은 또한 '다문궐의多聞闕疑'의 함의를 생각하지 않은 채 의미를 쪼개어 파편적인 것만 추구함으로써 사람들의 힐난을 피하려고만 하고(碎義逃難) 견강부회해서 교묘한 설을 만들어 내어(便辭巧說) 본 모습을 파괴하고 말았으니, 5글자를 설명한 문장이 2~3만 언에 이르렀다. 후대 사람들이 서로 그 수준을 겨루었기 때문에 어린아이일 때 일예一藝를 배우기 시작해도 머리가 하얗게 샌 이후에야 겨우 말할 수 있게 되었다. 자기가 배우는 것을

---

39) 『後漢書』, 「牟長傳」・「張奐傳」.

편안하게 여기고(安其所習) 자기가 본 적이 없는 것을 비난하면서(毁所不見) 끝내 스스로를 속이는 꼴(終以自蔽)이니, 이것이 학자의 큰 근심거리이다.

"쇄의도난碎義逃難, 편사교설便辭巧說" 이 8글자는 한대 장구의 번쇄함을 지적하는 정론이 되었다. 이러한 경학의 결과가 "안기소습安其所習, 훼소불견毁所不見, 종이자폐終以自蔽"이다. 그리하여 학문을 하면 할수록 장구의 깊은 바다에 빠져 빠져나올 수 없게 되고, 학문을 하면 할수록 무지하고 고루하며 무용하게 되었으니, "나라에 큰일에 대해서도…… 깜깜하여 그 근원을 알지 못하였다"(至于國家將有大事……則幽冥而莫知其原)라는 말은 바로 그 점을 잘 지적하고 있다.

이런 학풍 아래에서의 그들의 경문에 대한 '전傳', '설說' 등의 해석은 바로 주제와 본문과는 동떨어진 자기들 마음대로 말한 것들이었다. 현재 볼 수 있는 복생 일파 금문가의 『상서대전』은 『시詩』의 『한시외전韓詩外傳』이나 『춘추』 공양파公羊派류의 『춘추번로春秋繁露』와 같아서, 온전히 재이만을 말한 『홍범오행전』 1권을 제외하고는 『한시외전』이나 『춘추번로』와 조금도 다르지 않다. 그것들은 모두 경문의 문구를 이용하여 도입부로 삼고, 경문에 대한 얼토당토않은 말들로 일관하고 있다. 그래서 『사고전서총목四庫全書總目』에서는 『상서대전』에 대해 "경문과 이합離合의 관계에 있다"라고 하여 결국에는 『상서』의 위서緯書로 분류하였으니, 이는 부득이한 처리 방법이었다.

『사고전서총목』의 『상서대전』조 아래에서는 『옥해玉海』에 실린 『중흥관각서목中興館閣書目』의 『상서대전서尙書大傳序』(鄭玄)를 인용하여 "복생은 진박사秦博士로서 효문제 당시 나이가 백 세였고, 장생張生과 구양생歐陽生 등이 그의 학문을 전수받았다…… 죽은 후에 몇몇 제자들이 각자 전수받은 바를 의논하여 빠진 부분들을 보충해서 별도의 『장구』를 지었다. 또 특별히 대의大義를 지었는데 경문에 의거하여 설명하였으므로(因經屬指) 『대전大傳』

이라 하였다. 유향이 교정하여 헌상하였으니 모두 41편이다"라고 하였다. '인경속지因經屬指'란 경문을 이용하여 자신의 설명을 적은 것으로, 바로 『상서대전』의 특색이다. 『한서』 「예문지」에는 "『전傳』 41편"으로 되어 있는 데 정현은 그것을 38편으로 선별하였고, 『구당서舊唐書』 「경적지」는 "『상서 창훈尙書暢訓』 3권, 복생 주注"라고 적고 있으며 『신당서新唐書』 「예문지」에서 는 복생 주 『대전』 3권과 『창훈』 1권을 기록하고 있다. 『사고전서총목』에는 "왕응린王應麟의 『옥해』에 별도의 『약설略說』이 있다"라고 기록하고 있는데, 사실은 『대전』의 제4권인 「약설」은 「창훈」의 오기이다.[40]

서한금문학을 극단적으로 추숭한 피석서皮錫瑞는 『경학역사經學歷史』 「경학창명시대經學昌明時代」에서 "전한금문학은 대의미언大義微言을 밝혔 다"라고 하였는데, 이것은 『춘추번로』에서 『상서대전』에 이르는 일련의 저작들을 공자의 이름에 가탁하여 이른바 대의大義와 미언微言을 밝힌 공문孔門의 학문이라 주장하려는 의도이다. 사실상 이것은 위에서 말한 공소空疏·빈핍貧乏·신비神秘·괴란怪亂·우원迂遠한 말들에 지나지 않는다. 이런 말들은 바로 서한금문학의 경전해석의 특징이 된다. 고힐강은 『고사 변古史辨』 제5책의 「자서」에서 그들의 이러한 경전해석방법에 대해 다음과 같이 일갈하였다.

우리는 다만 『한시외전』의 저술방식과 창읍왕昌邑王에게 한 왕식王式의 교수방법 을 통해, 그들이 의론을 말하고 역사를 진술하는 요소는 많지만 경의를 추구하고 경문을 해석하는 요소는 적다는 사실을 알 수 있다. 따라서 그들은 원래 '통경치용 通經致用'하였지, '통경식고通經識古'한 것은 아니었다.

이것이 바로 서한 금문경학의 모습이다.

---

40) 淸人의 『상서대전』 집본에 대해서는 제8장 5절 4항의 4) 참조.

4. 엄격한 가법과 사법 그리고 석거각회의

학관에 세워진 한대 금문경학은 14가家이며,[41] 각 가는 모두 가법家法과 사법師法을 준수하였다. 일반적으로 박사제자博士弟子들은 사승師承되어 오는 학문을 엄격히 지켜야 했으며, 조금의 어긋남도 허락되지 않았다. 『사기』와 『한서』의 「유림전」에는 "박사가 되면 제자를 두었다"라고 간단히 적고 있다. 『후한서』「유림전」에는 "이에 오경박사를 세워, 각각 가법을 전수하였다"라고 기록하고 있다. 국가가 처음으로 경학을 세웠기 때문에 그 연원을 알아야 했고 조작된 것이 아니어야만 했으며, 각 가는 오직 국가 규정에 따라 가법을 엄수하며 수업을 이어 나갔다. 『한서』「유림전」의 「맹희전孟喜傳」에는 "박사가 결원缺員이 되어 사람들이 맹희孟喜를 추천하였는데, 황제는 맹희가 사법師法을 고친 사실을 전해 듣고는 끝내 등용하지 않았다"라고 하였으니, 사법과 가법은 국가가 보장하는 것으로서 그것을 위반하는 자는 등용하지 않았다는 사실을 알 수 있다.

이른바 '사師'는 수업을 하는 경사經師이고, '가家'는 학관에 세워진 박사의 일가一家이다.[42] 최초의 '사'가 있었고 그의 문도들이 발전하여 몇개의 '가'를 이루었는데, 가령 복생이 대사大師가 되고 그 문도들이 발전하여 구양 및 대소하후의 삼가三家가 된 것 같은 경우이다. 이들 몇몇의 가들이 학관에 세워지면, 매 일가의 박사는 사가 되고 박사제자는 그의 문생이 되어 박사의 사법을 준수하고 또 박사가 전하는 그들 가의 가법을 준수해야만 했다. 피석서는 『경학역사』에서 "한인들은 사법을 가장 중시했는데, 사가 전하는 바를 제자들이 전수받았고 감히 한 글자의 출입도 용납하지 않았으며 사설師說을 위배하면 등용하지 않았다"라고 하였는데,

---

41) 『詩』: 齊·魯·韓 3家, 『書』: 歐陽 및 大·小夏侯 3家, 『易』: 施·孟·梁丘·京 4家, 『禮』: 后倉學의 大·小戴 2家, 『春秋』: 公羊學의 嚴氏·穀梁 2家.
42) 『尙書』의 三家와 같은 경우이다.

이는 바로 한대의 상황에 근거한 서술이다.

가법과 사법의 엄격한 준수는 금문 각 가들이 형성되어 학관에 세워진 이후의 일이다. 한왕조가 유경儒經을 수집하기 시작할 당시, 경전을 전수하는 대사大師는 소수에 그쳤고 배우는 사람도 극히 적어 후학의 양성을 기다려야만 하였다. 그런데 1~2대의 전수를 거치면서 문도들의 학문은 제각각 사학師學의 가르침과 다르게 되었다. 전반적인 학풍은 같았지만 경문에 대한 해석과 장구가 완전히 같지 않았다. 그러나 각자마다 그럴싸한 부분이 있고 왕조 또한 그 시비를 정할 수 없어서 누구의 말이 옳고 그른지를 판단할 수 없었다. 이에 서로 다른 부분을 가지고 '전문명경專門名經'43)의 몇몇 가를 학관에 세우게 되었으니, 그로 인해 '오경五經 14가'의 박사가 세워지게 되었다. 이러한 정황에 대해 고힐강은 『고사변』 5책 「서序」에서 다음과 같이 묘사하고 있다.

맹희가 음양재변陰陽災變을 살피는 서책을 보고는 거짓으로 "전생田生에게 배웠는데 임종 때 나(孟喜)를 총애하여 오직 나(孟喜)에게만 전해 주었다"라고 하였다. 조빈趙賓은 자신의 이론과 교묘함이 맹희로부터 나온 것이라고 말하였고 맹희도 인정하였는데, 그가 죽은 후 아무도 그의 말을 이해할 수 없게 되자 맹희 또한 부인하고 나섰다. 당시의 사람들이 요구했던 것은 신기한 것이었기 때문에 새로운 학설이라야 새로운 학파를 형성할 수 있고 새로운 학파라야 학관에 세워지리라는 기대를 가질 수 있었던 것이니, 이런 까닭에 기이한 수단을 써서 기반을 닦았다는 것을 알 수 있다.44)

이는 신新학파 출현의 이유가 바로 학관을 쟁취하기 위함이었다는 점을 잘 말해 주고 있다.

당시 한왕조는 각 가들의 서로 다른 장구와 전·설들을 선별해 내고자

---

43) 『史記』에서 夏侯建에 대해 서술할 때 한 말이다.
44) 『公羊』에 대한 『穀梁』의 입장도 바로 이와 같다.

동이同異를 평의評議하였고, 마침내 선제宣帝(BC 74~BC 49 재위) 때에 그 유명한 석거각石渠閣에서의 오경동이변론회의五經同異辯論會議가 거행되기에 이른다. 첫 번째 회의는 감로甘露 3년(BC 51)에 거행되었는데, 이미 그 2년 전(감로 원년)에 오경의 명유들과 태자태부太子太傅 소망지蕭望之(BC 114~BC 47) 등이 조정에 모여 1차 『공양』·『곡량』 동이평의회同異評議會를 가진 바 있었다. 이는 석거각회의의 서막으로, 그 결과 곡량학은 변론의 승리로 인해 학관에 박사를 세우게 되었다.45) 감로 3년에 다른 각 경들에 대해 1차 평의評議를 결정하였는데, 오경을 전공하는 각 가의 동이를 소집하여 석거각에서 태자태부 소망지 등에게 평의하게 하였고, 선제가 직접 결정하여 그 시비를 정하였다.46) 당시 경의 출석자는 『역』의 시수施讎·양구림梁丘臨, 『시』의 위현성韋玄成·장장안張長安·설광덕薛廣德, 『예』의 대성戴聖(小戴)·문인통한聞人通漢 등이었고, 『서』의 경우는 구양씨학의 구양지여歐陽地餘와 임존林尊, 대하후씨학의 주감周堪, 소하후씨학의 장산부張山拊·가창假倉이었다. 『한서』「유림전」에서는 특히 주감에 대해 "석거각의 논의에서 경의 최고가 되었다"라고 적고 있다.47) 애초 선제 이전에는 『상서』는 오직 구양씨만이 학관에 세워져 있었는데, 이 변론을 통해 대소하후씨학도 모두 학관에 세워지게 되었다.48) 『한서』「예문지」에 실린 서류書類에 "『의주議奏』 42편"이라 하고 그 주에 "선제 때 석거각의 논의이다"라고 하였으니, 곧 이 석거각논변의 기록인 셈이다. 이 석거각논변은 실제로는 서로 다른 가법과 그 가법의 보호를 승인하는 회의로서 이로부터 오경 14가 박사가 세워지게 되었으니, 바로 그들 가파家派의 전수만 인정되고 다른

---

45) 『漢書』, 「儒林傳·瑕丘江公傳」.
46) 『漢書』「宣帝紀」에 보인다.
47) 아울러 易學의 梁丘臨에 대해 "石渠閣의 諸儒들에게 물어 보니, 臨學이 아주 정밀하고 깊었다"라고 적고 있다.
48) 나머지 經들도 순차적으로 학관에 세워졌는데, 京氏易은 漢 元帝 때 학관에 세워졌다.

가파의 설립은 허용되지 않았다.

이 시기에 이르러 가법과 사법의 엄격한 준수가 요구되기 시작하였다. 그리하여 사법의 엄격함이 확립되었지만, 비록 사법을 위배할 수는 없더라도 '사법의 덧붙임'은 가능하였다. 실제로 『한서』 「유림전」에서는 소하후씨학의 진공秦恭이 "사법을 더하여 백만 언에 이르렀다"라고 적고 있다. 『후한서』 「유림전」에 실린, 구양씨학을 이은 모장牟長의 설은 구양씨의 『상서장구』 45만 언에 근본하고 있는데, 이것은 자기의 특색을 갖춘 장구를 형성한 것일 뿐 그의 모든 견해는 사법의 범위를 벗어날 수 없었다. 이 밖에도 어떤 일가의 계승자가 특정 인물이 자신의 일가에 속하는지를 결정함으로써 자기의 문파를 수호하는 역할을 하기도 했다. 가령 『한서』 「유림전」에서는 맹희 역학의 적목翟牧과 백생白生 두 사람을 기록하고 있다. 당시에 경방京房은 초연수焦延壽를 스승으로 모셨는데, 초연수가 일찍이 맹희에게서 『역』을 배웠다고 말했기 때문에 경방은 스승의 『역』이 맹씨의 학이라고 여겼다. 그러나 적목과 백생은 수긍하지 않고 초연수를 부정하였으며, 이로 인해 초씨의 『역』은 끝내 맹씨학에 편입되지 못했다. 이것 역시 엄격한 가법의 표현이었다.

가법과 사법을 엄격히 지키는 학풍이 형성되자 자연히 폐단이 나타나게 되고, 당시에 이미 이를 통절히 느끼는 사람이 있었다. 유흠은 「이양태상박사서移讓太常博士書」에서 이렇게 말하고 있다.

> 입에서 나오는 대로 말하고 전기傳記를 외워 댔으며, 저속한 경사經師를 신봉하고 옛것을 비난하였다.…… 오히려 잔결殘缺된 경문을 묵수하고자 하였고, 힐책당하는 것을 두려워하는 사의私意를 품고 선의善意를 따르는 공심公心을 망각하였다. 혹은 질투하는 마음을 품어 실상을 살피지 않았으며, 다른 사람들을 쫓아 부화뇌동하면서 시비만을 가렸다.…… 오로지 자기만이 옳다고 여기고 잔결을 묵수하거나 아니면 동문同門을 무리지어 진정한 도道를 질투하였다.

모든 각 사師의 문도들은 오직 스승의 설법만을 사수하고, 다른 설법이 정확하더라도 불신하고 질투하여 극심한 파벌주의를 형성하였음을 잘 지적하고 있다. 왕충의 『논형』 「정설正說」에서도 이렇게 말하고 있다.

유자들이 말하는 오경은 대부분 그 실체를 잃었다. 전유前儒들은 본말을 보지 못하고 생명이 없이 허설虛說만 남았고, 후유後儒들은 전사前師의 말만 믿고 옛것을 따라 서술하여 단어만을 베꼈다. 만약 한 경사經師의 학문이 이름이 나면 당장 교수하게 하고 곧바로 관원官員이 되게 하니, 정력을 집중하여 마음을 다스리며 핵심을 궁구할 겨를이 없었다. 따라서 허설은 전해짐이 끊이지 않고 사실은 없어져 보이지 않게 되니, 오경도 그 실체를 잃어버리고 말았다.

문생들이 스승의 말만 전습傳習하고 허황된 말을 이어나가 오경을 부실하게 만들고 "앞으로 나아가는 것에만 급급했기"(汲汲競進) 때문에 경학이 타락하게 되었다는 점을 지적하고 있다.

이러한 가법과 사법은 국가가 보호해 주었고 경사經師들에 의해 고수되었다. 당시의 "스승을 존중하고 도를 중시한다"(尊師重道)라는 말은 허울에 지나지 않았다. 실제 각 가의 사법의 내용은 왕충이 말한 바와 같이 "허설이 전해짐이 끊이지 않고 사실은 없어져 보이지 않으며 오경 또한 그 실상을 잃어버린" 상태였다. 이는 바로 위에서 언급한 번쇄하고 공소한 학풍에서 발현된 파쇄破碎·빈핍貧乏·신비·허망함이니, 『한서』 「유림전」의 찬贊에서는 이렇게 말하고 있다.

무제가 오경박사를 세워 제자를 키워 내게 하고 또 과목을 설치하고 정책을 발표하는 것을 관록官祿으로 권장한 이래로 원시元始(AD 1~5)까지 백여 년이 지나자, 전공자가 넘쳐나고 지엽이 번성하여 하나의 경經의 말씀이 백만여 언에 달하고 대사들도 천여 명에 이르렀다. 이록利祿의 길이었기 때문이다.

이록과 관련이 있기 때문에 각 가들은 모두 목숨을 걸고 가법 및 사법과 떨어지려고 하지 않았던 것이다. 후대에 그들이 '결사적'으로 고문경학을 반대했던 이유도 바로 자신들의 이록을 지키기 위해서는 엄격한 가법과 사법을 진력으로 따라야 했기 때문이다.

제4절 서한대 금문 29편 이외의 일서

　서한대 『상서』는 학관에 세워진 박사본 금문 29편 이외에도 다량의 '일서逸書49)'가 있었다. 가장 잘 알려진 것이 고문일서 16편이고, 또 "『상서서 尙書序』 100편" 중의 일부 편장篇章들도 있다.50) 그 밖에 『금문상서』의 전수과 정에서 출현한 다량의 일서들이 있다. 즉 ① 복생학파가 찬한 『상서대전』의 29편에 속하지 않는 일서, ② 『금문상서』를 인용하고 있는 『사기』 속 29편에 속하지 않는 일서, ③ 한대에 별도로 출현하여 『사기』에서 인용하고 있는 『일주서逸周書』로서 『한서』 「예문지」에 실려 있는 「주서周書」 71편, ④ 한대의 저작에서 인용하고 있는 일서의 문구들이 그것이다. 이들은 주로 금문에 속하지만, 시간이 지나면서 고문에 편입되기도 했다. 지금부터 이를 ① 『상서대전』 및 『사기』의 서편과 29편과의 비교, ② 『일주서』 편목 소개, ③ 한대 저작에 인용된 일서 현황의 셋으로 나누어 살펴보겠다.

1. 『상서대전』과 『사기』에 실린 서편과 29편과의 비교

　살펴보건대, 정현의 「상서대전서」에 따르면, 『상서대전』은 복생 문하의

---

49) 이를 다시 '逸篇'과 '亡篇'으로 구분할 수 있다. 孔穎達의 『尙書正義』「虞書」의 기록에 따르면, 馬融과 鄭玄 등은 29편 이외에 篇文은 있으나 師說이 없는 것을 逸篇이라 부르고 篇文이 이미 망실되고 篇名만 있는 것을 亡篇이라 불렀다고 한다.

50) 前者는 逸篇에 해당하고 後者는 대부분 亡篇이다. 다음 장에서 자세히 다룰 것이다.

장생張生·구양생歐陽生 등이 찬한 것이다. 또한 『사기』에 실린 『상서』는 모두 금문이지 고문이 아니다.[51] 『상서대전』과 『사기』 두 책에 실린 모든 서편들[52]과 금문 29편을 대조해 보면 다음과 같다.

<『상서대전』·『사기』에 인용된 『상서』 서편과 금문 29편의 비교표>

금문 29편		『사기』	『상서대전』	
虞夏書	1. 堯典	堯典 (「五帝本紀」에 全文 인용, 篇名 없음)	唐傳	堯典
			虞傳	九共 (逸句 있음)
			虞夏傳	舜의 고사 대거 인용 (逸篇 「舜典」으로 추정)
	2. 皋陶謨	皋陶謨 (「夏本紀」에 全文 인용, 篇名 없음)		皋陶謨
	3. 禹貢	禹貢 (「夏本紀」에 全文 인용, 篇名 없음)	夏傳	禹貢
	4. 甘誓	甘誓 (「夏本紀」에 全文 및 篇名 인용)		
		五子之歌 (「夏本紀」에 篇名 인용)		
		胤征 (「夏本紀」에 篇名 인용)		
商書		帝誥(佸) (「殷本紀」에 篇名 인용, 『索隱』에서는 『帝佶』라 함)	殷傳	帝告 (逸句 있음)
		湯征 (「殷本紀」 篇文을 싣고 湯과 伊尹의 대화인 듯 篇名 인용)		
		女鳩 (「殷本紀」에 篇名 인용)		
		女方 (「殷本紀」에 篇名 인용)		
	5. 湯誓	湯誓 (「殷本紀」에 全文 및 篇名 인용)		湯誓
		典寶 (「殷本紀」에 篇名 인용)		
		夏社 (「殷本紀」에 篇名 인용)		
		中䮒作誥 (「殷本紀」에 篇名 인용. 中䮒는 仲虺)		
		湯誥 (「殷本紀」에 全文 및 篇名 인용)		
		咸有一德 (「殷本紀」에 篇名 인용)		
		明居 (「殷本紀」에 篇名 인용)		
		伊訓 (「殷本紀」에 篇名 인용)		
		肆命 (「殷本紀」에 篇名 인용)		
		徂后 (「殷本紀」에 篇名 인용)		
		太甲訓 3篇 (「殷本紀」에 篇名 인용)		
		沃丁 (「殷本紀」에 篇名 인용)		
		咸艾 (「殷本紀」에 篇名 인용)		
		大戊 (「殷本紀」에 篇名 인용)		

---

51) 제4장 2절 4항 참조.
52) 『尚書大傳』은 이미 失傳되었고, 현재는 陳壽祺와 皮錫瑞가 정리한 2종의 輯本이 통용된다.

		原命 (「殷本紀」에 篇名 인용)		
		仲丁 (「殷本紀」에 篇名 인용)		
		說命 (「殷本紀」에 傳說의 기사 인용, 篇名 없음)		
	6. 盤庚	盤庚 3篇 (「殷本紀」에 篇名 인용)		盤庚 (逸句 있음)
	7. 高宗肜日	高宗肜日 (「殷本紀」에 篇名 인용)		高宗肜日
		高宗之訓 (「殷本紀」에 篇名 인용)		
	8. 西伯戡黎	西伯伐饑國 (「殷本紀」에 全文 및 篇名 인용)		西伯戡耆
	9. 微子	微子 (「宋世家」에 全文 인용, 篇名은 없음)		微子
周書	10. 太誓	太誓 (「周本紀」・「齊世家」에 다수 인용, 篇名도 보임)	周傳	太誓
	11. 牧誓	牧誓 (「周本紀」에 全文이 수록, "牧野乃誓"로 칭함. 「魯世家」에 篇名 인용. 「齊世家」에는 "誓于牧野"로 되어 있음)		
		大戰 (「周本紀」에 全文이 실려 있으나 篇名 없음)		大戰
		克殷 (「齊世家」・「魯世家」에 다수 인용, 篇名 없음)		
		武成 (「周本紀」에 다수 인용, 篇名 있음)		
		分殷之器物 (「周本紀」에 篇名 인용. 「書序百篇」에는 「洪範」 뒤에 「分器」편이 위치)		
		度邑 (「周本紀」에 全文 수록, 篇名 없음)		
	12. 洪範	洪範 (「周本紀」에 商箕子의 말로서 간략히 수록, 篇名 없음. 「宋世家」에 全文 수록, 篇名 없음)		洪範 (洪範五行傳이 부록됨)
	13. 金縢	金縢 (「周本紀」에 간략히 서술, 篇名 없음. 「魯世家」에 全文[삽입된 내용도 있음] 수록, 篇名 없음)		大誥 (金縢과 위치 바뀜)
		戒伯禽 (「魯世家」에 간략히 인용)		
	14. 大誥	大誥 (「周本紀」・「魯世家」에 篇名 인용)		金縢 (大誥와 위치 바뀜)
		微子之命 (「周本紀」・「宋世家」에 篇名 인용)		
		歸禾 (「周本紀」에 篇名 인용. 「魯世家」의 인용에는 「餽禾」로 되어 있음)		
		嘉禾 (「周本紀」・「魯世家」에 篇名 인용)		嘉禾
				捴誥
	15. 康誥	康誥 (「周本紀」・「魯世家」에 篇名 인용)		康誥
	16. 酒誥	酒誥 (「周本紀」・「魯世家」에 篇名 인용)		酒誥 (逸句 있음)
	17. 梓材	梓材 (「周本紀」・「魯世家」에 篇名 인용)		梓材
	18. 召誥	召誥 (「周本紀」에 篇名 인용. 「魯世家」에 篇文 인용, 篇名 없음)		召誥
	19. 洛(雒)誥	洛誥 (「周本紀」에 篇名 인용)		洛誥
	20. 多士	多士 (「周本紀」・「魯世家」에 篇名 인용)		多士
	21. 無逸	無佚 (「周本紀」에 인용. 「魯世家」에서 「毋逸」이란 제목으로 간략히 서술)		毋逸 (逸句 있음)
	22. 君奭	要君奭 (「燕世家」에 篇名 및 주요文句 인용)		
		成王政 (「周本紀」에 踐奄의 고사 서술, 「尙書序」에서 이를 근거로 「成王政」의 序로 삼음)		
		將薄姑 (「周本紀」에 "遷其君薄姑"를 서술, 「尙書序」에서 이를 근거로 「薄姑」의 序로 삼음)		

23. 多方	多方 (「周本紀」에 篇名 인용)	多方
	周官 (「周本紀」·「魯世家」에 篇名 인용)	
24. 立政	立政 (「魯世家」에 篇名 인용)	
	賄息愼之命 (「周本紀」에 篇名 인용)	
25. 顧命	顧命 (「周本紀」에 篇名 인용)	
	康誥 (「周本紀」에 篇名이 인용되어 있으나, 실제는 馬鄭本의 「康王之誥」이다)	
	畢命 (「周本紀」에 篇名 인용)	
	冏命 (「周本紀」에 篇名이 인용되어 있으나, 실제는 逸書 16篇 의 「冏命」이다)	冏命
	蔡仲之命 (「管蔡世家」에 『左傳』의 "封蔡仲"이 기록되어 있 으나 命書와 篇名이 보이지 않음)	
26. 費誓	肦誓 (「魯世家」에 全文 수록, 篇名도 있음)	鮮誓
27. 呂刑	甫刑 (「周本紀」에 한 단락이 수록, 篇名도 있음)	甫刑
28. 文侯之命	晋文侯命 (「晋世家」에 이 篇名으로 기록된 문장이 있으나, 첫 구절을 제외하고는 「文侯之命」과 같지 않음).	
29. 秦誓	秦誓 (「秦本紀」에 많이 인용되었고, "乃誓于軍曰"이라 함)	

이상의 표를 통해 몇 가지를 알 수 있다.

첫째, 금문 29편을 전했다는 『상서대전』에는 「감서甘誓」·「목서牧誓」·「군석君奭」·「입정立政」·「고명顧命」·「문후지명文侯之命」·「태서泰誓」 등 7편이 빠져 있는데, 해당 서편들은 송대에 이미 온전하지 않았고 명대에는 완전히 없어졌기 때문에 청대에 이르러 각종 문헌에서 산실된 것들을 집존輯存하였지만 원형을 회복하지는 못하였다. 원본 『상서』가 이런 편들을 다 갖추고 있었던 것은 당연하다. 한편, 편목들 가운데 29편에 속하지 않는 「구공九共」·「제고帝告」·「대전大戰」·「가화嘉禾」·「엄고揜誥」·「형명㓝命」 등 6편에 대해 주목해야 한다. 서한 말엽, 유흠이 29편 외의 일서 16편을 학관에 세우려 했으나 금문파의 필사적인 반대에 부딪히지 않았던가? 그런데 왜 『상서대전』에는 29편 외의 일편53)이 포함되어 있었으며, 금문파들은 반대하지

---

53) 「九共」은 9篇이라고 전해지지만, 14篇이라는 설도 있다.

않고 오히려 전승했을까? 금문가들은 고문을 학관에 세우게 되면 자신들이 장악한 학술 기반이 침범을 받고 이권을 나누어 주어야 하기 때문에 당연히 결단코 반대할 수밖에 없었지만, 그러면서도 자신들 수중에 이들 고문 몇 편이 들어오자 은근슬쩍 전승하게 되었던 것이다.

　② 『상서대전』의 이 6편은 금문가들이 전승한 것으로서 당시에 통용되던 금문 예서隷書로 쓰였지만, 「구공九共」·「형명臩命」은 원래 고문일서 16편의 하나였다. 금문가들은 「구공」을 9편으로 만들고 「형명」은 「경명冏命」으로 바꾸어 『상서대전』 속에 편입시켰다. 또한 장패張霸가 고문 「상서서尙書序」 100편54)을 만들 당시에 이 두 편과 「제고帝告」·「가화嘉禾」 등을 100편에 편입시킴으로써 이 4편이 상서학에서 가장 큰 영향을 끼친 '「상서서」 100편'의 편장이 되었다. 나머지 「대전大戰」·「엄고揜誥」 2편은 선진시기에는 인용된 예가 보이지 않고 또 「상서서」 100편에도 들어 있지 않으며, 오직 『상서대전』의 일편逸篇55)과 망편亡篇56)에서만 보인다.

　③ 『사기』에서 인용하고 있는 서편은 총 68편이다. 우선 금문 29편을 모두 인용하는데, 그 중 11편은 전문을 수록하였고 나머지 18편은 편명을 인용하여 서술하였다.57) 이 29편 이외에 39편을 더 인용하고 있는데, 그 중 4편은 전문을 수록하고 있고58) 나머지 35편은 편명을 인용하였다. 『사기』가 인용하고 있는 편장들은 대부분 해당 편들이 써진 연유를 적고 있으며, 이들은 이후 장패에 의해 「상서서」에 집록되었다.59)

　④ 『사기』에 인용된 68편 가운데 「대무大戊」·「극은克殷」·「탁읍度邑」·「계백금戒伯禽」의 4편을 제외한 64편은 모두 장패에 의해 「상서서」 100편에 수록되

---

54) 제4장 1절의 제4항 참조.
55) 「大戰」篇의 원문은 『상서대전』에 보존되어 있다.
56) 「揜誥」篇은 단지 篇名만 전한다.
57) 이 18篇 중 6篇은 原文 몇 구절 혹은 大義만을 간추려 간략하게 서술하고 있다.
58) 「湯征」·「湯誥」·「克殷」·「度邑」.
59) 張霸는 별도로 『左傳』 등에서도 채록하였다. 뒤에 자세히 보인다.

었다. 따라서 이 4편은 한대에 전해진 『상서서』 100편뿐만 아니라 선진시기의 전적들에도 인용되지 않고, 오직 『사기』에서만 보이는 일서이다. 그 가운데 「대무」편은 청대 학자들이 『상서서』의 순서에 근거해서 100편 중의 「이척伊陟」으로 보았는데,[60] 사실 그렇게까지 견강부회할 것은 없을 듯하다. 또한 「대무」는 편명만 남아 있고 「계백금」도 단지 몇 글자만 남아 있지만, 「극은」·「탁읍」 2편은 전문이 수록되어 있다. 이것들은 확실히 서주시기에 속하는 『일주서』의 편목들로서 일부 문구를 사마천 당시의 문자로 고친 것이니, 29편 외에도 완전한 서편들이 분명히 존재하고 있었다는 사실을 알 수 있다.

종합해 보면, 『상서대전』·『사기』 두 책은 모두 금문 29편 외의 일서 42편을 인용하고 있으며, 36편의 편명이 후대에 『상서서』 100편에 편입되었고 나머지 「대전大戰」·「엄고揜誥」·「대무大戊」·「극은克殷」·「탁읍度邑」·「계백금戒伯禽」의 6편은 당시에 전해지던 100편 외의 일서이다. 그 중 편명만 남아 있는 「대무」·「엄고」를 제외한 나머지 4편은 모두 편문篇文이 있으며, 특히 「극은」과 「탁읍」의 편문은 비교적 완전하다.

2. 『일주서』 편목의 간략한 정황

「극은」·「탁읍」 2편이 『사기』에 편입된 사실을 통해 선진시기에 유통되던 이러한 『일주서』가 서한시기에도 존재하고 있었다는 것을 알 수 있다. 『한서』 「예문지」에 "주서周書 71편"이라고 하였는데, 안사고顏師古는 주에서 "유향이 말하기를 '주대의 고誥·서誓·호령號令이니, 공자가 100편을 논한 것의 나머지들이다' 하였다. 오늘날(唐代) 남아 있는 것은 45편이다"라고

---

60) 莊述祖의 『尙書今古文考證』 등.

말하였다. 이들은 한대 금문가들이 전승하지도, 고문가들이 언급하지도 않은 『상서서』 100편 외의 편들로서, 유향이 황가皇家의 장서를 정리하여 반고班固가 『한서』 「예문지」를 편찬할 때까지 확실하게 존재하고 있던 주대 71편의 서편들이다. 이것들은 '주서周書'로 불렸기 때문에 정초鄭樵의 『통지通志』 「예문략藝文略」에는 '서류書類'에 배열되어 있다.

살펴보건대, 『좌전』의 문공文公 2년조, 양공襄公 11년 및 25년조, 소공昭公 6년조, 그리고 『전국책』의 「진책秦策」·「위책魏策」 등은 모두 이들 서편의 문구를 인용하고 있으니,[61] 이 서편들 가운데 많은 부분이 일찍이 선진시기에 확실히 존재하고 있었다는 사실을 알 수 있다. 그리고 동한 후기의 저작에서도 인용되기도 하였다. 가령 왕부王符의 『잠부론潛夫論』 「실변實邊」편에서 "『주서』에 이르길 '땅은 넓으나 인민이 적고 쓸 만한 것이 나오지 않는 곳을 허토虛土라고 하니, 쳐서 차지할 수 있다. 땅은 좁으나 사람이 많으면 그 인민은 더 이상 인민이 아니니, 버리거나 굶주리게 할 수 있다'(土多人少, 莫出其材, 是謂虛土, 可襲伐也. 土少人衆, 民非其民, 可匱竭也)라고 하였다"를 인용하고 있는데, 이것은 바로 『일주서』 「문전文傳」편의 "땅은 넓고 인민이 적으면 그 땅이 아니며, 땅은 적고 인민이 많으면 그 인민이 아니다.…… 땅은 넓으나 지킴이 없으면 습격할 수 있고, 땅이 좁고 먹을 것이 없으면 포위하여 차지할 수 있다"(土多民少, 非其土也, 土少人多, 非其人也.…… 土廣無守可襲伐, 土狹無食可圍竭)라는 문구이다. 또한 서간徐幹의 『중론中論』 「법상法象」편에서는 『서』에 이르길 '처음을 삼가고 마지막을 경건히 해야 곤란함이 없다' 하였다"를 인용하였는데, 이것은 『일주서』 「상훈常訓」편의 "덕을 진실하게 하여 삼가고, 은미함을 삼가서 시작하고 마지막을 공경히 하면 곤란하지 않을 것이다"(允德以愼, 愼微以始而敬終, 終乃不困)를 인용한 것으로, 이 구절은 『좌전』 양공 25년조의 "『서』에 이르길 '처음을 삼가고 마지막을 경건히 하면

마지막에 곤란하지 않을 것이다' 하였다"(書曰, 愼始而敬終, 終以不困)에도 인용되었다. 『일주서』가 확실히 한대 학자들 사이에 전해지고 있었다는 사실을 알 수 있다.

진대晉代에 이르러 공조孔晁가 이 『주서』에 주석을 더해 8권으로 나누었고, 곽박郭璞이 그것을 인용하여 『이아爾雅』를 주석할 때에 비로소 『일주서逸周書』라고 불렀으며, 이선李善이 『문선文選』을 주석할 때에도 이 명칭을 사용하였으니, 이들 모두 『일주서』가 『상서』 「주서」의 일편逸篇임을 명확하게 인식하고 있었음을 알 수 있다. 그러다가 『수서』 「경적지」에 이르러 처음으로 "『주서』 10권"을 "급총서汲冢書"라고 잘못 주석하였다. 『신당서』 「예문지」에는 "급총주서汲冢周書』 10권"과 "공조孔晁 주注 『주서』 8권" 둘 다 기록하고 있다. 『송사』 「예문지」는 그 둘을 하나로 보고 "급총주서』 10권은 진晉 태강太康 연간에 급군汲郡에서 얻었으며, 공조가 주석하였다"라고 하였으니, 곧 오늘날 60편의 근간이 되었다.[62] 송대의 이도李燾 · 정불丁黻 · 왕응린 등도 모두 급총汲冢에서 『주서』가 나오지 않았다는 점을 고정하였고, 이에 명대의 양신楊愼은 "급총" 2글자를 제외하고 『주서』라고 칭하였으며, 청대에 간행된 판본에서 비로소 모두 『일주서』로 칭하게 되었다.

『일주서』의 전체 목록은 다음과 같다.

탁훈해度訓解 제1, 명훈해命訓解 제2, 상훈해常訓解 제3, 문작해文酌解 제4, 적광해糴匡解 제5, 무칭해武稱解 제6, 윤문해允文解 제7, 대무해大武解 제8, 대명무해大明武解 제9, 소명무해小明武解 제10, 대광해大匡解 제11, 정전해程典解 제12, 정오해程寤解 제13(亡), 진음해秦陰解 제14(亡), 구정해九政解 제15(亡), 구개해九開解 제16(亡), 유법해劉法解 제17(亡), 문개해文開解 제18(亡), 보개해保開解 제19(亡), 팔번해八繁解 제20(亡), 풍보해酆保解 제21, 대개해大開解 제22, 소개해小開解 제23, 문경해文儆解 제

---

62) 71篇의 目次가 있고, 亡篇은 11편이다. 唐代에 전해지던 45篇에다가 이른바 『汲冢周書』 중 晉 이후 보충되어 注釋이 없는 15篇이 더해졌다. 원래의 孔晁 注에도 3篇이 없었기 때문에, 60篇 가운데 18篇이 注釋이 없다.

24, 문전해文傳解 제25, 유무해柔武解 제26, 대개무해大開武解 제27, 소개무해小開武解 제28, 보전해寶典解 제29, 풍모해酆謀解 제30, 오경해寤儆解 제31, 무순해武順解 제32, 무목해武穆解 제33, 화오해和寤解 제34, 무오해武寤解 제35, 극은해克殷解 제36, 세부해世俘解 제37, 대광해大匡解 제38, 문정해文政解 제39, 대취해大聚解 제40, 기자해箕子解 제41(亡), 기덕해耆德解 제42(亡), 상서해商誓解 제43, 탁읍해度邑解 제44, 무경해武儆解 제45, 오권해五權解 제46, 성개해成開解 제47, 작락해作雒解 제48, 황문해皇門解 제49, 대계해大戒解 제50, 주월해周月解 제51, 시훈해時訓解 제52, 월령해月令解 제53(亡), 시법해諡法解 제54, 명당해明堂解 제55, 상맥해嘗麥解 제56, 본전해本典解 제57, 관인해官人解 제58, 왕회해王會解 제59, 제공해祭公解 제60, 사기해史記解 제61, 직방해職方解 제62, 예량부해芮良夫解 제63, 태자진해太子晉解 제64, 왕패해王佩解 제65, 은축해殷祝解 제66, 주축해周祝解 제67, 무기해武紀解 제68, 전법해銓法解 제69, 기복해器服解 제70, 주서서周書序(제71).63)

기록된 전체 편수는 71편이며 맨 마지막은 각 편의 서序를 모은 「주서서周書序」인데, 「주서서」를 제외한 70편 중 제13과 제20, 제41~42, 제53 등 11편은 이미 망실되고 59편만이 전한다. 그 가운데 제31·34·35·45편 등은 단지 몇 글자만 있는 잔편殘編들이다. 각 편을 다음과 같이 몇 가지로 구분해 볼 수 있다.

① 초창기 주대의 서편으로 볼 수 있는 주나라 무왕武王 및 주공周公과 관련된 「극은克殷」·「세부世俘」·「상서商誓」·「탁읍度邑」·「작락作雒」·「황문皇門」·「제공祭公」의 7편을 서주시대 자료로 볼 수 있다.64) 그 중 「극은」에서 「탁읍」까지의 4편은 무왕이 은을 정벌하고 승리를 거둔 내용의 자료이고,65) 「작락」·「황문」 2편은 주공이 건국한 내용의 자료이며, 「제공」은 『예기』「치의緇衣」를 참조해 보면 곧 「제공지고명祭公之顧命」이니 제공祭公이

---

63) 편명 뒤의 '解'자는 孔晁가 注解하면서 붙인 것이다.
64) 비록 문자를 기록하는 과정에서 東周의 영향을 받긴 했으나, 대부분은 원형을 보존하고 있다.
65) 「世俘」는 곧 「武成」이다.

병이 들어 위급할 때 주왕周王에게 말한 내용이다.[66)]

② 그 다음 「정전程典」·「풍보酆保」·「문경文儆」·「문전文傳」·「보전寶典」·「오경寤敬」·「화오和寤」·「대광삼십칠大匡三十七」·「무경武儆」·「대계大戒」·「상맥嘗麥」·「상훈常訓」 등 11편은 서주의 원사료를 보존하고 있지만 문자로 정착된 시기는 춘추시기이다. 그 일부 문구는 『좌전』에서 인용하고 있기 때문에 『좌전』의 작자와 이들 편들의 작자들은 동일한 사료를 보았을 가능성이 있으며, 또는 이런 편들이 원사료에 춘추시대 문자의 영향을 받아 완성되었으므로 『좌전』의 작자에 의해 지어졌을 가능성도 있다. 그 중 「정전」에서 「문전」까지의 4편은 문왕文王이 왕업을 준비하면서 은을 정벌한 기록이고, 「보전」에서 「무경」까지는 무왕과 주공의 은 정벌 계획 및 승리 후의 기록이며, 「대계」는 주공 섭정 때의 기록이고, 「상맥」은 성왕成王의 친정親政 이후의 기록이며, 「상훈」은 「홍범」의 문장과 같은 곳이 있다.[67)]

③ 「대개大開」·「소개小開」·「대개무大開武」·「소개무小開武」·「풍모酆謀」·「오권五權」·「성개成開」·「본전本典」 등은 비록 문왕에서 무왕을 거쳐 주공에 이르는 각 시기의 사료이지만 전국시기 문자에 가깝기 때문에 전국시기에 유전되던 사료와 연관해서 작성된 것으로 보인다.

위의 내용들 가운데 ①과 ②의 두 가지는 비교적 이른 시기의 고誥·서誓·호령號令인 『상서』의 일편들과 가공을 거친 편장들로 나누어 볼 수 있고, ③은 『상서』「주서」를 짓기 위한 참고자료 성격의 문헌으로 볼 수 있다. 그 밖에 아래의 4종은 『상서』의 일편으로 보기 어려운 것으로, 그 정황은 다음과 같다.

④ 책 앞부분에 있는 「탁훈度訓」·「명훈命訓」 등의 3~4편과 뒷부분의 「본전

---

66) 原序에 근거해 보면 穆王 때이다.
67) 그러나 기록된 문자는 전국시대의 영향을 비교적 많이 받았다.

本典」・「관인官人」에서 맨 끝의 「주축周祝」・「전법銓法」까지의 11~12편은 「상서」에 기록된 주왕조 통치자의 고·서·호령의 문체가 보이지 않고 전국시기 제자백가의 문장과 비슷한데, 특히 전국 후기의 문장에 가깝다. 따라서 이들 문장과 사관의 기언기사記言記事의 문장은 전혀 다르다.

⑤ 「무칭武稱」・「윤문允文」・「대무大武」・「대명무大明武」・「소명무小明武」・「유무柔武」・「무순武順」・「무오武寤」・「문정文政」・「무기武紀」 등 10여 편은 전국시기 병가兵家의 저술이다.

⑥ 「적광糴匡」・「시법諡法」・「명당明堂」・「왕회王會」・「직방職方」・「기복器服」 등은 전국시대에서 한대에 이르는 예가서禮家書와 같다.[68]

⑦ 이 외에 「주월周月」・「시훈時訓」・「은축殷祝」 등은 확실히 한대에 만들어진 문헌이다.

위의 4종 30여 편은 전국시대 이래 사가私家들의 작품으로, 고·서·호령을 기록한 관서官書로 볼 수 없다.

종합하면, 『일주서』 가운데 실제 『상서』 일편으로 볼 수 있는 것은 「극은克殷」・「세부世俘」・「상서商誓」・「탁읍度邑」・「작락作雒」・「황문皇門」・「제공祭公」 등 7편이며, 「정전程典」・「풍보酆保」 등 10여 편은 원래의 자료를 보존하고 있으면서 가공을 거친 일서의 잔존들이고, 「대개大開」・「풍모酆謀」 등 10편 가까이는 일서를 지을 때의 참고자료였으며, 그 나머지는 서류書類에 속하지 않는 편장들이다.

3. 한대 저작에서 인용하고 있는 일서

한대에 고문이 유행하기 이전 일반적으로 읽히던 판본들은 모두 당시에

---

68) 이 중 「職方」은 『周禮』 「夏官·職方氏」의 全文이다.

통용되던 금문 예서로 써진 서편들이었다. 따라서 한인의 저작들 속에 인용된 일서들은 모두 금문 29편과 함께 유전되던 서편들이다. 청대의 강성江聲·완원阮元·손성연孫星衍 등이 선진일서를 집록할 때 아울러 한대에 인용된 일서도 집록한 바 있는데, 이 책에서는 그들의 집록을 이용하면서 정확하지 않은 부분은 조금 삭제하였다. 가령 위서僞書인 『충경忠經』을 인용한 것과 같은 경우이다. 또 견강부회한 부분과 본래 금문 28편에 속하지만 일서에 잘못 배속시킨 경우, 가령 「무일無逸」의 문구 가운데 한두 글자가 조금 다른 것을 일편 「열명說命」류로 잘못 안 것 등은 삭제하였다. 또한 여기에서는 학관에 세워진 서한금문 이외의 일서를 주로 탐색하는 것이기 때문에 학관에 세워졌던 금문 「태서太誓」 일문은 수록하지 않았다. 따라서 여기에서는 서한시기의 자료들을 위주로 하면서, 동한시기 반고의 저작을 아울러 수록하여 언급하였다. 동한시기의 저작들 가운데 오직 반고의 『한서』와 『백호통白虎通』만이 금문을 따랐고 그 인용 자료 역시 서한대로부터 전해지던 것들[69]이었기 때문이다. 동한대 고문이 성행한 이후의 자료들, 예를 들어 『설문해자說文解字』 및 기타 고문명가古文名家 저작에서 인용하고 있는 고문들은 전혀 채용하지 않았다.

각 문헌들의 인용을 모아 보면 다음과 같다.

① 『회남자』

○ 「남명훈覽冥訓」: "『주서周書』에 이르기를 '꿩을 잡으려다 잡지 못하거든 다시 그 바람을 따르라' 하였다."(周書曰, 掩雉不得, 更順其風.)

○ 「범론훈氾論訓」: "옛날에 『주서』에 이르기를 '고원한 말은 낮게 쓰이고 비근한 말은 높이 쓰인다'라고 하였다."(昔者周書有言曰, 上言者, 下用也, 下言者, 上用也.)[70]

---

69) 예를 들어 『世經』은 西漢 말엽에 나온 것이다.

②『신서』

◇「군도君道」: "『서書』에 이르기를 '대도는 평평하여 내 몸에서 멀리 떨어져 있지 않다. 사람이 모두 그것을 지니고 있으나 오직 순만이 그것을 발현하였다. 활을 쏘아 맞히지 못했다면 화살촉을 탓할 것이 아니라 돌이켜 내 몸을 닦으라' 하였다."(書曰, 大道亶亶, 其去身不遠. 人皆有之, 舜獨以之. 去射而不中者, 不求之鏃, 而反修之於己.)

◇「춘추春秋」: "영윤이 자리를 벗어나서 재배하며 축하하여 말하기를, '하늘의 덕은 친함이 없으니 오직 덕 있는 이를 돕습니다' 하였다."(令尹避席 再拜而賀曰, 皇德無親, 惟德是輔.)[71]

③『춘추번로』

◇「옥배玉杯」: "『서書』에 이르기를 '그 임금이 임금답지 못하면 그 신이 떠날 것이다' 하였다."(書曰, 厥辟不辟, 去厥祇.)[72]

◇「죽림竹林」: "『서』에 이르기를 '너에게 좋은 계책이 있다면 입조하여 너의 임금에게 고하고 너는 바깥에서 그 명을 따르라. 그러고는 말하기를, 이 계책은 우리 임금의 덕이로다 라고 하라' 하였다."(書曰, 爾有嘉謀嘉猷, 入告爾君於內, 爾乃順之於外, 曰, 此謀此猷, 惟我君之德.)

④『사기』[73]

◇「하거서河渠書」: "「하서」에 이르기를, '우가 13년 동안 홍수를 다스렸는데,

---

70) 『韓非子』 「說林」에 인용된 "下言而上用者" 句에서도 "周書"라고 칭하였다.
71) 『左傳』 僖公 5년조에서 이 두 句를 인용하면서 "周書曰"이라 하였고, 僞古文 「蔡仲之命」에 襲用되었다.
72) 이 구절은 당연히 『逸書』의 文句일 것이다. 僞古文 「太甲」은 이 구절을 襲用하면서 "去厥祇"를 "黍厥祖"로 썼다.
73) 『史記』에 실린, 篇名을 알 수 있는 것은 이미 앞에서 서술하였고 여기에는 篇名을 알 수 없는 『逸書』를 수록하였다.

그 동안 집 앞을 지나는 일이 있어도 그 문을 들어설 새가 없었다. 땅에서는 수레를 타고 물에서는 배를 타며 진흙길에서는 썰매를 타고 산에서는 교자를 타고서, 그렇게 사방을 다니면서 구주를 구획하였다. 산세를 따라 물길을 내고 토질에 따라 공물을 정하였으며, 구주의 도로를 통하게 하고 구주의 연못에 제방을 쌓으며 구주의 산들을 측량하였다'라고 하였다.”(夏書曰, 禹抑鴻水, 十三年, 過家不入門, 陸行載車, 水行載舟, 泥行蹈毳, 山行即橋, 以別九州, 隨山浚川, 任土作貢, 通九道, 陂九澤, 度九山.); 살펴보건대, 금문 「고요모皋陶謨」에 “홍수가 하늘에 닿을 듯 넘치니, 넓디넓어 산과 언덕을 잠기게 하고, 백성들은 넋이 나간 채 물에 빠지네. 나는 네 가지 탈것을 타고서…… 아홉 물길을 터서 사해로 빠지게 했네”(洪水滔天, 浩浩懷山襄陵, 下民昏墊, 予乘四載……予決九川, 距四海)라는 구절이 있는데, 「하거서」의 서술과 동일한 사안이지만 어구가 같지 않다. 또 「우공禹貢」편 서두의 “우가 구주를 구획하였으니, 산세를 따라 물길을 내고 토질에 따라 공물을 정하였다”(禹別九州, 隨山浚川, 任土作貢)라는 구절에서부터 말미의 “구주의 산들은 나무가 깎여 정돈되고 구주의 하천은 근원이 맑아지며 구주의 연못에는 이미 제방이 쌓였다”(九山刊旅, 九川滌源, 九澤既陂)라는 구절까지가 모두 비슷한 내용의 서술이지만 역시 문구는 같지 않다. 오직 바로 이어 서술할 「하본기夏本紀」의 두 문장만이, 비록 “하서왈夏書曰”이라고 밝히지는 않았지만 대체로 「하거서」의 서술과 일치하고 있다.

○ 「하본기夏本紀」: “우는 13년 동안 집 밖에 거처하였는데, 자기 집 문앞을 지날 때에도 감히 들어서지 않았다. 자신의 옷과 음식은 박하게 하면서도 귀신을 모실 때는 지극함을 다하였고, 자신의 궁실은 비루하게 하면서도 물길을 내는 데에는 넉넉함을 다하였다. 땅에서는 수레를 타고 물에서는 배를 타며 진흙길에는 수레를 타고 산에서는 덧신을 신고 다녔다. 왼손에는 준승準繩을, 오른손에는 규구規矩를 들고 수레에

는 싣고 다니면서 이로써 구주를 열었으니, 구주의 길을 통하게 하고 구주의 연못에 제방을 쌓았으며 구주의 산들을 측량하였다."(禹居外十三年, 過家門不敢入. 薄衣食, 致孝於鬼神, 卑宮室, 致豐於溝洫. 陸行乘車, 水行乘船, 泥行乘橇, 山行乘檋, 左準繩, 右規矩, 載四時, 以開九州, 通九道, 陂九澤, 度九山.)

○ 「하본기」: "우가 이르기를, '홍수가 하늘까지 넘쳐흐르니, 넓디넓어 산과 언덕을 잠기게 하고, 백성들은 모두 물에 빠졌네. 나는 수레를 타고 육지를 가고 배를 타고 물길을 가며 덧신을 신고 진흙길을 가고 나무를 베어 산길을 가서, 익益과 함께 백성들에게 곡식과 신선한 고기를 나누어 주었으며, 아홉 물길을 터서 사해로 이르게 했네'라고 하였다."(禹曰: 洪水滔天, 浩浩懷山襄陵, 下民皆伏於水. 予陸行乘車, 水行乘船, 泥行乘橇, 山行乘檋, 行山刊木, 與益於衆庶稻鮮食, 以決九川, 致四海.); 순舜 앞에서 나눈 우와 고요皋陶의 대화이다.

위에 나온 「하거서」의 단락 및 「하본기」의 두 단락은 모두 「하서夏書」 속의 편장을 인용한 것인데, 「고요모」나 「우공」 또한 우의 치수治水를 서술하고 있지만 문구가 같지 않다. 따라서 이것은 「고요모」나 「우공」과는 다른, 「하서」 속의 별도의 편장이다. 『설문해자』 '목부木部'에서는 「우서虞書」를 인용하여 "내가 네 가지 탈것을 타고'라는 것은 물길에서는 배를 타고 육지에서는 수레를 타고 산길에서는 류欙라는 수레를 타고 못에서는 춘輴이라는 수레를 탔다는 뜻이다"(予乘四載: 水行乘舟, 陸行乘車, 山行乘欙, 澤行乘輴)라고 하였으니, 「하서」[74] 속 별도의 편장에서 인용한 위의 몇 구절들은 원래 같이 있었던 것임을 알 수 있다. 대체로 이것은 「고요모」·「우공」 등의 자매편이라 할 수 있는, 「하서」 속 다른 편의 일문이다.[75]

---

74) 古文은 이것을 「虞書」라 칭했다.
75) 江聲은 이것이 「泪作」의 文句일 것으로 의심하였고 孫星衍은 「皋陶謨」에 원래 있었으나 僞孔本에서 삭제된 문구일 것이라고 의심하였는데, 모두 추론일 뿐이다.

◇ 「초세가楚世家」: "「주서」에 이르기를 '일으키고자 한다면 (시위나 소요 등을) 없애는 것이 우선이다' 하였다."(周書曰, 欲起無先.)

◇ 「상군열전商君列傳」: "『서』에 이르기를 '덕을 믿는 자는 창성하고 힘을 믿는 자는 망한다' 하였다."(書曰, 恃德者昌, 恃力者亡.); 『색은索隱』에서는 "이것은 「주서周書」의 말로서, 공자가 삭제하고 남은 부분이다"라고 하였다.

◇ 「채택열전「蔡澤列傳」: "『서』에 이르기를, '성공한 곳에서는 오래 머무르지 말라' 하였다."(書曰, 成功之下, 不可久處.)

◇ 「몽념열전蒙恬列傳」: "그러므로 「주서」에 이르기를 '반드시 3으로 하고 5로 한다'라고 한 것이다."(故周書曰, 必參而伍之.); 『색은』에서는 "세 경卿과 다섯 대부로 하여금 다시 의논하게 하려는 것이다"라고 하였다.

◇ 「장석지열전「張釋之列傳」: "바람 따라 나부끼듯 다투어 구변을 하다."(隨風靡靡, 爭爲口辯.); 위고문 「필명畢命」에 습용되었다.

◇ 「화식열전貨殖列傳」: "「주서」에 이르기를, '농부가 나서지 않으면 식량이 부족해지고 장인이 나서지 않으면 물자가 부족해지며 상인이 나서지 않으면 삼보가 끊어지고 우인虞人이 나서지 않으면 재화가 부족해진다' 하였다."(周書曰, 農不出則乏其食, 工不出則乏其事, 商不出則三寶絶, 虞不出則財匱少.)

⑤『설원』

◇ 「경신敬愼」: "그러므로 「태갑」에 이르기를, '하늘이 내린 화는 피할 수 있으나 스스로 만든 화는 피할 수 없다' 하였다."(故太甲曰, 天作孽, 猶可逭, 自作孽, 不可逭.)

◇ 「군도君道」: "『서』에 이르기를, '백성에게 죄가 있음은 나 한 사람 때문이다' 하였다."(書曰, 百姓有罪, 在予一人.)[76]

---

76) 실제로 이 文句는 『國語』, 『呂氏春秋』 등에서 인용하고 있는 「湯誓」의 逸文 "萬夫有罪, 在予一人"인데, 僞古文 「泰誓」에서 이 구절을 襲用했기 때문에 阮元 等은 이 구절을 「泰誓」 句로 잘못 보았다.

◇「선설善說」: "「주서」에 이르기를, '앞 수레의 뒤집힘을 뒤 수레는 경계할지어다' 하였다."(周書曰, 前車覆, 後車戒.)77)

⑥『열녀전』

◇「초강을모전楚江乙母傳」: "옛날 주 무왕이 말하기를, '백성에게 허물이 있음은 나 한 사람 때문이다' 하였다."(昔者周武王有言曰, 百姓有過, 在予一人.)78)

◇「손숙오모전孫叔敖母傳」: "『서』에서 말하지 않았던가? '하늘은 친함이 없으니, 오직 덕 있는 이를 도울 뿐'이라고."(書不云乎, 皇天無親, 惟德是輔.)79)

⑦『한서』

◇「율력지律曆志」: "「이훈」편에 이르기를, '태갑 원년 12월 을축乙丑 삭朔, 나면서부터 법도가 있고 밝았으니' 하였다."(伊訓篇曰, 惟太甲元年十有二月乙丑朔, 誕資有牧方明.)

◇「율력지」: "「주서」의 「무성武成」편에 이르기를, '1월 임진일은 방사백旁死霸이니, 다음날 계사일과 같다. 무왕이 이에 아침에 주周로부터 가서 주紂왕을 정벌하였다'라고 하였다."(周書武成篇曰, 惟一月壬辰旁死霸, 若翌日癸巳, 武王乃朝步自周, 於征伐紂.)

◇「율력지」: "「무성」편에 이르기를, '오오, 3월 기사백既死霸이 이르니 5일은

---

77) 『大戴記』「保傳」에서 이를 인용하며 "鄙語"라고 했고 江聲은 『周書』에서 나온 鄙語일 것이라고 했는데, 역으로 『周書』가 鄙語를 採用한 것일 수도 있다. 두 가지 모두 가능하다.
78) 이것이 「湯誓」의 逸文이지 「太誓」의 문장이 아니라는 점은 淸人들이 집록한 漢代「太誓」에 이 구절이 없다는 사실로도 이미 명확하다. 그런데 여기서는 "周武王之言"이라고 확언하고 있으니, 어찌 漢代에 이것을 「太誓」의 말로 여긴 사람이 있었을까? 어떤 사람은 武王이 「湯誓」의 말을 조금 고쳐서 자신의 誓詞에 집어넣은 것이라고 추정하기도 했다.
79) 『左傳』僖公 5년조에 이 구절을 인용하면서 『周書』라 하였는데, 僞古文「蔡仲之命」에 襲用되었다. 이 때문에 淸人들은 이를 「蔡仲之命」의 문장으로 잘못 이해하였다.

갑자일이라, 상나라 주왕을 섬멸하였도다' 하였다."(武成篇曰, 粤若來三月旣死

霸, 粤五日甲子, 咸劉商王紂.)

◇ 「율력지」: "그러므로 「무성」편에 이르기를, '4월 기방생백 6일 경술일에
무왕이 주나라 사당에 제사지냈다' 하였다."(故武成篇曰, 惟四月旣旁生霸, 粤六日庚

戌, 武王燎於周廟.)

◇ 「율력지」: "(「무성」편에 이르기를) '다음날 신해일에 하늘에 제사지내고,
5일 을묘일에 뭇 제후국들에게 주나라 사당에 제사지내게 했다'라고
하였다."(翌日辛亥, 祀於天位, 粤五日乙卯, 乃以庶國祀馘於周廟.)[80]

◇ 「율력지」: "고문 「월채月采」편에 이르기를 '초삼일을 일러 비朏라 한다'
하였다."(古文月采篇曰, 三日日朏.)

◇ 「율력지」: "그러므로 「필명畢命」·「풍형豐刑」에 이르기를, '12년 6월 초사
흘 경오일에 왕이 「풍형」을 지을 것을 명하였다'라고 하였다."(故畢命豐刑曰,

惟十有二年六月庚午朏, 王命作册豐刑[81].)

이상 「율력지」의 구절들은 모두 『세경世經』을 인용한 것이다.

◇ 「노온서전路溫舒傳」: "『서』에 이르기를 '무고한 사람을 죽이기보다는 차
라리 법을 따르지 않는 과오를 범하겠다' 하였다."(書曰, 與其殺不辜, 寧失不經.)[82]

◇ 「진탕전陳湯傳」: "「주서」에 이르기를, '남의 공을 기억하고 남의 허물을
잊어버리는 것은 임금된 자의 마땅함이다' 하였다."(周書曰, 記人之功, 忘人之過,

宜爲君者也.)[83]

◇ 「소망지전蕭望之傳」: "『서』에 이르기를, '융적戎狄의 복제服制는 황복荒服이
다' 하였다."(書曰, 戎狄荒服.)[84]

---

80) 이상 「武成」편을 인용한 4곳은 『逸周書』「世俘」편에도 보인다. 따라서 「世俘」가 곧
「武成」임을 알 수 있다.
81) 孟康은 豐刑에 대해 "逸書篇名"이라고 하였다.
82) 살펴보건대, 이 구절은 『左傳』襄公 26년조에서는 「夏書」의 인용이라 하였고, 杜預
注에서는 "逸書이다"라고 하였다.
83) 顔師古 注는 "尙書 外의 逸書이다"라 하였다.

◇ 「왕육전王育傳」: "「주서」에 이르기를, '사특한 좌도로써 임금을 섬기는 자는 주살한다' 하였다."(周書曰, 以左道事君者誅.)85)

◇ 「곡영전谷永傳」: "경에 이르기를 '또한 옛날의 선정先正들이 좌우에서 잘 보좌하여'라고 하였다."(經曰, 亦惟先正克左右.)86)

◇ 「왕망전王莽傳」: "「서」의 일편逸篇인 「가화嘉禾」편에 이르기를 '주공이 울창주鬱鬯酒를 받들고 조계阼階에 서서 왕이 오르는 길을 인도하였으니, 찬贊하여 노래한다. 임시로 왕 노릇하여 정사를 다스리매 천하가 부지런히 화합하네'라고 하였다."(書逸嘉禾篇曰, 周公奉鬯立於阼階, 延登. 贊曰: 假王莅政, 勤和天下.)

⑧『백호통』

◇ 「작爵」: "「서」의 일편逸篇에 이르기를 '그가 천자의 작위에 올랐다' 하였다."(書亡逸篇87)曰, 厥兆天子爵.)

◇ 「호號」: "그러므로 『상서』에서 이르기를, '제帝가 말하기를 <아, 사악이여> 하였고, 왕이 말하기를 <오라, 그대들이여> 하였다'라고 하였다."

(故尙書曰, 帝曰諮四嶽, 王曰裕汝衆.)88)

◇ 「사직社稷」: "『상서』의 일편에 이르기를, '대사의 제단에는 소나무를 심고 동사에는 잣나무를 심으며 남사에는 가래나무를, 서서에는 밤나무를, 북사에는 홰나무를 심는다' 하였다."(尙書逸篇曰, 大社唯松, 東社唯柏, 南社唯梓, 西社唯栗, 北社唯槐.)

---

84) 顔師古 注는 "逸書이다"라 하였다.
85) 顔師古 注는 "逸書이다"라 하였다.
86) 顔師古 注는 "「周書·君牙」의 구절이다" 하였다. 살펴보건대, 이 구절은 당연히 『逸書』이며, 僞古文「君牙」에 襲用되면서 글자가 조금 더해졌다.
87) 淸儒들은 '亡'자를 '無'자로 보아 「無逸」편으로 해석하였는데, 陳立의 『疏證』에서는 '亡'字는 衍字로서 이것은 亡逸된 篇이라는 말이지 今文「無逸」篇을 가리키는 것이 아니라고 하여 淸儒의 잘못을 바로잡았다.
88) 陳立은 "'帝曰'은 「堯典」에 보이고, '王曰'은 무슨 篇인지 알 수 없다"라고 하였다. 살펴보건대, 이는 『逸書』이거나 「盤庚」의 "格爾衆"이 와전된 것일 수 있다.

◦ 「고출考黜」: "『상서』에 이르기를 '삼 년마다 실적을 살피는데, 세 번 살펴서 내치거나 등용한다' 하였다. 점검을 시작하자마자 문득 내쳐버림이 있을지 어떻게 알 수 있는가? 『상서』에 이르기를 '삼 년의 첫 번째 점검에는 적은 내침이 있으니 그 봉토를 줄이는 것이다' 하였다."(尙書曰, 三載考績, 三考黜陟. 何以知始考輒黜之? 尙書曰, 三年一考, 少黜以地.)

◦ 「왕자불신王者不臣」: "『상서』에 이르기를, '아, 그대 백伯이여' 하였다."(尙書曰, 咨爾伯.)

◦ 「불면紱冕」: "『서』에 이르기를, '보불黼黻의 옷을 입고 주황색 불紱을 했네' 하였다."(書曰, 黼黻衣黃朱紱.)

이상의 한대 저작들은 모두 일서逸書의 문구들을 인용하고 있는데, "경經"이라고 칭한 것 1개, "서書"라고 칭한 것 11개, "상서尙書"라고 칭한 것 4개, "하서夏書"라고 칭한 것 1개, "주서周書"라고 칭한 것 8개, "우왈禹曰"이라고 칭한 것 1개, 일서 문구를 인용한 것 4개이다. 또 편명을 알 수 있는 것이 7개로서 「태갑太甲」·「이훈伊訓」·「무성武成」·「월채月采」·「필명畢命」·「풍형豐刑」·「가화嘉禾」인데, 그 중 「태갑」·「이훈」·「무성」·「필명」·「가화」는 모두 「상서서」 100편 안에 있고[89] 서한 말의 『세경世經』에서 인용하고 있는 「월채」·「풍형」 2편은 100편 이외의 일편으로서 선진시기 문헌들에서는 나타나지 않는다.

다음 표는 서한금문 29편 이외의 일서 가운데 선진시기 문헌에 나타나지 않는 것과 한대의 「상서서」 100편에 포함되지 않는 독립적인 몇 편의 일서 편명들을 모아 만든 표로서, 한대 저작들에서 인용되고 있는 금문 29편 이외의 일서逸書·일구逸句의 인용 현황을 반영하고 있다.

---

89) 「伊訓」·「武成」 등은 逸古文 16篇 안에 있다.

<한대에 유전하던 「상서서」 100편 이외의 逸篇들>

한대 문헌	인용 횟수 또는 편수	인용 편명	금문 29편 외의 일서·일구
尙書大傳	2회 2편	揜誥, 大戰	
史記	4회 4편	大戊, 戒伯禽(克殷, 度邑은 편명이 보이지 않음)	9회(夏書 1, 禹 1, 周書 3, 書 2, 逸句 2)
漢書 속의 世經	2회 2편	月采, 豊刑	漢書의 기타 각 篇에서 12회 인용(經 1, 書 2, 周書 2, 伊訓 1, 武成 4, 嘉禾 1, 畢命 1)
逸周書 1	서주 7편	克殷, 世俘(武成), 商誓, 度邑, 作雒, 皇門, 祭公(祭公之顧命: 禮記에서 祭公을 葉公으로 잘못 기록)	
逸周書 2	서주 史料를 토대로 춘추시기에 기록한 10여 편	程典, 酆保, 文政, 文傳, 寶典, 糴匡, 和寤, 大匡三十七, 武儆, 大戒, 嘗麥, 常訓	
逸周書 3	전국시기의 舊사료에 근거해 지은 7~8편	大開, 小開, 大開武, 小開武, 酆謀, 五權, 成開, 本典	
逸周書 4	戰國시기(일부는 漢代)에 작성된 非書類 30여 편	度訓 등	
淮南子			2회(周書 2)
新書			2회(書 1, 逸句 1)
春秋繁露			2회(書 2)
說苑			3회(書 1, 周書 1, 太甲 1)
列女傳			2회(書 1, 周武王 1)
白虎通			6회(書 2, 尙書 4)

이상을 종합해 보면, 한대에 유전된 금문 29편 이외의 일서 가운데 「상서서」 100편에 들어가지 못하고 또 선진시기에도 인용되지 않았으면서도 비교적 믿을 수 있는 서편으로는 「엄고揜誥」 등 13편이 있다. 그 가운데 「엄고」·「대무大戊」·「계백금戒伯禽」·「월채月采」·「풍형豊刑」 등은 편명만 존재하고,90) 「대전大戰」·「극은克殷」 등 7편은 전문이 보존되어 있다.91) 「정전程

---

90) 「戒伯禽」·「月采」·「豊刑」 등은 逸文 몇 구절이 남아 있다.

91) 물론 이 가운데는 殘缺문자도 있고, 東周의 영향을 받은 것도 있다.

典』 등 10여 편은 춘추시기에 만들어졌는데, 전국 초기에 서주西周의 원자료에 근거하여 가공된 서편일 수도 있다. 그 밖에 『일주서』 가운데 한대에 만들어진 몇 편을 제외한 40여 편은 전국시기의 작품으로 비서류非書類의 편장들이다. 우리는 앞에서 본 '선진시기의 『상서』 유전 정황'에 나오는 비서류 중에서 활용할 수 있는 편들을 선진의 일반 문헌 자료로 삼아 거기에 인용된 『상서』 관련 자료들을 찾아볼 수 있다.

제4장 서한대『고문상서』의 출현

『고문상서古文尚書』는 서한 때 출현하여 동한 때 성행하였다. 『고문상서』는 동한에 이르러 상서학으로서의 지위를 공고히 하였는데, 서한 때에는 출현과 더불어 그 존치를 위한 끝없는 싸움을 해야만 했다.

이른바 고문古文이란 진秦이 소전小篆으로 통일하기 이전의 대전주문大篆籀文과 육국六國에서 사용하던 문자를 말한다. 왕국유王國維는 「사기의 고문에 관한 설」(史記所謂古文說)에서 "태사공太史公이 말한 고문은 모두 선진시기에 써진 구서舊書이다"라고 하였고, 또 「전국시기 진秦에서 사용한 주문籀文과 육국에서 사용한 고문古文에 관한 설」(戰國時秦用籀文六國用古文說)에서는 이렇게 말하였다.

> 대전大篆을 간단하게 개정하기 전의 이른바 진秦의 문자가 곧 주문籀文이다.…… 육예六藝의 서書는 제노齊魯에서 유행하였는데, 조趙와 위魏까지 미쳤지만 진秦에는 널리 유행하지 않았다.[1] 그 책들은 모두 동방의 문자로 써졌고, 한인漢人들은 그것을 이용해 육예를 쓰고 고문古文이라고 불렀다. 진인秦人이 글자를 금지하고 책을 불사른 것도 모두 이런 종류의 문자들이었으니, 그것은 육국의 문자 즉 고문이었다.

왕국유가 말하는 일반적인 고문의 범위는 비교적 넓은데, 진한秦漢 소전小篆을 고친 예서隸書 이전의 문자를 가리킨다. 반면 위 인용문에서 말한 육국의 고문은 그 범위가 비교적 좁은데, 제노齊魯 등지에서 경적을 기록한 동방육국의 문자만을 가리킨다. 한대에 학관에 세워진 '오경'은 기본적으로 진박사秦博士가 전한 것으로, 소전에서 예서로 개정하여 쓰인 관방官方 정본이다. 당시는 선진시기에서 불과 수십 년밖에 지나지 않은 시점이기 때문에 육국의 문자로 쓰인 경적의 출현은 그리 놀라운 일이 아니었다. 따라서 문헌에서는 서한 중기에 이르러 몇 차례의 『고문상서』의 연이은 출현을 기록하고 있는 것이다.

---

1) 이와 마찬가지로 史籀는 東方 諸國에 유행하지 못했다.

제1절 기록에 보이는 몇 본의 『고문상서』

1. 공자가전본

최초의 기록은 『사기』 「유림전」에 실린 공자가전본孔子家傳本이다. 「유림전」에 다음과 같은 기록이 있다.

복생의 손자가 『상서』 연구를 위해 징용되었으나 잘하지 못하였고, 노魯의 주패周覇·공안국孔安國, 낙양의 가가賈嘉 등이 『상서』를 잘하였다. 공씨孔氏들은 『고문상서』를 지니고 있었는데, 공안국이 금문으로 읽어 가법家法을 세웠다. 일서 10여 편을 얻으니, 『상서』가 더욱 많아지게 된 것은 이때부터이다.

『공자세가孔子世家』에 의하면 공안국은 공자의 11세손이다. 복생의 손자가 『금문상서』를 전할 수 없었을 때 공안국과 주패, 가가 등이 대신 『금문상서』를 전했던 것이다. 공씨가孔氏家에 소장되어 대대로 전해지던 고문으로 쓰인 『상서』가 있었는데, 공안국이 『금문상서』와 대조하여 세상에 알려지게 되었고 아울러 일서逸書 10여 편이 세상에 나타나게 되었다. 하지만 정확하게 몇 편인지, 어떤 편인지, 금문과 같은 것은 몇 편인지 등에 대한 설명은 없다. 다만 애매하게 금문에 없는 10여 편이라고만 했을 뿐, 그것이 벽 속에서 나왔는지, 또 어떻게 그것을 정리하여 해설하고 전승하였는지에 대해서는 언급이 없다. 이상이 『고문상서』 출현에 관한

최초의 학술자료로서, 기술된 정황은 단지 이것뿐이다.[2]

『한서』「유림전」에서는 공안국을 서술하면서 『사기』의 몇 구절을 참고하고 그 뒤에다 공안국본 고문의 전수계보를 덧붙여 두었는데, 후대에 이것이 확대·발전되어 확정되었다.

이른바 "금문으로 읽었다"(以今文讀之)에 대해 왕국유는 「사기의 고문에 관한 설」(史記所謂古文說)에서 "『고문상서』가 처음 출현했을 때 그 판본은 복생이 전하던 것과는 사뭇 달랐고 장구와 훈고도 없었다. 안국이 금문으로 장구를 확정하고 가차하여 뜻이 통하게 해서 전했으니, 이것이 곧 '금문으로 읽었다'는 말이다"라고 하였다. 이 말도 일리가 있지만, 실제로 중요한 것은 문자적인 측면으로서 당대唐代에 '예고정隸古定'으로 일컬어지게 된 예서체의 『상서』를 '당시의 글자' 즉 해서楷書로 고쳐 썼다는 뜻이다.

2. 중고문본(中秘本)

두 번째로 보이는 기록은 『한서』「예문지」에 실린 '중고문본中古文本'이다. 한대 황가皇家의 중오경비서中五經秘書에 『고문상서』가 소장되어 있었는데, 이 판본을 '중고문본中古文本'이라고 하였으며 '중서中書' 또는 '중비본中秘本'이라고도 불렀다. 이 판본은 다른 『상서』본과의 대교용對校用으로 사용되었다. 「예문지」에 다음과 같은 기록이 있다.

유향이 중고문中古文으로 구양 및 대·소하후 삼가의 경문을 비교·대조하였다. 『주고酒誥』는 1간簡이 누락되었고 『소고召誥』는 2간이 누락되었는데, 대체로 1간에

---

2) 이 판본이 일찍이 벽속에 숨겨진 것인지의 여부는 중요한 문제가 되지 않는다. 벽속에 있었든 아니든 모두 孔子家에서 대대로 전해진 것들이다. 兵亂중에 잠시 벽속에 보관되었을 가능성도 있다.

25자가 들어가는 경우에는 25자가 빠진 것이고 1간에 22자가 들어가는 경우에는 22자가 빠진 것이다. 문자가 다른 것이 700여 자이고, 누락된 글자가 수십 자였다.

「예문지」의 기록은 명확하여 의심의 여지가 없다. 이 중고문이 공안국이 헌상한 전본傳本인지에 대해서는 기록이 없지만, 한 무제가 칙령을 내려 '서'를 구할 당시에 박사로 있던 공안국은 집안에 소장하고 있던 '서'를 헌상하지 않을 수 없었을 것이다. 따라서 중비中秘에 소장된 고문본은 박사 공안국의 집안에 소장되어 있던 고문이 헌상된 것일 수밖에 없다. 이는 곧 중비에 소장된 복생의 금문본이 조조晁錯에 의해 헌상되었던 상황과 유사하다.

그런데 공자진龔自珍은 「설중고문說中古文」에서 12가지의 의문을 제시하였다. 그 가운데 주요한 쟁점을 들면 "만일 중비에 『상서』가 있었더라면 조조가 복생으로부터 받은 29편을 남겨 놓을 필요가 있었을까?", "공안국이 헌상한 공자벽서孔子壁書가 아니었더라도 애초에 16편이 더 많은 것을 알았다", "중비에 이미 고문이 있었던 만큼 조정 바깥의 박사로부터 민간에 이르기까지 정본定本을 받들어 일관되게 했어야지 고문가와 금문가의 분분한 이견을 들으려 해서는 안 되었다" 등이다. 결국 청대 금문가들은 "『한서』의 '유향 운운'한 기록은 믿을 것이 못 되는데, 반고의 기록이 아니라 유흠의 말이며 자신의 아버지에게 의탁한 것이다"와 같은 말을 거침없이 하기에 이른다. 그러나 실제로 중비에는 조조가 전수받은 것과 공안국이 헌상한 것으로 인해 비로소 『서』가 소장되었으며, 한왕조는 학관을 세웠지 경문을 세운 것이 아니었으니 곧 장구·전·설을 이룬 일가一家의 박사를 세웠던 것이다. 황가에서 『서』를 소장한 것으로부터 태상박사太常博士들은 이를 가법에 따라 전수하였으니, 이 두 가지는 근본적으로 모순되는 것이 아니다. 무제와 선제 연간에 박사를 세웠고, 성제 때 흥성함에 이르러 차이점 등을 교정할 필요가 있었으며, 그로 인해 유향이 중비본으로써 박사 3가의 경문을 대교한 것은 순리에 맞는 일이다. 또한 일찍이 이것으로 장패張霸의 위서僞書도 교정한 바 있었다. 따라서 「예문지」의 기록이 모두 명확한 데 비해 공자진의 설은 사실을 너무 왜곡하였으므로 근거삼기에 부족하다.

3. 하간헌왕본

세 번째로 보이는 기록은 『한서』 「경십삼왕전景十三王傳」 중 「하간헌왕전河間獻王傳」의 기록으로, 하간헌왕河間獻王(BC 171~130)에 대해 "학문을 닦고 옛 것을 좋아하며 실사구시實事求是하였다. 민간으로부터 선본善本를 얻으면 반드시 그것을 베껴 쓰고 진본을 남겼다.……헌왕獻王이 얻은 책들은 고문으로 된 선진의 옛 책들로 『주관周官』(『周禮』)·『상서』·『예기』·『맹자』·『노자』의 부류였고, 모두 經·설說·기記와 70자子의 무리들이 논의한 것들이었다"라고 했는데, 그 시기는 무제 때였다. 그러나 『사기』 「오종세가五宗世家」에서는 하간헌왕이 "유학을 좋아해서 옷 입는 것과 행동거지를 모두 유자들을 따라했다"라고만 적고 있을 뿐, 그가 선진의 옛 책과 『상서』를 구했다는 말은 없다. 이 때문에 청말의 금문학자들이나 고힐강 등은 모두 동한 초기의 고문학자들이 하간헌왕의 "유학을 좋아하는" 분위기에 편승해서 이 사건을 만들어 냈을 것이라고 여겼다. 그러나 하간헌왕이 유학을 좋아하였고 또한 우월한 지위에 있었던 만큼 그가 유가의 경전들을 수집했다는 설은 일리가 있다. 따라서 하간헌왕이 선대의 고적을 얻었을 가능성을 배제할 수는 없을 것 같다. 한말漢末의 이 책을 일반적으로 하간헌왕본이라고 부른다.

4. 장패가 위조한 백량편본

네 번째로 보이는 기록은 『한서』「유림전」의 기록으로, 다음과 같다.

세상에 전해지는 '백량편百兩篇'은 동래東萊의 장패張覇로부터 나온 것이다. 그는 29편을 나누어서 수십 편으로 만든 뒤, 다시 『좌씨전』을 채록하고 「상서서尚書序」를 지어서 그 둘을 각각 수미首尾에 놓았으니, 모두 102편이다. 편들은 간혹 매우 간략하고 문의文意는 매우 조잡하다. 성제(BC 33~BC 7 재위) 때 고문을 구하자 장패가 '백량편'으로 징용되었는데, 중서中書로 교정해 보니 옳지 않았다. 장패는 '부친에게서 받은 것'(受父)이라고 하였다. 그의 부친에게는 위씨尉氏(지금의 河南)의 번병樊幷이라는 제자가 있었다. 당시 태중대부大中大夫 평당平當과 시어사侍御史 주창周敞이 황제에게 권하여 책을 보존케 했다가, 후에 번병의 모반으로 이내 축출하였다.

이것은 분명하게 드러난 최초의 『위고문상서僞古文尚書』이다. 이른바 '백량편'이란, 29편을 나누어 100편으로 만든 뒤 각 편 첫머리에 서언序言을 덧붙이고, 다시 책의 처음과 끝에 각각 별도의 짧은 서언(『書大序』 및 『좌전』채록)을 둠으로써 모두 102편이 되게 한 것이다.

『논형』「일문佚文」편에도 이에 대해 기록하고 있는데 약간의 부풀림이 있다.

효성황제孝成皇帝가 백편 『상서』를 읽었는데, 박사낭리博士郎吏들이 그 뜻을 알 수 없어서 천하에 『상서』를 읽을 수 있는 자를 징발하였다. 동해東海의 장패張覇가 『좌씨춘추』에 능통하였는데, 『백편서百篇序』를 교정하고 『좌전』을 훈고해서 102편을 만들어 황제에게 바쳤다. 성제가 비본 『상서』로 교정하게 하였으나 한 글자도 맞는 게 없어서 장패를 옥리獄吏에게 내려 보내니, 옥리가 불경죄로 다스렸다. 성제는 장패의 재주를 기이하게 여겨 그 벌을 면해 주고 다시 그 경문도 없애지 않았기 때문에 102편이 민간에 전해지게 되었다.

이것은 민간에 떠도는 소문에 근거해서 적은 것으로, 사료의 정확도는 「유림전」에 미치지 못한다. 가장 큰 오류는 장패 이전에 이미 백편이 있었다고 말한 대목인데, 이것은 노魯 공왕恭王이 공자의 집을 허물어 백편 『상서』를 얻었다는 잘못된 소문에 근거한 것이기 때문에 믿을 수 없다.

백량편은 이미 당시에 위서로 판명되어 축출되었지만 수록된 '백편 「상서서」'는 널리 유전하게 된다. 양웅揚雄은 『법언法言』「문신問神」편에서 "예전에 『서』를 말하는 사람이 100편의 서를 지었다"(昔之說書者序以百)라고 하였다. 서한 말에는 100편의 서가 이미 학자들에게 공인되었음에도 작자를 확정하지 못하여 단지 '예전에 『서』를 말하는 사람'(昔之說書者)의 저작이라고만 칭하였던 것이다. 그러다가 동한 때에 이르러 그 저자를 공자로 확정하였으니, 마馬·정鄭의 『상서서주尚書序注』에서는 "「상서서」는 공자가 지은 것이다"(書序孔子所作)라고 인정하고 있다. 이는 상서학에 가장 큰 영향을 끼친 사건 가운데 하나이다.

「상서서」의 글들은 『사기』에 근원을 두고 있다. 사마천은 한 무제 때 『사기』를 완성하였는데, 그는 선진 때부터 전해 오던 『상서』 편장들을 채록하여 일련의 자료를 만들었으나 이것은 아직 역사의 기록에 그칠 뿐 각 편의 「서序」는 아니었다. 백여 년이 지나 성제 때, 장패가 『사기』 속에서 『상서』와 관련된 편들을 채록하여 말을 만들고 거기에다 『좌전』에서 채록한 말들을 더한 뒤 공자가 「상서서」를 지었다고 가공하였다. 사실 『사기』「공자세가」에는 단지 "공자가……『서』와 『전』을 차례 매겼다"(孔子……序書傳)라고만 기록되어 있다. 이것은 본래 정리의 의미이다. 그러나 장패는 이 구절을 이용하여 공자가 「상서서」를 지었다고 위조하였고, 이때부터 「상서서」는 성인의 손에서 나온 경전으로 받들어졌다. 시간이 흐른 뒤 송대에 이르러서야 비로소 이 문제에 대한 의심이 시작되었다. 특히 주희朱熹의 『주자어류朱子語類』에 회의적인 말이 가장 많은데, 그는 「상서서」가 공자의 저작이 아님은 명확하며 전국 말기나 후한 말 혹은 위진시대의 누군가가 지어 낸 것이라고 생각했다. 확실한 것은 백편 「상서서」는 공자의 저작이 아니라 『좌전』·『사기』의 내용들 가운데 『상서』를 서술한 편장들로 만든 것으로서, 장패가 '백량편'을 헌상할 때에 보충하고 재배열해서 만들어 낸 저작이라는 점이다.[3]

공영달은 『상서정의』, 「요전서堯典序」에서 다음과 같이 말했다.

이 100편을 살펴보니, 모두 63개의 서序가 있으며 서가 달린 편은 96편이다. 「명거明居」·「함유일덕咸有一德」·「입정立政」·「무일無逸」은 유래한 바에 대해서 서를 단 것이 아니라 다만 "구단咎單이 「명거」를 지었다", "이윤伊尹이 「함유일덕」을 지었다", "주공周公이 「입정」을 지었다", "주공이 「무일」을 지었다"라고만 되어 있다. '63개의 서' 가운데 「골작汩作」·「구공九共」 9편·「고어槀飫」 등 11편은 서를 공유하고, 「함애咸艾」 4편 또한 서가 같다. 「대우모大禹謨」·「고요모皋陶謨」·「익직益稷」, 「하사夏社」·「의지疑至」·「신호臣扈」, 「이훈伊訓」·「사명肆命」·「조후徂后」, 「태갑太甲」 3편, 「반경盤庚」 3편, 「열명說命」 3편, 「태서泰誓」 3편, 「강고康誥」·「주고酒誥」·「재재梓材」 등의 24편은 3편씩 서를 같이한다. 「제고帝告」·「이옥釐沃」, 「여구汝鳩」·「여방汝方」, 「이척伊陟」·「원명原命」, 「고종융일高宗肜日」·「고종지훈高宗之訓」의 8편은 모두 2편씩 같은 권이다. 류類가 같기 때문에 서序를 같이하는 것이다. 서를 같이하면 서 편이 다른 것이 33편이고, 「명거」·「무일」 등의 4편을 더하면 37편이며, 여기에 63편을 더하면 100편이 된다.

이 '백편 「상서서」'는 실제로 63개의 서로 되어 있다. 일단 1편당 1서가 아니다. 공영달의 설명을 인용해 보면, 100편 중 4편은 서가 없이 다만 "누가 무슨 편을 썼다"라고만 되어 있고, 나머지 96편이 63개의 서로 되어 있다. 총 63편의 서 가운데, 11편이 하나의 서를 공유하는 것이

---

3) 『今文尙書』에도 序가 있는데, '漢石經'으로 알 수 있다. 그러나 29편밖에 되지 않고, 東漢 末에 『古文尙書』의 영향을 많이 받았을 것으로 추측된다.

1개이고, 4편이 하나의 서를 공유하는 것이 1개이며, 3편이 하나의 서를
공유하는 것이 8개이고, 2편이 하나의 서를 공유하는 것이 4개이다. 우리는
여기에서 100편을 억지로 만들어 낸 정황을 엿볼 수 있다. 장패는 『좌전』과
『사기』에서 「상서서」가 될 만한 어구를 모았지만 그래도 100편에 미치지
못하자 어떤 서를 몇 편이 공유하는 방식으로 한데 묶어 완비된 100편을
만들어 내었던 것이다. 이렇게 하여 완비된 것이 「우하서虞夏書」 20편,
「상서商書」 40편, 「주서周書」 40편이다. 진실로 매우 고심을 쏟은 선택이었다.
마지막으로 장패는 「상서서尚書序」(「大序」)를 짓고 『좌전』을 채록하여 100편의
앞뒤에 붙임으로써 마침내 '백량百兩'(102)을 완성하였다.

　백편 「상서서」가 고문을 바탕으로 만들어졌기 때문에 동한의 마융馬融과
정현鄭玄 두 고문가들은 「상서서尚書序」에 주注를 하였다. 그들은 100편
가운데 당시에 전습傳習되던 29편의 편문篇文을 모두 주하였으며, 전습되지
않던 일서 16편에 대해서는 주에다가 '일편逸篇'이라고 밝혔는데 그 편목은
고문본에 있었다. 이들 가운데 일부는 한 제목이 여러 편으로 나누어졌기
때문에 모두 58편이 되니, 이것이 바로 동한대 『고문상서』의 편수이다.
100편 가운데 편명만 있고 편문이 없는 것들은 '망편亡篇'이라고 불렸다.
그래서 공영달은 『상서정의』에서 "어떤 편은 일편이고, 어떤 편은 망편이
다"라는 정현의 주를 인용하고, 또 『상서정의』의 「요전」편 제목 아래에
정현의 「상서서」주에 실린 100편 편명과 위공본僞孔本에 실린 100편 편명의
순서를 비교하여 그 가운데 5편의 배열순서의 차이를 지적하였다.[4] 송대
에 이르러 마·정의 주는 이미 망실되었고, 이에 남송의 왕응린王應麟이
『고문상서정씨주古文尚書鄭氏注』 10권을 수집하였는데 그 마지막 권이 바로
「서서주書序注」로, 정현이 전한 한대 「상서서」 100편의 편명을 기록하고
있다. 청대에는 이조원李調元과 공광삼孔廣森이 집본輯本을 편찬하였고, 또

---

　4) 다음 章의 <「상서서」 100편 및 今·古·僞古文 각 편의 편목 비교표>에 보인다.

손성연孫星衍이 보충하여 『고문상서마정주古文尚書馬鄭注』 10권을 만들었는데 그 권10이 또한 「상서서」이다.

마정본馬鄭本에 수록된 「상서서」 100편의 편목은 다음과 같다.

◇ 「우하서虞夏書」 20편

1. 「요전堯典」	2. 「순전舜典」	3. 「골작汨作」
4~12. 「구공九共」	13. 「고어藁飫」	14. 「대우모大禹謨」
15. 「고요모皋陶謨」	16. 「익직益稷」	17. 「우공禹貢」
18. 「감서甘誓」	19. 「오자지가五子之歌」	20. 「윤정胤征」

◇ 「상서商書」 40편

21. 「제고帝告」	22. 「이옥釐沃」	23. 「탕정湯征」
24. 「여구汝鳩」	25. 「여방汝方」	26. 「하사夏社」
27. 「의지疑至」	28. 「신호臣扈」	29. 「탕서湯誓」
30. 「전보典寶」	31. 「중훼지고仲虺之誥」	32. 「탕고湯誥」
33. 「함유일덕咸有一德」	34. 「명거明居」	35. 「이훈伊訓」
36. 「사명肆命」	37. 「조후徂后」	38~40. 「태갑太甲」
41. 「옥정沃丁」	42~45. 「함애咸艾」	46. 「이척伊陟」
47. 「원명原命」	48. 「중정仲丁」	49. 「하단갑河亶甲」
50. 「조을祖乙」	51~53. 「반경盤庚」	54~56. 「열명說命」
57. 「고종융일高宗肜日」	58. 「고종지훈高宗之訓」	59. 「서백감려西伯戡黎」
60. 「미자微子」		

◇ 「주서周書」 40편

61~63. 「태서泰誓」	64. 「목서牧誓(坶誓)」	65. 「무성武成」
66. 「홍범洪範(鴻範)」	67. 「분기分器」	68. 「여오旅獒」
69. 「여소명旅巢命」	70. 「금등金縢」	71. 「대고大誥」
72. 「미자지명微子之命」	73. 「귀화歸禾」	74. 「가화嘉禾」
75. 「강고康誥」	76. 「주고酒誥」	77. 「재재梓材」
78. 「소고召誥」	79. 「낙고洛誥(雒誥)」	80. 「다사多士」

5. 유흠이 선양한 중비 소장 공자벽중본

다섯 번째로 보이는 기록은 『한서』 「초원왕전楚元王傳」에 딸린 「유흠전劉歆傳」 속에 수록되어 있는 유흠의 「이양태상박사서移讓太常博士書」에 보인다. 그 내용은 다음과 같다.

한나라가 일어난 지 7~80년, 분서焚書로 유가의 경전과 떨어진 지도 오래되었다. 노나라 공왕恭王(劉餘, ?~BC 128)이 공자의 집을 부수어 궁宮을 지으려 하다가 벽 속에서 고문古文을 얻었으니, 일실된 『예禮』가 39편, 『서書』가 16편이었다. 한 무제 천한天漢(BC 100~BC 97) 이후 공안국이 헌상하였으나 무고巫蠱의 난리를 만나 시행되지 못하였다. 좌구명左丘明이 편수한 『춘추』 등은 모두 고문구서古文舊書이다.

여기에 처음으로 3개의 새로운 학설이 제시되어 있다. ① 노 공왕이 공자의 집을 헐어 벽 속에서 고문을 얻었는데, 이때부터 '공자벽중본孔子壁中本'(孔壁本으로 약칭)으로 불리게 되었다. ② 공벽본은 공안국이 헌상한 후에도 무고巫蠱의 변을 만나 학관에 세워지지 못하였다. ③ 공자가전본孔子家傳本의 일서逸書 10여 편을 공벽본 일서 16편으로 사실상 확정하였다.

『한서』 「예문지」에서는 이 설을 전부 기록하면서 좀 더 보충하고 있다.

『고문상서』는 공자 고택古宅의 벽에서 나왔다. 한 무제 말기에 노 공왕은 공자의 집을 헐었는데, 자신의 궁궐을 넓히려고 한 것이었다. (그런 와중에) 『고문상서』를 비롯해 『예기』·『논어』·『효경』 등 총 수십 편을 얻었는데, 모두 고문이었다. 공왕이 집안으로 들어가자 현악기와 타악기를 연주하는 소리가 들려오니, 이내 겁을 먹고 집 허는 일을 중지시켰다. 공안국은 공자의 후손이었기 때문에 그 책들을 다 얻어 29편을 고정考訂하였고 16편을 더 얻었다. 공안국이 헌상하였는데, 무고의 변을 만나 미처 학관에 세워지지 못했다.

이것은 유흠 설의 뼈대 위에다 전해 오던 이야기를 덧보탠 것으로, 가령 악기 소리를 듣고 공자 고택의 벽을 허무는 것을 멈추었다는 대목이 그러하다. 또한 거기서 얻은 책들은 『상서』·『예기』·『논어』·『효경』의 4종이니, 유흠이 말했던 『상서』·『예기』·『좌씨』의 3종이 아니다. 그 편수가 29편이라는 말은 실제와 부합하고 또 그 외에 16편을 더 얻었다고 하는데, 그것은 공안국의 집에 전수되어 오던 판본이 아니라 노 공왕이 공자의 집을 헐다가 얻은 것을 다시 공안국의 손에 넘겨 준 판본이다. 이러한 기록은 곧 왕충이 말한 '어증語增' 현상을 보여 주는 것으로, 이야기가 유전되는 과정에서 만들어진 얽히고설킨 전설이다.

이 밖에, 『한서』 「경십삼왕전」 중의 「노공왕전」 마지막에 다음과 같은 몇 마디가 기록되어 있다.

노 공왕은 처음에 궁실宮室 손보는 것을 좋아하여 공자의 집을 허물고 자신의 궁을 넓히려고 했는데, 현악기와 타악기를 연주하는 소리를 듣고 다시는 허물지 않았고 그 벽 속에서 고문 경전을 얻었다.

살펴보건대, 이 전傳은 『사기』 「오종세가五宗世家」에서 따온 것으로, 거기에는 단지 "궁실을 손보고 동산에서 동물 기르는 것을 좋아한다"(好治宮室苑囿狗馬)라는 여덟 글자만 있고 공자의 집을 허문 사실은 없다. 그런데 이전의 마지막에 불쑥 몇 문장이 더 나왔으니, 분명히 유흠의 「이양태상박사서」의 말에다 항설巷說을 덧붙인 것이다.

또한 순열荀悅의 『한기漢紀』 「성제기成帝紀」에는 유향의 말이 다음과 같이 인용되어 있다.

> 노 공왕은 공자의 집을 허물어 자신의 궁을 확장하였는데, 16편이 더 많은 『고문상서』 및 『논어』, 『효경』을 얻었다. 한 무제 때에 공안국의 집안(孔安國家)에서 헌상하였다.

노나라 공왕이 공자의 집을 허문 전설은 확정적이지만, 유향은 "공안국이 헌상하였다"(安國獻之)라는 구절을 "공안국의 집안에서 헌상하였다"(孔安國家獻之)라고 바꾸었다. 이는 공안국이 무고巫蠱의 사건으로 죽게 되자 무고 당시에 그가 직접 책을 헌상할 수는 없었다는 허점을 감추기 위해 바꾼 것이다.

왕충의 『논형』 「일문佚文」 편에 와서는 내용이 더욱 덧붙여져 있다.

> 노 공왕은 공자의 집을 허물고 궁으로 만들었는데, 이미 일실된 『상서』 100편, 『예』 300편, 『춘추』 300편, 『논어』 21편을 얻었다. 현악기 소리를 듣고 두려워 다시 벽을 흙칠해서 봉한 뒤 무제에게 아뢰었다. 무제가 관리를 파견해서 그 책들을 거두어들였는데, 고경古經과 『논어』가 이때에 다 나타났다.

여기에서는 공벽본의 편수와 장패본의 편수가 뒤섞여 하나가 되었고, 또 고문 경전의 종류는 유흠의 학설과 『한서』 「예문지」의 학설이 뒤섞여 있다. 또한 무제가 파견한 관리가 벽 속에 다시 감추어진 고문을 거두어들인 것이지 공안국이 헌상한 것은 아니라고 잘못 전하고 있다. 이것이야말로 왕충 자신이 말한 고사전설의 '어증語增'과 '예증藝增'5)으로, 근거로

---

5) 『論衡』의 「語增」편과 「藝增」편에 보인다. '語增'은 시간이 지날수록 말이 더해져 처음

삼기에는 부족하다.

끝으로 허신許愼의 『설문해자』「서敍」에는 다음과 같이 기록하고 있다.

노 공왕은 공자의 구택을 허물고 『예기』·『상서』·『춘추』·『논어』·『효경』 등을 얻었고, 또 북평후北平侯 장창張蒼이 『춘추좌씨전』을 바쳤다.

당시의 거의 모든 고문 경전들을 다 언급하고 있는데, 노 공왕이 공자의 구택을 허물었다는 이야기는 대대로 답습되어 왔기 때문에 고칠 수가 없었다.[6]

이상의 모든 자료 가운데 「예문지」의 경우는 공벽본과 금문경今文經의 29편이 같다고 하고 또 그 밖의 일실된 16편이 더 있다고 하였는데, 여기에 해결할 수 없는 모순이 있다. 우선 29편 중 「태서太誓」는 이후에 얻어진 것으로 분명히 한대의 저작이며, 마융은 이미 이것이 선진시기의 「태서」와 부합하지 않는다고 지적한 바 있다. 게다가 공벽본은 선진시기 이후로 숨겨져 있던 책이므로 당연히 한대 이후에 출현한 「태서」는 있을 수 없다. 그런데도 이 두 '29편'이 같다고 말하고 있으니, 이것은 그 내용의 합리성을 무시한 것으로 단지 '어증'과 '예증'일 뿐이다. 한편, 최초의 "공자가전본孔子家傳本 십여 편"에서 유흠의 "공벽본 16편"의 설로 발전하고, 다시 「예문지」의 "고정考定된 29편과 상통되는 부분 외의 16편"이라는 설로 발전하였으니, 진실로 "하나를 들으면 보태져 열이 되고, 백을 보면 더해져 천이 된다"(聞一增以爲十, 見百益以爲千)[7]라는 말이 이것이다. 비록 그 내용 가운데 사실과 다르고 이치에 맞지 않는 부분들이 발견되면 후대인들

의 말과는 다르게 바뀌는 현상을 말한다. '藝增'의 '藝'는 六藝 즉 經典을 지칭하는 것으로, 역사적 사실을 과장하거나 왜곡하는 현상을 말한다.

6) 그 이후 『經典釋文』「序錄」은 『藝文志』의 내용을 기록하면서 "多十六篇"을 "多二十五篇"으로 마음대로 고쳐 버린다. 이것은 바로 僞古文의 편수를 맞추기 위한 것이었다.

7) 『論衡』「藝增」의 말이다.

이 원만하게 바꾸기는 했지만 결코 완전할 수는 없었다. 우리는 가장 이른 시기의 자료에는 공벽본과 금문경 모두와 상통하는 29편이 없다는 사실을 알아야 한다. 도대체 공벽본과 금문경 모두와 상통하는 부분은 몇 편이나 될까? 알 수는 없다. 다만 금문경과 상통하는 몇 편[8] 외에 금문경과 서로 다른 십여 편이 있었다는 것을 알 뿐이며, 그 외에는 달리 추측할 방법이 없다. 다만 그에 대해 유흠이 16편이라고 말한 것이나 「예문지」가 고문을 바탕으로 말한 것을 보면 당시 그들은 29편 이외에 16편이 더 있었다고 확신하였음을 알 수 있다.

이 일서逸書 16편의 편명은 마융과 정현의 「상서서尚書序」 주석에 보존되어 있는데, 공영달의 『상서정의』 「요전堯典」 제목 아래에 인용되어 있는 그 내용을 적어 보면 다음과 같다.

◇「우하서虞夏書」

1. 「순전舜典」　　　　2. 「골작汨作」　　　　3. 「구공九共」 9편
4. 「대우모大禹謨」　　5. 「익직益稷」　　　　6. 「오자지가五子之歌」
7. 「윤정胤征」

◇「상서商書」

8. 「탕고湯誥」　　　　9. 「함유일덕咸有一德」　10. 「전보典寶」
11. 「이훈伊訓」　　　　12. 「사명肆命」　　　　13. 「원명原命」

◇「주서周書」

14. 「무성武成」　　　　15. 「여오旅獒」　　　　16. 「경명冏命」

---

8) 이 가운데 한대의 「太誓」는 확실히 없다.

제2절 유흠의 『고문상서』 설립 청원에 따른 논쟁

1. 유흠의 고문 학관 설립 시도와 그에 대한 반발

『한서』「유흠전」에 다음과 같이 전한다.

유흠과 유향은 처음에 『역』9)을 연구했다. 선제(BC 74~BC 49 재위) 때에 유향은 조정의 명령으로 『곡량춘추穀梁春秋』10)를 전수받아 10여 년 동안 열심히 익혔다. 유흠이 비서秘書를 교정할 때, 고문 『춘추좌전』을 보고는 매우 좋아하였다.…… 유흠은 이를 가지고 여러 번이나 유향을 난처하게 했는데, 유향은 유흠의 관점을 비난하지 않았지만 오직 『곡량』의 의의만을 고집했다. 유흠은 황제와 가까이 지내면서 『좌씨춘추』·『모시毛詩』·『일례逸禮』·『고문상서』를 모두 학관에 세우려고 했다. 한 애제哀帝는 유흠과 오경박사들에게 그 의의를 논하도록 명하였는데, 모든 박사들이 응하지 않았다. 이에 유흠은 글을 써서 태상박사太常博士를 비난하였다.

이때 지은 유흠의 글이 바로 「이양태상박사서移讓太常博士書」로, 이 글은 앞서 유흠의 공벽본 선양을 서술할 때 이미 인용한 바 있다. 유흠은 이 글에서 공자벽중서孔子壁中書 외에 『춘추좌씨전』 등의 고문구서古文舊書들에 대해 두루 언급한 후, 태상박사들의 경학 전수에서 발생하는 유폐들

---

9) 今文이다.
10) 이 또한 今文으로 학관에 세워졌다.

을 지적하고 있다.[11] 그리고 여태껏 『좌씨춘추』·『모시』·『일례』·『고문상서』네 가지 고문 경서의 설립을 꺼리는 이유도 지적하여 "(박사들은) 잔결殘缺된 것을 고집하면서 자신의 사욕을 들킬까봐 두려워하며 선善을 지향하는 도덕심(公心)이 없다"라고 하였고, 이러한 행태는 곧 "마지막으로 남아 있는 대도大道를 막아 정미한 학문을 멸절시키게 될 것"이라고 지적하였다. 이런 말은 박사들과 달관達官들의 격노로 이어졌다. 「유흠전」의 말미에서는 다음과 같이 적고 있다.

그 말이 매우 간절하여 제유諸儒들이 모두 원한을 품었는데, 당시에 이름이 높았던 광록대부光祿大夫 공승龔勝은 유흠의 이서移書로 인해 자책하는 상소를 올려 사직하고자 하였다. 유학자 사단師丹은 대사공大司空이었는데 또한 매우 분노하여 "유흠이 예전의 규정을 어지럽히고 선제先帝가 세운 학관을 훼손하였다"라고 주청하였다. 그러나 황제는 "유흠이 도술道術을 넓히려 한 것이지 어찌 훼손하려고 한 것이겠는가?"라고 하였다. 유흠은 이로 인해 조정 대신들의 눈엣가시가 되고 다른 유학자들로부터 비난을 받게 되었는데, 죽임을 당할까 두려워 외직을 청하여…… 세 군의 태수를 역임하였다. 수년 후 병이 들어서 관직을 그만두었다.

『후한서』「가규전賈逵傳」에서 이 일을 논의하여 "건평建平 연간에 시중侍中 유흠은 『좌씨』를 설립하려고 했는데, 먼저 대의를 폭넓게 논하지 않고 경솔하게 태상太常에게 편지를 썼으며 『좌씨』의 대의만 옳다고 믿고 제유 들을 난처하게 만들었기 때문에 유학자들이 속으로 불복하여 그를 배척하 였다. 효애孝哀 황제는 거듭 다수의 뜻을 어기고 유흠을 하내河內 태수에 임명하였다. 『좌씨』를 공격하던 것으로부터 마침내 철천지원수가 되기에 이르렀다"라고 기록하고 있다. 이는 원래 금문을 습득한 유흠이 비부秘府에 숨겨져 있던 몇 편의 고문경古文經을 학관에 세워서 박사들에게 전수할

---

11) 제3장 3절의 3)항 참조.

것을 계획했다가, 이것이 당시 권력을 가진 금문학 유생들의 이익을 침범하게 되어 불운을 겪게 된 사건이다. 중국 학술사 2천 년에 걸친 금고문논쟁今古文論爭은 이로 인해 시작되었다.

「유흠전」 말미에는 "애제가 망하고 왕망王莽이 집권하였다. 왕망은 어려서 유흠과 함께 황문랑黃門郎이 되었는데, 유흠을 중시하였다.…… 유흠으로 하여금 우조右曹 태중대부大中大夫를 담당하게 하고 중루교위中壘校尉로 천거하였다.…… 유림·사史·복卜의 관직을 담당하였다"라는 기록이 있다. 또한 『한서』 「유림전」의 '공씨고문상서孔氏古文尙書'조에 따르면 "왕망 때에 모든 학이 다 설립되었다"라고 했으니, 『고문상서』를 전한 왕황王璜, 도운涂惲 두 사람도 왕망의 시대에 유흠과 함께 중용되었다.[12] 「유림전」의 찬贊에서는 또 "평제平帝 때 『좌씨춘추』·『모시』·『일례』·『고문상서』를 다시 설립하여 잃어버린 것을 망라해서 보존했다"라고 하였다. 유흠이 황문랑 시절의 옛 친구 왕망의 도움으로 몇 권의 고문경을 의도한 대로 학관에 세울 수 있었던 것이다. 이로써 금문경을 중시하는 학풍 속에서 몇 편의 고문경도 학관에 세워지게 되었지만, 이것은 결국 왕망의 집권 시기에 잠깐 있었던 일일 뿐이다. 왕망이 망하자 고문경도 다시 축출되었다.

이상은 서한 말, 『고문상서』가 출현한 이후 학관에 설립되려다 실패하게 되기까지의 과정이다.

2. 유흠이 고문을 위조했다는 청말 금문학파의 모함

청말 요평廖平·강유위康有爲·최적崔適 등의 금문학자들은 공자진龔自珍의 중고문中古文 부정과 위원魏源의 마정고문馬鄭古文 부정의 관점을 계승하

---

12) 『漢書』 「溝洫志」에 따르면 王璜은 大司空掾이다.

면서, 더 나아가 한대 고문경 전체를 부정하며 이 모든 것은 왕망 왕조 때에 유흠이 위조한 것이라고 여겼으니, 이러한 관점을 '신학위경新學僞經'이라고 한다. 그러나 이는 독단적이고 진실한 증거를 제시하지 못한 것이다. 여기에서는 『상서』에 대한 주요한 두 개의 관점을 서술하기로 하겠다.

첫째, 『상서』와 관련한 5차의 고문본에 관한 것이다. 제4차 장패본張霸本은 전부 위조된 것이므로 당연히 논의의 대상에서 제외될 수밖에 없다. 먼저 제1차 공자가전본孔子家傳本은 전부 믿을 수 있다. 제2차 중고문본中古文本 또한 기록이 분명하고, 당시 경전 수집에 노력을 기울였던 한왕조인 만큼 이런 판본을 얻지 못했다고 단정할 수는 없다. 『상서』로 보자면, 문제 때 조조가 받은 복생본과 무제 때 공안국이 헌상한 가전본들은 중비본中秘本의 원본이다.[13] 제3차 하간헌왕본河間獻王本은 비록 『사기』에 기록되어 있지 않고 『한서』에서도 그 원류를 찾아볼 수 없어 청말 금문학자들의 의문을 불러왔지만, 사실 이것을 부정할 만한 반증反證도 찾을 수 없다. 그렇다면 이제는 유흠이 강조했던 제5차 노 공왕의 공벽본孔壁本만 남게 된다. 이것은 민간전설을 근거로 제1차본을 고사화故事化하여 제2차본과 결합시킨 것인데; 문장에 오류가 많고 누락된 곳도 많았기 때문에 청말 금문학자들은 그 진실성을 부정하였다. 그러나 실제로는 당시 유흠의 논적들 중에서도 어느 한 사람 그의 고문경이 위조된 것이라고 말한 예는 없었다. 유흠을 질책한 유일한 죄명은 "선제先帝가 세운 것을 비방하고 훼손했다"(非毀先帝所立)는 것이었다. 이미 선제가 몇 개의 본을 확정하였는데, 그 이외의 다른 본을 더하는 것 자체가 바로 '훼손'이었다. 하지만 애제는 오히려 유흠을 변호하면서, 유흠은 단지 도술을 넓히고자 하는 것일 뿐이었으므로 훼손이라고 말할 수 없다고 하였다. 이렇듯 유흠

---

13) 晁錯本은 今文으로 작성되었고, 孔安國本은 古文으로 작성되었다.

당시에는 『상서』 고문의 존재를 부정하는 사람이 아무도 없었다.

둘째, 공안국의 헌서獻書가 무사巫事를 당해 학관에 세워지지 못했다고 했지만, 이미 공안국은 무고巫蠱의 일이 있기 전에 죽었다는 사실이다.[14] 청말 금문학자들은 헌서와 학관의 설립이 서로 별개의 사건임을 밝히지 못했는데, 헌서본獻書本은 학관에 세워지지 않았다. 또 "공자의 구택을 허물다가 음악소리가 울려 퍼져서 중지하였다"와 같은 말이 사실은 민간에 유전되던 이야기라는 것을 몰랐으니, 이 일은 왕충이 말한 '어증語增'·'예증藝增'과 같은 것이다. 당시의 논적들은 결코 이 점을 들어 유흠을 반박하지 않았는데, 그들 역시 어증·예증의 말을 자주 듣고 이를 진실로 믿었기 때문이다. 애제 이후 무제까지 거의 백 삼사십여 년이 다 되도록 사회에 유전되던 이런 이야기들은 쌍방이 모두 익숙하였기 때문에 아무도 그것을 자세히 고찰하지 않았던 것이다. 그런데 이 문제의 본질은 '어증'을 이해하는 것이 아니다. 핵심은 유흠이 비서秘書를 교정할 때 중비中秘에 소장되어 있는 4부의 고문경을 직접 보았냐는 것인데, 이것은 당시의 부인할 수 없는 사실이다. 다만 실제로 유흠이 제출한 『상서』 고문경은 제2차 중고문본이었으며, 이것은 제1차 공자가전본에서 온 것이었다. 노 공왕이 공자의 고택을 부수어 벽에서 얻었다는 것은 민간전설이자 헛소문일 뿐이다. 공자가전본과 노 공왕의 궁실 정리라는 두 이야기가 합쳐져서 변용된 전설이다. 따라서 이 제5차 벽중고문경壁中古文經은 제2차 중고문본에 합병시키고, 다시 제1차본에 포함시키는 것이 옳다.

---

14) 『史記』 「孔子世家」에 따르면, 武帝 시에 孔安國은 臨淮太守를 역임하다가 일찍 죽게 된다. 또 「太史公自序」에 따르면 『史記』는 太初 연간까지 해서 기록이 끝난다. 그래서 淸代의 학자들은 孔安國이 太初 연간 즉 기원전 104년 이전에 죽었다고 논증하였다. 그러나 巫蠱事는 征和 2년 즉 기원전 91년에 발생한 일이다.

3. 총 5차의 고문본에 대한 간단한 소개

이상에서 서한에 전해지던 총 5차의 고문경에 대해 살펴보았는데, 제1차 공자가전본은 가장 믿음이 가는 자료이고, 제2차 중고문은 제1차에서 온 것이며, 제3차 하간헌왕본은 아직 확정적인 자료를 얻지 못하고 있지만 옛사람들이 명확히 기재하고 있어 부정할 수 없다. 제5차는 와전된 것으로 제2차본에 합병시켜야 하며, 원래는 제1차본에서 유래한 것이다. 오직 제4차본만이 확실하게 위조된 것이다. 그럼에도 제4차본에서 나온 100편 「상서서」는 진본으로 여겨져 오다가 송대에 이르러서야 비로소 허점이 드러나기 시작했다.

이 5차의 고문본 가운데 장패본은 완전히 가짜이고 하간헌왕본 또한 존재를 부정할 수는 없지만 잠시 놓아두고 논하지 않겠다.[15] 나머지 세 본은 사실상 같은 본이다.

제1차 공씨가전본이 공안국에 의해 왕조에 헌상되어 제2차 중고문본이 된 후에 공안국 수중에서 금문으로 작성된 고문본 혹은 원고문본의 사본이 당시 사회에 전해지지 않았을까? 이에 대한 분명한 기록은 없지만 왕국유는 다음과 같이 말한 바 있다.

> 노魯 공왕恭王이 공벽서孔壁書를 얻은 것은 이미 경제景帝(BC 157~BC 141 재위) 때의 일이고, 공안국이 『고문상서』를 헌상한 것은 천한天漢(BC 100~BC 97) 이후의 일이다. …… 안국은 고문을 금문으로 옮겼는데, 혹시 필사하여 별도로 소장한 뒤 조정에 헌상했을지도 모른다. 만약 그렇다면 헌상이 그처럼 늦어지게 된 것도 책을 필사할 시간이 필요했기 때문일 것이다.

---

15) 王國維의 「漢時古文諸經有轉寫本說」에서는 "獻王과 魯恭王은 본래 형제로서, 獻王의 죽음은 恭王보다 불과 2년 먼저일 뿐이다. 恭王이 이 책을 얻었을 때는 헌왕도 아직 살아 있어서 사본을 구하기 어렵지 않았다"라고 기록하고 있다. 즉 王國維에 따르면 河間獻王本 역시 존재했을 수 있다는 것이다. 그러나 孔氏本은 魯恭王과 아무 상관이 없기 때문에 추리는 그럴싸하지만 논거로서는 부족하다.

이어 왕국유는 각종 고문본에는 모두 전사본傳寫本이 있다는 6가지 예를 든 후 "한대의 고문경들은 모두 별본別本이 있다"라는 결론을 도출해 내었는데, 이는 정황과 이치에 맞는 정확한 주장이라고 할 수 있다. 공안국이 책을 헌상했다고 해서 본인에게 사본이 없을 리 없다. 분명 자신의 제자들에게도 전수해야 했으므로 공안국은 다른 본을 필요로 했을 것이다. 따라서 공씨가전본 『고문상서』에 전사본이 있었으리라는 점은 필연적인 사실이다.

공씨가전본 『고문상서』는 유흠이 전설에 의거해서 공벽본으로 선양하였고, 이후 동한대 이래로는 공벽본으로 불리게 되었다.

4. 공안국이 고문경을 전했다는 설에 관해

공안국은 금문박사로서 당연히 제자들에게 학문을 전수하였다. 그리고 그가 전수한 것은 금문 29편이지 고문이 아니다. 그의 제자로는 유명한 예관兒寬(倪寬)이 있는데 예관은 바로 금문의 대가였으며, 공안국의 종손從孫인 공패孔霸와 공패의 아들 공광孔光은 모두 금문가今文家였다. 이로 보아 공씨孔氏의 가학은 고문이 아닌 금문이었음을 알 수 있다. 그런데 유흠이 공씨본 『고문상서』를 선양한 후 "세상의 말들이 확실하지 않은 탓에 전해지는 과정에서 이래저래 각색되었고", 사람들은 공안국을 고문가로 여기게 되었다. 사실 유흠 자신도 금문을 습득한 금문가였다. 특히 그가 전수한 하후씨학은 오행재이설을 제창한 금문으로, 고문가들은 이런 것을 선양하지 않았다. 유흠은 그저 고문으로 작성된 몇 권의 경문 자료를 중시했을 뿐이다. 그는 단지 고문경 경문의 가치를 추숭했을 뿐, 공안국이 일찍이 고문학을 전수했다는 사실을 선양한 적이 없다.

공안국이 『고문상서』를 전했다는 것은 별개의 고문경사古文經師와 결합되어 이루어진 것으로, 그 사실은 『한서』에 처음 보인다. 『한서』 「유림전」에서는 『사기』의 "공씨는 『고문상서』가 있었고,…… 『상서』가 많아졌다"라는 말을 베낀 후 이어서 공안국의 『고문상서』가 전수된 계통을 이렇게 기재하고 있다.

> 공안국은 간대부諫大夫가 되어 도위조都尉朝에게 전수하였고, 사마천도 공안국을 따랐기 때문에 사마천이 기록한 「요전堯典」·「우공禹貢」·「홍범洪範」·「미자微子」·「금등金縢」 등의 편들은 대부분 고문설古文說이었다. 도위조는 교동膠東의 용생庸生에게 전수하였고, 용생은 청하淸河의 호상소자胡常少子에게 전수하였다. 호상은 『곡량춘추穀梁春秋』에 밝아 박사와 부자사部刺使가 되었고 또 『좌씨』도 전하였으며 이를 서오徐敖에게 전수하였다. 서오는 우부풍연右扶風掾이 되었고 또 『모시』를 전수하였는데 이를 왕황王璜16)과 평릉平陵현의 도운자진涂惲子眞에게 전수하였으며, 자진은 하남의 상흠군장桑欽君長에게 전수하였다. 왕망 때 각 학이 설립되었는데, 유흠이 국사國師가 되었으며 왕황·도운 등이 모두 중용되었다.

이것은 서한시기 공안국이 『고문상서』를 전한 사승관계를 명확하게 보여 주고 있다. 그러나 공안국이 금문만 전수하였지 고문을 전수하지 않았다는 것은 이미 아는 바이고, 또 사마천은 공안국을 따라 배웠으므로 자연히 『사기』에 기재된 「요전」 등 5편이 고문이었다는 것도 잘못된 설이 된다. 청대 초기에 장림臧琳은 『경의잡기經義雜記』에서 『사기』가 금문으로 작성되었다는 것을 밝혔으며, 후기에 진수기陳壽祺는 『좌해경변左海經辨』에서 사마천 당시의 『서』로는 오직 구양씨만이 학관에 세워졌으므로 사마천이 근거로 든 『상서』는 구양씨본으로서 「요전」 등 5편은 당연히 금문으로 작성된 것이었음을 논증하였다. 청대 말기에 이르러 금문학자들은 이런 주장을 한층 더 역설하였는데, 특히 최적崔適은 『사기탐원史記探源』에서

---

16) 『漢書』 「沟恤志」에 따르면 王璜은 王横이라고도 한다.

『사기』의 모든 편은 고문이 아닌 금문으로 작성되었고 고문은 인용하지 않았다는 것을 고찰하고 증명하였다. 그의 자세한 고찰은 믿을 만하다. 이에 비해 공안국이 사마천에게 고문을 가르쳤다는 주장은 신빙성이 떨어진다. 공안국은 일생 동안 고문을 전수한 적이 없었다.

그렇지만 공안국이 고문을 전수했다는 주장은 동한시기 『고문상서』의 연구와 관계가 있는 것이 사실이다. 후대에 들어 『고문상서』에 대한 관심이 더욱 커지면서 공안국이 『고문상서』를 전수한 비조鼻祖가 되는 지경에 이른 것이다. 이는 마치 복생이 『금문상서』를 전한 것과 같은 경우이다. 반고 자신이 비록 가학으로 전해지던 소하후씨의 금문을 계승했다 하더라도, 동한시기 고문이 성행하던 상황에서 고문가들이 선양한 자료에 근거하여 그 전수계보를 기록한 것도 이상한 일이 아니다. 사실 공안국 자신은 고문을 전수하지 않았지만 그가 금문으로 고쳐 쓴 고문 혹은 원고문原古文의 사본을 얻어 유전시킨 덕분에 사람들은 고문을 습득할 수 있었다. 특히 유흠이 고문경을 고취시킨 이후로 사람들의 『고문상서』에 대한 관심과 흥미는 더욱 높아졌다. 왕황·도운이 당시에 『고문상서』를 습득했다는 것은 분명히 사실일 것이다. 앞에서 말한 바와 같이 한대에는 사문에 빌붙는 학풍이 있었으니, 가령 맹희孟喜는 전생田生을 따랐다고 자칭하였고 조빈趙賓은 맹희를 계승했다고 자칭하였으며 경방京房은 자신의 스승이 초연수焦延壽이며 그가 맹희를 사사하였다고 주장했는데, 사실은 모두 옳지 않다. 하지만 그들은 자신들의 학문연원을 과시하기 위해 그와 같은 관계를 주장하였다. 왕황·도운 또한 스승인 서오徐敖의 힘을 입어 올라섰으며, 이로부터 더 나아가 『고문상서』를 헌상한 것으로 유명한 대사大師 공안국과도 관계를 설정할 수 있었다. 이렇게 해서 금문박사 공안국은 『고문상서』의 비조로 존숭되기에 이르렀다.

물론 이러한 계보는 후대의 조작으로 형성된 것이 많아 믿을 것이

못 되지만 2천 년 이래의 역사자료를 형성해 왔다. 이를 좀 더 쉽게 이해하기 위해서 공안국을 서한대 『고문상서』의 비조로 내세운 위조된 전수계보를 정리해 보면 다음과 같다.

```
              ┌─ 兒寬(실제로는 今文을 전수받음)
 孔安國 ──────┼─ 司馬遷(실제로는 今文을 전수받음)
              │                                        ┌─ 王璜
              └─ 都尉朝 ── 庸生 ── 胡常 ── 徐敖 ─┤
                                                        └─ 涂惲 ── 桑欽
```

제5장 동한의『금문상서』와『고문상서』

제1절 동한『금문상서』및 그 전수계보

『후한서』「유림전」에 다음과 같이 전한다.

광무光武(25~57 재위) 중흥中興 때에 경술經術을 애호하여 훌륭한 유학자들이 찾아
오기 전에 먼저 그들을 탐문하였고, 없는 경적經籍을 채집하고 빠진 문장을
보충하였다. 그 이전에 천하의 학자들이 수많은 책을 숨기고 산림山林으로
도피하였다가 이때부터는 책을 짊어지고 경사로 몰려드니, 범승范升 · 진원陳元 ·
정흥鄭興 · 두림杜林 · 위굉衛宏 · 유곤劉昆 · 환영桓榮 등이 연이어 모였다. 이에 오
경박사를 세워 각 가법으로 교수敎授하였다. 『역』은 시施 · 맹孟 · 양梁 · 구丘 · 경京
씨, 『상서』는 구양씨와 대 · 소하후씨, 『시』는 제齊 · 노魯 · 한韓[1], 『예』는 대 · 소
대戴씨, 『춘추』는 엄嚴 · 안顏 등 모두 14박사였다.

이 14박사는 기본적으로 서한의 제도를 계승하였고[2] 모두 금문이다.
왕망이 세운 고문 4박사가 모두 광무제에 의해 취소되었으므로 양한시대
에는 『고문상서』가 학관에 세워지지 않았다는 사실을 알 수 있다.

앞에서 본 <서한대『금문상서』의 전수계보>에서 확인할 수 있듯이,
대 · 소하후씨 양파의 경사經師들은 대부분 왕망에게 벼슬하여 명성을
얻었으나 구양씨학의 대사들은 아무도 왕망에게 벼슬하지 않았다. 비록
구양정歐陽政이 일찍이 왕망의 강학대부를 지낸 적이 있지만[3] 그 시기가

---

1) 원래는 '毛'字가 들어 있었으나 『日知錄』 26卷을 근거로 삭제하였다.
2) 오직 『春秋』만은 『穀梁』이 빠지고 『公羊』을 嚴 · 顏 2家로 나누었다.

일렀고, 그의 아들 구양흡歐陽歙이 박사가 된 이후에 왕망정권에서 장사재長社宰가 되었으나 오래지 않아 갱시제更始帝 유현劉玄에게 투항하였다.[4] 이 때문에 동한시기에는 구양씨학이 한왕조의 존숭을 받아 크게 성행하게 되었다. 『후한서』 「광무제기光武帝紀」에 의하면, 광무제는 어렸을 때 장안에서 허자위許子威로부터 『상서』를 배웠으며, 황제가 된 이후에는 구양씨학의 대사 환영桓榮을 태자(明帝)의 스승으로 삼았다고 한다. 명제 즉위 후, 환영은 스승의 예로 존중되어 관내후關內侯에 봉해지고 관직이 태상太常에 이르렀으며, 그의 문도들도 대부분 공경公卿에 임명되었다. 이후 환영의 아들 환욱桓郁(桓鬱)이 부친의 벼슬을 세습하여 더욱 관계를 두터이 하니, 관직 역시 태상에 이르렀고 경서를 읽거나 정사를 의논함에 항상 부름을 받았으며 연이어 장제章帝와 화제和帝의 경사經師가 되어 더욱 존경과 총애를 받았다. 그의 문도들은 수백 명에 달했다. 명제는 사설師說에 입각하여 『오가요설장구五家要說章句』(五行要說章句)[5]를 손수 짓고 환욱에게 교정하도록 하였다. 환욱의 제자 양진楊震·주총朱寵이 『상서』를 전하였고, 모두 삼공三公의 지위에 올랐다. 환영은 원래 주보朱普의 학문을 배웠는데, 40만 언에 달하는 장구章句를 23만 언으로 줄였고, 환욱에 이르러 다시 12만 언으로 줄였다. 이에 이들 부자의 책을 『환군대소태상장구桓君大小太常章句』라고 불렀다.[6] 이는 동한시기에 원래 번쇄했던 금문 장구가 점점 간략해지는 추세를 잘 보여 준다.

구양씨학과는 달리 대·소하후학은 비록 학관에 계속 세워지긴 했지만 동한시기에는 시종 잘 드러나지 않는다.

『후한서』의 「유림전」·「방술전方術傳」·「당고전黨錮傳」 등과 기타 환영·정

---

3) 『漢書』 「儒林傳」에 보인다.
4) 『後漢書』 「儒林傳」에 보인다.
5) 注에서는 "明帝가 『五行章句』를 편찬하였다"라는 華嶠의 발언을 인용하고 있다.
6) 이상 『後漢書』 「桓榮傳」 참조.

홍丁鴻·장우張禹·장보張輔·포영鮑永·양진楊震·등척鄧隲·고획高獲·송균
宋均·모융牟融·가규賈逵·오량吳良·왕량王良·양후楊厚·유도劉陶 등에 관한
자료들을 근거로 하고, 여기에 진교종陳喬樅의「금문상서서록今文尙書敍錄」
을 참고해서 앞의 서한대의 표에 이어 <동한대『금문상서』의 전수계보>
를 그려 보면 다음과 같다.

<동한대『금문상서』의 전수계보>[7]

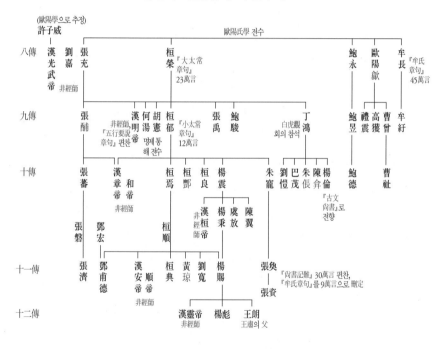

◇ 제8전의 환영·구양흡·모장, 9전의 모우, 10전의 양륜이 박사에 올랐다.
◇ 歐陽氏學을 전수했으나 師承관계가 불명한 경우: 宋登, 杜喬, 徐稗, 宗資, 廖扶－謝煥, 楊賓(楊震 父), 劉寬－傅燮,

---

7) 八傳제자들의 사승관계와 저술은 제3장 2절의 <서한대『금문상서』의 전수계보> 참
조. 아울러, 현전하는 漢碑들에는 墓主가 어떤『상서』를 배웠다는 기록이 종종 나타
나는데, 史籍에는 실려 있지 않고 드러난 經師가 아니었으며 傳習한 經이 무엇인지도
알 수 없기 때문에 여기에는 기록하지 않았음을 밝혀 둔다.

景君, 鄭固, 熊范, 董扶(夏侯氏學을 겸함) 등.
◇ 歐陽氏學을 배웠다가 古文尙書로 전환한 경우: 尹敏, 楊倫

<기타 금문학가의 전습> 傳授 代數가 불분명함
◇ 大夏侯氏학 전습: 孔昱(孔光의 6세손), 宋京－宋意, 牟融, 張馴, 吳良, 賈逵(大夏侯氏學을 전습했으나 古文으로 전환, 章帝때 『歐陽大小夏侯尙書古文同異』 3권 편찬)
◇ 小夏侯氏學 전습: 王良－郭憲
◇ 夏侯氏學 전습(大·小家가 불분명): 楊統－楊厚(「洪範」의 災異學을 전함)－董扶·韓說『家法章句』 및 『內讖』 3권 편찬)
◇ 三家의 今文을 통섭한 경우: 劉陶(『古文尙書』도 같이 익혔으며 桓·靈帝시기에 『中文尙書』를 편찬함. 三家『尙書』 및 古文을 연구하여 3백여 건을 校正)
◇ 어떤家의 『尙書』를 전했는지 알 수 없는 경우: 劉恭·馬續·魯丕·馮允·李生－賈復·寒朗·索盧放·虞詡·王渙

위의 표에서 보듯이, 동한왕조의 상서학은 실질적으로 금문 구양씨학이었다. 구양씨학은 관학官學을 농단하며 대대로 황제의 경사經師가 되었고, 지파支派 또한 번성하여 사승이 단절되지 않았다. 대·소하후씨 두 파가 비록 학관에 배열되기는 했지만 종종 사승을 찾아볼 수 없는 경우가 발생하고 그 세력이 쇠락해 간 것과는 달랐다. 구양씨 일파 대부분은 한대에 큰 세력을 떨쳤다. 환씨桓氏 계열은 제외하고 양진楊震의 계열만 보더라도, '관서關西의 공자'로 불린 양진은 아들 양병楊秉과 더불어 관직이 태위太尉에 이르렀고 손자 양사楊賜와 증손자 양표楊彪 또한 관직이 사공司空에 이르러 이들은 '사세삼공四世三公'이라 일컬어졌다. 이 밖에, 제자가 1천여 명이나 되는 대사大師들도 여럿 있었는데, 모장牟長의 경우 평상시의 문도는 1천여 명이었지만 전체 저록된 문도는 1만 명에 달한다. 이런 풍조는 비록 서한 말엽부터 이미 시작된 것이나 동한의 경전전수의 특징으로 자리를 잡았다.

제2절 동한 『고문상서』의 흥기

앞 절의 표를 통해 동한대 『상서』 명가 가운데 금문에서 시작해서 고문을 익힌 자로는 양륜楊倫·윤민尹敏·가규賈逵가 있고, 금문 3가와 고문을 두루 통섭한 자로는 유도劉陶가 있었음을 알 수 있다. 이는 비록 관학의 위치에 있는 금문을 익히면 재산과 관직을 얻을 수 있을지라도 어떤 사람들은 그것을 버리고 고문을 따랐다는 사실을 보여 준다.

대체로 동한의 『상서』 연구에서 오직 고문만을 한 명가는 3개의 계통으로 나누어 볼 수 있다.

첫째, 서한 말엽 도운涂惲·유흠劉歆의 문도로서 공안국을 사승했다고 주장하는 이른바 벽중고문본壁中古文本 계통.

둘째, 계통이 언급되지 않은 개예蓋豫·주방周防 등의 고문가들.

셋째, 두림칠서고문본杜林漆書古文本 계통.

이제 이들 세 계통을 각각 나누어 서술해 보기로 하겠다.

1. 도운·유흠의 문도로서 공안국에 가탁한 벽중고문본 계통

앞에서 보았듯이 『한서』 「유림전」에서는 도운涂惲이 상흠桑欽에게 고문을 전수했다고 기록하고 있다. 또한 『후한서』 「가규전賈逵傳」에서는 가규賈

逵의 부친 가휘賈徽가 도운에게서『고문상서』를 전수받고 또 유흠에게서는
『좌씨춘추』·『국어』·『주관周官』(『周禮』)을 전수받았으며 사만경謝曼卿으로부
터『모시』를 전수받았다고 했는데 이들 모두는 고문이었다. 가규는 부업父
業을 모두 전수받았으나, 가규 본인은 원래 대하후씨의『상서』를 배웠고
장제章帝의 명으로『구양대소하후상서고문동이歐陽大小夏侯尙書古文同異』3
권을 펴내기도 했다. 또「유림전」에 따르면 장제 때 공희孔僖라는 인물은
공안국의 후손으로서 대대로『고문상서』를 전했는데, 그의 아들 장언長彦
은 장구학章句學을 좋아했고 계언季彦은 가업을 지켜 문도가 수백 명이었다
고 한다. 확실한 것은, 동한시기에 이르면 공안국이『고문상서』를 전했다
는 설이 이미 널리 유행되었기 때문에 그의 후손으로서 마침내 가학을
전수했다고 자부하게 된 것은 아래에 서술되는 공안국에 기탁한 자들과
다를 것이 없었다는 점이다. 그들은 이미 장구학을 가학으로 전수한
문도들이 수백 명에 달하여, 자신들의 고문장구가 공안국을 계승한 것이
라고 자부했겠지만 아쉽게도 명확한 기록은 없다.

또『후한서』「정흥전鄭興傳」에서는 정흥이 "문인들을 데리고 유흠에게서
『좌전』의 대의를 바로잡는 강의를 받았는데, 유흠은 정흥의 재기를 칭찬하
였다"라고 적고 있다. 정흥이 주로 전한 것은『좌전』,『주관』등의 학문이었
고, 그 아들 정중鄭衆[8] 역시 부친을 이어 유흠의 학을 전수하였다. 또
「위굉전衛宏傳」에서는 위굉이 어려서부터 정흥과 함께 고학古學을 좋아하
였다고 하였고,「환담전桓譚傳」에서도 환담이 "고학을 좋아하여 수차례
유흠과 양웅揚雄을 좇아 경전의 의심스러운 문제들을 변석辨析하였다"라
고 적고 있다. 마융과 정현의 전傳에서는 장공조張恭祖가『고문상서』를
정현에게 전한 사실을 기록하고 있으며, 고문명가인 마융 또한 노식盧植과

---

8) 관직이 大司農에 이르렀기 때문에 鄭司農이라고도 불린다. 鄭玄과 상대해서 말할 경
우, 鄭興 父子를 先鄭이라고 하고 鄭玄을 後鄭이라 부른다.

정현에게 『상서』를 전수하였다. 정현은 『서찬書贊』에서 "나의 선사이신 극하생棘下生(稷下) 안국 선생 역시 이 학문을 좋아하셨고, 위굉衛宏·가규·마융 같은 군자들은 지재智才가 뛰어나고 견문이 넓었으니 바로 안국 선생의 학문을 전수한 것이다"라고 하였다. 정현은 위굉·가규·마융에서부터 자신에 이르는 이 일파에 대해 모두가 공안국이 전한 학문을 계승하였다고 명시했는데, 이들의 연원은 용생庸生·도운涂惲·유흠으로부터 온 것이었다. 앞서 언급했듯이 이들은 자신들이 공안국 계통에 들어 있다는 것을 사람들에게 알리고자 했다. 그래서 공영달은 「요전」 제하題下의 주에서 정현의 『서찬』을 인용하면서 "공안국이 전한 것은 교동膠東의 용생·유흠·가규·마융 등이 전한 것과 같다"라고 하였다.

그러나 마융·정현 등이 전한 『고문상서』는 실제로는 또 다른 계통인 두림杜林 고문학과의 접촉이 있은 후에야 비로소 크게 일어날 수 있었다. 본래 이른바 공안국전본孔安國傳本은 고문일서古文逸書 16편의 벽중본이었고, 실제로 마·정 등이 전한 것은 두림杜林이 고문자로 적은 금문 29편 경문본經文本이었지 서한시기의 진정한 공자가전본이 아니었다. 두림본 계통에 대해서는 아래에서 자세히 서술하도록 하겠다.

이제 공안국으로부터 시작된 것이라고 선전하고 있는 마·정 등이 주장하는 이른바 동한대 고문의 전수계보를 그려 보면 다음과 같다.

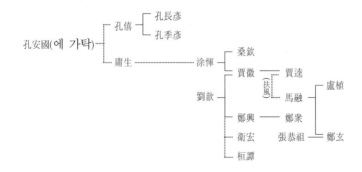

2. 계통이 확실치 않은 고문가들

『후한서』「유림전」에서는 주방周防에 대해 "서주자사徐州刺史 개예蓋豫를 스승으로 모시고 『고문상서』를 배워 경에 밝았다.…… 『상서잡기尙書雜記』 32편을 찬하였는데 40만 언이었다. 태위 장우張禹가 그를 박사로 추천하였다"라고 적고 있다. 『상서잡기』 32편은 『고문상서』에 관한 첫 번째 저작이다.9) 그 편수는 구양씨본 『금문상서』와 동일한데, 이 부분을 주목할 만하다. 동시에 주방은 열전에 기록된 인물 중 최초로 『고문상서』를 전공하여 박사가 된 사람이기도 하다. 동한에 세워진 박사는 원래 금문이었는데, 이 시기에 이르러서는 이미 그다지 규정이 엄격하지 않게 되어 고문을 배우고도 금문박사의 정원을 채울 수 있었던 것이다. 이를 계기로 이후에 양륜楊倫도 『고문상서』를 배워 박사가 될 수 있었다.

『후한서』「순숙전荀淑傳」에 부록된 순상荀爽의 전기에는 "『예禮』·『역전易傳』·『시전詩傳』·『상서정경尙書正經』·『춘추조례春秋條例』를 저술하였고,…… 또한 『공양문公羊問』 및 『변지辨識』를 지었다"라는 기록이 있다. 순상이 『공양』을 '묻고'(問) 거기에 '변지辨識'를 더했다고 했으니 금문이 아닌 고문임이 확실하므로, 그가 저술한 『상서정경』은 마땅히 고문에 속할 것이다. 또 장해張楷·주반周磐·유우劉祐·손기孫期 등의 본전에도 모두 『고문상서』를 연구하였다는 기록이 있다.10) 장해는 일찍이 『상서주尙書注』를 지었으니11), 주방周防과 마찬가지로 동한 중기 이전에 『고문상서』에 대한 저술을 남긴 인물이다. 주방·장해의 두 저술과, 이보다 조금 늦은 환제桓帝(146~167 재위) 때 유도劉陶가 금고문을 교정한 『중문상서中文尙書』와, 헌제獻帝(189~220 재위) 때 순상이 펴낸 『상서정경』의 넷은 동한시기에 독자적으로 찬술된

---

9) 漢 和帝 시기.
10) 劉祐가 『古文尙書』를 연구했다는 사실은 謝承(182~254)의 『後漢書』에도 보인다.
11) 漢 順帝 시기.

『고문상서』 관련 4부작이다.12) 다만 이 저술들은 모두 전해지지 않으며, 그들이 전한 『고문상서』의 정황 역시 명확하지 않다. 또 환제 때에 탁상度尙이 있었는데, 『후한서』 「탁상전」의 이현李賢 주에서는 『속한서續漢書』를 인용하여 탁상이 "경씨역京氏易과 『고문상서』에 통달했다"고 하였다. 이외에 『초학기初學記』 권18에 사승謝承의 『후한서』를 인용하여 "동춘董春은 자가 기양紀陽이며 회계 여요餘姚 출신이다. 어려서 학문을 좋아하였고 시중좨주侍中祭酒 왕군중王君仲을 스승으로 삼아 『고문상서』를 전수받았다"라고 하였는데, 왕군중과 동춘은 모두 동한의 고문학자이지만 그 전수 정황이 분명하지 않다.

이상의 기록에는 도운·유흠 계통과의 관계가 명확하게 기재되어 있지 않고, 또 두림칠서고문본杜林漆書古文本과도 관계가 없다. 그들이 전한 『고문상서』는 필경 유흠이 창도한 공벽孔壁 속의 일서逸書 16편본이 아닐까? 아니면 두림이 전한 29편본과 같은 것일까? 확실하게 증명할 수 없으므로 여기에 따로 한 부류로 분류해 두었다.13)

한편, 『경의고』에서는 이 시기의 서류書類 저작 가운데 무명씨의 『서전약설書傳略說』 1종이 있었는데 "이미 산실되었다"(已佚)고 주석하면서, 그 안어按語에 "『주례』「대행인大行人」의 소疏, 『예기』「곡례」·「단궁」·「왕제」·「옥조」의 소, 『춘추공양전』의 소에 모두 이 책을 인용하였는데 작자 이름을 밝히지 않았다"라고 덧붙이고 있다. 특별히 이 부류의 끝에 붙여 둔다.

이 부류에 속하는 『고문상서』 일파를 간략히 나열하면 다음과 같다.

◇ 개예蓋豫 — 주방周防(박사가 되었고, 『尙書雜記』 32편을 편찬함)

◇ 장해張楷(『尙書注』를 편찬함)

---

12) 涂惲·劉歆 계열로부터 나와 이후 杜林系에 속하는 賈逵가 三家와 古文의 同異를 論한 저서를 지었는데, 劉陶의 책과 성격이 비슷하다.

13) 江聲의 『尙書集注音疏』는 張楷의 『尙書注』가 杜林本이라고 注釋하였는데, 무엇에 근거한 것인지는 알 수 없다.

◇ 주반周磐

◇ 유우劉祐

◇ 손기孫期

◇ 탁상度尚

◇ 왕군중王君仲 ─ 동춘董春

◇ 순상荀爽(『尚書正經』을 편찬함)

◇ 무명씨(『書傳略說』을 편찬함)

3. 두림칠서고문본 계통

학술사에서 일반적으로 일컬어지는 동한 『고문상서』는 사실 두림杜林이
전한 칠서고문본漆書古文本을 가리킨다. 『후한서』 「두림전」에 다음과 같이
전한다.

> 두림은 자가 백산伯山이고, 부풍扶風 무릉茂陵 출신이다. 부친 두업杜鄴은 성제·애
> 제 연간(BC 33~BC 1)에 양주자사涼州刺史를 지냈다.[14) 두림은 어려서부터 학문을
> 좋아함이 돈독하여, 집에 많은 장서藏書가 있었다. 또 외가의 장송張竦(張敞의
> 손자) 부자가 문예文藝를 좋아하였는데, 두림이 장송에게서 학문을 배워 학식이
> 깊고 넓어지니 당시 사람들이 그를 통유通儒로 칭했다.…… 왕망이 실각하자……
> 하서河西에서 객지 생활을 하였다.…… 광무제가 두림이 이미 삼보三輔(畿內)로
> 돌아왔다는 소식을 듣고 바로 시어사侍禦史에 임명하였다.…… 경사의 사대부들이
> 모두 두림의 학식이 깊고 넓음을 추앙하였다. 하남河南의 정흥鄭興, 동해東海의
> 위굉衛宏 등이 모두 고학古學을 잘하였다. 정흥은 일찍이 유흠에게서 사사하였다.
> 두림이 정흥을 만나서는 기뻐하면서 "제가 그대 등을 만난 것은 인연인 것
> 같습니다. 위굉이 저를 만난다면 또한 유익할 것입니다"라고 하였다. 이후
> 위굉이 두림을 만나고는 속으로 탄복하였다. 제남濟南의 서순徐巡은 원래 위굉을

---

14) 李賢의 注에 "杜鄴은 어려서 孤兒가 되었는데, 그의 어머니는 張敞의 딸이다"라고 하
였다.

사사하였는데, 이후 두 사람 모두 두림의 학문을 전수받았다. 두림은 이전에
서주西州15)에서 칠서漆書『고문상서』1권을 얻어 보물처럼 아꼈는데, 비록 곤란함
을 당하더라도 몸에서 떼어놓지 않았다. 두림이 위굉 등에게 보여 주며 "내가
병란으로 떠돌아다니면서 이 경이 단절될까 항상 두려웠습니다. 동해의 위자衛子,
제남의 서생徐生께서 다시 이 경을 전한다면 이 도道가 필시 단절되지는 않을
것입니다. 고문이 비록 시무時務와 맞지 않지만 제생諸生들이 후회하지 않기를
바랍니다"라고 하였다. 위굉, 서순이 더욱 중시하매 마침내 고문이 흥기하여
유행하게 되었다.

『후한서』「유림전」에 의하면, 위굉이 『고문상서』의 '훈지訓旨'를 달고
서순이 『고문상서』의 '음音'을 달았으며,16) 이로 인해 『고문상서』가 성행하
게 되었다고 한다.

더 큰 영향을 끼친 것으로는, 두림과 동향인 부풍의 가규賈逵가 『고문상
서훈古文尚書訓』을 짓고, 가규의 문인 허신許愼이 『고문상서』를 인용하여
『설문』에 수록하고 아울러 고문을 근거로 금문과의 차이를 변석해서
『오경이의五經異義』를 찬한 것을 들 수 있다. 또 한 사람의 부풍 사람인
마융이 『고문상서전古文尚書傳』(11권)을 지었고, 그의 문인들 가운데 노식이
『상서장구』를, 정현이 『고문상서주古文尚書注』(9권)·『상서대전주尚書大傳注』
(3권)·『상서음尚書音』(1권)17)을 지었다. 앞서 서술했듯이 왕응린과 손성연은
각기 그들의 저술 권10에다 『상서정의』「요전」에 인용된 정현의 『상서서주
尚書序注』를 집록하여 수록해 두었다. 또한 정현의 『서찬書贊』을 인용한
것이 있었는데, 『경의고』에서는 "이미 산실되었다"(已佚)라고 하였다. 이

---

15) 지금의 甘肅 지역이다.
16) 阮孝緒의 『七錄』에 『尚書音』 1卷이 있는데, 陸德明은 孔安國·鄭玄 등이 모두 音을 달았
    다고 하였으나 『經義考』에서 이미 사실이 아님을 논변하였다. 徐巡이 音義에 정통하
    였으므로 당연히 徐巡의 저작일 것이다. 그리고 『隋書』「經籍志」에 별도로 魏 徐邈의
    『尚書音』 1卷이 기록되어 있다.
17) 『經義考』에서는 漢人은 '音'을 짓지 않았다고 했는데, 이 說은 잘못인 것 같다.

외에도 정현은 일서 16편을 두루 섭렵하기도 했다.[18]

정현은 두림고문학파의 최후이자 최고의 학자이다. 그는 두림의 29편을 계승 전수하면서 동시에 일서 16편도 섭렵하였다. 경학 방면에서는 위굉·가규·마융 등의 두림고문학을 계승하는 한편으로 금문의 일부 경설經說 및 금문에서 중시한 참위설讖緯說도 함께 채택하여, 당시에 가장 완벽하다고 칭해진 『고문상서주』와, 공영달이 『상서정의』에서 항상 인용하던 『서찬書贊』, 그리고 군경群經에 대한 10여 종의 주석과 저술을 완성하였다.[19] 그리하여 정현은 마침내 한대 경학의 집대성자가 되었다.

위에서 언급된 인물들은 모두 동한의 유명한 학자들로, 그들의 노력을 통해 고문학이 크게 성행할 수 있었다. 금문은 비록 학관에 세워지긴 했지만 이미 경학으로서의 호소력을 상실하였기에 그 대오 속에는 금문학을 버리고 고문학으로 전향한 사람들도 있었다.

살펴보건대, 고문은 최초에 가규의 노력에 의해 흥기하였고, 최후에는 마융·정현에 의해 완성되었다. 『후한서』, 『가규전』에 다음의 기록이 있다.

> 숙종肅宗(章帝)이 즉위한 후 유술儒術에 뜻을 두었는데, 특히 『고문상서』·『좌씨전』을 좋아하였다. 건초建初 원년(AD 76) 가규를 불러 북궁北宮 백호관白虎觀에서 강의하게 하였다.…… 8년, 황제가 제유諸儒 가운데 학식이 높은 이들을 불러 모아 『좌씨』·『곡량춘추』·『고문상서』·『모시』 등을 배우게 했고, 이에 사경四經이 마침내 세상에 유행하였다.

또 「유림전」에서는 건초 연간에 학식이 높은 유생을 모아 4경을 수업했다고 하면서, "비록 학관을 세우지는 않았지만 모두 학식이 높은 이들을 선발하였다"라고 하였다. 「가규전」의 기록을 보면, 가규가 도참圖讖에서

---

18) 本章 제5절 참조.
19) 『後漢書』, 「鄭玄傳」에 鄭玄의 群經注釋 10種 및 著書 6種, 門人이 기록한 『鄭志』 등 수많은 저술들을 기록하고 있는데, 제8장 淸人의 輯佚에 관한 절에 보인다.

말한 "한왕조는 요堯의 후예로서 황제가 되는 것이 정당하다"는 설을 『좌전』을 이용해서 증명하자 황실이 고문경을 지지하게 되었고, 이로 인해 『고문상서』와 나머지 3경은 비록 학관에 세워지지는 않았지만 황실의 장려를 얻어 비로소 성행하게 되었다고 한다. 한말에 이르러 마·정의 주가 출현하고 특히 정현이 집대성한 저술들이 세상에 나오면서부터 고문은 금문을 압도하게 된다.[20]

이러한 고문전수관계를 요약한 <동한대 두림본 『고문상서』의 전수계보>를 그려 보면 다음과 같다.

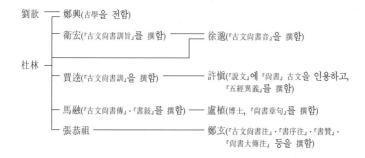

두림이 서주에서 얻은 『고문상서』는 1권이었는데, 이 1권이 몇 편인지는 설명이 없다. 『한서』 「예문지」의 "『금문상서』 경 29권"에 근거해 보면, 대·소하후씨의 『해고解詁』는 각 29편이고 구양씨는 「반경盤庚」 경문을 상중하 3편으로 나누었기 때문에 그의 『장구』는 31권이다. 당시의 편은 원래 권과 같다는 것을 알 수 있다. 『상서정의』 「요전」 제하에서도 "편은 곧 권이다"라고 하였지만, 여기서는 다시 "공안국이 전한 것은 모두 58편, 49권이다"라고도 하고 또 "「구공九共」 9편은 단권이다"라고도 하였으니, 후대의 1권은 여러 편을 포함했다는 것을 알 수 있다.[21] 그렇다면 두림이

---

20) 이 부분은 아래 제4절의 4)항에서 서술한다.

얻은 『고문상서』 1권은 1편이 아니면 2~3편에 불과했을 것이다. 그렇지만 사적史籍의 기록[22]에 의하면 두림이 전한 『고문상서』는 29편이다. 두림이 전한 이 판본은 이미 그가 얻은 칠서본漆書本의 편수를 초과하고 있는 것이다.

또 한 가지, 『고문상서』라고 칭해지는 것은 당시 유흠이 보았던 중비中秘에 소장된 것으로, 금문에 비해 일실된 16편이 더 있는 이른바 공벽본孔壁本을 말한다. 그러나 두림본에는 일서 16편 및 관련 전주傳注도 없다. 『상서정의』「요전」 제하에서는 마융의 『서서書敍』를 인용하여 "일실된 16편은 사설師說이 없다"라고 하였으므로, 두림 일파의 판본에는 확실히 16편이 없었다. 확실히 두림본은 서한대에 나타난 공씨본 『고문상서』가 아니라, 두림 자신이 독자적으로 전한 『고문상서』이다.

두림은 하서河西의 회랑에서 칠서고문漆書古文 1권을 얻었다고 밝혔는데, 이 1권은 당연히 서한 이래의 공씨본 『고문상서』로서 세간에 전해지던 당시의 진본 『고문상서』가 확실하다. 그런데 그 1권 속에는 단지 몇 편만이 들어 있었지만, 두림은 오히려 29편을 전했다. 이는 두림이 칠서고문본 1권의 자체字體가 어떠한지를 살펴 당시 공동으로 전습되어 오던 29편 금문을 모두 고문으로 고쳐 쓴 것으로, 바로 이렇게 해서 두림칠서고문본 29편이 완성된 것이 확실하다. 따라서 사실 이것은 고문으로 고쳐 쓴 금문일 뿐이다. 서한의 공안국이 고문을 금문으로 바꾸어 쓴 상황과는 상반되는 일이다. 이름만 고문이고 실제로는 금문인, 글자체만 고문일 뿐이었는데, 이때부터 유흠 이래 부러움을 샀던 공벽본孔壁本으로 사칭되었던 것이다.

---

21) 본래 竹簡에 써진 것을 篇이라 하고 縑帛에 써진 것을 卷이라 했는데, 이후 어디에 쓰였든 하나의 題目을 1篇이라 하고 일정 수량의 篇이 1卷의 簡이나 帛에 써진 것을 1卷이라 하였다.
22) 『隋書』「經籍志」의 저록이다.

『상서정의』「요전」 제하에서는 "정현이 주한 『상서』는······ 편수가 3가와 동일하였다······ 주석은 모두 가규·마융의 학과 같았고, 『고문상서』라고 제목 붙였으며, 편은 하후씨의 것과 같았지만 경의 글자는 많이 달랐다"라고 하여 이런 정황을 잘 서술하고 있다. 허신은 『설문』에서 공씨의 『서』와 맹씨의 『역』, 모씨의 『시』 등을 인용하면서 이들이 "모두 고문"이고 "고문은 공자벽중서孔子壁中書이다"라고 설명하고 있는데, 이는 동한대의 공통된 관점을 잘 보여 준다. 사실 허신은 동한 중기에 살았던 인물로서 근본적으로 서한 중기 때의 공씨본을 볼 수 없었고 그가 수록한 『상서』 고문은 29편을 넘지 않으므로, 그가 근거로 삼은 것은 바로 그의 스승 가규가 지은 『상서훈尙書訓』의 저본이 된 두림칠서고문본杜林漆書古文本이었음을 알 수 있다. 이것은 의심의 여지가 없고, 고힐강 또한 이 관점을 지지하고 있다. 가규 등이 두림칠서본을 공벽본의 전본傳本으로 간주했을 수도 있고 또 가치를 높이기 위해 고의로 공벽본이라고 강조했을 수도 있지만, 어쨌든 그 진상은 앞에서 서술한 바와 같이 두림본은 두림이 고문을 이용해 쓴 금문본이라는 사실이다.

제3절 동한대 『금문상서』와 『고문상서』의 분기

1. 문자 내용의 분기

두림이 금문을 고문으로 다시 써서 두림본을 만듦으로써 시간이 지날수록 적지 않은 분기와 착오가 발생하게 되었다. 이는 뒷날 당대唐代의 위포衛包가 당시 통용되던 서체인 해서楷書로 위고문僞古文을 예고정隷古定한 경우와 비슷했는데, 두림이 비록 『후한서』 본전에서 그리고 있듯이 그 학력이 위포에 비해 월등히 높았다고 하더라도 개사改寫 과정에서 분기와 착오를 면하기는 어려웠을 것이다. 더욱이 그의 판본이 전수되는 과정에서도 수없이 많은 필사 과정을 거쳐야 했기 때문에 분기와 착오는 더욱 많아졌을 것이다.

본래 금문본은 선진 문자를 예서로 고쳐 쓰는 과정에서 일부 글자의 예정隷定이 잘못되었다. 예를 들면, '문文'자의 경우 고문에 '심心'자가 들어 있었기 때문에 잘못 예정隷定하여 '녕寧'자로 되었고, '숙叔'자는 고문의 자형字形으로 인해 '조弔'자로 잘못 예정되었다. 또 3가 금문들이 전하며 베끼는 과정에서도 각 가의 문자들에 다시 적지 않은 차이와 착오가 나타나게 되었고, 거기에 다시 고문이 다른 판본으로 전해지는 과정을 거치면서 문자의 차이와 착오가 더욱 두드려졌다. 서한 후기 유향이 중비서中秘書와 3가 금문의 동이를 대교對校할 때에도 탈간脫簡과 탈자脫字,

착자錯字 등이 수없이 발견되었으며, 동한시기에 이르러서는 금·고문 간 문자의 차이는 더욱 심해졌다. 몇 가지 예를 들어 보겠다.

「고요모」편의 세 글자로 된 구절에 대해 금문 각 가에는 6가지 이문異文이 있다. 즉, "七始詠"(『漢書』「律曆志」), "七始訓"(『隋書』「律曆志」), "七始華"(漢 唐山夫人, 「房中歌」), "七始滑"(漢『熹平石經』殘石), "來始滑"(『史記』「夏本紀」), "朵政忽"(『史記索隱』「夏本紀」)이 그것으로, 정현의 고문본 주에서는 "在治智"로 썼고 후대의 위공본僞孔本은 또 "在治忽"로 잘못 적었다. 이 세 글자는 현재의 위본僞本에는 "予欲聞六律·五聲·八音·在治忽"로 쓰여 있다. "在治忽"은 뜻이 잘 통하지 않는데, 『상서대전』「우전虞傳」은 이와 관련된 문구를 해석하면서 "定以六律·五聲·八音·七始"라 하였고 정현의 주에서는 "칠시七始는 황종黃鐘·임종林鐘·태주大簇·남려南呂·고선姑洗·응종應鐘·유빈蕤賓이다"라고 하였다. 이는 모두 악률로, 원문은 확실히 "予欲聞六律·五聲·八音·七始詠"일 것이다. 따라서 『한서』「율력지」에서 인용한 금문이 정확하다. 일련의 오자가 출현하게 된 연유를 보면, 고주문자古籀文字에서는 '七'을 '十'로 썼는데 이것이 '十'으로 형와形訛되기 쉬웠으니 바로 '在'로 잘못 쓴 경우이다. 또 한간漢簡을 보면 한인들은 종종 '七'자 대신 '桼'자를 썼는데 이것은 '來'자로 형와되기 쉬웠으니 바로 '朵'자로 잘못 쓴 경우이다. 그리고 '始'자는 '治'로 형와되었다가 다시 의와義訛되어 '政'으로 쓰이게 되었고 '詠'은 '訓'으로 형와되었다가 다시 '華'·'滑'·'智' 등으로 음와音訛되는 등, 계속해서 기이한 분열이 나타나게 된 것이다. 한대 희평석경熹平石經은 금문의 이 구절을 그럴싸하게 새기는 과정에서 '滑'자를 잘못 썼고, 석경보다 앞서서 「하본기」는 한 서한금문본의 "來始滑"을 인용하였는데 전혀 통하지 않으며 고찰할 수도 없다. 그것은 애초에 한인들이 『상서』 원문의 대부분을 이해하지 못하여 그저 "來始滑"이라고 따라만 했을 뿐이기 때문이다.

다음은 「군석君奭」의 한 구절이다. 서한금문은 "周田觀文王之德"23)이라

했고, 동한 박사금문은 "厥亂勸寧王之德"24)이라 했으며, 동한 두림고문본의 정현 주는 "割申勸寧王之德"이라 했다. 기본적으로 정현이 근거한 두림고문이 정확하다. 다만, '割'은 '害'의 번체자로써 '盍'과 같으며 '何不'의 의미이고, '寧'자는 지금의 '之'와 똑같은데 오대징吳大澂은 『자설字說』에서 한인들은 고주古籀의 '文'자를 '寧'자로 잘못 예정했다고 한다.25) 이 문장의 원뜻은 "어찌 문왕의 덕을 거듭 펴지 않을 것인가?"(何不申勸文王之德)이다.

현존하는 위공본僞孔本 「반경盤庚」의 "今予其敷心腹腎腸, 歷告爾百姓"의 뜻은 아주 분명한데, 그 중의 '腹腎腸歷' 네 글자는 한대 금문들 사이에 두 개의 다른 기록이 있다. 하나는 '優賢颺歷'26)이고, 다른 하나는 '優賢揚歷'27)이다. 동한고문은 앞에 한 글자를 덧붙여 '心腹腎腸鬲'28)이라고 하였다. 당연히 고문본이 정확하다.29) 왜냐하면 이 문장은 반경盤庚이 마음(心腸)을 터놓고 '백성'에게 말한 것이기 때문이다. 금문본은 형태의 유사함으로 인해 오류를 범하였다.

이러한 문자의 차이와 더불어 내용 서술에서의 차이도 존재한다. 예를 들면 현존하는 「무일無逸」에 서술된 상대商代 세 명의 현왕은 중종中宗·고종高宗·조갑祖甲이지만, 희평석경에 의하면 구양씨본 금문에는 태종太宗·중종·고종으로 되어 있다고 한다. 이것은 유흠의 「의종묘례議宗廟禮」에 기록된 고문과 같다. 이를 통해 서한금문과 서한고문, 그리고 현재 전해지는 『위고문상서』 속의 동한고문 사이에는 동일한 편장이라 하더라도 적지 않은 차이가 있다는 사실을 알 수 있다.

---

23) 『禮記』, 「緇衣」.
24) 鄭玄 注에서 인용.
25) 古籀의 '文'자에는 가운데에 '心'자가 있었기 때문에 '寧'자로 誤認하였다.
26) 「漢成陽令唐扶碑」에서 인용.
27) 左思 『魏都賦』의 晉 劉淵林 注에서 인용.
28) 章炳麟의 『古文尚書拾遺定本』에 인용된 魏石經의 구절.
29) '鬲'字는 '歷'으로 써야 할 것이다.

서로 다른 부분이 많았기 때문에 서한대에 유향 부자가 중비본 고문과 당시 금문의 동이를 교정한 이후, 동한대에 이르러 다시 5차례에 걸쳐 오경 문자의 동이를 교정하는 작업이 진행되었다. 제1차는 『한서』 「서전敍傳」과 『후한서』 「가규전賈逵傳」에 실려 있는, 한 명제明帝 영평永平 연간에 반고와 가규가 난대蘭臺에서 비서秘書를 교정한 일로서, 이를 통해 가규는 『구양대소하후상서고문동이歐陽大小夏侯尚書古文同異』 1권을 완성할 수 있었다. 제2차는 『후한서』 「유진전劉珍傳」에 기록된 것으로, 한 안제安帝 영초永初 연간에 유진劉珍과 유도도劉騊駼, 마융 및 오경박사들에게 명하여 동관東觀의 오경과 제자서를 교정하게 함으로써 오탈자를 정리하고 문자를 시정한 것이었다. 제3차는 『후한서』 「복담전伏湛傳」에 실린, 한 순제順帝 영순永順 2년에 복무기伏無忌와 황경黃景에게 명하여 중서中書의 오경 및 제자백가서를 교정케 한 일이다. 제4차는 『후한서』 「유도전劉陶傳」에 실려 있는데, 유도劉陶는 환제 때 『상서』·『춘추』를 교정하면서 300여 문자를 시정하여 『중문상서中文尚書』 1권을 완성하였다. 마지막 제5차는 『후한서』 「여강전呂强傳」에 실린 기록으로, 그 내용은 다음과 같다.[30]

(한나라 靈帝 때) 모든 박사들이 갑을과甲乙科 시험으로 등위를 다투면서 서로 고발하게 되었고, 결국에는 뇌물로써 난대蘭臺의 칠서문자漆書文字를 자신의 문자로 맞추고자 하는 지경에 이르렀다. 이에 황제가 제유諸儒에게 돌에 오경의 문자를 새길 것을 알리면서 채옹蔡邕 등에게 문자를 시정하도록 하니, 이때부터 오경이 정해져 다툼이 사라지게 되었다.

이것이 바로 희평 연간에 새겨진 그 유명한 한석경漢石經으로, 이로써 금문 3가로 나뉘었던 문자가 구양씨 일가의 본으로 확정되었다. 여기에는 대·소하후 2가의 이문異文을 교정하여 『상서』 전경全經 뒤에 그 내용(校記)을

---

30) 『後漢書』 「蔡邕傳」에도 기록되어 있다.

붙여 두었는데, 그 '교기校記'의 잔석殘石이 근래에 출토되었다.[31] 당시 노식盧植은 고문경도 같이 각석刻石할 것을 주장했지만 성사되지 않았고,[32] 위대魏代에 이르러 귀척貴戚 왕숙王肅의 노력으로 정시正始 연간에 『상서』와 『춘추』의 고문경[33]을 새겨 위석경魏石經[34]을 완성하였다. 이렇게 해서 한대 금·고문 양가의 『상서』 문자가 관정官定으로 전해지게 되었다.[35]

2. 금·고문 양가 경설의 분기

경문의 문자적 분기 외에도 금·고문 양가의 경의經義 해석에서도 적지 않은 분기가 있었다. 비교적 이른 시기에 위굉, 가규 등은 당시에 의도적으로 금문가와 대립하면서 종종 금문가들의 해석과 다른 견해를 제기하였다. 그러다 마융 시기에 이르러 고문의 세력이 점점 자리를 잡게 되면서 고문의 해석들도 비교적 평이해져 갔다. 정현은 더더욱 고문을 위주로 하면서도 일부 금문설을 채용하고 심지어는 참위설까지 채용하기도 했는데, 이것은 그의 고문설을 넓히는 데 도움을 주었다. 이로 인해 정현의 학은 한대 경학의 집대성으로 평가받게 된다.

대체로 동한고문가의 전주傳注는 한 측면으로는 서한금문가들이 신학神學을 선양한 것과 마찬가지로 오행재이설로써 일정 부분을 해석하였다고 평가되고, 다른 한 측면으로는 이치와 동떨어진 공허하고 번쇄한 잡설雜說과는 확실히 다르다고 평가된다. 그들이 중점을 둔 부분은 성도왕공聖道王

---

31) 『考古學報』 1981年 2期에 수록된 許景元의 논문에 보인다.
32) 『後漢書』 「盧植傳」에 보인다.
33) 『左傳』 刻石은 완전하지 못했던 것 같다.
34) 蝌蚪文으로 불리는 古文과 篆·隷 등 모두 3體로 刻石되었다.
35) 兩 石經에 관한 내용은 졸저 『尙書與歷代石經』 참조.(北京師大 史學研究所 編, 『史學史研究』 1983年 3期 및 1984年 1期에 수록.)

功을 추숭하는 사상을 전제로 고문경古文經에 대한 수많은 문자를 훈고하고 기수명물器數名物·전장제도典章制度 등을 해석하는 작업이었기 때문에 학자들의 환영을 받을 수 있었다. 이것이 결국 고문가가 금문가를 이길 수 있었던 주요한 요인이다.

그러나 이들 고문가들도 당시 한대인들의 고문자에 대한 일반적인 이해 수준에서 훈고를 시도하였다는 한계를 면할 수 없는데, 한대에 알려진 사실들을 고려해 보면 전장제도·기수명물에 관한 서로 다른 해설들은 경문 해석의 방면에 새로운 분기를 촉진시켰다. 특히 정현은 조화를 좋아해서 서로 다른 내용의 자료, 심지어는 서로 모순되는 자료들까지도 절충시켜 하나의 설로 견강부회해 내었고, 결국 수많은 갈등을 초래하게 되었다. 특히 성도왕공聖道王功을 추숭하고 요·순·우·탕·문·무와 같은 '삼대성왕三代聖王'으로 세워진 선왕의 도, 이른바 '도통道統'을 수호하기 위해 그는 곳곳에서 존엄성 높은 『상서』를 인용하였다. 청대 손성연孫星衍의 다음과 같은 언급은 유가가 요·순·우·탕·문·무로 건립된 『상서』의 도통에 의지하는 심경을 충분히 설명해 준다.

> 전대에 설치된 오경박사는 주안점이 도통道統에 있었다.…… 도道는 경에 보존되어 통統하게 되며, 요·순·우·탕·문·무에 근본하고 있다.…… 『상서』가 전해지지 않았다면 도는 어디에 보존되었을 것이며, 통을 어떻게 서술할 수 있었겠는가?[36]

결국 한대인들은 『상서』를 해석하여 이 도통을 선양해야만 했다. 『상서』로써 성도왕공을 전한 고문가들은 자연스레 이러한 도를 '이제삼왕二帝三王' 자체에 귀결시켰고, 그로 인해 수많은 견강부회하는 설과 우스꽝스럽기까지 한 해설들이 출현하게 되었다. 가령 「요전」의 첫머리에 있는 "왈약계고제요日若稽古帝堯"의 구절을 보자. 원래 '왈약日若'은 발어사로서

---

36) 『平津館叢書』, 「建立伏博士始末」.

별다른 의미는 없으며, '계稽'는 탐구한다는 뜻이니 '계고稽古'란 곧 옛 시대를 살펴본다는 의미로서 이 구절에서는 '옛날의 제요帝堯'를 가리킨다. 이는 명백하게 후대가 옛날의 요堯의 역사를 거슬러 서술한다는 뜻이다. 그러나 고문가들은 이 성도왕공聖道王功이 요순 당시에 나왔다는 것을 말하기 위해 「요전」을 요임금 당시의 작품으로 보아야만 했다. 그래서 그들은 '계고稽古' 두 글자를 진력을 다해 곡해하기에 이른다. 마융은 '약若'을 순順의 의미로 보아 "요가 옛 도를 잘 살폈다"(堯順考古道)라고 해석하였다. 정현의 해석은 더욱 황당무계하다. 그는 '계稽'를 '동同'으로, '고古'를 '천天'으로 보아 "요의 공덕이 하늘과 마찬가지로 숭고하고 위대하다"라는 의미라고 해석하였는데, 이는 터무니없는 설명이다. 고문가들이 비록 문자훈고를 중시했다고는 하지만 그 훈고가 이와 같이 황당무계하다면, 경문을 곡해하고 경의를 잘못 해석한 것이 얼마나 많을지 짐작조차 할 수 없다.

이상은 서한금문가와 비교할 때 드러나는 동한고문가의 특징들이다.

어떤 구체적인 문제에 대한 금·고문 양가의 경설經說에 대해서는 동한의 허신이 펴낸 『오경이의五經異義』에서 비교적 상세하게 기록하고 있다. 다만 그는 고문설을 중심으로 서술하였고, 후대에 정현이 『박오경이의駁五經異義』를 펴내면서 금문가의 설을 채용하여 평의平議를 썼다. 이 두 책은 송대에 이미 산실되었고, 청대의 여러 학자들이 집록輯錄하였다.[37] 진수기陳壽祺·피석서皮錫瑞 두 학자는 각각 이 책에 대한 『소증疏證』을 썼다.[38] 이 두 책은 흩어진 것들을 비교적 상세하게 망라하고 있어, 그 속의 수많은 문제들에서 금·고문 양가의 서로 다른 설명을 볼 수 있다. 고힐강은 『고사변古史辨』 5책 「자서自序」에서 그 중의 비교적 중요한 11칙을 초록하였

---

37) 제8장 5절 4)의 (3)에 보인다.
38) 陳壽祺의 책은 『淸經解』에 수록되어 있고, 皮錫瑞의 책은 長沙刻本이다.

는데, 한대 금·고문 경설의 차이를 확인하기에 충분하다. 다만 그 가운데 『상서』와 관련된 것은 단 2칙이다. 2칙의 내용은 다음과 같다.

九族	금문	『禮』 戴說 및 『尙書』 歐陽說	九族에는 異姓도 속하는데, 父族 4, 母族 3, 妻族 2를 말한다.
	고문	『古文尙書』說	高祖에서 玄孫까지 九族으로, 모두 同姓이다.
三公	금문	『尙書』 夏侯·歐陽說	天子三公은 司徒, 司馬, 司空이다.
	고문	『周禮』說	天子는 三公을 세우는데, 太師, 太傅, 太保이다. 또 三少의 보좌를 세우는데, 少師, 少傅, 少保이다. 司徒·司馬 등의 관직까지 6卿에 속한다.

『오경이의』의 내용 속에서 다시 뽑은 것들은 다음과 같다.

天號	今文	『尙書』 歐陽說	봄은 昊天, 여름은 蒼天, 가을은 旻天, 겨울은 上天이다.
	古文	『古文尙書』說	존경하여 군왕으로 삼는 것은 皇天, 元氣가 廣大한 것은 昊天, 인자함이 불쌍한 백성을 덮어주는 것은 旻天, 위에서 아래로 살펴보는 것은 上天이다.
類祭	今文	『尙書』 夏侯·歐陽說	類는 하늘을 제사지내는 명칭이다. 事類로 제사지내는 것이다.
	古文	『古文尙書』說	제때가 아닌 祭天을 類라고 한다. "肆類於上帝"는 舜의 攝政을 알릴 때로, 일상적인 제사가 아니다.
六宗	今文	『尙書』 歐陽·夏侯說	六宗은 위로는 하늘에 이르지 않고 아래로는 땅에 미치지 않으며 두루 四時(四方)에 닿지 않고 中央에 머문다.
	古文	『古文尙書』說	六宗은 天地神의 존귀한 것으로, 天宗三은 日·月·星辰이고 地宗三은 岱山·河·海이다.
冠年	今文	『禮』 戴說	男子는 陽인데 陰에서 완성되므로 20세에 冠을 쓴다.
	古文	『古文尙書』說	成王은 14세에 弁을 썼다고 했는데, 밝은 지혜로 인해 이미 冠禮를 치룬 것이다.
		『左傳』說	歲星은 12년에 하늘을 一週하므로 人君은 나이 12세에 冠을 쓴다.
五服里數	今文	『尙書』 歐陽·夏侯說	中國은 사방 五千里이다.
	古文	『古文尙書』說	五服은 사방 五千里로서 그 거리가 萬里이다.
五臟五行	今文	『尙書』 歐陽說	肝은 木, 心은 火, 脾는 土, 肺는 金, 腎은 水이다.
	古文	『古文尙書』說	脾는 木, 肺는 火, 心은 土, 肝은 金, 腎은 水이다.

또한 피석서의 『경학통론經學通論』 중의 「서경書經」편에는 '「고문상서」의 설이 금문을 바꾸고 당우唐虞 삼대의 사실을 난잡하게 함'이라는 항목이 있는데, 여기에서도 금·고문 경설의 차이를 서술하고 있다. 모두 10칙으로 되어 있는데, 이 또한 자료 조사의 번거로움을 덜어 줄 수 있는 유용한 항목이다. 그 내용은 다음과 같다.

登庸	今文은 帝位에 오른 것이라고 하였고, 馬鄭古文은 六卿을 대신하는 것이라고 하였다.
我其試哉	今文에 "帝曰" 두 글자가 있으므로 堯가 한 말이다. 馬鄭本에는 "帝曰"이 없으므로 四嶽이 한 말이다.
殛鯀四凶	今文은 禹의 治水에 成功하기 이전이라고 하였고, 鄭玄은 禹의 治水가 끝난 후라고 하였다.
「盤庚」三篇	今文은 盤庚이 죽은 후 百姓이 그를 그리워하며 지은 것이라고 하였고, 鄭玄은 上篇은 盤庚이 신하의 신분일 때 작성된 것이고 中下篇은 君王이 된 후 작성된 것이라고 하였다.
微子謀於太師	今文은 太師·少師와 모의한 것으로 모두 樂官이라 하였고, 古文은 父師·少師라고 하였는데 鄭玄은 이에 덧붙여 父師는 箕子이고 少師는 比干이라고 하였다.
周公居東罪人斯得	今文은 居東은 東征이고, 罪人은 管·蔡·武庚이라 하였다. 古文은 居東은 동쪽의 管蔡에게로 피한 것이고, 罪人은 周公의 屬黨이라 하였다.
「金縢」	今文은 가을 수확 이후 成王이 周公을 장사지내려 하였으나 大風雨를 만나 金縢상자를 연 것이라고 하였다. 鄭玄은 당시 가을에 周公이 살아 있었으며, 동쪽으로 옮겨간 지 2년째 되는 가을이라고 하였다.
「多士」·「多方」	今文은 「多方」이 「多士」 다음에 와야 된다고 하였고, 鄭玄은 「多士」 다음에 오는 것은 옳지 않다고 하였다.
殷三宗	石經今文은 太宗·中宗·高宗이라 하였고, 古文은 高宗·中宗·祖甲이라 하였다.
「君奭」	今文은 召公이 周公이 군왕의 자리에 오르는 것을 탐탁지 않게 여긴 것이라고 하였고, 古文은 周公이 총애를 탐하는 것을 탐탁지 않게 여긴 것이라고 하였다.

이상의 예들은 금·고문 양가 학설의 차이가 크다는 것과, 당면한 문제에 대해 서로 다른 설명을 하고 있다는 것을 충분히 보여 준다. 양가의 다른 학설이 상서학의 이견과 갈등을 가져왔다는 사실을 알 수 있다. 어떤 경우에는 모종의 의도도 있었는데, 예를 들면 '구족九族'에 대한 해석에 있어 고문가의 학설은 봉건왕조의 구족을 주살하는 형벌에서 살육의 범위를 줄이기에 충분하였다. 또 어떤 경우는 당시 왕조 예제禮制의 필요성에 따라 각각 서로 다른 설명을 제출하기도 하였고, 어떤 경우는

각각의 서로 다른 이해로 인해 인식의 차이를 드러내기도 했으며, 어떤 경우는 아무런 의미 없는 의견대립일 뿐일 때도 있었다. 이는 결론적으로 양가가 목적하는 이념이 달랐기 때문에 초래된 것이었다. 앞에서도 언급한 바와 같이 한쪽에서는 신학神學을 선양하고 참위讖緯를 존신하여 오행재이五行災異로 모든 것을 해석함으로써 수많은 「홍범」 오행 관련 저작을 남겼고,[39] 다른 한쪽에서는 성도왕공聖道王功을 선양하여 선왕의 성덕대업聖德大業을 추켜세우고 참위를 불신하여 「홍범」 오행 관련 저작은 남기지 않았다. 이와 같은 기본적 차이에 따라 그들 사이에는 수많은 갈등이 나타나게 되었다.

이 외에도, 금문가의 경전 배열 순서는 『시』·『서』·『예』·『악』·『역』·『춘추』이고 고문가는 『역』·『서』·『시』·『예』·『악』·『춘추』이다. 또 금문가는 6경이 공자의 저작이며 부분적으로 공자가 산삭刪削했다고 말하고, 고문가는 주공이 창시하고 공자가 이어서 서술했다고 여긴다. 군경群經에 관한 것도 『상서』와 관련이 있기 때문에 여기에 덧붙여 둔다.

---

39) 제3장 3절의 1)에 보인다.

제4절 동한 금문경학과 고문경학의 대결

1. 고문이 학관에 세워지는 것을 반대함

앞에서 광무제가 한왕조를 중건한 이후 서한금문 14박사를 다시 세웠으며, 왕망 집권기에 세워진 「고문상서」· 「좌씨춘추」· 「모시」· 「일례逸禮」 등 4가의 고문을 완전히 폐출시켰다고 언급한 바 있다. 그러나 이들 4박사의 폐출은 한꺼번에 결정된 것이 아니었으며, 중간에 「좌전」을 일시적으로 세운 적도 있었는데 금문가들의 반대로 취소되었다. 고문 「좌전」을 세울 때 고문 「비씨역費氏易」도 함께 세우려고 했으나 이 역시 금문가들의 반대로 좌절되었다. 관련 사건이 실린 「후한서」의 기록은 다음과 같다.

「범승전范升傳」: 당시 상서령尙書令 한흠韓歆이 「비씨역」과 「좌전춘추」의 박사를 세우고자 하는 상소를 올리니 황제가 그 논의를 명하였다. 건무建武(光武帝의 연호) 4년(28) 정월, 아침에 공경대부와 박사가 운대雲臺에서 알현하였다. 황제가 "범 박사가 평가해 보시오" 하니, 범승이 일어나 아뢰기를 "「좌씨」는 공자를 비조로 하지 않고 좌구명左丘明으로부터 나왔는데, 사도司徒들이 서로 전수하였지만 그만한 사람이 없습니다. 또한 선제께서 보존하신 바가 아니니 세울 이유가 없습니다" 하였다. 마침내 한흠 및 태중대부太中大夫 허숙許淑 등이 서로 논박하였는데, 정오가 되어서야 끝이 났다. 범승이 물러나서 아뢰기를 "……근래 유사有司가 「경씨역京氏易」 박사 설치를 청하였는데 아래에서 잘못을 바로잡지 못하고 있습니다. 「경씨」가 세워지면 「비씨」가 원망하게 되고, 「좌씨춘추」도 다시 전례를 들어 설치를 바라게 될 것입니다. 『경』·『비』가 행해진다면 그 다음은 『고씨高氏』·『춘추』의 가家들이 되고, 또 그 다음은 『추騶』·『협夾』이 될 것입니다. 만약 『좌씨』와 『비씨』를 박사로 세우면 『고씨』·『추』·『협』의 5경은 특이하여 서로 설립을 주장하게 될 것이고, 각자가 고집하는 바가 있어 서로 다른 점을 다투게 될 것이니, 이를 따르신다면 도를 잃게 될 것이요, 따르지 않으신다면 사람을 잃게 될 것입니다.…… 지금 『비』·『좌』 두 학문은 본사本師가 없이 거의 모두가 기이한 것들로서, 선제께서 이전에 여기에 대해 의심이 없으셨기 때문에 『경씨』가 비록 세워지긴 했지만 곧바로 폐해졌습니다.…… 지금 폐하께서 천하를 다스리심에 기강이 아직 정해지지 않아 비록 학관을 세웠지만 제자가 없습니다.…… 『좌』·『비』를 설치하는 것은 급한 일이 아닌 줄 아룁니다.…… 『좌씨』의 잘못이 모두 14가지나 됩니다." 이러한 비난은 태사공이 『좌씨』를 많이 인용했다는 데서 나온 것인데, 다시 범승은 오경을 위배하고 공자의 말씀을 억단했다는 등의 31가지 사실을 거론하며 『좌씨춘추』를 존치해서는 안 된다고 상소하였다. 이하 박사들에게 알렸다.

『진원전陳元傳』: 건무 초에 진원陳元은 환담·두림·정흥 등과 함께 학문의 대가가 되었다. 당시 『좌씨전』을 세우고자 하는 논의가 있었는데, 박사 범승이 『좌씨』는 천박하여 학관에 세울 수 없다고 아뢰었다. 진원이 전해 듣고 곧바로 조정으로 달려가 상소하였다. "신은 박사 범승 등이 올린, 『좌씨춘추』를 세울 수 없으며 태사공이 45가지 사실을 엉터리로 적었다는 상소를 들었습니다. 범승 등의 말은 앞뒤가 서로 맞지 않으며 모두 저급한 문자들로 재단하여 함부로 모함하고 있습니다.…… 또 범승 등은 '선제께서 『좌씨』를 경으로 인정하지 않았기 때문에 박사를 설치하지 않았던 것이므로 후주도 마땅히 그것을 따라야 한다'라고 했습니다.…… 선제나 후제나 각각 세우는 바가 있는 것이니 반드시 따를 필요는 없습니다." 이런 글로써 아뢰니 황제가 그 논의를 명하였다. 범승이 다시 진원과 서로 논박한 것이 10가지가 넘었으니, 마침내 황제는 『좌씨』를 세웠다. 태상太常이 박사 4명을 선발하였는데, 진원이 첫 번째였다. 황제는 진원이 새로운 분쟁거리가 된다고 여겨 그 다음으로 사예종사司隸從事 이봉李封을 등용하였다. 그로부터 제유諸儒들이 『좌씨』의 설립에 대해 시끄럽게 논의하였고, 공경 이하들이 수차례 조정에서 논쟁하였다. 이봉이 병들어 죽자 『좌씨』는 다시 폐지되었다.

금문가들이 많은 세력을 동원해서 고문이 학관에 세워지는 것을 반대했음을 알 수 있다. 고문이 폐지된 이후에도 그들의 반대는 여전히 계속되었다. 「유림전·이육전李育傳」에 다음과 같은 기록이 있다.

이육李育은 어려서 『공양춘추』를 배웠는데, 제법 고학古學을 섭렵하였다. 일찍이 『좌씨전』을 읽고 그 문채를 즐거워했으나 성인의 깊은 뜻을 얻지 못했다고 말했다. 이전에 진원과 범승의 무리들이 서로 배척하며 싸웠는데, 도참圖讖을 많이 인용하고 이치에 근거하지 않았다. 이에 「난좌씨의難左氏義」 41사事를 지었다. 이후 박사에 배열되었다. (建初) 4년, 백호관白虎觀에서 제유와 오경을 논의하였다. 이육은 『공양』의 의의로 가규와 변론하였는데, 오고가는 변론들이 모두 이치에 맞았다.

또한 「가규전賈逵傳」에도 다음과 같이 기록하고 있다.

광무황제 때에 이르러 독견獨見의 밝음을 떨쳐 『좌씨』·『곡량』을 일으켜 세웠는데, 2가의 선사先師들이 도참에 밝지 못하여 중도에 폐하게 되었다.

도참학圖讖學의 정신이 바로 금문학의 정신이었으니, 금문학은 줄곧 고문학을 배척하였다. 장제章帝(75~88 재위) 시기에 이르러 금·고문이 한판 결전을 벌이는 백호관白虎觀회의가 거행되었다.

2. 백호관회의에서 고문을 배척함

당시 고문경학이 점차 발전하여 문자와 경설 양 방면에서 금문학과 맞서 새로운 학설을 제기하게 된다. 이에 금문학은 서한시기에 황권皇權의 힘을 빌려 유흠이 창도한 고문경을 타도했던 것과 같이, 황제가 직접 금문학을 지지함으로써 사상과 문화 방면에서 자신들의 통치 지위가 유지될 수 있기를 바랐다. 그 방법은 바로 석거각石渠閣 때와 같은 회의를 여는 것이었다. 그리하여 선제宣帝 감로甘露 3년(BC 51)에 열렸던 전례를 본받아 장제 건초 4년(AD 79)에 백호관白虎觀회의가 개최되었다. 다만 석거 각회의가 금문학 내부의 각 파별의 차이를 변론해서 가법이 될 수 있는 것들을 가려내는 데 목적이 있었다면, 백호관회의는 금문과 고문 양가의 차이를 변별해서 고문가의 학설을 부정하는 데 목적이 있었다.

『후한서』「양종전楊終傳」에 다음과 같은 기록이 전한다.

난대蘭臺(經籍收藏廳)에 부름을 받아 교서랑校書郞에 제수되었다.…… 양종楊終이 또 말하기를 "선제宣帝께서는 뭇 유자들을 널리 징발하여 석거각에서 오경을 논정하게 하셨습니다. 이제 천하에 일이 없고 학자들은 학업을 이루었습니다. 장구에 집착하는 무리들은 그 요지를 파괴하고 있으니 마땅히 석거의 고사와 같이 해서 영원히 후대의 법칙으로 삼아야 합니다"라고 하였다. 이에 제유들이 백호관에서 동이를 논정하였다. 양종이 옥사에 연루되었는데, 박사 조박趙博, 교서랑 반고·가규 등이 양종에게 『춘추』를 배웠고 그의 학문이 깊다는 이유로 표表를 올려 탄원하였다.…… 바로 풀려나 백호관에서 같이할 수 있었다.

또 「정홍전丁鴻傳」에는 다음과 같이 전한다.

정홍丁鴻은…… 환영桓榮에게서 구양씨의 『상서』를 배웠고…… 박사와 같은 예우를 받았다.…… 건초 4년,…… 숙종肅宗이 정홍과 광평왕廣平王 유선劉羨 및 태상太常 누망樓望, 소부少府 성봉成封, 둔기교위屯騎校尉 환욱桓郁, 위사령衛士令 가규賈逵 등의 제유를 불러 북궁 백호관에서 오경의 동이를 논정하게 하였다. 오관중랑장 五官中郞將 위응魏應에게 토론을 주관하게 하였는데, 시중 순우공淳于恭이 황제에 게 아뢰니 황제가 친히 토론에 임하여 결정하였다. 정홍이 재능이 많고 변론이 가장 명확하여 제유들이 칭찬하였다.

또 「노공전魯恭傳」에서는 "태학太學에 있으면서 『노시魯詩』를 배웠다.……
숙종이 백호관에 제유들을 소집하니, 노공은 특별히 경전에 밝아 징집되
어 함께 논의했다"라고 하였고, 앞서 보았듯이 「이육전」에서는 "이후
박사에 제수되었다. 4년에 제유들과 더불어 백호관에서 오경을 논정했는
데, 이육은 『공양』의 의의를 가규와 변론하였다"라고 하였다.

이상 당시에 백호관회의에 참가했던 유생들의 전기를 통해 당시의
정황을 확인할 수 있다.

『후한서』「장제기章帝紀」 건초 4년에는 다음과 같은 기록이 있다.

> 중원中元 원년(56) 조서를 내려 오경의 장구가 너무 번잡하므로 의논해서 이를
> 줄이도록 하라고 명하였다. 영평永平 원년(58)에 이르러 장수교위長水校尉 조감曹儵가
> 아뢰기를 "선제先帝의 대업은 때에 맞춰 잘 시행되었습니다. 제유들에게 경의를
> 함께 바루게 하면 학자들이 스스로 할 것입니다"라고 하였다.…… 이에 태상太常에
> 게 하교하였다. "장차 대부·박사·의랑議郎·낭관郎官 및 제생제유諸生諸儒들에
> 게 백호관에 모여 오경의 동이를 강론하게 하라." 이에 오관중랑장 위응에게
> 토론을 주관하게 하였는데, 시중 순우공淳于恭이 황제에게 아뢰니 황제가 친히
> 토론에 임하여 결정하였고, 효선제孝宣帝의 감로 석거각의 고사 때와 같이
> 『백호의주白虎議奏』를 지었다.

「유림전」에도 역시 "건초 연간에 제유들이 백호관에 모여 동이를 고찰함
이 수개월 동안 지속되었다. 숙종이 친히 토론에 참석하였고, 석거의
고사와 같이 사신史臣에게 『통의通議』를 짓게 하였다"라는 기록이 있다.

『백호의주白虎議奏』란, 석거각회의 이후에 임존林尊과 구양지여歐陽地餘가
편찬했던 『상서의주尙書議奏』와 같이 회의의 결론을 종합해서 황제에게
보고하기 위해 편성한 것이었다. 「유림전」에서 말한 '사신'은 바로 반고이
고, '통의'는 『의주議奏』를 가리킨다. 『후한서』「반고전」에 "천자가 제유들
을 불러 모아 오경을 강론하게 하여 『백호통덕론白虎通德論』을 짓고, 반고에

게 그 사실을 찬집하게 했다"라고 이 사건을 기록하고 있다. 이 책의 원제는 『백호통덕론』이고, 확실히 반고가 엮은 것이다.[40] 다만 『수서』 「경적지」에는 『백호통』 6권이라 되어 있고, 『당서』 「예문지」는 『백호통의』 6권이라 하여 『후한서』 「유림전」의 원명을 유지하면서 반고가 찬하였다는 것을 밝혔다. 청대에 유전된 판본들은 모두 다 『백호통』이라고 이름 붙여졌고, 그 권수에 대해서는 『직재서록해제直齋書錄解題』에서는 10권 44문門(篇)이라 하고 『숭문총목崇文總目』에서도 10권 44편[41]이라 하였으며, 『사고전서총목』에서는 4권 44편이라 하였다. 현재 볼 수 있는 진립陳立의 『소증疏證』본은 12권 49편이다. 이 책은 봉건사회의 예제·정치·입법·제사·군사·형상刑賞·윤리·사회 등의 문제에 관한 금문가의 학설을 천명한 것으로, 음양오행설의 지도 아래 확립된 복생·동중서·하후시창 이래의 금문 유학사상을 집성한 책이라고 할 수 있다. 당시 금문가들은 금문경학설의 기본 요지를 보존하고 황제의 흠정欽定을 통해 경학정론經學定論을 이루고자 시도하였으니, 이 책은 금문가들이 고문경학의 흥기에 반격하기 위해 만든 금문 오경학설의 총칙이었다.

한편, 『후한서』·『수서』·『신당서』 등에 기재된 동한시기의 오경총의五經總義 저작(『경의고』에 집록)에 따르면 패헌왕沛獻王 유보劉輔의 『오경통론五經通論』이 있었는데, 패헌왕 당시에는 『패왕통론沛王通論』으로 불렸다. 또 조포曹褒의 『오경통의五經通義』 12편과 장하張遐의 『오경통의』 등도 앞부분에서는 허신의 『오경이의五經異議』와 정현의 『박오경이의駁五經異議』를 적지 않게 인용하고 있다. 이들 저작은 대체로 당시 금·고문 두 학파가 오경의 경의를 변론하는 풍조에서 써진 것이었다. 안타까운 것은 허신과 정현의 책만 집본으로나마 겨우 전하고 나머지는 모두 실전되었다는 점이다.

---

40) 班固는 班伯의 姪孫으로 家學을 이어 小夏侯氏 今文을 傳習하였다.
41) "四十四篇"이라는 구절 중 앞의 '四'자가 빠져 있다.

3. 금문경학의 몰락

비록 금문경학이 전력을 다해 고문경학을 반격했지만 이미 금문학파의 몰락은 심각한 상태에 이르러 있었다. 금문경사手文經師들의 머릿속에는 관록을 받지 못하고 있을 때는 관록을 얻기 위해 다투고 관록을 받은 후에는 최선을 다해 그 관록을 지킨다는 생각밖에 없었다. 유명한 금문 대가 환영桓榮의 일족은 조손 3대가 모두 황제에게 경을 전한 스승으로서 녹을 받으며 자리를 지킨 전형적인 속된 신하였다. 환영은 "공손함이 넘치는 사람"으로 일컬어졌는데, 황제가 희귀한 열매를 상으로 내리자 "받은 사람이 다 품고만 있었는데 오직 환영만은 손을 들어 올리며 절을 했으며", 벼슬이 올라 황제가 수레와 말을 상으로 내리자 그것을 정원에 세워 두고 제자들을 불러 모아 "오늘 입은 은혜는 옛것을 돌아본稽古 덕분이다"라고 자랑했다고 한다. '계고稽古'란 바로 『상서』를 가리킨다. 그는 『상서』를 공부한 덕에 공명功名과 관록을 받았다고 우쭐거렸던 것이 다. 당시 환영은 저명한 경사였는데도 이와 같았으니, 그에 미치지 못하는 일반적인 금문경사들의 태도 또한 상상이 간다.

금문경사 집단의 부패는 금문경학의 몰락을 의미한다. 『후한서』「유림 전」에서는 다음과 같이 기록하고 있다.

> 안제安帝(106~125 재위)가 정사를 돌본 이후로 예문藝文을 중시하지 않으니, 박사들은 강좌를 개설하지 않고 문도들은 서로 눈치만 보다 흩어졌으며 학교는 폐허가 되어 풀들만 가득했다.…… 순제順帝(125~144 재위)가 적포翟酺의 진언에 감명 받아 학교를 중수重修하였다.…… 이때부터 외지에서 몰려든 학생이 3만여 명에 이르게 되었으나, 장구가 점점 소홀해지는 데다 더욱이 대부분 허황되고 부실한 것만을 숭상하여 유자의 기풍이 점점 쇠퇴해져 갔다.

이는 서한대 이래로 학관에 신학神學을 세우고 사상계를 영도해 오던 금문경학의 말기 풍경이다. 당연히 그들은 이제 생기도 사그라졌으며, 동한 중엽 이후로는 계급모순의 악화로 인해 조성된 경제위기와 정치위기를 헤쳐 나가야 할 만신창이가 된 정권을 보좌하는 직무도 제대로 수행할 수 없었다.

이런 상황에서 고문가들은 금문경사를 무시하면서 걸핏하면 '속유俗儒'라고 비웃었다. 비교적 이른 시기의 왕충王充의 경우, 그는 『논형』 「정설正說」편에서 "어떤 사람들은 공자가 (금문) 29편을 선별했고 그 29편에만 법도가 있다고 하는데, 이는 속유의 말이다"라고 하여 29편을 칭송하는 금문가들을 속유라고 기롱하였다. 비교적 늦은 시기의 것을 보면, 『경전석문』에서는 「주고酒誥」의 "왕약왈王若曰" 구절에 대해 마융의 설을 인용하여 "속유들은 성왕成王의 골격이 비로소 완성되었기 때문에 성왕이라 한 것이라고 주장했다"라고 하였고, 『상서정의』에는 "마·정·왕의 본과 3가의 글을 두루 살펴보면 '성成'자가 있다. 정현은 '성왕은 도를 완성한 왕을 말한다' 하였고 3가는 '왕이 나이가 들어 골격이 완성된 것이다' 하였다"라고 하였다. 그리고 단옥재는 이를 근거로 『고문상서찬이古文尚書撰異』에서 "살펴보건대, 마융이 말한 속유는 3가를 가리킨다"라고 하였다. 또 『상서정의』 「우서虞書」 제하에 인용된 정현의 『서찬書贊』에서는 "구양씨는 그 본의를 잃었으니, 지금 그것이 없어진 것이 안타까우나 오히려 다시 의혹이 드는 것은 어쩔 수 없다"라고 하였다. 이 역시 속유인 금문박사들에게서는 취할 것이 없다는 점을 지적한 말이다. 왕충·마융·정현 등은 금문가들을 '속유'로 간주하여 무시했다는 것을 알 수 있다.

금문경학 자체는 이미 위기에 빠진 한왕조를 돕기에 역부족이었다. 금문경학은 당시 제왕들이 도참을 중시하는 경향을 이용하여 자신들의 신학화 측면을 더욱 나쁜 방향으로 발전시켰다. 그들은 왕망 이래의 재이·부명符命·도참 등의 활동을 계승함으로써, 음양오행설과 같이 원래는 신학적 요소에 속하는 것들을 노골적으로 재이를 따지고 미신을 따르는 참위讖緯 수준으로 떨어뜨렸다. 이는 앞서 금문경학의 특징을 서술하면서 이미 나온 내용들이다. 금문경학의 이런 특징은 방사들과 방사화된 유생들이 합류한 후에 변화된 것들이다. 그들은 간단한 예언도 참에서 진일보하여 위서緯書를 펴내기에 이르는데, 경위經緯관계로 보자면 위서는 경서로 인해 성립된 것이었다. 그들은 또한 공자가 육경을 편찬할 당시 다른 사람들이 그 심오한 의의를 알아차리지 못할까 염려하여 특별히 매 경마다 각종 위서를 써서 명확히 해 두었다는 말까지 만들어 내었으며, 일부 위서는 황제黃帝·문왕文王 등의 성왕들이 쓴 것이라고도 하였다. 그들은 음양오행설과 결합한 재이설을 십분 활용하여 요망한 설들로 만들어 냄으로써 급기야 통치자의 신용을 얻게 되었으며, 오히려 그것들을 유경儒經보다 더 숭상하는 지경에 이르렀다.[42)]

금문가들은 통치자의 요구에 영합하여 각종 천박한 미신활동을 통해 한나라 정권이 위기 속에서 위안과 희망을 찾을 수 있도록 도모하였다. 이에 음양오행설 테두리 속의 서한대 금문경학은 어리석고 요망한 참위라는 테두리 속의 동한대 금문경학으로 바뀌어 갔다. 금문경학의 활동이 극성기를 지나 난장판을 이루게 되자 자연스레 정상적인 생각을 가진 금문가들이 기본적인 신념을 잃게 되기도 했지만, 이와 더불어 "공자는 괴력난신怪力亂神을 말하지 않았다"는 정통적 유가관념을 지닌 지식인들이 반감을 보이게 되기도 하였다. 앞에서 언급했듯이 고문의 여러 대사들이 참위를 반대했던 것도 그런 표현 가운데 하나였다. 이에 금문경학은 비록 여전히 학관의 지위에 있었다 하더라도 몰락이 불가피하였다.

---

42) 자신들이 존숭하는 것을 '內學'이라 하고, 儒經을 폄척하여 外學이라 불렀다. 그런데 緯書 중에는 요망한 설들도 많지만 先秦 이래 한대까지 발전되어 온 天文曆法과 관련된 귀중한 과학기술 자료들도 적지 않게 보존되어 있다.

4. 고문경학이 금문의 참위를 무너뜨리고 정통의 자리에 오르다

신학의 시녀가 되고 참위의 외학外學으로 전락한 금문경학의 몰락과는 반대로, 고문경학은 정통유학이 창도한 요·순·우·탕·문·무의 '성도왕공聖道王功'의 정신을 회복시킴으로써 흥기를 맞게 된다. 그들은 재빨리 주공·공자가 전한 성왕의 '인의정도仁義正道'를 구하여, 삼대三代의 각종 전장제도·기수명물器數名物·예악성교禮樂聲敎를 진력으로 추구하였다. 특히 동한 중기 이후 외척과 환관 두 집단으로 대표되는 전횡세력들이 토지를 겸병하고 정권을 농단하며 백성을 착취하는 등 날로 사회적 모순과 정치적 위기가 심화되어 가자, 고문가들은 모순과 위기의 극복을 위해 지치至治를 힘써 구하고자 하였다. 그들은 공맹의 정통유학으로 경서를 밝혀내어 시폐를 구원하고자 고문경에 대해 금문과는 완전히 다른 해설들을 수없이 창출해 내었고, 시간이 흐르면서 그 학설이 점차 대세를 이루게 되었다. 『후한서』 「정현전」에서는 "광무의 중흥 이후 범승范升·진원陳元·이육李育·가규賈逵의 무리들이 고금학古今學논쟁을 벌였다. 이후 마융의 「답북지태수유괴答北地太守劉瓌」 및 정현의 「답하휴答何休」가 나왔는데, 의리에 근거가 있고 깊었기 때문에 고학이 마침내 밝게 드러났다"라고 하였으니, 고문학은 금문학에 맞선 진원·가규 등의 논쟁을 거쳐 마융·정현의 논리적이고 심도 있는 논저를 통해 마침내 승리를 쟁취할 수 있었다.[43]

고문경학이 금문경학에 비해 뛰어난 점 가운데 가장 의미 있는 부분은 바로 참위를 극력 배척하였다는 사실이다. 당시의 유명한 고문학가들은 모두 참위를 반대하였다. 『후한서』 「환담전桓譚傳」에 의하면, 환담은 "고학을 좋아하고,…… 속유(금문가)들을 비방"하며 고문 『좌씨전』을 추숭한 학자

---

43) 이 부분은 앞서 杜林古文學을 서술하면서 이미 언급하였다.

였는데 광무제에게 다음과 같은 소를 올린 바 있었다.

> 선왕이 기술한 것을 보면 모두 인의정도仁義正道를 근본으로 삼고 있지, 해괴하고
> 요망한 일들은 없습니다.…… 지금 얄팍한 지식과 작은 재주를 가진 몇 사람이
> 圖書(하도·낙서)를 더하고 빼고는 참기讖記라고 고쳐 부르면서 기만과 사악함으로
> 인주人主를 끌어들이고 있습니다.…… 폐하께서는 마땅히 올바른 말에 귀를 기울
> 이시어, 성왕의 지혜로써 군소群小의 곡해된 말들을 물리치시고 오경의 바른
> 의리를 펼치십시오.

이에 대한 광무제의 반응은 좋지 않았다. 한번은 광무제가 참서讖書에
근거해서 영대靈臺를 세울 곳을 결정하는 일에 대해 환담에게 물었는데,
환담이 "신은 참서를 읽지 않습니다", "참서는 경이 아닙니다"라고 극언을
서슴지 않자 광무제가 대로하여 환담을 죽이려 했다. 결국 환담은 피가
흐르도록 바닥에 머리를 찧으며 용서를 구한 이후에야 죽음을 면할
수 있었다. 「정흥전鄭興傳」에도 유사한 기록이 있다. 광무제가 참서에 근거
하여 교사郊祀를 정하는 일에 대해 정흥에게 물었는데 정흥 또한 "신은
참서를 읽지 않습니다"라고 하니, 광무제가 버럭 화를 내며 "그대는 참서를
반대하는가?"라고 물었다. 정흥은 다급하게 "신은 책에서 아직 배우지
못했다는 것이지 비난한 것이 아닙니다"라고 변명하여 겨우 죄를 면할
수 있었다. 또 「윤민전尹敏傳」에는 다음과 같은 기록이 있다. 광무제가
윤민에게 왕망의 참문讖文과 관련된 것을 삭제토록 하면서 도참을 교정할
것을 명하니, 윤민은 "참서는 성인이 지은 것이 아닙니다. 그 중의 대부분은
비속한 글자와 말로 되어 있으니 후생들에게 오해를 줄 수 있습니다"라고
하였다. 그러나 광무제는 여전히 교정할 것을 명하였고, 결국 그는 농담이
나 다름없는, 자신에게 유리한 참문인 "군君자에 입(口)이 없는 것이 한왕조
를 받드는 대신大臣이다"(君無口, 爲漢輔)라는 문장을 삽입하기에 이른다. 광무

제도 그의 죄를 물을 수 없었다. 이상은 통치자 광무제가 참위를 매우 중시하던 동한 초기에도 적지 않은 고문가들이 감히 참위에 반대의 의사를 표명한 사례들이다.

장제 때에 이르러, 가규는 일찍이 참문들 속에서 서로 모순이 되는 30여 개의 사건을 가려내어 참위를 선양하는 사람들을 질책하였는데, 그 누구도 대답하지 못했다. 이 일은 「장형전張衡傳」에 실려 있다. 또한 「장형전」에는 한 순제順帝 때에 "오경에 달통하고 육예를 꿰고 있는" 합리적 사고를 지닌 장형이 도참을 근절할 것을 상소한 내용을 기록하고 있다. 그 내용은 다음과 같다.

이 모두가 세상을 속이고 풍속을 어지럽히는 자들이니, 우매한 도참으로 지위를 구하고자 하면 그 진위眞僞가 드러나게 마련입니다……마땅히 도참서를 소장하는 것을 일절 금지하면 정사正邪에 혼동이 없어지고 전적典籍에도 하자가 없어질 것입니다.

이에 순제는 그를 벌하지 않고 오히려 자신의 휘하로 받아들여 간언하게 하였다. 한편, 마융은 「상서서尙書序」 중의 금문 「태서太誓」에는 선진 「태서」의 문구가 없다는 점을 지적함과 동시에 다음과 같은 말로써 신학사상으로 편조된 금문경 자체를 직접적으로 비난하고 있다.

「태서」는 뒤에 얻어졌는데, 그 글을 살펴보면 깊이가 없는 것 같다. 또한 "8백 제후가 부르지 않아도 스스로 모여들었는데, 원래 같은 날을 기약하지도 않았고 같은 말을 도모하지도 않았다"(八百諸侯不召自來, 不期同時, 不謀同辭)와 "불이 위에서 뒤덮어 무왕의 거처에 이르자 독수리로 변하였는데, 다섯 마리가 곡식을 물고 있었으므로 이에 거병하였다"(火複於上, 至於王屋, 流爲雕, 至五, 以穀俱來, 擧火) 같은 말들은 신비롭고 괴이하니 '공자가 말하지 않은 것'(子所不語)에 해당하는 것이 아닌가?

방사화된 금문 유생들에 의해 제창된 참위가 고문가의 폭로로 인해 지식인들의 버림을 받고 금문경학 역시 나날이 그 세력을 잃어 간 반면, 고문경학은 마침내 동한의 학술계를 점령하여 '성도왕공聖道王功'을 추숭하고 전장제도典章制度에 관심을 가진 유학사상으로서 사회·정치적으로 위기에 봉착한 동한왕조를 구하였으니, 이는 정신적인 측면에서 기인한 작용이었음을 알 수 있다.

제5절 금·고문 『상서』 편목의 차이

전해지는 자료를 근거로 해서 이미 앞에서 서한 『금문상서』는 29편이고, 서한 『고문상서』는 29편에다 일실된 16편을 더한 45편임을 명기하였다. 유향·유흠 부자가 황가의 중비장서中秘藏書를 정리할 때 금문·고문 두 『상서』가 유흠이 정리해서 만든 목록집 『칠략七略』 속에 들어가게 되었다. 동한에 이르러, 반고가 찬한 『한서』 「예문지」에서 『칠략』에 실린 전체 목록을 초록하였다. 이 중 『상서』와 관련 있는 부분은 "경經 29권"이라 하여 『금문상서』를 가리킨 부분과, "상서고문경 46권"이라 하여 『고문상서』의 45편에 「상서서」를 추가하여 1권으로 한 부분이다.[44] 고문 46권은 중비中秘에 소장된 공안국가전본孔安國家傳本으로, 유흠이 공자벽중본孔子壁中本이라고 불렸던 판본이다.

『상서정의』 「우서虞書」 제하의 주에는 유향의 『별록別錄』에 근거하여 『고문상서』 58편을 기록해 두었고, 또 『태평어람太平御覽』 권608에는 환담桓譚의 『신론新論』을 인용하여 "『고문상서』는 예전에 45권 58편이 있었다"라고 한 기록이 있다. 45권은 공씨고문의 원래 편수로서 「상서서」를 더하지 않은 것이고, 58편은 29편이 나뉘어 34편[45]으로 된 것과 일실된 16편이

---

44) 『釋文』에 "馬·鄭의 門徒들이 百篇의 序를 묶어 1卷으로 만들었다" 하였는데, 기록들을 종합해 보면 1卷으로 만든 것은 馬·鄭에서 시작된 것이 아닌 것 같다.

45) 魏石經은 馬鄭本으로 써진 것이기 때문에, 「盤庚」·「太誓」가 각 3편씩이고 또 「顧命」에서 「康王之誥」가 분리되어 34篇이 되었음을 알 수 있다.

나뉘어 24편[46])으로 된 것을 합친 편수이다. 그리고 『한서』 「예문지」에서는 "『상서고문경』 46권" 아래에 "57편이다"라고 적고 있는데, 안사고顔師古는 주에서 정현의 『서찬書贊』을 인용하여 "이후에 다시 1편이 망실되었기 때문에 57편이 되었다"라고 하였다. 살펴보건대, 『상서정의』 「무성武成」에서 정현 주를 인용하여 "「무성」은 일서逸書인데, 건무建武 연간에 망실되었다"라고 하였으니, 원래 58편에서 「무성」 1편이 없어진 것이다. 서한 때 중비에 소장된 공씨본 『고문상서』는 유흠의 저록에 의하면 45권 58편이었고, 동한 초기에 「무성」 1편이 망실되었음을 알 수 있다.

동한 때 민간에 전해진 『고문상서』는 두림칠서본杜林漆書本으로, 그 편목은 금문 29편과 완전 똑같았다. 제가諸家의 전습傳習 이후 이것을 당시에는 공벽본孔壁本이라 했는데, 이는 잘못 알려졌거나 고의로 공벽본을 자처한 것이다. 위굉·가규·마융·정현 등이 주석한 것도 두림 29편본이었다. 『상서정의』 「우서」 제하의 기록에 의하면, 정현 역시 두림본 29편을 나누어 34편으로 만들었는데, 「반경盤庚」·「태서太誓」를 각각 3편으로 나누고 또 「고명顧命」에서 「강왕지고康王之誥」를 분리하여 모두 5편이 더 많게 만들었다고 한다. 유향의 중비본이 이미 이와 같이 나눈 바 있다. 이것이 바로 위·가·마·정이 전한 두림 29편 『고문상서』본의 실제 편목이다.

마·정 등이 주석한 두림본 고문은 단지 29편을 나눈 34편뿐이었으며, 그 외의 다른 편목은 없다. 본래 고문의 일실된 16편에 대해 마융은 "사설師說이 끊어졌다"(絶無師說)라고 했으므로 실제로 일서 16편을 주해한 사람은 아무도(마·정을 포함해서) 없다. 그들이 일서 16편을 본 적은 있을까? 사료에 명확한 기록이 없으므로 확인할 길은 없다. 그들이 인용한 일서 16편의 문구들은 아마도 선진시대 문헌들에 근거했을 것이다.

그런데, 앞에서 장패張霸가 『상서서』를 내놓을 당시에 마·정도 100편

---

46) 「九共」이 9篇이다.

「상서서」를 주석한 적이 있다고 하였다. 이는 동한고문가들이 모두 『상서』 100편의 편목을 알고 있었다는 것으로, 그 속에는 일서 16편의 편명이 포함되어 있었다. 『상서정의』 「우서虞書」 제하의 주에 "정현의 『서序』에서는 「우하서虞夏書」 20편, 「상서尙書」 40편, 「주서周書」 40편이라고 했고, 『찬贊』에서는 '삼과三科의 조목과 오가五家의 가르침'(三科之條, 五家之敎)이라고 했는데, 우虞와 하夏는 같은 과科이다"라고 되어 있다. 이른바 '삼과'는 바로 우하虞夏 1과, 상商 1과, 주周 1과를 말하고, '오가'는 당연히 『상서대전』에서 나눈 당唐 · 우虞 · 하夏 · 은殷 · 주周의 5가이다.

　『후한서』 「정현전」의 기록에 의하면 정현은 "태학에서 수업을 받으면서 경사의 제오원第五元을 사사하였다"고 한다. 또 정현이 그 자식들을 경계하는 글에서는 그가 어린 시절에 "주周 · 진秦의 도성에 가서 배우면서……각 분야에 통달한 분들을 뵙고,…… 마침내 육예를 깊이 고찰하고 전 · 기를 두루 살폈으며, 틈틈이 비서秘書와 위술緯術의 심오함도 엿보았다"라고 하였는데, '비서'는 바로 중비中秘에 소장되어 있던 고문이며 '위술'은 당시 황가에서 많이 소장하고 있던 것들이다. 그는 태학에 있으면서 "각 분야에 통달한 분"을 통해 그것들을 보았을 것이다. 그래서 혜동惠棟은 『고문상서고古文尙書考』에서 정현이 24편을 찬술하였다고 했고, 손성연孫星衍은 「상서편목표尙書篇目表」에서 마 · 정이 29편을 '주注'한 34편과, 16편을 '술術'한 24편을 열거하였던 것이다. 「정현전」에서는 또 "동군東郡의 장공조張恭祖에게서 『고문상서』를 배웠다"라고도 했는데, 손성연은 『고문상서마정주古文尙書馬鄭注』 「서序」에서 정현이 장공조로부터 배운 것은 일서 16편이었다고 하면서, 정현이 일찍이 일서 16편을 사용한 적이 있음을 증명하는 자료도 제시하였다. 예를 들어 『상서정의』 「요전」편에 채록된 정현의 「우공禹貢」 주에 「윤정胤征」편의 "厥匪玄黃, 昭我周王" 구절이 인용되어 있고, 또 「전보典寶」 주에는 「이훈伊訓」편의 "載孚在亳, 征自三㙨" 구절이 인용되어 있다는 것이다. 「윤정」, 「전보」, 「이훈」의 세 편은 모두 일서 16편 중의 편명이니, 이를 통해 정현이 이미 일서 16편을 본 적이 있었으며 심지어 「전보」편에 대해서는 주석도 남겼다는 사실을 알 수 있다.[47] 그래서 안사고는 일찍이 「한서」, 「예문지」의 '「상서고문경」 편수'를 주석할 때에 정현이 쓴 「서찬書讚」의 "뒤에 다시 1편이 망실되었기 때문에 57편이다"라는 말을 인용하게 되었던 것이다. 그렇다면 실제로 정현은 일서 16편 중의 하나인 「무성武成」편이 아직 망실되지 않았을 당시의 「고문상서」 편수가 정확히 58편이었음을 말했던 것이다. 이것은 바로 정현이 전수받은 두림본 29편 외에 일서 16편도 섭렵하였다는 사실을 말해 준다. 다만 그가 실제 주석한 것은 29편밖에 되지 않는다.[48]

고문가들이 주석한 「고문상서」가 29편에서 나뉜 34편이 명백한데도 왜 그들은 "「고문상서」 58편"이라고 했을까? 확실히 그들은 일서 16편을 나눈 24편도 거기에 포함시켰고, 자신들이 전하는 고문이 중비공벽본의 진본임을 의심하지 않았기 때문에 유향·환담이 말했던 벽중고문본의 편수를 그대로 따르면서 "일서 16편은 사설師說이 끊어졌다"라고 했다. 따라서 그들이 대외적으로 표방한 고문 편수는 자신들이 실제로 전수한 두림고문본의 편수를 가리키는 것이 아니었다.

「상서」 편목에 대해 간단히 정리해 보면, 서한금문과 동한고문[49]은 모두 29편이고, 중비공씨본 고문 58편은 일서 16편을 포함하며, 이른바 「상서서尚書序」는 100편[50]이다. 편목에 대한 각 가의 분합과 권편卷篇에

---

47) 『尚書正義』「畢命」에 "鄭玄이 본 「畢命」의 逸篇에는 霍侯를 冊命한 사실이 있다"라고 하였다. 그렇다면 鄭玄은 逸書 16篇 외에 「尚書序」 百篇 중의 한 편도 본 것이다. 다만 惠棟이 말한 것은 逸書 16篇 중의 「冏命」이다.

48) 孔穎達은 鄭玄이 注釋한 적이 있는 「典寶」를 인용하고 있는데, 이는 재인용된 불충분한 증거로서 신뢰하기 어렵다.

49) 비록 今文을 고쳐 쓴 것이지만, 결과적으로 古文으로 정착되었다.

50) 29篇과 逸書 16篇을 포함한다.

대한 호칭이 다르기 때문에 한대 『상서』의 편목은 매우 복잡하다. 손성연은 이런 수많은 정황을 「상서편목표」로 정리하여 그의 『고문상서마정주』 앞에 부록해 두었다. 아래에는 그 표에 기초해서 『상서서』 100편 및 금·고문 그리고 위고문에 나타난 편목들의 비교표를 만들었다. 표의 맨 오른쪽 단에 있는 공씨본 위고문은 다음 장에서 다룰 내용이긴 하지만 다른 자료와의 비교를 위해 함께 실었는데, 이 본은 동진 때 만들어진 것으로서 다른 본들과는 달리 「우하서虞夏書」가 「우서虞書」와 「하서夏書」로 나뉘어 있다. 또 손성연의 표에서는 '대소하후大小夏侯' 이하 각 란의 편명이 모두 '유有'·'무無'로만 표시되어 있는데, 여기에서는 '유有'에 해당하는 란에는 한눈에 알아볼 수 있도록 바로 편명을 붙였고 '무無'에 해당하는 란은 '무無'자를 생략하고 그냥 공란으로 두었다. 그리고 각 본의 원 명칭은 비교적 길지만 여기에서는 삭제하거나 수정하였다.[51]

한편 손성연의 표와는 별개로 왕선겸의 『상서공전참증尙書孔傳參證』 앞부분에도 「서서백편이동표書序百篇異同表」가 있다. 모두 5란으로 되어 있는데, 제1란은 손성연 표에서 마정본 『상서서』 100편으로 되어 있던 것을 삭제하고 대신 위공본僞孔本 100편을 두었으며, 제2란에는 마정본 고문을, 제3란에는 『사기』·『상서대전』 속의 금문을 두었다. 제4란에는 복생 금문 29편을 두었는데 「강왕지고康王之誥」가 있는 것으로 잘못 기록하였으며, 제5란에는 구양씨 및 대·소하후씨를 합하여 같이 배열하였는데 손성연 표의 엄밀함에는 미치지 못하였다. 왕선겸 표의 장점은 『사기』·『상서대전』을 덧붙이고 대조해서 보기 쉽게 한 것이지만, 두 가지를 한 란에 넣어 눈에 잘 들어오지는 않는다. 또 『상서대전』의 편목으로 골작汨作·고어槀飫· 대우모大禹謨·익직益稷·이옥釐沃·의지疑至·신호臣扈·중정仲丁·하단갑河

---

51) 가령 맨 오른쪽의 僞古文本은 原標目이 23字("僞孔安國書傳五十八篇僞孔書序目次與鄭異見書序注")로 되어 있다.

亶甲・조을祖乙・여오旅獒・여소명旅巢命・성왕정成王政・박고亳姑・군진君陳・군아君牙 등을 나열하고 있지만, 이것이 무엇을 근거로 한 것인지는 알 수 없다. 왕선겸은 피석서의 설을 즐겨 인용하였는데, 피석서의 『상서대전소증尙書大傳疏證』에 실린 편목은 진수기 집본과 완전히 동일하다. 이미 앞에서 진수기와 피석서의 두 집본 및 『사기』를 참고하여 <『상서대전』 및 『사기』에 인용된 서편들과 금문 29편과의 비교도>를 그려 본 바 있는데, 여기서는 왕선겸의 의도를 모방하여 제1란 '『상서서』 100편' 뒤에 제2란과 3란을 덧붙였다. 이로써 손성연 표에서의 2란 이하는 자연히 뒤로 밀리게 되었다. 그리고 『상서대전』은 『사기』의 뒤에 배치하여 이어지는 대·소하후 및 구양의 3가 금문과 붙여 놓았다.

<『상서』 각종 본에 나타난 편목들의 비교>

<表目 설명>
상서서: 「상서서」 100편으로, 張霸의 百兩篇을 따랐다.(馬鄭本에 근거)
사기 금문: 『사기』에 인용된 금문 68편.
상서대전 금문: 『상서대전』에 실린 금문 27편.(輯本이 불완전함)
夏侯氏 금문: 大・小夏侯氏의 금문 29편.(복생본 28편에 太誓 1편을 더함)
歐陽氏 금문: 歐陽氏의 今文 29편 31권.(盤庚이 상·중·하 3권으로 나뉘어 있음)
孔壁本 고문: 中秘孔壁本 古文 58편으로, 今文 34편과 逸古文 24편으로 되어 있다.(원래는 금문 29편과 일고문 16편)
馬鄭本 고문: 孔壁本 58篇을 답습한 것으로, 금문 34편(29편을 注한 것)과 일고문 24편(16편을 述한 것)으로 되어 있다.
孔氏 위고문: 孔安國 傳으로 선양되어 온 僞古文 59편으로, 공벽본을 답습한 58편에 별도의 서 1편을 더한 것이다.(58편 가운데 眞篇은 33편이고 僞篇은 25편이다)
※ 원문자①, ② 등로 표시된 부분은 표의 끝에 달린 주석에서 설명.

書類	상서서	사기 금문	상서대전 금문	夏侯氏 금문	歐陽氏 금문	孔壁本 고문	馬鄭本 고문① 注(34)	術(24)	孔氏本 위고문② 書次	眞篇(33)	僞篇(25)
虞夏書 (20篇)	堯典 1	堯典 (未出篇名)	「唐傳」 堯典	堯典 1	堯典 1	堯典 1	堯典 1		虞書 1 2	堯典 1 舜典 2	
	舜典 2		「虞夏傳」 (舜의 故事 많음, 篇目 불명)			舜典 2	舜典 1				
	汨作 3					汨作 3	汨作 2				
	九共 4~12		「虞傳」 九共			九共 4~12	九共 3~11				
	槀飫 13										
	大禹謨 14					大禹謨 13	大禹謨 12		3		僞大禹謨 3
	皋陶謨 15	皋陶謨 (未出篇名)		皋陶謨 2	皋陶謨 2	皋陶謨 14	皋陶謨 2		4 5	皋陶謨 4 益稷 5	
	益稷 16					弃稷 15	弃稷 13				

	禹貢 17	禹貢(未出篇名)	「夏傳」 禹貢	禹貢 3	禹貢 3	禹貢 16	禹貢 3	夏書 1	禹貢 6
	甘誓 18	甘誓		甘誓 4	甘誓 4	甘誓 17	甘誓 4	2	甘誓 7
	五子之歌 19	五子之歌				五子之歌 18	五子之歌 14	3	僞五子之歌 8
	胤征 20	胤征				胤征 19	胤征 15	4	僞胤征 9
	帝告 21	帝告(帝俈)	「殷傳」 帝俈						
	蓍沃 22								
	湯征 23	湯征							
	汝鳩 24	女鳩							
	汝方 25	女方							
	夏社 26	夏社(典寶 뒤)							
	疑至 27								
	臣扈 28								
	湯誓 29	湯誓	湯誓	湯誓 5	湯誓 5	湯誓 20	湯誓 5	商書 1	湯誓 10
	典寶 30③	典寶				典寶 23	典寶 18		
	仲虺之誥 31	中虺作誥						2	僞仲虺之誥 11
	湯誥 32	湯誥				湯誥 21	湯誥 16	3	僞湯誥 12
	咸有一德 33	咸有一德				咸有一德 22	咸有一德 17	8	僞咸有一德 17
	明居 34	明居							
	伊訓 35	伊訓				伊訓 24	伊訓 19	4	僞伊訓13
	肆命 36	肆命				肆命 25	肆命 20		
	徂后 37	徂后							
商書 (40篇)	太甲 38~40	太甲訓						5~7	僞太甲 14~16
	沃丁 41	沃丁							
	咸艾 42~45	咸艾 大戊							
	伊陟 46								
	原命 47	原命				原命 26	原命 21		
	仲丁 48	仲丁							
	河亶甲 49								
	祖乙 50								
	盤庚 51~53	盤庚	盤庚	盤庚 6	盤庚 6(卷6~8④)	盤庚 27~29	盤庚 6~8	9~11	盤庚 18~20
	說命 54~56	說命(未出篇名, 盤庚 뒤)						12~14	僞說命 21~23
	高宗肜日 57	高宗肜日	高宗肜日	高宗肜日 7	高宗肜日 7(卷9)	高宗肜日 30	高宗肜日 9	15	高宗肜日 24
	高宗之訓 58	訓(高宗之訓)							
	西伯戡黎 59	西伯伐飢國	西伯戡耆	西伯戡黎 8	西伯戡黎 8(卷10)	西伯戡黎 31	西伯戡黎 10	16	西伯戡黎 25
	微子 60	微子(未出篇名)	微子	微子 9	微子 9(卷11)	微子 32	微子 11	17	微子 26

周書 (40篇)									
	太誓 61~63	太誓	「周傳」 太誓	太誓 10⑤	太誓 10(卷12)	太誓 33~35	太誓 12~14	周書 1~3	僞太誓 27~29
	牧誓 64	牧誓		牧誓 11	牧誓 11(卷13)	牧誓 36	牧誓 15	4	牧誓 30
		克殷(未出篇名)	大戰						
	武成 65	武成				武成 37	武成 22	5	僞武成 31
	洪範 66	洪範(度邑 뒤)	洪範	洪範 12	洪範 12(卷14)	洪範 38	洪範 16	6	洪範 32
	分器 67	分殷之器物							
		度邑(未出篇名)							
	旅獒 68					旅獒 39	旅獒 23	7	僞旅獒 33
	旅巢命 69								
	金縢 70	金縢(未出篇名)	金縢(大誥 뒤)	金縢 13	金縢 13(卷15)	金縢 40	金縢 17	8	金縢 34
		戒伯禽							
	大誥 71	大誥	大誥(金縢 앞)	大誥 14	大誥 14(卷16)	大誥 41	大誥 18	9	大誥 35
	微子之命 72	微子之命						10	僞微子之命 36
	歸禾 73	歸禾(饋禾)							
	嘉禾 74	嘉禾	嘉禾						
			捄誥						
	康誥 75	康誥	康誥	康誥 15	康誥 15(卷17)	康誥 42	康誥 19	11	康誥 37
	酒誥 76	酒誥	酒誥	酒誥 16	酒誥 16(卷18)	酒誥 43	酒誥 20	12	酒誥 38
	梓材 77	梓材	梓材	梓材 17	梓材 17(卷19)	梓材 44	梓材 21	13	梓材 39
	召誥 78	召誥(未出篇名)	召誥	召誥 18	召誥 18(卷20)	召誥 45	召誥 22	14	召誥 40
	雒誥 79	雒誥	雒誥	雒誥 19	雒誥 19(卷21)	雒誥 46	雒誥 23	15	雒誥 41
	多士 80	多士	多士	多士 20	多士 20(卷22)	多士 47	多士 24	16	多士 42
	無逸 81	無逸(無佚)	毋逸	母劮 21	毋劮 21(卷23)	無逸 48	母逸 25	17	無逸 43
	君奭 82	君奭		君奭 22	君奭 22(卷24)	君奭 49	君奭 26	18	君奭 44
	成王政 83	成王政							
	將薄姑 84	將薄姑							
	多方 85	多方	多方	多方 23	多方 23(卷25)	多方 50	多方 27	20	多方 46
	周官 86	周官						22	僞周官 48
	立政 87	立政		立政 24	立政 24(卷26)	立政 51	立政 28	21	立政 47
	賄息愼之命 88	賄息愼之命							
	亳姑 89								
	君陳 90							23	僞君陳 49
	顧命 91	顧命		顧命 25	顧命 25(卷27)	顧命 52	顧命 29	24	顧命 50
	康王之誥 92	康誥				康王之誥 53	康王之誥 30	25	康王之誥 51
	畢命 93	畢命						26	僞畢命 52
	君牙 94							27	僞君牙 53
	囧命 95	冏命	冏命			冏命 54	冏命 24	28	僞囧命 54

蔡仲之命 96	蔡仲之命 (未出篇名)						19	僞蔡仲之命 45
粊誓 97	肸誓	鮮誓	粊誓 26	粊誓 26(卷28)	粊誓 55	粊誓 31	31	費誓 57
呂刑 98	甫刑	甫刑	呂刑 27	呂刑 27(卷29)	呂刑 56	呂刑 32	29	呂刑 55
文侯之命 99	晋文侯命		文侯之命 28	文侯之命 28(卷30)	文侯之命 57	文侯之命 33	30	文侯之命 56
秦誓 100	秦誓 (未出篇名)		秦誓 29	秦誓 29(卷31)	秦誓 58	秦誓 34	32	秦誓 58
書序 2篇			書序 1篇	書序 1篇	書序 1篇	書序를 나누어 해당 篇의 篇首에 배치		

<주석>

① 馬·鄭 古文本 란에서 孫星衍 表는 杜林 29篇을 나눈 34篇에 대한 注釋을 "注一", "注二" 등으로 표시하고 또 逸篇 16편을 나눈 24篇에 대한 서술(惠棟『古文尙書考』의, "鄭氏는 古文逸書 24篇을 서술하였다"라는 기록에 근거)을 "述一", "述二" 등으로 표시하였는데, 여기서는 '注 34편'을 좌측에, '述 24篇'을 우측에 배치하여 구분하였다.

② 僞古文本에 대해 孫星衍 表는 순서에 따라 58篇을 배열하면서 1에서 58까지 번호를 매긴 후 '有'·'僞' 두 글자로 今文 28篇(33으로 나뉨)과 僞古文 25篇을 분별하였는데, 여기서는 篇名을 순서에 따라 배열하되 僞篇名 앞에는 僞자를 남겨 둠으로써 今文과 구별되게 하였다. 僞孔本은 百篇「尙書序」를 그 순서에 따라 각 篇의 처음 혹은 끝에 나누어 삽입하였으며, 孔穎達의『尙書正義』에는 그들 각 篇과 馬鄭本 百篇의 순서를 비교한 것이 있다.

③ 孫星衍이 근거로 든 王應麟 原輯 馬本「尙書序」에서는 30에서 33까지가「典寶」·「仲虺之誥」·「湯誥」·「咸有一德」의 순서이며, 段玉裁의『古文尙書撰異』에서도 이렇게 되어 있다. 孫星衍이 무엇을 근거로 그 순서를 바꾸어「典寶」를「咸有一德」의 뒤인 33의 자리로 옮겼는지 알 수 없다. 王先謙의『孔傳參證』의 表에서도 鄭本의 순서를 이와 같이 하였는데, 손성연의 설을 따른 것으로 보인다. 여기에서는 王應麟 輯本의 순서에 따랐고, 그럼으로써『史記』「殷本紀」에서 인용한 순서와 일치하게 되었다.

④ 孫星衍 表는「盤庚」을 第6~8의 3篇으로 배열했는데, 이는 歐陽氏의 卷數를 篇數로 잘못 알았기 때문이다. 歐陽氏는「盤庚」을 上中下의 3卷으로 나누었으므로, 그의 章句는 모두 31卷이지만 篇數는 그대로 29篇이다. 실제로 漢石經『尙書』의 殘石에 새겨진 歐陽氏經은 "酒誥第十六"으로 되어 있었으며, 이 순서에 따르면 맨 마지막의「秦誓」는 第29가 된다. 때문에 여기서는 그 編次를 수정하여 적고 괄호 속에 歐陽氏가 개정한 卷數를 밝혀 두었다.

⑤ 大·小夏侯本의「太誓」篇은 孫星衍 표에서는 맨 마지막 第29로 되어 있는데, 이는 적합하지 않다. 손성연은 원래 夏候本은 伏生本 28편을 따랐다가 이후에「太誓」가 발견되자 증편하였다고 잘못 알았기 때문에 29번째로 정한 것이다. 그러나 3家 今文이 學官에 세워진 것은 이미 28篇에「太誓」를 편입시켜 29篇으로 된 뒤의 일로, 그 순서는 각 편목이 속한 시대에 따라 배열되어 있다. 이는 漢石經에 새겨진 歐陽本「太誓」가 第10에 배열된 것으로도 알 수 있다. 大·小夏侯 2家는 歐陽本보다 늦게 세워졌으므로 필시 歐陽本의 編次를 그대로 따랐을 것이다. 그래서 石經에서도 이 순서를 따르면서 그 '校記'에 大·小夏侯의 異文을 적어 두었던 것이다.

<『상서』 각종 본의 권수 및 편수의 변화>

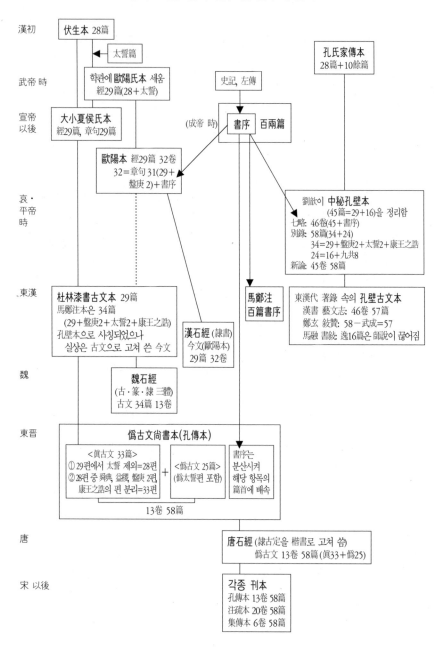

제6장 위진남북조시대 및 수당대 :
위고문의 정통화

동한 후기가 되면 금문경학이 몰락하고 고문경학이 융성하게 된다. 고문학은 다시 집대성된 정현의 학으로 귀결되었기 때문에 위魏·촉蜀·오吳 삼국에서는 정현의 고문학이 유행하였다. 위나라는 정현본『고문상서』및 고문경 대부분을 학관에 세웠을 뿐만 아니라 고문석경古文石經도 새겼으며,[1] 위魏의 권신 사마씨司馬氏는 또한 그들의 귀척貴戚인 왕숙王肅의 학을 육성하였다. 서진西晉 때는 위를 답습하여 특히 왕숙의 고문이 성행하였고, 동진東晉 초기 이후에는『위고문상서僞古文尙書』가 출현한다. 이 시기는 상서학이 동한고문의 궤도를 답습하면서 변화가 진행되던 때인데,『삼국지』및『진서晉書』,『송서宋書』등에서 모두 이에 대해 기록하고 있어 그 대강을 알 수 있다. 그 이후로는 대대로 전습傳習되어 오다가 남조南朝 때에 이르러 현학玄學의 영향을 받고 다시 불교의 의소강경義疏講經으로부터 영향을 받아 수많은 경전의 '의소義疏'가 출현하게 된다. 반면 북조北朝에서는 줄곧 정학鄭學이 유행하였다. 수대隋代에는 남조의 경학을 계승하였고, 당대唐代 초기에 편찬된『오경정의五經正義』는 동한대 이래의 고문경학[2]을 하나로 귀속시켰다. 이상의 흐름은 남북조南北朝의 모든 사서 및『수서』,『당서』등에 나타나 있다.

---

1) 제5장 3절의 1)에 보인다.
2) 今文『公羊』이외에는 모두 古文學이다.

제1절 위·촉·오 삼국의 정현 고문 유행과 왕숙학의 출현

1. 위나라 정권은 정현·왕숙의 학을 학관에 세움

동한에서 위魏에 이르는 경학의 흐름은 『후한서』 및 『삼국지』, 『송서』 등의 사서에 실려 있는데, 요약하면 다음과 같다.

여름 4월, 태학을 설립하고 오경과시법五經課試法을 제정, 『춘추곡량春秋穀梁』의 박사를 설치하였다.[3]

왕랑王朗은⋯⋯ 태위太尉 양사楊賜를 스승으로 모셨고,⋯⋯ 아들의 이름은 숙肅이 다.⋯⋯ 왕숙은 가賈·마馬의 학을 잘하였고 정씨의 학은 좋아하지 않았는데, 그 동이를 모아 『상서』·『시』·『논어』·『삼례』·『좌씨』를 풀이하였고, 그의 아버지 왕랑이 지은 『역전易傳』을 편찬하였는데, 모두 학관에 배열되었다.[4]

위의 자료는 위나라 초기 학관에 오경과 『곡량』 박사가 생긴 이후 어느 시점에 왕랑·왕숙 부자가 주한 오경과 『논어』 등의 박사가 세워졌는 지에 대해서는 설명하고 있지 않다. 다음의 자료를 보자.

위 『왕숙전』의 끝에 있는 배송지 주에서는 『위략魏略』을 인용해서 다음과 같이 적고 있다.

---

3) 『三國志·魏志』, 「文帝紀」, 黃初 5年(224).
4) 『三國志·魏志』, 「王朗·王肅傳」.

초평初平 원년(190)에서 건안建安 말년(219)까지, 천하는 분열되고 인심은 흉흉해졌으며 기강이 이미 무너졌는데 유도儒道는 특히 심했다. 황초黃初 원년(220) 이후 새로운 황제가 비로소 다시금 태학太學의 잔해를 청소하고 석비石碑의 잔결을 보충하며 박사의 명부를 갖추어 한대의 갑을고과甲乙考課에 의거해서 주현州縣의 배우고자 하는 사람들을 태학으로 불러들였다.…… 그러나 박사들이 모두 엉성하여 제자를 가르칠 수 없었고, 제자들 역시 본시 부역을 피해 온 터라 학문을 배울 능력이 없었다.…… 이에 학문에 뜻을 둔 선비들이 점점 사라졌고, 결국에는 불교를 구하는 자들이 서로 경쟁하였다.

이상의 기록들은 위나라에서 학관을 세우고 박사를 설치한 사실을 보여 주는데, 이는 건국 초기에 있었던 일이다. 그들은 동한에서 세웠던 오경박사를 그대로 답습하면서 새로 「곡량」 박사를 세웠다. 그러나 당시에 세워진 태학은 이미 부패했다는 사실을 알 수 있다. 「두서전杜恕傳」의 배송지 주에서는 「위략」을 인용하여 다음과 같이 적고 있고, 그 아래 이어지는 글은 「고당륭전高堂隆傳」의 기록이다.

악상樂詳은…… 황초 연간(220~226)에 박사에 제수되었다. 당시 태학이 처음 설립될 때 10여 명의 박사가 있었는데, 학문들이 편협하고 깊지 못하여 직접 가르칠 능력이 없는 인원들뿐이었다. 오직 악상만은 오예五藝를 두루 교수하였는데, 간혹 난해한 것이나 해석하기 어려운 것이 있으면……비유를 들고 유사한 것을 인용하면서 발분망식發憤忘食하였다.…… 정시正始 연간(240~249)에 연로하여 귀향하였는데…… 문도가 수천 명이었다.

경초景初 연간(237~239)에 황제(魏明帝)는 소림蘇林·진정秦靜 등이 모두 연로하여 자리를 이을 사람이 없을까 두려워 다음의 조서를 내렸다. "옛날 선성先聖은 이미 죽었으나 그들이 남긴 말씀과 가르침은 육예六藝에 기록되어 있다.…… 유학이 이미 폐해졌으니 풍화風化가 어찌 일어날 수 있겠는가? 지금 숙생宿生과 거유巨儒들이 모두 나이가 많다.……" 재능이 있고 경의經義를 해석할 수 있는 자 30명이 광록훈光祿勛 고당륭高堂隆5), 산기상시散騎常侍 소림蘇林, 박사 진정秦靜

등으로부터 사경과 삼례를 나누어 전수받으니, 주관자가 과시課試의 법을 갖추게 되었다.

위의 두 자료로 알 수 있듯이, 당시 태학박사 직위가 정해지지 않았을 때에는 비교적 나은 숙유宿儒들을 박사로 삼아 한 사람이 여러 경전을 가르치게 했는데 대부분 오경을 모두 전수하였고, 이후 사경과 삼례를 교수할 수 있게 되고 나서부터는 한 사람이 한 가지 경을 전수하는 것으로는 돌아가지 않았다.

위나라 때 박사의 인원수에 대해서는 문헌에 밝혀진 것이 없으나 다음의 자료로 짐작할 수 있다.

> 태상太常에는 박사·협률교위원協律校尉員이 있고, 또한 태학의 모든 박사와 좨주祭酒를 통솔한다.[6]…… 진晉 초기에 위魏의 제도를 계승하여 박사 19인을 설치하였다. 함녕咸寧 4년(278)에 이르러 무제武帝가 처음 국자학國子學을 설립하였는데,[7] 좨주, 박사 각 1인을 정하고 조교助敎 15인으로 하여금 생도들을 교육하게 했다.(『晋書』「職官志」)

> 박사는 위와 서진에 19인이 설치되었다.(『宋書』「百官志」)

이상의 위대 이후의 자료들은 위나라가 19인의 박사를 설치한 것을 설명하고 있는데, 당시에 위나라의 사료를 근거로 해서 작성되었기 때문에 대체로 오류는 없을 것이다. 이것으로 당시 중원을 장악하고 있던 위왕조가 한왕조를 계승하여 한문화의 정통을 실현하는 과정에서 오경박

---

5) 高堂隆이 올린 글을 보면 『古文尚書』·『周官』·『左氏』 등이 서술되어 있어, 그가 古文經을 다루었음을 알 수 있다.

6) 그 아래 이어지는 문장을 보면 太常博士가 담당한 것은 太學博士와 같지 않았다. 그러나 太常의 지도를 받는 것은 같았다.

7) 원래 太學은 설치되어 이었고, 이때에 다시 國子學을 설립하여 귀족의 자제들을 전문적으로 교육한 것이다.

사를 다시 세우면서 14인에서 19인으로 증설했다는 사실을 알 수 있다. 왕국유는 『한위박사고漢魏博士考』에서 한말에서 위에 이르는 정황을 다음과 같이 지적하였다.

박사의 자리를 잃은 지 30년, 금문학은 날로 미약해지고 민간의 고문학은 날로 융성하였다. 위나라 초기에 이르러 다시 태학박사를 세웠는데,……한나라 400년 학관의 금문가 전통은 이미 고문가가 대신하였다.……「왕숙전王肅傳」을 보면 그가 주한 제경諸經이 모두 학관에 배열되었으며 정현의 오경 또한 학관에 배열되었다는 것을 알 수 있다. 다만 위나라 때에 세워진 제경은 이미 한대의 금문학이 아니라 가·마·정·왕의 고학이었다.

왕국유는 이 19박사들을 소속된 경經별로 고정考定하였다. 그는 『서』의 가賈·마馬·정鄭·왕王에 이어 여러 경의 각 가를 두루 언급한 후, "19박사 가운데 오직 『예기』·『공양』·『곡량』 3가만이 금문학이고 나머지는 모두 고문학이다. 이에 서경시西京施씨 및 맹孟·양구梁丘·경京씨의 『역』, 구양씨 및 대·소 하후씨의 『서』, 제齊·노魯·한韓의 『시』, 경경慶씨와 대대大戴의 『예』, 엄嚴씨의 『춘추』 등은 모두 폐지되었다. 이 수십 년 동안에는 영가永嘉의 난이 아니었더라도 급속도로 쇠망할 수밖에 없었다"라고 하였다.

이상의 자료는 당시 위나라의 권신 사마씨司馬氏의 귀척貴戚[8]인 왕숙王肅의 고문학 제경이 학관에 설립되었음을 보여 준다. 왕숙은 한말 이래 집대성된 정현의 학이 한때를 풍미하고 있다고 느꼈기 때문에, 정학과는 다른 자신만의 학을 세우고자 하였다. 그는 주로 가규와 마융의 설을 이용하여 정학에 반대하였다. 『수서』 「경적지」에 의하면, 그는 『상서주尙書注』 11권, 『상서박의尙書駁議』 5권을 편찬했는데 수대에까지 남아 있었고, 정현과 왕숙, 진박사晉博士 공조孔晁 세 사람의 설로 만들어진 『상서의문尙書

_____

8) 司馬昭의 丈人이다.

義問』3권이 또 있었다고 하는데 이 책은 수대에 이미 망실되었다고 한다. 『책부원귀冊府元龜』에서는 "공조孔晁는 오경박사로서 『상서의문』 3권을 편찬하였다"[9]라고 적고 있다.

위에서 나온 「왕숙전」 인용문의 몇 구절 뒤에는 "왕숙은 『성증론聖證論』을 집록하여 정현을 비난하였다"라는 말이 있다. 그는 공자 말씀의 일부를 빌려서 『성증론』를 위조하였으니,[10] 곧 가규와 마융의 설을 빌려 정현을 반대하면서 증거를 위조하여 정현에 대한 반대의 근거로 삼고자 했던 것이다. 그러나 왕숙의 기세가 대단히 융성할 당시에도 정현학파 가운데에는 의연히 사학師學을 견지하는 인물들이 있었다. 정현의 재전제자인 손염孫炎의 경우, 그는 따로 저술을 지어 왕숙을 논박함과 동시에 여러 경들을 주석함으로써 정현의 학을 떨쳤다.[11] 비록 왕숙이 정치세력을 등에 업고 상대방을 압박할 당시에도 정현학의 영향은 여전히 컸음을 알 수 있다.

같은 고문가임에도 불구하고 정현의 학설은 그에게 고문을 전한 가규나 마융의 고문설과 다른 점이 많았다. 정현은 금문 및 참위의 설도 자주 인용하였다. 그러나 수많은 견강부회한 의론들을 조정하는 과정에서 허점이 많았기 때문에, 왕숙 일파에 속하지 않은 학자들도 간혹 그의 학설에 대해 의문을 제기하는 일이 있었다. 한 예로 왕숙과 거의 동시대를 살면서 조금 나이가 많았던 왕찬王粲을 들 수 있다. 일찍이 왕찬은 정현을

---

9) 『舊唐書』와 『新唐書』의 「志」에 모두 『尙書問答』 3卷이 실려 있는데, 『舊書』에서는 王肅注라고 하였지만 賈誼의 『新書』에서는 王肅과 孔安國의 問答이라고 잘못 적고 있다. 『經義考』에서는 "이 『隋志』(『舊書』「經籍志」)의 『義問』은 孔晁가 鄭康成과 王肅의 注를 채록하고 자신의 견해를 덧붙인 것이다"라고 하였으니, 孔安國과는 무관하다. 다만 『隋志』에 "이미 망실되었다"라고 명확히 밝히고 있는데, 이것이 唐代에 어떻게 다시 출현하였는지는 알 수 없다. 이 외에 孔晁가 撰한 『逸周書注』가 있다.

10) 『隋書』・『唐書』의 「經籍志」에 있으나 『宋史』「藝文志」에서는 이미 망실되었다고 적고 있다. 淸 馬國翰의 輯本이 있다.

11) 「王肅傳」에 보인다.

추숭하여 "이락伊洛 동쪽, 회한淮漢 이북의 단 한 사람, 으뜸으로 여기지 않는 사람이 없다. 선유들이 빠뜨린 것을 모두 말하였으니, 정씨의 도는 다 갖추어졌다"[12]라고 하면서 그 학문을 좇았다.

> 정현의 학문을 구하고자 하여 『상서주尙書注』를 얻었다. 물러나 생각하여 그 뜻을 다하였다. 그 뜻을 다하였으나, 의심스러운 것은 여전히 깨우쳐지지 않아 그의 문집에 두 권을 남겼다.[13]

이 말은 왕찬이 정주鄭注를 전습하여 그 의미를 펼치고 나서 다시 의심되는 바를 제출하여 두 권으로 편찬한 후 자신의 문집에 넣었다는 뜻이다. 이러한 내용은 안지추顏之推의 『안씨가훈顏氏家訓』 「면학勉學」 편에 도 확인할 수 있다.

> 내가 처음 업鄴땅에 들어가서 박릉博陵의 최문언崔文彦과 교유하였는데, 일찍이 『왕찬집王粲集』 가운데 정현의 『상서』를 논박한 고사를 말하면서, 최문언은 제유들 이 그것에 대해 말한 것이라는 입장을 밝혔다.

이 책이 바로 왕찬이 묻고 전경田瓊[14]·한익韓益이 주석·교정한, 정현 주에 대한 『상서석문尙書釋問』 4권으로, 『구당서』 「경적지」에 실려 있다. 비록 『수서』 「경적지」에는 왕찬이 『상서석문』 4권과 『상서왕씨전문尙書王氏 傳問』 2권을 펴내었는데 모두 망실되었다고 했지만 『구당서』에 나타나 있는 것을 보면, 이 책은 당대에까지 전해지다 송대 이후에 망실되었을 것으로 보인다.

한편, 아래에 서술될 촉蜀의 이선李譔과 오吳의 우번虞翻 등도 정씨학에

---

12) 『舊唐書』 「元行沖傳」 "伊洛以東, 淮漢之北, 一人而已, 莫不宗焉. 咸云先儒多闕, 鄭氏道備"
13) 『舊唐書』 「元行沖傳」 "因求其學, 得尙書注. 退而思之, 以盡其意. 意皆盡矣, 所疑之者猶未喩 焉, 凡有兩卷列於其集."
14) 田瓊은 鄭玄으로부터 직접 배웠다.

의문을 제출하였는데, 이러한 예들은 당시에 정씨학이 성행했음을 보여주는 동시에 그에 대해 학술계에서는 동의하지 않은 사람들도 있었다는 점을 말해 주는 것이기도 하다.

「위지」에 딸린 사마의 전정專政 때의 괴뢰황제 제왕齊王 조방曹芳의 「기紀」에는, 정시正始 2년(241)에 "태상太常에게 벽옹辟雍에서 태뢰太牢로 공자를 제사지내게 하였다", 정시 5년(244) "5월 계사癸巳일에 『상서』를 진강하였다", 정시 6년(245)에 "고故 사도司徒 왕랑王朗이 지은 『역전』을 학자들에게 과시課試하도록 명하였다" 등의 기록이 있다. 앞에서 언급한 바 있는 '위석경魏石經'도 바로 정시 연간에 새겨졌다.[15] 비록 이 시기에 권신이었던 까닭으로 왕숙의 부친 왕랑의 『역』이 유행하였지만, 그들이 석경을 새기면서 근거로 삼은 『상서』는 바로 정현본이었다. 또한 돌에 새긴 글자체는 위나라 초기 문제文帝가 신용하던 『고문상서』의 명가이자 『상서』의 고문을 잘 썼던 감단순邯鄲淳이 위기衛覬에게 전해 주어 모사한 『상서』본을 계승한 서체였다. 이 석경은 위왕조 때에 정씨고문학이 유행했다는 것을 반영하고 있다. 제왕 조방이 폐위된 후 제2대 괴뢰황제 고귀향공高貴鄉公 조모曹髦의 「기紀」에는 다음과 같은 기록이 있다.

정원正元 2년(255): 9월 경자일庚子日에 『상서』 진강이 끝나고, 경전을 직접 전수한 사공 정충鄭沖, 시중 정소동鄭小同 등에게 하사하였는데 조금씩 차이가 있었다.[16]

---

15) 졸저 『尙書與歷代石經』에 상세하다.
16) 『後漢書』「鄭玄傳」에 의하면 鄭小同은 鄭玄의 손자이다. 李賢 注는 『魏氏春秋』를 인용하여 鄭小同이 司馬昭의 비밀문서를 훔쳐보았다는 혐의로 피살되었다고 하였다. 『隋書』「經籍志」에 鄭小同 撰 『鄭志』 11卷이 있다. 이 책은 鄭玄과 門人들 사이의 經義問答을 기록하고 있어 그가 鄭氏 家學을 전수받았음을 알 수 있다. 한편 『魏志』「陳留王紀」에 鄭沖이 太保에 올랐다는 기록이 있는데, 『晋書』「武帝紀」 및 「鄭沖傳」에 따르면 鄭沖은 魏太保로서 晋文帝에게 禪位하는 策書를 올리고 이후 晋의 太傅가 되어 公에 봉해 졌다고 한다. 그가 司馬氏의 편이었음을 알 수 있다. 그의 상서학 계통이 鄭玄學이었 는지 王肅學이었는지는 알 수 없지만, 적어도 정치적으로는 王肅과 같은 계열이었다.

감로甘露 원년(256): 여름 4월 병진일丙辰日에, 황제가 태학에 행차하여 제유들에게 물었다.[17] 『역』의 진강을 끝내고, 다시 『상서』 진강을 명하였다. 황제가 물었다. "정현이 '계고稽古는 하늘과 같다' 하였으니 요堯는 하늘과 같은데, 왕숙은 '요는 옛 도를 잘 살펴 행하였다' 하였다. 두 의미가 서로 다른데 어떤 것이 옳은가?" 박사 유준庾峻이 대답하였다. "선유들이 고집한 것은 각각 서로 다른 점이 있어 신은 그것을 단정하기에 부족합니다. 그러나 『홍범』에 이르기를 세 사람이 점을 쳐서 두 사람의 말을 따른다고 하였습니다. 가규와 마융, 왕숙이 모두 '옛 도를 잘 살핀다'라고 하였고 『홍범』에서 말하고 있으니 왕숙의 의견이 낫습니다." 황제가 말했다. "중니는 '오직 하늘이 위대하니 요가 그것을 이어받았다' 하였으니 요의 위대함은 하늘을 이어받은 데 있다. 옛 도를 잘 살피는 것은 그 지극함의 경지가 아닐 것이다. 지금 책을 펴고 뜻을 구하여 성덕聖德을 밝혔는데, 그 큰 것을 버려두고 세세한 것을 더 강조하는 것이 어찌 작자의 뜻이겠는가?" 유준이 대답하였다. "신은 사설師說을 따를 뿐 대의大義를 깨닫지 못했습니다. 절충하여 폐하의 고견을 담겠습니다."

여기에서 위왕魏王은 시종 정현학을 견지하면서 사마씨 정권의 왕숙학을 명확하게 반대하고 있다. 위왕은 『상서』의 다음 두 문제에 대해서도 계속 왕학에 반대하였다.

다음 '사악거곤四岳擧鯀'에 이르러 황제가 다시 물었다. "대저 대인은 천지와 그 덕이 합일되고 일월과 그 밝음이 합일되어, 생각함은 두루하지 않음이 없고 밝음은 비추지 않는 곳이 없다. 지금 왕숙은 '요는 곤鯀을 잘 알 수 없어서 시험 삼아 기용하였다' 하였는데, 이와 같다면 성인의 밝음에 미진함이 있는 것이 아닌가?" 유준이 대답하였다. "비록 성인이 위대하더라도 미진함이 있을 수 있습니다. 그래서 우禹는 '사람을 아는 것은 명철함이니, 오직 임금도 그것을 어려워한다'라고 하였습니다." 황제가 말하였다. "만약 요가 곤을 의심하면서도 9년 동안 시험하였다면 관인에 대한 절차를 잃어버린 것이니 어찌 성덕이라고 할 수 있겠는가?" 유준이 대답하였다. "신은 경과 전, 성인의 행사를 몰래 훔쳐 본 것이어서 실수가 없을 수 없습니다.……" 황제가 말하였다. "……『상서』에

---

17) 이 문답에서 먼저 『易』의 5가지 문제를 묻고 博士 淳于俊이 대답하였다.

기록된 것은 모두 박사들이 마땅히 통달해야 하는 것들이다." 유준이 대답하였다. "이 모두는 선현들이 의심하였던 것으로 신의 짧은 소견으로 의론할 수 있는 것이 아닙니다."

다음 '유환재하왈우순有鰥在下曰虞舜'에 이르렀다. 황제가 말했다. "요의 시대는 홍수가 피해를 주었고 사흉四凶이 조정에 있었으므로 마땅히 어진 인재를 빨리 등용하여 그 백성들을 구휼해야 할 때였다. 순舜은 당시에 이미 이름이 드러나 성덕이 밝게 비추었음에도 등용되지 않은 것은 무엇 때문인가?" 유준이 대답하였다. "……요는 악岳에게 비루한 자를 거론케 한 다음 직접 순을 천거하였는데, 순을 천거함은 요의 진심이었으니 이것은 성인이 대중의 마음을 다하고자 한 것입니다." 황제가 말하였다. "요는 이미 순에 대해 듣고 알고 있었으나 등용하지 않았고, 또 당시 충신들도 진언하지 않았다. 이에 악에게 비루한 자를 거론하게 하도록 한 뒤에 순을 천거하였으니, 이는 성인이 백성을 구휼하는 데 급함이 없었다는 말이 된다." 유준이 대답하였다. "신의 어리석은 견해로 알 수 있는 것이 아닙니다." 이에 다시 『예기』를 진강하도록 명하였다.…… 박사 마조馬照가 응대하였다.

이상은 위왕조에서의 정현학과 왕숙학의 대립을 잘 보여 주고 있다. 이를 통해 조위曹魏왕조가 건립된 직후 황초 연간에 세워진 오경박사들은 동한 이래 정현을 중심으로 전수된 고문학이었는데, 정권이 사마씨로 넘어간 위나라 명제明帝 이후 왕숙의 고문학이 학관에 세워지게 되면서부터 위에서 인용한 19가 박사가 형성되었고, 이로부터 정·왕의 대립이 나타나게 되었음을 알 수 있다.

2. 촉나라 정권의 정현학 시행

당시 촉蜀정권에서도 『상서』를 다루었는데, 항상 금문을 전습하였지만 태학이 설립되어 박사가 세워진 이후에는 정현의 학이 시행되었다. 촉나라의 자료는 비교적 산란散亂되었지만 기록들은 좀 남아 있다.

> 익주益州의 학자들은 주로 금문을 귀하게 여기고 장구를 존숭하지 않았다. 윤묵尹默은 그들이 박식하지 못하다는 것을 알고 멀리 형주荊州로 가서 사마덕조司馬德操·송중자宋仲子 등에게서 고학을 전수받았는데, 모두 경사經史에 통달한 자들이었다.…… 아들 윤종尹宗이 그 가업을 전습하여 박사가 되었다.[18]

> 허자許慈는 유희劉熙를 섬겼는데 정씨학을 잘하였고 『역』·『상서』·『삼례』·『모시』를 공부했다.…… 또 위군魏郡의 호잠胡潛이라는 사람이 있었다.…… 선주先主가 촉에 정착하고 나서 이윽고 없어진 역사 기록과 폐해진 학업을 잇고자 전적典籍을 규합하고 학자들을 선발하였는데, 허자와 호잠이 박사가 되었다.[19]

> 강유姜維는…… 어려서 고아였는데,…… 정씨학을 좋아하였다.[20]

> 초주譙周의 아버지 초견譙岍은 자가 영시榮始인데, 『상서』를 전공하였고 제경諸經에 통달하였다.…… 초주는…… 자라서 고문을 좋아하여 열심히 공부하였고,…… 육경에 정밀하였다.[21]

> 윤묵尹默은…… 어려서 이인李仁과 함께 사마휘司馬徽·송충宋忠 등에게 수학하였으며, 오경에 통달하였다.…… 아들 윤종尹宗 또한 박사가 되었다.[22]

> 이선李譔의 자는 흠중欽仲이며 이인의 아들이다. 어려서부터 아버지의 학업을 이어받았고, 또한 윤묵에게서 배워 오경과 사부四部에 두루 능하였다.…… 고문 『주역』·『상서』에 뛰어났다.…… 가규와 마융의 학설을 지지하였고, 정현과는 달랐다. 왕숙과는 애초에 일면식이 없었지만 같은 뜻이 많았다.[23]

---

18) 『三國志·蜀志』, 「尹默傳」.
19) 『三國志·蜀志』, 「許慈傳」.
20) 『三國志·蜀志』, 「姜維傳」.
21) 『三國志·蜀志』, 「譙周傳」.
22) 『華陽國志』, 권10.
23) 『華陽國志』, 권10. 『蜀志』의 傳에도 대체로 동일하게 기록되어 있다.

문립文立의 자는 광휴廣休, 파군巴郡 임강臨江 사람으로 어려서부터 촉의 태학에 수학하였다.[24]

하수何隨의 자는 계업季業, 촉군蜀郡 비郫 출신으로 한漢 사공司空 무武의 후예이다.…… 『한시韓詩』·『구양상서』를 전공하였다.…… 촉이 망하자 벼슬을 버렸다.[25]

진수陳壽의 자는 승조承祚, 파서안한巴西安漢 사람이다. 어려서 산기상시散騎常侍 초주譙周에게 배웠고, 『상서』와 『삼전三傳』을 전공하였다.[26]

이복李宓의 자는 영백令伯, 건위犍爲 무양武陽 사람이다. 오경에 박식하였고 통섭한 것이 많았다.…… 경을 훈고하였고 많은 사람들이 그것에 따랐다.[27]

임희任熙의 자는 백원伯遠, 촉군蜀郡 성도成都 사람이다.…… 오경에 통달하였고 어버이를 봉양하는 효자였다.[28]

왕장문王長文의 자는 덕준德儁, 광한처廣漢郪 사람이다.…… 오경五經을 전공하였고, 여러 서적에 통달하였다.[29]

피석서는 『경학역사』에서 "소열제昭烈帝는 일찍이 정강성鄭康成을 좋아하였다. 정강성이 서주徐州로 도피했을 당시 소열이 서주의 목牧이었는데, 스승의 예로써 섬겼다. 그렇다면 촉한의 군신君臣 또한 정학鄭學의 후예가 된다"라고 하였다. 비록 촉에는 금문을 배운 사람들이 있었고 또한 정학과 다른 사람(가령 李譔)도 있었지만, 촉정권은 끝내 정현의 고문을 학관에 세워 유술을 밝혔다는 것을 알 수 있다.

---

24) 『華陽國志』, 권11. 『晋書』「儒林傳」에도 실려 있다.
25) 『華陽國志』, 권11.
26) 『華陽國志』, 권11.
27) 『華陽國志』, 권11.
28) 『華陽國志』, 권11.
29) 『華陽國志』, 권11.

3. 오나라 정권의 정현학 시행

동오東吳정권도 학관을 설치하고 박사를 세운 것은 마찬가지였지만 비교적 늦게 시행되었는데, 손권孫權의 아들 손량孫亮 재위 3년에 한때 폐지되었다가 손휴孫休가 왕위를 이은 이후에야 비로소 건립되었다. 관련 기록은 다음과 같다.

> 숭상하는 것이 도탑지 못하면 풍속이 쇠퇴하게 되므로 옛 제도를 상고해서 학관을 설치하고 오경박사를 세웠다.[30]

> 손휴가 박사좨주博士祭酒 위요韋曜, 박사 성충盛沖과 더불어 도예道藝를 강론하고자 하였다.[31]

> (韋曜는)…… 손휴가 즉위하자 중서랑中書郞·박사좨주가 되었다. 위요韋曜에게 유향이 했던 것과 같이 서적을 교정할 것을 명하였다. 또한 위요에게 진강하게 하였는데 좌장군 장포張布는…… 같이 논쟁할 수준이 되지 못했다.[32]

오나라 또한 박사 설치 이전에도 『고문상서』를 전습한 이가 있었고 이를 금문과 함께 전공한 이도 있었으며 정현과는 다른 설을 세우는 이도 있었다. 『오지吳誌』 「제갈근전諸葛瑾傳」의 배송지 주에서는 『오서吳書』를 인용하여 다음과 같이 적었다.

> 제갈근은 어려서 경사에 있으면서 『모시』·『상서』·『좌씨춘추』를 전공하였다.

『모시』와 『좌씨춘추』는 모두 고문이므로 제갈근이 전공한 『상서』역시

---

30) 『三國志·吳志』, 孫休 永安 원년(258).
31) 『三國志·吳志』, 孫休 永安 5년(262).
32) 『三國志·吳志』, 「韋曜傳」.

고문이었을 것이다. 그러나 다음과 같은 일도 있었으니, 「장굉전張紘傳」의 배송지 주에서는 『오서』를 인용하여 다음과 같이 적고 있다.

장굉은 태학에 들어가서 박사 한종韓宗을 섬기며 『경씨역』・『구양상서』를 전공했다. 또한 외황外黃에서 복양개濮陽闓로부터 『한시』・『예기』・『좌씨춘추』를 배웠다.

장굉은 『금문상서』를 전공한 동시에 고문인 『좌씨춘추』도 전습하였던 것이다. 또 「우번전虞翻傳」의 배송지 주에서는 『우번별전虞翻別傳』을 인용하여 다음과 같이 기록하였다.

우번은 처음에 『역주易注』를 지어 바쳤다.…… 또한 정현이 풀이한 『상서』의 잘못된 부분을 올렸다.…… "「고명顧命」에서……천자가 모옥瑁玉을 집고 제후들을 조회하는 것을 주배酒杯라 하였고 천자가 물로 얼굴을 씻는 것을 한의澣衣라 하였으며 옛 전서篆書의 '묘卯'자는 도리어 '매昧'자로 여겼으니, 모르는 것은 비위 두는 의의를 심하게 어겼습니다. 그 잘못이 막대하니, 학관에 명하여 이 세 부분을 바로잡도록 하는 것이 마땅할 것입니다. 또한 마융의 『훈주訓注』는…… 비록 다 옳지는 않지만 정현보다는 낫습니다.…… 또 정현의 오경 주는 의리에 위배됨이 심한 것이 167개에 이르니 정정하지 않을 수 없습니다. 학교에서 시행되고 장래에 전하는 바를 신臣은 매우 부끄럽게 여깁니다."

이 외에 『수서』「경적지」에는 다음의 내용이 실려 있다.

『상서왕씨전문尙書王氏傳問』 2권과 『상서의尙書義』 2권은 범순范順이 묻고 오나라 태위 유의劉毅가 답한 것인데, 망실되었다.

이는 『상서』 왕숙 주와 관련된 오나라 때의 저작으로 『칠록』에도 보인다. 『경의고』에는 이 책 항목의 앞에 있는 '왕찬서王粲書' 항목의 뒤에 별도로 "정병程秉의 『상서박尙書駁』, 유실되었다"라고 적고 있다. 그러나 정병이 위나라 사람인지 오나라 사람인지는 알 수 없다.

왕국유는 『한위박사고漢魏博士考』에서 위의 「우번전」 배송지 주에서 인용한 자료에 대해 다음과 같이 설명하였다.

우번이 상소를 올린 때는 손권의 치세로서 당시에는 아직 오경박사를 세우지 않았으니, 우번이 정주鄭注가 '학교에서 행해진다' 말한 것은 민간에서 교수되는 것을 말한 것이었다. 이후 박사가 세워지고 위소韋昭가 좨주祭酒가 되었는데, 위소 역시 고학가였다. 그렇다면 촉·오가 세운 박사도 위와 거의 같았다는 것을 알 수 있다.

삼국시기에 세워진 오경박사는 기본적으로 동일하며 모두 고문을 중시했음을 알 수 있다. 이것은 동한대 고문학의 흥성에 힘입은 필연적인 결과이다.

왕국유는 또한 『후한서』·『위략魏略』·『통전通典』 등의 자료에 근거하여 한나라와 위나라 박사 사이의 동이를 이렇게 논증하였다.

제자들에 대한 박사의 직분은 교수敎授하고 과시課試하는 데 있었는데, 후한 중엽에 과시의 법이 세밀해지고 교수의 일은 경시되었다. 또한 한 박사들은 모두 특정 경을 전공하여 교수하였고 위 박사는 오경을 아울러 교수하였으니,[33] 한 박사의 제자는 오로지 하나의 경을 전수받았고 후한 이후에는 오경을 두루 전수받았다. 한 박사가 제자들에게 과시할 때는 오직 일예一藝로만 하였고, 후한 이후에는 오경을 아울러 과시하였다. 이것이 차이점이다.

여기에서 왕국유는 후한대 이후부터 조위삼국曹魏三國시기까지의 기간에 세워진 학관에서는 한 명의 박사가 하나의 경을 전수한다는 한대의 원칙을 더 이상 고집하지 않고 여러 개의 경을 두루 전수할 수 있도록

---

33) 王鳴盛의 『蛾術篇』 권1에서는 "東漢 때에는 한 사람이 이미 여러 經을 통달하였어도 여러 經을 두루 교수하지는 않았다"라고 하였다.

하였다는 점을 지적하고 있다. 그렇다면 이들 박사들은 더 이상 한대와 같이 오로지 특정 경만을 전수하는 특정 경의 박사가 아니었다. 이것은 삼국시대 박사의 직분은 한대와 구별되는 것임을 잘 보여 주고 있다.

제2절 서진의 왕숙학 우위의 왕·정학 병행

왕숙은 위나라 감로甘露 원년(256)에 죽었는데, 진晉왕조가 건립된 해는 그보다 늦은 태시泰始 원년(265)이다. 그러나 왕숙은 진을 건국한 사마염司馬炎의 외조부였고, 사마염의 부친은 위왕조의 권신으로 있을 당시에 이미 자신의 장인인 왕숙의 고문학을 학관에 세운 바 있었다. 따라서 사마씨가 자신들의 왕조를 세우게 되면서 왕숙의 고문학은 자연스럽게 국가 관정官定의 학문으로 존숭되어 학관에 계속 존속되었다. 앞서 『송서』 「백관지百官志」의 인용을 통해 서진에 세워진 박사제도가 위왕조와 동일하다는 것을 살펴보았는데, 당연히 서진정권은 정현의 학도 세우기는 했지만 국척國戚의 학문을 더욱 추숭하였다.

살펴보건대, 왕숙의 부친 왕랑王朗은 본래 한말 구양씨학의 대사大師인 양사楊賜의 문인이었고 왕숙도 원래 금문경학을 계승하였다. 그러나 고문경학이 크게 흥성하는 시기를 만나 그는 고문경학도 전수받게 된다. 그리하여 금고문에 모두 통달하였고, 점차 고문을 더 위주로 하게 되었다. 그는 자신의 학문을 세우고 정현학을 반대하기 위해 구절마다 정현의 설과 다른 입장을 보였다. 앞에서 이미 언급한 바와 같이 왕숙이 정현학을 반대하는 방법은 주로 가규賈逵·마융의 고문설을 이용하여 정현의 금문설을 반대하는 것이었다. 정현학에는 금문설도 있었기 때문이다. 이와 반대의 상황도 있었는데, 왕숙은 금문설을 이용해 정현의 고문설을 반대하기도 했다.34) 위진魏晉정권의 비호에 힘입어 『고문상서』 학파 가운데 '정학鄭學' 이후에 '왕학王學'이 출현하게 된 것이다. 한대의 경학이 '금·고문의 논쟁'이었다면, 위진의 경학은 '정·왕학의 논쟁'이었다고 할 수 있다.

왕학의 건립은 학술적인 측면에서 명예로운 방법으로 채택된 것이 아니었다. 앞에서 이미 언급했듯이 왕숙은 위조된 『성증론聖證論』을 논의의 근거로 삼았다. 이 위서僞書는 자신이 편집한 또 다른 위서인 『공자가어孔子家語』의 자료에서 기인한 것이었다. 그는 『성증론』이 『공자가어』에서 자료를 취했다고 말하기도 했는데, 이것이 바로 "성인의 말씀에서 증거를 취했다"(取證于聖人之言)라는 말의 진상이다. 『공자가어』는 한대에 원서가 있었으니, 가령 서한 엄팽조嚴彭祖의 『엄씨춘추嚴氏春秋』에서는 『가어』의 「관주觀周」편에 있는, 공자가 좌구명左丘明과 함께 주周에 가서 주사周史를 보았다는 고사전설을 인용하고 있다. 그래서 『한서』 「예문지」에는 『공자가어』 27권이 기록되어 있다. 안사고顏師古의 주에는 "지금(唐)의 『가어』가 아니다"라고 밝히고 있어, 한대 이후에 전해진 판본은 이미 한대의 원본이 아님을 알 수 있다. 그리고 안사고가 본 『가어』는 사마정司馬貞이 『사기색은史記索隱』에서 인용한 것으로, 금본今本을 볼 수 없었다고 하였으니 곧 당대唐代에 또 많은 산일散佚이 있었다는 것을 알 수 있으며, 현재 보이는 판본 역시 당대의 판본이 아니다.35)

『구당서』 「경적지」에서는 "왕숙 찬, 『공자가어』 10권"이라고 하여 왕숙이 찬집하였다는 것만을 말하였고 『신당서』 「예문지」에서도 "왕숙 주, 『공자가어』 10권"이라고 하였으니, 이 책이 왕숙의 손에서 나온 것임을 숨기지 않은 것이다. 이에 대해서는 위진시대에 이미 지적한 사람이 있었다. 예를 들면 『예기』 「악기」의 "옛날 순舜이 오현금五弦琴으로 남풍南風을 연주

---

34) 『經學歷史』 151쪽에 달린 周予同 注에서 일례를 들고 있다.
35) 『古今僞書考』에 따르면 元의 王廣謀가 刪削하고 添加해서 만들었다고 한다.

했다" 구절에 대해 정현은 "남풍南風은 길러 주고 키워 주는 바람이다.……
상세한 것은 듣지 못하였다"라고 주하였는데, 『성증론』에서는 『시자尸子』
및 『가어』를 인용하여 다음과 같이 정주鄭注를 비난하였다.

옛날 순이 오현금을 연주하였는데, 그 가사는 "남풍의 교화여, 우리 백성의
원망함을 풀어 주네. 남풍의 적절함이여, 우리 백성의 재산을 불려 주네"라고
되어 있다. 정현은 "그 가사를 듣지 못했다"라고 하였는데, 그 의미를 놓친
것이다.

이것은 『공영달소孔穎達疏』에 인용된 내용인데, 『소』에서는 여기에 이어
"지금 생각건대, 마소馬昭는 '『가어』는 왕숙이 내용을 덧붙여 정현의 견해를
비난한 것이다' 하였다"라고 반박하고 있다. 또한 『통지通志』 권91에서도
마소의 "『가어』의 말은 믿을 것이 못 된다"라는 말을 인용하고 있다.
마소는 위나라 아니면 진나라 때 중랑中朗을 지낸 인물인데, 정학鄭學을
견지하였기 때문에 왕숙이 그 책을 위조하였다는 사실을 폭로하였던
것이다.

왕숙은 원본 『가어』가 전해지지 않는 상황을 틈타 대대적으로 『가어』의
문장을 위조하고, 공자의 원어原語를 사칭하여 그것을 자신이 위조한
『성증론』의 근거로 삼았으며, 다시 그 『성증론』을 이용해서 정현의 주석을
반박하였다. 가령 「요전」의 "인우육종禋于六宗"에 대해 정현은 "육六은 모두
하늘의 신기神祇이니, 성星 · 신辰 · 사중司中 · 사명司命 · 풍사風師 · 우사雨師가
그것이다"[36]라고 주하였는데, 왕숙은 『성증론』에서 "『가어』에서 말한 사
시四時 · 한서寒暑 · 일日 · 월月 · 수水 · 한旱이 육종六宗이다"[37]라고 하였다. 이
처럼 왕숙은 전해지는 말이 전무全無한 틈을 타 내용을 꾸민 뒤, 스스로

---

36) 『毛詩正義』, 「時邁」에서 인용.
37) 이것은 馬融 注의 "六宗은 天地四時"라는 설명과도 다르다.

『가어』라고 이름 붙여 '성증聖證'이라는 말로써 정현의 설을 비난했던 것이다.

왕숙이 위조한 『가어』의 원자료에 대해 송대의 왕백王柏은 『가어고家語考』에서 "『좌전』·『국어』·『맹자』·『순자』·『대대기大戴記』·『소대기小戴記』의 책에서 취합하였다"라고 지적한 바 있다.[38] 청대의 요제항姚際恒, 범가상范家相, 손지조孫志祖, 진사가陳士珂, 황식삼黃式三 등도 왕숙이 구문舊文에서 취합하고 지어 낸 내용을 첨가하여 『가어』를 위조하였다는 점에 동의하였다.[39] 『사고전서총목』에서도 "거듭 고증해 보니 그 책이 왕숙의 손에서 나왔다는 사실에는 의심의 여지가 없다"라고 단언하였다. 오직 최술崔述만이 『고문상서변위古文尚書辨僞』에서 "왕숙의 문도들이 편찬한 것으로, 왕숙을 빌려 정강성鄭康成을 공격한 것이다"라는 조금 다른 의견을 보이고 있을 뿐, 『가어』는 왕숙의 위작僞作이라는 설이 학계의 정론이다.

이 외에 청유淸儒들은 왕숙이 『공총자孔叢子』도 위조했을 것으로 의심하였다.[40] 그러나 살펴보건대, 처음 주희朱熹가 이 책의 문장이 허술함을 보고 서한 이전의 작품은 아닐 것 같다고 의심하면서 "대체로 후인들이 선대의 유문遺文을 수집해서 만든 것"[41]이라고 하였고, 대표원戴表元도 "후인이 가탁한 것"[42]이라 말하였으며, 마침내 이렴李濂이 "한말의 공계언孔季彥이 지은 것"[43]이라며 특정인을 지목하니 왕균王筠도 이 설을 지지하였고,[44] 홍매洪邁는 "제량齊梁 이래 호사가가 만든 것"[45]이라고 하였다. 주희는

---

38) 『四庫全書總目』에서 인용.
39) 黃雲眉의 『古今僞書考補正』에서 이와 같은 고증 자료를 수집하였다.
40) 臧琳의 『經義雜記』, 何琇의 『樵香小記』, 孫志祖의 『孔叢子疏證』 등에서 이 설을 지지하였다.
41) 『朱子語類』.
42) 『戴氏文集』, 권23, 「讀孔叢子」.
43) 『古今僞書考』에서 인용.
44) 『菉友臆說』.
45) 『容齋三筆』.

또한 주를 단 사람이 위작하였다고도 하였고,[46] 송렴宋濂은 「제자변諸子辨」에서 주를 단 송함宋咸이 위조하였다고 했으며, 요제항姚際恒은 「고금위서 고古今僞書考」에서 주희의 설이 옳다고 하였다. 「공총자」의 작자에 대해서는 의구심이 분분해서 아직 정론이 없다는 것을 알 수 있다. 이 책이 「위공안국 전僞孔安國傳」의 앞잡이 노릇을 하였으니 시간상으로 「위공안국전」 이후가 되며, 자연스럽게 왕숙 이후가 된다. 따라서 홍매의 "제량齊梁 이래 호사가 가 만든 것"이라는 설이 비교적 옳은 것 같다. 근대의 오승사吳承仕는 「상서전왕공이동고尚書傳王孔異同考」[47)에서 「공총자」는 왕학王學의 문도들 에게서 나왔을 것이라고 보았는데, 이 역시 비교적 일리가 있다. 오승사는 이 글의 「논서論書」 항에서 다음과 같이 말하였다.

> 재아宰我가 물은 대록大麓에 대해 공자가 답한 문장은 왕숙의 「상서주」 「요전」의 원문을 전부 베낀 것으로, 한 글자도 덜거나 더함이 없다. 만약 왕숙이 이 책을 위조했다면 자신의 문장을 공자의 문장으로 공공연하게 사칭하지는 않았을 것이므로, 반드시 후인이 왕숙의 글에서 베껴 그 속에 넣었을 것이다.

이 설이 비교적 이치에 가깝다. 따라서 다수의 학자들이 말했듯이 「공총자」는 후인의 작품으로 여겨지며, 청대의 소수 학자들처럼 왕숙의 것이라고는 볼 수 없다.[48) 결국 왕숙은 「성증론」·「공자가어」 두 책을 위조하여 공문의 원자료라 사칭하며 정현에 반대하는 것에 사용하였던 것이다.

진대에도 위대와 마찬가지로 고문경학은 정·왕 두 학문이 서로 투쟁하 였다. 「구당서」 「원행충전元行沖傳」에 당시의 상황이 기록되어 있다.

---

46) 「古今僞書考」에서 인용.
47) 「國學叢編」 第1期·2期(中國大學).
48) 淸人들은 「論語」·「孝經」의 注 역시도 「古文尚書」의 傳과 같이 王肅이 위조한 것이라 고 말하기도 하였는데 모두 확실치는 않다.

자옹子雍(王肅의 자)이 정현의 설 수백 건을 바로잡았는데, 당시 정학을 전수한 사람 가운데 중랑 마소가 왕숙의 오류를 상소하자 (황제가) 왕학의 무리들에게 문답할 것을 명하였다. 또 박사 장융張融을 파견하여 경에 입각하여 논의할 것을 명하니, 장융이 즉시 소집하여 논의처를 분별하고 시비를 따져서 『성증론』에 기록하였다. 왕숙의 대답이 지지부진하였다.

『경학역사』 157쪽의 주에서는 이 일에 대해 다음과 같이 부연하여 설명하고 있다.

당시 마소의 논박에 답한 사람 가운데 알려진 사람은 공조孔晁인데, 청대 마국한馬國翰이 집록한 『성증론』의 서序에서 "공조의 설은 왕숙을 편들었으므로 공조는 확실히 왕학의 무리 가운데 뛰어난 사람이었을 것이다"라고 하였다. 공조의 책은 지금 망실되었는데, 간간히 『시』・『예』・『정의』 및 『통전通典』에 보인다. 마국한이 집록한 『성증론』에 잘 채집되어 있으므로 참고할 만하다. 또한 육덕명陸德明의 『경전석문』 「서록序錄」에 "진예주자사晋豫州刺史 손육孫毓은 『시평詩評』을 지었는데, 모毛・정・왕숙 3가의 동이를 평가하였고, 왕숙과 벗하였다"라고 하였다.…… 살펴보건대, 손육 역시 왕학의 무리로서 그의 책은 망실되었지만 마국한의 『옥함산방집일서玉函山房輯佚書』에 3권이 집록되어 있으니 참고할 만하다.

따라서 피석서는 『경학역사』에서 이 단락과 관련하여 정・왕 양파의 학술논쟁에 관한 간략한 정황을 다음과 같이 지적하고 있다.

그 당시 공조・손육 등은 왕학을 펴서 정학을 반박하였고 손염孫炎・마소 등은 또 정학을 중심으로 왕학을 공격하였으니, 끊임없이 정・왕 양가의 시비가 일어났고 양한의 전문專門들이 다시는 발붙일 수 없었다.

그런데 손염은 위나라 사람으로 공조・손육・마소 등에 비해 연배가 앞섰다. 『진서』 「부현전傳玄傳」에 의하면 진 무제는 공조의 경거망동한 죄를 용서하였다고 하니, 공조는 진나라 초기 사람이고 손육도 동시대이다. 『성증론』에 마소가 공조를 논박하고 장융에 답한 논의가 붙어 있다는 것은 공조가 왕숙과 벗하였고 마소·장융 역시 공조·손육과 동시대 사람임을 말해 주는데, 그들의 논변은 확실히 후대에 『성증론』에 보충되었다. 장림臧琳의 『경의잡기經義雜記』에서는 "당인唐人의 제경諸經 의소義疏 및 두씨杜氏의 『통전通典』은 모두 『성증론』으로부터의 인용이 있다" 하였으니, 『주례』의 매씨소媒氏疏의 경우를 보면 왕숙·마소·장융·공조 네 사람의 논변이 다소 집중되어 있는 자료를 수록하고 있다.

서진정권은 왕숙의 설을 일련의 제도 시행에 적용하였는데, 『진서』 「교사지郊祀志」의 기록을 통해 진대 초기 교묘郊廟의 예禮들은 모두 왕숙의 설에 의거해서 제정되었고, 예학에 특별한 조예가 있는 것으로 평가받는 예학의 대종大宗 정현의 설에 의거하지 않았다는 것을 알 수 있다. 왕숙이 『성증론』에서 서술한 오제五帝·육종六宗의 사祀, 칠묘七廟·교구郊丘의 예禮 및 상복喪服의 제도 등은 모두가 진왕조의 예제로 채택되었다.

이상을 통해 서진 상서학의 주요 면모를 볼 수 있다. 서진에 이르러 학관의 설립과 박사의 건립이 『상서』와 관계가 있다는 것은 아래의 자료를 통해서 엿볼 수 있다.

세조世祖 무황제武皇帝(司馬炎)가 순리대로 선양을 받아 제위에 올라 유학을 숭상하고 학문을 장려하였으며 명당明堂을 경영하고 벽옹辟雍을 운영하였다.……태학에 석경·고문·선유의 전훈典訓을 두었고 가賈·마馬·정鄭·두杜·복服·공孔·왕王·하何·안顔·윤尹 등의 문도들은 각 가家의 학을 장구전주章句傳注하였으며, 박사 19인을 설치하였다. 구주의 스승과 제자가 서로 전수하니 학사들이 매우 많았는데, 특히 장화張華·유식劉寔을 태상太常의 관리로 임명하여 유교를 중시하였다.[49]

함녕咸寧 2년 5월, 국자학國子學을 세웠다.[50]

---

49) 『晋書』, 「荀崧傳」.

진나라 왕실의 비부秘府에 『고문상서』 경문이 보존되어 있었는데 지금은 전하는 것이 없다. 영가永嘉의 난에 이르러 구양씨, 대·소 하후씨가 모두 망실되었고, 제남濟南 복생의 전傳과 유향 부자의 『오행전五行傳』만이 본법本法이 되었으나 또한 많이 훼손되었다.[51]

진 무제 초기에 태학생이 3천 명이었다.…… 함녕 2년에 국자학을 세웠다.[52]

진인晉人이 자신들의 왕조의 일을 말한 것은 비교적 정확하다고 할 수 있는데, 『순숭전荀崧傳』에 기재되어 있듯이 진이 설치한 박사는 확실히 19인으로 『송서』의 기록과도 합치된다. 그 내용을 보면, 가규·마융·정현의 『상서』가 있는데 특히 정현은 『역』·『시』·『삼례』를 겸했으며, 두예杜預·복건服虔의 『좌전』, 왕숙의 『상서』·『시』·『논어』·『삼례』·『좌전』 및 그 부친 왕랑의 『역』, 하휴何休·안안락顔安樂의 『공양』, 윤경시尹更始의 『곡량』이 있었다. 이것으로 『상서』는 가·마·정·왕 4가의 박사가 함께 설립되었다는 것을 알 수 있다. 『순숭전』에서는 또한 공씨孔氏도 있었다고 말하고 있지만, 서진 때는 공씨의 위고문僞古文이 아직 나타나지 않았다. 만약 순숭이 동진시기에 전습된 것을 잘못 칭한 것이 아니라면 그것은 당시에 전해지던 공안국의 『논어주論語注』일 것이다. 반드시 알아야 할 것은, 서진의 문헌 어디에도 공안국의 『상서』 전傳이나 그것의 박사 설립과 관련된 어떤 기록도 없다는 점이다. 따라서 그 이후에 나온 이와 관련한 각종의 설들은 근거삼기에 부족하다.

당대唐代에 『수서』를 편찬할 때에는 진대로부터 전해지던 자료에 근거해서 기록하였는데, 비부에 『고문상서』가 존재하고 있었다는 기록은 사실

---

50) 『晉書』, 「武帝紀」. 국자학은 太學과 함께 설치된, 귀족 자제들에게 학문을 전수하는 곳이다.
51) 『隋書』, 「經籍志」.
52) 『通典』, 권53, '禮·大學'章. 『통전』을 편찬한 杜佑는 自注에서 "『周禮』에 있는, 나라의 귀족과 왕공의 자제들이 스승에게 교육받는 것을 본받은 것이다"라고 하였다.

에 부합한다. 그러나 사실과 다른 것도 있으니, 가령 3가의 금문이 영가의 난에 이르러 비로소 망실되었다고 말한 것은 금문 29편이 고문에 의탁해서 전해졌으며 위진시대에 고문을 학관에 세움으로써 3가의 금문이 일찍부터 유전되지 않았다는 것을 모르고 한 말이다. 왕국유는 서경西京(西漢) 때 세워진 금문은 "영가의 난이 있기 전에 이미 망실된 것이 확실하다"라고 하였는데, 이 말이 옳다.

서진의 상서학에 있어 특별히 기록할 만한 사건이 있는데, 그것은 바로 중국 고대 최고의 지도학자 배수裴秀가 『우공지역도禹貢地域圖』 18폭을 완성한 것이다. 『진서』 「배수전」에 다음의 기록이 있다.

> 배수는…… 지관地官의 직책을 맡았다. 「우공禹貢」의 산천지명山川地名이 오래되어 많은 차이가 있었는데 후대의 사람들이 견강부회하여 점점 알 수 없게 되었다. 이에 옛 문헌을 선별하여 의심스러운 것은 빼 버리고 옛날의 이름은 있으나 지금 없는 것들은 모두 사건에 따른 주를 달아서 『우공지역도』 18편을 만들어 올리니, 비부秘府에 소장하였다. 그 「서序」에 "……이제 「우공」에 기록된 산과 바다, 하천의 흐름, 평원과 습지, 언덕과 못, 고대의 구주 및 오늘날의 16주, 군국현읍郡國縣邑의 경계와 향촌, 고국古國이 회맹會盟했던 옛 지명, 수륙의 길들을 고찰하여 「지도」 18편을 만들었다.

배수의 『우공지역도』는 「우공」에 기재된 고지리古地理를 진대 당시의 현실지리와 대조하여 그린 역사지리도歷史地理圖이다. 「자서」 아래에 있는, 그가 창안한 중국 지리학사에 있어서의 저명한 원칙인 '지도제작 6체'(制圖六體) 중의 제1항은 과학적 지도제작방법과 일치한다. 이 지도는 확실히 마왕퇴馬王堆 한묘漢墓에서 출토된 한대 초기에 그려진 지도에 비해 과학적 이고 진일보하였으며, 또한 이후에 수없이 제작된 「우공」 관련 여타의 지도들 가령 송대 정대창程大昌의 『우공론도禹貢論圖』, 명대 정효鄭曉의 『우공도禹貢圖』, 청대 호위胡渭의 『우공도』에 비해서도 정확하고 과학적이다.

당대의 가탐賈耽이 배수의 육법六法에 근거해서 『해내화이도海內華夷圖』를 그린 바 있는데, 이후 송대에 이르러 가탐의 그림 중에서 「우공」의 구주 부분을 축약하여 만든 「우적도禹迹圖」 각석刻石은 그 해안선이 정확하고 전체적으로 하천의 흐름이 정밀하다. 조셉 니덤(1900~1995)은 『중국과학기술사』 제5권에서 이들 지도가 당시 최고의 걸작이라고 칭찬하면서 서양학자의 말을 인용하여, 16세기 이전의 "어떤 유럽의 지도들도 이들 지도에는 비교할 수 없다"라고 하였다.[53] 이것은 정대창·정효·호위 등의 어설픈 지도와 비교해도 그 과학성이 매우 뛰어나다. 안타까운 것은 이 귀중한 『우공지역도』가 전해지지 않는다는 것이다. 청대의 왕모王謨가 집록한 『중정한당지리서초重訂漢唐地理書鈔』에 배수의 『우공구주제지도론禹貢九州制地圖論』 1권만이 집록되어 있다.

---

53) 中譯本 5卷 1分冊 135쪽에 보인다.

제3절 동진 때 출현한 『위고문상서』

영가永嘉(307~312)의 난으로 서진이 전복되고 문화적 대파탄을 맞게 되었다. 『경전석문』「서록」에서는 "영가의 상란傷亂으로 학가學家의 책들이 모두 망실되었다"라고 하였는데, 이는 당시 통치자 수중에 있던 문헌들이 모두 파괴된 것을 말한다. 그러나 민간의 책들은 당연히 다 훼손되지는 않고 여전히 민간 지식인들에 의해 흩어져 보존되어 왔다.

진 원제元帝가 남방으로 내려가서 다시 건립한 동진東晉왕조는 여전히 유학사상에 바탕을 둔 정신을 유지하였기 때문에 또다시 널리 경전을 찾게 하고 박사를 설립하여 유학을 전승하였다. 동진시기에는 『상서』와 관련하여, 경전 방면을 보면 예장내사豫章內史 매색梅賾이 헌상한 이른바 '공안국전孔安國傳'54)이라는 『고문상서』가 출현하였다. 학관의 설립 방면을 보면 원제에 의해 박사가 처음에는 5인으로 설립되었다가 이후 9인으로 증가하고 다시 11인을 거쳐 최종적으로 19인이 되었는데, 그 가운데 『상서』가 2자리를 차지하였다. 아래에서는 ① 매색이 헌상한 공씨전孔氏傳 『고문상서』와, ② 동진의 학관 건립 및 『공씨전』과 관련한 상황의 2가지에 대해 살펴보기로 하겠다.

---

54) 傳은 곧 注解했다는 의미이다.

1. 매색의 공씨전『고문상서』헌상

당시의 『고문상서』 유전과 관련된 『진서晉書』의 자료가 있는데, 이는 공영달의 『상서정의』「우서虞書」 아래에 인용되어 있다.

『진서』「황보밀전皇甫謐傳」에 "고종사촌 양류梁柳가 변방에서 『고문상서』를 얻은 까닭으로 『제왕세기帝王世紀』를 쓰면서 종종 『공씨전孔氏傳』 58편의 『서書』를 기록하였다" 하였고, 또 『진서』에 "진 태보공太保公 정충鄭沖이 고문을 부풍扶風의 소유蘇愉에게 전수하였는데, 소유의 자는 휴예休預이다. 휴예가 천수天水의 양류梁柳에게 전수하였으니, 양류는 자가 홍계洪季로 황보밀의 고종사촌이다. 홍계가 성양城陽의 장조臧曹에게 전수하니 장조는 자가 언시彦始이다. 언시가 군수郡守의 자제인 여남汝南의 매색梅賾에게 전수하니, 매색은 자가 중진仲眞인데 예장내사豫章內史가 되어 마침내 전진前晉에 그 책을 바치고 시행하였다"라고 하였다. 당시에 이미 「순전舜典」 1편은 망실되어 진말晉末의 범녕范寧이 주해할 당시에 얻지 못하였는데, 제齊 소란蕭鸞 건무建武 4년(497)에 요방흥姚方興이 대항두大航頭에서 얻어 헌상하였다.

또한 『상서정의』「서序」에서도 다음과 같이 적고 있다.

진대의 황보밀이 혼자 그 책을 얻어 『제기帝紀』에 실었고 그 이후의 전수는 상세하다. 고문경이 비록 일찍 출현하였으나 늦게야 시행되었는데, 그 문장이 풍부하고 잘 갖추어져 있으며 그 의의가 깊고 단아하다.

이상의 자료들은 『고문상서』의 전수계보를 기록하고 있는데, 이 계보를 통해 2가지 결과를 산출할 수 있다. 하나는 양류에게 전수되어 그의 고종형인 황보밀에게 전해진 이후 많은 내용들이 채용되어 『제왕세기』 안으로 편입되었다는 사실이고, 다른 하나는 예장내사 매색에게 전해져 전진시기에 그 책을 헌상하게 되는데 그 내용이 풍부하고 깊었기 때문에 시행될 수 있었다는 사실이다. 그런데 이 기록들은 다음과 같은 몇 가지 문제를 지니고 있다. ① 첫 번째 기록이 실린 『진서』의 문제, ② 황보밀의 『공씨전』 채용 여부의 문제, ③ 예장내사 매색이라는 인물에 관한 문제, ④ 전수계보 자체의 문제, ⑤ 『상서』 고문경의 편목구성 문제 등이다. 지금부터 차례대로 기술해 가도록 한다.

1) 『진서』의 문제

인용된 『진서』 「황보밀전」 단락은 현전하는 이십사사二十四史 『진서』의 「황보밀전」에는 없다. 어떤 사람은 이것이 장영서臧榮緖의 『진서』에서 인용한 것이라고 했고 또 어떤 사람은 왕은王隱의 『진서』에서 인용한 것이라고도 했는데, 모두 추측에 불과하다. 살펴보건대, 당대唐代에 『진서』[55]를 편수하기 이전에 『진서』를 편찬한 이가 23인에 달했고 또 당대 초기까지 그 전수傳授를 살펴볼 수 있는 이로는 19인이 더 있으며[56] 유지기劉知幾의 『사통史通』에서는 전후진사前後晉史를 편찬한 이가 18인이라고 하였다. 공영달이 『상서정의』를 편찬할 당시 10여 인의 『진서』가 존재하였으니, 어떤 본을 보았는지는 알 수 없지만 그 중의 하나인 것은 분명하다.

2) 황보밀의 『공씨전』 채용 여부의 문제

해당 『진서』의 「황보밀전」은 황보밀이 『공전』 고문 58편을 채용하여 자신이 편찬한 『제왕세기』에 편입한 사실을 말하고 있는데, 근거가 부족하다. 공영달이 잘못된 설을 인용한 것이다. 『후한서』 「일민전逸民傳」 가운데 「야왕이로전野王二老傳」의 "즉걸우명조卽桀于鳴條" 구에 딸린 이현李賢의 주는 다음과 같다.

---

55) 지금의 二十四史 판본.
56) 金毓黻의 『中國史學史』 참조.

『제왕세기』에서는 "『맹자』에 '걸桀(舜의 誤記)이 명조鳴條에서 죽었다' 하였으니, 곧 동이東夷의 땅이다"라고 하였고, 어떤 사람은 "진류陳留 평구平丘에 현재 명조정鳴條亭이 있다"라고 하였으며, 공안국은 『상서』를 주注하면서 "명조는 안읍安邑 서쪽에 있다"라고 하였다. 세 가지 설을 고찰해 보면 공안국의 설이 사실에 가깝다.

일반적으로 이것은 황보밀이 공안국의 『전』을 인용한 증거로 알려져 있다.[57] 한 근대인이 집록한 『제왕세기』에는 이 주가 모두 『제왕세기』의 글로 되어 있다. 그러나 여기에서는 이현이 『제왕세기』, 어떤 사람(或), 공안국의 주 등 3가지 자료를 인용한 후에 이어서 자신이 논단하고 있으므로, 확실히 황보밀이 공안국의 말을 인용한 것은 아니다. 황보밀은 단지 『맹자』의 "순졸우명조舜卒于鳴條" 구절만을 인용한[58] 다음에 명조가 동이의 땅에 속함을 말하고 있는데, 이는 걸桀과는 무관한 해석으로서 단지 명조의 소재지만 설명하였다. 이현은 명조의 소재와 관련한 세 가지 설을 인용하여 『한서』를 주한 것으로, 문의文義가 명백하다. 이 단락 전체를 『세기』의 문장으로 간주하는 것은 잘못이다.

또한 혜동惠棟의 『고문상서고古文尙書考』에서는 「오자지가五子之歌」편의 "저 요堯로부터 이 기주冀州를 소유하였다"(惟彼陶唐, 有此冀方) 구절 아래에 다음과 같이 주하였다.

황보밀의 『제왕세기』에 "경전을 살펴보면 하夏와 요순堯舜은 모두 하북河北의 기주冀州지역에 있었지 하남河南에 있지 않았다고 한다. 따라서 「오자지가」의 '저 요로부터 이 기주를 소유하였다. 지금 그 도를 잃었으니 기강이 문란해져 곧 망하였다'(惟彼陶唐, 有此冀方, 今失厥道, 亂其紀綱, 乃底滅亡)는 우禹에서 태강太康에 이르기까지 당우唐虞와 더불어 도성을 바꾸지 않았다는 것을 말해 준다'라고 하였다.

---

57) 馬雍의 『尙書史話』에서 인용.
58) 傳에서는 舜을 桀로 잘못 썼는데, 이 구절을 인용하고 있는 『御覽』에는 오류가 없다.

살펴보건대 『진서』에 "황보밀의 외제外弟인 천수天水의 양류가 고문을 전수받고 황보밀이 일찍이 그것을 보았다"라고 하였다. 그래서 「오자지가」·「탕고湯誥」 등이 『제왕세기』 속에 들어가게 된 것이다.

또한 정안丁晏의 『상서여론尙書餘論』에서는 다음과 같이 말하였다.

『상서정의』 「탕서湯誓·서序」에서 황보밀의 설을 인용하여 "「이훈伊訓」에서는 '명조에서 공격하고 우리는 박毫에서 시작한다'(造攻自鳴條, 朕哉自毫) 하였고, 「탕고湯誥」에서는 '왕이 하夏를 이기고 돌아왔다'(王歸自克夏) 하였다"라고 하였고, 『상서정의』 「태서泰誓」에서는 "황보밀의 『제왕세기』에서 '주紂가 비간比干의 처를 베어 태아를 보았다'(紂剖比干妻以視其胎) 하였는데, 이것은 임산부의 배를 가른 것이다"라고 하였으며, 「세기」에서는 또 「오자지가」를 인용하여 "저 요로부터 이 기주를 소유하였다. 우에서 태강까지 도성을 바꾸지 않았다"라고 하였고, 「태평어람」 「황왕부皇王部」에서는 「세기」를 인용하여 "태갑太甲은 일명 조갑祖甲이다"라고 하였다. 모두 『공전孔傳』의 문장에 의거한 것이다. 황보밀이 위고문을 인용한 것이 이와 같으니, 『진서』에서 말한 황보밀이 고문을 전수받았다는 것은 믿을 만하다.

혜동과 정안은 모두 황보밀의 『제왕세기』에서 5편의 위공僞孔이 인용되었다고 하였다. 그 5편은 곧 (a) 「오자지가」, (b) 「탕고」, (c) 「이훈」, (d) 「태서」, (e) 「무일無逸」편의 태갑이다. 순서대로 논의해 보도록 하자.

(a) 『사기』 「하본기夏本紀」 "태강실국太康失國, 형제오인兄弟五人" 아래에 있는 『색은索隱』의 주에서는 "황보밀은 '오관五觀이라고 불렀다'(號五觀也)라고 하였다. 이는 곧 『묵자』에서 인용한 선진시기의 서명과 같고, 「오자지가」라 부르지 않았으니 위공僞孔과 같지 않다. 황보밀이 『묵자』를 인용한 것이지 위공을 인용한 것이 아님을 알 수 있다. 또한 위공본 「오자지가」의 주에서는 "도당陶唐 제요씨帝堯氏는 기주冀州에 도읍하여 천하사방을 거느렸다"라고 하였으니, 두 사람이 인용한 황보밀의 말과도 다르다. 따라서 황보밀이

위공을 인용했다고 볼 수는 없다.

(b) 『태평어람』 권83에 황보밀이 인용한 탕湯의 고서사誥誓詞가 실려 있는데, 이는 『국어』·『논어』·『묵자』·『순자』 등에서 인용한 탕의 조도서사 早禱誓詞이지 위공본 「탕고」가 아니다.[59] 인용된 "왕귀자극하王歸自克夏" 구절에 대해 진몽가陳夢家는 『상서통론尚書通論』에서 황보밀이 「전보典寶」와 「탕고」의 「상서서尚書序」를 인용한 것이지 위공본 「탕고」를 인용한 것이 아님을 지적하였다.

(c) 「이훈」 구절 역시 진몽가가 『맹자』 「만장萬章」편과 관련 있음을 지적하였다. 그 말에 근거가 있으므로 따를 만하다.

(d) "주紂가 비간의 처를 베어 태아를 보았다"(紂剖比干妻以視其胎) 구절은 공영달이 오인하여 황보밀이 「태서」를 인용한 것으로 여긴 것이다. 사실 주나라 이래로 전해지는 주紂의 포악한 일들은 매우 많지만, 위공본 「태서」에도 비간의 처를 베어 그 태아를 보았다는 말은 없다. 진몽가는 「은본기」의 "비간을 베어 그 심장을 보았다"에서 온 것 같다고 생각하였는데, 일리가 있는 견해이다.

(e) 지금의 「무일」은 중종中宗·고종高宗·조갑祖甲의 순서로 기록되어 있으며, 이는 『사기』 「노세가魯世家」의 기록과 같다. 그러나 한석경본 「무일」의 순서는 태종·중종·고종의 순서로 되어 있다. 단옥재의 『고문상서찬이古文尚書撰異』에서는 "『한서』 「위현성전韋玄成傳」에서 왕순王舜·유흠劉歆은 '은殷의 태갑太甲은 태종이고, 대무大戊는 중종이며, 무정武丁은 고종이니, 주공周公 「무일毋逸」의 경계警戒이다' 하였다"라고 지적한 바 있다. 이 삼종三宗의 순서는 한석경 금문과 같다. 단옥재는 『사기』의 기록을 잘 모르는 사람이 『고문상서』로 고친 것이라고 여겼다. 한편, 마·정이 주석한 고문본에서는 "조갑祖甲은 무정武丁의 아들 제갑帝甲이다"[60]라고 하였는데, 왕숙王肅은

---

59) 후대에 위고문 「湯誥」에서 襲用하였다.

정현과 설을 달리했기 때문에 유흠의 설에 근거해서 조갑을 태갑으로 해석하였다.[61] 이 부분은 『고문상서』에서 정·왕 양가가 일찍부터 서로 다른 입장을 밝힌 것으로, 그 설의 연원은 유흠에 있는 것이지 『위공전』에서 처음 나온 것이 아니다. 황보밀은 『고문상서』 중에서도 유흠의 설에 근거하였고, 왕숙도 같은 설을 주장했던 것이다.[62]

이상의 분석을 통해 황보밀이 인용한 자료들은 모두 『위공전』과는 무관하며, 혜동·정안의 설도 모두 정확하지 않다는 것을 알 수 있다.

살펴보건대, 황보밀은 위·진의 교체기에 살았는데 당시에는 이른바 『공전孔傳』이라는 것은 없었으므로 그가 『공전』을 보았을 리 만무하다. 이 점에 관해서는 주이준의 『경의고經義考』의 설이 가장 유력하다. 『경의고』의 "공씨안국상서전孔氏安國尙書傳" 구절 아래에서는 다음과 말하고 있다.

> 『정의』에서는 또 『진서』를 인용하여 황보밀이 고종사촌 양류가 얻은 『고문상서』로 인해 『제왕세기』를 지으면서 종종 『공전孔傳』 58편의 '서書'를 기록하였다고 하였다. 대저 사안士安(皇甫謐의 字)이 이미 58편의 서를 얻어 그것을 맹신하였기 때문에 『제왕세기』에 그 설을 인용한 것은 당연한 일이었다. 『공전』에서는 요堯가 16세에 즉위하여 70년간 나라를 다스렸고 이후 순舜에게 선양하고자 3년 동안 그를 시험하였으며 다음해 정월 초하루부터 요가 죽을 때까지가 28년이니 수명이 117세라고 하였으나, 『세기』에서는 요의 수명이 118세라고 하였다. 『공전』에서는 순이 30살에 처음 시험을 받고 2년간의 시험을 거쳐 28년간 섭정한 뒤 50년간 재위하였으며 남방순수에 올라 창오蒼梧의 들에서 죽어 장사지내니 수명이 120세라고 하였으나, 『세기』에서는 순의 나이 81세에 즉위하여 83세에 우禹를 천거하여 95세에 우에게 섭정케 하였으며 섭정 5년 만에 유묘씨有苗氏의 반란이 있어 남정南征 길에 올랐다가 명조鳴條에서 붕어하였으니 나이 100세라고 하였다. 『공전』은 "문명文命"(禹의 字)을 '바깥으로 문덕교명文德敎命을 펼치는 것'으

---

60) 『史記集解』, 「魯世家」에서 인용.
61) 『尙書正義』, 「無逸」에서 인용
62) 陳夢家 역시 僞孔說에 근거한 것이 아니라 王肅의 설을 차용한 것이라고 보았다.

로 해석하였으나, 『세기』는 충분히 문文으로써 자신을 실천하였으므로 "이름이 문명文命이고 자는 고밀高密"이라고 하였다. 『공전』은 "백우伯禹"를 해석하기를 우의 시대에 곤鯀을 숭백崇伯이라고 했다고 하였지만, 『세기』는 요가 하백夏伯으로 봉했기 때문에 백우伯禹라고 부른다고 하였다. 『공전』에서는 『여형呂刑』의 "여후呂侯"를 천자의 사구司寇라고 해석했지만, 『세기』는 재상이라고 하였다. 이상의 서술은 『공전』과 많이 다르므로 사안士安이 실제 공씨고문을 보지 않았을 것으로 의심해 본다.

그 이후 정정조程廷祚의 『만서정의晚書訂疑』에서는 주이준의 요·순의 세수歲數, 문명文明, 백우伯禹 등의 조항을 그대로 인용하고 보충하여 "『공전』에서 성탕成湯이 죽고 태갑太甲이 즉위하였다고 했으나 『세기』에는 탕이 붕어한 후 외병外丙·중임仲壬이 있었다"라고 하면서 황보밀이 만서晚書(孔傳)를 보았을 리 없다고 단정하였다. 그 논의들이 옳다.

그 밖에, 지금의 『진서』 「황보밀전」에는 단지 그가 고종사촌 양류의 출사에 격려차 돈을 부친 일만을 기록하고 있는데, 만약 정말로 그가 『고문상서』를 받았다면 이렇게 의미 있는 학술적 대사건을 빠뜨리고 일상적인 일만을 기록했을 리는 절대 없다. 『진서』 「황보밀전」은 황보밀의 학술활동을 모두 기록하고 있으므로, 학술상의 중요한 사건이 정말로 발생하였다면 기록하지 않을 수 없었을 것이다.

이상을 통해 황보밀이 일찍이 『고문상서』를 보지 못했으며 그의 시대에는 아직 『고문상서』가 출현하지 않았다는 사실을 확정할 수 있다. 이치에 맞는 결론은 황보밀이 위공본 『고문상서』의 자료를 그의 『제왕세기』에 채용한 적이 없었다는 것이다.

3) 예장내사 매색의 문제

매색梅賾이 고문을 헌상한 일은 『상서정의』 「요전」의 기록 외에 『경전석문」에도 보이는데, 그 사건에는 당연히 근거가 있다. 그런데 이미 세상을 떠난 필자의 친우 마옹馬雍은 정정조의 설을 좇아 매색이 고문을 헌상하지 않았다고 여겼는데, 그는 『상서사화尙書史話』에서 이렇게 말하였다.

> 동진시기에 예장태수豫章太守는 있었지만 예장내사豫章內史라는 관직은 없었다. 동진 때 예장태수를 지낸 인물은 매색의 동생 매도梅陶이지 매색 자신이 아니었으며, 매도가 예장태수를 지낸 시기 또한 성제成帝 때이지 원제元帝 때가 아니다. 따라서 전설 속의 중요 인물의 사적에 큰 문제가 있는 것으로 보인다.

그는 문제점을 자세히 살폈고 제시한 부분도 매우 중요하다. 그러나 한 개인의 관직에 나타난 조그만 차이만으로는 그 사람 자체에까지 의문이 미칠 수 없다.

『진서』「직관지職官志」에서는 "군郡에는 모두 태수太守를 설치하였다", "모든 국國의 내사內史로써 태수의 임무를 맡게 하였다" 하였으니, 내사와 태수의 직위가 같고 서로 혼칭될 수 있음을 알 수 있다. 더욱이 옛날에는 항상 관직으로써 서로 같은 관명官名을 부르던 습관이 있었으므로, 진대에는 습관적으로 태수를 내사라고 불렀던 것이다. 예를 들어 회계會稽의 경우도 군郡이었지 국國이 아니었지만 그 태수 또한 항상 내사라 불렀으니, 『진서』「공유전孔愉傳」에서 "나아가 진군장군鎭軍將軍·회계내사會稽內史가 되었다" 하였고, 또 공유의 손자 공정孔靖도 "다시 회계내사가 되었다"라고 하였으며, 『송서宋書』「무제기武帝紀」에서도 유뢰劉牢가 회계내사가 되었다고 적고 있다. 이러한 실례는 매우 많다. 또한 매색을 예장내사라고 칭하는 것도 충분히 가능하다. 다음은 『세설신어』「방정方正」편의 기록이다.

> 매이梅頤는 일찍이 도공陶公(陶侃)에게 은혜를 베푼 적이 있었다. 후에 (梅頤가) 예장태수가 되었는데, 죄를 지어 왕승상王丞相이 사람을 보내어 체포하려 하였다. 도간陶侃이 "천자께서 아직 어리시어 만사가 제후들에게서 나오고 있으니,

왕공이 이미 사람을 보냈다. 나라고 해서 그를 풀어 주지 못할 일이 있겠는가?"
하고는, 체포하러 온 사람이 강가에 이르자 매이를 빼돌렸다. 매이가 도공에게
절하려 하자 도공이 만류하니, 매이는 "(지금 무릎 꿇지 않는다면) 나 매중진梅仲眞
의 무릎을 어찌 내일 다시 꿇겠는가?" 하였다.

유효표劉孝標의 주에서는 이에 대해 "『진제공찬晉諸公贊』에 '이이頤는 자가
중진仲眞이고 여남汝南 서평西平 사람인데 어려서부터 학문을 좋아하여
은거하며 실實을 구하였다' 하였고, 『영가유인명永嘉流人名』에 '이이頤는 영군
사마領軍司馬였다. 이의 동생은 도陶이며 자가 숙진叔眞이다' 하였다"라고
적고 있다. 이처럼 매이梅頤는 자가 중진仲眞으로 사마司馬를 거쳐 예장태수
가 되었다는 기록이 명확한데, 예장은 서진시기에 왕국王國이었으므로
그 태수를 내사라 한 것은 충분히 가능한 일이다.

일찍이 도간陶侃에게 은혜를 베풀었던 인물은 「도간전」의 기록에 의하면
매도梅陶가 확실하다. 왕돈王敦이 도간의 공을 시기해서 죽이려 하자 왕돈
의 자문으로 있던 매도가 도간을 죽이지 말 것을 권하였고, 이로써 도간은
죽음을 면할 수 있었다. 이후 지위가 더욱 높아진 도간이 매도를 천거하였
는데, 명확히 어떤 직책을 주었는지는 기록되어 있지 않지만 도간이
죽을 때 매도는 상서尚書의 지위에 이르렀다. 엄가균嚴可均이 집록한 『전진
문全晉文』에 실린 매도의 소전小傳에는 "매도는 원제元帝 초기 왕돈의 자의장
군諮議將軍이었다가 후에 장군태수章郡太守로 제수되었고, 성제成帝 초기에
상서가 되었다"라고 하였고, 『초학기初學記』「직관부職官部」의 '어사중승御使
中丞'조에서는 매도의 「자서自序」를 인용하여 일찍이 중승中丞의 지위를
역임하였다고 했다. 여기에 따르면 매도가 장군태수로 있던 시기는 원제
때이지 성제 때가 아니다. 그렇다면 원제 때 『고문상서』를 헌상했다는
기록에서 "장군태수章郡太守63) 매도梅陶"가 "예장내사豫章內史 매이梅頤"로

---

63) '章郡'은 豫章郡의 '豫'자가 탈락한 것인 듯하다.

잘못 전해졌을 가능성도 있을 수는 있다. 다만, 『세설신어』에서 매이가 예장태수임을 명확히 기록하고 있고, 또 본인을 칭하는 자도 명백히 중진仲眞이므로 오류는 아닌 것 같다. 게다가 매도의 은혜를 입었던 도간이 매도의 친형 매이가 위기에 처하자 그를 빼내어 구해 주는 것도 정리상 합당한 일이다.[64] 따라서 이 『고문상서』를 헌상한 인물은 예로부터 줄곧 전해지고 있는, 예장에서 벼슬을 지낸 매이가 당연하다.

'매이梅頤'는 『경전석문』 「서록序錄」에는 '매이枚頤'로 되어 있고 『석문』의 정문正文에는 '매이梅頤'로 되어 있다. 단옥재段玉裁의 『설문해자주說文解字注』 '이부匝部'의 '이匝'자 주에 "옛날 이름 '이頤'의 자字는 '진眞'이다. 진晉 매이枚頤의 자는 중진仲眞이고, 이이李頤의 자는 경진景眞이다. '매이枚頤'를 '매색梅賾'이라고 쓴 것은 잘못이다"[65]라고 하였다. 살펴보건대, 서한에 매승枚乘·매고枚皐라는 사부가辭賦家들이 있었으니 매枚씨 성이 있었던 것은 확실하지만, 이 사람들은 이미 『진서』에서는 매梅씨로 불리고 있다. 또, 단옥재는 그의 이름이 이頤여서 자인 중진仲眞의 진眞과 상응한다 했지만 그 아우 매도梅陶의 자 또한 숙진叔眞인데, 이 경우 '도陶'와 '진眞' 사이에는 별다른 상응관계가 없다. 따라서 단옥재의 주장은 하나의 가설에 지나지 않는다. 다만, 문헌에서 이미 매색梅賾이라고 관습적으로 칭해지고 있으므로 억지로 고칠 필요도 없고, 또 '이頤'자가 '색賾'자에 비해 비교적 자주 보이기 때문에 매이梅頤라고 칭하는 것도 있을 수 있는 일이다. 따라서 앞으로 자료를 인용할 때 일률적으로 강제하지는 않기로 한다.

4) 위고문 전수계보 자체의 문제 : 정충으로부터의 전수

앞서 인용한 『진서晉書』에서 말한 『고문상서』 전수계보는 정충鄭沖에서

---

64) 「陶侃傳」에 따르면 陶侃은 은혜에 보답하는 것을 매우 중시했다고 한다.
65) 朱駿聲의 『說文通訓定聲』은 段玉裁의 說을 따랐다.

시작되는 것으로, 실제로는 가탁되고 조작된 『위고문상서僞古文尚書』의 전수계보이다. 이것은 바로 한대 『고문상서』의 전수계보가 공안국으로부터 시작하는 것으로 조작된 것과 같다. 정충은 위魏의 제사帝師로서 『고문상서66)를 강론하였고 관직은 태보太保에 이르렀다. 진대晉代에 이르러 태부太傅가 되어 명성과 지위가 매우 높아졌기 때문에, 그의 문인들은 그가 원래 『고문상서』를 전수하는 대사大師의 지위에 있었다는 사실을 이용하여 그가 공안국이 전주傳注한 『고문상서』를 전수하였다고 꾸며 내었다. 이것은 사람들의 이목을 끌기에 충분하였고, 사람들은 결국 '고문경古文經'의 실제 연원이 있는 것으로 믿게 되었다.

사실 우리들이 주목해야 할 것은 정충과 정소동鄭小同이 위나라 황제에게 경을 전수할 때나 태학에서 박사들과 『상서』를 토론할 때 반복적으로 논변을 벌였던 내용은 단지 정현과 왕숙 양가의 동이同異에 관한 것이었을 뿐 근본적으로 『공안국전孔安國傳』은 언급되지 않았다는 점이다. 만약 당시에 실제로 '공씨고문孔氏古文'이 있었고 제사帝師인 정충이 전수했다고 한다면 당연히 논변 중에 나타나 정·왕 양가를 굴복시켰어야만 한다. 그러나 일절 언급이 되지 않고 있으므로 당시에 근본적으로 어떠한 '공씨지학孔氏之學'도 없었다는 것을 알 수 있다. 여기에서 우리는 주이준의 『경의고』의 한 단락을 인용해 볼 수 있는데, 이 인용은 정충이 이른바 '공안국이 전주한 『고문상서』'를 절대 본 적이 없다는 사실을 설명하는 데 도움이 된다. 주이준은 앞서 인용한, 황보밀이 공씨고문을 본 적이 없다는 논증에 이어 다음과 같이 말했다.

『정의』에서는 또 말하기를 "『고문상서』는 정충이 전한 것이다. 정충은 고귀향공高貴鄕公(曹魏의 廢皇帝 曹髦를 말한다. 254~260 재위) 당시, 사공의 벼슬에 있었다. 고귀향공이 『상서』를 강론할 때 정충이 경을 직접 전수하였고, 정소동과 함께 성은을

---

66) 僞古文이 아니다.

입었다. 공씨의 『서』를 얻었으니 경에 나아가는 데 무슨 어려움이 있었겠는가? 그 후 관직이 태부에 이르렀고 봉록이 군공郡公에 비견되어 궤장几杖과 마차를 하사받고 극진한 예우를 받았다'라고 하였다. 그러나 정충이 『공서孔書』를 전한 것이 사실이라면, 이미 공옹孔邕·조희曹羲·순개荀凱·하안何晏 등과 함께 『논어』의 훈주訓注를 모아 조정에 바친 바 있는 그가 어찌 유독 『공서』만은 소유蘇愉에게 전수하는 데 그치고 숨겨 놓았겠는가? 또한 『논어해論語解』는 비록 하안의 명의로 되어 있지만 정충이 주관한 것인데, 정충이 이미 『공서』를 얻었었다면 『논어』의 '혹위공자或謂孔子'장을 증명하기 위해 『서』 「군진君陳」의 구절을 인용할 때 결코 "효호유효孝乎惟孝는 커다란 효를 찬미한 말이다"(孝乎惟孝, 美大孝之辭)라는 해석(包咸의 註)을 포함시켜서는 안 되었다. 따라서 정충 역시 실제로 공씨고문을 보지는 못했던 것으로 의심된다.

후에 정정조는 『만서정의晚書訂疑』에서 이 구절의 요점을 인용하고 나서, 이어 "『논어집해』에 실린 공주孔注는 『고문상서』와 서로 어긋나는데도 태연하고 이상하지 않으니 어째서인가?"라고 하면서 "정충은 황보밀과 마찬가지로 『고문상서』를 보았을 리 없다"라고 단정하였다. 이 모든 것은 정충이 『위고문상서』와 무관함을 증명하기에 충분하니, 그가 전수했다는 말은 후대에 매색 등이 위고문을 헌상할 때 만들어진 것이다.[67]

정충이 이와 같은데, 정충 이래 각각 전수받은 사람들이 실제 전수받았는지의 여부는 깊이 논의할 것이 못 된다. 정충은 본래 고문가여서 한말의 마·정 이래의 『고문상서』만을 전수하였지, 위고문과는 관련이 없다. 따라서 위에서 말한 것은 후대에 "정충이 이른바 공전고문孔傳古文을 전수했다"고 끌어다 붙인 것이다. 공영달 이래의 전수계보를 기록한 다음에 "마침내 전진前晋에 그 책을 바쳤다"라고 하였는데, 이것은 앞에서 나온 위조된 계보에 근거해서 말한 것이다. 위서僞書의 출현은 근본적으로 전진前晋이

---

67) 淸 이후에 『僞孔傳』은 鄭沖이 위조한 것이라는 논의가 있었으나 근거 없는 억설에 지나지 않는다.

아니며, '전진前晉'은 '전前'은 '동東'의 오기이다. 공영달의 『상서정의』 「순전舜典」편 앞머리에 있는 "옛날 동진東晉 초기에 예장내사豫章內史 매색梅賾이 『공씨전孔氏傳』을 올렸다"라는 말로써 충분히 증명할 수 있다.

5) 『위고문상서』의 편목 구성 문제

매색이 『고문상서』를 헌상한 일과 그 책의 내용은 실제로 있었던 사실이라고 할 수 있다. 진陳의 육덕명陸德明은 『경전석문經典釋文』 「서록序錄」에서 다음과 같이 적고 있다.

> 동진東晉 원제元帝(318~323 재위) 때에 예장내사 매색이 공씨전 『고문상서』를 바쳤는데, 「순전舜典」 1편은 망실되어 구하지 못하였다. 이에 왕숙이 주注한 「요전堯典」의 "신휘오전愼徽五典" 이하를 「순전」편으로 나누어 이었다. 이후 배우는 학도들이 매우 많아졌다. 뒤에 범녕范寧이 그것을 금문으로 바꾸고 집주集注하였는데, 세간에서는 「순전」을 찾아 공씨전孔氏傳에 덧붙였다고 했다. 제나라 명제明帝 건무建武 연간(494~498)에 요방흥이 마·정의 주를 채록하여 공전孔傳 「순전」 1편을 만들고는 대항두大航頭에서 샀다고 하면서 바쳤다. 양梁 무제武帝(502~549 재위) 시기에 박사를 세웠는데, 의논하기를 "공씨본 「서序」에서 복생이 5편을 잘못 합쳤다고 하였는데, 모두 문장이 서로 이어지고 있으니, 잘못 합친 것이다. 「순전」은 맨 앞에 '왈약계고曰若稽古'가 있으니, 복생이 아무리 혼미했을지라도 그것을 합치는 것을 용납했겠는가?"라고 하여 마침내 시행하지 않았다.……근래에 오직 고문을 숭상하고 마·정·왕의 주가 모두 폐지되었다. 이제 공씨로써 정본을 삼고, 그 「순전」 1편은 왕숙본을 사용하였다.

또 『경전석문』 「요전堯典」에서는 이 편을 다음과 같이 설명하였다.

> 왕씨의 주注이다. 전해지기를 "매색이 공씨전 『고문상서』를 헌상하였는데, 「순전」 1편이 망실되어 당시 왕숙의 주로써 공씨의 빈틈을 메꾸었다"라고 하였으니, 왕주王注의 "근휘오전謹(愼)徽五典" 이하를 취해 「순전」으로 삼아서 『공씨전』에

이어 붙인 것이다. 서선민徐仙民도 이 판본으로 음주音注하였으므로, 여기에서는 구음舊音으로 음주한다.

육덕명은 여기에서 몇 가지를 명확하게 말하고 있다. ① 위고문이 헌상된 시기는 동진 초기 원제(318~323 재위) 때이다. ② 헌상한 인물은 매색이다. ③ 『서』 가운데 「순전舜典」 1편이 빠졌는데 이를 왕숙본 「요전」의 후반부라 사칭하였고, 이후 요방흥이 이 편의 『공전孔傳』을 다시 위조하였다. 다만 서막徐邈·육덕명이 음주音注한 편은 왕숙본이다. ④ 범녕范寧이 동진 때의 금문으로 고쳐 적어 금자今字로 칭했으니 곧 해서楷書이며, 또 집주集注를 지었다. ⑤ 요방흥이 위조한 공주孔注 「순전」은 박사들에 반박을 당하여 시행되지 못했다.[68]

①, ②에 관해서는 이미 앞에서 충분히 언급되었기 때문에 중복해서 서술하지는 않겠다. 다만 뒤에서 동진의 학관 설립과 박사의 설치 및 『상서』와의 관계를 말할 때에 이 위고문이 확실히 동진 때 나오게 된 이유를 보충하게 될 것이다.

④의 범녕이 당시 글자로 다시 쓰고 집주를 만든 일은 아래에서 「순전」이 망실된 정황을 말한 후에 범주范注에 대해 서술할 때 보충할 것이다.

③과 ⑤의 「순전」 망실에 관한 정황은 앞의 『상서정의』 「우서虞書」의 간단한 내용을 인용한 것 이외에 『경전석문』에서도 그것에 관한 기본적인 내용을 제시하고 있다. 공영달은 『상서정의』 「순전」 편머리의 "왈약계고제순曰若稽古帝舜"에서 "내명이위乃命以位"까지 6구 28자 아래의 소疏에서도 다음과 같이 적고 있다.

옛날 동진 초기, 예장내사 매색이 『공씨전』을 올렸는데 「순전」이 없었다. 그때부터 "내명이위乃命以位" 이하 28자는 세상에 전해지지 않았다. 왕·범[69]의 주를 많이

---

68) 여기의 "梁武時, 爲博士議曰"은 "梁武時, 博士議曰"의 잘못이다.

사용하여 보충하였고, 모두 "신휘愼徽" 이하를 「순전」의 처음으로 여겼다. 제齊 소란蕭鸞 건무建武 4년(497)에 이르러 오흥吳興의 요방흥이 대항두大航頭에서 「공씨 전」 고문 「순전」을 얻었는데, 또한 태강太康 연간의 「서」와 비슷하였다. 이에 헌상하였으나 시행되지 못하고, 방흥은 벌을 받아 죽었다. 수나라 개황開皇 초기에 남겨진 전적들을 구하여 얻었다.

또 "曰若稽古帝舜曰重華協于帝" 아래의 소에서는 이렇게 해석하고 있다.

이 12자는 요방흥이 올린 것인데, 「공씨전」에는 없었고 완효서阮孝緖의 『칠록七錄』 에서도 그렇게 말하고 있다. 요방흥본에는 이 아래에 "濬哲文明溫恭允塞玄德升聞 乃命以立"이 더 있다. 이 28자의 다름이 연이어 나오니, 왕숙의 주는 시행되지 못했다.

이상은 매색이 헌상한 판본에는 「순전」이 없었는데 「요전」의 "신휘愼徽" 이하를 「순전」의 경문으로 보충한 뒤 다시 이 편의 왕숙 주로써 「공씨전」을 보충했음을 말해 주고 있다. 그리고 육덕명의 말에 의하면 육덕명 이전에 서막徐邈이 작성한 음音과 자신이 작성한 음은 모두 왕숙본 「순전」을 음주音 注한 것이다. 소제蕭齊 때에 이르러 요방흥이 헌상한 「순전」의 「공씨전[70]」에 는 경문 첫머리 "신휘愼徽" 앞에 12자가 더 많았고, 소량蕭梁의 완효서가 『칠록』을 펴낼 때 이 책에 수록된 것도 역시 12자가 더 많았다. 다만 후대의 판본에는 16자가 더 많아졌는데, 문헌에는 어떤 사람이 더했는지의 설명이 없다. 이 사건에 관한 계속된 기록은 『수서』 「경적지」와 유지기劉知幾 의 『사통史通』에 있다. 먼저 『수서』 「경적지」에는 매색이 헌서獻書한 이후를 다음과 같이 서술하고 있다.

---

69) '范'은 『孔氏尙書集注』를 쓴 范寧을 가리키는데, 范寧은 東晋 말엽 사람이므로 이렇게 적은 것은 그 이후의 일이다.
70) 앞에서 인용한 『釋文』의 내용을 통해 姚方興이 馬·王의 注를 채용해서 이 傳을 만들 었음을 알 수 있다.

당시에 또 「순전」 1편이 없었다. 제 건무 연간(494~498)에 오吳의 요방흥이 대항시大桁市에서 그 책을 얻어 바쳤는데, 마·정이 주한 것에 비해 28자가 더 많았다. 이때 처음으로 국학에 배열되었다.

이는 위에서 서술한 내용을 그대로 답습하고 있으며,[71] 28자를 모두 요방흥본에 귀속시킴과 동시에 「순전」이 제나라에서 학관에 배열되었음을 말하고 있다. 『사통』 「고금정사古今正史」 편에서는 다음과 같이 말한다.

진 원제(318~323 재위) 때, 예장내사 매색이 비로소 「공전」을 바쳤는데 「순전」 1편이 없었다. 이에 왕숙의 「요전」을 취하여 "신휘愼徽" 이하를 「순전」으로 나누어 이었다. 이로부터 구양, 대·소 하후 등의 학과 마융·정현·왕숙 등의 제주諸注가 폐지되고 고문 「공전」만이 성행하게 되니 학관에 배열되어 세상의 전범이 되었다. 제 건무 연간(494~498)에 오흥吳興 사람 요방흥이 마·왕의 의리를 채용하여 공전 「순전」을 만든 뒤 대항두大航頭에서 샀다고 말하며 대궐로 달려가 헌상하였다. 조정에서 회의를 열었는데 모두가 가짜라고 여겼다.[72] 강릉江陵의 정치적 혼란기에 그 글들이 북쪽으로 유입되자 중원의 학자들이 얻어 보고는 매우 기이하게 여겼는데, 수隋의 학사 유현劉炫이 마침내 이 1편을 본래의 위치로 회복시켰다. 따라서 오늘날 사람들이 배우는 『상서』 「순전」은 원래 요씨에게서 나온 것이다.

여기에서는 위에서 인용한 내용 이외에, 「공전」만이 성행하고 금고문이 모두 폐지되었다는 것을 밝히고 있다. 아울러, 양 무제 때 기존 박사들이 요방흥본 「순전」의 부적합함을 의논하였던 것이지 양 무제가 박사를 세워 「순전」을 의논케 했던 것은 아니다.[73] 또한 요방흥이 바친 「순전」이

---

71) 다만 姚方興이 姚興方으로 잘못 적혀 있다.

72) 梁武帝 때, 博士들의 의논하기를 "孔傳에서는 伏生이 5편을 잘못 합했다고 했는데, 아마도 문구가 서로 이어지기 때문에 합했을 것이다. 「舜典」에 필시 '日若稽古'가 있었을 터인데, 伏生이 비록 혼미했을지라도 어찌 □□했겠는가?" 하였다. 이로 말미암아 끝내 시행되지 못하게 되었다.

73) 『梁』 「武帝紀」에 의하면 梁武帝 蕭衍은 博士를 세우지 않았는데, 『釋文』에서는 博士

남조南朝에 접수되지도 않았는데 북방에 전해져 크게 환영을 받았고, 수대隋代의 유현劉炫이 이 편의 목차에 근거해서 『상서』 안에 편입시켰다. 앞에서 인용한 공영달의 『상서정의』의 내용을 결합해 보면, 수 개황開皇 때 왕조에서 구해 얻은 것을 마침내 유현이 계승하여 전습한 것이라고 할 수 있다.

이 28자의 유래에 관해 후대의 학자들은 많은 탐색을 하였다. 명대의 정효鄭曉는 『상서고尙書考』에서 다음과 같이 말했다.

> 「순전」의 "왈약계고제순曰若稽古帝舜" 이하 28자는 대체로 수나라 개황 때 사람이 위조한 것으로, 요방흥의 시대로 소급하여 날조한 것이다. "왈약曰若" 구는 제 편의 머리말을 답습한 것이고, "중화中華" 구는 『사기』에서 베낀 것이며, "준철濬哲"은 『모시毛詩』 「장발長發」에서, "문명文明"은 건괘乾卦 「문언文言」에서, "온공溫恭"은 「상송商頌·나那」에서, "윤색允塞"은 「대아大雅·常武」에서, "현덕玄德"은 『회남홍렬淮南鴻烈』에서, "내시이위乃試以位"는 『사기』 「백이전伯夷傳」에서 각각 훔쳐온 것이니, 그 절도의 흔적이 잘 드러난다.

그는 28자를 모두 수나라 때로 귀속시켰는데, 확실하지는 않다. 앞의 12자는 양대梁代 완효서의 『칠록』에도 이미 보이므로 수대에 처음 생긴 것이 아니다. 그러나 그가 이들 문구의 원류를 찾은 것은 아주 훌륭하였다. 청대 장림臧琳의 『경의잡기經義雜記』, 왕명성王鳴盛의 『상서후안尙書後案』 등에서도 "준철문명濬哲文明" 이하 16자는 유현劉炫이 추가한 것이라고 논증하였는데, 비교적 사실에 가깝다.

이 편의 '전傳'에 대해서는, 처음에 왕숙 주를 사용하였다가 범녕 주가 나왔으며 이후에 다시 요방흥이 마·정의 설을 편집하여 새로운 주를 만들었다고 이미 서술하였다. 왕숙과 요방흥의 주는 위에서 이미 언급하

를 세웠을 때 「舜典」을 의논하였다고 하였으니 잘못이다.

였으므로 여기에서는 범녕의 주에 대해 보충하겠다.

『경전석문』 「서록」에서는 매색이 올린 공씨본 『고문상서』에 「순전舜典」편이 없어서 「요전堯典」의 후반부를 취해 「순전」을 만들었다는 말 뒤에 "이후 범녕이 금문으로 바꾸어 쓰고 집주集注하였는데, 세간에서는 「순전」편을 취하여 공씨전孔氏傳에 이었다고도 한다"라고 하였다. 여기에서 말한 '범녕이 금문으로 바꾸어 썼다'는 것은 '당시의 글자'이니 곧 해서楷書이다. 매색이 헌상한 『위고문상서僞古文尙書』는 그것이 실제로 오래되었다는 것을 나타내기 위해 일종의 '예고정제隸古定體'로 쓰였는데, 이는 매우 기괴하여 알아볼 수 없는 글자체였다.[74] 그 『위고문상서』는 읽기가 불편하여 당시 통행되던 글자로 고쳐 쓸 필요가 있었고, 이에 동진東晋의 범녕이 통행되던 해서로 고쳐 쓴 것이다. 『수서』 「경적지」의 "금자상서今字尙書" 14권"이 바로 범녕이 고쳐 쓴 판본이다. 『수서』 「경적지」에는 또 "『고문상서』 「순전」 1권은 진晋의 예장태수豫章太守 범녕이 주注한 것이다. 양梁에 『상서』 10권의 범녕 주가 있었는데, 망실되었다"라고 기록되어 있다. 이는 동진 말엽에 범녕이 예고정본隸古定本 『위고문상서』를 해서로 고쳐 쓰고 주를 했음을 보여 준다. 양대梁代에 이르러서도 여전히 유전되던 범녕 주 『상서』 10권이 있었는데, 당대 초기에 없어지고 오직 그가 주한 「순전」 1권만 전해졌다. 다만 『경전석문』에서는 그가 주한 이 「순전」을 『공씨전』에 넣었다는 세간의 소문을 전하고 있다. 이러한 기록들은 범녕 주가 『공씨전』에 편입된 것은 물론이고 당시에 그가 주한 경문을 사용했다는 것을 명확히 말해 주고 있다. 따라서 『상서정의』 「순전」에서는 요방흥본이 출현하기 이전에는 28자의 더함이 없이 "신휘오전愼徽五典"으로 시작하는 「순전」이 있었고, 왕숙과 범녕의 주를 많이 사용하였다고 한 것이다.

---

74) 졸고 「尙書的隸古定本古寫本」(北師大 史學硏究所, 『史學史資料』 1980年 3期)에서 자세히 설명한 바 있다.

이상은 매색이 헌상한 공안국전 「고문상서」 및 「순전」 1편이 빠진 상황과 그 전이 점점 증가되어 가게 된 정황이다.

이 「고문상서」는 전편이 58편으로, 매 편에는 이른바 공안국의 주[75]가 있어서 '공씨전孔氏傳'이라고 표제하였다. 한대에 전해지던 100편 「상서서尚書序」는 종래에는 2권 혹은 1권으로 합해져서 전서全書의 뒤에 붙여졌는데, 여기에서는 시간의 선후에 따라 각 편의 처음 혹은 끝에 나누어 넣었다. 그리고 「상서」 앞부분의 1편은 공안국이 직접 적은 「상서서」로 되어 있었다. 과거의 경학자들은 습관적으로 이 공안국의 「상서서」를 「상서대서尚書大序」라고 칭하여 100편의 서序를 「상서서」라고 하는 것과 구별하였다. 「대서大序」에 다음과 같은 말이 있다.

선군先君 공자는 주나라 말기에 태어나,…… 문전文典을 토론하여 당우唐虞 이래 주周에 이르기까지를 자르고,…… 전典 · 모謨 · 훈訓 · 고誥 · 서誓 · 명命의 문文이 모두 100편이다.…… 노나라 공왕恭王이 궁실 손보는 것을 좋아하였는데, 공자의 구택舊宅을 허물어 거처를 확장하다가 벽 속에서 선인先人이 소장하였던 고문古文 우하상주虞夏商周의 서書를 얻었다.…… 왕이 또 공자당孔子堂에 오르자 금석사죽金石絲竹의 음악소리가 들려오니, 이에 집 허무는 것을 멈추고 책들을 모두 공씨孔氏에게 돌려주었다.…… 복생伏生에게서 나온 책을 참고로 해서 문의文義를 고정考定하고 알 수 있는 것들을 정하여 예고정隷古定하고 다시 죽간으로 베껴 썼다. 복생의 책보다 25편이 더 많았다. 또한 복생은 「순전」을 「요전」에 합하고 「익직益稷」을 「고요모皐陶謨」에 합했으며 「반경盤庚」은 3편을 하나로 하였고 「강왕지고康王之誥」를 「고명顧命」에 합하였는데, 다시 이 편들이 출현하였고 서序가 있었으니 모두 59편 49권이었다.…… 모두 헌상해서 관官으로 보내었고…… 황명을 받들어 59편의 전傳을 지었다.…… 「상서서」는 작자의 의도를 적은 것인데, 의리가 명백하여 마땅히 가까이 붙여야만 했기 때문에 끌어다가 각 편의 머리에 붙여 58편을 정하였다. 이후 나라에 무고巫蠱의 일이 생겨나 경적經籍이 끊어진 후로 다시는 찾아볼 수 없었다.

---

75) 앞에서 이미 설명했듯이 「舜典」 注는 孔安國의 注가 아니다.

여기에는 공자가 100편을 산서刪書하였다는 한대 위서緯書의 설과, 유흠의 「이양태상박사서移讓太常博士書」 및 『한서』 「예문지」에 나오는, 노 공왕이 공벽孔壁을 헐어 고문을 얻었다가 금석사죽金石絲竹의 음악소리를 듣고 벽 허무는 것을 멈추고 공씨에게 책을 돌려주었으며 공씨가 그것을 관에 바쳤지만 무고의 변을 만나 쓰이지 못했다는 설, 그리고 유향·환담·정현의 권수 46, 편수 58의 설을 그대로 답습하고 있는데, 한대 자료와 달리 새롭게 나온 설도 있다. ① 공안국이 황명을 받들어 전을 지었다는 설, ② 처음에 예고정隸古定으로 베껴 썼다는 설, ③ 복생본에 비해 증가된 고문 편수는 25편이지 일실된 16편이 아니었다는 설이 그것이다. 이들 편은 전승되어 오던 금문의 유편遺篇들과의 분합을 통해 58편이 되었고, 다시 「상서서」를 더해 모두 59편이 되었다. 다만 유향 등이 말한 고문 58편과 일치시키기 위해 「상서서」 1편을 덜어내어 각 편의 서문을 앞뒤로 나눈 뒤 58편의 편수篇首나 편미篇尾에 삽입하였다.

한인의 설을 답습한 것 가운데 46권 58편의 수를 고의로 맞춘 것 이외의 나머지 설들은 앞의 3, 4장에서 이미 밝힌 바와 같이 모두 사실과 다르다. 여기에서 제시된 한대와 다른 3가지 신설新說도 완전히 위조된 것으로, 다음과 같이 간략히 분석해 볼 수 있다.

① 공안국이 황명을 받들어 '전'을 지은 일에 관해:

한대의 문헌들은 이 일을 전혀 기록하고 있지 않으며 단서가 될 만한 관련 자료도 전혀 없다. 따라서 이는 「대서大序」의 작자가 만들어 낸 위설僞說일 뿐이다. 공안국은 단지 「고문상서」를 전습한 뒤 금문과 대조하여 일실된 고문 16편의 자구字句를 읽었으며 기껏해야 저 10여 편의 고문을 금문으로 고쳐 썼을 뿐이지, 「고문상서」의 전을 지은 적은 없다.

② 위고문본이 처음에 예고정체隸古定體로 써진 일에 관해:

『경전석문』에서는 이를 "예서隸書로 고문을 베껴 쓴 것이다"라고 해석하였다. 동진 초기에 위고문이 출현한 이후부터 당 현종 천보天寶(742~756) 초년初年에 위포衛包에게 해서로 고쳐 쓰기를 명하기76) 전까지, 이 시기에 통용되던 『상서』는 바로 이와 같은 예고정으로 써진 판본이었다. 이 판본은 유전되는 과정에서 다시 두 종류의 다른 판본으로 발전하게 된다. 하나는 기자奇字가 많지 않은 판본으로, 진晉에서 송宋·제齊까지 전래되었으며 육덕명은 이를 '송제구본宋齊舊本'이라 칭하였다. 원래 서막徐邈·이궤李軌의 음석音釋이 있었는데 육덕명이 다시 새로운 『음의音義』를 지었다. 다른 하나는 기자奇字가 매우 많은 판본으로, 언제 생겨났는지는 상세하지 않으나 앞의 판본에 비해 시간상으로 늦게 나왔다. 수당隋唐 사이에 이미 널리 유행되었는데, 육덕명은 '천착穿鑿의 무리'들이 만들었다고 배척하였고 단옥재는 '위조한 것을 위조한'(僞中之僞) 본이라고 불렀다. 당시에는 '송제구본'을 『상서』의 진본으로 오인하여 진에서부터 당 천보 이전까지 줄곧 사용되었는데, 이것은 위고문의 작자가 후대의 일반 문자와 다르게 표시하기 위해서 실제로 예고정 문자로 오래된 원본 『상서』를 베껴 고의적으로 교묘하게 만든 것이었다.77) 이때 금문 제 편의 문자를 예고정 자체로 바꾸어 베끼면서 잘못 고쳐진 부분이 적지 않았고, 자字와 구句를 신경 쓰지 않았기 때문에 한대 금문과는 적지 않은 차이가 있었다.78)

③ 25편이 증가한 문제에 관해:

이미 앞에서 한대 공안국이 전한 공벽본孔壁本 고문은 일실된 16편이어야 한다고 언급한 바 있다. 만약 그것이 없다면 오히려 25편은 사실과 부합하지 않는 위조한 내용임이 명확하다. 그럼에도 당시 그 누구도 이 점을 깨닫지 못하였다. 이 25편 위고문은 다음과 같다.

---

76) 范寧이 고쳐 쓴 판본이 唐初에 이미 失傳되었기 때문이다.
77) 졸고 「尙書的隷古定本古寫本」에서 상세히 다루었다.
78) 앞의 제5장 3절에서 한대 금·고문 두 문자 내용의 차이를 서술하면서 위고문과 이들 간의 차이를 언급한 바 있다.

1. 「대우모大禹謨」(「虞書」3)

2. 「오자지가五子之歌」(「夏書」3)　　3. 「윤정胤征」(「夏書」4)

4. 「중훼지고仲虺之誥」(「商書」2)　　5. 「탕고湯誥」(「商書」3)

6. 「이훈伊訓」(「商書」4)　　7~9. 「태갑太甲」3편(「商書」5~7)

10. 「함유일덕咸有一德」(「商書」8)　　11~13. 「열명說命」3편(「商書」12~14)

14~16. 「태서泰誓」3편(「周書」1~3)　　17. 「무성武成」(「周書」5)

18. 「여오旅獒」(「周書」7)　　19. 「미자지명微子之命」(「周書」10)

20. 「채중지명蔡仲之命」(「周書」19)　　21. 「주관周官」(「周書」22)

22. 「군진君陳」(「周書」23)　　23. 「필명畢命」(「周書」26)

24. 「군아君牙」(「周書」27)　　25. 「경명冏命」(「周書」28)

편제篇題는 모두 19개이고, 전체 편수는 25편이다. 그 중 「대우모」·「오자지가」·「윤정」·「탕고」·「이훈」·「함유일덕」·「무성」·「여오」·「경명」 등 9편의 제목은 일실된 고문 16편 가운데 있다.[79] 16편 중에 빠진 것은 「골작汨作」·「구공九共」·「전보典寶」·「사명肆命」·「원명原名」의 5편제이고, 「중훼지고」·「태갑」·「열명」·「미자지명」·「주관」·「군진」·「필명」·「군아」 등 8편제 12편이 더 많다. 위작한 사람은 원래 있던 16편의 편제도 근본적으로 알지 못했던 것이 확실한데, 그렇지 않았다면 반드시 답습했어야만 옳다. 그리고 편제가 서로 같은 것도 단지 「상서서」 100편에서 제목을 가려내어 우연히 합치된 것일 뿐이다.

전체 19편제 가운데 「태서泰誓」는 원래 금문 「태서太誓」의 편제를 답습한 것인데, 마융의 지적으로 한대 「태서太誓」가 위편偽篇임을 알게 되었기 때문에 다시 선진先秦 자료를 수집하여 「태서泰誓」 3편을 두 번째로 위조한 것이다. 나머지 18편제는 전부 「상서서」 100편에서 채취한 것으로, 당시

---

79) 이 외에 今文 「堯典」에서 나누어져 나온, 「舜典」·「皋陶謨」에서 나온 「益稷」 2편도 逸書 16편에 있으나 偽古文 25편에는 속하지 않는다.

전래되던 선진의 역사문헌에서 문구를 수집하고 표절해서 22편을 편성하였다. 그리고 다시 한대 금문 28편을 33편으로 나누었으니,[80] 이와 같은 분편分篇 수법으로 유향·환담·정현 등이 말했던 『고문상서』 58편의 숫자를 맞추어 그 책이 한대에서 전해지던 '공벽孔壁에서 나온 고문진본古文眞本'으로 보이게 하였다.

이상은 이른바 공안국본 『고문상서』의 편목 구성에 관한 정황이다.

2. 동진의 학관 건립 및 『공씨전』 설립 관련 정황

위조된 『공씨전』 고문이 동진 초기에 출현한 직후 동진왕조에 의해 처음으로 학관에 세워졌다. 과거에는 학관에 세워진 시기를 서진시기로 오인한 사람도 있었는데, 위나라 왕숙王肅의 때에 출현한 것으로 여겼기 때문이었으니 이는 잘못이다. 이제 이 문제에 관해 서술하겠다.

1) 동진의 학관 건립 개황

동진왕조는 남방에서 서둘러 중건되었는데, 진 원제元帝가 건호建號한 해는 정식즉위 1년 전으로, 이때부터 학관을 설립하기 시작해서 이후 점점 늘어났다. 관련 자료는 대체로 『진서晉書』 및 진사晉史 관련 문헌에 보인다.

건무建武 원년(317) 11월, 학관을 설치하고 태학을 세웠다.[81]

---

80) 「堯典」을 나누어 하단을 「舜典」으로, 「皋陶謨」를 나누어 하단을 「益稷」으로, 「顧命」을 나누어 하단을 「康王之誥」으로 만들고, 「盤庚」을 3편으로 나눈 것이다.
81) 『晉書』, 「元帝紀」.

대흥大興 2년(319) 6월, 박사를 설치했는데 정원은 5인이었다.[82]

당시 원제가 예제禮制를 일으키고 학관을 설립하며 박사를 설치하는 등의 조치를 취할 때 이를 도와 준 이들은 하순賀循, 순숭荀崧, 차윤車胤 등 남방의 귀족들이었다. 그들은 모두 학관 건립의 건의와 관련이 있는데, 그 내용은 『진서』 및 『통전通典』 등의 사료에 실려 있다. 중요한 것을 뽑아 보면 다음과 같다.

동진 원제 때 태상太常 하순賀循이 상소하였다. "『상서』를 학관에 세워야 하며, 경마다 박사 1인을 설치해야 합니다.[83] 또한 많은 일들이 있어 유도儒道가 황폐해지고 학자들은 경의經義에 밝은 자가 드뭅니다. 또 『춘추』 삼전三傳은 성인의 말씀을 가지고 있으나 의리가 같지 않습니다.…… 지금 학문이 매우 쇠퇴하였으므로 한 사람이 다 하게 할 수는 없습니다. 『주례』·『의례』 2경은 박사 2인을 설치해야 하고, 『춘추』 3전은 박사 3인을 설치해야 하며, 나머지는 1인씩 두어야 하니 모두 8인이 마땅합니다."[84]

또 태상 차윤車胤[85]이 상소하였다. "양한의 역사를 살펴보면 박사는 오직 경을 받들고 밝히는 선비들이었습니다.…… 위魏와 지금의 많은 시중侍中·상시常侍들은 유학을 잘하는 사람들이 도맡아 왔습니다.…… 지금 박사는 8인인데, 제 생각에는 마땅히 위나라의 전례에 의거해서 조정의 신하 가운데 지위의 고하에 상관없이 경학에 가장 밝은 이를 한 명 선발하여 항상 담당하게 해야 합니다."[86]

대흥大興(318~321) 초에 학교를 설립하고자 『주역』 왕씨王氏, 『상서』 정씨鄭氏, 『춘추좌전』 두씨杜氏·복씨服氏 등에 각각 박사 1인씩을 설치하였고, 『의례』·『공양』·『곡량』 및 정씨鄭氏 『역』은 모두 박사를 세우지 않았다.[87]

---

82) 『晋書』, 「元帝紀」.
83) 五經이면 곧 博士가 5인이니, 『晋』의 大興 2년에 설치한 博士 수와 일치한다.
84) 『通典』, 권53, 「禮·大學」.
85) 淸代 刻本에는 避諱하여 允으로 되어 있다.
86) 『通典』, 권53, 「禮·大學」.

효무제孝武帝 태초원太初元88)(376) 초에 중당中堂에 태학을 설립하였는데 당시에 국자생國子生이 없었다.…… 목제穆帝에서 효무제孝武帝에 이르기까지 중당을 태학으로 하였다. 태원太元 9년(384), 상서尚書 사석謝石이 국학을 다시 세울 것을 건의하였으나,…… 끝내 시행되지 못했다.89)

원제가 제위에 오르자 상서복야尚書僕射에 제수되었고,…… 태상太常이 되었다. 당시 학교를 정리하고 박사들을 줄이니, 『주역』왕씨, 『상서』정씨, 『고문상서』공씨孔氏, 『모시』정씨, 『주관』·『예기』정씨, 『춘추좌전』두씨·복씨, 『논어』·『효경』정씨 박사 각 1인으로, 모두 9인을 설치하였다. 『의례』·『공양』·『곡량』은 없애고 설치하지 않았다. 이에 순숭荀崧이 불가하다고 여겨 상소하였다. "상란喪亂 이래 유학은 더욱 무너져, 지금 학문에 힘쓰게 되면 조정의 인재들이 비게 되고, 조정에 벼슬을 하게 되면 유학의 인재들이 없어지게 됩니다. 옛날 함녕咸寧·태강太康·영가永嘉 때에는 시중侍中·상시常侍·황문黃門 가운데 고금에 통달하고 행동을 표창할 만한 자를 국자박사 삼았습니다. 첫째, 전당殿堂에서 응대하고 고문顧問으로 수답酬答하며, 둘째, 국자國子에 관여하여 유훈儒訓을 넓히며, 셋째, 사祠·의儀 2조曹 및 태상太常의 직책을 맡아 질의할 수 있어야 합니다. 이제 황제께서 다시 중흥하시어 이전보다 더 훌륭하게 법전을 집행하고 옛 전장典章을 밝히셔야 합니다. 세조世祖 무황제武皇帝께서 선양받으셨습니다.90)…… 폐하의 성철聖哲로 제위에 올라 도의를 숭상하시어,…… 강江·양揚 2주州에 제일 먼저 성교聲敎가 퍼져 학사들이 남긴 글들이 이제 아주 흥성합니다. 그러나 예전과 비교해 보면 천 분의 일에 지나지 않습니다.…… 신은 듣건대, 없어진 제도가 모두 삼분의 이라고 합니다. 박사는 예전에 19인이었으나 지금은 오경을 모두 합해도 9인이니, 옛날에 비해 절반에도 미치지 못합니다.…… 지금 9인 이외에 4인을 더 증원해야 마땅할 것입니다.…… 정씨 『역』에 박사 1인, 정씨 『의례』에 박사 1인, 『춘추공양』과 『춘추곡량』에 각각 박사 1인을 두어야 합니다.…… 3전은 선대에 병행되어 두루 학문을 통하여 한쪽으로 치우칠 수 없었습니다.…… 공동

---

87) 『通典』, 권53, 「禮·大學」.
88) 初字는 잘못 들어간 것 같다.
89) 『通典』, 권53, 「禮·大學」.
90) 이어지는 구절에서는 西晉에서 설립한 博士19人의 정황을 기술하고 있는데, 앞에서 인용하였으므로 생략한다.

박사를 두는 것은 불가하니 마땅히 각각 1인을 설치해야 합니다.".... 원제가
조서를 내려 "......함께 널리 상세히 따져보라" 하였다. 의론한 자들이 대부분
순숭의 의견을 따르니, 조서를 내리기를 "『곡량』은 천박하여 박사를 설치하기에
부족하나, 나머지는 주청대로 따르라" 하였다. 그러나 왕돈王敦의 난을 만나
시행되지 못했다.[91]

진초晉初에 위나라의 제도를 계승하여 박사 19인을 설치하였다.…… 강좌江左
초에 이르러 없어지고 9인만 남았다. 원제 말기에 『의례』·『춘추공양』 박사
각 1인을 설치하여 모두 11인이 되었다. 이후 다시 증설하여 16인이 되었는데,
오경을 분장分掌하지 않았으며 태상박사太常博士라고 불렀다. 효무孝武 태원太元
10년에 국자조교원國子助教員을 줄여 10인이 되었다.[92]

영가永嘉의 상란으로 여러 학가의 『서』가 모두 망실되었고, 고문 『공전孔傳』이
비로소 흥기하여 박사를 설치하였는데, 정씨鄭氏도 박사 1인을 설치하였다.[93]

이상의 자료를 통해서 다음의 사항을 알 수 있다. 동진은 최초에 오경박
사 5인을 설치하였는데, 하순賀循이 3인을 추가해서 8인을 설치할 것을
건의하였고, 동진왕조는 오히려 9인으로 증설하였다. 순숭荀崧이 다시
4인을 추가할 것을 건의하자 원제가 3인을 더 추가할 것을 비준하였는데
난이 일어나 시행이 지연되었고, 이후 2인만 증설되어 최종적으로 16인이
되었다. 심약沈約이 편찬한 『송서』에는 동진은 원래 9인만 설치한 것으로
되어 있다.[94] 이들은 모두 태상박사太常博士였다.

이상은 동진의 『상서』를 포함한 박사 설치에 관한 간략한 정황이다.

---

91) 『晋書』, 「荀崧傳」.
92) 『晋書』, 「職官志」.
93) 『經典釋文』, 「敍錄」.
94) 『宋書』 「百官志」에서는 앞에 나오는 魏 및 西晋의 博士가 모두 19인이라고 한 기록을
    언급한 뒤 "江左 초기에 없어지고 9인이 되었는데, 모두 어떤 經을 담당했는지는 알
    수 없다" 하였다.

2) 서진 때 이미 왕숙의 『위공전』이 학관에 설립되었다는 설에 관하여

앞에서 제경諸經의 왕숙 주는 모두 폐기되고 『상서』는 원래 있던 정씨학과 새로 헌상된 공씨학 두 박사가 세워졌다고 했는데, 공씨학은 바로 『위공안국전僞孔安國傳』을 말한다. 매색이 『위공전僞孔傳』을 헌상한 이후 동진왕조는 즉각 그것을 박사로 세웠음을 알 수 있다. 공씨학은 확실히 동진의 매색이 헌상한 이후에야 학관에 세워졌으며, 그 이전에는 무엇보다도 그 책이 존재하지 않았으므로 박사로 세워질 수 없었다.

여기에서 청인淸人의 이른바 "서진시기에 이미 공씨의 『고문상서』가 학관에 세워졌다"라는 설의 오류를 지적해야 할 것이다. 이 설의 오류는 이른바 "왕숙이 공씨본 『고문상서』를 위조했다"라는 설에서 연유하였다. 처음으로 위고문을 왕숙의 찬撰으로 의심한 것은 혜동惠棟의 『고문상서고 古文尙書考』였다. 그는 이 책의 『오자지가五子之歌』편에서 다음과 같이 말했다.

> 왕숙 주 『가어家語』에서도 "금실궐도今失厥道"를 하하夏의 태강太康시대로 보았다. 또한 『좌전정의左傳正義』에서는 "왕숙이 주한 『상서』를 보면 그 말이 대부분 『공전孔傳』과 같으니, 왕숙이 고문을 보고도 숨기고 말하지 않는 것 같은 의심이 든다"라고 하였다. 『경전석문』 「서록」에서 "왕숙 주는 금문임에도 해석의 대부분이 고문과 비슷하니, 혹 왕숙이 혼자 『공전』을 보고 숨긴 것 같다"라고 하였다. 이 두 가지 설에 근거하여 나(惠棟)는 뒤에 나타난 고문본은 왕숙이 엮은 것이 아닌가 한다.

근거로 든 증거가 이와 같이 부족하였다. 『공씨전』을 한대 공안국의 원작으로 오인한 육덕명·공영달 같은 사람들도 왕숙 주가 『공씨전』과 비슷한 곳이 많다고 여겨 왕숙이 『공씨전』을 본 것으로 의심하였는데, 이것은 무지한 소리이며 갈피를 잡지 못한 의심일 뿐이다. 또한, 왕숙이 『공전』을 보았으리라고 의심하면서도 그의 주는 의심하지 않았으니, 어떻게 왕숙이 『공전』을 지었다는 두 가지의 증거가 될 수 있겠는가? 다만 혜동은 스스로도 그 빈약함을 잘 알았기에 『고문상서고』의 「전언前言」에서 고쳐 말하기를, "지금의 이른바 고문이라는 것은 매색의 글이지 벽중壁中의 글이 아니다. 매색은 여러 전傳과 기記를 채용하여 고문을 만든 뒤 이를 후세에 남겼는데, 후세의 유자들이 무조건 믿었다. 동진의 고문이 출현했을 때에 서진의 고문은 망실되었다"라고 하여 왕숙위조설을 완전히 포기하고 매색의 위찬僞撰임을 명확히 하였다.

이어서 혜동을 따르는 왕명성王鳴盛 또한 『상서후안尙書後案』의 「변공영달소辨孔穎達疏」에서 "위서僞書는 왕숙이 지은 것이 아니면 황보밀皇甫謐이 지은 것일 터이니, 아마도 두 사람의 손을 벗어나지는 않을 것이다"라고 하였고, 대진戴震은 『경고經考』「부록」에서 왕숙에 귀속시켰다. 마찬가지로 유단림劉端臨도 명확하게 "왕숙이 가탁한 바이다"라고 했는데, 이 말은 이돈李惇의 인용에서 보인다. 이돈은 『군경지소群經識小』에서 다음과 같이 적고 있다.

이 책은 절대 한대 이전 사람이 지은 것이 아니며 자옹子雍(王肅)의 영리함과 박학함이 아니라면 만들 수 없었을 것이다.…… 자옹은 역대의 인재로서…… 강성康成을 이용해 그 이전의 학설을 누르고 오로지 이설異說로써 이기고자 하여 『성증론』을 지었으나 완벽하지 못했다. 또 『공자가어』를 만들었으나 완벽하지 못하였으므로 다시 『공전』을 지었던 것이다. 비록 책이 완성되었으나 미처 세상에 나오지 못하다가 다시 수십 년 이후 매색에게서 나왔는데, 그 다툼이 후세의 명성에 있었으니 진실로 그 자신이 직접 나서지 않더라도 반드시 세상에 나올 수밖에 없었던 것이다.

그러나 이는 놀랍게도 왕숙이 정현과 명성을 다투기 위해 『위공전』을 지은 것이 그의 사후라는 말이 되고 만다. 최종적으로 정안丁晏은 『상서여론尙書餘論』에서 이전의 설들을 종합하여 상세한 논증을 시도하였는데, 모두

19제題 20여 논에 걸쳐 여러 가지 자료를 나열하면서 공전왕숙찬설孔傳王肅 撰說에 견강부회하고 있다. 그 가운데 1제題는 "『고문상서』는 서진시기에 이미 박사에 세워졌으니 동진 매씨의 위작이 아니다"이다. 그 주요 논점은 다음과 같다.

『진서』 『순숭전』에 의하면, 원제 즉위 후 『고문상서』 공씨전 박사 1인을 설치하였는 데 순숭이 상소하기를……95) 공안국본 『고문상서』는 서진 무제 초에 이미 박사에 세워졌다. 당 공영달은 『상서정의』 「우서虞書」에서 『진서』를 인용하여 "전진에 그 책을 올렸다"(前晉奏上其書)라고 했는데,…… 지금 『진서』에는 이 문장이 없다.…… 잠구潛丘(閻若璩)는 "전前자는 잘못 쓴 것 같다" 하였는데 틀렸다. 지금의 『진서』 「예지禮志」에서 두예杜預는 『상서전尚書傳』을 의론하면서 "량諒은 신信이다. 암闇은 묵默이다"라고 하였으니, 그 의론이 무제 태시泰始 10년에 있었고 동진의 원제보 다 40여 년 앞선다. 이로 볼 때 서진 초기에 『공전』이 이미 유행하고 있었던 것이다.

순숭의 상소는 앞서 살펴본 서진 때의 왕숙 『고문상서』와 관련된 절에서 이미 언급된 바 있는데, 거기에서는 서진 때 박사 19인을 설치하였다고 말하고 있다. 이들 19박사는 가賈·마馬·정鄭·두杜·복服·공孔·왕王·하何· 안顔·윤尹 등의 학이다. 앞에서 이미 지적하였듯이 『상서』는 가·마·정·왕 의 4가였으며, 공학孔學은 포함되어 있지 않았다. 서진 때는 공씨위고문孔氏 僞古文이 아직 출현하지 않은 상태였으므로 애초부터 세워질 수 없었던 것이다. 박사에 배열된 '공씨孔氏'는 순서상 『좌씨』학의 두杜·복服 다음이니 확실히 『상서』와는 무관하다. 그것은 사실 당시에 전해지던 위공안국본僞 孔安國本 『논어주論語注』이니, 위나라 하안何晏의 『논어집해論語集解』 「서序」에 서는 "『고논古論』은 오직 박사 공안국의 훈해訓解이다"라고 하였다. 또한 왕숙의 『공자가어』 「서序」에서도 "자국子國(공안국의 자)이 고금문자를 고증

---

95) 순숭의 疏는 앞에서 살펴보았으므로 생략한다.

하여 뭇 사가師家의 의리를 찬撰하였으니 『고문논어훈古文論語訓』 11편이다"
라고 하였다. 살펴보건대, 한대에 전해진 『공자가어』는 원본이 아니라
애초에 왕숙이 추가하여 위찬僞撰한 것이었고, 왕숙 이후 유전된 지금의
『가어』 역시 원대 사람에 의해 위조된 것이니 이미 왕숙 시대의 판본이
아니다. 이렇듯 위서僞書의 자료들은 점층적으로 그 내용의 대부분이
날조되어 왔기에 근거로 삼기에 부족하다. 『가어』의 "왕숙고문논어훈王肅
古文論語訓"이라는 말은 위나라 때에 이미 공안국 『논어훈』의 위서僞書가
출현했다는 것을 말해 준다. 그러나 공안국은 어떠한 전주傳注도 하지
않았으므로, 이것은 위진시대의 위조 풍조에서 나타난, 공안국 편찬으로
가탁한 위서이다. 이것이 사회에서 유전됨에 따라 정충鄭沖·하안 등은
『논어집해』를 편찬할 당시에 이 책의 일부 내용을 수집하였으니, 그 외에도
그들은 위대魏代에 출현한 기타 수많은 내용들을 수집하였기 때문에
'집해集解'라는 이름을 붙였던 것이다. 선택의 여지가 없었던 진왕조 역시
그것을 학관에 세우게 되었다.[96]

결국 이른바 "왕숙이 공안국 『상서전』을 위찬僞撰하였다"는 사실은
근본적으로 없었다. 청말의 금문가[97]들은 혜동·왕명성·대진·이돈 등의
학설을 그대로 답습하여 왕숙위조설을 적극 피력하였는데, 그 요점은
고문학을 공격하는 데 있었다. 왕선겸王先謙 역시 이 설을 믿었지만 그의
학문 성향으로 말미암아 정견定見은 없었다. 이른바 두예가 예를 의론하면
서 인용하였다는 '양음諒陰'의 해석은 마융의 주에 의거한 것으로 손성연孫
星衍이 집록한 『고문상서마정주古文尚書馬鄭注』에 기재된 마융의 "량亮은
신信이요 음陰은 묵默이다"(亮, 信也. 陰, 默也)에 보인다. 이것이 『위공전僞孔傳』과
는 무관함을 알 수 있으며, 따라서 서진시기에 『위공전』이 출현하였다는

---

96) 한대 學官에 세워진 14博士 중에는 『論語』·『孝經』이 없었는데, 晉代에 이르러 "孝로
   써 天下를 다스림"(以孝治天下)을 표방하며 급하게 이 2經을 세웠던 것이다.
97) 康有爲나 皮錫瑞와 같은 인물들이다.

증거가 된다고도 할 수 없다.

종합해 보면, 왕숙은 책을 편찬한 적이 없으며 또한 근본적으로 『위공전』을 본 적도 없는데, 그 이유는 매우 명백하다. 우선 상식적인 견지에서 보면, 왕숙은 위대에 자신이 편찬한 『고문상서주』를 학관에 세웠는데, 이는 자신의 귀척貴戚 지위에 기댄 것이었다. 그의 학문은 당시의 '현학顯學'이 되어 누구라도 그것을 존중하고 학습해야만 했으니, 가히 "해와 달이 영원히 하늘에 있듯이"(日月經天) 존숭하고 대가들도 모두 읽어야만 했다. 왕숙은 자연히 의기양양해져서 자신의 고학古學으로 정씨학鄭氏學을 공격하는 것을 즐겼다. 만세토록 확고한 관학의 지위를 확립하였으니 어떻게 자신의 『고문상서』가 장래에 사라질 것이라고 상상할 수 있었겠는가? 따라서 어떻게 별도로 '공안국전 『고문상서』'를 미리 편찬해 놓고서 자신의 『상서』가 소실될 경우 사람들이 『위공전』을 헌상하여 그것을 대신하게 했겠는가! 이돈이 말한 "그 다툼이 후세의 명성에 있었으니, 진실로 그 자신이 직접 나서지 않더라도 반드시 세상에 나올 수밖에 없었던 것이다"는 진실로 황당한 말이다. 이미 공안국의 명의를 도용하였으니, 이것은 다만 공안국을 대신해서 명성을 다투는 것이지 왕숙 자신을 대신해서 명성을 다투는 것이 아니다. 만약 청대의 이런 몇몇 사람들이 왕숙을 대신해 명성을 다툰 일이 없었더라면, 그 2천 년 동안 이 책은 그 어떤 명성도 얻지 못했을 것이다! 그러므로 이런 말들은 사리가 맞지 않는 것임을 쉽게 알 수 있다.

다시 구체적인 정황으로 보면, 주이준朱彝尊·정정조程廷祚 등은 왕숙이 『위공전』을 본 적도 없다는 증거를 제시하였다. 주이준의 『경의고經義考』 "공씨안국상서전孔氏安國尙書傳" 항목 아래에서는 다음과 같이 말하고 있다.

『정의』에서 왕숙 주 『서』를 말하고 있는데, 처음 『공전孔傳』을 훔쳐본 것 같다. 따라서 "난기기강亂其紀綱"을 주注하면서 하夏 태강太康시기라고 하였는데, 육씨의 『상서석문尙書釋文』에서 인용하고 있는 왕주王注를 살펴보면 일치하지 않고 아울러 더해진 수 편98)의 몇 글자에 대한 언급도 없으므로, 자옹子邕(王肅) 역시 공씨고문을 보지 못했던 것이다.

또 정정조의 『만서정의晩書訂疑』 "안국주논어지증安國注論語之證" 항목 아래에서는 다음과 같이 말하고 있다.

> 하안의 『논어집해』 공안국 주를 보면, '요왈堯曰'장 끝에 "이것이 이제삼왕二帝三王의 다스림이므로 전하여 후세에 보인다"라고 하였지, 이 벽중의 「우모禹謨」・「탕고湯誥」・「태서太誓」・「무성武成」의 글로써 공자가 잡다히 인용한 것이라고 하지 않았다. 또 "저 소자가 감히 현빈玄牝을 황황후제皇皇后帝께 바칩니다"(予小子履敢用玄牝敢昭告于皇皇后帝)에 "「묵자」가 「탕서」의 말을 인용한 것이 이와 같다"라고 하였지, 이 벽중의 「탕고」의 글로써 공자가 인용한 것이라고 하지 않았다. 이 2가지 단서로 고찰해 보면, 안국은 25편의 서書가 있는 것을 알지 못했다.

정정조는 여기에서 공안국이 『위공전』을 본 적이 없다는 2가지 증거를 들었다. 사실 위조한 사람이 공안국 『논어주』를 만들 당시, 아직 그 누구도 공안국 『상서전』을 만들지 않았다는 것을 증명한 것이다. 이는 매우 유력한 증거이다. 왕숙이 공안국 『논어주』를 위찬했다는 것을 지지하는 사람들은 반드시 『논어』를 주한 왕숙이 근본적으로 공안국 『고문상서주』를 본 적이 없었다는 사실을 인정해야만 할 것이다.

청말의 진풍陳澧은 『동숙독서기東塾讀書記』에서 「우공」의 "삼백리만三百里蠻"과 「홍범」의 "농용팔정農用八政" 2구절을 근거로 들었는데, 이 모두는 『공전』이 정현의 설과 같고 왕숙의 설과 다른 것으로서 『공전』이 왕숙의 작作이 아님을 보여 주는 명확한 증거이다.

왕숙의 설이 『공전』과 차이가 있다는 점을 더욱 정밀하게 검증한 것은

---

98) 僞書 25篇을 가리킨다.

근대 장병린章炳麟의 문인 오승사吳承仕가 쓴 「상서전왕공이동고尙書傳王孔異同考」99)이다. 여기에서 오승사는 증거를 들어 『위공전』이 왕숙에게서 나왔다는 정안丁晏의 설을 반박하고, 아울러 『경전석문』과 『상서정의』에서 인용한 왕숙의 『상서주』를 수집하여 『위공전』과 한 글자씩 비교하였다. 그 가운데 서로 다른 것이 125개, 서로 같은 것이 108개로 서로 다른 것이 같은 것보다 더 많았는데, 서로 같은 것은 당시에 공통적으로 인식되던 문자의 훈의訓義와 사물의 명실名實들로서 이는 우연히 합치된 것이었을 뿐, 문구들은 대부분 같지 않았고 분편分篇 또한 같지 않았으며100) 분서分書도 달랐다.101) 이것은 매우 유력한 증거들로서, 왕숙 주는 『위공전』과 완전히 다른 별개의 책이라 할 수 있다.

마지막으로 진몽가陳夢家는 『상서통론尙書通論』에서 왕숙 주와 『위공전』의 분서分書가 같지 않음을 보여 주는 자료 1가지와 분편分篇이 같지 않음을 보여 주는 자료 3가지 및 문자가 같지 않음을 보여 주는 자료 10가지를 열거한 후 다음과 같이 말하였다.

이상에서 거론한 육사六事는 왕주본王注本 『상서』의 분서·분편·서서書序·문자 모두가 공전본孔傳本과 같지 않다는 사실을 증명하고 있으니, 이로써 왕숙이 『공전상서孔傳尙書』를 위조하였다는 설은 성립하지 않게 된다. 하물며 왕숙 주 『상서』가 수대隋代와 당초唐初에 여전히 존재하고 있어서 수당隋唐 이서二書의 『경적지』에 모두 수록되어 있으며 이때 왕王·공孔이 나란히 기록되어 있는데, 어떻게 합해져 하나의 책이 될 수 있겠는가? 또 『후한서』 「제사지祭祀志」 유소劉昭 보주補注에서 진 무제 초에 유주수재幽州秀才 장모張髦의 상서上書가 인용하고 있는 "사류우상제肆類于上帝"부터 "격우예조格于藝祖"까지의 단락이 『공전』본 「순전舜典」에 보이기는 하지만, 장씨는 바로 「요전堯典」을 인용하였다. 이는 서진

99) 『國學叢編』 第1期·2期(中國大學).
100) 가령 王本 「舜典」은 「堯典」에 포함되어 있고, 孔本은 분리되어 있다.
101) 王本은 馬·鄭本과 마찬가지로 「虞夏書」·「商書」·「周書」의 3부분으로 되어 있고, 孔本은 虞·夏·商·周 4개의 「書」로 되어 있다.

초기에 『공전』본은 아직 세상에 나오지 않았고 왕숙은 이미 죽은 뒤였다는 것을 증명하고 있다.

이것은 오승사의 증거에 다시 유력한 논증을 보충한 것이다.

이상의 수많은 자료들은 모두 왕숙이 『위공전』을 펴내지 않았으며 『위공전』은 위진시기에는 출현하지 않았다는 것을 증명하고 있다. 사람들은 간혹 『속한서續漢書』「교사지郊祀志」의 유소劉昭 주에 인용된 진초晋初 사마표司馬彪의 "육종六宗" 해석이 『위공전』과 같고 또 곽박郭璞 주 『이아爾雅』에서 『위공전』을 많이 인용하였다는 점을 들어 서진시기에 이미 『공전』이 있었다고 주장하기도 한다.[102] 그러나 장병린이 오승사에게 보낸 편지에서 이미 지적했듯이, "진초晋初에 의론된 '육종六宗'은 필시 정충이 안국을 인용하여[103] 예禮를 정한 것이지, 사마표가 글을 논변할 때에 이전에 『위공전』을 보았던 것이 아니다"라는 말이 옳다. 위진시기에 예를 의론한 사람은 매우 많았는데, 육종이 '한寒·서暑·일日·월月·수水·한旱'이라는 설을 일찍이 제창한 사람이 있었고 사마표가 논변할 당시 이 설을 거론한 것이지, 그가 『공전』을 연용沿用할 수는 없었다. 곽박의 경우, 동진 초기에 여전히 그는 건재했었고, 또한 정정조의 『만서정의晩書訂疑』에서는 곽박의 주가 대부분 강동江東의 명물名物을 인용한 것으로서 그 책이 동진 도강渡江 이후에 만들어진 것임을 증명하고 있다. 이로써 곽박이 동진 초에 당시 가장 인기 있었던 위고문을 보았다는 것을 알 수 있다.[104] 따라서 곽박이 『공전』을 인용했다는 것을 『위공전』이 서진시기에 이미 출현했다는 증거로 삼을 수는 없게 되었다.

---

102) 劉師培가 이 설을 지지한다.
103) 다만 실제 孔安國의 글이 아니라 그의 이름에 의탁한 수많은 經說 중의 하나였다.
104) 程廷祚의 『訂疑』는 郭璞과 같은 박식한 인재도 晩書를 注에서 비중 있게 다루었다고 하였다. 이 말도 취해 볼 만하다.

근래에 진한장陳漢章의 『서진유서공전설증西晋有書孔傳說證』이 있다고 하는데, 아직 그 책을 보지 못해서 그 내용을 상세히 알지는 못하지만 앞의 논증을 통해 진한장의 설이 정확하지 않음을 알 수 있을 것이다.

이상의 몇 가지는 위공전 『고문상서』가 동진 초기에 출현하였고 아울러 진 원제 대흥大興 연간(318~321)에 학관에 세워졌다는 사실을 확인시켜 주기에 충분하다.

3) 두 번에 걸쳐 위공본이 출현했다는 설을 비판함

앞의 논증은 이미 명백해졌고, 이제는 이른바 두 번의 『위공전』 출현설에 대해 밝히도록 하겠다. 이 설의 첫 단초를 제공한 것은 정정조의 『만서정의』인데, 그는 동진 때 위고문이 출현하지 않았다고 보았기 때문에 매색이 위고문을 헌상한 사실을 의심하여, 만약 그 일이 있었다면 그가 헌상한 것은 오늘날의 『위공전』이 아니라 또 다른 29편의 『위공전』일 것이라고 여겼다. 이 말은 곧 매색이 헌상한 것은 제1차 위공본이고, 현재 유전되고 있는 것은 송 원가元嘉 연간(424~453)에 출현한 제2차 위공본이라는 것이다. 그러나 이 설은 지나친 추론이 너무 많다. 가령 동진의 서막徐邈은 일찍이 위고문으로 『고문상서음古文尙書音』을 편찬하였는데, 이는 위공본이 동진 시기에 이미 존재하고 있었다는 확실한 증거가 된다는 것이다. 그러나 정정조는 아무런 근거도 없이 그저 서막이 찬한 음音에 대해 "그 가탁假託을 말할 것도 없다"라고 할 뿐이었으니, 이런 무모한 지론은 스스로도 믿기 어려울 것이다.

유사배劉師培의 『상서원류고尙書源流考』에 이르러 비로소 사마표가 논한 '육종'을 근거로 위진시대에 이미 『위공전』이 있었다는 것을 증명하고, 또 하안의 『논어집해』에서 인용한 위공본과 지금 보이는 위공본이 서로 맞지 않는다는 것과 이옹李顒(자는 長林)이 주석한 것은 한대 「태서太誓」이지 위공본 「태서泰誓」가 아니었다는 두 가지 증거로써 위공본이 두 차례 출현하였다는 것을 증명하게 되는데, 한 번은 위초魏初이고 다른 한 번은 동진 초기이다. 곧 유사배는 매색이 헌상한 것은 두 번째 위공본이라고 하였다. 진몽가와 마옹은 모두 이 설을 믿었다. 그러나 앞에서 인용한 수많은 자료들은 확실히 위나라에서 서진에 이르기까지 「공전」이 아직 출현하지 않았음을 확인시켜 주므로, 이 설은 반박하지 않아도 스스로 무너지게 된다. 진몽가나 마옹이 이 부분에서 혼동을 일으킨 것은 그들로서는 무척이나 보기 드문 실수이다. 한편 공씨본 「논어주」는 원래 또 다른 위서로서 위공전 「상서」와 서로 합치되지 않으며, 동진의 이옹이 주석한 「상서」에서 정현의 고문을 인용했기 때문에 한대 「태서」가 있게 된 것이다. 종합하자면, 위나라와 서진시기의 사람들이 사용한 고문은 모두 정현·왕숙의 학으로, 당시에 이미 「위공전」이 출현했다고 말할 수는 없다. 「위공전」의 출현은 당연히 동진 초의 일이다.

위나라에서 동진까지의 「상서」 관련 저작은 앞에서 이미 서술하였는데, 대체로 이 시기에 전해지던 저작은 셀 수 없을 정도로 많았다. 「진서」 「문원전文苑傳」, 「수서」 「경적지」, 완효서의 「칠록」, 육덕명의 「경전석문」 「서록」 및 주이준의 「경의고」 등에 보이는 것으로는 이충李充의 「상서주尙書注」(無卷數), 범녕의 제서諸書, 이열伊說의 「상서의소尙書義疏」 4권[105], 여문우呂文優의 「상서의주尙書義注」 3권, 서막의 「고문상서음」 1권 및 「상서일편주尙書逸篇注」 3권, 사침謝沈 주 「상서」 15권, 이옹의 「집해상서集解尙書」 11권과 「상서신석尙書新釋」 2권 및 「상서요략尙書要略」 2권, 이궤李軌의 「고문상서음古文尙書音」 1권[106] 등이 있는데, 모두 이미 실전되었다.

위나라에서 동진까지의 「상서」와 관련된 '오경총의五經總義'류의 저작에

---

105) 伊說에 대해 阮孝緖는 西晉 樂安王의 僚屬이라고 하였고, 朱彝尊은 范寧의 후손이라고 하였다.
106) 徐邈과 함께 모두 隸古定本을 音釋하였다.

는, 『경의고』에서 각종 사지전史志傳의 기록을 인용한 것에 근거해 보면, 촉 초주譙周의 『오경연부론五經然否論』(不詳卷), 서진 하안의 『오경대의五經大義』 5권, 외희隗禧의 『제경해諸經解』(不詳卷), 서묘徐苗의 『오경동이평五經同異評』 1권, 속석束晳의 『오경통론五經通論』(不詳卷), 동진 양방楊方의 『오경구침五經鉤沉』 10 권, 서막의 『오경음』(不詳卷), 대규戴逵의 『오경대의』 3권, 주양周楊의 『오경자의 五經咨疑』 8권 등이 있다. 책은 이미 전해지지 않고 있지만, 보존되어 있는 서적들을 통해 당시에 이런 저작들이 있었다는 것을 알 수 있다.

제4절 위진남북조 경학에서의 『위고문상서』와 남공북정

위진남북조의 경학은 원래 동한 경학이 발전한 것으로, 고문경학이 성행하였다. 그러나 다른 한편으로는 현학玄學으로 경을 해석하는 풍조와 의소학義疏學이 일어나서 위진남북조 경학의 특징을 형성하게 된다. 상서학 방면에 있어서는 원래 정학鄭學이 유행하였다가 왕숙학王肅學이 흥기하여 정학과 더불어 한 시기를 다툰 끝에 마침내 그 세력을 잃게 되는데, 이내 『위고문상서』가 출현하여 상서학은 새로운 국면을 맞이한다. 이어 남북조는 정학과 공학孔學의 교체기를 형성하게 된다. 남조에서는 정학이 공학과 더불어 비교적 장시간의 성장과 소멸 과정을 거친 반면, 북조에서의 정학이 독보적 지위를 누리게 된다. 지금부터 이를 나누어 서술하도록 하겠다.

1. 위공본 『고문상서』의 위진 경학에서의 위치

『위고문상서』의 출현은 한편으로는 당시의 위급함을 한숨 돌리며 황급히 건립된 동진정권이 유경儒經을 통해서 사상을 유지해야 하는 필요성에 기인한 것이며, 다른 한편으로는 위진 경학의 성과를 반영하는 것이기도 하다. 당시 위왕조는 구품중정제九品中正制와 대토지 소유를 통해 발전을 거듭해 온 세족호문世族豪門들이 정권을 농단하였고, 진대에는 한대의 봉왕封王과는 다른 형태이긴 했지만 실질적인 왕국분봉제王國分封制를 택하고 있었다. 따라서 위진시대에는 호족들이 전 국가의 기구를 장악하고 정권의 핵심 직위를 독점하였으며, 관리를 선발할 때도 가문에서만 뽑고 유학 출신들은 등용하지 않았다. 한대의 모든 관리들이 유생 가운데서 선발되었던 것과는 정반대로 이 시기에는 유력 가문의 자제들이 전부였으니, 양한대 이래의 '현량방정賢良方正'과 '통경치용通經致用' 같은 것은 더 이상 필요하지 않게 되었다. 『진서陳書』 「유림전」의 "양한 이래 등용된 현재賢才들은 모두 경술의 자질을 갖추었으나, 위진에 들어서는 부실하고 유교가 메말라 공경公卿과 사서인士庶人에 이르기까지 경전을 아는 이가 드물었다"라는 말은 이러한 정황을 잘 보여 주고 있다.

이 시기에는 물질생활 측면에서 위진의 통치계급들은 중국 역사상 특출한 사치타락과 부패향락을 조성하게 되고, 정신생활 측면에서는 유학의 예교에 대한 반발 및 유교사상의 포기와 초탈이 출현하게 된다. 현학玄學이 크게 유행하면서 사회현실과 유리되어 오직 청담清談에 힘쓰는 이른바 "정시풍류正始風流"로써 일체 세상의 일에 관여하지 않는 것을 고귀함으로 삼았으며 묘언명리妙言名理를 중시하였다. 사상적인 측면에서는, 심원한 경계를 추구하는 소박한 고문경학을 추구하면서 세속적으로 방사화된 금문경학적 미신에서 벗어났으며 노장老莊사상을 중심으로 한 현허玄虛의 철리를 논하였다. 사대부들은 국정과 민생에 관심을 두지 않고 오직 풍류초일風流超逸만을 중시했는데, 이러한 기풍은 서진이 전복된 이후 줄곧 이어져 이른바 "청담을 논하며 국사를 그르치는"(清談誤國) 세태를 형성하였다.

새로 건립된 동진정권은 실패한 과거를 교훈삼아 유가덕교儒家德教 통치의 필요성을 인식하였다. 아울러 위왕조 이래로 불교가 점점 흥성하고 있었는데, 통치자들은 불교가 광범위하게 대중 속에 파고 든 것을 보고 그것을 권문귀족의 통치에 유리하도록 이용하였다. 그 효과는 점점 유가의 도덕예교사상 및 금문경학과 결합된 음양오행신학을 뛰어넘게 되었고, 그로 인해 사회에서는 대대적으로 불교를 제창하기에 이른다. 그러나 불교가 제창된다는 것은 세속을 떠나는 것이었기 때문에 봉건왕조의 현실적인 치국평천하治國平天下의 바람은 유가사상이라는 무기고에서 무기를 찾아야만 했고, 더욱이 권문세족들은 종법宗法을 필요로 했기 때문에 특별히 유가가 제창한 예제에 의지해야만 했다. 따라서 정현의 삼례학三禮學은 당시 통치자들이 빠뜨릴 수 없는 경전이 되었는데, 특히 종족의 친소원근親疏遠近과 그 윤리규범에 관한 '상복喪服'제도는 위진시대에 치례治禮의 유행을 이루어서 적지 않은 상복논쟁 관련 전문 저작들이 출현하게 되었다. 이처럼 통치자들은 사회적인 측면에서는 불교를 흥성시켰지만 정치사상적 측면에서는 오히려 유학을 중시하고 유경을 존숭하였기 때문에 새롭게 유경을 해석한 저작들이 출현하여 위진경학을 형성하게 되었다.

이 시기에는 우선 현학이 영향을 받아 완성된 경해經解가 있었으니, 위나라 왕필王弼·하안何晏 등이 한대의 복서상수卜筮象數의 『역』을 노장의 현리玄理로 바꾸어 해석하였던 것이다.[107] 또 정충鄭沖·손옹孫邕·하안何晏 등이 편찬한 『논어집해』는 비록 제가諸家의 훈주訓注 가운데에서 취사선택하였고 또 왕숙·주생렬周生烈 등의 의설義說을 채용하였지만, "유불안자有不安者, 첩개역지輒改易之" 같은 구절은 하안이 집어넣은 현학과 관련된다는 설이 있다. 진대에 이르러 두예가 『춘추경전집해』를 편찬하고 범녕이 『춘추곡량전』을 주하였는데, 거기에 표준이 되는 공씨전 『고문상서』가

---

107) 王弼의 『周易注』는 오늘날까지 전해지고 있으며, 十三經注疏本 『周易注疏』는 王弼 注에 韓康伯 注를 더한 것이다. 何晏의 『周易私記』·『周易講說』은 이미 失傳되었다.

더해져 위진시대 오경 관련 주요 저작을 구성하게 된다. 한대의 경주經注가 이 시기까지 보존된 것은 단지 정현의 '삼례주三禮注'와 『모시전毛詩箋』 그리고 하휴何休의 『공양해고公羊解詁』뿐이고, 오경의 한대 14가 금문 주는 하나도 전해지지 못했으며 『역』·『서』·『춘추』 등의 고문경 주108) 및 한때 찬란했던 왕숙의 제경諸經 주도 모두 소실되었다. 이런 상황이 발생하게 된 이유는 한대 경학이 주로 사법師法·가법家法으로부터 나와 보수적이었으며 혁신을 원치 않아 그 견해가 넓지 못했기 때문이다. 반면 위진 경학은 한대의 울타리를 뛰어넘어 폭넓게 경설을 수용하였다. 이 시기의 경학가들은 신비로운 금문경학을 철리哲理로 변화시키고 고문경학에 비해 주훈注訓의 상세함과 경의의 천명에 주의를 기울임으로써 더욱 폭넓게 경의를 서술할 수 있었다. 이는 곧 위진 경학의 특색으로, 이들 중요한 경주經注가 현대에까지 전해질 수 있었던 원동이었다. 특히 공씨전 『고문상서』는 위진 경학 가운데 가장 특출한 것이었다.

이 공씨전 『고문상서』는 한대 경학의 모든 성과물을 종합적으로 계승하면서 위진 이래의 각종 경설을 더하였으며, 특히 고문가들이 존숭하던 성도왕공聖道王功을 경문의 전주傳注에 끼워 넣는 한편으로 시대가 필요로 하는 것들을 추가하였다. 그 주요한 내용은 다음과 같다.

1) 정권탈취를 징계하고 봉건윤리를 고취시킴

유생들은 『상서』에 기록된 요순선양堯舜禪讓과 주공섭정周公攝政의 고사를 이용하여 왕망王莽·조비曹조 및 사마씨司馬氏 등의 정권탈취를 징벌함으로써 봉건강상의 유지를 더욱 강조하였으니, 이는 위험에 빠진 왕조가 다른 사람들에게 정권을 뺏기지 않도록 하는 데 도움이 되었다. 초순焦循의 『상서보소尙書補疏』「서序」에서 이 점을 비교적 예리하게 지적하고 있는데,

---

108) 유명한 馬融·鄭玄의 『書』·『易』 注와 賈逵의 『左傳注』를 포함한다.

그 서문의 후반부에 다음과 같은 말이 있다.

(『예기』의) 「명당위明堂位」는 주공을 천자로 삼고 있는데, 한유들은 이것을 이용해 「대고大誥」를 위조하여 마침내 왕망의 화를 불러왔으며, 정씨는 이를 바로잡지 못하고 다시 『상서주』에 사용해서 주공을 왕으로 칭하였다. 그 이후, 조曹·마馬 및 진陳·수隋·당唐·송宋을 거치는 동안 왕망의 고사를 따르지 않은 것이 없었다. 그러나 『전傳』이 특히 탁월한 점은, 주공이 스스로 칭왕稱王하지 않고 성왕成王의 명命을 칭하여 대신 고誥한 것으로 한 것이니 이것이 정씨보다 훨씬 뛰어난 점으로 『전』의 7번째 장점이다. 이 『전』을 지은 사람(들)은 대체로 당시에 조·마의 행위를 목도하고 또 그들을 옹호하여 두예가 『춘추』를 해석한 것이나 속석束晳 등이 『죽서竹書』를 위조하여 순舜이 요堯를 가두고 계啓가 익益을 죽이며 태갑太甲 이 이윤伊尹을 죽이는 것과 같은, 상하가 도치되고 군신이 자리를 바꾸어 사설邪說 이 경문經文을 어지럽히게 되는 것을 목도하였다. 따라서 「익직益稷」을 고치는 것을 꺼리지 않았고 「이훈伊訓」·「태갑太甲」 등의 제 편을 만들어 암암리에 『죽서』 와 맞서도록 하였으며, 또 『공씨전』에 의탁하여 정씨를 축출함으로써 군신상하의 의리를 밝히고 해악을 막는 그 이상의 담론을 펼쳤다. 당시의 시기猜忌를 받았기 때문에 스스로 그 성명을 숨긴 것이다.

유생들이 이 『전』을 만든 고심의 흔적을 잘 드러내고 군신상하의 의리가 천지 어디에도 숨을 데가 없다는 것을 잘 보여 주고 있으니, 이는 반드시 엄격하게 지켜야 되는 것들이었다.

2) 도학적 심법의 전수계보를 확정함

『상서』 전체를 통틀어서 가장 특이한 점은 바로 요堯·순舜·우禹·탕湯· 문文·무武·주공周公의 도가 대대로 이어졌음을 적극 선양한 것이었다. 따라서 유생들은 대대로 이어진 성도聖道를 만들기 위해서 더욱 철저하게 「대우모大禹謨」 1편을 만들어, 순이 요에게서 받은 도를 정성스럽게 우에게 전해 준 것으로 하였다. 그 중 "인심유위人心惟危, 도심유미道心惟微, 유정유일

惟精惟一, 윤집궐중允執厥中" 4구절은 후대의 유학자들에 의해 '우정虞廷 16자'로 추켜세워져서 '요·순·우의 세 성인이 전수한 심법心法'으로 칭송되었다. 이는 후대의 유가철학 이론에 커다란 영향을 미치게 되는데, 송대 도학의 중심 개념인 인심人心·도심道心 등이 모두 이 16자 심법으로부터 나오게 된다. 이 외에도 「태갑太甲」·「중훼지고仲虺之誥」·「열명說命」·「여오旅獒」·「경명冏命」 등이 편조編造되어 이후 2천 년 동안 유가도덕을 뒷받침하는 주요 편장을 구성하게 되고, 이는 『상서』로 하여금 동아시아 후기 봉건사회를 떠받치는 정치철학의 중요 경전이 되게 하였다. 이에 관해서는 제7장 4절 및 제8장 3절에서 상세히 설명하겠다.

유가도덕의 수립에 중대한 작용을 한 위공본 『고문상서』는 서한금문의 밑도 끝도 없는 신비성이나 공소함과는 달랐으며, 위굉衛宏·가규賈逵 등 동한고문가들이 금문가들과 다른 설을 세우기 위해 고의로 조작한 고문설과도 달랐다. 매 장구마다 조리와 질서가 더해졌으며 간결한 문자로 구절을 해석하여 당시의 '금석今釋'의 수준에 도달하였으니, 상서학사에 있어서 이전의 저술을 뛰어넘는 우수한 성취를 달성하여 사람들이 기꺼이 받아들이게 되었던 것이다. 공영달은 『상서정의』 「서」에서 이 책에 대해 "단어가 풍부하게 잘 갖추어져 있고, 그 뜻이 넓고도 아름답다. 반복해도 싫증나지 않고 오래될수록 더욱 새롭다"라고 말했다. 당시 사람들의 이 책에 대한 찬미를 잘 드러내고 있다. 대학자가 한편으로는 그 경문의 완전함에 반가워하고 다른 한편으로 그 훈주訓注의 명확함과 석의釋義의 아름다움에 기뻐했던 것은, 그것을 한대에 공벽孔壁에서 출현한 진고문眞古文이자 공안국의 주석으로 간주했기 때문이었다. 그리하여 왕조의 제창을 거치면서 흔쾌히 학관에 세워지고 국정國定의 교본으로 전습되었으니, 동진 초기에 위조된 『고문상서』는 마침내 『서경書經』의 정통 지위를 얻으면서 근대에까지 줄곧 전해지게 되었다.

2. 남북조 경학과 의소의 출현

동진 이래 남북조 각 시대의 경학 자료는 완전하지 않은데, 그 대략을
수집해서 나누어 서술해 보면 다음과 같다.

1) 남조 경학의 현황과 정·공 상서학의 흥망

남조는 동진의 학을 계승하였는데, 세란世亂으로 인해 학술은 줄곧
미약하였다. 국학國學을 설립한 정황은 『통전通典』 권53 '대학大學'조에 근거
한다.

> 송宋 무제武帝가 유사有司에게 국학 설립을 명했으나 이루지 못하고 붕어하였다.
> 문제文帝 원가元嘉 20년(443)에 국학을 세우고 27년에 폐지하였다. 명제明帝 태시太
> 始 연간(465~471)에 비로소 총명관總明觀을 설치하고 좨주祭酒 1인을 두었다.

> 제齊 고제高帝 건화建和 4년(482) 국학 설립을 명하여 학생 50인을 유치하였다.……
> 황제가 붕어하자 국상으로 인해 폐지되었다. 무제 영명永明 2년(481), 국학 설립을
> 명하였다.…… 영원永元 초기(499, 혹은 500)…… 국학과 태학이 병존하였다.

『통전』은 남조의 두 나라에 대해서만 기록하고 있다. 살펴보건대, 송의
국학 설립 명령은 『송서』 「무제기武帝紀」 영초永初 3년(422)에 보이고, 총명관總
明觀을 설립한 일은 「명제기明帝紀」 태시泰始 6년(470)에 보인다. 그러나 『송서』
「백관지百官志」에는 이 사실이 실려 있지 않고 단지 한대에서 동진대까지
설치된 태학박사만 기록되어 있으며, 남조 송대에는 진의 제도를 계승하
여 국자학과 그에 예속된 태학이 있었다는 사실을 기록하고 있다. 국자학
에는 좨주祭酒와 박사博士 각 1인과 조교助教 10인이 있었으며, 각 경經을
분장하였다. 만약 송대에 국학을 설립하지 않았다면 조교는 오직 1인이었

을 것이며 좨주와 박사는 항상 설치되었을 것이다. 송은 국학을 세우지 않았을 때가 있었지만, 국학을 세울 때는 진의 구제도를 따랐으므로 『상서』는 공·정 양가의 학이었을 것이다. 송대에 배인裴駰이 찬한 『사기집해史記集解』는 광범위하게 『공전孔傳』을 인용하고 있으며, 또한 『수서』 「경적지」에 기록된 송 급사중給事中 강도성姜道盛이 주해한 『집석상서集釋尙書』 11권은 송대에 『공씨전』이 성행했음을 보여 준다.

제齊의 국학 설립 명령은 『남제서南齊書』 「고제기高帝紀」 건원建元 4년(482)에 보인다. 「백관지百官志」 '태상太常'에는 태학박사를 설치하고 국자좨주를 세운 사실도 보이는데, 『통전』에 비해 서술이 상세하다. 이 시기의 『상서』는 앞의 위고문에서 「순전舜典」이 빠진 것을 말함에도 『수서』 「경적지」의 인용에서는 「순전」편이 제나라 학관에 세워졌다고 하였으니, 이는 진을 계승한 이래 『상서』 전편이 이미 학관에 세워지고 빠진 「순전」은 왕숙본 「요전堯典」 후반부로 보충하였다가 이 시기에 「순전」 진본을 얻은 것으로 여겨 의론을 거쳐 학관에 세우게 된 것이다. 다만 『경전석문』 및 『사통史通』 에 근거해 보면 이 편은 이 시기에 아직 채용되지 못했다.

제나라 이후 양梁·진陳에서 수隋에 이르기까지 국학을 일으키고 『상서』 를 세운 일은 『통전』에 기록되어 있지 않고 양·진의 2서書에 대략적인 기록만 있다. 가령 『양서梁書』 「무제기武帝紀」에 무제 소연蕭衍(502~549 재위)이 편찬한 경해서經解書들 중에 『상서대의尙書大義』가 기록되어 있고, 또 「간문제기簡文帝紀」에는 소연의 『오경강소五經講疏』가 기록되어 있다. 「무제기武帝紀」에서는 이에 대해 다음과 같이 적고 있다.

국학을 닦고, 생원을 증원하였으며, 오관五館을 세우고, 오경박사를 설치하였다.

다음은 『진서陳書』 「유림전」의 기록이다.

송·제 연간에 국학이 다시 개설되었다. 양나라 무제가 오관을 열고 국학을 건립하여 모두 오경으로 교수하였으며, 경에는 각각 조교를 두었으니,…… 일세에 흥성하였다. 고조高祖(陳覇先)가 창업하여 기초를 열었을 때, 전대의 계속된 혼란으로 의관 입은 선비들이 다 사라지고 도적들은 아직 평정되지 않아 한가한 날이 없었으므로 학업을 닦을 겨를이 없었다. 세조世祖(陳蒨) 이후에 점점 학관을 세우기 시작하여 비록 널리 생도를 구했으나 성과는 미미하였다. 오늘날 거두어 들인 것은 대체로 양나라의 유유遺儒가 남긴 것들이다.

양대에 유학이 비교적 흥성하여 오경 모두 교수가 이루어졌으며, 또한 양 무제 소연은 직접 저술을 짓기도 했다는 것을 알 수 있다. 『남사』 「유림전」은 공자거孔子袪(496~546)가 『고문상서』에 특히 밝았음을 기록하고 있는데, 그의 저술에는 『상서의尙書義』 및 『집주상서集注尙書』 등이 있다. 기타 양대의 『상서』 저작으로 6~7가가 더 있는데, 이에 대해서는 아래에서 살펴보기로 한다. 그리고 진대陳代에는 근본적으로 이런 학업이 없었다. 비록 후기에 학관이 조금 세워지긴 했으나 인재들은 없었고, 전해지는 몇몇의 유사儒師들은 모두 양대의 인물들이었다. 『진서陳書』 「유림전」의 「심불해전沈不害傳」에 의하면, 진대에는 오랫동안 국학을 세우지 않았는데 오직 심불해만이 글을 올려 설치를 청하였다고 한다. 이 「유림전」에는 일찍이 진에서 임용된 몇몇의 태학박사 내지는 국자박사가 정확히 기록되어 있지만, 그 중에 『상서』 전공자는 없다. 진대에도 물론 국학 설립을 위한 노력은 있었지만, 단지 흉내에만 그쳐서 일구어 낸 것이 미미할 따름이었다.

『남사』 「유림전」에는 남조 각 조대의 경학의 대요大要가 종합되어 있다.

위나라 정시正始(240~249) 이후 더욱 현허玄虛를 숭상하니, 공경과 사서인 가운데 경전에 통달한 이가 드물어졌다.…… 중원이 어지러워진 후로 길가에는 의관 입은 선비가 사라지니 강좌江左에 창업함에 이르러 여유가 없어지고, 송宋·제齊

에 이르러 겨우 국학이 설치되었으나 성과가 많지 않아 건립된 지 10년이 되도록 문구만 갖추어졌을 뿐이었다.…… 양무梁武의 창업 이후 그 폐단을 안타까워하여 천감天監 4년(505)에 오관을 열고 국학을 세워서 오경을 교수하고 오경박사 각 1인을 두도록 하였다.…… 이에 경전을 읽는 자들이 구름같이 모여들었다.…… 진무陳武의 창업에 이르러 혼란하였는데,…… 학업을 장려하는 법을 독려하였으나 제정되지 못하였다. 천가天嘉(561~566) 이후 조금씩 학관이 설치되었으나…… 성과는 적었다.

이상이 남조 경학의 기본적인 정황인데, 『상서』의 전습 현황은 『수서』 「경적지」의 기록에 보인다.

> 양梁·진陳에서 진강된 것은 공·정 2가가 있었다. 제대齊代에는 오직 정학鄭學만을 전습하였고, 수대隋代에 이르러 공·정이 함께 행해졌는데 정씨는 매우 미약하였다. 그 나머지 전해지는 것들은 더 이상의 사설師說의 전수가 없었다. 또한 『상서』 일편逸篇이 제량齊梁시대에 출현하였는데, 그 편목을 고찰해 보면 공벽孔壁 『서』의 잔결된 부분과 유사하였다.

여기서 양·진시기의 『상서』는 공·정 2가가 진강되었음을 말하고 있으므로 확실히 동진에서 세운 『상서』 공·정 2가 박사를 계승하였음을 알 수 있다. 다만 양·진과 수 사이에 끼워져 있는 제에 대한 구절은 조금 문제가 있다. 첫째, 순서가 바뀌었는데, 제는 진과 수 사이에 자리해서는 안 되고 양의 앞에 자리해야만 한다. 둘째, 앞뒤가 모순이 되는데, 앞에서는 시대순서에 따라 제대齊代에는 공씨의 망편亡篇을 보충해 넣어 국학에 세웠다고 했으니 "오직 정의鄭義만을 전습하였다"라는 말은 용납될 수 없다. 확실히 제대에는 이미 공학이 유행하고 또 정학도 유행하였으므로 그 이전의 진晉·송이나 그 이후의 양梁·진陳과 다를 바 없었다. 위의 구절은 역사순서에 따라 진晉·제齊·양梁·진陳을 서술한 후 별도로 수대隋代를 서술하면서 한 구절을 삽입하여 정학鄭學 성쇠의 흔적을 설명한 것으로,

정학이 동진 이래로 공학과 병립하면서 제대에도 여전히 전습되다가 수대에 이르러 마침내 쇠퇴하였다는 것을 말하고자 한 것이다. 따라서 "제대에 오직 정의鄭義만 전습되었다"의 '오직'(唯)은 확실히 잘못 써진 글자로서, 마땅히 '여전히'(尙 혹은 仍)의 뜻으로 바뀌어야 한다. 이와 관련하여 왕인지王引之의 『경전석사經傳釋詞』에서는 '유唯'는 '비록'(雖)과 같다고 하기도 하였는데, 이렇게 되면 위아래 글들이 서로 어울리면서 의미도 상하지 않게 된다.[109]

이상으로 위공본 『고문상서』가 동진 초기 이래로 정씨본 『고문상서』와 함께 학관에 세워져 같이 전습되어 오다가 남조의 몇 조대를 거치면서 정학이 날로 미약해지고 마침내 위공씨학僞孔氏學만이 성행하게 된 과정을 살펴보았다. 이후 이른바 공안국 전주본 『고문상서』는 완전히 과거의 각종 금·고문 판본 『상서』들을 대신하게 되었으니, 수대 이래로 사람들이 읽는 『상서』는 바로 동진 초기에 날조되어 나온 위공본 『고문상서』였다.

2) 북조 경학의 정학 성행 및 남조 경학과의 차이

북조 경학에 관해 『통전通典』에서는 다만 북위北魏 한 조대만을 싣고 있으니, 『위서魏書』에서 자료를 구해 보아도 기록이 완전하지 않다. 이제 『위서』의 자료에 근거해서 당시의 사정을 연역해 보고자 한다. 우선 『위서』「유림전」[110]에는 다음과 같이 실려 있다.

진晉 영가永嘉(307~313) 이후…… 예악의 문장은 전부 없어졌다. 태조太祖(道武帝 拓跋珪)가 처음 중원을 평정했을 때는 비록 겨를이 없었으나, 도읍을 건설한 뒤 비로소

---

109) 陳夢家는 『尙書通論』에서 齊를 北齊로 해석하였는데, 그 이유는 이 구절이 여기에 어울리지 않을 뿐만 아니라 당시 北朝에서는 鄭義가 유행하였기 때문이다. 그러나 『隋書』의 이 단락은 순전히 南朝를 서술한 부분인데 그 속에 北朝를 끼워 넣었을 리 없으므로, 비록 그런 해석이 일리는 있다 하더라도 이 구절의 原義는 아닐 것이다.

110) 原傳은 망실되었고 『高氏小史』를 근거해서 보충한 것이다.

경술을 우선하여 태학을 세우고 오경박사를 설치하니 생원이 천여 명에 달하였다. 천흥天興 2년(399) 봄에 국자와 태학의 생원을 증원하여 3천 명에 이르렀으니, 천하를 말 위에서 얻을 수는 있어도 말 위에서 다스릴 수는 없었기 때문이다.…… 이에 많은 사람들이 학문을 갈고닦아 유림들이 많아졌다. 현조顯祖(獻文帝 拓拔弘) 천안天安 초기(466~467)에 향학의 설립을 명하고 군郡에 박사를 설치하였다.[111]…… 낙읍洛邑으로 천도한 이후 국자와 태학, 사문四門, 소학의 설립을 명하였다.…… 세종世宗(拓拔恪) 때에 다시 국학을 운영하고 사문에 소학을 세우니…… 경학이 점점 중시되었다. 당시 천하가 태평하여 학술이 크게 흥성하였기 때문에 연燕·제齊·조趙·위魏 일대에 경전을 강독하고 읽는 사람이 이루 다 헤아릴 수 없을 정도였으니, 많게는 천여 명에서 적게는 수백 명에 이르렀다.…… 정광正光 3년(522)에 국학에서 석전釋奠을 봉행하였고,…… 비로소 국자생 36인을 설치하였다. 흥화興和·무정武定 연간(540~549)에 외적의 난리가 이윽고 평정되니 유학이 다시 빛을 보게 되었다. 한대에 정현이 제경諸經을 주해하였고, 복건服虔·하휴가 각각 경설經說이 있었다. 정현의 『역』·『서』·『시』·『예』·『논어』·『효경』, 복건의 『좌씨춘추』, 하휴의 『공양전』이 하북河北에서 크게 유행하였고, 왕숙의 『역』도 부분적으로 유행하였다.

북조는 남조에 비해 더욱 유학이 창성하였고, 위대魏代에는 동한의 정현학鄭玄學이 순수하게 전해졌음을 알 수 있다. 살펴보건대, 『위서魏書』 「최호전崔浩傳」의 기록을 근거해 보면, 위나라 세조(拓拔燾) 때 최호崔浩가 비서秘書의 사무를 담당하면서 『국서國書』를 편찬하였으니, 곧 "석명石銘을 건립하고 『국서』를 새기면서 아울러 오경의 주注도 새기기를 청하였다"라고 하였다. 북위 최호의 원주原注에 오경이 있었고, 그 가운데에는 『상서주』도 있었던 것이다. 또한 국사를 편찬함과 동시에 각석刻石하였으니, 그가 주한 경설이 위대에 관학의 지위에 있었음을 알 수 있다. 그러나 그가 결국 『국서國書』로 인해 피살되면서 그의 경주經注도 자연스럽게 폐기되고, 이후 위대에는 오직 정현학만이 중시되기에 이르렀다. 피석서皮錫瑞는

---

111) 『通典』에서는 "郡縣의 學이 여기에서 시작되었다"라고 기록하고 있다.

『경학역사』에서 다음과 같이 지적하고 있다.

북학北學의 『역』·『서』·『시』·『예』는 모두 정씨를 조종祖宗으로 하였고, 『좌전』은 복자신服子愼이었다. 정현이 주한 『좌전』은 만들어지지 않았기 때문에 자신子愼의 주로써 했던 것이다. 『세설신어』에 보이듯 정·복의 학은 본래 일가一家이니, 복자신을 조종으로 한다는 것은 곧 정현을 조종으로 하는 것이다.

또한 피석서는 "『북사』에 의하면, 하락河洛의 복씨 『좌전』 외에 하씨의 『공양』이 있다는 말은 없고 또 '공양'·『곡량』은 대부분 주의를 기울일 만한 것이 못 된다' 하였으니,······ 여기에 적힌 '공양'이 크게 유행하였다'는 말은 사실이 아닌 듯하다"라고 하였는데, 이 말이 이치에 가깝다. 『북사』 『유림전』에서는 북조에서 전해지던 경학과 남조 경학의 차이점에 대해서 다음과 같이 설명한다.

대저 남북의 장구는 서로 같지 않았다. 강좌江左의 『주역』은 왕보사王輔嗣, 『상서』는 공안국, 『좌전』은 두원개杜元凱였다. 하락河洛의 『좌전』은 복자신, 『상서』·『주역』은 정강성이었다. 『시』는 모두 모공毛公을 주로 하였고, 『예』는 모두 정씨를 따랐다. 남인은 간결하면서 다채로웠고, 북학은 잡다하면서 그 지엽적인 것을 궁구하였다.

북조는 동한 고문경학을 계승하였고, 남조는 위진경학이 유행하였음을 알 수 있다. 그 차이점은 남조의 위진경학이 일찍이 현학玄學의 영향을 받은 데 비해 북조에서는 절대 현학에 대해 언급하지 않은 데 있었다. 『위서』 『유림전·이업흥전李業興傳』에는 이업흥李業興이 양조梁朝에 있을 때의 일을 다음과 같이 기록하고 있다.

양 무제 소연이 그에게 묻기를 "듣자니 경이 경의經義에 밝다고 하는데, 유儒와 현玄 가운데 어떤 것에 통달하였는가?" 하니, 이업흥이 답하기를 "어려서 서생이 되어 오전五典을 읽는 데 그쳐 깊은 뜻에 이르러서는 통달하지 못했습니다"
하였다. 소연이 다시 묻기를 "『역』은 태극을 말하는데, 있는 것인가 없는 것인가?"
하니, 이업흥이 대답하기를 "전해지는 태극은 있습니다만, 평소에 현학玄學을
하지 않았으니 어찌 감히 대답할 수 있겠습니까?" 하였다.

이를 통해 북조에서는 현학을 따르는 대신, 사법師法을 준수하고 장구를
궁구하는 한유漢儒의 박학朴學[112]을 따르고 전습했다는 사실을 알 수 있다.
반면 남조에서 전습된 것은 명리名理 분석을 통해 여러 설들을 모아 의리義理
와 경의經義를 해석하는 위진 경학이었다.

『세설신어』「문학文學」편도 당시 남북 경학의 차이점에 대한 언급이
있다.

저계야褚季野가 손안국孫安國에게 "북인의 학문은 심오하고 넓습니다" 하니,
손안국이 대답하기를 "남인의 학문은 명확하고 간결합니다" 하였다. 지도림支道
林이 그 말을 듣고 말하기를 "……북인이 책을 보는 것은 마치 밝은 곳에서
달을 보는 것과 같고, 남인의 학문은 창문으로 해를 보는 것과 같다"라고
하였다.
<유효표의 주: "학문이 넓으면 두루 통달하기 어렵고, 두루 통달하기 어려우면
자세하지 않다. 그렇기 때문에 밝은 곳에서 달을 보는 것과 같다고 한 것이다.
학문이 적으면 핵심을 잘 알 수 있고, 핵심을 잘 알면 지혜가 밝아진다. 그렇기
때문에 창문을 통해서 해를 보는 것과 같다고 한 것이다.">

또 『구당서』「원행충전元行沖傳」에는 다음과 같은 기록이 있다.

위진魏晉은 겉으로 화려했지만 옛 도가 이미 멸절되었는데, 왕숙王肅과 두예杜預
로부터 다시 문호가 열리니 삼백 년 동안 사대부들은 장구 공부를 부끄럽게
여겼다. 오직 초야의 유생들만은 경전을 익혔는데, 다른 의의를 탐구하지는

112) 이 용어는 『漢書』「兒寬傳」에 보인다.

못하고 좋은 것만 골라서 다만 강성康成을 아버지로, 자신子愼을 형으로 삼고자 할 뿐이었으니, 공자가 틀렸다고 할지언정 정鄭·복服이 틀렸다고는 하지 않았다.

삼백 년 동안이란 바로 남북조시대를 말한다. 이른바 "다시 문호가 열렸다"는 것은 남조 경학을 가리키니, 현리玄理로써 경經을 설명하는 것을 중시하였기 때문에 장구를 부끄러워했던 것이다. 또 "초야의 유생들만이 경전을 익혔다"는 것은 북조를 가리키니, 그들은 정·복의 장구를 묵수하면서 감히 새로운 경설을 개창하지 않았던 것이다. 『북사』「유림전」과 『세설신어』에서 말한 것과 동일하다. 이로 인해 위공본 『고문상서』와 마정본馬鄭本 『고문상서』의 구별이 가능하게 되었고, 이윽고 위공본 『상서』가 유행하게 되면서 마정본 『상서』는 폐지되었다.

당시 북조에서 경전을 전수한 이름 있는 대유로는 서준명徐遵明이 있다. 그는 『상서』 및 『모시』, 삼례, 『춘추좌씨』 등을 전수하였는데, 『위서』「유림전」의 「서준명전」에는 그에 대해 "강학한 지 20여 년이 지나자 해내海內에서 존경하지 않은 이가 없었다"라고 적고 있으며, 같은 「유림전」 내의 「노경유전盧景裕傳」에는 노경유가 일찍이 『주역』·『상서』 등의 경전을 주석한 사실을 기록하고 있다. 또 「최호전」에 따르면, 최호가 비석을 세워 '국서國書'를 새길 당시 자신이 주석한 오경도 같이 새겼는데, "천교天郊 동쪽 3리에 사방 130보 규모였으며 삼백만 명이 공을 들여 완성하였다"라고 한다. 이것은 북위의 첫 석경石經이지만, 이 구절에 드러난 것은 간략한 몇 구절뿐이고 그 외의 상세한 자료는 보이지 않는다.

북위 이후에 등장한 북제北齊·북주北周 두 정권 가운데, 오직 북주만이 유술儒術을 구하였고 북제는 그에 비해 현저히 떨어졌다. 『북제서』「유림전」에는 다음과 같은 기록이 있다.

북제에도 있었으나 그 전통을 잃어버렸다. 사師·보保·의疑·승丞 등은 모두 공훈으로 나아갈 수 있었으니, 국학박사는 단지 허명에 불과했으며 국자의 생도는 겨우 10여 명뿐이었다.…… 제齊의 제도는 모든 군郡에 학교를 설립하고 박사와 조교를 설치하여 경을 전수하게 하였는데,…… 생원들이 좋아하는 바가 아니었기 때문에 그들은 책을 마음에 두지 않았다.…… 모두 진심으로 좋아하지 않았기 때문이다.

북제가 유학을 중시하지 않았음을 알 수 있다. 반면 『주서周書』「유림전」에는 다음과 같은 기록이 전한다.

태조(宇文泰)가 개창한 후, 경술을 좋아해서 상고의 일문佚文을 구하여…… 주공周公의 경전을 복원하였다. 세종(宇文毓)이 계승하여 학예를 숭상하였는데, 안으로는 숭문관崇文觀을 설치하고 밖으로는 성균成均(太學)의 직책을 중시하였다.…… 비록 남겨진 전통이 성대했음에도 위진의 융성함에는 미치지 못하였으나, 풍속이 변한 것은 근래의 아름다운 일이었다.

이것은 주周정권이 옛것을 복원하고 유학을 존중했음을 보여 주는 기록이다. 비록 그 당시의 경학이 실제로는 성취도 없고 위진에 견줄 바는 못 되었지만, 문화가 낙후된 선비족의 풍습을 유학사상을 통해 개변하고자 시도했던 엄청난 사건이다. 우문태宇文泰(태조)는 북주의 문풍文風을 위진풍으로 바꾼 뒤 소작蘇綽(498~546)에게 명하여 서위西魏의 묘제廟祭 때에 쓰인 『상서』의 문체를 모방하여 「대고大誥」1편을 작성하게 했다. 이후 북주의 문필들은 모두 고체誥體를 따르게 되었다.

북조에서의 『상서』 전습에 관해서는 『북제서』「유림전」에 다음의 기록이 있다.

제대齊代에 유사 가운데 『상서』를 전하는 이가 드물었는데, 서준명徐遵明이 두루 통달했다. 서준명은 둔류屯留의 왕총王總에게 수업을 받고, 부양滹陽의 이주인李周仁과 발해渤海의 장문경張文敬 및 이현李鉉 · 권회權會 등에게 전수하였다. 정강성의 주도 같이 전수하였으나 고문113)은 아니었다. 향리의 제생들은 모두 공씨의 주해를 보지 못했다. 무평武平 말(574~575)에 하간河間의 유광백劉光伯(劉炫)과 신도 信都의 유사원劉士元(劉焯)이 비로소 비감費甝의 『의소義疏』를 얻어서 이내 뜻을 두었다.

여기에서는 북조 제齊에 『상서』가 전해지지 않았다는 사실과, 북위에서 북제에 이르기까지의 정씨본 『고문상서』 전수계보를 기록하고 있다. 또한 북위와 북제가 모두 위공안국번 『고문상서』를 몰랐으며, 다만 북제 말에 이르러 유현劉炫과 유작劉焯이 남조의 학자 비감費甝이 엮은 『상서의소尙書義疏』를 얻어 보게 된 사건을 계기로 비로소 『위고문상서』가 북조에 유입되었다는 것을 지적하고 있다.114)

3) 의소학의 출현

앞의 글에서 알 수 있듯이 당시에 일종의 '의소義疏'가 있어서 경에 대한 학자들의 흥미를 불러일으킬 수 있었다. 당시 군경群經에 대한 의소의 편찬은 남조 경학이 위진시기 현학의 영향을 계승한 데 이어 다시 의소로써 경을 진강하던 불교 형식의 영향을 받은 것이었다. 이 때문에 유가의 각 경에 대한 의소 편찬이 활발히 진행되기에 이르렀으니, 이는 경문에 대한 단순한 문자훈고나 명물해석으로부터 진일보하여 문구의 의의를 탐색하는 것이었다. 이것은 당시 통치자들의 요구를 반영한 것으로서, 특히 해석과 연역演繹은 그들의 수요에 일치하였다.

당시에 상서학에서도 몇 가家의 의소가 출현하였다. 『수서』 「경적지」에 보이는 비교적 유명한 것으로는 앞에서 언급한 동진 이옹李顒의 『상서신석

---

113) 僞孔氏古文을 가리킨다.
114) 앞에서 이미 밝혔듯이 姚方興의 「舜典」은 출현 이후 南朝에서 받아들여지지 못하다가 北朝에 가서 환영을 받게 되었다.

尚書新釋』(2권), 이열伊說의 『상서의소尚書義疏』(4권), 여문우呂文優의 『상서의주尚書義注』(3권) 등이 있고, 또 그 밖에 송나라 강도성姜道盛의 『집석상서集釋尚書』 11권, 제나라 고환顧歡의 『상서백문尚書百問』 1권, 양나라 소연蕭衍의 『상서대의尚書大義』 20권, 소의巢猗의 『상서백석尚書百釋』 3권 및 『상서의尚書義』 3권, 채대보蔡大寶의 『상서의소尚書義疏』 30권, 비감의 『상서의소』 10권, 무명씨의 『상서의소』 7권 등이 있다. 그리고 이러한 남조 저작의 기초 위에 북조에서는 북제에서 수에 이르는 시기에 유현劉炫의 『상서술의尚書述義』 20권, 유선생劉先生[115]의 『상서의尚書義』 3권, 고표顧彪의 『상서소尚書疏』[116] 20권 및 『상서문외의尚書文外義』 1권, 우씨虞氏(佚名)의 『상서석문尚書釋問』 1권 및 무명씨의 『상서윤의尚書閏義』 1권 등이 편찬되었다. 이와 별개로 양대 『당서唐書』의 「지志」 및 「경의고」에는 양梁 공자거孔子祛의 『상서의尚書義』 20권 및 『집주상서集注尚書』 30권, 임효공任孝恭의 『고문상서대의古文尚書大義』 20권, 장기張譏의 『상서의尚書義』 15권 및 『상서광소尚書廣疏』 18권이 기록되어 있다. 수대에는 유현의 『상서약의尚書略義』 3권 및 『상서백편의尚書百篇義』 1권, 유작의 『상서의소尚書義疏』 20권, 왕씨王氏(佚名)의 『서소書疏』 20권, 또 다른 왕씨王氏(佚名)의 『상서전문尚書傳問』 2권, 무명씨의 『상의尚義』 1권이 있었다. 그리고 장붕일張鵬一의 『수서경적지보隋書經籍志補』에 북주 소환蕭巋의 『상서의소尚書義疏』(無卷數)가 기록되어 있다. 이상은 위진을 계승한 남북조시대 상서학의 새로운 성과들이다.

공영달의 『주역정의』 「서」에서는 다음과 같이 말하였다.

강남 의소義疏 10여 가의 말들은 모두 허현虛玄을 숭상하여 의미가 대부분 허망虛妄하였다⋯⋯ 내외의 공空을 논함에 있어서는 그 말하는 바가 모두 석씨釋氏의 뜻을 따르는 것이지 공문孔門의 가르침이 아니었다.

---

115) 劉炫인지 劉焯인지 알 수가 없다.
116) 『冊府元龜』에는 『古文尚書義疏』로 되어 있다.

비록 『주역의소』에 한정된 말이기는 하지만, 남조 제경諸經의 의소가 앞뒤로 현학과 선학禪學의 영향을 받았다는 사실을 잘 반영하고 있다. 앞에서 열거한 의소들은 당唐에 이르러 공영달에 의해 각 경의 『정의正義』에 채용된 이후 대부분 원서가 실전되었다.

이상의 의소 저작 이외에 당시에 『상서』의 일반적 주음注音과 관련한 저작도 있었는데, 『칠록』·『수서』·『경의고』에 보이는 것으로는 송·제 왕검王儉의 『상서음의尙書音義』 4권, 양 유숙사劉叔嗣의 『상서주尙書注』 21권과 『상서신집서尙書新集序』 1권 및 『상서망편서尙書亡篇序』 1권, 수 유현의 『상서공전목尙書孔傳目』 1권, 왕효자王孝藉의 『상서주尙書注』(卷不詳), 고표의 『고문상서음의古文尙書音義』 5권과 『상서대전음尙書大傳音』 2권 및 제량대에 나온 『상서일편尙書逸篇』 2권이 있다. 이들도 모두 실전되었다.

이 시기 오경총의五經總義류의 저작 가운데 『상서』를 포함하고 있는 것은 『경의고』 권240에 실려 있다. 송 뇌차종雷次宗의 『오경요의五經要義』 1권, 양 소연의 『오경강소五經講疏』(無卷數), 하창賀瑒의 『오경이동평五經異同評』 1권, 포천鮑泉의 『육경통수六經通數』 10권, 심문아沈文阿의 『경전대의經典大義』 12권 및 『경전현유태의록經典玄儒太義錄』 2권, 왕원규王元規의 『독경전대의讀經典大義』 14권, 손창지孫暢之의 『오경잡의五經雜義』 6권, 왕환王煥의 『오경결록五經決錄』 5편, 북위 감단작邯鄲綽의 『오경석의五經析疑』 28권, 원연명元延明의 『오경종략五經宗略』 33권, 방경선房景先의 『오경의문五經疑問』 10권, 왕신귀王神貴의 『오경변의五經辨疑』 10권, 상상常爽의 『오경약주五經略注』(卷不詳), 장봉張鳳의 『오경이동평五經異同評』 10권, 북주 번심樊深의 『오경대의五經大義』(卷不詳) 및 『칠경의강七經義綱』 29권 그리고 『칠경론七經論』 3권과 『질의質疑』 5권, 신언지辛彦之의 『오경이의五經異義』(卷不詳), 하타何妥의 『오경대의五經大義』 5권, 수 유현의 『오경정명五經正名』 11권, 왕씨王氏(佚名)의 『오경통五經通』 5권, 무명씨의 『오경의五經義』(6권)·『오경의략五經義略』(1권)·『오경산술급록유五經算術

及錄遺』(2권) 등이다. 이 책들도 모두 실전되었지만 극히 몇 종은 청대인의 집본輯本이 있는데, 뒤의 제8장 5절에 나오는 청대 집일輯逸과 관련한 서술에 보인다.[117]

---

117) 진 孔衍이 漢 · 魏의 글을 모아 만든 『漢尙書』 · 『後漢尙書』 · 『魏尙書』는 실제 『尙書』와
　　　는 무관하다.

제5절 수의 경학통일 및 당의 『오경정의』 편찬

북조의 수隋는 남조를 통일한 데 이어 남북의 경학도 통일하였다. 『북사』「유림전」에는 다음과 같이 전한다.

수 문제文帝가 천명을 계승하여 제위에 올라 천하를 통일하였다.…… 이에 사해와 구주의 학문하는 선비 가운데 조정에 모이지 않은 사람이 없었다.…… 이에 뛰어난 선비들에게 후한 상을 내리고 서울에서 지방에 이르기까지 모두 학교를 개설하였다.…… 강송하는 소리가 도로에 끊이지 않았으니 중원에서 학문이 융성한 시기가 한·위 이래로 이때뿐이었다.…… 양제煬帝가 즉위한 후 다시 학교를 개설하였으니 국자國子와 군현郡縣의 학교가 개황開皇 초기보다 더 융성하였고, 유생들을 모집하니 사방에서 몰려들었다.…… 이때에 옛날의 선비들이 이미 다 죽고 없었는데 오직 신도信都 유사원劉士元(劉焯), 하간河間 유광백劉光伯(劉炫)이 뛰어났으니, 학문은 남북을 관통하고 고금에 박식하여 후생들이 존경하였다. 편찬한 여러 경의 의소들을 관료들이 모두 정종正宗으로 받들었다.

수나라가 남북 경학을 통일하는 데 있어서는 남방의 경학을 흠모한 북방의 두 학자 유작劉焯, 유현劉炫이 중요한 역할을 하였다. 유현은 앞에서 기술한 요방흥이 만든 『공씨전』「순전舜典」을 『상서』 본경에 배열하였으며, 이들 이유二劉가 북제 말기에 남조 비감費甝의 『의소』를 얻음으로써 북학은 비로소 위공僞孔을 전습하게 되었다. 앞서 인용했듯이 『수서』「경적지」는 『상서』에 대해 "수에 이르러 공·정이 병행되었는데, 정씨는 매우 미약하였다"라고 하였고, 『역』에 대해서도 "수에 이르러 왕주王注(王弼 注)가 성행하고 정학은 점점 미약해졌다"라고 하였으며, 『춘추』에 대해서도 "수에 이르러 두씨杜氏(杜預)가 성행하고 복의服義(服虔 注)는 점점 미약해졌다"라고 하였다. 확실히 수대에는 각 경들이 모두 남학의 왕필·두예·위공안국 제가諸家를 채용하면서 북학의 정현·복건 제가는 버리게 된다. 피석서는 『경학역사』 에서 이에 대해 다음과 같이 적고 있다.

> 경학통일 이후 남학만 남고 북학은 없어졌다.…… 북인은 한학漢學을 독실하게 지켜 그 근본이 질박함에 가까웠고, 남인은 명리名理를 즐겨 말하면서도 수식을 더하고 말을 화려하게 하였으니 표리表裏가 볼만하여 아속雅俗이 모두 좋아하였 다. 그러므로 비록 나라는 망했지만 충분히 일시에 기풍을 전환하여 북인들이 옛것을 버리고 따르게 할 수 있었다.

남학은 내용상으로는 명리를 즐겨 말하였고 형식상으로는 문체가 화려하여 사람들을 끌어들이는 장점이 있었다는 점을 지적하고 있다. 사실 남학은 훈고·장구에 국한되지 않고 문의文義를 해석하는 데 주의를 기울여 치도治道에 부합하고 유가의 강상덕교綱常德敎를 널리 펼쳤으니, 이것은 곧 『위고문상서』의 특징이었다. 새롭게 전국을 통일한 통치자의 입장에서 보면 이는 매우 유용한 것이었기 때문에 곧바로 성행하게 하였던 것이다.

당唐왕조가 건립되자 수대에 통일된 경학의 기반 위에 경학을 정리하게 된다. 건국 초기에 바로 국자감國子監을 건립하고 국자감에 주공·공자의 사당도 함께 건립하였다. 국자·태학·광문廣文·사문四門·율律·서書·산算 등의 칠학七學을 설치하고 매 학마다 다수의 박사를 두었는데, 그 가운데 오경박사는 각 2인이었다.[118]

---

118) 『新唐書』의 「本紀」·「百官志」·「儒學傳」 등에 보인다.

이 시기에 군경群經의 음의音義를 주석한 거작이자 후대 경학에 지대한 영향을 끼친 육덕명陸德明의 『경전석문經典釋文』 30권이 나오게 된다. 육덕명은 남조 진대陳代에 이 책의 편찬을 시작하여 당초唐初에 국자박사를 지내면서 국자감에서 이 책을 완성해 낸다. 책의 처음은 「서록序錄」 1권으로 되어 있고, 이어 「역」·「서」·「시」·삼례·삼전·「효경」·「논어」와, 위진의 청담淸談 이래로 중시되어 온 「노자」·「장자」, 그리고 「이아」에 각각 '음의音義'를 달았다. 그 중 「상서음의」 2권은 위공씨본 『고문상서』의 예고정隷古定 사본寫本을 판본으로 사용하였다. 전체 『서』는 한·위·육조의 음절音切 230여 가를 채용하였으며 아울러 제유의 훈고를 수록하고 각 판본의 이동을 증명하였으니, 가령 『상서』의 마·정·왕 제가 및 기타 학자들의 상서설尙書說은 모두 이 책으로 인해 전해지게 되었다.[119]

정관貞觀 초기 당 태종은 유학이 사상 방면에서 그의 통치를 공고하게 할 수 있다는 중요성을 인식하여 더욱 경적經籍을 중시하였다. 그는 우선 안사고顔師古에게 명하여 오경의 문자를 확정하게 했는데, 『구당서』 「안사고전」에서는 다음과 같이 적고 있다.

태종은 경적이 성인으로부터 멀어져 문자에 오류가 있다고 여겨 안사고에게 비서성秘書省의 오경을 고정考定할 것을 명하였다. 안사고가 많은 곳을 수정하여 올렸다.······ 천하에 그 고정본을 반포하고 학자들이 익히도록 하였다.

이것이 바로 당대의 제1차 관정오경본官定五經本으로, 당시에 국가의 법규로 시행되었지만 오로지 문자의 고정으로 일관한 탓에 후대에 준 영향은 그렇게 크지 않았다. 후대 경학에 크나큰 영향을 끼친 것은 공영달에 의해 편찬된 『오경정의五經正義』였다. 당시 한에서 수까지의 역대 경학에

---

119) 宋代에 監本 注疏를 새길 때 각 句의 音義를 나누어 잘라서 각 經의 文句 아래에 위치하게 했다.

대한 총결산 성격의 정리를 위해 태종은 공영달에게 오경에 대한 대대적인
정리 작업을 담당하도록 명하여, 『역』·『서』·『시』·『예기』·『춘추좌전』 등
5가지 경전의 모든 훈의訓義를 총정리하는 책임을 맡겼다. 『구당서』「유학
전」에 다음과 같이 적고 있다.

> 태종은⋯⋯ 유학이 문파가 많고 장구가 번잡하다고 여겨 국자좨주 공영달에게
> 명하여 제유들과 같이 오경의 의소義疏를 찬정하게 하니 모두 170권이었다.
> 이를 『오경정의』라 이름하고 온 천하 사람들이 전습하게 하였다.

또 『신당서』「공영달전」에는 다음과 같이 전한다.

> 처음에 공영달이 안사고·사마재장司馬才章·왕공王恭·왕염王琰과 함께 오경의
> 훈五經義訓의 편찬을 명받아 모두 백여 편을 완성하였으니, 『의찬義贊』이라 명했다
> 가 황명으로 『정의正義』로 고쳐 불렀다. 비록 이가異家의 설을 포괄해서 상세하고
> 넓었지만 오류가 없을 수 없었으므로, 박사 마가운馬嘉運이 그 잘못된 곳을
> 질정하여 서로 비난하는 지경에 이르렀다. 다시 그 책의 옳고 그름을 정하도록
> 명하였으나 성과를 거둘 수 없었다. 영휘永徽 2년(651)에 중서문하中書門下와
> 국자삼관박사·홍문관박사에게 고정考正을 명하였다. 이에 상서좌복야尙書左僕
> 射 우지녕于志寧, 우복야右僕射 장행성張行成 및 시중 고계보高季輔가 추가하고
> 삭제하여 그 책이 비로소 반포되었다.

여기서는 경학을 총망라한 책이 만들어지는 과정을 서술하고 있다.
원래는 공영달과 안사고 등 몇 명에게 오경의 의훈義訓을 편찬하도록
명하였는데, 책을 만든 공영달 등이 서명을 『오경의찬五經義贊』이라 하였고,
최종적으로 태종이 『오경정의五經正義』로 개명하였다. 그러나 박사 마가운
이 책 속의 오류를 지적하였고, 당 고종高宗 영휘 2년에 우지녕 등이
수정을 가하여 비로소 책을 완성하고 공포하였다. 이와 관련하여 『구당서』
「고종기」 영휘 4년조에서는 "3월 임자壬子 삭朔에 공영달의 『오경정의』가

천하에 반포되니, 매년 명경明經은 이에 의거해서 시험을 보게 하였다'라고
적고 있다. 이로부터 공영달이 책임편찬한 『오경정의』는 마침내 명경고시
明經考試의 필수적인 법규가 되었고, 천하의 선비들이 반드시 준수해야
하는 경전이 되었다.

　『신당서』「예문지」에서는 『상서정의』의 수찬修撰 인원에 관해, 공영달·
왕덕소王德韶·이자운李子雲 등이 칙명을 받들어 찬하였고, 주장재朱長才·소
덕융蘇德融·수덕소隨德素·왕사웅王士雄·조홍지趙弘智가 복심覆審하였으
며, 장손무기長孫無忌·이적李勣·우지녕于志寧 등 21인과 왕덕소·수덕소 등
이 간정刊定하였다고 적고 있다. 공영달은 『상서정의』「서序」에서 그가
이 책을 편찬한 사실과 복심覆審한 인원 등을 설명하였는데, 「예문지」의
기록과 완전 동일하다. 확실히 「예문지」의 기록은 공영달의 「자서自序」에
근거하였음이 분명해 보인다.

　공영달은 「서」에서 자신들이 『상서정의』를 편찬한 근거도 설명하고
있다. 우선 『상서』 본문과 관련하여, 당시는 수대 남북 경학의 통일과
가까운 시기였고 『상서』의 정·공 양가가 모두 존재하고 있었다. 하지만
그들은 정현의 진고문眞古文을 버리고 '공씨'에 가탁된 위고문僞古文을 택했
는데, 이와 같은 잘못된 선택을 하게 된 까닭은 공씨본 고문을 공벽에서
나온 공안국의 진본으로 잘못 알았기 때문이었다. 공영달은 『상서정의』
「서」에서 다음과 같이 말하였다.

　선보宣父(孔子)는 주나라 말엽에 태어나,…… 위로는 당唐·우虞를 계승하고 아래로
는 진秦·노魯를 끝으로 5대에 걸친 『서』는 모두 100편이었으나,…… 양한 때에도
유행되지 못하였다. 공안국이 주석하였으나 무고巫蠱를 만나 끝내 묻혀서 사용되
지 못하였다.[120] 위진에 이르러서야 비로소 조금 홍성하기 시작하였기 때문에
마·정 제유들은 공안국의 학문을 보지 못하여 경전을 주석한 바가 간혹 같지

---

120) 앞의 僞古文에 관한 서술에서 이미 이 말의 오류에 대해 살펴본 바 있다.

않았다.…… 다만 고문경이 비록 일찍 나오긴 했으나 늦게야 비로소 유행되기 시작했는데, 단어가 풍부하게 갖추어져 있고 의리가 넓고 아름다웠기 때문에 반복해도 싫증나지 않았고 오래되어도 더욱 좋았다. 그래서 강좌의 학자들이 모두 조종祖宗으로 받들었고, 수대 초기에 이르러서는 비로소 하북에서도 유행하게 되었다.

이 글은 그들이 위공본을 공자가 편찬하고 공안국이 주해한 진고문眞古文으로 간주했다는 것을 잘 설명해 주고 있다. 이와는 별도로 『상서정의』 「요전堯典」에서는 정현이 언급한 '일실된 진고문 16편'을 쪼개어 만든 24편을 장패張霸가 만든 위서로 판단하면서 마융과 정현은 공안국의 '진고문'을 본 적이 없다고 말하였다.121) 그로 인해 정현본은 "간혹 같지 않은 곳이 있어" 취할 수 없었다는 것이다. 진위眞僞가 뒤바뀐 그들의 선택은 원래 '위공僞孔을 취하고 정학을 버리는'(取孔廉鄭) 수대의 경학통일 정책을 계승한 것인데, 그보다 앞서 진말陳末 육덕명의 『경전석문』에서도 「상서석문尙書釋文」122)의 경우 위공을 존중하였다. 공영달 등이 『오경정의』를 편찬할 때에는 한대에서부터 당대에 이르기까지 국가가 주관하는 경학의 총결산으로서 왕조관정본王朝官定本을 만들어 반포한다는 점이 결정적인 작용을 하였다. 이로 인해 본래 보존되어 오는 북방의 정씨고문본鄭氏古文本은 실전되고 말았으니, 이는 학술상의 일대 애석한 사건이다.

다음으로 『상서』의 주석에 관한 내용을 보자면, 그들은 공안국의 주注(傳)를 채용하고 정현의 주를 배척하면서 칙명을 받들어 '경經'과 '주注' 그리고 '의훈義訓'의 형식으로 만들었고, 남조의 각종 의소에 의거하여 작업을 진행하였다. 그런데 이때 "소疏는 주注를 위배하지 않는다"(疏不破注)라는 원칙을 고수했기 때문에 『공씨전』을 반드시 준수해야만 할 의훈義訓의

---

121) 馬・鄭은 확실히 이 僞古文을 본 적이 없었다.
122) 『經典釋文』에는 『尙書音義』로 표기되어 있다.

교조敎條로 삼고, 이후에 채용된 의소의 설들로써 그 교조를 넓혀 나갔다. 공영달의 『상서정의』「서」에서는 "감히 억설臆說을 붙이지 않았고 반드시 구문舊聞에 근거하였다"라고 한 뒤 이 '구문舊聞'에 대해 다음과 같은 설명을 덧붙이고 있다.

이 『정의』를 만든 이는 채대보蔡大寶, 소의巢猗, 비감費甝, 고표顧彪, 유작劉焯, 유현劉炫 등이다. 이들 제공의 종지는 대부분 주문注文 해석에 천착하여 의미가 소략한데, 오직 유작·유현이 가장 상세하게 갖추어져 있다.

공영달은 주로 채대보 등의 의소가들이 편찬한 각종 의소에 의거했는데, 특히 유작과 유현을 위주로 했다는 사실을 알 수 있다. 앞에서 이미 말했듯이 이유二劉의 발전된 의소학은 주로 비감의 학을 계승한 것이었기 때문에, 조공무晁公武(1105~1180)는 『군재독서지郡齋讀書志』에서 "공영달은 양나라 비감의 『소疏』로 인해 『오경정의』의 의소를 넓힐 수 있었다"라고 하였다. 이는 유작·유현을 근거했다는 공영달의 말과 모순되지 않으므로, 『사고전서총목』에서 조공무의 설이 잘못되었다고 비판한 것은 실제로는 의미가 없다.

공영달이 다른 학자들의 의소를 인용할 때에는 원본을 완전하게 베낀 것이 아니라 나름대로 버리고 취한 바가 있었다. 그는 자신이 주로 인용한 이유二劉에 대해서도 그 단점을 지적하기도 하였다. 우선 유작에 대해 그는 다음과 같이 비평하였다.

그러나 유작은 경문을 조합하고 빈 곳을 천착하였으며 신설新說을 교묘하게 꾸며서 전유前儒들과 달리하였으니, 난해하지 않은 곳이 더욱 난해하게 되었으며 의미가 없는 곳에 새로운 의미가 생겨나게 되었다.…… 이는 고요한 물결에 격랑이 일어나고 고요한 숲에 우레가 치는 것과 같아서, 가르치는 사람들은 더욱 번잡하고 의혹이 많아지게 되었으며 배우는 사람들은 수고로움만 늘어나고 성과는 더욱 적게 되었다. 지나치면 오히려 모자람만 같지 못하다는 것이 진실로 이를 두고 한 말이다.

유작의 특징은 마구 뒤섞어 새로운 설을 만들어 내어 상이한 의미가 많고 문사文辭가 번잡하다는 것이었다. 다음은 유현에 대한 비평이다.

유현은 유작의 번잡함을 싫어하여 산삭刪削하였다. 비록 간략한 요점을 회복하였지만 또한 이전의 의미를 확장하기를 좋아하였다. 의미는 더욱 간략해졌지만 단어는 더욱 화려해졌으니, 비록 문필은 좋으나 널리 권장할 것이 못 된다. 의미는 이미 없어졌고 글은 그 글이 아니기 때문에 후생들에게서 긴요한 것을 빼앗은 격이다. 이것이 유현의 잘못이니, 얻을 것이 없다.

유현은 비록 번잡한 것을 없애고 간략하게 했지만, 문사의 화려함만 추구하고 의미를 해석하는 것이 매우 소략하였다. 공영달은 제가의 장점을 채용하고 단점을 버리면서 편찬 작업을 진행하였다. 그는 자신의 편찬 태도에 대해 다음과 같이 말하였다.

이제 황제의 명을 받들어 시비를 고정함에 삼가 나의 부족함을 살피고 보고들은 바를 다하여, 고인의 전기를 두루 보고 근래의 동이同異를 질정해서 옳은 것을 남기고 그른 것을 제거하며 번잡한 것을 삭제하고 간단한 것을 늘렸으니, 이 역시 억측으로 한 것이 아니라 반드시 옛것에 근거하였다.

그가 말한 "옳은 것은 남기고 그른 것은 제거했다"는 것은 남조의 의소 가운데 현학과 선학의 영향을 비교적 많이 받은 설들은 제거하고 한학의 설을 회복하여 정통 유학의 교의敎義를 지켰다는 의미이다. 이러한 노력을 통해 총결산 성격의 『상서』 소석疏釋의 대저작이 편찬되었지만 이 책은 마가운馬嘉運으로부터 적지 않은 결점을 지적받게 된다. 그러나 공영달은 그 결점을 완전히 수정하지 못한 채로 죽음을 맞이하고, 그가

죽은 후 몇몇 학자들의 수정을 거쳐 영휘 연간에 이르러 비로소 그의 저작이 반포되었다.[123]

공영달의 『상서정의』는 당대를 시작으로 북송대에 이르기까지 줄곧 단독으로 전해졌다. 북송 단공端拱 2년(989)과 그 이후에 계속 판각된 것들도 역시 『상서정의』 단행본이었다. 그러다가 남송 순희淳熙 연간(1174~1189)에 양절동로다염사兩浙東路茶鹽司에서 그 단행본을 『상서』 본문 및 『위공씨전』과 합각合刻하여 『상서주소尙書注疏』로 완성하였다.[124] 명·청 양대에 그것들은 모두 모아져 『십삼경주소十三經注疏』로 판각되어[125] 근대에 이르기까지 통행본으로 전해지고 있다.[126]

한대에서 수대에 이르는 경학을 총결산한 거작의 출현으로 인해 당대의 『상서』 연구와 관련된 기타 연구는 매우 적은 편이다. 이제 당대의 『상서』 관련 저작에 대해 간단히 설명해 보겠다. 『신당서』 「예문지」와 『경의고』의 기록에 의하면, 당대의 『상서』 관련 저작은 왕현도王玄度의 『주상서注尙書』 13권, 왕원감王元感의 『상서규무尙書糾繆』 10권, 성백여成伯璵의 『상서단장尙書斷章』 13권 등 3종뿐이다. 그리고 『경의고』에는 별도로 당말 촉국蜀國의 풍계선馮繼先이 지은 『상서광소尙書廣疏』 18권과 『상서소소尙書小疏』 13권이 부기되어 있는데, 이 중 『광소』는 공영달의 『정의』를 근본으로 해서 자신의 의견을 조금 덧붙여 만든 책이다. 이들 책들은 모두 실전되었다.

한편, 『신당서』에는 "금문상서』 13권"이라는 기록이 있는데, 이는 현종이 위포衛包에게 명하여 위공본의 예고정체를 해서본으로 고쳐 쓰게 한 것이다. 현종은 조서에서 이르기를 "『상서』는 응당 고문자로 되어

---

123) 永徽 연간에 공영달의 『五經正義』와 賈公彦이 펴낸 『周禮』·『儀禮』의 두 『義疏』가 반포되고, 조금 뒤에 楊士勛의 『穀梁疏』가, 또 唐 후기에 徐彦의 『公羊疏』가 나옴으로써 마침내 唐의 『九經正義』가 완성되었다.

124) 『孔傳』이 注가 되고 『正義』가 疏가 되었다.

125) 唐代의 九經疏에 宋代의 『論語』·『孝經』·『爾雅』·『孟子』 등 4개 疏가 추가된 것이다.

126) 1980년 中華書局본은 世界書局 縮印本(重新影印) 淸代 阮刻 『十三經注疏』를 근거하였다.

있으나 아울러 오늘날의 글자로 고쳐 써야 할 것이다"라고 하였으니, 이 책은 『금자상서今字尙書』라고 표제하여야 한대의 『금문상서』와 혼동되는 것을 피할 수 있을 것이다. 유감스럽게도 위포는 문자학에 밝지 못한 까닭에 많은 예고자隷古字들이 잘못된 해서자楷書字로 옮겨져서 거의 매 편마다 적지 않은 오자들이 있게 되었는데, 이 위포의 『금자상서』가 이후 당석경唐石經으로 새겨지게 된다. 오대五代 장흥長興 연간에 판각된 군경群經들은 모두 당석경에 근거하였으니, 이 잘못된 석경이 당대 이후 모든 판각본의 시조가 되었던 것이다.[127)]

이 시기에는 「우공禹貢」과 관련된 그림 및 「홍범洪範」과 관련된 저작들이 출현하기도 하였다.

먼저 「우공」 관련 그림을 보면, 앞서 서술한 진晉 배수裴秀의 『우공지역도禹貢地域圖』가 이미 실전된 까닭에 당대에 이르러 가탐賈耽은 배수의 제도육법制圖六法에 따라 「우공」 지도를 중심으로 『해내화이도海內華夷圖』를 다시 그렸다. 『구당서』 「가탐전」에 다음과 같이 실려 있다.

신은 듣건대,…… 진나라 사공司空 배수가 육체六體를 만들었다고 합니다.…… 육체는 그림을 그리는 새로운 방법입니다.…… 신은 지리를 주의 깊게 살피고 연구 관찰한 지 30년이 지났습니다. 변방지역의 주거와 이적夷狄들의 습속…… 배를 타고 내조來朝하는 사람들에 대해 모두 그 원류를 탐구하고 그 거처를 탐방하였습니다.…… 「해내화이도」 1폭을 그렸으니, 폭이 3장에 길이가 3장 3척이며 1촌을 100리로 하였습니다.…… 중국은 「우공」을 그 시작으로 삼았고, 외이外夷는 「한서」를 발원으로 하였습니다.…… 고도古都는 검은색으로 표기하고 오늘날의 주현州縣은 붉은색으로 표기하였으니, 고금을 달리하여 사용하기에 편합니다.

가탐은 폭 3장, 높이 3장 3척의 '중외中外' 지도를 그렸는데, 중국 부분은

---

127) 졸고 「尙書的隷古定本古寫本」(『史學史資料』 1980年 3期) 및 「尙書與歷代石經」(『史學史硏究』 1984年 1期)에 상세히 나와 있다.

전적으로「우공」에 근거하여 제작하였고, 국외 부분은『한서』와 국경의
실제 지형에 근거하여 제작하였다. 1촌을 100리로 하는 척도법을 사용하였
으며, 붉은색과 검은색으로 금고今古의 지명을 구분하는, 역사지도에서의
이른바 영사지도법影射地圖法이라는 것을 창안하였다. 그는 또『고금군국
현도사이술古今郡國縣道四夷述』40권도 편찬하였는데, 이는 당대 우공학禹貢學
의 최대 성과라고 할 수 있다. 그러나 안타깝게도 지도와 책들은 모두
실전되고, 단지 가탐의 지도를 바탕으로「우공」부분을 축소해서 만든
송대의「우적도禹迹圖」각석이 서안비림西安碑林에 남아 있을 뿐이다. 이
외에『정관공사화사貞觀公私畵史』에는 무명씨의「우공도」가 실려 있는데,
이미『화사』에 밝혀져 있듯이 이것 자체는 지도가 아니라 당시의「우공」
제의도題意圖이다.

이 시기에 몇 부의「홍범」관련 저작도 출현하였는데,「홍범」은 곧
통치자들의 관심을 끈 통치대법統治大法이었기 때문이다. 왕통王通의『중설
中說』「문역問易」편에는 수대 왕씨王氏(名未詳)의『홍범당의洪範讜義』9편이 실려
있는데,『경의고』에서는 이를『황극당의皇極讜義』라고 소개하면서 손통孫
通128)의 말을 인용하여 "「황극당의」9편은 삼재三才의 법을 말한 것이
매우 심오하다"라고 하였다. 이 책이 한대의 천인상응설을 밝힌 것임을
알 수 있다. 수대에는 또한 소길蕭吉이 편찬한『오행대의五行大義』가 있었는
데,「홍범」에 나타난 구주방위九疇方位129)와 구주상도九疇常道의 관계를 해석
한 것이었다.130) 또『수서』「경적지」에는 무명씨의「홍범」2권과「홍범일월
도洪範日月度」1권이 기록되어 있고, 완원의『칠록』에는「홍범오행성력洪範五
行星曆」4권이 실려 있으며,『신당서』「예문지」에는 목원휴穆元休의「홍범외전
洪範外傳」10권과 최원좌崔元佐의「상서연범尚書演範(無卷數)이 있다. 이들 모두

---

128) 孫通은 王通의 自稱인 듯하다. 지은이가 왕통의 조부였기 때문이다.
129) 龜背 上의 방위를 가리킨다.
130)『古史辨』제7책에 인용된『三皇考』의 내용이다.

는 확실히 한유들의 음양오행에 입각한 「홍범」설을 선양한 것이다. 이들 책들은 『경의고』의 기록에 의하면 이미 모두 실전되었지만, 수당시기 「홍범」에 대한 관심을 잘 보여 주고 있다. 「홍범」에 대한 특별한 관심으로 인해 『상서』 자체에 대한 연구에 비해 비교적 많은 저작들이 출현하게 되었던 것이다.

이 외에도 「순전舜典」과 관련한 저작이 한 편 있는데, 『당문수唐文粹』에 보이는 심안沈顔의 『상형해象刑解』 1편이 그것이다. 또한 송경宋璟의 『무일도無逸圖』가 있었으니, 『경의고』에 인용된 최식崔植의 말에 보인다.

이 시기에 매우 의미 있는 『상서』의 모작이 하나 이었다. 바로 백거이白居易의 문집에 실려 있는 희작戱作 「보탕정補湯征」이다. 그의 재능과 학력으로 서주西周 이전의 고사문체誥詞文體를 체현하여 거의 진짜와 다름없는 수준에 이르렀으니, 수많은 위고문 편들보다 더 진짜에 가까웠다. 만약 이 편이 백거이의 작품임을 몰랐다면 이를 접한 호사가들은 분명 또 하나의 『상서』 일편逸篇을 발굴해 내었다고 과장했을 것이다.

또한 이 시기에는 『상서』와는 무관한 이른바 '속상서續尙書'도 있었다. 수대 말기의 왕통王通은 진晉의 광릉상廣陵相 공연孔衍이 한·위 역사의 '미사전언美詞典言'을 모아 편집한 『한상서漢尙書』·『후한상서後漢尙書』·『위상서魏尙書』(총 26권)를 계승한 뒤 다시 한·위에서 진에 이르는 동안 시행된 교훈이 될 만한 법령들을 골라서, "『속서續書』 120편을 편찬하여 25권으로 정리"하였다. 또 수나라의 법규를 집성한 수대 왕소王劭의 『수서隋書』 80권도 있다. 이후 당대의 진정경陳正卿도 한에서 당에 이르는 12대의 조책장소詔策章疏를 선집選集하여 『속상서續尙書』를 만들었다. 이는 『상서』가 널린 유전되면서 생긴 영향으로, 단지 『상서』라는 이름을 붙여 스스로의 위상을 높이고자 한 것일 뿐이다. 이들 책들은 모두 이미 실전되었다.

이 시기에 '오경총의五經總義'와 관련한 저작도 많이 있는데, 당연히

『상서』와도 관련이 있다. 안사고의 『광류정속匡謬正俗』 8권(存), 조영趙英의 『오경대결五經對訣』 4권, 유황劉貺의 『육경외전六經外傳』 37권, 배교경裴僑卿의 『미언주집微言注集』 2권, 안진경顔眞卿의 『오경요략五經要略』 2권, 이적李適의 『구경요구九經要句』(無卷數), 웅집역熊執易의 『구경화통九經化統』 500권[131], 능준凌准의 『육경해위六經解圍』(無卷數), 장삼張參의 『오경문자五經文字』 3권(存), 당현도唐玄度의 『구경자양九經字樣』 1권(存), 장일張鎰의 『오경미지五經微旨』 14권, 위표미韋表微의 『구경사수보九經師授譜』 1권, 구양융歐陽融의 『경학분호정자經學分毫正字』 1권, 위처후韋處厚・노수路隋의 『육경법언六經法言』 20권, 이습예李襲譽의 『오경묘언五經妙言』 40권, 최언崔郾・고중高重의 『제경찬요諸經纂要』 10권, 모용종본慕容宗本의 『오경유어五經類語』 10권, 이조李肇의 『경사석제經史釋題』 1권, 정한鄭澣의 『경사요록經史要錄』 20권, 유용劉鎔의 『경전집음經典集音』 30권, 윤사정尹思貞의 『제경의추諸經義樞』(無卷數), 마광극馬光極의 『구경석난九經釋難』 5권, 구광정邱光庭의 『겸명서兼明書』 3권(存)[132], 승려 십붕十朋의 『오경지귀五經指歸』 5권 등이 오경총의와 관련된 저작들이다. 이상의 저작들 중 현전하는 것은 4종이고 나머지는 모두 실전되었다. 전해지는 4종 가운데 『오경문자』・『구경자양』은 당석경唐石經에 부각附刻되어 있고, 『광류정속』・『겸명서』는 전본傳本으로 유행되면서 경서를 연구하는 사람들의 참고서가 되었다.

---

131) 40세에 완성하여 그의 아내가 보관하였다가 죽은 이후에는 失傳되었다.
132) 전체 내용이 모두 考訂한 글들인데, 그 속에 『尙書』 4條가 있다.

제7장 송대의 상서학 발전과 논변들

한대로부터 발전하기 시작하여 위진시대에 충실해진 경학은 당대에 이르러 일대 총결산이 이루어져서 거대한 『오경정의五經正義』[1]라는 경해經解의 총서가 편찬되기에 이른다. 이 『오경정의』가 계승하고 있는 것은 동한의 경설經說인데, 통상적으로 이를 '한학漢學'이라고 일컫는다. 위진 경학 중의 일부가 현학玄學·선학禪學의 영향으로 삭제되고 희석되기도 했지만, 기본적으로 한위에서 수당에 이르는 정통의 경학사상은 줄곧 보존되어 왔다.[2] 경해經解의 총결집이 완성된 이후, 법령으로 오직 하나만을 제정하였기 때문에 경학은 매우 경직화되었다. 당대에는 명경과明經科를 거친 관료 가운데 소수의 인재들을 제외하고는 뛰어난 인물이 드물었고,[3] 당시 성행했던 불·도 양가에 비해 철리哲理가 부족한 경학은 더욱 힘이 없었다. 이에 한유韓愈는 불법佛法에 대항하여 유학의 진흥에 힘을 다했고, 비록 철리 측면의 괄목할 만한 성과는 없었지만 마침내 『상서』의 성왕聖王체제를 근거로 '도道'와 '도통道統'의 관계를 천명하게 되었다.

송대에 들어 유학이 다시 흥기하게 되면서 유학자들은 불·도 양가의 우주설과 심성론을 채용하여 유가의 윤리도덕 개념 위에 부가하였다. 이로써 현실의 윤리에 철리가 가미된, 유가 봉건사상 체계 가운데 비교적 탁월한 이론으로서의 리학理學이 완성되게 되는데, 이것이 바로 도학道學이다. 이는 유학을 새로운 단계로 진입시켜서, 장구훈고章句訓詁나 심사석의尋辭釋義을 주로 하는 한학에 비해 사상내용의 측면에서 훨씬 풍부한 송학宋學을 형성하게 된다.

『사고전서총목』에 있는 '주희朱熹의 『사서집주四書集注』' 항목 아래에서는 "고증학에 있어서는 송유宋儒가 한유漢儒에 미치지 못하고, 의리학에 있어서는 한유가 송유에 미치지 못한다"라고 하여, 각각의 장단점으로써 한송漢宋 양학의 주요 특징을 설명한 뒤 결론적으로 송학이 사상내용적인 방면에서 한학에 비해 비교적 풍부하다고 서술하였다. 그러나 송학이 단지 리학만 있었던 것은 아니다. 리학은 송학의 마지막 성과로서, 남송 중후기 주희의 손에 의해 완성된 도학道學 체계이다.

---

1) 이후 『九經正義』로 확장된다.
2) 다만 王弼의 『易注』는 漢學과는 비교적 거리가 멀다.
3) 인재들은 대부분 進士科에서 배출되었다.

이는 북송의 주돈이周敦頤가 실마리를 잡고 장재張載는 사상내용을 풍부하게 만든 뒤 이정二程이 그 규모를 전정奠定하는 등의 장기간의 발전과정을 거치고 나서 비로소 완성된 체계였다. 완전한 체계의 리학을 형성하기 이전에도 이미 송학은 한당의 경학과는 다른 학풍과 학술내용을 가지고 있었고, 아울러 리학과도 다른 학파들도 존재하고 있었다.

당말의 농민봉기는 위진 이래로 형성된 호족세력들을 몰아내었고, 덕분에 송왕조는 세습호족들의 토지농단이 제거된 상태에서 새롭게 건립될 수 있었다. 송대에는 심각한 질곡이 제거되어 농업생산이 이전에 비해 크게 증대하였으며, 자연스레 이런 경제적 기초 위에서 상업도 초유의 발전을 이루게 된다. 심지어 해외무역이 성행하고 수공업 역시 이전에 볼 수 없었던 굉장한 발전을 이루었으니, 이러한 경제적 번영의 바탕 위에 과학기술도 공전의 번영을 맞이하여 송대는 중국역사상 가장 찬란한 과학기술의 성과를 배출하게 된다. 이와 상응하여 사회과학 영역도 크게 활성화되어 전통을 탈피한 자유로운 사고의 학풍이 새롭게 전개된다. 더욱이 이 시기에는 인쇄업의 발달로 인해 사대부들의 책 소장이 이전에 비해 훨씬 용이하였다. 고대에는 죽간竹簡이나 겸백縑帛에 글을 쓰기가 쉽지 않아서, 한 경사經師가 일생 동안 소장하며 전습하는 책을 읽기 위해서는 반드시 그 경사를 찾아뵙고 문하의 제자가 되어 해당 책을 읽거나 베껴 써야만 했다. 후대에 종이가 발명되고 나서도 서적은 마찬가지로 베껴 써야만 했으므로 책을 얻는다는 것은 여전히 쉬운 일이 아니었다. 이에 비해 송대에 들어서서는 인쇄술의 발달로 책을 얻는 것이 비교적 용이해져서 사람들의 시야가 크게 확대되었고, 시야가 확대됨에 따라 사상활동의 영역 역시 더욱 넓어졌다. 그리하여 송대에는 더욱 다양한 견해들이 제시되면서 창조적인 학술사상활동이 이루어졌으며, 이는 송학의 형성을 촉진하였다.

사대부들이 전습하던 경학 영역으로 말하자면, 그들은 『공양』·『곡량』 등의 경해經解를 버리고 『춘추』의 경문 자체를 직접 연구하고자 했던 당대의 담조啖助·육순陸淳 등의 학풍을 계승하였으며, 또한 유지기劉知幾의 『사통史通』「의고疑古」편의 영향을 받았다. 유지기는 역사적 사실을 바탕으로 『상서』 편장에 대해 의혹을 제기하면서 종종 한 어구를 꼭 집어 의론을 펼치기도 했는데, 이에 영향 받은 송인宋人들은 "차라리 주공과 공자의 잘못이라 말할지언정, 복건과 정현의 잘못이라고는 하지 못한다"(寧道周孔誤, 諱聞服鄭非)라며 주소注疏를 절대시하던 종래의 기풍을 타파하고 경문에 대한 직접적인 탐색을 시작하였다. 그들은 옛 해석을 무시하고 직접 경문의 탐색에 나서는, 이른바 "『춘추』 3전은 책장에 꽂아 두고 오직 경문만을 연구하는"(春秋三傳束高閣, 獨抱遺經究終始) 학문풍조를 숭상하였으니, 이로부터 송대 경학의 참신한 학풍이 형성되었다.

이러한 송대의 신경학新經學은 그들 자신이 유학의 정통을 차지하기 위해 한학을 버리는 데 힘을 기울였다. 이들은 한학의 정신을 전하던 한당 이래의, 유가의 찬란한 경전들에 대한 전주傳注에 맞서 자신들의 해석을 더하는 데 힘썼기 때문에 송대의 경학 저작은 수적으로 전대미문의 대성황을 누리게 된다. 그리고 송대 리학을 건립하는 데 있어 사상체계 상의 귀중한 자료를 제공해 준 『위고문상서』는 오경 가운데 가장 존숭되는 경전으로 자리매김하여, 저술적인 측면에서도 상서학은 대대적인 발전을 이룩하게 된다.

송학의 상서학 발전은 다음의 세 가지 측면으로 나타난다.

첫째, 다량의 『상서』 관련 저작이 출현하게 된다. 송학 각 파의 『상서』 저술은 아주 대단했는데, 저록에 보이는 것만 200부 이상이다. 이 200여 년의 짧은 기간 동안의 저술이 한에서 당에 이르는 1천여 년 동안 있었던 『상서』 관련 저작(약 70여 종)의 두 배 이상이었다. 송대 말기 성신지成申之의 『사백가상서집해四百家尙書集解』는 비록 송인의 저작을 완전히 알려주지는 못하지만 송대의 『상서』 저작이 최소한 400종에 이른다는 것을 알 수 있게 한다. 이후 원에서 명에 이르도록 송학은 줄곧 존숭되어, 이 시기에도 송학적 『상서』 관련 저작들은 끊임없이 이어졌다. 이것이 송학에서의 상서학의 거대한 발전이다.

둘째, 도통道統을 선양하고 심법心法을 고취하며 『상서』의 사상성을 제고하여 '도학道學'(理學)의 출발점으로 삼았으니, '리학理學'이라는 신유학의 건립이 완성되었다. 이것이 송학에서의 상서학의 중요한 발전이다.

셋째, 『위고문상서』에 대한 의혹을 제기하여 그 논란이 이후 명·청대에까지 이르게 함으로써 마침내 위고문을 전복시키게 된다. 이것이 송학에서의 상서학의 가장 근본적이고 결정적인 발전이다.

제1절 북송의 『상서』 신해

1. 한당 경학의 결말을 계승함

송대 초기에도 국자감國子監이 설치되어 좨주祭酒를 수장으로 하였는데, 경술經術을 교수하는 이를 박사博士라 부르지 않고 국자감직강國子監直講이라 불렀다. 이 제도는 백여 년 동안 지속되다가 폐지되었는데, 신종神宗의 원풍개제元豊改制 때 다시 옛 관제官制를 부활시키면서 직강을 태학박사太學博士로 부르고 각각의 경마다 2인을 두게 되었다.[4] 교수된 경학을 보면, 송 진종眞宗 때에는 당대의 『구경정의九經正義』를 준용하였다. 그러다 함평咸平 2년(999) 국자감에서 시강학사侍講學士가 된 형병邢昺이 칙명을 받들어 두호杜鎬·서아舒雅·손석孫奭·이모청李慕淸·최악전崔偓佺 등과 더불어 『주례』·『의례』·『공양』·『곡량』의 전傳·소疏를 교정하고 『효경』·『논어』·『이아』의 의소義疏를 개찬改撰하였으며, 또한 손석이 편찬한 것으로 되어 있는 『맹자정의孟子正義』가 있었으니, 이들 모두를 간행하여 십삼경의 『정의』를 모두 갖추게 되었다. 실질적으로 한당 경학은 이때에 이르러 최후의 결말을 완성하게 되었다.

그런데 이런 결말로 인해 또 다른 부작용이 생기게 된다. 진종 당시를 보면, 선비들이 과거에 응시하기 위해서는 반드시 구주소舊注疏를 준수해

---

4) 『宋史』, 「職官志」 참조.

야만 했고 그것을 어기는 것은 용납되지 않았다. 마단림馬端臨의 『문헌통고文獻通考』 권30 「선거고選擧考」에 한 일화가 기록되어 있다.

경덕景德 2년(1005) 황제 친시親試에 진사 이적李迪 등 240여 명을 뽑았다.……
처음에 이적과 가변賈邊은 모두 과장科場에 명성이 있었는데, 예부禮部의 주명奏名
에 두 사람 다 이름을 올리지 못했다. 고관考官이 그들의 글들을 살펴보니,
이적의 부賦는 운韻이 빠져 있었고, 가변은 "당인불양어사當仁不讓於師"를 논함에
'사師'를 '중衆'으로 해석하여 주소注疏와 달랐다. 황제에게 어시御試를 명하실
것을 상소하였다. 참지정사 왕사의王思議가 의론하기를 "운을 빠뜨린 것은 자세히
살피지 않은 실수이지만, 주소를 버리고 다른 설을 세우는 것은 용납될 수
없으니 선비들이 이로부터 방탕해져 따르는 바가 없게 될까 두렵다"라고 하였다.
마침내 이적을 합격시키고 가변은 낙방시켰다.

이적은 운의 사용에 잘못이 있었지만 합격되었고, 가변은 단지 주소를
사용하지 않고 『이아』의 훈고를 근거로 운용했을 뿐이었는데 결과는
낙방이었다. 이처럼 당시에 주소는 어길 수 없는 것이었으니, 북송이
건립된 지 40여 년이 지났음에도 한당 경학이 여전히 위엄을 가지고
있었다는 사실을 알 수 있다. 그러나 이는 단지 그 영향력이 여전히
존재하고 있었다는 사실만을 보여 줄 뿐, 한당 경학은 점점 그 힘을
잃어 갔다. 다시 3~40년이 지나 인종 경력慶曆(1042~1048) 연간에 이르게
되면서 이제 송인들은 자신들의 경설을 제시하기 시작한다.

2. 경력 연간의 신학풍 출현

송대 경학의 분위기는 인종仁宗(1022~1063 재위) 시기에 이르러 변화하기
시작한다. 봉건왕조가 날로 부패해지면서 봉건통치의 위기가 잠복해

있다가 인종 시기에 송왕조의 여러 가지 문제들이 드러나기 시작했다. 일부 유생들은 이를 걱정하면서 '제세濟世' 방면으로 힘을 기울이기 시작했고, 이로 인해 독립적 사고를 가진 학자들이 등장하여 학풍을 변화시키는 기운을 형성하게 되었다.

당시 국자감은 왕조 학관의 중심으로서, 몇몇 명사名師들이 교수할 때에는 확실히 국자감을 흥성시킬 수 있었다. 가령 손복孫復은 경술로써 국자감직강에 제수되어 거가車駕로 태학을 행차하고 비의緋衣와 은어銀魚를 하사받았으며 이영각邇英閣 지후祗候로 임명되어 『서』를 강설하였다. 또 석개石介의 경우는 국자감직강으로 들어오자 따르는 학자들이 매우 많았고 태학이 그로 인해 더욱 흥성하였으며, 호원胡瑗이 국자감직강에 임명되어 태학에 머물렀을 때 그 학도들이 더욱 많아져 이루 다 수용할 수 없을 정도였다.[5] 그러나 이들이 큰 스승이 된 것은 태학에 들어가기 전이었다. 손복은 태산泰山에서 강학하여 산동山東에 이름이 있었고 일찍부터 경의經義로 명성을 떨쳤다. 석개는 조래산徂徠山 아래에서 문도에게 교수하여 조래徂徠선생이라 불렸는데, 당시에 그는 오대五代 이래의 전통 경학의 잘못을 바로잡으려고 하였다. 호원은 오중吳中에서 경술을 교수하였고, 또한 호주湖州에서도 교수하여 "제자의 예를 엄격히 하여…… 따르는 자가 수백 명이었다.…… 태학에서 호주로 내려오니 그의 교학 방법을 취하여 법령으로 삼았다"고 한다. 이 시기 경학의 중심이 국가가 세운 학관이 아닌, 각 지방에서 강학하던 학자들에게 있었음을 알 수 있다. 그들이 전수한 경학은 다른 학파들에도 영향을 미쳐서 하나의 학술 조류를 형성하였고, 그 가운데 강학으로 이름이 난 사람들은 천거되어 태학에 들어가서 천자에게 강학하였다. 안구安丘의 양광보楊光輔 같은 이는 마기산馬耆山에서 강학하였는데, 따르는 학자들이 매우 많아 이후에

---

5) 이상 『宋史』, 「儒林傳」 참조.

태학조교太學助敎로 천거되었고 태상시太常寺 예랑禮郞에 봉해졌으며 인종의 명으로 『상서』를 강설하고 「홍범」 1편을 진강하였다. 다시 국자감승國子監丞을 명받았지만, 나이가 이미 70여 세여서 연로함을 이유로 사양하였다.[6] 정리하자면, 그들 모두는 지방에서 강학하며 명성을 얻은 후에 태학에 알려져서 진강進講하게 되었다고 할 수 있다. 재야在野의 학문이 재조在朝의 학문에 영향을 준 것이다.

특히 송대에는 각지에 서원書院이 발달하여 이러한 강학활동을 더욱 촉진하였다. 이로 인해 이후 원·명·청을 거치면서 비록 국자감이 설치되고 오경이 국학國學에 세워지긴 했으나 경학의 중추적 역할을 하지 못하였으니, 이 시기에는 국학과 학관의 설치라는 측면보다는 당시의 학자나 학파의 학술활동에 더 많은 관심을 기울일 필요가 있다. 다만 각 왕조마다 과거科擧와 관련한 법령들이 있어서 경학에 엄청난 영향을 미쳤으므로 이 부분에 대해서는 마땅히 관심을 가져야 할 것이다.

이 시기에 나온 손복·석개·호원 세 사람은 모두 경서의 신해新解라는 획기적인 작업을 시작하였다. 『송사』 「유림전」에 의하면, 손복의 학문은 "대략 육순陸淳에 근본하면서 신의新意를 더하였다", "그의 강설은 선유들과 많이 달랐다"라고 한다. 그가 편찬한 『춘추존왕발미春秋尊王發微』는 담조啖助·육순의 학풍을 그대로 이어면서 삼전三傳을 완전히 버리고 경문을 좇아 의리義理를 찾았다. 그리고 석개의 학문은 손복을 스승으로 삼았는데, 『괴설怪說』 3편을 저술하여 문장文章·불佛·노老 3가지의 잘못을 물리쳤다. 호원은 "도덕인의道德仁義로써 동남東南의 제생들을 교화"시켰는데, "성인의 체용體用을 밝혀 정교政敎의 근본으로 삼는다"는 원칙을 주장하였다. 그의 호학湖學(湖州를 중심으로 한 胡瑗의 학문)은 경의經義와 시무時務의 양재兩齋로 나뉘는데, 전자는 체體가 되고 후자는 용用이 되는 것이었다. 또한

---

6) 『宋史』, 「楊安國傳」 참조.

그가 편찬한 『홍범구의洪範口義』 2권은, 『사고전서총목』의 기록에 의하면, 한대 음양재이陰陽災異적 해석과 오대에서 송에 이르는 상수象數적 해석에 초점을 맞춘 것이었다. 여기에서 그는 "천사홍범天錫洪範"이란 제요帝堯가 「홍범」을 내려 주었다는 뜻이지 하늘이 신귀神龜에게 명하여 그것을 등에 지고 낙수洛水에 나타나게 했다는 것은 망설妄說이라고 지적하였으며, 오행의 순서는 「홍범」의 작가 즉 기자箕子가 정한 것이지 낙서洛書에서 나온 것이 아님을 밝혔다. 이와 같은 경의經義의 신해석은 한유의 허망한 음양오행설을 반대하고 합리성을 적극 추구한 것인데, 이는 경을 역사사실로써 해석한 것이지 신의神意로써 해석한 것이 아니다. 비록 여전히 한인의 천인합일설을 답습하기는 했으나, 학술정신에 있어서는 한대의 종교미신적 경해經解와는 크게 달랐다. 한편 호원이 편찬한 『상서전해尙書全解』 28권이 『송사』 「예문지」에 보이는데, 『경의고』에서는 주희의 말을 인용하여 이 책은 호원 본인의 저작이 아니라 그의 제자들이 기록한 것으로 생각된다고 하였다.

송인들 스스로 경전의 뜻에 대해 새로운 설을 개창했다고 여기게 된 것은, 인종 때 나온 유창劉敞의 저술을 시작으로 해서 신종神宗(1067~1085 재위) 때의 왕안석王安石으로 이어진다. 왕응린의 『곤학기문』 권8 「경설」에 "한대의 유자로부터 경력 연간에 이르기까지 경을 담론하는 자들은 옛 훈訓을 준수하고 어기지 않았는데, 『칠경소전七經小傳』이 나오면서 조금씩 신기한 것을 좋아하게 되었고, 『삼경의三經義』가 유행하자 한유들의 학문을 헌신짝같이 보기 시작했다"라고 하였으니, 학술 변화의 기운이 송 인종 시기에 있었다는 것을 알 수 있다. 『칠경소전』은 유창의 저작이고 『삼경의』는 왕안석의 저작이다. 오증吳曾의 『능개재만록能改齋漫錄』에서도 "경력 이전에는 모두가 장구주소의 학을 존중하였으나 유원보劉原甫가 『칠경소전』을 지으면서 비로소 제유의 설과 다르게 되었다. 왕형공王荊公이 『경의經

義를 수찬하였는데, 원보原甫의 설에 근본하였다"라고 하였다. 조공무晁公武의 『군재독서지郡齋讀書志』에도 이런 기록이 있는데, 여기서는 그것이 "원우元祐 연간 사관史官의 설"이라고 되어 있으며 아울러 왕안석이 유창의 설을 습용한 사례도 들고 있다. 『사고전서총목』은 유창이 "자신의 의견으로 경을 고치기를 좋아하여 선유의 순실淳實한 기풍을 바꾼" 실례들을 들면서 "견강부회한 것은 왕안석과 같았다"라고 하였다. 다만 유창이 경을 말한 것은 "남송의 억단臆斷하는 폐습을 개창한 것"으로 그의 학문은 왕안석의 신학新學과는 "완전히 달랐다"고 했으니, 결국 왕안석이 유창을 표절한 것이 아니라 확실히 당시의 학풍이 그러했던 것이다.

　『곤학기문』 「경설」에서는 또 육유陸游가 당시의 학풍에 대해 말한 것을 인용하고 있다.

> 당에서 국초國初에 이르기까지 학자들은 감히 공안국·정강성을 의론할 수 없었으니 하물며 성인에 있어서라! 경력 이후에 제유들이 경지經旨를 드러낸 것은 선인들이 언급한 것이 아니었는데, 『계사繫辭』를 배척하고 『주례』를 훼손하며 『맹자』를 의심하고 『서』의 『윤정胤征』·『고명顧命』을 폄하하며 『시서詩序』를 축출하는 등 경經을 의론함에 기탄이 없었으니 하물며 전傳·주注에 있어서라!

　육유도 송대의 학풍이 변하는 시기가 경력 연간임을 지적하고 있는데, 그는 송인의 경의 해석에 대하여 객관적인 인식을 견지하면서도 다른 사람들에 비해 훨씬 더 강한 어조로 지적하였다. 그는 경학에 대해 전통적 관점을 지지하는 입장이었기 때문에 경의의 대대적인 변화에 대해서는 자못 불만을 드러내었다. 그는 일련의 신해석이 경력 연간과 그 이후에 대거 출현하였고, 그러한 신해석은 유창과 왕안석 같은 한두 사람만 시도했던 것이 아니라 하나의 학풍이 되어 적지 않은 학자들이 전통을 버리고 새로운 설을 제시하였다고 지적하고 있다. 따라서 경력의 학문은 송학의 새로운 시대정신을 개창하였다고 할 수 있다.

육유가 지적한 일련의 신해석 가운데 "「계사」를 배척"하였다는 것은 구양수歐陽脩가 『역동자문易童子問』에서 『역』, 「계사」는 공자가 지은 것이 아니라 한유漢儒의 작품이라고 논증한 것을 말한다. "『주례』를 훼손"하였다는 것은 구양수의 「문진사책問進士策」, 소식蘇軾의 「책천자육군지제편策天子六軍之制篇」, 소철蘇轍의 「역대논주공편歷代論周公篇」 등에서 『주례』는 주공이 지은 것이 아니라 전국시기의 책이라고 논한 것을 말한다. "『맹자』를 의심"하였다는 것은 이구李覯의 『상어常語』, 사마광司馬光의 『의맹疑孟』에서 『맹자』 내용의 오류를 변론한 것을 가리킨다. "「서」를 폄하"하였다는 것은 소식이 『서전書傳』에서 『상서』의 일부 내용에 대해 의혹을 제기한 것을 비판한 말이다. 소식은 「윤정胤征」에서 예羿가 왕명을 사칭하여 윤후胤侯에게 출정하게 했다고 한 것과 「강왕지고康王之誥」에서 흉례凶禮 중에는 길례吉禮가 있을 수 없다고 한 것을 거론하면서, 이는 한대 「고명顧命」의 글로 의심되므로 신뢰할 수 없으며 성인의 뜻에 부합하지도 않는다고 하였다. "「시서」를 축출"했다는 것은 조열지晁說之의 『시서론詩序論』 4편에서 「모시서毛詩序」의 잘못됨을 폭로한 것을 말한다. 피석서의 『경학역사』 「경학변고시대經學變古時代」에서는 이런 지적들이 매우 명료하다고 평가하였다. 이상은 모두 한대 이래의 전통 경설에 대한 도전으로서, 경학은 이 시기에 이르러 확실히 대변혁을 시작하게 된다.

3. 왕안석의 신경의와 '원우당인'의 반왕학논쟁

당시에 막강한 영향력을 행사한 경설은 왕안석의 신경의新經義였다. 그는 정권을 장악하고 있었기 때문에 그의 경설은 과거시험을 준비하는 선비들이 반드시 익혀야 할 교범이 되었다. 『송사』「선거지選擧志」에는 신종神宗 때 왕안석의 법 개정 의론이 기록되어 있는데, 이것은 시부詩賦·첩경帖經·묵의墨義7)를 버리고 선비들로 하여금 각자 일경一經을 전공하게 하고, 다음은 일수一首를 논하게 하며, 다음은 삼도三道를 대책對策하게 하는 것이었다. 이어 중서中書에서 '대의식大義式'를 찬撰하여 시행하였고, 희녕熙寧 3년(1070)에 황제가 친히 거행한 진사시에서 비로소 대책으로 선발하였다. 후대에 사마광司馬光이 정권을 잡은 후 아뢰기를 "신종께서 경의經義와 논책論策만으로 선비를 선발하였는데, 이는…… 바꿀 수 없는 법입니다. 그러나 왕안석은 부당하게 일가一家의 사학私學으로 천하의 학관에 강해講解를 명하였습니다"라고 하여, 왕안석이 『삼경의』로 관리를 선발한 사실을 지적하였다. 조공무晁公武의 『군재독서지郡齋讀書志』 및 진진손陳振孫의 『직재서록해제直齋書錄解題』에 따르면, 희녕 6년(1073) 왕안석에게 국자감國子監 경의수찬經義修撰의 직을 내리고 경의국經義局을 설치해서 『삼경의』를 편찬하게 하였으니, 먼저 왕안석의 아들 왕방王雱이 단어들을 풀이하고 다시 왕안석이 그 뜻을 풀이하였다. 그리하여 『신경상서의新經尙書義』(13권)8)와 『신경모시의新經毛詩義』가 왕방으로부터 나왔고,9) 『신경주례의新經周禮義』가 왕안석으로부터 나왔다. "왕안석은 그 책이 재산의 대부분이었기 때문에 애지중지하였다.…… 자신이 그 의리를 해석하였기 때문에 신법新法을 만들 때 그것을 덧붙였고, 이의를 제기하는 사람들의 입을 막았다. 희녕 8년(1075) 왕방이 『상서의』를 완성하자, 자신이 완성한 다른 2경과 함께 『삼경의』로 묶어 학관에 반포하고 관리 선발에 사용하였다."10)

---

7) '帖經'은 帖으로 經을 가리고 몇 글자만 보이게 한 뒤 그 앞뒤의 經文을 외우게 하는 것이고, '墨義'는 필기로 經義를 답하는 것이다.
8) 『文獻通考』 및 『宋史』「選擧志」에 보인다.
9) 『宋史』「選擧志」에는 王安石의 이름으로 되어 있다.
10) 『宋史』, 「王安石傳」.

아울러 『직재서록해제』에서는 "왕씨의 학이 세상에 독행獨行한 60년 동안, 과거보는 선비들이 이에 익숙해져서 선배들이 말한 '벽돌을 찍어내는' 것과 같이 그 형태 그대로 나올 정도였다. 선비들의 학습이 경색되다가 상란喪亂[11]이 일어나자 없어졌다"라고도 하였다. 당시 왕안석의 경학이 유행한 정황에 대해 여조겸의 「왕거정행장王居正行狀」에서는 다음과 같이 기록하고 있다.

건녕建寧 연간에 왕안석이 신의新義를 천하에 반포하였다. 그 후 장돈章惇·채확蔡確 등이 더욱 힘을 써서 왕씨의 학설로써 천하의 선비들을 규율하니, 모든 명사名師와 숙유宿儒들의 학설들은 사설邪說이 되어 배척되었다. 당시 내외의 교관校官들은 『삼경의』나 『자설字說』이 아니면 교재로 올릴 수 없었고, 비록 자신의 책이 세상에 통행되었더라도 그 편장을 사용할 수 없었다.

당시 왕안석의 학이 세상을 뒤덮고 옛 경설들은 모두 배척되었다는 것을 알 수 있다.

당초 왕안석이 새로운 경의經義를 편찬한 목적은 당대 이래 장구에 구속된 진부한 학설을 개변하여 경의 원뜻을 밝히고자 하는 좋은 의도였다. 그러나 후기 봉건왕조의 폐습으로 인해 학풍이 여전히 단정하지 못하여 일련의 개혁은 성공하지 못하였다. 진사도陳師道의 『담총談叢』은 이렇게 기록하고 있다.

왕형공王荊公이 과거제를 개혁하였는데, 노년에 그 잘못을 깨달아서 "과거과목을 바꾸어 수재들을 키우려고 했지, 수재를 변화시켜 과거과목으로 삼으려 한 것이 아니었다"라고 하였다. 다만 선비들이 왕씨의 장구를 외우기만 했지 의미를 이해하지는 않았던 것이다.

---

11) 靖康의 變, 즉 徽宗과 欽宗이 포로로 잡히고 宋이 南遷한 사건을 가리킨다.

여기에서 왕안석의 고심과 노력을 알 수 있다. 그러나 그는 정쟁에서 패배하여 동쪽으로 유배되어 감으로써 봉건왕조로 하여금 경학개혁을 받아들이게 할 수 없었다. 결국 그의 신경의新經義는 남송에 이르러 폐기되고 말았지만, 과거에서의 묵의법墨義法은 그대로 시행될 수 있었다. 아울러 일부 학자들은 그의 경설에 대해서도 비교적 좋은 평가를 내렸다. 가령 주희는 일찍이 『어류』에서 "왕씨의 설은 집착한 구석이 있으나 그 선의善意를 덮지는 못할 것이다"라고 하였다. 왕응린도 『곤학기문』에서 왕안석의 설이 학술적으로 정밀하고 정확하다고 평하였는데, 예를 들면 "「주고酒誥」의 '기보박위圻父薄違, 농보약보農父若保, 굉보정벽宏父定辟'에서 형공荊公은 위違·보保·벽辟으로 구두句讀를 끊었는데, 주문공朱文公은 제유의 설보다 낫다고 여겼다. 「낙고洛誥」의 '복자명벽復子明辟'에서 형공은 이를 주공이 점을 쳐서 성왕聖王에게 복명한 것이라고 하였으니, 한유들이 말한 섭정攝政의 설이 이때에 없어졌다"와 같은 것이다. 이는 분명 이전의 학설보다 뛰어난 것으로, '점을 쳐서 복명하다'(復辟)와 같은 것은 확실히 신설新說을 제시한 것이다.

이 외에 왕안석은 『홍범전洪範傳』 1권을 남겼으니, 그의 문집 『임천집臨川集』에 있는데 글 속에 정밀한 뜻이 많이 있으며 문자 해석 방면에서도 뛰어난 부분이 많다. 예를 들어 "서징庶徵" 항목에서의 '약若'은 '여如'로 훈석해야지 '순順'으로 훈석하면 안 된다고 하여 한유의 잘못을 바로잡았다. 특히 전문全文에서 가장 탁월한 점은 한대 금문가 동중서·유향 등의 음양재이설을 물리친 데 있다. 그는 인사人事와 천지天地가 상간相干하지 않는다고 여겨, 비록 변이變異가 있더라도 두려워하기에는 부족하다고 하였다. 뜻밖에도 이러한 반가운 유물唯物적 관점이 있었기 때문에 자연스럽게 구경설舊經說의 정신과는 완전히 달라질 수밖에 없었다. 그러나 그는 "「홍범洪範」은 도道와 명命을 말하고 있는데, 도는 만물이 그것에 연유하지 않음이 없고, 명은 만물이 듣지 않는 것이 없다"라고 하고, 또 "삼덕三德이라는 것은 군주가 혼자 맡아서 하고 신臣과 민民이 범할 수 없는 것이다"라고 하였으니, 우주론과 역사관에 있어서는 여전히 유심唯心적 성향을 벗어나지는 못하고 있었다.

당시 왕안석이 편찬한 3부의 '신경의'는 정치적 목적인 '변법變法'에 이용되었다. 『경의고』는 남송 초기 왕응신王應辰의 설을 인용하여 "왕안석은 경의를 훈석함에 천착하고 견강부회하였는데, 모두 형명법술刑名法術을 다스리기 위한 설이었다"라고 하였다. 당시 사람들은 이미 그의 경설의 정치적 목적을 명확하게 알고 있었던 것이다.

수구파들도 똑같이 『상서』를 이용하여 자신들의 저술을 지어 그와 맞섰다. 『송사』 「범순인전范純仁傳」에서는 범순인이 『상서해尙書解』를 지어 신종에게 진강하면서 신법을 반대했다고 기록하고 있다. 그는 "『상서』의 말들은 모두 요·순·우·탕·문·무의 사적들로서, 천하를 다스림에 이를 바꿀 수 없다"라고 여겨 왕안석의 신설의 부당함을 적극 진술하였다. 또한 정치적으로나 학술적으로나 왕안석과 입장을 달리했던 소식蘇軾은 『서전書傳』 13권[12]을 지었는데, 간단한 문구로써 『상서』 원문을 짧게 해석하여 새로운 성과를 거두었다. 조공무의 『군재독서지』에서는 "희녕 이후 오로지 왕씨의 설이 선비들을 이끌었는데, 이 책(蘇軾의 『書傳』)에서 그 설을 반박한 것이 많았다. 지금 『신경상서의新經尙書義』가 전해지지 않아 그 동이同異를 다 고찰할 수 없다"라고 하였다. 소식의 『서전』은 오로지 왕안석의 설을 반박하기 위해 지어졌는데, 애석하게도 그가 왕안석의 어떤 설을 반박했는지는 알 수 없다. 주희의 『어록』에서는 소식의 이 저작에 대해 다음과 같이 평가하였다.

---

12) 『東坡書傳』이라고도 하며, 『宋史』 「藝文志」 및 『四庫全書總目』에 보인다. 『學津討原』本과 『萬卷堂書目』에는 12권으로 되어 있다.

어떤 사람이 묻기를 "제가의 서해書解 중 누구의 것이 제일 낫습니까? 동파東坡만한 것이 없지 않겠습니까?" 하니 내가 "그렇습니다"라고 하였다. 또 묻기를 "하지만 너무 간략한 것이 단점인 것 같습니다" 하니 나는 "또한 이만한 것도 찾아보기 힘듭니다"라고 하였다.

『사고전서총목』에서는 『주자어록朱子語錄』의 이 내용을 인용한 뒤 이어서 "그의 「여형呂刑」편 해석에서는 '왕향국백년모王享國百年耄'(왕이 나라를 다스린 지 백년이나 되어 매우 혼몽해지다)를 한 구로 하고 '황탁작형荒度作刑'(크게 헤아려 형벌을 짓다)을 한 구로 하였는데, 매우 이치에 부합된다"라고 평가하고 있다. 이는 옛 주소가들의 잘못된 구두를 바로잡은 것이다. 소식의 이 책이 왕안석의 저술에 반대하는 한편으로 학술상으로도 독립적인 위치를 점하고 있었다는 것을 알 수 있다. 지금도 그 책 속의 설들 가운데 후대 송유의 저작에 인용된 것이 종종 보인다. 가령 「우공禹貢」의 "회수와 사수에서 배를 띄워 황하에 이르렀다"(浮于淮泗達于河)에 대한 해석에서 소식은 많은 증거들을 끌어다가 회淮・사泗의 옛 수로水路가 황하로 통했다는 것을 증명하였는데, 이 설이 송유들의 『상서』 저작에 인용된 사례가 자주 나타나는 것이다. 이와 같은 예는 한둘이 아니니, 그의 『상서』 해석은 오늘날 볼 수 있는 비교적 이른 시기의 송인의 해석들 가운데서는 특히 그 식견이 돋보인다.[13]

불행한 것은 왕안석의 '신경의' 저작은 실전[14]되었다는 점이고, 다행인 것은 범순인・소식이 지은 두 책이 오늘날까지 존재한다는 점이다. 이것으로 알 수 있는 것은, 후대의 송유들은 왕안석의 신학이 진행했던 '문화파괴'를 두려워했다는 사실이다. 왕안석 이후 계속해서 축적된 송유들의 많은

---

13) 앞에서 살펴본 蘇軾의 설에 대해 그는 "「胤征」은 羿 시대의 저작이며 「顧命」의 「康王之誥」 부분에 吉禮가 있다"라고 해석하였는데, 그의 新說은 이 두 가지에만 그치는 것이 아니다.

14) 다만 『周官新義』는 『永樂大典』에 집록된 16권이 전한다.

저작들 가운데에는 우수한 저작도 있지만 평범한 저술도 적지 않았다. 오히려 왕안석의 저작들은 매우 탁월하면서도 새로운 견해를 지니고 있었는데, 비록 그의 저작이 당시 수십 년간 학단을 이끌면서 영향력을 행사하기는 했지만, 송유들은 여론의 우세를 점한 이후 다양한 비난과 비평으로 그의 『상서』 관련 저작들을 완전히 멸절시켜서 단 몇 글자도 보존되지 못하게 만들고 말았다. 가히 분서갱유 이후의 일대 사건이라고 할 수 있을 것이다.

당시 왕안석의 신학을 대면한 송유들 가운데에는 왕학王學에 반대하지 않는 자들이 드물었다. 왕안석의 신법에 반대하는 사람들은 비록 철종哲宗의 친정親政 직후 일시적으로 '원우당인元祐黨人'[15]으로 규정되어 핍박받기도 했지만, 결국에는 그 세력이 강대해지고 수구세력의 지지를 확보하게 되면서 반왕학反王學투쟁의 영향력을 크게 확대시켜 나간다. 이들 반왕파 가운데 활동이 두드러졌던 소식은 촉당蜀黨의 영수에 불과하였고, 당시에는 정이程頤라는 더욱 유력한 반왕파 낙당洛黨의 영수가 있어 리학理學을 크게 펼쳤다. 그는 『서설書說』 1권을 편찬하였는데, 문인의 기록에 의하면 그의 이 『상서』 강해는 40여 편으로 되어 있었다고 한다. 이것은 주로 리학의 관점에서 왕안석의 신경설을 반대한 것으로, 여기서는 특히 『상서』 중의 금문 「금등金縢」은 믿을 수 없는 글이라고 의심한 대목이 주목된다. 정이는 또한 『요전순전해堯典舜典解』 1권을 편찬하였는데, 이것은 리학의 관점에서 이전二典을 해석한 것이었다. 당시의 또 다른 반왕파인 문언박文彦博 역시 『이전의二典義』 1권을 엮어 요순의 군주규범을 강설한 바 있다. 그는 또 『상서해』 1권을 편찬하였는데, 이는 「요전」·「순전」·「대우모」·「고요모」·「익직」·「이훈」·「홍범」·「무일」·「입정」·「주관」 등 10편만 해석한 것

---

15) '元祐'는 宋 哲宗 때의 최초 연호로서 1087~1094에 해당한다. 이 시기에 守舊派들이 정권을 잡게 된다.

이다. 이 책은 금문·고문·위고문을 뒤섞어 구분하지 않았으며 신의新義가 많지 않았으니, 확실히 왕설王說을 반대하는 저작이었다. 이 밖에 유창劉敞의 『공시선생제자기公是先生弟子記』가 있다. 이는 유창의 제자가 스승의 『상서』 강설을 기록한 것으로, 대부분이 왕안석의 신학을 공격한 것이지만 원우元祐 학인들의 설을 평론하기도 했다. 이상의 책들 가운데 정이와 문언박의 '이전二典' 관련 해석을 제외하고 나머지 3가지 책은 모두 전하지 않는다.

이 외에 『송사』 「예문지」 및 『경의고』에 보이는 반왕反王 저작으로는 증조曾肇의 『상서강의尙書講義』 8권, 여대림呂大臨의 『서전書傳』 13권, 장정견張庭堅의 『서의書義』(卷不詳), 양시楊時의 『서의변의書義辨疑』 1권[16] 및 『상서강의』, 공무중孔武仲[17)의 『서설書說』 13권, 손각孫覺의 『상서해尙書解』 13권 및 『서의십술書義十述』 1권[18) 등이 있는데, 이러한 반왕 저작은 모두 북송대에 지어진 것이다. 특히 '입설정문立雪程門'의 고사로 유명한 양시는 이정二程의 적전嫡傳으로서 자는 중립中立이며 사람들에게 구산선생龜山先生으로 불렸는데, 학술상으로 반왕反王이었을 뿐만 아니라 정치적으로도 왕안석이 거둔 학술적 성취를 대부분 폄하하였다. 그는 흠종欽宗 때 국자좨주를 역임하면서 채경蔡京을 반란죄로 다스릴 것을 상주하였는데, 국가혼란과 민생파탄의 잘못을 전적으로 왕안석에게 돌렸다.

> 채경은 신종의 명의名義를 거론하였으나 실은 왕안석이었습니다.…… 오늘의 화란禍亂은 실로 안석이 시작한 것입니다. 살펴보건대, 안석은 관중管仲과 상앙商鞅의 술수로써 육예六藝를 간언奸言으로 꾸몄으니,…… 당시 사마광이 이미 그

---

16) 『三經疑辨』 중의 하나로서 오로지 왕안석 父子를 반박하기 위해 지은 것이다. 또 다른 저작인 『尙書講義』도 마찬가지이다.

17) 『東都書略』에 元祐黨人으로 기록되어 있다.

18) 晁公武의 『讀書志』에 의하면, 孫覺 역시 元祐 연간에 벼슬한 인물로서 「康王之誥」의 喪服에 관한 說이 蘇軾의 해석을 따르는 실태를 비판하였다.

폐해를 말하였습니다.…… 그는 사설邪說을 지어 내어 학자들의 이목을 막고 심술心術을 망가뜨렸습니다.…… 안석이 꾸민 사설의 폐해가 이와 같으니, 엎드려 바라건대 왕의 작위를 삭탈하고 중외中外의 배향配享을 취소하여 사설邪說이 학자들을 현혹하지 않게 해야 할 것입니다.

그러나 양시는 간관諫官과 태학생太學生들의 반대에 부딪혀 파직을 당하게 된다. 왕안석의 학이 당시 수구관료와 리학자들의 반대에 부딪히긴 했지만 학생學生들로부터는 환영을 받았다는 것을 알 수 있다. 결국 북송대의 반왕 저작들 가운데 양시의 『상서강의』가 『구산집龜山集』에 실린 것을 제외하고는 모두 망실되었다.

원우元祐 연간 이전에 나온 중요 경설에 대한 총서가 있으니 바로 고림顧臨이 편찬한 『상서집해尙書集解』 14권이다. 이 책은 호원·유창·장지기蔣之奇·요벽姚辟·공무중孔武仲·왕회지王會之·주범周範·소자재蘇子才·주정부朱正夫·오자吳孜·사마광·왕안석·황통黃通·양회楊繪·육전陸佃·이정李定·소순蘇洵·장회지張晦之·정이 및 고림 자신의 『상서』 관련 해설을 모두 모은 것이다. 북송의 주요 상서학 저작들이 총선집總選集되었다고 할 수 있을 정도로 수집 범위가 매우 광대하다. 초기의 경력신설慶曆新說 저작, 왕학王學 저작, 반왕학反王學 저작, 그리고 태도가 불확실한 저작들이 모두 포함되었는데, 북송대 경학투쟁시기에 이루어 낸 중요한 상서학의 총결산이다. 그러나 청대 강희康熙 연간에 주이준이 편찬한 『경의고』에서는 이 책이 보이지 않으며, 건륭乾隆 시기의 『사고전서총목』에도 저록이 보이지 않으니, 원서가 이미 망실된 것이다. 다만 남송 황륜黃倫의 『상서정의尙書精義』에 이 책에 실린 11가가 수록 보존되어 있는 것은 북송 상서학의 작은 행운이라 할 만하다.

4. 내용이 확실치 않은 일반 『상서』 관련 저작

북송시기에는 위의 저술들 이외에 그 내용이 확실하지 않은 『상서』 관련 저작도 있었다. 왕안석의 신경의보다 앞서 나온 것으로는 호단胡旦의 『상서연성통론尚書演聖通論』 7권, 왕서王曙의 『주서음훈周書音訓』 12권, 양회楊繪의 『서구의書九意』 1권, 장경張景의 『서설書說』(卷不詳), 원묵袁默의 『상서해尚書解』(卷不詳), 범옹范雍의 『상서사대도尚書四代圖』 1권, 사경평謝景平의 『서전설書傳說』(卷不詳), 악돈일樂敦逸의 『상서약의尚書略義』 1권, 황군유黃君兪의 『상서관언尚書關言』 3권, 윤공초尹恭初의 『상서신수의소尚書新修義疏』 26권, 오자吳孜의 『상서대의尚書大義』 3권, 범진范鎭의 『정서正書』(不詳卷)19) 등이 있고, 왕안석과 같은 시기에는 증공曾鞏의 『서경설書經說』 1권이 있다. 이들 중 『나권회편羅卷匯編』 총서 중에 보이는 증공의 책 외에는 모두 망실되었다. 위의 저작들 가운데 오자의 책은 당시의 명저로서, 『경의고』에서는 『절강통지浙江通志』를 인용하여 오자가 호원으로부터 배웠으며 가우嘉祐(1056~1063)와 치평治平(1064~1067) 연간에 명성을 날렸다고 적고 있다. 또한 황탁黃度의 『서설書說』에 대한 여광순呂光洵의 「서序」에서는 송대 중엽 이전의 『상서』 저작가들 가운데 저명한 4가를 언급하고 있는데, 바로 오자·왕안석·소식·여조겸이었다. 이 중 세 사람은 역사적으로 크게 이름을 날렸지만 오자는 그 저술이 이미 실전되어 그에 관해서는 알 수가 없다. 그래서 지금 여기에 특별히 그의 이름을 언급해 두는 바이다.

왕안석의 신경의보다 늦으면서 그 태도가 확실하지 않은 저술로는 우세봉于世封의 『서전書傳』(不詳卷), 섭몽득葉夢得(少蘊)의 『서전』 10권20), 황예黃預

---

19) 『經義考』에서는 '五刑'에 관한 이 책의 해석을 높이 평가하였다.
20) 이 책은 淸初까지 書目이 있었으나 朱彝尊은 보지 못하였고, 지금은 南宋人의 저작에 서 종종 인용된 것이 발견된다. 陳振孫의 『書錄解題』에서는 葉夢得의 學은 諸儒들로부 터 가장 정밀하다는 평을 받았다고 적고 있다.

의 『서해書解』(卷不詳), 증민曾旼의 『상서강의尙書講義』 30권[21], 변대형卞大亨의 『상서유수尙書類數』 20권 등이 있고, 그 권수를 알 수 없는 저작들로서 채변蔡卞의 『상서해尙書解』[22], 호신胡伸의 『상서해의尙書解義』, 설조랑薛肇朗[23]의 『상서해』, 뇌도雷度의 『서구의書口義』, 상관공유上官公裕의 『상서해설尙書解說』 등이 있다. 또 저자를 알 수 없는 저작들로서는 『상서요기명수尙書要記名數』 1권, 『상서의종尙書義宗』 3권, 『상서치요도尙書治要圖』 5권[24], 『상서회해尙書會解』 13권, 『서전書傳』 1권[25], 『상서신편尙書新編』 1권, 『상서신편목尙書新編目』 5권, 『상서해제尙書解題』 1권, 『상서혈맥尙書血脈』 1권 등이 있다. 이들 책들은 모두 망실되었다.

『위고문상서』 문자에 관한 책으로는 북송 초기 곽충서郭忠恕의 『고금상서古今尙書』(無卷數)가 있다. 오대 후주 현덕顯德 연간(954~960)에 곽충서는 일찍이 동진에서 유전되어 오던 송제宋齊 구본舊本에 많은 기자奇字가 덧붙여진 예고정본隸古定本 『고문상서』와, 그 책의 음의音義를 해석한 육덕명의 『상서석문尙書釋文』을 교정하고 각판하여 발행한 바 있었다. 송 태종 시기에 이르러 곽충서는 국자감주부가 되어 칙령을 받고 『고금상서古今尙書』를 간행하였다고 하는데, 기록이 상세하지는 않으나 당연히 예고정본일 것이므로 "고금古今"은 "고문古文"의 오류일 것으로 의심된다. 이 사실은 『경의고』에 인용된 『성보姓譜』에 기록되어 있다. 곽충서의 책은 『상서』 고문의 일부 단자單字들이 『한간汗簡』에 보존되어 전해지고 있는 것을

---

21) 이 책은 이미 失傳되었으나 南宋人의 저작 가운데 종종 인용되고 있는데, 특히 「禹貢」 지리에 대해서는 독보적인 견해를 지니고 있다. 朱熹는 『語類』에서 "曾彦和(旼의 字)가 『書』를 말한 것은 그 견해가 정밀하고 넓다. 그가 풀이한 「禹貢」은 林少穎(之奇)·吳才老(棫)로부터 많이 취하였다"라고 하였다.

22) 蔡卞은 王安石의 사위이다. 따라서 그의 說 역시 왕안석의 新義를 많이 따랐을 것으로 보이지만 그 내용을 확인할 수는 없다.

23) 董鼎은 薛肇明이라 하였다.

24) 「中星圖」·「周官九禮圖」 등의 圖가 있다.

25) 程頤의 설에 충실한 저작으로, 晁公武는 작자를 呂氏로 추정하였다.

제외하고는 모두 실전되었다. 그리고 육덕명의 『경전석문』은, 개보開寶 연간(968~976)에 진악陳鄂이 태종의 명을 받고 예고정자를 해서로 고쳐 쓴 『개보신정상서석문開寶新定尙書釋文』 3권[26]이 지금까지 전하며 육덕명의 원본은 실전되었다.[27] 남송 초기에 이르러 설계선薛季宣이 당시에 유전되던 곽충서 계통의 예고정본 『상서』에 근거해서 『서고문훈書古文訓』를 찬사撰寫하였는데, 그 『상서』 경문은 모두 곽충서가 전한 기괴한 예고정의 기자奇字로 된 글이었다.[28] 이 외에 『경의고』에 인용된 『소흥속도신서목紹興續到新書目』에 보이는 자료로서 북송 말기 실명씨의 『고문상서자古文尙書字』 1권이 남아 아직도 전한다.

---

26) 『宋史』, 「藝文志」에 보인다.
27) 敦煌에서 殘本 1권이 발견되었다.
28) 졸고 「尙書的隸古定本古寫本」에서 상세히 다루었다.

제2절 남송 리학에서의 『상서』 연구

송의 남도南渡 이후에 많은 학자들은 저술을 통해 계속해서 왕안석의 신경의新經義를 적극 반대하였으며, 그런 와중에 소수의 학자들만이 왕안석의 설에 지지를 표명하고 있었다. 당시의 특징으로는 이정二程과 그 문인 양시楊時 등을 거치면서 리학의 영향력이 확대되어 갔다는 점이다. 원래 북송 말엽 흠종欽宗 시기에 이미 왕안석의 학을 억압하고 정이의 '정심성의正心誠意'의 학을 존숭할 것이 칙령으로 정해져 있었는데, 남송이 건립된 후 고종高宗은 재차 정이를 존숭할 것을 천명하면서 학자들로 하여금 정학程學의 학습을 통해 이록利祿을 구할 수 있도록 유도하였다. 정학은 양시의 노력으로 큰 융성을 이루었다. 『송사』 「양시전」에 다음과 같이 기록되어 있다.

> 도강渡江한 후, 동남東南의 학자들이 정씨程氏를 정종正宗으로 받들었다.…… 소흥紹興29) 초기에 원우元祐의 학술을 숭상하여 주희·장식張栻의 학이 정씨의 정통을 얻었으니, 그 원류와 맥락이 모두 이 시기에 나오게 되었다.

이 시기 남송의 학자들 대부분은 양시가 전한 정씨 리학의 영향 아래 있었다.30) 리학이 이미 남송대 송학宋學의 주체가 되어 있었기에 『상서』의

---

29) 宋 高宗의 연호, 1131~1162.
30) 다만 永康·永嘉의 두 학파만이 理學에 반대하였다. 아래에 보인다.

해석에 있어서도 당연히 정이의 『서설書說』이 신봉되었으니, 이 시기의 상서학은 주로 리학의 영향을 받은 상서학이었다.

대체로 남송의 상서학 저작들은 다음과 같이 구분된다. ① 남송 초기의 반왕학反王學 및 일반 저작, ② 임지기林之奇의 『상서전해尙書全解』로부터 나온 유파의 저작, ③ 『정부문서설鄭敷文書說』이 전한 학31), ④ 구주소舊注疏를 발굴하고 더 나아가 구주소를 중시하여 송학의 관점으로 경해經解한 저작, ⑤ 남송 경원慶元 이전의 일반 저작, ⑥ 송학의 상서학을 집대성한 주자학파와 대표적인 상서학 명저 채침蔡沈의 『서집전書集傳』, ⑦ 주자학에 대립한 상산학파象山學派의 저작, ⑧ 리학 이외의 영강永康 · 영가永嘉학파의 저작, ⑨ 남송 후기의 저작들 및 전통 경의經義를 종합한 몇 권의 명작들 등이다. 지금부터 이 내용들을 나누어서 항목별로 서술하고, 덧붙여 ⑩ 송대와 시대를 같이하는 북방 금나라의 상서학 현황에 대해서도 일별해 보기로 한다.

1. 남송 초기의 반왕학 및 일반 상서학 저작

남송 초기에는 북송 말 원우元祐 보수세력의 반왕학反王學을 계승한 데다가 양시가 전한 리학의 영향이 더해져서 더욱 격렬하게 정강망국靖康亡國의 책임을 왕안석의 신학으로 돌렸다. 소흥紹興 후기만 하더라도 『삼경의』의 설을 참고하는 것이 허락됨으로써 남송 건립 2~30년간은 왕학이 여전히 통용되고 있었다. 그러나 양시의 제자 여본중呂本中의 심학心學(理學)을 직접 계승한 임지기林之奇는 다음과 같은 상소를 올려 왕학의 허용을 반대하기 시작하였다.

---

31) 당시에는 세력이 작았으나 永嘉의 學에 영향을 끼쳤다.

왕씨의 『삼경』은 모두 신법의 근원입니다. 진나라 사람들은 왕필·하안何晏이 유행시킨 청담淸談의 죄가 걸주桀紂보다 더 심하다고 여겼는데, 본조本朝에서 겪은 정강靖康의 화란禍亂은 그 맹아를 고찰해 보면 실로 왕씨에게 왕·하의 책임이 있습니다. 공맹孔孟의 서에서 말한, 사설邪說·편파偏跛·음사淫辭는 배울 것이 못된다고 한 바로 그것입니다.[32]

이는 사실 여부와는 관계없이 서진시대 청담의 죄를 견강부회하여 왕학王學에게 비방을 가한 것이다. 사실 정강의 난은 전적으로 송대의 부패에 기인한 것으로서 송의 휘종과 채경 등이 망국을 초래한 것인데, 왕학과 무슨 상관이 있겠는가? 왕안석의 신학은 원우 보수파와 신법당에 빌붙은 불법 관료들에 의해 이미 몰락당한 상태였기 때문에 북송왕조의 위기를 불러일으키거나 국가의 전복을 초래할 수 없었다. 이것은 다만 당시에 수많은 사람들이 모두 왕안석의 신학을 반대하였다는 정황을 보여 주고 있을 뿐이다.

당시 반왕학 저작 가운데 저록에 보이는 것으로는 왕거정王居正의 『상서 변학尙書辨學』 13권이 있다. 여조겸은 왕거정의 행장을 엮으면서, 왕안석의 『경의』가 과거의 공령功令이었을 당시에도 왕거정은 "마음속으로 오직 그것이 그르다고 여겨…… 옳은 것을 숭상하고 그른 것을 물리치는 것을 자신의 소임으로 여겼다. 어렸을 때부터 이미 왕씨의 학으로 경거망동하지 않았다"라고 했으며, 소흥紹興 시기 벼슬에 나간 이후 "의연히 저 왕씨 신학의 불량함을 몰아내고자 하여" 『삼경의』에 대항해서 『변학辨學』을 지었다고 밝혔다. 다음으로 정우程瑀의 『상서설尙書說』이 있는데, 정우는 흠종欽宗·고종高宗 시기에 모두 중용되었으며, 반왕학의 분위기가 고조될 당시 그의 저작도 그 대열에 합류하였다. 또한 진붕비陳鵬飛(字는 少南)의 『서해書解』 30권이 있다. 『중흥예문지中興藝文志』에 "소흥 시기에 태학이

---

32) 『宋史』, 「儒林傳·林之奇傳」.

비로소 건립되니, 진붕비가 박사가 되어 리학을 밝히고 『진박사서해』를 지었다'라고 하였는데, 정이의 리학이 왕학을 반대하는 태도가 여전하자 그 책이 당시에 명성을 얻어 남송인의 저작에 종종 등장하였다고 한다. 이상의 책들은 모두 망실되어 전하지 않는다.

이 외에, 고종의 남도南渡 초기에서 소흥 말기 사이에 출현한 『상서』 저작 가운데 반왕학 여부가 확실하지 않은 것들은 아래와 같다. 상관음上官愔의 『상서소전尚書小傳』(卷不詳), 범준范浚의 『서론書論』 1편, 호전胡銓의 『서해書解』 4권, 주변朱弁의 『서해』 10권, 조돈림趙敦臨의 『상서해尚書解』(卷不詳), 홍흥조洪興祖의 『상서구의발제尚書口義發題』 1권 등이 있는데, 범준의 『서론』이 『경의고』의 주에 "존存"이라고 되어 있을 뿐 나머지는 모두 망실되었다. 이와 별도로 정초鄭樵의 『통지通志』 「예문략藝文略」에서는 자신이 편찬한 『서고書考』를 언급하면서, 당시에 전해지던 『공전孔傳』의 내용 가운데 그 의리가 옛것에 합치되는 것은 남기고 합치되지 않는 것은 고의古義를 존치시켰는데, 다만 「무성武成」에서 끝나고 책을 마무리하지는 못했다고 적고 있다. 그러나 이 책 역시 실전되었다.

이 시기의 유명 저작으로는 많은 내용을 담고 있으면서 당시에 커다란 영향을 행사했던 장구성張九成(자는 子韶, 호는 無垢)의 『상서상설尚書詳說』 50권이 있다. 진진손의 『서록해제』에서는 이 책에 대해 "무구無垢의 제경해諸經解는 상세하게 인용하고 있으며,…… 후세의 견문을 넓혀 주고자 노력하여 편협한 곳으로 빠지지 않았다'라고 하였고, 왕응린은 『곤학기문』에서 "장자소張子韶 『서설書說』의 「군아君牙」·「경명囧命」·「문후지명文侯之命」은 그 말씀이 준엄하고 격정적이어서 읽는 사람으로 하여금 분발하게 하는데, 정강의 변란에 유감이 있어서였다'라고 하였다. 이 책은 청초淸初의 『일재서목一齋書目』에는 보이지만 주이준의 『경의고』에는 보이지 않으며 『사고전서총목』에도 빠져 있는데, 이 책의 내용이 송대 황륜黃倫의 『상서정의尚書

精義』에 실려 있어 그 대강을 알 수 있다. 장구성의 다른 저작으로는 『서전통론書傳統論』 6권이 또 있는데, 『상서』의 각 1편마다 1론論을 지었으며 『횡포집橫浦集』에 실려 있다.

2. 임지기의 『상서전해』가 전한 학문

임지기林之奇(자는 少穎, 호는 拙齋)는 복건 후관侯官 사람으로, 소흥 21년(1151)에 진사시에 급제하여 주로 고종 후기와 효종 시기에 학술활동을 펼쳤다. 『경의고』에서는 등균鄧均의 말을 인용하여 다음과 같이 적고 있다.

> 억재抑齋 진선생陳先生(陳瓘)이 몸소 민학閩學의 원류를 밝혀 가르침을 열고 자미紫 微 여공呂公이 '도를 가지고 남쪽으로 갔으니'(載道而南), 졸재선생拙齋先生이 실로 '심학心學을 직접 계승'(親承心學)하였다. 졸재의 저서는 많은데, 특히 『상서』에 주목할 만하다.

살펴보건대, '자미 여공'은 곧 여본중呂本中으로, 『송사』 본전에 따르면 그는 양시로부터 정이의 리학을 계승하였고, 남도南渡 후 그 학문으로 소흥 6년(1136)에 진사가 되었다. 그래서 '도를 가지고 남쪽으로 갔다'(載道而南)고 한 것이며, 임지기는 그런 여본중에게 직접 수학하였기 때문에 '심학[33]을 직접 계승'했다고 한 것이다. 따라서 임지기가 리학의 정통임을 알 수 있다. 그가 편찬한 『상서전해尙書全解』는 『송사』「예문지」에 "『집해集解』 58권"으로 되어 있고, 『통지당경해通志堂經解』본 및 『사고전서』본에는 『전해 全解』라고 되어 있어 현전하는 판본과 합치하며 모두 40권이다. 이 책은

---

33) 여기에서의 心學은 곧 理學으로 『僞古文尙書』의 人心·道心의 설에 근거해서 명칭한 것이다. 또 道學으로도 불리니, "載道而南"의 '道'도 바로 이것이다. 후대에 陸九淵이 제창한 '心學'과는 전혀 다르다.

「요전堯典」에서 시작해서 「낙고洛誥」에서 끝이 나는데, 그의 손자 임경林畊에 의해 40권으로 편성되었다. 그 이전에 이미 마사각본麻沙刻本이 있었는데, 이것은 「낙고」 이하의 각 편을 위작하여 58권으로 되어 있었으며 『송사』에서는 이 마사위본麻沙僞本의 권수를 잘못 기록하였던 것이다. 그러나 임경의 40권본에도 「낙고」 이하의 각 편들이 있었으므로, 『사고전서총목』에서 "임경이 증수增修한 것이지 조부에게 가탁했겠는가?"라고 하였다. 임경은 「후서後序」에서 다음과 같이 설명하고 있다.

선조 졸재의 『서해』가 지금 세상에 전해지고 있는데, 「낙고」 이후는 모두 와전된 것이다.…… 내가 진원봉陳元鳳으로부터 우문씨宇文氏에게서 전해져 온 『서설습유書說拾遺』 필사본 1책을 얻었으니, 곧 「강고康誥」에서 「군진君陳」까지의 문장이다. 을사년에 건안建安 여씨余氏가 판각한 정본正本을 얻고…… 또 섭진葉眞이 소장하고 있던 임林·이李 두 선생의 『서해』를 얻어, 이들은 참고하고 교정하여 40권에 넣었다.

「낙고」 이하의 각 편들은 확실히 임경이 그 조부의 유고 및 각 판본의 편절들을 모아 완성한 것이지 임지기의 원고原稿가 아님을 알 수 있다.
　임지기는 「자서自序」에서 그가 그 책을 저술할 때의 근거와 선택 기준에 대해서 다음과 같이 말하였다.

리의理義라는 것은 인심人心이 똑같이 그러한 바이다.…… 진실로 인심의 똑같이 그러한 바에서 나온 것이 아니면 그것은 곧 이론異論과 곡설曲說로써 우리 성인께서 말씀하신 것이 아니다.…… 진실로 인심의 똑같이 그러한 바에 합치하고자 해서 의義를 위주로 하되 반드시 그래야만 하는 것도 없고 반드시 그래서는 안 되는 것도 없게 하며(無適無莫), 심心을 평안히 하고 기氣를 안정시켜서 제유의 설을 두루 채집하고 선택하였다. 진실로 의義에 합하는 것은 비록 근세의 학자의 설이라도 취하였고, 진실로 의에 부합하지 않는 것은 설령 선유의 설이라고 할지라도 취하지 않았다.

임지기가 자술한 바에 따르면 그는 순전히 리의理義를 지침으로 삼아 한당 경설 가운데 리의에 합치되지 않는 것들은 아예 취하지 않았다고 한다. 이 책은 리학의 주도 아래 송학의 경설을 주로 채택하여 완성되었으며, 특히 그런 경설들에 근거한 임지기 자신의 견해가 더 많았다. 『사고전서총목』 및 이후의 경학자들은 항상 「우공禹貢」의 '양조陽鳥'를 지명으로 해석한 것과 「입정立政」의 '삼준三俊'을 상백常伯·상임常任·준인准人으로 해석한 것을 거론하면서, 이런 설들은 이전 사람의 해석에 의지하지 않은 임지기의 독창적인 해석이라고 하였다.

임지기의 이 책에는 확실히 특이한 설[34]도 많지만 그에 못지않게 탁월한 것 또한 많다. 가령 「홍범」에 대한 해석을 보면, 주돈이가 도사 진단陳搏의 설을 인용하여 신비로운 우주학설을 세워 해석한 이래로 리학자들은 『역』으로써 「홍범」을 연역하였다. 그들은 한유들이 말한 「홍범」 '낙서洛書'를 진일보시켜서 「태일하행구궁도太一下行九宮圖」를 완성하였다. 곧 1에서 9에 이르는 여러 흑·백의 점들을 이용하여 일종의 신이한 방정식을 그려 낸 것이다. 모든 송대 리학자들은 이 그림이 상제가 신귀神龜의 등에 지워 낙수洛水의 물가로 내려 준 신우神禹의 「낙서洛書」라고 믿어 자신들의 『상서』 저작 앞부분에 새겨 붙였으니, 한대의 방사화된 유생들보다 더 황당무계하기 짝이 없는 지경에 이르게 되었다. 그러나 오직 임지기의 『전해全解』만은 이 설을 가치 없는 것으로 여겼다. 그는 한유와 송유들이 말한 (「홍범」의) 「낙서」 65자를 단지 "선후를 나타낸 것으로, 각각의 순서가 있다"(施之先後, 各自有序), "사람의 몸으로 보자면, 머리가 맨 위에 있고 이목과 수족이 각각 그 순서에 따라 아래에 있는 것"(如一人之身, 元首居上, 耳自手足各以其序別於下)으로 파악하였다. 이는 곧 이 65자는 본편 전문全文의 머리글로서 전체적으로 분별하여 아래의 각 단락을 환기시킨 것일 뿐이라는 말이다.

---

34) 陽鳥를 地名으로 해석한 說은 여전히 확실하지 않다.

따라서 그는 "오늘날 전하는 「낙서」 오행생성지수五行生成之數는 견강부회해서 나온 것이니 믿기 어렵다", "하늘이 우禹를 통해 내린 것은 「낙서」가 아니다"라고 명확히 말한다. 또한, 한대 금문에서는 오행재이로써 「홍범」을 설명하였는데, 이에 대해 일찍이 소순이 의문을 제기했지만 대다수의 송유들은 한의 금문설을 믿을 뿐이었고 소식 역시 한유의 오행설을 없앨 수는 없었다. 앞서 보았듯이 왕안석은 오행재이감응설을 반대하였는데, 이를 제외하고 리학 진영을 대상으로 할 경우 오직 임지기의 『전해』만이 오행설의 잘못을 수차례 배척하고 나섰던 것이다.[35] 임지기의 이 책은 확실히 "뛰어난 의리義理가 가득한"(勝義紛紜), 송학의 가작佳作 가운데 하나이다. 당시에 이미 대단한 명성을 얻었고, 지금도 참고할 만한 부분이 적지 않다. 그러므로 그 이후에도 그의 문도들과 그를 사숙私淑한 학자들이 계속해서 명저를 쏟아 냄으로써 상서학에서의 송학宋學 계열의 한 학파를 형성할 수 있었다.

우선 임지기의 문인 여조겸呂祖謙(자는 伯恭, 호는 東萊)은 「낙고」 이하 각 편을 가지고 『서설書說』 35권을 편찬하였다. 이는 다시 여조겸의 학생 시란時瀾에 의해 『증수동래서설增修東萊書說』 30권으로 완성되었는데, 이것은 『경의고』의 기록이다. 이와 달리 『통지당경해』본에는 35권으로 되어 있고 『사고전서총목』에 실린 권수도 35권이니, 여조겸의 원서는 「낙고」에서 「진서秦誓」까지의 후반부 13권이고 시란이 증수한 것은 앞의 22권이다. 『송사』 본전에서는 "여씨의 학문은 관關·락洛을 정종으로 하였다"라고 하였으니, 장재張載와 이정二程의 리학을 정종으로 계승하여 그의 스승 임지기의 『전해』를 이어받아서 만들었기 때문에 「낙고」에서부터 시작했음을 알 수 있다. 그리고 시란의 증수본은 문인들이 기록한 「요전」에서 「소고召誥」까지 여조겸이 경해經解한 어록을 가지고 편집하여 완성한 것이

---

35) 이 장의 제3절 2항에서 상세히 다룬다.

다. 그러므로 "임지기는 여거인呂居仁(呂本中)에게서 학문을 배웠고 여조겸은 임지기에게서 학문을 배웠으므로 그 근본은 사설師說이 같은 일가一家의 학문이며, 시란이 이은 것 또한 여조겸 한 사람의 학설이었다"라고 말하게 되는 것이다. 살펴보건대, 임경이 임지기의 『전해』를 만들고 그 「후서」에서 "이 책이 처음 만들어지자 문인 여조겸이 그 전본全本을 가지고 갔다" 하였는데, 그것은 「낙고」 이전의 편장들로서 거기에 이어 여조겸이 그 뒤의 각 편을 썼던 것이다. 결국 임지기의 『전해』는 다시 그의 문인들에 의해 「낙고」 이후의 편들이 보충되었고, 여조겸의 『서설』은 다시 그의 문인들에 의해 「낙고」 이전의 편들이 보충되었던 것이다. 『경의고』에서 다음과 같이 적고 있다.

소영少穎(林之奇)이 『서집해書集解』를 지었는데, 주자는 "「낙고」 이후는 그가 해설한 것이 아니라 다른 사람의 손에서 나왔다. 성공成公(여조겸의 시호)이 안타깝게 여겨 그의 『서설』에서 사설師說의 미흡한 부분을 보충하였다. 문인들이 그 깊은 뜻을 알지 못하고 증수하였으니, 성공의 본뜻을 훼손한 것이다"라고 하였다.

주희는 『어류』에서 이 책을 비평하여 "백공"伯恭(呂祖謙)은 『서』를 곧잘 언급하였다. 다만 주고周誥 가운데 뜻이 통하지 않는 부분이 있으면 모름지기 비워 두어야 하는데, 백공은 도리어 줄곧 해설을 하였으니 조금 지나친 병이 있다"라고 하였다. 그러나 오늘날 그 책을 읽어 보면 『상서』의 문의를 깊고 바르게 이해하는 데 도움이 되는 해석들이 많다.

『경의고』에서는 "채침의 『서집전』" 아래에 하교신何喬新(1427~1502)의 말을 인용하여, 주희는 송학의 『상서』 저작 가운데 오직 왕안석·소식·임지기·여조겸 4가만을 취했다고 하였다. 그 중 북송의 학자들이 서로 대립하는 사이인 데 비해 남송의 학자들은 서로 사승관계에 있었으니, 임林·여呂의 학문이 당시에 중시되었음을 알 수 있다. 또 『서경전설회찬書經傳說匯纂』

에서는 특별히 주희의 말을 인용하여 "여러 경들은 모두 주소注疏를 위주로 하였는데, 『서』는 유창·왕안석·소식·정이·양시·조열지晁說之·섭몽득 葉夢得·오역吳棫·설계선薛季宣·여조겸呂祖謙 등을 두루 취하였다"36)라고 하였는데, 열거된 인물 가운데 앞의 네 사람의 인용이 비교적 많으므로 그들이 송학의 출중한 인물들임을 알 수 있다. 여조겸의 이 책은 임지기의 『전해』와 함께 청대의 『통지당경해』에 수록되어 있다.

이 외에 임지기를 사숙한 하선夏僎이라는 학자의 『상서상해尚書詳解』가 있다. 『송사』 「예문지」에서는 16권이라 하였고 『사고전서』본은 『영락대전永 樂大典』을 근거로 26권이라 하였다. 책의 대부분은 임지기의 『전해』의 내용 을 채용하였으니, 시란은 이 책의 「서」에서 "『서』의 설이 세상에 전해져 이공二孔 이후로 셀 수 없이 많은 학자가 있었지만 그 가운데 가장 뛰어난 사람은 하남정씨河南程氏·미산소씨眉山蘇氏와 진소남陳少南·임소영林少穎· 장자소張子韶뿐이다"라고 하였다. 진진손의 『서록해제』에서는 "가산柯山 하선夏僎이 이공二孔·왕王·소蘇·진陳·임林·정程·장張 및 제유의 설을 찬 집하여 과거를 보는 선비들에게 도움이 되게 하였다"라고 하였는데, 『사고전서총목』에서는 다음과 같이 적고 있다.

시란의 「서」와 책 속에서 인용한 것을 참고해 보면, 이공二孔은 안국·영달의 『전傳』·『소疏』이고, 소蘇는 소식의 『서전書傳』이고, 진陳은 진붕비의 『서해書解』이 고, 임林은 임지기의 『상서전해尚書全解』이고, 정程은 정이의 『서설書說』이고, 장張 은 장구성의 『상서상설尚書詳說』이다. 오직 왕씨王氏는 시란의 「서」에 언급되지 않았는데, 왕방王雱의 『신경상서의新經尚書義』를 휘언諱言한 것이다. 이처럼 하선 이 비록 제가의 설을 두루 채용하였다고는 하지만 임지기에게서 취한 것이 열에 예닐곱이니, 그 연원은 바로 여기에 있었다.

---

36) 주희의 『貢擧私議』에 있는 말인데, 『經義考』에서도 인용되고 있다.

이 책은 임지기 계열의 거작으로서 송 효종 순희淳熙 연간까지의 모든 주요 송학 저작의 내용을 두루 채용하고 있다. 비록 과거를 보는 선비들에게 편리하도록 편집된 책이기는 하지만, 그 책이 의거하고 있는 것은 바로 송학 명가들의 경설이다. 『사고전서총목』에서는 이 책을 평가하여 "반복해서 뜻을 밝히고 깊고 상세하게 연역하여 당우삼대唐虞三代의 대경대법大經大法이 명백하게 드러나 있으니 『서』를 해설한 선본善本이다"라고 하였다.

하선의 이 책은 명초明初에 과거용 서책으로 지정되어 채침의 『서집전』과 함께 통행되었다.37) 『사고전서총목』은 이에 대해 다음과 같이 적고 있다.

> 명 홍무洪武 연간(1368~1398)에 처음 과거의 조식條式이 정해졌는데, 『상서』를 학습하는 자는 하씨·채씨의 양 『전』을 함께 사용하도록 하였다. 이후 영락永樂 연간(1403~1424)에 『서전대전書傳大全』이 나와 『채전蔡傳』만을 단독으로 사용하면서부터 하씨의 책은 힘을 잃어 갔다. 『역』 역시 정程·주朱가 병용되다가 이후에 정은 폐기되고 주만이 사용되었으며, 『춘추』는 장(張洽)·호(胡安國)가 병용되다가 이후 장이 폐기되고 호만 사용되었다.

임지기 일파의 상서학은 이후 『채전』과 더불어 관정官定의 학문이 되어 줄곧 시행되어 오다가 영락 연간에 이르러 폐지되었음을 알 수 있다. 한편, 원대에는 이공개李公凱가 찬집한 『가산상서구해柯山尚書句解』 3권이 있었다. 가산柯山은 하선의 호이니, 원대 학자들도 하선의 학문을 중시하였던 것이다.

---

37) 『經義考』에 인용된, 楊愼의 『丹鉛錄』에 실린 「明太祖科擧之詔」에 언급되어 있다.

3. 정백웅의『서설』이 전한 학문

정백웅鄭伯熊(자는 景望)은 절강 영가永嘉 사람으로, 그에 관해서는『사고전서총목』에『절강통지浙江通志』의 "백웅伯熊은 경술에 천착하였는데, 소흥 말에 이락伊洛의 학문이 조금 잠잠해지자 백웅이 다시 출현하여 세상에 떨쳤다"라는 기록이 인용되어 있다. 또한 유훈劉壎의『은거통의隱居通儀』에서도 "백웅은 천리天理를 잘 알았고, 독실하고 한결같았으며, 말과 행동이 일치하였다"라고 하였다. 남송 초기 양시에 의해 진작된 리학이 소흥 말기에 침체되자, 이 영가의 학자가 일어나 다시 리학을 진흥시켜서 한 시대 리학의 계승자가 되었다. 그가 편찬한『서설書說』1권은『사고전서총목』에『정부문서설鄭敷文書說』[38]로 되어 있다. 이 책에 실린 진량陳亮의「서序」에서 "영가의 정공鄭公 경망景望이 그의 문도와 더불어『서』를 담론하면서 나온 것이다" 하였으니, 이 책은 그가 문도들에게 전수하면서 편찬한 것임을 알 수 있다.『사고전서총목』에서는 다음과 같이 적고 있다.

> 이 책은『상서』를 강의한 것으로,『상서』의 대단大端을 들어 논하였다. 모두 29조이며, 각 조마다 그 목차를 표제標題하였다.······ 비록 이 책은 과거科擧를 위해 만들어졌으나 속학俗學으로 빠지지는 않았다.

이 책은 원래 문도들의 과거시험을 위해 편찬된 것이었는데, 이것이 한때 유행하여 과거용 서책으로 널리 애용되었다. 그래서 진량의「서」에서는 이 책의 성취를 칭찬하면서도 한편으로는 자못 비판적으로 "나는 한때 과거종사자들과 함께 이 책을 외었다"라고 말하고 있다. 송대는 제경諸經을 정할 때 과거를 중심으로 설치하였으니, 학생들의 과거시험을

---

38) 宋殿閣 學士 가운데 敷文閣 學士가 있는데, 鄭伯熊이 일찍이 直閣을 지냈기 때문에 鄭敷文이라 불렸다.

위해 교본을 만든 것도 이상할 것이 없다. 그런 가운데서도 "속학으로 빠지지는 않았다"라고 했으니, 일반적으로 통용되던 과거용 책과는 달랐음을 알 수 있다. 이는 정백웅이 송학의 경학적 성취를 자신의 『서설』 안에 주입시켰기 때문이다. 진량은 「서」에서 다음과 같이 적었다.

나는 장횡거張橫渠에게서 "『상서』는 읽기가 가장 난해하여 마음이 이렇게 커지기가 어려운데, 만약 그 의리를 이해한다면 결코 어려운 것이 아니다. 공안국으로부터 『서』를 해설한 자가 백여 가가 넘으니 문장에 따라 의리를 해석하는 것은 사람들이 다 하는 것이지만, 무릇 제왕帝王의 법칙에 따른 시대의 변화가 어떠한지는 알지 못하였다"라고 들었다. 영가의 정공鄭公 경망景望은…… 그 설 역시 제유諸儒의 것과는 달랐다. 그 마음의 큼에 있어서는 공이 스스로 알았고 안목을 가진 자가 알 수 있는 바이다.

또한 가정嘉定 연간(1208~1224) 운곡호씨雲谷胡氏의 「서序」에서도 다음과 적고 있다.

『서』가 공자로부터 간정刊定된 이래로 보존되어 온 것은 백여 편뿐이지만 제왕의 궤범이 다 갖추어져 있다. 불행히 진대에 불태워져 버려, 한대에 요·순·우·탕·문·무가 전한 오지奧旨와 고皐·익益·이伊·부傅·주周·소召가 경계한 미기微機를 주석하여 비록 노사老師와 숙유宿儒들이 머리가 세도록 경을 궁구하고 많은 말들로 수많은 책을 만들었으나 만에 하나라도 비슷할 수 없었다.…… 심心은 본래 같으며 리理는 결코 없어질 수 없는 것이니, 이伊·락洛의 선생들께서 없어진 단서를 애써 찾고 정학正學을 계승한 이래로 부문敷文 정공鄭公이 그 전傳함을 얻었다. 천 년 전 성현의 심을 찾고 백편 중에서 공자의 뜻을 알아차려, 비록 장구의 해석은 다 못했지만 닫힌 문을 열어 그 정미한 뜻을 밝히고 철저히 파고든 것이 제유의 의론들도 미치지 못하는 바였으니, 『서』를 깊이 이해하였다고 할 수 있을 것이다.[39]

---

39) 『經義考』에서 인용.

여기에서 한학과 송학의 중요한 차이점을 알 수 있다. 한학은 "장구를 해석한" 것이었고, 송학은 "성현의 심을 탐구하여 요·순·우·탕·문·무가 전한 오지를 찾은" 것이었다. 정백웅의 이 책은 바로 송학 중의 리학의 주요 정신을 잘 체현하였기 때문에 당시 학자들에 의해 중시되었고 많은 사람들이 계승하였다.

그러나 송대 영가지방의 학풍과 리학은 확연히 달랐는데, 그 유명한 영가학파는 리학을 반대하여 공리학功利學을 제창하였다. 정백웅과 동시대를 산 설계선薛季宣 및 그 이후의 진부량陳傅良(1137~1203), 섭적葉適(1150~1223) 등은 모두 이 학파를 세운 사람들이다. 오직 정백웅만이 그 사이에서 리학을 전수하였고, 일부의 영가학자들이 그 문하에서 배출되었다. 『송사』 「진부량전陳傅良傳」에 "영가의 정백웅, 설계선은 모두 학행으로 이름이 있었는데, 백웅은 고인의 치국치법治國治法 토론에 특히 정통하여 부량 등이 모두 스승으로 모셨다"라고 하였다. 진부량 등의 일부 영가학파 학자들은 같은 지역의 정백웅을 스승으로 모셨는데, 기록을 살펴보면 그들은 정백웅의 리학을 사승한 것이 아니라 그의 '고인의 치국치법'의 학문을 사승한 것이었다. 위의 기록 아래에는 "부량은 계선의 학문을 많이 얻었다"라고 적고 있다. 진부량은 정백웅의 리학을 배운 문도가 아니었고, 이 때문에 영가학파의 특징을 잘 보존할 수 있었다. 『사고전서총목』은 영가학과 정백웅 『서설』의 관계에 대해 "영가학은 주행이周行己(1067~1124)로부터 시작되어 정백웅이 계승하였고, 여조겸·진부량·섭적 등이 받들어 정종으로 삼았다"라고 하였다. 리학을 신봉했던 여조겸은 확실히 정백웅의 리학을 사승하였으며, 진부량과 섭적 또한 비록 그의 리학을 계승하지는 않았지만 그로부터 『상서』의 중요한 내용을 전해 들어 자신들의 영가학을 충실히 할 수 있었다. 따라서 『정부문서설鄭敷文書說』이 영가학에 심대한 영향을 끼쳤음을 알 수 있다.

4. 구주소를 채용하면서 송학을 위주로 경을 해석한 저작

당시에는 구주소舊注疏를 채용하면서 리학의 관점으로 경을 해석한 저작도 적지 않았다.

사호史浩(1106~1194)는 송 효종 순희 16년(1189)에 태부太傅의 직에 있으면서 『상서강의尚書講義』 22권을 편찬하여 바쳤는데, 『사고전서총목』에서는 『영락대전永樂大典』에 집출輯出된 것에 의거하여 20권이라 하면서 다음과 같이 적고 있다.

> 당시 경전을 진강하던 판본이었기 때문에 그 설명들이 모두 문의文義에 따라 연역되었고 경연강장經筵講章의 문체에 가까웠다. 그 말들은 대체로 주소注疏를 위주로 하면서 제유의 설을 참고하고 자신의 의견을 융합했다.

『경의고』에서는 『주자어류』의 비평을 인용하여 "사승상史丞相이 설명한 『서』는 장점이 있다"라고 하였다. 이 책은 확실히 주소를 위주로 하였지만 참고한 제유들은 송유들이었으며, 거기에 송학(理學)의 관점에 근거한 자신의 견해를 융합한 것이었다. 이는 구주소에 리학의 관점을 적용한 것으로, 송학이 흥성한 이래 구주소를 완전히 폐기해 버린 것과는 전혀 달랐다.

또 황탁黃度의 『상서설尚書說』 7권이 있는데, 이 책의 여광순呂光洵 「서」에서는 다음과 같이 적고 있다.

> 『고문상서』는…… 공안국이 전해 받아 주注하였다. 공영달의 『소疏』는 더욱 상세하였으니, 학관에 배열되어 과거시험에 사용되었다. 송의 제유 가운데 『상서』를 다룬 학자의 설이 사람마다 달라 모두 수십여 가에 이르렀는데, 오씨吳氏·왕씨王氏·여씨呂氏·소씨蘇氏가 가장 드러났다.[40] 구봉九峰 채씨蔡氏는…… 『서전書傳』을

---

40) 유력한 吳氏들 가운데 王安石·呂祖謙·蘇軾 이전의 인물로는 吳棫가 있을 뿐이다. 嘉

지었고,…… 이에 제가의 『상서』가 세상에 유행되지 못하였다.…… 마침내 황선생(황탁)과 자양紫陽 주자朱子(주희), 지재止齋 진자陳子(진부량), 수심水心 섭자葉子(섭적) 등이 잘 어울려 『시』·『서』·『주례』의 설을 지었는데,…… 다행히 『상서설』이 남았으니, 그 훈고는 대부분 공씨孔氏로부터 취하였다. 삼대의 흥망치란興亡治亂의 단서를 추론하여 전典·모謨·훈訓·고誥의 미사묘의微辭渺義와 인심人心·도심道心·정일精一·집중執中…… 등의 뜻을 모두 마음에서 밝히고 생각에서 궁구하여…… 그 말이 함축적이고 그 뜻이 정밀하여 찬란히 일가를 이루었으니, 제유들이 그 이상을 할 수 없었다.

끝에는 황탁이 강회江淮지역에 있을 때 "경술로써 세상을 다스려" 많은 치적을 쌓은 사실을 말하고 있다. 황탁은 문자훈고 방면에서는 『공전孔傳』을 택했지만 내용해석 측면에서는 인심·도심·정일·집중의 의리를 발휘하였으니, 이는 순수한 리학가의 말로서 위고문 중에서도 특출한 것이다. 그래서 『사고전서총목』에서는 이 책을 "의리로써 경을 담론한" 것이라고 평하였다. 이 책은 『통지당경해』에 수록되어 있다.

또한 진경陳經의 『상서상해尙書詳解』 50권이 있다. 진경은 송 영종寧宗(1194~1224 재위) 때의 사람이니, 채침이 『집전』을 편찬하던 시기와 같다. 『경의고』에서는 그의 『상서상해』에 대해 "이 책은 옛 주소를 많이 취하고 간혹 신의新意를 참고하였으니 채씨와는 사뭇 다른 점이 있었고, 후세의 사건을 인용하여 고경古經을 징험하였다"라고 하였다. 이 책을 보면 경의 한 단락을 인용할 때마다 자구 아래에 매우 간결한 한두 글자로 공의孔義에 의거하여 훈석한 후, 자신의 송학 관점에 의거하여 간단한 한 구절이나

祐·治平 연간에 吳氏의 이름이 높았다고 한 『浙江通志』의 기사 또한 이와 부합한다. 물론 후대에 명성을 드날린 吳棫도 있으나, 黃度이 이 책을 만들 당시에는 오역의 이름이 세상에 알려지지 않았으므로 해당되지 않는다. 당시 吳孜가 王·呂·蘇 등과 더불어 『尙書』 연구로 이름이 높았음을 알 수 있다. 呂·蘇의 저작은 지금도 전하지만 吳·王의 저작은 망실되었는데, 王安石의 영향력이 꾸준히 지속되었던 데 반해 불행히도 吳孜는 전해지는 바가 없다.

몇 구절로써 전체적인 의의를 밝혔다. 문자는 매우 간결한데, 매 구절의 중요한 글자에 대해 모두 훈석訓釋을 가하고 매 단락마다 빠짐없이 의석義釋을 달았기 때문에 '상해詳解'라고 칭한 것이다. 『사고전서총목』은 이 책의 「자서自序」를 인용하여 다음과 같이 적고 있다.

> 이 책을 읽는 법은 마땅히 옛사람의 마음으로 옛사람의 일을 구하고 내 마음으로 하여금 이 『서』와 서로 합치하여 어긋남이 없게 하는 것이니, 그런 연후에야 전典·모謨·훈訓·고誥·서誓·명命이 모두 내 마음 속에 있으며 또한 내가 매일 행할 수 있는 바임을 알게 된다.

『사고전서총목』에서는 이러한 이유로 그에 대해 "특히 육구연陸九淵의 '육경주아六經注我, 아주육경我注六經'의 설에 가까우니, 아마도 금계학파金溪學派[41]를 전수한 사람일 것"이라고 말했다가도, 이내 칭찬하면서 "그 구절과 글자가 상당하고 소증疏證이 상세하며 왕왕 선유들이 밝히지 못한 것을 밝혔으니, 실로 임지기·하선 등의 제가를 보좌한다고 할 수 있다"라고 하였다.

이상의 책들은 구주소와 문자훈고를 보존하면서 동시에 송학으로 경해經解한 주요 저작들이다. 이는 구주소를 완전히 버리지 않으면서도 자유로운 사유정신을 충분히 발휘한 초기 송학의 저작으로, 송학이 한학을 대신하여 안정적으로 경학의 지위를 차지한 직후 송학의 정신의 유지하면서 문자훈석 방면에서는 구주소를 이용하고 있는 작품들이다. 후대의 주희가 주소를 찬양하는 말을 많이 남긴 것은 이러한 정황을 반영한 것이다.

---

41) 陸九淵이 金溪 사람이었기 때문에 이렇게 부른 것이다.

5. 남송 중기 경원 연간 이전의 일반 『상서』 저작

남송대에는 『상서』 관련 저작이 대거 출현하였다. 위에서 서술한 저술들 이외에, 효종 이후로부터 주희와 채침의 『서집전書集傳』이 등장하던 남송 중기 영종寧宗 경원慶元 연간에서 가정嘉定 연간의 시기(1195~1224) 이전까지, 저록에는 보이지만 현전하지 않는 저작들을 『송사』 「예문지」, 『경의고』, 『사고전서총목』의 기록에 의거하여 정리해 보면 다음과 같다. 조공무晁公武 의 『상서고훈전尙書詁訓傳』 46권, 서춘년徐椿年의 『상서본의尙書本義』(卷不詳), 이순신李舜臣의 『상서소전尙書小傳』 4권, 진장방陳長方의 『상서전尙書傳』(卷不詳), 유안석劉安石의 『상서해尙書解』 20권, 정대창程大昌의 『서보書譜』 20권, 왕혁汪革 의 『상서해의尙書解義』 41권, 진지유陳知柔의 『상서고학병도尙書古學幷圖』 2권, 이경李經의 『상서해尙書解』(卷不詳)[42), 손징孫懲의 『서해書解』(卷不詳), 왕십붕王十朋 의 『상서해』(卷不詳), 하봉원何逢源의 『서해』(卷不詳), 번광원樊光遠의 『상서해』 3권, 왕대보王大寶의 『서해』(卷不詳), 장숙견張淑堅의 『상서해』[43), 진훈신陳訓申 의 『혼호발지渾灝發旨』 1권, 당중우唐仲友의 『서해』 30권, 장식張栻의 『서설書說』 (卷不詳)[44), 이도李燾의 『상서대전잡설尙書大傳雜說』(卷不詳) 및 『상서백편도尙書百 篇圖』 1권, 마지순馬之純의 『상서설尙書說』(卷不詳), 진규陳騤의 『상서고尙書考』 2권, 송약수宋若水의 『서소전書小傳』 10권.

이상의 저작들은 이미 모두 실전되었고, 많지는 않지만 이 시기의 일반 저작 가운데 전해지는 것들도 있다. 정동경鄭東卿의 『상서도尙書圖』 1권은 모두 77개의 그림으로 되어 있다. 편명篇名, 일편逸篇, 삼대의 계보,

---

42) 朱熹는 李經에 대해 "『書』의 해설이 매우 좋고 考證도 뛰어나다"고 높이 평가하였다.

43) 『詩解』와 합쳐서 30권이다.

44) 張栻 역시 저명한 理學家로서 그의 『書說』이 당시에 이름을 날렸다고 하나, 이 책은 이미 망실되었다. 『經義考』에서는 葉紹翁(1127~?)이 釋氏를 변론한 이 책의 내용을 인용하였으며 朱熹가 "이 해설은 천백년 儒者들이 미치지 못한 바이다"라고 칭찬하였다고 기록하고 있으니, 이 책이 儒家의 입장에서 佛學을 반대한 것임을 알 수 있다.

「요전」의 천문, 「우공」의 지리, 「홍범」의 도서圖書·주수疇數에서부터 상주商周의 도읍과 예기禮器, 병기兵器 등에 이르기까지의 모든 것을 그림으로 나타내었고, 마지막에는 '제유들이 『서』학을 전수하는 도圖'가 있다. 이 책은 『경의고』에만 저록이 남아 있다. 또 앞에서 언급한, 예고기자隸古奇字 「상서」를 전석專釋한 설계선의 『서고문훈書古文訓』도 지금까지 완전한 판본이 전하고 있는데, 설계선이 영가학파에 속했기 때문에 해당 학파에서 특별히 전했던 것이다.

이 시기의 『상서』 저작 중에는 총집叢集 형태도 몇 권 있다. 그 중의 하나가 나유일羅惟一의 『상서집설尙書集說』(卷不詳)로, 이 책은 8~9가의 설을 집성하고 거기에 자신의 견해를 덧붙인 것이다. 『경의고』에서는 양만리楊萬里가 쓴 이 책의 「서序」를 요약해서 기록하고 있다.

> 나의 벗 나유일羅惟一 윤중允中이 『상서집설尙書集說』을 편찬하였다. '집설集說'이란 제가의 설을 모았다는 의미이니, 공씨의 소의疏義로부터 8~9가를 집성하였다. 대체로 그 대개大概를 보존하고 그 정미한 뜻을 통하게 하였으며, 서로 충돌되는 것은 버리고 서로 통하는 것은 합하였으며, 문장의 뜻이 서로 모순되는 것은 자신의 견해로써 부족함을 보충하고 그 말들을 바꾸어 의미를 통하게 하였다. 가령 "구강九江"을 논한 설과,…… "이윤伊尹이 태갑太甲을 추방한 일"을 논한 설과,…… "이 중에 한 가지만 있어도 혹 망하지 않는 이가 없다"(有一于此未或不亡)에 대해 논한 설 등은 윤중이 자득한 것이다.

작자의 이름이 유일惟一이고 자가 윤중允中이며 위고문 「대우모大禹謨」를 신봉한 리학자였다는 것을 알 수 있고, 또한 그의 「자서」에서 "심에 근원한다"(根于心) 하였으므로 그 리학이 위고문에서 일관되게 강조하는 '삼성三聖의 심법'에 근거하고 있음을 알 수 있다. 이 책은 나유일 이전의 주요 리학자들의 『상서』설에 대한 집성이기도 하고, 또 리학자인 나유일 자신의 『상서』에 대한 심득이기도 하다. 이와 동시에 그는 맨 먼저 공영달의

소의疏義에 근거하였으니, 결국 이 책은 "구주소를 채용하면서 송학으로써 경을 해석한" 부류에 속한다. 그러나 이 책도 망실되었다.

이와 달리 현전하고 있는 총집叢集 형태의 책도 있다. 바로 남송 중기까지의 송유들의 『상서』설을 집성한 황륜黃倫의 『상서정의尙書精義』이다. 『송사』 「예문지」에서는 60권이라 하였고, 『사고전서총목』에서는 『영락대전』에 의거하여 50권이라 하였다. 이 책은 장구성張九成의 『상서상설尙書詳說』에 의거하였기 때문에 매 조條의 처음에 장구성의 설을 배치한 다음 다른 송유들의 설을 집성해서 편집하였다. 중설衆說들을 집성한 것이어서, 비록 서로 같거나 다른 것이 있더라도 모두 수록하고 논단論斷하지 않았다. 『사고전서총목』의 기록에 의하면 양회楊繪, 고림顧臨, 주범周範, 이정李定, 사마광司馬光, 장기張沂, 상관공유上官公裕, 왕일휴王日休, 왕당王當, 황군유黃君兪, 안복顔復, 호신胡伸, 왕안석王安石, 왕방王雱, 장강張綱, 공무중孔武仲, 진붕비陳鵬飛, 손각孫覺, 주진朱震, 소순蘇洵, 오자吳孜, 주정대朱正大45), 소자재蘇子才 등의 설이 채록되어 있다. 『사고전서총목』에서는 "당시에 저술들이 이미 산실되었고, 남아 있는 장구 가운데 오직 10분의 1 정도만이 편집되어,…… 송대 사람들의 『상서』설의 대략을 보존하였다"라고 하였다. 확실히 앞에서 기술한 『상서』 저작들은 하나도 전해지지 않고 있으니, 송대에 이미 망실된 『상서』설을 보존한 이 책의 공은 실로 적지 않다.

6. 주희의 송학 집성 및 상서학의 정종이 된 채침의 『서집전』

북송 경력 연간에서 남송 경원·가정 연간에 이르는 167년 동안에는 『상서』와 관련된 새로운 해설과 이설異說들이 꼬리에 꼬리를 물고 나오면

---

45) 顧臨의 『集解』에는 朱正夫로 되어 있다.

서 상서학의 새로운 지평을 열게 되었다. 피석서는 『경학통론經學通論』의 '송학의 『상서』 연구에 관한 총론'에서 다음과 같이 언급하였다.

송유들은 고인들을 믿지 않고 새로운 것을 좋아하였는데, 『공전孔傳』을 의심한 것이 실제로 가장 큰 공이다. 그러나 송유들은 『공전』이 의심스럽다는 것만 알았지, 고의古義가 믿을 만한 것임은 알지 못하였다. 또한 오로지 '리理'자에만 기대어 당우삼대의 일을 억단臆斷하였으니, 온갖 옛일들 가운데 그 리에 합하는 것은 옳은 것이라 여겼고 그 리에 합치하지 않는 것은 그르다고 여겼다.……『서백감려西伯戡黎』를 무왕武王의 것으로 고치고 미자微子가 주나라로 간 것을 무경武庚 때로 고치는 등, 근세의 유자들은 억단으로 행한 쓸데없는 말을 가지고 예로부터 전해지던 사실을 바꾸어 버렸다.

이러한 '억단臆斷'과 '사심두찬師心杜撰' 등[46]이 송유들의 경전 해석의 특징이다. 그러나 피석서는 또 "송유의 어기語氣 체득은 이전 사람들보다 더 나았지만, 변란의 사실에 대해서는 훈석訓釋을 하지 않았다"라고 하여, 송유가 구주소를 버리고 경문의 어구에 대해 새로운 설을 제시한 것은 취할 만하다는 비교적 공정한 평가를 내렸다. 그런데 사실은, 송유들은 리학자의 입장에서 자신들이 견지한 '리'를 빙자하여 고대의 있는 그대로의 사실을 감안하지 않고 마음대로 억단하였기 때문에 자연히 훈석을 하는 일이 불가능할 수밖에 없었다. 근대의 전현동錢玄同도 "송유가 말한 경의는 대체로 그들 자신들의 학설로 고경古經을 포장한 것으로, 좋고 나쁨을 떠나 열에 일고여덟 정도는 고경의 본모습이 아니다"[47]라고 하였다. 이 모두는 송학 상서학의 특징을 잘 보여 준다.

주희는 그러한 송학의 성취를 총괄하였는데, 그는 학문을 좋아하는 태도와 깊은 생각을 가지고 주위에서 많은 자료를 습득하였고, 거기에

---

46) 『四庫全書總目』에서 王柏을 評한 말.
47) 『古史辨』 제1책, 80쪽.

자신이 완성한 학술 관점을 운용하여 융회시켰다. 그리하여 그는 같은 시대의 여러 학자들을 뛰어넘을 수 있었고, 경서에 대해서도 특출한 정리를 진행하여 자신만의 경설을 형성하였다. 피석서는 『경학역사』에서 "한학은 정현에 이르러 집대성되었고, 이후 정학鄭學이 수백 년간 유행하였다. 송학은 주자에 이르러 집대성되었고, 이후 주자학이 수백 년간 유행하였다.…… 정학과 주자학은 모두 시대를 소일통小一統했다고 할 수 있다"라고 하여, 주희 경설의 경학사에 있어서의 위치를 밝혔다. 원·명 이래로 과거에서 관리를 선발함에 있어 한결같이 주희의 학문을 정종으로 삼았으니, 그의 학은 동한 이후의 정현 주와 동진 이래의 『상서』 위공씨전의 경학적 위치를 대신하였다.

주희는 『사서집주四書集注』48)와 『역본의易本義』, 『시집전詩集傳』 등을 지었지만 끝내 『상서』의 주를 완성하지 못하여 그의 학생 채침에게 임무를 잇게 하였다. 그러나 송대의 『수초당서목遂初堂書目』 및 원대 초기의 『문헌통고文獻通考』의 기록에서는 주희가 『상서고경尚書古經』 5권을 지었다고 했고 진진손의 『서록해제』에서는 "회암晦庵의 저술로 경經을 분장한 것과 서序 등 모두 59편이 있는데, 옛것을 보존하였다"라고 설명하였으니, 그는 한대 고문경의 편목을 복구하여 마침내 59편의 '고경古經'으로 나누었던 것이었다. 다만 『경의고』에서 이미 "미견未見"이라고 하였으며, 지금까지도 여전히 그 정황을 알 수 없다. 청대 손보전孫葆田이 집록한 『산연각총간山淵閣叢刊』에 주희의 『고문상서』 1권이 들어있는데, 이것이 그 책인지는 확실하지 않다. 또한 『송사』 「예문지」에 "주희의 『서설書說』 7권"이라 되어 있고 주이준의 『경의고』에도 보이지만, 『사고전서총목』의 저록에는 보이지 않는다. 진진손의 『서록해제』에서는 이렇게 설명하고 있다.

---

48) 이 가운데 『大學』·『中庸』은 『章句』라고 칭한다.

회암의 문인 황사의黃士毅가 그의 사설師說의 유편遺編을 모아 책으로 만들었다. 회암에게는 오직 『서』 한 경만 훈석이 없는데, 착간錯簡되고 탈문脫文된 곳이 많아 억지로 통하게 할 수 없다고 자주 말하였다. 오직 이전二典·「우모禹謨」·「소고召誥」·「낙고洛誥」·「금등金縢」의 해설과, '구강九江'·'팽려彭蠡'·'황극皇極'의 변론 등은 그의 문집과 어록 가운데 보인다.

즉 『서설』은 주희 자신의 저술이 아니라 문인들이 그의 『상서』와 관련된 어록을 모아 엮은 저술이었던 것이다. 『경의고』에 기록된 주희의 『서설』에는 황사의 집록본 외에 탕중湯中 집본輯本도 있는데 이미 실전되었으며, 또 채침의 『서집전』 원본 이전에 주희의 『문답』 1권이 있었는데 이후의 간행자가 삭제해 버렸다. 원대 동정董鼎은 『서전집록찬주書傳輯錄纂注』의 앞부분에 『주자설서강령朱子說書綱領』 1질을 집성輯成했는데, 현전하는 청대의 『오경강령五經綱領』에 단행본 『주자설서강령』 1권이 있다.

실질적인 주희 상서학의 주요 성과는 위고문을 의변疑辨한 것으로, 아래의 의변에 관한 절에서 언급할 것이다.

주희는 죽기 1년 전(1199), 채침蔡沈(자는 仲默, 호는 九峰)에게 송대의 상서학 성과를 계승하고 수많은 자료를 수집해서 『서집전書集傳』을 편찬하게 했다. 진덕수眞德秀가 찬한 채침의 「묘표墓表」에 다음과 같이 적혀 있다.

군君(蔡沈)은……문공文公을 따랐다.……문공은 만년에 제경의 훈전訓傳을 갖추었는데, 오직 『서』만은 정리하지 못하여 문생들 중에서 적당한 인물을 찾다가 마침내 군에게 맡겼다. 군은 수십 년 동안 반복해서 연구한 다음에 그 책을 만들 수 있었다. 서문序文의 오류를 고증하고 제유의 설들을 바로잡아 이제삼왕二帝三王과 성현의 용심用心의 요점을 밝히고, 「홍범」·「낙고」·「태서」 등 제 편에는 선유들이 미치지 못한 바가 많았다.

채침이 완성한 『서집전』의 개괄을 잘 보여 주고 있다. 채침은 이 책의

「자서」에서 다음과 같이 말하였다.

경원慶元 기미己未(1199) 겨울, 선생 문공께서 나에게 『서집전』의 저술을 명하셨고, 이듬해 선생께서 돌아가셨다. 그런 뒤 10년이 지나서야(嘉定 3, 1210) 비로소 책을 완성할 수 있었으니, 매우 방대한 양이다. 아! 『서』를 어찌 쉽게 말할 수 있겠는가? 이제삼왕이 천하를 다스린 대경대법大經大法이 모두 이 책에 실려 있도다.[49]…… 나는 책을 읽은 이래로 반복해서 그 뜻을 헤아리고 또 중설衆說들을 참고하여, 이를 융회관통시켜 감히 미묘한 말씀과 심오한 뜻을 절충하고 옛 설들을 많이 서술하였다. 이전二典과 「우모禹謨」는 선생께서 일찍이 바로잡으셨다.…… 사대四代의 서書를 나누어 6권으로 하였다.

그는 십여 년에 걸친 공부 끝에 송유의 설을 집성하여 이 책을 완성하였음을 설명하고 있다. 그의 아들 채항蔡抗은 「상서표上書表」에서 "부친 침沈의 『서집전』 6권, 『소서小序』 1권, 『주자문답』 1권"이라고 하였다. 『소서』를 별도의 1권으로 하여 6권 뒤에 배치하고 그 다음에 『문답』을 붙인 것을 알 수 있는데, 지금 판본에는 이 모두가 없이 6권으로만 되어 있다. 『사고전서총목』에서는 "『문답』 1권은 오래 전에 없어졌고,…… 『소서』 1권은 채침이 조목 별로 논박하였는데, 마치 주자의 『시서詩序』 논박과 같았다.…… 서사본書肆本에서는 모두 삭제하고 간행되지 않았다"라고 하였다. 따라서 현재의 통행본은 6권이다.

채침은 「자서」에서 이전二典과 「우모禹謨」는 일찍이 주희가 수정한 것이라고 밝혔는데, 동정董鼎의 『서전집록찬주書傳輯錄纂注』에는 「우모禹謨」 "정월삭단正月朔旦"조 아래의 주에 "주자가 친히 집록한 『서전』은 「공서孔序」에서 여기까지이다. 나머지 대의大義는 모두 채씨에게 구두로 전해 주고, 아울러 직접 원고 1백여 단段을 써서 완성하게 하였다"라고 하였다. 이를 근거로 『사고전서총목』에서는 "「대우모」가 완전하지 않았으므로 「서」에

---

49) 제4절에서 상세히 다룬다.

서 언급한 이전삼모二典三謨는 대략을 들어 말한 것이다"라고 하였으며, 또 진력陳櫟이 말한 『채전蔡傳』과 주자설朱子說이 불일치하는 사례를 인용하여 "(주자의 설과) 완전히 다르게 했다는 비판을 면하기 어렵다"라고 하였다. 사실 주희가 『상서』를 말할 때는 이해할 수 있는 부분을 이해하는 데에 주력하고 이해할 수 없는 부분은 제외하였는데, 채침은 "은반주고殷盤周誥"의 구절구절을 일일이 해설하였으니 이는 주희의 정신에 부합하지 않는 것이었다. 이런 점들은 『채전』이 비록 스승의 명을 받들어 저술된 것이기는 하나 내용상으로 주자설과 일치하지 않는 점이 많고, 곳곳에서 채침 자신의 의견을 드러내었다는 사실을 말해 준다. 청대의 대균형戴鈞衡은 『서전보상書傳補商』에서 『채전』이 채용한 바를 지적하였는데, "한대 『공전孔傳』의 설이 많았고, 송조宋朝에는 동파東坡·소영少穎·백공伯恭 3가의 말을 벗 삼았으며, 유일한 종사宗師인 주자의 설을 선택하였다"라고 하였으니 이것이 바로 주요한 특징이다.

채침은 주희가 위고문僞古文과 위공전僞孔傳 그리고 「상서서尚書序」를 의변疑辨한 것을 계승하였다. 그는 「상서서」를 단독으로 뽑아 책 뒤에 붙여 변론하였고, 또한 위공안국서僞孔安國序를 열거한 후 전편全篇에서 의변하였다. 그러나 그는 위공본僞孔本 58편의 경문을 그대로 보존한 채 모두 집전集傳하면서, 매 편의 제목 아래에 "금문과 고문이 모두 있다"(今文古文皆有), "금문은 없고 고문만 있다"(今文無古文有) 등의 주석을 달아 두었다. "금문이 있다"(今文有)라는 말은 곧 한대의 진본 『상서』라는 의미이고, "금문이 없다"(今文無)라는 말은 늦게 출현한 것임을 암시한다. 그들은 마음속으로는 고문을 의심하면서도 지지해야만 했고, 이것은 바로 주희가 말한 "육경이 무너지는 것에 대한 두려움"의 심리이기도 했다. 왜냐하면 자신들의 리학에서 말하는 심心·도道·성리性理가 모두 위고문 「대우모」에서 나온 것이었기 때문에 이렇듯 비록 떳떳하지는 못하더라도 위고문의 형태를 보존해야만 했던 것이다.

채침의 『서집전』은 송대에 엄청난 영향을 끼치게 되면서 주자학파의 주요 저작으로 신봉되었는데, 그런 영예로움의 가운데에도 적지 않은 사람들이 반대의견을 제출하기도 하였다. 이후 이 두 방면의 저술이나 논문이 계속해서 출현하게 된다.

우선 옹호하는 측을 살펴보면, 황진黃震의 『독서일초讀書日鈔』에 다음과 같은 기록이 있다.

경해經解 중에는 『서』가 가장 많았으며, 채구봉蔡九峰이 제유의 요설要說을 규합하였다. 일찍이 주문공朱文公이 수정하였는데, 그 문의를 해석한 것이 한당의 것들보다 정밀하고 그 요지를 드러낸 것이 제가의 것들을 넘어섰으니, 『서경』이 이때에 이르러 크게 밝혀져서 마치 해와 달을 같이 걸어둔 것과 같았다.

『경의고』에는 하교신何喬新의 말을 인용하여 다음과 적었다.

한대 이래 『서전』이 한둘이 아닌데, 안국의 주는 천착한 곳이 많고 영달의 소는 제도에만 상세하였다. 주자가 4가를 취합하였으니, 왕안석은 천착한 구석이 있고 여조겸은 기교로운 구석이 있으며 소식은 소략한 면이 있고 임지기는 너무 번거로운 면이 있었다. 채씨의 『집전』이 나옴에 이르러 금고문의 유무가 구별되고 대서大序·소서小序의 어긋남이 변별되었으니, 이제삼왕의 대경대법이 찬란히 세상에 드러나게 되었다.

이 글은 송대의 모든 명저들을 폄하해서 유행하지 못하게 하고, 오직 『채전』으로 압도되게 하고 있다. 또한 황탁黃度의 『서설書說』에 실린 여광순呂光洵의 「서序」에서는 다음과 같이 말하고 있다.

송의 제유들이 『상서』를 다룬 것은 그 말이 사람마다 각기 다른데, 모두 수십여 가에 이르렀다.…… 가장 드러난 것은 구봉 채씨가 자양紫陽 주자의 학을 얻어 저술한 『집전』으로, 학자들이 존숭하였다. 이에 제가의 『상서』들은 다시는 세상에 유행하지 못했으며, 호학하는 선비들이 그것들을 참고하여 자득할 수도 없었다.

여기에서 하나의 사실을 설명하고 있는데, 『채전』이 출현한 이후 수많은 송대의 『상서』 저작들이 모두 없어졌으며 학자들이 그런 저작들을 구하려 해도 구할 수 없었다는 것이다.

『채전』이 이러한 성공을 거둘 수 있었던 까닭은 대체로 다음의 이유에서였다. 첫째, 송학의 성취를 총결하였다. 채침은 수많은 송유의 경설에서 그 정화를 뽑아 자신의 책 속에 주입시킴으로써 사람들에게 이 책이 주자학파 적통의 대표작임을 각인시켜 주었다. 둘째, '리理'로써 추단推斷하였다. 한당의 경설이 견강부회하고 진부하여 억지로 성도왕공聖道王功의 끼워 맞추는 해석인 데 비해 『채전』은 자구의 내용을 '리'에 부합되게 해석함으로써 사람들의 이목을 끌기에 충분했고 만족감도 충족시켜 주었다. 셋째, 문자 방면의 연구가 비교적 좋았다. 전현동錢玄同은 다음과 같이 지적한 바 있다.

> 그들에게는 장점이 하나 있었으니, 바로 문리文理가 잘 통하도록 한 것이었다. 유독 주희의 『사서집주』만이 문리를 잘 강구講究했던 것만이 아니라, 대가들로부터 '누유陋儒'로 지목된 채침과 진호陳澔[50]의 『상서』 및 『예기』 주해조차도 위공안국僞孔安國과 정현에 비해 통하는 곳이 더 많았다.[51]

『채전』의 서술이 쉽고 간단하여 학자들이 즐겁게 받아들일 수 있었다는 것이다.

이런 몇 가지 특징으로 인해 이 책은 세상에서 중시되었다. 비록 송대 후기에 가서 독존적 지위를 잃기는 했지만, 원대에 들어서도 정주리학이

---

50) 元代의 리학자로, 『禮記集說』를 撰하였다.
51) 『古史辨』 제1책, 80쪽.

존숭됨에 따라 이 책 또한 여전히 학자들의 존숭을 받았다. 원 연우延祐 연간(1314~1320)에는 『채전』과 구주소舊注疏가 나란히 학관에 세워져서 이 책이 과거시험의 주본主本이 되고 구주소가 참고용이 되었는데, 사람들은 구주소를 버리고 『채전』만을 익혔다. 명대 홍무洪武 연간(1368~1398)에 이르러서는 구주소를 사용하는 것 외에 다시 하선夏僎의 『상서상해尙書詳解』를 학관에 세워 과거시험에 두 사람의 책을 모두 사용하게 했는데, 사람들은 역시 하선을 버리고 채침만을 익혔다.[52] 그러다 영락 시대에 『서전대전書傳大全』이 반포됨으로써 『채전』만이 단독으로 사용되기에 이르고, 이후 『오경대전五經大全』본 혹은 『감본오경監本五經』본이 세상에 유행하며 송학이 한학을 누르게 되면서부터 『채전』은 순식간에 이공二孔의 『상서』 주소를 대신하여 상서학 정종의 지위를 점하게 된다.

다음은 이 책을 반대하는 입장이다. 송대 말기 장보서張葆舒[53]의 『서채전정오書蔡傳訂誤』, 황경창黃景昌의 『상서채씨전정오尙書蔡氏傳正誤』, 원대 초기 정직방程直方의 『채전변의蔡傳辨疑』, 여기서余芑舒의 『독채전의讀蔡傳疑』 등은 모두 『채전』의 오류를 직접적으로 공격하였고, 주자학을 신봉한 김이상金履祥은 직접적으로 채침을 공격하지는 않았지만 자신의 『상서표주尙書表注』에서 채침과는 다른 설을 제시하였다. 그러나 원대에 이르러 과거시험에서 『채전』을 정식으로 사용한 이후, 다른 반채反蔡 저작들은 모두 실전되고 오직 김이상의 『표주表注』만이 『채전』을 그다지 반대하지 않았고 또한 자기만의 정밀한 의의를 지녔다고 하여 유전될 수 있었다. 원의 진력陳櫟은 처음에는 『서전절충書傳折衷』을 지어 『채전』의 잘못을 기롱하였지만, 『채전』을 관학으로 존숭하게 하자 다시 『상서집전찬소尙書集傳纂疏』를 지어 『채전』을 추숭하였다.[54] 이에 『서전절충』은 망실되고 만다. 봉건왕조가 일단

---

52) 『四庫全書總目』의 「書集傳」 항목에 보인다.
53) 董鼎의 『纂注』 및 『經義考』에는 張雲章의 말을 인용한 것들이 모두 "程葆舒"로 되어 있으니, 程直方과 혼동하여 잘못된 것이 아닌지 의심된다.

과거의 규정 도서로 지정하게 되면 어느 누구도 감히 반대의 뜻을 펼수 없었다는 사실을 알 수 있다. 그러나 『경의고』에 인용되어 있는 조추생趙樞生(1368~1644)의 말은 원대 이래로 『채전』을 반대했던 대표적인 의견들을 잘 보존하고 있다.

옛사람들이 말하길 "경을 밝히는 자도 제유요, 경을 해치는 자도 제유다" 하였는데, 지금 보아 하니 『상서채씨전』이 가장 심하다. 대체로 은반주고殷盤周誥는글이 난삽하고 까다로워 알 수 없는 데다가, 진화秦火 이후로 다시 대부분이착간錯簡되고 탈간脫簡되어 탈문脫文과 와자訛字가 많다. 이제 와서 그것을 상리常理와 항언恒言으로 해석하고자 하니 억지로 견강부회한 곳이 많았다.

채침은 일찍이 그의 부친이자 주희의 친구인 채원정蔡元定의 『홍범해洪範解』를 계승하여 『홍범황극내편洪範皇極內篇』 5권을 편찬하였는데, 황당하게도 『역』의 상수象數로써 「홍범」의 수數를 연역하였으니 이는 송대 리학자들의 도사화道士化 경향이 드러난 것이자 그들의 유심론 학설이 잘못된 방향으로 발전해 간 것이었다.[55] 이에 대해서는 아래의 「홍범」절에서 상세히 서술하겠다.

7. 주자학과 대립한 상산학파의 『상서』 저작

육구연陸九淵(호는 象山)은 주관적 유심론의 리학理學을 주창하였는데, 이것은 흔히 '심학心學'으로 불린다. 그는 심心이 곧 리理이며, "나의 심이 바로 우주"(吾心便是宇宙)라고 하였으며, 아울러 "학문은 진실로 근본을 알아

---

54) 아래 제6절에 보인다.
55) 漢代 今文家들은 義理를 논하다가 方士化하였고 宋代 理學家들은 더욱 철저히 義理를 논하다가 道士化하였으니, 오직 古文家들이 訓詁名物을 논한 것만이 비교적 平實하다.

야만 하니, 육경은 모두 나의 주석(六經皆我注脚)일 뿐"이라고 하여 따로 육경을 주석한 저작을 남기지 않았다. 그러나 그의 학파는 주자학파와의 경쟁이 치열하였고, 그의 제자와 재전제자들 중에는 주자학파를 이기기 위해 상서학 저작을 남긴 이들이 종종 있었다. 앞에서 인용한 진경陳經의 『상서상 해尚書詳解』가 이미 육구연의 설을 계승한 것이었으며, 그 외에도 다음과 같은 주요 저작들이 있다.

먼저 양간楊簡의 『오고해五誥解』 4권56)이다. 양간은 육구연의 수제자로서 남송의 명신이기도 했다. 그의 설은 당시 영향력이 대단하였는데, 그가 지은 『역전易傳』은 오로지 심성心性으로써 『역』을 설명한 것이었다. 그는 『오고해』를 지으면서 오로지 「강고康誥」 이하 5편만 해설하였는데, 주고周誥 가 『상서』에서 가장 읽기가 어려우므로 먼저 그것을 이해한다면 그 나머지 는 쉽게 탐구할 수 있을 것이라고 여겼기 때문이다. 『사고전서총목』에는 다음과 같이 적고 있다.

> 양간은 육구연에게서 배웠으며, 친민보적親民保赤의 정치를 주장하였다. 왕안석 의 『자설字說』이 유행한 뒤부터는 자의字義의 천착을 좋아하여 신기한 논의를 펼쳤고, 문사文辭를 매우 우회적으로 복잡하게 뒤섞어 버린 까닭에 그 말하고자 하는 바를 모두 다 펼 수 없었다. 그러나 「강고康誥」의 ……, 「주고酒誥」의 ……, 「소고召誥」의 ……, 「낙고洛誥」의 …… 등은 모두 전문傳文을 논박하여 바로잡았는데, 스스로 심득한 것이었다. 또한 "선복여수先卜黎水"(洛誥)는 정강성鄭康成·고표顧彪 의 설을 채용하였고, "강숙康叔을 봉할 당시 아직 낙읍洛邑을 경영하지 않았다"(康 誥)는 소씨蘇氏 『서전書傳』의 설을 채용하였으며, "복자명벽復子明辟"(洛誥)의 훈고와 "기보박위圻父薄違"(酒誥)의 구두는 왕씨王氏 『서의書義』의 설을 채용하였으니, 여러 설들을 종합하였고 일가의 학설만을 전용하지 않았다.

다음은 원섭袁燮의 『혈재가숙서초絜齋家塾書鈔』이다. 이 책은 『송사』「예문

---

56) 『四庫全書總目』은 『永樂大典』 輯本에 근거하였다.

지』에 10권으로 되어 있고, 『사고전서』에서는 『대전大全』본의 집록에 의거하여 12권이라 하였다. 진진손의 『서록해제』에서는 이 책에 대해 원섭의 아들 원교袁喬가 집안에 전해지던 것을 기록한 것으로서 「군석君奭」에서 끝난다고 했으니, 원섭이 직접 편찬한 책은 아니다. 왕응린의 『곤학기문』에서는 이 책을 인용하여 다음과 같이 적고 있다.

> 혈재絜齋의 '경계무우儆戒無虞'(大禹謨) 해설은 다음과 같다. "잘 다스려질 때에 이미 위란危亂의 싹이 있다. 한 선제宣帝가 위수渭水 가에서 조회할 때 그 해에 원후元后가 성제成帝를 낳았고, 신도후新都侯 왕망王莽이 한漢을 찬탈한 것도 매우 흥성한 시기에 이미 그 조짐이 있었다." 무우無虞를 어찌 경계하지 않을 수 있겠는가!

이에 대해 『사고전서총목』에서는 다음과 같이 말하였다.

> 원섭의 학문은 육구연으로부터 나왔다. 그가 펼친 큰 뜻은 본심本心을 발명하는 데 있었으니, 계속 반복해서 인용하여 사설師說을 펼쳤다. 그리고 제왕의 다스림에 대해서 더욱 고금을 참고하여 하나하나 그 요령을 열거하였다. 왕응린이 낙민洛閩의 문학文學[57]을 크게 드러내었는데, 많은 부분이 금계金溪(陸九淵)와 궤를 달리하였지만 원섭이 해설한 '경계무우儆戒無虞'에 대해서는 『곤학기문』에 특별히 채용하였으니, 대체로 그 의리가 매우 만족스러웠으므로 취지를 달리하는 사람도 바꿀 수 없었던 것이다.

이 책의 주요 정신을 엿볼 수 있다. 원섭의 제자 호의胡誼는 『상서석의尙書釋疑』 10권을 편찬하였는데 이미 망실되었다.

그리고 전시錢時의 『융당서해融堂書解』 20권이 있다. 이는 『사고전서총목』에 인용된 『대전大典』본 편제를 따른 것이고, 『경의고』에서는 『녹죽당서목菉竹堂書目』에 의거하여 『상서연의尙書演義』 8권이라고 하였다. 『상서계몽尙書啓

---

57) 程朱理學을 가리킨다.

蒙」58)이라고도 불린다. 『사고전서총목』에서는 전시가 양간에게서 배웠다고 하면서, 이 책의 요의要義에 대해 다음과 같이 적고 있다.

해설 가운데 (「胤征」의) "희화羲和가 그 관직을 폐한 것"(義和曠厥職)은 소식蘇軾의 설에 근본하였고, 강숙康叔이 위衛에 봉해진 시기가 성왕成王의 때라는 것은 『공안국전孔安國傳』을 채용한 것이며, 『강왕지고康王之誥』를 둔 것은 장구성張九成의 『서설書說』을 채택한 것이니, 일가의 설만을 전용하지 않았다. 「태서泰誓」는 서기西岐의 군대에 고告한 내용이고 「목서牧誓」는 원방遠方의 제후에게 고한 내용이라는 설은 선유에 의지하지 않고 스스로 심득한 것이었다. 또한 「무성武成」은 본래 탈간脫簡된 것이 없고…… 「강고康誥」의 첫 구절을 「낙고洛誥」로 옮기는 것은 부당하다고 여겨59) 특히 옳지 못한 설에 현혹되지 않았으니, 이 또한 송인宋人의 경해經解 가운데 특출한 것이다.

다음은 동양東陽 진대유陳大猷의 『상서집전尙書集傳』(卷不詳)과 『상서집전혹문尙書集傳或問』 2권이다. 진대유는 양간의 학문을 전수하였으니 상산학파에 속한다.60) 그의 「자서自序」에 "이미 『서전書傳』을 지었는데, 다시 동지同志들과의 문답에서 어려움이 있어 그 바르지 못한 부분을 더하고 취하여 『혹문或問』을 만들었다. 제가諸家의 논박과 『서전』에 실리지 않은 것, 버릴 수 없는 것들을 덧붙여 드러냈다" 하였으니, 『혹문』에 수많은 송유의 논박이 있다는 것을 알 수 있다. 『경의고』는 장운장張雲章(1648~1726)의 말을 인용하여 "대유는 동양 사람으로 소흥 2년에 진사에 급제했다…… 『송사』에 전傳이 없으며 「예문지」에도 이 책은 실려 있지 않으나 송대 말기에 제법 성행하였다. 지금 『집전』은 얻어 볼 수 없으나 『혹문』은 여전히 존재한다"라고 하였다. 『사고전서총목』에서는 다음과 같이 말하고 있다.

---

58) 錢時의 『兩漢筆記』에 근거.
59) 이 두 관점은 朱熹와 蔡沈이 宋儒의 說에 근거하여 주장한 것들이다.
60) 동명이인으로 東齋 陳大猷가 있는데, 都昌 사람이며 朱熹의 三傳제자이다.

이 진대유는 이종理宗 초기 사람이었기 때문에 인용한 제가는 거의 채침 정도에 그쳤다. 그는 주자를 '주씨朱氏'·'회암씨晦庵氏'라고 불렀으며, 사뭇 다른 지론을 펼쳤다. 「요전堯典」의 '경경敬'자 구절에 대한 논의에 있어, 가장 먼저 "심心의 정신精神을 성聖이라고 한다"라는 주장을 펼쳤다. 이는 『공총자孔叢子』의 말로서 양간이 종지로 삼았던 것이니, 그의 학문이 자호慈湖(양간의 號)로부터 나왔음은 더 의심할 여지가 없다.

그의 책이 육구연의 학을 정종으로 삼고 주자학에 반대했다는 것은 명확하다. 이 책은 『통지당경해』에 수록되어 있다.

이 외에, 비非상산학 계열의 왕염王炎은 『상서소전尙書小傳』을 편찬하였는데, 『송사』 「예문지」에 18권으로 되어 있다. 주희의 학문과도 서로 달랐는데, 그 책은 이미 전해지지 않고 있지만 특별히 여기에 붙여 둔다. 살펴보건대, 원래 왕염과 주희는 동향 사람으로 서로 우애가 좋았으며 항상 시문을 주고받으며 공부하였다. 그러나 영종寧宗 시기에 주희가 복상服喪 기간 중에 그에게 경經을 진강하려고 하자 왕염이 예가 아니라고 여겨 편지로 잘못을 지적하였는데, 주희는 답을 주지 않았고 마침내 각자 다른 길을 가게 되었다. 왕염은 「자서」에서 다음과 같이 적고 있다.

옛사람들의 말 가운데 "공안국이 전한 『서』는 모공毛公이 전한 『시』만 못하다"는 말이 있는데, 모공은 대의大義를 시의時宜에 맞게 밝혔고 공안국은 장구만 했을 뿐이니 그 말이 과연 그러하다. 그러나 장구는 훈고이기 때문에 또한 소홀히 할 수 없다. 나는 『서』의 대의를 아는 것이 충분치 않아…… 지금 논의한 것도 또한 선유들이 남긴 논의를 모아 놓은 것에 지나지 않는다. 글 중간에 미숙한 부분은 나의 의견을 밝힌 것이다.

이 책이 문자훈고에 중점을 두고 있음을 알 수 있다. 주희 같은 리학자들이 의리로써 해경解經하는 데 중점을 둔 것과는 구별된다. 『경의고』는 왕염의 4세손과 동시대를 살았던 대표원戴表元의 서문을 인용하고 있다.

주문공이 젊었을 때 같은 동네에 쌍계雙溪 왕염 선생이 있었는데, 자는 회숙晦叔이다. 이분 역시 학행으로 제유의 으뜸이 되었으니, 양가兩家가 의론할 때는 서로 긴밀하였다.…… 『상서소전尚書小傳』 58권은…… 그 드러낸 의의와 핵심을 찌르는 단어들은 대저 훈고가들이 미칠 바가 아니었다.…… 선생의 이 책은 개희開禧 말에 탈고하여 가정嘉定 초에 간행되었다. 당시 문공이 돌아가신 지 이미 오래되었는데, 만약 살아계셨더라면 반드시 동향의 친구로서 서로 즐거워하며 언사와 문자에 있어 막역했을 것이다. 다른 지역의 후배들이 각자의 이름을 내세워 문호를 왔다 갔다 하면서 마침내 서로 다른 논의가 생겨나게 되었으니, 그 어찌 그들 스승의 뜻을 일일이 다 할 수 있었겠는가?

이 책이 주희의 설과는 차이가 있으며, 그 학문을 전한 후배들이 주자학과 문호를 나누어 서로 논쟁하였다는 사실을 잘 설명하고 있다. 이 책은 명대 이후 실전되었는데, 원대의 제유들이 펴낸 『상서』 저작들에서는 '신안왕씨新安王氏'라 칭하며 이 설을 인용하는 경우가 자주 있었다. 그의 설은 종종 사람들의 『상서』에 대한 이해를 계발시켜 주었다.

8. 영강·영가학파의 『상서』 저작

영강학파永康學派는 진량陳亮을 중심으로 하는 일파를 가리키며, 영가학파永嘉學派는 섭적葉適으로 유명한 일파이다. 그들 모두는 원래 리학을 연구했고 또 주희와의 사이도 좋았다. 섭적은 주희가 정치적으로 위험에 처했을 때 그를 구원해 주기도 했다. 그러나 학술적 입장에서 볼 때 그들은 "서로 속고 속이면서 천하의 실리實利를 모두 없애버리면 끝내 만사萬事가 다스려지지 않게 된다"[61]라고 여겨서, 심성만을 공담空談하며 국사國事가 위험에 처해도 돌보지 않는 리학과 결별하고 현실에 직면하여

---

61) 陳亮, 「送吳允成運幹序」, "相蒙相欺, 以盡廢天下之實, 則亦終於百事不理而已."

치세구국治世救國과 공리功利를 앞세우는 학설을 제창하기에 이른다. 비록 주희가 『어류』(권123)에서 "영가·영강의 설은 학문을 크게 이룰 수 없다"라고 폄척하였지만, 영강·영가의 학은 애초에 정주리학 일색인 상황 하에서 굳건하게 세워졌고 마침내 꺼지지 않는 빛을 발하게 되었다. 동시에 이 두 학파는 주요 사상이 상통하였기 때문에 절동학파浙東學派로 통칭되면서, 당시에 성행하던 정程·주朱·육陸의 리학을 반대하고 공리功利를 추구하는 '경세經世적 무실학파務實學派'를 형성하였다.

영강학파는 진량陳亮(자는 同甫)이 절강浙江 영강永康 사람이었기 때문에 붙여진 이름으로, 이 학파의 주요 인물로는 진량과 그의 제자 유간喩侃, 유남강喩南強 등이 있다. 진량의 저술은 응보시應寶時(1821~1890)의 『용천문집발龍川文集跋』에서 7종이라 하였는데, 『사고전서총목』에서는 5종을 수록하고 있다. 그는 주희와 더불어 3년간에 걸쳐 왕패의리변론王霸義理辯論을 진행하였는데, 왕래된 모든 논변 서신은 그의 『용천문집』 권20에 실려 있다.[62] 그는 효종에게 올린 상서에서 다음과 같이 리학자들을 직접 지목하여 비난하였다.

지금 유자들은 스스로를 정심성의正心誠意할 수 있는 학자라고 생각하지만, 모두 중풍에 걸렸어도 그 아픔을 모르는 사람들입니다. 온 세상이 군부君父의 원수를 편안히 생각하면서 오직 머리를 숙이고 손을 모아 성명性命을 담론하고 있으니, 무엇을 성명이라고 하는지 알 수 없습니다.

그의 『상서』에 관한 논설은 『경서발제經書發題』 중의 『서경書經』 부분에 있으며, 『용천문집』 권10에 수록되어 있다. 그 요지는 만세의 가르침이 되고 고금의 변화를 일으키는 '성인의 도'를 찾아 후세에 유익하게 적용하

---

62) 葉適이 쓴 序文에서는 陳亮의 文集이 40권이라고 하였으나 『四庫全書總目』 수록 시에는 30권만 남아 있었다. 본문은 30권본의 권차이다.

는 데 있었다. 그것은 편장과 구절을 나누는 학문에 있는 것이 아니었다. 그는 다음과 같이 말하였다.

옛날의 성인은 도로써 고금의 변화를 헤아렸는데, 도 가운데서 개괄하여 100편을 취하고 만세의 가르침을 드리웠다. 그 문리文理가 자세하고 상세하며 본말本末이 다 갖추어져 있으면서 후대의 군자를 기대하고 있었다. 그러나 경에 편구篇句를 나누는 학문이 생겨났으니 어찌 이것을 알 수 있었겠는가!…… 대저 우주에 가득 찬 것이 물物 아님이 없고, 일용 간에 사事 아님이 없는 법이다. 옛날의 제왕은 사물事物에 유독 밝았기 때문에 말씀으로 정사政事를 세우고 백성의 마음을 따랐으며 때에 마땅하였고 그 일정함에 처함에 나태함이 없었으며 그 변화를 만나더라도 천하가 편안하였다. 오늘날 『서』에 실려 있는 것들이 모두 이러하다.

섭적은 이 책의 「서序」에서 다음과 같이 말하였다.

동보同甫는 이미 황제왕패皇帝王覇의 학문을 닦고 이천 년간의 합산合散을 상고詳考하여, 그 비밀을 밝혀서 성현의 정밀함이 사물에 항상 흐르고 있음을 발견하였다. 그러나 유자들은 그 가르침을 잃어버렸기 때문에 개물성무開物成務하기에 부족하였다. 그의 설은 모두 오늘날 사람들이 말하지 않은 것으로, 주원회朱元晦(주희)의 뜻과 맞지 않았으나 억지로 빼앗을 수는 없었다.

그는 진량이 당시의 유학에 대한 불만을 드러내면서 입정순민立政順民하는 사공事功의 학문을 제창하였으며, 주희가 비록 그의 학설에 반대하였지만 끝내 그의 학설을 압도할 수는 없었음을 지적하고 있다.

영가학파는 절강 영가永嘉의 몇몇 유명한 학자로 인해 이름을 얻었다. 유훈劉壎의 『은거통의隱居通議』에 의하면, 남송 효종 때에 주행이周行已(恭叔)가 제창하고 정백웅鄭伯熊이 계승하였으며 여조겸呂祖謙이 크게 발전시킨 절강학浙江學이 흥성하였는데, 이 학파의 다른 저명한 학자로는 설계선薛季

宣, 진부량陳傳良, 서자선徐子宣, 섭적葉適 등이 있다고 하였다. 그러나 주행이의 학문은 상세히 전해지지 않으며, 정백웅·여조겸 두 사람은 비록 영가학파의 성장에 영향을 주기는 했으나 모두 리학자들이니 영가학파로 분류될수 없다. 따라서 엄격한 의미의 영가학파 학자로는 설계선·진부량·서자선·섭적 등을 들 수 있다. 다만 서자선의 학문 역시 상세하지 않으므로, 여기서는 설계선·진부량·섭적의 학술 저작을 간략히 서술하고 관련된내용을 덧붙인다.

설계선에게는 『서고문훈書古文訓』 16권이 있다. 앞에서 이 책에 대해두 차례 언급한 바 있는데, 설계선은 이 책의 「자서」에서 다음과 같이말하였다.

> 「제전帝典」은 미美를, 「대우모大禹謨」·「우공禹貢」은 사事를, 「고요모皋陶謨」·「익직
> 益稷」은 정政을, 「홍범洪範」은 도度를, 여섯 「서誓」는 의義를, 다섯 「고誥」는 인仁을,
> 「보형甫刑」은 형刑을 볼 수 있다. 이 7가지를 통하면 『서書』의 대의大義를 드러낼
> 수 있다.

비록 그는 진위眞僞를 분별하지 않고 위편僞篇 「대우모」와 나머지 진편眞篇들을 함께 거론하고 있지만, 그가 거론하고 있는 『상서』의 대의는 「대우모」를 제외하고는 모두 한대 금문에 속하는 것들이다. 리학자들이 위고문편장들을 『상서』의 대의를 대표하는 것으로 여기는 태도와는 확연히다른 입장으로, 영가학파의 견해를 뚜렷이 반영하고 있다. 그러나 설계선또한 결과적으로 시대의 영향을 받을 수밖에 없었으니, 「자서」에서는"「시」·「서」·「역」·「춘추」를 읽지 않으면 성인의 마음을 알 수도 없고 요순堯舜의 선양과 탕무湯武의 정벌도 구별할 수 없다"라고 하여 리학의 '성인지심聖人之心'이라는 명제를 연용하고 있다. 주희는 이 책에 대해 "그 학문의대부분이 지명地名에 관한 공부가 두드러졌다"라고 지적하였다. 확실히

이 책은 각종 지명에 대한 상세한 해설이 동시대의 다른 상서학 저술에 비해 두드러진다. 이 책의 가장 소중한 점은 예고정隸古定 원본, 즉 당 개원開元 당시 위포衛包가 위고문본을 해서로 잘못 고쳐 쓰기 이전의 원본을 많이 보존하고 있다는 점이다. 이 책은 비록 송제구본宋齊舊本에 비해 늦게 나왔고 기자奇字가 많은 판본이긴 하지만, 현재 출토된 돈황敦煌 당사본唐寫本과 대조하여 예고정 원본을 교감하는 데 많은 도움이 된다. 설계선은 「자서」에서 당 현종 때 고자古字를 잘못 고친 점을 명확하게 지적하고 있다.

> 예고정서隸古定書는 가장 오래되었고, 공씨의 문의文義는 대부분 복생의 설을 따랐다. 당 명황제明皇帝가 예고정을 (잘못) 개정하고 속유들이 그대로 받들어 글이 많이 잡란雜亂스러워졌다. 고문古文이 옳기 때문에 그것을 바로잡는 것이 수고롭지 않았다.…… 옛것을 좋아하는 버릇을 무슨 말로 바꿀 수 있겠는가!

그는 옛것을 보존하는 데 뜻이 있었다. 그러나 당시에는 이미 해서로 간행된 판본이 유행하고 있었고 또 예고기자隸古奇字도 이해하기 어려웠기 때문에 사람들은 이 책에 보존된 옛글자를 중요하게 생각하지 않았고, 다만 송민구宋敏求 · 여대방呂大防 · 조공무晁公武 등의 소수만이 좋아할 뿐이었다.[63] 이 책은 『통지당경해』에 완전하게 판각되어 있다.

설계선과 같은 시대에 신유新喩 사람 사악謝諤이 『서해書解』 20권을 지었는데 전해지지는 않는다. 그런데 설계선 · 사악 두 사람의 저작을 합해서 만든 『간재정재이선생서설艮齋定齋二先生書說』 30권이 또 있었다고 한다. 간재艮齋는 설계선의 호이고 정재定齋는 사악의 호이니, 두 사람의 『상서』 설이 대체로 비슷했고 두 사람 다 영가학파의 정신을 대표했기 때문에 한데 묶어 편찬해 내었던 것이다. 이 외에도 소욱蕭彧의 『집영가선생상서정

---

63) 졸고 「尙書的隸古定本古寫本」에서 상세히 다루었다.

의集永嘉先生尚書精義』9권이 있었는데, 이 역시 설계선 등의 『상서』설을 모은 것이다. 아쉽게도 이 세 책은 모두 전해지지 않는다.

진부량陳傅良(자는 君擧, 호는 止齋)은 『송사』 본전에 따르면 『시』·『예』·『춘추좌씨』 등의 저작을 해석하였다고만 했고 『서』에 대한 언급은 없다. 그는 또 『역대병지歷代兵志』 8권을 편찬하였는데, 이는 그가 시정時政 관련 저술에 관심이 있었다는 점을 잘 보여 준다. 『경의고』에서는 그의 『상서』 관련 저작으로 『서초書鈔』(不分卷)가 있었다고 기록하고 있는데, 그 주에 "미견未見"이라고 하였으므로 내용을 상고해 볼 도리가 없다. 『사고전서총목』의 '영가팔면봉永嘉八面鋒' 아래에 적힌 다음 내용은 그들의 학문정신을 잘 드러내 주고 있다.

영가의 학은 여조겸으로부터 시작되어 섭적과 진부량을 거쳐 마침내 남송 유자儒者의 또 다른 일파가 되었다. 주자는 사공事功에 관심이 있다고 의심하였으나, 사공事功은 경세經世를 바탕으로 세워지는 것이었기 때문에 아주 배척하지는 않았다.

섭적葉適(자는 正則, 호는 水心)은 일찍이 "이미 공리功利가 없다면 도의道義라는 것은 쓸모없는 허사虛辭일 뿐이다"[64]라고 하였다. 이 말은 공리를 언급하지 않는 리학자들의 허위虛僞의 도학道學을 반대한 것이다. 그의 저작은 『사고전서총목』에 3종이 실려 있는데, 문집 외에 그가 학문을 논한 글을 모은 『습학기언習學記言』 50권이 있다. 이 책의 제5권이 바로 『상서』에 관한 것인데, 「상서서尙書序」·「공안국서孔安國序」·「우서虞書」·「하서夏書」·「상서商書」의 5부를 고찰하고 마지막에 「총론總論」을 덧붙여서 『상서』의 수많은 문제들에 대해 비교적 심도 있게 변석하였다. 가령 "『상서서』역시 구사舊史에 의거하여 만들어진 것으로 당시의 사건을 명확히 기록하

---

64) 『習學記言』, 「漢書」 3.

여 『서』의 의의를 나타낸 것이지 공자의 저작이 아니다"라고 분명히 지적하였으며, 또 "낙출서洛出書"와 같은 말은 "매우 견문이 좁은 것"이라고 평론하고 있다. 그리고 「홍범」의 구주九疇를 바로잡았는데, 옛날에는 그런 견해가 없었다고 하여 한유들이 말한 「홍범」 오행재이의 망설妄說을 배척하였다. 마지막으로 송대 리학자들의 『상서』 연구를 비평하면서, "근세의 학문은 비록 경經에서 나왔다고 말하지만 번잡하고 계통이 없으며 마구 뒤섞여 있어 질서를 잃었다"라고 하였다. 『사고전서총목』은 다음과 같이 평하였다.

> 그 논한 바는 새롭고 기이한 것을 좋아하되 말을 늘어놓는 것을 싫어하였다. 그래서 진진손은 『서록해제』에서 "그의 글들은 수준이 높고 정밀하지만 의리가 순명정대純明正大하지 못하다"라고 하였다. 유극장劉克莊 또한…… 그가 학문을 강구하고 이치를 편 것이 선유들과 다르다고 하였다.…… 지금 그 책을 보면…… 진실로 세상을 놀라게 했다는 말을 면하기 어렵다. 『시』를 논함에 있어서 오로지 구문舊文을 탐닉하여 『시』의 의意를 구하지 못하였다.…… 『국어』는 좌씨左氏의 저작이 아니라 하고…… 한대인들이 말한 「홍범」 오행재이의 잘못을 배척한 것은 모두 명확한 소견이 있었다고 볼 수 있으므로 웅변의 재능이 있기는 하나,…… 그의 식견이 아직 완전하지는 않았다. 특히 송나라 말기에 낙민洛閩의 학문을 잘 지켰어야 함에도 섭적은 이와는 달랐다는 평가를 면하기 어려우니, 이에 진진손 등이 불만을 제기했던 것이다.

결론적으로 그는 영가학파 가운데서는 매우 눈에 띄는 『상서』 연구를 했던 사람이었다.

송대 말기의 영가에는 진매수陳梅叟가 편찬한 『서설書說』(卷不詳)도 있는데, 책이 이미 망실되어 그 내용을 상세히 알 수는 없지만 영가 후기에 출현한 것이므로 본래의 학풍을 벗어날 수 없었을 것이다. 동정董鼎의 『찬주纂注』에서 그의 설을 인용하였다.

9. 남송 후기의 『상서』 관련 저작들

남송 경원慶元 이후부터 송이 망할 때까지의 기간에도 수많은 『상서』 관련 저작이 있었는데, 대체로 그 내용을 상고할 수 없다. 몇몇을 제외하고는 그것이 어떤 학파에 속하는 것인지도 분별할 수 없다. 또한 이와는 별도로 구주소舊注疏의 요의要義를 정리해서 학습자들을 편하게 한 유명한 저작들도 몇 부 있었다. 『송사』, 「예문지」, 『직재서록해제』, 『경의고』, 『사고전서총목』 등의 기록에 근거해서 나열해 보면 다음과 같다.

먼저 확실히 주자학파에 속하는 학자들의 저작으로, 황간黃幹의 『상서설尙書說』 10권, 보광輔廣의 『상서주尙書注』(卷不詳), 동수董銖의 『상서주』(卷不詳), 이상조李相祖의 『서설書說』 30권, 오창吳昶의 『서설』 40권, 추보지鄒補之의 『서설』(卷不詳), 임기손林虁孫의 『상서본의尙書本義』(卷不詳), 진대유陳大猷의 『서전회통書傳會通』 11권, 동몽정董夢程의 『상서훈석尙書訓釋』(卷不詳), 조여담趙汝談의 『남당서설南塘書說』 3권, 왕백王柏의 『서의書疑』 9권 등이다. 이들은 모두 주희의 제자혹은 그 문도들이다. 또한 마정란馬廷鸞(馬端臨의 父)의 『상서채전회편尙書蔡傳會編』 역시 주자학을 바로 전수받은 것이다. 이들 책들은 모두 망실되었고, 오직 스스로 주자학임을 자부한 황진黃震의 『독서일초讀書日鈔』 1권만이 현재 『황씨일초黃氏日鈔』 속에 보존되어 있다. 마지막으로, 주자학을 계승한 김이상金履祥의 저작이 있는데 뒤에 따로 서술하기로 한다.

남송 후기 주자학이 성행한 이후에 필연적으로 적지 않은 주자학자들이 있었겠으나 다음 저작들은 저자가 명확한 입장표명을 하지 않았기 때문에 그 소속 학파를 상세히 알 수 없다. 그러나 판단할 근거가 없으므로 모두 여기에 나열한다. 일련의 저작들은 다음과 같다. 손조孫調의 『용파서해龍坡書解』 50권, 서유徐儒의 『상서괄지尙書括旨』 10권[65], 허혁許奕의 『상서강

---

65) 『經義考』에는 姚希得이 쓴 이 책의 序文이 실려 있는데, 서문에 따르면 이 책에서 말

의『尚書講義』10권, 송온宋蘊의『상서강의』50권, 김동金橦의『상서설尙書說』5권, 풍성지馮誠之의『서전書傳』20권, 강득평姜得平의『상서유의尙書遺意』1권, 사맹전史孟傳의『서략書略』10권, 응용應鏞의『상서약의尙書約義』25권, 호의胡誼의『상서석의尙書釋疑』10권, 진덕수眞德秀의『서설정의書說精義』3권[66], 왕종도王宗道의『서설書說』6권, 손비孫泌의『상서해尙書解』52권, 강백성康伯成의『서전』1권, 서심徐宋의『상서신의尙書申義』58권, 웅자진熊子眞의『산재서해山齋書解』13권, 오시가吳時可의『초파서설樵坡書說』6권, 방봉진方逢辰의『상서석전尙書釋傳』4권, 진보陳普의『서강의書講義』1권(存), 양왕집楊王集의『상서의종尙書義宗』3권, 매梅 교수(失名)의『서집해書集解』3책, 조씨趙氏(失名)의『상서백편강해尙書百篇講解』[67] 등이 그것이고, 또 권수가 알려지지 않은 저술로는 손조孫調의『상서발제尙書發題』, 반병潘柄의『상서해尙書解』, 대몽戴蒙의『서설書說』, 왕일휴王日休의『서해書解』, 대계戴溪의『서설』, 왕시회王時會의『상서훈전尙書訓傳』, 장기張沂의『서설』, 시중행柴中行의『서집전』, 진진손의『상서설』, 시소장時少章의『상서대의尙書大義』, 정사침鄭思忱의『상서석尙書釋』, 대자戴仔의『서전』, 대동戴侗의『상서가설尙書家說』, 등연滕鉛의『상서대의』, 시원우柴元祐의『상서해』, 홍자기洪咨夔의『상서주』, 서진舒津의『상서해』, 장원숭章元崇의『상서연의尙書演義』, 왕만王萬의『서설』, 반형潘衡의『서설』, 진성임陳聖任의『상서해』, 장진張震의『상서소전尙書小傳』, 강여회姜如晦의『상서소전』, 사중오史仲午의『서설』, 사점史漸의『서설』, 유유劉奭의『횡주상서강업橫舟尙書講業』, 양명복楊明復의『상서창지尙書暢旨』, 장효직張孝直의『상서구의尙書口義』, 유흠劉欽의『서경연의書經演義』, 요삼석姚三錫의『서초書鈔』, 정목程穆의『상서약의尙書約義』, 이기李杞의『겸재서해謙齋書解』, 이수용李守鏞의『상서가설尙書家說』,

---

하는 虞·周 두 書의 요지가 모두 "聖訓典謨, 惟精惟一의 旨"라고 하였다. 이로써 이 책이 순수한 理學家의 說이라는 것을 알 수 있다.

66) 元代 王天與의『尙書纂傳』에 眞德秀의 說이 많이 보존되어 있다.

67) 권수가 없으며, 章句를 해석한 것이 아니라 매 篇의 意義를 해석한 것이다.

유원강劉元剛의 『상서연의』, 무주일繆主一의 『서설』, 주경손周敬孫의 『상서보유尙書補遺』, 진환陳煥의 『서전통서傳通』, 진보陳普의 『상서보미尙書補微』 및 『서전보유書傳補遺』, 조약촉趙若燭[68]의 『서경전주추통書經箋注樞通』, 하봉원何逢源의 『상서통지尙書通旨』, 구규邱葵의 『서해』 등이 있다. 이 가운데 서유徐儒와 진보陳普의 두 저서가 『경의고』에 "존存"이라고 명시된 것을 제외하고 나머지는 모두 망실되어 전하지 않는다.

이 시기에 중설衆說을 모아 찬집纂輯한 저술들은 다음과 같다. 진문울陳文蔚의 『상서유편尙書類編』 13권, 풍의馮椅의 『상서집설尙書集說』(卷不詳), 원각袁覺의 『집독서기集讀書記』 30권[69], 동종董琮의 『상서집의尙書集議』(卷不詳)[70], 유견劉甄의 『청하상서집해靑霞尙書集解』 20권, 웅화熊禾의 『상서집소尙書集疏』(卷不詳) 등이다. 최대의 저작은 성신지成申之의 『사백가상서집해四百家尙書集解』 58권인데, 이는 남송 말기까지의 『상서』 관련 저작을 망라한 총집總集으로서 인용된 학자는 모두 400여 가를 오르내릴 것으로 생각된다. 안타깝게도 이상의 회집본匯集本들도 모두 망실되었다.

이 많은 저술들이 잇달아 실전되는 상황에서도 몇 권의 제법 유명한 저작들은 아직도 전하고 있다. 제일 먼저 소개할 책은 주소를 경시하는 송학의 분위기 속에서도 이공二孔의 주소를 독실하게 지킨 위요옹魏了翁(字는 華父, 號는 鶴山)의 『상서요의尙書要義』이다. 『송사』 「예문지」에는 20권으로 되어 있으며, 『경의고』에는 권수는 같은데 별도의 『서설序說』 1권이 기록되어 있다. 『사고전서총목』에는 3권이 빠진 17권으로 되어 있는데, 『구경요의九經要義』 263권 가운데 하나로서 별도의 『서설』의 권수는 같으며, 『사고미수서목四庫未收書目』에서 빠진 3권을 보충하였다. 이 책은 주소들 가운데서

---

68) 『姓譜』에 趙嗣誠으로 되어 있다.
69) 陳振孫의 『書錄解題』에 따르면, 이 책은 대체로 呂祖謙의 『讀書記』와 비슷하게 諸說을 모아 만들었으며 간혹 찬집자 자신의 의견을 뒤에 붙였다고 한다.
70) 元의 董鼎은 이 책을 이용하여 『纂注』를 편찬하였다.

요점만을 추리고 목차를 표시하여 읽기 쉽게 한 것이다. 비록 위요옹은 주희의 제자 보광輔廣과 이번李燔에게서 수학한 주자학자였지만, 일반적인 주자학자들과는 달리 구경해舊經解를 중시하는 견해를 보였다. 『사고전서 총목』에서는 다음과 같이 설명하고 있다.

공안국의 『전』은 본래 위탁하여 나온 것으로서 글에 따라 의미를 더하였고 크게 드러내어 밝힌 것도 없지만, 또한 큰 하자도 없다. 그래서 송유들은 『시』를 말할 때는 『소서小序』를 배척하였고 『춘추』를 말할 때는 삼전三傳을 배척하였지만 『서』를 말할 때 공씨孔氏를 심하게 배척하지는 않았다. 공영달의 『정의』는 비록 전문傳文을 지어 해석하긴 했지만 조금의 차이도 용납하지 않고 원본을 그대로 따르며 고증하였다. 그래서 주자도 『어록』에서 『상서』의 명물名物과 전제典制는 마땅히 소문疏文을 보아야 한다고 했던 것이다. 하지만 『상서』의 글이 매우 까다로운 데다가 주소注疏 또한 매우 번잡하여 학자들이 공부하기에 어려웠다. 이에 위요옹이 쓸데없는 문장을 삭제하여 후인들이 난삽함에 헤매지 않게 하였고, 모든 고증의 실학實學으로 이미 정화만을 끌어 모았으니, 이에 주소를 읽는 이의 길잡이가 되었다.

이 책이 번잡하고 중복되는 주소를 정선精選하고 그 원의를 보존함으로써 방대한 양의 주소를 편리하게 읽을 수 있도록 했다는 사실을 알 수 있다. 특히 구양수歐陽脩는 일찍이 「구경정의 속의 참위설을 없앨 것을 청하는 차자」(請刪去九經正義中讖緯箚子)[71]에서 다음과 같이 지적하고 있다.

주소들 중에서 정현 이래로 공영달 등에게서 인용된 참위설을 모두 삭제하고자 하였으나 실현하지 못하다가, 위요옹의 이 책에 이르러 비로소 모두 삭제하고 문의文義에 대한 해석을 정화淨化하여 초학자들로 하여금 수많은 방사方士들의 간섭에서 벗어나게 하였습니다. 이것이 이 책의 유용한 점입니다.[72]

---

71) 그의 文集에 보인다.
72) 물론 『九經正義』 속에 보존된 讖緯說들은 歷史資料로서는 충분한 가치가 있다.

다음은 공안국의 『전』을 위주로 하되 이설異說을 보존한 호사행胡士行의 『상서상해尙書詳解』 13권이다. 『경의고』에는 『초학상서상해初學尙書詳解』라고 기록하여[73], 하선夏僎 및 진경陳經의 두 『상서상해』와 구별하였다. 『사고전서총목』에서는 "그 경해經解는 『공전孔傳』을 위주로 하되 이설異說을 보존하였다"라고 하면서, 이어 다음과 같이 적고 있다.

> 『공전』에 완선完善하지 않은 점이 있어 양시楊時·임지기林之奇·여조겸呂祖謙·하선夏僎의 제설을 인용하여 보충하였고, 제설에도 완비되지 않은 점이 있어 자신의 견해로 해설하였다.…… 비록 모든 것이 구설舊說에 근거하고 있지만, 모두 모아 일가一家의 말로 완성하였으니 오히려 경해가 독실하게 되었다.…… 인용하고 있는 한漢·진인晋人의 훈고에 이자異字가 있고…… 주소와 기록된 바가 같지 않지만, 이런 점들에서 그 마음이 고의古義를 보존하는 데 있었지 헛되이 명리名理를 논담하는 데 있었던 것이 아님을 알 수 있다.

남송 중기에 구주舊註를 채용하면서 송학으로 경해한 황탁黃度, 진경陳經 등에 비해 더욱 구주소에 치중했다는 것을 알 수 있다. 비록 리학자들의 경설을 인용하여 보충하기는 했으나, 새로운 설을 만들기를 좋아했던 여타 리학자들에 비해 구주소에 편중하였기 때문에 그의 경해가 독실하고 명리名理를 좇지 않았다고 말한 것이다. 이 책은 『통지당경해通志堂經解』에 수록되어 있다.

위요옹과 호사행의 책은 남송시대의 수많은 저작 가운데 리학의 속박에서 벗어난 '고증실학考證實學'·'해경독실解經篤實'류의 명저로 손꼽힌다.

마지막 한 사람은 송말원초宋末元初에 명저를 내놓은 김이상金履祥이다. 그의 책은 주자학을 독실하게 지키면서 탁월한 성취를 일구어 낸 역작이다. 송대 최후의 명작이기 때문에 여기에서 서술하는 바이다.

김이상金履祥(자는 吉父, 호는 仁山)은 왕백王柏에게 수업을 받았으므로 실질

---

73) 焦竤의 『國史經籍志』에는 『書集解』로 되어 있다.

적으로 주희의 4전제자이다. 『서경주書經注』 12권과 『상서표주尙書表注』 2권을 편찬하였다. 이 두 책은 모두 지금도 전하는데, 후자는 『통지당경해』에 수록되어 있다. 『서경주』는 초년에 완성된 것으로, 주로 주자학을 계승하여 『채전蔡傳』과는 별다른 점은 없고 다만 자신의 견해를 조금 덧붙였을 뿐이다. 만년에 이르러 그는 다시 『표주表注』를 내놓으면서 스스로 이것이 『채전』보다 낫다고 여겼다. 이 책의 「자서」에서 그는 먼저 『상서』가 이제삼왕二帝三王의 심心으로써 정사政事와 명령命令을 펼친 글임을 지적하고 있는데, 이는 완연한 주자학적 견해이다. 이어서 한대로부터 당대에 이르기까지의 『상서』의 액운을 서술한 후 다음과 같이 적고 있다.

후대의 학자들이 한유漢儒의 전문專門을 지키니 개원開元의 속학이 되고 장흥長興의 판본이 되어 과연 제왕帝王 한 글자라도 전범典範이 될 수 없다가, 다행스럽게도 하늘이 우리 유학을 부흥시켜 주周·정程·장張·주자朱子께서 서로 전하였다. 비록 훈전訓傳은 갖추지 못했으나 의리義理가 크게 밝혀져, 성현의 심이 전해짐을 알 수 있게 되었고 제왕의 작용을 볼 수 있게 되었다. 주자께서 뭇 경을 전주傳注하여 갖추어놓았으나, 유독 『서』만은 미치지 못하였다. 일찍이 『소서小序』를 따로 뽑아 의문점과 오류를 변정辨正하고 그 요령을 지적하였으며, 채씨蔡氏에게 전수하여 『집전集傳』을 완성하게 함에 제설諸說이 이때에 이르러 절충되었다. 그러나 책이 완성되었을 때는 이미 주자께서 돌아가신 뒤이고 문인들이 『어록』을 모으기 전이었으니, 나는 제가의 설을 열람하고 장구를 해석하기를 다시 몇 년을 계속하였다. 하루는 여러 설들을 버리고 오직 남겨진 경문만을 가지고 반복해서 완미玩味하던 중…… 그로 인해 스승의 뜻에 따라 단락을 바르게 나누고, 그 문장의 뜻과 그 의리 사이의 미묘함을 드러내고 사실을 개괄하였으며, 문자의 오류를 고정考正하여 네 울타리 바깥에 표表하였다.

이것이 바로 책의 제목을 『표주表注』라 한 까닭이다. 이 책은 매우 간명하다. 매 항의 상하좌우에 간단한 한두 개의 글자 혹은 구절을 두어 문의를 해석하였는데, 『채전』과 다른 점이 있기도 하지만 전체적으로 송학의 종지를 잘 지켰기 때문에 송인들의 설로써 경의經義를 바꾼 곳도 있었다. 『사고전서총목』에서는 이 책에 대해 "지나치게 고론高論을 일삼아 선유들과는 다른 것을 구하였다"라고 비판하였지만, 분명 이 책은 『상서』 연구를 위해 참고할 만한 수작이라 할 수 있다.

이 외에도 변대형卞大亨의 『상서유수尙書類數』 20권이 있는데, 『송사』 「예문지」에 보인다. 여기서 담론한 이른바 '수數'라는 것은 연범파에서 말하는 상수象數를 가리키는 것으로도 보이고, 또는 기수명물器數名物 등의 역사자료를 말하는 듯도 하다. 또 다른 저작으로는 무명씨의 『상서명수색지尙書名數索至』(卷不詳)가 있는데, 청초에 있었던 명대의 녹죽당菉竹堂·만권당萬卷堂·담생당澹生堂 등의 세 『서목書目』에 모두 보이지만 주이준이 『경의고』를 편찬할 당시에는 이미 "미견未見"이었다. 『경의고』는 이 책에 대한 방시발方時發의 「서序」를 인용하여, "성인의 심법을 송인이 이미 다 발휘하였으므로 이 책에서는 오직 「요전堯典」의 천문, 「우공禹貢」의 지리, 「홍범」의 오행차례, 「대고大誥」 제 편의 관명官名·의장제도·복식기용服食器用 등을 분명하게 밝히고 확실하게 증명하였다"라고 하였다. 이 책이 『상서』 중의 사실史實자료를 주석한 중요한 저서임을 알 수 있다. 그러나 현전하는 판본이 있는지는 알 수 없다.

10. 금대의 『상서』 저작

『금사金史』 「선거지選擧志」에 따르면, 금대의 과거제도는 다음과 같다.

모두 송의 제도를 따랐으므로 사부詞賦·경의經義·책시策試·율과律科·경동經童의 제도가 있었다.…… 선비를 양성하는 곳을 국자감이라고 하였다. 경에 있어서는, 『역』은 왕필王弼과 한강백韓康伯의 주를, 『서』는 공안국의 주를, 『시』는 모장毛萇

의 주와 정현鄭玄의 전箋을 사용하였고,…… 모두 국자감에서 발행하여 학교에서 교수하였다.

　이것이 금대의 국학 설립과 군경群經의 정립에 관한 기본 규정으로, 송제宋制를 그대로 답습하고 있었다. 사실 금나라는 분명 요遼의 제도에 영향을 받았겠지만, 요제遼制에 대해서는 확실하지 않다. 『요사遼史』「백관지百官志」에 의하면 요 태조가 상경上京에 국자감을 설립하고 좨주祭酒, 사업司業 등의 직책을 두었다고 하는데, 국자학에는 박사博士와 조교助教가 있었다. 이 또한 중원의 제도를 계승한 것으로 금나라와 기본적으로 동일하다. 설치된 과별科別 및 학관에 세워진 경도 기본적으로 같았다. 송제宋制가 바로 요·금의 근본이 되었던 것이다. 다만 금대에는 리학 및 신경설新經說이 유행하지 않았기 때문에 경력慶曆 이전의 구제舊制를 계승했음이 확실하다. 관리의 선발에 있어서도 송학을 일절 사용하지 않고 한·당의 구경해舊經解를 연용하였기 때문에, 『상서』 또한 자연스럽게 『공전孔傳』이 정착되었다.

　『상서』 관련 저작에 있어서는 요대에는 자료가 없고 금대에도 자료가 많지 않아 그 자세한 상황을 알 수 없다. 다만 『경의고』의 기록에 의하면 금대에 3종의 『상서』 관련 저작이 있었다. 그 중 하나는 왕약허王若虛의 『상서의수尚書義粹』 3권으로, 천일각天一閣과 만권당萬卷堂에 모두 이 책이 소장되어 있었다. 다음은 여조呂造의 『상서요략尚書要略』으로, 금대 말기 애종哀宗(1224~1234 재위) 시기의 저작이며 책은 이미 망실되었다. 마지막은 조병문趙秉文의 『무일직해無逸直解』 1권으로, 「무일無逸」 1편을 해설한 것이다. 「자서」에서 "구주소에 의거하여 『무일직해』를 편찬하였다"라고 했으니 송학을 이용하지 않고 구주소에 바탕을 둔 것임을 알 수 있는데, 이 책도 이미 망실되었다. 이들 책의 내용들은 알 수가 없다.

제3절 송대의 「우공」·「홍범」 등에 관한 연구

양송시대에는 『상서』 중의 중요한 몇몇 편장에 대해 전문적이고 깊이 있는 연구를 진행한 학자들이 있었다. 『사고전서총목』의 '일강서경해의日 講書經解義'에서는 다음과 같이 적고 있다.

> 학자들의 『상서』에 대한 논쟁에 있어서는, 한대 이래로는 「홍범洪範」의 오행을 그냥 넘어가지 않았고, 송대 이래로는 「우공禹貢」의 산천山川을 그냥 넘어가지 않았으며, 명대 이래로는 금문·고문의 진위眞僞 문제를 그냥 넘어가지 않았다.

송대에 들어서서는 한유들의 「홍범」에 관한 논쟁이 진일보하여 첨예한 변석辨析이 이루어지고, 또 「우공」의 산천에 대한 논쟁도 전개된다. 물론 금고문진위논쟁今古文眞僞論爭도 그 시작은 송유들로부터 비롯된 것인데, 이에 대해서는 뒤에서 본격적으로 서술하겠다. 여기서는 특히 경문經文에 의거한 경의經義의 탐구를 중시하는 송학의 특성으로 인해 자연스럽게 『상서』의 주요 편장들에 대한 연구를 진행하게 되었다는 사실에 대해 살펴보기로 한다. 아래에서는 ① 「우공禹貢」, ② 「홍범洪範」, ③ 기타 각 편으로 나누어 서술하고, 이어서 ④ 양송시기의 '오경총의五經總義'에 관한 저작을 덧붙여 두겠다.

1. 「우공」

앞서 서술했듯이 한대에 이미 「우공도禹貢圖」가 있었고, 또 서진의 배수裴秀가 최초의 과학적인 회도기술繪圖技術로 「우공지역도禹貢地域圖」를 그렸는데, 아쉽게도 모두 전하지 않는다. 『경의고』는 「선화화보宣和畫譜」의 기록에 의거해서 동진 의희義熙 연간(404~418)에 고개지顧愷之가 그린 「하우치수도夏禹治水圖」를 수록하고 있는데, 이는 역사전설에 근거해서 그린 고사화故事畫로서 「우공」과는 무관하다. 또 당대 배효원裴孝源의 「정관공사화사貞觀公私畫史」에 근거한 무명씨의 「우공도禹貢圖」가 기록되어 있는데, 제목으로만 보면 「우공」 지리도인 듯하지만 화사畫史에 기록되어 있으므로 확실히 지도가 아닌 「우공」을 제재題材로 한 그림이었을 것이다. 이 또한 일찍이 망실되었다. 당시의 유명한 「우공」 지리도로는 오직 가탐賈耽의 「해내화이도海內華夷圖」가 있는데, 이에 관해서는 이미 앞 장의 당대 『상서』에 관한 서술에서 살펴본 바 있다.

송대에 이르러 「우공」 연구가 더욱 성행하면서 논저와 회화가 쏟아져 나오게 된다. 『송사』 「예문지」, 『경의고』, 『사고전서총목』 등의 기록에 의거하고 현존하는 서적들을 참고하여 그 대강을 알 수 있다.

북송의 저작 가운데 지금 알 수 있는 것으로는 오직 공무중孔武仲의 『우공론禹貢論』 1편이 있다. 내용은 알 수 없고, 다만 『경의고』에는 그 책이 상존尙存했던 것으로 기록되어 있다. 이에 비해 남송의 저작은 상대적으로 많은데, 비교적 알려진 것은 다음과 같다.

우선 모황毛晃의 『우공지남禹貢指南』이다. 『경의고』에는 "2권, 미견未見"으로 되어 있고, 『사고전서총목』에서는 『대전大典』에 근거하여 4권이라 하였다. 현재 무영전武英殿 취진판聚珍版 전본傳本이 있다. 『사고전서총목』에서는 다음과 같이 적고 있다.

이 책은 대체로 『이아爾雅』·『주례周禮』·『한지漢志』·『수경주水經注』·『구역지九域志』 등을 인용하고 별도의 다른 설을 인용하여 고금 산수의 본말을 증명하였는데, 매우 간명하다.…… 고증에 의거하면서도 제유의 견강부회한 설에 빠지지 않았기 때문에 후대에 채씨의 『집전』에서 많이 인용하였다.

살펴보건대, 이 책의 각 지명 아래에는 위에서 언급된 『이아』·『수경』 등을 제외하고도 한·진 이래 전해지던 지리에 관한 책들, 즉 『산해경』, 『회남자』「지형地形」편, 궐인闕駰의 『십삼주기十三州記』, 『좌전』 두주杜注, 『진서晋書』「지지地志」, 『태강지기太康地記』, 『지리풍속기地理風俗記』, 『한서』 안주顔注, 그리고 소식·심괄 같은 송유들의 설 등이 인용되고 있다. 취한 자료가 제법 광범위하면서도 해석이 간명하기 때문에 송학 「우공」 연구의 수작 가운데 하나로 꼽힌다.

다음은 정대창程大昌(자는 泰之)의 『우공론禹貢論』 5권 및 그 도圖와 『우공후론禹貢後論』 1권이다. 이 권수들은 모두 『송사』「예문지」에 기록되어 있는 권수이고, 『사고전서총목』의 도록圖錄에서는 『대전大典』본에 근거하여 『산천지리도山川地理圖』라고 부르면서 모두 2권이라고 하였다. 이 책은 송대의 「우공」 명저로서 청대에 『통지당경해』에 수록되었다가 그림은 망실되고 「서설序說」만 남게 되었으나, 『사고전서』본에 그림 28폭이 남아 있다. 『우공론』은 모두 52편으로, 하河·제濟·하荷·강江·형산荊山·한漢·면沔·약수弱水·흑수黑水·조서동혈산鳥鼠同穴山을 논하고 전부田賦를 언급하였으며, 또한 곤鯀·이하夷夏 2제題를 덧붙여 논하였다. 대체로 구전舊傳의 오류를 바로잡았다고 평가받지만, 오직 조서동혈산鳥鼠同穴山이 두 개의 산이라는 논의는 사실과 다르다는 이유로 귀유광歸有光(1507~1571)의 비판을 받았다. 그러나 이는 송학의 '리'로써 판단한 오류로, 리학자들이 조서동혈산은 '리'에 부합하지 않는다고 여겼던 것은 자연계에 그런 공생共生현상이 있음을 알지 못했기 때문이다. 『후론後論』 8편은 하수河水·변수汴水의 환난患

難을 전문적으로 논하였는데 송대에 실제로 일어난 일이었다. 정대창은
그 밖에도 『옹록雍錄』과 『북변비대北邊備對』를 지었는데, 이 또한 지리에
관한 저술들이다.

다음은 부인傅寅의 『우공설단禹貢說斷』 4권이다. 『경의고』에는 『우공집해
禹貢集解』 2권으로 잘못 기록되어 있는데, 『통지당경해』는 그 오류를 그대로
따랐다. 『사고전서총목』은 『대전』본에 근거해서 수정한 후 4권으로 나누
고, 부인의 『우공도설禹貢圖說』이라 칭하면서 다음과 같이 평하였다.

> 책에서 부인傅寅은 중설衆說들을 인용하되 앞선 사람들의 의견을 그대로 답습하
> 지 않고 자신의 의견으로 추단하여 해설하였다. 그가 『맹자』의 "여수汝水와
> 한수漢水를 트고 회수淮水와 사수泗水의 물길을 손보아 강江과 만나게 했다"(決汝漢
> 排淮泗而注之江) 구절을 논한 부분은 고대의 구혁溝洫하는 법이니, 특히 제유들이
> 미치지 못한 바로서 순수하게 자신이 서술한 견해였다.

이 책은 모황과 정대창의 두 책과 함께 송대의 『우공』 관련 3대 명작으로
꼽힌다. 이른바 "송대 이래 변론하는 사람들은 『우공』의 산천을 그냥
넘어가지 않았다"(宋以來所聚訟者莫過禹貢之山川)라는 말은 주로 이 3권의 책에서
유래한 것이다. 이들은 뒤이어 언급할 역발易祓의 『우공강리기禹貢疆理記』와
함께 오늘날의 『우공』 연구에 참고 도서가 되고 있다.

다음은 역발易祓의 『우공강리기禹貢疆理記』 1권이다. 『송사』 「예문지」 및
『사고전서총목』에 모두 실려 있지 않으며, 『경의고』에서도 "이미 망실되었
다"(已佚)고 하였다. 그러나 원·명의 저작들에서 종종 인용되어 논쟁이
되는 『우공』의 지리 문제에 대해 정곡을 찌르는 견해들을 제시하곤 했고,
오늘날의 지리 문제를 증명하는 데에도 인용되고 있다. 살펴보건대,
『사고전서총목』 저록에 역발의 『주역총의周易總義』·『주관총의周官總義』가
있는데 그 내용에 대한 평가가 비교적 좋다. 그리고 역발은 리학에 반대한

한탁주韓侂胄·소사단蘇師旦과 정치적 입장을 함께했으므로, 그가 송유 가운데서는 드물게 리학으로 경을 다루지 않고 경에 대해 보다 과학적으로 연구한 사람이었음을 알 수 있다.

이상 4종 이외에도 『송사』, 「예문지」 및 『경의고』에 보이는 송인의 「우공」 관련 저작들은 제법 많다. 증민曾旼의 『상서강의尙書講義』 중의 「우공」편에서 지리에 관한 중요한 견해들을 많이 제시하여 「우공」을 연구하는 사람들이 자주 인용하였고, 왕염王炎의 『우공변禹貢辨』 1권이 원·명의 저작들에 인용되었는데 종종 정밀한 뜻을 보였다. 또 주희의 제자들인 진식陳埴의 『우공변禹貢辨』 1권과 이방자李方子의 『우공해禹貢解』(無卷數)가 있고, 주희의 3전제자 왕백王柏의 『우공도禹貢圖』 1권이 있으며, 상산학파인 양간의 제자 추근인鄒近仁의 『우공집설禹貢集說』(卷不詳)이 있다.74) 그리고 『경의고』에 '이미 망실'(已失)되었다고 기록된 것들로서, 여철余哲의 『우공고禹貢考』(卷不詳), 황천능黃千能의 『우공도설禹貢圖說』(卷不詳), 맹선孟先의 『우공치수도禹貢治水圖』 1권, 대몽戴蒙의 『우공변禹貢辨』 1권, 진강陳剛의 『우공수초禹貢手鈔』 1권 등이 있다. 이 밖에 특정 주제를 논한 것으로는 나필羅泌의 「삼강상증三江詳證」 1편과 「구강상증九江詳證」 1편, 주희의 「구강팽려변九江彭蠡辨」 1편 등이 있다. 송인들이 「우공」을 다룬 저작들은 결코 이뿐만이 아닐 것이다. 대체로 송대에는 「우공」에 관한 학문이 전대에 비해 특히 성행하였고, 그로 인해 산천지리에 관한 '논쟁'이 출현하여 이 시기의 특징을 형성하게 된다.

이들 문헌저작 이외에도 송대에는 2개의 유명한 「우공」 지리 석각이 나타나 지금까지 보존되어 오고 있다. 그 가운데 하나인 「화이도華夷圖」는 대략 남송 초기 소흥紹興 6년(1136)에 각석되었는데 당대 가탐賈耽의 『해내화이도海內華夷圖』를 축소해서 간략히 한 것이기 때문에 가탐의 정확성에는 미치지 못하였다. 각석은 현재 서안西安 비림碑林(收藏庫)에 보존되어 있다.

---

74) 이상 諸書들은 『經義考』에 모두 '未見'으로 기록되어 있다.

다른 하나는 「우적도禹迹圖」이다. 소흥 7년(1137)에 새겨진 것으로 알려지고 있으며, 가탐의 그림 중에서 중국 부분을 축소하였기 때문에 '우공구주도禹貢九州圖'라고 불린다. 화방畵方의 기법을 사용하였으니, 매 방方을 백 리로 나누어 가탐 『해내화이도』의 의의를 살렸다. 「화이도」에 비해 매우 우수한 편이어서, 해안선이 실제와 가깝고 하류河流 또한 정밀하다. 그래서 조셉 니덤(Joseph Terence Montgomery Needham, 1900~1995)으로부터 "당시 세계에서 가장 정밀한 지도"라는 극찬을 받았다.75) 이는 송대 「우공」학의 거대한 업적으로, 원석原石은 현재 서안비림에 보존되어 있다.

2. 「홍범」

한대에 나온 전문 저작을 내놓은 『상서』 단편單篇으로는 「홍범洪範」이 유일하다. 당시에는 금문학자들의 중심 저작인 『홍범오행전洪範五行傳』 몇 부가 저술되어 나왔는데, 한대 금문가들은 「홍범」을 한대의 종교와 같았던 음양오행설의 주요한 경전經典으로 고쳐시켰다.76) 그들은 편의 맨 앞에 있는 '구주九疇를 서술한 조목의 65글자'를 신귀神龜가 등에 지고 나와 낙수洛水 가에서 우禹에게 주었다는 「낙서洛書」로 만들어, 8괘卦로써 만들었다는 「하도河圖」와 함께 상제가 하사한 신물神物로 삼았다. 이에 「낙서」에 기록된 오행 및 그것을 근거로 해서 만들어진 각 사史의 「오행지五行志」는 중국 역사철학의 체계를 구성하며 후대에 전해졌다.77)

앞서 수·당시대에는 6부의 「홍범」 저작이 출현하였는데, 이 저작들은 대체로 한대의 유풍遺風을 답습하는 수준이었다. 그런데 송대에 들어서면

---

75) 『中國科學技術史』 제5권, 「地學」, 133쪽.
76) 앞의 제3장 3절의 1항에 보인다.
77) 졸고 「洪範成書時代考」(『中國社會科學』 1980年 3期) 참조.

서부터 한대와는 상대되는 새로운 견해가 제시되기 시작한다. 물론 한학을 지지하는 견해도 당연히 있었지만, 원래 「홍범」은 노예봉건정권시기에 형성된 봉건시대를 떠받드는 통치의 '대법大法'[78]이었기 때문에 위기상황에 처해 있던 송대의 통치자들은 이러한 '대법'에 기대야만 했고, 사대부들은 마음을 다해 이 편의 대법을 연구하였다. 당시에 「홍범」을 연구하는 학자들은 대체로 두 개의 파로 나뉘었는데, 하나는 한유의 방사화된 신학神學을 반대하고 통치술에 편중한 새로운 일파이고, 다른 하나는 한유의 방사화 학설을 지키면서 그 속에서 변화를 모색하는 일파이다. 이 외에도 상고詳考할 수 없는 학파도 있었다. 여기에 대해서 나누어 서술하도록 한다.

1) 한유의 오행재이 신학을 반대한 일파

가장 먼저 한유와 다른 설을 제시한 사람은 북송의 호원胡瑗이었다. 앞서 언급했듯이 그는 『홍범구의洪範口義』를 편찬하였는데, "천사구주天錫九疇"에 대한 해석에서 '낙서'설을 반대하고 '제요帝堯가 우禹에게 내려준 것'이라고 여겼다. 이는 황당한 신화를 버리고 평범한 역사적 사실로 바로잡은 것이다.[79] 나아가 그는 한유들이 말한, 「홍범」편 맨 앞의 65자는 「낙서」인데 이것은 남북조의 유생들이 말한 '거북이 등에 원래 새겨져 있던 38자에 우임금이 27자를 더한 것'(顧彪·劉焯의 설)이라든가, 혹은 '그 38자도 우임금이 18자를 더 첨가한 것'(劉炫의 설)이라는 등의 해괴한 쟁론에 반대하면서, 이들 자구들은 모두 「홍범」의 작자인 기자箕子가 말한 것에 불과하다고 여겨서[80] 평범하게 해석하고 이에 대한 참위술수讖緯術數와

---

78) 洪은 '大', 範은 '法'의 의미이다.
79) 그러나 진정한 의미의 史實은 아니다.
80) 물론 「洪範」의 작자는 箕子가 아닐 것이다.

같은 망언들을 바로잡았다. 비로소 「홍범」이 신의神意로부터 전해 받은 천서天書라는 몽매함에서 탈출하기 시작한 것이다. 그러나 그는 여전히 한인들이 말한 '천인합일지도天人合一之道'를 그대로 답습하였는데, 이상할 것도 없는 것이 송인들이 중시한 것도 바로 '천인지도天人之道'였기 때문이었다. 이후 그의 학생인 유이劉彝가 『홍범해洪範解』 6권을 편찬하여 그의 학을 계승해 나갔다.

이어서 구양수의 「홍범」에 대한 정확한 이해가 있었다. 그는 『역동자문易童子問』에서 『역전易傳』 십익十翼은 공자의 저작이 아님을 논증하고, 그러한 정신을 「홍범」에 적용시켜 동중서 및 유향 부자의 『오행전』의 허망함을 논증하였다. 그는 『신당서』 「오행지」를 편찬하면서 다음과 같이 말하였다.

한대 유학자들인 동중서 및 유향·유흠 부자의 무리들은 모두 『춘추』와 「홍범」으로 학문을 하면서 성인의 본의를 망각하였다.…… 옛날 기자가 주 무왕에게 우禹의 「홍범」을 진술하면서 그 사안事案을 9류類로 구분하고 다시 별도로 9장章을 말하여 '구주九疇'라고 하였다고 하는데, 그 설을 상고해 보면 서로 부속附屬되지 않는다. 그런데도 유향은 『오행전』을 지으면서 오사五事·황극皇極·서징庶徵을 오행에 부속시켜 버렸으니, 팔사八事가 모두 오행에 속한단 말인가? 팔정八政·오기五紀·삼덕三德·계의稽疑·복극復極과 같은 부류도 부속될 수 없는 것들이다. 「홍범」이 그 윤리를 잃어버리는 지경에 이르렀으니, 이른바 함부로 인용하고 말을 고친 것이다. 그럼에도 불구하고 한대 이래로 그것을 틀렸다고 하는 이가 없었다.

한유들이 오행을 견강부회한 잘못을 명확하게 지적하고 있다. 구양수는 이렇게 정확한 설을 제시하면서 나아가 소순 및 요칭寥偁 등이 제기한 「홍범」 신설新說을 적극 지지하였다.

소순蘇洵은 『홍범도론洪範圖論』 1권을 편찬하였다. 2개의 도圖와 3개의 논論으로 된 이 책의 「자서自序」에서 그는 다음과 같이 말하였다.

삼론三論을 지었으니, 이는 대체로 말末을 물리치고 본本을 회복하며 경經을 선양하고 전傳을 공격하며 잘못을 바로잡아 성인의 비밀을 드러내고자 함이다. 다시 이도二圖를 그렸는데, 하나는 그 오류를 지적한 것이고 하나는 나의 뜻을 드러낸 것이다.

또한 「후서後序」에서는 "어떤 사람이 유향·하후승夏侯勝의 설이 의심된 다고 하였다······ 내가 이유二劉의 전傳을 보니······ 이른바 눈 어두운 사람이 헤매는 격이라 어찌 말이 많지 않을 수 있겠는가?"라고 하여, 한대의 하후승, 유향·유흠 부자 등의 『홍범오행전』의 오류를 명확하게 공격하였 다. 임지기는 『상서전해尙書全解』에서 이렇게 평가하고 있다.

동중서와 유향·유흠 부자 이래로······ 『오행전』의 설은······ 대체로 모두 천착에 빠졌다.······ 소순이 『홍범론』을 지어 그 잘못을 파헤치고 그 계통을 밝혔으니, 그 실마리를 들어 유향의 의혹을 물리치고 공안국의 잘못을 바로잡음으로써 경의經義를 밝게 한 것이 마치 선기옥형璇璣玉衡으로써 천문天文을 보는 것과 같았다. 그의 뜻이 진실로 선하였으니, 한유의 잘못을 바로잡으면서 그 병폐를 정확히 말하였다.

그러나 임지기는 동시에 소순의 설에도 온당치 못한 곳이 있음을 지적하였으니, 곧 황극이 기타 각 주疇와 상배相配하는 문제와 구주의 차례에 관한 문제였다.

소순의 아들 소철蘇轍도 『홍범오사설洪範五事說』을 지어 부친의 설을 계승 하였는데, 당시에 영향력이 대단하였다.

요칭廖偁은 「홍범론洪範論」 1편을 지어 하도낙서설河圖洛書說을 반대하였 다. 『경의고』에서는 주희의 말을 인용하며 이렇게 말하고 있다.

요씨廖氏는 「홍범」을 논하여 '하도'와 '낙서'를 물리쳤는데, 구양공歐陽公에게서 영향을 받은 것이다. 구양공에게는 '무상서無祥瑞'의 논의가 있으니, 그는 다만 오대五代에 거짓으로 상서로움을 지어 내는 것을 보았기 때문에 옛날의 일과 관련이 있다고는 믿지 않았다.

또 다른 유력한 저작은 왕안석王安石의 『홍범전洪範傳』으로, 이것은 그의 『임천문집臨川文集』에 실려 있다. 그는 이 책을 올리는 표문表文에서 다음과 같이 말하였다.

『홍범』은 무왕武王이 허심탄회하게 질문한 것에 대해 기자箕子가 진심을 다해 말한 것입니다. 전주傳注한 사람들이 그것을 어지럽힌 까닭에 지금까지 밝혀지지 못했습니다……. 학자들이 옛날의 가르침을 알지 못하고 전주傳注의 학에 가려진 지가 오래되었습니다……. 신이 어찌 옛날의 가르침에 반하여 거듭 쟁론하는 일을 즐기겠습니까? 이 또한 부득이했을 뿐입니다.

그는 당시 한유들의 오행재이와 같은 잘못된 설이 유전되는 것을 가슴 아프게 생각하였는데, 오히려 수구파들은 한유의 오류를 차용하여 개혁을 방해하였기 때문에 부득이하게 그 오류를 바로잡아야 했던 것이다. 조공무의 『독서지』에서는 이렇게 적고 있다.

왕개보王介甫가 편찬하였다. 유향·동중서·복생이 밝힌 재이災異를 없애고자 별도로 이 전을 지었으니, '서징庶徵'의 이른바 '약若'은 '순順'으로 훈석하면 안 되고 마땅히 '여如'로 훈석해야 하며 인군人君의 오사五事는 천天의 우雨·양暘·욱燠·한寒·풍風과 같은 것일 뿐이라고 하였다. 그 대의大意는 천인불상간天人不相干을 말하는 것으로, 비록 변이變異가 있더라도 두려워할 것은 못 된다는 것이다.

이것은 대담한 유물론적 관점이라 할 수 있는 발언으로, 한유들의 음양오행재이설과 같은 신학적 관점을 직접 겨냥한 것이었다. 황진黃震의 『독서일초』에서도 "형공荊公의 『홍범전』에서 자의字義를 취한 것이 많다"라고 하였으니, 왕안석의 저작이 내용뿐만 아니라 그 문자文字의 해석에 있어서도 매우 정밀했음을 알 수 있다.

증공曾鞏(자는 子固)은 『홍범론洪範論』 1권을 지었는데, 그의 문집에 전한다. 임지기는 『상서전해』에서 이 책의 많은 부분을 단락 단위로 인용하면서 곳곳에서 "곡진曲盡하다", "『홍범』을 배우는 강령綱領이다"라고 찬탄하였으며, 주희도 "『홍범』은 증자고曾子固의 설이 다른 사람보다 더 낫다"라고 하였다. 증공은 한유들의 설을 버리고 마침내 자신의 해석을 만들어 내었으며, 그의 설은 송대 리학자들에 의해 받아들여졌다. 후대에 『사선생홍범해요四先生洪範解要』 6권이 편찬되었는데, 이른바 4선생이란 유이劉彝·소철蘇轍·증공曾鞏·여혜경呂惠卿을 말한다. 이 중 여혜경의 저작은 상세하지 않지만, 유이·소철·증공 세 사람 이외에 당시 『홍범』 신설新說을 제시한 유명한 학자로 여혜경(자는 吉甫)이 있었음을 알 수 있다.

남송대의 임지기는 『상시전해』 중의 「홍범」편에서 단락과 구절마다 면밀한 해석을 가하였다. 그는 "천사구주天錫九疇"조의 아래에서 다음과 같이 말했다.

> 한대 이래로 유자들이 종종 '하도'와 '낙서'의 설에 얽매여 천天이 우禹에게 하사한 것이 구주九疇라고 생각하였다. 대체로 그 글이 낙수에서 나왔고 우가 그것으로 차례를 매겼다고 하여, 마침내 천이 우에 내려준 「홍범」 구주라고 하게 된 것이다. "초일왈오행初一日五行" 이하는 65자 혹은 38자 혹은 27자라고 하여 그 설이 때에 따라 다르지만 모두 거북 등에 붙어 있던 글로서 진실로 '오행五行' 등과 같은 글자였으며 우임금이 순서를 정해 「홍범」이 되었다고 하는데, 나는 그렇게 생각하지 않는다.

따라서 그는 '천天'을 '리의 자연自然(스스로 그러함)'으로 해석한다. "모든 것은 '리의 자연'으로부터 나온다. 사람이 혼자만의 생각(私智)으로 덧붙일 수 있는 바가 아니니, 모든 것이 천天 아님이 없다"라고 하여 그는 '낙서'의 수와 오행설을 확실하게 반대하였다. 그는 다음과 같이 말하였다.

「홍범」이라는 책은 대저 이륜彝倫을 밝힌 글로서 본디 수數로부터 나온 것이 아니다. 그렇다면 거북 등에 지고 있던 것은 과연 무엇일까? 만약 '낙서'의 수數와 '하도'의 문文이라고 한다면 오늘날 전해지는 '낙서'의 오행생성五行生成의 수는 억지로 끌어다 붙인 것이 되니 믿기 어렵다. 만약 거북 등에 지고 있던 것이 '오행五行'·'오사五事' 등의 글자라고 한다면 그 설은 더욱 해괴하다. "천이 우에게 「홍범」 구주를 내렸다는 것은 천이 왕에게 용지勇智를 내렸다는 것일 뿐"이니, 더 깊이 구할 필요가 없다. 학자들이 「홍범」이라는 책이 수에서 기원한 것이 아니며 천이 우에게 내린 것이 '낙서'가 아니라는 사실을 잘 살핀다면 구주의 의의도 완전히 밝혀질 것이다.

이러한 입장에서 그는 한인의 오행설에 대해 "매우 자질구레한 것을 천착한 것", "오행과 오사에 배당시키는 것은 천착에 빠지는 잘못이니 자연의 리가 아니다", "오행에 이르러서는 그 설이 더욱 해괴하여 옳다고 할 수 없다"라고 지적하였던 것이다. 음양오행재이로써 「홍범」을 해석하는 한유들의 망설妄說을 반대한 것으로는 이러한 임지기의 설이 가장 견고하고 명쾌하다.

시란時瀾은 스승 여조겸의 『서설書說』을 증수하여 『증수동래서설增修東萊書說』을 엮었는데, 그 「홍범」편의 "초일왈오행初一曰五行" 아래에 "오행 앞에 이미 음양이 있고, 음양 앞에 또한 태극이 있는데, 어찌 '초일왈오행初一曰五行'이라고 할 수 있겠는가? 마땅히 깊이 연구해야 할 것이다. 만물은 처음이 없을 수 없으며 일찍이 쉰 적도 없다"라고 적고 있다. 한당의 구설舊說은 「홍범」에서 단지 오행만을 해석하고 음양을 말하지 않았기 때문이었다. 시란은 주돈이周敦頤의 「태극도설太極圖說」 이후의 리학설에 의거하여 한유를 반대하면서 오행에 그쳐서는 안 된다고 여겼던 것이다. 그의 설 역시 오류가 있긴 하지만 한유의 오행설을 그대로 받아들이지는 않았다는 것을 알 수 있다.

후대의 섭적葉適은 『습학기언習學記言』 권22에서 다음과 같이 말하였다.

살펴보건대, 유향은 왕씨를 위해 재이를 상고하여 『오행전』을 지었는데 이것이 당세當世에 받아들여졌고 한유가 말한 음양도 그 학설이 또한 각각 주장하는 바가 있었으니, 이로 인해 『홍범』의 설이 타락하게 되었다. 세상이 어지러워져서 구원할 수 없는 것은 그 화가 오히려 작지만, 도가 무너져서 회복될 수 없는 것은 그 해로움이 더욱 크다.

그러면서 그는 한유들의 재이설과 하도낙서설을 강하게 비판하였다.

황하에서 도圖가 나와 『역』이 만들어진 때는 복희伏羲 때이고 낙수에서 서書가 나와 『홍범』이 만들어진 때는 우禹의 때였다는 것은…… 유흠의 말에 지나지 않는다. 후세의 학자들이 고문古文을 의심 없이 받들고 천인天人 사이에서 추단하여 거짓으로 거짓을 만들었으니, 그 어찌 지극함에 이를 수 있겠는가?

대저 『홍범』은 애초에 재이災異로 만들어진 것이 아니며, 서징庶徵이 가리키는 것도 확실히 실효가 있는 것이다. 그러나 학자들이 오행・오사로 엮어 하나로 만들고는 춘추 이래의 모든 변조變兆를 분석하고 분류하여 왕의 정사正事를 가늠하는 틀로 사용하였으니, 동네 소부小夫의 무식한 말도 그러하지 않을진대 이른바 독학호고篤學好古했다는 동중서・유향・유흠 등이 그러했단 말인가!

또한 조선상趙善湘의 『홍범통일洪範統一』 1권이 있는데, 『송사』 본전에서는 『홍범통론洪範統論』이라 하였고 『문연각서목文淵閣書目』에서는 『홍범통기洪範統紀』라 하였으며 『사고전서총목』에서는 『영락대전永樂大典』을 근거로 『통일統一』이라 하였으니, 모두 『상서』의 내용을 통합하는 논의로 여긴 것이다. 『사고전서총목』에서는 이렇게 말하고 있다.

조선상은 말하기를 "한유들은 오사五事・서징庶徵을 오행의 징험으로만 해석하고 오행과 팔정은 주疇가 나뉜다만 하고 그 통統하는 바를 알지 못하였으니, 사실을 억지로 끌어들였고 그 말에 견강부회한 것이 많다"라고 하였다. 그리하여 구양수의 『당지唐志』와 소순의 『홍범도론洪範圖論』의 유의遺意를 채록하여 황극皇

極이 구주九疇를 통솔하는 것을 확정하였다. 그리고 매 주疇 가운데의……81), 그 통함을 얻었으니 구주가 하나로 관통할 수 있게 되었다.

이어서 이 책이 주·육 양가를 넘나들며 문호에 구애되지 않았다고 말하고 있다. 이는 리학 내부의 여러 학파들 사이에서 조화를 이루었다는 뜻이다. 전체적인 태도는 송학의 입장에서 구양수·소순의 설을 채용하여 한학의 「홍범」설을 반대하는 것이었다.

주희의 학문을 전수한 왕백王柏은 그의 『서의書疑』 「홍범」편에서 다음과 같이 말하였다.

나는 일찍이 『한서』 「오행지」를 읽다가 책을 덮고 탄식하였다. "고루하도다, 한유들이 경을 말함이여! 어떤 일이 잘 이루어지면 그 징조가 반드시 좋았다고 하고, 어떤 일이 실패하면 그 징조가 반드시 허물이 있었다고 하며, 천착하고 견강부회하며 지리멸렬한 것을 끌어다가 조화의 기미가 과연 그러하다고 하니, 얼마나 천박한가!

반고는 유향의 설을 이용하였는데, 오사五事의 배합을 추단하여 모貌는 목木에, 언言은 금金에, 시視는 화火에, 청聽은 수水에, 사思는 토土에 배속시켰으니,…… 더욱 식견이 좁다. 본조의 노소씨老蘇氏(소순)가 마침내 공恭·종從·명明·총聰·예睿로써 황극지건皇極之建으로 삼고, 우雨·양暘·욱燠·한寒·풍風이 모두 때에 맞아…… 그 나누어 분석함이 특히 명확하여 이때부터 한유의 비루함을 씻을 수 있었다. 그러나 목·금·수·화·토의 배합은 여전히 옛날의 설을 따랐다.

비록 그의 마지막 결론은 주희의 리학을 크게 드러내는 것이었으나, 여기에서는 한유의 오행재이감응설에 대한 반대가 매우 명확하다.

이상은 모두 한유의 오행재이감응설을 반대한 것들이고, 이로부터 더 나아가 「홍범」편 자체를 의심하는 사람도 있었다. 조여담趙汝談은 「남당

---

81) 생략된 부분에서는 각각의 疇가 統하는 바를 반복해서 서술하고 있다.

서설南塘書說』에서 "「홍범」은 기자의 저작이 아니다"라고 하였고, 육유陸游의 『노학암필기老學庵筆記』는 부자준傅子駿이 「홍범」의 '황극'장 가운데 몇 구절은 기자가 지은 것이 아니라고 말한 내용을 싣고 있다. 또한 「홍범」을 직접 고쳐 쓴 것도 있었으니, 『경의고』에서는 여도余燾의 『개정홍범改正洪範』 1권이 당시에 보존되어 있었다고 하면서 공명지龔明之의 『중오기문中吳紀聞』을 인용하여 다음과 같이 적고 있다.

여도余燾는……「홍범」편을 개사改寫하여 올렸는데, "'왕성유세王省惟歲'에서 '월지종성즉이풍우月之從星則以風雨'까지는 「4. 오기五紀」에 속한다.……"의 아래에서 이르기를 "무릇 구주九疇는 모두 연문衍文이 있는데, 오직 「4. 오기」에는 연문이 없다. 「8. 서징庶徵」 뒤에 가서야 '숙시우약肅時雨若'에서 '몽항풍약蒙恒風若'까지 말하였는데, 의미가 이미 단절되었다. 또한 '왕성유세王省惟歲' 이하의 글들은 군더더기에 지나지 않는다"라고 하였다. 어떤 사람은 이 말이 옳다고 했지만 대간臺諫의 탄핵을 받아 시행되지 못하였다.

또한 공정신龔鼎臣의 『개정홍범改定洪範』이 있는데, 이 역시 1권으로 되어 있다. 『사고전서총목』의 '서의書疑'조 아래에 보이며, 그 글들은 공정신의 『동원록東原錄』에 실려 있다. 그리고 왕백王柏은 『서의書疑』에서 「홍범」에 착간된 곳이 많다고 여겨 임의로 조정해서 과감히 바꾸었는데, 그는 홍씨洪氏(失名)라는 사람도 자신과 같은 주장을 펴며 바꾸었다고 말하기도 했다. 다만 그는 "왕성유세王省惟歲"를 「오기五紀」 아래로 옮기는 것은 반대하였다. 그의 말에 의하면 소씨蘇氏・섭씨葉氏・장씨張氏・홍씨洪氏 등이 모두 "왕성유세"를 「오기」 아래로 옮길 것을 주장했다고 하니, 당시에 「홍범」의 개정을 주장하는 사람이 많았음을 알 수 있다. 그들 모두는 한유들의 「홍범」설을 반대하였고, 더 나아가 「홍범」 본문에 대해서도 회의를 품고 새로운 탐색을 제시하였던 것이다.

또 왕백은 주희가 『대학』을 경經과 전傳으로 나눈 실례를 모방하여,

「홍범」 가운데 '구주九疇를 전체적으로 서술한 조목' 65자와 '오주황극五疇皇極'장 64자를 「홍범」의 경經으로 정해서, 전자를 '홍범경洪範經', 후자를 '황극경皇極經'이라고 칭하고 그 나머지 팔주八疇를 모두 「홍범」의 전傳으로 칭했다. 과거 『서경』에서도 빛나던 '성경聖經' 한 편을 잘라 '전傳'으로 만들어 버린 것이다. 김이상의 『서경주書經注』에 주희가 오씨吳氏[82]의 말을 인용하여 "오사五事 이하 모든 주疇는 각각 서로 짝이 되니, 이것이 「홍범」의 전이다"라고 한 것이 있으니, 주희와 왕백 이전에 이미 오씨가 「홍범」 본문을 경과 전으로 나누었고 주희와 왕백은 그것을 따른 것일 뿐이다. 그러나 그 책은 이미 전해지지 않았으며, 후대에 영향을 크게 준 것은 왕백으로부터이다. 아울러 왕백은 "「홍범」의 경과 전은 정밀하여 모두 성현도통의 상전相傳이자 위미정일危微精一의 대용大用이다"라고 하여 「홍범」 전편을 완전히 리학적 해석으로 귀속시켰다.

원대 호일중胡一中의 『정정홍범집설定正洪範集說』 「서序」에 의하면 왕백 이후에 문급옹文及翁도 왕백과 비슷한 학설을 주장하여 「홍범」을 경과 전으로 나누었다고 한다. 그 후 하성대賀成大가 『고홍범古洪範』 1권을 편찬하였는데, 이 역시 전문全文을 경과 전으로 나눈 것이었다. 그러나 그는 매 주疇 앞부분의 몇 구절들은 우禹의 말로서 '경經'이 되고 뒷부분의 몇 구절들은 기자箕子의 말로서 '전傳'이 된다고 하여 왕백의 경·전 구분과는 다른 방법을 취했는데, 『사고전서총목』에서는 "앞뒤가 바뀌고 착란되어 억단에 지나지 않는다"라고 비판하였다. 이와 같은 것들은 당연히 억단일 뿐이며, 고문헌을 임의로 바꾼 옳지 못한 태도이다. 하지만 당시에 예로부터 전해지던 설說의 경계를 철저하게 넘어 자유롭게 한당의 경설을 반대하고 신설新說을 제시했다는 점에서 의미가 있다.

---

82) 당연히 吳棫일 것이다.

2) 한유의 방사화된 설을 고수하거나 그로부터 더 나아간 일파

송대에는 또 한유들의 방사화方士化된 신학神學을 고수한 학파와, 그로부터 더 나아가 도사술道士術에 리학설을 끌어다 덧붙인, 즉 이른바 '연범演範'을 이루어 낸 학파가 있었는데, 이들을 나누어 서술하도록 한다.

먼저 한유의 방사화된 설을 고수한 학파를 서술한다.

우선 송 인종仁宗의 『홍범정감洪範政鑒』 12권 및 『낙양오사도洛陽五事圖』 1권이 있다. 왕응린의 『곤학기문』에서는, 『정감政鑒』은 황극皇極에 근본한 것으로서 송의 인종이 왕수王洙와 함께 "오행·오사의 징험을 논하고 오행·육려六沴 및 전대의 서응庶應을 채록하여 이 책을 만들었다"라고 하였다. 또 『경의고』에서는 범조우范祖禹의 말을 인용하여 "인종은 『홍범』학에 조예가 가장 깊었는데, 매번 변이變異가 있을 때마다 두려워하고 반성하여 반드시 그 실마리를 구하였다"라고 하였다. 이는 한유의 설이 제왕에게 거대한 영향을 끼친 실례이다. 일찍이 부증상傅增湘(1872~1950)의 쌍감루雙鑒樓에 이 책의 송사본宋寫本이 소장되어 있었고, 그의 후손이 북경도서관에 기증하였다.[83]

다음은 유희수劉羲叟의 『홍범재이론洪範災異論』인데 권수 및 내용이 모두 미상이며, 또 조보지晁補之의 『홍범오행설洪範五行說』 1서書가 있다. 두 책의 서명에 따르면 대체로 한유의 오행재이설을 답습한 것임을 추측할 수 있다. 또한 조열지晁說之의 『홍범소전洪範小傳』 1편이 있는데, 그의 「자발自跋」에서 "20년 전 『홍범』의 학을 시작하면서 복생·유향이 행한 바에 근본하였는데, 고금의 설을 감히 버려둘 수 없었다"라고 하였으므로 이 책이 주로 한유들의 설을 답습한 것임을 알 수 있다. 유희수劉羲叟의 책은 망실되었고 조보지와 조열지의 책은 모두 전해지고 있다.

또 손악孫諤의 『홍범회전洪範會傳』 1권이 있다. 조공무의 『독서지』에서는

---

83) 『書品』 1987年 1期에 보인다.

이 책에 대해 "그 설의 대부분은 한유에 근본하였고 왕씨王氏(왕안석)의 잘못을 공격하였다"라고 하였다. 한유들의 설을 중시한 학자들의 목적이 왕안석의 신학新學을 반대하는 데 있었다는 사실을 알 수 있다.

왕안석의 신학을 반대했던 소식蘇軾은 자신의 필요에 따라 부친의 학문을 저버리고 한유의 '낙서洛書'와 '오행五行'의 설을 반대하지 않았다. 『동파서전東坡書傳』의 「홍범」편에서 그는 다음과 같이 말하였다.

구설舊說에 하河에서 '도圖'가 나왔고 낙洛에서 '서書'가 나왔다고 했다. '하도'는 팔괘八卦가 되고 '낙서'는 구주九疇가 되어 지금까지 전해진다. 학자들이 의심하기도 하고 감히 말하지 않지만, 내가 보기에 도·서의 글들은 필시 소략하게 팔괘·구주의 상수象數를 지니고 있으면서 복희와 우의 지혜를 발현하고 있다. 마치 『춘추』가 기린麒麟 때문에 써진 것과 같으니 어찌 무시할 수 있겠는가?

또한 제2주疇 '오사五事' 아래에서는 다음과 같이 말하였다.

이 「홍범」은 천인天人의 대략를 말한 것이다. 어떤 사람은 "오사五事의 서敍와 오행五行의 서敍가 다른데 아마도 그 상승相勝하는 것을 따랐기 때문이다"라고 하였는데, 이는 아마도 그러하지 않을 것이다. 성인이 오사를 서술한 것은 오로지 인사人事의 리理로써 선후를 삼은 것이니, 앞에서 말한 바와 같다면 오승五勝에 합치되고 감응된 것일 뿐이다.

즉 오사의 서술과 오행의 서술은 천인감응을 완전히 체현하였기 때문에 전혀 다름이 없다는 것이다. 소식의 설은 그의 부친이나 동생에 비해 부끄러운 수준이었을 뿐만 아니라 왕안석·섭적에 비해서도 수준이 더 떨어졌다. 다만 주자학파가 하도와 낙서를 신뢰하고 더 나아가 「구궁도九宮圖」를 그린 것과 동일선상에 있으면서 약간의 차이가 있을 뿐이다.

이어서 '연범演範'을 이룬 학파를 서술한다.

주요 학파는 바로 리학의 정종인 주자학파이다. 앞에서 인용한 바와 같이 구양수는 요칭寥偁이 한유의 상서설祥瑞說을 의심한 것을 지지했는데, 다시 주희는 구양수의 설을 비판하며 다음과 같이 말하였다.

'하도'·'낙서'와 같은 일은 『논어』에도 있는데, 구양공은 상서祥瑞를 믿지 않고 또 이 말도 믿지 않으면서 『계사繫辭』 역시 믿을 것이 못 된다고 하였다. 오늘날 석두石頭 꼭대기에 일월이 떠오르면 사람들이 그것을 취해 석병石屏으로 만든 것과 같을 것이다. 또 좋은 돌 위에 뚜렷하게 말라죽은 나무 문양이 있는 것도 이상할 것은 없다. '하도'·'낙서' 역시 무슨 이상할 것이 있겠는가?

주희는 대리석에 있는 꽃무늬를 견강부회하여 신귀神龜의 등에 있는 『홍범』 구주九疇의 무늬를 증명하였다. 상서설祥瑞說의 지지자들은 『역위건착도易緯乾鑿圖』에서 말하는 서한대의 최고 상제인 태일太一이 구궁九宮으로 내려간 순서를 신봉해서 『구궁도九宮圖』를 그렸고, 북주北周에 이르러서는 낙서설과 결합시켜 구주의 문자가 거북 등에 있는 『낙서도洛書圖』를 그렸다. 북주의 견란甄鸞(535~566)은 구궁의 숫자를 이용하여 "대구리일戴九履一"의 구결[84]을 편성하였고, 오대에 이르러 진단陳摶은 그것을 근거로 1에서 9까지의 작은 흑백점이 거북 등에 위치한 『낙서도』를 고쳐 그렸다. 송대 채침의 『서집전』에서는 수많은 흑백점으로 그려진 이른바 『낙서』를 책의 전면에 인쇄하였고, 이후 각종 『상서』 판본의 앞부분에 이런 도사들의 농간이 새겨져 빛나는 경전으로 받들어졌다. 한유들보다 더 세속적으로 내달려 황당무계하기 짝이 없는 지경에 이른 것이다.

본래 채침의 아버지이자 주희의 친구인 채원정蔡元定은 일찍이 『홍범해洪範解』 1권을 편찬하여 '낙서의 수'를 전파하였다. 그것은 오대의 도사 진단의 '도서지학圖書之學'[85]에서 온 것이었다. 진단은 또한 북주 견란의

---

84) 아래에 인용된 蔡元定의 글에서도 나타난다.

구궁구결九宮口訣을 근거로 「구궁도」를 그려 관랑關朗·종방種放에게 차례로 전하였고 종방은 그것을 소옹邵雍·유목劉牧에게 전하였는데, 채원정은 다시 이들을 따라 모방하였다. 그는 다음과 같이 말하였다.

공안국, 유향 부자, 반고 이후 모두 '하도'를 복희에게서 받은 것으로, '낙서'를 우禹로부터 내려 받은 것으로 알았다. 관자명關子明, 소강절邵康節 등이 10으로 하도를 그리고 9로 낙서를 만들었다. 대체로 구궁지수九宮之數는 대구리일戴九履一, 좌삼우칠左三右七, 이사위견二四爲肩, 육팔위족六八爲足이 되는 귀배龜背의 상象이다.

이것은 곧 「홍범」을 구궁수九宮數의 구결에 종속되게 함으로써 방사술수의 책으로 만들어 버렸다.

채침은 부친의 학문을 계승하여 『홍범황극내편洪範皇極內篇』 5권86)을 편찬하였는데, 이는 잘못된 방향으로의 발전이었다. 그는 임지기가 부정했던 '낙서의 수'를 전문적으로 담론하면서 「홍범」을 『역』과 같이 상수화象數化시켜 버렸다. 그는 「홍범」에 숫자를 강제로 주입시키면서 다음과 같이 말하였다.

천지를 체득해서 만들어진 것이 『역』의 상象이요, 천지를 기강으로 삼아 만들어진 것이 『범範』의 수數이다. 수는 일기一奇에서 시작하며, 상은 이우二偶에서 완성된다. 기奇는 수의 시작이며, 우偶는 數의 운행이다. 따라서 2×4=8은 팔괘의 상이요, 3×3=9는 구주의 수이다. 8×8=64에 다시 8×8=64를 곱하면 4096이 되니, 상이 완비된다. 9×9=81에 다시 9×9=81를 곱하면 6561이 되니, 수가 1주周하게 된다. 『역』은 사성四聖을 거치면서 상이 이미 드러났고, 『범』은 신우神禹에서 내려졌으나 수가 전해지지 못하였다.

---

85) 河圖·洛書의 學을 가리킨다.
86) 『永樂大典』과 『性理大全』에는 『洪範內篇』으로 잘못 기록되어 있다.

『주역』의 '팔八'자와 『홍범』의 '구九'자에 근거해서 반복적으로 문장을 꼬아 장난친 결과 『홍범』의 본문과는 천리만리 멀어져 아무 관련이 없게 되었으며, 오히려 현묘함을 사칭해서 세상 사람들을 속이고 있다. 채침은 더 나아가 『홍범』 구주의 수를 늘여 81장章으로 만들고 월령月令과 절기節氣를 그 사이에 끼워 넣어 흡사 『주역』과 같이 운용하였다. 이는 이미 서한의 『초씨역焦氏易』·『경씨역京氏易』이 써먹은 낡은 수법이자 양웅揚雄이 『주역』을 본떠 『태현太玄』를 편성한 방법으로서, 『역』의 수를 『홍범』의 수로 변환하여서 신기新奇함을 보여 준 것이었다.

채침의 이런 『홍범』학으로부터 도사화된 이른바 '연범演範'의 일파가 나오게 된다. 『채전』은 결국 위학僞學의 꼭두각시가 되었으니, 이런 관점에서 보면 그는 방사술수의 방법을 연용한 것이 한유들에 비해 더 심했으며, 그 자신이 정상적으로 리학의 관점을 반영했다고 확신한 『서집전』 역시 오히려 리학과는 거리가 멀었다. 그는 『서집전』의 『홍범』에서 이런 점들을 직접 드러내지는 않았지만 『서집전』 앞부분에 『구궁도』를 근거로 그린 작은 흑백점의 『낙서수도洛書數圖』와 『하도수도河圖數圖』를 새긴 것 외에도 『구주본낙서수도九疇本洛書數圖』·『구주상승득수도九疇相乘得數圖』·『황극거차오도皇極居次五圖』·『구주허오용십지도九疇虛五用十之圖』·『구주합팔주수지도九疇合八疇數之圖』 등을 또한 새겨서 도사의 농간으로 신비함을 포장하였는데, 사실은 졸렬한 술사의 숫자놀음에 불과한 것들이었다. 그런데도 주자학파의 사람들은 미혹에 빠져 그 함의를 알아채지 못하고 그저 현묘함에 감탄하기만 했다. 『사고전서총목』에서는 이 『홍범황극내편』을 서류書類에 배열하지 않고 자부子部 술수류術數類에 배열하였으니, 그것을 해경解經의 저작으로 보지 않고 보잘것없는 술수의 저작으로 폄하하되 다만 그것이 '연범演範'의 일파를 개척했다는 점에서 채록하여 보존해 둔 것이다. 『사고전서』 편자의 관점이 매우 정확하다.

채원정 부자가 유발한 이러한 분위기 속에서 당시 사람들은 한통속이 되어 이른바 도서圖書 및 오행으로 「홍범」을 담론하였다. 이런 저작의 내용들은 오늘날 대부분 상고할 수 없지만, 대체로 주희·채원정과 같은 시기에는 노석盧碩의 『홍범도장洪範圖章』 1편, 진백달陳伯達의 『익범翼範』 1권[87], 맹선孟先의 『상서홍범오행기尚書洪範五行記』 1권, 오인걸吳仁傑의 『상서홍범변도尚書洪範辨圖』 1권, 하당로夏唐老의 『구주도九疇圖』(無卷數) 등이 있었고, 주·채의 만년에는 정사맹鄭思孟의 『홍범해의洪範解義』(卷不詳)[88], 채원정蔡元鼎의 『홍범회원洪範會元』(卷不詳) 등이 있었다.

3) 학파를 알 수 없는 저작들

위에서 서술한 두 가지 외의 저작물들도 있는데, 그 내용을 유추할 수 없어 그 속하는 바를 알 수 없으므로 『경의고』의 기록에 의거해서 여기에 서술하도록 한다. 서복徐復의 『홍범론洪範論』 1권, 장경張景의 『홍범해洪範解』 1권, 공무중孔武仲의 『홍범오복론洪範五福論』 1권(存), 증치曾致의 『홍범전洪範傳』 1권, 범준范浚의 『홍범론』 1편(存), 정경로鄭耕老의 『홍범훈석洪範訓釋』(卷不詳), 진전陳塡의 『홍범해』 1권, 임유병林維屏의 『홍범론』 1권, 풍거비馮去非의 『홍범보전洪範補傳』 1권, 추원좌鄒元佐의 『홍범복극오지洪範福極奧旨』 5권, 진강陳剛의 『홍범수초洪範手鈔』 1권, 유한전劉漢傳의 『홍범오지洪範奧旨』(卷不詳) 등이 있다. 『경의고』에서는 공무중·범준의 두 책에 "존存"이라는 주석을 달고 나머지 책들은 모두 "미견未見"이나 "일佚"이라고 주석하였다.

---

87) 『經義考』는 高層雲(1634~1690)의 말을 인용하여 "伯達의 『翼範』에는 九圖·九說이 있다"라고 하였다.

88) 『經義考』는 朱子書를 인용하여 鄭思孟은 "朱文公의 문하에서 수업하였고, 『洪範解義』를 지어 文公의 「皇極辨」의 핵심을 發明하였다"라고 하였다.

3. 기타 각 편들

『송사』「예문지」 및 각종 송인의 문집들을 보면 송인들이 지은 『상서』 관련 저작들을 곳곳에서 찾아볼 수 있는데, 거기에 언급된 것과 『경의고』의 기록에 의거하여 『상서』 관련 저작을 그 편차 순서에 따라 열거해 보면 다음과 같다.

① 「우서虞書」의 「요전堯典」·「순전舜典」에 관한 것

◇ 앞서 보았듯이 문언박文彦博·정이程頤·육전陸佃 등의 이전二典에 관한 저술이 있고, 또 범준范浚의 「요전론堯典論」 1편, 조열지晁說之의 「요전성일세고堯典星日歲考」[89] 등이 있으며, 「요전」의 천문과 관련된 왕응린의 『육경천문편六經天文編』 2권, 나필羅泌의 「육종론六宗論」 1편[90], 정대창程大昌의 「상형설象形說」 1편, 주희의 「순전상형설舜典象形說」 1편이 있다. 이것들은 대부분 남아 있다.

② 위고문 「대우모大禹謨」와 관련 있는 것

◇ 대형戴亨의 「인심도심설人心道心說」 1편(佚), 예사倪思의 『곤명원귀설昆命元龜說』 1권(佚).

③ 「상서商書」와 관련 있는 것

◇ 범준范浚의 「탕서중훼지고론湯誓仲虺之誥論」 1편(存), 「이훈론伊訓論」 1편(存), 「태갑삼편론太甲三篇論」 1편(存).

◇ 장구성張九成의 「함유일덕론咸有一德論」 1편(未見).

◇ 오안시吳安詩의 『열명해說命解』 1권(『宋史』「藝文志」), 고복顧復·범조우范祖禹의 『열명강의說命講義』 3권(佚), 범준范浚의 「열명삼편론說命三篇論」 1편(存).

---

89) 『嵩山集』에 실려 있다.
90) 『路史余論』에 실려 있다.

◇ 김이상의 「서백감려변西伯戡黎辨」 1편(存).

④ 「주서周書」와 관련 있는 것

◇ 구양수의 「태서론泰誓論」 2편(存), 왕십붕王十朋의 「태서론」 1편(存).

◇ 정이의 『개정무성改正武成』 1권(存), 호순직胡洵直의 『고정무성考正武成』 1권 (存), 주희의 『고정무성차서월일보考正武成次序月日譜』 1권(存).

◇ 누쇄루鏁의 「금등도설金縢圖說」 1편(存). 정이의 「서설」 중에 「금등金縢」을 의심한 글이 있다.

◇ 범준范浚의 「대고大誥·강고康誥·주고酒誥·재재梓材·소고召誥·낙고洛誥· 다사多士·다방론多方論」 1편(存). 살펴보건대, 앞에서 이미 서술한 양간의 『오고해』는 「강고」 이하 5편을 해석한 것이다.

◇ 왕수王洙·채양蔡襄의 「무일도無逸圖」(佚), 오안시吳安詩 등의 『무일강의無逸 講義』 1권(佚), 사마광司馬光 등의 『무일강의無逸講義』 1권(未見), 호인胡寅의 『무일전無逸傳』 1권(未見), 장식張栻의 『무일해無逸解』 1권(未見), 정명봉程鳴鳳 의 『무일설無逸說』(卷不詳, 佚). 앞에서 언급한 금대의 조병문趙秉文에게도 「무일」에 관한 저작이 있다.

◇ 정대창程大昌의 「삼택삼준설三宅三俊說」(「立政篇」에 속한다. 存).

◇ 호전胡銓의 「군진변君陳辨」 1편(存).

◇ 방회方回의 「고명조회고顧命朝會考」 1편(存).

◇ 왕염王炎의 「강왕지고론康王之誥論」 1편(存).

◇ 범준范浚의 「군아君牙·경명冏命·여형론呂刑論」 1편(存).

◇ 왕응린王應麟의 『주서왕회해周書王會解』 1권(「逸周書」에 속한다. 存).[91]

이상 저작들의 존存·일佚·미견未見의 정황들은 모두 『경의고』의 원주에 의거한 것으로, 분명 지금은 또 변동사항이 있겠지만 차후에 살펴보기로

---

91) 이상에 기재된 存이나 佚 혹은 未見의 표시는 모두 『經義考』에 근거한 것이다.

한다. 이 가운데 『송사』 「예문지」에 실린 오안시의 『열명해』는 『경의고』에는
실려 있지 않으며 그 존일存佚 여부도 알 수 없다.

4. 오경총의의 저작

끝으로 오경총의五經總義류의 저작을 덧붙여 두기로 한다.

양송시기의 『상서』 단편 관련 저작들은 『상서』가 포함되어 있는 '오경총
의五經總義'류 저작에도 매우 많이 실려 있는데, 그 수량을 보면 『경의고』
권242에서 권245까지 총 4권에 걸쳐 142부가 기록되어 있다. 오늘날까지
전해지는 것으로서 참고해 볼 만한 것들은 다음과 같다. 가창조賈昌朝의
『군경음변群經音辨』 7권, 유창劉敞의 『칠경소전七經小傳』 5권, 정이의 『하남경
설河南經說』 7권, 장재張載의 『경학이굴經學理窟』 3권, 양만리楊萬里의 『육경론六
經論』 1권92), 여조겸의 『여택논설집록麗澤論說輯錄』 10권93), 섭적의 『습학기언
習學記言』 50권, 장여우章如愚의 『군서고색群書考索 · 경설經說』 32권, 모거정毛居
正의 『육경정오六經正誤』 6권, 악가岳珂의 『구경삼전연혁례九經三傳沿革例』 1권,
황진黃震의 『일초日鈔 · 경설經說』 31권, 왕응린의 『옥해玉海 · 경해經解』 9권,
왕응린의 『육경천문편六經天文編』과 정초鄭樵의 『통지通志』 및 마단림馬端臨
『통고通考』에 있는 경적 관련 부분들, 정초鄭樵에 가탁한 『육경오론六經奧論』
6권, 마정란馬廷鸞의 『육경집전六經集傳』(卷不詳) 등이다.

한편, 원대 동정董鼎의 『서전집록찬주書傳輯錄纂注』에 있는 '인용성씨引用姓
氏' 항목을 보면 송대인이 108인에 달하고 있다. 지금까지 살펴본 사람들
이외에 해당인의 『상서』 학설이 많이 인용된 사람으로는 여구성余九成 · 등

---

92) 『誠齋集』에 실려 있다.
93) 이 가운데 『書說』이 있는데 완성되지 못하였다.

화숙滕和叔 등이 있고, 경설經說이 인용된 사람으로는 가복례家復禮·고항高閌·유일장劉一藏·장문울張文蔚·후보侯甫·이근사李謹思 등이 있으며, 잡저雜著가 인용된 사람으로는 심귀요沈貴燿·허월경許月卿 등이 있고, 성씨만 인용된 사람으로는 팽여려彭汝勵·마자엄馬子嚴·오영吳泳·소자蕭滋·임연任淵·주방대朱方大·정씨鄭氏·갈씨葛氏 등이 있다. 또 청초의 『서경전설회찬書經傳說匯纂』에서 송유 110인을 인용하였는데, 유안세劉安世·임광조林光朝·항안세項安世·진순陳淳·조돈림趙敦臨·서교徐僑·방각方愨·왕소우王昭禹·방악方岳·정약용程若庸·이기李杞·풍당가馮當可·호방평胡方平·유진兪震·원준옹袁俊翁 등이다. 이들 모두 『상서』설을 가지고 있지만 고찰하기가 쉽지 않다.

이상의 고찰을 통해 송대의 『상서』 관련 저술이 매우 활발하게 이루어졌음을 알 수 있다. 그러나 저록 가운데 보이는 주요 부분이 상서학 저작의 전부는 아니다. 성신지成申之가 관련 학자가 400여 가에 달한다고 말한 것만 보더라도 당시의 상서학 저작들은 사람들을 놀라게 하기에 충분한 것임을 알 수 있다. 따라서 송학은 상서학에 있어 거대한 발전을 이룩했다고 할 수 있다.

그러나 우리는 피석서의 말을 잊어서는 안 된다. 그는 "송유들은 고인을 믿지 않고 새로 만들기를 좋아하여…… 당우삼대의 일을 억단하였다", "송유들은 언어를 체득하여 선인先人들을 이겼고 사실을 왜곡하였으므로 배울 것이 없다"라고 하였다. 전현동錢玄同 또한 "송유들이 말한 경의經義는 대체로 그들 자신의 학설로써 고경을 포장하였으므로 좋고 나쁨을 떠나 열에 일고여덟은 고경의 본래 의미가 아니다"라고 지적하였다. 단지 저작이 많았다고 해서 상서학의 수많은 문제들을 해결하였다고 보는 것은 잘못된 생각이다. 그들은 확실히 한·당의 경학에 비해 수많은 새로운 인식을 제시하고 적지 않은 유익한 의견들을 보탬으로써 후대 사람들에게 『상서』의 문제를 해결하는 데 많은 도움을 주었다. 그러나 그들은 동시에 『상서』에 새로운 갈등과 적지 않은 번거로움을 추가하여 또 다른 변석辨析을 필요하게 만들었다. 특히 그들은 위고문으로 된 『상서』의 제 편 위에 심학心學을 덧붙임으로써 '삼성전심三聖傳心의 도통道統'이라는 환상을 만들어 내어 『상서』에 사람들을 속이는 사상을 강요하였다. 이것으로부터 건립된 그들의 도학이 곧 리학의 사상체계이니, 이것은 상서학의 일대 사건을 구성하게 된다. 이제 다음 절에서는 이 방면의 문제점을 중점적으로 다루도록 하겠다.

제4절 위고문을 사상적 연원으로 한 리학의 건립

　앞에서 언급했듯이 정이의 리학은 양시에 의해 남송으로 전해졌다. 『송사』 「도학전」에 의하면, 이정二程이 양시에게 학문을 전하고, 양시가 나종언羅從彦에게, 나종언이 이동李侗에게, 이동이 주희에게 전함으로써 비로소 도학(리학)의 체계가 갖추어지게 되었다고 한다. 도학의 중심사상은 '삼대성왕三代聖王의 도'를 전하는 데 있었다. 그 도는 고대에 요순의 다스림으로 인해 생겨난 자연스러운 도이다. 「도학전」의 서序에서는 이렇게 적고 있다.

　　천지 사이의 민民과 물物 가운데 이 도道의 혜택을 입어 그 성性을 이루지 않은 것이 없었다.…… 공자孔子의 때에 이르러 그의 교화를 통해 성인의 도가 영원히 밝혀지게 되었으니, 그 문도 가운데 오직 증자曾子만이 홀로 그 전함을 얻었고, 이것은 다시 자사子思와 맹자孟子에게 전해졌다.…… 양한 이후에는 유자들이 도를 논함에 정밀하지 못하여 그 도가 거의 파괴되었는데…… 천여 년이 지나 남송 중엽에 주돈이周敦頤가 용릉春陵에서 태어나 끊어져 전해지지 않던 성현의 학문을 얻었다. 정호程顥와 그의 아우 정이程頤가 주씨周氏에게 수업하여 그 들은 바를 크게 확장시키니, 이에 위로는 제왕帝王이 전한 심의 오묘함으로부터 아래로는 초학들이 입덕入德하는 문에 이르기까지 융회관통하여 여온餘蘊이 없게 되었다. 남송시기에 신안新安의 주희朱熹가 정씨程氏의 정통을 얻어 그 학문이 더욱 친절하게 되었으니…… 이 송유의 학문은 수많은 세대를 뛰어넘어 곧장 위로 맹씨孟氏와 연결되었다.

맹자 이후 학문이 끊어진 지 천여 년이 지나 송유에 이르러서야 비로소 '제왕이 전한 오묘한 심법'을 얻고 '천지간의 모든 인人과 물物이 지닌 도'를 천명하게 되었다는 것이다. 그들은 '제왕이 전한 오묘한 심법'을 도대체 어떻게 얻게 되었을까? 그것은 바로 공안국에 가탁한 『고문상서』 「대우모大禹謨」편의 위조된 문장을 통해서였다.

이미 앞의 2장 5절에서 유가가 편찬한 「요전堯典」 등의 3편과 상주商周와 관련된 제 편이 요·순·우·탕·문·무·주공의 '이제삼왕二帝三王'의 계통을 수립했다고 서술한 바 있다. 또 6장 4절에서 동진 『위고문상서』의 주요 내용을 서술할 때 가장 부각된 부분은 요·순·우·탕·문·무·주공(『서』를 편집한 공자도 포함)의 계통이 도를 이어받아 선양하였다는 것이었는데, 그것은 바로 「대우모」에 있는, 순이 요로부터 이어받아 우에게 전해 준 "인심유위人心惟危, 도심유미道心惟微, 유정유일惟精惟一, 윤집궐중允執厥中"의 4구절이었다.[94] 송유에 이르러 이 4구절은 곧 요·순·우의 '삼성三聖이 전수한 심법'이 되었으니, 이로써 요·순·우·탕·문·무·주공·공자로 이어지는 도통의 계보가 완성된 것이다. 고힐강顧頡剛은 도통에 대하여 다음과 같이 논하였다.

도통을 말할 때는 가장 유명한 고대의 인물들을 하나의 전형 속에서 솟아나온 인물로 만들어 버린다…… "천天이 변함없으니 도道 또한 변함이 없으며", 무릇 이 모든 성인들은 그러한 불변의 도의 온전한 체를 얻은 사람들이다. 성인과 성인 사이는 직접 전수되기도 하고 혹은 오래 끊어진 사이에 천품天稟의 총명으로 그 전함을 잇기도 한다…… 그 원형을 추측해 본다면 『맹자』에서 찾을 수 있다. 「진심盡心」편 끝에 요·순 이후 오백여 년이 지나 탕이 그것을 들어서 알았고, 탕 이후 오백여 년이 지나 문왕이 들어서 그것을 알았으며, 문왕 이후 오백여 년이 지나 공자가 그것을 듣고 알았으니, 공자가 얻은 도가 바로 요·순의

---

94) 閻若璩는 『尙書古文疏證』에서 「대우모」의 이 4구절은 『荀子』에서 인용한 『道經』 3句와 『論語』의 1句를 표절해서 만든 것이라고 考定하였다.

도였으며, 그 차이가 1500여 년이 나지만 변한 것은 없었다고 하였다. 맹자……
사마천…… 양웅·왕통·한유韓愈 등이 각자 이 도통을 자임하였으나 불행히도
세상 사람들의 공인을 얻지 못했다. 송대에 리학이 흥기함에 이르러 리학자들은
자신의 일파가 직접 맹자와 연결된다고 여겼고, 집단적인 고취로 인해 마침내
성공하였다. 염락관민濂洛關閩 제가들은 유교의 정통을 이루어 지금까지 공묘孔廟
에 배향되고 있다. 이러한 계통은 요·순에서부터…… 주周·정程의 일파에 이르기
까지 고대와 근세가 긴밀하게 연결되어 있다. 그렇다면 요·순의 도란 도대체
무엇인가? 경서經書와 자서子書를 뒤져 보면 그 면목이 각각 다르다.…… 공·맹
간의 간격은 겨우 백여 년에 불과하지만 사회 배경은 이미 단절되었고 그
도도 이미 변하지 않을 수 없었으니, 하물며 천여 년의 간격이 있는 주·정의
일파들이 공·맹에게서 도를 얻을 수 있었다는 말인가? 주돈이의 학문은 진단에
게서 왔는데, 그는 화산華山의 도사였다.…… 그들은 위편 「대우모」 가운데 "인심유
위" 이하 16자를 취하여 요·순이래의 성인이 서로 전한 심법으로 여겼지만,
그것은 「순자」에서 인용한 「도경道經」에다 「요왈堯曰」편을 더한 것일 뿐이며
더구나 그 「도경」은 도가의 것이다.…… 요·순 이전에 있어서는 그들은 다시
위로 거슬러 올라가 「역」 「계사전」의 '관상제기觀象制器'장에서 취하여 복희伏羲·
신농神農·황제黃帝를 더하였다.…… 도통설의 재료는 이와 같이 취할 것이 없으나,
도통설의 영향은 후대인들로 하여금 고대 성현의 일관된 사상이자 영원불변의
학설이라고 받아들이게 하였다.95)

이것은 바로 송유들의 선전과 고취에 힘입은 성공이었다. 그들은 위고
문 「대우모」의 4구절이야말로 바로 고대의 성현들이 전수해 준 일관된
사상이라고 하여 이를 '우정십육자虞廷十六字'라 칭하면서, 복희·요·순으
로부터 송유에 이르도록 도통이 '하나로 꿰뚫고'(一貫) 있다는 사상을 관철
시켰다. 도가 일통一統되어야 한다는 것은 옛사람들의 이상에 근본하고
있고, 공자의 "오도일이관지吾道一以貫之"의 사상은 모든 유자들이 추구하
는 바였다. 이후 오백 년이 지나 맹자는 세상에 전해지는 도통을 제시하였
고, 위편 「대우모」 역시 이런 계통을 만들어 핵심이 되는 '인심'·'도심'의

---

95) 『古史辨』 4冊, 「序」, 9~10쪽.

심법을 제시하였다. 이에 '삼성전심三聖傳心'은 불가의 의발상전衣鉢相傳과 같이 마음으로 전해지는 도道가 되어, 장구한 도통을 유지하게 되었다. 그런데 이러한 도통은, 공자 이전에는 '이제삼왕二帝三王'의 군왕들이 도를 전하였는데 공자 이후에는 도가 군통君統에 있지 않고 공·맹 이후 전해진 사통師統으로 옮겨져 갔다. 사통에 있어서는 자격에 따라 도통이 주어졌다. 그래서 사마천에서 한유까지는 도통을 얻지 못했고, 후대의 송대 도학자들이 그것을 쟁취하게 된다.

도학자들은 도사의 설에 기반하고 또 일부 불가의 설을 채용하기도 하는 가운데 그들의 학설을 "천이 변함이 없으니 도 또한 변함이 없다"(天不變, 道亦不變)라고 일컬어지는 '도'로써 장식하였다. 그러나 도학자들은 유가의 정통을 주장하기 위해 「대우모」의 '십육자심법十六字心法'을 추숭해야만 했다. 『이정유서二程遺書』와 『주자어류朱子語類』 안에는 이러한 과장된 말들이 가득하다. "이 유정유일惟精惟一은 바로 순이 우에게 알려준 공부처功夫處이다", "요·순·우가 전한 심법은 다만 이 4구절뿐이다", "이것은 요·순 이래의 모든 것으로, 성인의 심법은 바뀔 수 없다"와 같은 말들이 끊임없이 반복되고 있다. 그들은 "인심은 인욕人欲이어서 위태롭고 도심은 천리天理여서 정미精微하므로" 정력精力을 집중해서 "천리를 보존하고 인욕을 없앨"(存天理滅人欲) 것을 강조하였다. 그들의 이런 말은 『예기』「악기樂記」의 "멸천리궁인욕滅天理窮人欲"을 바꾸어 말한 것이지만, 그들의 사상 내용은 원래 '삼성三聖의 심법'과 '도통의 중심中心' 즉 '도심'에서 유래한 것이기 때문에 그들은 그 근본에 비추어 도학道學을 자칭하였고, 『송사』에서는 오로지 그들을 위하여 「도학전道學傳」를 만들었다. 그들의 도학사상에서는 '존천리存天理'가 강조되기 때문에 또한 도학을 리학이라고도 부른다. 그 사상의 연원은 바로 「대우모」편의 위고문 16글자이다.

송유들은 「대우모」를 숭상해서 수많은 중요한 유술儒術의 근원을 「대우모」로 귀결시켰다. 예를 들어, 앞에서 이미 소개했듯이 유가는 「홍범」을 근본적인 통치의 '대법大法'으로 만들었는데 송유들은 그것 또한 「대우모」에서 나온 것이라고 여겼다. 가령 임지기林之奇의 『상서전해尙書全解』 「홍범」편에서는 "학자들이 「홍범」을 배우고자 하면 그 유래한 바를 유추하지 않을 수 없는데, 「대우모」가 곧 「홍범」의 근본이 된다. 「대우모」에 밝지 않으면 그런 말을 할 수 없다"라고 하였다. 이처럼 송유들은 「대우모」를 고대 성왕의 '천하를 다스리는 심법'으로 간주하였고, 또한 '천하를 다스리는 대법'의 근본으로 여겼다. 완전한 선왕성도先王聖道가 깃들어 있다고 본 것이다. 청대 옹정제雍正帝의 한마디는 이런 관점을 명확히 보여 주고 있다. 그는 『흠정서경전설회찬欽定書經傳說匯纂』의 서문에서 "하늘로부터 자리를 이어받아 정일집중精一執中하는 것으로부터 이제삼왕의 심법이 차례로 전해졌고, 법을 다스리는 것 역시 그로 인해 전해졌다"(蓋自繼天立極, 精一執中, 二帝三王之心法, 遞相授受, 而治法亦因之以傳)라고 하였으니, 「대우모」를 추숭함이 이와 같이 극진하였다.

송유들은 「대우모」를 추숭함과 동시에 기타 몇 편의 위고문도 추숭하였다. 그들이 인식하고 있는 『상서』의 정밀한 의의들은 모두 위고문으로 된 제 편에 있었다. 「대우모」가 가장 근본적인 성인의 심법이 된 것과 마찬가지로, 다른 몇 편들 역시 엄청난 도덕사상의 근원이 되었다. 왕응린의 「곤학기문」에서는 "「중훼지고仲虺之誥」는 인仁의 시작을 말하고, 「탕고湯誥」는 성性의 시작을 말하며, 「태갑太甲」은 성誠의 시작을 말하고, 「열명說命」은 학學의 시작을 말한다"라고 하였는데, 이는 당시 송유들의 보편적인 생각이었다. 도덕사상의 근원이 된 이들 제 편은 모두 위고문으로 되어 있었고, 금문은 한 편도 없었다. 이후 역대 리학자들은 줄곧 이러한 관점을 믿고 따랐으며, 청대의 장존여莊存與에 이르러서는 「대우모」·「태갑」·「중훼지고」·「열명」·「여오旅獒」·「경명冏命」 등의 위고문 편장을 열거하면서

이 모두를 후대의 '성인의 진언眞言'과 긴밀하게 연관시킴으로써 유가도덕 사상의 원천을 다시 한 번 확인하게 된다.[96] 위고문이 후기 유학사상에 미친 영향을 알 수 있다.

주희는 오역吳棫의 위고문의변僞古文疑辨에 큰 영향을 받았고[97] 위고문에 관한 주희 자신의 의변疑辨도 많았기에, 결코 "공안국의 『서』는 가서假書이다"라고 말하는 것으로만 끝내지는 않았다. 그러나 도학사상이 「대우모」에 근원하고 있었기 때문에 위서임을 알았음에도 리학자로서의 그는 오히려 이 편을 수호할 필요가 있었다. 주희는 『어류』에서 줄기차게 "『서』 가운데 의심할 만한 여러 편들이 있지만, 만약 모두 믿지 않는다면 육경이 무너질지도 모른다"라고 하였고, 특히 「대우모」에 대해서는 "이 편에 실린 것은 바로 요·순·우·탕·문·무가 서로 전한 천하를 다스리는 대법이다"라고 하여 부정하지 못하였다. 청의 제소남齊召南(1703~1768)은 이를 지적하여 "주자 역시 그것을 의심하였으나 경전을 받들지 않을 수 없었다. 그 말씀이 순수하고 바르지 않는 것이 없고…… 공덕의 기본이 모두 잘 갖추어져 있어 고문을 없앨 수 없었다"[98]라고 말하였다. 우리는 주희의 상서학을 전수받은 채침의 『서집전』을 통해 그들이 말한 선왕의 '도' 및 '심법'의 중요성과 『위고문상서』를 소중히 여기는 태도를 살펴볼 수 있다. 채침의 『서집전』 「서」에서는 다음과 같이 말하고 있다.

이제삼왕의 다스림은 도道에 근본하였고, 이제삼왕의 도는 심心에 근본하였으니, 그 심을 얻는다면 도와 치治(다스림)를 진실로 알게 되고 말할 수 있게 될 것이다. 어째서 그러한가? 정일집중精一執中은 요·순·우가 서로 전한 심법이며, 건중건극建中建極은 상탕商湯과 주무周武가 서로 전한 심법이다. 덕德·인仁·경敬·성誠 이라는 것은 그 말이 비록 다르지만 리는 하나이니, 그 심의 효력을 밝히지

---

96) 제8장 3절의 2항에 보인다.
97) 아래의 제5절에서 자세히 논하겠다.
98) 「進呈尚書注疏考證後序」.

않는 바가 없다. 천天을 말함에 이르러서는 그 심의 나오는 바를 엄격히 하고 민民을 말함에 있어서는 그 심의 베푸는 바를 잘 살펴야 하니, 예악교화禮樂敎化는 그 심이 발하는 바이며, 전장문물典章文物은 그 심이 드러난 바이며, 집안이 가지런해지고 나라가 다스려져서 천하가 안정되는 것은 그 심이 확장된 바이다. 심의 덕의 아주 성대하도다.…… 후세의 임금들은 이제삼왕의 다스림에 뜻을 두어 그 도를 구하지 않을 수 없으며, 이제삼왕의 도에 뜻을 두어 구한다면 그 심을 구하지 않을 수 없을 것이다. 심을 구하는 요체는 이 「서」가 아니면 어디에 있겠는가?

옛 선왕의 도를 전함과 그 심법을 전수한 바가 이 「대우모」 등의 편이 실린 「고문상서」를 벗어날 수 없음을 알 수 있으니, 떠받들 겨를도 부족한데 어떻게 그것을 부정할 수 있었겠는가? 그리고 채침이 반복적으로 이 심법의 '심'을 강조하여 모든 명성名聲·문물文物·덕교德敎가 심을 근본하지 않은 것이 없다고 말하는 것으로부터, 바로 송대 리학이 「대우모」로부터 나온 심법의 결정체임을 확인할 수 있다. 그는 '후대의 임금들'에게 이제삼왕의 다스림에 뜻을 두면 그 도와 그 심을 구해야만 한다고 건의하였다. 과연 단호히 그 도와 그 마음을 구하는 데 뜻을 두었던 후대의 건륭제乾隆帝는 곡부曲阜에서 조성朝聖할 때 공자를 제사하는 글에서, "일월이 하늘을 지나고 강하가 땅을 흐르니, 오백 년 문지聞知의 도통을 오직 심전心傳으로 따른다"[99]라고 하였다. 이 최고 통치자는 굳이 말을 하지 않더라도 그 '도통'과 '심전'의 중요성을 잘 알고 있었던 것이다.

송유들은 후기 봉건통치자들의 진심어린 통치를 위하여 위고문의 사상에 근거해서 진일보된 '도통'과 '심전'을 만들어 내는 완전한 성공을 거두었다. 그들의 리학은 바로 '삼성전심지오三聖傳心之奧'의 인심·도심의 리를 사상적 연원으로 삼아서 그것을 더욱 발전시켜 완성해 낸 사상체계로

---

99) 『南巡盛典』, 권67.

서, 철학사상이 부족했던 한·당의 유학을 사상 내용이 풍부한 송학으로 변화시킨 것이다. 이를 계기로 다소 조잡했던 유심唯心사상은 제법 세밀한 유심사상으로 변화되어 신유학의 탄생으로 이어지게 되었다. 이것이 바로 송학의 상서학과 관련된 중요한 발전이라 할 수 있다.

이후 유가들의 이 문제에 대한 태도나 대응과 관련해서는 제8장 3절의 '청대의 위고문 수호'를 서술할 때 계속해서 다룰 것이다.

제5절 『상서』에 대한 의혹과 논변들

『상서』에는 위편僞篇이 여럿 있는데, 이에 관한 의혹들은 일찍부터 있어왔다. 서한 장패張霸의 '백량편百兩篇'은 당시에 이미 위작으로 밝혀졌고, 동한 말기의 마융 역시 금문 「태서太誓」가 의심할 만한 위작의 흔적이 있다는 점을 지적하였다. 당대에 들어 공영달의 『상서정의』에서 정식으로 '위서僞書'라는 단어가 제시되었으니, 그는 "장패의 무리가 정주鄭注를 버리고 『상서』 24편을 위조하였다"라고 하면서 "위서僞書 24편"이라고 칭하였다. 이는 고일문古逸文 16편을 나누어 24편으로 만든 것을 장패가 만든 '위서'로 잘못 알았던 것이다. 한유韓愈 역시 일찍이 위작을 의심하였는데, 이한李漢의 「창려선생집서昌黎先生集序」에서는 한유가 "『서』·「예」의 거짓을 척결하였다"라고 적고 있다. 다만 여기에서 '거짓'(僞)이라 말한 것은 당인唐人들의 견해로서, 공영달처럼 한대의 고문일편古文逸篇을 장패의 '위서'로 간주한 것이다. 오직 유종원柳宗元만이 담조啖助의 영향을 받아 과감하게 『고문상서』를 비판하는 의변疑辨정신을 가지고 있었다. 그 외에 유지기劉知幾와 같은 경우는 고서古書에 근거해서 고사古事를 의심하였으나 직접적으로 『상서』를 의심하지는 않았다.

송대에 이르러 학술적으로 자유로운 사고가 가능하게 되자, 학자들은 신설新說을 제시하면서 서서히 『상서』 의변에 필요한 여건을 준비해 가고 있었다. 앞에서 언급했듯이 정이程頤는 「금등金縢」을 의심하였고, 소식蘇軾

은「윤정胤征」·「고명顧命」을 의심하고 또「강고康誥」의 앞부분이 사실은「낙고洛誥」의 앞부분일 것이라고 믿었다. 또한 소식이 평소 흠모하던 조열지晁說之가「요전堯典」·「순전舜典」·「홍범洪範」·「여형呂刑」·「감서甘誓」·「반경盤庚」·「주고酒誥」·「비서費誓」 등의 편에 대해 의문을 품고 있었다는 내용이 홍매洪邁의『용재삼필容齋三筆』에 기록되어 있다. 경력신학풍慶曆新學風의 영향으로 인해 몇몇 경전들을 의변하게 되면서 사람들은『상서』의 일부 편들에 대해서도 의변을 진행하게 된 것이다. 그러나 실제로 이 편들은「윤정胤征」을 제외하고는 모두 금문이었는데, 이는 이들 편을 의심해서는 안 됨을 말하는 것이 아니라 진금문眞今文과 위고문僞古文에 대한 의심은 그 성격이 서로 다르다는 것을 말해 준다. 이때는 아직 실질적인 증거가 확보되지 않았던 까닭에 의변의 방향이 위편을 겨냥하지 못하고 오히려 약간의 문제가 있다는 이유로 진편에 맞추어졌던 것이다.

가장 먼저『위고문상서』를 정식으로 의변疑辨한 것은 송 휘종 때 오역吳棫(字는 才老)이 펴낸『서비전書裨傳』 12권이다. 첫 권에서는 요점을 열거하였고, 이후 총설總說·「상서서尙書序」·군변君辨·신변臣辨·고이考異·훈고訓詁·차아差牙·「공전孔傳」 등 8편의 순서로 되어 있다. 진진손의『서록해제』에서는 "증거를 고찰함이 매우 상세하다"라고 칭찬하였다. 명대 매작梅鷟의『상서고이尙書考異』에서는 그 요점을 인용하여 다음과 같이 적었다.

복생伏生이 전한『서』가 이미 쇠미해지자 안국安國이 그것을 토대로 예고隸古하였는데, 또한 알 수 있는 것들만 특정하였으며 하나의 편篇이나 간簡 안에도 알 수 없는 것들이 없을 수 없었다. 이에『서』를 지은 본의를 찾고자 하나 본말과 선후의 의의를 말하기조차 어려웠다. 또한 안국이 늘인『서』는 지금의『서』 목록에 모두 갖추어져 있고 모든 문장과 글자가 같지만 복생의『서』와는 같지 않으며, 글이 매우 난삽해서 읽어 내려갈 수 없다. 대저 사대四代의『서』는 작자가 한 명이 아니며, 적어도 두 사람의 손을 거쳐 두 가지 체體로 정해진 것이 아니겠는가? 이 역시 단언하기 어렵다.

문체를 비교해 보더라도 복생의 『서』는 이해하기 어려운 반면 공안국의 『서』는 이해하기 쉬워 그 진위를 의심하게 된다. 또 채침의 『서집전』 「태서泰誓」에는 오역吳棫의 다음과 같은 말이 인용되어 있다.

탕湯·무武는 모두 군대를 일으키는 명을 받았는데, 탕의 말은 유순하고 무왕의 말은 급박하며, 탕의 걸桀에 대한 태도는 공손하지만 무왕의 주紂에 대한 태도는 오만하다. 학자들의 의혹이 없을 수 없었으니, 그 서가 늦게 출현한 것이거나 당시의 문장이 아닐 것이라고 의심하였다.

이것은 곧 어기語氣로써 「태서泰誓」가 원본이 아님을 의심한 것이다. 주희는 여러 번 오역을 칭찬하면서도 『어류』에서 "재로才老(오역의 자)가 고증에 지대한 공헌을 하였지만 의리상으로는 자세하지 않다"라고 하여, 오역의 저작이 의미 있는 고변考辨의 저작이긴 하나 그들 리학파의 것이 아니라는 점을 지적하였다. 그래도 그는 오역의 정밀한 연구만은 높이 평가하여, "재로는 「재재梓材」가 「낙고洛誥」의 한 부분[100]이라고 했는데, 매우 옳은 지적이다", "재로가 말한 「윤정胤征」·「강고康誥」·「재재」 등의 변증은 매우 훌륭하다"라고 말하였다. 이는 금문 중 「강고」·「재재梓材」 등의 편과 위편 「윤정」을 모두 의심했다는 말이다. 다만 주희는 오역에게도 역시 부족한 점이 있었다고 여겼다. 그는 "이미 「소서小序」가 잘못된 것임을 간파하고도 과감하게 없애지 못하고 「서문序文」에서 다시 인용하였다"라고 하여 그의 의변疑辨이 철저하지 못했음을 지적하였다. 주희 외에 송대의 주시周時·왕응린 등도 모두 오역의 변석이 매우 탁월하다고 칭찬하였다. 아쉽게도 오역의 책은 실전되었다.[101]

이어서 정초鄭樵가 등장한다. 그의 대작 『통지通志』는 의변疑辨정신으로

---

100) 「洛誥」의 脫文이라는 뜻이다.
101) 『經義考』에는 明代의 『菉竹堂書目』 및 淸初의 『一齋書目』에는 존재했던 것으로 기록되어 있다.

가득 차 있으며, 『서변와書辨訛』 7권은 오로지 『상서』를 의변하고 있다. 진진손의 『서록해제』에 『서변와』의 목차가 실려 있는데, "규무糾繆가 4권, 궐의闕疑가 1권, 복고復古가 2권"이라 하여 이 책의 많은 편들이 『상서』의 오류와 의문처를 공격하고 있음을 알려준다.

홍매洪邁의 「용재제발容齋題跋」에는 다음의 말이 있다.

공안국의 『고문상서』는 한대 이래 학관에 세워지지 못했기 때문에 『좌씨전』에 인용할 때 두예杜預가 '일서逸書'라고 주석注釋했던 것이다. 유향의 『설원說苑』 「신술臣術」편 1장에 "태서왈泰誓曰……"이라고 되어 있는데, 오늘날의 『태서』 처음에는 이런 말이 없다.……
『일서逸書』는 비록 편명이 존재하기는 하지만 이미 그 문장들이 망실되어 그 의의를 다시 상고할 수 없다. 공안국 주는 억지로 말을 만들고자 했으므로 "『골작汩作』주 운운云云", "『명거明居』주 운운"이라고 하였다. 임소영林少穎은 "아는 것을 안다고 하는 것이니 『요전』·『순전』에 대해서는 그렇게 말할 수 있고, 모르는 것은 모른다고 해야 하므로 『구공九共』·『고어槀飫』는 빼는 것이 옳다"라고 하였는데, 그 설이 가장 명백하여 사람들을 만족시킨다.

또 조공무晁公武의 『군재독서지郡齋讀書志』에 실린 『상서』와 관련된 저록 가운데 의변하는 말들이 있다.

주희는 위고문의변에 가장 큰 영향을 끼친 인물이다. 처음에 오역吳棫의 영향을 받아 그의 의변들을 찬양한 이후 주희 자신도 『위고문상서』 본문과 『상서서』 및 『위공전僞孔傳』(「孔傳序」 포함)에 대한 수많은 의변을 제시하였다. 그의 『어류』 권71에서 80까지와 권125, 그리고 그의 문집 등에 실린 이러한 의변들은 40여 곳 이상이다. 그는 확실히 의변의 대가라 할 수 있다.

먼저 그가 『위고문상서』 본문을 의변한 내용은 다음과 같다.

한유들은 복생의 『서』를 금문이라 하고 안국의 『서』를 고문이라 하였다. 지금 고찰해 보건대, 금문은 난삽한 곳이 많고 고문은 반대로 평이하다. 어떤 사람은 금문을 복생의 딸이 조조晁錯에게 구두로 전해 주면서 잘못되었다고 하는데, 선진고서先秦古書에서 인용하고 있는 글들이 모두 이와 같으니 그럴 수는 없었을 것이다.…… 또한 복생이 암송한 것이기 때문에 어려운 부분이 많았고 안국이 과두고서蝌蚪古書의 착간되고 마멸된 부분을 고정考定하면서 도리어 쉽게 되었다고 하는데, 이 또한 이해할 수 없다.

공벽孔壁에서 나온 「상서」 가운데 「우모禹謨」·「오자지가五子之歌」·「윤정胤征」·「태서泰誓」·「무성武成」·「경명囧命」·「미자지명微子之命」·「채중지명蔡仲之命」·「군아君牙」 등의 편들은 모두 평이한 데 비해 복생이 전한 것은 읽기 어려우니, 어떻게 복생은 어려운 부분만 기억하고 쉬운 부분은 기억하지 못했는지 도무지 이해할 수 없다.

이는 오역이 문구의 난이難易에 따라 체득한 설에 근거하여 더욱 깊이 파고든 결과였다. 주희는 또한 "나는 일찍이 공안국의 『서』가 가서假書라고 의심하였다.…… 하물며 공안국의 『서』는 동진시대에야 출현하게 되는데, 그 이전에 유자들은 모두 그 책을 보지 못했으므로 더욱 의심스럽다"라고 하였다. 동진 이전에 그 책을 보지 못했다는 이유로 그 책이 역사적으로 의문점이 많다고 한 점은 매우 설득력이 있다.

이어서 주희가 「상서서」를 의변한 내용들을 보면 다음과 같다.

"「소서小序」를 믿을 수 없다."
"「상서서」는 증거로 할 만한 것이 없다."
"「상서」 「소서」는 누구의 저작인지 알 수 없다."
"나는 「서소서書小序」가 공자의 자작自作이 아니라 주진周秦 연간의 사람들이 쓴 것이라고 생각한다."
"「소서」는 절대 공자가 지은 것이 아니다."
"「상서서」는 경사經師들이 지은 것이지 절대 부자夫子의 말씀이 아니다."
"「상서서」를 믿을 수 없다. 복생 때에 없었으며, 그 문장이 매우 조잡하고 또한 전한대 사람의 문자가 아니라 후한 말 사람의 것과 비슷하다."

이처럼 주희는 「상서서」를 믿을 수 없다는 점을 적극 표명하면서 정확하게 공자의 저작이 아니라고 지적하였다.

다음은 주희가 공안국의 『전』과 「대서大序」를 의변한 것이다.[102]

공씨의 『서주書注』는 안국이 주석한 것이 아닌 것 같다. 문자가 힘이 없기 때문에 서한대 사람의 문장으로 분류될 수 없으니, 안국은 한 무제 때 사람인데 문장이 어찌 이와 같을 수 있겠는가? 다만 매우 조잡한 곳은 이와 같이 쉽지 않은 곳도 있다.

공안국의 해경解經이 가장 난삽한데, 『공총자』 등에서 나온 것으로 보인다.

『상서』 공안국전은 위진시기 사람들이 만들어 안국의 이름에 가탁한 것이 아닌가 한다.

한유들은 문자를 훈석하면서…… 의심이 가면 빼놓았는데, 지금은 오히려 다 해석하고 있다. 어찌 천백여 년 전의 말 가운데 썩은 벽 속에서 얻었거나 구전口傳을 통해 얻은 것에 한 글자의 잘못이 없을 수 있겠는가? 이해할 수 없다.

『상서서』(「大序」)는 공안국이 지은 것이 아닐 것이다. 한대의 문장은 정밀하지 못하고 조잡한데 지금의 「상서서」는 세밀하니, 이는 위진육조의 문자이다.

지금의 「대서」는 매우 세밀해서 진晉·송宋 사이의 문장으로 의심된다.

아마도 『공총자』를 편찬한 사람의 저작일 것이다.

주희는 『공안국전』 및 「대서」와 「상서서」에 대하여 용감하게 의변을 진행하였지만, 위고문 자체에 대해서는 한편으로는 그 정체를 명확하게 폭로하고자 시도하면서도 다른 한편으로는 그것을 수호하고자 하는

---

102) 淸代 閻若璩는 아들 閻咏에게 朱熹가 孔安國의 『書』에 대해 疑辨한 글들을 모아 『書疑』 1권을 만들게 하고, 이를 자신의 『尙書古文疏證』 뒤에 붙였다.

의지도 가지고 있었다. 그는 다음과 같이 말하였다.

어떤 사람은 평상의 말을 기록하는 것은 어렵지만 아름다운 말을 윤색하는 것은 쉽기 때문에 훈고訓詁·서명誓命의 난이가 같지 않다고 하는데, 그 말이 이치에 가깝다.

『서』에는 두 가지 문체가 있는데, 쉽게 이해할 수 있는 것과 이해하기 어려운 것이 있다. 내 생각에 『반경盤庚』·『주고周誥』, 『다방多方』·『다사多士』 등의 종류는 당시에 직접 사람들을 불러 모아 면전에서 명하고 가르침을 내린 것으로, 당시부터 이런 류의 어법이 있었다. 『여오旅獒』·『필명畢命』·『미자지명微子之命』, 『군진君陳』·『군아君牙』·『경명冏命』 등은 당시에 사명詞命을 찬수撰修한 것이다.

『상서』의 여러 『명命』들은 모두 알기 쉬우니 오늘날의 제고制誥와 같이 조정에서 만든 문자이며, 여러 『고誥』들은 모두 이해하기 어려우니 당시에 백성들에게 하명한 말로서 후대에 추록追錄하여 만든 것이다.

이와 같은 의도적인 조정은 위고문 자체에 파탄을 가져다주기도 했고 다른 한편으로는 그것을 미봉할 이유를 찾아주기도 했다. 그의 진심은 "『서』 가운데 의심되는 제 편을 모두 신뢰하지 않는다면 육경이 무너질지도 모른다"라는 말 속에 들어 있다. 그는 '육경'으로서의 『서』의 권위를 지켜야 만 했다. 앞서 보았듯이 리학을 탄생시킨 근원이 바로 위편 「대우모」였기 때문이다. 이에 그는 제자 채침으로 하여금 『서집전』을 편찬하여 『위고문상서』의 정체성을 유지하게 했던 것이다.

채침이 편찬한 『서집전』은 이미 앞에서 서술하였듯이 매 편의 표제 아래 금문·고문의 정황을 주석으로 표시하여 진위를 구별할 수 있도록 해 두었다. 채침은 주희의 "한유들은 복생의 『서』를 금문이라 하고 안국의 『서』를 고문이라 했다"라는 말을 기록한 뒤, 이어서 "제서諸序의 문장들은 경문과 합치되지 않은 경우가 있고 안국의 서序 또한 절대 서경西京의 문장으로 분류될 수 없으니, 이 또한 모두 의심할 만하다"라고 하여 전적으로 주희의 설을 따르고 있음을 밝혔다. 그리하여 그는 「상서서」를 책의 끝에 덧붙이면서 다음과 같이 적었다.

지금 서문을 고찰해 보니, 현존하는 편들은 비록 문장에 의거해 뜻을 가지고 있지만 식견이 천박하여 발명할 곳이 없으며 사이사이 경문과 서로 어긋나는 곳도 있다. 이미 망실된 편들은 이유 없이 간략하게 붙어 있어 손댈 수가 없으니 공자의 저작이 아님이 확실하다.…… 지금 안국의 벽중고서에 의거하여 다시 序를 합쳐서 한 편으로 만들어 권말에 붙이고, 아래에 의심될 만한 것들을 疏疏하였다.

사설師說에 따라 「상서서」를 의변하였음을 알 수 있다. 또한 그는 「공안국서」 아래에 의심되는 의견을 확실하게 제시하였다.

주희의 학문을 따른 또 다른 인물인 조여담趙汝談은 『남당서설南塘書說』 3권[103]을 편찬하였는데, 이 역시 앞에서 언급하였다. 『송사』 본전에 의하면 그는 "요순堯舜 이전二典은 하나로 합쳐야 하고, 우禹의 공로는 오직 하락河洛에만 있으며, 「홍범」은 기자의 저작이 아니다"라고 하였으니, 이것이 『남당서설』에서 펼친 주요 의변의 요점이다. 진진손은 『서록해제』에서 "여담汝談이 고문이 진서眞書가 아님을 의변한 것이 5가지인데, 주문공은 일찍이 고문을 의심하고도 이와 같이 과감하게 결단하지 못했다. 다만 여담은 복생이 전한 편들에 대해서도 역시 배격하였으니 너무 심했던 것 같다"라고 하여, 조여담이 일찍이 고문에 대해서는 주희에 비해 더욱 맹렬하게 의변하였고 또 금문에 대해서도 의변하였음을 알려 준다.

그리고 정담丁銨의 『서변의書辨疑』(無卷數) 및 양염정楊炎正의 『서변書辨』 1권이 있었는데, 『경의고』에서는 이 두 권이 모두 망실되었다고 적고 있다.

---

103) 陳振孫의 『書錄解題』에 따른 권수. 『宋史』 「藝文志」에는 2권으로 되어 있다.

책명을 통해 『상서』 의변과 관련된 저작임을 짐작할 수 있지만, 정담의 책이 『상서』를 직접 의변한 것인지 다른 사람의 의변을 논한 것인지는 알 수 없고, 양염정의 책은 확실히 의변 저작이다. 이 외에 채부蔡傅의 『서고변書考辨』 2권이 있는데, 『상서』를 고변한 저작임을 확실히 밝히고 있으며 현재 『서경청록총서西京淸麓叢書』 속편續編에 들어 있다.

진진손의 『상서설』 1권은 앞에서 이미 언급하였는데, 『경의고』에서는 원대 사람 원각袁桷의 말을 인용하여 "『서』에는 금문과 고문이 있으니, 진진손은 전거를 끌어 모아 확실하게 구별하였다"라고 하였다. 진진손은 채침에 비해 더 많은 증거들을 수집하여 금문과 고문(僞古文)을 명확하게 구별하였던 것이다. 그는 다음과 같이 위고문을 변증하였다.

「유림전」을 살펴보면, 안국은 고문을 도위조都尉朝에게 전해 주었고 제자들이 계승하여⋯⋯ 동도東都 때는 가규賈達에 이르렀다.⋯⋯ 가규는 부업父業을 전승하여 비록 원류가 오래되었다고는 하지만 양한의 명유들은 모두 공씨의 고문을 실제로 본 적이 없었다. 어찌 양한·위·진만 유독 그러했겠는가? 두징남杜徵南(杜預) 이전에 경전을 주석한 것에는 「대우모」·「오자지가五子之歌」·「윤정胤征」 제 편들을 인용한 것이 있는데 모두 '일서逸書'라고 하였고, 「태서泰誓」를 인용한 곳에는 "지금 「태서」에는 이 문장이 없다"라고 하였다. 대체로 복생의 『서』에는 「태서」가 없었으니,⋯⋯ 위서僞書가 확실하다. 그렇다면 마馬·정鄭이 해석한 것도 어찌 진고문眞古文이겠는가?

그가 공안국 고문이 진대 이전에 출현하지 않았음을 지적한 것은 옳지만, 마융과 정현이 주석한 것이 진고문이 아니었다고 의심한 것은 당인唐人의 견해와 같은 것으로 이는 틀렸다. 요컨대 진진손은 주희와 채침을 계승하여 진일보한 의변을 펼치고 아울러 금문과 고문을 고정考定하여 분별하였지만, 그 영향력은 주희와 채침에 미치지 못하였다.

왕백王柏(호는 魯齋)은 주희의 삼전제자로서 『시』·『서』 모두에 대해 의심이 훨씬 더하였다. 그가 편찬한 『서의書疑』 9권에서는 금문·고문을 모두 의심하는 것은 물론, 착간錯簡이 되었다는 명분으로 임의로 경문을 바꾸기도 했다. 『사고전서총목』에서는 이렇게 적고 있다.

> 『상서』에 대해 고문을 의심한 것은 오역·주자로부터 시작되었고, 아울러 금문을 의심한 것은 조여담으로부터 시작되었으며, 「홍범」을 개정한 것은 공정신龔鼎臣으로부터 시작되었고, 「무성武成」을 개정한 것은 유창劉敞[104]으로부터 시작되었는데, 전경全經에 대해 바꾸고 보충한 것은 왕백으로부터 시작되었다.

이 말에 이어서 『사고전서총목』에서는 비교적 상세하게 왕백이 「요전」·「고요모」·「열명」·「무성」·「홍범」·「다사多士」·「다방多方」·「입정立政」 등 8편을 바꾸고 보충한 실례를 들면서, 근거가 있는 것과 없는 것의 정황을 지적하고 있다. 이른바 착간이라고 한 것은 간독簡牘의 글자 수에 의거하지 않고 마음대로 말한 근거가 없는 것들이었다. 이 때문에 『사고전서총목』은 그것들을 '서류존목書類存目'에 배열하였던 것이다. 그러나 『통지당경해』는 이 책을 전문 수록함으로써 송유들의 『상서』 의변의 극단적 실례를 잘 보여 주고 있다. 결론적으로 왕백과 조여담이 금문 제 편을 의심한 것은 그 의변이 지나치게 나아가 버린 것으로, 정확한 관찰력이 미흡하였다. 그리고 왕백의 설 가운데 위고문에 대한 변론은 비록 공을 들이기는 했으나 간혹 위편僞篇을 옹호하는 것도 있었다. 가령 「태서」의 단어가 급박하고 오만하여 원래의 서書가 아닐 것이라고 의심한 오역의 지적에 대해, 왕백은 주가周家가 세워진 지 오래되었고 실질적인 왕이었기 때문에 단어가 급박하고 오만한 것이며 또 당시 정세가 그렇게 만들었을 것이라고 여겼으며, 종종 종잡을 수 없는 말을 하기도 했다. 이 외에 그는 또 『가어고家語考』를 짓기도 했는데, 여기서는 왕숙王肅이 정현의 『상서주尙書注』를 반대

---

104) 구체적으로는 유창의 『七經小傳』을 가리킨다.

해서 그 책을 위조한 사실을 변정辨正하였다.[105]

왕응린 또한 그 학술 연원이 주희에게 있었기 때문에 공안국본을 의심하는 것에 익숙하였다. 그는 『상서』의 진면모를 찾기 위해 『고문상서』 10권을 집록하여 각 권에 모두 마·정의 주를 달았고, 또 『곤학기문困學紀聞』 안에도 『상서』을 변술辨述한 자료가 많이 있다.

끝으로 왕백의 제자인 송말원초의 김이상金履祥이 『서경주書經注』와 『상서표주尚書表注』를 편찬하였는데, 이에 대해서는 앞에서 이미 서술한 바 있다. 그는 책에서 위고문을 의심하며 "안국의 서序는 절대 서한의 문장으로 볼 수 없으니, 나는 동한 사람이 만든 것으로 의심한다. 문체로 알 수 있을 뿐만 아니라, 이른바 금석사죽金石絲竹의 음音을 들었다는 것은 확실히 후한 사람의 말임에 의심의 여지가 없다"라고 하였다. 그가 공안국의 서序가 동한 때 만들어진 것으로 의심한 것은 틀렸지만, 근거로 든 '금석사죽의 음'의 재료가 동한 때 나왔다는 점은 정확하였다. 『사고전서총목』은 이 책에 대해 다음과 같이 적고 있다.

> 지나치게 고론高論을 내세우고 선유先儒들과 차별을 두고자 하였으니, 가령 『강고康誥』의 서두를 『재재梓材』편의 앞머리에 두고자 하였고, …… 그 말이 매우 능숙하였다. 편수篇首의 "왕왈봉王曰封" 3자를 끝내 이해하지 못하여 '왕王'자는 '주공', '봉封'자는 위에 있는 『주고酒誥』편의 연문衍文이라고 했으니, 경문을 마음대로 고친 잘못을 면할 수 없다.

김이상 또한 왕백의 학풍을 계승하여 임의로 경문을 고쳤지만, 이와 동시에 예리한 의견들[106]을 제시해 낸 것은 그가 펼친 의변의 성과라 하지 않을 수 없다.

---

105) 앞의 제6장 2절에 보인다.
106) '王'을 '周公'으로 본 것 등이 그러하다.

『상서』에 대한 송학의 이러한 의변을 거치면서, 비록 중간에 위고문에 대한 주희의 폭로와 옹호가 교차하긴 했지만 의변정신은 점점 발전되어 갔다. 그리고 원·명 양대를 거치면서 진일보된 의변이 이루어짐으로써 마침내 위고문의 운명이 결정되었다. 청대에 이르러 위고문을 전복시키는 성과를 이루어 내게 된 것이다. 따라서 『상서』에 대한 의변은 송학의 상서학이 근본적이고 결정적인 역할을 했다고 말할 수 있다.

제6절 송학의 영향을 받은 원·명 양대의 상서학

원·명 양대에는 송학을 공령功令으로 장려함에 따라 사대부들은 정주리학程朱理學을 대대로 전습하였고, 이에 양대의 경학은 송학에 지배되고 그 학술은 송학의 영역을 벗어나지 않게 되었다. 그 가운데 상서학은 채침의 『서집전』이 유일하게 존숭되었다. 그러나 공령이 아직 확립되지 않았을 때나 조금 느슨했을 때에는 일부 학자들이 『채전』에 대해 이의를 제기하는 일도 있었다. 따라서 원·명 양대의 상서학의 내용은 주로 『채전』의 계승에 관한 것으로서, 그것을 옹호하는 쪽(時義)과 반대하는 쪽(古義)으로 나뉜다.[107] 이 밖에 송학의 『상서』 의변을 진일보시킨 것이 또 있다. 아래에서는 이를 나누어 서술하도록 하겠다.

1. 『채전』이 공령으로 정해진 이후의 '시의' 저작

『채전』이 과거용 교본으로 정해진 것은 원대이며, 이는 명대에도 계속 시행되었다. 양대의 공령에 의거해서 『채전』을 성장시킨 저작이 적지 않았는데, 양대를 나누어서 서술한다.

---

107) 明 李維楨(1570~1624)은 『蔡傳』을 옹호하는 것을 '時義'라 하고, 『蔡傳』에 의거하지 않거나 『蔡傳』과는 다른 注疏와 舊說을 말하는 것을 '古義'라고 하였다.

1) 원대의 '시와' 저작

『원사』,「선거지選擧志」에 다음과 같은 기록이 있다.

태종太宗(窩闊台)이 비로소 중원을 얻고 야율초재耶律楚材의 건의로 과거로써 관료를 선발하였다. 세조世祖(忽必烈)가 천하를 안정시키자 왕악王鶚이 계획을 올리고 허형許衡이 입법하였으나 성과를 거두지 못했다. 인종仁宗 연우延祐 연간(1314~1320)에 이르러 비로소 구제舊制에 따라 시행하니, 관료를 선발함에 덕행德行을 근본으로 하고 경술經術을 우선으로 재능을 가늠하였다.

이 말은 바로 원대 원우 연간에 과거가 시행되어 경술로써 관료를 선발하였다는 것이다. 그 아래의 '과목科目' 단락에서는 황경皇慶 2년(1313) 11월과 3년(1314) 8월에 관리를 선발하였는데, "경의經義는 하나의 도道이므로 각 하나의 경을 전공하되, 『시』는 주씨朱氏를 위주로, 『상서』는 채씨蔡氏를 위주로, 『주역』은 정씨程氏와 주씨朱氏를 위주로 한다. 이상의 세 경전은 옛 『주소注疏』를 함께 채용한다"라고 하였다. 이는 원 인종 황경 연간에 내린 결정으로, 이때부터 『상서』는 『채전』으로 규정되기 시작하였다. 비록 옛 『주소』를 겸용할 수는 있었으나 실질적으로 사람들은 모두 옛 『주소』를 버리고 『채전』만을 사용하였다.[108] 「인종기仁宗紀」에 의하면 황경 3년(1314, 즉 延祐 원년) 8월에 정시廷試 거행을 확정하였다고 되어 있는데, 다만 「선거지」의 기록으로는 연우 2년(1315) 3월에야 정시진사廷試進士를 시작하고 이후 대략 3년에 1번 시행되었기 때문에 연우 연간에 비로소 과거가 시행되었다는 「선거지」의 기록을 인용한 것이다. 『사고전서총목』을 비롯해서, 후대에 원의 과거를 논할 때는 대부분 연우 연간을 거론한다. 황경 3년(1314)에 확정되어 1년 뒤인 연우 2년(1315)에 시행되었으니, 『채전』은 원 인종 때부터 비로소 과거의 정본定本으로 존숭받기 시작하였다.

---

108) 이 장의 제2절 6항 참조.

앞에서 『채전』의 정황을 서술할 때 이미 언급했듯이 송말원초에 장보서張葆舒·황경창黃景昌 등 4~5가의 반채反蔡 저작이 있었는데, 원대에 『채전』을 존숭하는 공령이 내려진 이후로 제반 저작들이 모두 실전되었다. 원대의 학자 진력陳櫟은 처음에는 『서전절충書傳折衷』을 편찬하여 『채전』을 교정하였다가 30여 년이 지나 연우 연간에 『채전』이 존숭되자 마침내 그 책을 폐기하고 별도로 『상서집전찬소尙書集傳纂疏』를 편찬하여 『채전』을 채용하였으니, 이로부터 유행된 대부분의 책은 모두 『채전』을 채용한 저작들이었다. 주요 저작은 다음과 같다.

먼저 진력의 『상서집전찬소』[109] 6권이다. 진력은 「자서」에서 "우리나라의 과거科擧가 흥성함에 제경諸經과 사서四書가 모두 주자를 정종으로 삼았으니, 『서』는 『채전』을 정종으로 하는 것은 진실로 마땅한 일이다"라고 말하였다. 조정의 공령에 따라 어쩔 수 없이 『채전』에 대해 본의와는 다르게 옹호를 하게 된 것이다. 이 책의 「서序」는 "『서』는 제왕의 다스림을 기록하고 있는데, 다스림의 근본은 도에 있고, 도의 근본은 심에 있다"라는 말로 시작되는데, 이것은 『채전』의 「서序」를 베낀 도학적인 말이다. 또한 서문의 중간에서는 이렇게 말하고 있다.

이제삼왕의 연원은 모두 『서』에 있으며,…… 지금 보존되어 있는 것은 한유들의 입으로부터 전해지고 공택孔宅의 벽에 소장되었던 것으로, 착간錯簡되고 단편斷編되어 의심되는 점이 당연히 한이 없었으므로 주해를 시작한 이후로 3~4백여 가가 있었다. 주자가 만년에 문인을 시켜 집전集傳하게 하였으니, 3편을 정정訂正하고 그친 것이 애석하다.

그는 주희가 단지 앞부분의 3편만을 정정한 것에 대해 애석함을 표시하고 있다. 그는 이 3편의 '찬소纂疏'에서 우선 주희의 말을 기록한 다음

---

109) 『四庫全書』本을 따른 것이다. 『通志堂』本에는 『書蔡氏集傳纂疏』로 되어 있다.

각 학자들의 학설을 수록하였다. 이른바 '소疏'는 『채전』과 통하는 의미이고, 이른바 '찬纂'은 제가의 설을 찬집했다는 말이다. 『사고전서총목』은 이 책명을 취한 의미를 밝히면서 "『채전』을 증보한 것이어서 바로잡을 바가 없다", "『찬소』는 전적으로 『채전』을 묵수하였다"라고 하였다.[110] 따라서 이 책은 그가 애초에 편찬한 『절충』과는 완전히 다른 것이었다. 그는 송말에 이르기까지 『상서』를 해설한 저작이 모두 4백여 가 이상이라는 점을 말하면서 그런 수많은 해설들 가운데 그 정화精華를 채록하였으니, '찬纂'하여 『소疏』가 된 것이다. 『경의고』는 명대 양사기楊士奇의 기록을 인용하여 다음과 같이 적고 있다.

> 『서전찬소書傳纂疏』 6권은 3책으로 되어 있으며, 원의 신안新安 진력陳櫟이 집록한 것이다.…… 오늘날 『서전』을 읽는 사람들은 모두 이 책과 동정董鼎의 『찬주纂注』의 도움을 받고 있다. 나의 외조부께서 남기신 『서전회통書傳會通』은 더욱 상세히 잘 갖추어져 있다.[111]

진력의 『찬소』, 동정董鼎의 『찬주纂注』 그리고 도창都昌 진대유陳大猷의 『서전회통書傳會通』이 원·명시기에 『채전』을 보좌하는 3대 명저로 인식되었으며 과거를 준비하는 선비들이 이 책들을 지름길로 삼았다는 사실을 알 수 있다.

다음은 동정의 『서전집록찬주書傳輯錄纂注』[112] 6권이다. 이 책은 원 무종武宗 지대至大 무신년戊申年(1308)에 완성되었는데, 『서집전』을 전부 수록한 다음 '집록輯錄'에서 주희의 『상서』 관련 어록을 집중적으로 모으되 대부분 제자들의 기록에 의거하였으며[113] 이어지는 '찬주纂注'에서 각 학자들의

---

110) 『書傳大全』 항목에 보인다.
111) 이 말은 楊士奇가 編纂한 『文淵閣書目』에 기록되어 있다.
112) 『四庫全書總目』에는 『尙書輯錄纂注』로 되어 있다.
113) 『語類』와 각종 朱子書 및 제자 58명이 기록한 말을 포함한다.

『상서』학설을 찬집하고 있다. 이 책 처음에 기록된 인용제가引用諸家의 성씨는 144가에 달한다. 앞부분 20명이 한대에서 당대까지의 학자이고 뒷부분 17명이 원대의 학자이며, 나머지는 모두 송유들이다. 동정은 자신의 형 동몽정董夢程이 주희의 제자 황간黃幹에게서 수업을 받았고 자신 또한 다시 형을 따라 배웠기 때문에 스스로 주자학을 계승하였다고 여겼다. 『사고전서총목』에서는 다음과 같이 적고 있다.

> 동정은 『집전』에 미흡함이 있음을 면할 수 없다고 보고, 사람들이 그 책이 주자로부터 나온 것임을 의심하지나 않을까 두려워하여 더더욱 주자의 설을 인용하여 그 결점을 보충하였다. 그러나 『집전』을 주자로 귀결시킨 것은 오히려 주자로써 주자를 보충한 것이라 하겠으니, 그는 다만 『채전』과 다르고자 하는 뜻이 있었다는 혐의만 없을 뿐이다.

이 책은 『채전』을 옹호하는 면모를 갖추었으나, 도리어 『어류』를 상세히 인용함으로써 『채전』이 주희의 설과 합치되지 않는 점이 있음을 보여주고 있다. 그 의도와 수법은 대체로 진력의 것과 같은데, 둘 다 『채전』의 전문全文을 실은 다음 '찬소纂疏'와 '찬주纂注'를 그 뒤에 나누어 붙였다. 두 책은 모두 『통지당경해』에 수록되어 있다.

그리고 도창都昌 진대유陳大猷의 『서전회통書傳會通』(不詳卷)을 들 수 있다. 진대유는 호가 동재東齋 또는 복재復齋로서, 황간의 제자 요로饒魯에게서 수업을 받았으므로 주희의 삼전제자가 된다. 송 이종 말엽에 태어나 원에 출사하였다. 송 이종 초기의 동양東陽 진대유陳大猷와는 다른 사람으로, 동양의 진대유는 상산학파이고 도창의 진대유는 주자학파이다. 『사고전서총목』에서는 "주자를 신명神明처럼 존숭하였다" 했으니 당연히 『채전』을 정종으로 삼았겠으나, 안타깝게도 이미 망실되었다.

다음은 진사개陳師凱의 『서채전방통書蔡傳旁通』 6권이다. 이 책은 원 영종英

宗 지치至治 신유년辛酉年(1321)에 완성된 것으로, 동정의 책을 바탕으로 삼아 송학으로 의리를 밝힌 것이다. 진사개는 『상서』 내용과 관련된 천문·지리·예악·병제·관제·봉건과 같은 역사사실이 아직 밝혀지지 않았고 리학자들이 선양하던 '하도'·'낙서'가 과연 어떤 것인지 확실하지 않아서 독자들이 이해할 수 없었기 때문에 이 책을 지어 그것을 해석하였다고 밝혔다. 『사고전서총목』에서는 이 책이 "소疏는 주注를 벗어나지 않는다"라는 원칙에 충실하여 "『채전』에 인용되었으면서도 상세하지 않은 명물名物을 하나하나 번거롭게 거론하여 그 시말始末을 분석했을 뿐 『채전』의 잘못된 부분에 대해서는 교정하지 않았다"라고 지적하고 있다. 그러나 이 책은 『채전』의 부족한 지식을 보충해 주는 유용한 자료이다. 따라서 이후 명대에 편찬된 『서전대전書傳大全』은 진력의 책과 이 책을 주요 참고자료로 삼았다.

다음은 주조의朱祖義의 『상서구해尙書句解』 13권이다. 연우 연간 이후로 『상서』는 비록 공령에 의해 『채전』을 위주로 하게 되었지만 옛 『주소注疏』의 겸용도 허락하고 있었다. 『사고전서총목』은 주조의의 책에 대해 다음과 같이 적고 있다.

말류에 이르러서는 옛 『주소』의 번거로운 병폐로 인해 『채전』이 마침내 학관에 홀로 세워지게 되니, 과거를 준비하는 사람들도 어려서부터 익혀 조금의 어긋남도 없었다. 주조의의 이 책은 유학幼學들을 계몽할 목적으로 만들었기 때문에 대부분 채의蔡義를 정종으로 하고 구문舊文을 고증하지 않았다. 훈고명물訓詁名物에 관해서도 인용한 것이 적었다. 그러나 문장에 맞게 전석詮釋하였고 단어의 뜻을 쉽게 풀이하였으며, 은반주고殷盤周誥와 같이 까다로운 문구들에 대해서는 잠시 놓아두고 마음으로 이해하도록 하였다.…… 견강부회한 문장, 지나치게 화려한 문장, 경의經義를 해치는 문장이라 하더라도 선유의 독실한 뜻이 있다고 여겨 함부로 폐하지 않았다.

이 책이 과거 준비를 위해 『채전』을 쉽게 배울 수 있도록 한 것이면서도 송학을 준수한 전통적인 통속 독본임을 알 수 있다.

다음은 추계우鄒季友의 『상서채전음석尙書蔡傳音釋』[114] 6권이다. 이 책은 『채전』에 음독音讀을 하고 일부 내용이나 문제가 있는 부분에 주석을 달아 간단하게 해석하였다. 「고종융일高宗肜日」의 경우, 한·당에서 송유(『채전』을 포함해서)에 이르기까지 모두 은殷 고종高宗이 성탕成湯을 제사지내는 것으로 잘못 해석해 오다가 김이상의 『표주』에서 비로소 '고종高宗'이 고종의 묘廟로서 그곳에서 역제繹祭를 지냈다는 뜻으로 의심하였는데, 추계우에 이르러 처음으로 조경祖庚이 고종을 융제肜祭지낸 묘임을 명확하게 말하였고 근대의 갑골문 연구를 통해 추계우의 설이 정확하다는 것이 증명되었다. 이 책이 『채전』을 읽는 데 꼭 필요했기 때문에 지정至正 5년(1345)의 명복재明復齋 간본은 『채전』에 『음석音釋』을 합각合刻하였고 이후의 간본들도 모두 이 책을 부각附刻하였으니, 이로써 이 책은 '『채전』의 공신'이라는 영예를 얻게 되었다. 명대에 이르러 유삼오劉三吾가 편찬한 『서전회선書傳會選』에서도 이 책의 내용을 많이 채용하였다.

이와는 별개로 원대에 왕도王道의 『서전음석書傳音釋』과 모응룡牟應龍의 『구경음고九經音考』가 있었는데, 동정의 『찬주』에 인용되어 있다. 그 권수를 알 수 없고 내용도 상고할 수 없지만, 『서전』의 음석이라고 했기 때문에 또한 『채전』과 관련된 저작일 것이다.

이 외에 원대에는 정룡程龍의 『서전석의書傳釋疑』, 방전方傳의 『서채씨전고書蔡氏傳考』가 있었다고 하는데 모두 권수와 내용을 알 수 없다. 다만 『경의고』에 저록과 이미 망실된 사실이 기록되어 있다. 책명으로 추측해 보건대 이들 역시 『채전』을 보조하는 저작이었던 듯하다. 현존하는 것으로는 여종걸呂宗杰의 『서경보유書經補遺』 5권이 있으며, 『함분루비급涵芬樓秘笈』

---

114) 『書傳音釋』이라고도 한다.

제9집에 수록되어 있다.

또 원말명초에 주우朱右가 편찬한 『서집전발휘書集傳發揮』 10권이 있는데, 그 「자서」에서 이렇게 말하고 있다.

『집전』은 후학들이 감히 함부로 의론할 바가 아니나, 일찍이 당대 명유의 설을 참고하고 질의하여 부사父師의 가르침을 들은 것이니 서로 발명할 것이 전혀 없는 것은 아니다. 이에 삼가 『집전발휘集傳發揮』 6권, 『강령시말綱領始末』 1권, 『지장도指掌圖』 1권, 『통증通證』 2권 등 모두 10권을 지었다.

다음은 이기李祁가 지은 이 책의 「서序」이다.

구봉九峰 채씨蔡氏가 직접 주자의 지시로 집해集解를 지으니, 제가의 설이 비로소 절충되었다.……『집전』이 이미 만들어진 후부터 제유의 강론이 더욱 정밀해졌으며,…… 천태天台의 주백현朱伯賢이 다시 그 장점을 모으고 자신의 설을 덧붙여서 편집하여 『발휘』라고 하였다. 채씨의 전傳과 다름을 구한 것이 아니라, 부족한 부분을 보충해서 완전하게 하려고 한 것이다.

이 책이 채침 이후의 『상서』 연구를 모은 성과이자 『채전』을 보충하는 저작임을 알 수 있는데, 『사고전서총목』의 저록에는 보이지 않는다.

원대에 공령으로 『채전』을 정한 것은 본래 과거시험을 위한 것으로, 앞에서 열거한 책들은 모두 『채전』의 내용을 쉽게 파악하여 과거시험을 보는 데 편하게 해 주는 것들이다. 따라서 그 내용 또한 경전을 풀이해서 해석하는 것이었으니, 가령 주조의의 『상서구해』는 비록 과거시험에 직접 사용되었던 것이기도 했지만, 그 본질은 경을 해석한 저작이라 할 수 있다. 그런데 이와는 달리 원대에는 또 과거시험에서 어떻게 『서』의 뜻을 운용해야 하는지를 알려주는 3권의 비교적 유명한 지침서가 있었다. 이것이 바로 가장 철저한 '시의時義'의 저작으로서, 이른바 '토원책자兎園册

子'에 속하는 것들 가운데 조금 나은 것들이다.

첫째, 왕충운王充耘의 『서의긍식書義矜式』 6권이다. 『경의고』에서는 장운장張雲章의 말을 인용하여 다음과 같이 적고 있다.

송 희녕 4년(1071) 왕안석이 처음 과거법을 개혁하여 '시부詩賦'를 중지하고 '경의經義'와 '논책論策'으로 관리를 선발하면서 응시자들은 각기 하나의 경을 전문으로 해야만 했는데, 이것이 '경의'의 시초이다. 그 격률格律을 보면, 먼저 '파제破題'·'접제接題'·'소강小講'이 있었는데, 이를 '모자冒子'라고 불렀다. 모자 이후에 '관제官題'로 들어갔다. 관제에는 '원제原題'·'대강大講'·'여의餘意'('종강從講'이라고도 함)가 있었고, 또한 '원경原經'('고경考經'이라고도 함)과 '결미結尾'가 있었다. 이어져 내려온 지 이미 오래되자, 쓸데없이 길고 번잡한 것을 싫어하여 격률을 꺼리지 않는 이가 없었다. 그러나 대체로 '모제冒題'·'운제原題'·'강제講題'·'결제結題'는 여전히 남았으니, 이것은 '경의'의 고정된 격식이었다. 왕충운은 말 그대로 공령에 따르고 근본하기를 주장하였으며 또한 스스로 '경의'를 지어 '긍식矜式'이라 명명하였는데, 이 책은 당시의 체제를 잘 보여 주고 있다.

『사고전서총목』은 다음과 같이 적고 있다.

송 희녕 4년부터 비로소 경의로써 관리를 선발하기 시작하였다. 당시에 장재숙張才叔(張庭堅)이 "스스로 바르게 하여 사람마다 스스로 선왕께 바치다"(自靖人自獻于先王)라는 뜻을 펼쳐 보인 것은 학자들로부터 불멸의 문장으로 인정받았으니, 여조겸은 『문감文鑑』을 편찬하면서 특별히 이 편을 채록하여 기준으로 삼았다. 원 인종 황경 초기에 다시 과거가 시행되면서 경의를 편성하였는데, 형식은 송대의 것을 조금 변화시킨 것이었다. 그 격률을 정리해 보면, 먼저 파제·접제·소강이…… 혹자는 간략하게 변통하였다.[115] 그러나 그 대요大要인 '모제冒題'·'운제原題'·'강제講題'·'결제結題'는 여전히 남았으니, 이는 바뀔 수 없는 고정된 법칙이었다. 왕충운이 만든 경편經篇은 엄선한 여러 제題들을 과거시험의 기본

---

115) 위의 張雲章의 말을 그대로 반복하고 있어 생략하였다. 다만 『사고전서총목』에는 "不盡拘格律"(격률을 거리끼지 않는 이가 없었다) 구절이 "或梢梢變通之"(혹자는 간략하게 변통하였다)로 되어 있다.

답문으로 삼아 표준을 정한 것인데, 그는 "삼가 오전五典을 밝히다"(愼徽五典) 구절을 『공전』의 "만방의 일을 크게 담당하다"(大錄萬機)를 인용하여 설명하였으니 이는 『채전』을 완전히 따른 것이 아니었다. 『원사』 「선거지」의 기록을 보면 『서』는 『채전』 및 『주소注疏』를 사용하였다고 적고 있다. 당시에 '경의'는 오히려 구설舊說을 완전히 폐하지는 않았기 때문에 응시자들이 겸용했던 것이다.

오늘날 이 책은 『상서』의 원대 과거문科擧文 형식을 잘 보존하고 있는 것으로 알려져 있다. 확실히 명청대 팔고문八股文의 시초로서 중요한 문화 사 자료임에 틀림없다.

둘째, 진열도陳悅道의 『서의단법書義斷法』 6권이다. 『경의고』에서는 장운 장의 말을 인용하여 "이 역시 과거용 책이다.…… 뒤에 부기된 『작의요결作義 要訣』은 신안新安의 예사의倪士毅가 모은 것이다"라고 하였다. 『사고전서총 목』는 이 책을 칭하여 다음과 같이 적고 있다.

이 책은 경문을 전부 싣지는 않고 명제命題가 될 만한 부분만 가려 실은 후 자세히 해설하면서 작문의 관건이 될 만한 부분을 명시하였다. 왕충운의 『서의궁 식』이 지금(清代)의 정묵程墨과 같다면, 이 책은 지금의 강장講章과 같다. 후대의 학자들은 명제만을 헤아리고 전경全經을 읽지 않는데, 실로 이것이 그 시초이다. 채록하여 두는 것은 과거의 학문이 표절로 흘러든 것이 하루아침의 일이 아님을 알게 하기 위해서이다.…… 대개 서리가 내리면 곧 얼음이 언다는 말이 있으니, 점점 정도가 심해짐에 이르러 그 시작을 기록하지 않을 수 없다.

과거제도가 『상서』에 대한 연구를 얼마나 파괴했는지를 잘 알 수 있다. 이 책은 가장 통속적인 과거용 서책의 시초였다.

셋째, 예사의倪士毅의 『상서작의요결尙書作義要訣』 4권이다. 이 책은 진열도 의 책에 부록되어 있는데, 『경의고』에서는 이 책을 별도로 저록하면서 "원대 과거응시자의 토원서兎園書"라고 칭하였다. 『사고전서총목』은 진열 도의 책 끝부분에서 이 책을 거론하면서 "모제冒題·원제原題·강제講題·결제結題의 4칙則과 작문결作文訣 몇 칙으로 나뉘어 당시의 격식을 잘 갖추고 있다"라고 하였고, 또 '시문평류詩文評類'에 이 책을 저록하면서 "명대 이래 과거의 문장은 실로 이것(원대의 經義制)으로부터 나온 것이다. 이 책이 논하고 있는 것은 비록 범위가 얕고 좁지만…… 모두 후대 제예制藝의 귀감이다"라고 하였다. 이 책 역시 『상서』 과거제예科擧制藝 문장을 지도하는 주요한 책이었음을 알 수 있다.

2) 명대의 '시의' 저작

명왕조는 건립 이후 『채전』과 옛 『주소』 모두를 팔고八股로써 관리를 선발하는 과거의 준용본遵用本으로 하였다. 『명사』 「태조본기太祖本紀」를 보면, 홍무洪武 3년(1370) 5월에 "과거를 설치해서 관리를 선발"하였고, 홍무 17년(1384)에 "과거로써 관리를 선발하는 방식을 반포"하였다고 한다. 또 「선거지」에서는 "과거의 방식을 반포하였다. 초장시初場試는 '사서의四書義' 삼도三道와 '경의經義' 사도四道인데, 『사서』는 주자의 『집주』를, 『역』은 정씨程氏의 『전傳』과 주자의 『본의本義』를, 『서』는 채씨의 『전』과 옛 『주소』를 위주로 하였다"라고 하였고, 『명조개천기明朝開天紀』에서는 "홍무洪武 때, 향시와 회시의 『서경』은 채씨의 『전』과 옛 『주소』를 위주로 할 것을 조서하였다"라고 하였다. 원인袁仁의 『폄채편砭蔡編』 「자서」에서도 "국조國朝의 전령典令을 살펴보면, 『서』는 옛 『주소』를 위주로 하고 『채전』을 겸용하였다"라고 하였고, 또 항고모項皐謨도 "고황제高皇帝께서 경으로써 관리를 선발하였는데, 옛 『주소』를 사용할 것을 명하셨다"[116]라고 하였다. 명초明初에 이공二孔의 『주소』와 『채전』이 함께 사용되었음을 알 수 있다. 그러나 양신楊愼의 『단연록丹鉛錄』에서는 "삼가 고황제의 과거에 관한 조서를 읽어 보니 『서』는 하씨夏氏와 채씨의 양 『전』을 따랐다"라고 하였고, 『사고전서총

---

116) 『經義考』에서 인용함.

목』에 있는 "하선夏僎의 『상서상해尙書詳解』"조 아래에서도 "홍무 연간에 처음 과거를 정하면서 『상서』를 익히는 자는 하씨·채씨의 양 『전』을 병용할 것을 명하였는데, 이후 영락 연간에 『서경대전』이 나오면서부터 점차 『채전』만이 사용되고 하씨의 책은 사라졌다"라고 하였다. 즉 명대에는 『채전』과 옛 『주소』를 병용하거나 『채전』과 하선의 『상해』를 병용하였다는 두 가지 설이 있는 것이다. 영락 연간의 변화는 『명사』 「선거지」의 기록에 보인다. "영락 연간에 『사서오경대전』이 반포되면서 『주소』는 폐기되고 사용하지 않았다"라고 하였으니, 당초에 하선의 책을 병용했는데 이때에 이르러서는 이미 사용하지 않게 된 것일 수도 있다. 따라서 명대에 완전히 『채전』만을 존숭하게 된 것은 『서전대전』이 반포(1414)된 영락 연간 이후부터이다.

호광胡廣 등이 명 성조成祖의 명을 받들어 편찬한 『서전대전』 10권은 『오경대전』 가운데 하나이다. 『경의고』에서는 오임신吳任臣의 말을 인용하여 "서전은 원래 6권이었는데 지금 10권으로 나뉘었다. 요지는 두 진씨陳氏에 근본하였다. 찬수에 참가한 신하는…… 42인이다"고 하였다. 『사고전서총목』에서는 이렇게 말하였다.

홍무 연간에는 오히려 『채전』을 위주로 하지 않았는데, 『채전』을 위주로 하는 것을 공령으로 정한 것은 호광胡廣 등으로부터 비로소 시작되었다. 이 책은 비록 『시경대전』이 유근劉瑾의 『시전통석詩傳通釋』을 전부 베낀 것과는 같지 않지만,…… 사실 호광 등의 자찬自撰이 아니며,…… 두 진씨란, 그 중 하나는 진력陳櫟의 『상서집전찬소尙書集傳纂疏』이고 다른 하나는 진사개陳師凱의 『서채전방통書蔡傳旁通』이다.

이 책은 매 편마다 『채전』을 전부 수록한 후 두 진씨의 책을 채록하여 '대전大全' 부분을 만들었기 때문에, 원래의 『채전』 6권이 확대되어 10권이 되었다. 고염무顧炎武의 『일지록日知錄』 권18 '사서오경대전'조에서는 다음과 같이 적고 있다.

당시 유신儒臣이 명을 받들어 『사서오경대전』을 편수하였는데,…… 책이 만들어진 날 관원들에게 금金을 하사하여 나라의 씀씀이 얼마인지 알 수가 없었으나, 이 책을 두고 일대 교학敎學의 공로라 표창하고 백세 유림의 실마리를 열었다고 하였다. 그러나 다만 이미 만들어진 책만을 취하여 한번 베껴 씀으로써 위로는 조정을 기만하고 아래로는 선비들을 속였으니 당·송 시절에도 이런 일이 있었던가?…… 팔고八股를 만들어 시행함에 모든 선비들이 송·원 이래로 전해지던 실학實學을 버리고 서로가 속고 속이며 이록利祿만을 탐하니 더 말할 것도 없다. 아! 경학經學이 없어진 것이 실로 이때부터였다.

또한 같은 권의 '서전회선書傳會選'조에서도 고염무는 "팔고가 행해지자 고학古學이 버려졌고, 『대전』이 출현함에 경설經說이 없어졌다"라고 하였다. 피석서의 『경학역사』에서도 "명 영락 12년(1414) 칙령으로 호광 등이 『오경대전』을 천하에 반포하여 행하니, 이는 일대의 큰 사건으로 당唐이 찬수한 『오경정의五經正義』로부터 8백여 년이 지나 다시 출현한 것이었다. 이에 만들어진 책은 사람들의 웃음거리가 되었다"라고 하였다. 이는 명대의 부패한 봉건통치자들의 학술상에서의 천박함과 무지를 잘 드러낸 사건이다.

이후 『대전』이 오로지 『채전』을 정종으로 삼은 것을 답습한 저작들이 계속해서 출현하였다. 왕초王樵의 『상서일기尙書日記』에는 이유정李維楨의 「서문序文」이 있는데, 여기서는 다음과 같이 기록하고 있다.

『서』에는 고문과 금문이 있고, 지금(明代)의 『서』를 해설한 것에는 또한 고의古義와 시의時義가 있다.…… 유삼오劉三吾 등이 『서전회선書傳會選』을 만들었고, 그 후 『직지直指』·『집주輯注』·『회통會通』·『찬의纂義』·『소의疏意』·『서역書繹』 등 수십 가가 있었다. 이를 '고의古義'라 하였으나 경생經生들이 과거에서 다 사용하지는 않았다. 『서경대전』이 학관에 반포된 뒤부터 오직 채씨의 주만이 중시되어, 경생들이 익히는 것은 채씨가 말한 것이 위주가 되었다. 방사坊肆(서점)에서 유행한 것도 수십 가에 이르는데, 모두 과거를 보는 데 도움이 되는 문장들로서 이를 '시의時義'라 하였다.

『사고전서총목』에서는 이를 "명대의 경술이라고 할 수 있다"라고 하였는데, 이 말은 곧 명대의 『상서』 저작이 두 가지로 귀결될 수 있다는 뜻이다. 하나는 오로지 과거를 위한 저작으로서 『채전』을 준용하며 방사坊肆에서 유행한, '시의時義'로 불리는 『서전대전』 계열이고, 다른 하나는 『채전』 이전의 『상서』 고문적古文籍의 구설舊說을 겸용한, '고의古義'로 불리는 『서전회선書傳會選』 계열이다. 그 작자들은 각각 수십 가가 있었다. 이들 두 파는 확실히 명대 상서학의 거의 모든 학단을 점유하고 있었으나 실제로는 명대의 관방 및 그 비호 아래 만들어진 상서학일 뿐이었고, 진정으로 명대 학술을 대표하는 것은 의변疑辨 일파였다. 이 일파는 당시에 역량은 비록 작았지만 상서학의 정확한 방면을 체현하였다. 이에 대해서는 뒤에서 전문적으로 서술하도록 하고, 여기에서는 우선 '시의'와 '고의'의 두 파에 관련된 내용만 서술한다.

명대 '시의'에 속하는 일파는 수십 가인데, 현재로서는 명확하게 알 수 없다. 『명사』 「예문지」의 기록에 의하면 명대 『상서』 저작은 88부에 달하고, 『경의고』의 저록은 그것의 두 배이다. 그 가운데에 이 수십 가 '시의'의 저작들이 있는데, 이제부터 간략하게 소개하도록 한다.

먼저 팽욱彭勗의 『서전통석書傳通釋』 6권이다. 팽욱은 「자서」에서 "삼가 반포된 『서전』을 보건대, 학교에 소장되어 있어 여항閭巷에서는 쉽게 볼 수 없었다. 이 때문에 그 좋지 않은 점을 지우고 그 요점만을 가려서 취해 아래에 부록하였다"라고 하였고, 『사고전서총목』에서는 다음과 같이 적고 있다.

책은 『채전』 아래에 제유의 구설舊說을 가려 기록하였고,…… 대체로 영락의 『서경대전』을 모방하였다.…… 일찍이 영락 연간에 찬수된 『사서오경대전』의 정밀하지 않은 부분을 토론하고, 제유의 설이 『집주』와 배치되는 부분은 삭제하여 만들었다.…… 대저 『대전』의 오류는 일가의 설에 편중되고 예로부터 전해지던 경의經義를 버린 데에 있었다. 팽욱은 특히 편중된 것이 좋지 않다고 여겨서 반드시 동이同異를 가리고자 했으므로 그 견해가 더욱 깊고 견고하였다.

또 왕규王逵의 『서경심법書經心法』(卷不詳)이 있었는데, 『경의고』에서는 '이 일已佚'되었다고 적고 있다. 이른바 '심법'을 전했다는 것은 완전히 『채전』의 말이다.

다음은 장추章陬의 『서경제요書經提要』 4권이다. 『경의고』에서는 '미견未見'이라고 하면서 그 『자서』만 기록하고 있다.

천문·지리·도서圖書(河圖·洛書)·율려律呂 4가지는 모두 『서』의 핵심이다.…… 다른 책들을 두루 보아도 하나로 모은 책이 없어서…… 선유의 설을 끌어 모아 4편을 만들었으며…… 『채전』에 있는 것은 중복하지 않았다.

'도서圖書'를 중시하였고 『채전』과 다르지 않았으므로 순수한 채학蔡學임을 알 수 있다.

다음은 왕점규王漸逵의 『독서기讀書記』(卷不詳)이다. 『경의고』에 '미견未見'으로 되어 있는데, 그 『자서』에서 요·순·우가 서로 전한 심법 16자를 강조하여 인용하면서 "이것은 『서』를 읽는 사람이 가장 먼저 해야 할 일이다. 이 외에 금문고문의 동이와 공벽위서孔壁僞書의 분변, 평이난삽平易難澁의 고증, 잔편단간殘編斷簡의 고찰 등은 지엽적인 문제일 뿐이다"라고 하였다. 리학의 심법을 전하는 것만이 유일한 대사大事라고 여기면서 『상서』의 과학적 연구에 대해서는 반대하였다.

다음은 장거정張居正의 『서경직해書經直解』 8권이다. 전여영錢與暎의 「서序」

에서는 "지금 황제(萬曆帝)께서 어린 나이에 제위에 오르시자 강릉공江陵公이 유술儒術을 제창하여 1편을 편집하였는데, 이미 일강日講에 힘입은 바로써 예람睿覽을 갖추었다"라고 하였다. 『사고전서총목』에서는 "신종神宗이 어린 까닭에 평소의 말도 쉽게 하여 이해할 수 있도록 하였다. 오징吳澄의 『초려집草廬集』에 실린 경연강의經筵講義의 문체 역시 이와 같다"라고 하였다. 『사고전서총목』은 또 신시행申時行의 『강의회편講義會編』이 『채전』을 잘 준수한 사실을 기록하고 있는데, 당시 제왕에게 진강한 『서』는 반드시 『채전』을 준수해야만 했음을 알 수 있다.

다음은 신시행申時行의 『서경강의회편書經講義會編』 12권이다. 『경의고』는 서건학徐乾學의 말을 인용하여 "신문정공申文定公이 과거 공부를 하던 것과 경연에서 진강한 것을 모아 편집하였다"라고 하였고, 『사고전서총목』에서는 "이 책은 신시행이 한림원 직강直講 시절에 진강하던 것으로, 그는 『채전』을 준수하면서 쉽게 설명하고자 했다"라고 하였다.

다음은 곽정역郭正域의 『동궁진강상서의東宮進講尚書義』 1권으로, 『경의고』에서는 "상존尚存"이라 하였다. 이 책은 장거정·신시행 등의 경연진강의 정신과 궤를 같이하며 반드시 『채전』을 계승하였다.

다음은 왕응괴汪應魁의 『상서구두尚書句讀』 6권이다. 『경의고』에서는 고석 주顧錫疇의 말을 인용하여 "『상서채전』은 방각본坊刻本이 나온 이래로 오타가 많았는데, 왕현표汪玄杓(汪應魁의 자)가…… 경본京本으로 정밀히 교정하고 구두를 상세히 하여 경전을 공부하는 사람들의 길잡이가 되었다"라고 하였으니, 『채전』을 표점한 책임을 알 수 있다.

다음은 육건陸鍵의 『상서전익尚書傳翼』 10권이다. 『사고전서총목』에서는 "이 책은 채씨의 설을 부연하였는데, 다른 점이 없기 때문에 『전익傳翼』이라고 하였다. 그러나 『집전』을 깨달아 밝힌 것은 없었다"라고 하였다.

다음은 추기정鄒期楨의 『상서규일尚書揆一』 6권이다. 『사고전서총목』에서는 이 책에 대해 "『채전』을 위주로 하면서 제유의 설을 마구 인용하여 뜻을 밝힌 것으로, 과거 준비를 위한 저작이다. 만력 병진년丙辰年(1616)에 완성되었다. 앞부분에 고반룡高攀龍(1562~1626)의 「서序」가 있으며, 또한 「독상서육요讀尙書六要」가 있는데 이것은 그의 손자인 추승鄒升이 지은 것이다"라고 하였다.

이 외에도 이승은李承恩의 『서경습채書經拾蔡』 2권, 유시급兪時及의 『채전설의蔡傳說意』(卷不詳), 항유項儒의 『서경대전찬書經大全纂』(卷不詳) 등이 있다. 책명으로 보건대 모두 『채전』을 옹호한 저작들이긴 하지만 내용을 상고할 수는 없다.

명대에 과거시험용으로 만들어진 '시의'적인 저작들은 예외 없이 모두 『채전』을 준수하였다. 어지러이 뒤섞인 이런 저작들 가운데 점점 두 지역을 중심으로 작은 학파가 형성된다. 조유환趙惟寰의 『상서려尙書蠡』에 있는 동기창董其昌의 「서序」에서는 이렇게 말하고 있다.

> 우리 명조明朝는 경술經術로써 선비들을 선발하였는데, 선비 가운데 『상서』를 전공한 이들은 민閩의 보전莆田과 절浙의 취리橋李에서 천거되었다. 학사學士 황규양黃葵陽, 사성司成 풍개지馮開之, 궁첨宮詹 진맹상陳孟常 같은 이들은 모두 『상서』로 유명하였다. 경생들은 그들이 논찬한 것을 보물처럼 여겼다.

'경술로써 관리를 선발'하는 과거科擧로 인해 경생들은 이 책을 보물 받들듯이 하였고, 그들은 모두 『채전』을 과거의 답안을 작성할 때 사용하는 토원책兎園冊과 같은 것으로 여겼다는 것을 알 수 있다. 『경의고』의 기록과 『사고전서총목』을 참고하여 두 지역을 나누어 설명하도록 한다.

먼저 보전파莆田派의 저작을 보면, 황중소黃仲昭의 『독상서讀尙書』 1편, 임준林俊의 『상서정온尙書精蘊』(無卷數), 황란黃瀾의 『상서자강尙書資講』(無卷數), 임운동林云同의 『상서정종尙書正宗』(無卷數), 진언陳言의 『상서강의尙書講義』 6권이 있다. 또 조유환趙惟實의 『상서려尙書蠡』 4권이 있는데, 동기창董其昌은 이 책의 『서序』에서 "무성無聲(趙惟實의 字)은 예전에 사벽史癖이 있었는데,…… 전모훈고典謨訓誥의 이치를 절충하고,…… 경술經術과 치술治術을 합하여 하나로 하였다"라고 칭찬하였다. 또 황경성黃景星의 『상서해尙書解』(無卷數)가 있으니, 『경의고』에서는 진방언陳方言의 『서序』를 인용하여 "황약경黃若頃 선생은 보중莆中 『상서』의 명가로서 진사가 되었고,…… 정밀함을 연구하고 감추어진 것을 들추어내었으며, 고의故義를 널리 고증하고 내심의 판단을 참고하여 『상서해』라는 책을 완성하였다"라고 하였다. 그리고 진신충陳臣忠의 『서경집의書經集意』 2권이 있다. 『경의고』에는 이들 책 가운데 황중소와 조유환의 책이 "상존尙存"으로 기록되어 있고 나머지 책들은 모두 "미견未見"이라 되어 있다.

다음은 수수파秀水派의 저작이다. 종경양鍾庚陽의 『상서전심록尙書傳心錄』 7권은 종경양이 그의 부친 종천재鍾天才의 학문을 계승해서 서술한 것이다. 왕긍당王肯堂은 그 『서序』에서 "강남에서 『상서』로 가문을 일으킨 것은 취리檇李보다 성한 곳이 없다. 취리에서 경을 말한 사람 가운데 도씨屠氏의 연기硏幾와 정씨鄭氏의 제지題旨는 경의 좋은 부분을 음미할 수 있으며, 기존의 견해에 얽매이지 않았다"라고 하였으며, 장운장張雲章 또한 "이 책은 비록 과거시험용이지만 기록할 만한 가치가 있다"라고 하였다. 이보다 조금 앞서 탕일신湯日新의 『상서록尙書錄』, 여목呂穆의 『서경강의書經講意』가 있는데, 『경의고』에서는 권수를 싣지 않았다. 그 후에는 풍몽정馮夢楨의 『상서대의尙書大意』, 심자빈沈自邠의 『상서충인尙書衷引』, 범응빈范應賓의 『벽업壁業』, 하찬연賀燦然의 『서략書略』 등이 있는데, 역시 권수를 기록하지 않았다. 종경양의 책이 『경의고』에 "상존尙存"으로 기록된 것 외에는 모두 "미견未見"이며, 이른바 도씨屠氏·정씨鄭氏로 일컬어진 사람들도 그 말한 바를 상고할 수 없다.

보전·수수학파들이 과거답안작성용 책을 편찬한 것 외에, 원대의 과거답안작성법을 모방하여 만든 책이 명대에도 몇 종류 있었다. 비교적 알려진 것으로는 다음과 같다.

먼저 진아언陳雅言의 『상서탁약尚書卓躍』 6권이다. 『경의고』는 양사기楊士奇의 말을 인용하여 "『서탁약書卓躍』 2책은,…… 오로지 과거를 위해서 만들어졌다"라고 하였고, 『사고전서총목』에서는 "원대에 경의經義로써 관리를 선발하였으므로 마침내 명제命題를 가늠하여 표절을 쉽게 하는 책이 있게 되었다. 이 책도 그 중 하나로서, 매 단락마다 반드시 '차제此題' 두 글자를 맨 머리에 두었으며, 논하는 바는 역시 모두 작문하는 법만 있을 뿐 경전의 뜻을 드러낸 것은 없었다"라고 하였다.

다음은 왕대용王大用의 『서경지략書經旨略』 1권이다. 『사고전서총목』에 "이 책은 경문은 싣지 않고 오직 전주傳注의 의미만을 밝혔는데, 매 단락에 어떤 구절이 옳고 또 어떤 단락에 어떤 구절이 연결되는지를 기록하였다. 과거학科擧學과의 구별이 없고, 천박한 것에 얽매인 것은 또한 『서탁약』보다도 수준이 낮았다"고 하였다.

그리고 양조방楊肇芳의 『상서부묵尚書副墨』 6권이 있다. 『경의고』는 마세기馬世奇의 말을 인용하여 "이 책은 금사金沙의 양보원楊葆元 선생이 만든 것으로 그의 장형인 공재씨公才氏가 완성하였다. 선생이 제생諸生 시절에 학사學使들이 먼저 그것을 발굴하여 올렸으니 널리 퍼져서 천하의 표준이 되었다"라고 하였으니, 당시 과거의 교본이 되었음을 알 수 있다.

이 외에, 주·채의 학문을 정종으로 한 상서학의 명가 왕초王樵 또한 속학을 면하지 못하고 『서유별기書帷別記』를 편찬하였으며, 그 아들 왕긍당王肯堂도 『상서요지尚書要旨』를 편찬하였다. 이것들은 모두 과거를 위해 만들어진 책이다.

명대에 『채전』 계통을 철저히 지키면서 한당의 고의古義는 채택하지 않은 '시의' 저작은 수십 가에 달하는데, 위에서 서술한 것 외의 나머지는 모두 망실되어 고찰할 방법이 없다.

2. 『채전』과 뜻을 같이하지 않는 '반채' · '고의'의 저작

『채전』의 유행이 지나고 나서 송말宋末의 장보서張葆舒 · 황경창黃景昌, 원초元初의 정직방程直方 · 여기서余芑舒 등은 『채전』의 오류를 지적하는 저작을 지었고, 또 김이상 · 동정董鼎 등은 비록 『채전』을 반대하지는 않았지만 저서 속에서 주희의 설을 인용하여 『채전』이 주희의 설과 부합하지 않는 면을 드러내었다. 원대의 학자 진력陳櫟은 『채전』이 공령으로 정해진 뒤에 『채전』을 차용한 저작을 짓기는 했지만, 공령이 반포되기 전에는 반채反蔡의 저작을 지은 적이 있었다. 원 · 명 양대를 통틀어 이런 종류의 저작 역시 적지 않았다. 이유정李維楨은 명대의 이런 저작들을 '고의古義' 일파라고 칭하였는데, 원대의 이러한 저작들 또한 그 정신이 동일하기 때문에 여기에서 먼저 서술하도록 한다.

1) 원대의 '반채' 저작

원초의 정직방 · 여기서의 반채 저작을 계승하여 진력陳櫟 역시 원대 초기인 대덕大德 7년(1303)에 『서전절충書傳折衷』(卷不詳)을 지었다. 『경의고』에 그 「자서」가 인용되어 있다.

채씨는 주자의 부탁을 받았는데, 아쉽게도 주자가 친히 정정訂正한 것은 3편뿐이었다. 주자가 『서』를 말할 때는 통할 수 있는 부분만 하고 통하기 어려운 부분을 억지로 하지는 않았다. 그러나 채씨는 통하기 어려운 부분도 빼놓지 않았다. 종사宗師가 말한 것이 진실로 많았으므로 다르다고 여기는 것 역시 적지 않았다.

나는 자식을 가르치기 위해 주자의 대지大旨 및 제가의 경설을 섭렵하여 아래에
구절을 해석하였다. 이설異說은 하나로 절충하였고, 『어록』의 기록과 주자가
채용한 설 그리고 미진한 것도 모두 기록하였다. 오직 정대명백正大明白할 뿐이며,
조금이라도 천착하고 이상한 부분은 모두 삭제하였다.

원 연우 연간에 『채전』이 공령으로 존숭된 이후 그는 『채전』을 차용한
『찬소纂疏』를 다시 편찬하면서 그 「자서」에서 "나는 만학晚學을 헤아리지
못하고 30년 전 과거가 아직 흥하지 않았을 때 일찍이 『서해절충書解折衷』을
펴내어 『채전』을 보조하고자 했다"라고 밝히고 있다. 이는 『절충』을 대신하
기 위한 포장이다. 「자서」에서는 또 "내가 펴낸 『서전절충』은 주·채를
정종으로 하면서 제가의 설을 채용하고 나의 의견을 덧붙였는데, 대체로
심산深山 동씨董氏의 저작과 비슷하다. 다만 앞부분에 『채전』을 다 싣지는
않았을 뿐이다"라고 하여 자신의 책을 동정董鼎의 책에 견주었다. 실제로
두 책은 공통점이 많았으니, 주희의 설을 인용하여 채침의 설과 합치되지
않는 부분을 드러낸 것이다. 다만 동정의 책은 『채전』을 전부 수록하고
그 설을 반박하지도 않은 데 비해 진력의 책은 '절충折衷' 부분에서 『채전』의
오류를 들추어내고 있다. 그는 애초에 『채전』을 공박하기 위해 『서전절충』
을 지었던 것이다. 이 책은 이미 실전되었다.

원말 왕충운王充耘(자는 耕野)의 『독서관견讀書管見』 2권이다. 『통지당경해』
본에는 「서序」의 작자를 검게 칠하여 덮어 버렸고, 『경의고』에는 "망명자서
亡名子序"라고 하였다. 서문은 다음과 같이 적고 있다.

『관견』은 왜 지었는가? 경야耕野 왕선생王先生이 『채전』을 고정하고 소견을 기록한
것이다.…… 미사오지微辭奧旨와 명물훈고名物訓詁에서부터 산천강리山川疆理에
이르기까지 궁구하지 않은 바가 없는데, 반드시 공인된 것을 따라 변석하였고
함부로 억단하거나 견강부회하지 않았다. 그의 공들인 정밀한 탐구와 정밀한
연구에 대해 다른 명가들이 자신과 견해가 다르다고 하여 공격할 수 있겠는가?

이 책은 역사자료를 상세히 인용하여 『채전』을 고정考訂함으로써 정밀함을 더하였는데, 그 내용을 보면 『상서』 중의 한 단어나 어구를 골라 논변하고 있다. 가령 제1조 '요전위지우서堯典謂之虞書'(『堯典』을 『虞書』라고 하는 것)에서는 "『요전』은 『순전』의 머리말에 지나지 않을 뿐이다.…… 어찌 『우서』라고 하지 않을 수 있겠는가?"라고 한 다음 『채전』을 반박하며, "『채전』은 '우사虞史가 작성했으므로 『우서』이다'라고 하였는데, 틀린 논의이다"라고 하였다. 또 제2조 "구족기목九族既睦"에 대해서는 "기既자는 마땅히 진盡자여야 한다"라고 하여 『채전』이 해석하지 않는 것을 바로잡았다. 그 중 특히 뛰어난 설은 "유정유일惟精惟一, 윤집궐중允執厥中"으로, 『채전』은 "세 성인이 전수한 심법"이라 하여 송대 리학의 영혼으로 찬양한 바 있는데 이 책에서는 "정일집중精一執中"조 아래에서 다음과 같이 말하였다.

이른바 '중中'이라는 것이 어찌 진실로 고원하여 행하기 어려운 일로서 성인이 아니면 미칠 수 없는 것이겠는가? 오늘날의 속담 중에 "할 수 있는 것을 '중中'이라 하고 할 수 없는 것을 '부중不中'이라 한다" 하여 비록 필부필부匹夫匹婦라도 모두 이 말을 할 줄 아는데,[117] 이것이 어찌 비전秘傳의 심법으로 따로 있겠는가?

왕충운은 그 아래의 "전수심법지변傳授心法之辨"에서 다시 이를 상세하게 변석하여 리학의 개창을 이끌어 낸 심법설에 대해 직접적인 반론을 제기하였다. 그 밖에도 책 속에는 채침 설의 오류를 바로잡아 정확한 설을 제기한 부분이 헤아릴 수 없이 많다. 왕충운은 원통元統 갑술년(1334)에 급제하여 잠시 출사하였다가 이내 벼슬을 버리고 집안에 머무르면서 저술에 힘썼는데, 원이 망하기 2~30년 전부터 감히 공령을 돌아보지 않고 반채反蔡적인 직언을 계속하여 수많은 독립된 견해를 제시할 수 있었다. 이 책은 사람들의 중시를 받지는 못하였지만 실제로는 매우

---

117) 현재 河南지방의 方言 중에 이 말이 있다.

중요한 걸작으로, 청대에 『통지당경해』에 수록되었다.

왕충운은 또한 『서의주의書義主意』 6권도 지었는데, 유경문劉景文은 이 책의 「서序」에서 다음과 같이 말하였다.

사대四代의 『서』는 주자 심법의 오묘함을 깊이 얻은 채씨의 훈고가 지금 과거에서 존숭되고 있다. 왕여경王與耕이 이 경으로 급제하였다. 내가 일찍이 그의 『경의주의經義主意』를 얻어 보니 말들이 비록 전주傳注를 벗어나지는 않지만 실로 전주의 바깥에서 얻을 것들이었으니, 또한 채씨가 말하지 않는 바를 능히 말하였다고 할 수 있을 것이다! 이 책의 앞부분에 '작의요결作義要訣'을 편집하였고, 뒤에 '군영서群英書'(群英書義)를 덧붙였다. 학자들이 진실로 경전經傳을 숙지하여 확충하고 밝혀 나간다면 이제삼왕의 도를 저절로 얻을 수 있을 것이다.

일찍이 과거에 급제한 왕충운의 경력으로 인해 이 책이 과거의 시범적인 책이 되었음을 알 수 있다. 그 내용 가운데는 『채전』에서 말하지 않는 의의를 밝힌 것도 있으며, 이 책은 현재 『오아당총서奧雅堂叢書』 제22집에 실려 있다. 책 뒤에 『군영서의群英書義』 2권이 부록되어 있는데, 명대의 장태張泰·유금문劉錦文이 편집하였다.

2) 명대의 '고의' 저작

명대에 명확하게 『채전』의 오류를 바로잡거나(反蔡) 『채전』과는 다른 논의를 한(異蔡) 저작에는 유삼오劉三吾·마명형馬明衡·원인袁仁·진태교陳泰 交의 4가가 있는데, 유삼오의 영향을 받은 많은 학자들이 조금씩 일파를 형성하게 된다. 차례대로 서술하도록 한다.

명초 주원장朱元璋은 다년간 병영에 있으면서 밤에 천문天文과 천상天象을 관측하였는데, 『채전』의 일월좌선설日月左旋說과 맞지 않음을 깨닫고 널리 유생들을 징발하였다. 그리하여 유삼오를 책임자로 해서 새로 『서전

회선書傳會選』 6권을 편찬하게 된다.[118] 『사고전서총목』에서는 "이 책은
『채전』과 합치되는 부분은 존치시켰으니, 의견을 세워 임의로 배척하지
않았다. 합치되지 않은 부분은 수정하면서도 특정한 설을 견지하지는
않았다. 수정한 부분은 모두 66조이다"라고 소개하고, 다시 이 책에 대한
고염무의 정리를 인용하여 다음과 같이 적고 있다.

매 전傳의 끝에 경전의 음석音釋을 달았는데, 자음字音·자체字體·자의字義의
설명이 매우 자세하며,[119] 그 전傳에 고인의 성씨와 고서의 명목을 인용하고
반드시 출처를 밝히는 등에 있어서도 역시 전고典故를 고증하였다. 대체로
송·원 이래 제유의 규모가 여기에 다 있으니, 이 책을 만든 이도 어려서 근본에
힘쓰는 학문을 하였고 팔고八股로 입신하지 않았다. 따라서 저술이 비록 선유에는
미치지 못하지만 오히려 후학들에게 공이 있다.

『사고전서총목』은 이 말을 인용하면서 "고염무는 매우 박식하고 탁월하
여 다른 대상을 인정하는 경우가 드문데, 그의 논의가 이와 같다면 이
책은 충분히 가치가 있음을 짐작할 수 있다"라고 평가하였다. 이 책이
명초의 관찬서 가운데 비교적 좋은 책임을 알 수 있다. 이 책에서 지적된
『채전』의 오류 66조는 상서학에 큰 공헌을 하였다.

『서전회선』이 나온 이후로 그 영향을 받아 '직지直指'·'집주輯注'·'회통
會通'·'찬의纂義'·'소의疏意'·'서역書繹' 등 '고의'로 칭해지는 저작 수십
가가 출현하게 된다. 차례대로 알려진 각 가들을 기록해 본다.

'직지直指'로 칭해지는 것은 오직 서선술徐善述의 『상서직지尙書直指』 6권
만이 알려져 있다. 『경의고』에서는 "이 책은 서문숙徐文肅이 동궁東宮 강관講
官으로 있을 때 진강한 것이다"라고 하였지만, 『사고전서총목』에서는
"이 책은 『채전』의 대의에 얽매여 있는 후대의 강장講章과 비슷하여, 『채전』

---

118) 劉三吾의 「序」 및 『明實錄』 참조.
119) 이 부분은 鄒季友의 책을 많이 인용하였다.

의 오류에 대해서는 바로잡지 않았다"라고 하였으니 채침의 설을 교정한 저작이 아니다. 다만 『사고전서총목』에서는 이유정의 말을 인용하여 "찬주纂注 역시 띄엄띄엄하게 되어 있는데,…… 이렇게 많이 빠져있을 리는 없다. 아마도 인쇄할 때 주석이 빠진 것으로 보인다"라고 하였다. 이 책은 완성본이 아니거나, 이유정이 말한 바와 같이 이미 망실된 상태였을 것이다.

'집주輯注'는 주승朱升의 『서전보정집주書傳補正輯注』 1권이다. 주승은 또한 『상서방주尙書旁注』 6권도 지었는데, 『보정집주』의 「자서」에서 주승은 다음과 같이 말하고 있다.

> 주자는…… 오직 『서』에만 겨를이 없어서, 일찍이 「소서小序」를 따로 떼어 의문점과 오류를 바로잡은 후 그 요점을 지적하여 채씨에게 『집전』을 짓게 하였다. 애석하게도 주자가 이미 돌아가신 후, 문인들이 『어록』을 편집하기 전에 책이 완성되었다. 이때부터 제유들이 계속해서 저술을 지어 밝히면서 많은 부분을 보충하였다. 그러나 종종 경전과 부합되지 않고 읽기가 어려운 부분들은 나의 어리석음으로 인해 헤아리지 못하였으므로, 두루 학설들을 수집하여 경을 읽는 사람들을 위해 『방주旁注』를 지었다.…… 또한 『전』을 읽는 사람들을 위해 『전집보결정와傳輯補缺正訛』를 지어 취지를 밝힌 지도 몇 년이 지났다. 지금의 이 책은 『전집보결정와』의 문장을 간략히 취한 것에 불과하여…… 대부분의 문자가 간결하다.…… 그 취지의 상세함을 밝힌 것을 구하고자 한다면 『전집傳輯』에 갖추어져 있다.

그의 이 책이 『채전』의 "결점을 보완하고 오류를 바로잡은"(補缺正訛) 것임을 알 수 있다.[120]

'회통會通'은 진모陳謨의 『서경회통書經會通』(卷不詳)이다. 『경의고』는 『인물고人物考』를 인용하여 편찬자 진모에 대해 이렇게 소개하고 있다.

---

120) 그러나 『四庫全書總目』에 따르면 『尙書旁注』를 비롯한 朱升의 책들은 鄕塾課蒙本 계열로서, 그의 句解가 나온 이래로 經學의 수준이 낮아지게 되었다고 한다. 실제로 明代 坊肆本의 대부분은 이 판본으로 새겨졌고, 이 판본에 의거해서 새겨진 句訓本도 있다.

(陳謨는) 징발되어 경사에 가게 되었으니, 의례학사議禮學士 송렴宋濂과 대제待制 왕위王褘가 교장交章을 올려 국자사國子師로 머물기를 청한 것이었다. 그러나 병을 핑계로 급히 돌아와 집에서 교수하였다. 여러 번 강광고시관江廣考試官으로 초빙되었으며, 저서에 『서경회통書經會通』·『시경연소詩經演疏』가 있다.

이 사람은 홍무 연간에 유삼오의 영향을 받았을 것이다. 『서경회통』은 『경의고』 당시에 이미 "미견未見"이라고 하였고, 『사고전서총목』에도 수록되지 않았다.

'찬의纂義'는 양인梁寅의 『서찬의書纂義』 10권이다. 그의 『자술自述』에서 "관직에서 은퇴한 후, 『서』에 관해 채씨의 『전』으로 자세히 밝히고 그 간략한 부분을 해석하여 『서찬의』라고 하였다"라고 하였으니, 이 책이 『채전』이 언급하지 않은 부분을 완곡하게 설명하고 있다는 것을 알 수 있다. 진모의 책과 마찬가지로 『경의고』에서는 "미견未見"이라 하였고 『사고전서총목』에도 실리지 않았다.

'소의疏意'라는 것은 아직 찾지 못하고 있다. 『경의고』에 마리馬理의 『상서소의尙書疏義』(無卷數)가 있으나 그 주에서 "미견未見"이라고 하였고 『사고전서총목』에도 수록되어 있지 않기 때문에 마리의 이 책이 『소의疏意』라고 일컬어진 그 책인지는 확인할 수 없다. 『경의고』에서는 또 전응양錢應揚의 『상서설의尙書說意』(無卷數)와 두위杜偉의 『상서설의尙書說意』(無卷數)를 기록한 후 모두 "미견未見"이라고 하였는데, 『사고전서총목』에서는 두위의 본래 성씨가 심沈으로서 심위沈偉의 『서경설의書經說意』 10권이 있다고 하면서 "이 책은 총론總論 부분으로, 대지大旨에는 강장講章의 학습을 드러내지 않았다"라고 하였다. 이 사람은 가정嘉靖 연간(1522~1566)의 인물인데, 이 책이 『소의疏意』인지의 여부 또한 확인할 수 없다.

'서역書繹'이라고 칭해지는 것은 『경의고』에 3번 보인다. 등원석鄧元錫(호는 潛谷)의 『상서역尙書繹』 2권, 번양추樊良樞의 『서역書繹』 1권, 양문채楊文彩의

『서역』 12권이 그것이다. 등원석은 정덕·가정 연간의 인물로 왕초王樵와 동시대 사람이니, 이유정이 인용한 것은 당연히 그의 책이다. 번양추는 만력萬曆 연간의 인물로 왕초보다는 후대 사람이며, 양문채는 명말의 사람으로 추정되는데 자세한 것은 알 수 없다. 살펴보건대, 등원석은 가정 연간에 고향에서 천거薦舉된 후, 집에서 30년간 저술하였다. 『사고전 서총목』은 그의 책 5종을 저록하면서 대부분 공담에 속하는 억지스러운 허구라고 기롱하였는데, 그는 비록 학문의 연원을 왕수인王守仁에게 두고 있긴 했지만 그 설을 완전히 따르지는 않았다. 그는 당시 유행하던 심학의 이른바 "학문은 오직 깨달음을 통해 구하는 것이지 힘들여 많은 책을 볼 필요는 없다"라는 설을 적극 배척하면서 자신의 학문을 발휘하여 『오경역五經繹』을 편찬하였고, 그것은 『사고전서총목』에도 실렸다. 『상서 역』이 그 가운데 하나이다. 그런데 『총목』에서는 오직 그가 드러낸 말들을 가려서 기록하고 경문 및 주는 삭제하였다. 청초의 심사선沈嗣選이 펴낸 『상서전尚書傳』의 「자서」에 "근세의 대유인 등잠곡鄧潛谷·학경산郝京山[121]의 책이 볼 만한데, 깨닫고 힘쓴 바는 많지만 쓰임이 적고 구절구절마다 소疏를 하였다"라고 하였으니, 이 책이 매 구절에 모두 소석疏釋하여 공언번 쇄空言繁瑣하였음을 알 수 있다. 그렇지만 등원석의 입장에서는, 심학을 힘껏 물리치면서도 동시에 『채전』이 강조한 구도구심求道求心의 학문에 대해서는 더욱 치열하게 반대해야만 했을 것이다.

이상의 책들은 이유정의 논의에 의거한 것으로 『서전회선』의 계통이라 고 할 수 있다. 다음은 나머지 3가이다.

마명형馬明衡의 『상서의의尚書疑義』 6권[122]이다. 그 「자서」에서는 다음과 같이 적고 있다.

---

121) 곧 郝敬으로, 아래의 제5항에서 그의 의변을 다루고 있다.
122) 天一閣藏本에 의거한 권수로, 『明史』 「藝文志」와 『經義考』에는 1권으로 되어 있다.

공안국·공영달은 그 용의用意가 비록 부지런했으나 대도大道에 대해서는 들은 것이 없었다. 채중묵蔡仲默은 문공文公의 가르침을 이어 의리를 크게 밝혔다. 내가 그것을 좇아 구해 보니 성인의 심을 얻고 성인의 도에 도달했다고 하는 것이 감히 스스로를 속이는 것이 아니었다. 따라서 명확하고 의심이 없는 것은 채씨를 따르면서 마음에 의심이 있고 감히 따를 수 없는 것들을 모아 책을 만들었다.

이 책이 리학의 입장을 따르면서 채침의 오류를 바로잡고 부족한 부분을 보충한 것임을 알 수 있다. 『사고전서총목』에서는 다음과 같이 적고 있다.

책 속에서는…… 여러 설들을 참고하고 어떤 일가를 위주로 하지 않았다.…… 좋은 부분과 안 좋은 부분이 같이 있다는 평가를 면하기는 어려우나, 명인明人의 경해經解는 쓸데없이 넘치는 부분이 많은 데 비해 마명형의 책은 오히려 고의古義에 대해 많은 연구를 하였으니 작은 흠이 옥을 가릴 수는 없다. 『명사明史』에 이르기를, "민중閩中의 학자는 모두 채청蔡淸을 종사로 하였는데 마명형에 이르러 홀로 왕수인에게 수업을 받았으니, 민중의 왕씨학은 마명형으로부터 시작되었다"라고 하였다.

이 책이 주자학파에 대해 이견異見을 세운 양명학파陽明學派의 저작이며, 마명형이 "고의古義를 연구했다"는 것은 바로 당시에 반채反蔡를 위한 주요 수단이었음을 알 수 있다.

다음은 원인袁仁의 『상서폄채편尙書砭蔡編』 1권인데, 조용曹溶의 『학해유편學海類編』에 수록되면서 임의로 『상서채주고오尙書蔡注考誤』로 고쳐졌다. 원인의 「자서」에 다음과 같이 기록되어 있다.

아들 양襄이 사숙私塾의 스승에게서 『상서』를 익혔는데, 오로지 『채전』을 근거로 삼았다. 내가 나라의 전령典令을 살펴보았는데, 『서』는 고소古疏를 주로 하고

『채전』을 겸한다고 하였으니 애초에 채씨만을 주로 한 적이 없었다. 학자들이 주소注疏가 번거롭고 읽기 어렵다고 여겨 마침내 포기하고 보지 않은 것이지 규제한 것이 아니다. 내가 약관의 나이에 일찍이 경문을 암송하여 처음 『채씨』를 읽게 되었는데, 이치에 맞지 않는 것이 종종 있었다. 그래서 선유의 구설을 두루 고찰하고 내 의견을 덧붙여서 그 오류를 바로잡고 가숙家塾에 드러내는 바이다.

이는 명확히 반채의 의의를 표명한 것으로, 실제로는 반채이면서도 감히 반채임을 드러내지 못한 채 숨기기에 급급했던 종래의 반채 저작들과 비교해 보면 그 태도가 용감하고 결단력이 대단하다. 그의 조카 심도원沈道原의 「서序」에서는 이렇게 말하고 있다.

공안국·정강성 등 전해詮解가 모두 130여 가가 있었으나, 송대 이후로 오직 채중묵蔡仲默에게만 충실하여 우리 명나라 학관에 세워졌다. 채씨를 어찌 폄하하겠는가? 채씨가 천박해서가 아니라 『서』가 진정으로 진실하기 때문이다. 세상에 채씨가 있다면 채씨를 폄척하는 것도 있는 법이니, 도에는 끝이 없기 때문이다.

학술이 끊임없이 발전하다 보면 필연적으로 『채전』을 폄하하는 저작이 생기게 마련이라고 해명하고 있다. 원인은 설을 채용할 때는 "선유의 구설을 널리 참고"하였음을 밝힌 바 있다.

다음은 진태교陳泰交(자는 同倩)[123])의 『상서주고尙書注考』 1권이다. 『경의고』에서는 항고모項皇謨의 말을 인용하여 다음과 같이 적고 있다.

고황제께서 경을 밝혀 선비들을 선발함에 고주소古注疏를 사용하도록 명하였는데, 어느 해에 없어졌는지 알 수 없으나 어찌 문황文皇께서 『대전』을 찬수한 이후이겠는가? 『대전』은 맨 처음이 경문經文이고 그 다음은 전주傳注이며 그 아래에 제설諸說를 덧붙였는데, 의미가 갈수록 멀어졌다. 동천同倩이 『상서』를

---

123) 『經義考』는 陳泰來로 잘못 적고 있는데, 『四庫全書總目』에 의거해서 바로잡았다.

공부하여 『주고注考』를 편찬하니 학자들에게 큰 혜택이다.

이는 『채전』과 『대전』에 불만이 있어 이 책을 만들었음을 밝힌 것이다. 『사고전서총목』에서는 다음과 같이 말한다.

이 책은 모두 채침의 『서전』의 오류를 고정하였는데, '경문과 전주가 서로 맞지 않은 것'(不照應者)이 3조 있고 또 '같은 글자를 다르게 풀이한 것'(同字異解者)이 362조 있다고 하면서 모두 주석으로 달고 있으니 논단할 것이 없다. 그 동자이해자 同字異解者는 한 글자에 수많은 뜻이 있을 경우에 매우 엄격한 것을 선정하였고 그 부조응자不照應者 3조는…… 앞뒤가 확실히 서로 모순된 것들이니, 채씨의 소략疏略함을 충실히 한 것이다. 마명형의 『상서의의』와 원인의 『폄채편』은 전제명물典制名物로써 『채전』의 결함을 보충하고 바로잡은 면이 있으며, 태교泰交의 이 책은 훈고에 비중을 두고 있다. 이른바 훈고이사訓詁異辭는 또한 모두 창(矛)으로 방패(盾)를 공격한 것으로, 고의古義를 널리 구하여 구문舊文을 증명하는 데에는 미치지 못하였다. 따라서 앞의 2가에는 조금 못 미친다고 할 수 있다. 그러나 석사釋事·석의釋義 두 가지는 서로 의지하는 바가 있어 모두 『채전』에 공헌한 바가 있다고 하는 것이 옳을 것이다.

이 책들이 주로 문자석의文字釋義 방면에서 『채전』을 고정하고 있음을 알 수 있다.

이상 유삼오劉三吾의 『회선會選』, 마명형馬明衡의 『의의疑義』, 원인袁仁의 『폄채砭蔡』, 진태교陳泰交의 『주고注考』 등 4가는 명대에 『채전』을 바로잡은 명저들이다. 『사고전서총목』에서 진태교를 훈고에 국한시키고 경시했다고 해서 굳이 그렇게만도 볼 수는 없을 것 같다.

『명사』 「예문지」와 『경의고』에 수록된 명대 『상서』 저작 200가의 서목을 살펴보면, 최소한 다음에 열거한 몇 가들은 반채적인 '고의'류에 속할 것이다.

◦ 소맹경蕭孟景의 『상서설尙書說』(卷不詳): 『경의고』는 이순신李舜臣의 말을 인

용하여 "『서』에는 '종이宗彝'라 하였는데 『채전』은 '호유虎蜼'라 설명하였
다. 아마도 호이虎彝와 유이蜼彝를 말한 것이다. 만약 그렇다면 하나의
장章이 둘로 된 셈이다. 대저 종이宗彝는 종묘宗廟의 상존常尊을 말한다"라
하고, 이어서 "필성오복지우오천弼成五服至于五千"의 해석을 들고 있는데,
모두 『채전』을 반박한 것이다. 아쉽게도 이미 실전되었다.

◦ 여남呂柟의 『상서설의尙書說疑』 5권: 『경의고』에는 이 책이 그의 문인들이
질의한 내용들을 기록하여 완성되었다는 장운장張雲章의 말을 싣고
있다. 『사고전서총목』에는 『상서설요尙書說要』로 되어 있으며, "『채전』에
비해 차이가 있다"라고 하면서 「순전舜典」의 "재선기옥형在璇璣玉衡"을
북두北斗라고 한 해석을 지적하였다. 이는 확실히 소견이 있는 것이었다.
다만 『총목』은 "대저 문구를 추론함에 있어 간혹 널리 밝힌 것도 있으나
대부분은 자기 뜻으로 새긴 것들이다"라고 하여 자신의 의견을 제시한
것에 대해 불만을 표시하였다.

◦ 마삼馬森의 『서전부언書傳敷言』 10권: 『경의고』에 따르면 장운장은 이
책에 대해 "주·채와는 다른 설이 있는데, 그의 우정虞廷 16자를 소疏한
것을 보면 이 책을 알 수 있다"라고 하고 아울러 당시에는 이 책이
상존尙存했었다고 하였다.

◦ 진언陳言의 『서의書疑』(卷不詳): 그의 「자서」에 "『채전』과 비교해 보면 같은
부류가 될 수 없고, 그것을 바로잡았다고 해도 잘못이 되지 않으니,
자양紫陽(주희의 별호)의 뜻을 받들어 미진한 뜻을 펼쳤다. 그 초고를
『서의』라 하였는데, 의심한다는 것은 날개를 단다는 의미다. 아! 채씨를
계승하면서도 채씨를 의심하였으니, 후대의 의심하는 말이 지금 채씨
를 의심하는 것보다 심하지 않을 것이라는 것을 어떻게 알겠는가"라고
하였다. 『경의고』 당시에 이 책은 이미 "미견未見"이었다.

◦ 동기창의 『서경원지書經原旨』(卷不詳): 『경의고』는 변홍훈卞洪勛의 「서序」를

다음과 같이 기록하고 있다. "오늘날 『서』를 공부하는 사람들은 대부분 견강부회하거나 억단하여 경학의 재앙이 매우 심하다. 운간雲間의 동현재董玄宰 씨가 『상서』로 일가를 이루어 그 종지를 얻음이 독실하였는데, 소의전해疏義箋解가 모두 허심천역虛心闡繹하였다……. 마치 현재 씨는 이미 고인의 오묘한 세계에 들어간 듯했다."

◦ 우정선虞廷選의 『상서아언尚書雅言』 6권: 『경의고』는 "존存"이라 주석하면서, 아울러 탕현조湯顯祖의 말을 인용하고 있다. "『상서아언』은 당 공씨 이후부터 송 채씨까지의 훈고를 채용하고 자신의 의견을 절충하였는데, 그 동이를 그대로 살려두어 그 소통되어 멀리 있는 것을 알게 되는 이점이 있어 깊이가 있다."

◦ 조학전曹學佺의 『서전회충書傳會衷』 10권[124]: 『경의고』는 장운장의 말을 인용하여 "이 책은 대체로 『채전』에 입각하여 덜고 더하였다"라고 하였고, 『사고전서총목』에서는 "그의 설은 대부분 구문舊文을 연용하였다"라고 하면서 종종 구설舊說 중의 믿을 수 없는 주소를 취한 것을 비판하였다. 비록 『총목』으로부터 그 수준이 높지 않은 것을 비판받기는 했지만, 전체적으로 『채전』을 완전히 따르지 않고 오히려 구설을 채용한 '고의'의 저작이다.

◦ 왕조적王祖嫡의 『서소총초書疏叢鈔』 1권: 『경의고』에서는 "존存"이라고 주석하면서 황우직黃虞稷의 『천경당서목千頃堂書目』에 실린 간단한 소개를 인용하고 있는데, 『공소孔疏』만이 기록되어 있는 것으로 보아 이 책이 한당시기의 경의經義를 중시한 것임을 알 수 있다. 지금도 『왕사업잡저王司業雜著』에 수록되어 있다.

기타 『채전』과 다른 '고의'의 저작에 속하는 수십 가 가운데 대부분은 망실되어 찾을 길이 없다.

---

124) 「洛誥」 이하의 편은 『書傳折衷』의 표제를 따랐다.

3. 그 밖의 저작들

원·명 양대에 상서학단은 거의 옹채擁蔡(『채전』 옹호)와 반채反蔡(『채전』 반대)로 양분되었지만, 이들 양파 외에도 학술적 성격이 강하면서 수준 또한 높은 저작들이 다수 있었다. 그 중 학술적 가치가 높은 저작들은 주로 의변疑辨의 작품들 속에 있는데, 이에 대해서는 아래에서 절을 나누어 살펴보도록 하고 여기에서는 우선 의변이 아니면서 비교적 가치가 있는 저작을 알아보겠다.

『명사』, 『예문지』 및 『경의고』는 모두 200부 이상의 명대 『상서』 저작을 저록하고 있는데, 앞서 언급한 것 외의 기타 수많은 서목의 상세한 내용은 확인할 수 없다. 여기에는 옹채擁蔡나 반채反蔡로 나눌 수 없는 것들을 따로 모으고 일반적이거나 경향이 불분명한 책들을 덧붙였다.

원·명대의 옹채·반채 이외의 저작을 논할 때는 이 시기가 송학이 지배하던 시대로서 특히 주희를 성인과 같이 받들었다는 사실을 기억해야만 한다. 왜냐하면 옹채나 반채 혹은 일반적 경향을 막론하고 주석가들은 모두 주희의 영향을 받았으며, 주희의 설을 인용하는 것으로써 자신의 위상을 높였기 때문이다.[125] 따라서 옹채가 아닌 경우에 그들은 옹주擁朱(주희 옹호)를 표명하면서 종종 주희의 설을 인용하여 채침의 설을 반대하였다. 옹채나 반채가 아닌, 오로지 『서』의 뜻을 밝히는 데 주력한 일부 저작들은 예의상 주자학과 『채전』의 설을 몇 구절 덧붙이기도 했고, 전면적으로 반채를 밝힌 일부 책들도 표면적으로는 '채설'에 대해 아부하는 구절을 적기도 하였다. 이러한 부류의 책으로 인해 우리는 그 저작 태도가 옹채로 귀결되는지 아닌지를 정확히 알 수 없게 되었다. 아래에서는 그처럼

---

125) 심지어 반주자학적 색채의 왕수인 또한 '朱子晚年定論說'을 주장하는 등 주자학을 이용하였다.

성격을 명확히 규정할 수 없는 책들을 원·명 양대로 나누어 살펴보고, 아울러 명대에 등장한 위서에 대해서도 알아보겠다.

1) 원대의 저작들

원대에 비교적 유명하면서 원·명의 학자들로부터 항상 인용되었던 저작은 허겸許謙의 『독서총설讀書叢說』 6권이다. 허겸은 연우 연간의 명사로서 백운白雲선생으로 불렸다. 주자학의 적통인 김이상에게서 수업한 그는 책 속에서 사설師說을 많이 채용하였다. 『경의고』는 장추張樞의 「서序」를 인용하고 있다.

> 본조가 과거를 설치하여 선비를 선발하면서 중설衆說을 몰아내고 전적으로 고주古注만을 사용하였는데, 채씨의 『서』를 겸한 것은 오직 주자 때문이었다. 채씨의 설에 간혹 미비한 곳이 있어서 인산仁山선생께서…… 이미 분석하여 밝혀 놓았다. 선생은 오래 공부하여…… 이에 심사숙고하고 널리 학설을 구해서 도설圖說을 만드셨다.…… 『총설』 가운데 인용된 전소傳疏와 제가의 설은 그 단어를 취하거나 위치를 바꾸기도 하면서 반드시 구설舊說과 똑같이 하지는 않았다.…… 선생은 불행하게도 벼슬하지 못하고 물러나 경을 공부하였는데, 신기한 것을 좇지 않고 명예를 구하지도 않아 마침내 구설의 치우침을 바로잡으셨다.

유실兪實의 「서」에서는 그를 "선비된 자들이 으뜸이다", "오랫동안 명성이 전해졌다"라고 찬양하였다. 『사고전서총목』에서는 이렇게 말한다.

> 채침의 『서집전』이 나온 이래로 해경解經하는 자들은 간편하고 쉬운 것만 즐기고 다시는 다른 책들을 참고하지 않았는데, 허겸은 유독 널리 사실을 궁구하고 일가만을 고집하지 않아 『총설』이라고 칭하였다.…… 이와 같은 부류들은 익숙함에 얽매이지 않았다.…… 송말원초의 경을 담론하는 자들이 대부분 허담虛談을 좋아하였는데, 허겸은 『시』에서 명물名物을 고증하고 『서』에서 전제典制를 고찰하여 오히려 선유의 독실한 유풍이 있었으니 이것이 귀중한 점이다.

다음은 장중실張仲實의 『상서강의尚書講義』(卷不詳)이다. 『경의고』는 모환牟 巘의 「서」를 인용하고 있다.

일찍이 장중실이 강음江陰에 있을 때 제생들에게 『상서』를 강의하였는데,……
언어유희를 하지 않는 것을 좋아하였고 경을 강의하는 법을 터득하였다. 대체로
먼저 음의音義와 명물을 고찰하고 다음으로 제유의 설을 배열하여, 그 옳고
그름을 판단하여 동이同異를 밝혔다. 대저 문장에 따라 직해直解하였고 세밀하게
나누어 가장 타당한 것을 구하였는데, 주자의 설로 모두 일관되게 고정하였다.
주자가 비록 훈전訓傳을 세우지는 못했지만, 그의 책에 나타나는 것과 어록에
흩어진 것들을 종종 채용하였다.

이 책은 음의·명물을 중시한 비교적 충실한 『상서』 해설서인데, 아쉽게
도 이미 망실되었다.

다음은 왕천여王天興의 『상서찬전尚書纂傳』 46권이다. 그의 「자서」에 다음
과 같이 기록되어 있다.

고금의 『서』를 전한 자들의 시비는 회암晦庵선생(朱熹)에 이르러 마침내 정리되었
다. 회암선생이 『서』를 전한 사람들의 시비를 절충하였고, 서산西山선생(眞德秀)에
이르러 더욱 명확해졌다. 학자들이 두 선생이 아니면 어떤 것에 근거할 수
있었겠는가? 이에 두 선생이 남긴 뜻에 근본하여 『상서찬전』을 지었으니, 그
조목에 두 공씨의 설을 우선으로 한 것은 고주古注를 존숭한 것이다. 마땅치
않은 것이 있으면 제가의 설을 인용하여 평론하였고, 미비한 곳이 있으면
제가의 설을 인용하여 보충하였다. 설이 통하는 것은 아울러 존치시켰고, 간혹
억견으로 의견을 내었으나 큰 요지는 두 선생과 합치되게 할 뿐이었다.

유탄劉坦의 「서」는 다음과 같다.

매포梅浦 왕입대王立大(왕천여의 자)의 『서찬전』이 완성되었다.…… 백편의 깊은 뜻을
드러내고 400가를 집대성하였다.…… 책 속의 대의 수십 가지와 숨겨진 뜻을

밝혀낸 것들은 선유들이 이루지 못한 것들이다.

『사고전서총목』은 다음과 같이 적고 있다.

이 책은 비록 『공안국전』과 『공영달소』를 우선으로 하면서 제가의 설을 덧붙이고
있지만, 그 대지는 주자를 정종으로 삼고 진덕수의 설을 우익羽翼으로 하였다.……
『주』·『소』를 삭제하기도 하고 보존하기도 했는데, 주·진 이가二家의 설로써
판단하였다. 명물훈고를 말한 것에는 많은 결함이 있지만 의리를 밝힘에 있어서
는 매우 상세하였다.

이 책이 리학적인 『상서』 저작임을 알 수 있다. 특히 귀중한 점은 진덕수
의 원서가 이미 망실된 시점에서 이 책을 통해 그 유설遺說을 보존할
수 있었다는 점이다. 청대에 『통지당경해』에 수록되었다.

다음은 황진성黃鎭成의 『상서통고尚書通考』 10권이다. 「자서」에 다음과
같이 적고 있다.

『서』는 이제삼왕의 정사政事를 기록하고 있다. 정政은 심心과 사事가 만드는
것이다.…… 그러나 심에 통달하면 선후고금이 합해져 하나가 되고, 사에 통달하면
의장기물儀章器物의 변화가 없게 된다. 따라서 제왕의 심을 구하는 것은 쉬우나
제왕의 사를 고찰하는 것은 어려운 법이다. 하물며 후학들이 상고를 되돌아봄에
주나라를 거치지 않은 것으로써 근거로 삼고, 진인秦人이 학문을 멸하여 주전周典
역시 대부분 없어졌다. 이에 완전하지 않은 글자로 상고의 것을 징험하고자
하는 것은 더욱 어렵게 되었다.…… 독서궁리하고 기물器物에 접하여 회통하는
것이 학자의 임무이다.

지금 이 책을 보면 완전한 해석을 위해 각 항에 관련 자료들을 두고
있는데 하나의 공언空言도 없다. 『사고전서총목』은 다음과 같이 적고 있다.

이 책은 구설을 인용하여 사대四代의 명물전장을 고찰하였고, 또한 중간에 논단論斷을 덧붙여 자못 상세함을 갖추었다.…… 『서』는 모두 전고가 있는 글들이 니, "왈약계고曰若稽古" 부분은 오직 훈고訓詁를 참고하였다.…… 진성의 이 책은 비록 조금 조잡하다는 혐의가 있으나 오히려 실용實用으로 『서』를 구하였지 공언空言으로 『서』를 구하지는 않았다. 그가 『자서』에서 "제왕의 심을 구하는 것은 쉬우나 제왕의 사를 고찰하는 것은 어려운 법이다"라고 한 것은 경을 설명하는 데 있어서의 난이를 알았기 때문이다.

제왕의 심전心傳을 중시하는 당시의 리학적 분위기 아래에서 이 책이 유독 과학적 자료를 중시한 저작이었음을 알 수 있다. 왕천여의 책과 함께 『통지당경해』에 수록되었다.

이상은 옹채·반채가 아니면서 비교적 중요한 원대의 『상서』 저작이다.

이 외에, 원대의 일반적이면서 내용이 상세하지 않고 경향이 불분명한 『상서』 저작들에 대해서는 『원사』에 『예문지』가 없기 때문에 『경의고』에서만 대략적으로 살펴볼 수 있다. 그 목록은 다음과 같다. 제이겸齊履謙의 『서전상설書傳詳說』(無卷數), 호일계胡一桂의 『서설書說』(無卷數), 유장손劉莊孫의 『서전書傳』 상하편 20권, 호병문胡炳文의 『서집전書集傳』(卷不詳), 하중何中의 『서전보유書傳補遺』 10권, 여기서余芑舒126)의 『서전해書傳解』(無卷數), 엄벌嚴馸의 『서설書說』(無卷數), 유원섭兪元燮의 『상서집전尚書集傳』 7권 및 『혹문或問』 2권, 오래吳萊의 『상서표설尚書標說』 6권, 원명선元明善의 『상서절문尚書節文』(無卷數), 이천지李天麃의 『서경소書經疏』(無卷數), 왕희단王希旦의 『상서통해尚書通解』(無卷數), 이서李恕의 『서방주書傍注』(無卷數), 한신동韓信同의 『서경강의書經講義』(無卷數)127), 여춘呂椿의 『상서직해尚書直解』(無卷數), 오사도吳師道의 『서잡설書雜說』 6권, 이공개李公凱가 찬집纂集한 『가산상서구해柯山尚書句解』128) 3권, 오우吳迀

---

126) 余芑舒에게는 『讀蔡傳疑』라는 反蔡 저작이 있다. 『姓譜』에 의하면 이 책은 程朱學을 專心한 저작이다.
127) 『集解』라고도 한다.

의 『서편대지書編大旨』(無卷數), 오구연吾邱衍의 『상서요략尙書要略』(無卷數), 주문손周聞孫의 『상서일람尙書一覽』(無卷數), 여일강余日强의 『상서보주尙書補注』(無卷數), 마도관馬道貫의 『상서소의尙書疏義』 6권, 왕문택王文澤의 『상서제도도찬尙書制度圖纂』 3권, 소광조邵光祖의 『상서집의尙書集義』 6권, 진연陳研의 『상서해尙書解』(無卷數), 정상鄭翔의 『상서주尙書注』(無卷數), 방공권方公權의 『상서심시尙書審是』(無卷數), 황애黃艾의 『상서강의尙書講義』(無卷數), 정언명鄭彦明의 『상서설尙書說』(無卷數), 방통方通의 『상서의해尙書義解』(無卷數), 황역행黃力行의 『서전書傳』(無卷數), 계인수季仁壽의 『춘곡독서기春谷讀書記』(無卷數) 등 모두 33종인데, 『경의고』에는 『가산구해柯山句解』에만 "존存"이라 하고 다른 9권에는 "미견未見", 나머지는 모두 "일佚"이라고 주석하였다. 오늘날 이들 책들은 모두 망실되어 당시 존재한다고 한 것들도 찾아볼 수 없다.

청대 초기에 편찬된 『서경전설회찬書經傳說匯纂』에서는 앞부분에 "인용성씨引用姓氏"를 나열하면서 원대 학자 29인의 서설書說을 거론하고 있다. 그 가운데 17인에 대해서는 이미 앞에서 나누어 서술하였고, 나머지 12인 중 허형許衡·마단림馬端臨·우흠于欽 등의 설은 『상서』가 아닌 다른 저작에서 편 『상서』설이며, 황잠黃潛·황서절黃瑞節·은창무殷昌武·팽응룡彭應龍·김수金燧·이기李祁·하이손何異孫·임경林駉·여궐余闕 등 9인은 그들의 무슨 책을 인용했는지 명확한 주석이 없는데, 확실히 그 가운데에도 『상서』 저작이 있었겠지만 지금은 이미 상고할 수 없다.

2) 명대의 저작들

명대의 옹채·반채 외의 『상서』 저작으로 의변疑辨 일파의 우수한 저술 외에 우뚝한 것으로는 왕초王樵가 편찬한 명저가 있다. 그 다음으로 당시에는 알려지지 않았지만 주목할 만한 것으로 호찬胡瓚의 저작이 있고, 그

---

128) 柯山은 夏僎의 號이다.

외에는 모두 일반 저작들이다. 우선 명저를 알아보고 다음으로 일반 저작을 싣도록 한다.

먼저 왕초王樵의 『상서일기尙書日記』 16권이다. 왕초는 학술적으로 주희와 채침을 근본으로 하고 존숭하였지만 이 책은 주자학으로부터, 특히 『채전』으로부터 독립하여 만들어 낸 저작이다. 정덕正德(1506~1521)·가정嘉靖(1522~1566) 연간에 처음 편찬하기 시작하여 만력萬曆 을미년(1575)에 완성되었다. 그 「자서」에서는 다음과 같이 적고 있다.

> 『상서』를 전한 자가 일가一家가 아니며 채선생의 『집전』에 이르러 정·주를 종본宗本으로 삼아 의리가 더욱 정밀해졌음에도 학자들이 그 귀결처에 힘쓰는 것이 드문 것은 왜 그러한가? 경문이 간략하고 사事와 리理가 함께 갖추어져야 원만하고 두루 갖춘 학문이 되어 문득 관통할 수 있게 되는 것이다.

그는 『채전』 바깥에서 구하여 리와 사를 두루 갖추어야 그 귀결처로 한 걸음 더 나아갈 수 있다고 생각했던 것이다. 사실상 『서』 속의 수많은 정밀한 의리는 『채전』에 비해 더욱 확실하다. 이유정李維楨의 「서」는 명대 상서학의 '고의'·'시의' 양파를 서술한 후 다음과 같이 적고 있다.

> 금단金壇 왕중승王中丞 공의 『일기』는 백가의 훈고를 모아서 기록하였는데, 경문의 요지에 있어서도 많이 밝혀 놓아 과거용으로도 사용할 수 있었다. 그 가운데 정일협일精一協一, 건중건극建中建極·우기연주禹箕衍疇의 법, 탕윤담리지종湯尹談理之宗, 「소고召誥」·「주관周官」의 뜻, 미기포기수봉微箕抱器受封, 주공의 거동居東·치벽致辟에 관한 변 같은 것은 학술에 근본하고 성명을 궁구하였으며 윤리강상을 밝히고 거짓과 허망함을 물리쳐 경학에 끼친 공이 적지 않다.

이 책이 리학을 밝히고 역사를 고정考訂하였음을 서술하고 있다. 『사고전서총목』은 이 이유정의 「서」를 인용한 후 "이 책은 분량이 적당할 뿐만 아니라 그 논의 또한 확실하다"라고 하였다. 『경의고』는 또한 장운장의 설을 인용하고 있다.

『일기』는 자구가 긴밀하고 토론이 절충되어 있으며 간혹 중설이 함께 있는 것도 있고 일가를 확정하여 따른 것도 있는데, 반드시 지극히 타당한 결론을 구하였다. 그리고 역상曆象, 기형璣衡, 지리地理에 있어서는 모두 상세히 고찰하여 그 근거한 바를 얻었다. 명대에는 상서학으로 이름을 드러낸 자가 극히 드물고 이설들이 난무하였다.

왕초의 이 책이 명대의 이름난 저작으로 추앙받았음을 알 수 있다. 오늘날에도 『상서』를 연구할 때 어떤 문제를 만난다면 종종 그의 설을 통해 관통함을 얻을 수 있을 것이다.

또한 왕초는 『서유별기書帷別記』 4권도 편찬하였는데, 이는 『일기』에 대비해서 『별기』라고 칭한 것이다. 『경의고』는 장운장의 말을 인용하여 "이 책 역시 과거를 위해 만들어졌다"라고 하였다. 또 왕초의 아들 왕긍당王肯堂이 편찬한 『상서요지尚書要旨』 30권[129]이 있는데, 『사고전서총목』에서는 "이 책은 왕초가 지은 『상서별기』를 계승한 것으로, 서언緒言을 요약하고 그의 설을 부연설명하여 시문용時文用으로 준비한 것이다"라고 하였다. 이 책이 부업父業을 계승하여 만든 과거용 저서임을 알 수 있다.

또 왕초와 같은 고향인 금단金壇의 사유보史維堡가 편찬한 『상서만정尚書晚訂』 12권이 있는데, 『경의고』는 강유원姜維元의 말을 인용하여 "금사金沙(金壇)의 『상서』를 익힌 사람들은 왕중승 부자가 지은 『일기』·『요지』를 받드는데, 후학들에 공이 있었기 때문이다. 지금 수부水部 사심남史心南의 『만정』을 보니 고증이 더욱 상세하다"라고 하였다. 『사고전서총목』에서는 "이 책의 본래 이름은 『상서집람尚書集覽』이었는데 후에 『만정』으로 고쳤다. 만년에

---

129) 『明史』「藝文志」에는 31권으로 되어 있다.

확정하였다는 의미를 취한 것이다"라고 하였다.

다음은 호찬胡瓚의 『상서과정아언尚書過庭雅言』(卷不詳)이다. 호찬은 왕초의 『상서일기』가 완성되던 해에 진사가 되었으므로 왕초보다는 후배가 된다. 『경의고』는 진계유陳繼儒의 말을 인용하고 있다.

> 동강桐江의 호백옥胡伯玉 선생은…… 어려서 택암공澤庵公의 가르침을 받고 이후 『상서』로 일가를 이루었다. 만년에 널리 제자를 모아 가르치면서 공부하는 한편으로 경사經史 및 산석이나 비석에 새겨진 것들을 두루 채집하고 고증하여 20년 만에 비로소 완성하였다.

이 책이 역사자료 및 석각비지石刻碑志 자료를 널리 고증하고 또 20년 동안의 공부를 통해 완성된 저술임을 알 수 있다. 당시 일반적으로 '성현심학聖賢心學'에 얽매이거나 구의舊義를 전주傳注한 『상서』 저작과는 자료적인 면이나 방법적인 측면에서도 뛰어난 점이 매우 많다. 『경의고』에서 이미 "미견未見"이라고 하였고 지금도 이 책을 찾아볼 수는 없지만, 명대의 중요한 『상서』 저술이었음은 확실하다.

이 외에도 명 인종仁宗 주고치朱高熾가 편찬한 『체상서體尚書』 2권이 있다. 이 책은 「고요모皋陶謨」·「감서甘誓」·「반경盤庚」 등 16편에 대해 강해하고 원문을 고쳐 쓴 것으로, 당시의 '『상서』 금역今譯'이라 할 수 있다.

기타 명대의 일반적이고 내용이 상세하지 않으면서 학파를 이루지 못하거나 학파가 확실하지 않은 『상서』 저작에 대해 대체로 시대 순에 따라 나열하도록 한다.

염용冉庸의 『상서정췌尚書精萃』(卷不詳, 佚), 서란徐蘭의 『서경체요書經體要』 1권, 정제鄭濟의 『서경강해書經講解』(卷不詳), 임손림손林遜의 『상서경의尚書經義』(卷不詳), 황소열黃紹烈의 『서경주의書經主意』(卷不詳), 곽원량郭元亮의 『상서해의尚書該義』 12권(佚), 첨봉상詹鳳翔의 『서경석의방통촬요書經釋義旁通撮要』(卷不詳), 장홍

張洪의 『상서보전尙書補傳』 12권, 왕원王原의 『서전보유書傳補遺』(卷不詳), 진제陳
濟의 『서전보주書傳補注』 1권 및 『서전통증書傳通證』(卷不詳), 하문연何文淵의 『서
의정훈書義庭訓』(卷不詳), 하인夏寅의 『상서차기尙書箚記』(卷不詳), 비희염費希冉의
『상서본지尙書本旨』 7권, 유효劉斅의 『상서구해尙書句解』(卷不詳), 장업張業의 『서
경절전書經節傳』(卷不詳), 황유黃瑜의 『서경방통書經旁通』 10권, 유진劉縉의 『서경
강의書經講義』(卷不詳), 요성姚誠의 『서경의書經義』(卷不詳, 佚), 나륜羅倫의 『서의방
통書義旁通』(卷不詳, 佚), 포기鮑麒의 『벽경요략壁經要略』(卷不詳, 佚), 오관吳寬의 『서경
정의書經正義』(卷不詳), 여헌呂獻의 『서경정설書經定說』(卷不詳), 전복錢福의 『상서
총설尙書叢說』(卷不詳), 윤홍尹洪의 『상서장구훈해尙書章句訓解』 10권, 장방기張邦
奇의 『서설書說』 1권(存), 목공휘穆孔暉의 『상서곤학尙書困學』(卷不詳), 주호周灝의
『상서구의尙書口義』 2권, 포목包沐의 『상서해의尙書解義』(卷不詳, 佚), 응장應璋의
『상서요략尙書要略』(卷不詳), 게기대揭其大의 『상서세의尙書世義』(卷不詳), 한방기韓
邦奇의 『서설書說』 1권[130], 왕숭경王崇慶의 『서경설략書經說略』 1권(存)[131], 왕도王
道의 『서억書億』 4권[132], 곽도霍韜의 『서해書解』(卷不詳), 서분舒芬의 『서론書論』
1권(存), 섭양패葉良佩의 『독서기讀書記』(卷不詳), 황광승黃光昇의 『독서우관讀書愚
管』(卷不詳), 황애黃靉의 『서경편주書經便注』 13권(혹은 10권), 심조선沈朝宣의 『서경
발은書經發隱』(卷不詳), 왕문王問의 『서경일초書經日鈔』(卷不詳), 장등교蔣騰蛟의 『서
전절충書傳折衷』 6권, 호빈胡賓의 『서경전도書經全圖』 1권, 막여충莫如忠의 『상
서훈고대지尙書訓詁大旨』(卷不詳), 육온陸穩의 『서경변몽상절書經便蒙詳節』(卷不
詳), 담륜譚綸의 『서경상절書經詳節』(卷不詳), 오문광吳文光의 『상서심시尙書審是』
10권, 명 세종 주후총朱厚熜의 『서경삼요書經三要』 3권, 이유열李儒烈의 『상서계
몽尙書啓蒙』(卷不詳), 조대장曹大章의 『서경소견書經疏見』(卷不詳), 진석陳錫의 『상서

---

130) 『四庫全書總目』에는 韓邦奇의 『禹貢詳略』 1권이 실려 있는데, 혹 이 책을 오인하여 『書
   說』이라 한 것인지도 모르겠다.
131) 『尙書』의 매 편마다 하나의 大義가 있음을 천명하였다.
132) 최근 미국에서 王道의 『老子億』 2권이 발견되었다.

경전별해『尚書經傳別解』1권(存), 오복吳福의 『서전書傳』 10권, 육상유陸相儒의 『상서정설尚書正說』(卷不詳), 임홍유林鴻儒의 『서경일록書經日錄』(卷不詳), 도본준屠本晙의 『상서별록尚書別錄』 6권(存), 한강韓綱의 『서경광설書經廣說』(卷不詳), 유문경劉文卿의 『상서편몽찬주尚書便蒙纂注』(卷不詳), 장황章潢의 『상서도설尚書圖說』 3권(存), 진이상陳履祥의 『상서극尚書極』 1권, 여무학余懋學의 『상서절충尚書折衷』(卷不詳), 장위張位의 『상서강략尚書講略』(卷不詳), 심위沈位의 『상서필기尚書筆記』(卷不詳), 공면龔勉의 『상서탁견尚書卓見』(卷不詳), 왕재전汪在前의 『독서졸견讀書拙見』(卷不詳), 육광택陸光宅의 『상서주설尚書主說』(卷不詳), 장원변張元忭의 『독상서고讀尚書考』(卷不詳), 방양方揚의 『상서집해尚書集解』(卷不詳), 구구사瞿九思의 『서경이사록書經以俟錄』 6권(存)133), 채입신蔡立身의 『산보서경주刪補書經注』(卷不詳), 손계고孫繼皐의 『상서의해尚書意解』(卷不詳), 양기원楊起元의 『서록書錄』(卷不詳), 종화민鍾化民의 『상서억견尚書臆見』(卷不詳), 추용광鄒龍光의 『서경약언書經約言』(卷不詳), 유응추劉應秋의 『상서지尚書旨』 10권(存), 탕현조湯顯祖의 『옥명당상서아훈玉茗堂尚書兒訓』(卷不詳), 반사조潘士藻의 『상서심경尚書心鏡』(卷不詳), 서즉등徐卽登의 『서설書說』 10권, 강경姜鏡의 『서경견해書經見解』(卷不詳), 하교원何喬遠의 『서경석書經釋』 1권, 심찬沈瓚의 『상서대의尚書大義』(卷不詳), 원종도袁宗道의 『상서찬주尚書纂注』 4권(存), 종명폐鍾鳴陛의 『서경소언書經素言』(卷不詳), 홍익성洪翼聖의 『상서비지尚書秘旨』(卷不詳), 사정찬謝廷瓚의 『서경익주書經翼注』 7권(存), 왕건중王建中의 『상서신설尚書新說』(卷不詳), 내종도來宗道의 『서경비성書經秘省』(卷不詳), 장이가張爾嘉의 『상서관언尚書貫言』 2권(存), 주도행朱道行의 『상서집사통尚書集思通』 12권(存), 전대복錢大復의 『상서지수尚書旨授』(卷不詳), 정약증鄭若曾의

---

133) 『經義考』에 인용된 序文을 보면 이 책의 구성은 매우 진부하다. 瞿九思는 『尚書』를 天道・人道・君道・臣道・世道・治道를 담은 '帝王之學'으로 보고, 『尚書』에서 각각의 道와 관련된 어구를 뽑아 강령으로 삼은 다음 그 아래에 朱熹 『綱目』의 사건을 덧붙였다. 瞿九思는 당시 이름난 書院 4곳의 책임자를 역임하면서 조정으로부터 극진한 대우를 받았다.

『상서집의尚書集義』 6권, 서윤록徐允祿의 『면사재상서해勉思齋尚書解』(卷不詳), 황륜黃倫의 『상서정의尚書精義』 6권(佚), 오계삼吳桂森의 『서설書說』(卷不詳), 홍우공洪禹功의 『상서동주尚書揀珠』(卷不詳), 장예경張睿卿의 『서전書箋』(卷不詳), 반사린潘士遴의 『상서위약尚書葦篇』 50권(存)[134], 서대의徐大儀의 『서경보주書經補注』 6권(存), 서가기徐可期의 『서경관언書經貫言』(卷不詳), 부원초傅元初의 『상서찰의尚書撮義』 4권(存)[135], 사위史煒의 『상서찬요尚書纂要』(卷不詳), 고무번顧懋樊의 『계림서향桂林書响』 10권(存), 추기상鄒期相의 『상서필지尚書筆指』(卷不詳), 손굉조孫宏祖의 『상서전주尚書詮注』(卷不詳), 육우기陸又機의 『상서집해尚書集解』(卷不詳), 진굉서陳宏緖의 『상서광록尚書廣錄』(卷不詳), 육만달陸萬達의 『상서강략尚書講略』(卷不詳), 방초준龐招俊의 『서경정지書經正指』 6권(存), 당달唐達의 『상서억해尚書臆解』(卷不詳), 심한沈澣의 『상서인尚書印』 6권(存), 요지봉姚之鳳의 『상서정해尚書定解』(卷不詳), 김경金鏡의 『상서평주尚書評注』(卷不詳), 장일은莊日恩의 『상서설준尚書說準』(卷不詳) 등 모두 113부이다. 이 외에 『사고전서총목』에 보이는 만사달萬嗣達의 『서경집의書經集意』 6권, 채장蔡璋의 『상서강의尚書講義』 2책, 이정의李楨扆의 『상서해의尚書解意』 6권 등이 있다.

『경의고』에 실린 113부의 일반 저작 가운데 한방기, 구구사, 탕현조, 원종도 등은 모두 명가들이긴 하지만 그들의 『상서』 관련 저작은 내세우기에 부족하다. 이들 책에 대해 『경의고』는 17부만 "존存"하고 7부는 이미 "일佚"이며 나머지는 모두 "미견未見"이라고 주석하였다. 다시 말해서 강희 연간(1662~1722)에 『경의고』를 편찬할 때 주이준은 당시의 서목이나 기타 저록 및 그가 직접 본 내용에 근거하여 이런 책들의 존재를 알았던 것으로, 그가 누락한 것과 보지 못한 것들이 『사고전서총목』에 일부 보이고 있다. 그러나 지금 대부분의 책들은 망실되었고, 설령 아직 보존되어

---

134) 『四庫全書總目』에서는 "목록은 21권이지만 分編하여 58권이 되었다"라고 하였다.
135) 林允昌의 「序」에서는 이 책의 요지가 "史를 經에 합치시키는"(撮史合經) 데 있다고 하였다.

있다 하더라도 일반 학자들이 찾아보기는 어렵다.

일반 저작들 중에도 중설을 두루 집성하여 만든 총집總集이 있는데, 그 가운에는 비교적 폭넓게 수집한 것들도 몇 가家가 있어 특별히 여기에 적어 둔다.

먼저 유곤俞鯤의 『백가상서회해百家尙書匯解』(卷不詳)로, 이 책은 명대에 가장 많은 학가를 수집해 놓은 총해總解였지만 주이준이 『경의고』를 편찬할 당시에 이미 "미견未見"이었다.

다음은 정홍빈程弘賓의 『서경홍대강의書經虹臺講義』 12권이다. 그 『자서』에 서는 다음과 같이 적고 있다.

> 오늘날 경학가들이 『서』를 공부하는 것은 『채전』 외에 민중閩中에서 새겨진 '심법정종心法正宗'을 祖宗으로 삼아 그 정밀한 뜻을 진강하고 있다. 제가의 설이 생겨난 지도 이미 오래되었고 해내의 글 쓰는 선비들이 각자의 의견을 제시하여 사辭와 리理가 융합되고 의義와 경經이 합치되어,…… 아마도 민중閩中에서 만든 제서보다 더 많을 것이다.…… 가령 도도남屠道南의 『연기록硏幾錄』, 장윤강張潤江의 『금낭록錦囊錄』, 심홍야沈虹野·서요천徐瑤泉의 여러 강설 등을 모아서 절충하고 오랜 시간을 들여 『상서강의尙書講義』를 집성하였다.

이것은 채침 이후에 '심법'을 선전하던 '시의時義'의 여러 설들을 모으고 이미 수집된 '금낭錦囊'의 책들을 이용해서 집성한 것이다. 명대에는 복건 보전莆田으로부터 나온 『상서』 과거용 도서를 온 세상이 보물처럼 받들었 다는 동기창의 말을 여기서 다시 한 번 확인할 수 있으니, 복건은 명대에 『상서』 과거용 도서의 으뜸이었던 것이다. 여기에서 거론된 도屠·장張·심沈·서徐 제가들의 이런 저작들은 복건의 여타 저작들과 함께 과거용 저술의 앞자리를 다투었다.

다음은 진계종秦繼宗의 『서경회해書經匯解』 46권이다. 만력 연간(1573~1619) 에 만들어진 이 책은 『경의고』에는 "미견未見"으로 되어 있지만 권수가 상당한 것으로 미루어 보아 그 수집한 내용들이 제법 풍부했을 것임을 짐작할 수 있다.

다음은 원엄袁儼의 『상서백가회해尙書百家匯解』 6권인데, 일찍이 동기창이 그 서문을 썼다. 책명은 유곤兪鯤의 책과 비슷하지만 6권밖에 되지 않으므로 '백가百家'라고 부르기에는 부족해 보인다. 이 책은 『명사』 「예문지」에도 저록이 있으며, 『경의고』에는 "존存"으로 되어 있다.

그리고 강욱기江旭奇의 『상서전익尙書傳翼』 2권이 있다. 강욱기는 「자서」에서 다음과 같이 밝히고 있다.

나라에서 유신들에게 『대전』을 모을 것을 명하였다.…… 원대 이전 제유들의 소疏 가운데 경을 속이지 않은 것은 이미 모두 수록하여 남김이 없었는데, 지금 다시 200여 년이 지나…… 경교經敎가 더욱 밝혀졌다. 근래 경연진강은 장강릉張江陵·신오현申吳縣 두 분이 가장 뛰어나다. 그들은 막중강莫中江, 여우강呂宇岡, 황규양黃葵陽, 원료범袁了凡, 손백담孫柏潭, 고경양顧涇陽, 장동초張侗初, 주옥승周玉繩 등의 제씨들과 마찬가지로 제설들을 모두 다 연구할 수는 없었다. 이에 내(강욱기)가 1년을 연구하여 번다한 것을 삭제하고 부족한 것을 보충하여 『전익傳翼』이라고 하였다.

이 책이 『서전대전』 이후에 나온 명대 유자들의 경설을 모아 『대전』을 보충하고자 한 것임을 알 수 있다. 그러나 단지 2권뿐이므로 모은 것이 풍부하지는 않았다.

이 외에 장란張瀾의 『서경집설書經集說』, 황간黃諫의 『서전집의書傳集義』, 조학趙鶴의 『서경회주書經會注』 등이 있는데, 책명을 보면 분명 중설을 모은 집성본인 듯하지만 상세한 내용은 알 수 없다.

청초에 편찬된 『서경전설회찬書經傳說匯纂』의 앞부분에 수록된 "인용성씨引用姓氏" 중 명대 학자들은 86인에 달한다. 그들 가운데 『상서』 저작이 있는 경우 앞의 해당 부분에서 기본적으로 모두 기술하였는데, 그 숫자는 대략 60명이 넘는다. 그 외에 일반 저작으로 인용된 방효유方孝孺·양사기楊士奇·양신楊愼 등은 확실히 『상서』 저작이 아닌 기타 경설들이고, 나머지 사람들 중에서도 설령 『상서』 저작이 있다 하더라도 성씨만 있고 책명이 없어 고찰하기가 쉽지 않다.

이상 원·명 양대의 『상서』 관련 중요 저작과 일반 저작들을 나열해 보았다. 그 밖에, 『경의고』 권246에서 250까지에는 또 이 두 시대의 '군경총의群經總義'적 저작들 가운데 『상서』와 관련이 있는 저작 187종이 기록되어 있다. 그 중 대부분은 이미 망실되었는데, 웅붕래熊朋來의 『오경설五經說』 7권, 이동양李東陽의 『강독록講讀錄』 4권, 양신楊愼의 『경설총초經說叢抄』 6권, 구구사瞿九思의 『육경이사록六經以俟錄』(不分卷), 요순목姚舜牧의 『오경의문五經疑問』 60권, 주응빈周應賓의 『구경고이九經考異』 12권, 초횡焦竑의 『동궁강의東宮講義』 6권, 학경郝敬의 『구부경해九部經解』 165권, 조학전曹學佺의 『오경곤학五經困學』 90권 등은 다른 책에도 인용된 비교적 유명한 것들이다. 『경의고』 저록 당시에 존재하고 있었으며 오늘날에도 전본傳本이 있지만 모두 고찰하기는 어렵다.

그런데 원·명의 경학 저작들은 대부분 수준이 낮다. 피석서는 『경학역사』에서, 웅붕래의 『오경설』은 고의古義와 고음古音 사이에 모순점이 많고 양신은 사람들을 속였으며 학경은 대부분 억설에 의지하고 있다고 지적하였다. 이들의 경설 가운데 피석서가 일필一筆로 말살할 수 없었던 학경의 설을 제외하고는 대부분이 인용할 수가 없을 정도이다.

대체로 경학에 있어 원대인들은 송학을 묵수하면서 매우 조심스럽게 송유의 노예 노릇을 하였다. 『상서』는 『채전』을 신봉하면서 그것을 오로지 과거와 이록을 위해 사용하였다. 그들은 과거를 위한 정식 교과서를 만들기 시작하여 점점 타락해 갔으나, 명대의 타락 정도까지는 이르지 않았다. 명대에 이르러서는 위로는 원대의 진력陳櫟·동정董鼎·진대유陳大猷의 『서』를 지킬 줄만 알고 아래로는 과거시험에 정신이 피폐해져서, 비록 당시에 『상서』 저작이 수없이 난립했지만 대부분이 과거를 위한 것들이었다. 팔고시문八股時文은 당시 과거를 보는 선비들의 전폭적인 지지를 얻었기 때문에 『상서』 저작도 이런 수요에 영합하게 되었다. 그들이 장구에 정성을 기울인 것도 단지 팔고문을 짓기 위해서였다. 『상서』 전체를 읽지 않고 단지 시제가 될 만한 자구를 추려내어 반복해 가며 읽고 외움으로써 과거공부에 도움이 되도록 하였다. 비교적 수준이 높은 것들도 주·채의 도학성리설이 자랑하던 어구들을 시문용時文用으로 사용하였다. 그들은 공허하며 저속하였으며, 과거시제의 진부함을 답습하면서 끊임없이 모방하였다. 그래서 대부분의 식자들은 명대의 『상서』 저작이 상서학의 쇠락을 가져왔다고 생각한다. 눈에 보이는 것은 단지 보전莆田·수수秀水 등의 속유 패거리뿐이었으며, 넘쳐나는 것은 '연기硏幾'·'금낭錦囊'·'탁약卓躍'·'전익傳翼' 등의 팔고제예八股制藝의 책들이었다. 모양은 경해經解이지만 대부분은 표절해서 나온 것이었다. 고염무가 『일지록』(권18) 「절서竊書」에서 "명 홍치弘治(1488~1505) 이후의 경해서를 읽어 보니 모두 고인의 이름을 감춘 채 자기의 설이라고만 할 뿐이다", "명대의 사람들의 저서는 절도하지 않은 것이 없다"라고 말한 것은 결국 앞에서 인용한 "팔고가 행해지자 고학이 폐기되었고, 『대전』이 나오자 경설이 없어졌다"라는 말과 같은 맥락이다. 그래서 피석서는 『경학역사』에서 명대의 경해 저작에 대해 "『사고전서총목』에 보이는 것은 신기하고 엉성한 것들로서 연구할 것이 못된다. 오경의 타락이 이 지경에 이르렀다"라고 하였다. 명대 상서학의 침체와 몰락을 잘 보여 주고 있다. 당시의 이른바 '시의'와 '고의'의 저작들은 대부분 상서학의 쇠락을 보여 주고 있을 뿐이다.

3) 명대의 위서

이러한 세속적 저작의 양산과 표절의 풍조 속에서 도덕적 저술은 완전히 몰락하게 되었고, 자연스럽게 하고 싶은 짓을 마음대로 행하는 지경에까지 이르렀다. 이것은 결과적으로 황당무계하기 짝이 없는 위작僞 作의 출현으로 이어지는데, 풍방豊坊이 위조한 『고서세학古書世學』 6권이 그것이다. 이 책에는 「신농정전神農政典」 1편이 더 있고, 또 「홍범洪範」편에 52자가 더 추가되었다. 손승택孫承澤은 『홍범경전집의洪範經傳集義』에 이 52자를 "팔왈사八曰師" 아래에 집록해 두었는데, 그 문장은 다음과 같다. "食曰生, 貨曰節, 祀曰敬, 司空曰時, 司徒曰德, 司寇曰愼, 賓曰禮, 師曰律. 生乃蕃, 節乃裕, 敬乃○(闕), 時乃悅, 德乃化, 愼乃仁, 禮乃嘉, 律乃有功." 확실히 '팔정八政'의 8글자를 조작해서 만들어 낸 허문虛文이다. 풍방은 학자의 뜻을 버리고 오로지 위서僞書를 만들어 세상을 기만하는 데 몰두하였다. 그에게는 『역』·『서』·『시』·『춘추』 등 4부의 '세학世學' 및 『역변易辨』·『서설書說』·『자공 시전子貢詩傳』·『신배시설申培詩說』 등, 위서로 의심되는 책 8부가 있다. 『경의 고』는 육원보陸元輔의 말을 인용하여 이렇게 적고 있다.

> '고서古書'라는 것은 금문·고문·석경을 앞에 배열하고 이후 해서로 해석한 것인데, 거기에 조선·왜국에서 채굴한 2본을 고본古本에 합하였다. 그렇기 때문에 '고서'라고 한다. '세학世學'이라는 것은 풍씨豊氏들이 송에서 명에 이르기 까지 4세에 걸쳐 '고서'를 공부하였음을 말한다.

여기서는 풍직豊稷이 '고서'의 『정음正音』을, 풍경豊慶이 『속음續音』을, 풍방 의 부친인 풍희豊熙가 『집설集說』을, 풍방이 『고보考補』를 편찬한 사실을 열거한 후 그런 까닭에 '세학世學'이라 칭하게 되었다고 밝히고, 이어서 다음과 같이 말하고 있다.

『속음』에는 들어보지 못한 새로운 설들이 많은데, 그 서문에서는 이렇게 말하였다. "정통正統 6년(1441) 내(豐慶)가 경사에서 벼슬하고 있을 때, 조선 사신 규문경嬀文卿과 일본 사신 서예徐睿가 조공하러 들어와 있어 대화를 나누게 되었다. 두 사람 모두 고서를 읽어 문사文辭에 능하였으므로…… 『상서』에 대해 질의하였다. 규문경은 '우리 선왕인 기자箕子가 전한 것은 『신농정전神農政典』에서 시작하여 『홍범』에 이르러서 끝난다' 하였고, 서예는 '우리 선왕 서불徐市이 전한 것은 『우서虞書·제전帝典』에서 시작하여 『태서泰誓』에 이르러 끝난다.…… 우리나라의 법에는 고경의 한 글자라도 중국으로 전하는 자는 구족을 멸하는 법이 있다' 하였다.…… 그렇다면 육일옹六一翁(歐陽脩)의 '법령이 엄하여 중국에 전하는 것을 허락하지 않는다'라고 한 말이 미덥지 아니한가? 이에 착오가 난 것을 바로잡아 주기를 간청하며 겨우 1『전典』·2『모謨』·『우공禹貢』·『반경盤庚』·『태서泰誓』·『무성武成』·『강고康誥』·『주고酒誥』·『낙고洛誥』·『고명顧命』만을 써서 보여 주어 삼가 부친 청민공淸敏公 풍직의 『정음』 아래에 붙인다."

그러나 『경의고』에서는 다음과 같이 말하였다.

『고보考補』에 이르기를…… "기자가 조선에 책봉되어 『서』 고문을 전한 것은 『정전政典』에서 시작해서 『미자微子』에서 끝났는데, 뒤에 『홍범』 1편을 붙였다. 서불徐市은 진秦의 박사였는데, 이사李斯가 유생들을 구덩이에 파묻어 죽이자 바다로 들어가 신선을 구한다는 구실로 고서를 몽땅 싣고 섬에 이르러 왜국을 세웠으니 바로 지금의 일본이다. 이 두 나라에서 『서경』을 풀이한 것을 나의 증조부가…… 문의공文懿公 양수진楊守陳과 함께 이를 기록하여 집에 소장하였다" 라고 하였다. 그러나 그의 『서설序說』을 보니 의탁依託한 흔적이 확실하였다. 은인鄞人 만사대萬斯大가 "이것은 우리 고향사람 풍예부豐禮部(즉 豐坊)가 조정에서 버림받고 집에 있으면서 시름 속에 저술하여 『세학世學』이라고 의탁한 것인데, 사실은 한 사람의 손에서 나온 것이다. 오경이 모두 위찬僞撰되었으니, 비단 '고서古書'뿐만이 아니다"라고 하였다.

고염무는 『일지록』에서 이를 더욱 상세하게 폭로하였고, 『사고전서총목』에서도 『명영종실록明英宗實錄』에 따르면 정통 6년에는 조선과 일본의 사신이 없었다는 것과, 조선의 책은 중국과 다름없으므로 기자본은 결코 있을 수 없다는 것, 일본에서 판각된 『칠경맹자고문七經孟子考文』본의 『상서』는 중국 주소본과 똑같다는 것 등에 근거해서 풍방의 주장은 증명할 필요도 없는 망설妄說임을 알 수 있다고 하였다.

이 시기에는 또 진암陳黯이 위찬僞撰한 「우고禹誥」 1편이 있다. 그리고 소백형蘇伯衡은 백거이白居易가 「주서보망周書補亡」(「補湯征」)을 펴낸 것을 모방하여 「헌화獻禾」·「귀화歸禾」·「가화嘉禾」 3편을 보찬補撰하였는데, 명칭으로 보면 위작이 아닌 것 같지만 이 역시 실은 위작이다.

이러한 위조 행위는 명대의 전통상서학의 몰락을 더욱 부채질하였다. 근근이 이어져 오던 변위辨僞의 기풍이 이제 뜻있는 선비들에 의해 막 일어나려던 시점에서 풍방과 같은 뜻 잃은 문인들이 위조의 술수를 부림으로써 스스로를 진흙탕 속으로 내던지고 마는 상황에 처하게 된 것이다.

4. 「우공」·「홍범」 등의 단편에 대한 찬술

원·명 양대에는 송대의 기풍을 계승해서 『상서』 중의 주요 편장들, 특히 「우공禹貢」·「홍범洪範」 등에 대한 찬술撰述이 계속되었다. 나누어 서술하면 다음과 같다.

1) 「우공」

이 시기의 「우공」 관련 저작 중 비교적 이른 것으로는 임홍林洪의 『우공절요禹貢節要』 1권, 장성선張性善의 『우공연혁도禹貢沿革圖』(無卷數)가 있는데, 모두 망실되었다. 또 정원요鄭元瑤의 『우치수보禹治水譜』 1권 및 장약재章約齋의

『우공고성서禹貢告成書』(無卷數)가 동정董鼎의 『찬주纂注』에서 인용된 바 있다.

원말명초에는 주우朱右의 『우공범례禹貢凡例』 1권이 있다. 이 책은 「우공」의 산천지리를 서술한 용어 "사십범례四十凡例"를 총정리하여 「우공」의 문자를 이해하는 데 도움을 주었다.

명초에는 왕위王禕의 『우공산천명급취장禹貢山川名急就章』 1편이 있었고, 이어서 곽여郭餘의 『우공전주상절禹貢傳注詳節』 1권이 나왔는데, 『경의고』는 양사기의 말을 인용하여 이들 책들은 전주傳注를 삭제하고 만들었다고 하였다. 이미 실전되었다. 또한 갈대기葛大紀의 『우공요략禹貢要略』 1권, 하인夏寅의 『우공상절禹貢詳節』 1권이 있는데, 『경의고』는 모두 "미견未見"이라고 하였고, 또 장길張吉의 『우공의오변禹貢疑誤辨』 1편이 "존存"한다고 하였다. 유룡劉龍·서진徐縉 등이 함께 편찬한 『우공주해禹貢注解』는 명 세종의 칙령으로 편찬한 것으로, 『경의고』에 권수는 실려 있지 않고 "미견未見"이라 되어 있다.

또 한방기韓邦奇의 『우공상략禹貢詳略』 1권이 있다. 그 「자서」에서 "략略이라 한 것은 우리 집안의 초학자제初學子弟를 위함이고, 다시 강설講說을 덧붙인 것은 과거시험에 도움이 되고자 함이며, 상세히 해석한 것은 학문이 진전되어 고찰하는 바가 있기를 기다림이다"라고 하였으니, 이 책이 과거시험을 위한 책이었음을 알 수 있다. 『사고전서총목』에서는 "한방기의 학문은 본바탕이 있고 저작이 매우 많았지만, 이 책의 훈석은 천박하고 오직 명제命題를 골라내는 법만 말하였다. 덧붙인 '가결歌訣'·'도고圖考' 역시 매우 비루하였다"라고 지적하고 있다. 과거제도의 폐해로 인해 저명한 학자조차도 이러한 세속적이고 천박한 책의 저술을 피할 수 없었다는 사실을 잘 알 수 있다.

다음은 계악桂蕚의 『우공구주도禹貢九州圖』 4폭이다. 『경의고』에서는 "미견未見"이라고 하면서 육원보陸元輔의 말을 인용해서, 명 세종이 유룡·서진에게 『우공주해』의 편찬을 명했을 때 계악이 이 그림을 올려 고인들의 우도좌서右圖左書라는 학술방법에 부합하고자 했다고 밝히고 있다.

다음은 정효鄭曉의 『우공도설禹貢圖說』 1권이다. 이 책은 앞에 「우공전도禹貢全圖」 1폭을 그린 다음, 구주九州에 대해 각각 강계도疆界圖와 우부지도도禹賦之道圖를 그려 모두 18폭을 싣고, 다시 도산도수도導山導水圖 14폭을 그렸다. 그리고 뒤에 「우공」 원문을 싣고 설명하였다. 이 책은 명대의 「우공」 저작 가운데 비교적 나름의 견해를 표방한 저작이다. 『사고전서총목』에서는 "그 가운데 정밀한 것들은 호위胡渭의 『우공추지禹貢錐指』에서 증명에 인용하였다. 그러나 책의 전체를 자세히 보면 많이 소략하고 오류가 많은데, 호위는 그것을 일일이 변론하지 못했다"라고 지적하였다. 『사고전서총목』은 별도로 정효의 『우공설禹貢說』 1권을 또 기록하고 있는데, 이 책의 "대야기저大野旣瀦"·"양주揚州"·"부우강타잠한浮于江沱潛漢"·"강한江漢"에 대한 풀이는 모두 염약거閻若璩의 『잠구차기潛邱箚記』에서 취한 것이었다. 그러나 『사고전서총목』은 이 책이 대체로 문장에 따라 부연하고 단어들이 천박한 것이 원래 과거를 위한 강학용으로 만든 것이었다고 지적하였다. 그렇더라도 이 책은 과거용으로 편찬된 책 가운데서는 비교적 우수한 편에 속한다.

이 외에 증우전曾于傳의 『우공간전禹貢簡傳』 1권이 『경의고』에 "일佚"로 주석되어 있고, 유천민劉天民의 『우공소회禹貢溯洄』 1권, 장기서張期瑞의 『우공본말禹貢本末』 1권, 서상길徐常吉의 『우공주禹貢注』 3권 및 『우공변禹貢辨』 1권, 전천서全天敍의 『우공략禹貢略』 1권, 척리귀戚里貴의 『우공요곤禹貢瑤琨』 1권, 저효선褚效善의 『우공상절禹貢詳節』 1권, 육대잉陸大礽의 『우공화말禹貢華末』 1권, 하모何模의 『우공도주禹貢圖注』 1권 등은 모두 "미견未見"으로 되어 있으며, 하괴何櫆의 『우공해禹貢解』 1권, 초횡焦竑의 『우공해禹貢解』 1권, 강봉원姜逢元의 『우공상절禹貢詳節』 1권, 정만鄭鄤의 『우공주禹貢注』 1권 등은 "존存"

으로 되어 있다. 이것들은 대체로 명대 중기의 저작들이다.

명대 후기의 저작에 속하는 것으로는 먼저 왕감王鑒의 『우공산천도읍고 禹貢山川都邑考』 4권이 있다. 『사고전서총목』에서는 이 책이 『우공』의 수도水道를 위주로 해서 조목마다 수명水名으로 표제하고 그 아래에 여러 책들에 실린 원류의 분합分合을 열거함과 동시에 『채전』의 지명을 해석하여 덧붙였으며, 산명山名 역시 이와 같이 배열하였다고 적고 있다. 그러나 도읍명都邑名은 비록 『채전』에 있는 것을 해석하기는 했으나 상세하지는 못하였다고 한다.

다음은 유곤兪鯤의 『우공현주禹貢玄珠』 1권이다. 『사고전서총목』에서는 이 책이 『채전』의 일부분을 생략하고 중간중간 고증을 가하였다고 하였다. 그러나 대체로 문구를 전석詮釋하는 데 중점이 있어, 산천지리에 대해서는 그 본말이 상세하지 못하였다. 권말에 구주九州·산수山水·전부田賦 등의 노래를 부록하였는데, 학교에서 암송용으로 사용된 것이다.

다음은 호찬胡瓚의 『우공비유증주禹貢備遺增注』 2권이다. 『사고전서총목』에 따르면 이 책은 앞머리에서 『우공』의 서법書法을 논한 다음 구주에 대한 내용으로 1권을 만들고 다시 도산導山 이하를 1권으로 만들어 경문에 따라 주석을 덧붙였는데, 대체로 『채전』을 준수하였다고 한다. 이후 호찬의 증손 호종서胡宗緖가 '증주增注'하면서 중간에 『채전』을 인용하여 그 동이를 고증하였는데, 『채전』의 명확하지 않은 부분에 대해서는 고정考訂하지 못하였다.

이상 왕감·유곤·호찬의 책들은 모두 『채전』을 보익補翼해서 만들어 완전하지 않았기 때문에 『사고전서총목』에서는 모두 "서류존목書類存目"에 배열해 두었다.

다음은 모서징茅瑞徵의 『우공회소禹貢匯疏』 15권[136]이다. 이 책은 앞부분

---

136) 『經義考』에는 12권으로 되어 있는데, 이는 正文만을 말한 것이다.

에 48폭의 그림으로 된 상·하권의 「도경圖經」을 두고 있는데, 상권의 24도는 정효鄭曉의 원도原圖를 취한 것이고 하권은 모서징 자신이 그린 것이다. 그 다음으로 구주九州 및 도산導山·도수導水에 관한 11권이 있고, "구주유동 九州攸同" 구에서 편말篇末까지가 또 한 권이 되며, 그 뒤의 「별록別錄」 1권은 우禹에 관한 전설들을 모은 것이다. 이 책은 명대의 「우공」 저작 가운데 가장 풍부한 내용을 담고 있으며, 오늘날까지도 참고할 만한 가치가 매우 높다. 모서징의 「자서」에서는 다음과 같이 적고 있다.

> 「우공」에 관한 두 공씨의 「주소注疏」는 산천을 근본으로 해서 그 대략을 얻었으니, 삼강三江·구강九江이 다 그 영향을 받았다. 송의 채침에 이르러 제가의 설을 두루 모아 깊이 있게 정정訂定하여 선유의 뜻을 많이 드러내었다. 그러나 인용한 증거들이 완전하게 미치지는 못하여, 간혹 소단명蘇端明(蘇軾)의 「서전書傳」을 참고하였는데 해설이 각각 달랐다. 그래서 「대전」에 실린 제유의 논저를 참고해서 문제점을 논박하였고, 통독한 다음에 여유가 있어서 「우공」에 관한 의문점을 붓 가는 대로 정리하고 자료를 모아 전서全書를 집성하였다.

그는 광범위하게 자료를 수집해서 이 책을 완성하였으니, 명대의 통속 적인 학풍 속에서 이 책은 군계일학이라 할 만하다. 「사고전서총목」에서는 "숭정崇禎 임신년(1632)에 만들었는데, 책을 쓸 당시의 사건을 많이 인용하고 있는 것은…… 그 뜻이 해경解經에 있지 않았기 때문이다"라고 하였다. 당시는 곧 청 홍타이지(皇太極)의 군대가 준화遵化와 통주通州를 짓밟고 북경北 京을 포위한 지 3년이 지난 해였고, 명 숭정제崇禎帝가 반간으로 오해하여 원숭환袁崇煥을 죽인 일을 자책하고 있던 때였다. 이 책은 산하가 무너지고 국사가 피폐해져 가던 시기에 만들어졌으니, 작자는 위망한 시국을 목격 하면서 국가의 안위를 걱정하던 지조 있는 선비였다.

명대 후기의 저작으로는 또 왕강진王綱振의 「우공역지禹貢逆志」 1권, 장능 공張能恭의 「우공정전禹貢訂傳」 1권, 황익등黃翼登의 「우공주산禹貢注删」 1권,

장예경張睿卿의 『우공편독禹貢便讀』 1권 등이 『경의고』에 모두 "존存"으로
주석되어 있고, 장지린蔣之騏의 『우공주禹貢注』 1권, 고병거高秉渠의 『우공통
고禹貢通考』 4권이 "미견未見"으로 되어 있다. 이 외에 허서신許胥臣의 『우공광
람禹貢廣覽』 3권의 정황이 『사고전서총목』에 제법 상세하게 실려 있으며,
장후각張後覺의 『우공집주禹貢集注』 1권이 『임읍삼선생합각荏邑三先生合刻』에
실려 있다. 진사원陳士元의 『광우공초절서廣禹貢楚絶書』 2권은 초楚의 유적遺蹟
을 기록한 책인데, 「우공」 구주 가운데 형주荊州의 산수를 많이 수록하고
있다. 또한 애남영艾南英의 『우공도주禹貢圖注』(無卷數)가 있다. 『사고전서총목』
에 따르면 이 책은 구주九州 및 오복五服에 대해 앞부분에 균일하게 그림을
그리고 뒤에 「여지총도輿地總圖」를 덧붙인 것으로, 명대 주현州縣의 대략을
기록한 것이라 한다. 『채전』을 요약한 것을 '내주內注'라 하고 폐기할 수가
없어 따로 기록해 둔 것을 '외주外注'라 하였는데, 너무 간략하고 고증에
도움이 되지 않는 아동들의 암송용 책일 뿐이다.

끝으로 하윤이夏允彝의 『우공고금합주禹貢古今合注』 5권이 있다. 진자룡陳
子龍이 장문의 「서序」를 썼다.

이 하자夏子의 책은 관련 사항을 인용하고 역사와 전기傳記 자료를 꼼꼼히
살폈으며 공경들에게 두루 자문을 구하였다. 산수의 경經과 군국郡國의 지志를
채록하지 않은 것이 없었고, 험한 구역과 천택泉澤의 이점을 싣지 않은 것이
없었으며, 기이한 명승·물산·풍속을 기록하지 않은 것이 없었는데, 모두 경문
아래에 덧붙여 매우 박식하게 해설하였다고 말할 수 있다.

하윤이의 「자서」는 다음과 같다.

오랜 기간 진와자陳臥子가 드나들면서 그가 질문하는 것을 많이 보았는데,
수천水泉의 흐름과 도경涂徑의 분기를 명확히 밝힌 다음에야 물러났다. 이로
인해 지리도를 그리고자 하여 주사본朱思本(元代의 地理學者)의 의도를 모방하면서

더욱 미비점을 보완하였으며, 아울러 군사요충지, 수리水利, 둔전屯田, 성지城池, 부세賦稅 등은 더욱 상세하게 말하였다.

하윤이와 진자룡은 모두 명말의 애국지사로서 구국의 일념으로 「우공」 연구를 시작하였다. 『사고전서총목』에서는 "이 책은 주로 시무를 밝히고 득실을 많이 말하였다. 또한 『수경주水經注』 및 제가의 소설小說을 잡다히 취하고 더불어 산수의 형세와 기이한 곳을 기록해서 매우 방대한 것 같지만, 실은 경의經義와는 무관한 것들이다"라고 하여, 이 책의 방대함을 오히려 기롱하고 경의와는 무관한 것임을 지적하였다. 이는 청왕조의 입장에서 적은 반청지사反清志士의 저작에 대한 폄사貶辭로서, 그것이 이 책에 대한 정확한 지적인지는 알 수 없다.

이 외에도 소황邵璜의 『우공통해禹貢通解』 1권이 있다. 『사고전서총목』에서는 이 책의 서문을 쓴 두입덕杜立德이 청초의 인물이라고 하였지만, 이 책은 명대의 지명을 많이 사용하고 있고 또 정효·하윤이의 설에 근거하고 있기 때문에 아마도 명말의 저작일 것이다. 『총목』에서는 다음과 같이 적고 있다.

소황이 주한 것은 『채전』과는 많은 차이가 있다. 그는 『전』에 의거해서 해설한 것을 '통해通解'라고 하고 『전』을 따르지 않은 것은 '변이辨異'라고 하였다. 매 주州의 첫머리 및 도산導山·도수導水마다 그림을 배치하였고, 정효·하윤이의 설에 많이 근본하고 있다고 밝히고 있다. 그러나 '청주도青州圖' 아래에는 하윤이의 설을 비판하고 있으니, 2가의 설을 완전히 수용하지는 않았다. 이 책은 제법 고정考正에 뜻을 두고 있으나 박학하지 못하고 인용한 것이 소략하여 호위胡渭 등의 제가가 보기에는 높고 낮은 차이만 있는 것이 아니었다.

「우공」을 연구하는 데 뜻을 두었으나 그 노력이 많이 미치지 못했다는 것을 알 수 있다.

이상에서 보았듯이, 원·명 양대의 「우공」 저작들 가운데에는 명대의 정효·모서징·하윤이의 3가가 가장 뛰어나고 오늘날에도 참고할 만한 가치가 있다.

2) 「홍범」

「홍범」편은 통치의 대법을 기록하고 있어서 매 왕조들이 모두 중시하였는데, 원·명대에도 적지 않은 사람들이 「홍범洪範」을 다루었다. 대략은 다음과 같다.

원초 조맹부趙孟頫의 『홍범도洪範圖』 1권이다. 조맹부는 일찍이 「홍범」편의 전문全文을 쓰고 아울러 「기자무왕수수지도箕子武王授受之圖」를 그렸다. 『경의고』는 문징명文徵明의 말을 인용하여 이렇게 적고 있다.

> 공은 송의 공족公族으로서 새로운 왕조(元)에 벼슬하였으므로, 의론하는 자들이 매번 한으로 여겼다. 그런데 무왕이 주紂를 정벌하였을 때 기자는 주紂와 매우 가까운 친족이었음에도 무왕의 책봉을 받았고 도까지 전수해 주었으나, 천년이 지난 후에도 그것을 잘못이라고는 하지 않는다. 그렇다면 공은 홀로 그것을 인용하여 스스로를 변호한 것이 아닌가? 공은 평소에 『상서』를 정밀히 연구하여 일찍이 『집주集注』를 지었다. 오늘날 그 책에 의리가 없다고 말할 수는 없을 것이다.

조맹부가 송의 공족 신분으로 원에 「홍범」의 도를 전하였다는 의미를 지적하고 있지만, 이미 동시대를 살면서 원에 출사하지 않았던 호희胡希가 같은 내용으로 『홍범고정洪範考訂』(無卷數)을 편찬한 일이 있었다. 『경의고』는 조맹부의 저서를 "미견未見"이라고 하였고, 호희의 저서에 대해서는 "실失"이라고 하였다. 『사고전서총목』에는 모두 저록하지 않았으므로, 당시에 이미 전해지지 않았다는 사실을 알 수 있다.

다음은 오징吳澄의 『서찬언書纂言』 속에 실린 「홍범」 1편이다. 오징은 『한서』 「오행지」에 실려 있는, 유흠이 '낙서洛書'라고 칭한 편머리의 구주九疇 조목 65자를 「홍범」의 강綱으로 정하고 그 아래 9장을 「홍범」의 목目으로 정한 후, 그 아홉 표목標目 중의 몇 표목의 글자들을 주석하여 '낙서문'이라 칭하였는데, 이 과정에서 그는 의미에 따라 문구를 이동시켰다.137) 이는 송유 왕백王柏·문급옹文及翁·하성대賀成大의 설을 계승하여 「홍범」 원문에 대해 수정을 가한 것이다.

다음은 호일중胡一中의 『정정홍범집설定正洪範集說』 2권138)이다. 『경의고』 에서는 이 책의 「자서自序」와 공사태貢師泰의 「서序」 및 진현증陳顯曾의 「발跋」 을 실으면서, 이 책이 왕백·문급옹·오징 등 3인의 설을 근거로 가공하여 편찬된 것이라고 하였다. 공사태의 「서」에서는 "구주九疇의 『전』이 '5. 황극皇 極' 아래에 잘못 나왔는데, 채씨의 책에서 끝내 바로잡지 못하였다.…… 호胡군 일중一中이 왕·문·오 세 선생의 설을 깊이 연구해서 그 좋은 점을 얻어 정정訂正하고, 경과 전을 분별하여 전으로써 경을 부언하였다"라 고 하였다. 이는 원래 뒤섞여 있던 1편의 「홍범」을 '우禹의 경經'과 '기자의 전傳' 두 부분으로 나눈 진일보한 학설이다. 『사고전서총목』은 다음과 같이 적고 있다.

'하도'·'낙서'의 이름은 「계사」에 보이는데, 「홍범」과의 관계는 말하지 않았다. 『한서』 「오행지」는 유흠의 말을 기록하였는데…… 이에 '낙서'가 비로소 「홍범」에 합해졌으나 오히려 '하도'는 언급하지 않았다. 일중은…… 마침내 '하도'·'낙서' 모두를 「홍범」에 합하고 또한 진단의 선천설先天說을 참고하여 28도를 나열하였으 니, 대체로 지리멸렬한 것들이다.

---

137) 가령 '8. 庶徵' 뒤에 있는 "王省惟歲" 이하의 한 단락을 '4. 五紀'의 經文을 해석한 것으 로 여겨 이동시키는 등, 이동한 곳이 많다.
138) 『四庫全書總目』에는 『定正洪範』 2권으로 되어 있다.

이는 채침의 연범설演範說을 계승한 옳지 못한 방향으로의 발전으로, 더욱 소급해서 채침 이전의 진단에까지 거슬러 올라간 것이다. 이 말에서 도사道士의 진면목을 더욱 분명하게 알 수 있다. 이 책은 현재 『통지당경해』에 실려 있다.

그 밖의 「홍범」 관련 원대 저작으로는 사장謝章의 『홍범연의洪範衍義』(卷不詳), 진초陳樵의 『홍범전洪範傳』 1권, 전택田澤의 『홍범낙서변洪範洛書辨』 1권, 진희성陳希聖의 『홍범술洪範述』(卷不詳) 등이 있는데, 『경의고』는 사장의 책에 대해 "일일佚"이라고 주석하고 나머지 3책은 모두 "미견未見"이라고 하였으므로 오늘날에도 보기가 쉽지 않다. 한편, 동정董鼎의 『찬주纂注』에는 원초 이차승李次僧의 『홍범정의洪範精義』(卷不詳)가 인용되어 있다.

또한 원·명대에는 정초鄭樵의 이름에 가탁하여 편조編造된[139] 『육경오론六經奧論』이 있는데, 이 책은 「우공」과 「홍범」이 서로 표리가 된다는 설을 제기함으로써 「홍범」의 위상을 제고시켰다.

명왕조가 건립된 지 오래지 않아 명 태조 주원장이 『어주홍범御注洪範』 1권을 편찬하였다. 『명실록』은 "주상께서 유신儒臣에게 「홍범」을 써서 어좌의 우측에 걸어둘 것을 명하였고, 아침저녁으로 보면서 직접 주석을 하셨다"라고 적고 있다. 홍무洪武 20년(1387) 2월에 책이 완성되었고, 그 후 선종 주첨기朱瞻基의 「서홍범序洪範」 1편과 세종 주후총朱厚熜의 「홍범서략洪範序略」 1편이 나왔다. 이는 명왕조의 최고통치자들이 「홍범」편의 대법을 얼마나 중시했는지를 잘 설명하고 있다. 그들은 2천여 년 동안 누적된 통치의 경험을 흡수하고자 시도했던 것이다.

명대 「홍범」에 관한 저작 중 비교적 이른 시기이면서 가치도 있는 것은 왕위王禕의 「낙서비홍범변洛書非洪範辨」 1편이다. 이것은 채침의 사설邪說을 폭로한 매우 의미 있는 글이다.

---

139) 실제로는 明人 危邦輔에게서 나온 것이다.

명대 전기에는 섭세기葉世奇의 『범통範通』 2권, 부순傳淳의 『홍범부언洪範敷言』(卷不詳), 서기徐驥의 『홍범해정정洪範解訂正』 1권, 노기盧璣의 『홍범집해洪範集解』(卷不詳), 정기丁璣의 『홍범정오洪範正誤』 1권 등이 있었다. 이 책들은 『경의고』에 모두 "미견未見"으로 되어 있으나, 일부 중요 서목이나 장서가들은 그 책을 보유하고 있다.

명대 중기에 나타난 나름의 견해를 가진 저작으로 양렴楊廉의 『홍범찬요洪範纂要』 1권이 있다. 그 「자서」에는 다음과 같은 말이 있다.

> 『홍범』이 전하는 바는 매우 공경스럽다.…… 유씨 부자는 『오행전』에서 5에다가 더하여 6을 만들었는데, 하후승夏侯勝의 '구음모상久陰謀上'(오래된 陰은 上昇을 도모함)의 설이 여기에 우연히 맞아떨어지니 사람들이 신기하게 여겨 마침내 세상에는 두 『홍범』과 여섯 '오행'이 있게 되었다. 송의 소명윤明允(蘇洵)이 그 오류를 지적한 것은 당연한 일이었다.…… 아! 『역』은 복희·문왕·주공·공자로부터 나왔으나 이후에 경방·곽박의 학문까지 있게 되었고, 『범』은 대우·기자로부터 나왔으나 이후에 유향·유흠의 학문까지 있게 되었다. 혹세무민한 방사와 무식한 사관들이 종종 요행으로 그 말을 인용하고 부풀려서 마침내 옛 성인들의 경經에 필적하기에 이르렀으니, 어찌 안타까운 일이 아니겠는가! 학자들이 성심으로 『홍범』편을 살펴 깊이 연구한다면 오행五行·오사五事·휴구休咎·복극福極의 응함을 확실히 알 수 있을 것이니, 다시 잘못된 설을 견강부회할 필요가 무엇 있겠는가?

유향·유흠 이래로 방사들의 오행설로써 『홍범』을 해석한 잘못을 논박하고 있다. 이 책은 명의 왕위王樟를 계승한 아주 귀중한 저작이다.

또한 『경의고』에서는 오세충吳世忠의 『홍범고의洪範考疑』 1권, 정선부鄭善夫의 『홍범론洪範論』 1권, 고정신顧鼎臣의 『홍범강장洪範講章』 1권 등을 들며 모두 "존存"으로 주석하고 있고, 유천민劉天民의 『홍범변의洪範辨疑』 1권, 반규潘葵의 『홍범본전洪範本傳』(卷不詳), 노홍盧鴻의 『군도홍범君道洪範』 8권, 여현呂賢의 『홍범해洪範解』 1권, 증준曾俊의 『홍범도집洪範圖輯』(卷不詳), 섭양패葉良

佩의 『홍범도해洪範圖解』 1권, 서헌충徐獻忠의 『홍범혹문洪範或問』 1권, 유일장游日章의 『홍범석의洪範釋義』(卷不詳), 종화민鍾化民의 『부언대지敷言大旨』 1권 등에 대해서는 "미견未見"이라 주석하였으며, 귀유광歸有光의 『홍범전洪範傳』 1권에 대해서는 "존存"이라 주석하였다. 이 가운데 서헌충이 지은 『홍범혹문』의 「자서」에서는 다음과 같이 적고 있다.

천지자연의 이로움으로 백성을 기를 수 있는 것을 오행이라고 하는데, 후세 사람들이 그 의미를 왜곡하여 사물을 만들고 길흉이 생기게 하는 것을 오물五物이 관할한다고 하였다. 심하도다! 매우 잘못된 논의이다. 유향의 『오행전』에서 처음 의미를 궁구하여 변화시켰고, 채자蔡子가 그 학문을 전하여 『홍범황극내편洪範皇極內篇』을 지으매 유학의 도가 그것에 연유하게 되었다. 그 후 『서집전』을 지어 마침내 오행을 종지로 삼아 다른 논의를 종합하였으니, 스스로 위설緯說에 빠지는 것을 알지 못하였다.

이는 매우 탁월하고도 정확한 지적이다. 우선 백성들 생활의 바탕이 되는 '오물五物'의 근원이 '오행五行'임을 지적한 것은 아주 훌륭한 유물론적 해석이다. 후대에 출현한 방사들은 오행이 직접 만물의 길흉을 주재한다는 유심론적 오류를 범했는데, 그에 대한 질책이 매우 예리하다. 나아가 서헌충은 유자이면서도 방사의 참위설에 빠진 유향·채침 등의 잘못이 얼마나 심각한 것인지를 폭로하고 있다. 그리고 그 아래에서는 또 다음과 같이 말하였다.

기자가 진술한 「범範」의 본의는 리理에 전일하나 그 변화를 궁구할 수 없고 그 상象을 본받으나 그 수數를 연역할 수 없다. 후세의 유자들이 유향의 잘못된 논의에 빠져 지地 10의 수가 '낙서'의 9에 통할 수 없다는 것에 몽매하였고, 또 오행의 일주一疇가 팔주八疇의 의미와 통하지 않는다는 것을 알지 못하였다. 한갓 이단의 설에 빠져 성인의 가르침을 천하에 밝히지 못한 것이 진실로 아쉽기만 하다. 전주傳注가 행해짐이 이미 오래되었지만 후생말학이 감히 그 사이를 이어줄 만한 견해를 얻지 못하여, 다만 어려운 부분을 질문하여 밝힘으로써 깨달은 선비를 기다리는 바이다.

「홍범」은 다만 사리事理를 논한 것일 뿐 상수象數를 연역한 것이 아님을 밝혔고, 「홍범」 구주 가운데 유물론唯物論적인 오행 일주가 나머지 유심론唯心論적인 오행설 해석과 결부된 팔주와는 서로 맞지 않는다는 점을 논하였다. 이는 채침의 '연범演範' 일파의 수많은 망설들을 직접 겨냥한 것이다. 서헌충은 명대의 학자들 중 매우 정확한 인식과 투철한 견해를 지닌 사람 중의 한 명이었다.

귀유광歸有光의 경우, 일찍이 『상서서록尙書敍錄』을 지어 정확하게 위고문僞古文을 의심한 바 있는데 다른 저작인 『홍범전洪範傳』 1권의 「자서」에서는 또 다음과 같이 말하기도 하였다.

옛날 왕형공王荊公・증문정공曾文定公은 모두 「홍범전」이 있었는데, 그 논의가 정밀하여 이유二劉와 이공二孔보다 위에 있었다. 그러나 나는 선유의 설이 때로는 폐기할 수 없는 것도 있다고 생각해서 그것들을 절충하여 다시 이 「전」을 만들었다.

이미 왕안석・증공이 유향과 유흠의 설을 반대한 것이 정밀하다고 말하고 나서는 다시 이유二劉의 설에도 폐기할 수 없는 것이 있다고 하였으니, 스스로 모순에 빠져 버렸다. 조화절충을 강조하는 가운데 말썽이 일어나게 된 것이다. 다만 그의 『역도론易圖論』은 하도・낙서의 설을 명확하게 불신하고 있다.

명대에 채침의 '연범演範'을 묵수한 일파 또한 적지 않았다. 가령 채실蔡悉의 『서주이훈書疇彝訓』 1권에 대해서는 『사고전서총목』에서 "사람됨이 학행이 있었는데…… 요강姚江 말파 가운데 가장 엄격하고 흐트러지지 않았다.

그의 책은 「홍범」의 구주와 『역』의 상이 합일하는 이치를 밝혔다. 맨 앞의 5조에서 그 리를 종합해서 밝히고 다음 9장에서 그 종지를 분석하였는데, 대체로 유흠의 '하도·낙서가 서로 경위經緯가 되고 팔괘八卦·구장九章이 서로 표리가 된다'는 설이었다"라고 하였다. 독실한 양명학파이면서도 주자학파인 채침의 망녕된 연범설演範說을 따랐으므로 유심사상이 서로 통하는 면이 있었다는 것을 알 수 있다. 그 외에 연범설을 추종한 통속적인 저작들은 다음과 같다.

우선 구구사瞿九思의 『홍범연의洪範衍義』 5권으로, 『경의고』는 이 책을 평론한 장운장의 말을 인용하고 있다.

구구사는 일찍이 꿈을 꾸었는데, 만 경頃이나 되는 푸른 유리로 장식된 한 선궁旋宮에서 어떤 거인이 "이곳이 안읍安邑이다"라고 하였다고 한다. 깨어나 크게 깨달은 바가 있어서 마침내 「홍범」을 연역하여 수개월이 지나 완성하였다. 내가 그 책을 보니 실로 잠꼬대 같은 소리였다……. 대저 「홍범」에서 말한 오행은 천지가 생물生物하는 자연의 순서로서 우禹가 이루어 놓은 것이니, 어찌 목木이 금金보다 중하고 화火를 이기는 연유가 있을 수 있겠는가? 그 오류를 말함이 가소롭다.

「홍범」을 담론하는 자들이 전부 이와 같은 망녕된 사람들이었음을 알 수 있다. 또한 전일본錢一本의 『범연範衍』 10권, 나유의羅喻義의 『홍범직해洪範直解』 1권 및 『독범내편讀範內篇』 1권[140], 황등黃騰의 『홍범황극연의洪範皇極衍義』 2권, 포만유包萬有의 『범수찬사範數贊詞』 4권 등도 대부분 『역』과 「홍범」의 합류, 괘卦와 주疇의 상통, 「홍범」과 「낙서」의 합일을 이용하여 수많은 잘못된 망설들을 제시한 것으로, '연범'의 말류에 속하는 것들이다. 그리고 웅종립熊宗立의 『홍범구주수해洪範九疇數解』 3권[141], 유심俞深의 『홍범주해洪

---

140) 이 두 책은 모두 '洛書'를 강조하여, 「홍범」과 '書'는 떨어져서는 안 된다고 하였다.
141) 『經義考』에는 8권으로 되어 있다.

範疇解』1권, 한방기韓邦奇의 『홍범주해洪範疇解』2권, 정종순程宗舜의 『홍범내편석洪範內篇釋』9권, 이경륜李經綸이 주注하고 탕담湯倓이 증주增注한 『홍범황극주洪範皇極注』4권도 있다. 대체로 이것들은 채침의 『홍범황극내편』을 천명하면서 설시점복술揲蓍占卜術을 강론하는 지경에 이르렀기 때문에 『사고전서총목』에서는 "술수류존목術數類存目"에 배열하였으니, 연범파演範派의 말류가 완전히 세속적인 강호의 술수와 같은 부류가 되었다는 것을 알 수 있다.

『경의고』의 저록에서는 나보羅輔의 『홍범회의洪範匯義』(卷不詳), 추기정鄒期楨의 『홍범경세요어洪範經世要語』(卷不詳)가 더 있다고 하고, 또 『천일각서목天一閣書目』에 기록된 무명씨의 『복극대의도福極對義圖』2권, 『홍범집설洪範集說』1책, 『도서작범종지圖書作範宗旨』1책을 인용하여 기록하면서 모두 "미견未見"이라고 하였다. 지금 그 내용을 상세히 알 수는 없는데, 『명사』「예문지」나 『사고전서총목』에 모두 실려 있지 않으므로 이미 망실되었다는 사실을 알 수 있다.

명대 최후의 책으로 인정되는 「홍범」저작에는 지조 높은 학자 황도주黃道周가 숭정 10년(1637)에 경연일강관經筵日講官으로 있으면서 편찬한 『홍범명의洪範明義』4권이 있다. 그 책의 「진상서進上序」에서는 다음과 같이 적고 있다.

복희·문왕의 도가 기자에 있다는 것은 다름 아닌 작자作者가 바라는 바였습니다. 한나라의 복승伏勝(伏生)·조조晁錯가 구전한 것이 진실되지 못하였는데, 그 이후 제유들이 모두 양인의 설로써 고간古簡을 고증하였기 때문에 오류가 전해지게 되었습니다.…… 신은 편 가운데 착간된 곳이 3곳이고 잘못된 글자가 3곳임을 고찰하였는데…… 송·원 제유들이 조금씩 그 단서를 밝혔지만 명조 이후 제현들은 아직 끝내 실마리를 풀지 못했습니다.…… 이에 다시 살피지 못하고 『명의明義』4권을 만들었습니다. 상권은 모두 천인감소天人感召·성명상부性命相符 및 호덕용인好德用人의 방안을 말하였고, 하권은 모두 음척상협陰隲相協·이륜조관방彝倫條

貫旁 및 음양역수陰陽曆數의 책무를 말하였으며, 초종初終의 양권은 편장을 바르게 정하여 순서대로 나누어서 성신수수聖神授受의 계통에 이르렀습니다.

송유 왕백王柏·하성대賀成大의 착간설錯簡說과 채침의 술수설術數說을 함께 채용했음을 알 수 있다. 『사고전서총목』은 다음과 같이 적고 있다.

그의 학문은 술수에 심취하였고, 오행과 재이로써 경계함을 밝힘으로써 복생·동중서·유향 등의 견강부회한 학문을 답습했다는 혐의를 면하기 어렵다. 팔정八政을 주서疇敍함에 이르러 식食을 곤坤에 짝한 것은…… 견강부회한 것에 속하며, 또 64괘로 짝한 「선후천도先後天圖」는 더욱 천착한 것이다. 가장 이상한 점은 하도·낙서를 역수曆數에 짝한 것인데,…… 「황극경세」의 여파를 답습하여 산만하고 고찰할 것이 못 된다.…… 오직 그 의미가 계옥啓沃(「說命上」의 "啓乃心, 沃朕心")을 보존하고 천인상응의 리를 빌려 공구수성恐懼修省하는 심을 움직이는 데 있었으니, 그 문장이 경의에 다 합치되지는 않지만 그 의미는 경의와 매우 합치되는 면이 있다. 그 소절小節을 남겨 두어 그 큰 뜻을 보존함이 옳을 것이다.

그 책이 한대의 재이술수설의 오류를 답습하기는 했지만, 황제의 공구수성恐懼修省을 일깨워서 천의天意에 따라 인사人事를 잘 마무리하게 하려는 그 본지가 유가 경전에서 시작된 것이었기 때문에 "경의經義와 매우 합치된다"라고 한 것이다. 이른바 그 '경經'의 실제적 의의로 인해 오류를 명확히 알면서도 경학적 지위를 유지하게 하였음을 밝히고 있다.

3) 기타 각 편

「우서虞書」에 관한 것으로는 원대에 진력陳櫟의 「요전중성고堯典中星考」 1편, 왕운王惲의 「백수솔무설百獸率武說」[142] 1편이 있다. 명대에는 패경貝瓊의 「중성고中星考」 1편, 정정책程廷策의 「중성도설中星圖說」 1편, 오관만吳觀萬의

---

142) 「皐陶謨」에 관한 고찰이다.

『윤월정사시성세강의閏月定四時成歲講義』(卷不詳), 내여현來汝賢의 『우서해虞書解』(卷不詳), 모서징茅瑞徵의 『우서전虞書箋』 2권이 있는데, 『경의고』에는 오관만의 책만 "일佚"이고, 정정책과 내여현의 저술은 "미견未見"이며, 나머지는 모두 "존存"이라 되어 있다.

『주서周書』에 관한 것으로는 원대에 공사태貢師泰의 「제여오도題旅獒圖」 1편, 안직지顏直之의 「금등도金縢圖」 1편, 등중례滕仲禮의 『주관여형강의周官呂刑講義』 2권이 있다. 명대에는 이군李郡의 「여오도旅獒圖」 1권, 왕렴王廉(자는 熙陽)의 「금등변金縢辨」 1편이 있는데, 『경의고』 "금문상서今文尙書"조 아래에서는 "괄창括蒼의 왕렴王廉 희양熙陽이 논하기를 '「금등」은 성인의 서가 아니니, 금문에 속하지만 의심이 된다' 하였다"라고 적고 있다. 또 장부경張孚敬의 『금등변의金縢辨疑』 2권, 왕예汪叡의 「주공거동이년변周公居東二年辨」 1편, 방효유方孝孺의 「필명론畢命論」 1편 등이 있다. 『경의고』는 안직지와 등중례의 저술은 "일佚", 이군과 장부경의 책은 "미견未見", 나머지는 "존存"이라고 주석하였다.

「상서서尙書序」에 관한 것으로는 원대에 도홍경陶弘景의 『주상서서注尙書序』 1권이 있었는데, 이미 망실되었다.

『일주서逸周書』에 관한 것으로는 명대에 동사장董斯張의 『주서극은탁읍해周書克殷度邑解』 2권이 있는데, 여전히 전해지고 있다. 그 「자서」에 다음과 같이 적고 있다.

> 유자들은 『주서周書』가 급총汲冢에서 나왔다고 하는데, 「극은克殷」·「탁읍度邑」의 두 해설이 『사기』에 실려 있으므로 확실히 '일서逸書'가 맞으며, 후유들이 위조해서 넣은 것이 아니다.…… 공조孔晁가 『주서』를 주석한 것이 엉성하고 『색은索隱』이나 『정의正義』에도 많은 오류가 있는데, 천박한 견해로 틈을 메우는 식이었기 때문에 바로 눈에 보이는 것이다.

이런 책들은 확실히 대부분 몰락하였지만, 그 중 「금등金縢」의 글을 의변疑辨한 몇 편들은 주목할 만하다. 이는 송에서 명에 이르는 의변의 학풍을 계승한 것으로, 금문의 내용 가운데서도 일부는 이런 의심을 받고 있었다.

5. 『상서』에 대한 진일보한 의변

원·명 양대의 상서학단이 옹채擁蔡와 반채反蔡 즉 '시의時義'와 '고의古義'의 양파에 점유됨으로써 상서학은 쇠락의 시대에 빠지고 말았지만, 그 양파가 진정한 상서학을 대표하는 것은 아니다. 역사상 상서학을 실질적으로 대표하는 것은 바로 의변학자疑辨學者들의 연구 성과이다.

본래 송대의 학자들이 『상서』에 대한 귀중한 의변을 많이 제시한 이후, 송학의 정신을 계승한 원·명 양대의 학자들 가운데 식견 있는 선비들은 계속해서 의변정신을 진전시켜 위고문 인식에 있어 깊이 있는 발전을 가져왔다. 그들의 의미 있는 고변考辨은 마침내 청대 학자들로 하여금 그러한 연구 성과의 기초 위에서 위고문을 전복시킬 수 있게 하는 계기를 마련해 주었다. 따라서 이러한 의변 방면의 성과는 실로 명대 상서학의 가장 중요하고 위대한 성취라 할 수 있다.

이 중 가장 이른 시기의 의미 있는 저작은 원대 조맹부趙孟頫의 『서금고문집주書今古文集注』(卷不詳)이다. 이 책은 처음으로 금문과 고문을 나누어 편성하였는데, 『경의고』에 그 「자서」가 수록되어 있다.

진의 분서焚書 이후, 오직 『역』만 겨우 온전하였고 『악』은 끝내 복원되지 못하였다. 『시』·『서』·『예』·『춘추』 등은 한대 이래 제유들의 복고復古에 뜻을 두고 정성스레 수합하였으나 위작僞作이 출현하였는데, 『서』가 가장 심하였다. 학자들이 살피지 못하고 위작을 진본으로 여겨서 존숭하여 세상에 유행시켰다. 장패張覇의 천박한 식견은 24편도 『고문상서』라 여겼다.[143]······ 위작이 어지럽히는 것을 참을 수 있겠는가? 그러나 또한 요행히 그것이 위작임을 알았더라도 서술하지 않으면 어찌 그것을 밝힐 것이며 천하의 후세 사람들로 하여금 속임을 당하게 하는 것을 참을 수 있겠는가? 나는 그 진실을 궁구하여 집주集注를 만들었는데, 20여 년이 지나 다시 한 번 정정訂正하여 책을 완성하였다.······ 『집주』는 지원至元 16년(1279)에 만들기 시작하여 대덕大德 원년(1297)에 완성하였고, 지금 다시 20여 년이 지났다.······ 중집重輯하여 다시 서문을 쓴다.

조맹부의 아들 조옹趙雍은 이 책의 발문에서 "부친께서는······ 『서경』에 특히 뜻이 있어 젊으셨을 때 처음 『고금문변古今文辨』을 쓴 이래로 세 번 경사에 들어가서 세 번 원고를 바꾸셨다" 하였으니, 조맹부는 진위를 분별하기 위해 젊었을 때 『고금문변』을 지은 뒤 20여 년이 지나 재차 원고를 고쳤으며 다시 20여 년이 지나 3차 교정을 거쳐 『금고문집주今古文集注』를 완성하였던 것이다. 모두 40여 년에 걸쳐 책을 완성하였다는 것을 알 수 있다. 이는 최초로 금고문에 대한 진위를 살핀 연구로서, 오징吳澄에게 금문을 전석專釋할 수 있는 발판을 마련해 주었다. 오징은 조맹부를 매우 존숭하여 「별조자앙別趙子昂」이라는 시에서 다음과 같이 적었다. "유양역維揚驛에서 그대를 만났더니, 옥 같은 얼굴빛이 신인神人처럼 드러났네, 복생과 매색은 천년을 이어왔지만, 잘못을 의심하는 것은 하룻밤이면 충분하네." 오징은 매색의 책이 위서임을 확신하였고, 조맹부의 계발에 힘을 얻었다. 조맹부의 책은 주이준이 『경의고』를 편찬한 시기에 이미 "미견未見"이었고, 『사고전서총목』의 저록에도 보이지 않는다.

오징吳澄(호는 草廬)은 최초에 앞에다 금문을 싣고 뒤에 별도로 고문을 실은 『상서서록尙書敍錄』을 펴내었다가, 이후 『서찬언書纂言』 4권으로 개찬改

---

143) 이는 逸古文 24편을 張覇의 僞書로 본 孔穎達의 실수를 그대로 따른 것이다.

撰하면서 고문을 완전히 없애고 오직 금문 28편만을 해석하였다. 이때 책의 앞머리에 금문 28편의 목록을 배열한 다음 고문 58편의 목록을 부록으로 배열하고, 금문과 같은 편제篇題 아래에 "동금문同今文"이라는 주석을 달았다. 그는 「금문목록今文目錄」의 뒤에 붙인 '지어識語'에서 다음과 같이 말하였다.

지금 전기傳記에서 인용된 고서에 보이는 25편들, 가령 정현鄭玄·조기趙岐·위소韋昭·왕숙王肅·두예杜預 등의 편을 모두 '일서逸書'라고 한다면, 25편은 한·위·진초의 제유들이 일찍이 보지 못했을 것이다.[144] 그러므로 이곳에 있는 복씨伏氏의 28편만이 종전대로 한유들이 전한 확실히 믿을 수 있는 것이며, 진대晉代에 늦게 출현한 『서』는 별도로 뒤에 붙였다.

또 「고문목록」 뒤의 '지어'에서는 이렇게 말하고 있다.

공벽孔壁에서 나온 진고문眞古文 『서』는 전해지지 않았고, 이후 장패張霸가 「순전舜典」…… 등 24편을 위작하였는데,[145]…… 문의文義가 거칠고 천박하였다.…… 매색의 25편 『서』가 출현함에 이르러,…… 이미 증험이 있고 그 언어도 이치에 따랐기 때문에 장패의 위서僞書와는 달랐다.…… 복씨의 『서』는 이미 매색이 더한 것과 뒤섞였지만 누구든지 다시 분별해 낼 수 있었다. 일찍이 그것을 읽어 보니 복씨의 『서』는 비록 완전히 통하기는 어렵지만 그 사의고오辭義古奧는 그것이 상고의 『서』임에 의심의 여지가 없게 해 주었다. 매색이 더한 25편은 체제가 한 사람의 손에서 나온 것 같고, 채집하여 보충하고 삭제한 것이 비록 한 글자라도 근본이 없는 것이 없으며, 평탄하고 나약하여 선한先漢 이전의 글로 절대 분류될 수 없다. 대저 천년의 고서가 가장 늦게 출현하였는데도 자획에 조금도 탈오脫誤가 없으며 문세文勢는 또한 서로 맞지 않으니, 크게 의심할 바가 아니겠는가? 오재로吳才老와 주중회朱仲晦가 말하기를……,[146] 대저 오씨와 주자가 의심한 바가 이와 같으니, 내가 어찌 그 의문을 질정할 수 있겠는가마는

---

144) 이 설은 이미 洪邁에 의해 그 단초가 간략히 열려 있었다.
145) 이 역시 趙孟頫의 경우처럼 孔穎達의 오류를 그대로 답습한 것이다.
146) 吳棫과 朱熹의 말은 앞에서 인용되었으므로 생략한다.

이 25편이 고문의 「서」임을 절대 신뢰할 수 없다. 어찌 시비지심을 어둡게 하겠는가? 따라서 이제 이 25편을 따로 나누어 복씨의 「서」에 부록으로 붙이고 각 편의 머리에 있는 「소서小序」는 다시 하나로 합쳐 뒤에 위치시키면서 공씨의 「서序」를 함께 붙였으니, 의심이 되는 바가 있기 때문이다. 나 개인의 사사로운 말이 아니라 선유에게서 들은 것일 뿐이다.

그러나 지금 보이는 판본에는 여기에 붙은 목록 이외에 책 뒤에 별도로 붙인 25편이 없고 또 「상서서」 및 공씨의 「서」도 없으니, 이것이 원래 『상서서록尙書敍錄』의 '지어識語'인지도 알 수 없다. 『사고전서총목』에서는 다음과 같이 말하고 있다.

『고문상서』는…… 송의 오역吳棫이 『서비전書裨傳』을 지어 처음으로 조금씩 배격하였으며, 주자의 『어록』에서도 그 위작을 의심하였다. 그러나 그 성性을 말하고 심心을 말하고 학學을 말한 설들은 송대 사람들이 근거하여 가르침을 세운 것으로서 단서가 모두 고문에서 나왔기 때문에 이 역시 쉽게 논의할 문제가 아니다. 금문·고문을 고정考定한 것은 진진손陳振孫의 『상서설尙書說』에서 시작되었고, 금문·고문을 분편分編한 것은 조맹부의 『서금고문집주書今古文集注』에서 시작되었으며, 금문만을 전석專釋한 것은 오징의 이 책으로부터 시작되었다.

살펴보건대, 오징은 처음 금문을 전석했을 뿐만 아니라 25편이 위서라는 것을 '확실히' 용단하였으니, 오역이 의문만을 제시했을 뿐 '감히 결단하지 못했던' 것과는 달랐고 또 주희가 비록 의문을 가지면서도 그것을 수호하려 했던 것과도 달랐다. 특히 그가 예리하게 제시한, 25편이 "채집하여 보충하고 삭제한 것이 비록 한 글자라도 근본이 없는 것이 없다"라는 견해는 탁월한 식견이다. 이는 후대의 매작梅鷟·염약거閻若璩·혜동惠棟 등이 그 25편을 탐색해 나갈 길을 계발시켜 주었다. 송학의 위고문의변僞古文疑辨을 설명하는 데 있어서는 원의 오징에 이르러서야 확실히 진일보한 발전이 있었던 것이다. 그의 『초려전집草廬全集』에 실려 있는 「제복생수서도시題伏生投書圖詩」에서는 "앞선 한漢의 금문은 옛것이 되었고 뒤의 진晉의 고문은 오늘날 있으니, 만약 복생의 공을 논하려거든 유상遺像을 청동에 새겨 남겨야 할 것이다"라고 하였는데, 이는 후대 학자들이 그의 변위辨偽 정신을 기리면서 항상 인용하는 명구가 되었다.

앞서 서술한 왕충운王充耘의 『독서관견讀書管見』 2권은 『채전』을 논박하고 바로잡기 위해 만들어진 것인데, 그 속에는 위고문을 의심하는 내용이 많이 포함되어 있다. "정일집중精一執中"조의 정밀한 뜻에 대해서는 이미 앞에서 살펴본 바 있고, 그 밖에 "우모고문지변禹謨古文之辨"조에서는 또 「대우모大禹謨」편이 위작임을 의심하여 다음과 같이 말한다.

「우모禹謨」 1편은 공벽에서 나왔는데 매우 의심이 간다. 대체로 우禹와 고요皋陶, 순舜 세 사람의 답사答辭는 「고요모」·「익직益稷」 편에 구체적으로 보이니, 가령 "여사일자자予思日孜孜", "제신내재위帝愼乃在位"는 바로 우가 진술한 모謨인데 어찌 다시 「대우모」 1편에도 보이는가?

이어서 그는 다시 각 단락이 순서 없이 잡란雜亂한 점을 지적하며, '모謨'의 체제와는 합치하지 않으므로 "「우모」는 필시 한유들이 덧붙인 서書일 것이다"라고 하였다. 이는 「대우모」를 위서로 단언한 것이기는 한데, 다만 그는 한대에 위조된 것으로 잘못 이해하였던 것이다. 또한 "전수심법지변傳授心法之辨"조의 아래에서 송유들의 삼성전수심법설三聖傳授心法說의 오류를 공격한 것 외에도 또 이렇게 말하고 있다.

「우모」는 공벽에서 나온 것이라고 후대 사람들이 견강부회한 것이다. 「논어」 「요왈堯曰」편의 기록을 절취竊取하여 덧붙이면서 4구를 나누어 3단으로 만들었고, "윤집궐중允執厥中" 앞에 '인심人心'·'도심道心'의 말을 함부로 덧붙여 전하는 사람이 그 위조된 것을 깨닫지 못하고 진실이라고 믿게 하였다.…… 이것이 모두 위고문의 오류이다.

이는 송대 리학의 근거가 된 위고문의 실체를 폭로한 가장 강력하고 정밀한 논의이다. 이후 매작·염약거 등이 왕충운의 설에 근거해서 이 몇 구절의 출처를 명명백백하게 폭로하였다.

이 외에 원대 저록에 보이지만 그 내용을 상고할 수는 없고 다만 책명을 통해 의변으로 짐작할 수 있는 것들로는 구적丘迪의 『상서변의尚書辨疑』(卷不詳), 한성韓性의 『상서변의』 1권, 조기趙杞의 『상서변의』(卷不詳) 등이 있는데, 이들 모두 '변의辨疑'라고 하고는 있지만 변론하고 의심한 것인지, 아니면 위서로 의심하는 의견을 논박한 것인지는 알 수 없다. 이들 책들은 모두 이미 망실되어 확인할 방법이 없다.

명대에 이르러서도 『상서』를 의변하는 저작이 계속 나왔다. 당시 일부 지식인들 사이에서도 『위서僞書』에 대한 개념이 자리 잡고 있었던 것이다. 가령 명초 해진解縉이 주원장에게 올린 글에서는 "연좌連坐는 진법秦法에서 기원하였고, 노륙孥戮은 『위서僞書』에 근본하고 있습니다"라고 하였다. '노륙孥戮'이라는 단어는 『상서』의 「감서甘誓」·「탕서湯誓」에 나오는 것으로, 본래 위고문 25편에는 없고 금문 28편 가운데 있는 것이지만 개괄적으로 『위서僞書』에서 나왔다고 한 것이다. 이는 『서』에 위작이 있다는 일반적인 인식이 있었음을 설명하고 있다. 명대에 전문적으로 『상서』를 의변한 저작들은 다음과 같다.

먼저 양수진楊守陳의 『서사초書私抄』 1권이다. 「자서」에서 그는 다음과 같이 적고 있다.

구양자歐陽子가 말하길 "경經은 일세一世의 서書가 아니고, 그 전傳의 오류는 일일一日의 과실이 아니며, 바로잡고 보충하는 것은 일인一人의 능력으로 되는 것이 아니다"라고 하였다……. 어려서부터 『서』를 공부하였는데, 매번 금문을 보고 입이 닳도록 읽었지만 익힐 수 없었다…… 그 후 『채전』에 잘못이 있는 것을 깨닫고 제가의 설을 두루 읽어 취하였으나 의문은 여전히 풀리지 않았다.

이에 노재魯齋의 『서전』을 얻어 보고는 뛸 듯이 기뻐하며 '이것이 앞서 내 마음과 같은 것을 얻었구나' 하는 생각이 들었다. 그리하여 「요전堯典」 이하를 보니······ 경에 착간이 있는 것이 옮겨져 있었고, 빠지고 중복된 것들을 명확하게 밝혀 놓았다.

이 책이 왕백王柏을 계승하여 『상서』 문자를 의심한 것으로, 착간에 대해 이유를 밝히고 이동시킨 저작임을 알 수 있다.

주승朱升도 일찍이 고문과 금문의 난이도에 따른 구별을 의심하였는데, 염약거의 『상서고문소증尚書古文疏證』 제113에 절강행성시浙江行省試에서의 주승의 「대책對策」을 평한 글이 있다.

금문·고문의 편장에 분합이 있고 단어에 난이가 있으니, 그 문리文理의 이어짐을 관찰해 보면 처음에 합쳐져 있다가 지금은 나누어진 것을 볼 수 있으며, 그 체제의 차이를 관찰해 보면 어떤 것이 유독 어렵고 어떤 것이 유독 다르다는 것을 의심할 수 있다. 이와 같은 것은 주자·오재로吳才老로부터 이미 의심되었고, 대를 이은 대유들도 이미 명백히 밝혀서 바로잡은 것들이다.

염약거가 대를 이은 대유라고 말한 사람은 바로 오징이다.

『상서』 의변사에 있어 중요한 단계로 진일보한 것으로서 명대의 대표적인 최대 성과물은 바로 매작梅鷟의 『독서보讀書譜』 4권과 『상서고이尚書考異』 1권[147]이다. 『독서보』의 「자서」에서는 다음과 같이 말하고 있다.

마땅히 복생이 전한 경 28편은······ 성경聖經의 정통이다. 공벽에 숨겨져 있던 『고문상서』의 경우는, 고조가 노魯를 지나면서 공자에게 제사지낼 때 고문을 언급하지 않았고, 혜제가 협서령挾書令을 해제할 때 고문을 언급하지 않았으며, 문제가 『상서』를 읽을 수 있는 사람을 구할 때에도 고문을 언급하지 않았고,

---

147) 『四庫全書總目』에 따르면, 原稿는 권수를 나누지 않았는데 실상 1권 분량에 그치는 것이 아니었으므로 특별히 그 篇頁에 따라 5권으로 나누었다고 한다.

경제 때에도 단 한 사람이라도 공씨가 고문을 소유하고 있다는 것을 말하지 않았다. 효무제 때에 이르러 7~80년이 지나는 동안 성손聖孫 공안국孔安國이 오로지 고문을 연구하였는데, 금문으로 그것을 읽어 일가를 이루었다. 동진東晉에 이르러 고사高士인 황보밀皇甫謐이라는 자가 있어 안국의 서書를 보고 폐기하였는데도 사람들은 아까워하지 않았고, 오히려 서書 25편과 대서大序 및 전傳을 만들어 안국의 고문이라 사칭하였다.…… 매색梅賾이 마침내 헌상하여 시행하였다. 사람들은 이를 안국의 진서眞書로 믿었는데, 이전의 제유 즉 왕숙王肅·두예杜預 등의 진초인晉初人, 정충鄭沖·하안何晏·위소韋昭 등의 삼국인三國人, 정현鄭玄·조기趙岐·마융馬融·반고班固 등의 후한인後漢人, 유향劉向·유흠劉歆·장패張霸 등의 전한인前漢人 들이 모두 보지 못한 것이었다. 『사기』·『한서』에 기록된 것은 절대 25편의 영향을 받은 것이 없으며, 거기에 언급된 정충鄭沖·조유蘇愉 등은 모두 사실을 왜곡한 것일 뿐이다.…… 주자가 말하길 "고문은 동진 때 출현하여 그 이전의 제유들은 보지 못하였다"고 하였다. 어찌 통절하면서 명쾌하지 않을 수 있겠는가?…… 수·당 이래 천여 년 동안 오선생의 『찬언纂言』을 제외하고 일찍이 단 한 사람의 성경聖經의 충신의사忠臣義士가 없었으니, 어찌 가슴 아픈 일이 아니겠는가?

그는 25편이 위서임을 통절히 지적하였지만, 위작자를 황보밀로 잘못 지목하였다. 『사고전서총목』은 이것이 공영달이 인용한 『진서晉書』「황보밀전」의 설에 근거한 것임을 밝히면서 "그 문장이 명확하지 않아 황보밀이 지었다는 증거가 될 수 없다"라고 하였다. 따라서 황보밀위조설은 성립될 수 없으며, 나머지 설들은 견줄 것이 못 된다.

종합해 보면 매작의 책들은 이전의 의변작들에 비해 크게 진일보한 것으로서, 단지 문자의 난이에 따른 구분에 머무르지 않고 증거를 수집하여 운용하는 방법을 시도하였다. 매작은 한편으로는 문헌적 증거를 나열하면서, 다른 한편으로는 역사사실적 증거를 나열하였다. 그 대요는 다음과 같다. ① 문헌 증거로는, 25편이 모두 선진 문헌들 속에서 어구를 마구 취하여 만든 것임을 폭로하였다. 그는 다음과 같이 말하였다. "『상서』

는 오직 금문으로서 복생의 구송口誦으로 전해진 것만이 진고문眞古文이다.
공벽에서 나온 것은 후유들의 위작으로, 대저 여러 경들과 『논어』·『맹자』
등의 어구를 그대로 따르면서 그 자구를 절취하여 이어붙인 것이다."
그는 『고이』에서 말하기를, 『대우모』에 나오는 "극간克艱" 2구는 『논어』에서,
"불긍불벌不矜不伐"은 『노자』에서, "만초손滿招損" 등의 구절은 『역』에서,
"인심人心"·"도심道心" 등의 구절은 『순자』가 인용한 『도경道經』에서 각각
인용하였고 또 "유묘격有苗格"은 『요전堯典』을 모방하였으며, 『익직益稷』의
"갱가賡歌" 및 「오자지가五子之歌」의 "뉴니忸怩" 등의 구절은 『맹자』에서 취하
였으며, 『윤정胤征』의 "화염곤강火炎崑岡" 등은 『삼국지』에서, 「중훼지고仲虺
之誥」의 "참덕慚德"·"구실口實" 등은 『좌전』에서, 「탕고湯誥」의 "강충降衷"은
『국어』에서 취한 것이라고 했다. 또한 「이훈伊訓」·「태갑太甲」·「함유일덕咸
有一德」·「열명說命」·「태서泰誓」·「무성武成」·「여오旅獒」·「미자지명微子之命」·「채
중지명蔡仲之命」·「주관周官」·「군진君陳」·「필명畢命」·「군아君牙」·「경명冏命」
각 편 속의 일부 어구들에 대해서도 모두 표절한 출처를 찾아 위조설의
증거로 삼았다. ② 역사사실 증거로는, 가령 전수瀍水는 곡성현谷城縣에서
발원한 물로서 진대에 처음 곡성이 하남河南에 편입되었는데 이미 『공전孔
傳』에서 "금하남성今河南城"이라고 주석하였고, 또 적석산積石山이 있는 서남
강중西南羌中에 처음 금성군金城郡을 설치한 것이 한 소제昭帝 때의 일인데
이는 공안국 이후의 사실임에도 불구하고 『공전』에서는 "적석산은 금성
서남쪽에 있다"라고 주석하였다는 사실 등을 밝히고 있다. 이런 것들은
모두 『공전』의 위조를 판정하는 결정적 증거들이다.

『사고전서총목』은 『고이』의 성과는 긍정하였지만 『독서보』에 대해서는
논지가 독단적이라고 비판하면서 "서류존목書類存目"에 나열하였다. 사실
전통 경학의 관념은 존숭을 이끌어 내는 데 있는 것이었기 때문에 이와
같은 경중輕重의 차이가 발생하게 된 것이다. 매작의 의변은 그 과학성이

매우 높았는데, 이런 두 항목의 연구방법은 청대의 염약거·혜동의 과학적 고변考辨에 선도적 영향을 끼쳤다. 그들은 매작이 창안한 두 가지 연구방법에 따라 마침내 『상서』 연구에 있어 특출한 성과를 이끌어 낼 수 있었던 것이다.

매작보다 약간 이른 시기에 왕옥汪玉의 『상서존의록尙書存疑錄』 2권이 있었는데, 이미 "미견未見"이어서 그 내용을 상고할 수 없다. 또한 정덕正德 연간의 『정덕현지旌德縣志』에 따르면, 매작의 형인 매악梅鶚이 제법 많은 저술을 지었는데, 그는 금·고문을 의심하였으며 "인심"·"도심"이 본래 『도경』에서 나온 것임을 주장했다고 한다. 염약거의 『상서고문소증』 제31에 『정덕현지』에 실린 기록이 인용되고 있다.

매작에 이어 또 정효鄭曉의 『상서고尙書考』 2권이 있다. 『경의고』에서는 이 책에 대해 "『서고書考』 1책은 주이준이 공(鄭曉)의 집안에서 얻은 것이다. 상권은 없으며, 고문의 잘못을 변증하는 것이 많았는데, 대개 공이 직접 편찬한 것이다"라고 적고 있다.

그 다음은 귀유광歸有光의 『상서서록尙書敍錄』(卷不詳)이다. 그 『자서』에 다음과 같이 적고 있다.

나는 어려서 『상서』를 읽으면서 금문고문설을 의심하였는데, 이후 오문정공吳文定公(吳澄)의 『서록敍錄』을 보고는 마음속에 합당함을 얻게 되었다…… 이때부터 수차례 그 책을 수소문하였으나 보지 못하였다. 기해년(1539)에 등위산鄧尉山에서 독서하면서 『서』의 뜻을 깊이 궁구한 끝에 오공의 저서가 고칠 수 없는 경전經典임을 더욱 확신하게 되었다. 성인의 서로 존신된 지가 오래고 제유들이 어지럽힌 바가 많기 때문에 그 진위를 구별할 수 있는 것은 오직 문사文辭 형식의 차이밖에 없다.…… 지금 복생의 『서』와 공벽본이 전해지는데, 그 문사가 서로 같지 않음은 굳이 구별하지 않더라도 명백히 알 수 있다. 옛날 반고의 『예문지』에 『상서』 29편과 고경古經 16권이 기록되어 있다. '고경'은 한대의 위서僞書이며[148]……

---

148) 明人들은 모두 孔穎達의 說을 그대로 답습하여 漢古文이 僞書라고 여겼다.

당초의 제유들은 깊이 고찰할 수 없어서 함부로 동진의 잡란한 책들을 「의소義疏」로 정하였고,…… 주자는 미심쩍은 점이 있었지만 시정하지는 못하였는데 오공이 실로 이루어 놓은 바가 있었다.…… 나는 아직 오공의 책을 보지 못하였지만 지금 그 의리를 본받아서 금문을 위와 같이 두고 그 앞에 「서록」을 덧붙였으니, 나중에 공의 책을 얻어 참고할 때를 기다린다.

귀유광은 위고문을 "동진의 잡란한 책"으로 규정하는 등 위고문의 의변에 있어 오징의 학문을 그대로 답습하고 있었다. 그는 또한 「무성武成」편을 거듭 고정하여 위고문 「무성」의 조작을 떨쳐 버렸다.

다음은 나돈인羅敦仁의 『상서시정尙書是正』 20권이다. 그의 아들 나유의羅喩義는 이 책의 「서序」에서 다음과 같이 말하였다.

고문은 동진에 이르러 비로소 세상에 성행하였는데, 그 옳은 것이 28편으로 이미 충분한데 그릇된 것이 많으니 또한 어찌하겠는가?…… 부친께서…… 『상서시정』을 만드셨는데, 대체로 금문을 원본으로 하되 「상서서」를 맨 앞에 두고 그 다음에 본서本書를 기록하였으며 그 아래에 자신의 의견을 덧붙였다. 없는 부분은 비워 두고, 「논어」・「좌전」・「국어」・「맹자」・「순자」에 산견되는 것들은 부록하였다. 옳은 분류가 아니라면 비록 세상이 칭송하는 '16자 심법'도 정정訂正하지 않을 수 없었으니, "오동나무를 잘라 버리니 비로소 옹호潙湖를 볼 수 있구나!"(翦却梧桐枝, 潙湖方可窺)라는 시구는 부친께서 평소 외시던 것이다.

오로지 금문만을 보존하면서 아울러 '일서逸書'들을 수집하였으며 창작된 위고문을 삭제하고 반박하였는데, 리학자들이 떠받드는 16자 심법에도 반박을 가한 것에서 더욱 깊은 뜻을 엿볼 수 있다. 『경의고』에는 이 책에 대한 장운장張雲章의 해설이 실려 있다. 그는 책의 명칭을 해설하여 "정正이라는 것은 정경正經・정전正傳・정자正字・정구正句・정술正術이다"라고 하면서, 이 책의 정술正術에 대한 설을 인용하여 "『서』는 정사政事를 다룬 것이다. '인심유위人心惟危, 도심유미道心惟微'는 형기形氣와 의리義理에 따라 나눈 이름이니,…… 이는 강당의리講堂義理의 책이지 정사를 다룬 책이 아니다"라고 하였다. 특히 그는 이 책의 "윤집궐중允執厥中"에 대한 해설을 다음과 같이 소개하고 있다.

중中이란 공空을 말하는 것인데, 공空을 잡을 수는 없으니 그 중中은 어디에 있는 것인가? 그것을 어떻게 잡을 것이며, 그것을 잡았다 한들 또 쉴 때를 당해서는 어디에 내려놓겠는가?…… 중中이라는 것은 천하의 지극한 허虛이니 심心을 말하는 것이 아니고, '둘'(兩)이라는 것은 천하의 지극한 법도이니 일一을 말하는 것이 아니며, 용用이라는 것은 천하의 지극한 오묘함(頤)이니 정精을 말하는 것이 아니다.

이는 직접적으로 위고문의 요의要義이자 리학자들이 신봉하는 '16자 심법'을 맹렬하게 공격한 것이다. 『경의고』는 "고문상서古文尙書"조 아래의 안어按語에서 "명대 매씨의 『독서보』와 나씨의 『상서시정』은 (『고문상서』를) 배격한 것이 많았다"라고 하였으니, 이 책과 매작의 저서가 명대 반위고문反僞古文의 중요한 두 저작이었음을 알 수 있다.

다음은 오형吳炯의 『서경질의書經質疑』 1권이다. 그 「자발自跋」에서 오형은 "고문이 뒤에 나온 이후 경을 담론하는 자들이 그 실마리를 잃어버리고 서로 모순이 되었다. 따라서 책의 내용은 전주傳注에 대한 것이 대부분이다"라고 하였다. 이 책의 내용은 위고문 제 편의 전주傳注에 대한 변론이 대부분이며, 자연스럽게 위고문의 경문經文에 대한 변론은 소략하게 되었음을 알 수 있다.

다음은 학경郝敬의 『상거변해常居辨解』 10권이다. 염약거의 『상서고문소증』 제116에서는 다음과 같이 적고 있다.

금문·고문의 구별은 맨 처음 오재로吳才老가 의심하였고…… 이어서 주자가 반복해서 언급하면서, 유일한 의미는 복생이 경문을 외었다는 것이라고 말하였는데…… 사실은 복생이 암송한 것이 아니다.…… 근대의 학경이 비로소 그 뜻을 크게 펼쳐 감추어진 사실을 폭로하였다. 『독서讀書』 30조는 주자가 다시 살아오더라도 인재가 나왔다고 탄식하지 않을 수 없을 것이다.

그리하여 염약거는 학경의 설 가운데 3분의 2에 달하는 분량을 『소증』에 실어 소개하고 있다. 또한 『경의고』에서는 장운장의 말을 인용하여 "학씨는 오로지 금문만을 믿었고 『공전』의 그릇됨을 적극 변론하였다.…… 그의 요지는 『공전』이 위작이며 『예기』는 한유들에게서 나온 것으로서 믿기 어렵다는 것이었다"라고 하고, 다시 황우직黃虞稷의 『천경당서목千頃堂書目』을 인용하여 "앞의 8권은 금문 28편을 해석하였고 뒤의 2권은 고문을 변증하였다"라고 하였다. 그리고 『사고전서총목』은 학경이 "주공거동周公居東' 및 '성왕成王을 유자孺子로 부른 것' 등을 해석한 이후 말한, "그 설이 대부분 선유와 다르다. 대체로 나(郝敬)의 해경解經은 사사로이 천착한 바가 아닌 것이 없으니, 비단 이 책만 그런 것이 아니다"라는 발언을 인용하고 있다. 그러나 이것이 학경의 독창적인 견해인지는 알 수 없다.

다음은 정원鄭瑗의 『정관쇄언井觀瑣言』 3권이다. 염약거의 『상서고문소증』 제117에서는 다음과 같이 적고 있다.

『정관쇄언井觀瑣言』 속에 실려 있는 『고문상서』를 의심한 두 조목을 보면, "『고문상서』는 비록 격식을 갖춘 말이지만 매우 의심이 간다. 상주商周시기의 이기彝器를 보면 그 명명銘과 지識가 모두 금문과 비슷하고, 고문으로 볼 수 있는 곳은 하나도 없다. 『예기』는 한유들에게서 나온 것임에도 오히려 전혀 맞지 않아 이해되지 않는 부분이 있으니, 사대四代의 고서古書로서 편마다 평이하게 정리가 되었다면 어찌 이와 같을 수 있겠는가?"라고 하였고, 또 "『상서』의 언어 중 매우 까다로운 것은 대개 당시의 종묘와 조정에서 사용하던 문체로서 일종의 신비한 고문자이고, 문답을 기록한 그 나머지 말들은 문체가 또한 당시의 일상적인 말을 잘 따르고 있다"라고 하였다.

이 가운데 두 번째 주장은 바로 주희가 정리한 것이기도 하니, 특별히 중요한 것은 첫 번째 주장이다. 『상서』의 금문이 상주商周의 금문金文과 서로 합치된다는 첫 번째 주장은 매우 식견 있는 지적으로, 후일 『상서』 각 편의 진위를 판단하는 데 큰 도움이 되었다. 그를 금문金文으로 『상서』를 고증한 첫 번째 인물로 말할 수도 있을 것이다.

초횡焦竑의 『초씨필승焦氏筆乘』 속집續集 권3의 "상서고문尚書古文"조에도 고문의 변위辨僞를 말한 부분이 있다.

호응린胡應麟도 『사부정위四部正僞』에서 『상서』의 위조를 의심하였는데, 그는 당대唐代 사람들의 구설을 답습하는 데 그쳐서 장패張霸가 위편僞篇을 조작하여 『위고문상서』를 지어 냈다고 오인하였다.[149]

또한 『경의고』의 주석에 "미견未見"으로 되어 있는 2가가 있다. 하나는 사기사史記事의 『상서의문尚書疑問』 5권으로, 그 내용을 알 수 없어 '의문疑問' 한 바가 무엇인지 확인할 길이 없다. 다른 하나는 오종주吳從周의 『서의書疑』 4권인데, 책명으로 보면 당연히 송대 이래의 의변 분위기에서 만들어진 책일 것이다. 그리고 『명사』 「예문지」에 여남呂柟의 『상서설의尚書說疑』 5권이 있다. 『사고전서총목』에는 여남의 『상서설요尚書說要』 5권이 기록되어 있는 데, 동일한 책을 잘못 칭한 것으로 보인다. 이 책은 여남이 자신의 견해를 제시한 것으로, 비록 완전한 의변의 저작은 아닐지라도 일부 의변의 내용이 포함되어 있다.

이 외에 앞에서 단편單篇들에 연구를 서술할 때 언급했듯이 왕렴王廉·장 부경張孚敬 등도 모두 「금등金縢」의 경문을 의심한 바 있었다. 「금등」편은 확실히 적지 않은 문제가 있어 분석해 볼 필요가 있기는 하지만, 만약 금문인 「금등」을 위고문과 똑같은 방식으로 의변한다면 정확한 관찰력을 발휘할 수 없어서 잘못된 결론에 이르게 될 것이다.

---

149) 정원, 초횡, 호응린의 책은 모두 『經義考』 "書類"에 실려 있지 않다.

이상의 수많은 의변 저작들 가운데 오징·매작 두 사람의 저서가 가장 영향력이 컸고, 왕충운·나돈인의 저서는 견해가 특히 정밀하였으며, 학경·정원의 저서 역시 커다란 영향을 끼쳤다. 이들 학자들의 노력을 통해 위고문은 점차 그 문제점을 확실하게 드러내었고, 공안국본 『고문상서』가 위서라는 것은 이제 식견 있는 학자라면 공인하는 바가 되었다. 그리하여 숭정 16년(1643) 국자조교國子助敎 추용鄒鏞은 오로지 금문만으로 관리를 선발할 것을 상소하기도 했다. 비록 당시 명왕조가 전복의 위기에 직면해 있어서 이런 일을 돌아볼 겨를이 없었지만, 빛나는 성경聖經 『위고문상서』는 종말에 직면하여 전복될 날만을 기다릴 뿐이었다.

그러나 이러한 의변의 분위기 속에서도 보수적인 태도를 견지한 두 명의 학자가 등장하여 위고문을 옹호하였으니, 한 명은 명대의 유명한 문자음운학자文字音韻學者이자 청대 음운학의 선하先河가 되는 진제陳第이고, 다른 한 명은 주조영朱朝瑛이다.

진제陳第가 편찬한 『상서소연尙書疏衍』 4권은 전적으로 의변에 반대하면서 '매작梅鷟의 속이고 과장한 이론'(梅鷟誇張立論)을 신랄하게 배척하였다. 그는 「자서」에 다음과 같이 적고 있다.

어려서 『상서』를 배울 때는 경문經文만 읽고 전주傳注는 읽지 않았는데,…… 근래 들어 고문을 위작으로 의심한 송·원 제유의 설을 훔쳐서 지은 변론 몇 편이 나오니, 이 때문에 고금의 주소注疏를 다시 구하여 상세하게 모두 읽었다. 의미가 옳은 것은 표시하고 의미를 알 수 없는 것은 자세히 해석하며 구두가 맞지 않은 것은 수정하는 등 깊은 생각을 통해 얻은 내용을 덧붙여 드러내고 간혹 언외의 뜻을 발휘하기도 했으니, 후대의 학자를 기다릴 따름이다.

『사고전서총목』에서는 다음과 같이 적고 있다.

진제陳第의 학문은 깊고 넓었다.…… 비록 이 책의 저술이 애초에 훈고로부터 시작된 것은 아니었지만, 실로 자기가 마음대로 억단한 것이 없으니 공언空言으로 경經을 말하는 자들과는 다르다. 가령 「순전舜典」의 오서五瑞·오옥五玉·오기五器를 논한 곳에서는 『주례周禮』로써 『우서虞書』를 해석할 수 없다고 하여 주소학자들의 견강부회한 잘못을 배척하였으니, 그 이치가 확고하여 바꿀 수 없다.…… 「홍범」은 귀문龜文이 아니라는 설을 논변한 곳에서도 제유들이 천착한 설을 충분히 물리쳤다. 오직 매색의 고문만을 믿어, 주자라 해도 그것을 의심한 것은 잘못된 일이라 하였고 매작의 『상서고이尙書考異』·『상서편尙書篇』 2편에 대해서는 "『상서』의 원류源流를 고찰하는 것은 이미 불가능하다"라는 이유로 더욱 힘써 배척하였다.

진제는 '매작의 속이고 과장한 이론'을 비난한 데 이어 다음과 같은 글을 덧붙이고 있다.

고문에 대해 그(매작)는 황보밀이 위작한 것으로서 여러 전기傳記에서 인용한 것을 모아서 보충한 것이라고 판단하여…… 그 훔친 자구들을 물리치면서 25편 고문을 모두 없애려고 하였다. 그러나 군자가 보기에 그것은 폐기할 수가 없다. 왜냐하면 25편은 그 의미가 심오하고 그 문사가 낮고도 높고 가까우면서도 멀어서 귀신鬼神과 통하고 예악禮樂과 부합하니,…… 공업功業을 확정하고 진전을 이루었다. 그 누가 이 책을 위서僞書로 의심할 수 있겠는가?

진제는 위고문 25편이 "귀신과 통하고 예악과 부합"하고 "공업을 확정"할 수 있다고 하여, 봉건통치의 효용을 위해서는 위고문을 의심하거나 폐기하려는 주장들을 물리쳐야 한다고 생각했던 것이다. 염약거의 『상서고문소증』 제24에서는, 진제가 또한 「상서평尙書評」 1편을 지었는데 그 요지는 사마천의 『상서』 서술은 도리어 『상서』의 의미를 잃은 것임을 지적하는 데 있었다고 적고 있다.

주조영朱朝瑛은 『독서약기讀書略記』 2권을 편찬하였는데, 『사고전서총목』에서는 "이 책은 고문을 공격하는 사람들의 잘못에 대해 적극 논변하였는데, 깊은 고찰이 없다"라고 하여 "서류존목書類存目"에 배열하고 다시 "그 주석도 경문에 따라 부연한 것에 지나지 않아 제경諸經의 『약기略記』 가운데 가장 저급하다"라고 지적하였다. 이 책이 평범한 것에 지나지 않음을 알 수 있다.

이처럼 명말에도 애써 위고문을 수호하려는 움직임이 있기는 하였으나 학술의 수레바퀴는 계속해서 굴러 갔고, 사마귀가 수레의 진행을 저지할 수 없듯이 그들 소수의 힘만으로는 대세를 바꿀 수 없었다.

제8장 청대의『상서』고증

청대는 중국 역사상 학술이 가장 견실했던 시대이다. 청대 학술은 허위虛僞와 공소空疏함으로 일관하면서 심성心性만을 공담空談하고 국가와 민생을 도외시하는 송학 말류의 폐단을 근본적으로 부정하고, 송학의 장점만을 계승하여 '실사구시實 事求是'의 학풍을 확립하였다. 따라서 청대의 학술성과는 매우 찬란하여, 후대에 학술적 이용 가치가 높은 자료들을 많이 제공해 주고 있다. 지금까지 살펴본 내용과 이 장에서 밝힐 내용은 바로 각 시대의 학술의 주류에 관한 것이라 할 수 있는데, 그 특징은 대체로 다음과 같다. 한대 금문경학은 종교였고, 송대의 정이·양시 이후의 경학은 리학이었으며, 청대 오吳·환皖 한학이 중시한 동한의 마·정 경학은 문적고정文籍考訂의 박학朴學이었고, 청말의 금문경학파가 주창하고 만든 공교孔敎는 역시 종교적 발전을 희망한 것이었다.

청대의 상서학은 염약거閻若璩에 이르러서 비로소 송학의 기초 위에 큰 진전을 이루어 이른바 공씨본『고문상서』에 대한 과학적 연구를 완성하게 된다. 따라서 염약거가 활동하던 강희康熙 시대는 상서학사에서 송학과 청학이 교차하던 시기라 할 수 있다. 염약거가 상서학의 청학시대를 개창한 것이라면, 그 시기 이전까지는 여전히 송학의 여파가 남아 있었음을 알 수 있다.[1]

『청사고淸史稿』「선거지選擧志 3」에 "청의 과거선발은 명의 제도인 팔고문八股文을 사용하였는데, 사자서四子書 및『역』·『서』·『시』·『춘추』·『예기』의 명제命題를 취하였다"라고 하였다. 그 중에서 사서四書·『역』·『시』는 모두 주희의 주를 주로 하였고[2], 『서』는『채전』을 주로 하였다. 비록 청왕조를 거치면서 이처럼『채전』을 관학으로 정한다는 공령을 내걸기는 했지만, 청대 학술계에서『채전』은 실질적인 지위가 없이 단지 과거의 팔고문을 지어 입신하기 위한 용도였을 뿐이었다. 청대 상서학을 대표하는 것은 염약거 및 동시대의 호위胡渭가 개창한 연구라고 할 수 있다. 염약거는 위고문을 전복시켰으며, 그 학풍의 영향 아래 수많은

---

1) 실제로 閻若璩는 宋學의 餘波가 있던 시기의 인물이었던 만큼 여전히 宋學을 존숭하고 신뢰하는 모습을 보였다. 그는 일찍이 "하늘이 宋儒를 내리지 않았다면 仲尼는 아직도 기나긴 밤 속에 있을 것이다"(天不生宋儒, 仲尼如長夜)라고 말한 바 있다.
2) 『易』은 程注도 겸용하였다.

학자들이 위고문에 대한 철저한 의변疑辨을 계속해서 완성하였다. 그 이후 오파吳派와 환파皖派 등의 청학淸學이 위공본僞孔本 중에서 금문 28편을 보존하는 과학적 연구를 전개하여 청대 상서학의 탁월한 성과를 이룩하였고, 그러한 성과의 기초 위에서 근현대의 새로운 『상서』 연구가 탄생하게 된다.

이 장의 서술에서는 우선 『황청경해皇淸經解』 및 청대 학자 저술의 현행본, 『사고전서총목』, 『청사고淸史稿』 「예문지」, 소일산蕭一山의 『청대 학자 생몰 및 저술표』(淸代學者生沒及著述表) 등의 문헌 자료를 참조하였고, 또한 강번江藩의 『한학사승기漢學師承記』도 이용하였다. 그 외 근세의 양계초梁啓超와 전목錢穆의 『중국근삼백년학술사中國近三百年學術史』에서도 적잖은 도움을 받았다. 서세창徐世昌의 이름으로 된 『청유학안淸儒學案』본은 참고할 만한 것이지만 권질이 너무 방대해서 한 번에 검색할 수가 없는 데다가 청대 주요 학자들의 중요한 저작들은 이미 그 원서를 인용하였기 때문에 『학안』의 인용은 뒤로 미루었다. 필자의 스승 고힐강顧頡剛의 『청대저술고淸代著述考』 원고 20책은 일찍이 호적胡適이 가지고 가서 장기간 가까이 두고 참고하였는데, 그는 고힐강에게 말하길 "이 삼백 년 학술 연구의 중심 사상이 그대(顧頡剛)에 의해 밝혀졌다"라고 하였다. 이 책이 청대 상서학을 탐구하는 데 가장 중요한 서적임을 알 수 있지만, 아직 정리가 안 된 원고이고 필자가 가지고 있지 않기 때문에 유감스럽게도 인용하지 못하였다. 때문에 앞에서 열거한 자료들에 의거해서 청대 상서학에 관한 서술을 완성하였다.

제1절 송학 여파로서의 청초 상서학

청대 초기에 옛것을 묵수하던 일부 학자들은 여전히 송학을 계승하였는데, 정주程朱를 정종으로 삼거나 육왕陸王을 종주로 삼았다. 그들은 『상서』에 대해서는 대부분 『채전』을 정종으로 여겼으며 고문을 위작으로 생각하지 않았다. 여기서는 우선 송학을 계승하면서 오로지 『채전』을 정종으로 삼는 일부 저작을 서술하고, 아울러 저록에만 보이고 구체적인 내용을 상고할 수 없는 저작들 중 송학을 계승한 것으로 보이는 저술을 부록하고, 강희제 때에 관정官定된 『채전』 확충본으로 마무리하겠다.

이어서 한학과 송학 사이를 조정하려고 했던 것으로 보이는 2~3명을 기록하고, 주의할 만한 학술 내용이 담긴 저작과 『채전』을 반박하는 저작도 덧붙여 둔다.

이후 장재張載(호는 橫渠)의 송학을 계승한 청초의 대학자 왕부지王夫之의, 『채전』을 뛰어넘은 몇 부의 저작을 거론하겠다. 왕부지의 저작으로부터 이 시기 상서학의 특출한 성과가 나타나게 된다.

마지막으로 송학을 계승한 후 광대한 자료를 수집한 장림臧琳의 저서를 서술하였는데, 이는 청대 학자들에게서 나타나는 자료 중시 경향의 선구라 할 수 있다. 뒤에 송학을 결집結集한 저작을 덧붙였다.

1. 송학을 계승하면서 오로지 『채전』을 정종으로 한 저작

『청사고』 「예문지」의 저록에서 "어정御定"을 제외한 가장 이른 시기의 저작은 북방의 유명한 학자 손기봉孫奇逢의 『상서근지尙書近指』 6권이다. 『사고전서총목』에서는 "이 책 앞부분의 「자서」에서 '주경존심主敬存心'을 『상서』의 강령綱領이라고 하였다" 했으니, 오로지 『채전』을 좇아서 나온 것임을 알 수 있다. 『총목』은 그것을 기롱하면서 "(『채전』에서) 이미 대지大旨를 선양했는데도 불구하고 재차 언급하는 것을 번거롭게 생각지 않았다"라고 하였다. 손기봉은 청초에 역학독행力學獨行한 존경할 만한 학자였지만 여전히 리학을 존숭하였기 때문에 상서학에서 『채전』을 벗어나 자신의 의견을 발휘할 수는 없었다.

손기봉 이외의 대부분의 학자들은 리학을 바탕으로 하여 청왕조에서 벼슬한 선비들이다. 그들의 저술은 다음과 같다.

먼저 손승택孫承澤의 『상서집해尙書集解』 20권이다. 손승택은 주희의 학문을 중시한다는 점을 표방하였으나 실제로는 가벼운 절개를 지닌 가짜 도학자였다. 이 책의 「자서」에 다음과 같이 적고 있다.

> 『상서』는 오직 치통治統만을 간직하고 있지 않고 도통道統도 깃들어 있다. 그심心을 말하고 성性을 말하고 경敬을 말한 것은 실로 만고 리학의 정종으로, 제경諸經을 보면 더욱 그 요체를 알게 된다.…… 나는 예전에 『집해集解』 1편을 주석하였는데, 지금 나이가 80이 되어서야…… 가숙家塾에서 간행하게 되었다. 해석은 대부분 『채전』을 따랐고, 동래東萊를 참고하면서 합치되지 않는 것은 인산仁山(金履祥)과 백운白雲(許謙) 두 선생의 설로 바로잡았다.…… 『서書』에는 「서序」가 있으니…… 당시의 사관史官에게서 나왔다고 하는데…… 지금 매 편의 앞부분에 두었다.…… 『채전』의 '일월수천좌선日月隨天左旋'의 설은…… 오류가 아니다. 또한 「홍범」편에는 우禹의 '경經'이 있고 기자箕子의 '전傳'이 있는 것인데, 이것을 모두 기자의 말이라고 하는 것은 큰 잘못이다.

이 책이 전적으로 송학을 계승하고 있다는 것을 알 수 있다. 『사고전서총목』에서는 손승택이 평생 주희를 존숭하였고 이 책은 위고문을 믿었으며 해석한 바는 모두 송·원 제가의 설을 답습하여 마융과 정현을 적극 물리쳤다고 하면서, "송학을 정종으로 삼았기 때문에 한유들을 물리치지 않을 수 없었다"라고 하였다. 이는 손승택이 청왕조의 통치자들에게 아첨하기 위하여 정·주를 더 높이고 스스로 송학을 엄격히 지킨다고 자기 마음대로 자부했다는 사실을 말해 준다.

다음은 장영張英의 『서경충론書經衷論』 4권이다. 이 책은 장영이 한림학사 시강侍講으로 있을 때 진강한 것이다. 경문을 모두 싣지는 않고, 다만 매 편마다 표제標題를 붙이고 조에 따라 설명을 붙였다. 각 조는 모두 송유의 설을 채용하면서도 스스로 창작한 견해도 있었으니, 『사고전서총목』에서는 "비록 권질이 많지는 않지만 공정하고 통달하였다"라고 평하였다. 이 책은 순수한 송학 저작이다.

다음은 장목張沐의 『서경소략書經疏略』 6권이다. 『사고전서총목』에 "이 책은 주소본注疏本을 따랐고…… 해석은 『채전』을 많이 답습하였으며, 특출한 자신의 견해는 대부분 허구이다"라고 하였다. 『오경사서소략五經四書疏略』에 남아 있다.

다음은 육세의陸世儀의 『서감書鑒』(卷不詳)이다. 육세의는 별도로 『사변록思辨錄』 등의 저서도 편찬한 리학자로서 『시감詩鑒』 및 『역』·『예』·『춘추』 등의 저작도 지었는데, 리학의 견해를 벗어나지 않았다.

다음은 육농기陸隴其의 『고문상서고古文尚書考』 1권이다. 육농기 또한 주자학을 묵수한 청초의 리학자인데, 『사고전서총목』에서는 이 책에 대해 "대지는 주자를 따르면서 더욱 확충시켰고, 『고문상서』가 위서가 아니라고 거듭 밝혔다.…… 따라서 주자가 고문을 변론한 것은 진실이 아니며, 하나도 만족스럽지 못하기 때문에 그 기록된 한 조목도 근거할 수 없다고 하였다. 이에 마침내 그것들은 모두 제자들이 쓴 것이지 주자의 말이 아니라고 하였다"라고 적고 있다.

다음은 서세목徐世沐의 『상서석음록尙書惜陰錄』 6권이다. 이 책은 서세목이 72세 때 지은 것으로, 서세목은 위고문을 독실하게 믿었으며 육농기와 가까운 친구 사이였다. 『사고전서총목』은 이 책에 대해 "고문을 존숭하고 금문을 배척함이 그 이전보다 더욱 심하였다", "그 설은 모두 『채전』에서 부연한 것으로, 종종 문맥을 벗어났다"라고 평하였다.

다음은 염근조冉覲祖의 『서경상설書經詳說』 76권이다. 염근조는 강희 신미년(1691)에 진사가 되었다. 『사고전서총목』에서는 "이 책은 『채전』을 위주로 하면서 『공전』·『공소』 및 송원 이래 제가의 설을 두루 인용하여 해석하였는데,…… 마지막은 『채전』이 주가 되었다. 송학을 돈독히 묵수하여 한 글자의 차이도 용납하지 않았다"라고 하였다.

다음은 유회지劉懷志의 『상서구의尙書口義』 6권이다. 유회지는 강희 때의 인물로, 『사고전서총목』에서는 다음과 같이 적고 있다.

> 이 책의 대지는…… 『채전』을 준수하였고, 통속의 문文으로 부연하여 아동들이 보기에 편리하게 하였다. 『채전』의 이른바 "착간錯簡"이라는 곳은 모두 경문을 이동시켜 통하게 하였고 이른바 "연문衍文"이라는 곳은 바로 삭제하였으니, '전傳'은 신뢰하면서 '경經'은 불신했다고 할 만하다.

이 책이 『채전』을 따른 동몽독본童蒙讀本으로서 채침의 설에 의거해서 임의로 『상서』의 원문을 바꾸고 이동시켰음을 알 수 있다.

마지막으로 장가구蔣家駒의 『상서의소尙書義疏』(無卷數)이다. 장가구는 강희 경오년(1690)에 급제한 인물이다. 『사고전서총목』에 "이 편編 역시 본문 상단에 해석을 해 놓은 책으로, 방점이 찍혀 있으며 본문은 모두 시문時文에 가까웠다"라고 하였다.

이상을 통해 강희 시대에 이르기까지 상당수의 학자들이 여전히 송학을 묵수하였다는 것을 알 수 있는데, 비교적 유명한 학자인 손기봉 및 도학을 표방한 손승택·육농기 등의 저작에서부터 동몽독본과 과거시문교본에 이르기까지 모두 『채전』을 그대로 전하는 저작이었다. 그 속에서는 송학의 남은 영혼이 여전히 흩어지지 않은 채로 있어서, 그 저자들이 자신의 목소리를 표출할 수 없었다는 사실을 잘 보여 주고 있다.

순치順治·강희 연간에는 또 심사선沈嗣選의 『상서전尚書傳』 4권이 있었는데, 그 「자서」에 다음과 같이 적고 있다.

> 문장에 따라 의미를 해석하고, 『채전』에서 이미 밝힌 것은 사족을 달지 않았다. 오직 미언대지微言大旨로써 전현前賢들이 밝히지 않는 것을…… 매 편마다 논의를 하였고, 장구에서 독특한 견해도 소疏로 기록하였다.

문의의 해석에 있어 『채전』을 답습하지 않은 것 외에도 매 편마다 논의를 보충하고 아울러 장구에 자신의 견해를 제시하였다는 점에서 당시의 비슷한 저작들 중에서 손꼽힐 만하다.

그 밖에도 그 내용을 상고할 수 없는 저작이 있지만 당시 분위기에서는 일반 저작들이 『채전』의 테두리를 벗어나기가 쉽지 않았다. 이런 부류의 저작들로는 시황施璜의 『서역주書繹注』(卷不詳), 응휘겸應撝謙의 『서전습유書傳拾遺』(卷不詳), 만언萬言의 『상서설尚書說』(卷不詳), 왕건상王建常의 『상서요의尚書要義』 6권, 심형沈珩의 『서례편의書禮篇義』(無卷數), 비밀費密의 『상서설尚書說』 1권, 진천학陳遷鶴의 『상서사기尚書私記』 1권 등이 있다.

끝으로 송학을 총집성한 것으로서 강희 때 칙명으로 편찬된, 『채전』을 추숭한 두 책이 있다. 『청사고』 「예문지」의 편명 앞에 "어정서경御定書經"이란 말을 달고 있는 것으로, 하나는 『일강서경강의日講書經講義』 13권이다. 강희 19년(1680)에 고륵눌庫勒訥 등이 칙명을 받들어 편찬한 책이다. 『사고전서총목』은 이 책의 대지가 "정전政典을 펴서 구함"(敷陳政典), "심원心源을 널리 밝힘"(闡發心源)에 있으므로 『채전』의 뜻에 근본하고 있다는 점은 확실하나 명물훈고에는 상세하지 않다고 하였다. 다른 하나는 『흠정서경전설회찬欽定書經傳說匯纂』 24권이다. 이 책은 강희 60년(1721)에 왕욱령王頊齡 등이 칙명을 받들어 편찬하였는데, 옹정雍正 8년(1730)에 완성되어 『어찬칠경御纂七經』에 배열되었다. 이 책은 채침의 『집전』을 모두 수록함과 아울러 비교적 광범위하게 송·원·명 제가의 설을 선별해서 담았고, 어떤 때는 마·정 및 『공전』·『공소』의 설을 채용하면서 '집설集說'이라고 하여 그 뒤에 붙였다. 그 의미가 서로 통하면 별도로 '부록附錄'으로 붙여 일가만을 위주로 하지 않았다는 점을 표시하였다. 비록 이 책이 오로지 송학의 정신만을 따르는 '흠정欽定'의 『채전』 확충본으로서 왕조의 과거공령科擧功令을 위해 편성된 것이기는 하지만 오늘날에도 여전히 참고가 될 만한 부분이 많다. 이후 도광道光 19년(1839) 손가내孫家鼐 등이 칙명으로 『흠정서경도설欽定書經圖說』 50권을 편찬하게 되는데, 이 책의 보충서이기 때문에 여기에 기록해 둔다.

2. 송학을 계승하되 『채전』에 얽매이지 않은 저작

이 시기에 비록 송학을 계승하긴 했지만 완전히 『채전』에 구속되지 않고 한·당의 훈고학을 함께 채용한 것도 있으며, 그 중에는 주목할 만한 학술 내용의 저작 몇 종이 있다.

맨 먼저 주학령朱鶴齡의 『상서비전尙書埤傳』 17권이 있다. 앞의 「고이考異」 1권에서는 경문의 동이를 변론하였고, 뒤에는 일편逸篇이 있는데 「위서僞書」 및 「서설여書說餘」 1권이다. 「자서」에 다음과 같이 적고 있다.

『상서』는 제왕의 심법이며 통치의 법이 한데 모아진 것이다. 그런데 후대의
대전장大典章, 대정사大政事, 유자들의 조당집의朝堂集議에서 인용된 『상서』는
문장이 단절되고 의미가 왜곡되어 해를 끼친 것이 적지 않았다.[3] …… 마융·정현·
왕숙의 무리들이 번다함을 제거하여 매우 간략하게 만들었으나 고문이 늦게
출현하여 서의書義가 조금만 드러났고 공영달이 지은 소疏는 학자의 마음을
만족시키지 못하였으니, 여러 말들을 일관되게 하고 깊은 뜻을 밝힌 것은
실로 중묵仲默의 『집전』보다 더 나은 것이 없었다. 다만 의도가 주로 주소注疏를
버리는 데 있었기 때문에 명물제도와 같은 것들은 잘못이 없을 수 없었다. ……
명초에 가장 먼저 『주소』를 본종本宗으로 삼고 『채전』을 덧붙였다. 이후 『채전』이
정밀하지 못하였기 때문에 유신들에게 고정考訂할 것을 명하여 …… 『서전회선書傳
會選』이라 이름하였다. …… 그 후 『대전』이 행해지면서 이 책은 마침내 폐기되었다.
또 그 이후 과거시험에서 오로지 채씨만을 취하게 되어 『대전』 역시 서가에
방치되기에 이르렀다. 늙도록 경을 궁구하였으나 여전히 잘못이 있고 천착한
것이 많았다. …… 나는 그것이 걱정되었는데, 이것이 이 『비전埤傳』을 지은 까닭이
다. …… 나는 이 책을 지으면서 고의詁義를 위주로 하고 사가史家를 겸용하였으며,
모든 의문점들을 나열하고 억단을 단절하여 지금에 적용되는 학문이 되도록
힘썼다.

그러나 『사고전서총목』은 이 책을 다음과 같이 평가하였다.

대체로 『공전』을 진실로 받아들였기 때문에 『사기』에 실린 『탕고湯誥』를 …… 도리어
거짓으로 여겼다. …… 그런 가운데 『비전埤傳』 15권에 잘못된 증거를 두루 인용하고
또한 많이 채용하였다. …… 의리를 해석하는 것을 중요하게 여기면서도 훈고를
고정하는 것도 버리지 않았으니, 한학과 송학의 중간임을 알 수 있으며 강의하기
에 매우 적합하였다.

이 책이 비록 송학의 의리, 즉 『채전』에서 말한 제왕의 심법·치법과
같은 말로써 『상서』를 해석하였으나 『채전』을 이미 넘어섰으니, 『상서』의

---

3) 이 말에 이어 舊注解釋을 인용한 時政 해석의 오류를 나열하고 있는데, 여기서는 생
략하였다.

자의 및 학술 내용에 주목한 제법 취할 만한 저작임을 알 수 있다.

그 밖의 또 다른 한 사람은 『국조선정사략國朝先正事略』의 「주학령전朱鶴齡傳」 뒤에 있는 진계원陳啓源이다. 그 역시 청초의 유명한 경학자로, 『모시계고편毛詩稽古編』을 지어 송학을 논박하고 『모전毛傳』을 드러내었다. 그는 『상서변략尚書辨略』 2권을 편찬하였는데, 지금 그 책을 볼 수 없어서 내용을 상고할 수 없다. 다만 그의 학문이 주학령과 가까웠기 때문에 여기에 붙여 둔다.

다음은 이광지李光地의 『상서해의尚書解義』 2권이다.4) 이광지는 리학을 엄격히 신봉하여 일찍이 『성리정의性理精義』라는 청대의 중요한 리학 전적을 주편主編한 바 있다. 『상서해의』는 「요전堯典」에서 「우공禹貢」까지의 6편과 「홍범洪範」 1편 등 총 7편을 해석하고 있는데, 『사고전서총목』에서는 이 책이 미완성이라고 하면서 다음과 같이 평하였다.

> 말한 바는 훈고를 으뜸으로 여기지 않았고, 말의 요지는 간략하면서도 정밀한 뜻이 있었다. 「대우모」편은 고문으로 된 위작이 아니라 공안국이 첨삭한 것을 동한 이후의 유자들이 다시 천착한 것으로, 문사를 해석한 것이 평이하기 때문에 조정調停을 면할 수 없다고 보았다.……「요전」의 중성中星·세차歲差에 관한 논의, 「순전」의 익천益天·혼천渾天·십이주十二州 및 시가詩歌의 성률聲律에 관한 논의, 「우공」의 잠수潛水·면수沔水의 상통相通과 면수沔水·위수渭水의 불상입不相入 및 팽려彭蠡는 오늘날의 소호巢湖로서 그 물길이 모여 파양鄱陽이 된다는 설, 원습原隰·저야瀦野는 지명이 아니라는 논의 등은 확실한 고증을 거친 것으로 강학하는 이가 리理를 근거로 짐작해서 말한 것이 아니다.

『총목』은 이 책의 약간 교묘하면서도 불확실한 설을 비평하기도 했지만 전체적으로는 상당히 높이 평가하고 있다. 비록 이 책이 제시한 의견이

---

4) 『淸史稿』「藝文志」에는 『尚書解義』 1권, 『尚書句讀』 1권이라 하였고, 『淸代著述表』에는 『尚書七篇解義』 2권이라 하였다.

모두 정확한 것은 아니지만, 『상서』의 학술 내용에 주목하며 그것을 견지하고자 했던 저작이다. 이광지는 주희를 존숭하고 위편 「대우모」가 위작이 아니라고 믿으면서도 한편으로는 위공본僞孔本을 수호하고자 하면서 당소唐疏에 다소 치우쳤다. 그의 벼슬은 매우 높아서 재보宰輔에까지 이르렀지만, 당시는 도학을 가장한 소인배들에 막혀 정작 정직한 사람들은 등용되지 못하였다. 따라서 그의 이 책은 주학령의 저서에 비해 청왕조가 존숭한 송학에 더욱 편승하고 있었다는 점을 잘 드러내고 있다.

다음은 전숙윤錢肅潤의 『상서체요尙書體要』 6권이다. 『경의고』는 무영繆泳의 말을 인용하여 "숙윤肅潤은……마소수馬素修 선생의 제자로서 십봉초당十峰草堂에 은거하였는데, 그의 서설書說은 대부분 마소수에 근본하였다"라고 하였는데, 마소수의 학문에 대해서는 상고할 수 없다. 전숙윤은 명말청초明末淸初 시기에 은거하며 학문을 닦았다. 그가 채학蔡學을 사승했다고 하지 않고 다만 마소수를 사사했다고 한 점은 되새겨 볼 만하다. 『사고전서총목』에서는 이 책에 대해 "분장分章으로 구해句解하고 문장에 따라 의미를 새기는 데 그쳤을 뿐 절충折衷한 부분이 없었다"라고 하였다. 분장으로 구해하고 문장에 따라 의미를 새겼다는 것은 바로 『상서』 본문의 문의에 의거해서 해석했다는 것으로 아무런 문제가 없다. 다만 "절충한 부분이 없다"라는 비판이 주목되는데, 명청시기의 경학에서 말하는 '절충折衷'의 '충衷'은 종종 송학 의리의 중심사상을 가리키곤 한다. '절충'은 곧 송학의 의리정신으로 귀결되는 것이다. 따라서 『총목』의 비판은 전숙윤의 이 책이 완전하게 송학의 의리에 근거하여 해경解經한 것은 아니라는 점을 명백히 말해 주고 있다. 『총목』은 계속해서 이 책 「우공」에서의 "삼강三江" 해석에 대해, 이미 송강松江·누강婁江·동강東江의 설을 채용했다면 소식蘇軾의 중中·북北·남南 삼강설三江說을 다시 채용하지 말았어야 했다는 점과, 또 삼강이 진택震澤과 통하게 되면 경구京口의 동쪽은 모두 거대한 호수가 된다는 점을 지적하면서 그의 설은 근거가 없다고 하였다. 다만 그가 변론한 "구강九江이 3개가 있다"는 점은 매우 상세하고 명료하여 참고할 만하다고 칭찬하였다. 이 책이 학술 내용상 주목할 만한 도서임을 알 수 있다.

『채전』의 심성학이 농단하던 상서학의 분위기 속에서 제법 『채전』을 벗어나 학술 내용에 뜻을 둔 저작들이 속속 나타나면서, 이로부터 더 나아가 『채전』을 반박하는 학자들도 등장하게 된다. 『사고전서총목』에 보이는 인물로는 강희 경오년(1690)에 급제한 강조석姜兆錫이 있는데, 그는 명확하게 『채전』을 반박한 저작인 『서경채전참의書經蔡傳參議』 6권을 지었다. 『사고전서총목』은 다음과 같이 적고 있다.

> 주자가 채침에게 『서전』 저술을 명하였는데, 세월이 지나 주자가 죽자 그 사이에 바르지 못한 곳이 제법 많았다.…… 확실히 주자의 설과 다른 곳이 있기 때문에 이 책으로 바르게 하였다. 경문에 착간이 있는 것 2조, 단락을 나눈 것의 오류 5조, 구두의 오류 2조, 문의 해석의 오류 12조, 오류를 바로잡으면서 생긴 오류 1조가 있다. 살펴보면 『채전』은 남송 이래로 많은 이의異義가 있었지만 한 글자도 고칠 수 없는 경전이었는데, 강조석이 개정한 부분은 대체로 자구를 좇아서 의미를 확정한 것으로서 확실한 고증을 할 수는 없었다.

여기에는 『채전』을 공격하는 저작에 대한 폄하가 들어 있지만, 실제로 이 책은 『채전』의 오류를 지적하고 있어서 상서학에 큰 도움이 된다. 이 책은 현재 『구경보주九經補注』에 들어 있다. 이 외에 청인 좌미左眉가 편찬한 『채전정와蔡傳正訛』 6권이 또 『정암유집靜庵遺集』에 들어 있다. 그 책을 아직 보지 못하였고 연대도 확실히 알 수 없지만, 『채전』의 오류를 규명한 책이기 때문에 여기에 기록해 둔다.

3. 왕부지의 『상서』 연구

청초 송학의 여파가 존재하던 시기에 찬란하게 빛난 것은 오직 왕부지王
夫之(호는 船山)의 『상서』 연구 성과였다. 왕부지는 『채전』의 학술적 오류를
진정으로 바로잡아 상서학을 새로운 단계로 접어들게 하였으니, 호남湖南
의 외진 곳에 살던 무명의 대학자 왕부지가 펴낸 몇 종의 『상서』 관련
저작은 그 가치가 매우 빼어나다. 왕부지의 학문은 유물주의 관점의
송학대사宋學大師 장재張載가 제창한 철학사상을 계승·발전시킨 것으로,
그의 상서학 관련 최고의 저작은 『서경패소書經稗疏』 4권이다. 그의 모든
저작은 동치同治 연간에 마지막으로 완성된 『선산유서船山遺書』 이전에
찬술되었는데, 이 책을 비롯한 『역』·『시』·『춘추』 등 4부의 『패소稗疏』 및
『상서인의尚書引義』·『춘추가설春秋家說』 등 총 6종은 건륭시기 호남의 순무巡
撫가 『사고전서』에 진헌할 당시에 이미 몇 종의 전본傳本이 있었다. 현전
『서경패소』에는 "도광 연간 상담수유 경서국에서 왕부지 7세손 왕세전이
『사고전서총목』을 근거로 간행한 본"(道光間湘潭守遺經書局其七世孫世据四庫總目所刊
本)5)이라고 되어 있는데, 별도의 대자본大字本 『패소』와는 동일한 표제의
문구로 되어 있으면서 가끔 큰 차이가 있기는 하지만 두 책의 중심 의의가
기본적으로 일치하므로, 왕부지의 원고原稿와 개정본을 분별하는 근거가
될 수 있다.

『패소』 안에는 깊은 의미가 많이 흩어져 있다. 전체에 걸쳐서 『상서』
각 편의 어떤 문제들을 뽑아 표제로 삼은 후 자신의 견해를 밝히고 연구를
진행하였는데, 대부분 전인들이 밝히지 못한 것들로서 적지 않은 과거의
오류들을 바로잡았다. 가령 『우공』은 문제가 가장 많은 편으로서 그 속에는
오랜 기간 동안 해결되지 않았던 쟁점들이 있었지만 왕부지는 예리한

---

5) 이 본 또한 『船山遺書』본으로 불린다.

관찰과 상세한 고찰을 통해 수많은 문제들을 해결하였다. 예를 들어, 「우공禹貢」편 속의 "도산導山"·"도수導水"를 "물이 흐를 수 있도록 유도하여 흐름을 통하게 했다"로 풀이한 것은 좋은 해석이지만 산은 움직이지 않으니 어떻게 그것을 이끌어 움직이게 할 수 있겠는가? 그는 "도산導山"조 아래에서 다음과 같이 말하고 있다.

'도導'라는 말은 '도道'의 의미이다. 따라서 사람이 다니는 길로서…… 방향을 살피고……험하고 좁은 길의 거리를 재는 것이다.…… 따라서 '도導'라고 한 것이다. 또한 '간려刊旅'라고도 한다. '간刊'은 표지이고, '려旅'는 늘어놓는 것이다. '표지를 하고 늘어놓는다'는 것은 거리를 측정하는 방법이다. 그 거리를 측정한 것이 모두 구산九山에 있었다.

이 해석은 『주소』의 "종수기從首起"나 『채전』의 "수산隨山"의 해석에 비해 더욱 타당했기 때문에 신수치辛樹幟는 『우공신해禹貢新解』에서 "「우공」의 '간목刊木'과 '도구산導九山'은 천고에 정확한 의론이 없었는데, 명말의 왕부지가 비로소 정확하고 타당한 해석을 내놓았다"라고 하였고, 또 서욱생徐旭生이 신수치에게 보낸 편지에서는 "선산船山의 우평수토禹平水土에 관한 해석은 매우 독창적인 견해이다"라고 하였다. 왕부지는 "우평수토禹平水土"를 평수平水와 평토平土의 두 가지로 나눈 뒤 평수는 연주兗州와 기주冀州에만 한정하였다. 또 "구하九河"의 경우, 한유 왕횡王橫 이래로 대부분 바다로 빠진다는 설이 많았다가 원의 왕충운王充耘이 처음 이설異說을 제기하였는데, 왕부지는 왕횡을 아첨하는 신하로 배척하면서 바다로 빠지지 않는다는 설을 적극 개창하였다. 이는 근대적인 지리 지식으로 실증한 것이었다. 이 때문에 신수치는 오늘날의 학술 지식으로 『우공신해』를 편찬하면서 어떤 부분들은 왕부지와 호위의 설에 근거한 바가 많다고 밝혔다. 『사고전서총목』에서는 다음과 같이 적고 있다.

이 책(『稗疏』)은 경문을 전석詮釋하면서도 새로운 의미를 많이 제시하였다.……6)
소식蘇軾의 『전傳』과 『채전蔡傳』의 오류를 논박할 때에는 말에 근거가 있었고,
잡담雜談하는 것과는 거리가 멀었다. 비록 뛰어난 부분과 흠잡을 만한 곳이
공존하지만 취할 만한 부분이 많다.

이는 청대 관학에서의 평가이다. 『사고간명목록四庫簡明目錄』에서도 이
책에 대해 "정순精醇한 부분과 문란紊亂한 부분이 반반인데, 틀린 부분은
매우 틀렸지만 정밀한 부분은 매우 정밀하니 티끌로 옥을 가릴 수는
없는 법이다"라고 하였다. 청대 어용 관학자들은 자신들의 구미에 맞지
않는 곳을 폄척하면서도 전체적으로는 이 책의 정밀함을 인정하면서
이 책의 장점이 단점을 훨씬 능가한다(티끌로 옥을 가릴 수는 없다) 하였으니,
이 책의 우수함을 확인할 수 있다.

왕부지는 또한 『상서인의尙書引義』 6권과 『상서고이尙書考異』(卷不詳)도 편찬
하였고, 전하는 바에 따르면 『채전』의 오류를 바로잡은 『상지패소尙志稗疏』
1권도 있었다고 한다. 『인의』는 『상서』를 소석한 것이 아니라 『상서』의
의리에 근거하여 한대 이래의 정치상황·역사사실·문화·학술 등 각종
사건의 득실을 평론한 것으로, 특히 명대의 실정과 폐단에 대해 3가지
의견을 피력하고 있다. 『사고전서총목』은 이 책에 대해 "'아는 것이 어려운
것이 아니라 행하는 것이 어려움'(知之非艱, 行之維艱)을 논하면서 주朱·육陸
학술의 단점을 비난하였고, 「홍범」 구주를 논하면서는 채씨의 수학數學이
수준이 낮아 논의할 것이 없음을 거론하였다"라고 하면서 의론이 매섭고
이치가 매우 타당하다고 칭찬하였다. 이 책의 탁월한 부분은 사람들에게
주·육의 유심적 지행설知行說 및 채침의 황당한 방사신비설을 벗어날
수 있도록 도와준 것이다. 명대의 학풍이 팔고시문八股時文으로 경도된
이후 송학이 쇠퇴하던 명말에 왕부지는 고염무顧炎武·황종희黃宗羲 같은

6) 중간에 많은 예들이 제시되어 있다.

대사大師들과 함께 일어나 학술을 진흥시키고 상서학에 있어서도 이처럼 찬란히 빛나는 명저를 남겼다.

4. 송학 말기의 주소 결집 : 장림의 『집해』와 납란성덕의 『통지당경해』

송학 말기에 청대 학자들이 광범위하게 수집한 자료를 담은 거작들이 출현하게 되는데, 강희제 때 장림臧琳이 찬집한 『상서집해尚書集解』 124권이 그것이다. 장림은 『이아爾雅』·『설문說文』을 중시하여 훈고에 능통하지 않으면 경經을 밝힐 수 없다고 생각했고, 이에 염약거·호위 등과 함께 송학의 학풍을 뛰어넘어 청학의 서막序幕을 개창하였다. 그는 『경의잡기經義雜記』 30권을 편찬하였는데, 염약거가 이 책의 서문을 지었고 후일에 『황청경해皇清經解』에 수록되었다.

장림은 송학 말기의 인물로서 당시는 청학이 완전히 형성되지 않은 상태였다. 설령 그가 한漢·위魏·진晉·당唐의 경설經說을 모두 수집하고자 마음먹었더라도 해당 시대의 저술들은 애초에 많지 않았고 전해져 오는 것은 더욱 적었다. 당시 그의 앞에 놓인 것은 송에서 명에 이르는 송학의 저작 수백 가였다. 따라서 그의 『상서집해』에 집록된 124권 이상에 달하는 경해經解의 대부분은 송학의 저작일 수밖에 없었다. 다만 그는 풍부한 경설 자료를 보존하는 데 주안점을 두어 같은 시기 송학가들이 리학의 공언空言으로 경전을 해석하던 것과는 달랐기 때문에, 그의 이 책은 자료를 중시하는 청대 학문의 시초로 간주되고 있다. 이후 그의 현손 장예당臧禮堂이 이 책의 안어按語를 채록하여 『상서집해안尚書集解按』 6권을 완성하였는데, 그 내용은 모두 장림의 경설이었다.

강희 중기에 서건학徐乾學은 납란성덕納蘭成德7)에게 『통지당경해通志堂經

解』8)를 편찬하게 했는데, 이는 송·원·명대의 해경解經 저작을 총집總集한 것으로9) 수집한 저서는 146종 1860권에 달했다. 이 가운데 상서학과 관련 있는 것은 모두 송·원 양대의 저작들로 다음의 20부이다. 즉 설계선薛季宣의 『서고문훈書古文訓』, 임지기林之奇의 『상서전해尚書全解』, 정대창程大昌의 『우공론禹貢論』 및 『우공산천지리도禹貢山川地理圖』, 황탁黃度의 『상서설尚書說』, 여조겸呂祖謙·시란時瀾의 『동래서설東萊書說』, 왕백王柏의 『서의書疑』, 진대유陳大猷의 『서집전혹문書集傳或問』, 부인傅寅의 『우공집해禹貢集解』, 호사행胡士行의 『상서상해尚書詳解』, 김이상金履祥의 『상서표주尚書表注』, 동정董鼎의 『서전집록찬주書傳輯錄纂注』, 왕천여王天與의 『상서찬전尚書纂傳』, 오징吳澄의 『서찬언書纂言』, 진사개陳師凱의 『서전방통書傳旁通』, 주조의朱祖義의 『상서구해尚書句解』, 진력陳櫟의 『서전찬소書傳纂疏』, 황진성黃鎭成의 『상서통고尚書通考』, 왕충운王充耘의 『독서관견讀書管見』, 호일중胡一中의 『정정홍범定正洪範』이 그것이다. 상서학에 있어 송학의 중요 저작들이 이 시기에 이르러 모두 집결되었다고 할 수 있다.

청초 송학의 말류 시기에 『상서』를 포함한 군경총의群經總義의 저작은 『경의고』 권251에 수록되어 있으며, 모두 22종이 있다. 그러나 고염무의 『일지록』 중의 「설경說經」 7권이 『황청경해皇淸經解』에 보이는 것을 제외하고 나머지 해경 저작들은 모두 수록되지 않았으므로 취할 만한 것이 거의 없었다는 것을 알 수 있다. 다만 손승택孫承澤의 『오경익五經翼』 20권과 왕완汪晥의 『경해經解』 4권을 몇몇 사람들이 언급하고 있을 뿐이다. 따라서 그 밖의 저작들은 모두 생략한다.

---

7) 한때 태자의 이름(保成)을 忌諱하여 性德으로 고쳤다가 태자가 1년 만에 개명하자 다시 원명으로 돌아갔다.
8) 원래 명칭은 『九經解』이다.
9) 唐人의 저작 3종이 덧붙여져 있다.

제2절 의변의 완성과 위고문의 전복

　오역과 주희에서부터 오징·매작 등에 이르기까지 수많은 학자들에 의해 전개되었던, 북송 말기에서 청대 초기에 이르는 5~6백 년간의 기나긴 위고문에 대한 의변운동은 이제 결실의 단계로 접어든다. 염약거閻若璩(자는 百詩)는 높은 학력과 정밀한 사고를 통한 연구로써 역사적 임무를 흔쾌히 받아들였다. 그는 주희의 의변을 자기 학설의 보호막으로 삼아 자신의 학문을 반대하는 사람들에게 성법聖法과 경도經道를 위배하였다는 말을 하지 못하도록 하면서 실제로 매작이 개창한 고변考辨 방법을 운용하였다. 더 나아가 그는 훌륭하게 의변 작업을 완성하여 『상서고문소증尙書古文疏證』(8권)이라는 명작을 편찬해 냄으로써 마침내 경전의 지위에 있던 『위고문상서』를 아무 저항 없이 전복시켰다. 이는 청대 학술사에 있어서의 최고의 과학적 성과이다. 이제 염약거의 의변을 중심으로 그 전후의 청대 의변활동 저작에 대하여 개괄하도록 한다.

1. 염약거보다 조금 앞선 시기와 동시대의 저작들

　청초 염약거보다 조금 빠른 시기와 같은 시기에 이미 송명 이래 의변의 기풍을 이어받은 학자들이 있어서 『상서』에 대한 고변考辨을 진행하고 있었다. 조금 이른 시기의 학자에는 일찍이 염약거가 스승의 예로 대했던 황종희黃宗羲가 있다. 그는 『서경필수書經筆授』 3권을 펴내었는데, 『경의고』에는 2권으로 저록되어 있다. '3권'이라 한 것은 『청사고』 「예문지」에 근거한 것이며, 『청대 학자 생몰 및 저술표』에서는 "『수서수필授書隨筆』 1권"이라 적고 그 주석에서 일명 『서경필수』라고도 한다고 밝혔다. 이러한 기록들은 황종희가 이 책을 저술하였음이 명백함을 말해 준다. 그런데 전조망全祖望의 「이주신도비梨洲神道碑」에서는 "회안淮安 염약거의 『상서』에 대한 질문에 답하여 알려준 것이다"라고 하여 염약거의 설이 황종희로부터 나온 것이라고 주장하고 있다. 하지만, 비록 이후의 청인들 가운데서도 이 설을 지지한 사람들[10]이 있었더라도 전조망은 황종희가 죽은 지 수십 년이 지나서야 이 신도비를 지었으므로 황종희 및 염약거와는 이미 시간적으로 거리가 멀다. 황종희·염약거와 동시대를 살았던 주이준의 『경의고』에는 이런 설이 없고, 다만 그 저록에 황종희의 이 책이 있었다는 사실과 함께 염약거와 요제항姚際恒, 전황錢煌 등 3인의 책이 기록되어 있다. 그런데 그 기록에서는 염약거 등 3인이 고문을 공격했다고만 말하였지 황종희를 언급하지는 않았다. 이것은 동시대 사람의 기록이기 때문에 염약거의 고문의변이 황종희로부터 전해 받은 것이 아니라는 점은 확실하다.[11] 애초에 염약거는 『소증』 4권을 완성한 뒤 황종희에게 서문을 부탁하였는데, 황종희는 그 서문에서 "취한 자료가 풍부하고 절충한 것이 타당하다"고 칭찬하면서 "이와 같다면 '온 힘을 다해 경전을 연구했다(殫精)' 할 수 있겠다"라고 하였다. 그는 특히 '인심도심人心道心'에 관한 16자를 논한 것에 대해 "오심吾心을 얻었다"고 하면서 이 16자는 "리학理學의 좀벌레"라고 지적하였다. 황종희도 확실히 공안국본 고문이 위서임을 의심하였는데, 이미

---

10) 江藩, 李元度 등.

11) 錢穆도 『學術史』에서 閻若璩와 黃宗羲의 교류 흔적을 근거로 전조망의 說을 물리쳤다.

진조범陳祖範의 『경지經思』에도 보이고 있기 때문에 황종희는 자신의 학술적 견해를 드러내어 염약거의 설을 지지했던 것이다.

또한 염약거가 선배의 예로써 받들었던 고염무顧炎武는 학문이 엄격하였는데, 위공전僞孔傳을 의변한 저작은 없었으나 25편에 대해 별도의 의의疑義를 제시한 것이 있어 의변하는 학자들이 자주 인용하였다. 가령 혜동惠棟은 『고문상서고古文尙書考』에서 그의 설 두 가지를 인용하고 있다.

고염무는 말하길 "부열傳說을 재상으로 삼았다'(相之)는 내용은 경문에는 보이지 않지만 「열명說命」에 '이에 재상으로 세웠다'(爰立作相)라는 문장이 있다" 하였다.

고염무는 다음과 같이 말하였다. "『시詩』에 '우업유종虞業惟樅'이라 했는데, 그 『전傳』에 '업業은 대판大板(笞刑의 일종)이다'라고 하였고…… 경근敬謹의 업業, 사업事業의 업業으로 차용되었다.…… 그러나 삼대의 『시』·『서』의 문장에는 이런 의미가 없고, '업광유근業廣惟勤'이라는 말이 매색梅賾이 바친 『고문상서』에서 나오니12) 믿을 수 없는 것임이 명확하다."

또한 최술崔述의 『고문상서변위古文尙書辨僞』에서도 고염무의 설 하나를 인용하고 있다.

고영인顧寧人(顧炎武의 자)이 「태서泰誓」를 논하였다. "상商의 덕이 매우 깊어, 단한 자의 땅이라도 그의 소유 아닌 것이 없었고 단한 명의 백성이라도 그의 신하 아닌 사람이 없었다. 무왕이 주紂를 정벌하면서 '독부獨夫 수受가 크게 위엄을 세우니 이는 너희들의 원수이다', '이에 나 소자小子가 크게 군사들을 데리고 너희의 원수를 죽이고 섬멸할 것이다'라고 하였다 하니, 어찌 이런 지경이 되었는가? 주紂가 불선하더라도 그 자신에게 그쳐야 하는데 그 조상들까지 원수로 삼았으니, 「태서」의 문장이 위진 연간 사람들의 위찬僞撰이 아닐수 있겠는가?"

---

12) 위고문 「周官」편에 있다.

저명한 변위학자辨僞學者 요제항姚際恒13)은 염약거와 같은 시대이면서 그보다 앞서 책을 낸 사람이다. 그는 『구경통론九經通論』 170권을 편찬하여 군경群經들을 두루 의변하였는데, 그 가운데 『고문상서통론古文尙書通論』14) 10권이 있다. 이 책에 정밀한 의론이 많았기 때문에 염약거는 "다른 사람들의 생각을 많이 뛰어넘었다"라고 칭찬하면서 직접 필사하여 『소증』의 관련 조항 아래에 나누어 싣고, 또 중요한 부분을 발췌하여 『소증』 제121에 저록해 두었다. 요제항의 원서는 이미 망실되었지만 염약거에 의해 그의 수많은 요의要義가 보존되어 전해질 수 있었던 것이다.

전황錢煌(자는 曉城)은 『벽서변의壁書辨疑』 6권을 편찬하였고 또 『중용변中庸辨』·『맹자의의孟子疑義』 등을 펴내었으니, 그 역시 줄곧 변위辨僞를 연구하였다는 것을 알 수 있다. 그래서 『경의고』에서는 "산양山陽의 염백시閻百詩, 전당錢塘의 요선부姚善夫, 동성桐城의 전효성錢曉城 등 3가는 모두 『고문상서』를 공격하였다"라고 하여, 청초에 전문적으로 『고문상서』가 위작임을 변론하여 이름이 드러난 사람은 염약거·요제항·전황 3가였다는 사실을 알려준다. 모기령毛奇齡이 황종희에게 보낸 『논위상서서論僞尙書書』에 의하면, 북방의 학자 이서곡李恕穀이 일찍이 전황과 『고문상서』의 진위에 대해 논쟁하였는데, 이서곡은 위작이 아니라고 하였고 전황은 위작임을 견지하였다고 한다. 아쉽게도 전황의 편지는 찾을 수 없고, 이서곡의 『논고문상서論古文尙書』가 그의 『서곡후집恕谷後集』에 들어 있다.

또 염약거보다 앞서 『고문상서』의 위작설을 주장한 사람으로는 방소북方素北이 있다. 전목錢穆의 『근삼백년학술사近三百年學術史』 제6장 '염잠구閻潛邱'에 따르면, 염약거가 『소증』 4권을 완성하고 4본을 만들어 그 중 하나를 화산華山의 왕굉찬王宏撰에게 맡겨 보관하게 하였는데, 왕굉찬의 저서

---

13) 字는 立方, 號는 善夫이며 閻若璩보다 11살 어리다.
14) 『經義考』에는 書名 뒤에 "別僞例" 3글자가 더 있다.

중에 『산지山志』 2집이 있었고, 그 가운데 "상서尙書"조에는 방밀方密의 아들 방소북이 『고문상서』에 대해 논변한 글들이 있었다. 이는 염약거의 『소증』 제1권이 완성되기 이전이다. 즉 왕굉찬은 평소에 고문이 위작임을 말한 적이 있었으며, 이를 염약거가 동조하여 인용하고 그에게 책을 부쳐서 명산에 보존하게 했던 것이다.

염약거와 동시대에 두 사람이 더 있는데, 한 명은 풍경馮景이고 다른 한 명은 주이준朱彝尊이다. 그들은 염약거와 함께 고문을 변위辨僞하면서 서로 정보를 교환하고 자신들의 저작에서 인용하였다.

풍경(자는 山公)은 『해용집解舂集』 20권15)을 지었다. 양계초의 『중국근삼백 년학술사』 "6. 고정림顧亭林"장에서는 풍경이 "염약거와 교우하면서 『고문 상서소증』 저술을 도왔다"고 하였다. 실제로 염약거의 『소증』에서는 "풍산 공운馮山公云"이라는 인용문이 자주 보인다. 풍경이 위고문을 공박하여 저술한 책은 『회남자홍보淮南子洪保』 2권16)이다. 그러나 염약거는 『잠구차 기潛邱箚記』 권5 「여유초종서與劉超宗書」에서 이 책에 대해 "아쉽게도 근거한 바가 『일주서逸周書』, 『목천자전穆天子傳』에 있는 내용이고, 더 아쉬운 것은 『가어家語』, 『공총자孔叢子』, 위본 『죽서기년竹書紀年』에 있는 내용이라는 점이 며, 더더욱 아쉬운 점은 『노시세학魯詩世學』, 『세본世本』, 『모시고의毛詩古義』에 있는 내용이라는 점이다. 진짜 같은 가짜들이 전해져서 약藥을 처방할 수 없다"라고 평하였다. 이는 풍경이 인용한 자료를 비판한 것이다.17) 풍경도 일찍이 염약거의 『사서석지四書釋地』 10곳의 오류를 반박한 바 있다. 두 사람의 학문에 동이同異가 있었음을 알 수 있다.

주이준의 저서에는 『상서고문변尙書古文辨』 1권이 있는데, 오로지 고문을 변위辨僞한 책이다. 이 책에서는 『공전孔傳』의 주와 『상서서尙書序』에 나오는

---

15) 『皇淸經解』에 2권이 수록되어 있다.
16) 『解舂集』 8~9권이다.
17) 다만 『穆天子傳』·『世本』은 『逸周書』에도 眞篇들이 있으므로 완전한 僞作은 아니다.

동해구려東海駒驪·부여扶餘·한맥駻貊 같은 일례를 들었는데, 구려왕駒驪王 주몽朱蒙이 한 원제元帝 건소建昭 2년(BC 37)에 비로소 건국했다는 것은 공안 국이 살았던 무제武帝(BC 156~BC 87) 때보다 훨씬 뒤의 사건이므로 『공전』의 주석이 확실히 위작임을 알 수 있다. 주이준은 또 『경의고經義考』 300권[18]을 저술하였는데, 그 중 권72에서 권97까지의 26권은 『상서』에 관한 것으로서 저록한 저서들의 의변을 온전하게 잘 싣고 있다. 앞의 6장 3절에서 주이준 이 변론하고 밝힌, 허신許愼·왕숙王肅·황보밀皇甫謐·공충孔冲 등이 위공씨 고문僞孔氏古文을 보지 않았다는 내용과 기타 변위의 글들은 모두 이 책에서 나온 것들이다. 주이준은 이 책에 염약거의 『상서고문소증』을 저록하였고, 편집 과정에서 자기가 얻은 고대의 상서학 관련 저작 자료들을 염약거에게 알려 주었다. 염약거도 『소증』에서 주이준의 문장을 인용하였다. 두 사람 이 학술적으로 서로 지지하던 사이였음을 알 수 있다. 그런데 주이준은 고문이 위작임을 확실히 인지하긴 했지만 그 책을 폐기할 필요는 없다고 여겼으니, 이것은 그의 타협점이었다.

2. 염약거가 마침내 위고문을 전복시키다

염약거는 제법 영리를 갈망하여 청빈한 삶을 달가워하지 않고 스스로 다른 사람에게 기롱당하는 학자임을 자처하였으며, 학문적인 측면에 있어서도 자신만만한 넓은 지식과 기억력의 소유자였지만 당시에 선배이 자 큰 스승이었던 고염무·황종희·왕부지 등이 깊은 탐구와 겸손으로 주목받은 것과는 거리가 멀었다. 그러나 그가 편찬한 『상서고문소증尙書古 文疏證』은 30여 년의 깊은 연구를 통해 완성된 것으로서 들인 공력이 대단하

---

18) 이후 翁方綱의 『經義考補正』 12권이 더해졌다.

면서 주장한 바도 매우 견고하여 천고의 명작이 되기에 한 점의 손색도 없다. 이 책은 한 가지 문제에 대해 한 가지 의론을 하여 모두 128편을 입론하였는데, 혹은 138조라고도 한다. 중간에 28~30, 33~48, 108~110, 122~129 등 총 30조가 빠져 있다. 『사고전서총목』은 이들 빠진 조에 대해 "목록은 있으나 글은 없고 편차의 앞뒤도 조리가 맞지 않으니, 아마도 가장 초기의 판본일 것이다"라고 하여 그 원고原稿가 불완전하다는 점을 지적하였다. 책은 매작梅鷟이 『상서』 연구에서 개창한 증거수집의 방법을 운용하여, 문헌적 증거와 역사사실적 증거의 두 방면으로 공씨본의 위작을 고정考定하였다. 제1에서 80까지(권1~5)는 문헌 방면의 증거이고, 제81에서 96까지(권6)는 역사사실 방면의의 증거이다. 제97에서 112까지(권7)에서는 위고문 내용의 모순을 폭로하였고, 제113에서 끝까지(권8)에서는 오역吳棫 · 주희朱熹 · 왕충운王充耘 · 매작梅鷟 · 학경郝敬 · 정원鄭瑗 · 요제항姚際恒 · 마숙馬驌 등의 의변설을 인용하였다. 그리고 책 전체에 걸쳐서 송대 이후부터 청대 초기까지의 학자들, 즉 임지기林之奇 · 조맹부趙孟頫 · 귀유광歸有光 · 풍경馮景 · 주이준朱彝尊 · 손광孫鑛 등의 변위설을 계속 인용하고 있다. 주요 내용을 살펴보면 다음과 같다.

1) 문헌 방면에서의 증거

권1에서 들고 있는 중요한 내용들은 아래와 같다.

① 『한서』의 「예문지」 및 「초원왕전楚元王傳」에 의하면, 한漢 고문은 16편이지만 위공본僞孔本 고문은 25편이다. 이는 편수篇數의 차이이다.(『疏證』 제1)

② 마馬 · 정鄭이 전한 두림본杜林本 고문은 16편보다 더 많은 편명이 있었는데, 그 가운데 「구공九共」이 9편이기 때문에 24편이라고도 한다. 그러나 위공본 25편 가운데에는 「골작汨作」 · 「구공九共」 · 「전보典寶」 등의 편이 없다. 이는 편명의 차이이다.(『疏證』 제3)

③ 유흠의 『삼통력三統曆』에서 인용한 고문 「무성武成」편의 문구는 현재의 위공본 「무성」편의 문구와 완전히 다르다.(『疏證』제5)

④ 『삼통력』은 고문 「이훈伊訓」편의 "태갑 즉위 원년에 이윤이 선왕에게 제사를 올렸으니, 나면서부터 법도가 있고 밝았다"(太甲元年, 伊尹祠于先王, 誕資有牧方明) 구절을 인용하였는데, 위공본에는 뒤의 "탄자유목방명誕資有牧方明" 구절이 없다.(『疏證』제6)

⑤ 마융이 한대 「태서泰誓」에 수록되지 않은, 선진 문헌에서 인용한 「태서」의 5칙則 일문逸文을 들었는데, 위공본 「태서」는 그것을 근거로 수록하고 마융이 거론하지 않는 것은 언급하지 않았다. 가령 『묵자』 「상동尙同」에서 인용된 "태서에 다음과 같이 말하였다. '소인小人이 간교함을 보고 듣고도 말하지 않는 것은 그 죄가 같다'"(大誓之言然曰小人見奸巧乃聞, 不言也, 發罪鈞)를 위공본에서는 채용하지 않았다.(『疏證』제7)

⑥ 『좌전』 장공莊公 8년조에서는 "「하서夏書」에 '고요는 덕을 내리는데 힘썼다'고 하였다"(夏書曰皋陶邁種德)라고 인용한 뒤 이어서 "(노 장공의) 덕이 이에 (백성들에게) 내려졌다"(德乃降)라고 하였는데, 위공본 「대우모大禹謨」는 뒤의 구절을 앞의 구절에 이어 붙여서 전부 우禹가 말한 것으로 기록하였다.(『疏證』제9)

이 외에도 권1에서는 『좌전』·「국어」·「논어」·「묵자」·「맹자」·「예기」 등에서 인용한 일서逸書 부분을 거론하였는데, 위공본은 원뜻을 잘못 이해하거나, 구두를 잘못하거나, 혹은 하나를 둘로 나누어 여러 곳에 나누어 넣는 등의 오류를 범하였다. 대체로 선진 문헌에서 인용된 금문은 지금의 금문과 서로 합치하지만, 선진 문헌에서 인용된 고문은 지금의 위고문僞古文과 합치하지 않는다.

권2에서 들고 있는 중요한 내용들은 다음과 같다.

① 한대의 고문전수자古文傳授者 기록에 의하면 정현이 공안국의 고문에

연원을 두고 있었기 때문에, 매색이 올리면서 공안국이 전한 것이라 했음을 알 수 있다. 그러나 그 편장의 이합離合과 명목의 존망存亡이 절대 양한의 것과 합치되지 않는다.(『疏證』 제17)

② 공안국에 가탁한 『논어주論語注』와 위공본 『상서』를 비교해 보면 위공본의 문장이 진고문眞古文이 아님을 알 수 있다.(『疏證』 제19)

③ "인심유위人心惟危, 도심유미道心惟微" 등 4구는 『순자』 「해폐解蔽」편에서 『도경道經』을 인용한 것으로부터 나왔다. 고서 가운데에는 이와 같은 사례가 너무 많은데, 모두 제자서諸子書에 근원을 두고 『예기』 「악기樂記」에 유입되어 마침내 경經이 되었다.(『疏證』 제31~32)

④ 고문은 오직 정현이 주한 것만이 진짜이고, 금문은 오직 채옹蔡邕의 석경石經만이 정확하다. 정현은 뒤늦게 나타난 위공본의 "우이嵎夷"는 "우철嵎鐵", "매곡昧谷"은 "유곡柳谷", "심복신장心腹腎腸"은 "우현양憂賢陽"이라 하였다. 위고문과 진고문의 같지 않음이 이와 같다. 또 홍적洪適의 『예석隷釋』에 있는 석경유자石經遺字와 비교해 볼 때 위공본에는 다자多字·소자少字·이자異字가 있고 그 기록이 석경에 기록된 은삼종殷三宗과 같지 않으며 은 고종高宗의 재위 연도도 같지 않으니, 위고문과 금문의 서로 같지 않음이 이와 같다. 이로써 이 위공본이 "고문도 아니고 금문도 아니며, 복생의 것도 아니고 공안국의 것도 아님"을 알 수 있다.(『疏證』 제23)

이 외에 권2에서는 『맹자조기주孟子趙岐注』·『고문효경古文孝經』·『고문예古文禮』·『모시전毛詩傳』·『사기史記』·『설문說文』 등의 고문에 근거하여 공안국 고문이 위작임을 증명하였고, 아울러 「무성武成」·「태서泰誓」·「군진君陳」·「태갑太甲」 등의 위편僞篇에서 인용한 구 자료의 오류 또한 매우 이치에 어긋나고 있다는 점을 들었다.

권3에는 제33에서 48까지의 조항들이 있는데, 원문은 없고 그 제목만 남아 있다. 여기에는 「대우모」의 각 구절들은 원본이 있었고 「태서」·「무성」

의 각 구절들은 원본이 남아 있다는 점을 밝혔으며, 각 편들은 『논어』·『효경』·『주역』·『상서』·『모시』·『주례』·『예기』·『대대기』·『좌전』·『국어』·『이아』·『맹자』·『순자』·『노자』·『문자』·『열자』·『장자』 등의 원본을 베낀 것이라고 하였다. 여기서 거론된 내용들은 대개 다른 각 권에서 다시 한 번 언급되고 있다.

권4는 제49에서 64까지의 조항이다. 대체로 위고문 각 편이 각종 고적古籍을 베끼면서 잘못 사용했거나, 거짓을 사실인 것처럼 기록하였거나, 당시의 의미에 어두웠거나, 역사적 실례와 맞지 않거나, 주대의 예제와 합치되지 않거나, 구문舊文을 잘못 모방한 것 등을 고찰하였다. 끝에서는 「윤정胤征」의 "옥석구분玉石俱焚"이란 말이 위진 연간에 나온 것이라고 하였다. 그리고 권5는 제65에서 80까지의 조항인데, 위고문 각 편이 인용한 고문헌의 정황을 고변考辨하여 그 모순점과 허점을 지적하였다. 권4의 제53조에서 염약거는 다음과 같이 말하고 있다.

나는 『공전』이 왕숙王肅의 주와 많은 부분 같다고 말한 적이 있는데, 그렇다면 『공전』이 왕숙을 표절한 것이다.…… 「요전」 "인우육종禋于六宗"의 '육종六宗'을 말한 것이 사람마다 모두 달라서 위나라 명제明帝가 왕숙에게 '육종'에 대해 의론하기를 명하자, 왕숙은 『가어』의 "공자왈소종자육孔子曰所宗者六"을 취하여 대답하였다. 이는 왕숙 이전에는 들어보지 못한 말이었고 지금 안국의 「전」과는 완전히 똑같으니, 『공전』이 왕숙을 표절한 것이라는 또 하나의 증거이다.

위공본이 왕숙을 표절해서 나온 것임을 정확하게 지적한 말이다.

2) 역사사실 방면에서의 증거

이들은 모두 권6의 상·하편에 보이는 제81에서 96까지의 조항에 나타난 역법曆法과 지리地理 방면의 증거이다.

① 역법 방면에 있어서는 「윤정」에 기록된 중강일식仲康日蝕과 역법의 불일치를 지적하였고, 또 다음과 같은 내용들이 있다. 「요전」의 역법은 매우 소략한데, 「공소」·「채전」에서 충분히 소명하지 못하였다. 「필명畢命」에 기록된 "육월경오비六月庚午朏"는 당일행唐一行의 『대연력大衍曆』이 「죽서기년」을 근거로 추산한 것에서 나온 것이다. 그 달에 경오庚午는 없었는데 오직 소옹의 『황극경세』에만 그 달에 경오가 있는 것으로 되어 있으니, 이는 진대의 자료에서 나온 것이다. 「은본기」에 실린 「탕고」는 역법에 합치하지만, 위고문 「탕고」는 합치하지 않는다.(『疏證』 제81~84)

② 지리 방면에 있어서는 매작梅鷟이 근거로 든 금성金城·하남河南 두 곳이 공안국 이후의 지명이라는 증거를 그대로 따랐다.(『疏證』 제87~88) 그리고 제수濟水는 고갈되었다가 왕망王莽 이후에 다시 흐르게 되었고, 맹진孟津이 하남으로 옮겨진 것은 한 영제靈帝 이후이므로 위고문은 모두 공안국 이후의 사건을 기록하고 있다는 점을 보충하였다. 또한 삼강三江은 진택震澤으로 유입되는 것이 아니라는 점, 「무성武成」의 화산華山은 『산해경』과 『수경주水經注』에 나오는 문수門水가 흘러나오는 양화산陽華山인데 태화太華로 잘못 이해하여 위편 「무성」은 상교商郊와 목야牧野 두 지역을 오인하였다는 점, 그리고 「우공禹貢」의 일부 지리에 관한 내용 등을 고정하였다.(『疏證』 제85~86)

이런 것들은 위공본이 뒤늦게 나온 것임을 단언할 수 있게 하는 유력한 증거들이다.

권7(제97~112조)은 위고문 각 편의 내용이나 서술의 모순점을 폭로한 것이다. 권8(제113~128조)은 오역吳棫에서 요제항姚際恒에 이르는 7~8명의 의변설을 인용하고 있는데, 이 책에서 말하고 있는 위고문의 위조에 대한 고발이 정확하다는 점을 보충설명하기에 충분하다. 제113조에서는 다음과 같이 적고 있다.

나의 위고문 변위辨僞에서 가장 중요한 부분은 원래 공벽에 진고문眞古文이 있었다는 것으로, 「순전舜典」・「골작汩作」・「구공九共」 등 24편은 장패張霸의 위찬이 아니다. 공안국에서 마・정까지 이를 전습하였다. 「대우모」・「오자지가」 등 25편은 위진 연간에 뒤늦게 나온, 공안국의 이름에 가탁한 것들이다. 이것이 기본 전제이다⋯⋯ 일찍이 황태충黃太冲에게 이 내용을 보내자 탄식하며 말하기를 "원래 양한시기에 공안국의 『서』가 학관에 세워지지는 않았지만 사가私家에서 유전되고 있었는데 영가의 난으로 망실되었다. 이어 매색이 『위서僞書』를 바치면서 공안국의 이름으로 덮었으니, 매색이 위작을 한 것이다. 후대 사람들이 한대의 공안국을 아울러 의심하니 가당키나 한 일인가?"라고 하였으니, 사史와 전傳을 하나로 묶어 해석한 결과이다.

이는 염약거의 위고문의변에 있어 가장 중요한 설명으로, 그는 황종희의 말을 인용하여 자신의 학문을 펼쳐 나갔던 것이다. 다만 그는 『위서僞書』의 작자를 황종희의 설에 따라 매색으로 귀결시켜서 이를 바탕으로 모든 고변考辨을 전개해 갔다.

비록 이미 매작梅鷟이 이와 같은 고변방법을 개창하긴 했지만, 그가 수집한 자료는 완전하지 않았고 고증도 비교적 소략하였다. 염약거에 이르러서야 비로소 세밀한 구성과 상세한 인용으로 정밀하고 정확한 고변을 진행할 수 있게 된 것이다. 그로 인해 위고문의 각종 위작의 흔적들이 세상에 드러나게 되어 다시 그 결정을 뒤집을 수 없었으니, 오직 모기령毛奇齡만이 끝내 미련이 남아 그것을 뒤집으려 했으나 불가항력이었다. 이에 『사고전서총목』에서는 "염약거에 이르러 경전과 고문을 인용하여 일일이 그 모순점을 진술하였기 때문에 고문의 위작이 만천하에 드러났다. 128조에 대해 모기령이 『고문상서원사古文尚書冤詞』를 지어서로 다투었으나 끝내 억지스러운 말로써 바른 이치를 빼앗을 수는 없었으니, 근거가 있는 말이 먼저 세워지면 그것을 무너뜨릴 수는 없는 일이다"라고 하였다. 물론 『총목』은 그런 가운데서도 이 책의 부족한 부분에 대해 다음과 같이 지적하기도 했다.

> 마·정의 주본注本은…… 복생의 것과 상당 부분 일치하였으며, 별개의 『공씨서孔氏
> 書』가 있는 것은 아니다. 염약거는 '정현의 분주함'(鄭逸)을 '정현이 일편逸篇을
> 주석함'으로 오해하였으니 천려일실의 잘못을 면할 수 없다. 또한 『사기』·『한서』
> 에 공안국이 『고문상서』를 헌상한 설만 있고 전傳을 만들라는 명을 받은 적이
> 없다는 사실은 위본僞本이 근거 없음을 말해 주는 확실한 증거이기도 하지만
> 동시에 위본을 변호하는 중요한 관건이 되기도 하는데, 이를 내버려둔 채
> 언급하지 않은 점은 조금 아쉬운 점이다. 기타의 조목 뒤에 종종 군더더기
> 말을 덧붙여 내용을 방대하게 하였고, 고심해서 지은 『잠구차기潛邱箚記』가 전해
> 지지 않을까 봐 여기에 붙여 둔 것은 결과적으로 핵심을 벗어난 지엽적인
> 일이다. 또한 종종 전권前卷에서 논의한 것을 후권後卷에서 스스로 논박하면서
> 그 앞의 설을 삭제하려 하지 않았는데, 비록 정현이 『예』를 주석한 의의를
> 모방하려 하였으나…… 궁극적으로 체제가 잘 맞지 않게 되었다.

그러나 마지막에는 염약거를 예찬하면서 "반복적으로 제거하여 천고
의 대의大疑를 떨어 내었으니 고증학의 시초가 아닐까 한다"라고 하여
염약거의 뛰어난 고증학적 성과를 확실히 인정하였다.

염약거의 이러한 성공적인 고증을 통해 동진 초기 이래로 역대 학관에
세워져 왔던 『고문상서』는 '위고문僞古文'으로, 『공안국전孔安國傳』은 '위공
전僞孔傳'으로, 그 판본은 '위공본僞孔本'으로 판정받게 되었다. 이로써 사상
계의 맨 꼭대기에 있으면서 1천여 년 동안 신봉되었던 찬란한 성경聖經은
마침내 통쾌하게 전복되고 말았다.

3) 염약거 이후의 보충 의변

염약거 이후로도 계속해서 『상서』 의변에 종사한 학자들이 10여 명
있다. 직접적으로 염약거의 학문을 이은 사람은 그의 문인 송감宋鑒으로,

『상서고변尚書考辨』 4권과 『상서회초尚書匯鈔』(不分卷)를 편찬하였다. 염약거의 학문을 계승한 송감은 스승의 책 내용 중에서 번잡한 부분을 정밀하게 다듬었는데, 비록 특출한 의견을 낸 것은 없으나 사학師學을 전승하는 데 매우 부지런하였다. 그는 『상서변위尚書辨僞』 5권을 편찬한 호남湖南 선화善化의 당환唐煥과 더불어 당시에 변위辨僞로써 이름을 날린 양대 대가였다.

진정으로 염약거의 학문을 발양하고 비교적 큰 성과를 이루어 낸 사람은 혜동惠棟이었다. 그는 자료를 충실히 모아 염약거의 설을 더욱 완전하게 하였으니, 그 공로가 염약거에 버금갔다. 그러나 이것은 혜동보다 조금 앞서 왕무횡王懋竑·이불李紱·양춘楊椿 등이 고증을 이어왔기에 가능한 일이었다. 또한 혜동과 같은 시기이거나 늦은 시기에 각자 자신의 의견을 제시하면서 염약거의 설을 보충하여 상당히 큰 영향을 끼친 세 사람이 있었으니, 바로 정정조程廷祚·최술崔述·정안丁晏이다. 그 외 사람들은 비교적 일반적이었다.[19] 이들 몇 사람에 대하여 간략히 서술하도록 한다.

왕무횡王懋竑은 『독경기의讀經記疑』(卷不詳)를 편찬하였다. 또 『황청경해皇淸經解』에 그의 『백전초당존고白田草堂存稿』의 1권이 수록되어 있는데, 『논상서서록論尚書敍錄』이 거기에 포함되어 있다. 『사고전서총목』의 '고문상서원사古文尚書冤詞'조에서는 "(염약거 이후) 혜동·왕무횡 등이 계속해서 고증하여 염약거의 설이 더욱 분명해졌다"라고 하였다. 왕무횡은 위고문가들이 주장한, 복생이 (『금문상서』를) 구두로 전한 것이 아니며 금문은 원본이 아니라고 무고한 사실을 적극 논변하였고, 또 동진의 위본은 왕숙王肅·속

---

19) 염약거의 설을 계승하면서 한 걸음 더 나아가 『尚書』 今文에 대한 정리와 연구를 한 淸代 學者들은 매우 많았는데, 이름이 드러난 사람으로는 江聲·王鳴盛·段玉裁·孫星衍 등이 있다. 그들은 孔氏本이 僞書임을 확실히 알고 있었지만 辨僞 연구를 주로 하지 않고 今文 各 篇에 대한 연구를 진행하였는데, 아래에서 서술하도록 한다.

석속석束晳·황보밀皇甫謐 등이 모작한 것이라고 의심하였다. 아울러 공영달의 소疏와 『한서』「예문지」에 대한 안사고顔師古 주注의 오류를 변론하였는데, 분석이 비교적 완고하였다.

이불李紱은 육왕학을 신봉하고 주자학을 배척하였다. 상서학에 있어서는 일찍이 『고문상서고古文尚書考』를 편찬하였는데, 『목당초고穆堂初稿』에 실려 있다. 거기에서 이불은 "『고문상서』는 모두 금문에 없는 것들로서, 한 사람의 손에서 나온 것 같지만 한·위 사람들이 만든 것이다.…… 진의 분서焚書 이전에 나온, 『순자』에 보이는 『상서』에는 '위미危微'라는 말이 없었다.…… 공안국이 얻은 벽 속의 고문은 실재했는데, 다만 그것이 오늘날 전해지는 『고문상서』는 아니다"라고 하였다. 그는 또한 「서고문상서원사후書古文尚書冤詞後」를 지어 이렇게 말하였다.

> 『상서정의尚書正義』는 고문을 고찰하면서 『진서晉書』를 인용했는데…… 『진서』를 살펴보면 그런 말은 전혀 없다.…… 모서하毛西河 씨는 『고문상서원사古文尚書冤詞』를 지으면서 역시 『정의』에서 인용한 『진서』, 『황보밀전』을 근거로 하였는데…… 『황보밀전』에 없는 내용이다. 모씨毛氏는 조공무晁公武의 『십팔가진서十八家晉書』를 인용하여 말을 만든 것이다. 『당서唐書』「예문지」를 살펴보면…… 어제서御制書가 나오면 나머지 책들은 반드시 이름을 붙인다. 『정의』에서 인용한 어떤 사람을 지칭하지 않은 『진서』는 반드시 어제御制 『진서』일 것이다.…… 모씨는 『고문상서』에 대해 '죄가 없다'(冤)고 했지만, 인용한 바가 소략한 것이 공씨의 『정의』와 다를 바 없으니 어찌 후대 사람들을 믿게 만들고 천하 사람들의 입을 닫게 하기에 충분하겠는가?

이것은 왕무횡이 전력으로 지지했던 염약거의 설과 같은데, 최술崔述은 염약거의 설을 보지 않고 다만 이불의 두 저술만을 보고 그 요점을 기록해 두었다. 그것이 바로 『고문상서변위古文尚書辨僞』이다. 최술의 기록에 따르면 이불 역시 위고문의 작자를 황보밀로 생각하고 있었다.

양춘楊椿의 공씨고문을 의변하는 저작은 『맹린당문초孟隣堂文鈔』에 보인다. 그 권6에 「공안국서전변孔安國書傳辨」이 있는데, 여기서는 『공전』과 한대이래 문헌의 차이를 들어 『공전』의 위작설을 밝히고 있다. 그 내용은다음과 같다. 『사기』와 『한서』 「지리지」 및 『수경水經』에 인용된 고문들이『공전』에는 보이지 않고, 『후한서』 「공희전孔僖傳」에서는 공안국 이래로고문을 전한 내용을 기록하고 있지만 그가 『전』을 지었다고는 하지 않았으며, 유흠의 「이양태상박사서移讓太常博士書」에서도 공안국이 『전』을 지었다는 말은 하지 않았다. 더욱이 공안국이 지었다는 「서序」에서는 스스로명을 받들어 『전』을 지은 뒤로 다시는 명을 듣지 않았다고 했는데, 세상에어찌 천자의 명을 받고도 감히 다시 하지 않을 수 있었겠는가? 이상은모두 『공전』을 위서로 판단하기에 충분한 것들이다.

혜동惠棟은 건륭의 전성시대를 살았던 청대 한학 오파吳派의 창시자이다. 그의 학문은 광범위한 자료수집에 장점이 있어서 내용이 풍부하고 깊었다. 주된 성과는 역학에 있었지만 상서학 방면에서의 『고문상서고古文尙書考』 2권도 매우 유명하여, 이 책은 반박할 수 없는 고문위증古文僞證 자료들을제공해 주었다. 이 책의 「전언前言」에서 그는 다음과 같이 말했다.

오늘날 이른바 고문이라는 것은 매색梅賾의 책이지 벽중壁中의 글이 아니다. 매색은 전傳과 기記를 긁어모아 위고문을 만들어 후세에 남겼는데, 후세 유자들이 그냥 믿고 따랐기 때문에 동진의 고문이 남고 서한의 고문은 없어지게 되었다.

책의 맨 첫머리에서 위고문은 매색이 위조한 것임을 분명히 밝히고있다. 그런 다음 한고문 58편의 편목 및 정현이 기술한 일서 24편의 편목을밝혀 그것과 매색본의 차이를 드러내면서 "매색의 무리들이 사사로운꾀를 모아 고문전기古文傳記를 만들었다"라고 재차 말함으로써 위작을만든 사람이 매색이라고 단정하였지만, 그 자주自注에서는 "위서僞書는 당연히 왕숙王肅에서 시작되었을 것이다"라고 말하고 있다. 이어서 공영달의 『정의』에 서술된 부분의 오류를 변정辨正하면서 고문일구古文逸句 가운데 믿을 만한 것 9조를 인용한 후 위고문에서 더해진 편목의 15조를 변증하였는데, 그 중에는 정밀한 의의가 많이 있다. 책 전체의 주제는 위서僞書 25편에 대해 그 문구들이 어디에서 베껴진 것인지를 찾아서 염약거의 부족한 부분을 보충하는 데 있었다. 원래 오징이 위공본에 대해 "채집하여 보충하고 삭제한 것이 비록 한 글자라도 근본이 없는 것이 없다"라고 지적한 이후 그것들이 "제경諸經 및 『논어』·『맹자』의 말에 의거하면서 그 자구를 훔쳐서 꾸며내었다"는 점을 매작이 밝혀내었으며 염약거가 각 편 구절들의 원본을 제시하여 베껴진 선진 문헌들이 적지 않게 밝혀짐으로써 위고문 각 편의 조작한 흔적들을 뚜렷이 볼 수 있게 되었는데, 혜동에 이르러서 비로소 각 편 문구 대부분의 원본에 대한 명확한 증거를 나열함으로써 위고문이 위작이라는 확실한 심판을 내리게 된 것이다. 따라서 위고문을 변증하는 운동은 혜동에 이르러서야 최후의 완성을 이루었다고 할 수 있다.[20]

위고문의 작자에 대해 그는 책 속에서 비록 몇 차례에 걸쳐 염약거의 설을 좇아서 매색이라고 하였지만, 또한 왕숙이라고 말하기도 했다. 그는 다음과 같이 말하였다.

> 『하서夏書』의 "유피도당惟彼陶唐……"에 대해 가규賈逵는 하夏나라 걸桀왕의 때라고 하였고…… 왕숙王肅의 『가어家語』 주에서도 "금실궐도今失厥道"는 마땅히 하나라 태강太康의 때일 것이라고 하였으나, 나(惠棟)는 일찍이 뒤에 나온 고문은 왕숙이 편찬한 것이라고 의심하였다. 위고문은 『여씨춘추』에서 인용한 「상서商書」의 "오세지묘五世之廟"를 고쳐 '칠세七世'라고 하였는데, 왕숙은 '칠묘七廟'로 주석하여 정현을 공격하였으니 『위서僞書』는 왕숙이 편찬한 것으로 의심된다.

---

20) 이후 王鳴盛 등이 약간의 보충을 하였다.

이는 자료의 일부분을 근거로 확대해석한 이론이어서 불완전한 면이 여실히 드러나고 있는데, 이에 대해서는 아래에서 변론하도록 한다. 한편 혜동은 『상서고의尙書古義』 1권도 지었는데, 『소대총서昭代叢書』에 들어 있다.

혜동과 같은 시대를 살았던 정정조程廷祚는 『만서정의晩書訂疑』 3권을 편찬하여 위고문僞古文에 대한 입장을 드러내었고, 모기령毛奇齡의 『고문상서원사古文尙書冤詞』를 겨냥하여 『원원사冤冤詞』(無卷數)를 지었으며, 『상서』 전반에 대한 자신의 연구를 담은 『상서통의尙書通議』 30권을 편찬하였다. 이른바 '만서晩書'라는 말은 공영달 『상서정의』 「서」의 "고문경古文經은…… 뒤늦게 비로소 유행되었다"라는 말에 근거한 용어이다. 『만서정의』의 권1에서는 '만서'의 출현 시기에 대한 견해를 제시하고 있는데, 동진東晉 때에는 만서가 보이지 않다가 『수서隋書』의 기록에 제齊 건무建武(494~498) 연간에 요방흥姚方興이 헌상한 판본이 비로소 국학國學에 배열되었다고 했으니 만서는 소제蕭齊 때 처음 세워진 것이라고 말한다. 정정조에 따르면, 동진에 설립된 박사 9인 가운데 『고문상서』 공씨孔氏는 양한 때 원래 있던 공씨고문이지 만서가 아니며, 만서의 출현은 송宋 원가元嘉(424~453) 이후라는 것이다. 원가 당시의 서광徐廣·범화范曄·배송지裴松之 등은 모두 만서를 보지 못했고 배송지의 아들 배인裴駰이 『사기집해史記集解』에서 처음 만서를 인용하였기 때문에, 정정조는 매색이 고문을 헌상한 사실이 없었을 것이라고 의심하였다. 그는 만약 그런 사실이 있었다고 하더라도 그것은 정정조 자신이 말하는 만서가 아니라 별도의 29편 위공본僞孔本이었을 것이라고 보았다.[21] 그러나 이러한 정정조 설은 그 자체로 성립될

---

21) 그는 또한, 『史記集解』는 「五帝本紀」 "敎稺子"조의 해석에 『孔傳』을 인용하였지만 이 것이 현재의 『孔傳』에는 보이지 않는다는 점을 들어 별개의 『僞孔傳』이 있다고 여겼다. 그러나 그는 이미 스스로 『集解』에서 현재의 僞孔이 최초로 인용되었음을 말한 바 있다.

수 없다. 이 설의 오류에 대해서는 전술한 6장 3절에서 지적한 바 있다. 한편, 그는 『일주서逸周書』「세부世俘」편이 선진先秦의 원본 「무성武成」편이라고 주장하였는데 매우 정확한 지적이었다. 『만서정의』의 권2에서는 「상서서尙書序」를 변증하면서, 한대의 고문古文은 24편이 아니라 단지 16편만 있었으며[22] 정현이 24편으로 나누었다는 설은 『공소孔疏』에서 처음 나타난다고 지적하였다. 권3은 만서 25편에 관한 잡론雜論으로, 매 편의 형성에 관한 의견을 제시하고 있다. 여기서는 이들 편들이 "천고千古의 유문遺文으로 엮어 만든, 체제를 갖춘 편들로서 견문이 넓고 문사文辭를 잘 아는 사람이 아니라면 이룰 수 없는 것"이라고 하면서, "옛날의 유자들이 『상서』의 잔결殘缺을 안타까워하여 없어진 것을 보충하고 모작模作한 것"이지 고의로 위작한 것은 아니라고 하였다. 그런데 후대에 "무지한 자가 함부로 『상서』에 편입시켜 서序와 전傳을 짓고 안국安國의 이름으로 가탁"함으로써 비로소 위서가 생기게 되었다는 것이다. 이 외에 정정조는 염약거의 설에 대해서도 논의를 하여 『소증疏證』에 대한 변론을 지었는데, 이는 그의 『청계존고靑溪存稿』에 들어 있다.

건가乾嘉시대의 최술崔述(호는 東壁)은 『고문상서변위古文尙書辨僞』2권을 편찬하였는데, 이것은 『최동벽유서崔東壁遺書』에 수록되어 있다. 앞의 권은 「고문상서의 진위와 원류에 관한 고찰」(古文尙書眞僞源流通考)로, '육증六證'과 '육박六駁'의 논의로써 고문의 위작을 고정考定한 것이다. 비록 대부분이 염약거·혜동 등이 이미 거론한 내용이지만, 최술이 언급한 청대의 변위 저작들에는 오직 이불李紱의 저서만 있을 뿐 염약거나 혜동의 저서는 보이지 않는다. 따라서 그의 견해는 모두 경전을 탐색해서 스스로 얻은 것이었다. 최술 스스로가 정확한 인식과 견해를 견지하고 있었고, 그것이 마침 염·혜의 견해와 맞아떨어졌을 뿐이다. 또한 최술은 동진 때 매색이

---

22) 그는 孔穎達이 "僞書"라고 한 것에 근거하였다.

고문을 헌상한 사실이 없으며 유협劉勰의 『문심조룡文心雕龍』에서 처음 위서僞書가 인용되었으므로 위서는 제齊·양梁시대에 나타나 강좌江左에서 유행하다가 수대隋代에 성행하게 되었다고 말했는데, 이 설은 정정조의 설과 같다. 최술은 위서의 작자에 대해서는 이렇게 말하였다.

> 매작梅鷟·이거래李巨來(李紱)는 모두 황보밀皇甫謐의 저작으로 여겼지만 내가 보기에는 그렇지 않은 것 같다. 서진西晉 때에는 금문과 고문이 병존하였으니, 어찌 고문을 금문이라고 할 수 있었겠으며 별도의 『고문상서』를 지어 세상을 속일 수 있었겠는가? 더구나 황보밀이 정말 그 책을 지었다면 반드시 세상에 유행하였을 터인데, 어찌 울종蔚宗(范曄)이 그것을 모를 수 있었단 말인가? 또한 강좌江左에서 성행하였는데 어찌 중원中原에는 도리어 그것이 없었단 말인가? 그렇다면 그 책은 남도南渡 이후 진晉·송宋 연간에 왕숙王肅을 종주로 하는 자가 위찬僞撰한 것으로, 정현의 설을 공박한 왕숙의 설을 펼친 것일 뿐이다.

그는 또한 "이 위서가 왕숙의 설을 채용한 것이지 왕숙의 설이 위서에 근본한 것은 아니다"라고 하였다. 이는 염약거의 설과 동일하다.

최술의 동생 최매崔邁의 저서 가운데에도 『상서』를 의변한 것이 몇 개 있다. 하나는 『눌암필담訥庵筆談』 2권인데, 그 책의 권1은 28칙則으로 구성된 「서경변설書經辨說」[23)]로서 오로지 「상서서尚書序」·위고문僞古文과 송인宋人의 경설經說을 논박한 것이다. 여기서는 「대우모」의 표절 및 해당 편의 "귀서협종龜筮協從"의 오류를 지적하여 "서筮라는 이름은 「홍범」에 처음 보이고 하우虞夏시대에는 서筮를 말하는 사람이 없었으니,…… '귀서협종'은 후대의 말이다"라고 하였다. 또 「열명說命」편에 대해서는, 부정할 수 없는 위작의 3가지 증거를 제시하면서 정현의 양음삼년설亮陰三年說이 정확하지 않다고 여겨 "거상설居喪說은 『논어』에서 나온 것이다"라고 하였다. 고힐강顧頡剛은 이 두 가지가 모두 탁견이라고 지적하면서 형인 최술의

---

23) 「尚書辨僞」로 잘못 전해졌다.

의변보다 더욱 용감하고 결단력이 있다고 하였다. 최매는 또한 『고문상서고古文尙書考』 1편도 지었는데, 그의 문집 상권上卷24)에 있다. 『고문상서고』는 『상서』 원류에 의거하여 『공소孔疏』·『수서』·『석문釋文』에서 말한 공씨고문의 오류를 변증함으로써 동진 때 매색이 헌상했다는 설을 고정한 것이다. 최매의 저술에 대해 그의 형 최술은 다음과 같이 말하였다.

> 나의 아우 최매의 저서에는 『고문상서고』와 『눌암필담』이 있다. 공씨경전 위조에 대한 그의 논박은 고염무와 이불 두 선생의 설에 비해 더욱 상세하다. 『필담』은 이미 『고신록考信錄』에 추려서 실었고, 『상서고』는…… 나의 「원류진위통고」에 다 갖추어져 있다.

최술은 아우 최매의 두 저서를 자신의 『당우고신록唐虞考信錄』과 『삼대고신록三代考信錄』 및 『고문상서변위』의 「원류통고」에 나누어 채록하였다는 사실을 기록하고 있다. 최매는 『주자팽려변의朱子彭蠡辨疑』도 지었는데, 역시 『상우당문집尙友堂文集』에 실려 있다. 이 외에 『독위고문상서점첨표기讀僞古文尙書粘籤標記』도 있다. 이것은 표절한 위고문 각 편의 자구字句가 원본의 의미를 잃어버린 것이나 단어의 배치가 알맞지 않은 것들을 표시한 것인데, 최술은 그 전문全文을 집록하여 『고문상서변위』의 뒤에 붙여 두었다. 결국 최씨 형제는 일부러 꾀하지 않았음에도 염약거·혜동과 동일한 변위의 성과를 일구어 내었던 것이다.

가경嘉慶·도광道光시대의 정안丁晏은 『상서여론尙書餘論』 1권과 『서채전부석書蔡傳附釋』 1권을 편찬하였다. 『여론餘論』은 모두 19편의 논의를 통해 위고문이 왕숙의 저작임을 밝힌 책이다. 정안은 『공자가어』·『공총자』 등의 내용 및 서진西晉에서 이미 왕숙의 주가 유행하고 있었다는 사실, 육덕명陸德明·공영달孔穎達·유지기劉知幾·동유董逌 등이 제시한 자료 등을

---

24) 顧頡剛이 『尙友堂文集』 2권을 펴내어 『崔東壁遺書』 뒤에 부록하였다.

근거로 제시하면서 왕숙이 사사로이 고문을 조합해서 정현을 공격하였다고 지적하였다. 또한 『사기』·『한서』·『설문』 등에 보존된 진고문설眞古文說에 근거하여 『공전孔傳』이 위작임을 증명할 수 있으며 『논어공주論語孔注』도 왕숙의 손에서 위조되었다고 하면서, 혜동惠棟·왕명성王鳴盛·이돈李惇 등이 주장한 왕숙위작설을 인용하여 자신의 학설을 크게 드러내었다. 아울러 그는 위공본이 왕숙으로부터 나온 것임을 주장한 염약거의 설로부터 계속해서 제기된, 공전이 왕숙을 표절한 것이지 왕숙이 공안국을 표절한 것은 아니라는 내용으로 특별히 「상서고문소증변증尙書古文疏證辨證」 1편을 지어 『여론』의 뒤에 부록하였다. 이 책이 나온 이후 수많은 학자들이 이 설을 믿었는데, 특히 만청晚淸 이래의 금문학파 학자들이 이 설을 지지하였다. 그러나 사실 그들의 설은 모두 편중되고 완전하지 않은 증거를 취하여 과장함으로써 더욱 이치에 맞지 않는 오류를 범하고 있었다. 이 점에 대해서는 전술한 6장 3절의 (2)에서 이미 밝힌 바 있는데, 뒤에 위고문의 작자를 서술할 때 다시 논의하도록 하겠다.

이상은 청대에 위고문을 의변한 주요 저작들이다. 이 외에 염약거 이후 동치同治·광서光緖 연간까지 등장한 의변 학자와 저서들을 나열하면 다음과 같다.

우선 강희 60년 신축辛丑(1721)에 동반으로 진사進士가 된 고동고顧棟高와 육규훈陸奎勛 두 사람의 저작이 있다. 고동고는 『춘추대사표春秋大事表』를 지어 세상에 내놓은 학식 깊은 학자였지만 상서학은 그의 전공이 아니었다. 그가 지은 『상서질의尙書質疑』 2권은 단지 의의疑義만을 거론한 것인데, 간혹 소득이 있긴 했지만 이것저것 다 옳다고 여겨 진취가 일정하지 못하였다. 가령 '위미정일危微精一'에 관한 4구절을 믿어 반드시 진실이라고 단언한 것이나 "양계간우兩階干羽"('大禹謨')의 고사를 유흠劉歆이 몰래 삽입한 것이라고 여긴 것 등이다. '위미정일'에 관한 4구절이 진실된 구절이라는 견해는 근본적으로 착오가 있는 것이었으며, "양계간우"의 고사가 몰래 삽입되었다는 의문은 매우 옳은 것이었지만 그 삽입자를 유흠으로 의심한 것에는 근거가 없었다. 또한 하夏·상商은 동성同姓을 봉封하지 않았다는 견해 역시 상상에 의지한 발언이었다. 분명 요·순·우가 동성은 아니기 때문에 오늘날의 관점에서 본다면 매우 정확한 말이지만, 그의 이 설에는 아무런 근거가 없었다. 이 책은 비록 서편 내용에 대한 일부 의의疑義를 제시하기는 했지만 공씨고문이 위작임을 밝힐 유력한 의변을 내놓지는 못하였다. 육규훈은 『금문상서설今文尙書說』 3권을 편찬하였다. 『사고전서총목』에 의하면, 이 책은 『채전蔡傳』 자구의 결실缺失을 보충한 것으로서 금문 28편만 해설하고 고문은 손대지 않았다. 책 뒤에는 『고문상서변古文尙書辨』 2편을 부록하였는데, 매작·염약거의 근거 있는 설을 인용하지 않고 오히려 『고문상서』가 반은 믿을 수 있고 반은 믿을 수 없다고 말하였다. 또한 스스로 꿈에서 공자를 본 뒤 갑자기 깨달음을 얻어 이 책을 완성하였다고 해서 더욱 허망함을 보였다. 고동고와 육규훈의 두 저서는 의변에 배열되어 있으나 실질적인 의변 저작은 아니다.

　다음은 그 외 제가들의 저작이다.

◦ 방매方邁의 『경의고이經義考異』 7권: 모기령毛奇齡과 논변을 주고받은 것으로, 위공을 매우 의심한 책이다.[25]

◦ 왕심경王心敬의 『상서질의尙書質疑』 8권: 『사고전서총목』의 기록에 따르면, 이 책은 조맹부趙孟頫·오징吳澄의 설을 좇아 『상서』를 금문·고문의 둘로 나누었고 『강고』를 『대고』 앞으로 옮겼다. 또한 풍방豐坊의 위서설僞書說을 채용하였는데, 이는 잘못이다.

◦ 염순관閻循觀의 『상서독기尙書讀記』 1권: 『사고전서총목』에 의하면, 이 책은 염순관이 『상서』를 읽으면서 그때그때 적어 둔 간단한 소견들을

---

25) 方邁에게는 이 외에 『九經衍義』 100卷도 있다.

사후에 우인友人들이 모아서 출간한 것이다. 모두 76조이다. 완전한 저작은 아니지만 고문을 불신하는 관점이 잘 드러나 있다.

◦ 이돈李惇(자는 孝臣)의 『상서고문설尙書古文說』 및 『군경지소群經識小』 8권: 두 책 역시 공주孔注가 위작임을 말하면서 왕숙의 저작으로 보았다.

◦ 요내姚鼐의 『석포헌구경설惜抱軒九經說』(전 17권)의 권3: 위공 중의 이치를 크게 벗어난 대목을 조목조목 열거하면서 위공을 물리치는 것이 지나친 일은 아니라고 말하였다.

이 외에 진정계陳廷桂의 『상서질의尙書質疑』 8권 및 『상서고금문고증尙書古今文考證』 2권, 유청지劉靑芝의 『상서변의尙書辨疑』 1권, 황면黃冕의 『상서기의尙書記疑』(不詳卷), 손교년孫喬年의 『고문상서증의古文尙書證疑』(不詳卷) 등이 있다. 위에 보이는 몇 부의 총서叢書들은 의변 저작인 듯하지만 그 내용을 상고할 수 없다.

이상은 의변을 한 전문 저작들이다. 당시 공씨본 고문을 토론한 논문·서신 등의 단편 문장들은 『청대문집편목분류색인淸代文集篇目分類索引』에 보인다. 그 가운데 "고문상서를 논한 것"으로 표제가 된 것이 19편인데 거의가 위고문에 대해 토론한 것이며, 별도로 "위고문상서를 논한 것"으로 표제가 된 것이 16편 있다. 이들 문장들은 대부분 앞에서 인용되었고, 일부는 아래에서 '위고문에 미련을 둔 학자들의 헛된 반항'을 서술할 때 인용될 예정이다. 그 중에는 인용한 곳을 찾지 못한 부분도 있지만, 찾을 수 있는 곳은 당연히 색인이 되어 있다. 이들 문장은 당시에 위고문토론이 치열했음을 잘 보여 준다.

의변활동의 내용 가운데에는 당연히 송·명 때와 같이 금문 제 편들을 의심한 것도 있다. 청초의 왕부지王夫之는 『서경패소書經稗疏』에서 당시 유행한 「금등金縢」을 의심한 설 12가지를 열거한 뒤 하나하나 물리치면서 「금등」은 의심할 것이 없다고 단언하였는데, 청대 중엽에 경학가가 아닌

문인 원매袁枚가 나타나 "「금등」은 비록 금문이지만 이 또한 위서僞書이다"[26]라고 하고 또 금문 「순전」·「우공」·「여형」 제 편에 있는 정묘征苗의 구절들도 믿을 수 없다고 하였다.[27] 그러나 이러한 논의는 반한학反漢學적인 사장가辭章家의 의견에 불과한 것으로, 진정한 고변考辨을 통해 얻은 인식이 아니었다. 실제로 원매는 진정한 고변을 진행할 능력이 없었기 때문에 그처럼 거리낌 없이 대상과 상황에 부합하지 않는 근거 없는 허언을 할 수 있었던 것이다.[28]

4) 위고문 작자에 대한 탐색

청대 위고문의변의 대단한 성취는 마침내 고문이 위작임을 결론짓게 만들었지만, 위고문의 작자가 누구인지에 대해서는 청대 말기까지도 이설異說이 분분하여 줄곧 정론定論이 없었다.

위고문의 작자에 대해 최초로 언급한 송대의 주희朱熹는 진晉·송宋 연간의 문장이니 아마도 위진 때의 사람이 지었을 것이라고만 했을 뿐 구체적인 인물을 제시하지는 않았다. 그는 다만 「공서孔序」가 위작임을 말하면서 "아마도 『공총자孔叢子』를 편찬한 사람이 썼을 것이다"라고 하였는데, 역시 정확한 언급은 회피하였다.

명대의 매작은 위고문의 작자를 황보밀로 보았고, 청대에 들어 이불李紱이 그 설을 계승하였다. 왕명성王鳴盛의 『상서후안尚書後案』에서는 황보밀이나 왕숙 가운데 한 명이라고 하였으며, 이후 주준성朱駿聲이 『상서고주편독尚書古注便讀』에서 이 설을 계승하였다. 그러나 이미 주이준의 『경의고』에서

---

26) 『小倉山房文集』, 「金縢辨」.
27) 『小倉山房文集』, 「征苗疑」.
28) 今文을 의심해서는 안 된다는 말이 아니라, 今文을 僞書와 동일시해서 사실과 맞지 않는 억설을 지어 내서는 안 된다는 말이다. 今文이라 해도 만약 문제가 있다면 당연히 考訂하고 辨析하여 그 진상을 밝혀야 할 것이다.

는 황보밀이 위공고문을 본 적이 없다는 사실을 밝힌 바 있고, 『사고전서총목』에서도 "매작이 근거로 든 공영달의 『진서晉書』 인용은 오늘날의 『진서』인지가 확실하지 않아 황보밀 저작의 증거로 볼 수 없다"라고 지적하였다. 또한 우리는 앞의 제6장 3절에서 황보밀이 위공을 본 적이 없으며 근본적으로 무관하다는 사실을 살펴본 바 있다.

염약거는 위고문의 저자를 매색으로 보아서 황종희가 주장한 매색저작설에 동조하였고, 혜동 또한 왕숙이 처음 만들기 시작한 것으로 의심했다가 결국 매색이 지은 것으로 생각하였다. 그러나 이는 모두 추측에 의한 것으로, 어떠한 자료도 매색이 고문을 위조했다는 사실을 증명하지 못한다. 다만 매색이 헌서하였다는 기록만 있을 뿐이다.

진수기陳壽祺의 『좌해경변左海經辨』에서는 동진의 이옹李顒이 『상서』를 주석할 때 「태서」편에서 매번 "공안국왈孔安國曰"이라 한 것을 인용하면서, 그 공안국은 바로 『세설신어世說新語』 권1의 주에 인용된, 『속진양추續晋陽秋』에 기록된 동진東晋의 공안국孔安國이라고 하였다. 『진서晉書』와 『송서宋書』의 「예지禮志」 및 『통전通典』의 '길吉・흉례凶禮' 항목에서는 공안국이 예를 의논한 것을 싣고 있으니, 그 역시 경학에 밝은 사람이었다. 그런데 공영달이 『상서정의』 「태서」에서 이옹의 주를 인용하면서 그를 한漢의 공안국으로 잘못 알았던 것이다. 이후 청의 풍등부馮登府는 이런 자료들을 근거로 『십삼경고답문十三經詁答問』에서 다음과 같이 인정하였다.

동진 때 또 다른 공안국이 있었는데 그 역시 경학에 밝았다. 원제元帝 당시에 매색이 서書를 바칠 때 도움을 주었는데, 『서전書傳』은 아마도 그의 손에서 나왔을 것이다.

이어 근대의 진몽가陳夢家는 『상서통론尚書通論』에서 상술한 제 자료 및 『공총자』 하편의 「연총자連叢子」를 근거로 반복해서 서술하여, 그 책은 진晉 공안국孔安國이 지은 해경서解經書로서 원래 위조를 한 것이 아닌데 후대 사람들이 한漢의 공안국으로 오인하였기 때문에 위서僞書가 만들어지게 되었다고 하였다. 그러나 그 책의 「공씨상서서孔氏尙書序」에서 분명하게 한대의 공안국을 사칭하였으므로 그 자체만으로 이 설은 부정되기에 충분하며, 또 위조된 25편의 경문이 구체적이어서 근본적으로 '해경서解經書'가 아니다. 비록 진몽가가 적극 미봉하려고 했으나 끝내 사실을 뒤집을 수는 없었으니, '진晉 공안국孔安國 설'은 성립될 수 없다.

장림臧琳·혜동惠棟·대진戴震·강성江聲·유단림劉端臨·이돈李惇·정안丁晏·피석서皮錫瑞·왕선겸王先謙 등은 모두 위고문을 왕숙의 저작으로 여겼고, 특히 정안은 전문적인 저작을 통해 이를 고쳐시켰다. 왕무횡王懋竑 또한 왕숙·속석束晳·황보밀 등이 모작한 것이라고 하였고, 왕명성도 황보밀이 아닌 왕숙의 저작이라고 하였으며, 최술은 왕숙의 후학後學이 지어 낸 것이라고 하였다. 청말의 금문학파 및 금문설을 지지한 민국시기의 학자들도 모두 왕숙의 저작이라고 믿었는데, 이 설이 한 시대를 풍미하여 필자의 스승인 고힐강도 굳게 믿었다. 그러나 사실 이 설은 오류이다. 이에 대해서는 앞의 제6장 3절의 2)에서 이미 상세하게 변석하였는데, 그 주된 요지는 다음과 같다. 왕숙이 귀척으로 존숭되면서 이미 그가 주한 『고문상서』가 위진시기에 학관에 세워져 있었는데, 이런 상황에서 결코 왕숙은 또 다른 위서를 만들어서 사후에 그것이 자신의 진서를 대체하게 되기를 바라지는 않았을 것이다. 세상에 결코 이런 이치는 없으며, 특히 왕숙이 죽은 것은 위대魏代인 데 비해 위고문이 출현한 것은 동진 때이다. 따라서 근본적으로 위고문은 왕숙과 상관이 없다. 주이준 등의 고정을 근거해 보면 왕숙은 위공전僞孔傳을 본 적도 없으며, 근세의 오승사吳承仕가 발표한 「상서전왕공이동고尙書傳王孔異同考」29)에서

---

29) 『國學叢編』 第1期·2期(中國大學).

도 왕숙 주와 위공전 사이에는 상이처相異處가 상동처相同處보다 더 많다는 점을 열거함으로써 「공전」은 왕숙이 위조한 것이 아니라는 사실을 충분히 증명하였다.

오승사의 스승 장병린章炳麟은 오승사와 위공전의 작자를 토론하던 서신에서 다음과 같이 말한 바 있다.

위공전의 작자가 누구인가에 대한 논의에 대해, 옛사람[30]은 정충鄭沖을 의심하기도 했고 어떤 사람은 왕숙이라고도 했다.…… 왕숙은 정충에 비해 항렬이 선배가 되므로 위전僞傳에서도 왕숙의 설이 많이 취해졌다. 왕숙은 가규·마융의 설을 좋아하고 정현을 싫어하였는데, 오늘날 위서의 문자는 자못 마융의 것과는 다르고 정현과는 동일하니 필시 정충이 정한 것이다.[31]

이후 오승사는 「상서전왕공이동고」에서 사설師說을 계승하여 "정충의 무리들이 만든 것이다"라고 단언하였다. 이것이 정충위조설鄭沖僞造說이다. 그러나 이미 앞의 제6장 3절에서 동한고문을 전습한 정충이 위공고문을 보지 못했다는 사실을 상세하게 논증한 바 있듯이, 이 설은 근본적으로 성립될 수 없다.

이 외에도 명·청 이래의 저작들 속에서 산견되는 설들이 일부 있으나, 문적이 너무 많고 필자의 견문에 한계가 있어 상세히 알 수 없다.

이상의 고찰에서 보았듯이, 송대 이래 6~7백 년 동안 학자들은 엄청난 역량을 들여 위고문의 작자를 탐색한 끝에 몇 가지 의견들을 제시하였다. 그러나 충분한 확증을 가지고 확실하게 그 설을 성립시켜서 사람들이 믿을 수 있게 한 것은 하나도 없었다. 이것은 위고문 작자의 문제가 기존의 문헌으로는 해결될 수 없는 문제임을 말해 준다. 그래서 정정조는

---

30) 이곳의 '옛사람'이 누구를 가리키는지는 알 수 없다.
31) 『華國月刊』 第6冊.

『만서정의』에서 "창조된 시대와 작자에 대해서는 도무지 상고할 수 없다"
하면서, 다만 "옛날의 유자들이 『상서』의 잔결을 아쉬워하여 보충해서
모작하였다"라고 말할 뿐이었다. 사실상 지하에 있는 고인들을 깨워
물어볼 수도 없는 노릇이며 어떤 믿을 만한 하나의 설을 판별해 낼 수도
없었기 때문에 그저 모호하게만 말한 것이다. 『공씨전』의 작자를 명확히
기록하고 있는 죽간 자료 같은 것이 출토되어 우리에게 진작자眞作者를
알려 주지 않는 이상, 불완전한 문헌에 의존하여 진행하는 탐색은 헛수고
일 뿐이다. 위고문의 작자를 정확하게 찾아내기만 한다면 당연히 학술상
아주 엄청난 일이 될 것이며, 우리는 그런 날을 기대하고 있다. 그러나
현실적인 요건 상 작자를 찾아 확증할 방법은 없다. 따라서 함부로 추측해
서 억지로 확정할 필요는 없고, 단지 『위고문상서』가 진대晉代의 역사적
조건 아래에서 만들어진 산물이며 당시에 필연적으로 출현할 수밖에
없었다는 사실만을 알아 두면 된다. 확인할 수 없는 위작자를 찾는다는
것은 불가능할 뿐만 아니라 불필요한 일이기도 하다.[32]

---

32) 여기에 대해 필자는 顧頡剛 선생과 여러 번 대화를 나누었는데, 선생은 끝내 王肅說을
고집하였다.

제3절 위고문에 미련을 둔 학자들의 헛된 반항

전통적 권위가 도전을 받아 전복되는 지경에 이르면 그것을 숭배하고 추종하던 사람들은 소매를 걷어 붙이고 떨쳐 일어나 사력을 다해 그것을 수호하려 들게 마련이다. 비록 그 권위가 완전히 무너졌지만, 그것에 미련을 두고 끊임없이 무덤 속에서 파 내려 하고 심지어는 그 위에 금장金裝을 덧씌워 계속 받들고자 한다. 위고문이 전복된 이후의 정황이 바로 이와 같았다.

송·원·명을 거치면서 위고문을 의변하는 운동이 나날이 발전해 가자, 그에 못지않게 위고문을 수호하려는 학자도 부단히 출현하였다. 우선 명말의 진제陳第가 그러하다. 그리고 청초에는 송학의 마지막 흐름을 지탱했던 육농기陸隴其·서세목徐世沐 및 실천을 주창했던 걸출한 학자 이서곡李恕穀 등이 나와 공씨고문이 위서가 아님을 적극 옹호하였다.[33] 염약거가 엄청난 기세로 위고문을 전복시킨 후에도 여전히 미련을 둔 학자들이 출현하여 적극적인 옹호를 시도하였는데, 이 진영에는 다시 두 가지 경향이 나타났다. 하나는 공씨고문이 위작이 아닌 진고문이라는 입장을 견지하며 그 가치를 더욱 높이려는 경향이고, 다른 하나는 그것이 위고문임을 알면서도 그 내용이 봉건질서와 직결되는 송명 리학의 근원이

---

33) 앞에서 보았듯이 錢惶은 疑辨으로 李恕穀과 논쟁한 적이 있었다. 따라서 李恕穀이 지은 『經說』6권은 당연히 孔氏를 옹호하는 說을 싣고 있다.

되기 때문에 사회 기강의 유지를 위해 사력을 다해 지키려고 했던 경향이다. 이런 학자들 중에는 일찍이 변위辨僞에 참가했던 이들도 있었다. 아래에서 두 부분으로 나누어 서술하도록 한다.

1. 위고문이 위작이 아니라는 설을 견지한 일파

염약거의 설에 완강하게 반대하면서 위고문이 위작이 아님을 강변했던 용맹한 사람은 모기령毛奇齡이었다. 모기령은 염약거와 친구였는데, 염약거를 만나기 전에는 사장辭章·시부詩賦·제예制藝·전기傳奇에 빠져 있다가 염약거를 만난 이후 비로소 경사經史를 연구하였다.[34] 그는 염약거의 저작이 유명해진 것을 보고 달갑지 않아 바로 『고문상서원사古文尚書冤詞』 8권을 편찬하여, 고문이 위작이 아님을 적극 주장하면서 염약거의 책이 옳지 않다는 점을 드러내고자 하였다. 『사고전서총목』에서는 다음과 같이 말하고 있다.

> 그의 학문은 군서群書를 두루 관통하였는데, 논박하여 상대를 이기기를 즐겼고 다른 사람이 말하는 것은 반드시 극력 반대하였다.…… 염약거가 『고문상서소증』을 짓자, 모기령은 다시 적극 변론하여 『고문상서』를 진짜라고 여겼다.

피석서의 『경학역사』에서도 "모기령은 주자와 입장이 다르고자 노력하였다. 주자가 위공 고문을 의심하였으나 모기령은 위공을 믿을 만한 것이라고 하였고, 주자는 『의례儀禮』를 믿었으나 모기령은 『의례』를 의심하였다"라고 하였다.[35]

---

34) 全祖望의 『西河別傳』에 보인다.
35) 모기령의 입장은 周中孚의 『鄭堂讀書記』를 그대로 따른 것이다. 그가 實事求是의 태도도 없이 오로지 논쟁을 이기는 데 뜻을 두었음을 알 수 있다.

모기령 입론의 근거는 『수서』「경적지」에 기록된 "진晋 왕실 비부秘府에 『고문상서』 경문이 있었는데 지금 전하는 것이 없다…… 동진에 이르러 예장내사 매색이 비로소 안국의 서를 얻어 바쳤다"였다. 결국 매색이 헌상한 것은 『공전』이 아니라 『고문상서』였으며, 그 『고문상서』는 민간에서 전습되던 것이었다. 또 『공전』의 내용에는 공안국 이후의 사건도 실려 있었는데, 모기령은 이를 변호할 도리가 없어 한 발 물러서서 위고문 25편만을 변호하였다. 그러나 『수서』에 기록되어 있는 위고문 유전의 내용은 대부분 오류이다. 가령 공자 구택의 『상서』에 대해 "공안국이 금문으로 교정하여 25편을 얻었다"라고 한 것은 16편으로 기록된 『한서』의 기술과 일치하지 않으니, 이는 『공서孔序』의 위설僞說로부터 나온 것이다. 또한 『수서』를 편찬할 당시에 공씨본 『고문상서』가 유행하고 있었음에도 "『고문상서』 경문은 지금 전해지지 않는다" 하였으니, 당시 전해지던 책은 이미 원래의 『고문상서』가 아님이 명백하다. 『사고전서총목』에서도 다음과 같이 말하고 있다.

염약거가 인용한 마융의 「상서서尙書序」 및 정현이 주한 일서 16편의 편명은 25편과는 완전히 다르다. 그런데 모기령은, "금본今本(위고문)은 마·정에 합치되지 않는다"고 하여 (마·정을) 고문의 위작을 판별할 증거로 삼아야 함에도 도리어 "마·정은 금본에 합치되지 않는다"고 하여 보지도 못한 고문을 증거로 삼았다. 이것은 교묘하게 주객을 전도시킨 것이다.

또한 모기령은 『사기』·『한서』에 의거하지 않고 단지 당인唐人(공영달 등)의 잘못된 설만을 근거로 삼았다. 『총목』에 나열되어 있는 모기령 책의 목록(①總論, ②今文尙書, ③古文尙書, ④古文之冤始于朱氏, ⑤古文之冤成于吳氏, ⑥書篇題之冤, ⑦尙書序之冤, ⑧書小序之冤, ⑨書詞之冤, ⑩書字之冤)을 보더라도 그가 각 방면에서 위고문을 변호하였다는 것을 알 수 있다.

완원阮元의 『청사清史』「문원전文苑傳」속의 「모기령전毛奇齡傳」에는 모기령이 염약거를 이기고자 했던 정황이 기록되어 있다. 이에 따르면, 모기령은 『고문상서원사』를 편찬할 때 자신이 예전에 지었던 『상서광청록尚書廣聽錄』의 일부 내용을 삭제하면서까지 논쟁에서 이기려고 하였다. 『사고전서총목』은 『상서광청록』에 대해 다음과 같이 적고 있다.

> 모기령은 『상서』를 주석하려 했다가 이루지 못하자 예전의 잡기雜記들을 엮어서 책을 만들고 『광청廣聽』이라 명명하였으니, 이는 『한서』 「예문지」의 "서이광청書以廣聽"에서 차용한 것이다.…… 이 책의 의의는 대략 삼대三代의 사실을 변증하는 데 있다.…… 『상서원사尚書冤詞』가 완성된 후에 삭제해서 5권으로 만들었다. 「공전」을 굳건히 지켰고, 안국安國이 해설한 「순전」이 「주례」와 동일하다고 하면서 이것이 곧 「우례虞禮」라고 하였다.…… 「우례」는 어디에서 나온 것인가? 이는 헛된 말로 이기고자 하여 사실을 살피지 않은 것이다.

모기령은 또한 『순전보망舜典補亡』·『하도낙서원천편河圖洛書原舛篇』의 두 책을 편찬하는 등, 『상서』 단편들을 통해 자신의 설을 거듭 펼쳐 나갔다.

모기령의 학문은 견지하는 바가 없었다. 이는 그의 『사서개착四書改錯』을 통해서도 알 수 있다. 이 책은 오로지 주희의 『사서집주』를 공격한 것으로, 청초에 아직 주희가 존숭되지 못하고 있을 때 모기령은 청왕조의 신임을 얻어 주희의 자리를 차지하려고 했다. 그러나 뜻밖에도 강희가 다시 정·주를 존숭하자, 모기령은 두려워하며 그 책의 각판刻版을 없애 버렸다. 그는 학술적으로 진실을 추구하고자 하는 마음이 없었고, 단지 명리를 추구하는 수단으로 학문을 이용했던 것이다.

모기령의 설은 당연히 염약거의 과학적 고증의 결론을 흔들 수 없었지만 그의 박학다식은 자료적인 방면에서 염약거의 일부 인용의 오류를 들추어 내었고, 염약거는 『소증』의 몇 군데를 출판 이전에 슬그머니 수정하였다. 전목錢穆의 『중국근삼백년학술사中國近三百年學術史』 제6장 '염잠구閻潛邱·모서하毛西河'에 이 과정이 서술되어 있는데, 공명정대한 방법이 아니었기 때문에 전목은 두 사람 모두가 "학자의 모범을 얻지 못했다"라고 지적하고 있다. 어쨌든 그러한 측면에 있어서는 모기령이 염약거의 저작을 정정訂正하도록 도와준 것이나 다름없다.

앞에서 거론한 이불의 「서고문상서원사후書古文尙書冤詞後」와 정정조의 「원원사寃寃詞」는 모기령의 저서를 직접 논박한 것들이다. 이후 피석서는 「고문상서원사평의古文尙書冤詞平議」에서 공평한 논의를 진행하고자 했는데, 이는 장존여莊存與로부터 시작된 청말 금문학가들의 태도가 반영된 것으로서 조정調停에 의의를 둔 것이지 공론公論은 아니다.

이상이 염약거에 반대한 대표적인 학자 모기령 설의 개요이다. 계속해서 그 이후에 위고문을 수호한 학자들을 보면 다음과 같다.

모기령보다 연배가 낮은 방포方苞(자는 靈皐)도 위고문을 의심하는 것에 반대하면서, 위고문은 문의 자체가 훌륭하다고 하였다. 이불은 「서고문상서원사후」에서 "내 친구 방영고方靈皐는 '한대 이래로 문장이 잘 갖추어져 있으니 누가 위조할 수 있었겠는가?'라고 하였다"라고 적고 있다. 방포는 한대 이후의 고문은 위조된 것이 아니라고 생각했던 것이다. 그는 「독고문상서讀古文尙書」라는 글에서 "고문이 이해하기 쉬운 것은 필시 진·한의 유자들이 쉬운 문자로 바꾸었기 때문이다"라고 하면서, 「공씨전」은 원본 「고문상서」를 진·한의 문자로 번역한 것이지 위작이 아니라고 하였다. 그러나 이미 이불이 하나하나 예를 들어 가면서 고서가 위조된 것임을 밝힌 바 있었다.

옹정 연간에 고병顧昺은 「서경차기書經箚記」(無卷數)를 편찬하였다. 「사고전서총목」은 다음과 같이 적고 있다.

이 책은 그의 세 가지 경해 가운데 두 번째로, 명明 진제陳第의 설을 취해서 「고문상서」가 위작이 아님을 주장하였다. 그는 우선 「고문금문변古文今文辨」으로 제가의 소증疏證을 다 쓸어버린 후, 『대우모』의 '정精·일一·위危·미微'와 『함유일덕』의 '주主·선善·극일克一' 등의 말은 한·진에서 만들 수 있는 말이 아니라고 단언하였다. 대개 근래 방포의 논의를 취한 것으로, 사실을 증명한 것이 왜곡되었고 또 망언妄言으로 이기고자 한 것이었음을 명확히 알 수 있다.

또 양방달楊方達의 『상서통전략尙書通典略』 2권이 있다. 『사고전서총목』은 다음과 같이 적고 있다.

이 책은 모두 『상서』 전고典故를 고변考辨하였다. 수권首卷에서는 매색의 책이 위작이 아님을 적극 주장하여, 마융·정현은 고문을 보지 못했고 그들이 본 것은 모두 장패張霸의 위서僞書라고 하였다.…… 모기령의 논의와 유사하였다.

양방달은 또 『상서약지尙書約旨』 6권도 지었는데, 『채전蔡傳』을 묵수하였으니 그의 학문 성향을 알 수 있다.

이 밖에, 모기령의 설을 계승하여 매색본 공씨고문이 위작이 아님을 독신한 내용의 저작으로는 다음의 몇몇이 있다.

먼저 옹정·건륭시기의 저술로 강욱江昱의 『상서사학尙書私學』 4권이 있다. 오경재吳敬梓가 서문序文을 지었는데, 강욱은 일찍이 정정조에 맞서 고문이 위작이 아님을 변론하다가 해가 질 때까지 밥 먹는 것을 잊었다고 한다. 『사고전서총목』에서는 이 책에 대해 "그 요지는 『고문상서』가 논한 정政·학學은 광대하고 정밀하여 성인이 아니면 말할 수 없다는 것이다. 그 설의 대부분이 리理에 근거하고 있다"라고 하였다. 확실히 이 책은 문헌적 고찰은 따르지 않고 경학적 신앙만을 내세워 위공을 옹호하고 있는데, 이는 위공옹호론자들의 공통점이다.

건乾·가嘉시기에는 먼저 곽조규郭兆奎의 『심원서경지신心園書經知新』 8권이 있다. 이 책은 뒤에 『고금문변古今文辨』을 부록하여 오로지 위공의 옹호로 일관하고 있는데, 『사고전서총목』에서는 이 책에 대해 "모기령의 『고문상

서원사』의 설을 취하여 거듭 부연하였다"라고 하였다. 또 양상국梁上國의
『박염씨고문상서소증駁閻氏古文尚書疏證』5권이 있으니, 조목조목 직접 염약
거의 설을 반박한 것이다. 위공을 옹호한 이 시기의 책으로는 그 외에
조우趙佑의 『상서질의尚書質疑』2권, 여돈화茹敦和의 『상서미정고尚書未定稿』
2권 등이 있다.

도道·함咸 연간에는 장숭란張崇蘭의 『고문상서사의古文尚書私議』3권이
나와서 위공을 옹호하는 설을 펼쳤다. 또 왕할王劼의 『상서후안박정尚書後案
駁正』2권도 왕명성이 지은 『상서후안尚書後案』의 설을 반박하면서 위공을
옹호하였다.

함咸·동同·광서光緒 연간에 들어서면서 '위공'·'위고문'의 설, 즉 매색의
책이 위조된 것이라는 설이 정론이 되었지만, 오광요吳光耀는 방대한 자료
들을 모아 『고문상서정사古文尚書正辭』33권을 지음으로써 여전히 고문이
위작이 아님을 증명하려 하였다. 사정란謝廷蘭의 『고문상서변古文尚書辨』
8권 또한 쓸데없이 구설에 집착하고 있었다. 이 시기에 고문을 옹호하는
데 가장 많은 노력을 기울인 사람은 홍양품洪良品이다. 그는 『고문상서변혹
古文尚書辨惑』18권, 『석난釋難』2권, 『석의析疑』1권, 『상시商是』1권, 『속고문원사
續古文冤詞』약간 권을 편찬하는 등, 모기령파 최후의 일원으로서 온 힘을
다해 모기령의 설을 선양하였다. 또한 그는 『신학위경고상정新學僞經考商正』
2권을 지어 고문설을 철저하게 부정하는 금문학파에 대항하였는데, 그의
한漢 고문古文 변호는 적절했지만 위고문에 대한 미련이 뼛속깊이 새겨져
있어 죽을 때까지 위고문을 버리지 못하였다.

끝으로 광光·선宣시기의 저작으로, 왕조王照는 『표장선정정론表章先正定
論』을 지어 위공을 옹호하는 학자들을 "선정先正"이라 예찬하면서 그들의
위고문옹호설을 정론正論으로 표창하였다.

이상에서 서술한 모기령파의 학자들은 성도聖道를 독신하고 자신들의

학식이 모두 경전의 찬란한 성도에 의한 것이라고 믿었기 때문에 그것을 배반하려 하지 않았던 것은 이해가 된다. 그러나 건乾·가嘉시기 고변 연구에 종사했던 몇몇 이름 있는 학자들, 예를 들어 조익趙翼(『陔余叢考』), 임춘부林春溥(『開卷偶得』), 학의행郝懿行(『尙書通議』), 진봉형陳逢衡(『逸周書補注』) 등이 모두 매색이 진상한 『공씨전』을 진서眞書로 믿은 것은 아쉽다. 물론 원래부터 이들이 정신적으로 성도를 존숭하였으므로 위공을 믿는 것도 이상한 일은 아니다. 이 외에도 일부 청대 학자들 가운데 전문적인 저작이 없이 단지 그들의 일반 저작 속에서 공씨본이 위작이 아니라는 관점을 드러낸 경우가 있는데, 그들을 여기에 다 기록하지는 않겠다.

강희 연간에서 청말에 이르는 세월 동안 『공씨전』 위고문의 진상이 세상에 명백히 밝혀졌음에도 모기령 일파는 여전히 팔을 걷어붙이고 전진하는 학술의 수레바퀴를 저지하려고 하였다. 이는 절박한 후기 봉건 통치자들의 구명을 위한 발버둥이기도 했지만, 대세를 살피지 못한 무력한 몸짓에 지나지 않았다.

위공을 옹호하는 진영 가운데 이전과는 다른 방법을 구사한 것이 있다. 그것은 공씨고문의 진위를 다투는 대신 오로지 공씨고문 내용 가운데 우수한 부분을 찾아서 선양하여 공전본이 가치 있는 성현의 진전眞傳임을 보임으로써 함부로 논의할 수 없게 만드는 것이었다. 이 설을 세운 사람은 만사동萬斯同이다.

만사동은 공씨고문이 위작이 아니라고 믿었다. 그는 『군서의변群書疑辨』 12권을 편찬하였는데, 원래는 의변정신을 가지고 있었으나 오히려 위공고 문의 내용이 성도聖道를 중시하고 있다고 여겨서 없애는 데 동의하지 않았다. 『군서의변』 중의 「고문상서변古文尙書辨」 3편에서 그는 고문의 인의 도덕仁義道德과 전아심순典雅深醇함이 성인의 가르침과 부합하며 금문의 '노륙孥戮'·'군음군살群飮群殺' 등의 불인不仁한 말과는 같지 않다고 여겨서,

"『고문상서』의 말씀은 명백하고 정대하여 일월이 밝게 드리운 것과 같으니 단 한 편이라도 후세에 법이 되지 않는 바가 없다"라고 하였다. 그리하여 염약거의 설에 대해 "만약 『상서』에 고문이 없었다면 오경五經에 세워지지 않았을 것이니 어찌 학관에 세워져 『역』·『시』·『춘추』와 더불어 중시되었 겠는가?"라고 반박하였다. 그는 황종희의 학문을 전수한 사학자史學者였지 만 경학에서는 보수파가 되어 『상서』에 관한 사설師說을 배반하였다. 그의 형인 만사대萬斯大가 『주관변비周官辨非』를 편찬하여 경학에서 사학師學의 의변정신을 발전시킨 것과는 달리, 그는 죽을 때까지 잔결을 끌어안고 "일월이 밝게 드리운 것과 같다"며 성경聖經을 보호하였다.

2. 위서임을 알았지만 경전의 지위를 유지시키고자 했던 일파

수많은 청대 학자들은 염약거·혜동 등이 폭로한 확고부동한 사실에 직면하여 고문이 위작임을 부인하지 못하고 객관적인 사실로 인정해야만 했다. 그러나 그들의 마음은 불타는 듯 심란했으니, 봉건 리학의 근원인 위고문이 하루아침에 위작으로 확정되어 버린다면 그 리학은 어떻게 유지될 수 있겠는가? 그래서 명말청초의 주조영朱朝瑛(호는 康流) 같은 이는 황종희에게 "이전에 강학한 학자들은 '위危·미微·정精·일一'의 뜻을 밝히 지 못했으니, 만약 『대우모』가 없었다면 리학은 끊어지고 말았을 것이다" 라고 하였다. 그러나 황종희는 본래 염약거의 설을 지지하였기 때문에 주조영에게 "이 16자는 리학의 좀벌레가 된 지가 오래되었다"(此十六字者, 其爲理學之蠹甚矣)[36]라고 답하였다. 이처럼 위고문을 근본적으로 부정하는 이들도 그 본뜻은 여전히 리학을 유지시키려는 데 있었다. 황종희 같은

---

36) 『古文尚書疏證』, 「序」.

이들은 다만 리학을 좀먹는 위고문에서 벗어남으로써 리학이 좀 더 존속될 수 있게 하고자 했던 것이다.

그러나 정통적 경학관을 가진 사람이라면 위고문이 리학의 근본이자 '성도의 진전眞傳이라 여기고 있을 터인데 어떻게 그것을 부정할 수 있겠는가? 그래서 그들은 공씨본을 위서로 인정하기는 하되 사상적 측면에서는 부정하려 하지 않았다. 그들은 주희와 같은 마음, 즉 "『서』 중에는 의심할 만한 편들이 있는데, 만약 모두 믿지 않는다면 육경이 무너질지 모른다"라는 생각을 갖고 있었던 것이다. 이에 그들은 위서의 경전적 지위를 보호할 이유를 찾고자 했다. 변위辨僞의 대열에 참여했거나 분명히 변위를 인정한 사람들 중에서도 끝내 이런 태도를 견지한 이들이 있었다. 가령 주이준은 일찍이 변위를 행하였던 『경의고』 '고문상서'조 아래의 안어按語에서 다음과 같이 말하였다.

이 『서』는 학관에 오랫동안 세워져 있었고, 그 말씀이 대부분 『일서逸書』를 편집해서 이루어진 것으로 크게 이치를 해치는 것이 없다. 예를 들어 분음汾陰의 한정漢鼎은, 비록 황제黃帝가 주조한 것은 아니지만 그것이 구목九牧의 정鼎을 뜻하기도 하는 것이니 이 또한 새겨 둘 만하다.

또한 왕무횡王懋竑은 그의 『백전초당존고白田草堂存稿』에서 "동진에 바쳐진 『서』는 왕숙·속석·황보밀 등이 모작한 것으로 의심된다"라고 하면서도 다른 한편으로 이렇게 말하기도 했다.

그 당시는 영가永嘉의 난이 있기 전이었다. 따라서 고서가 많이 남아 있어 두루 채집할 수 있었으므로 한 글자도 원본이 없는 것이 없다. 다만 그 문기文氣가 허술하고 사의辭意가 잘 이어지지 않으며 당시 사건과 부합하지도 않아 진짜가 아님을 알 수 있는 것도 있으나, 옛 성현의 격언대훈格言大訓이 자주 보여서 절대 폐기할 수 없는 것들도 있다.

『사고전서총목』의 '고문상서원사'조 아래에는 정통 경학을 대표하는 보편적인 관점이 보인다. 여기서는 한편으로 위공본에 대해 "확실히 공씨의 원본이 아니니 수많은 증거를 징험해 보면 한 사람이 마무리한 것이 아니다"라고 명확히 지적하면서도, 다른 한편으로는 "매색의 서는 세상에 유행한 지 오래되었고 그 문장이 본래 일경逸經에서 채집하여 끼워 맞춘 것이며 그 요지 또한 성인의 뜻을 어그러뜨리지 않으므로 절대 폐기할 수 없다"라고 하였다. 주이준이나 왕무횡, 『총목』 등은 모두 이 경전을 폐기할 수 없다고 주장하고 있는 것이다.

앞에서 주희의 의변활동을 논하면서, 청대의 제소남齊召南은 주희가 이 책이 위서임을 알면서도 수호하고자 하는 용의가 있었음을 지적하였다고 한 바 있다. 제소남은 『상서주소고증尙書注疏考證』 1권을 펴내었는데, 여기에는 위고문 25편에 대한 고석考釋이 포함되어 있다. 그는 「상서주소고증」을 올리면서 적은 후서」(進呈尙書注疏考證後序)에서 위편 「대우모」에 대해 다음과 같이 말하였다.

주자도 일찍이 이를 의심하였으나 경전으로 신봉하지 않을 수 없었습니다. 그 도道를 말함이 순수하여 정도正道에 어긋나지 않고······ 공덕功德의 기본이 잘 갖추어져 있으므로, 고문古文을 없앨 수는 없습니다.

이 시기에는 이미 건륭의 고증학이 성행하여 거의 모든 사람들이 공씨본의 위작 사실을 알고 있었는데, 그럼에도 제소남은 "순수하고 정도에 어긋나지 않는" 경전이므로 없앨 수 없다고 한 것이다.

뒤를 이어 건륭 후기의 초순焦循은 『공전』의 우수한 점을 찾아 수호하려고 더욱 노력하였다. 청대 한학漢學 양주학파揚州學派의 주요 인물인 그는 오吳·환皖 양파와는 조금 다르게, 훈고를 밝히는 목적이 의리를 통하는 데 있고 의리의 요체는 훈고와 고증으로 덮어지는 것이 아니라고 생각하였다. 그래서 그는 『상서보소尙書補疏』 2권[37]을 편찬하였는데, 그 「자서」에서 『공전』의 의리가 정현의 설보다 나은 점 육칙六則과, 『사기』보다 나은 점 일칙一則을 들면서 『공전』이 '이제삼왕지도二帝三王之道'의 진의眞義를 얻었다고 주장하였다. 실제로 이 모두는 봉건의 도덕질서와 관련된 것으로, 그는 『공전』이 이런 봉건질서를 유지하는 데 더욱 유리하다고 여겨 이것이 "이 『전』의 장점"이라고 말했다. 그런 다음 그는 다음과 같은 결론을 내렸다.

이 『전』을 지은 사람(들)은 대체로 당시에 조曹·마馬의 행위와, 그들을 옹호하여 두예가 『춘추』를 해석한 것이나, 속석 등이 위조한 『죽서』에서 순이 요를 가두고 계啓가 익益을 죽이며 태갑이 이윤을 죽인 것[38]과 같은, 상하가 도치되고 군신이 자리를 바꾸어 사설邪說이 경문을 어지럽히는 경우을 목도하였다. 그래서 「익직」을 수정하는 것을 꺼리지 않았고, 「이훈」·「태갑」 등의 여러 편을 만들어 암암리에 『죽서』와 맞서도록 하였다. 또 『공씨전』에 의탁하여 정씨를 축출함으로써 군신상하의 의리를 밝히고 해악을 막는 그 이상의 담론을 펼쳤다. 당시의 시기를 받았기 때문에 스스로 그 성명을 숨긴 것이다.

그의 주장의 요지는 『공전』의 좋은 점을 추숭하는 데 있었고, 또 『공전』이 위진시기에 만들어진 것임을 명확히 하는 데 있었다. 그의 아들 초정호焦廷琥도 부친의 뜻을 계승하여 『상서신공편尙書申孔篇』 1권을 편찬하였는데, 피석서는 『상서통론』에서 "초정호가 지은 『상서신공편』은 그의 부친과 의견이 같아서, 책의 여러 조목이 『보소補疏』에서 말한 것이므로 내가 번거롭게 다시 말할 것은 없다"라고 하였다. 그들 부자의 뜻은 사람들에게 『공전』의 많은 우수한 점을 알려서, 비록 그것이 위진시대에 나온 것이기는 하지만 폐기할 수는 없음을 주장하려는 것이었다.

---

37) 『皇淸經解』에 수록되어 있다. 『淸代著述表』에는 『尙書孔氏傳補疏』 5卷으로 되어 있다.
38) 이것은 "伊尹이 太甲을 추방한 것"이라고 적었어야 한다.

고문이 위작임을 알면서도 봉건사상을 수호하기 위해 계속 경전의 보좌寶座로 신봉하려는 태도를 가장 잘 드러낸 인물은 청대 금문학의 선성先聲인 장존여莊存與이다.

청대 금문학파는 진대 위고문뿐만 아니라 한대 진고문에 대해서도 반대하였다. 장존여 본인은 그런 단초를 처음 연 사람으로, 그의 학문은 당시 고문한학의 추세와는 달랐다. 공자진龔自珍이 지은 그의 「신도비명神道碑銘」에서는 이렇게 말하고 있다.

> 산우山右의 염씨閻氏가 시작한 학문을 계승하고 이제삼왕二帝三王의 미언대지微言大指를 구하였다.…… 한漢의 학관에서 학문을 세운 것보다 폐한 것이 더 많았음을 슬퍼하였고, 진대晉代 저작의 참람하고 위작된 것을 응징하였다.

장존여가 염약거의 학문을 계승하면서 진대의 위고문을 명확히 반대했음을 알 수 있다. 그의 학문은 미언대지를 구하는 데 있었으니 이것이 곧 금문학의 정신이며, 그래서 그는 『춘추정사春秋正辭』를 지어 그 요지를 펼쳤으니 바로 금문공양학今文公羊學이다. 공자진은 장존여에 대해 "특히 『서』를 잘하였다"라고 하였으므로, 그가 미언대의의 금문학정신으로 『상서』를 연구하였다는 것을 알 수 있다. 그의 상서학 저작에는 『상서기견尙書旣見』 3권과 『상서학尙書學』 1권이 있는데, 공자진은 『상서기견』에 대해 "「우모禹謨」·「훼고虺誥」·「이훈伊訓」 등은 진인晉人의 '백 가운데 하나만을 주워 모은 죄가 있음을 여러 번 지적하였으니 공과 죄가 함께 드러났다"라고 하였다. 그는 몇 편의 위고문이 진대 인물에 의해 수습된 공과 죄임을 드러낸 것이다. 결론적으로 장존여는 금문학의 관점으로 위고문을 반대하는 태도를 명확히 하였고, 이는 세상이 다 아는 바이다. 공자진이 찬한 장존여의 비문에서는 이어서 다음과 같이 적고 있다.

염씨閻氏가 정리한 바가 이미 해내海內에 널리 퍼져서 강좌江左의 어린 자제들도 모두 염씨를 도울 줄 알았다. 언관言官·학신學臣들이 조정에서 상언上言을 의논하여 학관에 (今文) 28편을 베껴서 천하에 반포하고 과거에 명제命題로 하니, 학동들도 「서」를 풍자하여 「위서」는 더불어 설 곳이 없었다.

위고문이 정식으로 폐기되고 오로지 금문 28편만이 학관에 세워짐으로써 염약거의 변위가 완전한 승리를 얻었다는 것이다. 이러한 때에 위고문을 반대하던 금문경학가가 갑자기 태도를 바꾸어 위고문의 보호를 주청할 줄 누가 알았겠는가? 장존여는 당시 한림학사의 신분으로 청제淸帝의 자손이 공부하는 상서방上書房의 사부師傅로 있으면서 위고문의 보호를 요청하는 상소를 올렸다. 그는 "천손天孫이신 황제는 잡다한 것들을 두루 다 볼 수 없으니, 오로지 어려서는 오경의 간략함을 배우고 이에 의지해서 자라서는 천하를 다스림에 통달해야 합니다"라고 하여, 황제는 반드시 유경儒經을 읽어야 함을 강조했다. 따라서 그는 위고문의 폐출은 크나큰 폐해를 가져올 것이라고 생각했다. 그는 다음과 같이 말하였다.

「대우모」가 폐해지면 '인심人心'·'도심道心'의 요지인 "무고한 자를 죽이느니 차라리 떳떳한 법 아닌 실수를 하는 것이 더 낫다"(殺不辜, 寧失不經)라는 경계警誡가 없어지게 됩니다. 「태갑」이 폐해지면 "검소한 덕의 영원한 계책"(儉德永圖)이라는 가르침이 실추됩니다. 「중훼지고」가 폐해지면, "남들이 자기만 못하다고 말하는 것"(謂人莫己若)의 경계가 없어집니다. 「열명」이 폐해지면 "팔다리가 있어야 사람이듯 양신良臣이 성군聖君을 만든다"(股肱良臣)라는 계옥啓沃의 의논이 없어지게 됩니다. 「여오旅獒」가 폐해지면 "이상한 물건을 보배롭게 여기지 않고 사용하는 물건을 천하게 여기지 않는다"(不寶異物賤用物)라는 경계가 없어집니다. 「경명冏命」이 폐해지면 "좌우전후가 모두 정인正人이다"(左右前後皆正人)라는 아름다움을 잃게 됩니다. 지금의 말씀들은 다행히 존재하고 있으며 모두 성인의 진언眞言이니, 그 말씀은 더욱 후세와 이해관계가 있습니다. 마땅히 수유須臾의 도를 펌척하여 이업肄業을 전수해야 합니다.

비록 가짜(僞) 보배라 하더라도 결코 폐기해서는 안 된다는 것이다. 그는 이 위서가 모두 '성인의 진언'으로서 후세와 밀접한 관계가 있다고 보았다. 결과적으로 청왕조는 장존여의 의견을 받아들여 "고문이 획득한 학관은 폐기할 수 없다"라고 선언하였으니, 위고문을 반대하던 금문가가 오히려 위고문의 수호신이 되었던 것이다. 필자는 『중국고대일명철학명저평술中國古代佚名哲學名著評述』[39]의 제1편 '상서평술尚書評述'에서 여기에 대해 다음과 같이 적은 바 있다.

이는 우리에게 엥겔스가 제창한 유물론이나, 사회주의를 강단에서 다루었던 프랑스와 독일의 자산계급 지식인들이 제창한 종교적 회의론을 상기시켜 준다. 유물론이나 종교적 회의론에 따르면, 나날이 흥기하는 노동계급을 두려움에 찬 눈으로 지켜보던 이들은 마침내 영국의 자산계급 인사와 같이 "이전의 그 어떤 시대보다도 더 지금은 정신적인 수단으로 인민을 제압할 필요가 있다"라는 생각을 품게 되었고, 이에 종교를 비웃던 사람들이 조금씩 표면적으로 종교를 독신하는 사람으로 변해 갔다고 한다.[40]

이와 마찬가지로 중국의 지주계급 사대부들도 도리어 자기 수중에 있는 가짜 골동품의 신통함을 빌려 '정신적인 수단'으로 인민을 제압하고자 했던 것이다. 그러나 역사의 수레바퀴는 이런 보수주의의 꿈을 철저하게 파괴해 버렸다.

---

39) 齊魯書社, 1985.
40) 『마르크스엥겔스選集』 제3권 401쪽.

제4절 청대의 『금문상서』 연구와 일반 『상서』 저작

위고문 25편이 전복된 후, 위공본 중의 금문 28편에 대한 문자의 착란, 장구의 이상, 내용의 난삽함 등의 문제가 제기되어 학자들의 정리 연구가 요구되었다. 여기에서 확실히 밝혀 둘 사실은, 위공본에 보존된 28편은 33편으로 나누어졌는데 이것은 마융·정현으로부터 전습된 두림칠서본杜 林漆書本이라는 점이다. 두림칠서본은 고문으로 불리지만 실제로는 공안국 가전家傳의 일서 16편의 진고문眞古文(이른바 孔壁本)이 아니라 칠서진고문漆書 眞古文의 자체字體를 모방한 금문 29편이다.[41] 따라서 위공본 가운데 보존된 28편은 실제로는 고문으로 베껴 쓴 한대 금문본이다. 필자의 친우 마옹馬雍 은 『상서사화尙書史話』에서 이 33편은 마땅히 진고문으로 불러 위고문과 구별해야 한다고 생각해서 금문이라 부르지 않았지만, 이는 그가 잘못 이해한 것이다.

청대 학자들의 금문 28편에 대한 연구는 청 중엽 건륭 연간에 시작되어 지금까지 200여 년이 지났는데, 그 동안 명저들이 속출하여 후대의 『상서』 연구에 큰 편리함을 제공하였다. 원래 『상서』는 길굴오아佶屈聱牙하여 가장 이해하기 어려운 책으로 칭해져 왔고 또 착란되고 이상한 부분이 많은 것으로 이해되어 왔는데,[42] 청대의 박학자樸學者들은 이 두 방면에 대해

---

41) 제5장 2절 참조. 금문 28편에 위고문 「泰誓」 1편이 포함된 것이다.
42) 제5장 3절 참조.

착실하게 연구를 진행하고 지대한 공력을 들였다. 어떤 학자들은 수집 가능한 한대의 모든 고문과 금문 자료를 수집하고 교감함으로써 한대 고문의 원형을 밝히고 후대의 상서학자들에게 편리함을 제공하였으며, 다른 어떤 학자들은 언어·문자·음운·훈고·어휘·어법 등의 방면에서 정밀한 연구를 진행함으로써 도저히 이해하기 힘들었던 문구들에 대해 그 대강의 의미를 탐색할 수 있게 하였다. 이로써 청대의 『상서』 연구는 근대 『상서』 연구의 선구임과 동시에 근대 『상서』 연구의 탄탄한 기초가 되어 준 것이다. 아래에서는 이러한 청대의 『상서』 연구를 세 부분으로 나누어 서술하도록 한다.

1. 오파·환파의 『상서』 연구 성과

오파吳派의 학자들은 옛것을 존중하여 오로지 한대 경학만을 탐색하였다. 그들은 광범위하게 자료를 수집하여 고의古義를 탐구하고 내용이 풍부한 한학 저작을 저술하였으니, 그 가운데 저명한 저작들을 살펴보면 다음과 같다.

가장 먼저 혜동惠棟의 제자 강성江聲(호는 艮庭)이 편찬한 『상서집주음소尙書集注音疏』 12권[43]과 별도로 부록한 2권[44]이 있다. 이 책은 주로 한대의 『상서』를 주석하였는데, 마·정본 『상서서尙書序』 100편을 편장 순서에 따라 배열하고 있다. 100편 가운데 전문全文을 소석疏釋한 것은 28편이며, 그 중 「태서泰誓」는 한대 「태서太誓」 자료를 수집하여 위공본과 전혀 다른 3편으로 집성하였다. 또한 「탕서」·「반경」·「무일」 등은 모두 일문逸文을

---

43) 末尾의 2권 가운데 1권은 「尙書序」를 疏釋하였고, 다른 1권은 82則을 輯逸하였다.
44) 1권은 「尙書補誼」와 「書述」이고, 다른 1권은 「經師系表」이다.

부록하였고, 그 외에 『사기』의 「탕고」 전문을 수록하였다. 또 「구공九共」·「오자지가」·「탕정」·「중훼지고中虺之誥」·「함유일덕」·「이훈」·「태갑」·「열명」·「고종지훈」·「무성」·「주관」·「군진」 등의 일구들을 수집하였는데, 「탕정」·「중훼」·「이훈」·「주관」·「군진」은 잔편殘編이 많아 비교적 많은 구절들을 모았으며, 「태갑」·「열명」 등 원래 3편으로 되어 있는 것은 각기 1편으로 모았다. 그 모든 것이 위공과 달랐다. 책의 전체적인 편제를 보면, 먼저 한유漢儒의 설들을 널리 모아 '집주集注'한 후에 자신의 '음소音疏'를 달았다. 이 책의 「자술自述」에서는 다음과 같이 적고 있다.

마·정의 주 및 『대전大傳』의 이의異誼를 좋아하여 참고하고 찬집纂輯하였으며, 다른 책에 있는 『상서』와 관련된 내용을 두루 채용하여 더하였다. 왕숙 주와 뒤늦게 나온 『공전』본은 사용하지 않으려고 했는데,…… 부득이하게 중간에 취하기도 하였다. 모두 나의 의견으로 소疏를 하였다.

강성은 이 책을 건륭 26년(1761)에 쓰기 시작하여 38년(1773)에 완성하였으니 13년이 걸린 셈이다. 강성이 옛것을 좋아하여 책 전체를 전서篆書로 썼으므로 초각본初刻本은 전문篆文으로 되어 있으나, 읽기가 불편해서 이후 통행자通行字로 중각重刻하여 인쇄하였다. 이 책은 우리에게 한대 경학설(주로 고문경설)의 면모를 잘 보여 준다.

강성의 『음소』보다 6년 늦게 완성된 왕명성王鳴盛(호는 西莊)의 『상서후안尙書後案』 30권은 집필 기간이 강성의 책보다 훨씬 길었다. 건륭 14년(1749)에 시작하여 44년(1779)에 완성을 보았으니, 그의 나이 24세 때 시작하여 58세 때 완성한, 30년의 세월 동안 심혈을 기울여 집성한 필생의 저작이다. 일찍이 혜동에게 학문을 구한 왕명성은 오파의 종사 혜동의 학문을 전하려는 뜻이 있었다. 그는 오직 정현을 종주로 삼아 단지 29편45)만을

---

45) 나누어 32편이 되었다.

해석하였는데, 그 중 「태서太誓」는 한대의 일문逸文을 집록하여 1편으로 삼았으며, 별도로 「후변後辨」을 부록하여 위서 25편을 변석하였다. 스스로 이르기를, "수집해서 모은 여러 경사자집經史子集이 모두 131부"라고 하였으며, "또한 유도有道한 강성江聲이 있었기에 이 편이 완성될 수 있었다"라고 밝혔다. 이 책 「자서」의 첫 구절은 다음과 같다.

> 왜 『상서후안』을 지었는가? 정강성鄭康成 일가의 학문을 발휘하기 위해서이다.……내가 여러 서적을 두루 보면서 정주鄭注를 수집하였으나 애석하게도 이미 잔결되어, 마·왕의 『전傳』과 『소疏』를 취해 더하였다. 또 '안案'을 지어 정의鄭義를 해석해서, 마·왕의 『전』과 『소』 가운데 정씨와 다른 것은 그 그릇됨을 변석하고 정씨에 절충하였다. '후안後案'이라고 한 것은 최후에 남겨진 안案이라는 뜻이다.

완전히 정현의 학을 위주로 하였음을 알 수 있으나, 실제로는 『공전』의 설이 그 다음을 차지하고 있다. 매 구절의 해석에는 모두 "정왈鄭曰"이라 하여 먼저 정현의 설을 싣고, 이어서 "전왈傳曰"이라고 해서 『공전』의 문장을 실었다. 때로는 "전왈傳曰" 앞에 "마왈馬曰"이라고 하여 마융의 설을 집록하기도 하고, 때로는 "왕왈王曰"이라 하여 왕숙의 설도 실었다. 마지막에는 모두 "안왈案曰"이 있는데, 여기서는 근거 자료 및 자신의 관점을 설명하고 있다. 이 책은 완전한 자료서로서, 동한고문파 및 그로부터 파생된 다른 경설들을 남김없이 망라했다고 할 만큼 상세하며, 특히 정현의 설을 한눈에 볼 수 있다. 한마디로 사용이 편리하고 내용이 풍부한 한대 『고문상서』 자료집이다. 왕명성보다 조금 뒤의 오동발吳東發은 『상서후안질의尚書後案質疑』를 펴내어 이 책을 오류를 일부 정정하였다.

이상의 두 저작은 오파 학자의 상서학 관련 주요 찬저로서 후학들에게 풍부한 자료를 손쉽게 구할 수 있도록 해 주었다.

이어지는 환파皖派는 상세한 고정考訂과 특이한 논단論斷을 제공하였는데, 이는 청대 『상서』 연구에서 가장 성공한 부분으로서 오늘날 『상서』의 문의文義를 연구하고 이해하는 데 큰 도움을 주었다. 그 중 가장 두드러진 것은 금단金壇의 단옥재段玉裁와 고우高郵의 왕염손王念孫·왕인지王引之 부자父子의 저작이다.

우선 환파의 창시자 대진戴震은 『상서』의 전면적인 정리에 뜻을 두고 『상서』의 원의를 통찰하는 전문 저작을 준비하였다. '의례義例' 13조를 고정하고 한대 금고문 각 가의 설을 폭넓게 수집하며 아울러 『공전』도 채록하여, 금문 28편과 백편 『상서서尙書序』, 위고문의 일실된 16편의 편명과 일치하는 9편을 차례로 고정하는 것이 대략의 계획이었다. 그러나 지금은 「요전」 1편(「舜典」 포함)이 두 권으로 나뉘어 『상서의고尙書義考』라는 표제로 『취학헌총서聚學軒叢書』에 수록되어 있을 뿐이다. 책이 완전하지 않고 널리 유행되지도 못해서 후세에 끼친 영향이 크지 않다. 대진은 이 외에 『금문상서경今文尙書經』 2권을 지었다고 하는데 지금은 볼 수 없고, 「상서금문고문고尙書今文古文考」 1편이 『대동원집戴東原集』에 수록되어 전한다.

단옥재의 『상서』 관련 주요 저작은 『고문상서찬이古文尙書撰異』 32권으로, 금문 28편을 고문 31편[46]으로 나누고 『상서서尙書序』 1편을 더하여 고증·교감하였다. 매 편이 각 1권으로 되어 있다. 별도로 「태서太誓」는 목록에 편명만 적고 "당唐 이후에 없어졌기 때문에 목록만 남겨 둔다"라고 주석하였다. 책의 각 편은 구句마다 이문異文과 이설異說을 상세하게 수집하여 옛날의 자서字書를 근거로 문자 및 구두 문제를 분석하고 금·고문을 상세하게 변석함으로써 양한시기 『상서』 문자 구두의 곤란함을 해결하였으니, 이는 양한대의 『상서』 저작을 치밀하게 해부한 것이었다.

단옥재는 「자서」에서 "이제 널리 자료를 수집해서 부족한 부분을 채우고 매 편을 1권으로 하여, 의미를 말하는 것은 간략하게 하고 문자는 상세히

---

46) 「舜典」·「益稷」을 나누지 않았고, 「盤庚」은 3편으로 나누고 「康王之誥」를 분리하였다.

하였다"라고 하였다. 비록 이처럼 의미를 중시하지 않고 문자의 교감에만 중점을 두었다고 말하고 있지만, 그는 심오한 자학字學을 기반으로 문자를 교정하는 과정에서 문자 훈해訓解의 문제까지 해결하기도 했다. 그의 문자학이 근거하고 있는 범위는 한漢·위魏의 자료들에까지 미치고 있었기 때문에 그는 당대唐代 위포衞包가 잘못 개정한 금본 『상서』의 일부 글자와 송대宋代 진악陳鄂이 잘못 이해한 『경전석문』의 일부 글자를 바로잡을 수 있었다. 현대에 들어 돈황 당사본唐寫本 『상서』 및 『석문』이 발견되면서 위포가 수정하기 이전의 진예고정본眞隷古定本을 볼 수 있게 되었는데, 이 예고정본은 단옥재가 단정斷定한 글자들이 매우 정확하다는 것을 실증해 주었다. 그의 과학적인 교감이 매우 정밀하고 가치 있는 작업이었 다는 사실을 알 수 있다. 그는 이 책의 서언序言에서 『상서』가 만난 '칠액七厄' 을 다음과 같이 정리하였다.

경經은 오직 『상서』가 가장 존귀한데, 『상서』는 또한 액을 만난 것이 가장 심하였다. 진秦의 분서焚書가 첫째이고, 한漢 박사博士의 고문 억압이 둘째이고, 마·정이 고문일편古文逸篇을 주석하지 않은 것이 셋째이고, 위진魏晉의 위고문이 넷째이 고, 당唐의 『정의』에 마·정을 채용하지 않고 위공을 채용한 것이 다섯째이고, 천보天寶의 개자改字가 여섯째이고, 송宋 개보開寶의 『석문釋文』 개작改作이 일곱째 이다. 이 일곱 가지로 인해 고문이 거의 없어지게 되었다.

앞에서 보았듯이 고힐강은 『상서』가 만난 액운이 비단 이 일곱 가지에만 그치는 것은 아니라고 지적한 바 있지만, 어쨌든 단옥재가 언급한 칠액은 『상서』의 운명에 심각한 영향을 끼친 역사적 재난들로서 우리에게 『상서』 의 원시 문구의 실마리와 맥락을 어떻게 찾을 수 있는지에 대해 주의를 환기시켜 준다.

왕염손王念孫(자는 懷祖)·왕인지王引之(자는 伯申) 부자의 저작은 『상서』의

문의文義를 이해하는 열쇠가 되었다. 이들 부자는 『광아소증廣雅疏證』·『독서잡지讀書雜志』·『경전석사經傳釋詞』·『경의술문經義述聞』 등을 편찬하였는데, 이 저작들 속의 『상서』 연구는 훈고학을 이용해 각 경전의 문제를 해결함으로써 『상서』의 난삽함을 깨뜨리고 답답함을 일소해 준 공로가 있다. 『경의술문』 중의 『상서』 2권에서 해석한 조목들은 모두 2천여 년 동안의 주소학자들이 논쟁을 벌이거나 잘못 전한 것들로서 끝내 옳은 해답을 얻지 못한 문제들이었는데, 부친 왕염손의 학문을 계승한 왕인지는 깊고 자세하게 반복 고찰하여 논증함으로써 대부분의 문제에 대해 매우 타당한 해석을 제시하고 일부 복잡하게 얽힌 문제에 대해서도 순리에 따른 해석을 제시하였다.

왕인지가 해결한 문제는 크게 두 부분이다. 하나는 허자虛字를 실의實義로 해석한 탓에 이해가 되지 않던 구절들을 해명하였다는 점이다. 『경전석사』는 하나하나의 허자가 수많은 서로 다른 용법을 가지면서 문구의 지위에 따라 다르게 해석되는 점을 명백히 밝혔으니, 이는 곧 독자들로 하여금 문장에서 허의虛義를 찾아야 한다는 점을 알게 해 주었다. 다른 하나는 많은 글자들이 옛날에는 가차의假借義로 사용된 것으로서 그 글자의 본의本義가 아님을 명백히 밝혔다는 점이다. 『독서잡지』·『경의술문』은 이에 대한 수많은 예를 들었는데, 독자들에게 글자의 본의가 아닌 가차의를 찾아야만 비로소 뜻이 명료해지는 수많은 구절들을 알게 해 주었다. 양수달楊樹達은 증운건曾運乾(자는 星笠)의 『상서정독尙書正讀』에 「서序」를 지어 주었는데, 여기서 그는 왕씨 부자를 다음과 같이 평가하였다.

고서를 읽을 때는 당연히 훈고訓詁를 통하고 사기詞氣를 살펴야 하는데, 이둘은 수레의 두 바퀴와 같아서 하나라도 없어서는 안 된다. 훈고를 통한다는 것은 옛사람들의 이른바 소학小學이고, 사기를 살핀다는 것은 오늘날의 문법학이다. 한유漢儒들은 훈고에 정밀했으나 사기에는 소략하였고 송인宋人들은 제법

사기를 살피는 데 힘썼으나 훈고에 소홀했으니, 독자들이 모두 한스럽게 여겼다. 청 중엽에 완운태阮蕓台·왕회조王懷祖·백신伯申 등의 제공이 나와 이 두 가지를 겸했는데, 왕씨가 특히 두드러졌다. 그들의 저술 중 『광아소증』은 훈고를 통한 것이고 『경전석사』는 사기를 살핀 것이며, 두 가지를 합친 것이 『독서잡지』·『경의술문』이다. 송원宋元 이래 유자들의 경사經史를 다룬 저작이 수천수만이지만 이 두 책과 겨룰 만한 것이 없으니, 위대한 저작이라 하겠다.

왕씨학王氏學의 가치를 충분히 잘 드러낸 발언이다. 물론 왕씨 부자의 해석에도 일부 타당하지 않은 점이 있긴 하지만, 그 대부분은 『상서』를 읽는 대도大道를 열어 주었다. 그리하여 『경전석사』의 글자 해석은 오늘날 우리들이 『상서』를 연구할 때 필수적으로 참고해야 하는 권위 있는 해석이 되었고, 『독서잡지』에서 언급한 『상서』 관련 문구들도 『경의술문』과 마찬가지로 『상서』 해석을 위한 '필수 공구서'(津逮)가 되었다. 특히 왕인지는 어법에 따라 각종 어사語辭의 어려운 문제들을 해결하여 우리들에게 이삼천 년 전의 『상서』에서 사용된 고대 언어와 문자를 이해할 수 있는 발판을 마련해 주었다. 이 외에, 『청사고清史稿』「예문지藝文志」에 의하면 왕인지는 『상서훈고尙書訓詁』 1권도 지었다고 하는데, 그의 깊은 학문 조예가 발휘되어 정밀한 의의가 많을 것이라는 데에는 의심의 여지가 없지만 안타깝게도 보이지 않는다.

이후 오파 학자 손성연孫星衍(자는 淵如)은 앞에서 서술한 제가의 업적을 종합적으로 채용해서 공영달이 진대晉代 위고문의 『전傳』에 대해 지은 『소疏』(『正義』)를 대체하고자, 한대 금문·고문의 전주傳注에 대한 별도의 『소疏』를 지었다. 바로 『상서금고문주소尙書今古文注疏』 30권이다. 이 책은 한대의 금·고문을 해석한 것이 29편이고, 「상서서尙書序」가 제30편에 있다. 「태서泰誓」 또한 한대본을 집록하여 1편으로 하였으니, 매 편이 각 1권으로 되어 있다. 손성연은 「자서」에서 다음과 같이 적고 있다.

공씨(공영달)의 『위상서정의』 「서序」에서는 "채대보蔡大寶·소의巢猗·비감費甝·고표顧彪·유작劉焯·유현劉炫 등에 근거하였다"라고 하고 또 "고인古人의 전기傳記를 열람하고 근대와의 동이同異를 질정하여, 옳은 것은 남기고 그른 것은 버렸으며 번잡한 것을 삭제하고 간략함을 보충하였다"라고 하였으니, 이에 따르면 공씨의 「소」는 오로지 자신의 의견에서 나온 것은 아니라는 뜻이다. 이제 그 예에 따라, 한·위에서 수·당에 이르기까지의 고인古人의 전기傳記 중에서는 서의書義와 관련된 것을 두루 채용하였으며, 송대 이래 제인諸人의 주注 중에서는 당시의 문적이 전하지 않는 것이나 지금과 비교해서 별다른 차이가 없는 것, 또 사승師承이 없이 전하거나 억설臆說로 의심되는 것은 취하지 않았다. 또한 근대의 인물로는 왕명성, 강성, 단옥재 등의 설을 채용하였는데, 모두 고서의 증거가 있다. 특히 왕염손 부자는 훈고에 정밀함이 있었다. 왕명성은 정주鄭注를 채용했지만 아울러 위전僞傳까지 보존하고 『사기』·『대전大傳』의 이설異說은 싣지 않았으며, 강성은 경문을 전서篆書로 쓰고 또 『설문』에 의거하여 글자를 고쳤는데 「우공」의 주석에는 옛 지명만을 적어 두어 학자들이 읽기에 불편하였고, 단옥재의 『찬이』도 금고今古의 문자만을 구별하고 있다. 한편, 혜동·송감宋鑒·당환唐煥 등은 위전을 변증하였고, 장술조·필이전畢以田은 경전을 해석함에 많은 심득이 있었다. 이제 그들의 장점을 모아서, 공씨가 말한 근대의 동이同異를 질정해서 옳은 것은 보존하고 번잡한 것을 삭제하며 간략한 것을 보충하였으니, 건륭 59년(1794)에 시작해서 가경 20년(1815)에 이르기까지…… 수십 년에 걸쳐서 서의書義를 기록하여 책을 편찬하였다.

이 책이 한·위에서 수·당까지의 설과 특히 청대한학가들의 경설을 채용한 것으로, 22년 동안 정력을 쏟아 완성한 거작임을 알 수 있다. 그 의소疏義는 주로 강성, 왕명성, 단옥재, 왕씨 부자의 설을 그대로 따르고, 아울러 의변 학자들의 저작도 언급하고 있다.[47] 그 가운데 장술조는 금문가로서 『상서금고문고증尙書今古文考證』을 지었는데 아래에서 서술하도록 한다. 필이전은 곧 필형畢亨이니, 그는 이이덕李眙德과 함께 손성연의 찬술을 도왔다. 이 책은 당시까지의 『상서』 연구의 총결산적인 저작으로,

---

47) 閻若璩의 說은 채용하지 않았다.

피석서는 『경학통론』에서 『상서』를 전공하기 위해서는 가장 먼저 손성연의 이 책을 보아야 한다고 평하였다.

그러나 손성연의 이 책은 오파의 학풍을 따른 것이어서, 마·정의 한주漢注를 우상으로 여기고 『공전』에서는 비록 합리적인 것이 있다 하더라도 취하지 않았다. 특히 그는 『사기』에서 인용한 금문을 고문으로 잘못 이해하여 한고문漢古文을 어지럽혔으며, 예로 든 한금문漢今文 또한 완전하지 못하여 후대의 금문가 진교종陳喬樅의 『금문상서경설고今文尚書經說考』 및 피석서의 『금문상서고증今文尚書考證』에서 제시된 자료와의 차이가 너무 컸다. 이것이 이 책의 가장 큰 결점이다. 아울러 이 책은 주로 전인의 설을 답습하는 데 그쳤을 뿐 단옥재나 왕씨 부자처럼 『상서』의 의문점을 해결할 수 있는 독창적인 견해들을 제시하는 데까지는 나아가지 못했으니, 청말의 유월俞樾·오대징吳大澂·손이양孫詒讓 등이 새로운 자료를 운용하여 고증을 진행한 것과 비교해도 차이가 많았다. 그래서 양수달은 「증성립상서정독서曾星笠尚書正讀序」에서 손성연과 강성, 왕씨 부자 등의 책들을 다음과 같이 평하였다.

> 왕씨 부자의 상서설은 비록 완선完善하지만 전경全經에 다 미치지는 않았다. 이에 비해 강간정江艮庭·왕서장王西莊·손연여孫淵如 제가는 전경全經을 말했지만 그 훈석訓釋의 정밀함이 왕씨 부자에 미치지 못하였다. 간혹 한 편을 읽다 보면 다른 나라 사람의 말을 듣는 듯한 곳도 있어서, 단지 입술 모양을 보고 그 말소리를 들을 뿐 그 의미가 어디에 있는지는 끝내 알 수 없다.

조금 익살스럽게 비유한 면은 있지만 강성·왕명성·손성연의 책은 단옥재나 왕씨 부자의 책에 미치지 못한다는 점을 확실하게 지적하고 있다. 따라서 손성연의 이 책을 예찬하는 것만으로는 그 실상을 덮기에 부족한 감이 있다. 일반적으로 사람들이 이 책을 예찬하기만 하는 것은

실제로는 책에 대한 깊은 이해가 없기 때문이다.[48]

이상은 상서학에 공헌한 바가 많은, 청대의 한학 오·환 양파 학자들의 『상서』 연구의 주요 성과들이다.

2. 청대의 일반 상서학 저작

청대의 『상서』 관련 저작은 매우 많다. 그 가운데 매우 유용한 것들은 뒷부분에서 간략히 기록하도록 하고, 우선 세 부의 저서를 먼저 소개하도록 한다.

첫째는 건륭(1736~1795)과 도광(1821~1850) 연간 사이에 산동山東 서하棲霞의 모정牟庭이 편찬한 『동문상서同文尚書』 39권이다. 이 책은 한고문漢古文 29편을 31편으로 나누어 해석한 것인데, 기존의 서목저록書目著錄들에는 보이지 않고 다만 초본鈔本만이 유전되어 왔다.[49] 모정은 모방을 버리고 과감하게 자신의 해석을 제시하였으며, 송의 왕백王柏이나 문급옹文及翁, 원의 오징吳澄 등의 정신을 이어받아 용감하게도 『상서』의 본문을 자기 뜻대로 이동시켰다.[50] 또한 매 단락 뒤에 천근淺近한 문장으로 『상서』 본문을 바꾸어 말하였으니 청대의 금역今譯이라 할 만하다. 비록 독단적인 추단에 의한 해석이 지나치게 많고 대부분이 송인의 경설과 같아서 사람들에게 신뢰를 얻기 어려웠지만, 일정 부분 사람들을 계발시켜서 새로운 해석을 찾아 나서도록 하였다는 의미도 있다. 『국조한학사승기國朝漢學師承記』의 기록에 의하면, 모정과 동시대의 산동 출신 학자로 조북람趙北嵐이 있었는데 그

---

48) 손성연은 『尙書』 문자의 異同과 관련한 考證, 逸文 및 馬·鄭注의 輯本 등도 남겼는데, 아래의 제5절에 보인다.

49) 1980년 齊魯書社에서 影印 출판하였다.

50) 이런 행위는 당연히 타당하지 않다.

역시 『금문상서』를 연구하여 "산좌山左의 걸출한 인재"로 칭송되었다고 한다. 그의 저서는 전해지지 않고 있다.

둘째는 가경(1796~1820)과 동치(1863~1874) 연간 사이에 절강浙江 정해定海의 황식삼黃式三이 편찬한 『상서계몽尚書啓蒙』 4권이다. 금문 28편을 해석한 책으로, 강성·왕명성·단옥재·손성연 등 4가의 설을 간략하게 채용하고 간간히 자신의 의견을 제시하기도 했다. 간단명료한 문자로 문의文義를 주석하였는데, 때로는 단지 한두 글자나 한두 구절만을 사용하기도 했다. 청대 상서학이 거둔 주요 성과의 핵심만을 가려서 간략하게 썼기 때문에 『상서』 연구자가 참조하기에 매우 편리하다.

셋째는 도광(1821~1850) 연간에 안휘安徽 동성桐城의 대균형戴鈞衡이 편찬한 『서전보상書傳補商』 17권이다. 이 책은 『상서商書』에 속한 「반경」·「미자」의 2편과 「주서周書」에 속한 「금등」·「대고」·「강고」·「주고」·「재재」·「소고」·「낙고」·「다사」·「군석」·「다방」·「입정」·「고명」·「강왕지고」·「여형」의 14편만을 해석하였는데, 「강왕지고」는 「고명」에서 분리된 것이므로 실제로는 금문 15편에 대해서만 해석한 것이다. 나머지 금문 13편은 해석하지 않았다. 대균형은 이 책의 '서례序例'에서 다음과 같이 말하였다.

> 은殷의 「반盤」, 주周의 「고誥」는 길굴오아하여 한대 이후 지금까지 의미의 대부분이 드러나지 못했고, 「미자」·「금등」…… 「여형」 등의 편들도 어의語意가 너무 까다로워 「반盤」·「고誥」와 다를 바 없었다. 경을 연구하는 이들은 제대로 이해하지 못했고 시험을 보는 이들은 명제命題로 삼지 않았으니, 진실로 고문51) 제 편이 없었다면 이들 경은 거의 폐기되었을 것이다. 이 책에서 전석詮釋한 것은 바로 그런 편들이며, 나머지 이해하기 쉬운 편들은 간혹 잘 맞지 않는 부분에 대해 별도로 「의찬疑纂」을 짓거나 간략한 주석을 덧붙였다. 근유近儒들이 고문을 배척한 것은 따르지 않았으며, 초려草廬(吳澄)가 금문만을 해석한 의도와도 같지 않다.

---

51) 僞孔을 가리킨다.

해석하기 어려운 제 편들만을 가지고 이 책을 만들었다는 것을 알수 있다. 해석한 편들은 모두 금문에 속하지만, 그는 자신이 위고문을축출하기 위해 금문만을 해석한 오징의 의도와는 다르다는 점을 표시하였다. 금문 가운데 13편은 이해하기 쉽다고 생각해서 해석하지 않되, 그런편들 가운데 문제가 있는 부분들은 따로 『의찬疑纂』을 지어 설명하였다.[52]그는 '서례序例'에서 또 다음과 같이 말하였다.

> 한漢·위魏·진晋·수隋 제가의 설 가운데 후대에 전해진 것들을 보면 모두 오늘날유행하는 『공전』에 미치지 못한다.…… 수집해서 정리한 공로는 있으나 이치를궁구하고 의미를 정밀하게 한 공로는 적다.
> 송의 소자첨蘇子瞻·진소남陳少南·장자소張子韶·임소영林少穎·양중립楊中立·섭소온葉少蘊·오재로吳才老·여백공呂伯恭 제가의 설이 나오자 『서』의 대지大旨가밝혀졌고, 그 사이에 정자程子·주자朱子가 앞뒤로 논정論訂하였고 채씨蔡氏가스승의 뜻에 근본하여 군언群言을 분석해서 『집전集傳』을 완성하였는데…… 고문의 제책諸冊[53]에 대해 의리를 변석함이 해가 하늘에 떠 있는 것 같아, 다시의론할 수 없었다. 오직 『반盤』·『고誥』 제 편만은 의미가 심오하고 단어가 어려워서 경의 본지本旨를 잃지 않는 곳이 없었다.

이 책이 송학을 중시한 저작임을 알 수 있다. 다만, 그는 송학을 발양한『채전』의 『상서』 해석이 『공전』에 비해 더 낫지만 그것은 송학의 의리가의존하고 있는 위고문 25편의 해석에만 그러하고 금문 『반盤』·『고誥』 제편은 이해하기 어렵다고 생각하여, 전력을 다해 이 19편을 해석하였다.따라서 그는 서명 역시 '채씨의 『서전』에 대한 보상補商'이라 지었던 것이다.그는 다음과 같이 말하였다.

경을 말하는 도는 오직 믿음(信)과 통함(通)이다. 믿을 수 있지만 통하지 않으면

---

52) 『淸代著述表』에는 『書傳疑纂』 6卷으로 되어 있다.
53) 僞古文 25篇을 가리킨다.

단어로써 의미를 해치게 되고, 통하지만 믿을 수 없으면 비록 좋긴 하나 증거가 없는 것이 된다. 이 책은 의리에 대해 그 적합함을 살폈고, 고훈故訓에 있어서는 그 정확함을 찾고자 했다. 이 두 의미가 통하는 것은 증거를 취했기 때문이며, 두 증거가 두루 갖추어진 것은 의리에 의거하였기 때문이다. 옛 해석이 적합하지 않음이 있더라도 버리지 않았는데, 빼 버리고 논하지 않아서 학자들이 따를 것이 없는 것보다는 어떤 말이라도 따름으로써 독자들이 이해할 수 있게 하는 것이 더 낫기 때문이다.

이처럼 이 책은 『상서』의 이해와 가독성을 중시하고 있다. 고힐강은 이 책을 매우 좋아하여 1959년 1월에 처음 읽기 시작한 후, 책의 표지에 다음과 같이 적었다.

이 책은 실용實用에 애썼다. 비록 태평천국太平天國의 운동이 일어나서 사회가 혼란해진 까닭에 널리 유행되지 못하고 세상에 전해지지 못했지만, 내가 지금 읽어 보니 반드시 표창할 만하다.

『서전보상』에 대한 평가가 이와 같이 높았기에 고힐강은 필자에게 따로 이 책의 내용을 자세히 연구할 것을 주문하기도 했다.

대균형은 본래 동성파桐城派의 문장가로서 일찍이 방포方苞[54] · 요내姚鼐의 학문을 계승하여 고문의 의법古文義法과 문구 분석을 익혔고, 또 단옥재 및 왕씨 부자의 학을 계승하였다. 그는 특정한 학파에 매이지 않고 학문을 이루어 한·송의 좋은 점은 모두 따르려 했으니, 마·정과 이공二孔, 『채전』을 두루 연구하여 그 학문들을 비판적으로 계승하였다.[55] 먼저 한학가의 학문을 채용하여 그 훈고를 통하게 했고, 이후 고문의 의법義法에 따라 그 관통됨을 구하였다. 그리하여 그는 난해한 『반盤』·『고誥』 제 편의 문자를

---

54) 僞古文을 신뢰한 학자이다.
55) 現代漢語를 차용한 점 등이 그러하다.

통하게 하여 이들 편들을 읽을 수 있게 해 주었다. 이후 청말에 출현한 몇 명의 동성파 학자들은 계속해서 『상서』 관련 저작을 지었는데, 이는 모두 대균형의 학문성과를 계승한 것들이었다.

이상 열거한 일반 상서학 저작 세 종 가운데서는 대균형의 저서가 가장 빼어나고, 황식삼의 저작은 초학자가 읽기에 편리하며, 모정의 책 또한 함께 참고할 만하다.

이 외에 강희(1662~1722)에서 동치(1863~1874)·광서(1875~1908) 연간에 이르기까지의 청대 일반 『상서』 저작을 살펴보면 다음과 같다. 서지린徐志遴의 『상서거우尙書擧隅』 6권, 방유여方棸如의 『상서통의尙書通義』 14권, 만경萬經의 『상서설尙書說』(卷不詳), 서탁徐鐸의 『서경제요書經提要』 10권, 범이매范爾梅의 『상서찰기尙書札記』 1권, 양방달楊方達의 『상서약지尙書約旨』 6권, 임계운任啓運의 『상서장구尙書章句』(內篇 3권, 外篇 2권) 및 『상서약주尙書約注』 4권, 관헌요官獻瑤의 『상서우기尙書偶記』 3권, 주역동朱亦棟의 『상서찰기尙書札記』 2권, 왕불紋汪紋의 『상서전의尙書詮義』 12권, 심동沈彤의 『상서소소尙書小疏』 1권, 오련吳蓮의 『상서주해찬요尙書注解纂要』 6권, 황린黃璘의 『상서잉의尙書剩義』 4권, 공원개龔元玠의 『서경객난書經客難』(無卷數)56), 양홍저梁鴻翥의 『상서의尙書義』(無卷數) 및 『서경속해書經續解』(無卷數), 오조송吳兆松의 『상서선유유론尙書先儒遺論』(無卷數), 장견도張甄陶의 『상서채전습유尙書蔡傳拾遺』 12권, 홍방洪榜의 『서경석전書經釋典』(無卷數), 대조계戴祖啓의 『상서협의尙書協議』 8권 및 『상서섭전尙書涉傳』 16권, 왕영서王榮緒의 『서경강의書經講義』(卷不詳), 정진방程晋芳의 『상서금문석문尙書今文釋文』 40권 및 『상서고문해략尙書古文解略』 6권, 섭패손葉佩蓀의 『상서시례경의尙書詩禮經義』 수십 권, 공광림孔廣林의 『상서주尙書注』 10권, 임조린任兆麟의 『상서고금서록尙書古今敍錄』(無卷數), 요내姚鼐의 『서설書說』57) 4권, 허홍경

---

56) 『十三經客難』에 실려 있다.
57) 『書錄』이라고도 한다.

許鴻磐의 『상서찰기尙書札記』 4권, 운경惲敬의 『대운산방십이장도설大雲山房十二章圖說』 1권, 학의행郝懿行의 『서설書說』 2권, 호병건胡秉乾의 『상서서록尙書敍錄』 1권, 변빈卞斌의 『상서집해尙書集解』 30권 및 『칠경고문고七經古文考』 1권, 추한훈鄒漢勳의 『독서우지讀書偶志』 10권 및 부부 1권[58], 왕여겸王汝謙의 『상서관규尙書管窺』 4권, 주준성朱駿聲의 『상서고주편독尙書古注便讀』 4권[59], 대희戴熙의 『서삼고書三考』 4권 및 『상서연혁표尙書沿革表』 1권, 능곤凌堃의 『상서술尙書述』 1권, 소의신邵懿辰의 『상서통의尙書通義』 2권, 오가빈吳嘉賓의 『서설書說』 4권, 유육숭劉毓崧의 『상서구소고증尙書舊疏考證』 1권, 방종성方宗誠의 『서전보의書傳補義』 1권[60], 이영폐李榮陛의 『상서고尙書考』 6권, 장유쇠張裕釗의 『금문상서고기今文尙書考紀』(卷不詳), 황이주黃以周가 아들 가신家辰과 가대家岱에게 구술로 전한 『상서강의尙書講義』 1권[61] 등이다. 또 시간의 선후를 알 수는 없으나 비교적 늦은 시기에 나온 저술들은 다음과 같다. 정작주程作舟의 『상서외전尙書外傳』 2권, 추성맥鄒聖脈의 『서경비지書經備旨』 7권, 반상潘相의 『상서가해집수尙書可解輯粹』 2권, 왕덕성汪德鋮의 『상서우기尙書偶記』 1권, 황감黃淦의 『서경정의書經精義』 4권 및 수말首末 각 1권, 풍지馮至의 『서의書疑』 1권, 유완劉浣의 『서경항해書經恒解』 6권 및 『서서변정書序辨正』 1권, 이식곡李式穀의 『서경충요書經衷要』 12권, 장수갑莊綬甲의 『상서고이尙書考異』 3권, 하지고何志高의 『석서釋書』 1권, 요고寥翶의 『서역書繹』 1권, 진세용陳世鎔의 『구지거서경설求志居書經說』 4권, 방잠方潛의 『독서경필기讀書經筆記』 1권, 마징경馬徵慶의 『상서편의정몽尙書篇誼正蒙』 4권 및 수首 1권, 사치준史致准의 『상서역문尙書繹聞』 1권, 유증록劉曾祿의 『상서약주尙書約注』 12권, 여굉감余宏淦의 『독상서일기

58) 『淸史稿』에 따르면 原本은 36권이라고 하는데, 지금 남아 있는 것은 8권뿐이다.
59) 抄本으로 전해지다가 民國 연간에 華西協合大學에서 간행되었다. 鄭玄을 위주로 한 漢儒說을 취하였으나 출처는 밝히지 않았다.
60) 이는 『淸史稿』의 권수이며, 『淸代著述表』에는 『詩書集傳補義』 6권으로 되어 있다.
61) 『傲季雜著』에 부록되어 있다.

讀尙書日記』 1권[62], 유광분劉光蕡의 『상서미尙書微』 1권[63], 설가영薛嘉穎(纂輯)의 『상서정화尙書精華』 11권, 우창于鬯의 『상서독이尙書讀異』 6권, 호건胡虔의 『상서보의尙書補義』(未分卷) 등이다. 이상의 저서 가운데 『중국총서종록中國叢書綜錄』에 보이는 것들은 참고할 만하다.

이 외에 이름이 알려지지 않고 저록에서도 보이지 않다가 간혹 우연히 흩어진 저록에 나타난 것으로서, 그 정황을 상고할 수 없지만 여러 방식으로 그 전본傳本이 도서관에 보존되어 있는 저작들은 다음과 같다. 육사해陸士楷(纂輯)의 『상서회찬필독尙書匯纂必讀』 12권(康熙 初), 범상范祥의 『상서체주尙書體注』 16권(康熙 末), 전재배錢在培(輯解)의 『상서이구尙書離句』 6권(雍正 初), 윤공보尹恭保의 『상서쇄기尙書瑣記』 2권(光緖 연간), 무사선武士選의 『상서인문尙書因文』 6권 및 수말首末 각 1권(光緖 연간) 등이다. 또 간행 시기를 알 수 없는 저작들로는 다음이 있다. 곽몽성郭夢星의 『상서소찰尙書小札』 2권[64], 양기광楊琪光의 『상서문의尙書文義』 1권[65], 주용석周用錫의 『상서증의尙書證義』 28권, 장기현莊奇顯(輯)·하원이夏元彝(纂)의 『상서심곡편람尙書審鵠便覽』 6권, 호정수胡廷綬의 『상서금고문오장설尙書今古文五藏說』 1권 등이다. 그리고 고본稿本이 남아 있는 것으로 황원黃轅의 『상서경해조옥尙書經解雕玉』(無卷數)이 있다. 또한 주빈朱彬(자는 武曹)의 『상서이의尙書異義』 4권에 대한 3종의 초본抄本이 전하는데, 하나는 주빈의 『상서이의尙書異義』 4권 및 부록된 『상서고훈별록尙書故訓別錄』 1권으로 된 초본이고, 다른 하나는 이 두 책 뒤에 진이陳彝가 교정한 『상서시정문자尙書是正文字』 1권이 더 부록되어 있는 초본이며, 나머지 하나는 28편으로 된 치원노인痴園老人의 『상서술역尙書述譯』본이다.

이 시기에는 확실히 통속적인 저작도 많았는데, 특히 과거시험을 위한

---

62) 『學古堂日記』 가운데 하나이다.
63) 『關中叢書』에 들어 있다.
64) 『寶樹園遺書』 3종 가운데 하나이다.
65) 『史漢求是』 뒤에 부록되어 있다.

교재로서의 방각본坊刻本이 많았다. 건륭 연간 서입강徐立綱의 『서경방훈書經勞訓』 2권66)과 이를 증간한 광서 연간 축정보竺靜甫의 『서경방훈증정정의書經勞訓增訂精義』67) 4권이 있고, 또 가경 연간 만정란萬廷蘭의 『십일경음훈十一經音訓』본 중에 포함된 양국정楊國楨의 『서경음훈書經音訓』(不分卷)이 있는데 『방훈』에 비해 조금 나은 것으로 평가되고 있다. 그 밖에 전희상錢希祥의 『서경체주도고대전書經體注圖考大全』(無卷數), 마대유馬大猷의 『서경비지집요書經備旨輯要』(無卷數), 하윤회夏允懷의 『상서몽인구해尚書蒙引句解』 10권도 있다. 이들 방각본은 대부분 과거를 위해 엉성하게 급조된 것들이었는데, 대반戴槃의 『서경집구문부합편書經集句文賦合編』 같은 경우는 완전히 과거시험을 위한 팔고제예八股制藝의 문장이었다.

이 외에도 청대의 『상서』 관련 통속 저작들은 적지 않다. 하지만 이를 하나하나 상세하게 열거할 수는 없고, 또 그럴 필요도 없다. 이런 저작들은 대부분 독창적인 면이 없고 통속적인 내용을 담고 있을 뿐이다. 이와는 별도로 확실하게 전통적인 『채전』을 추숭한 것들도 있으니, 가령 오련吳蓮 등의 저작들을 보면 『채전』에 근거하면서 문장을 따라 전주詮注를 하였음을 알 수 있다. 그러나 새로운 의미가 전혀 없으므로 역시 상세하게 언급할 필요가 없다. 다만 다른 방면으로 적지 않은 명작들이 있는데, 심동沈彤・공광림孔廣林・요내姚鼐・학의행郝懿行・호병건胡秉乾・추한훈鄒漢勳・주준성朱駿聲・유육숭劉毓崧・방종성方宗誠・황이주黃以周 등의 저작이 그러하다. 이들은 모두 학문적으로 정밀한 학자들로서 각기 나름의 성과를 이루어 상서학에 끼친 공헌이 있었다. 앞에서는 이미 이들이 남긴 책들을 시간 순서에 따라 간략히 열거한 바 있다.

---

66) 『五經勞訓』본이다.
67) 서제 가운데 '精義'는 앞에서 기술한 黃淦의 『書經精義』를 가리킨다.

3. 경해의 회편과 경전의 정리 및 교감고정

청대의 경학 활동에서 학술 발전에 매우 영향을 끼친 작업 가운데 하나는 바로 경해經解를 회편彙編한 저작의 저술이다. 이러한 저작은 어지럽게 흩어져 있는 각 방면 학자들의 연구 성과를 한데 모아 읽기에 편리하도록 만든, 경적 연구에 매우 유용한 문헌들이다.

앞에서 이미 언급했듯이 강희(1662~1722) 연간에 납란성덕納蘭成德은 송·원·명의 경학을 회편한 『통지당경해通志堂經解』를 펴내었는데, 이후 건륭 시기에 이르기까지 이 책의 속간續刊이 거듭되었다. 『청사고淸史稿』「예문지藝文志」에 따르면 건륭 38년(1773)에 칙령으로 왕제화王際華가 송유宋儒들의 『상서』 경해 12종을 찬집했다고 하는데, 그들의 면면과 해당 경해는 다음과 같다. 호원胡瑗의 『홍범구의洪範口義』, 모황毛晃의 『우공지남禹貢指南』, 정대창程大昌의 『우공론禹貢論』 및 『우공후론禹貢後論』과 『우공산천지리도禹貢山川地理圖』, 사호史浩의 『상서강의尚書講義』, 하선夏僎의 『상서상해尚書詳解』, 부인傅寅의 『우공설단禹貢說斷』, 양간楊簡의 『오고해五誥解』, 원섭袁燮의 『혈재가숙서초絜齋家塾書鈔』, 황륜黃倫의 『상서정의尚書精義』, 전시錢時의 『융당서해融堂書解』, 조선상趙善湘의 『홍범통일洪範統一』이 그것이다.

가경(1796~1820)·도광(1821~1850) 시기에 환파皖派에서 발전한 양주학파揚州學派가 출현하게 된다. 이들의 학문방법은 오吳·환皖 양파의 장점을 계승하는 것이었다. 이들은 문헌적인 측면에서 문자훈고와 자료고증에 치중하였는데, 특히 경적을 고증할 때 금석자료金石資料도 함께 운용함으로써 시야를 더욱 확대하였다. 이 학파의 영수인 완원阮元은 학술의 규모가 매우 광대하였다. 그는 『경적찬고經籍纂詁』·『십삼경주소十三經注疏』와 같은 대규모의 경학 자료들을 총집하여 자세히 교감한 『십삼경교감기十三經校勘記』의 편찬을 주관한 외에, 도광 연간에는 『황청경해皇淸經解』의 회편彙編을 주관하여 도광 9년(1829)에 완성을 보았다. 광주학해당廣州學海堂에서 판각되어 『학해당경해學海堂經解』라고도 불리는 『황청경해』는 수록된 서적이 190종 1408권[68]에 달하여, 청대 경해의 핵심적인 저술들을 대거 수록하고 있다. 그 가운데 직접적으로 『상서』와 관련 있는 것들은 다음과 같다. 호위胡渭의 『우공추지禹貢錐指』, 장정석蔣廷錫의 『상서지리금석尙書地理今釋』, 심동沈彤의 『상서소소尙書小疏』, 혜동惠棟의 『고문상서고古文尙書考』, 강성江聲의 『상서집주음소尙書集注音疏』, 왕명성王鳴盛의 『상서후안尙書後案』, 성백이盛百二의 『상서석천尙書釋天』, 정요전程瑤田의 『우공삼강고禹貢三江考』, 단옥재段玉裁의 『고문상서찬이古文尙書撰異』, 손성연孫星衍의 『상서금고문주소尙書今古文注疏』, 완원阮元의 『상서교감기尙書校勘記』, 초순焦循의 『상서보소尙書補疏』 등 12종이다. 동치 9년에 속간續刊된 학해당본學海堂本에는 허홍경許鴻磬의 『상서찰기尙書札記』 4권이 포함되었다.

　『황청경해』는 그 밖에 『상서』의 연구에 중요한 저작들로서 앞서 언급한 왕염손王念孫 부자父子의 『독서잡지讀書雜志』·『경의술문經義述聞』·『경전석사經傳釋詞』 등을 수록하고 있고, 또 다음과 같은 중요 저작들도 싣고 있다. 고염무顧炎武의 『일지록日知錄』, 모기령毛奇齡의 『경문經問』, 강신영姜宸英의 『담원찰기湛園札記』, 장림臧琳의 『경의잡기經義雜記』, 염약거閻若璩의 『잠구차기潛邱箚記』·『사서석지四書釋地』[69], 풍경馮景의 『해용집解舂集』, 왕무횡王懋竑의 『백전초당총고白田草堂叢稿』, 강영江永의 『군경보의群經補義』, 진혜전秦蕙田의 『관상수시觀象授時』, 전조망全祖望의 『경사문답經史問答』, 항세준杭世駿의 『질의質疑』, 제소남齊召南의 『주소고증注疏考證』, 혜동惠棟의 『구경고의九經古義』, 노문초盧文弨의 『종산찰기鍾山札記』·『용성찰기龍城札記』, 전대흔錢大昕의 『십가재양신록十駕齋養新錄』·『잠연당문집潛研堂文集』, 적호翟灝의 『사서고이四書考異, 손지조孫志祖의 『독서좌록讀書脞錄』, 김방金榜의 『예전禮箋』, 대진戴震의 『동원집東原集』, 단옥재段玉裁의 『설문해자주說文解字注』, 왕염손王念孫의 『광아소증廣雅疏證』, 공광삼孔廣森의 『경학위언經學危言』, 이돈李惇의 『군경지소群經識小』, 무억武億의 『경독고이經讀考異』, 손성연孫星衍의 『문자당집問字堂集』, 능정감凌廷堪의 『교례당문집校禮堂文集』, 완원阮元의 『연경실집揅經室集』, 양옥승梁玉繩의 『별기瞥記』, 진수기陳壽祺의 『오경이의소증五經異義疏證』·『좌해경변左海經辨』 등이다. 이들 저작 대부분은 『상서』와 관련된 중요한 의견을 언급하고 있어 『상서』를 연구하는 사람들이 반드시 참고해야 할 자료들이다.

『황청경해』에 수록되지는 않았지만 『사고전서총목』「오경총의류五經總義類」에 보이는 것으로는 오호吳皓의 『십삼경의의十三經義疑』 12권 중의 「상서」 1권, 진조범陳祖範의 『경지經咫』 1권 중의 「상서」 12조가 있고, 또 「오경총의류존목五經總義類存目」에 다음 저서의 목록들이 보존되어 있다. 여치평呂治平의 『오경변와五經辨訛』 5권[70], 제조망齊祖望의 『면암설경勉庵說經』 10권 중의 「상서일득록尙書一得錄」 1권[71], 주상명周象明의 『칠경동이고七經同異考』 34권 중의 「상서」 5권, 초원희焦袁熹의 『차목헌경설회편此木軒經說匯編』 6권 중의 「상서」 34조, 소향영邵向榮의 『동여경설冬余經說』 12권 중의 「서설書說」 1권, 이중화李重華의 『삼경부의三經附義』 6권 중의 「서경書經」 2권, 곽조규郭兆奎의 『심원설心園說』 2권 중의 「서書」에 관한 내용[72], 손지록孫之騄의 『송원경설松園經說』 4권[73], 황문주黃文澍의 『경해經解』 5권 및 『경해잡저經義雜著』 1권 중의 「서書」 1권 등이다. 이 외에 『오경도五經圖』나 『육경도六經圖』 몇 종 가운데 『상서』와

---

70) 坊本들의 講章辨駁語意의 옳고 그름을 다루었다.
71) 『蔡傳』의 오류를 바로잡고자 하였다.
72) 예를 들어 「요전」의 '敬授民時'에 관한 내용에서 서양의 推測法을 평론하였다. 郭兆奎는 또 『心園書經知新』도 지었는데, 이에 관해서는 앞에서 언급하였다.
73) 기존의 설을 수집한 것이다. 손지록은 『尙書大傳』도 집록하였는데, 뒤에 보인다.

관련된 것들이 있으나, 대부분 연범설演範說에 근거한 망녕된 내용이어서 따로 적지 않는다. 이들 저서를 보면, 『경지經恉』만이 가작佳作으로서 취할 만한 내용이 많고 『십삼경의의十三經義疑』 또한 제경諸經의 의주義注를 취하고 의의疑義를 제시하여 제법 고증에 노력한 것이 보일 뿐, 나머지 저서들은 『황청경해』에 수록된 제서諸書와의 수준 차이가 크다. 따라서 『황청경해』에 수록되지 않은 것이 당연하다.

광서 11년(1885), 완원의 『황청경해』가 간행된 지 60여 년이 지난 후, 강소학정江蘇學政 왕선겸王先謙이 『황청경해속편皇淸經解續編』을 집록하여 209부 1430권을 수록하였다. 광서 14년(1888)에 강음江陰의 남정서원南菁書院에서 판각되었기 때문에 『남정서원경해南菁書院經解』라고도 불리는 이 『속편』은 『경해』에 누락된 저작들과 그 후 60년 사이에 새로 지어진 가작佳作들을 대부분 수록하고 있다. 이 2부의 경학총서는 고대 이후의 유가 경적에 대한 청대 학자들의 연구 성과를 거의 총망라한 것으로, 후대인들에게 매우 편리하고도 풍부한 학술 자료를 제공해 주고 있다.

『속경해』에 수록된 저작들 중 직접적으로 『상서』에 속하는 것들은 다음과 같다. 염약거閻若璩의 『상서고문소증尙書古文疏證』, 정정조程廷祚의 『만서정의晚書訂疑』, 왕염손王念孫의 『독일주서잡지讀逸周書雜志』, 유봉록劉逢祿의 『서서술문書序述聞』 및 『상서금고문집해尙書今古文集解』, 진수기陳壽祺의 『상서대전집교尙書大傳輯校』, 초순焦循의 『우공정주석禹貢鄭注釋』, 송상봉宋翔鳳의 『상서약설尙書略說』 및 『상서보尙書譜』, 정안丁晏의 『상서여론尙書餘論』 및 『우공추지정오禹貢錐指正誤』, 공자진龔自珍의 『태서답문太誓答問』, 진풍陳澧의 『호씨우공도고정胡氏禹貢圖考正』, 주우증朱右曾의 『일주서교석逸周書校釋』, 진교종陳喬樅의 『금문상서경설고今文尙書經說考』 및 『상서구양하후유설고尙書歐陽夏侯遺說考』, 하추도何秋濤의 『우공정주약례禹貢鄭注略例』, 위원魏源의 『서고미書古微』, 유육숭劉毓崧의 『상서구소고증尙書舊疏考證』, 유월兪樾의 『구족고九族考』, 예문

위예문울倪文蔚의 『우공설禹貢說』, 성용경成蓉鏡의 『상서역보尚書歷譜』 및 『우공반의
술禹貢班義述』 등 총 23종이다.74)

그 외에, 군경群經에 관한 저작으로 수록되었으나 『상서』 연구와도 관련
된 것으로는 다음이 있다. 적호翟灝의 『경전소기經傳小記』 및 『이아보곽爾雅補
郭』, 전점錢坫의 『이아고의爾雅古義』 및 『이아석지사편주爾雅釋地四篇注』, 무억武
億의 『군경의증群經義證』, 강번江藩의 『예경문隸經文』, 송상봉宋翔鳳의 『과정록
過庭錄』, 홍이훤洪頤煊의 『독서총록讀書叢錄』, 서양원徐養原의 『완석려경설頑石
廬經說』, 김악金鶚의 『예고록예설隸古錄禮說』, 주대소朱大韶의 『실사구시재경
설實事求是齋經說』, 풍등부馮登府의 『십삼경고답문十三經詁答問』, 유정섭兪正燮
의 『계사유고癸巳類稿』 및 『계사존고癸巳存稿』, 정진鄭珍의 『소경소집경설巢經
巢集經說』, 진풍陳澧의 『동숙독서기東塾讀書記』75), 주서증朱緒曾의 『개유익재경
설開有益齋經說』, 용계서龍啓瑞의 『이아경주집증爾雅經注集證』, 진립陳立의 『백호
통소증白虎通疏證』, 추한훈鄒漢勳의 『독서우지讀書偶志』, 유서년劉書年의 『귀양
경설貴陽經說』, 유월兪樾의 『달재서설達齋書說』・『군경평의群經平議』・『고서의
의거례古書疑義舉例』, 황이주黃以周의 『경설략經說略』, 도방기陶方琦의 『한자실
문초漢孶室文鈔』, 임조풍林兆豐의 『예경승의隸經賸義』, 임이산林頤山의 『경술經
述』 등이다. 이 가운데 『상서』를 해석하고 해설한 상당수의 저서들은
매우 중요한 자료이다. 그리고 『주례周禮』를 연구한 몇 부의 논저들도
『상서』의 이해에 도움을 주는데, 장존여莊存與의 『주관기周官記』・『주관설周
官說』 및 『보補』, 서양원徐養原의 『주관고서고周官故書考』, 증쇠曾釗의 『주관주소
소전周官注疏小箋』 등이 여기에 속한다.

정속正續의 두 『경해經解』에 수록되지는 않았지만 『청대 학자 생몰 및
저술표』에 보이고 현재까지도 상존하는 명저로는 유기劉淇의 『조자변략助

---

74) 今文家의 저작 및 淸末의 저작들은 아래에서 자세히 다루기로 한다.
75) 이 가운데 『尚書』에 관한 卷이 있다.

字辨略』5권, 최술崔述의 『고신록考信錄』8종 36권, 요내姚鼐의 『석포헌구경설惜抱軒九經說』17권 중의 「서설書說」약간 권, 왕중汪中의 『경의지신기經義知新記』1권 및 『학술學述』6권, 뇌학기雷學淇의 『구경집해九經集解』9권, 정요전程瑤田의 『통예록通藝錄』43권, 장술조莊述祖의 『오경소학술五經小學述』2권, 황이주黃以周의 『경훈비의經訓比義』3권 및 『군경설群經說』4권76), 이자명李慈銘의 『십삼경고금문의회정十三經古今文義匯正』(無卷數) 등이 있다. 이들 또한 『상서』를 연구하는 데 큰 도움이 된다. 이 외에 서탁徐卓의 『경의미상설經義未詳說』54권, 나여회羅汝懷의 『십삼경자원十三經字原』(無卷數), 왕분王棻의 『경설우존經說偶存』6권, 방수연方粹然의 『십삼경주소유초十三經注疏類鈔』100권, 왕주요王舟瑤의 『군경대의술群經大義述』2권 등이 저록에 보이지만, 상세한 내용은 알 수 없다. 또한 조원필曹元弼은 정현학鄭玄學을 근거로 『상서』를 연구하였는데, 그의 저서 『복례당문집復禮堂文集』10권은 대부분 경經의 대의大義를 밝히는 문장으로 되어 있다.

청유淸儒들은 군경群經의 전수계보를 매우 중시하여 그것을 정리한 저작들을 적지 않게 남겼는데, 『상서』의 전수계보도 그 저작들을 통해서 확인할 수 있다. 그 주요 저작은 다음과 같다. 만사동萬斯同의 『유림종파儒林宗派』8권, 주이준의 『경의고經義考』중의 「사승承師」5권77), 홍양길洪亮吉이 필원畢沅을 대신해서 편찬한 『전경표傳經表』2권 및 『통경표通經表』2권78)과 이후 이를 보정한 왕대균汪大鈞의 『전경표보정傳經表補正』13권 및 『경전건립박사표經傳建立博士表』1권 등이다. 또 강번江藩의 『경사경의목록經師經義目錄』1권이 있는데, 『국조한학사승기國朝漢學師承記』의 뒤에 부록되어 있으며 별도로 「국조송학연원기國朝宋學淵源記」2권도 부록되어 있다. 그리고 각

---

76) "王曰"・"又曰"의 解釋에 관한 내용들이 포함되어 있다.

77) 卷281~285이다.

78) 『校經山房叢書』에 수록되어 있으며 표제에는 畢沅 撰으로 되어 있다. 洪亮吉이 畢沅 문하에서 대신 지은 것인데, 후일 자신의 『洪北江全集』에 수록하였다.

가家의 가법을 서술한 것으로서 위원魏源의 「양한경사금고문가법고서兩漢經師今古文家法考敍」[79], 왕주요王舟瑤의 『경사가법술經師家法述』1권[80] 등이 있고, 또한 유사배劉師培의 『경학전수고經學傳授考』1권[81] 등이 있다. 박사博士를 전문적으로 고찰한 것으로는 장금오張金吾의 「양한오경박사고兩漢五經博士考」[82], 호병건胡秉乾의 『서경박사고西京博士考』[83] 등이 있으며, 근대 왕국유王國維의 『한위박사고漢魏博士考』는 박사와 박사제자를 구분하지 않은 청유淸儒들의 오류를 바로잡았다.

오로지 『상서』만의 전수계보를 다룬 저술은 다음과 같다. 주이준의 『경의고』 사승承師 4(권284)의 「상서」, 정정조程廷祚의 「금고문상서전수원류今古文尚書傳授源流」[84], 강성江聲의 「상서경사계표尚書經師系表」[85], 소의신邵懿辰의 「상서전수이동고尚書傳授異同考」[86], 진교종陳喬樅의 「금문상서서록今文尚書敍錄」[87] 등의 단편류와, 단행본으로 대희戴熙의 『상서연혁표尚書沿革表』1권, 마정유馬貞楡의 『금문상서전수원류今文尚書傳授源流』3권이 그것이다. 정리된 전수계보는 제3장 2절과 제5장 1절을 참고하길 바란다.

청대 학자들의 『상서』에 관한 연구와 정리에서 특히 주목해야 할 중요한 업적 중의 하나는 바로 문자의 교정校訂과 교감校勘이다. 그들은 일찍이 일본의 야마노이 데이(山井鼎)가 지은 『칠경맹자고문七經孟子考文』을 받아들였는데, 완원이 13경을 교감할 당시에도 이 책을 이용하였다. 야마노이 데이의 저서들 중에는 『상서고문고尚書古文考』1권이 단행본으로 있다.

---

79) 『古微堂外集』에 있다.
80) 『淸代著述表』에 보인다.
81) 원래는 『經學敎科書』第1冊 "述傳授源流"였는데, 影印하면서 書名을 바꾸었다.
82) 『花雨樓續鈔』에 있다.
83) 『藝海珠塵續編』에 있다.
84) 『晩書訂疑』 뒤에 부록되어 있다.
85) 『尚書集注音疏』 뒤에 부록되어 있다.
86) 『半巖廬所著書零本』에 있다.
87) 『今文尚書經說考』에 있다.

청대 교감정오校勘訂誤의 성과를 시대 순으로 열거해 보면 다음과 같다. 고염무顧炎武의 『구경오자九經誤字』1권, 심병진沈炳震의 『구경변자독몽九經辨字瀆蒙』12권, 심정방沈廷芳의 『십삼경주소정자十三經注疏正字』81권 중의 「상서」 5권, 심숙沈淑의 『경완經玩』20권 중 『경전석문』의 이자異字를 교감한 6권 및 경전의 이자異字를 교감한 4권, 진학령陳鶴齡의 『십삼경자변十三經字辨』(無卷數), 왕중汪中의 『교정금문상서위포미개본校定今文尙書僞包未改本』(無卷數), 필원畢沅의 『경전문자변정經典文字辨正』5권, 노문초盧文弨의 『상서주소교정尙書注疏校正』3권, 조우趙佑의 『상서이독고尙書異讀考』6권, 왕래汪萊의 『십삼경주소정오十三經注疏正誤』(無卷數), 이부손李富孫의 『서경이문석書經異文釋』8권, 손성연孫星衍의 『상서고이尙書考異』5권, 완원阮元의 『십삼경주소교감기十三經注疏校勘記』217권 중의 「상서교감기尙書校勘記」22권, 왕문대汪文臺의 『십삼경주소교감기지어十三經注疏校勘記識語』4권, 이자명李慈銘의 『십삼경고금문의회정十三經古今文義匯正』(無卷數), 우창于鬯의 『향초교서香草校書』60권 중 「상서」를 교감한 4권 및 『주서周書』(『逸周書』)를 교감한 2권 등이다.

판각본版刻本이 아닌 석경石經의 문자에 대한 교감고정校勘考訂도 청대 상서학의 중요한 업적 중의 하나이다. 석경 문자를 연구한 저작들에 대해서는 졸고 「상서와 역대 석경」(尙書與歷代石經)[88]에서 상세하게 다룬 바 있는데, 비교적 계통이 완전한 저작으로는 팽원서彭元瑞의 『석경고문제요石經考文提要』13권, 풍등부馮登府의 『석경보고石經補考』12권, 위수인魏秀仁의 『석경고石經考』13종 26권 등의 3부를 들 수 있다.

『상서』에 대한 교감 외에, 청대 학자들은 『경전석문經典釋文』에 대해서도 수많은 고정교감 작업을 수행하였다. 앞서 보았듯이 심숙沈淑의 『경완經玩』 20권 중에 『석문』의 이자異字를 교감한 6권이 있으며, 또한 다음과 같은 책들이 있다. 노문초盧文弨의 『경전석문고증經典釋文考證』30권, 이우손李遇孫

---

88) 『史學史硏究』1983年 3期 및 1984年 1期에 실려 있다.

의 『상서예고정석문尙書隷古定釋文』 8권과 부록된 「경문經文」 2권, 완원阮元의 『석문교감기釋文校勘記』 25권 등이다.

청대의 저작들과 이전 시기의 저작들은 유전되는 정황이 달랐다. 명대 이전의 저작들은 대다수가 망실되어 전해지는 것은 극소수에 지나지 않으니, 가령 송대의 『상서』 저작은 거의 400부에 달했다고 하지만 현재 『통지당경해』에 보존되어 있는 것은 10종이 채 되지 않는다. 그러나 청대의 저작은 이와는 달리 절대다수의 저작들이 현재 모두 전해지고 있으며, 망실된 것은 극히 소수에 불과한데 그 대부분은 이름조차 생소한 중요하지 않은 저작들이다.[89] 따라서 지금까지 인용된 청대 저작들은 모두 존일存佚 상황을 따로 표시하지 않았다.

청대에는 『상서』에 관한 전문적인 논문도 많았다. 이들은 왕중민王重民·양전순楊殿珣이 엮은 『청대문집편목분류색인清代文集篇目分類索引』의 14~28쪽에 수록되어 있는데, 모두 천여 편에 이른다. 이들 논문류는 앞에서 특정 주제와 관련해서 인용할 때 외에는 따로 언급되지 않았기 때문에, 필요한 연구자들은 왕중민·양전순의 『색인』에서 해당 내용을 찾으면 될 것이다.

---

89) 유명한 저작들 가운데 유독 姚際恒의 辨僞 名作들은 일찍이 대부분 손실되어, 전해지는 것은 소수의 몇 部뿐이다. 그러나 『尙書』와 관련된 그의 精義는 다행히 閻若璩의 인용에 보존되어 전해지고 있다.

제5절 『상서』 단편에 관한 연구와 일실된 자료의 집교정리

　『상서』의 특정 편목에 대한 연구는 이미 한대에부터 시작되었다. 한유漢儒들은 방사오행설方士五行說의 영향을 받아들인 데다 제왕통치술帝王統治術을 중시하였기 때문에 「홍범」을 떠받들었고, 이러한 경향은 송유宋儒들에 이르기까지 그대로 이어졌다. 그래서 한에서 송에 이르는 시기 동안에는 「홍범」 관련 저작들이 계속 축적되어 다른 각 편을 압도하였다. 그러나 송유들은 실질과 현실을 중시하는 태도로써 「우공」에 대한 연구도 시작하여 몇 부의 명저를 탄생시켰고, 이후 학자들은 점차 「우공」을 중시하게 되었다. 청유清儒들은 『상서』에 대한 실사구시적인 과학적 연구를 전개하여 「우공」을 중국 역사지리학의 시초이자 가장 체계적인 구조로 판정하였으며, 자연스럽게 많은 학자들이 「우공」 연구에 종사하게 되었다. 반면에 청유들은 온 힘을 다해 오행설五行說의 오류를 폭로하면서 「홍범」의 경문에 대해서는 상대적으로 냉담을 반응을 보였다. 이 외에 학자들은 『상서』의 기타 각 편에 대한 과학적 자료들, 예들 들어 천문·역법류와 같은 것들을 널리 수집하고, 아울러 『상서』의 일문逸文이나 일편逸篇 및 『상서』와 관련된 기타 자료들도 활발하게 수집하였다. 아래에서는 위의 내용들을 다음과 같은 차례로 서술해 본다. ① 「우공」, ② 「홍범」, ③ 기타 각 편, ④ 일편逸篇·일문逸文·일주逸注·일위逸緯 등의 집교정리輯校整理의 순이다.

1. 「우공」

「우공」에 대한 연구는 송유로부터 시작되어 원·명 학자들의 노력을 거쳐서 청대에 이르러 과학 수준의 단계로 접어들었으니, 이러한 청대의 높은 수준을 반영한 종합적인 저작은 바로 호위胡渭의 『우공추지禹貢錐指』이다. 『상서』 전반에 관한 연구가 염약거閻若璩를 기준으로 연구시기를 구분하고 있는 것과 같이, 「우공」에 관한 연구도 호위를 기준으로 삼아 연구시기를 구분할 수 있다.

호위 이전, 청대 초기의 「우공」에 관한 연구로는 먼저 주학령朱鶴齡의 『우공장전禹貢長箋』 12권이 있는데, 『사고전서총목』에서는 이 책이 호위 이전에 만들어졌음을 언급하면서 다음과 같이 설명하고 있다.

> 앞부분에 25도圖를 배치하였는데, 「우공전도禹貢全圖」에서부터 「도산導山」·「도수導水」에 이르기까지 모두 문장의 순서에 따라 전해詮解하였다. 고설古說을 많이 인용하면서 자신의 의견으로 절충하였다.…… 특히 정밀하고 박식하게 수집한 호위의 저서에는 미치지 못하고 또한 왜곡된 증거를 인용하기도 하였지만 때때로 창의적인 것도 있으니, 장점과 단점이 반반이다. 공도貢道와 조하漕河에 대해서 맥락을 잘 짚어 조리 있게 분석한 것도 비교적 상세하다.

비록 그 해설 가운데 타당치 못한 것이 있어서 가작佳作은 못 되더라도 취할 만한 부분 또한 분명히 있음을 명시하고 있다. 주학령은 이 외에도 「우공삼강변禹貢三江辨」 1편을 지었는데, 「우공」의 '삼강' 문제를 전문적으로 논변한 글이다.

이 시기에 만사동萬斯同은 「독우공합주讀禹貢合注」 3편을 지어 약수弱水·곤륜昆侖·적석積石에 대해 논하였고, 고조우顧祖禹는 지리명저인 그의 『독사방여기요讀史方輿紀要』 중의 「천독이동川瀆異同」 6권에서 「우공」의 천독川瀆을 토론하여 확정하였다. 또 손승택孫承澤은 『우공구주산수고禹貢九州山水考』

3권을 지어 「우공」에 나타난 구주九州의 산천山川을 연구하였는데, 그는 「우공」의 내용을 심학心學으로 파악하고 있다. 그의 「자서」에서는, 우禹는 "그 무사無事함을 행하고 수水로써 수水를 다스렸다"(行其無事以水治水), "우의 공功과 우의 심心이 지금까지 남아 전한다"(禹之功至今在, 禹之心至今在)라고 적고 있다. 이는 다만 한 리학가理學家의 경해經解일 뿐으로, 그가 진정으로 산천山川의 문제를 해결하려 한 것이 아님을 알 수 있다. 한편, 육부수陸敷樹의 『우공주禹貢注』 1권, 엄관嚴觀의 『우공집요禹貢輯要』 1권, 조상趙湘의 『우공신서禹貢新書』 1권 등도 모두 호위보다 조금 이른 시기의 저작이다.

호위胡渭(자는 朏明, 호는 東樵)는 오랜 기간 지리학에 관심을 가지고 손수 자료를 기록하였다. 강희 중기에 그는 동정동산洞庭東山의 고관 서건학徐乾學이 주관하던 『청일통지淸一統志』 찬수국纂修局에 들어가서 지리학에 정통한 고조우顧祖禹(字 景範)·황의黃儀(字 子鴻)·염약거閻若璩(字 百詩) 등과 절차탁마切磋琢磨하였다. 당시를 술회하며 그는 "이로움을 얻음이 넓고 많아 이루 말로 다할 수 없을 정도였다"라고 하였다. 특히 그는 이 기회에 일반인들이 열람할 수 없는 찬수국의 공사公私 자료들을 더욱 많이 접할 수 있었다. 강희 33년 갑술(1694), 그는 62세의 나이로 낙향하여 손수 기록한 제반 자료를 토대로 「우공」의 지리에 대한 연구를 시작하여, 67세 기묘(1699)에 『우공추지』 20권과 도圖 1권을 완성하였다. 수십 년 동안 정력을 쏟아 붓고 만년의 6년 동안 집필해서 완성한 거작이다. 권11과 권14는 상하로 되어 있고 권13은 상중하로 되어 있는데 중권이 다시 상하로 되어 있으므로, 실제로는 26권이다. 도 1권에는 그림 47폭이 수록되어 있다. 『사고전서총목』에서는 다음과 같이 적고 있다.

우하禹河의 초사初徙와 재사再徙 및 한·당·송·원·명의 하도河圖 같은 경우는 특히 고증이 정밀하다. 책의 체제를 보면, 경문의 한 글자 한 글자마다 '집해集解'와 '변증辨證'을 두었다. 역대의 의소義疏 및 방지方志와 여도輿圖를 두루 수집하였으며, 구주九州의 분역分域과 산수山水의 맥락에 대한 고금의 설명이 서로 다르기 때문에 일일이 상세하게 논변하였다. 송대의 부인傅寅·정대창程大昌·모황毛晃 이래로 「우공」을 주석한 학자들이 수십 가에 달하지만, 내용이 정밀하고 풍부하기 로는 이 책이 으뜸이다.

이 책의 종합적인 정황과 특징을 잘 지적하고 있다. 오늘날 우리가 「우공」을 이해하기 위해서는, 특히 그 내용과 관련된 역대 자료 및 각종의 지방지地方志 자료를 알기 위해서는 반드시 이 책에 의지해야 한다.

호위는 또한 역사적으로 논쟁이 되고 불확실했던 수많은 문제들에 대해서도 온갖 자료들을 수집하여 연구하고 정리한 후 자신의 결론을 제시하였는데, 이것은 우리가 「우공」의 쟁점 문제들을 이해하는 데 크나큰 도움을 준다. 고힐강은 「중국고대지리명저선독中國古代地理名著選讀」의 「우공전문주석禹貢全文注釋」에서 「우공」을 전석詮釋한 송대 이래의 각종 저서들을 열거한 후 다음과 같이 말하였다.

그 중 호위의 노력이 가장 두드러졌으니, 그의 「우공추지」는 종합적인 저서라고 할 수 있다. 그러나 지금은 호위와 이미 200여 년의 차이가 있고 그 사이에 지리학은 하나의 과학으로 자리를 잡았기 때문에, 우리는 마땅히 「우공」에 대한 또 하나의 결론을 내리되 그의 정확한 점은 긍정하고 부정확한 부분은 부정함으로써 그에 대한 적당한 평가를 내려야 할 것이다.

호위의 이 저서에 대한 학술적인 가치를 충분히 긍정함과 아울러, 오늘날 「우공」을 연구하면서 이 책을 대할 때의 바람직한 태도를 지적해 주고 있다. 「우공」의 연구나 역사지리에 뜻을 둔 현대인들이 명심해야 할 지점이다. 이후 정안丁晏이 편찬한 「우공추지정오禹貢錐指正誤」 1권이 나왔는데, 비록 사소한 문제들을 자잘하게 거론한 것이지만 「우공추지」의 오류를 정정한 것으로서는 충분하다. 호위는 그 밖에 「홍범정론洪範正論」과

『역도명변易圖明辯』도 지었는데, 한대 이래로 음양오행의 세례를 입은 위설僞說을 물리치고 두 책의 진면목을 회복시키기 위한 저작으로서 호위의 폭넓은 지식과 높은 학력을 잘 보여 준다.

호위와 같은 시기의 염약거는 『상서고문소증』 권6[90]에서 「우공」을 다루면서 「우공」에 나타난 지리를 해석하였다. 또한 그의 『사서석지四書釋地』 6권 중의 대부분이 「우공」의 지리를 해석한 것으로서 호위와의 토론을 기록하고 있는데, 일부는 호위와는 다른 견해를 견지하고 있어 이 책 역시 「우공」을 연구한 중요 저작 중의 하나로 평가된다.

장정석蔣廷錫의 『상서지리금석尙書地理今釋』 1권은 『상서』 전 책에 나타난 지명들을 매우 간명한 문구로 해석하면서 아울러 청대의 위치도 밝혔다. 호위의 결론을 상당 부분 채용하고 때로는 자신이 고정한 부분도 함께 적었다. 『사고전서총목』은 이 책에 대해 다음과 같이 평하였다.

고정考訂이 정밀하여, 옛날의 오류를 바로잡고 후유後儒의 의혹을 풀어 주기에 충분하다. 곤륜하원설崑崙河源說에 있어서는 한유漢儒의 오류를 바로잡았을 뿐만 아니라 『원사元史』의 잘못도 수정하였는데, 이것은 바로 우리 청조淸朝의 「혼일여 도混一輿圖」를 보고 그 실제를 얻어 낸 것이니 전대前代의 경사經師들이 잘못을 그대로 답습하던 것과는 비할 바가 아니다.

이와 같은 극찬은 아마도 장정석이 상국相國[91]이라는 관직에까지 올랐기 때문일 것이다. 실제로 이 책은 참고할 만은 하지만 평범한 수준이어서, 그렇게까지 추숭할 것은 없어 보인다.

호위 이후 「우공」을 연구한 학자들이 계속해서 나왔는데, 호위 이후로부터 청대 말기까지의 비교적 중요한 저술 몇 부를 소개하기로 한다.

---

90) 『疏證』 第85에서 96까지의 조항이 이에 해당한다.
91) 文華殿 大學士, 參贊機務.

먼저 서문정徐文靖(字 位山)의 『우공회전禹貢會箋』 12권이다. 평생을 학술에만 종사했던 서문정은 노년에 이르러서도 정력이 쇠하지 않아, 82세에 『죽서기년통전竹書紀年統箋』의 편찬에 들어가 85세 때 완성을 보았고 이어서 이미 완성된 『우공회전』의 개정에 착수하였다. 그리하여 87세에 『우공도禹貢圖』 1권을 그리고 88세에 전서全書의 수정을 마쳤는데, 책 내용에는 독창적인 견해가 매우 많았다. 『사고전서총목』은 이 책에 대해, 먼저 『채전蔡傳』을 인용한 뒤 전箋을 짓되 『채전』에 얽매이지 않았으며 호위가 왜곡한 사실을 잘 분별하였다고 하면서 다음과 같이 평하였다.

> 『우공』에 대해서는 송대 이래로 엉킨 실타래처럼 의견이 분분하였는데, 호위의 『추지』가 출현하여 쓸데없는 부분들을 정리함으로써 비로소 조리條理를 갖추게 되었다. 호위 이후에 등장한 서문정은 호위가 이미 말한 것들과 미처 언급하지 못한 것들을 모두 탐구하여 호위의 책보다도 정밀하게 하였으니, 원래부터 사업을 계승하는 사람이 더욱 쉽게 공을 이룰 수 있는 법이다. 다만 『산해경』과 『죽서기년』을 맹신한 것은 옛것을 좋아하는 데 치우쳐서 진위를 살피지 못한 잘못이다.

이 책이 전대의 성과를 잘 활용하여 전인에 비해 더욱 정밀한 성과를 이룬 저작임을 알 수 있다. 비록 『산해경』·『죽서기년』을 맹신하였다는 지적을 받았지만, 이들 자료는 『우공』보다 더 오래된 것으로서 잘만 활용한다면 논정할 문제들은 증명하는 데 좋은 참고가 될 것이다.

정요전程瑤田의 『우공삼강고禹貢三江考』 3권은 역대로 가장 논쟁이 빈번하였고 해결을 보지 못하고 있던 '삼강三江'의 문제를 전문적으로 논변한 것이다. 수권首卷에서는 삼강의 경계를 확정한 뒤 경經에 의거하여 설명하면서 제가의 의혹을 변론하였고, 중권中卷에서는 『우공』에 나오는 회匯·택澤·강江·한漢의 의미를 해석하고 역도원酈道元 주注의 오류를 논변하였으며, 말권末卷에서는 전조망全祖望의 『경사문답經史問答』에 실린 삼강설三江說

을 논변하면서 한수입해설漢水入海說 등을 서술하였다. 이처럼 '삼강'의 문제를 해결하기 위해 수많은 자료를 수집하였으나, 그의 설 역시 이 문제에 관한 제설 중의 하나일 뿐이었다. 정요전은 또 『구혁강리소기洵洫疆理小記』 1권을 편찬하였는데, 비록 『주례』에 보이는, '수인遂人'과 '장인匠人'의 두 직분이 관리하는 구혁洵洫제도의 동이同異를 고찰한 것이지만 「우공」의 "준견회濬畎澮 · 거천距川" 등의 기록을 이해하는 데 도움을 준다.

초순焦循의 『우공정주석禹貢鄭注釋』 2권은 「우공禹貢」 정현 주의 일문逸文을 빠짐없이 집록한 뒤 안어按語를 두어 자기의 해석을 가한 것이다. 제법 상세한 고정을 거쳐 나온 것으로서 구설舊說의 잘못을 바로잡기에 충분하며, 특히 전인前人과는 다른 신설新說를 제시한 것만으로도 「우공」의 내용을 이해하는 데 도움을 준다.

다음은 성용경成蓉鏡(原名은 孺)의 『우공반의술禹貢班義述』 3권 및 『우공금지석禹貢今地釋』(未成卷)이다. 반고는 『한서』 「지리지」 서序에서 해당 지志 편찬의 정황을 설명하면서 "구문舊聞을 수집한 것은 『시』 · 『서』의 흔적으로 고찰한 것이며, 산천을 표시한 것은 「우공」을 통해서이다"라고 했는데, 성용경은 『우공반의술』 「자서」에서 이를 인용한 후 다음과 같이 적고 있다.

여지輿地를 고찰할 때에는 반드시 『한서』 「지리지」까지 거슬러 올라가야 하는데, 「우공」이 더욱 그러하여 선유들의 말씀을 잘 살펴야 한다. 장차 「우공」을 말하고자 한다면 마땅히 반고班固의 실례實例를 먼저 밝혀야만 할 것이다. 「지리지」에서 '우공'을 지칭한 것이 모두 38조이고 '우치禹治'를 지칭한 것이 1조이며 '고문古文'을 지칭한 것이 모두 11조이니, 앞에서 언급한 "산천을 표시한 것은 「우공」을 통해서이다"라는 말이 바로 이것이다.…… 마음대로 헤아릴 수 없는 것은 『한서』 「지리지」에 보존된 「우공」의 본의에서 채용하여, 실례에 따라 편입하고 경문에 따라 차례를 매겨 그 설들을 모아서 『우공반의술』 3권을 완성하였다. 여기에 기술된 경문 중 「하본기夏本紀」나 매씨枚氏의 「상서」와 다른 것은 모두 고문이기 때문에 덧붙여 고찰하였다.

성용경은「우공」의 본의를 보존하고 있는 가장 이른 시기의 저작은 반고의『한서』「지리지」라고 생각하였다. 그리고 거기에 인용된 고문설 11곳에 대해서는 특별한 언급을 하였으니,「지리지」를 근거로 하되 고문으로 표시되지 않은 것들은 모두 한대의 금문설임을 알 수 있다. 성용경의 저서에서 채용하고 있는 자료들은 비교적 상세하여 오늘날 한대의「우공」을 해석하는 데 큰 도움을 준다. 다만 책에 실린 것이 모두 한대의 설이었기 때문에, 성용경은 다시『우공금지석』을 지어 청대의 지리로써 한대의 지리를 해석한 뒤 이 해석된 한대의 지리로써「우공」을 논증하려 하였다. 이 책 또한 유용한 면이 많지만 아쉽게도 미완성본이다.

양수경楊守敬의『우공본의禹貢本義』1책은 광서 32년(1906) 악성국만鄂城菊灣에서 저자가 직접 간행한 것이다. 이 책에서 저자는「우공」가운데 역대로 쟁점이 되었던 일부 지명을 열거한 뒤 자신의 견해를 밝혔다. 양수경은 근세의 가장 성과를 거둔 지리학자로,『수경주水經注』에 대한 정밀한 연구를 통해 수천 년 동안의 중국 역사지리를 하나로 모았다. 그의 설들은 모두 근거한 바가 명확하여 다른 천박한 논의들은 비교할 바가 못 된다. 실로「우공」에 관한 최후의 대학자라 할 만하다.

이상은 청대의 몇몇 우수한「우공」관련 저작이었으며, 강희(1662~1722) 이후 청대 말기까지의「우공」관련 일반 저작들은 다음과 같다.

◇ 조여성曹汝成의『우공정의禹貢正義』3권:『채전』을 기본으로 해서 자신의 견해를 드러내었다.

◇ 양육영楊陸榮의『우공억참禹貢臆參』2권:『채전』을 상세히 기록하고,『상서 지리금석尙書地理今釋』에서 그 오류를 바로잡은 것을 인용하였다.

◇ 왕주王澍의『우공보禹貢譜』2권: 각각의 장章마다 그림을 부록하였는데 모두 40폭이며, 의리는『채전』을 근본으로 하였다.

◇ 안사성晏斯盛의『우공해禹貢解』8권: 전체적으로 호위의『우공추지』를

취하면서 그 체계를 바꾸었다.

◇ 탕혁서湯奕瑞의 『우공방역고禹貢方域考』 1권: 「우공」 본문을 싣고 그 방역을 해설하였는데, 호위의 『우공추지』를 가감加減해서 만들었다.

◇ 화옥순華玉淳의 『우공약의禹貢約義』(無卷數): 「우공」의 산수山水를 고증한 것인데, 미완성본이다. 그래서 그 고증이 어떤 것은 상세하고 어떤 것은 소략하며, '삼강三江'은 정현과 소식의 설을 위주로 하였고 또 '구강九江'은 동정호라고 하여 호위의 설과 같았다.

이상 열거된 일반 저작과 그 내용의 대강은 『사고전서총목』에 근거한 것이고, 다음은 『청사고淸史稿』 「예문지藝文志」와 『청대 학자 생몰 및 저술표』 그리고 기타 자료들에서 산견되는 저작의 목록이다. 유기劉淇의 『우공설禹貢說』(卷不詳), 이영폐李榮陛의 『우공산천고禹貢山川考』 2권, 최매崔邁의 『주자팽려변의朱子彭蠡辨疑』 1권, 호건胡虔의 『상서보의尙書補義』(卷不詳) 중 「우공」의 전주箋注와 도설에 대한 고증 부분, 손풍익孫馮翼의 『우공지리고주고禹貢地理古注考』 1권, 예일송芮日松의 『우공금석禹貢今釋』 2권, 주위필朱爲弼의 『우공공정의인지리고증고禹貢孔正義引地理志考證』 1권, 책학수迮鶴壽의 『하은주구주경계소증夏殷周九州經界疏證』 120권 및 『구주분토소증九州分土疏證』(卷不詳), 정안丁晏의 『우공집석禹貢集釋』 3권 및 『우공채전정오禹貢蔡傳正誤』 1권 그리고 앞서 언급한 『우공추지정오禹貢錐指正誤』 1권, 왕균王筠의 『우공정자禹貢正字』 1권, 채세발蔡世鈸의 『우공독禹貢讀』 2권, 나여회羅汝懷의 『우공의전禹貢義箋』(無卷數), 요명휘姚明暉의 『우공주해禹貢注解』(無卷數), 후정侯楨의 『우공고금주통석禹貢古今注通釋』 6권, 진풍陳澧의 『호씨우공도고정胡氏禹貢圖考正』 1권92), 진종의陳宗誼의 『고정덕청호씨우공도考正德淸胡氏禹貢圖』 1권93), 하추도何秋濤의 『우공정주약례禹貢鄭注略例』 1권, 담운譚澐의 『우공장구禹貢章句』 4권 및 부록된

---

92) 『漢書』 「地理志」의 「水道圖說」 7권 뒤에 부록되어 있다.
93) 陳澧의 『東塾叢書』에 부록되어 있다.

도圖 1권, 계문찬桂文燦의 『우공천택고禹貢川澤考』 2권[94]), 유육숭劉毓崧의 『우공구소고증禹貢舊疏考證』 1권, 증렴曾廉의 『우공구주금지고禹貢九州今地考』 1권, 예문위倪文蔚의 『우공설禹貢說』 1권, 대청戴淸의 『서경석지書經釋地』 1권, 장섭章燮의 『우공수도총고禹貢水道總考』 1책, 왕주요王舟瑤의 『정주우공인지리지석鄭注禹貢引地理志釋』 1권, 이신유李愼儒의 『우공이지록禹貢易知錄』 12권, 무명씨無名氏의 『장수경류고章水經流考』 1권 등이다. 이 외에 왕모王謨가 집록輯錄한 『상서지설尙書地說』 1권이 있다.

청대의 『우공』 관련 전문 논문은 『청인문집편목분류색인淸人文集篇目分類索引』에 156편이 보이는데, 특정 문제에 대한 이론들이 분분하다. 가령 '삼강三江'에 관한 논문은 40여 편에 이르고, 갈석碣石·강수降水·구하九河·구강九江·흑수黑水 등을 토론한 논문도 매우 많다. 청인淸人들이 이런 문제에 대해 깊이 탐구했다는 것을 알 수 있으나 괜찮은 해결책은 보이지 않는다. 사실상 청대의 『우공』에 관한 연구 성과는 이미 서술한 앞의 우수한 저작들에서 찾아볼 수 있다.

2. 「홍범」

청초에도 송학의 여파로 저술된 「홍범」 저작들이 상당수 나왔다. 심사선沈嗣選의 『홍범전洪範傳』 1권[95]), 이광지李光地의 『홍범설洪範說』 2권, 손승택孫承澤의 『홍범경전집의洪範經傳集義』 1권 등이 그것이다. 그러나 심사선 등이 모두 『채전』을 계승한 학자들인 만큼 그들의 저작 또한 당연히 채침의 설을 끌어 모은 것이었다. 따라서 마땅히 언급할 만한 것은 없고, 오직

---

94) 『淸代著述表』에는 4권으로 되어 있다.
95) 이후 『尙書傳』 4권으로 확충되었는데, 이 책에 대해서는 앞에서 살펴보았다.

황종희黃宗義의 『역학상수론易學象數論』만이 구양수歐陽脩의 설을 추숭하여 '하도'·'낙서'의 망녕됨을 변론하면서 그것을 단지 후세의 지도방지地圖方志로만 생각하였고, 그의 아우 황종염黃宗炎도 『역학변혹易學辨惑』에서 '하도'·'낙서'를 변론하면서 참위讖緯에서 나와 송대의 도사와 식견이 좁은 유자들 사이에서 유행한 것으로 생각하였다. 청초에는 이들 형제 정도만이 「홍범」이 '낙서洛書'와는 무관한 것임을 논증하였다.

이후 호위胡渭는 『홍범정론洪範正論』 5권 및 『역도명변易圖明辯』 10권을 지어 송대의 진보적 학자들의 학문을 계승하고 발전시켜서 한·송 이래의 위설僞說을 바로잡았다. 『사고전서총목』에서는 이렇게 적고 있다.

그가 전인前人의 설을 변증한 내용은 다음과 같다.
"한인漢人은 오로지 재이災異와 길상吉祥에서 취하여 오행五行을 연역한 뒤 견강부회하여 참위讖緯와 동일시하였으니, 이것이 첫 번째 병통이다. (「홍범」에 있는) 「낙서洛書」의 본문, 즉 '오행五行'·'오사五事'에서 '오복五福'·'육극六極'까지의 20글자와 '경용敬用'·'농용農用' 등의 18글자는 우禹가 덧붙인 것으로서 위미정일危微精一의 심법心法과 같은 취지이며, '초일初一'·'차이次二'에서 '차구次九'까지의 글자 역시 차례의 명목에 불과하니 원래의 귀문龜文에 있던 것이 아니다. 귀龜에 있는 문文(무늬)은 목석木石의 문리文理(결)와 같은 것이니, 또한 노부인魯夫人·공자우公子友의 손에 무늬가 있었다는 (『춘추』의) 기록과 같은 부류이다. 송유들은 흑백의 점들을 가지고 방원方圓의 체體에다가 아홉 개와 열 개의 자리를 배치함으로써 「낙서」를 변화시켜 「하도」를 만들었으니, 유목劉牧과 채계통蔡季通 등이 9에 이르고 10에 이르는 숫자를 써서 복잡하게 다시 정한 것이 바로 두 번째 병통이다. 또한 「홍범」에는 원래 착간이 없음에도 왕백王柏·호일중胡一中 등은 이를 마음대로 개찬改竄하였으니, 이것이 세 번째 병통이다."
이 모두는 구설舊說의 잘못을 명확히 밝힌 것이다.

호위가 한유와 송유가 「홍범」에 덧붙인 잘못된 설들을 전부 물리쳤음을 말해 주고 있다. 다만 그는, 「낙서」가 원래부터 있었으며, 우禹가 '삼성三聖의

심법'과 같은 취지로 「낙서」의 원문에다 18자를 덧붙여서 후대로 전해지게 했다고 잘못 이해하고 있었다. 또한 후대 유자들이 「우공」에 덧붙인 말들을 제대로 변론하지 않고 잘못된 설을 그대로 제시하기도 했는데, 「사고전서 총목」의 기록은 그의 다음과 같은 설을 소개하고 있다.

> 그 대지大旨는 우禹의 치수治水가 '구주九州'에 근본한다는 데 있다. 이 때문에 처음에 "곤인홍수鯀湮洪水"의 구절을 말한 뒤에 "우내사홍禹乃嗣興"으로 이어받아 마지막의 "천내석우天乃錫禹" 구절을 말하였으니, 「홍범」이 체가 되고 「우공」이 용이 되어 서로 미루어 감으로써 그 의미가 찬란히 드러났다.

이러한 잘못된 설들은 그 또한 결국 시대의 제약으로부터 자유로울 수 없었음을 보여 주지만, 그렇더라도 그의 이 책은 한·송의 망설들을 물리친 공로가 크다. 비록 청대에도 「홍범」의 망설을 완전히 끊어 버린 저작은 나오지 않았지만, 한학·송학과 같이 「홍범」에 달려들어 망설을 고취시키려고 하는 시도는 더 이상 없었다.

그 이후에 나온 중요한 저작으로는 먼저 최술崔述의 『홍범보설洪範補說』 1권[96]이 있다. 그는 우선 '구주九疇'가 「당우서唐虞書」에 보이지 않는다는 점을 지적한 뒤 각 주疇의 명칭에 해당되는 몇 구절을 분석하고 해당 주疇의 의미를 말하였으며, 아울러 「홍범」이 「주서周書」의 편들 가운데 의미가 가장 정밀하고 깊으면서도 문장이 순리롭고 이해하기 쉬운 편인데 다만 결문缺文과 착간錯簡이 많이 있다고 하였다. 특히 그는 이 책의 주지主旨 가 세상에 전해지는 오행술五行術은 『상서』의 의론이 아님을 분명히 하는 데 있다고 말하면서, 다음과 같은 탁월한 견해를 밝히고 있다.

> 낙수洛水에서 '서書'가 나왔다는 것은 오직 『역대전易大傳』에만 보이고,…… 다른

---

96) 『豐鎬考信錄』 別錄 卷3에 있다.

경전에서는 이를 언급한 바가 없다.…… 양한시기 참위讖緯의 학이 번성함에 이르러 비로소 '하도河圖·낙서洛書'의 설이 생겨났는데…… 우禹의 '구주九疇'와는 무관한 것이다. 나는 구주九疇에 대해서만 알 뿐이다.…… 따라서 여기에서는 '낙서洛書'에 관한 사항은 다루지 않는다.

공자진龔自珍은 『비오행전非五行傳』을 지었는데, 여기에는 "유향劉向에게는 큰 공이 있고, 또한 큰 죄도 있다. 공은 『칠략七略』에 있고, 죄는 『오행전五行傳』에 있다"라는 말이 있다. 한마디로 정곡을 찌른 발언이다. 또한 그는 다음과 같이 말하였다.

기자箕子는 '서징庶徵'을 '오사五事'에 배합하였지, '오행五行'을 '오사五事'에 배합한 것은 아니다. 만약 『춘추』의 재이災異로써 『홍범』을 말하고자 한다면 마땅히 『홍범서징전洪範庶徵傳』이 되어야지 『오행전五行傳』이 되어서는 안 된다.…… 『역』은 『역』이고, 『홍범』은 『홍범』이며, 『춘추』는 『춘추』이다. 『역』은 음양을 말하였고, 『홍범』은 오행을 말하였으며, 『춘추』는 재이를 말하였다. 『역』을 『역』으로 되돌리고 『홍범』을 『홍범』으로 되돌리며 『춘추』를 『춘추』로 되돌린다면, 그 이름이 바르게 되어 『역』과 『서』와 『춘추』가 서서히 이치에 맞게 될 것이다.

아울러 자기自記에서는 이렇게 말하고 있다.

『홍범오행전』은 유향·유흠의 말이지 복생伏生·장생張生·구양생歐陽生의 말이 아니다. 『오행전』을 『상서대전尙書大傳』에 편입시켜 복생을 무고誣告한 것은 근유近儒들의 잘못이다. 누가 그런 잘못을 저질렀는가? 바로 마단림馬端臨으로부터 시작되었다. 또한 위조된 정강성의 『주』(僞鄭康成注)는 누가 만든 것인지 알 수 없다.

위의 두 발언에서, 『홍범』을 『역』의 수數 및 『춘추』의 재이설과 결합시킨 잘못을 폭로한 것은 매우 타당하다. 그러나 『오행전』을 『상서대전』에 편입시킨 것이 마단림으로부터 비롯되었다고 한 것과 정현 『주』가 위찬僞

撰이라고 한 것은 무엇에 근거한 설인지 알 수 없다. 또 『오행전』이 유향·유흠으로부터 시작되었고 복생 일파와는 무관하다고 한 설 역시 잘못이다. 오행설의 발전은 복생파의 하후씨학夏侯氏學으로부터 시작되었으며, 유향 부자는 그 설을 계승한 것에 불과하기 때문이다. 비록 이러한 몇 가지 오류가 있기는 하지만, 공자진의 『비오행전』은 전반적으로 구설의 망녕됨을 일소하는 작용을 하였다.

이상에서 청학의 정신을 대표하는 『홍범』 관련 저작들을 살펴보았고, 그 밖의 『홍범』 관련 일반 저작으로는 다음과 같은 것들이 있다.

먼저 모기령毛奇齡의 『하도낙서원천편河圖洛書原舛篇』 1권이다. 모기령은 일관되게 송학을 반대했기 때문에, 이 책에서도 당연히 청학의 관점을 반영하면서 하도와 낙서의 원류를 천착하고 있다. 다만 이 책을 읽어 보지 못했기 때문에 정확한 내용은 알 수 없다. 한편, 모기령과 동시대의 인물인 주이준의 『경의고』 및 조금 뒤에 나온 혜동惠棟의 『역한학易漢學』에서도 하도와 낙서에 관한 논의가 있다.

장혜언張惠言의 『역도조변易圖條辨』 2권은 모기령과 동일한 관점에서 하도낙서설의 오류를 변론하였다.

진수기陳壽祺는 『오행전주五行傳注』 3권을 지었는데, 『청대 학자 생몰 및 저술표』에는 『홍범오행전洪範五行傳』 3권으로 되어 있다. 진수기는 주로 문적文籍의 정리와 고정考訂 작업에 힘썼는데, 금문今文을 중시하였으며 금문의 주요 저서인 『상서대전尚書大傳』에 『홍범오행전洪範五行傳』이 포함된 것을 스스로도 중요하게 생각하였다. 그의 이 집본은 『고경해회함古經解匯函』에 있고, 『황청경해속편皇淸經解續編』에도 수록되었다. 이 시기에는 또한 저명한 학자 강영江永의 『하락정온河洛精蘊』 9권도 나왔는데, 하도河圖와 낙서洛書를 변호한 책이다.

이 외에 내용을 상세히 알 수 없는 반사권潘士權의 『홍범보주洪範補注』

5권이 있다. 또 서명으로 그 책들이 한·송의 전통적 구설을 따르고 있음을 짐작할 수 있는 것으로는 첨명장詹明章의 『낙범계요洛範啓要』(卷不詳) 및 『하락통설河洛通說』(卷不詳), 호종저胡宗渚의 『홍범황극유의洪範皇極類義』(卷不詳), 여오조양呂吳調陽의 『홍범원수洪範原數』 1권, 종문증鍾文蒸의 『하도낙서河圖洛書』 2권, 왕가벽王家壁의 『홍범통역설洪範通易說』(若干卷) 등이 있다.

집본輯本은 앞서 언급한 진수기의 저작 외에, 원균袁鈞이 집록한 『정씨일서鄭氏佚書』에 실려 있는 『상서오행전주尚書五行傳注』 1권, 왕모王謨가 집록한 『한위유서초漢魏遺書鈔』에 실려 있는 유향劉向의 『홍범오행전洪範五行傳』 1권 등이 있다.

3. 기타 단편들(『상서서』 및 편목 포함)

먼저 『우하서虞夏書』에 관한 저작으로, 대진戴震의 『상서의고尚書義考』 2권이 있다. 『요전堯典』(僞孔本 『舜典』 포함)을 해석한 이 책은 특히 문자훈고 방면에서 좋은 내용이 많다. 가령 "광피사표光被四表"의 '광光'은 마땅히 '횡橫'이 되어야 하며 그 뜻은 '광桄'과 같은 뜻이라고 하였는데, 이 설은 글자의 의미를 확장한 것으로서 이미 많은 학자들로부터 인정받고 있다. 그러나 오류도 있었으니, 대진은 "왈약曰若"에 대해 두 글자 모두를 하나의 발어사發語詞로 볼 수 없다고 했지만 사실은 두 글자가 하나의 발어사임이 금문金文에 의해 증명되었다. 또한 모기령毛奇齡의 『순전보망舜典補亡』 1권이 있다. 고문古文이 위작僞作이 아니라는 설을 지지하는 내용으로 되어 있는데, 서시동徐時棟이 『순전보망박의舜典補亡駁義』을 지어 모기령의 설을 반박하였다.

다음은 『요전』 및 『상서』 기타 각 편의 주제에 관한 저작이다. '구족九族'의 문제에 대해 연구한 저작으로, 왕원汪畹·유월兪樾·장해산張海珊·황가신黃家辰이 각각 『구족고九族考』를 편찬하였다. 그 중 유월의 『구족고』가 가장 상세하며, 『황청경해속편皇淸經解續編』에 수록되어 있다. 또 '천문역법天文曆法'에 관한 저작으로, 성백이盛百二의 『상서석천尚書釋天』 6권, 이예李銳의 『소고일명고召誥日名考』 1권, 시언사施彦士의 『주서소고고명필명일월고周書召誥顧命畢命日月考』 1권, 뇌학기雷學淇의 『고경천상고古經天象考』 12권, 진이강陳以綱의 『한지무성일월표漢志武成日月表』 1권, 요문전姚文田의 『주초연월세성고周初年月歲星考』 1권 및 『하은력장부합표夏殷曆章蔀合表』 1권, 증쇠曾釗의 『우서명희화장해虞書命義和章解』 1권, 성용경成蓉鏡의 『상서역보尚書歷譜』 2권, 유월兪樾의 『생백사백고生霸死霸考』 1권 등이 있다. '고년考年'에 관한 것으로는 임춘부林春溥의 『고사고년이동표古史考年異同表』 1권이 있다. 이 외에 반함潘咸의 『상서천지도설尚書天地圖說』 6권은 전前 5권의 앞에 「요전」 경문을 두고 후後 1권의 앞에 「우공」 경문을 두었는데, 실제로는 완전히 비과학적인 망설에 불과하다. 이 책은 또한 「나경도설羅經圖說」 및 풍수설 등을 부록하고 있어 『사고전서총목』에서는 술사術士의 서書에 해당한다고 해서 '술수류존목術數類存目'에 배열하고 있다. '직관職官' 문제에 관한 것으로는 왕정제王廷濟의 『상서직관고략尚書職官考略』 1권이 있다.

「상서商書」에 관한 것으로는 서시동徐時棟의 『상서일탕서고尚書逸湯誓考』 6권과 부록된 교감校勘 1권[97]이 있다.

「주서周書」에 관한 것으로는 장겸존章謙存의 『상서주고고변尚書周誥考辨』 2권, 이돈李惇의 『금등대고강고설金縢大誥康誥說』 1권, 공자진龔自珍의 『태서답문太誓答問』 1권, 서시동徐時棟의 『삼태서고三太誓考』 1권 등이 있다. 청대인 중에는 「태서太誓」를 연구하고 그 일편逸篇을 집록한 학자들이 많은데[98],

---

97) 王蛻가 校勘하였다.
98) 뒤에 '輯逸'과 관련된 항목을 따로 두었다.

유광분劉光蕡의 『입정억해立政臆解』 1권, 왕인지王麟趾의 『정와초고正訛初稿』 1권 등이 그 예이다.

「상서서尙書序」에 관한 것으로는 오동발吳東發의 『서서경書序鏡』(無卷數), 장술조莊述祖의 『서서설의고주書序說義考注』 2권, 장유가莊有可의 『상서서설尙書序說』 2권, 유봉록劉逢祿의 『서서술문書序述聞』 2권[99], 임조린任兆麟이 집록輯錄한 『상서서尙書序』 1권, 정고鄭杲의 『논서서대전論書序大傳』 1권, 공자진龔自珍의 『상서서대의尙書序大義』 1권 및 『최록상서고문서사정본最錄尙書古文序寫定本』 1편, 왕영예王咏霓의 『서서답문書序答問』 1권 및 『서서고이書序考異』 1권, 관회도인觀頹道人의 집록으로 되어 있는 『공벽서서孔壁書序』 1권이 있다.

『상서』의 편목을 연구한 저작으로는 유흥은柳興恩의 『상서편목고尙書篇目考』 2권, 이영폐李榮陛의 『상서편제尙書篇第』 2권 및 『서경보편書經補篇』 1권, 송상봉宋翔鳳의 『상서보尙書譜』 1권[100] 등이 있는데, 모두 편목에 관한 독립적인 전문 저서이다. 또 손성연孫星衍의 『상서편목표尙書篇目表』가 자신이 집록한 『고문상서마정주古文尙書馬鄭注』의 권수卷首에 부록되어 있고, 왕선겸王先謙의 「서서백편이동표書序百篇異同表」가 그의 『상서공전참정尙書孔傳參正』 권수에 부록되어 있다. 기타 저작들 중에서도 권수에 편목을 분류하여 금고문을 나누어서 표시한 것들이 많이 있으나[01] 일일이 다 거론하지는 않겠다.

청대에는 『상서』 각 편의 내용에 관한 전문 주제 논문들도 매우 많았다. 이미 앞의 제4절 말미에서 『청대문집편목분류색인淸代文集篇目分類索引』에 청대의 『상서』 관련 논문 천여 편이 수록되어 있음을 언급한 바 있는데, 그 중 대부분은 『상서』 각 편의 문제들을 전문 주제로 다룬 것이며 위고문

---

99) 莊述祖의 說을 서술하였는데, 「舜典」을 보충하지 않고 또 『逸書』를 믿지 않았다.
100) 역시 『尙書』 篇目에 대한 전문적인 고찰로서, 今·古文을 상세히 구별하여 그 계통을 밝혔다.
101) 簡朝亮의 『術疏』 등.

각 편의 내용도 포함되어 있다. 여기에서 금문今文 각 편의 논문 편수를 나열해 보면 다음과 같다. 「요전堯典」(「舜典」 포함) 106편, 「고요모皋陶謨」(「益稷」 포함) 28편, 「우공禹貢」 156편, 「감서甘誓」 4편, 「탕서湯誓」 3편, 「반경盤庚」 12편, 「고종융일高宗肜日」 12편, 「서백감려西伯戡黎」 6편, 「미자微子」 1편, 「목서牧誓」 4편, 「홍범洪範」 23편, 「금등金縢」 23편, 「대고大誥」 12편, 「강고康誥」 14편, 「주고酒誥」 1편, 「재재梓材」 6편, 「소고召誥」 4편, 「낙고洛誥」 13편, 「다사多士」 2편, 「무일無逸」 4편, 「군석君奭」 15편, 「다방多方」 1편, 「입정立政」 3편, 「고명顧命」 22편, 「여형呂刑」 13편, 「문후지명文侯之命」 4편, 「비서費誓」 1편, 「진서秦誓」 2편 등이다. 하지만 논문의 실제 수는 위의 나열된 숫자보다 훨씬 더 많다. 왜냐하면 여기서는 주로 단편에 관한 전문 저작들만을 거론하였고, 일부 중요 학자들의 논문은 이미 그들의 저작 속에 모두 들어 있기 때문이다. 따라서 흩어져 있는 논문들에 대해서는 일일이 다 거론하지 않는다.

4. 일실된 자료들의 집교정리

선진시기를 시작으로 한·위를 거치면서 『상서』 편장의 훼손과 망실이 매우 심각하였는데, 청대에 이르러서는 『상서』에 대한 전면적인 정리 작업이 진행된다. 일서逸書의 집록은 청대 학자들의 중요한 작업 가운데 하나였다. 그들은 망실되었던 수많은 잔편殘編과 단간斷簡들을 회복시킴으로써 그 일부분을 볼 수 있게 하는 거대한 성과를 일구어 내었다. 아래에서는 다음의 몇 부분으로 나누어 차례대로 서술해 보겠다. ① 『상서』 일편일문逸篇逸文의 찬집纂輯, ② 『일주서逸周書』 각 편의 교석, ③ 고경해古經解의 찬집, ④ 『상서대전尙書大傳』 및 위서緯書의 찬집.

1) 『상서』일편일문의 찬집

앞의 제2장 '선진시기의 『상서』유전 정황'의 서언에서 언급하였듯이, 주이준·강성江聲·손성연孫星衍·완원阮元·왕선겸王先謙·간조량簡朝亮 등 청대 학자들은 일찍이 『상서』의 집일輯佚 작업에 종사하여 적지 않은 성과를 거두었다. 그런데 주이준·손성연·완원 및 그 외의 수많은 학자들은 그 성과를 단행본으로 남겼지만, 강성과 청말의 왕선겸·간조량은 따로 단행본을 내지 않고 그것을 자신들의 『상서』저작에 부록으로 실어 둘 뿐이었다. 이들 학자와 그 성과는 다음과 같다.

◇ 주이준의 『경의고』 중의 권260 「일경상逸經上·서書」: 일편逸篇·유구遺句의 두 부분으로 나뉘어 있다. '일편'은 「상서서」 100편 중의 45편과 관련된 일구이고, '유구'는 편명을 알 수 없는 일구 74칙則이다.

◇ 강성의 『상서집주음소尙書集注音疏』: 이 책의 「탕서湯誓」·「반경盤庚」·「무일無逸」 등은 모두 일구가 부록되어 있고, 제12권 「상서일문尙書逸文」은 「상서서」 100편에 속하면서 편명이 확실하지 않은 일문 82칙을 집록하였다. 백편에 속하지 않는 것은 수록하지 않았음을 알 수 있다. 또한 한대 「태서太誓」 3편을 집록하고, 아울러 『사기』에 실려 있는 「탕고湯誥」 전문全文을 수록하였다.

◇ 왕명성王鳴盛의 『상서후안尙書後案』에 한대의 「태서太誓」 1편이 집록되어 있다.

◇ 장술조莊述祖의 『상서금고문고증尙書今古文考證』 7권 중에 한대의 「태서」 1편이 집록되어 있다.

◇ 손성연의 『상서일문尙書逸文』 2권: 강성이 집록한 일문을 보정補訂해서 완성한 것으로, 그의 『대남각총서岱南閣叢書』의 『고문상서마정주古文尙書馬鄭注』 뒤에 부록되어 있다. 상권은 한대 「태서」 1편을 포함한 「상서서」 100편에 속한 편들의 일문이고, 하권은 편명이 없는 일문이다.

◇ 왕모王謨의 『한위유서초漢魏遺書鈔』 속에 장패張霸의 『백량편百兩篇』 1권이 집록되어 있다.

◇ 왕소란王紹蘭의 『칠서고문상서일문고漆書古文尙書逸文考』 1권 및 부附 1권[102]: 여기에는 『중문상서제논어문왕지도보망中文尙書齊論語問王知道補亡』 1권도 부록되어 있다.

◇ 공자진龔自珍은 전국시대의 「태서泰誓」본 1편을 집록하였다.

◇ 완원阮元의 『시서고훈詩書古訓』 10권 중 권8~10: 권8과 9는 금문 28편과 관련된 선진에서 한까지의 훈해로서 일문과 일구를 인용하였으며, 권10은 선진에서 한까지의 위고문 각 편의 일문을 수록하고 그 뒤에 편명을 알 수 없는 적지 않은 일구들을 부록하였다. 수집한 자료가 매우 풍부한 편이다. 황조계黃朝桂가 이어서 『시서고훈보유詩書古訓補遺』 1권을 지었다.

◇ 왕조거王朝渠의 『왕씨유서王氏遺書』 중에 『십삼경유문十三經遺文』(不分卷)이 있다.

◇ 왕종기汪宗沂의 『상서합정尙書合訂』 중에 『금문존진今文存眞』 1권 및 『금고문집일今古文輯逸』 1권이 있다.

◇ 마국한馬國翰의 『옥함산방집일서玉函山房輯佚書』 632종 중의 '경편經編' 352종에서 『상서』류 12종을 다루고 있다. 그 중 금문이 1권, 고문이 3권이고, 나머지는 한대에서 수대까지의 전주傳注이다.

◇ 왕인준王仁俊이 집록한 『경적일문經籍佚文』 속에 『상서일문尙書逸文』 1권이 있다. 고본稿本은 상해도서관에 보존되어 있다.

◇ 손국인孫國仁이 집록한 『일서징逸書徵』 3권: 그의 『폄우당총서砭愚堂叢書』에 들어 있다.

◇ 왕선겸王先謙의 『상서공전참정尙書孔傳參正』 중 마지막 4권(권33~36): 「상서

---

102) 아래 '古經解의 纂輯'에 다시 나온다.

서」를 소석疏釋하면서 편의 순서에 따라 그 일문을 집록하였다. 집록은 강성이나 손성연에 비해 적었고 일구에 증감增減도 있으며 전체적으로 비교적 간략하다.[103] 한대 「태서」 일문도 1편 있다.

◇ 간조량의 『상서집주술소尙書集注述疏』 중 권30에서 32까지: 권30은 편명이 알려진 일문 57칙을 싣고 있는데, 「상서」 100편 가운데 22편에 속하는 것이지만 「무일無逸」의 일구를 「고종지훈高宗之訓」으로 잘못 기록하는 등 오류도 있다. 권31은 편명을 알 수 없으나 어느 시대에 속하는지는 알 수 있는 일문 35칙을 실었고, 권32는 편명과 시대를 모두 알 수 없는 29칙을 싣고 위고문 일문 3칙을 부록하였다. 매우 번쇄한 것으로 알려져 있고, 인용한 글 역시 전인들에 의해 밝혀진 것 외에는 나온 것이 없으며 간혹 오류도 있어 취할 만한 것이 적다.

2) 『일주서』 각 편의 교석

앞서 제3장 4절의 제2항에서 이미 『일주서』의 정황을 서술한 바 있는데, 『일주서』의 60편은 청대에까지도 여전히 보존되고 있었고 청인들은 그것 들에 대해 교정校正·집요輯要·주석注釋 등의 작업을 진행하였다. 이와 관련된 저작들은 다음과 같다.

◇ 단췌檀萃의 『일주서주逸周書注』(無卷數).

◇ 노문초盧文弨의 『일주서교정逸周書校正』: 원서原書는 10권이다. 이 책의 「교목校目」에서 이 책을 교감·정리한 사람들을 나열하였는데, 거기에는 혜동惠棟·심동沈彤·조희명趙曦明·장탄張坦·단옥재段玉裁·심경웅沈景 熊·양옥승梁玉繩·양이승梁履繩·진성충陳省衷 등이 있다.

◇ 장술조莊述祖의 『교일주서校逸周書』 10권.

◇ 학의행郝懿行의 『급총주서집요汲冢周書輯要』 1권.

---

103) 「湯征」의 경우는 오히려 몇 구절이 더 많기도 하다.

◇ 왕염손王念孫의 『독일주서잡지讀逸周書雜志』 4권: 특히 훈고가 정밀하다.

◇ 진봉형陳逢衡의 『일주서보주逸周書補注』 24권: 자료가 매우 풍부하다.

◇ 주우증朱右曾의 『일주서집훈교석逸周書集訓校釋』 10권: 일문을 부록하였으며, 설명이 비교적 상세하고 해석도 진봉형의 책에 비해 명확하다.

◇ 정종락丁宗洛의 『일주서관전逸周書管箋』 16권.

◇ 주준성朱駿聲의 『일주서집훈교석증교逸周書集訓校釋增校』 1권.

◇ 하추도何秋濤의 『주서왕회편전석周書王會篇箋釋』 3권: 고대 지리를 비교적 상세하게 고석考釋하였으며 「우공」의 지리에 대한 해석도 참고할 만하여, 역사지리 저작으로서의 가치가 있다.

◇ 유월俞樾의 『일주서평의逸周書平議』 1권: 그의 『군경평의群經平議』가 정밀하고 내용이 풍부한 만큼 이 책 또한 참고할 만하다.

◇ 손이양孫詒讓의 『주서각보周書斠補』 4권: 『일주서』 각 편의 중요 문제들을 주제별로 나누어 연구한 것이다. 청대의 『일주서』 정리 저작 가운데 사학史學 분야에서 가장 가치 있는 저서이다.

◇ 유사배劉師培의 『주서보정周書補正』 6권: 이 책 역시 정밀하여 유용하다. 또한 유사배는 『일주서』와 관련하여 「왕회편보석王會篇補釋」[104]이나 「주서약설周書略說」[105]과 같은 전문 논문도 남겼다.

◇ 진한장陳漢章의 『일주서후안逸周書後案』(卷不詳): 아직 발견되지는 않았지만, 저자가 매우 박식하였고 책 또한 근세에 나온 것이기 때문에 확실히 참고할 만한 저작일 것이다.

3) 고경해의 찬집

청인들은 『상서』 본문에 대한 집일을 진행하는 동시에 고대 경해經解의

---

104) 『國粹學報』 3卷 9期 및 12期(1907).
105) 『國粹學報』 7卷 2期(1911).

일문에 대한 찬집纂輯에도 신경을 기울였다. 관련 저작은 다음과 같다.

◇ 정방곤鄭方坤의 『경패經稗』 6권 중 「상서」 1권: 고의古義를 집록하였다.

◇ 여소객余簫客의 『고경해구침古經解鉤沉』 30권 중 「상서」 3권: 한·진·당 삼대의 경주經注를 집록하였는데, 한유漢儒 마융·정현 등의 주를 기본적으로 수집하고 이하 진·당의 주들도 제법 많이 채록하였다.

◇ 이조원李調元이 집록한 『함해函海』의 제3함函에 『정씨고문상서鄭氏古文尚書』 및 『정현주鄭玄注』 등 총 10권이 있다. 이조원이 송대 왕응린王應麟의 선집본撰集本을 보충한 것이다.

◇ 장술조莊述祖가 집록한 『오경이의五經異義』(卷不詳).

◇ 공광림孔廣林이 집록한 『통덕당유서소견록通德堂遺書所見錄』에 정현의 『상서주尚書注』 10권이 있다. 그 후 장해붕張海鵬이 집록한 『학진토원學津討原』 및 무명씨無名氏 집록의 『정학회함鄭學匯函』에서 모두 이 책을 수록하면서, "송 왕응린 집輯, 공광림 증정增訂 『상서정주尚書鄭注』 10권"이라고 병기하였다. 공광림은 이 외에도 『보증정현박오경이의補證鄭玄駁五經異義』 10권과 『정지鄭志』 8권도 펴냈다.

◇ 손성연의 『대남각총서岱南閣叢書』 중에 집록본 『고문상서마정주古文尚書馬鄭注』 10권이 있는데, 이 역시 왕응린의 선집본을 보충한 것이다.

◇ 왕모王謨가 집록한 『한위유서초漢魏遺書鈔』: 「경익經翼」 제1책에 구양생歐陽生의 『금문상서설今文尚書說』 1권, 마융의 『상서주尚書注』 1권, 고표顧彪의 『고문상서소古文尚書疏』 1권이 있다. 또 「경익」 제4책에는 유향의 『오경통의五經通義』 1권, 속석束晳의 『오경통론五經通論』 1권, 허신許慎 및 정현鄭玄의 『오경이의五經異義』·『박오경이의駁五經異義』 2권, 유송劉宋 뇌차종雷次宗의 『오경요의五經要義』 1권, 촉蜀 초주譙周의 『오경연부론五經然否論』 1권, 진진晉 양방楊方의 『오경구침五經鉤沉』 1권, 위위魏 한단작邯鄲綽의 『오경석의五經析疑』 1권, 후위後魏 방경선房景先의 『오경의문五經疑問』 1권, 북주北周 번심樊深의

『칠경의강七經義綱』1권, 정현鄭玄의 『육예론六藝論』1권, 왕숙王肅의 『성증론聖證論』1권 등 총 40종이 있다.

◇ 홍이훤洪頤煊이 집록한 『경전집림經典集林』에 유향의 『오경통의五經通義』 1권과 『오경요의五經要義』1권, 정현鄭玄의 『육예론六藝論』1권이 있다.

◇ 왕소란王紹蘭은 『석거의일문고石渠議逸文考』1권을 지었고, 또 『칠서고문상서일문고漆書古文尙書逸文考』의 뒤에 「두림훈고일문杜林訓故逸文」·「상흠고문상서설桑欽古文尙書說」·「지리지고일문地理志考逸文」을 합하여 1권으로 부록하고 다시 『중문상서제논어문왕지도보망中文尙書齊論語問王知道補亡』1권을 부록하였다.

◇ 서당徐堂의 『서고훈書古訓』 약간권: 이 책은 『청대 학자 생몰 및 저술표』에 기록되어 있지만 집록한 내용은 확인할 수 없다.

◇ 공자진龔自珍의 『상서마씨가법尙書馬氏家法』1권: 이 책 역시 『청대 학자 생몰 및 저술표』에 보인다.

◇ 완원阮元의 『시서고훈詩書古訓』 10권: 앞서 언급한 내용인데, 권8과 9에서 금문 28편과 관련된 선진시대에서 한대까지의 훈해를 기록하고 있다.

◇ 원균袁鈞이 집록한 『정씨일서鄭氏佚書』: 정현주鄭玄注 23종을 집록하였는데, 그 중에는 『상서주尙書注』9권, 『상서약설주尙書略說注』1권, 『박오경이의駁五經異義』10권, 『육예론六藝論』1권, 『정지鄭志』8권, 『정기鄭記』1권 등이 포함되어 있다.

◇ 황석黃奭이 집록한 『한학당총서漢學堂叢書』: '서류書類'에 구양생歐陽生의 『상서장구尙書章句』1권과 고표顧彪의 『상서의소尙書義疏』1권이 있다. '정서류政書類'에는 고밀유서高密遺書 11종이 있는데, 이는 정현의 각종 경주經注를 집록한 것으로 그 중에는 『박오경이의駁五經異義』1권도 있다.

◇ 마국한馬國翰이 집록한 『옥함산방집일서玉函山房輯佚書』: '상서류尙書類'는 모두 12종인데, 앞서 언급한 금·고문 경문을 제외한 나머지 10종의

목록은 다음과 같다. 한漢 『구양생상서장구歐陽生尙書章句』 1권, 『상서대하
후장구尙書大夏侯章句』 1권, 『상서소하후장구尙書小夏侯章句』 1권, 『상서마씨
전尙書馬氏傳』 4권; 위魏 왕숙王肅의 『상서주尙書注』 2권; 진晋 서막徐邈의
『고문상서음古文尙書音』 1권, 범녕范寧의 『고문상서순전주古文尙書舜典注』
1권; 수隋 유작劉焯의 『상서의소尙書義疏』 1권, 유현劉炫의 『상서술의尙書述義』
1권, 고표顧彪의 『상서소尙書疏』 1권 등이다. '오경총류五經總類'는 모두
10종인데, 집서輯書는 기본적으로 왕모王謨의 『한위유서초漢魏遺書鈔』 제4
책과 동일하다. 다만 『오경이의五經異義』・『오경석의五經析疑』・『오경의
문五經疑問』의 3종이 없고 대신 진晋 대규戴逵의 『오경대의五經大義』 1권과
후위後魏 상상常爽의 『육경약주서六經略注序』 1권이 덧붙여졌으며, 또 『성
증론聖證論』에는 "마소馬昭 박박駁, 공조孔晁 답답答, 장융張融 평評"이라는 설명
이 덧붙여져 있다.

이후 왕인준王仁俊은 『옥함산방집일서속편玉函山房輯佚書續編』을 지어 10
종을 보충하였다. 가의賈誼의 『서가씨의書賈氏義』 1권, 가규賈逵의 『고문상
서훈古文尙書訓』 1권과 『서고문훈書古文訓』 1권 및 『상서고문동이尙書古文同
異』 1권, 위굉衛宏의 『고문상서훈지古文尙書訓旨』 1권, 정현鄭玄의 『서찬書贊』
1권, 명제明帝의 『오가요설장구五家要說章句』 1권, 왕숙王肅의 『서왕씨주書
王氏注』 1권, 진晋 이옹李顒의 『상서집주尙書集注』 1권, 범녕范寧의 『서범씨집
해書范氏集解』 1권이 그것이다. 왕인준은 또한 『십삼경한주十三經漢注』 40
권106)을 집록하였는데, 여기에는 가규의 『서고문훈書古文訓』 1권과 『서고
문동이書古文同異』 1권, 위굉衛宏의 『서고문훈지書古文訓旨』 1권 등이 있다.

◇ 주공창朱孔彰이 집록한 『상서한주尙書漢注』 20권.

◇ 정천程川이 펴낸 『주자오경어류朱子五經語類』 80권 중에 『상서』와 관련된
『어류』 9권이 있다.

---

106) 稿本은 上海圖書館에 보존되어 있다.

4)『상서대전』 및 위서緯書의 찬집

한대 금문가今文家들이『상서』를 해석한 장구는 매우 많았지만 전해져 오는 것은 하나도 없다. 다만 금문가들이『상서』의 일부분과 몇 마디를 근거로 자신들의 가학家學으로 주창한 잡설雜說만이 일부 전해지고 있다. 그것은 바로 복생 일파인 구양생歐陽生·장생張生 등이 기록한『상서대전』이 다. 금문가들은 방사화된 유생들이었기 때문에 방사들의 음양오행설을 채용하여 경을 해석하였다. 따라서『상서대전』가운데 음양오행의 관점이 군데군데 반영된 부분들을 제외하고 나면 오로지 한 권의『홍범오행전洪範 五行傳』이 남는데, 이것은 전적으로 음양가의 오행재이휴구설五行災異休咎說 로 되어 있을 뿐이다. 이 때문에『사고전서총목』은 탁월한 안목으로 이 책을『상서』의 '위서저록緯書著錄'에 배열해 두었으니,『상서대전』은『상서』 위서緯書類'의 비조鼻祖라 할 수 있을 것이다. 이 책은 송대의 서목에 저록되 어 있지만 이미 당시에도 완전한 판본이 아니었고, 명대에 이르러서는 전부 망실되고 말았다. 그래서 청대 초기의『경의고』에서는 "이미 일실됨" (已佚)이라고 주석하였고, 몇몇 청대 학자들이 그에 대한 집본輯本을 남겼다. 물론『사고전서』찬수 당시에 송간宋刊 잔본殘本이 다시 발견되기도 했는데, 『사고전서』에 수록된 후로는 민간 전본은 모두 사라지고 오직 청의 집본들 만이 남아 있을 뿐이다. 집본의 목록은 다음과 같다.

◇ 손지록孫之騄(자 晴川)이 집록한『별본상서대전別本尙書大傳』3권 및『보유補 遺』1권.

◇ 노견증盧見曾이 집록한『상서대전』4권 및『보유』1권: 아우당본雅雨堂本이 라고도 부른다.

◇ 노문초盧文弨가 손지록본과 노경증본을 비교하여『상서대전고이尙書大 傳考異』1권과『속보유續補遺』1권을 펴내었다.

◇ 공광림孔廣林(자 叢伯)이 집록한『통덕당유서소견록通德堂遺書所見錄』19종

가운데 『상서대전』에 부록된 『정현주鄭玄注』 4권이 있다.

◇ 임조린任兆麟이 선집選輯한 『상서대전』 1권.[107]

◇ 장술조莊述祖의 『교상서대전校尙書大傳』 3권.

◇ 동풍원董豐垣이 고찬考纂한 『상서대전』 3권 및 『보유』 1권.

◇ 왕모王謨가 집록한 『한위유서초漢魏遺書鈔』 가운데 복생의 『상서대전』 4권이 있다.

◇ 원균袁鈞이 집록한 『정씨일서鄭氏佚書』 중의 『상서대전주尙書大傳注』 3권.

◇ 황석黃奭이 집록한 『한학당총서漢學堂叢書』의 고밀유서高密遺書 중에 『상서대전주』 1권이 있다.

◇ 진수기陳壽祺가 집록한 『상서대전정본尙書大傳定本』[108] 3권에 『정현주』가 부록되어 있다. 이 외에도 그는 『서록序錄』 1권, 『변위辨僞』 1권을 지었다. 『청대 학자 생몰 및 저술표』에는 별도로 진수기의 『홍범오행전洪範五行傳』 1권이 저록되어 있는데 『좌해집左海集』에도 이 책이 실려 있다. 원각본原刻本(廣州) 및 『고경해회함』본 『상서대전정본』의 『홍범』편 뒤에는 모두 "홍범오행전"으로 동일하게 부록되어 있지만, 『청사고』 「예문지」에는 "『오행전주五行傳注』 3권"으로 되어 있다. 진수기의 집본은 위의 다른 집본들보다 비교적 잘 갖추어져 있다는 평가를 받는다.

◇ 피석서皮錫瑞의 『상서대전소증尙書大傳疏證』 7권: 진수기본에 비해 4권이 더 많은데, 내용이 보충되었지만 집록한 편장은 동일하다. 이 책은 피석서 경학의 정화로서, 『상서대전』 집본들 가운데 가장 칭송받는 저작이다.

◇ 왕개운王闓運의 『상서대전보주尙書大傳補注』 7권: 이 책은 집본이 아니라 진수기 · 피석서의 집본에 보주補注한 것이다.

---

107) 그의 『述記』에 있다.
108) 『續淸經解』에는 『尙書大傳輯校』로 되어 있다.

◇ 왕인준王仁俊이 집록한 『경적일문經籍佚文』 중에 『상서대전일문尙書大傳佚文』 1권 및 『보유』 1권이 있다.

음양오행설의 영향으로 발전한 위서緯書로서의 『상서대전』은 한대 금문가들의 해경解經에 이용되었는데, 이 책은 또한 고문가인 정현에게도 수용되었고 위·진 및 당의 의소가義疏家들에게도 영향을 끼쳤다. 송대의 구양수歐陽脩가 최초로 주소注疏 중의 참위설讖緯說을 없애려고 시도한 바 있으나 성과를 거두지 못하였고, 오히려 송유들은 위설緯說을 경전의 풀이에 이용하기도 했다. 『사고전서』본 『고미서古微書』에 몇 가지 사례가 열거되어 있다.

채침 『서집전』의 "천체가 하늘을 일주하면 365와 1/4도가 된다"(周天三百六十五度四分度之一)라는 말은 『낙서증요도洛書增耀度』와 『상서고령요尙書考靈耀』의 문장이고 "흑도의 2배 거리는 황도의 북쪽이 되고, 적도의 2배 거리는 황도의 남쪽이 되며, 백도의 2배 거리는 황도의 서쪽이 되고, 청도의 2배 거리는 황도의 동쪽이 된다"(黑道二去黃道北, 赤道二去黃道南, 白道二去黃道西, 青道二去黃道東)라는 말은 『하도제람희河圖帝覽嬉』의 문장이다. 주자가 주한 『초사』의 "곤륜은 땅의 중심이 된다. 땅 아래로 여덟 개의 기둥이 있어 서로 끌어당기고 있으니 명산과 대천의 혈맥이 상통한다"(崑崙者地之中也, 地下有八柱互相牽制, 名山大川, 孔穴相通)라는 말은 『하도괄지상河圖括地象』의 문장이며, "삼족오는 양의 정화이다"(三足烏, 陽精也)라는 말은 『춘추원명포春秋元命包』의 문장이다.[109] "7일 만에 복괘가 온다"(七日來復)라는 것은 왕필 이래로 내려온 말로서 이를 설명한 '6일 7푼'(六日七分)의 설은 주자의 『역본의易本義』에서도 바꾸지 못했는데, 실은 『역계람도易稽覽圖』의 문장이다. 또한 『낙서』에 그려진 45개의 흑백점은 소자邵子 이래로 전해진 비밀의 열쇠로서 그 법法이 '태을구궁太乙九宮'에서 나왔는데, 실은 『역건착도易乾鑿度』의 문장이다.

위서緯書 중에는 한대를 넘어 선진시대 때부터 전해 온 수많은 천문역법 자료들이 있었고, 이것이 유가의 경해에 채용되었음을 알 수 있다. 이런

---

109) 이상은 『經義考』 '艷緯'의 按語에 근거한 것이다.

류의 자료들 외에도 한당에서 송에 이르기까지의 각종 주소들에서는 다양한 위서緯書의 설들이 발견되지만, 그 서목은 수대隋代에 참위를 금지한 이후로 유행하지 못하여 당·송의 일부 서목에서만 보일 뿐이다. 가령 『수서』「경적지」, 『후한서後漢書』「번영전樊英傳」의 이현李賢 주, 『태평어람』, 『사고전서총목』 등에서 그 서목들을 저록하고 있으며, 이후 원대의 도종의 陶宗儀가 집록한 『설부說郛』의 '위서緯書' 항목에 실린 39종 가운데에 '서위書緯' 4종과 '낙서위洛書緯' 1종이 있다. 이후 명대에 들어서면 『영락대전』 안에 '역위易緯' 몇 부만이 실려 있을 뿐 민간에서는 이미 이런 류의 유전이 끊어졌으며, 손각孫毂이 집록한 『고미서古微書』 36권 속에 '서위書緯' 11종과 '중후잡편中候雜編' 7종, '홍범위洪範緯' 1종, '낙서위洛書緯' 5종이 기록되어 있다. 청대에 이르러서는 몇몇 학자들이 계속해서 이러한 일실된 위서緯書 류의 집찬輯纂을 시도하였다. 여기에서는 우선 전체 위서류를 집록한 청대 제가를 기록한 뒤, 이어서 『서위중후書緯中候』를 집록한 몇 가를 기록하도록 한다.

◇ 주이준의 『경의고』 권264 「폐위斃緯 2」에 '하도낙서위河圖洛書緯' 42종이 저록되어 있다. 그리고 권265 「폐위 3」에 9종의 '상서위尙書緯' 즉 『선기검璇璣鈐』·『고령요考靈耀』·『제명험帝命驗』·『제험기帝驗期』·『형덕방刑德放』·『구명결鉤命決』·『운기수運期授』·『낙죄급洛罪級』·『중후中候』가 저록되어 있는데, 그 중 『중후』에는 다시 다음의 11편이 기록되어 있다.「중후고하명中候考河命」·「적락계摘洛戒」·「악하기握河紀」·「설악契握」·「칙성도勅省圖」·「운형運衡」·「준섬철準纖哲」·「낙여명洛予命」·「직기稷起」·「아응我應」·「의명儀明」이 그것이다. 『경의고』에서는 각 항목의 안어按語에서 종종 이들 위서緯書의 원문을 인용하였는데, 그 중 열에 일고여덟 정도는 모두 손각의 『고미서』에서 채용한 것이었다.

◇ 황석黃奭의 『한학당총서漢學堂叢書』 속에 위서緯書 11류 81종이 집록되어

있다. '서위書緯'류에 『선기검璇璣鈴』·『제명험帝命驗』·『형덕방刑德放』·『운기수運期授』 4종이 각 1권씩 있는데, 왕감王鑒의 보수본補修本에서 『고령요考靈耀』 1권을 추가하였다.

◇ 이원춘李元春의 『청희당총서青熙堂叢書』 제2함函의 『제경위유諸經緯遺』 1권 속에 '서위書緯' 4종이 있는데, 『선기검』·『제명험』·『고령요考靈耀』·『중후中候』가 그것이다.

◇ 마국한馬國翰의 『옥함산방집일서玉函山房輯佚書·경편經編』에 '위서류緯書類' 47종이 집록되어 있는데, 여기에 『한학당총서』와 동일한 '서위書緯' 5종이 집록되어 있다. 이후 왕인준王仁俊이 『속편續編』을 지어 『고령요考靈耀』·『제명검帝命驗』·『형덕방刑德放』의 3종과 '하도위河圖緯' 1종 및 '낙서위洛書緯' 2종을 보충하였다.

◇ 교송년喬松年이 집록한 『위군緯攟』 14권 속에 총 153종의 위서緯書가 저록되어 있다. 그 중 『상서위尙書緯』가 2권으로, 하나는 '서위書緯' 8종이고 다른 하나는 '중후中候' 15종이며, 별도로 '낙서위洛書緯' 1권 8종, '하도위河圖緯' 1권 32종이 기록되어 있다.

◇ 조재한趙在翰이 집록한 『칠위七緯』 38권은 『후한서』 「번영전樊英傳」의 '칠위七緯' 명칭과 그에 대한 이현李賢 주에 근거한 것인데, '서위書緯' 항목에 『한학당총서』 및 『옥함산방집일서』와 동일한 5종을 싣고 있다.

◇ 은원정殷元正이 집록한 『집위集緯』 역시 '서위書緯' 7종 7권을 포함하고 있으며, '하도위河圖緯'가 30종 30권이고 '낙서위雒書緯'가 8종 8권이다.

◇ 유봉록劉逢祿의 『위략緯略』 1권.

◇ 공자진龔自珍의 『최록위서유문最錄緯書遺文』 3편 중에 『최록상서고령요유문最錄尙書考靈耀遺文』 1편이 있다.

『서위중후書緯中候』에 관해서는 제2장 '선진시기의 『상서』 유전 정황'의 첫머리에서 『상서선기검尙書璇璣鈴』을 인용하는 중에 살펴본, 공자가 황제

黃帝 현손의 『서書』 3000여 편을 구한 뒤 120편을 취했는데, 그 중 "102편이 『상서』가 되고 18편이 『중후中候』가 되었다"라는 대목에서 살펴본 바 있다. 이 『중후』는 한대에 출현한 최초의 『상서』 위서緯書이다. 그래서 『후한서』 「정현전鄭玄傳」에는 일찍이 정현이 『상서대전』과 『중후』를 주했다는 기록이 실려 있다. 피석서는 『경학통론』의 '상서는 경서이지 역사서가 아님을 논함'(論尙書是經非史)이라는 조항에 『중후中候』 18편의 명칭을 적고 있는데, 그것은 각각 「칙성도勅省圖」·「악하기握河紀」·「운형運衡」·「고하명考河命」·「제기題期」110)·「입상立象」·「의명儀明」·「예알우禮閼郵」·「묘흥苗興」·「설악契握」·「낙여명雒予命」·「직기稷起」·「아응我應」·「낙사모雒師謀」·「합부후合符後」·「적락계摘雒戒」·「패면霸免」·「준섬철準纖哲」이다. 이렇게 괴이한 명칭으로 되어 있는 이들 편목은 대체로 삼황오제三皇五帝 이하 우禹·탕湯·직稷·설契·문文·문武·오패五霸·진제秦帝 등의 고사들을 다루고 있다. 그 집본을 나열해 보면 다음과 같다.

◇ 공광림孔廣林이 집록한 『상서중후尙書中候』 5권 및 『서목序目』 1권이 그의 『통덕당유서소견록通德堂遺書所見錄』의 '정주鄭注' 19종 가운데 들어 있다.

◇ 왕모王謨가 집록한 정주鄭注 『상서중후尙書中候』 1권이 그의 『한위유서초漢魏遺書鈔』에 들어 있다.

◇ 원균袁鈞이 집록한 『상서중후정주尙書中候鄭注』 1권이 그의 『정씨일서鄭氏佚書』에 들어 있다.

◇ 마국한馬國翰이 집록한 정현 주 『상서중후尙書中候』 3권이 그의 『옥함산방집일서玉函山房輯佚書』 '위서류緯書類'에 들어 있다. 왕인준王仁俊이 『속편續編』을 집록할 때 『상서중후尙書中候』 1권, 『상서중후마주尙書中候馬注』 1권, 『상서중후정주尙書中候鄭注』 1권을 추가하였다.

◇ 앞서 언급한 이원춘李元春과 교송년喬松年의 집본들에도 『중후』가 있다.

---

110) '覬期'라고도 한다.

◇ 피석서의 『상서중후소증尙書中候疏證』 1권이 그의 『사복당유서師伏堂遺書』
  에 들어 있다.
◇ 요평寥平의 『상서중후편尙書中候篇』이 그의 『육역관총서六譯官叢書』 '상서
  류尙書類'에 들어 있다.

제6절 청대 후기 금문학파의 『상서』 연구

1. 청대 후기 금문학파의 형성 정황과 그 전수계보

청대 후기 즉 가경(1796~1820)·도광(1821~1850) 연간 이후 등장한 금문학파는 상주학파常州學派에서 발전해 나온 일파로서 기존의 오파吳派·환파皖派 및 환파를 계승한 양주학파揚州學派와는 학문적으로 그 지향점이 완전히 달랐다.[111] 건륭 당시 상주학파의 선하를 개창한 장존여莊存與(자 方耕)는 오직 미언대의微言大義만을 중시하면서 마馬·정鄭의 고문경학을 묵수하는 것을 반대하였으며, 당연히 위고문僞古文은 위조된 것이라고 여겼다. 그러면서도 그는 도학의 발원을 수호하기 위해서 위고문의 경전 지위를 전력을 다해 보호하면서 위고문 폐기의 주장에 반대하였다. 또한 그는 다른 몇 부의 고문경古文經[112]에 관한 연구 저서를 편찬하였다. 이런 정황에 관해서는 앞의 제3절에서 서술한 바 있다. 완원은 『장존여경설莊存與經說』을 펴내면서 그 「서序」에서 "오로지 한·송의 전주학만을 고집하지 않고, 홀로 선성先聖의 언어문자 바깥에서 미언대의를 얻었다"라고 하였다.

---

111) 周予同은 『經今古文學』에서, 이들 一派는 한대 今文經學을 주창하면서 자신들이 漢學의 한 갈래에 속한다고 주장하지만 일반적으로는 乾·嘉 시기의 東漢古學 연구만을 漢學이라 칭하고 이 派는 "漢·宋學과는 별개로 수립된 新學派"라고 한다고 말하였다. 그러나 이런 관점은 실제로는 原義를 잃은 것으로, 乾嘉漢學은 東漢의 漢學을 宗主로 하고 道咸今文學은 西漢의 漢學을 宗主로 한다고 고쳐 말할 수 있다.

112) 『周禮』·『毛詩』와 같은 것들이다.

그의 학풍이 소학小學을 이용하여 고증을 진행한 오吳·환皖 양파와는
완전히 달랐음을 알 수 있다. 미언대의를 중시하였기 때문에 그는 자연스
럽게 처음으로 미언대의를 주창한 『공양公羊』을 중시하였는데, 특히 한대
금문경학 가운데 유일하게 전해지고 있던 하휴何休의 『공양해고公羊解詁』를
깊이 연구하였다. 그리고 장존여의 문인들은 그의 학문을 계승·발전시켜
마침내 거대한 금문학파를 형성하였다. 따라서 장존여는 비록 위고문을
수호하고 고문경을 연구하기도 했지만 도리어 청말 금문학파의 선하를
열었다고 일컬어지게 된 것이다.

장존여의 문인 공광삼孔廣森은 『공양통의公羊通義』를 지어 금문 하휴설을
주창함으로써 마·정을 종주로 하던 학풍을 바꾸었고, 장존여의 조카
장술조莊述祖는 건륭·가경 연간에 『상서』의 연구에 있어 금문을 더욱
존숭하였고 『춘추공양春秋公羊』의 의리를 군경群經의 반열로 끌어올렸다.
또 장술조의 두 외손 유봉록劉逢祿과 송상봉宋翔鳳은 가경·도광 연간에
금문학을 더욱 진일보시켰으니, 각자 적지 않은 저술을 편찬하면서 상주
학파의 전성기를 이끌었다. 특히 유봉록은 상주학파의 수장으로 있으면
서 하휴의 『공양』을 전력으로 신장시키고 『좌씨전左氏傳』을 축출하는 등,
『상서』 금문을 선양하였다. 유봉록의 두 문인 공자진龔自珍과 위원魏源[113]은
도광시기에 금문학의 대학자가 되었다.

상주학파는 금문학의 보루를 확립한 후에 한대 『상서』 고문경을 부정하
면서 결국 그것을 위서僞書로 규정하였다.[114] 송상봉의 문인 대망戴望은
유봉록의 『논어술하論語述何』와 송상봉의 『논어발미論語發微』를 모방해서
『논어주論語注』 20권을 편찬하였는데, 이것은 하휴의 금문설을 위주로
하면서 금문파의 공양학을 공자의 언행을 기록한 서書로까지 확장시켜

---

113) 이 두 사람은 常州 사람이 아니다.
114) 龔自珍의 「說中古文」, 魏源의 『書古微』에 보인다. 같은 시기의 邵懿辰은 『禮經通論』을
지어 『逸禮』는 劉歆이 위조한 僞古文이라고 하였다.

간 저작이다. 또 그는 금문학의 관점으로 『고문상서설古文尙書說』을 펴내기도 했다. 이 외에, 상주학파의 사승관계와는 무관하게 유봉록의 학문을 좋아했던 능서凌曙는 도광시기에 공양학으로 『예禮』를 연구하였으며, 능서의 문인 진립陳立은 사학師學을 계승하여 『공양의소公羊義疏』 76권과 『백호통소증白虎通疏證』 12권을 펴내었다. 특히 진립은 공양학의 연원을 동한의 하휴를 넘어 서한의 동중서에게로까지 소급해 가서 그것이 '참된 공양가의 가법'(眞公羊家法)임을 주장하였다. 이에 금문학파의 공양학은 전성기를 이루게 되었다.

그러나 당대에 가장 큰 영향을 끼친 금문학은 공자진·위원의 학문이었다. 이는 당시 지사志士들의 시국을 걱정하는 마음을 잘 반영한 것으로, 서양의 무장한 군함의 위협적인 공격에 직면하자 봉건사대부들은 부랴부랴 책 속에서 빠져나와 국가와 사회의 여러 긴박한 문제들에 대해 관심을 가지게 되었던 것이다. 그들은 금문경학의 '통경치용通經致用' 정신으로 나라의 위기를 구하고자 하여 항상 경의經義를 빌려 시정時政에 대해 충간忠諫하였고 문자의 고증에 골몰하는 고문경학을 반대하였다. 그들 학설의 영향력은 점점 더 커져 갔다.

위원의 학문은 왕개운王闓運에게 전해졌는데, 왕개운의 공양학 강론은 치경治經에 한정되어 문사文辭에만 치중하고 다른 일에 소홀하였다. 그러나 왕개운이 요평廖平에게 전한 뒤로 학문이 더욱 풍부해져서, 괴이한 논의도 많아졌지만 일시에 금문학을 크게 선양하고 고문학을 무너뜨리게 되었다. 이후 강유위康有爲는 공자진·위원 이래의 금문학 요의要義를 계승하는 동시에 요평의 설을 답습하며 금문설을 널리 펼쳤다. 아울러 그는 문인 양계초梁啓超와 함께 당시 무너져 가고 있던 봉건왕조를 금문학파의 힘으로 다시 일으켜 세우려 했으나 무술정변戊戌政變이라는 정치적인 대반란을 만나 실패하고 말았다.

공자진·위원·강유위·양계초 등은 금문학파의 정치사상가이자 정치활동가였고 요평 역시 금문학파의 사상가였으며, 이와 대조적으로 왕개운과 같이 오로지 학문에만 종사했던 금문학파도 몇몇 있었다. 이 시기에 활동했던 그 외의 금문학파 인사로는, 도광에서 동치에 이르는 시기에 부친 진수기陳壽祺의 가학을 계승한 진교종陳喬樅, 동치·광서 연간에 금문을 독실하게 수호한 피석서皮錫瑞, 선통宣統 이후 강유위의 학을 계승한 최적崔適 등을 들 수 있다.

대체로 청대 학술은 오파·환파 시기에는 오직 한학·송학논쟁만이 극성하다가 양주학파 시기에 들어 점점 사그라졌고 상주학파 시기에 이르러서는 금문·고문논쟁이 성행하였는데, 이것은 실제로는 한학 내부에서 서한의 경학을 수용할지 동한의 마정경학을 받들지에 관한 논쟁이었다. 상서학 역시 이들 학파의 흥망성쇠에 따라 표출되는 것이 달랐다. 청왕조가 망해 갈 즈음에는 금문학파가 당대의 현학顯學이 되었는데, 오로지 한대 금문만을 존숭하는 금문파는 위고문을 부정했을 뿐만 아니라 한대 고문까지도 유흠이 위조한 것이라고 여겨 완전히 부정하였다. 그런데 그들은 한대 고문까지 부정하면서도 오히려 위고문의 수집에 대해서는 관용적인 태도를 보여 주었다. 이것은 금문파의 개창자인 장존여의 입장을 계승한 것으로, 실제로 장존여는 고문가 염약거·혜동 등의 위고문변론의 업적에 대해 "고적古籍의 진위眞僞를 변별하는 것은 그 술수術數가 매우 천박淺薄하고 비근卑近한 것이다"[115]라고 폄하한 바 있다. 금문학파는 비록 위고문이 위서임이 확실하다 하더라도 그 의리가 이른바 "천하를 다스림에 통함"[116]으로서 봉건통치에 유익한 것인 만큼 폐기해서는 안 된다고 보았던 것이다. 이것이 바로 청말 금문학파의 '상서관'이다. 그들이 요구하

---

115) 龔自珍이 撰한 「莊存與神道碑銘」에 있는 말이다.
116) 이 역시 「神道碑銘」의 말이다.

는 경학은 경세經世에 유용한 것이었지 종이 위에서 연구하는 것이 아니었으니, 이미 유용한 것이라면 억지로 없앨 필요가 없었던 것이다. 피석서는 『경학통론』에서 "위공僞孔 경전에 대한 전인前人들의 변위辨僞는 이미 명백하며, 염약거·모기령 양가의 서書는 각각 득실이 있다"라고 하였는데, 이는 위고문을 반대하거나 옹호하는 양가가 모두 각각의 오랜 역사를 지니고 있어 우열을 가릴 수 없다는 말이다. 이어서 그는 "위공『서』가 전승되고 폐기되지 않은 것은 그 말씀이 이치에 맞기 때문이다"라고 하여 그것을 폐기할 필요가 없다고 강조하였는데, 이 말은 『상서』에 대한 청말 금문학파의 태도를 잘 보여 주고 있다.

이 학파의 발전 과정을 간단명료하게 이해하기 위해서 상주학파에서 금문학파로 이어지는 전수계보를 표로 그려 보았다.

<상주학파에서 금문학파로의 이행>

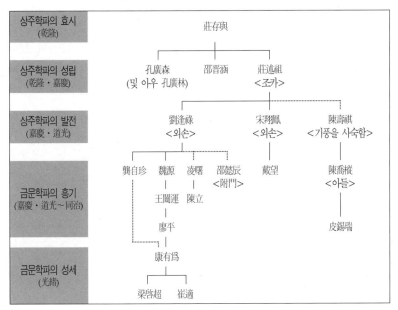

2. 금문학파의 『상서』 저작

이 학파의 『상서』에 관한 중요 저작은 이 장의 제3절에서 언급한 장존여의 『상서』 저작들이 있고, 제4절에서 언급한 공광삼의 『공양통의』 및 『경학위언經學危言』은 전문적인 『상서』 저작이 아니다. 대망·능서·진립은 『상서』 저작을 남기지 않았으며, 소진함邵晉涵 또한 『상서』에 관한 저작이 없다. 이들을 제외한, 장술조를 포함한 그 이후의 금문학파의 『상서』 저작은 대략 다음과 같다.

먼저 장술조(자는 葆琛)의 『상서금고문고증尙書今古文考證』[117] 7권, 『상서고금문수독尙書古今文授讀』 4권, 『상서기장구尙書記章句』 1권, 『상서기尙書記』 7권, 『상서기교일尙書記校逸』 2권, 『상서잡의尙書雜義』 1권이 있다. 그가 『오경이의五經異義』를 집록하였고 또 『일주서逸周書』·『상서대전尙書大傳』 및 『상서서尙書序』 관련 저작도 남겼음을 이미 앞에서 언급한 바 있으니, 『상서』 고문·금문에 대한 그의 저서가 매우 많음을 알 수 있다.

장유가莊有可(자는 大久)는 『상서금문집주尙書今文集注』 6권 및 『상서서설尙書序說』 2권을 편찬하였다. 장유가 역시 상주장씨常州莊氏로서 금문을 중시하여 집주를 지었다.

유봉록劉逢祿(자는 申受)의 『상서금고문집해尙書今古文集解』 30권이 있는데, 이 책은 금문학파의 설을 잘 드러낸 저작이다. 유봉록은 이 외에도 『공양전하씨석례公羊傳何氏釋例』, 『공양하씨해고전公羊何氏解詁箋』, 『곡량폐질신하穀梁廢疾申何』, 『논어술하論語述何』 등을 지었는데, 공광삼의 『공양통의』에서 진일보한 것으로서 하휴의 학을 종주로 삼은 것이었다. 『공양전하씨석례』의 「서」에서 유봉록은 이렇게 말하였다.

---

117) 『淸史稿』 「藝文志」에는 '考證'이 '疏證'으로 되어 있다.

성인聖人의 도道는 오경五經에 갖추어지지 않음이 없으니, 『춘추』는 『오경』의 열쇠가 된다. 한유漢儒들이 모두 잃어버렸으나…… 동중서·하휴의 말이 명命에 상응함이 이와 같으니, 성인의 뜻을 구하고자 한다면…… 그것들을 버려서야 되겠는가?

그는 동중서·하휴의 공양설을 공자학으로 통하는 유일한 관문으로 여겼다. 그리고 하휴의 공양학을 존숭하고 『좌전』을 반대하기 위해 『좌씨춘추고증左氏春秋考證』을 지어, 원래의 『좌씨춘추』는 『안자춘추晏子春秋』·『여씨춘추呂氏春秋』와 나란히 불리던 것에 불과했는데 유흠에 이르러 개편되어 비로소 『춘추좌씨전』이 된 것이라고 하였다. 30권에 달하는 그의 『상서금고문집해』는 금문설을 펼치는 데 힘을 기울인 것으로, 비록 『청사고』에 저록되었고 『속청경해』에 수록되었지만 전서全書에 정밀한 의리는 없다. 『경학통론』에서 피석서는 유봉록이 제시한 구두를 끊는 새로운 방법에 대해 "새로움을 추구하였지만 패착에 가깝다"라고 평가하는 등, 유봉록의 새로운 학설들을 "송인宋人의 늦잠에서 깨어나지 못한 것"이라고 기롱하였다. 유봉록의 학설 중 많은 것들은 장술조의 설을 계승한 것이었다. 앞서 언급한 『서서술문』 1권에서는 장술조의 설을 이어 『순전』을 보충하지 않고 『일서逸書』를 믿지 않았는데, 그 두 가지가 모두 고문이었기 때문이다. 또한 그는 한대 금문과 관련 있는 『위략緯略』 2권도 찬집하였다.

송상봉宋翔鳳(자는 于庭)은 『상서약설尚書略說』 2권과 『상서보尚書譜』 1권을 지었는데, 이 또한 『청사고』에 기록되고 『속경해』에 수록되었다. 그는 『논어발미論語發微』에서 『논어』의 미언微言이 『춘추』와 상통한다고 하면서 유봉록의 『논어술하』와 같이 하휴의 금문설을 인용하였으며 『한의 박사가 유흠에게 답한 글에 기대어 적음(擬漢博士答劉歆書)』를 써서 고문을 반대하였는데, 그 학문은 견강부회하는 것이 많았고 참위학과 뒤섞이기도 했다. 그의 『상서약설』은 『서』 각 편의 문제들을 금문설로 해석하고 당인唐人들이 인용한 『금문상서』가 금문이 아닌 마·정의 고문임을 밝혔으며, 『상서보』는 『상서』 편목의 금문·고문의 차이를 상세히 변별하였다.

대망戴望이 지은 『고문상서설古文尙書說』은 금문파의 관점으로 한대의 『상서』 고문경을 공박한 것인데, 미완성본이다.

양종태楊鍾泰의 『상서금문이십팔편해尙書今文二十八篇解』(無卷數)는 『청사고』 「예문지」에 보이는데, 금문만을 해석한 것이다.

지금부터는 금문학이 성행하던 분위기에서 만들어진 저작들이다.

공자진龔自珍(자는 定庵)은 육경 명칭의 연원을 밝힌 「육경정명六經正名」 1편과 「육경정명답문六經正名答問」 5편을 지었는데, 이는 경학에 있어 신설新說을 제시한 것으로 전인前人들이 밝히지 못한 것들이었다. 원래 유가에서는 전통적으로 『십삼경』을 모두 성인의 말씀으로 신봉해 왔다. 그들은 『시』·『서』·『역』·『의례』·『춘추』는 공자가 정한 것이고, 『주례』·『이아』는 주공이 정한 것이며, 『예기』·『삼전』·『논어』·『효경』은 공자의 제자 및 후학들이 공자의 말씀을 기록한 것이고, 『맹자』는 공자의 진전眞傳을 얻은 것으로서 주공의 가르침을 계승한 공자의 학문 아닌 것이 없다고 하였다. 그런데 공자진은 이 「육경정명」류의 글들에서 처음으로 십삼경 각각에는 경經·전傳·기記·군서群書의 구별이 있음을 지적한 후, 후세로 오면서 전傳(春秋三傳)이 경經이 되고 기記(『禮記』)가 경이 되고 군서群書(『論語』·『孝經』·『周官』)가 경이 되고 자子(『孟子』)가 경이 된 것이라고 하였다. 그는 특히 경經의 여대輿儓(노복 혹은 신하)라고 할 『이아爾雅』가 경이 된 것은 이해할 수 없는 경우라고 지적하였다. 그리고 이들 경서가 만들어진 시기도 선후가 모두 다르다. 공자 이전의 것도 있고 공자 이후의 것도 있는데, 전傳과 기記는 대부분 한대에 이루어졌다고 한다. 이처럼 공자진은 존귀한 '성인聖人의 경經'을 경經과 전傳으로 나누고 그 선후를 구별하였다. 그는 『춘추결사비春秋決事比』의 「자서」에서 다음과 같이 말하고 있다.

내가 일찍이 『춘추』를 연구하였는데,…… 오시五始를 세우고(建五始) 삼세三世를
펼치고(張三世) 삼통三統을 보존하고(存三統) 내외內外를 분별하고(異內外) 흥왕興王을
마땅하게 하고(當興王) 월일시月日時와 명자씨名字氏를 구별한 것은 순전히 「공양씨
公羊氏」의 작용이었다.

'장삼세張三世'는 공양가에서 말하는 난세亂世·승평세升平世·태평세太平
世의 삼세를 펼친다는 뜻이고, '삼통三統'은 동중서의 공양학에서 말한
'왕조가 수명受命하는 근거'로서의 흑통黑統·백통白統·적통赤統 즉 천통天統·
지통地統·인통人統을 말한다. 공자진은 또한 「오경대의종시답문五經大義終
始答問」 9편을 지었는데, 이것은 금문가들이 주창한 공양학의 삼세설을
이용하여 각 경을 해석한 것이었다. 이후로 '장삼세張三世'·'통삼통通三統'
은 금문가들의 공통된 기치旗幟가 되었다.

공자진의 『상서』 관련 주요 저작으로는 『태서답문太誓答問』 1권 26편이
있다. 이 책의 요지는, 한대 금문 29편에는 「태서太誓」가 없었으며 「고명顧命」
에서 분리된 「강왕지고康王之誥」 1편도 원래는 「고명」 속에 포함되어 있었다
는 것이다. 그는 한대의 금문 29편과 같은 편을 제외한 나머지 고문
일편逸篇들에도 「태서太誓」는 없었는데, 전해지는 「태서太誓」의 내용이 진대
晉代에 나온 급총서汲冢書의 내용과 차이가 없다고 하였다. 이어서 그것이
바로 조기趙岐가 말한 "120편으로 된 원본 『상서』의 「태서」"라고 하면서
전국시대 일문逸文을 집록하여 전국본 「태서」를 완성하였다. 또한 공자진
은 한대 고문을 직접 공박한 「설중고문說中古文」 1편도 지었다. 여기서
그는 한대 중고문본中古文本(中秘本) 『상서』가 유향에 의해 교감된 것임을
부정하면서 중고문과 장패張霸의 백량편百兩篇이 같은 것이라고 여겼다.
한의 성제成帝가 그것을 알지 못하고 잘못 수장收藏하였거나 유흠이 설을
조작해서 자기 아버지의 이름에 가탁한 것이지, 유향이 교감한 사실은
없었다는 것이다.118) 앞에서 이미 밝혔듯이 그의 이 설은 분명 잘못된

것이었지만 당시에는 청말의 금문가들에 의해 크게 선양되었고, 고문파들은 당연히 반격을 가하였다. 대표적으로 양주학파의 후학인 유사배劉師培가 『태서답문박의太誓答問駁誼』와 『중고문고中古文考』 등을 지어 공자진의 설을 반박한 예가 있다.

공자진의 아들 공등龔橙은 부친의 학술을 계승하여 『상서사정본尚書寫定本』을 지었다. 담헌譚獻은 『복당일기復堂日記』 권7에서 "옛 친구 공효공龔孝拱(孝拱은 龔橙의 號)이 손수 『상서』 28편과 『일서逸書』 42편을 정定하고 『상서서尚書序』를 위서僞書로 단정하였는데, 단옥재·장술조의 의견보다 더욱 탁월하였다"라고 하였다.

위원魏源(자는 默深)은 『서고미書古微』 12권을 편찬하였다. 이 책의 「자서」 첫머리에서 그는 다음과 같이 말하였다.

> 『서고미』를 왜 지었는가? 서한 『상서』 금고문의 미언대의微言大義를 밝히고 동한 마·정고문의 근거 없는 유전流傳을 물리치기 위해서이다……공안국은 구양생歐陽生으로부터 배워 일찍이 금문으로 고문을 읽고 다시 고문으로 금문을 고증하였으니……서한의 금고문은 일가一家이다……이후 두림杜林이 다시 칠서고문漆書古文을 얻었다고 했는데……마융이 전傳을 짓고 정현이 주해注解한 것으로, 그로 인해 고문이 마침내 세상에 나오게 되고……금문이 핍박받게 되었다. 동진東晉 만출위고문晚出僞古文이 나옴에 마·정도 폐기되었다. 국조國朝의 제유들은 동진 때 뒤늦게 나타난 고문이 위작임을 알고 마정본을 진본으로 여겼지만, 이것은 얼음과 불이 서로 섞일 수 없음을 알지 못하는 것이다.

그런 다음 위원은 5가지 이유를 들어 마·정고문을 믿을 수 없음을 명백히 하면서 그것이 "동진東晉 매색梅賾의 『전傳』보다 앞서 위작된 것"이라고 하였다. 그는 『사기』·『상서대전』 및 『한서』에 보이는 금문삼가의 설과 유향의 설을 이용해서 마·정을 반대하며 이 책을 완성하였는데, 이것은

---

118) 제4장 제1절의 '中古文本'에 관한 기술 참조.

그가 제齊·노魯·한韓 삼가三家의 시설詩說로써 『모시毛詩』를 반대하며 『시고미詩古微』를 편찬한 것과 같았다. 두 저서는 의도가 동일해서, 모두 한대 금문으로 한대 고문을 부정한 것이었으니 공자진이 한대 고문을 부정한 것과 같은 방식이었다. 이 때문에 공자진·위원에 이르러서야 금문학파 진영이 정식으로 수립되었다고 말하는 것이다. 금문학파의 후학 피석서는 『경학통론』에서 다음과 같이 평하였다.

> 위원은 유봉록을 존신尊信하였다. 『서고미』를 지어 마·정을 물리치고 금문을 선양하였는데, 실제로 이것은 장술조·유봉록에 근본하면서 억설臆說을 더한 것이었다. 『탕서湯誓』를 보충한 것은 장술조에 근본한 것이었고, 『순전』·『탕고』·『목서』·『무성』을 보충한 것은 유봉록에게는 없던 것이었다. 『주고周誥』의 분년分年을 고증해서 『대고』에서 『낙고』까지의 순서를 완전히 바꾸었는데, 왕백王柏의 『서의書疑』와 다를 바가 없었다. 관숙管叔이 술을 좋아해서 나라를 망하게 했다는 것은, 비록 송유들이라 해도 차마 하지 못한 근거 없는 말이었다.…… 경을 해석할 때는 경에 의거해서 훈석해야 함에도 장·유·위 등은 모두 의론議論을 크게 펼쳤으니, 이는 송유가 경을 읽는 태도이지 한유漢儒가 경을 읽는 태도가 아니다. 경을 해석할 때 경에 밝혀져 있지 않는 것들은 당연히 궐의闕疑해야 함에도 장·유·위 등은 모두 입론이 매우 과감하였으니, 이는 송유의 무단武斷하는 습관이지 한유漢儒의 긍신矜愼하는 태도는 아니다.

여기에서 지적하고 있는 대로 금문학파는 입론이 과감하고 무단적인 일파와 궐의긍신闕疑矜愼하는 일파로 나누어 볼 수 있다. 장술조·유봉록·공광삼·위원 및 요평·강유위 등은 입론이 과감한 무단적인 일파들이고 진수기·진교종 부자와 왕개운·피석서 등은 긍신한 일파들이니, 이는 곧 정치사상파政治思想派와 전심치학파專心治學派 두 파의 구분과 일치한다. 위원은 진립과 마찬가지로 자파自派의 공광삼·유봉록 등이 동한 하휴의 공양학을 중시하긴 했지만 금문학의 근원을 더 이상 소급해 가지는 못했다고 여겨서, 서한 동중서의 공양학을 받들자고 주장하면서 『동자춘추발미董子春秋發微』를 짓고 그 의리義理를 펼쳤다. 결론적으로 그는 모든 경학을 동한에서 서한으로 소급해 갈 것을 주장함으로써 서한금문학으로 동한고문학을 압박하였고, 동한의 고문설은 모두 유흠이 위조해 낸 것이라고 여겼다.

이미 앞에서 공광림孔廣林(자는 叢伯)이 『상서대전尙書大傳』과 『상서중후尙書中候』를 집록하였다는 것을 언급한 바 있는데, 이처럼 금문과 관련된 위서緯書를 중시했다는 점도 금문학파의 중요한 특징의 하나이다. 공광림은 또한 허신許愼의 『오경이의五經異義』 10권을 집록하여 한대의 금·고문유설遺說을 보존하고자 했고, 주요한 『상서』 저작으로서 앞에서 이미 언급한 『상서주尙書注』 10권을 펴냈다.

진수기陳壽祺(자는 左海)는 고문을 연구하여 금문에 미치게 했으며, 서한금문가의 『상서대전』을 중시하여 앞에서 이미 언급했듯이 『상서대전정본尙書大傳定本』 및 『홍범오행전洪範五行傳』을 집록하였다. 그의 아들 진교종陳喬樅에 따르면 "선대부先大夫는 고경古經이 어지럽혀짐을 마음아파하고 금학今學이 장차 없어질 것을 걱정하여"[119] 이 책을 찬집하였다고 한다. 진수기는 또한 공광림의 집본에다 그 의리를 소중한 『오경이의소증五經異義疏證』 3권도 편찬하였는데, 전해 오는 한대 금·고문 양가 경설의 대의를 천명하고 금문의 의리를 밝히고자 한 책이다. 그리고 『구양하후경설고歐陽夏侯經說考』를 짓고자 했으나 완성하지는 못하였다. 그의 『좌해경변左海經辨』 중에서 『상서』와 관련된 글은 10편인데, 매 편이 모두 정밀한 의의를 가지고 있다. 특히 「금문상서태서후득今文尙書太誓後得」·「금문상서유서설今文尙書有序說」·「사기용금문상서설史記用今文尙書說」 3편의 정확함은 이미 한석경漢石經의 내용 및 최적崔適의 저작을 통해 이미 증명되었다.

진교종陳喬樅(자는 朴園)은 순정純正한 금문학파로서 『금문상서경설고今文

---

119) 『今文尙書經說考』, 「自序」.

尙書經說考』 32권과 수首 1권, 「서록敍錄」 1권 등 모두 34권[120]을 편찬하였다. 서한 금문삼가의 자료를 모두 수집하였는데, 처음에는 단옥재의 『고문상서찬이』의 자료를 모방한 혐의가 있지만 뒤이어 수집한 자료들 중에는 다른 내용들이 적지 않아서 단옥재가 인용한 것보다 더욱 풍부하였다. 따라서 이 책은 금문 방면에 있어 단옥재의 저서에 대한 중요한 보충서로 일컬어져 왔으니, 기본적으로 이 책을 장악하고 있는 문헌들은 고문은 없고 모두 한대의 금문 자료들이다. 또한 그는 부친의 뜻을 이어 『상서구양하후유설고尙書歐陽夏侯遺說考』 1권을 완성하였는데, 이는 자신의 『금문상서경설고』를 보충한 것이다. 『금문상서경설고』에서 언급하지 않았거나, 언급했지만 자료가 완비되지 못한 일부 문제들에 대해 새로운 자료를 보충한 것으로, 주된 자료는 그 부친의 『오경이의소증五經異義疏證』에서 취하였고 새로운 일부 한대 문헌도 포함되어 있다.

왕개운王闓運(자는 壬秋, 호는 湘綺)의 『상서전尙書箋』 30권은 주석이 간명하고 명확한 논의가 매우 많다. 가령 「강고」의 "먼저 우리 하나라를 만들다"(肇造我區夏) 구절에 대한 주석은 "하夏는 중국이다. 처음에는 서이西夷였다가 내륙으로 들어왔다"(夏, 中國也. 始于西夷, 及于內地)와 같이 문장이 매우 간단하고 의미도 확실하였다.[121] 또한 왕개운이 『상서대전보주尙書大傳補注』 7권을 펴냈음은 앞에서 언급한 바 있는데, 금문학파 중에는 장술조 · 공광림 · 진수기 · 피석서 등과 같이 『상서대전』을 연구한 학자들이 많다. 『상서대전』이 서한대 금문가의 설이 전해지는 유일한 『상서』 문헌이었기 때문에 금문가들의 흥미를 끌었던 것이다.

피석서皮錫瑞(자는 鹿門)는 원래 금문 『상서』만을 연구하였다가 나중에 군경群經을 두루 관통貫通하였다. 무술정변 이전, 나라의 혼란할 때에 피석

120) 『淸經解續編』에는 38권으로 되어 있다.
121) 필자는 「由夏族原居地縱論夏文化始于晋南」(『華夏文明』 第1集)에서 수많은 자료를 통해 왕개운의 이 논의가 매우 정확함을 자세히 논증하였다.

서는 담사동譚嗣同·양계초梁啓超 등과 함께 호남남학회湖南南學會의 강학을
주관하면서 한·송을 관통하고 신구新舊를 융합하였는데, 특히 강유위·양
계초의 변법운동을 도왔기 때문에 무술정변 이후 구금되고 말았다. 『경학
역사』, 「서序」에 달린 주여동周予同의 주注에서는 이렇게 적고 있다.

> 피석서는 경학을 연구함에 있어 금문을 종정宗正으로 하였지만 지론持論이
> 공평타당하였다. 강장소康長素(康有爲)와 같이 무단武斷하지 않았고, 요계평廖季平
> (廖平)과 같이 황당하지도 않았다.

그의 『상서』 관련 저작은 매우 많다. 우선 군경을 다루면서 『상서』를
포함하고 있는 것으로는 『경학통론經學通論』 5권 속의 『상서통론尚書通論』
1권이 있고, 또 『경학역사經學歷史』 10장 중의 매 장에서 『상서』의 역사를
서술하고 있다. 전문적으로 『상서』를 다룬 것은 『금문상서고증今文尚書考證』
30권, 『고문상서소증변정古文尚書疏證辨正』 1권, 『고문상서원사평의古文尚書冤
詞平議』 2권, 『상서대전소증尚書大傳疏證』 1권, 『상서중후소증尚書中候疏證』 1권,
『사기인상서고史記引尚書考』 1권 등이다. 이 외에 『박오경이의소증駁五經異義
疏證』 10권, 『육예론소증六藝論疏證』 1권, 『정지소증鄭志疏證』 8권 및 부록된
1권 분량의 『정기고증鄭記考證』, 『성증론보평聖證論補評』 2권, 『사복당필기師伏
堂筆記』 1권 등에도 『상서』를 언급한 곳이 있다. 그의 『금문상서고증』은
서한대 『금문상서』를 종합한 저작으로, 단옥재·진교종이 수집한 자료들
뿐만 아니라 수많은 한비漢碑 자료 및 단옥재·진교종이 언급하지 않는
자료들까지 포함하고 있다. 이 책은 금문의 문자를 논정하는 방면에서
단옥재·진교종의 저서에 비해 더욱 진일보한 것으로, 일찍이 전해지지
않던 한대 『금문상서』를 찾아보고자 하는 후학들에게 최대한의 자료를
찾아 볼 수 있게 해 주었다.

요평廖平(자는 季平)은 왕개운이 성도成都 존경서원尊經書院에서 산장山長을

역임할 때의 제자였다. 평생 동안 저술을 많이 하였지만 견해가 괴이하고 변화가 많았다. 이는 신지식을 접한 구지식인이 겪게 되는 학술 변화의 양상을 잘 보여 주고 있는데, 그는 민첩하게 학문을 하였지만 깊이 파고들지 못하고 새로운 지식의 습득에만 능숙하여 실제로는 정견이 없었다. 학술상에 있어 경솔하고 표현상으로는 용감하여, 이리저리 잘 옮겨 다녔기 때문에 우연히 정확할 때도 있었고 황당한 오류를 낳는 경우도 많았다. 그는 자신의 학술 변화를 '익益'이라 표현하면서 자신의 경학이 4번 바뀐 이후 『사익관경학사변기四益館經學四變記』를 지어 그 과정을 서술하였다. 여기에서는 자신이 계미癸未(1883)에 금고今古를 논변하였고 무자戊子(1888)에 금문을 존숭하고 고문을 물리쳤으며 무술戊戌(1898)에 명목名目을 소대小大로 바꾸었고 임인壬寅(1902)에 천인天人의 학學으로 분화하였다고 하면서, 이때까지의 저작을 모아 『사익관총서四益館叢書』라고 칭했다. 5변 이후 그는 '익益'을 '역譯'으로 바꾸어 '오역五譯'이라 개칭하고 다시 『오변기五變記』(1918)를 지었다. 6변 이후 그의 저작들은 마지막으로 『신정육역관총서新訂六譯官叢書』(1921)로 개정되었다. 『총서』의 '논학류論學類'에는 『금고학고今古學考』 2권, 『고학고古學考』 1권이 기록되어 있는데, 이 둘은 그의 양대 주요 저작으로서 앞의 책이 재변再變을 거치면서 뒤의 책으로 바뀐 것이다. 『총서』의 '상서류'에는 그의 저서로 『금문상서요의범례今文尙書要義凡例』 1권, 『서경대통범례書經大統凡例』 1권, 『상서금문신의尙書今文新義』 1권, 『서경주례황제강역도표書經周禮黃帝疆域圖表』 42권, 『서상서굉도편書尙書宏道編』 1권122), 『상서중후편尙書中候篇』 1권, 『구주통해九州通解』(卷未詳) 등이 있다.

　　요평은 최초 저술인 『금고학고』(光緒 12, 1886 丙戌)에서, 처음에는 금문학과 고문학의 경계를 구분하여 고학은 공자 장년의 설이고 금학은 공자

---

122) 이 책은 廖平이 講學하고 黃鎔이 기록한 것이다.

만년의 설이라고 했는데, 『오변기』의 소주小注에서는 금학은 공자를 위주로 하였고 고학은 주공을 위주로 하였다고 하면서 종합하자면 선진시기에 이미 이 두 파가 있었다고 밝히고 있다. 그러나 오래지 않아 두 편으로 개작했음이 『경어갑편經語甲編』 권1에 보이니, "정해丁亥[123)에 『금고학고』를 지었는데, 무자戊子(1888)에 2편으로 나누어 금학을 서술한 것을 「지성편知聖篇」이라 하고 고학을 「벽유편辟劉篇」이라 하였다"라는 기록이 그것이다. 이처럼 그는 금고를 구분한 다음에 금문을 선양하고 고문을 물리쳤음(尊今抑古)을 밝히고 있다. 요평은 광서 20년 갑오甲午(1894)에 이르러 재변再變하여 다시 『고학고』를 펴냈는데, 여기서는 "금학은 유하游夏(子游·子夏)에게 전해졌고, 고학은 유흠에게서 펼쳐졌다. 금학은 주周·진秦대에 전해졌고 고학은 동한 때에 세워졌으니, 진·한 이래 양파가 같이 유행한 것은 아니다" 하고, 이어서 "이미 고학의 위작이 밝혀졌으므로 금학이 대동大同이라는 것은 더 말할 것이 없다"라고 하였다. 존금억고尊今抑古에 힘쓴 그는 유흠을 물리치기 위해 『고학고』를 썼던 것이다.

그러나 무술(1898)에 이르러 3변하면서 그는 존금억고尊今抑古의 학문을 천소인대天小人大의 학문으로 바꾸게 된다. 이는 외래의 압박에 굴복한 것으로, 그는 처음 생각과는 반대로 금문은 소설小說이고 고문은 대통大統이라고 하여 자신의 이전 설을 반박하였다. 그래서 양계초는 『청대학술개론』에서 "요평은 만년에 장지동張之洞의 회유로 다시 자신을 반박하였으니, 그 사람은 도道가 부족하다"라고 하였다. 앞에서 이미 언급했듯이, 원元의 진력陳櫟은 처음에 『채전蔡傳』을 반대하는 책을 썼다가 원왕조가 『채전』을 존숭하자 즉시 입장을 바꾸어 『채전』을 옹호하는 저작을 썼으며, 청淸의 모기령은 원래 『사서개착四書改錯』을 지어 주희를 반대했다가 강희제가 주희를 존숭하자 즉시 그 책의 각판刻版을 없애 버렸다. 이는 정치적

---

123) 앞에서는 丙戌이라고 하였다.

압력에 굴복하여 연약한 문인이 자신의 학문을 독수篤守하지 못한 것으로, 학술상의 책임감이라고는 찾아 볼 수 없다.

요평의 『상서』 관련 저작들 중에는 괴이한 설이 매우 많다. 그의 『서경대통범례』 중의 몇몇 칙則을 들어 보면 그의 망설妄說을 알 수 있다. 가령 「대고」 "왕해불위복王害(曷)不違卜" 구의 원래 의미는 "왕은 왜 점복이 말하는 바를 위반하지 않습니까?"인데, 요평은 이를 "왕할비위王轄丕圍"라고 읽고 "지구의 형상을 증명한 것으로 중국지원지동中國地圜地動의 고설古說이다"라고 해석하였다. 그는 또 「낙고」의 "내가 간수澗水의 동쪽과 전수瀍水의 서쪽을 점치다"(我乃卜澗水東瀍水西) 구절의 간수동澗水東과 전수서瀍水西를 "동서東西의 해양海洋을 가리킨다"라고 해석하였고, 「낙고」에 대해서는 "서쪽에 도읍을 세운 것은 오늘날 서반구西半球와 같아서 전 지구를 개벽하여 만세를 기다린 것이다"라고 설명하였다. 『방기신해坊記新解』에서도 요평은 「방기坊記」의 "토무이왕土無二王" 구를 "토土는 지구를 가리키는 말이고 왕王은 황皇으로 읽히니, 삼황三皇이 전 지구를 통일한 것이다"라고 해석하였고, 『대대기大戴記』「예찰禮察」의 "혼인지예폐婚姻之禮廢" 구를 "공처公妻로 삼고자 함이다"라고 해석하였다. 이처럼 오류투성이에 허망하고 괴이하니, 그야말로 제멋대로였던 것이다. 황당함은 『공경철학발미孔經哲學發微』에 이르러 극에 달하였다. 고힐강의 『고사변』 제1책 「자서」에서는 장병린의 말을 인용하여, 왕개운·요평·강유위 등의 금문가들은 "부친父親이 다시 살아나는 것"을 예수로, "묵자거자墨者鉅子"를 십자가로, "군자지도사위미君子之道斯爲美"를 러시아가 변하여 미국이 되는 것으로 해석하였다고 했으니, 대개가 이와 같은 식의 말이었다. 왕개운은 고아古雅한 해학도 있었는데, 그런 것들이 요평에 이르러서는 황당무계함으로 발휘되었던 것이다. 요평의 학문이 비록 이와 같은 많은 황당함을 가지고 있었지만, 동시에 역사적으로 의미 있는 작용을 한 설도 있다. 그것은 바로 금문은 공자에게서 나왔고 고문은 유흠이 위조하였다는 설이다. 이 설은 강유위에게 지대한 영향을 끼쳤고, 강유위는 청말에 정치·학술적으로 대파란을 일으키게 된다.

강유위康有爲(호는 長素)의 대표적인 두 저서로 경학 관련 저작이자 개량주의적인 정치 목적을 위해 저술된 『신학위경고新學僞經考』와 『공자개제고孔子改制考』가 있고, 『상서』 관련 저작에는 『금문서학今文書學』 1책과 『신학위경고』 속의 「상서 편목의 동이와 진위에 관한 고찰」(尙書篇目異同眞僞考) 등이 있다. 요평의 『경어갑편經語甲編』에서는 다음과 같이 적고 있다.

> 광주廣州 강장소康長素는 무戊·기己 연간(1888~1889)에 심자풍沈子豐으로부터 『학고學考』(『금고학고』)를 얻어 보고 함부로 인용하여 자기의 것으로 삼았다. 양성羊城에 돌아온(1889) 뒤에 황계도黃季度의 소개로 광아서국廣雅書局을 방문했는데(1890), 나는 「지성편知聖篇」을 보여 주었다.…… 다음해(1891)에…… 『신학위경고』를 완성하였다.…… 외지에서 조술祖述한 『개제고』는 「지성편」을 조술한 것이고, 『위경고』는 「벽유편」을 조술한 것인데, 그 종지를 많이 잃어버렸다.

강유위는 끝까지 요평의 설을 표절한 것을 인정하려 하지 않았지만, 강유위의 제자 양계초는 『청대학술개론』에서 이렇게 적고 있다.

> 강유위는 초년에 『주례』[124)에 심취해서 일찍이 『정학통의政學通義』를 지은 바 있는데, 이후 요평의 저서를 보고는 자신의 구설을 모두 버렸다. 요평은 만년에…… 다시 스스로를 반박하는 저서를 썼는데, 그 자신의 도가 부족했기 때문이다. 그러나 강유위의 사상이 그 영향을 받았다는 사실을 속일 순 없다.

강유위의 두 저서가 요평을 답습한 사실을 긍정하고 있다.[125)
『신학위경고』의 요지는 한대 고문경(孔子壁中本)은 모두 유흠이 왕망의

---

124) 이는 古文經이다.
125) 요평과 관련된 자료의 일부분은 錢穆의 『中國近三百年學術史』에 근거하였다.

정권찬탈을 돕기 위해 만들어 낸 것이라는 데 있다. 한을 대신한 왕망의 정권은 신新이라고 불린다. 신조新朝의 경학이 고문경을 위조해 내었다고 해서 책의 제목을 "신학위경新學僞經"이라 지은 것이다. 강유위는 유향의 중고문을 위조로 본 공자진 및 마·정고문을 위조로 본 위원에 바탕하는 한편, 요평을 답습하여 서한의 벽중고문도 위조된 것으로 보았다. 이 책의 가장 중요한 편은 「한서예문지변위漢書藝文志辨僞」인데, 오직 『사기』로만 대조고변對照考辨하여 모든 고문경이 유흠에 의해 만들어진 것이라고 지적하였다. 이 외에도 「하간헌왕전河間獻王傳」·「노공왕전魯恭王傳」·「유림전儒林傳」·「상서서尙書序」 등에 관한 몇 편의 「변위辨僞」 및 『경전석문』과 『수서』·「경적지」에 관한 두 편의 「규류糾繆」가 있는데, 이들 모두는 동일한 방법으로 유흠이 고문경을 위조하였다는 하나의 주제를 논하고 있다. 여기서는 고문경 제경과 「상서서」는 유흠이 위조한 것으로 노 공왕과 하간헌왕이 벽중고문경을 얻은 사실은 없다고 하였으며, 진수기의 금문유서설今文有序說[126]이 오류임을 주장하였다. 또 「진초에 육경이 망실되지 않았음을 고찰함」(秦楚六經未嘗亡缺考)이라는 편에서는 유흠이 「이양태상박사서移讓太常博士書」에서 한대 금문경에 '서간書簡의 결락'이 있다고 하였지만 금문경은 원래부터 완전하였다고 말하고 있다.

　『공자개제고』 중의 「육경은 모두 공자가 고쳐 지은 작품」(六經皆孔子改制所作考)이라는 글에서 강유위는 한대에 전해진 금문경 제편이 모두 공자가 탁고개제托古改制하여 편성한 것이라고 하였다. 그렇다면 그는 비록 공자가 위조한 것이라는 설명을 하지는 않았지만 실제로는 요평이 말한, 유흠은 고문경을 위조하였고 공자는 금문경을 위조하였다는 설을 따르고 있는 것이다. 그의 생각은, 주나라 말기에 제자들이 일어나서 탁고개제托古改制하여 학설을 세우고 상호 논쟁하였는데, 공자 역시 그런 제자 중의 한

---

126) 오늘날에는 『漢石經』 殘石을 통해 今文에도 확실히 序가 있었다는 것이 실증되었다.

명으로서 유학의 가르침을 세울 때에 육경을 편조하고 요·순·문·무에 의탁하였으니, 이것들은 모두 탁고托古이지 진고眞古가 아니라는 것이다. 실제로 이 '탁고개제'는 강유위의 변법자강운동의 이론적 근거였다. 그에게는 어떤 강력한 증거도 필요하지 않았다. 오로지 그는 영웅적인 문사文辭를 뽐내면서 억지로 끌어다가 이론을 세웠을 뿐이다. 더욱 강력한 고취를 위해 그는 공교孔教를 창립하기에 이르는데, 사람들의 신앙심을 격동시켜 그들이 우직하게 공학孔學을 따르게 되기를 희망하였다.[127]

강유위는 시원스러운 문자 기교로 일시에 대중들의 눈과 귀를 사로잡고 당시를 풍미할 수 있었다. 그러나 이것은 누란지세의 청말에 대두된, 국가사회적인 위기를 구하고자 하는 분위기의 산물이지 진정한 실사구시적인 학술 연구에 관한 것이 아니었다. 이에 뒤쳐져 있던 위고문을 옹호하는 입장의 홍양품洪良品이 『신학위경고상정新學僞經考商正』을 쓰고 또 근대적 지식을 갖춘 전통 학자 부정일符定一이 『신학위경고박의新學僞經考駁誼』를 써서 모두 강유위의 책을 논박하였다. 그 밖에도 이 책을 비난하는 글들이 간간히 출현하였는데, 강유위의 제자 양계초도 『청대학술개론』에서 다음과 같이 말하였다.

> 강유위의 제자 진천추陳千秋·양계초 등은 오래 전부터 고증학에 종사하였다.…… 『위경고』의 저작에 두 사람이 많이 참여하였는데, 때때로 스승의 무단함을 걱정하였으나 끝내 꺾을 수 없었다.…… 심지어 『사기』·『초사』도 유흠이 찬입竄入한 것이 수십 조條에 이른다 하고 출토된 종정이기鐘鼎彝器들도 모두 유흠이 사사로이 주조하여 매장한 것이라고 하여 후세를 기만하였다. 이는 사실 사리에 맞지 않는 말들이었으나 강유위는 전력으로 이 설을 지지하였다.…… 강유위는 남들이 모르는 괴이한 것을 좋아했기 때문에 종종 증거를 말살하거나 곡해하는 것을 꺼리지 않았다.

---

127) 따라서 그는 한대의 陰陽讖緯新學을 배척하지 않았다.

강유위를 가장 가깝게 여기고 지지하는 사람들로서 『위경고』의 저작에
도 함께 참여했던 문인들도 그의 이러한 연구 태도에 동의하지 않았다는
점을 알 수 있다. 그리고 최종적으로 전목錢穆은 「유향·유흠 부자 연보」(劉向
歆父子年譜)에서 『신학위경고』에 대해 가장 유력한 비판을 가하였다.

반면 성실하고 진지한 학자 최적崔適(자는 觶甫)은 오히려 강유위의 저서에
대해 깊이 탄복하였는데, 전현동錢玄同이 「경의 금·고문학 문제에 관해
거듭 논함」(重論經今古文學問題)[128]에서 최적에 관해 말한 내용을 인용하면 다음
과 같다.

> 최적은 1911년(辛亥) 2월 25일 나에게 보낸 제1서신에서 "『신학위경고』는 글자
> 하나하나가 정확하여 한대 이래 이것에 견줄 만한 것이 없다" 하였고, 3월에
> 보낸 편지에서 "강유위의 『위경고』는 20년 전에 써진 것으로 오로지 경학의
> 진위를 논하였다. 내가 일찍이 기윤·완원·단옥재·유월 제공諸公의 저서를
> 보았는데, 근거가 확실하여 국초(淸初)의 제유들보다 뛰어났지만 짧은 소견으로
> 보자면 이 또한 반박할 것이 있다. 강유위의 저서는 이런 것이 없기 때문에
> 고금에 비할 것이 없다. 만약 이 책이 없었다면 나 역시 금고문을 같이 공부하면서
> 여전히 꿈속에 있었을 것이다"라고 하였다. 최적이 지은 『사기탐원史記探源』·『춘
> 추복시春秋復始』·『논어족징기論語足徵記』·『오경석요五經釋要』 등의 저서에서는
> 모두 강유위의 설을 인용하여 정밀함을 더하였다. 1911년 5월 25일의 편지에서는
> "한漢 고문이 위조되었음을 안 것도 강유위로부터 시작되었다. 나와 강유위와의
> 관계는 마치 동진대 고문상서에 관한 논쟁에서의 혜정우惠定宇와 염백시閻百詩의
> 관계에 비견된다"라고 하였다.

돈독한 학자 최적은 강유위를 염약거에 견주고 자신은 혜동이 되고자
잘못 이해하였지만, 무정한 역사는 그의 원대한 꿈을 물거품으로 만들었
다. 최적은 원래 유월兪樾에게서 배워서 경학을 공부함에 본래 금고今古의
구분이 없었으나, 종국에는 수릉壽陵의 여자余子와 같이 한단邯鄲 사람들의

---

128) 『古史辨』 第5冊.

걸음걸이를 흉내 내다 도리어 자신의 걸음걸이마저 잃어버린 꼴이 되었다. 그는 강유위의 학문을 계승하는 데 그치지 않고 상서학 방면에서는 한 걸음 더 나아갔다. 강유위는 비록 『상서서』가 유흠이 위조한 것이라고 하였지만 『사기』에 인용된 『서』가 『상서서』와 같은 것에 대해 "『상서서』가 『사기』의 내용을 훔친 것이지 『사기』가 『상서서』를 채용한 것은 아니다"라고 하였는데, 최적은 『사기탐원史記探源』에서 『사기』의 『상서』 관련 부분은 모두 유흠이 찬입竄入한 것이라고 하였다. 이는 근거도 없는 억설로서 이 부분에 있어서는 최적이 강유위보다 더 심하였다.

금문학파 최후의 일원인 양계초의 『상서』 관련 저술들은 모두 민국시대 이후의 것으로, 여기서는 생략하고 다음에 서술하도록 한다.

이상은 청대 후기 금문학파의 상서학 및 경학과 관련한 정황이다. 이 학파의 중견中堅인 위원魏源은 『고미당외집古微堂外集』에 수록된 『양한경사금고문가법고兩漢經師今古文家法考』의 「서敍」에서 이렇게 말하였다.

> 오늘날 복고復古의 요체는, 훈고訓詁와 성음聲音을 통해 동경東京[129]의 전장제도典章制度로 나아가는 것이니 이는 제齊나라가 일변하여 노魯나라가 되는 것이고, (동한의) 전장제도를 통해 서한西漢의 미언대의微言大義로 나아가서 경술經術과 정사政事, 문장文章을 하나로 관통하는 것이니 이는 노나라가 일변하여 도道에 이르는 것이다.

고문경학과 금문경학의 역사적 의의를 설명한 것이다. 청말에 고문학파의 섭덕휘葉德輝는 『여대선교서與戴宣翹書』[130]에서 "한학漢學으로 송학宋學을 물리친 것은 필시 서한西漢(금문)으로 동한東漢(고문)을 물리친 것이니, 이후에는 반드시 전국戰國 제자의 학으로 서한西漢을 물리칠 날이 올 것이

---

129) 洛陽 즉 東漢을 가리킨다.
130) 『翼敎叢編』에 실려 있다.

다'라고 하여, 청말 금문학파가 서한금문학을 빌려 동한고문학을 압박한 것처럼 장차 전국시대의 학으로 서한금문학을 압박한 날이 올 것이라고 지적하였다. 이는 학술 발전의 필연적인 흐름을 지적한 것이다. 그러나 실체로 그런 지경에까지 이르지는 못하고, 청말의 학술은 단지 금문학에만 머물러 있었다. 금문학파들은 서한금문학이 완전무결하다고 보아 모든 학술은 서한금문설을 기준으로 삼아야 한다고 생각하였다. 이에 그들은 서한금문가의 종교정신을 허용하여 그들 역시 공교孔敎를 건립하고, 심지어 서한금문과 결합된 참위까지도 받아들였다. "어떤 집을 좋아하다 보니 그 집 지붕에 앉은 까마귀까지도 예뻐 보이게 되는"(愛屋及烏) 지경에 이른 것이다. 그들은 '금문'이라는 나뭇잎이 자신의 눈을 가리는 것을 알지 못하였으니 참으로 애석한 노릇이다.

제7절 청말에 시작된 근대적인 『상서』 연구

청대 후기 금문학파 경학이 떠들썩하던 시기에 『상서』에 대한 독실한 연구와 자료 수집 및 교감 연구의 방법으로 새로운 영역을 개척한 일부 학자들의 노력이 있었다. 이를 나누어 서술해 보도록 한다.

1. 청말 『상서』 연구의 주류: 유월 · 오대징 · 손이양 등

완원阮元이 개창한 양주학파揚州學派는 경적經籍 논증에 있어 금석金石 자료를 운용하는 방법을 도입하였는데, 이러한 양주학파의 학풍을 계승 하고 아울러 단옥재 및 왕염손 부자 특히 왕염손 부자의 훈고와 문법을 중시하는 연구 방법을 발양한 청말의 대학자가 있으니, 바로 덕청德淸의 유월兪樾(호는 曲園)이다. 그의 수많은 경학 저작은 후대 연구자들에게 경적의 주요 문제들을 해결하는 데 있어 그 이전의 수많은 학자들보다 더욱더 편리하게 해 주었다. 그의 『군경평의群經平議』 35권은 『경의술문經義述聞』을 계승하여 경의經義의 변석辨析에서 수많은 독창적인 견해를 보였으며, 특히 문법과 가차자假借字의 이용을 밝히는 데 지대한 공헌을 하였다. 그 중에는 『상서』를 직접적으로 해석한 것이 적지 않다. 또한 『달재서설達齋 書說』 1권, 『군경승의群經賸義』 1권 등은 『상서』 각 편의 수많은 문제들을 체계적이고 정밀하게 해석해 낸 가작이다. 그리고 『고서의의거례古書疑義擧例』 7권은 『경전석사經傳釋詞』가 개창한 길을 따라 더욱 진일보하여 수많은 문구文句의 실례를 찾은 것으로, 『상서』와 『일주서』의 적지 않은 문구들을 고정考正하여 연구자들이 편장의 문장 구조와 의의疑義를 이해하는 데 큰 도움을 주었다. 유월은 또 『생백사백고生霸死霸考』, 『구족고九族考』 등 『상서』의 전문적인 문제에 대한 연구 논저들도 남겼다. 유월이 경학의 방법을 발전시킨 것과, 선대의 유업을 계승·발전시켜 새로운 상서학을 개창한 청말의 중요한 대학자임에는 의심의 여지가 없다. 그러나 청말에 진정으로 근대적 방법의 상서학을 개척한 사람은 바로 오대징吳大澂·손이양孫詒讓 두 사람이다.

오대징·손이양 이전의 청대 학자들은 오직 『상서』 자체에 나아가 『상서』를 연구하면서 기타 문헌자료들을 보조자료로 활용하였는데, 양주학파를 시작으로 금석자료를 중시하는 경향이 나타나기 시작하고 유월이 그런 연구방법론을 크게 발전시켰다. 그러나 유월 당시에도 전통적인 방식의 금석학이 운용되었고 금석자료도 한정적이었다. 그러다가 청말에 이르러 금석학 연구가 꾸준히 발전하고 새로운 자료들이 출현하게 된다. 바로 금문金文이 이전에 비해 더욱 많아지면서 금문金文 연구 역시 활기를 띠게 된 것이다. 이어서 갑골문이 발견됨에 따라 금석학 연구의 신천지가 개척되면서 문헌자료와의 비교연구의 범위는 더욱 확대되어 간다. 그리하여 기존의 보수적인 학파와 전통적인 견해를 타파하고 직접적으로 문자연구와 경적 본문의 연구로 나아가게 되는데, 바로 오대징이 이 방면에서 탁월한 성취를 이룬 한 사람이다. 그는 고주형체古籒形體를 근거로 자의字義를 탐색하면서 매우 탁월한 성취를 이루어 경적 중의 일관되게 잘못된 글자들을 바로잡았다. 그의 탁월한 견해들은 아주 얇은 『자설字說』이라는 책에 집중적으로 잘 나타나 있다.[131] 경학 연구에 심원한 영향을 끼친 그의 금문金文 연구 성과는 그의 『설문고주보說文古籀補』 14권과 「보유補遺」 1권 및 「부록附錄」 1권에 잘 나타나 있고, 금문金文 자료를 수집하여 만든 회집匯集은 그의 『각재집고록恪齋集古錄』 12권에 있다.

손이양孫詒讓은 오대징으로부터 또다시 진일보하였다. 그는 우선 갑골문을 장악하였다. 그의 첫 저작 『계문거례契文擧例』는 비록 문자를 완전무결하게 해석하여 『상서』 연구에 도움이 준 책은 아니었지만, 그의 전문全文 연구에 있어서의 성취는 이전 학자들을 능가하였다. 그의 『고주습유古籀拾遺』 3권, 『석원石原』 2권은 금문金文 연구의 새로운 이정표를 세웠고, 특히 『주경술림籀高述林』 10권에서 해석한 수많은 자의字義는 『상서』 연구에 직접 운용될 수 있는 것이었으니 「석비釋枈」·「석익釋翼」 등의 편이 바로 그것이다. 『상서변지尙書駢枝』 1책에서는 그는 "단段·왕王의 예例에 의거하여 뜻을 통하게 한 것"이라고 하면서 이 책의 요지가 '통아사通雅辭'에 있음을 밝히고 있다. 이른바 '아사雅辭'란 고대의 서면언어書面言語로서, "문언아사文言雅辭는 고훈故訓에 통달하지 않으면 그 뜻을 알 수 없다"라는 입장을 고수한 그는 이 책에서 문헌자료를 폭넓게 채집하고 문자학의 소양을 충분히 발휘하여 『상서』 문의文義에 대한 새로운 해석을 제시하였다. 단段·왕王에 근원을 둔 그의 문자학 소양은 금문金文 연구의 정밀함으로 인해 더욱 세밀해지고 깊이를 더해 갔다. 그의 저서에서 제시된 『상서』 관련 새로운 해석은 70여 칙則인데, 대부분 훌륭한 의미를 지니고 있으면서도 "옛날의 유자儒者들과는 달랐기" 때문에 오늘날 『상서』를 연구하는 데 있어서도 반드시 참고해야 할 자료가 된다.

유월·오대징·손이양 세 사람[32]의 성과로 인해 청말에는 새로운 근대적 방법의 『상서』 연구가 시작되었다. 따라서 이 세 사람이야말로 청말

---

131) 제9장 2절에서 그 例를 들 것이다.
132) 특히 오대징과 손이양 두 사람이 새로운 자료를 잘 운용하였다.

『상서』 연구의 주류를 대표하는 학자들이라 할 수 있다.

한편, 직접적으로 『상서』를 연구한 저작은 아니지만 고대 문법의 해석 방면에서 새롭게 출현한 마건충馬建忠의 『마씨문통馬氏文通』 10권이 있는데, 이것은 서양 문법에 의거하여 중국 고대 문법을 분석한 책이다. 비록 발을 깎아 신발에 맞춘 듯한 억지가 있지만 기존의 『경사연석經詞衍釋』, 『경전석사經傳釋詞』, 『고서의의거례古書疑義擧例』 등에서의 문법 인식에 비해 현대과학에 더욱 접근하여, 고대 문법에 대한 현대적 분석 연구의 선하를 열어 『상서』 문법의 발전에 적지 않은 영향을 끼쳤다.

이상과 같은 근대적 『상서』 연구의 주류 이외에, 청말에는 또한 금문학파와는 다른 두 부류의 『상서』 연구가 있었다. 하나는 전통적 방식을 답습한 고문학파의 『상서』 연구이며, 다른 하나는 동성파桐城派 고문장가古文章家의 『상서』 연구이다. 이를 나누어 살펴보도록 한다.

2. 전통 방식을 고수한 고문학파의 『상서』 연구

먼저 왕선겸의 『상서공전참정尙書孔傳參正』 36권이 있다. 이 책은 위공본 58편을 모두 해석하고, 후後 4권에서 「상서서尙書序」와 「공안국서孔安國序」를 해석하였다. 여기서 그는 「무성武成」편은 청유淸儒들이 고정考定하여 새로 집록한 「무성武成」133)을 채용하고, 「태서泰誓」는 위공본의 3편을 그대로 사용하였으며, 금문 각 편은 피석서의 『금문상서고증今文尙書考證』의 내용을 대폭 수용하였다. 그는 「자서」에서 "나는 이 『상서』의 연구에 있어 『사기』·『한서』·『논형』·『백호통』의 제서諸書로부터 희평석경에까지 미치어 삼가의 경의를 모두 다 발휘할 수 있었다"라고 했는데, 실제로는

---

133) 「世俘」를 잘못 말한 것이다.

피석서의 저서에서 얻은 것이 대부분이고 왕선겸 자신은 몇 글자를 덧붙인 정도에 불과했다. 그는 광서 23년(1897)에 피석서의 『금문상서고증』에 대한 서문을 쓰면서 "내가 피석서의 저서를 읽어 보니, 곳곳이 매우 세밀하였으나 고문의 의설義說을 논한 곳에서는 마음 깊이 되새겨 보았지만 시원하게 풀리지 않았다. 그의 서문을 쓰면서 아울러 나의 견해를 드러내어 동학 간 쟁론의 의의를 덧붙여 본다"라고 하였다. 그리하여 피석서의 저서가 완성된 지 7년 후에, 즉 광서 30년(1904)에 이 책을 완성하였는데, 금문은 피석서의 설과 같았고 다른 부분은 바로 자신이 존숭했던 고문설이었다. 또한 그는 공씨전설孔氏傳說을 존숭하면서 『공전』이 왕숙의 저작이라고 믿었다. 그의 「자서」는 다음과 같이 적고 있다.

> 매씨梅氏의 『서』 25편은 뜻이 분명하였는데, 『전傳』을 더하여······ 공안국에 가탁하였으나 애초부터 저자의 이름은 없었다.······ 근유들이 고증하여 모든 『전』은 왕숙의 손에서 나온 것이라고 하였다. 이제 『전』의 의義에다 왕주王注를 합한 것을 경 아래에 이어 붙여 이를 증명하였다.

그는 왕숙으로써 고문가古文家의 학學을 보존하고자 하여 왕숙의 경설을 중시하였는데, 책은 전체의 대부분이 청유들의 성과를 토대로 하여 만들어진 것이어서 자료들이 볼만하다. 비록 왕국유는 이 책에 대해 "중설衆說을 망라하였으나 절충한 바가 없고 또한 너무 번잡한 것이 병통이다"라고 하여 중설을 수집하기만 하고 자신의 견해는 없는 쓸데없는 자료임을 지적하였지만, 당시 금문학파 몇 명이 억설을 과시하던 기풍 아래에서 오히려 이 책이 수집한 자료들은 비교적 건실하였다.

다음은 간조량簡朝亮의 『상서집주술소尙書集注述疏』 32권과 수首 1권 및 말末 2권이다. 이 책은 11년간의 노력 끝에 광서 29년(1903)에 초고가 완성되었고, 다시 4년의 수정을 거쳐 광서 33년(1907)에 문인에 의해 광주廣州에서 판각되었다. 간조량은 스스로 "고문경에도 있는 금문 29편"만을 해석하였다고 했는데 그 중 「태서太誓」는 청인이 집록한 한대 「태서太誓」를 사용하여 1권으로 하였으며, 권말에서는 「상서서尚書序」를 변론辨論하고 위고문 25편을 간석簡釋하였다. 29편 경문의 매 단락 아래에는 '집주集注'라고 하여 주해를 달았고, 그 아래에는 '술왈述曰'이라고 하여 관련 문헌자료를 상세히 열거하였으며, 끝으로 '소왈疏曰'에서 재차 해석하였다. '소왈' 부분은 강성江聲의 「집주음소集注音疏」와 같이 자신이 직접 주소注疏를 단 부분인데, 그는 「자서」에서 「역易」「설괘전說卦傳」의 형식을 빌려 주소를 달았다고 밝히고 있지만, 이 책은 청인들의 「상서」 연구에서 인용된 자료들을 대량으로 수집한 것이기 때문에 강성의 책에 비해 너무 번쇄하였다. 이 책의 「자서」에서 그는 "무릇 요의要義는 주注에 있고 이문異文과 이설異說의 요지는 소疏에 있으니…… 주문注文은 간단하고 소문疏文은 상세하다"라고 책의 체례體例를 설명하고, 또 "「상서」 매씨고문본 중 마·정고문본에서 취한 것으로서 금문본에도 들어 있는 28편을 바로잡는 이는 매우 드물었는데, 지금 다행히도 근거가 있어 그 처음을 회복하게 되었다"라고 하여 이 책이 마·정 고문의 옛 모습을 회복하는 데 목적이 있음을 밝히고 있다. 따라서 해석의 대부분은 고문설이고, 간혹 송유宋儒의 신해新解를 채용하기도 했다. 그러나 지나치게 번쇄하고 단락이 불명확하여 오吳·환皖 양파 등의 서書가 있다면 이 책은 쓸모가 없다. 다만 요평·강유위 등 금문가들의 근거 없는 한담閑談과는 조금 구별된다.

오로지 금문에 대한 반대만을 내세운 고문학파의 저작으로는 앞에서 언급한 유사배劉師培의 「태서답문박의太誓答問駁誼」 1권[134], 「중고문고中古文考」 1권 등이 있다. 유사배는 또 방용方勇이 공자진龔自珍의 뒤를 이어 「태서잡문평太誓答問評」을 펴내자 곧바로 「방용의 태서답문 논의에 답함」(答方勇書論太

---

134) 「國粹學報」 1905년 1卷 2期에 「駁太誓答問」이라는 제목으로 발표되었다.

讐答問)을 지은 바 있고 아울러 「한대고문학변무漢代古文學辨誣」135)도 지었는데, 모두 금문가들이 고문을 무고誣告한 것에 대해 직접 변론한 글이다. 그는 또 『사기술요전고史記述堯典考』를 지어 사마천이 근거로 한 원본 「요전」을 고문가의 입장에서 해석하였다. 특히 그는 앞에서 언급했듯이 『상서원류고尚書源流考』에서 위대魏代 초기와 동진東晉 초기에 두 차례에 걸쳐 위공僞孔이 출현하였다고 주장하였으며,136) 고문가의 관점으로 『일주서逸周書』와 관련된 저작을 짓기도 했다.137) 유사배는 그 학문에 뿌리가 있고 자신의 견해도 가지고 있었기 때문에 스스로 왕선겸과 간조량의 학문보다 뛰어나다고 자부하고 있었다. 이 외에도 독실하게 고문파를 고수한 주일신朱一新의 『패현재문존佩弦齋文存』과 『무사당답문無邪堂答問』이 있으니, 주일신은 금문파의 설을 완강히 반대하면서 일찍이 강유위에게 편지를 보내어 자신의 입장을 반복해서 진술하였다. 또한 섭덕휘葉德輝의 『경사통고經學通誥』 1권도 고문학을 고취시키는 내용으로 되어 있다. 이상의 고문가들의 저작들에는 볼만한 내용도 있었지만, 유사배의 품행에 나무랄 만한 데가 많았고 섭덕휘가 지방의 토호였던 것과 같이 이들 중 몇몇의 사람됨은 취할 만한 것이 없었다.

3. 동성파 고문장가의 『상서』 연구

동성파桐城派의 대사大師 요내姚鼐는 『상서』를 중시하여, 그의 『석포헌구경설惜抱軒九經說』 중에 「서설書說」을 두어 『상서』에 관한 중요한 논의를 펼쳤다. 이후 나온 대균형戴鈞衡의 『서전보상書傳補商』 또한 『상서』에 관한

---

135) 『左庵文外集』, 卷4.
136) 이 설의 오류에 대해서는 이미 앞의 제6장 3절에서 지적한 바 있다.
137) 역시 앞의 『일주서』에 관한 서술에서 이미 살펴보았다.

가작이다. 이 두 책은 이미 앞에서 서술하였다. 대체로 이 학파의 학문은 한학漢學과는 달랐는데, 요내의 제자 방동수方東樹는 일찍이 『한학상태漢學商兌』를 편찬하여 한학漢學에 반대하였다. 그들은 상서학 방면의 연구에서 왕안석王安石·소식蘇軾·주희朱熹·채침蔡沈 등 송학宋學의 창신설創新說을 계승하였고, 한학의 경사經師들에게서 벗어나 직접 경문을 읊으면서 본의本義를 탐구하였다. 또한 마융·정현의 장점을 흡수하고 왕염손·왕인지 부자의 허사虛辭와 문법文法에 대한 변론에 주의하였으며 문구에 대해 깊이 고찰하였다. 이로써 그들의 분장分章과 분구分句는 점점 더 타당해져 갔고, 문의文義를 해석하는 것도 점점 더 명확해져 갔다. 대균형 이후의 이 학파의 주요 저작은 다음과 같다.

먼저 오여륜吳汝綸의 『상서고尙書故』 3권[138])이 있다. 주석이 매우 간단하게 되어 있는 이 책은 『사기』의 설을 많이 채용하고 『한서』와 마·정을 간혹 언급하였으며, 송학에 있어서는 김이상金履祥의 설을 많이 채용하고 『채전』은 간간이 언급하였다. 오여륜은 또 『사정상서寫定尙書』 1권을 지었는데, 이 책은 『상서』 금문의 본문을 정리·교정한 것이다. 『청대 학자 생몰 및 저술표』에 의하면 오여륜에게는 『서설書說』 3권이 더 있다고 한다. 그의 아들 오개생吳闓生의 『상서대의尙書大義』 2권은 부친의 설을 계승하면서 자신의 의견을 조금 더한 것으로, 부친의 저서보다 더욱 간요簡要하였다. 우성오于省吾가 일찍이 필자에게 이렇게 말한 적이 있다.

고학古學을 정리·연구함에 있어 가장 내용이 많으면서 잘 갖추어진 것은 왕염손의 『광아소증廣雅疏證』, 손이양의 『주례정의周禮正義』이고, 가장 간단하면서 요약이 잘 된 것은 오개생의 『상서대의』이니, 이 두 가지는 모두 쓸모가 있다. 가장 두려운 것은, 번다하지도 간략지도 않고 자료가 완비되어 있지 않으며 또한 뜻이 명확하게 통하지 않아서 아무 소용이 없는 것[139])이다.

---

138) 그의 『經說』 가운데 두 번째이다.

오씨 부자의 저작이 간단하면서도 유용하다는 것을 알 수 있다. 오개생은 또 『상서연의尚書衍義』 1책을 지었는데, 이 책은 연지강학원蓮池講學院의 강의용 저작이었다. 그는 또한 금문金文에 조예가 있어 『상서』에 대한 연구 방식으로 금문金文을 연구한 『길금문록吉金文錄』 4권을 지었다.

동성파의 고문장가古文章家들은 청말에도 『상서』 관련 저작을 계속해서 펴내었다. 요영박姚永朴의 『상서의략尚書誼略』 1책, 마기창馬其昶의 『상서의고尚書誼詁』 1책, 왕수남王樹枏의 『상서상의尚書商誼』 3권, 진연陳衍의 『상서거요尚書舉要』 5권 등이 그것이다. 이들은 애초에 사장辭章을 전공한 문장가로서 '의리義理'·'고거考據'를 기반으로 삼아 청대의 주요한 학파를 형성하였으니, 본래 경학經學을 전공한 학자가 아니었다. 그러나 상호교섭의 결과 이들은 위와 같은 몇 부의 상서학 저작을 내놓게 되었는데, 그 저작들의 공통점으로는 권질이 두껍지 않고 정련되었다는 점, 간요하고 참신하면서 때때로 독창적인 견해를 보이기도 했다는 점, 고증이 정확하고 구두句讀가 잘 통한다는 점 등을 들 수 있다. 이들은 또한 실제의 지식으로 경經을 해석하는 경우도 잦았다. 가령 「우공」 '도산導山'의 "서경西傾·주어朱圉·조서鳥鼠는 태화太華에 이른다"라는 구절 속의 주어산朱圉山에 대해, 예전에는 모두 한漢 천수군天水郡 기현冀縣 오중취梧中聚의 주어산朱圉山이라고 해석하여 지금의 감숙성甘肅省 천수시天水市 서북쪽에 위치한 감곡현甘谷縣에서 서남쪽으로 30리 떨어진 위수渭水의 남쪽 경계에 있다고 하였는데, 왕수남은 최초로 그 산을 신강新疆에 있는 실지實地로 고찰하여 지금의 감숙성 서남쪽 경계의 탁니卓尼라고 단정하는 전환을 이루었다. 살펴보건대, 서경산西傾山은 곧 나삽보라산羅揷普喇山으로 지금의 청해성青海省 동부의 황남黃南 장족藏族 자치주自治州 남쪽 경계이고, 조서산鳥鼠山은 지금의 감숙성 위원현渭源縣 서남쪽이다. 「우공」에 서술된 세 산은 서쪽에서 동북

---

139) 당시 劉寶楠의 『論語正義』가 이런 類의 저작으로 거론되었다.

방향으로 나아간 것이니, 주어산은 서경산의 동쪽과 조서산 서남쪽 사이에 있는 탁니卓尼이며, 거기로부터 멀지않은 곳에 조서산 동쪽의 천수天水 경계가 있다. 왕수남의 설이 옳음을 알 수 있다.

이상과 같이 동성파 학자들의 저작에는 참고할 만한 곳이 매우 많다. 청말에 신지식을 접하게 된 이들 동성파 학자들은 경설의 문자에만 구속되지 않고 실제로 접촉 가능한 사물을 증거로 삼는 어느 정도의 실증정신을 가지고 있었으니, 당시 그들의 연구에도 모종의 새로운 요소가 파급되었던 것이다.

이 외에도 청말에 나온 의미 있는 소서小書가 있다. 단수段洙의 『상서대의尙書大義』가 바로 그것으로, 기존 서책의 구절들을 집록하여 만든 연자배인본鉛字排印本의 소책자이다. 산서대학당山西大學堂의 '칠경강의七經講義' 가운데 하나였다. 전인前人의 어떤 책에서 설을 인용한 후 다른 책의 또 다른 단락을 덧붙여서 문장을 만들고, 매 단락의 끝에는 괄호 주注로 출처를 밝혔다. 이 책은 '상서원류尙書源流'와 '강령綱領', '총의叢義'의 세 부분으로 나뉜다. '상서원류'는 2개 절에서 각 상서학파의 기원起源과 전습傳習을 밝히고 금문·고문으로 나누어 해당 자료를 인용하였는데, 인용한 것들이 모두 구설舊說이었기 때문에 당연히 오류가 있었다. '강령'은 10개 절에서 각 상서학파의 체례體例와 요지要旨, 고문古文 및 『상서서尙書序』 등에 대해 변론하고 제 학파의 『상서』에 대한 독법讀法과 해석의 득실을 서술하였다. '총의'는 우虞·하夏·상商·주周의 각 『서』별로 나누어 각 편의 주요 문제에 대한 제 학파의 서로 다른 논설들을 서술하였다. 이 책은 청대의 『상서』 연구 성과를 중시하였고, 염약거·혜동·강성·왕염손·왕인지·단옥재·손성연·진교종 등의 저작들을 추숭하였으며, 『흠정서경전설회찬欽定書經傳說匯纂』을 받들었다. 실제로 공안국과 공영달이 간략히 언급된 것을 제외하고는 대부분 송원대 학자들의 설이 인용되었고, 그 이후의 학자로는 몇몇 명유明儒와 청초의 유자들이 있었다. 군언群言을 두루 모으고 그 요론을 잘 간추렸으며 항상 분명한 말들을 사용하였으니, 이는 청말에 『상서』를 연구하던 사람들의 안목 속에 있는 『상서』의 정의精義가 무엇이었는지를 충분히 알 수 있게 한다. 이 책은 청말의 금문가·고문가 양파의 저작과는 또 다른, 송학을 중시하는 동성파 고문장가가 정성스럽게 모아 만든 아주 간요簡要한 『상서』 소서小書이다.

제9장 현대의 과학적『상서』연구

제1절 현대적『상서』연구의 개황

　현대의『상서』연구는 청말에 시작된 근대적『상서』연구의 토대 위에서
전개될 수 있었지만 그 연구의 수준은 모든 방면에서 청말에 비해 진일보
한 것이었다. 우선 현대 상서학은 오대징·손이양 등이 개척한 새로운
근대 상서학의 기초 위에다 고고학 자료의 풍부한 축적과 갑골문甲骨文·금
문金文 연구의 급속한 진척이 더해짐으로써 수많은 대학자들이 출현하여
다양한 성과를 이룩하였으니, 현대의『상서』연구는 과거의 것과는 근본적
으로 차별화되었다. 이는 근대 상서학의 발전이 가져온 첫 번째 결실이라
할 수 있다. 그 다음은 현대적 과학지식의 이식을 통해 현대 상서학의
자연과학 수준이 높아지고 연구 내용 또한 풍부해짐으로써『상서』연구가
과거의 것과는 근본적으로 차별화되었으니, 이것이 두 번째 결실이다.
아울러 기존의 경학 학파들도 제자리걸음하지 않고 전통적 고문·금문
양파가 모두『상서』연구에서 새로운 성과를 이룩하였으니, 이것이 세
번째 결실이다. 이 외에, 앞의 세 가지 항목에 포함되지 않는 적지 않은
『상서』관련 일반 저작들이 또한 출현하였으니, 이것이 네 번째 결실이다.
근대 상서학의 발전이 가져온 네 가지 결실에 대해 항목을 나누어 서술해
보도록 한다.

1. 갑골문과 금문 연구의 발전으로 촉진된 『상서』 연구

새로운 고고학 자료들이 나날이 풍부해짐에 따라 갑골문·금문을 이용한 연구가 진척되었고, 그로 인해 『상서』 연구도 계속 발전하게 되었다. 『상서』 연구의 발전은 특히 고문자 방면에서 두드러졌고, 이것은 다시 고문법의 연구로 이어졌다. 이를 나누어 서술하도록 한다.

1) 고문자 연구 방면

이 방면에서 가장 걸출한 성과를 보여 준 이는 왕국유王國維이다. 그는 오대징·손이양의 학문을 계승하고 발전시켜 이중증거법二重證據法을 제시하였다. 『고사신증古史新證』 「총론總論」에서 그는 이렇게 말하였다.

> 호사가들이 세상에 많았기 때문에, 『상서』는 금·고문 이외에도 한대 장패張霸의 『백량편百兩篇』이 있었고 위진魏晉 때에는 위조된 공안국孔安國의 『서書』가 있었다. 『백량』은 비록 한대에 배척되었지만,…… 근세에 이르러서야 공안국본 『상서』가 위조되었다는 것과 『기년紀年』을 믿을 수 없다는 것을 알게 되었다. 그러나 의고疑古가 지나쳐서…… 고대사 자료를 충분히 신뢰할 수 없었다. 오늘날의 우리들은 다행히도 지상紙上의 자료 외에 다시 지하地下의 신자료를 얻을 수 있었다. 이러한 자료들은 지상의 자료를 보충해 주고 또 고서의 부족함 보충하여 실질적인 기록이 되게 해 주었으니, 백가들의 정제되지 않은 설 역시 어떤 한 방면의 사실을 보여 주는 것이므로 이 이중증거법만이 오늘날 비로소 유효하게 되었다. 비록 고서가 증명하지 못한 부분이라 해도 부정할 수는 없겠지만, 이미 증명된 부분에 대해서는 긍정하지 않을 수 없을 것이다.

『고사신증』의 여러 장章들은 지하地下 자료를 지상紙上 자료와 결합시켜 우禹를 비롯한 은殷의 선공先公과 선왕先王 및 제신諸臣·제읍都邑·제후諸侯 등의 실정實情에 관해 증명하였다. 그 가운데 많은 내용들은 직접적으로

『상서』의 내용을 증명하고 있다. 또 왕국유의 『관당집림觀堂集林』 권1의 전부와 권2의 앞부분은 『상서』를 전석全釋한 것으로 훌륭한 논의가 많고, 권7·권12·권20 및 『별집別集』 권4 등도 『상서』와 밀접한 관련이 있다. 그가 금문金文 연구를 통해 해석한 수많은 자의字義들은 『상서』 해석에 충분히 이용될 수 있다. 또한 청화연구원淸華研究院에서 행한 왕국유의 『상서』 강의가 학생 유반수劉盼遂에 의해 기록되어 『관당학서기觀堂學書記』[1]라는 제목으로 세상에 나왔는데, 이 책은 왕국유의 『상서』 연구 성과를 보존한 요저要著로서 갑골·금문에서 얻은 문자의 본의를 끌어다 『상서』의 문구를 해석하여 과거의 수많은 오역들을 지적하고 있다. 또 다른 학생 오기창吳其昌이 동일한 과목을 필기한 『정안선생상서강수기靜安先生尙書講授記』[2]가 있으니, 유반수의 기록과 비교할 때 더 상세한 부분도 있고 소략한 부분도 있으므로 두 책을 상호 보충하면 왕국유 설의 전체를 파악할 수 있다. 그의 또 다른 학생 양균여楊筠如가 편찬한 『상서핵고尙書覈詁』의 수많은 자의 해석은 모두 왕국유 설의 바탕 위에 자신의 연구 성과를 더한 것으로, 왕국유 문하의 걸작으로 칭해지는 이 책은 청유 및 근세 학자들의 설까지도 모두 채용하고 있다.[3]

곽말약郭沫若의 갑골문·금문 저작은 광범위하게 『상서』 연구의 수준을 제고시켰다. 그의 많은 저작들 가운데 직접적으로 『상서』 연구와 관련 있는 것을 들자면 금문 방면의 『양주금문사대계도록고석兩周金文辭大系圖錄考釋』·『금문총고金文叢考』·『금문여석지여金文餘釋之餘』·『은주청동기명문연구殷周靑銅器銘文研究』 등이 있는데, 이 저작들은 『상서』 연구에 큰 도움을 주어 원시논증原始論證이라는 새로운 해석을 가능케 하였다. 그의 갑골문 저작 중에도 『상서』 문자를 증명하기에 충분한 것들이 적지 않다. 예를

---

1) 『國學論叢』(淸華大學) 2卷 2號에 실려 있다.
2) 처음에 『淸華周刊』 22卷 11~16期에 실렸고, 이후 『國學論叢』 1卷 3號에 재수록되었다.
3) 다만 淸人의 說에 대해 出處를 주석하지 않은 점은 아쉽다.

들어 『복사통찬卜辭通纂』의 제350부터 360편片까지는 「요전堯典」을, 제367편은 「다방多方」을, 제397편은 「주고酒誥」를 증명하기에 충분하고, 『은계수편殷契粹編』의 제1편과 1424편은 「낙고洛誥」를, 제12편은 「진서秦誓」를, 제17편과 1278편은 「요전」을, 제73편과 366편은 「우공禹貢」을, 제716편은 「고종융일高宗肜日」을, 제760편은 「대고大誥」를, 제131편은 「다방多方」을 증명하기에 충분하다. 또한 그의 『갑골문자연구甲骨文字研究』에서 제시된 전문적인 논의들은 『상서』의 일부 내용에 대한 새로운 해석을 가능하게 해 주었다. 이러한 고문자학 방면에서의 연구 외에 그의 『상서』 연구에 있어서의 또 하나의 특징은 역사유물주의 이론과 사회발전사의 관점으로 중국의 고대를 연구하기 시작하여 이를 『상서』의 주요 내용에 대한 분석에 적용시켰다는 점이다.[4] 이는 곽말약의 『상서』 연구가 문자 해석과 내용 분석이라는 두 가지 방면으로 진행되었다는 것을 말해 준다. 그는 갑골·금문 연구라는 새로운 학술과 사회발전사라는 새로운 이론으로 탐색을 진행하여 상서학의 새로운 내용들을 더욱 풍부하게 하였던 것이다.

1984년에 세상을 떠난 대학자 우성오于省吾는 왕국유를 계승한 후학으로서 갑골문·금문 연구의 기초 위에서 『상서』를 연구한 거장이다. 『상서』 관련 주요 저작으로는 『쌍검치상서신증雙劍誃尚書新證』 4권이 있다. 그는 갑골·금문 등 고문자에 관한 깊은 조예를 바탕으로 문헌文獻·석경石經·예고사본隸古寫本 등의 자료를 결합하여 『상서』 각 편의 문구와 사의詞義에 관해 연구한 끝에 한대 이래 이천 년간의 적지 않은 오석誤釋들을 바로잡을 수 있었다. 그는 본래 청대 한학에 심취했었는데, 특히 청말에 오대징이 개창한 금문金文 단어를 이용한 『상서』 비교연구에 능하였다. 오대징이 살았던 금문학金文學의 맹아 시대에 비해 훨씬 좋은 환경에 살면서 풍부한 자료들을 손에 넣을 수 있었기 때문에 그는 왕국유의 이중증거법을

---

4) 뒤에서 자세히 다루기로 한다.

더욱 능숙하게 운영할 수 있었고, 그 결과 그는 전인들이 거둔 성과를 뛰어넘게 되었다. 그의 『서간고書簡詁』 고본稿本5)은 가장 간명한 훈석으로 『상서』를 주해한 것이며, 『쌍검치길금문선雙劍誃吉金文選』에서 해석한 금문金文 각 편들은 바로 『주서周書』의 각 편과 대조하여 읽음으로써 그 석의釋義를 확인할 수 있다. 그는 또한 적지 않은 전문적인 논문을 써서 『상서』 중의 개별 문제들을 해결하였다. 예를 들자면, 『사빈부경고泗濱浮磬考』6)는 써서 「우공」 중의 문제를 다룬 것이고 「세시기원고歲時起源考」7)는 「요전」 중의 문제를 다룬 것이며, 「왕약왈석의王若曰釋義」8)는 「반경盤庚」 3편 및 『주서周書』의 10여 편 속에 나타난 문제를 해결하는 동시에 그 구별을 통해 각 편들이 만들어진 시기를 고찰한 것이다. 마지막으로, 그의 갑골문 연구 성과들을 선집選集한 『갑골문자석림甲骨文字釋林』 속에 있는 많은 글자들이 『상서』 연구에 활용될 수 있는데, 대충 훑어보더라도 과거의 잘못된 해석이나 불확실한 자의字義들을 해결할 수 있는 『상서』 편목들이 최소한 20여 편에 달한다.

양수달楊樹達의 『적미거소학금석논총積微居小學金石論叢』・『적미거금문설積微居金文說』・『적미거금문여설積微居金文餘說』・『복사쇄기卜辭瑣記』(『積微居甲文說』 附)・『적미거소학술림積微居小學述林』 등은 왕국유・곽말약・우성오의 갑골・금문 연구 성과와 마찬가지로 『상서』 연구에 매우 유익하다. 그 가운데 직접적으로 『상서』 내용을 연구한 것들로는 「"전사무풍우니典祀無豊于尼" 구절에 관한 소증」(典祀無豊于尼疏證)・「융일융日 해석」(釋肜日)・「갑골문 속 사방신과 사방풍의 명칭」(甲文中的四方神名與風名)・「다방多方 해석」(釋多方)・「문후지명을 읽고」(讀文侯之命)・「상서 요전을 읽고」(讀尙書堯典) 등이 있는데, 「순전

---

5) 中國科學院圖書館에 소장되어 있다.
6) 『禹貢』(半月刊) 4卷 8期.
7) 『歷史硏究』 1961年 4期.
8) 『中國語文』 1966年 2期.

舜典」·「강고康誥」·「주고酒誥」 등의 문구를 해석한 것들도 이에 해당한다. 또한 그의 『적미거독서기積微居讀書記』 중의 「상서설尚書說」은 「반경盤庚」·「고종융일高宗肜日」·「서백감려西伯戡黎」·「대고大誥」·「강고康誥」·「주고酒誥」·「재재梓材」·「소고召誥」·「여형呂刑」 등에 있는 일부 난삽한 문구의 의미를 통하게 하였다. 이상은 모두 『상서』 연구의 역작들이다.

진몽가陳夢家 역시 앞의 제 학자들과 어깨를 나란히 한다. 특히 그는 갑골문과 금문에 관한 훌륭한 두 저작 『은허복사종술殷虛卜辭綜述』과 『서주동기단대西周銅器斷代』를 펴냈는데, 그 속에는 『상서』 각 편의 내용을 논증할 수 있는 내용이 많이 담겨 있다. 또한 그의 『상서통론尚書通論』은 『상서』의 각종 문제들을 전문적으로 다룬 것으로, 젊은 시절 대학 강단에 있으면서 편성編成한 책이다. 이 책은 이미 앞에서 언급한 바 있는데, 위의 두 저서에 비해 완성도도 떨어지고 어떤 부분들은 보충이 필요하다. 그렇더라도 『상서』와 관련된 문제를 논의함에 있어 자신의 견해를 잃지 않았다는 점은 인정할 만하다.

당란唐蘭 역시 갑골문·금문의 전문가로서 금문을 연구한 수많은 단편 논문이 있는데, 그 문자 해석은 대부분 『상서』 연구에 참고할 만하다. 그는 갑골문·금문의 연구에서 얻은 성과를 바탕으로 『고문자학도론古文字學導論』을 저술하여 고문자의 변천 과정과 이후 고문자가 분파하게 되는 과정을 고찰하였는데, 이것은 연구자들로 하여금 『상서』 구절 중의 난해한 글자들을 이해할 수 있게 해 주었다. 즉 연구자들은 현재의 자체字體에 얽매일 필요 없이 고주古籀의 변천 과정을 따라 금문·갑골문을 추적하여 그 원의를 찾을 수 있게 된 것이다. 그가 1931년 북경대학에서 교수한 『상서』 강의는 근래에 『상서신증尚書新證』이라는 제목이 붙여져 『중국철학사연구中國哲學史研究』 1981년 제1기에 유저遺著로 발표되었다. 주로 문헌자료를 근거로 해서 진행된 이 강해講解는 전통적인 학설을 따른 것이 대부분이며, 금문金文을 인용한 곳은 3~4곳에 불과하다. 그 이유는 그의 초년 시절의 저작이기 때문이다. 이 외에도 그에게는 『상서』의 문제를 논한 전문적이 논문들이 많다. 『우공禹貢』(半月刊) 11권 4기에 실린 고힐강顧頡剛의 「설구說丘」를 본 뒤 그 잡지 11권 5기에 곧바로 기고한 「고힐강 선생의 구구九丘 논의에 드리는 글」(與顧頡剛先生論九丘書)도 그 중 하나인데, 이것은 「우공」과 관련된 문제를 논의한 글이다. 대체로 당란의 학문은 『상서』와 깊은 관련이 있다.

또 한 명의 갑골문 전문가 정산丁山도 적지 않은 『상서』 관련 논문을 발표하였다. 직접적인 『상서』 연구 저작으로는 「비서제해費誓題解」9), 「희화 사택설義和四宅說」10), 「주 무왕의 은나라 정벌 일력」(周武王克殷日曆) 및 부표附 表11), 「문·무·주공의 연대에 관한 의문」(文武周公疑年)12) 등이 있고, 고대사에 관한 논문이면서 『상서』와도 긴밀한 관련이 있는 것으로는 「요전堯典」과 관련된 「진후 인제(齊威王)의 순鎛에 새겨진 '황제'로 오제를 논함」(由陳侯因資錞銘 黃帝論五帝), 「우공禹貢」과 관련된 「삼대의 도읍으로 그 민족의 문화를 논함」(由三 代都邑論其民族文化), 「상서商書」 제 편과 관련된 「신은본기新殷本紀」13) 등이 있으며, 『설문궐의전說文闕義箋』에서 해석된 자의字義들도 『상서』 각 편의 연구에 이용될 수 있다. 그는 만년에도 적지 않는 저작을 내놓았는데, 이러한 그의 논저들은 연구자들로 하여금 『상서』 해석에 있어 신의新義를 얻을 수 있게 해 준다.

왕국유와 더불어 갑골문자학을 창립하여 거기에 종사한 공로가 있는 또 한 명의 대학자 나진옥羅振玉의 학문 또한 당연히 『상서』 연구에 유익하

---

9) 中山大學語歷所 『周刊』 1集 9期.
10) 中山大學語歷所 『周刊』 1集 10期.
11) 『責善』(半月刊) 1卷 20期.
12) 『責善』(半月刊) 2卷 1·2期.
13) 『史董』 第1冊.

다. 왕국유는 나진옥의 『은허서계고석殷虛書契考釋』의 「후서後序」에서 다음
과 같이 말하였다.

 이 책은 3백 년 소학小學의 결론이다. 대저 선생이 서계문자書契文字를 수집하고
 유통流通시킨 공로는 고석考釋한 것에 못지않으며, 고석을 하여 경사經史 제
 학자에게 끼친 공로는 소학 그 이상이다.

『서경』이 자연스럽게 그의 공을 수혜하였다는 것을 알 수 있다. 왕국유가
지적한 바와 같이, 나진옥의 가장 큰 공로는 수집·보존·전파와 고석考釋을
병행했다는 것이다. 진몽가 역시 나진옥이 소둔小屯을 은허殷虛로 고증한
것과 은제명호殷帝名號를 찾아낸 공로는 문자를 고석한 것 이외의 공로임을
지적하였다. 나진옥은 이런 바탕으로부터 다시 『은상정복문자고殷商貞卜文
字考』, 『은허서계고석殷虛書契考釋』 등을 내놓음으로써 석문釋文의 수준을
손이양의 때보다 더욱 크게 진전시켰다. 그의 문자고석文字考釋과 은제殷帝
탐색의 공로로 인해 비로소 왕국유 이후의 성과를 이루게 되고 『상서』
연구의 신천지가 개척된 것이다. 한편, 청말 이래로 새롭게 획득한 고대
문물자료들은 매우 다양하였는데, 갑골문이나 금문에 속하는 것이 아닌
경우로는 돈황당사본敦煌唐寫本과 일본고사본日本古寫本의 발견이 또한 『상
서』 연구와 밀접한 관련이 있다. 『상서』와 관련된 이 두 종의 사본이
발견됨에 따라 『상서』 연구는 큰 변화를 맞이하게 되는데, 나진옥은 이
방면에서의 공적 또한 가장 컸다.[14]

 이상에서 갑골문·금문 전문가로서 『상서』연구를 촉진시킨 인물들에
대해 살펴보았다.[15]

---

14) 졸저 『尙書隸古定本古寫本』에서 상세히 거론하였으므로 여기서는 언급하지 않는다.
15) 이 외에도 이 학문의 大師인 董作賓·李濟 등의 저작들도 모두 『尙書』 연구에 공헌한
   바가 많지만, 그들의 저작에 대해서는 잘 모르기 때문에 생략하였다.

오늘날 갑골문이나 금문 연구와 관련하여 학계에서 존중받는 저명한 학자들로는 호후선胡厚宣·장정랑張政烺·서중서徐中舒·상승조商承祚와 그들을 이은 중진학자 이학근李學勤·구석규裘錫圭, 그리고 서주갑골西周甲骨에 대한 가작을 내놓은 왕우신王宇信 등이 있는데, 그들의 저작 중에 『상서』와 관련된 것들이 적지 않으며 『상서』의 문제를 해결하는 데 긴요한 논문들도 많다. 예를 들어, 호후선이 발표한 갑골문 속 사방풍四方風 명칭에 관한 두 논문은 신화를 역사로 바꾼 이후로 원의原義를 잃어버려 2천 년 동안 이해하지 못해 왔던 「요전」 속의 어려운 문제를 해결하였고,[16] 그의 "여일 인余一人" 구절에 관한 두 논문 역시 『상서商書』의 2편과 『주서周書』의 8편을 순리롭게 해석할 수 있게 하였다. 또 장정랑의 수많은 금문·갑골문 논저들 중 「복사의 부전袞田 및 그와 관련된 여러 문제들」(卜辭袞田及其相關諸問題)은 「탕서湯誓」·「반경盤庚」과 관련한 문제를 해결하였다. 서중서의 금문 저작들 가운데에는 『상서』 해석과 관련된 것이 더욱 많은데, 『금문하사석례金文嘏辭釋例』·『표씨편종도석▦氏編鐘圖釋』·『진후사기고석陳侯四器考釋』·『토왕황 삼자탐원土王皇三字探源』·『우정禹鼎의 연대 및 그와 관련된 문제』(禹鼎的年代及其相關問題) 등의 금문 명저와 『서주사논술西周史論述』 같은 많은 고대사 논저들 은 『상서』 연구에 매우 유익하다. 최근 발표된 수많은 금문金文 관련 신작들 과 『고문자연구古文字研究』·『고문자연구논문집古文字研究論文集』 등에 실린 논문들 중에도 『상서』의 문제들을 해결할 수 있는 것들이 많지만 이런 것들은 급하게 거론할 수 있는 것들이 아니다. 여기에서 거론하게 되면 너무 간략하고 불완전한 것이 되고 만다.

갑골문·금문에 대한 회집匯集은 『상서』 속의 자의字義를 탐색할 때 매우 편리한데, 주요한 저작으로는 용경容庚이 펴낸 『금문편金文編』이 있다. 1985 년에 수정修訂 4판이 나왔다. 이보다 조금 오래된 서문경徐文鏡의 『고주회편

---

16) 楊樹達·陳邦懷·于省吾가 보충하여 논증하였다.

古籍匯編』도 참고할 만하다. 대만에서 출판된 이효정李孝定(編纂)의 『갑골문자집석甲骨文字集釋』과 홍콩에서 출판된 주법고周法高(主編)의 『금문고림金文詁林』 등도 있는데, 비록 『고림詁林』에는 약간의 누락이 있기도 하지만 이 두 책은 실로 갑골·금문의 문자를 모으고 해석을 가한 대회집大匯集으로 검색하기에 편리하다.17)

2) 고문법 연구 방면

갑골·금문의 고문자 연구 성과를 기초로 상대商代 갑골문과 서주西周 금문金文의 고문법에 대한 연구도 진행되어 동시대의 『상서』 문법과 구별할 수 있도록 해 주었는데, 이러한 갑골·금문 연구의 성과는 『상서』 연구의 수준을 제고시켜 준 또 하나의 발전이다. 일찍이 양수달은 고서를 연구할 때는 훈고訓詁를 통하는 것과 사기詞氣를 살피는 것, 두 가지가 모두 중요하다고 하였다. 전자는 문자학이고 후자는 문법학인데, 지금까지 거론된 갑골·금문학 저작들은 모두 『상서』의 문자학 방면에서 공헌하였다. 문법에 대한 연구를 최초로 시도한 것은 호광위胡光煒의 『갑골문례甲骨文例』로, 이 책의 하권下卷에서 복사卜辭의 허자虛字에 대해 강론하였다. 진몽가를 추앙했던 동작빈董作賓은 문례文例의 계통에 대해 연구하였다. 양수달은 『갑문설甲文說』 속의 「갑문중지선치빈사甲文中之先置賓辭」에서 복사의 문법에 대해 밝혀내었는데, 다만 문법에 관한 전면적 연구에는 이르지 못하고 빈사賓辭의 문제만을 말했을 뿐이다.

문법학 방면에서의 진정한 성과는 관섭초管燮初가 편찬한 『은허갑골각사의 어법 연구』(殷虛甲骨刻詞的語法研究)와 『서주금문어법연구西周金文語法研究』

---

17) 들리는 바에 의하면 일본 학자들의 甲骨·金文에 관한 要著가 많다고 하지만 상세하게 알지 못한다. 중국에서 볼 수 있는 주요한 두 저서를 들어 보면 시마 구니오(島邦男)의 『殷虛卜辭綜類』와 시라카와 시즈카(白川靜)의 『金文通釋』이 있는데, 이것들도 字義를 검색하기에 매우 편리하다.

에서 나타난다. 전자는 아직 읽어 보지 못했지만, 들리는 바에 의하면 진몽가의 『은허복사종술』 제3장 '문법'편에 있는 상대商代의 복사 문법에 대한 논의가 이와 같다고 한다. 『은허복사종술』 제3장 '문법'편에서는 복사卜辭의 사위詞位와 사류詞類를 다음과 같이 분석하고 있다. 명물위名物位에는 명사名詞·대사代詞·단위사單位詞의 3종류가 있고 동작위動作位에는 동사動詞 1종류가 있으며, 형용위形容位에는 상사狀詞·수사數詞·지사指詞의 3종류가 있고, 관계위關系位에는 관계사關系詞 1종류가 있는데 이것은 분련사分連詞와 개사介詞로 나뉘며, 조동위助動位에는 조동사助動詞 1종류가 있다. 이 9종류는 비교적 완벽하게 복사의 문례文例를 보여 주고 있는데, 비록 우연히 『상서』의 문례[18]를 거론한 것이 있기도 하지만 이들은 「상서商書」 각 편 및 「주서周書」의 문법을 연구하는 데 큰 도움을 주었다. 관섭초의 두 책 가운데 『서주금문어법연구』는 더욱 중요하다. 이 책은 서주 금문을 위어謂語, 주어主語, 빈어賓語, 겸어兼語, 수식어修飾語, 보어補語, 사詞의 연결, 각각의 사류詞類, 구사법構詞法 등으로 차례대로 분석하여 설명하고, 각 항項마다 모두 「주서周書」 19편에서 발췌한 유사한 문법의 구절을 예시하며 비교하였다. 책의 「후기後記」에서는 다음과 같이 적고 있다.

분석·대비한 결과 대부분의 문장구조는 그 둘이 서로 같은데, 일부 문법은 금문金文에만 보이고 일부 문법은 「주서」에만 보인다. 같은 문법은 문제가 되지 않는다. 금문에만 보이는 것들은 그 이유가 비교적 간명하니, 당시 통용되던 문법형식으로 「주서」가 출현할 당시에는 없던 것들이다. 「주서」에만 보이는 문법형식은 몇 가지 가능성을 지니고 있다. 첫째, 서주 금문 자료가 한정되어 있어서 당시에 통행되던 문법형식이 누락되었을 수 있다. 둘째, 「주서」 일부 장절章節은 후인들이 추기追記한 것인데 추기자가 자신의 언어를 사용했을 가능성이 있으니, 이로 인해 춘추 이후의 문법형식이 나타나게 된 것이다. 셋째, 문구에 착간錯簡이 있어 문법형식에 영향을 끼쳤을 것이다.

---

18) 예를 들면 賓辭가 앞에 위치하는 것.

이것은 『상서』 문법 연구의 가장 큰 문제점을 해결해 주었다. 관섭초가 제출한 『주서』에만 보이는 문법형식의 세 가지 가능성은 개연성이 충분하고 서로 모순되지도 않는다. 그는 다시 「후기」에서 "『주서』의 문장 중에는 춘추 이후의 문법형식이 일부 있고 또 착간으로 생긴 특별한 문장구조가 일부 있으므로 역사비교연구가 진행되어야만 정확하게 분별할 수 있을 것이다. 한어문법사漢語文法史의 진일보된 연구를 기다려 본다"라고 하였다. 『상서』 문법의 연구에는 앞으로도 많은 작업들이 있어야 함을 알 수 있으니, 학자들이 힘을 기울여 할 부분이다.

관섭초의 책은 그에 앞서 이미 하정생何定生이 시도한 바 있는 『상서의 문법과 그 연대』(尚書的文法及其年代)의 시험적인 연구를 포함하고 있다. 하정생의 이 책은 1928년 중산대학中山大學 『어언역사연구소語言歷史研究所』(周刊) 제5집 49~51기 합간호合刊號에 수록되었다. 하정생은 영어의 문법형식에 비추어 『상서』 문법에 관한 탐색을 진행하였는데, 비록 『마씨문통』과 마찬가지로 중국어의 특징에 부합하지 않는 면은 있지만 『상서』 자체의 문법에 대한 분석을 시작했다는 점에서 실로 개척의 공이 있다. 또한 그의 연구에는 관섭초가 제시한 '역사비교연구'의 개념도 포함되어 있다. 그는 자료에 대한 역사적 비교를 통해 어떤 것은 전국시대에 통행된 문법이고 어떤 것은 춘추시대에 생겨난 문법이며 어떤 것은 서주시기의 문법이라는 것을 분석해 내어, 그것으로써 『상서』 각 편의 연대를 결정하였다. 비록 조잡한 감이 있고 논리 역시 바로 정론으로 삼기는 어렵지만, 먼저 소략한 것이 있어야 완벽한 것이 이루어질 수 있음을 인정한다면 열악한 환경을 개척한 공로는 취할 만하다.

이 밖에도 『상서』 문법에 대한 직접적인 연구나 『상서』 문법과 유관한 연구는 많다. 예를 들어 배학해裴學海의 『상서성어지연구尚書成語之研究』나 『고서허자집석古書虛字集釋』 같은 저작은 내용이 풍부하다. 비록 방법이 구식이고 왕인지 『경전석사』의 용례를 그대로 따르기는 했지만, 『상서』 문장 가운데 허사에 속하는 것을 전부 수집하고 같은 종류의 사구詞句들을 한데 모아 그 사용례를 찾아보기 쉽게 했다는 점에서 특징적이다. 따라서 『상서』를 연구하다가 허사를 접하게 되면 반드시 이 책을 참고해야 할 것이다. 배학해의 책과 성격이 비슷하면서 현대 문법의 지식을 운용한 것으로 양수달의 『사전詞詮』이 있다. 용례가 배학해의 것보다 더욱 엄밀하고, 사류詞類의 분석도 현대 문법에 근거하고 있어 배학해의 것보다 정밀하다. 이 책은 왕인지 이래 점진적으로 발전해 온 고문법 연구의 수준을 보여 주는 것으로, 역시 『상서』의 허자虛字 해결에 도움이 되는 관련 저작이다. 또 증운건曾運乾의 『상서정독尚書正讀』이 있는데, 문법을 논한 책은 아니지만 내용 가운데 『상서』의 특수한 문법을 지적한 부분은 양수달의 책보다 더욱 엄밀하다. 이 책은 『상서』 전체를 주석한 저작에 속하기 때문에 아래의 고문학파의 저작 부분에서 서술하겠다.

나머지 『상서』의 문법과 관련한 저작 가운데 여금희黎錦熙의 『비교문법比較文法』은 고대 한어漢語를 현대 한어와 비교한 것인데, 열거된 문구들이 모두 고전적에서 뽑은 것이기 때문에 당연히 『상서』 어구도 많지만 전문적으로 『상서』를 연구한 것은 아니다. 양백준楊伯峻의 『문언문법文言文法』 역시 『상서』와 관련 있는데, 논증이 정밀하고 타당하지만 비교적 소략하다. 이 외에도 유사한 저서들이 많지만 더 거론하지는 않겠다.

2. 현대적 과학지식에 의해 촉진된 『상서』 연구

나날이 새로워지는 현대의 과학지식이 『상서』 연구의 영역으로 들어오는 것은 당연한 일이다. 『상서』에는 고대의 과학 자료들, 예를 들어 천문·역법·지리·토양·지형·농업·물산·교통 및 인문과학 분야의 수많은 내용들이 보존되어 있기 때문에 과거의 주소가들은 그것들에 대해서도 해석을 진행하였다. 그런데 일정 부분 그럴싸하게 끼워 맞춘 부분도 있고 또 어떤 부분은 정확한 것도 있지만, 전체적으로 보면 실질적인 과학적 해석이라고는 보기 어렵다. 이들 과학 자료들은 현대의 과학지식과 과학적 방법을 운용한 이후에야 비로소 점진적으로 정확하게 해석되어 갔다. 여기에서는 이에 대해 4부분으로 나누어 서술하도록 한다.

1) 천문과 역법 분야

학자들은 2천여 년 동안 『상서』 제1편 「요전」에 있는 "사중중성四仲中星", "기삼백유육순유육일朞三百有六旬有六日" 등의 천문과 역법 자료들에 대해 꾸준히 탐색하고 해석해 왔다. 그리하여 한대 위서가緯書家들의 수많은 천문역법설과 한·당·송 주소가들의 빈번한 해석, 송대 왕응린王應麟의 『육경천문편六經天文編』, 청대 뇌학기雷學淇의 『고경천상고古經天象考』와 성백이盛百二의 『상서석천尙書釋天』, 성용경成蓉鏡의 『상서역보尙書歷譜』 등과 같은 전문 저작들이 있었고, 또한 '중성中星' 등에 관해 고찰한 수많은 전문 논문도 있었다. 그리고 거대한 전제서典制書들, 예를 들어 당송 이래의 『삼통三通』 및 청대淸代 임창이林昌彛의 『삼례통석三禮通釋』, 진혜전秦蕙田의 『오례통고五禮通考』 등에 있는 '관상수시觀象授時'에 관한 편들도 모두 실마리를 탐색한 것들이다. 제시된 일부 자료들은 유용하지만 정확한 과학적 설명이라고는 하기 어렵다.

외국에서는 몇 세기 전부터 서양의 학자들이 「요전」의 성상星像을 탐구해 왔는데, 구주소舊注疏 등에 제시된 자료에다 천문학 지식을 적용시켜 추산한 결과 수많은 서로 다른 결론을 얻게 되었다. 따라서 그 연구들은 종종 그 정신을 칭찬할 만한 것도 있기는 하지만 대부분은 믿을 만한 것들이 못 된다.[19] 오직 중국의 과학자 축가정竺可楨만이 「세차로써 상서 요전에 나타난 사중중성四仲中星의 연대를 확정함에 관한 논의」(論以歲差定尚書 堯典四仲中星之年代)[20]에서 현재의 적경도수赤經度數에 근거한 세차歲差 데이터 를 활용해서 일정한 시간과 위도緯度 및 여러 항성恒星·거성距星들 자체의 운동 데이터를 얻어 이들 사중성四中星이 남방의 중천中天에 있었던 정확한 연대를 구했으니, 그는 "조조鳥·화火·허虛 3성星은 상대商代 이전의 현상일 수 없고, 성묘星昴는 당요唐堯 이전의 천상天象이다"라고 하였다. 이것은 「요전」사중중성四仲中星에 관한 최초의 과학적 탐구이다.[21] 축가정은 또 「이십팔수가 기원한 시대와 위치」(二十八宿起源之時代與地點), 「이십팔수의 기원」 (二十八宿的起源), 「천문학에 있어서의 중국고대의 위대한 공헌」(中國古代在天文學上 的偉大貢獻) 등의 논문을 썼다.[22] 이 가운데 이십팔수의 기원을 논한 두 논문은 사중성四中星을 논정하기 위한 것인데, 뒤의 논문(二十八宿的起源)에서 는 「요전」에 나오는 "366일"(三百有六旬有六日)은 양력년陽曆年을 가리키고 "윤달 로써 사시세월四時歲月을 정하는 것"(以閏月定四時歲月)은 음양력陰陽曆을 병용한 것이라고 논정하면서 중국의 역법이 동시대 그리스와 로마에 비해 더욱 발전하였음을 지적하였다. 이것이 바로 진정한 과학 연구의 기초 위에서 수행된 『상서』 연구의 시초이다.

이어서 천문학자 유조양劉朝陽의 「천문역법으로 추측한 요전의 편성 연대」(從天文曆法推測堯典之編成年代)[23]는 고문헌 자료와 외국 학자의 설을 체계적

---

19) 가령 6~7인의 서양 학자들과 3인의 일본 학자들은 四中星의 연대를 기원전 2천여 년 전으로 추산하였는데, 여기에는 수백 년의 오류가 있다. 그 외에 어떤 학자는 『書 經傳說匯纂』의 자료를 근거로 18,500년 前임을 계산하였고, 또 일본의 학자 3인은 그 시기를 周代로 규정하였다.

20) 『科學』第11卷 12期(1926).

21) 그가 傳說에 근거하여 堯都를 平陽으로 비정한 것은 재고해 볼 만한 여지가 많은데, 아쉽게도 정확한 근거가 부족하다.

22) 모두 『竺可楨文集』에 수록되어 있다.

23) 『燕京學報』第7期, 1930년 6월.

으로 인용하여 역력曆·상상象·신신辰·분分·지至·사중성四中星·삭朔·비朏·삼백육십육일三百六十六日·윤閏·세세歲·칠정七政·인빈寅賓·인전寅餞 등의 제문제를 비교적 상세하게 분석하고, 아울러 「요전」의 성서成書 시기를 논증하였다. 계속해서 유조양은 「은·주 역법의 기본 문제에 관하여」(關于殷周曆法的基本問題), 「삼대의 '화火' 출현 시기」(三代之火出時期), 「하서일식고夏書日蝕考」, 「은말주초의 일식에 관한 초고」(殷末周初日蝕初考) 등의 논문을 발표했는데, 모두 『상서』에 나타난 역법과 천문현상을 해결한 작품들이다.

곽말약의 장편논문 「석간지釋干支」[24]는 고대 천문역법의 각종 문제들을 해석한 것으로, 『상서』의 관련 문제들을 연구하는 데 매우 유익하다.

천문학자 장옥철張鈺哲이 발표한 「핼리혜성 궤도 변화의 추세와 그에 관한 고대의 역사기록」(哈雷彗星的軌道演變的趨勢和佗的古代歷史)[25]은 3천 년간의 핼리혜성의 운동궤적을 추산한 것으로, 핼리혜성에 대한 역사적 기록을 분석하고 고증하였다. 그는 『회남자淮南子』 「병략훈兵略訓」에서 무왕武王의 토벌전쟁 당시에 혜성이 출현했다는 기록을 발견하여 이를 기원전 1057~1056년으로 추산하고, 이것을 『상서』 「목서牧誓」와 『일주서』 「세부世俘」 등에 기록된 무왕벌주武王伐紂의 연도로 삼았다. 이는 주목할 만한 천문학 계산으로, 『상서』 연구에 과학성을 보태 주었다. 다만 논문의 주석에서 그는 무왕벌주의 시기와 핼리혜성이 근접한 시간 사이에는 여전히 다른 추산 결과가 있다고 설명하고 있다. 또 근거가 되는 자료인 『회남자』가 서주시기의 원시 자료가 아닐 수도 있다. 따라서 이 결론에 대해서는 계속된 연구가 있어야 하겠지만, 어쨌든 장옥철의 논문은 무왕벌주의 시기 문제를 해결하는 데 가장 좋은 정보를 제공해 주었다. 논문의 주석에서 그는 이 논문을 쓸 때 그의 학생 장배유張培瑜의 협조를 얻었다고 밝히고 있는데,

---

24) 『甲骨文字硏究』에 수록.
25) 『天文學報』 19卷 1期, 1978년 6월.

장배유는 서주의 역법과 관련된 논문[26]을 다수 발표한 바 있다. 이 논문들 역시 『상서』 연구에 도움이 된다.

이 밖에, 금문金文에 나타난 역법을 연구하는 것도 문법의 문제와 마찬가지로 『상서』 역법에 대한 연구 결과를 인증할 수 있는 중요한 영역이다. 따라서 과거 갑골·금문 학자들의 역법 관련 저작은 당연히 중시되어야 하며, 근래 학자들[27]의 성과들 또한 마찬가지이다. 현대 천문학의 지식뿐만 아니라, 고금의 학자들이 편찬한 저술들 중 『상서』의 천문성력天文星曆과 관련된 것들은 모두 『상서』의 문제들을 연구하는 중요한 참고서가 될 수 있기 때문에 주의 깊게 운용되어야 한다.[28]

2) 자연지리 · 토양 · 농업 등의 분야

『상서』 「우공」편은 전국 각 주의 산맥·하류·지구地區·지형·토양·물산物産·전무田畝·부세賦稅·공도貢道 등을 두루 기록하고 있다. 그 중 인문지리 분야는 고대 문헌 속의 관련된 실제 역사정황을 근거로 연구를 진행해야 하지만, 자연지리 분야는 옛 문헌이나 주소들이 정확하게 해결해 줄 수 있는 것이 아니므로 현대의 지리학 지식을 함께 운용하여 연구해야만

---

26) 「西周曆法中的月相用語」, 「西周曆法和冬至合朔時日表」 등.

27) 劉啓益과 같은 학자들이 있다.

28) 참고하기 편리한 要著들을 간략히 열거해 보면 다음과 같다. 朱文鑫, 『天文考古錄』・『曆法通志』; 章鴻釗, 『中國古曆析疑』; 陳遵嬀『中國古代天文簡史』・『恒星圖表』, 董作賓『殷商疑年』・『殷曆譜』・『西周年曆譜』, 丁山, 『周武王克殷日曆』・『文武周公疑年』・『邲其卣三器銘文考釋』; 唐蘭, 『中國古代歷史上的年代問題』; 陳夢家, 『上古天文材料』・『西周年代考』; 雷海宗, 『殷周年代考』 등. 최근에는 『大百科全書』의 '天文學'권이 중요한 참고서가 된다. 또 서양과 일본에는 근 수세기 동안 『尚書』 天文을 연구한 名著들이 적지 않은데, 필자가 일부 자료들을 접하기는 했으나 전체적인 연구를 하지 못하였으므로 큰 실수를 면하기 위해 여기에서는 서술하지 않는다. 다만 최소한 이 두 권의 저서만 소개한다. 하나는 日本 신조 신조(新城新藏)의 『東陽天文學史研究』로 沈璿의 번역본이 있고, 다른 하나는 英國 조셉 니덤(Joseph Terence Montgomery Needham)의 『中國科學技術史』 卷4 「天學」으로 科學出版社 번역본이 있다.

한다. 특히 토양의 경우, 원문에는 단지 그 색깔과 형태, 비옥한 정도만을 기록하고 있고 주소가들 역시 그 자구字句만을 해석해 왔다. 따라서 그 토양의 성질이 어떠한지, 각 주 토양의 특징 및 구별되는 점은 무엇인지 하는 문제들에 대해서는 옛사람들이 알 수가 없었다. 그러나 현대의 토양학은 원문에 기재된 요점을 근거로 각 주 토양에 관한 과학적 해석을 내리고, 실제로 조사해서 얻은 현재의 각 지역 토양의 정황을 그것과 비교하여「우공」 토양의 문제를 정확하게 해결할 수 있다. 현대에는 이 분야에서의 적지 않은 귀중한 관련 저작들이 나왔다.

가장 먼저 이 분야에서 과학적 해석을 진행한 것은 진은봉陳恩鳳의 『중국토양지리中國土壤地理』이다. 이 책의 제7장은「우공에 기술된 고대 토양」(禹貢所述古代土壤)·「우공에 기술된 토양의 해석」(禹貢所述土壤之解釋)·「우공 구주의 토양과 전부 분석」(禹貢九州土壤田賦之分析) 등「우공」의 토양에 대한 전문적인 연구로 이루어져서, 최초로「우공」 각 주의 토양을 과학적으로 해석하여 각 주의 토양이 현대과학의 토양학에서 규정한 어떤 토양에 속하는지를 밝혔다. 이는 이 분야의 『상서』 연구를 과학의 영역으로 편입시킨 매우 중요한 시작점이다.

이어서 나온 만국정萬國鼎의「토양의 종류와 분포에 대한 중국 고대의 지식」(中國古代對于土壤種類及其分布的知識)[29], 등식의鄧植儀의「중국 상고시대에 있어서의 농업생산과 관련된 토양감별과 토지이용법칙 탐구」(有關中國上古時代農業生産上的土壤鑒別和土地利用法則的探討)[30] 등은 광범위하게「우공」의 토양 문제를 해석한 논문들이다.[31]

---

29) 『南京農學院學報』 第1期, 1956년 9월.
30) 『土壤學報』 第5卷 4期, 1957년 12월.
31) 이 밖에 中國科學出版社에서 출판된 王雲森의 『中國古代土壤科學』 第4篇 第1節 '夏代的 土壤分類'에서도「禹貢」의 土壤에 대해 전문적으로 논하였는데, 유감스럽게도 이 글은「禹貢」 原文을 오늘날의 용어로 바꾸어 기술하기만 하고 土壤科學的 분석은 시도하지 않았다.

「우공」의 토양에 대한 연구가 완전한 과학 연구의 기초 위에 서게 된 것은 중국과학원中國科學院 남경토양연구소南京土壤研究所에서 펴낸 『중국토양中國土壤』이라는 거작에 의해서이다. 이 책은 전체 3편으로 구성되어 있는데, 제1편 「우리나라 토양의 이용과 개량」(我國土壤的利用改良)에서 주로 현대적 토양 공정에 관한 것을 논한 것을 제외하고 제2편 「우리나라 토양의 기본성질과 비옥도의 특징」(我國土壤的基本性質和肥力特徵)과 제3편 「우리나라 토양의 유형과 분포」(我國土壤的類型和分布)가 모두 중국 토양에 관한 과학적 지식을 다루고 있어 『상서』 토양을 이해하는 데 큰 도움이 된다. 특히 제3편의 16개 장章에서는 중국 각지의 토양에 대해 상세하게 설명하면서 장기간에 걸쳐 일어나는 토양의 변화를 기록하고 있다. 이는 오늘날의 실제 토양을 근거로 해서 「우공」 각 주에 기록된 고대의 토양을 이해할 수 있게 해 주었는데, 여기에 진은봉의 저작과의 대조를 더하면 「우공」 각 주의 토양에 대해 한층 더 정확하게 이해할 수 있게 된다. 아울러 책 뒤에 부록된 「중국토양도中國土壤圖」는 「우공」 각 주의 토양을 거시적이면서 명확하게 이해하는 데 도움을 준다.

이 외에도 선진시대의 토양을 분석한 책으로 하위영夏緯瑛의 『관자지원편교석管子地員篇校釋』이 있다. 고대의 토양과 식물을 분석한 이 책은 「우공」에 나타난 지역의 토양과 물산을 검증하기에 충분하다.

끝으로, 좀 더 광범위한 분야의 과학 자료를 이용하여 농업생산을 위주로 해서 「우공」에 대한 과학적 분석을 진행한 신수치辛樹幟의 『우공신해禹貢新解』는 「우공」의 수많은 과학 자료들을 더 깊이 이해할 수 있도록 해 주었다. 이 책은 농업생산을 중심으로 한 주대周代 각 방면의 경제활동에 대해 서술한 것으로, 가령 역사발전의 측면에서 수토水土 보존의 역사적 정황과 실제 의의를 통해 어떻게 농업의 발전이 촉진되었는지 등을 탐색함으로써 「우공」의 연구가 국가건설의 실현에 필수요소가 된다는 사실을 밝히고 있다. 이러한 신수치의 연구는 「우공」에 대한 과학적 연구의 새로운 실마리를 마련해 주었다.[32]

3) 역사지리 분야

「우공」은 본래 고대 지리에 관련된 저작으로 중국 역사지리학 제1의 경전 문헌이다. 고힐강이 '우공학회禹貢學會'를 조직하여 중국 역사지리학을 개창함으로써 견실한 역사지리 연구의 터전을 확립되고, 이로부터 역사지리에 관한 저작들이 매우 풍부해지면서 다시 「우공」 연구가 촉진되었다. 역사지리학의 발전은 「우공」에 대한 과학적 연구의 수준을 제고시켰다. 고힐강 본인도 일찍이 사염해史念海와 함께 지리연혁에 관한 전문 서적을 편찬하는 등 이 방면에 적지 않은 저작을 남겼으며 우공학회 역시 수많은 역사지리 방면의 중요한 저작들을 남겼으니, 이들이 바로 새로운 우공학의 중심이 되었다. 그 저작들의 대부분은 전인前人의 수준을 훨씬 뛰어넘었는데, 그 면면은 학회지 『우공禹貢』(半月刊) 및 관련 서목書目에 근거해서 열람할 수 있다. 여기에서는 우공학회의 두 주장主將의, 「우공」에 나오는 하류의 주강主江 가운데 하나인 황하黃河를 논증한 예만을 들어 보겠다. 이러한 예만으로도 「우공」 지리를 직접 언급한 이 학파의 탁월한 연구 수준을 잘 알 수 있다. 『우공』에 발표된 순서는 사염해의 「우공의 도하導河와 춘추전국시기의 황하에 관한 논의」(論禹貢的導河和春秋戰國時期的黃河), 담기양譚其驤의 「서한 이전 시기 황하의 흐름과 물길」(西漢以前的黃河河流河道)의 순인데, 둘 다 「우공」의 대하大河를 직접 연구한 것으로서 비록 견해가 다른 곳도 있지만 고증이 심도 있고 입론이 정밀하여 사실 그대로 고대 황하의 자취를 추적한 것이다. 이것들은 호위胡渭의 글을 포함한, 황하에

---

32) 그는 「禹貢」의 완성시기를 西周시기로 보았는데, 이에 대해서는 여전히 논쟁이 치열하다.

관한 과거의 어떤 문장들도 미지지 못했던 수준에 도달한 것이었으니, 이를 통해 우리는 「우공」 연구로 대표되는 현대의 역사지리학 수준을 정확히 가늠할 수 있다.

이 외에 우공학회 소속이 아닌 잠중면岑仲勉이 『황하변천사黃河變遷史』를 쓰기도 했는데, 모은 자료가 제법 풍부하지만 종종 근거가 부족한 억지스러운 논의나 부정확한 견해가 있어서 스스로도 담기양·사염해 두 사람의 저서와 나란히 할 수 없다고 토로하였다.

고힐강도 「우공」을 연구한 대학자로, 일찍이 우공학회를 창립하여 「우공」을 토대로 한 역사지리 연구를 진행하였다. 필자는 『고힐강선생학술顧頡剛先生學述』[33])에서 그의 우공학의 대요大要에 대해 서술한 바 있으므로 여기서는 중언重言하지 않는다. 그의 관련 저작 가운데 가장 중요한 것은 중국과학원 지리연구소에서 펴낸 『중국고대지리명저선독中國古代地理名著選讀(侯仁之 主編)에 수록된 「우공禹貢(全文 注釋)으로, 「우공」의 내용을 매우 과학적으로 서술한 것이다. 「우공」 전문全文에 대한 지금까지의 저작들 가운데 가장 정밀한 해석이라 할 수 있다. 이 편 첫머리의 '서언緖言'에서는 다음과 같은 내용들을 말하고 있다.

첫째, 「우공」은 중국 고대 지리에 대한 과학적 정보를 풍부하게 기록하고 있다는 점과, 구주九州의 강역疆域이 현재의 어떤 지역에 해당하는지를 밝혔다.

둘째, 「우공」의 작자는 우禹의 치수治水라는 고대신화 속에서 그 신화적 요소를 제거하고 오로지 인류의 수토水土 관리라는 측면에서 치산治山·치수治水의 두 분야로 나누어 '도산導山'·'도수導水'로 설명하였다. 이 두 분야는 주요 산악과 하천을 다룬 것으로, 그 중 치수가 가장 큰 임무였다.

셋째, 자연지리와 부합하지 않는 이상적인 '오복설五服說'을 상세히

---

33) 中華書局, 1986.

분석하여 '구주설九州說'과의 차이를 비교하였는데, 오복제五服制는 서주시기에 시행되었다가 전국시기에 소멸하였고 구주제九州制는 전국시기에 그 토대가 마련되어 한말漢末에 실현되었다는 점을 밝힘으로써, 「우공」이 낙후된 제도와 선진적 이상을 함께 기록한 책임을 말하고 있다.

넷째, 「우공」이 전국시기에 만들어진 책이라는 증거를 몇 가지 들었다. ① 내방內方·외방外方은 초楚나라가 강대해져서 칠웅七雄을 다투던 시기에 있었던 명칭이다. ② 오吳나라 부차夫差가 진晋과 쟁패爭霸하면서 사泗·제濟의 하수荷水와 연접하기 시작했는데, 「우공」에 그 하천이 기록되어 있다. ③ 양주揚州·형주荊州는 모두 국명國名이니 양揚은 곧 월越이다. 월越이 오吳를 멸한 후에 그 북쪽 경계는 회淮에 이르렀다. ④ 양주梁州는 촉蜀의 경계로서 진秦이 촉蜀을 멸한 이후에 처음으로 알려졌다. ⑤ 철기鐵器는 춘추시기에 사용되기 시작해서 전국시기에 널리 유행하였다. 「우공」에 그에 관한 몇 가지 사항이 기록되어 있으니, 「우공」이 전국시기에 만들어진 것임을 알 수 있다.

다섯째, 진시황秦始皇이 민중閩中·남해南海·계림桂林·상군象郡·구원九原 등의 군군을 설치하였고, 월越나라 무령왕武靈王이 탈취한 땅이 운중雲中·구원九原에 이르렀으며, 연燕나라가 상곡上谷·요동遼東 등 5군군을 개척하였는데, 이러한 내용이 「우공」에는 반영되어 있지 않다. 그러므로 「우공」의 성서 시기가 반드시 전국시대 말기 이전임을 알 수 있다.

여섯째, 「우공」은 서북西北지방의 지리 특히 섬주陝州·감주甘州·천주川州 지역이 자세하고 동남東南지방의 지리는 소략하므로, 그 작자가 필시 서북 계열로서 『산해경山海經』의 작자처럼 진인秦人일 가능성이 높다. 원래 동방의 육국六國에 대한 지리 저작도 있었으나 소멸되었으니, 『상서』를 전한 복생伏生이 진秦의 박사博士였던 만큼 진인秦人의 이 저작을 보존해 왔던 것이다.

일곱째, 「우공」의 작자가 비록 서북인西北人이었지만 저氐·강羌 지역에는 이르지 못했기 때문에 이들 지역의 기록에는 신화적 색채가 많은 지리 전설이 다수를 차지하며, 일부는 『산해경』의 자료를 이용하여 기록하였지만 역시 신화의 영향을 완전히 벗어나지는 못했다.

여덟째, 「우공」의 4가지 특징은 다음과 같다. ① 교통이 불편하고 무풍巫風이 성행하는 시대환경에도 불구하고 실질을 탐험하는 태도로 지리에 대해 기술함으로써 과학정신을 강하게 표출하고 있다. ② 하河가 적석積石에 이른다고는 했지만 곤륜昆侖을 언급하지 않고 또 동남東南으로는 팽려彭蠡·형산衡山만을 말하고 양월揚越의 전설을 언급하지 않은 것은 신화를 쉽게 믿으려 하지 않는 궐의闕疑의 태도 때문이었다. ③ 전체 산천山川과 토양土壤을 체계적으로 서술하였다. ④ 원래 있던 국國의 경계를 없애고 대신 자연의 경계인 산천으로 주州의 구획선을 나누어 대일통大一統을 기획하였으며, 아울러 전국의 교통망과 전부田賦 및 공물貢物 등을 일괄적으로 계획하였다. 이는 비슷하게 고지리를 서술한 『산해경』과는 확실히 차이가 있으니, 『산해경』이 환상파幻想派를 개창했다면 「우공」은 실증파實證派를 개창했다고 할 수 있다.

아홉째, 「우공」에 대한 연구는 한학漢學과 송학宋學 양파로 나뉘는데, 송학에서부터 전문적인 연구가 시작되어 호위胡渭에 이르러 총괄적인 저작이 완성되었다. 그러나 이후 2백여 년의 시간이 흐르는 동안 지리학은 하나의 과학이 되었으므로 「우공」에 대한 또 한 번의 총결이 있어야만 한다.

이상에서 고힐강은 이 책이 「우공」에 대한 인식의 정수를 담은 자신의 역작임을 말하고 있다. 그의 「우공」 연구의 성과는 이로 인해 비로소 과학 연구의 영역으로 진입하게 된다.

고힐강은 상술한 '서언敍言' 뒤에 「우공」 전문全文에 관한 주석을 덧붙이고 있는데, 그 주석은 고힐강이 직접 적은 것이 아니라 당시 하차군賀次君이 대필代筆한 것이다. 따라서 그 내용 중에는 고힐강의 저작에 있는 견해를 따른 곳도 많지만 고힐강의 설과 부합하지 부분 또한 많다. 가령 「우공」의 곤륜昆侖에 대해, 고힐강은 이를 소수민족의 국명國名으로 보아 석지析支·거수渠搜와 함께 옹주雍州 변방에 있는 3개 서융국西戎國의 명칭이라 하면서 기련산祁連山 남쪽 및 하관河關[34]의 서쪽에 있다고 했는데,[35] 하차군은 섬서陜西 동쪽에 있는 곤이昆夷지역의 산명山名이라고 해석하였다. 또 삼위산三危山의 경우, 고힐강은 돈황敦煌에 있다는 설과 수양首陽의 조서산鳥鼠山에 있다는 설의 두 가지를 거론하면서 신화에서 나온 것이기에 실정實定할 수 없다고 했는데,[36] 하차군은 이를 수양의 서극산西極山으로 보았다. 또 주어산朱圉山의 경우, 고힐강은 왕수남王樹枏의 설을 인용하여 오늘날의 감숙성 탁니卓尼라고 하였지만[37] 하차군은 천수군天水郡 기현冀縣이라는 『공소孔疏』의 설을 그대로 따랐다. 그리고 하차군은 「우공」에서의 강江은 가릉강嘉陵江을 가리킨다고 하면서 『시詩』에서 여러 번 "강한江漢"을 병칭한 것은 곧 가릉강嘉陵江과 한수漢水를 말한다고 하였는데, 고힐강의 저서에는 이런 설이 없다. 고힐강은 이미 한수漢水 유역에 서주西周의 희성姬姓이 살았기 때문에 "한양제희漢陽諸姬"라고 한 것으로 당시 강한江漢은 형주荊州 경계의 강江·한漢을 가리킨다고 하면서 여러 차례에 걸쳐 촉蜀은 진秦이 파촉巴蜀을 개척한 후부터 비로소 중원中原과 통하기 시작했다는 점을 지적하였으니, 서주西周시기의 『시』에서는 가릉강嘉陵江과 한수漢水가 병칭 될 수가 없다. 또한 주석에 인용된 자료에도 종종 오류가 있다. 예를 들어, 『한서』「지리지」에서 "한중군漢中郡 금우현金牛縣"을 인용하고 있지만

---

34) 지금의 靑海省 同仁縣이다.
35) 『歷史地理』 창간호, 「禹貢中的昆侖」에 보인다.
36) 『歷史地理』 창간호, 「禹貢中的昆侖」에 보인다.
37) 『西北考察日記』에 보인다.

금우현은 『한서』「지리지」에는 나오지 않고 『통전通典』의 한중군漢中郡에 처음 나타난다. 또 『한서』「지리지」의 인용으로 "농서隴西 수양현首陽縣 서극산西極山"이 나오지만 『한서』「지리지」의 '수양현首陽縣'조에는 조서산鳥鼠山만 있을 뿐 서극산西極山은 없다. 그리고 『이아爾雅』「석기釋器」의 "금위지루金謂之鏤"를 인용하며 "그렇다면 루鏤 역시 광물鑛物의 일종이다"라고 해석하였는데, 사실 『이아』 원문은 서로 다른 재료들의 가공 방법을 가리키고 있다. "쇠를 가공하는 것을 루鏤라고 하고, 나무를 가공하는 것을 각刻, 뼈를 가공하는 것을 절切, 옥을 가공하는 것을 탁琢, 돌을 가공하는 것을 마磨라고 한다"(金謂之鏤, 木謂之刻, 骨謂之切, 玉謂之琢, 石謂之磨)와 같이 의미가 확실하다. 이처럼 잘못 인용한 문장도 적지 않으며, 잘못 기술한 곳도 여러 곳이 있다. 고힐강 연구의 엄격함으로는 절대 이러한 명백한 잘못이 있을 수 없다. 당시 『중국고대지리명저선독』의 출간이 임박해져서 다급하게 원고를 재촉해 오자 고힐강은 황급히 하차군의 손을 빌려 주석을 쓰면서 그 문장을 자세히 확인하지 못했던 것이다. 따라서 이 편의 주석은 고힐강의 학문을 대표하지 않는다. 단지 앞부분에 있는 서언敍言만이 고힐강의 「우공」 연구의 결정체로서 상서학에 관한 과학 연구의 높은 수준을 잘 보여 주고 있다.

이 시기 「우공」 관련 저작으로는 양대심楊大鈊의 『우공지리금석禹貢地理今釋』이 있지만 아직 보지는 못했다. 또 윤세적尹世積의 『우공집해禹貢集解』(商務印書館)와 이장부李長傅의 『우공석지禹貢釋地』(中州書畵社) 등이 있는데, 특히 윤세적의 책은 구설舊說의 빼어난 점을 채택하여 간략하게 현대 지리학의 관점으로 해석함으로써 비교적 간명하게 핵심을 찌르고 있다. 「우공」에는 문제들이 많고 그에 따른 이설異說들도 많아서 그 내용 중에는 생각해 보아야 할 곳이 한두 군데가 아닌데, 이 책을 읽으면 일반적인 「우공」의 대요大要를 이해할 수 있다.

4) 사회과학 분야

이 분야는 매우 광범위한 내용을 포함하고 있다. 아래에 열거된 인문과학의 주요 학과의 지식들은 모두 『상서』 연구에 도움을 주는데, 그 중 『상서』 내용과 긴밀한 관계가 있는 것들로는 정치철학·정치제도학·사회학·민속학·신화학·언어학·역사철학 등이 있다. 이런 학과들에는 대부분 『상서』 관련 전문저작이 없으나[38] 이들 학과의 지식이 『상서』를 연구하는 데 끼치는 영향은 지대하며 이들 개별 학과의 연구 성과는 즉각 『상서』 연구에 투영될 수 있다. 다시 말해서, 그 성과들이 모두 『상서』 연구를 촉진하고 있는 것이다. 그러나 이들 학과의 분야가 너무 넓어 『상서』 연구를 촉진하는 작용들을 구체적이고 상세하게 거론할 수 없고, 다만 그 내용을 총괄해서 서술할 수 있을 뿐이다.

사회역사 분야에서 『상서』 연구의 수준을 제고시키고 아울러 현대 상서학 연구를 완성하게 한 것은 바로 『상서』 연구에 대한 역사유물주의 이론과 사회발전사 관점의 지도이념이 있었기 때문이다. 이것들은 거대한 효력을 발휘하여 진정한 의미의 현대 상서학의 과학 연구를 완성시켰지만, 이런 노력은 아직 시작에 불과하다. 여기에서는 이 분야를 개창한 곽말약의 몇 부의 고대사 저작들에 대해 살펴보기로 한다.

곽말약이 내놓은 『중국고대사회연구中國古代社會硏究』·『십비판서十批判書』·『청동시대靑銅時代』·『노예제시대奴隷制時代』 등의 명저들은 마르크스주의 이론으로 중국 역사의 발전 과정을 해석한 것인데, 역사유물주의 관점을 운용한 그의 이러한 중국 고대사 연구 속에는 『상서』의 내용이 포함되어 있다. 중국 고대의 주요 문헌들인 『상서』와 『시』·『역』 등의 내용을 근거로 고고학 자료를 결합하여 행한 그의 마르크스주의의 사회발전이론

---

38) 오직 앙리 마스페로(Henri Maspero, 1882~1945)의 『尙書中的神話』가 있으며, 馮沅君의 번역본이 있다.

에 관한 논증은 어디에서도 인정되는 보편타당한 법칙이다. 중국의 역사 발전도 예외일 수는 없어서, 상서학의 연구에 있어서도 반드시 사회발전의 법칙을 준수해야만 『상서』에 기록된 고대사에 대해 진정한 과학적 탐구를 진행할 수 있으며, 또한 역사적 배경을 바탕으로 탄생한 『상서』 문헌 자체에 대한 정확한 이해가 가능하다. 따라서 곽말약의 저작은 상서학을 진정한 마르크스주의 역사과학의 연구로 끌어올린 공로가 있다. 특히 『중국고대사회연구』의 내용 중 『시』·『서』 및 금문金文시대 사회를 다룬 편들과 부록의 편들에서 토론한 문제들은 모두 『상서』의 내용을 해석하는 데 직접적인 연관이 있다. 그 가운데 「시서詩書시대의 사회변혁과 그 변혁의 사상에의 반영」(詩書時代的社會變革與其思想上的反映)이라는 63쪽짜리 전편專篇은 『상서』의 각 편들을 직접 연구한 것으로 『상서』에 대한 새로운 해석을 제시하고 있다. 이는 곽말약의 『상서』에 대한 집중 연구로서, 『상서』 연구가 점점 완벽해져 가는 과정을 보여 주는 매우 가치 있는 저작이다. 이후의 상서학은 이런 정신을 계승·발전시켜 이전 상서학과는 확실히 다른 질적인 향상을 이루게 되었다.

3. 전통적인 고문·금문 두 학파가 발전시킨 『상서』 연구

설령 전통적인 고문·금문 양파의 경학적 관점을 고집하는 융통성 없는 학자라 할지라고 오늘날에는 시대적 영향을 받아 필연적으로 그들의 학술 활동에도 어떤 새로운 요소가 가미될 수밖에 없다. 따라서 그들의 『상서』 연구 가운데에도 반드시 어떤 새로운 기운이 있게 마련이다. 이를 고문·금문 두 학파로 나누어 서술하도록 한다.

1) 고문학파 및 그 영향을 받은 학자의 연구

이 시기 고문학의 대가는 당연히 장병린章炳麟이다. 비록 그의 학문적 명성은 청말에 이미 드러났지만, 『상서』 관련 요저들은 대체로 민국시기 이후 즉 그의 만년에 완성되었다. 이는 그와 동시대를 살면서 서로 영향을 주고받았던 또 한 명의 고문 대가 유사배의 저작이 대체로 청말에 완성된 것과는 다르다. 장병린의 『상서』 관련 주요 저작은 『고문상서습유정본古文尚書拾遺定本』으로, 처음에 『고문상서습유古文尚書拾遺』라는 제목으로 『국학논형國學論衡』 4권(1934)과 5권(1935)에 발표되었다가 1936년 장병린 사후에 그의 제자들이 『정본定本』을 편성編成하여 『장태염선생유저章太炎先生遺著』를 펴낼 때 '태염선생최후저작太炎先生最後著作'이라는 부제로 실렸다. 평생 동안 고문학을 전공한 장병린이 마지막으로 심혈을 기울인 저작임을 알 수 있다. 편장이 나누어져 있지 않은 이 책은, 그가 추숭했던 마정본馬鄭本 고문 가운데 「요전堯典」에서 「입정立政」까지의 일부 문제들에 대해 해석한 것이다. 그의 문자고훈文字古訓은 구주소가舊注疏家들의 천근한 접근과는 정밀함의 차원이 달라서, 갑골문·금문金文 제가諸家들과 비록 방법은 달랐지만 똑같은 결론을 이끌어 내었다. 또한 『일주서』 자료를 충분히 활용하여 『상서』와 서로 검증하였고, 새로 발견된 위석경魏石經 『상서尚書』의 고문 자료를 이용하여 고문의 심오한 뜻을 밝혀내었다. 더 나아가 선진先秦의 자료로부터 한위漢魏대 마馬·정鄭·왕王의 고문설까지 두루 융회관통하여 자신의 견해를 피력하였는데, 많은 부분들이 청유淸儒들의 상서설에 비해서 훨씬 심오하였다. 물론 고문학을 엄격하게 지키느라 사설師說에 자신의 견해를 덧붙이기만 한 곳도 있어서 일부 진부한 설도 있지만, 그의 설이 전인前人의 설과 다르다는 점은 분명하다. 특히 그는 청말의 금문설을 반대하여 사람들의 사고를 확장시키고 『상서』 연구가 다른 각도로 발전할 수 있도록 하였으며, 현대 상서학의 내용에도 충실하였다.

장병린은 이 책을 발표하기 1년 전인 1933년에 『신출삼체석경고新出三體石經考』를 찬정하였는데, 전현동錢玄同이 필사해서 같은 해에 북경에서 『장씨총서章氏叢書』 속편續編 제6으로 간행하였다. 위魏의 『삼체석경三體石經』에 새겨진 것은 바로 동한東漢의 마馬·정鄭 고문본古文本으로 매우 진귀한 것인데, 장병린은 삼체三體 중에서 고문古文을 취록해서 허신許愼의 육서六書를 근거로 그 형形과 성聲을 밝히고 그 옳고 그름(正錯)을 판정하였다. 그런데 고자古字가 변하여 필적筆跡이 일정치 않을 경우에는 동기銅器의 명문銘文과 대조해서 증명하였다고 했으니, 그 또한 금문金文을 이용했다는 것을 알 수 있다. 다만 그는 "필시 문의文義가 순리롭고 형체形體가 명백하여 믿을 수 있고 증명할 수 있는 것이라도 옳지 않으면 버린다"라는 한 가지 제한을 두었다. 실제로 이 책에서 드러나는 고문자古文字에 관한 장병린의 공부는 오대징·손이양·나진옥·왕국유와 어깨를 나란히 하기에 충분하지만 그는 스스로 그들에게 동조하지는 않는다고 밝혔는데, 이것은 갑골문과 금문을 경시하고 허신許愼의 소학小學을 중시한 결과였다. 그렇더라도 그의 석경문자石經文字를 논한 저작은 『상서』 문자를 해석하는 데 있어 매우 유용하다.

장병린에게는 전문적으로 『상서』를 논한 논문들과 『상서』에 관해 토론한 제자와의 왕래서신 등이 있는데, 여기에도 수많은 요의要義가 담겨 있다. 1924년 발표된 제자 오승사吳承仕의 「고금문을 논하며 장선생께 올리는 글」(論古今文上章先生書)[39]과 1925년 발표된 장병린의 「오승사가 상서 고금문을 논한 데 대해 부치는 글」(與吳承仕論尚書古今文書)[40]에 수십 통의 서신이 실려 있다. 이 가운데 위고문의 작자에 관한 토론에서 오승사는 왕숙王肅의 저작이 아니라고 하였고 장병린은 정충鄭沖이 지은 것으로 의심하였으며,

---

39) 『華國月刊』 2卷 1~2期.
40) 『華國月刊』 2卷 6~7期.

아울러 기타 금고문의 제 문제들을 언급하고 있다. 1925년 『화국월간華國月刊』 2권 10기에 장병린의 「고문의 팔사八事에 관한 소증」(疏證古文八事)이 실렸고, 2권 7기와 10기에 오승사의 「왕·공 상서전의 동이에 관한 고찰」(尚書傳王孔異同考)이라는 유명한 논문이 실렸다. 오승사의 논문에서는 상세한 고찰 끝에 왕숙의 설이 위공설과 같지 않은 125곳을 찾아낸 후 서로 같은 곳은 그것보다 훨씬 적다는 점을 들어 『위공전』이 왕숙의 저작이 아님을 밝혔고, 장병린도 이를 수긍하였다. 그해에 오승사는 또 「당사본 『상서』 「순전」의 석문과 전전篆」(唐寫本尚書舜典釋文篆)을 지어 『화국월간』 2권 3기와 4기에 실었고, 이듬해인 1926년에는 「상서고금문설尚書古今文說」을 『중대계간中大季刊』 1권 1기에 발표하였다. 1934년 6월 장병린의 「소서팽의 태서 논의에 부치는 글」(與邵瑞彭論太誓書)이 『국학논형』 3기에 실렸는데, 이것은 소서팽邵瑞彭의 『태서결의太誓決疑』 1권에 관해 논한 글이다. 또 『고문상서습유古文尚書拾遺』도 이해에 발표되었으며, 11월에는 금문파의 사기금문설史記今文說을 반박한 「태사공고문상서설太史公古文尚書說」이 『국학논형』 4기에 실렸다. 1935년 9월, 장병린의 「상서속설尚書續說」이 『제언制言』 제1기에 실렸는데, 여기서는 "「서백감려西伯戡黎」의 서序"와 "고문 「태서太誓」 서序의 '유십유일년惟十有一年'", "「금등金縢」편의 '성왕이 주공을 의심한 일'" 등에 관해 설명하고 있다. 1936년, 장병린 문하의 또 한 명의 대가인 황간黃侃이 『중앙대학문예총간中央大學文藝叢刊』 2권 2기에 「독상서조례讀尚書條例」를 발표하여 장병린 학파의 고문설을 선양하였다. 이 10여 년 동안 장병린과 그의 제자들은 부단히 『고문상서』 문제를 변석辨析하는 논설을 발표함으로써 『상서』에 대한 고문학파의 새로운 연구를 이끌어 내었다.

장병린의 또 다른 제자 심연국沈延國은 『일주서』에 대해 장기간 연구하여 『제언制言』 및 『광화光華』(半月刊) 등의 간행물에 여러 편의 『일주서』 관련 논문을 발표하였고, 수십 년간의 노력 끝에 마지막으로 『일주서집석逸周書

集釋』이라는 거대한 전문 저작을 완성하였다. 장병린 본인도 「일주서세부편교주逸周書世俘篇校注」를 1937년 『제언』 32기에 발표하였다.

1964년, 고문설의 문의文義 해석을 계승한 증운건曾運乾의 『상서정독尙書正讀』이 뒤늦게 발표되었는데, 그는 문법의 특수한 구조를 변별하여 구의句意를 해석해 내었다. "상爽"과 "신矧"이 한 쌍의 관용적인 단어라는 사실을 발견하여 그것을 '비교사比較詞'라 칭한 것이 그 한 예이다. "상爽"은 "상尙"의 성전聲轉으로 "상차尙且"(오히려)의 의미이고 "신矧"은 "하황何況"(하물며)의 의미이니, "爽~矧…"은 곧 "오히려 ~조차 그러한데 하물며…"(尙且…何況~)로 해석된다. 「대고大誥」와 「강고康誥」에 이런 종류의 구식句式이 몇 번 보인다. 과거에는 직해直解를 하지 못해 문구文句를 통독하기 어려웠는데, 이것을 알게 된 후 그 뜻을 명확히 파악할 수 있게 된 것이다. 진실로 전인前人들이 미처 보지 못한 것을 발견한 것으로, 이는 오늘날의 『상서』 통독通讀 능력을 한층 제고시켜 주었다. 또한 증운건이 『상서』 상하上下 문장에 서로 생략된 예를 지적한 것도 매우 정밀하고 타당하였다. 그래서 양수달은 1936년에 이 책의 서문序文을 지으면서 다음과 같이 극찬하였다.

> 청대에 왕염손·왕인지 부자는 『상서』에 대해 연구함에 있어 훈고訓詁를 통하는 것과 사기詞氣를 살피는 것의 두 방면에 주력했으나 전서全書를 두루 다 연구하지는 못했고, 강성·왕명성·손성연 등은 전서全書를 다 연구하였으나 그 두 가지에 모두 주력하지는 못하여 왕씨 부자의 정밀함에는 훨씬 미치지 못했다. 오직 증운건의 이 책만이 훈고와 사기 두 가지 모두에 장점이 있다.

이러한 찬사는 확실히 지나친 면이 있다. 왜냐하면 이 책의 문의 해석은 고문의 진부한 설을 그대로 답습한 것이 많고 신의新意가 적어서 왕씨 부자와는 비교할 수 없고, 강성·왕명성·손성연의 공적에도 미칠 바가 못 되기 때문이다. 훈고訓詁를 통하는 것과 사기詞氣를 살피는 것 두 방면에

서 증운건의 책이 왕씨 부자 및 강성·왕명성·손성연 등과 견줄 만하다고
한 것은 확실히 양수달의 개인적인 억견이지 확론이 아니다. 다만, 증운건
이 당시의 여타 학자들에 비해 사기詞氣를 살피는 것 즉 문법 부분에서
특별한 조예를 보였다는 지적은 매우 타당하였다. 이처럼 고문설을 계승
한 학자들은 오늘날의 문법학적인 과학지식을 이용해서 전인前人들을
뛰어넘는 탁월한 성과를 거두었던 것이다.

이상은 고문학파 및 그 영향을 받은 학자들이 현대에 일구어 낸 『상서』
관련 새로운 성취이다.

2) 금문학파 및 그 영향을 받은 학자의 연구

금문학파의 양계초는 강유위의 대제자로서 자신의 저작 『청대학술개
론』에서 스스로를 금문학파의 극렬한 선전운동가로 칭했다. 청말에 그는
스승 강유위가 『신학위경고新學僞經考』 등의 책을 쓸 때 도와주기도 했지만
그 자신이 당시에 썼던 것은 주로 정론政論 문장이었고, 그의 학술 관련
저작들은 대부분 민국시기 이후에 만들어졌다. 그러나 이 시기에 이르러
서는 이미 금문가의 학설만을 묵수하지는 않았으니, 그의 연구 영역과
안목은 전통 금문학자들에 비해 많이 확장되어 있었다. 예를 들어, 청말
금문가들은 한대 금문을 신성시하고 진선진미盡善盡美한 것으로 여겼지만
양계초는 『중국역사연구법中國歷史研究法』의 '사료의 수집과 감별'(史料之搜集
與鑒別)장에서 금문 「요전」의 "만이활하蠻夷猾夏", "금작속형金作贖刑" 등은
비교적 늦은 시기의 문구로서 신뢰할 수 없다고 하여 금문 경전을 의심하
는 태도를 보이기도 했다. 양계초에게는 「우공구주고禹貢九州考」와 「우우공
구주고又禹貢九州考」의 두 논문[41]을 제외하고는 『상서』에 관한 전문 저작이
없지만, 그의 저작 중의 많은 부분이 『상서』와 관련 있다. 『중국역사연구법』

---

41) 『紀夏殷王業』 뒤에 부록되어 있고, 또 『後代河流遷徙』에도 부록되었다.

이 그러하고 『고서의 진위 및 그 연대』(古書眞僞及其年代) 또한 그러하다. 그의 『중국근삼백년학술사中國近三百年學術史』은 상서학자로서 『상서』를 담론한 것인데, 특히 '청대 학자들이 정리한 구학의 총 성적'(淸代學者整理舊學之總成績)장 에서도 『상서』를 논하고 있다. 『청대학술개론』도 마찬가지이다. 이 시기의 양계초는 이미 경학가로서 『상서』를 논하는 것이 아니라 문사연구가文史研究家로서 『상서』를 담론하고 있었다.

다음은 전현동錢玄同이다. 그는 장병린의 문하였지만 오히려 금문을 종주로 하였다. 비록 금문으로 고문을 반대하고 고문으로 금문을 반대함을 표방했지만, 그는 강유위의 금문학에 감복해 마지않았다. 그의 강유위에 대한 독실함의 정도는 최적崔適보다 더하면 더했지 덜하지는 않았다. 따라서 경학에 있어서 그가 금문파에 속한다는 점에는 의심의 여지가 없다. 그는 「경의 금고문학 문제를 거듭 논함」(重論經今古文學問題)에서 "『신학위경고』는 가장 중요하고 가장 정밀한 변위辨僞 논저"라고 하면서 이 책을 염약거의 책에 견주었다. 하지만 그는 "결론적으로 『신학위경고』가 세상에 나온 이후로 한대 고문경이 위조된 것이라는 설은 이미 바꿀 수 없는 정론이 되었으니, 바로 염약거의 『상서고문소증』이 나온 이후로 진晉의 『고문상서』가 위조된 것이라는 설이 이미 바꿀 수 없는 정론이 된 것과 같다"라고 하여, 완전히 사실과 다른 잘못된 비유를 하였다. 그는 자신의 태도를 다음과 같이 표명하였다.

우리는 지금 강유위의 이 저작에 대해 정정조程廷祚·혜동惠棟·강성江聲·왕명성王鳴盛·단옥재段玉裁·정안丁晏을 대하듯이 해야지 모기령毛奇齡·홍양품洪良品·왕조王照를 대하듯이 해서는 안 될 것이다. 이것이 나의 강력한 주장이다.

그는 강유위의 저작을 잘못 이해했기 때문에 그의 태도 역시 이처럼 편향될 수밖에 없었다. 따라서 뒤이어 『상서』를 논하고 있는 부분에서도 정확하지 못한 곳이 많다. 가령 한대 금문에는 「서序」가 없다고 한 부분이나, 『사기』에 실린 「서서書序」는 모르는 사람이 함부로 삽입한 것이라고 말한 부분 등이다. 그는 강유위가 말한, 육경은 모두 공자가 옛것에 의탁하여 쓴 것이라는 탁고개제설을 믿었기 때문에 나아가 금문今文까지도 위작僞作이라고 주장하였다. 그가 「답고선생서答顧先生書」에서 "현재의 28편 가운데 역사적으로 가치 있는 것은 몇 편 되지 않은 것 같다"라고 말한 것은 『상서』에 대한 허무주의에 가깝다. 그는 금문학파 가운데서도 강유위를 계승하면서 더욱 극단적으로 나아간 사람이었다.

주여동周予同은 『경금고문학經今古文學』이라는 저술을 남겼는데, 여기서 다음과 같이 말하고 있다.

> 나 또한 금문 성향이지만, 근대 금문학자들은 많은 부분에서 지나치게 무단武斷·과대誇大·황당荒唐함이 있으며 어떤 학자는 그것을 기롱하기도 한다. 다만 그들은 공자에게 역사적인 철학가로서의 지위를 주었는데, 이는 고문학자들이 공자를 단지 고대문화의 보존자로서의 사학가史學家로 보는 것에 비해 확실히 더 현명하다고 본다.

전체적인 서술로 보면 확실히 금문을 선양하고 있다. 대체로 그가 금문을 중시한 것은 스승 전현동의 영향을 받은 것이었지만, 그는 태도가 비교적 소박해서 상당히 객관적으로 서술할 수 있었다. 특히 '경의 금고문학과 기타 학술과의 관계'(經今古文學與其他學術關系)장에서 금고문학今古文學이 현대 학술의 발전에 끼친 중요한 영향들을 해석한 것은 매우 훌륭하며, 그 중에서도 상서학이 일으킨 작용에 관한 부분은 더욱 탁월하다.[42] 그의 또 다른 경학 관련 주요 저술로는 금문가 피석서의 『경학역사經學歷史』

---

42) 예를 들어 古代史 혹은 古代學術史의 연구에 있어서 古代의 어떤 중요 制度의 異同에 관련한 토론에서부터 史學 자체의 연구 및 文字學 연구 등이 모두 상서학의 今古文論爭을 통해서 일어나게 되었다는 것이다.

에 주석을 단 것으로, 주여동은 역대 경학 발전과 관련한 문제들을 매우 상세하게 주석하고 설명함으로써 상서학의 역사적 전개를 이해하는 데 커다란 도움을 주었다.

고힐강의 경우, 그의 전 학술을 살펴보면 완전한 금문학파는 아니다. 오히려 그는 금문학파와는 거리가 멀었고, 그가 완성하고자 했던 역사적 임무는 "전국시대의 제자학諸子學으로 서한을 물리치는 것, 즉 서한대 금문가들의 오류를 바로잡는 것이었다. 그러나 그는 상서학에 있어서는 기본적으로 금문설을 계승하여 한대 고문은 유흠에 의해 위조된 위고문僞古文이라고 확신하였다. 그의 학술의 요지는 의고변위疑古辨僞였으니, 이것은 강유위가 『신학위경고』에서 말한 "상고시대는 너무 멀어 고찰할 수 없다"(上古茫昧無稽)라는 견해로부터 형성된 것이었기 때문에 그는 강유위의 설에 대해서는 의심하지 않았다. 또한 고문가 장병린·오승사 등이 왕숙의 고문위조설을 반대한 데 대해 그는 고문가들의 편견으로 치부하며 왕숙위 조설을 굳게 믿었다. 아울러 금문경 편장들에 대한 전현동의 많은 의변설을 받아들여, 금문경의 「요전」·「고요모」·「우공」 3편은 전국시기 유가들이 편조한 것이라고 여겼다. 그는 이들 3편에 대해서는 대단히 많은 공력을 들였기 때문에 그 설이 매우 정확하였다. 한편 금문 28편에 대한 그의 태도는 전현동처럼 과격하지는 않았으니, 이 28편과 위진魏晉의 위고문이 같지 않은 점을 담담히 받아들이면서도 장래에 새로운 자료가 출현해야 해결될 수 있을 것이라고 보았다.[43] 이러한 태도는 실사구시의 과학적 태도라 할 수 있다. 그는 평생 동안의 학술 활동에서 『상서』를 가장 중시하여, 『상서』에 대한 수많은 연구를 통해 정밀하면서도 폭넓게 역사적이고 현대적인 상서학 방면의 수많은 성과들을 발굴해 냄으로써 『상서』 연구의 수준을 한층 더 높은 곳으로 이끌어 새로운 단계로 진입시켰다. 그의

---

43) 『古史辨』 7冊, 49쪽에 보인다.

연구는 『상서』에 대한 현대의 과학적 연구의 최고 성과라고 할 수 있다. 그러므로 이 책의 끝에 특별히 '고힐강과 『상서』 연구'의 절을 따로 두어 관련 내용을 상세히 서술하도록 하겠다.

이상은 금문학파 및 그 영향을 받은 학자들의 『상서』 연구이다.

금고문 양파 외의 연구 정황을 보면, 고힐강이 『역사연구』 1962년 4기에 「상서대고금역尙書大誥今譯(摘要)」을 발표한 이후 고힐강의 친구인 이평심李平心과 주곡성周穀城이 그에 관해 토론한 바 있다. 이평심이 「상서 연구에서 대고 교역까지」(從尙書硏究到大誥校譯)[44]에서 고힐강의 『상서』 연구에 대해 극찬하면서 자신의 견해를 덧붙이자,[45] 주곡성은 「고힐강 선생이 논한 상서 대고에 부치는 글」(與顧頡剛先生論尙書大誥書)[46]을 써서 우선 「대고」편의 다음 4개 구절에 관해 논하였다. 그는 ① "이에 이르러 준동하니, 은이 작은 은혜를 입고 감히 크게 그 실마리를 세우려 하다"(越玆蠢殷小腆誕敢紀其敍), ② "백성 중에 어진 이가 10명 있어"(民獻有十夫), ③ "나의 일은 하늘이 시키신 것이니, 내 몸에 큰일을 맡기시고 힘든 일을 던지셨다"(予造天役遺大投艱于朕身), ④ "나 충인은 스스로 구휼할 겨를조차 없다"(越予冲人不卬自恤) 등의 구절에 대한 이평심의 신해新解를 보면 문자 해석의 범위가 너무 넓고 본자本字 대신 일전一轉되거나 재전再轉된 글자가 많아서 근거가 없다고 하였고, 고힐강의 해석 또한 대부분 적절하고 자연스럽기는 하지만 때때로 금역今譯 과정에서 글자를 보태어 어기語氣를 보충하거나 원래의 글자를 바꾸어 읽어서 어의語義를 통하게 한 것이 있다고 지적하였다. 그리하여 주곡성은 다시 새로운 해석을 제시하였는데, 그의 신석新釋은 대부분 구의句義와 훈고訓詁가 적절하고 논리적으로 문의文義가 통하였다. 이와 같은 전문 학자들의 심도

---

44) 『歷史硏究』 1962年 5期.
45) 제3절 고힐강과 『尙書』 연구 節에 상세히 나온다.
46) 고힐강의 『大誥譯證』 원고에 편입되었다.

있는 토론을 거쳐 『상서』 연구는 더욱 발전해 갔다. 주곡성은 고힐강이 거둔 일련의 『상서』 연구의 성과가 "다른 사람들의 선망의 대상"이 된다 하였고, 연구 방법을 다섯 단계로 나눈 것에 대해서는 "규모가 크고 연구가 정밀하다"(體大思精)고 추앙하였다. 마지막으로 그는 '오류를 바로잡음'(正誤) 항목의 추가를 건의하면서 "서양 문자로 된 역주譯注의 교정"을 희망하였다. 그는 다음과 같이 말하였다.

내가 보기에 칼그렌(Karlgren)의 문자음운 연구에는 교정해야 할 곳이 있고 록힐 (Rockhill) 등의 『제번지諸蕃志』 연구에도 교정해야 할 곳이 있지만⋯⋯ 유독 서양인들이 중국의 고대 경전을 연구한 것에 대해서는 교정할 수 있는 사람이 없다. 이것이 결점이다.

이것은 현대 상서학의 범위 확장을 위한 역외域外 역주譯注와 관련이 있는 건의로서 매우 중요한 지적이다. 현대의 과학적 상서학은 이로써 더 이상 국내에 한정되지 않고 국제적으로 확장되어 나갔다.[47]

4. 이 시기의 일반 『상서』 저작

앞의 여러 장들에서 이미 확인하였듯이, 각 시기마다 그 시기의 상서학의 특징을 반영하는 저작 외에 일반 저작들도 속출해 나왔다. 이들 일반

---

47) 本書의 서술은 中國 학자들에 한정되었으나 일부 『상서』와 관련한 외국 학자들의 연구를 언급해 보면, 먼저 앞서 언급한 신조 신조(新城新藏)와 조셉 니덤을 들 수 있고, 또 일본학자의 경우로서 가토 조켄(加藤常賢)의 『眞古文尚書集釋』과 이케다 스에도시(池田末利)의 漢文大系本 『尚書』와 같은 『尚書』 全書에 관한 名著가 있다. 그러나 필자는 國外의 상서학 정황을 모두 파악하지 못했기 때문에 여기에서는 서술하지 않기로 하고, 아울러 西洋의 『尚書』 번역 및 『尚書』 속의 神話 및 文法에 관련된 문제 등에 대해서도 언급하지 않겠다. 이는 필자의 見聞에 국한된 것으로, 함부로 경솔하게 붓을 놀려 부족한 부분을 만들어 내고 싶지 않기 때문이다.

저작이 그 시대를 대표하는 저작은 아니라는 말이, 그 가운데에는 가작佳作이 없다는 뜻은 아니다. 예를 들어 바로 앞 장의 청대의 일반 저작들 중에서도 수많은 명작들이 『황청경해皇淸經解』의 정편과 속편에 두루 수록되었다. 이런 점을 염두에 두고 여기서는 아주 간단하게 현대의 일반 『상서』 저작을 언급하도록 한다.

이 시기에는 『상서』의 금문 28편에 대한 주해는 많지 않다. 비교적 이른 시기에 등장한, 앞서 언급한 양균여楊筠如의 『상서핵고尙書覈詁』와 증운건曾運乾의 『상서정독尙書正讀』만을 들 수 있을 뿐이다. 『상서』 전서全書에 대한 현대적인 주해가 많지 않기 때문에 이 두 저서가 이 시기를 대표하는 저작이 되는 것이다. 다만 앞에서 양균여의 책은 왕국유王國維에 이어서, 증운건의 책은 고문학 일파에 관한 설명에서 각각 해당 내용을 서술하였기 때문에 여기에서는 성서成書 시기에 대해서만 간략히 보충하도록 한다. 양균여의 저서는 1927년 이전에 이미 완성되었고, 1934년에 최종본이 탈고되었다. 1927년 왕국유가 서문을 지어 줌으로써 사람들의 기대치를 높였으며, 1959년 섬서인민출판사陝西人民出版社에서 출판되었다. 증운건의 저서는 원래 1932년 중산대학中山大學에서 강의할 때 만들어진 것이다. 앞에서 이미 언급하였듯이 1936년에 양수달이 서문을 지었으며, 1964년 중화서국中華書局에서 출판되었다. 두 저서는 현재에도 여전히 일반용으로 보급되고 있다.

이후 1946년에 주병균周秉鈞이 『상서이해尙書易解』를 완성하였는데, 1950년 양수달은 서문을 써서 "선유先儒의 저술을 두루 살펴보고 거기에 증운건과 양균여의 좋은 점을 가려 뽑아서, 자신의 의견에 따라 이전에 미처 밝히지 못한 것들을 종합한 것이 이 책이다"라고 하였다. 이 책은 비록 일부 문제에 대해 깊이 탐구하지 못한 것도 있긴 하지만 대체로 중설衆說의 장점을 모으고 구설舊說 중에서 통하는 것들을 가려 뽑았으므로 간요簡要하다고 할 만하다. 1984년 악록서사岳麓書社에서 출판되었다.

1966년 왕세순王世舜이 편찬한 『상서역주尚書譯注』는 1982년 사천인민출판사四川人民出版社에서 출판되었다. 비록 창의적인 의견이나 신해新解는 제시하지 못했지만, 전인前人들의 설을 잘 가려 뽑아 간명하게 주석하고 순리에 맞게 금역今譯을 함으로써 『상서』 내용을 이해하고자 하는 사람들에게 편리함을 주었다.

1969년 대만에서 초판된 굴만리屈萬里의 『상서금주금역尚書今注今譯』은 이미 대륙에서도 볼 수 있다. 들리는 바에 의하면 굴만리의 또 다른 저서 『상서석의尚書釋義』는 『상서금주금역尚書今注今譯』의 간본簡本이라고 한다. 구설舊說을 채집한 것은 일반적인 수준이지만 일별해 보면 그가 들인 노력이 어느 정도였는지를 확인할 수 있다.

강양부姜亮夫는 「자전自傳」에 따르면 일찍이 『상서신증尚書新證』을 지었는데 원고는 이미 없어졌고 오직 「요전신증堯典新證」 1편을 지어 『경세經世』와 『책선責善』(半月刊)에 발표했다고 하는데, 이 글은 아직 보지 못하였다.

『상서』 자체의 문제를 연구한 통론通論 저작들은 다음과 같다.

진계陳桂의 『상서론략尚書論略』[48]은 『상서』의 원류源流 및 관련 문제들을 간단하게 서술하였다. 새로운 견해가 없고 일부 서술이 부정확한 것도 있지만 매우 간명하다.

오강吳康의 『상서대강尚書大綱』[49]은 제1장 석명釋名, 제2장 원류源流 및 금고문의 분기, 제3장 체계 및 「상서서」, 제4장 서의총론書義總論으로 구성되어 있다. 각 장마다 먼저 관련된 전인前人들의 문구를 집록한 뒤 이어서 간략하게 안어按語를 덧붙였으나 새로운 견해는 없다. 일반적인 자료를 모아 놓은 책이다.

---

48) 1930年代 商務印書館·萬有文庫本.
49) 1941年 商務印書館 國學小叢書本.

진몽가陳夢家의 『상서통론尙書通論』50)은 3부분으로 나뉘어 있다. 제1부는 '상서통론尙書通論'으로, 선진 문헌들의 『상서』 인용, 후세의 전본傳本, 편목들, 「상서서」 및 위고문과 서한대의 일서 16편 등을 고찰하였다. 제2부는 '상서전론尙書專論'으로, 「고문상서작자고古文尙書作者考」, 「요전이 진의 관본상서임을 고찰함」(堯典爲秦官本尙書考), 「왕약왈고王若日考」, 「고문고략古文考略」 등 4편의 논문으로 되어 있다. 제3부는 '상서강의尙書講義'로, 「감서甘誓」·「탕서湯誓」·「반경상盤庚上」·「대고大誥」의 4편을 주석하였다. 이 책의 논의들은 학설의 조건을 잘 갖추고 있어 『상서』에 관한 뛰어난 통론 저작이라 할 만하다. 다만, 인용된 선진시대 자료들은 여전히 불완전하고, 또 앞의 제2장에서 이미 변론하였듯이 한대 세전본世傳本의 서술에서 그는 「태서太誓」가 '문왕이 우邘를 정벌할 때의 서사'와 '무왕이 주紂를 정벌할 때의 서사'의 양본兩本으로 나뉜다고 보는 오류를 범하였다. 또한 그는 「고문상서작자고古文尙書作者考」에서, 위고문은 진대晉代의 공안국孔安國이 지은 것인데 동진東晉 초에 매색梅賾이 헌상한 것은 공안국의 그 판본이 아니었으며 마·정 고문과 공안국 판본은 동진 말에 비로소 유행하였다고 주장하였는데, 이는 소수의 청유들의 설을 답습한 것으로 사실과 부합하지 않는다. 그 오류에 대해서는 앞의 장 제2절에서 위고문 작자를 논할 때 변별한 바 있다. 한편 「왕약왈고王若日考」는 서주 금문金文 속의 사관史官제도를 종합하여 "왕약왈王若日"의 원의原義를 탐구한 것으로, 그는 사관이 왕명을 대신 처리할 때 이 말을 사용했다는 것을 알아내었다. 이 탁월한 견해는 우성오의 「왕약왈석의王若日釋義」와 같은 견해로서 『상서』 중의 이런 어휘들의 문제를 해결하기에 충분하였다.51)

---

50) 1957年 商務印書館 출판.

51) 필자는 本書를 완성하여 막 출판하려 할 즈음에 비로소 中華書局에서 펴낸 이 책의 1985年 重版增訂本(1986年에 印出)을 보게 되었다. 7편의 논문이 추가된 제4부의 내용은 대부분 처음 판본에서 논의된 것들에 대한 보충이었는데, 다만 새로 추가된 것으

장서당張西堂의 『상서인론尙書引論』52)은 6장으로 구성되어 있다. 1장에서 3장까지는 『상서』의 명의名義 및 그 기원과 산술刪述 과정을 서술하였고, 4장에서는 『상서』의 종류를 서술하였는데 복생의 금문에서부터 요방흥姚方興·유현劉炫이 헌상한 판본에 이르기까지의 서술이 난삽하고 뒤죽박죽이다. 5장에서는 금문과 고문, 위고문의 편제에 대해 서술하였다. 6장은 『상서』의 고증을 서술한 것인데, 위공본·공벽본의 거짓을 지적하고 금문과 『상서서』를 변론한 것은 청말 금문가의 설을 계승한 것으로 특별한 창견은 없고 간혹 논의할 만한 내용들이 눈에 띌 뿐이다.

마옹馬雍의 『상서사화尙書史話』53)는 5만여 자 밖에 안 되는 소책자이다. 모두 5장으로 구성되어 있는데, 『상서』의 복잡한 문제를 통속적으로 강술한 것이다. 『상서』 원류에 대한 서술을 거쳐 일부 핵심적인 문제를 지적하면서 비교적 훌륭한 분석을 하였으며, 마지막에는 현존 『상서』의 정황에 대해 비교적 간요簡要하게 서술하였다. 이 책은 전승되어 온 가학家學54)의 기반 위에 자신의 노력을 더하여 오랫동안 논쟁되어 오던 문제들에 대한 해결을 시도한 역작이다. 그가 가장 자신했던 부분은 정정程廷祚의 설에 의거한 것인데, 두 번에 걸쳐 출현한 위공본은 바로 위대魏代에 출현한 전기 위공본과 남조 양대梁代에 유행하였던 후기 위공본임을 논정한 것이다.55) 그러나 이 설의 오류에 대해서는 앞의 제6장 3절에서 이미 지적한 바 있고, 또 마·정 고문이 예고정본隸古定本이라고 한 설과 위공본에 보존된 진정한 『상서』는 금문이 아닌 고문이라고 한 설 등의

로서 「考工記」가 秦制임을 증거로 들어 「堯典」을 秦本으로 본 것, 또 「洚水考」를 지어 「禹貢」의 降水를 해석한 내용이 있었다. 그러나 출판이 이미 임박한 관계로 여기에 싣지 못하였다.

52) 1958년 陝西人民出版社 출판.
53) 1982년 中華書局 출판.
54) 그의 부친은 馬宗霍이다.
55) 그러나 이 說은 程廷祚의 說과는 조금 다르고, 오히려 劉師培의 설에 가깝다.

오류에 대해서도 이미 앞에서 변별하였다.

방효악方孝岳의 『상서금어尙書今語』는 금문 5편을 해석한 것인데, 이른바 '금어今語'로써 「요전」·「우공」을 해석하고 '한독漢讀'으로 「고요모」·「대고」를 해석하였으며 별도로 '홍범고문설'을 두었다. 금어今語로 「요전」을 해석했다 했으니 필시 「요전」의 사방신四方神 및 사방풍四方風의 명칭에 대한 현대의 과학적 해석을 알지 못했을 것이며, 금어今語로 「우공」을 해석했다 했으니 필시 우禹의 치수가 용문龍門에서 시작되었다는 설을 여전히 지지했을 것이다. 특히 마음대로 글자를 바꾸고 단구斷句하기도 했으니, "호구골훌口汩, 양급기梁及岐" 같은 것은 타당한 구두가 아니다. 「고요모」·「대고」에 대한 한독漢讀 또한 한설漢說을 견강부회한 것임을 알 수 있다. 「홍범」을 논하면서 편 자체를 경經·전傳으로 나눈 것은 이미 송대宋代 왕백王柏에 의해 크게 주창되어 하성대賀成大에 의해 수정된 설임을 모른 채 송말원초宋末元初 김이상金履祥의 설을 가져와서 자신의 설을 세운 것인데, 그것이 전혀 근거가 없는 것임을 알지 못했던 것이다. 특히 오늘날 「홍범」을 연구하면서 『홍범오행전洪範五行傳』을 믿는다는 것은 과학적 정신을 완전히 망각한 것이라고 할 수 있다.[56]

이태분李泰棻의 『금문상서정위今文尙書正僞』는 선장본線裝本으로 정밀하게 인쇄된 것으로서 금문을 의심하는 제법 시류에 부합하는 설이 있었으나, 양향규楊向奎가 「이태분의 『금문상서정위』를 평하다」(評李泰棻著今文尙書正僞)[57]에서 그 잘못을 수정하였다. 양향규는 또 이태분이 쓴 단편 해석의 잘못도 바로잡았으니, 곧 「이태분의 『요전정와』를 바로잡다」(李泰棻著堯典正訛糾繆)[58]이다.

장정張鼎의 『춘휘루우공지리거요春暉樓禹貢地理擧要』 1권, 장기감張其淦의

---

56) 漢代 今文家의 說인 『洪範五行傳』을 '古文說'에 포함시킨 것도 오류이다.

57) 天津 『益世報』 副刊 『讀書週刊』 17期(1935년 9월 26일)에 실려 있다.

58) 『浙江圖書館館刊』 4卷 5期(1935년 10월)에 실려 있다.

『홍범미洪範微』2권, 당문치唐文治의 『홍범대의洪範大義』3권 등은 단편을 고찰한 저작들인데, 모두 그 내용을 상고할 수 없다.

음훈音訓을 전문으로 다룬 것으로는 주학희周學熙의 『서경음훈書經音訓』1권이 있는데, 그 책은 보지 못했다.

사천인민출판사四川人民出版社에서 출판된 주민周民의 『상서사전尚書詞典』은 일반 저작물 중 유일한 사전詞典류지만 역시 아직 보지 못했다.

이 외에 위원광魏元曠의 『주서잡론周書雜論』이 『위씨전서魏氏全書』속에 들어 있는데, 이 역시 아직 보지 못했다. 서명으로 짐작해 보건대 아마도 『일주서』와 관련된 저작일 것이다.

방각속본坊刻俗本들 또한 각 시기마다 항상 있었는데, 현대에도 예외가 아니다. 여기에서는 2가지를 거론하기로 한다. 섭옥린葉玉麟이 찬주選注한 『서경書經』은 1933년 상무인서관商務印書館 만유문고본萬有文庫本으로, 진위를 가리지 않고 위고문 17편과 금문 14편 등 모두 31편을 선별하여 주석하였는데, 신식으로 표점하고 주해하면서 출처를 밝히지 않았다. 지위성支偉成의 『상서거위尚書去僞』는 금문 28편을 해석하고 표점을 가한 것으로, 1934년 상해태동도서관上海泰東圖書館에서 출간된 이래 3판版까지 찍었는데, 주해에 출처를 밝히지 않았고 해석도 엉성하다.

『상서』및 그 내용을 토론한 전문 논문은 매우 많다. 중국사회과학원 역사연구소에서 펴낸 『중국사학논문색인中國史學論文索引』초편初編 및 제2편에 그 목록이 저록되어 있으며, 지금도 각종 간행물, 잡지 등에서 관련 논문들이 발표되고 있다.

이 외에도 현대 학자의 『상서』와 관련된 일반 저작들 중 간혹 가작佳作들이 있기도 하지만, 전문적인 논문이 아니고 흩어져 있기 때문에 일일이 다 열거할 수는 없다.

이상 거론된 『상서』에 관한 현재의 과학적 연구들은 대부분 현대 고문자學古文字學의 성과 및 서양과학의 지식과 방법을 이용하여 진행된 것으로, 진정한 사회·역사과학적 연구라 할 수 있는 변증법적 유물주의 및 역사유물주의의 이론과는 아직도 거리가 멀다. 곽말약 등에 의해 개척된 마르크스주의에 입각한 현대 역사과학적 연구는 이제 막 시작되어 여전히 우리 학술계의 노력을 필요로 하고 있다.

제2절 갑골문과 『상서』 연구[59)]

　현대의 『상서』 연구는 애초에 갑골·금문 등 고문자학 분야의 성과에 힘입어 발전하였으니, 청말에 오대징·손이양 등에 의해 개척된 고문자학 연구는 현대 『상서』 연구의 주류를 형성하게 되었다. 우리가 『상서』 연구에 대한 성과와 공헌을 이해하는 데 있어 가장 중요한 것은 특히 현대 『상서』 연구의 실질적인 발전 내용을 확인하는 것이다.

　갑골문(특히 새로 출토된 西周 甲骨文) 연구의 성과는 주로 『상서』의 전반부인 「우하서虞夏書」·「상서商書」 각 편의 연구를 촉진하였는데, 물론 후반부인 「주서周書」 각 편의 연구에도 영향을 끼쳤다. 또한 금문金文(특히 商代 金文) 연구의 성과는 주로 「주서」 각 편의 연구를 촉진하였지만, 마찬가지로 「우하서」·「상서」 각 편에 대한 연구에도 당연히 영향을 주었다. 「주서」의 편수가 많기 때문에 금문을 이용한 성과 또한 많았고, 따라서 「주서」 연구는 다량의 자료를 이용해 인증해야만 했는데, 이들 대부분은 『상서』의 후반부에 속하는 것들이다. 반면 우·하·상의 제서諸書 및 일부 「주서」에는 갑골문을 이용한 성과가 집중되어 있는데, 이들은 『상서』 전반부에 속하는 것들이다. 이 절에서는 먼저 갑골문을 이용한 연구의 예시를 통해 현대의 『상서』 연구가 일구어 낸 새로운 성과를 살펴보고, 그러한 가운데 틈틈이

---

59) 이 절은 『甲骨文與殷商史』 제3집에 발표되었던 논문을 다소의 수정을 거쳐 다시 기술한 것이다.

금문金文 연구의 성과에 관한 것들을 함께 확인해 본다.

앞의 각 장들에서는 여러 번에 걸쳐 『상서』의 수많은 복잡하고 곤란한 문제들을 언급한 바 있다. 먼저 제1장에서는 『상서』의 유전 과정에는 수많은 곡절들이 있었음을 말하였는데, 이는 『상서』에 곤란한 문제들을 산더미로 안겨주었다. 그 다음 제2장에서, 도입부에서는 『상서』 죽간이 쉽게 훼손되어 끊임없이 문자의 착란이 발생했다는 점을 적었고, 5절에서는 춘추전국시기에 『상서』가 산실된 후 각 학파에서 초본抄本을 전승하는 과정에서 각종 이본異本들이 나타났으며 거기에 각 학파의 탁고托古가 더해지고 편장이 첨가됨으로써 분기分岐가 일어났다는 점을 서술하였다. 제3~4장에서는 한대에 『금문상서』와 『고문상서』가 분화되어 나간 정황과 고의적인 위작도 출현하였다는 점을 서술하였고, 제5장의 3절에서는 금문으로 선진대 『상서』를 고쳐 쓰는 과정에서 예정隸定의 착오로 인해 원의原義를 잃게 되고 이후 각 학파가 여러 초본을 전하면서 더욱 착란되었다는 점을 적었다. 제6장의 3절에서는 단순한 위편의 출현에 그친 것이 아니라 예고정 자체字體가 위조됨으로써 동진대에 제작된 위고문은 한대의 원본 금문今文과 변별할 수 없게 되었음을 서술하였고, 5절에서는 당대唐代에 예고정을 해서楷書로 고쳐 쓰면서 다시 많은 글자들이 잘못되었는데 이 잘못 고쳐진 판본이 지금까지 정통 『상서』로 전해지고 있음을 기술하였다. 끝으로 제7장 3절에서는 송대에 『경전석문』의 예고정 유문遺文이 전면적으로 개정되었다는 사실을 기록하였다. 이상의 수많은 문제들은 『상서』를 정확하게 이해하는 데 거대한 난관을 제공해 주었고, 후대에도 계속 골칫거리로 남았다.

그러나 이러한 문제들은 모두 『상서』의 유전 과정에서 나타난, 즉 『상서』 착란에 따른 이차적 문제일 뿐이다. 『상서』에는 더욱 근본적이고 일차적인 원인이 있는데, 그것은 바로 『상서』를 구성하고 있는 문자 자체의 문제이다. 그 유명한 『상서』의 특징인 "길굴오아詰屈聱牙" 즉 난삽하여 이해하기 어렵다는 것은 바로 이것을 가리킨다.

앞의 제2장 5절 '선진시기 『상서』 유전 정황에 관한 서술' 중의 3번째는, 『상서』의 주요한 원시 편장들인 주초周初 몇 편의 고사誥詞들은 당시 기주岐周지역의 방언을 적은 것으로서 광대한 동방지역의 방언과는 다르다는 것이었다. 이 기주 방언은 동방 언어를 통용어로 하는 전국시기 당시에는 이미 사어死語였으므로 이해하기가 힘들었는데, 특히 일부 서방 언어들은 후대 사람들이 이해할 방법이 없었다. 따라서 전국시기 사람들은 단지 『상서』의 이해하기 쉬운 일부 구절들만을 인용하고 「주고周誥」의 인용은 가능한 한 피했고, 이것은 한대의 사마천 또한 마찬가지였다. 전국시대를 거쳐서 서한대까지도 길굴오아한 『상서』는 이해하기 어려웠다는 것을 알 수 있다. 그 다음으로, 「상서商書」의 제편諸篇들은 주대周代 상商의 후예들이 당시 언어의 영향 아래 윤색 · 가공한 것들로서 필경 상대의 원래 흔적이 적지 않게 남아 있을 터인데, 정확히 알 수는 없다. 그리고 「우하서」의 제 편들은 주로 춘추전국시기 유가들이 근원이 서로 다른 원고遠古의 소재들을 가공하여 편조한 것으로, 그 소재들은 대부분 신화나 각 씨족의 오랜 전설에서 기인한 것들이다. 편조 당시 신인화神人化 · 신화화神話化된 내용을 후대에 다시 역사적 사실로 읽어 내면서 원래의 진의는 영원히 알 수 없게 되었다. 이 외에도 일부 문자적인 요인이 있는데, 예를 들어 고대문자가 그렇게 많지 않은 탓에 걸핏하면 동음어同音語를 가차해서 씀으로써 가차된 원뜻을 알 수 없게 된 경우이다.[60] 그리고 글자가 완비되지 않았기 때문에 한 글자가 여러 번 사용되어 일자다의一字多義를 형성함으로써 어떤 글자가 문장에서 어떤 의미를 지니는지를 알 수 없게 되는 경우도 종종 있었다. 이처럼 『상서』의 문자 자체가 지닌 일차적 원인이

---

60) 이 경우, 후대에는 다른 글자를 잘못 베껴 쓰는 일이 종종 일어난다.

실질적으로 『상서』의 길굴오아함을 만들게 된 것이다.

　『상서』의 이차적 제 문제에 대해서는 송에서 청에 이르기까지의 많은 학자들이 지속적으로 연구한 끝에 커다란 성과가 집적되었다. 위고문에 대한 변별이나 금문今文 유편遺篇의 착란 등에 대한 연구들은 앞의 관련 장절에서 그 빛나는 성과들을 확인할 수 있다. 그러나 일차적 원인이 만든 문제에 대해서는 그들도 어쩔 수 없었다.[61]

　『상서』의 일차적 문제에 대한 진정한 해결을 시도한 사람들은 오대징·손이양을 비롯한 근현대 『상서』 연구의 주류 일파이다. 오대징과 손이양은 단옥재 및 왕염손 부자의 학문을 계승하고 이로부터 고문자 연구의 또 다른 진전을 불러옴으로써 근현대 『상서』 연구의 실마리를 열었다. 예를 들어 오대징은 금문金文 「추돈追敦(敦)」의 "용추효우전문인用追孝于前文人"(전대의 문인을 좇아 효도하게 하다)이 『상서』 「문후지명」의 "추효우전문인追孝于前文人"과 완전히 일치한다는 사실로부터 "전문인前文人"은 주인周人들이 자신들의 선인先人을 가리키는 관용어였음을 유추하여, 「대고」에 보이는 "전녕인前寧人"·"녕왕寧王"[62]·"녕고寧考" 등이 "전문인前文人"·"문왕文王"·"문고文考"의 오류임을 단정하였다. 이는 '문文'을 잘못 예정隷定하여 '녕寧'으로 쓴 것이었으니, 이로써 과거 주소가들의 수많은 망설들을 한꺼번에 일소하고 『상서』의 문의를 정확하게 이해할 수 있게 되었다. 오대징은 또한 "조弔"는 "숙叔"의 본자本字로서 그 의미가 확장되어 "선善"이 되고 "숙淑"이 된다는 사실을 밝힘으로써 『상서』의 "부조不弔"·"부조천不弔天"·"부조호천不弔昊天" 등을 모두 이해할 수 있게도 해 주었다. 그러나 그는 여전히 금문학金文學의 맹아시대에 살았으므로 갑골문 연구는 접해 보지 못했다. 때문에 개별 글자에 대한 탁월한 견해 외에는 『상서』에 대한

---

61) 오직 최고의 성과를 이루어 낸 段玉裁, 王念孫 父子 등만이 일차적 원인에 의한 문제에 접근할 수 있었다.
62) 「君奭」에도 "寧王"이 있다.

특별한 탐색이 없었고, 그의 성과는 이차적 요인에 의한 『상서』의 문제에 한정될 뿐이었다. 하지만 이러한 이차적 문제의 해결은 일차적 요인의 문제를 해결하는 데 매우 유익한 작용을 하였다.

손이양에서 시작된 갑골문 연구로 인해 『상서』 연구는 새로운 시대로 넘어갈 수 있게 되었다. 나날이 발전하여 성숙한 단계로 들어선 갑골문 연구는 금문金文 연구와 표리가 되어 더욱 내실을 다져 갔고, 그 결과 『상서』의 일차적 요인에 의한 문제에 대해서도 비로소 정밀하고 깊은 연구를 수행하게 되어 『상서』 연구는 비약적인 발전을 이루어 진정한 과학적 연구의 단계를 열 수 있었다. 손이양의 성과와 공헌에 대해서는 앞의 제8장 7절에서 이미 서술하였고 그를 이은 나진옥羅振玉·왕국유王國維 등의 대가 및 현대 학자들의 성과와 공헌에 대해서도 본 장의 제1절에서 간략하게 설명하였으므로, 여기서는 앞에서 서술한 내용에 의거하여 금문金文을 이용한 연구 성과는 거론하지 않고 오로지 갑골학을 이용한 성과만을 서술하도록 한다.

현재까지 갑골학의 연구를 이용한 구체적인 『상서』 연구 성과가 적지 않은데, 아래에서는 「우하서」·「상서商書」·「주서」의 세 부분으로 나누어 살펴보되 비교적 중요한 예시들을 들도록 하겠다.

1. 「우하서」 부분

「우하서」 중 상대商代의 고대 자료에 근거하여 편조된 「요전」·「고요모」 두 편과 일부 신화지리적 요소가 가미된 「우공」 편, 그리고 「감서」 편 등에 대해서는 갑골문을 이용한 새로운 연구가 진행되었다. 여기서는 갑골문과 관련이 많은 「요전」과 「감서」 두 편을 거론한다.

1)「요전」에 관한 연구

먼저「요전」의 다음 단락을 보자.

희중義仲에게 명하여 우이嵎夷에 살게 하니 곧 양곡暘谷이다. 뜨는 해를 공손히 맞으며 봄 농사를 고루 다스리게 했다. 밤낮의 길이가 같고 성조星鳥가 나타나면 이로써 중춘仲春을 바로잡으니, 백성들은 밭갈이하고 조수鳥獸는 새끼를 친다. 희숙義叔에게 명하여 남교南交에 살게 하니, 여름 농사를 고루 다스리고 공경히 제사지내게 했다. 해가 길고 성화星火가 나타나면 이로써 중하仲夏를 바로잡으니, 백성들은 옷을 벗고 일하며 조수는 털갈이를 한다. 화중和仲에게 명하여 서쪽에 살게 하니 곧 매곡昧谷이다. 지는 해를 공손히 보내며 가을걷이를 고루 다스리게 했다. 밤낮의 길이가 같고 성허星虛가 나타나면 이로써 중추仲秋를 바로잡으니, 백성들은 곡식을 베고 조수는 털이 새로 자라난다. 화숙和叔에게 명하여 북쪽에 살게 하니 곧 유도幽都이다. 겨울의 밭일을 고루 살피게 했다. 해가 짧아지고 성묘星昴가 나타나면 이로써 중동仲冬을 바로잡으니, 백성들은 집안으로 들어가고 조수들은 털이 무성해진다.

分命義仲宅嵎夷, 曰暘谷, 寅賓出日, 平秩東作. 日中, 星鳥, 以殷仲春. 厥民析, 鳥獸孶尾. 申命義叔宅南交, 平秩南訛, 敬致. 日永, 星火, 以正仲夏. 厥民因, 鳥獸希革. 分命和仲宅西, 曰昧谷, 寅餞納日, 平秩西成. 宵中, 星虛, 以殷仲秋. 厥民夷, 鳥獸毛毨. 申命和叔宅朔方, 曰幽都, 平在朔易. 日短, 星昴, 以正仲冬. 厥民隩, 鳥獸氄毛.

이 단락은『상서』의 다른 내용들에 비해 문법구조나 단어, 문구 등이 그렇게 난삽한 편은 아니지만 그 문의는 오히려 좀처럼 이해되지가 않는데, 구주소를 비롯한 역대의 각종 해석들은 대체로 다음과 같이 정리된다. 이 전체 단락은 사계四季의 정사政事를 서술한 것으로, 매 계절은 약 3가지 내용으로 나뉜다. 첫째로 관원官員을 파견하여 해당 계절에 상응하는 방향의 업무를 담당하게 하고, 둘째로 사중성四中星에 의거하여 사계四季를 확정하며, 셋째로 거기에 해당하는 백성과 조수鳥獸의 상황을 서술하는 것이다. 그런데 그 설명이 매우 기이하다. 네 관원을 파견하는 것은 당연한 일이고 사중성으로 계절을 확정하는 것도 고대에 실제로 있었던 일이지만, 뒤에 기술된 그 백성과 조수鳥獸의 정황을 이해하기 어려운 것이다. 원래 이것은 상고上古의 서로 다른 신화전설 자료들을 유가들이 억지로 한데 모아서 만들었기 때문에 그에 대한 이해가 워낙에 요원하였다. 그러던 것이 갑골문 연구의 도움을 받아 해결을 보게 된 것이다. 이 중 네 관원은 고대신화의 태양여신에서 진화한 것으로서 갑골문 자료의 도움을 받은 민속학의 연구를 이용해서 해결할 수 있었고, 고대 천문학과 관련된 사중성에 관한 부분은 근대 천문학 지식과 갑골문 자료의 도움으로 논정을 완성할 수 있었다. 그리고 백성과 조수에 관한 부분은 원래는 전혀 관련 없는 신화 자료 속 고대 사방신四方神과 사방풍四方風의 명칭이었음이 오늘날 갑골학의 연구를 통해 비로소 밝혀졌다. 「요전」의 작자가 완전히 이해하지 못한 상태에서 기계적으로 모방했기 때문에 후대에 혼동이 초래되었던 것이다.

　최초로 백성과 조수 부분의 문제에 관한 해법을 제시한 사람은 호후선胡厚宣이다. 그는 「갑골문 사방풍 명칭의 고증」(甲骨文四方風名考證)63)에서 갑골문 두 편片에 기재된 사방의 명칭과 사방풍의 명칭에 관련된 자료를 『산해경』과 「요전」 및 『하소정夏小正』, 『국어』 등의 기록과 비교하여 그 원의原義를 고정하고, 이어서 「사방 및 사방풍 제사에 나타난 은대 구년求年의 해석」(釋殷代求年于四方和四方風的祭祀)64)에서 진일보한 풀이를 하였다. 이 글에서 그는 갑골편甲骨片의 사방명과 사방풍명 및 『산해경』의 사방명과 사방풍명을 상세히 열거하며 "『산해경』의 모방왈모某方曰某·모풍왈모某風曰某 운운한 것은 사실상 갑골문의 사방풍명과 완전히 일치한다"라고 단정한 뒤, 「요전」에서 이런 자료를 모방한 것이 『산해경』보다 뒤의 일이므로 『산해경』은 신화의

---

　63) 『甲骨文商業論叢』 初集.
　64) 『復旦學報』(人文科學) 1956年 1期.

원형을 보존하고 있고 「요전」은 인문역사 자료로 개작된 것이라고 하였다. 그는 "갑골문에서는 '봉왈협風曰劦'이라 하였는데 「요전」은 봉황鳳凰에서 파생되어 나온 조수鳥獸라는 말을 썼으니, 갑골문의 '봉风'자는 '풍风'(風)자의 가차자임을 몰랐던 것이다"라고 하였다. 뒤를 이어 양수달은 「갑골문 속의 사방풍과 사방신의 명칭」(甲骨文中之四方風名與神名)65)에서 사방을 가리키는 명칭이 바로 신의 명칭임을 밝혀내고, 아울러 사방신과 사방풍의 명칭이 지닌 의의를 보충 해석하였다. 진방회陳邦懷는 『은대사회사료징존殷代社會史料徵存』에서 방명方名과 풍명風名에 대해 다른 해석을 내렸고, 우성오는 「사방 및 사방풍 명칭 해석에 있어서의 양대 문제」(釋四方和四方風名的兩个問題)66)에서 서방西方·북방北方 방명方名의 두 가지 해석을 정정訂正하였다. 동시에 양수달·우성오 두 사람은 이 자료들이 갑골문과 『산해경』에서는 사시四時와 아무런 관계가 없다는 점을 지적하였다. 그런데도 「요전」에서는 사방과 사시를 조합하였으니, 이것 역시 「요전」이 이런 자료들을 기계적으로 모방하면서 임의로 배열했다는 증거가 된다. 만약 갑골학자들의 이와 같은 정밀한 연구가 없었다면 우리는 『상서』의 이런 문자들을 영원히 이해하지 못했을 것이다.

그 다음, 네 관원에 관한 자료는 그 이전의 "이에 희화羲和에게 명하여"(乃命羲和) 이하의 단락을 포괄하는데, 수당隋唐 이전의 주소가들은 모두 그들을 중려重黎의 후예인 희씨羲氏와 화씨和氏로서 천天·지地를 주관하는 일을 나누어 맡았다고 해석하였으나67) 실제로 고대신화에서 중려는 초楚민족의 종신宗神으로 희화羲和와는 관련이 없다. 희화는 중원中原 상제上帝의 처자妻子로서 태양太陽을 낳은 여신女神이었는데68), 진화하여 태양 자체가

---

65) 『積微居甲文說』.
66) 『甲骨文字釋林』.
67) 땅을 주관하지는 않았다는 說도 있다.
68) 『大荒南經』에 보인다.

되었다가[69] 다시 연변演變하여 태양의 운행자[70]가 되기에 이르고, 이윽고 어음語音의 변화로 인해 두 명의 여신으로 분화하게 된다. 한 명은 아황娥皇[71]으로, 원래는 상제의 처자였으나[72] 『시자尸子』와 『열녀전列女傳』에서는 그녀를 여영女英과 함께 순舜의 처처妻로 만들어서[73] 「요전」의 인용 다음에 그녀들을 언급하고 있다. 다른 한 명은 상희常羲(常儀)인데, 상제의 또 다른 처로서 달을 낳은 여신이다.[74] 이들 희화羲和·상의常儀의 두 여신은 신화가 인사人事로 변화함에 따라 인간세계로 내려와서 황제黃帝 수하의 일월日月을 관할하는 두 남성男性 관원이 되었다[75]. 이때만 해도 희화는 여전히 한 사람이었지만 요제堯帝의 때로 들어오면서 천문관天文官 4인(今文說) 혹은 6인(古文說)으로 변하게 되고, 이후 천문역법을 관장하는 관원을 지칭하는 용어로 확정되었다. 이 사실 또한 갑골문 속에 반영되어 있다. 곽말약은 「복사 속의 고대사회」(卜辭中之古代社會)[76]에서 "희화羲和·상희常羲 즉 아황娥皇·여영女英의 사실은 복사卜辭에서도 대략의 흔적을 찾을 수 있다"라고 말하였다. 아울러 그는 유악劉鶚의 『철운장귀鐵雲藏龜』(1903) 264 등 3편片에 있는 "유례우아有禮于娥", "유견우아有犬于娥", "구년아우비을求年娥于妣乙"이라는 문구를 거론하면서 "이 아娥라는 이름의 여성은 당연히 아황娥皇이니 또한 희화羲和이다", "희화羲和·상의常儀의 초자初字는 당연히 복사卜辭의 '아娥'와 '의경義京'이다"라고 말하며 비교적 상세한 해석을 진행하였다.

---

69) 『文選』의 「游仙詩」 등에 보인다.

70) 바로 '日御'로서, 『楚辭』 등에 보인다.

71) 王國維의 『殷卜辭中所見先公先王考』에 근거.

72) 『海內經』 참조.

73) 舜의 原形 역시 上帝이다.

74) 『大荒西經』 참조. 달을 낳은 常儀는 이후 인간세상으로 내려와 后羿의 妻子 嫦娥가 되었다. 그러나 그녀는 神話로부터 벗어나지는 못하고, 다시 그녀의 고향인 月宮으로 올라갔다.

75) 『呂氏春秋』, 「勿躬」.

76) 『中國古代社會研究』.

진몽가는 『은허복사종술殷虛卜辭綜述』의 「종교宗教」 편에서 "희화羲和·상희常義는 일월日月의 신神으로서 복사卜辭의 동모東母·서모西母에 해당한다"라고 하고, 또 "『요전』은 일월日月을 대표하는 여신인 희화羲和를 나누어 4명의 역사 인물로 만들었다"라고 하였다. 이런 문제들과 관련해서는 여전히 탐색해야 할 것들이 남아 있지만, 갑골문은 「요전」의 역사 기록들이 신화 자료에 근원을 두고 있다는 점을 논증하는 데 도움을 주었을 뿐만 아니라 우리에게 이러한 '역사 기록'에 대한 냉철한 인식을 가지게 해 주었다는 점은 명확하다.

4명의 천문 관원의 주요 임무인 "인빈출일寅賓出日"·"인전납일寅餞納日"에 대해 구주소에서는 떠오르는 해를 공경스럽게 맞이하고 지는 해를 공경스럽게 보내는 것이라고 하였다. 그런데 곽말약은 『은계수편殷契粹編』 17편片 고석考釋에서 다음과 같이 적고 있다.

> 은인殷人들은 해가 뜨고 질 때(出入日)에 모두 제제祭를 지냈다. 『은계일존殷契佚存』 407편片의 복사卜辭에 "정사일 일출에 유侑 제사를 지내고, 정사일 일몰에 유侑 제사를 지냈다"(丁巳卜又[侑]出日, 丁巳卜又入日)라는 기록이 있는데, 여기서의 "일출과 일몰에 소 세 마리를 희생으로 올려 세歲 제사를 지냈다"(出入日, 歲三牛)와 똑같다. 다만 이곳(『殷契粹編』17片)의 "출입일出入日에 제제祭를 지냈다"는 것은 똑같은 복사卜辭로 제사를 지냈음을 말하고, 저곳(『殷契佚存』 407片)의 "출입일出入日에 유侑 제사를 지냈다"는 것은 똑같은 날짜에 제사를 지냈음을 말할 뿐이다. 이는 은인들이 아침저녁으로 해에다가 제사를 지냈다는 점을 잘 보여 준다. 「요전」에서는 '인빈출일寅賓出日', '인전납일寅餞納日'이라 하여 출입일出入日을 봄과 가을로 나누어 배속시켰는데, 이는 곧 예서禮書에 보이는 "춘분에는 해를 맞이하는 제사를 지내고, 추분에는 달을 맞이하는 제사를 지낸다"(春分朝日, 秋分夕月)라는 설로서 모두 후대에 나온 것들이다.

『은계수편』 제597, 598, 1278 등의 편片들도 모두 은인殷人의 해가 뜨고 질 때의 제사를 설명하기에 충분하다. 진몽가는 『은허복사종술』에서 수많은 제일복사祭日卜辭의 편片들을 인용하여, 일日·출일出日·입일入日·낙일各(洛)日·출입일出入日 등에 대해 제사를 지낼 때 그 제법祭法으로는 빈賓·어御·우又·우祤·세歲 등이 있다고 하였다. 이로써 「요전」의 작자가 은대殷代의 제일祭日자료를 보기는 했으나 그 뜻을 명확히 알지 못하여 다른 계절의 임무로 분속시켰다는 것을 알 수 있다. 후대의 주소가들 또한 이를 이해하지 못하여 '경도敬導'·'경송敬送'의 억설로써 독자들을 혼란스럽게 만들었는데, 갑골문으로 인해 비로소 원래는 이것들이 종교전례였다는 사실이 밝혀지게 된 것이다.

다음은 조鳥·화火·허虛·묘昴 사성四星으로 계절을 정한 문제이다. 한대의 주소가 마융·정현은 모두 그것을 춘분·추분·하지·동지의 남방정중南方正中의 별이라고 여겨서 '사중성四中星'이라 칭하고 요堯임금 시대의 천상天象으로 확정하였으며, 후대의 주소가들은 간혹 다른 해석을 내놓은 이도 있기는 했지만 기본적으로 그 설을 그대로 계승하였다. 근대 천문학 연구를 통해서 인류가 역법을 제정하기 전에는 '관상觀象'의 시대를 거쳤다는 사실이 밝혀졌듯이, 그와 같은 마·정 이래의 설들은 고대 자료임이 확실하다. 당시 사람들은 생산과 생활을 위해 반드시 계절의 변화를 알아야만 했고, 그러기 위해서는 일정한 시간에 나타나는 하늘의 성상星象에 관심을 기울일 수밖에 없었다. 그들은 이 네 별들이 남방 하늘의 정중앙에 출현하는 때를 발견해 내어 그것을 춘분·하지·추분·동지의 4절령節令으로 나누었다. 이것은 바로 이집트에서 시리우스 좌座가 출현하면 나일강이 범람할 것을 아는 것과 같은 이치이다.

이 장의 '천문과 역법 분야에 관한 서술에서 근세 서방의 몇몇 천문학자들이 이 사성四星의 시대를 추측하였다고 간략히 언급한 바 있는데, 잘못된 자료에 근거한 주소가들의 설로 인해 그들은 대부분 그 시간을 문헌상에 말한 요순시대 혹은 그보다 좀 더 이른 시기로 단정하였다. 그러나 축가정은 이 4항성恒星의 현재의 적경도수赤經度數에 근거한 세차데이터를 운용하여 정확하게 계산해서, "조조鳥·화火·허虛 3성星은 아무리 **빨라도** 상대商代 이전의 현상일 수 없고, 묘수昴宿는 당요唐堯 이전의 천상天象이다"라는 결론을 도출해 내었다. 그리고 이후에 천문학자 유조양劉朝陽이 계속해서 이를 논증하였다. 근래 발굴된 갑골문 유적은 축가정의 설에 힘을 실어 주고 있는데, 그 복사卜辭들 속에 나타난 상대商代 제사성祭祀星으로 조조鳥·화火가 있고 또 효효鳥· 대성大星 등이 있다. 또 조셉 니덤은 『중국과학기술사中國科學技術史』 제4책 20장에서 상대商代 무정武丁 당시의 몇몇 성星을 제시하였는데, 그의 결론은 "대체로 사중성四中星은 모두 완전하다"는 것이었다. 다만 상대商代에 사계四季도 완비되었는지에 관해서는 여전히 토론 중이다. 우성오는 『고대세시고古代歲時考』에서 "갑골문은 단지 춘春과 추秋만을 계절 명칭으로 사용하였는데, 이 두 가지는 때때로 대정對貞[77]으로 사용되었다"라고 하면서, 그러나 상대商代 때에는 이미 사방四方과 사방풍四方風의 명칭을 배합시켰기 때문에 춘추의 두 계절이 사계四季로 발전할 조건이 갖추어져 있었다는 점을 지적하였다. 그렇다면 사중중성四仲中星은 이미 상대商代에 속하는 것이라고 볼 수 있다. 이것은 비록 여전히 연구 과정에 있지만, 확실히 그 천상天象이 상대商代보다는 **빠를** 수 없다는 점을 긍정함으로써 주소가들이 주장한 요堯임금 때의 천상天象이라는 설을 수정할 수 있게 된 것이다.

갑골문을 이용한 「요전」 해석을 통해 구주舊注의 잘못된 부분을 바로잡은 곳은 그 밖에도 많은데, 여기서는 더 이상 상세히 거론하지 않기로 한다. 지금부터 거론할 것은 갑골문 분석을 통해 살펴본 이 편의 주체인 '제요帝堯'의 해석에 관한 문제이다. 이에 대한 대략은 고힐강과 필자가 함께 집필한 『요전교석역론堯典校釋譯論』에 자세히 보인다.

---

77) 긍정과 부정의 의문문을 대비적으로 사용한 갑골문의 문장.

유가는 「요전」을 편찬하면서 요를 고대 제왕의 한 사람으로 설정하여 제요帝堯라고 칭했지만, 갑골문의 '제帝'는 상제上帝를 가리키며 어떤 사람은 '제帝'가 체제禘祭의 뜻이라고도 보았다. 은말殷末에 이르면 제을帝乙・제신帝辛의 두 왕칭王稱이 나타나는데 이는 통치세력이 점점 몰락해 가는 자신들의 권위를 회복하고자 상제上帝의 이름을 빌려서 분위기 전환을 꾀한 것일 뿐이고, 실제로 정상적인 '제모帝某'라는 칭호는 모두 어떤 신神을 가리킨다. 예를 들어 신화전설을 전하고 있는 「산해경」 속의 수많은 '제모帝某'들은 모두 신의 이름이다. 엥겔스는 "고대의 각 씨족들은 모두 자신들이 어떤 신에서 기원한 것으로 생각했다"[78]라고 말한 바 있는데, 「산해경」에 보이는 것들은 바로 여러 씨족들이 신봉했던 종족의 기원신 혹은 상제를 지칭한다. '제요帝堯'는 바로 이런 부류이다. 「요전」의 작자는 이러한 신화 자료의 원명原名을 그대로 차용하여 '인간화'시킴으로써 제왕의 이름으로 바꾸어 버린 것이다.

우성오는 「상서신증尙書新證」에서 갑골문의 𦦨[79]가 '요堯'자임을 확인하고 그것이 원래 도陶・교窯(窯요)와 같은 글자임을 알게 되었으며, 고힐강은 일찍이 '도陶'와 '요堯' 두 글자는 음근자音近字라고 했다. 실제로 요堯・도陶・요窯 세 글자는 고대에는 동음자同音字였다. 그리고 자형字形으로 본다면, 요堯자는 사람의 머리 위에 도기陶器가 얹혀 있는 형상으로서 토기를 굽는 것이고, 도陶와 요窯는 가마 속에 있는 이미 완성된 부기缶器이다. 이것들은 구조가 서로 다르지만 의미는 상통한다. 요堯가 비교적 간단한 형태인 데 비해 도陶와 요窯는 회의자會意字의 단계로 진입한 것이므로 요堯보다 뒤에 나온 것임을 알 수 있는데, 요窯가 도陶에 비해 더 늦게 나왔고 이를 더 간단하게 쓴 것이 '교窯'자이다. 「시경」「면綿」에서 주인周人들

---

78) 「家族・私有制 및 國家의 기원」.
79) 羅振玉, 「殷虛書契後編」(1916), 下32.

의 거주지로 나오는 '도복도혈陶復陶穴'이 현재 서북西北 일대에서는 여전히 '교동窖洞'이라 불리고 있는 데서 알 수 있듯이, 도陶는 확실히 교窖이자 요窯이며 이 세 글자는 원래 하나의 글자였다.

오랜 옛날 몽매시대에서 야만시대로 접어들면서 씨족들은 제도술制陶術을 가지게 되었다. 그리고 제도술은 저급 단계에서 고급 단계로 점점 발전해 갔다. 당시 도기를 만드는 데 특별한 기술을 가졌던 씨족은 교신窖神을 자신들의 씨족신으로 삼고, 엥겔스의 말처럼 그런 상상 속 선조의 이름을 씨족의 이름으로 삼았다. 「우공」의 도구陶丘는 산동성 서쪽에 있는 지금의 정도定陶라는 곳으로서 아직 그 명칭을 보존하고 있는데, 아마도 이 씨족이 생활하던 구역일 것이다. "순이 역산에서 농사짓고 하빈에서 도자기 굽던"(舜耕于歷山, 陶于河濱) 그 전설의 지역이 바로 이곳이다. 산동지역의 용산문화龍山文化에는 소제燒制기술이 매우 발달한 흑도黑陶[80]와 각종 도기 陶器들이 있는데, 대체로 그것들과 연원이 같다.

어떤 씨족의 신이 그 씨족부락 사이에서 전설로 내려올 때는 반드시 분화가 발생하게 마련이다. 이 씨족의 신은 '요堯'와 '고요皐陶' 두 이름으로 분화되었다. 고힐강은 필자가 '요堯'와 '고요皐陶'의 공통점을 찾는 데에 큰 도움을 주었다. '고皐'는 '호嘷'와 통하며, 그 성분은 발어사發語詞이다. 『의례』 「사상례士喪禮」에서는 옛사람들은 사자死者의 혼魂을 부를 때 "고모복 皐某復"을 외쳤다고 하는데, 정현의 주에서는 이에 대해 "고皐는 장성長聲이다. 모某는 죽은 사람의 이름이다", "복復은 혼을 되돌리는 것이다"라고 하였다. 옛날에는 '고皐'가 발어사였음을 알 수 있다. 그런데 시간이 지나면서 용자用字가 같지 않게 됨에 따라 하나였던 신명神名이 두 개의 신명으로 변하게 되고, 역사기록으로서의 「요전」이 제작되는 단계에 와서는 두 개의 인명으로 된 것이다. 이어서 용자用字가 분화함에 따라 그들은 씨족신

---

80) 계란껍질 도기라는 뜻의 蛋殼陶 같은 종류가 있다.

에 대해서는 요堯자를 쓰고 씨족의 명칭에는 요陶자를 사용하였다. 거기에 요堯의 후손이 당唐에 봉해졌다거나[81] 요堯가 예전에 당唐에 살았다는[82] 식으로 후대의 어떤 전설이 더해져서 『국어國語』·『좌전左傳』 등의 요당씨陶唐氏가 되고, 『세본世本』에 이르러서는 드디어 요堯의 씨족명이 되었다. 그러나 이는 후대에 나온 것이고, 거듭 말하지만 원래는 단지 요陶라고만 했을 뿐이다. 결국 요堯는 원래는 도기를 만드는 어떤 씨족의 종조신宗祖神이었다가, 그 씨족의 한 걸출한 수령이 제도기술 방면에서 특별한 공헌을 이루자 씨족 성원들이 그를 상제上帝가 내려준 교신窰神으로 칭송하며 그 이름으로 불렀을 것이다.

당시에 요씨족陶氏族은 유명한 씨족이 되었고, 그 씨족의 수령 요堯는 부락과 부락연맹의 수령을 맡게 되었다. 엥겔스가 "부락 수장의 씨족은 어떤 고귀한 신에서 기원하였다"라고 말한 것과 같이 그의 명망도 고귀하였으므로, 그는 씨족부락사회의 미덕을 대표하게 되고 또 그를 둘러싼 아름다운 전설들도 만들어졌다. 그 유풍은 주대周代까지도 전승되고 있었을 것이다. 그리하여 유가는 "옛일을 바탕으로 설을 만들면서"(按往舊造說) 이런 고대전설 속의 영광스러운 신이나 그런 신성을 계승한 수령을 인간으로 완전 정화한 다음, 자신들의 필요에 따라 수식을 더해서 '제요帝堯'를 만들고 그의 성덕盛德을 찬양하는 「요전」을 지었던 것이다. 아울러 분화해 나온 고요皋陶라는 신 또한 인명人名으로 정화시켜 그의 성덕을 선양하면서 유가의 정치윤리사상을 선양하는 「고요모皋陶謨」를 지어 주었다. 바로 이것들이 『상서』의 첫 부분을 구성하는 「우하서」의 두 편이다. 이처럼 민속학과 고대사회의 지식이 결합된, 갑골문자를 통한 깨우침은 이 두 편에 대해 정확한 인식을 가능하게 해 주었다.

---

81) 『世經』에서 「帝系」를 인용한 것이다.
82) 『漢書』 臣瓚의 注에서 舊說을 인용한 것이다.

2) 「감서」에 관한 연구

「우하서」 중에는 제3편 「우공」에 문제가 매우 많다. 비록 전국시대에 주로 작성되기는 했지만 이 편은 과거의 자료들을 수집한 것인데, 그 문제들에 대해서는 갑골학 연구 성과가 적지 않은 도움이 된다. 그러나 여기서는 그것들을 논의할 여력이 없고, 다만 「우하서」의 마지막 편인 「감서甘誓」를 간단하게 읽어 보도록 한다.

「감서」는 하계夏啓가 유호씨有扈氏와 벌인 감甘에서의 대전大戰을 기록한 것으로, 한대 이래의 주소가들은 모두 유호有扈에 대해 하夏와 동성同姓인 제후諸侯라고 하였다. 감甘은 곧 "유호남교有扈南郊의 지명地名"으로, 감수甘水로 인해 이름이 생겼으니 지금의 섬서성陝西省 호현戶(鄠)縣 서쪽 감곡수甘谷水 일대이다. 『한서』 「지리지」에도 호현鄠縣에 감곡정甘谷亭이 있다는 기록이 있다. 그런데 갑골문에 호扈와 감甘 두 지명이 보이는바, 『은허서계후편殷虛書契後編』 상上 12·12 및 13·2편片에 "왕이 호扈에서 호雇로 출행하였다"(王步自扈于雇), "왕이 호雇에서 출행하였다"(王步自雇) 등과 같은 기록이 있으며, 기타 호雇가 보이는 것들도 67편片이나 된다. 또 『은허서계후편』 상上 12·4편片의 "왕이 감甘으로 갔다"(王往于甘) 등, "감으로"(于甘)·"감에서"(在甘)의 식으로 감甘을 언급한 것이 20여 편片 정도 있다.

왕국유는 『은허복사 중에 나타난 지명 고찰』(殷墟卜辭中所見地名考)에서 '호雇' 자와 관련해서 다음과 같이 말하였다.

'호雇'자는 고서에서 대부분 '호扈'라고 썼는데, 『시경』 「소아小雅」의 '상호桑扈', 『좌전左傳』과 『이아爾雅』의 '구호九扈' 등은 모두 '호雇'를 가차하여 '호扈'로 쓴 것들이다. 그렇다면 『춘추』 장공莊公 23년조의 '맹호盟扈'의 호扈는 아마도 본래 호雇자였을 것이다.

그는 복사卜辭에 나타난 여러 지역들을 고정하여 모두 하남河南 북쪽

천 리 이내에 있다고 논정하면서, 그곳들은 은천자殷天子가 행행行幸한
지역이라고 믿었다. 이 지역들은 은왕殷王이 활동하던 범위 내이지만
은왕조의 세력이 닿지 않았던 오늘날의 섬서성陝西省과도 멀지 않으므로,
왕국유가 하남 북쪽 천 리 이내로 규정한 것은 믿을 만하다. 그는 두예杜預의
『좌전주左傳注』에 기록된 "형양 권현 북쪽에 호정扈亭이 있다"(滎陽卷縣北有扈亭)
구절을 인용하여 호扈의 소재지를 탐색하는 근거로 삼았다. 한편, 진몽가
의 『은허복사종술殷虛卜辭綜述』「방국지리方國地理」와 이학근李學勤의 『은대지
리간론殷代地理簡論』에서도 '인방人方 정벌의 노정'(征人方路程)을 따라가며 호扈
의 소재를 탐색하였는데, 비록 구체적으로 지목한 바는 서로 다르지만
동일하게 그 지역이 황하와 인접해 있다고 말함으로써 왕국유의 설을
증명하였다. 『좌전』 소공昭公 17년조에서는 '새를 토템으로 하는'(紀于鳥)
동방이족東方夷族의 소호少昊부락을 말하고 있는데, 이를 9종의 호조扈鳥를
토템으로 하는 '구호九扈'부족과 결합시켜서 살펴볼 수 있다. 그리고 '유호
有扈'는 바로 이 '구호九扈'를 가리킨다. '구호九扈'는 『설문』 가부佳部에 '구고九
雇'로 되어 있으며, 호雇의 주문籕文이 호鳸이므로 『이아』「석조釋鳥」에서는
호雇가 곧 호鳸라 하였고 형병邢昺의 소疏에서는 『춘추』를 인용하여 호扈라
하였다. 그 지역은 바로 두예가 말한 형양滎陽의 권현卷縣 북쪽이니, 오늘날
하남성(豫) 경계의 황하黃河 북변에 있는 원양原陽·원무原武 일대로서 복사卜
辭에 기록된 은대殷代의 지역과 부합한다. 『시경』「상송商頌」 "위고기벌韋顧旣
伐" 구절의 고顧 역시 호雇 즉 호鳸이다. 자발적으로든 하夏왕조의 핍박
때문이든, 혹은 패전으로 인해서든 지금의 범현范縣 일대로 이주하게
되었을 것이다. 곽말약의 『복사통찬卜辭通纂』 743편片83)의 고석考釋에서는
왕국유가 말한 호雇는 범현范縣의 호雇이지 권현卷縣의 호雇가 아니라고
했는데, 이는 범현으로 옮겨 가기 전에는 원래 권현에 있었다는 사실을

---

83) 앞에서 인용한 『殷虛書契後編』 上에 있는 片이다.

몰랐기 때문에 한 말이다. 요약하자면, 갑골문은 우리에게 유호有扈가 오늘날의 섬서성 호현戶縣이 아니라 하남성 원양原陽 일대에 있었다는 사실을 알려 주었다.

그 다음 감甘에 관하여, 왕국유는 감정호곡설甘亭扈谷說을 믿지 않는다고 밝히면서 "감甘은 『춘추』에 나오는, 감소공甘召公이 봉해진 읍인 것 같다"[84] 라고 하였다. 살펴보건대, 『좌전』 희공僖公 24년조의 두예 주에 "감소공은 왕자王子 대帶로서 식읍食邑은 감甘이다. 하남현 서남쪽에 감수甘水가 있다", "서쪽 25리에 옛 감성甘城이 있다"라고 하였다. 또 『수경水經』의 감수甘水에 관한 주에서도 "감수甘水 동쪽 20리 허락성許洛城 남쪽에 옛 감성이 있는데, 북쪽으로 하남의 고성故城을 마주하고 있다"라고 하였다. 이곳은 지금의 낙양洛陽 서남쪽 방면이다. 이로써 우리는 감甘 또한 호扈와 마찬가지로 지금의 하남성河南省 내에 있었다는 것을 알게 되었다.

호扈와 감甘 지역에 관한 고찰은 확실히 당시 민족 간의 전쟁 형세와도 부합한다. 필자는 고힐강과 함께 공동집필한 「감서교석역론甘誓校釋譯論」[85] 과 1982년에 발표한 「갑골문과 상서 연구」(甲骨文與尙書硏究)[86] 및 1983년의 「유하족의 원거지에 근거하여 하夏의 문화가 진남晉南에서 시작됨을 논함」 (由夏族原居地縱論夏文化始于晉南)[87]에서, 상세한 논거를 통해 유호씨有扈氏는 그 선조가 새를 토템으로 하는 동방이족부락東方夷族部落(鳥夷族)의 한 갈래에 속하며 그 중심 활동 지역은 지금의 하남성 원양原陽 일대임을 밝혔다. 원래 하족夏族 각 부락은 서쪽으로 멀리 떨어진 진남晉南 일대(陝西)에 주거하고 있었는데, 점차 동쪽으로 이주하여 하남성(豫) 경계까지 진출함으로써 조이족鳥夷族들을 위협하게 되었다. 이에 유호씨有扈氏가 대항하여 일어나

---

84) 楊筠如의 『尙書覈詁』에 인용되어 있다.
85) 『中國史硏究』 1979年 1期.
86) 『甲骨文與殷商史』 第3輯.
87) 『華夏文明』 第1輯.

지금의 낙양洛陽 서남쪽 감甘지역에서 전쟁을 벌이게 된 것이다. 이 전쟁에서 승리한 하족夏族은 이후 하남성 일대에 왕조를 건립하여 자신들의 문화를 발전시켜 나갔다. 근래의 고고학의 성과는 하夏의 문화에 대해, 진남晋南에서 일어난 중원 용산龍山문화의 도사陶寺 유형이 이리두二里頭문화文化의 동하풍東下馮 유형으로 바뀌게 되고, 다시 하족夏族이 하남성 일대에 진입한 이후로는 하남河南 이리두二里頭문화로 변하였다는 것을 알게 해 주었다. 이것은 하족이 서에서 동으로 발전해 가는 과정에서 조이족鳥夷族과의 충돌이 발생했음을 보여 주는 확실한 증거이다.

유호씨有扈氏가 하남성 동쪽 원양原陽 일대에 있었고 감甘이 낙양의 서남쪽에 있었다는 것은 실제 역사와 일치한다. 우리는 갑골문 연구를 통해서 비로소 구주소로부터 탈피하여 정확한 지식에 도달할 수 있게 된 것이다.

「감서」편의 내용 가운데 갑골문을 참고로 정확한 이해를 할 수 있는 것으로는 "태기삼정怠棄三正"이라는 말이 있다. 이 구절의 삼정三正에 대해 구주소는 한대 삼통설三通說에서 말하는 하정건인夏正建寅·상정건축商正建丑·주정건자周正建子의 이른바 '천지인天地人 삼정三正'으로 잘못 해석해 왔다. 그러나 필자는 1978년에 「상서 감서의 오행과 삼정에 대한 해석」(釋尙書甘誓的五行與三正)[88]에서 구설을 반박하였는데, 여기서는 갑골문의 '거정臣正'과 '정正'이 상商왕조의 대신大臣을 가리킨다는 것을 근거로 하여 금문金文 및 제 문헌에서 이런 용법들을 검증함으로써 「감서」의 삼정三正 또한 유호씨有扈氏의 대신들을 가리킨다는 점을 논정하였다.[89]

갑골문에는 없는 것을 통해 『상서』 문구를 연구한 경우도 있다. 바로 「감서」편의 "위모오행威侮五行" 구절이다. 필자는 또 「상서 감서의 오행과

---

88) 『文史』第7輯.
89) 어떤 학자는 '正'자를 '政'자로 해석하기도 하는데, 글자의 本義에 부합하지 않으며 해석도 완전히 잘못되고 만다.

삼정에 대한 해석」에서 문헌 단서 및 근대 천문학 연구 성과에 근거하여 '오행五行'의 원의가 오성五星의 운행이며 바로 이런 면에서 천상天象을 대표하는 의미가 되었음을 논정함으로써 이것을 음양오행으로 본 구주소의 해석을 물리치기도 했는데, 양승남楊升南은 「상서 감서의 오행에 대한 질의」(尚書甘誓中五行質疑)[90)]에서 갑골문에는 오성숭사五星崇祀의 관념이 보이지 않는다는 점을 들어 『국어』 「주어周語」의 "멸기오칙蔑棄五則"으로 해석되어야 한다고 하였다. 물론 「감서」의 원문이 "위모오칙威侮五則"으로 되어 있다면 당연히 양승남의 해석을 따라야 하겠지만, 원문이 "오행五行"으로 되어 있으므로 이것은 천상天象을 대표하는 의미로 해석되어야 정확할 것이다. 양승남이 거론한 갑골문의 정황도 완전하지 않다. 비록 오성숭사五星崇祀라는 말이 갑골문에 보이지 않더라도 은인殷人들에게는 항상 일日·월月·성星에 대한 제사가 있었으므로 오성五星 역시 거기에 포함되어야 한다. 그들은 특히 조鳥·화火 두 성星에 제사를 지냈는데, 새(鳥)는 그들 부족의 토템이었으며 불(火)은 상대商代를 대표하는 성신星辰으로서 문헌에서 '상성商星'으로 칭해졌기 때문이다. 복사에서의 '鳥鶉'자는 이 두 성星을 모두 가리키는 것일 수 있다. 상인商人들은 자신들이 숭배하는 두 성星에 숭사崇祀를 올렸고, 오성五星은 상대商代를 대표하는 것이 아니기에 숭사를 올리지 않았던 것이다. 밤하늘에 가득 찬 성신星辰들 중에는 제사지내지 않는 것들이 훨씬 더 많았으니, 숭사를 올리지 않았다고 해서 그 성星이 없었다고는 말할 수 없다. 「감서」의 '오행'을 오성의 운행으로 해석한 것은 수많은 문헌들의 논증과, 근대 국내외 천문학자들이 설정한 시대별 28수宿의 입론에 근거한 것이므로 비교적 확실하다. 그렇더라도 양승남의 문제 제기는 『상서』 연구를 위해서는 갑골문 정황에 대한 탐색이 더욱 다방면으로 이루어야 함을 확인시켜 주었다.

---

90) 『中國史研究』 1980年 2期.

2. 「상서」 부분

현존 「상서商書」는 「탕서湯誓」, 「반경盤庚」 3편, 「고중융일高宗肜日」, 「서백감려西伯戡黎」, 「미자微子」 등 5제題 7편篇으로 구성되어 있다. 이들이 속한 시대는 갑골문과 동일한 시대로서 「우하서」나 「주서」에 비해 그 관계가 훨씬 더 밀접하므로 갑골문을 이용한 연구가 더욱 적합하다. 그러나 문제가 매우 복잡하므로 요점만 말하도록 하겠다.

1) 「탕서」에 관한 연구

우선 갑골문을 통해 '탕湯'은 원래 '당唐'으로 썼다는 사실이 밝혀졌다. 왕국유는 「은 복사에 보이는 선공선왕先公先王에 관한 고찰」(殷卜辭中所見先公先王考)에서 「철운장귀鐵雲藏龜」 214편片 및 「은허서계후편殷虛書契後編」(上) 29편片의 두 복사를 인용하였다.

이에 따르면 당唐은 대정大丁·대갑大甲과 연문連文이면서 맨 앞에 위치하므로, 곧 탕湯일 것이다. 「설문」 구부口部에 "당喝은 당唐의 고문古文으로 구口와 양昜을 구성 요소로 한다" 하였는데, 탕湯자와 모양이 비슷하다. 「박고도博古圖」 「제후박종명齊侯鎛鍾銘」에 "혁혁성당虩虩成唐…… 엄유구주奄有九州……"가 실려 있는데, 대저 천명을 받아 구주를 소유한 사람은 성탕成湯이 아니면 그 누구이겠는가?…… 복사卜辭의 당唐은 필시 탕湯의 본자本字이니, 후에 당喝으로 변했다가 마침내 탕湯으로 통용되었다. 다만 탕湯의 전제專祭를 기록한 복사卜辭에서는 반드시 "왕빈대을王賓大乙"이라 했고, 오직 고제告祭 등에서만 당唐으로 칭했다.

살펴보건대, 「경전석문」 '탕서湯誓'조에서는 「세본世本」을 인용하여 "탕湯의 이름은 천을天乙이다" 하였고, 「은본기殷本紀」에서도 "천을天乙이 제위에 오르니 바로 성탕成湯이다"라고 하였으니, 갑골문 연구를 통해 이 두 이름이 모두 증명되었으며 문헌에 따라 조금의 변화가 있었음을 알게 되었다. 갑골문 원문에서는 탕湯을 당唐으로 적고 또 천을天乙을 대을大乙로 적고 있다.

「탕서」는 탕湯이 걸桀을 정벌할 때의 서사誓詞이다. 그 중의 한 구절인 "사아색사이할정하舍我穡事而割正夏"에 대해 『위공전』은 "인민의 농공農功을 탈취하고 침탈을 일삼는 정사政事"(奪民農功而爲割剝之政)라고 했는데, 앞부분은 틀리지 않았으나 "할박지정割剝之政"은 완전히 틀렸다. 한대에도 이미 이런 잘못이 있어서, 『사기』는 이 구절을 인용할 때 "사아색사이할정舍我嗇事而割政"이라 하여 '하夏'자를 빼 버렸고, 청유들은 이 구절에 원래 '하夏'자가 없었다고까지 말했다. 그러나 갑골문에서는 '정正'자가 항상 정벌征伐의 의미로 쓰이기 때문에 오늘날은 "정하正夏"가 바로 "정하征夏"임을 곧바로 알 수 있다. 「탕서」의 그 아래 구절 "불감부정不敢不正"에 대해서도 구주소는 "감히 걸桀의 죄를 바르게 하지 않을 수 있겠는가"(不敢不正桀罪)라고 잘못 해석하였는데, 사실은 "감히 걸桀을 정벌征伐하러 가지 않을 수 있겠는가"(不敢不去征伐桀)라는 의미이다.

이 편에는 또 "이상보여일인爾尙輔予一人" 구가 있는데, 모든 갑골문·금문에서 "여일인余一人"은 천자의 자칭사自稱詞로서 제후諸侯 이하는 사용할 수 없다. 호후선胡厚宣은 「여일인이라는 호칭」(稱余一人)[91] 및 「다시 여일인 문제를 논하다」(重論余一人問題)[92]라는 글에서, 복사卜辭를 보면 반경盤庚·소신小辛·소을小乙에서 무정武丁에 이르기까지 모두 "일인一人"이라 칭하다가 조경祖庚·조갑祖甲 때 비로소 "여일인余一人"이라 칭하기 시작했으며, 이후 무을武乙·문정文丁 때에 다시 "일인一人"으로 칭해지다가 제을帝乙·제신帝辛 때에 "여일인余一人"으로 정해졌다는 점을 지적하였다. 「탕서」는 조경祖庚보다도 한참 앞선 시대의 탕湯의 말을 적은 것이므로 "일인一人"으로 칭해야

91) 『歷史硏究』 1957年 1期.
92) 『古文字硏究論文集』.

만 옳은데도 "여일인余一人"으로 칭하였고, 이후 「반경」에 6번의 "여일인余一人"이 사용되고 있다. 이것은 이 용거가 후대의 관용적인 용법임을 말해주며, 이 두 편이 후세에 작성되었다는 점을 설명해 주고 있다. 한편 '여余'자는 주대周代에 들어 관용적으로 가차자假借字인 '여予'로 사용되었는데, 「탕서」에는 주대의 다른 관용자들로서 '이爾'·'서庶'·'천天'·'이台' 등도 쓰이고 있다. 이 또한 왕국유의 "「상서商書」가 죽백竹帛에 기록된 것은 (殷의 후예가 분봉된) 송宋 초엽의 일에 해당한다"(「高宗肜日說」)라는 말에 대한 하나의 증거가 될 수 있다.

갑골학 연구는 「탕서」에 쓰인 역사적 함의의 문자들에 대해서도 더 깊은 탐색을 가능하게 해 주었다. 예를 들어 「탕서」篇의 첫 구절인 "격이중서格爾衆庶"에 대해, 곽말약은 갑골문을 근거로 중서衆庶는 바로 노예奴隸를 지칭한 것이라는 설을 처음 제기하였고, 이 설을 따르는 사람이 매우 많았다. 그러다 장정랑張政烺이 「복사의 부전裒田 및 그와 관련된 제 문제」(卜辭裒田及其相關諸問題)[93]의 제4절에서 "탕서 속의 하상夏商시대 중인衆人들"(湯誓中的夏商衆人)이라는 제목으로 두 번째 신설新說을 제시하였다. 여기에 따르면 당시의 중인衆人은 모두 징집된 농부들로서 직업군인이 아니었는데, 전쟁에서 계급이 분화되어 공을 세운 자는 지위가 올라가고 서언誓言을 따르지 않는 자는 노예로 되었다는 것이다. 이러한 설에 따라 「탕서」의 해석은 「반경」의 '중衆'에 비해 매우 간단하고 명백하게 되었다. 이 외에도 각종 잡지에 발표된 논문들에서도 '중衆'·'서庶'에 대해 제시된 여러 신설들을 볼 수 있는데, 이 모두는 갑골학이 흥기한 이후 촉발된 새로운 사고들이다. 사실 언어는 생동감을 지니고 있어서 다양하게 해석될 수 있는 만큼 간단하게 정론할 수는 없으니, 이에 대해서는 「반경」에 관한 글에서 다시 한 번 논의하도록 한다.

---

93) 『考古學報』 1973年 1期.

2) 「반경」에 관한 연구

「반경」 3편의 문제는 매우 많은데, 내용상 이 편이 상왕商王 반경盤庚의 강화講話라는 점은 확실하지만 편篇의 문자와 갑골문을 서로 비교해 보면 앞서 거론한 "여일인予一人" 외에도 적지 않은 차이들이 발견된다.

(1) 자구의 차이

상대商代의 금문金文 가운데 일련의 「익기유鄒其卣」들을 보면 자수字數가 34자에 달하는 것도 있어서 여전히 이 기물에 대해서는 이설異說이 많다. 그러나 이를 제외한 상대 금문은 대부분 2~3자에 그쳐, 당시에 이런 용도의 문자는 매우 간단했음을 보여 준다. 상대의 갑골문 또한 간단함을 특징으로 하는데, 자주 보이는 복사卜辭들은 모두 구句와 자字의 수가 매우 적다. 간혹 7~8구에서 10여 구에 달하고 자수 또한 100~200자나 되는 것도 있긴 하지만, 대부분은 매우 간단하다. 이것은 「반경」의 문자와는 선명한 대조를 이룬다.

복사卜辭는 점복용占卜用이었기 때문에 애초에 간단했을 것이고, 또한 형식의 제약으로 인해 간단한 자구만이 허용되었을 것이다. 설령 주초周初의 문자들 중에도 여러 '고誥'와 같이 비교적 긴 편들이 있기는 하지만, 『역易』의 괘효사卦爻辭 역시 간단하기는 마찬가지이다. 새로 출토된 서주西周의 갑골문도 이와 같이 간단하기 때문에 동시대에 존재했던 장편 고문誥文들과의 비교연구가 충분히 가능하다. 정치적 공문서公文書인 「반경」은 전체 3편이 총 1285자에 달하는 장편 대작으로, 주초의 여러 '고誥'들과 유사하고 점복占卜 기록과는 같지 않다. 그런데 『상서商書』의 나머지 다른 편들은 이 편에 비해 훨씬 간단하며, 갑골문과 이 편을 비교해 보면 그 복잡함과 간단함의 구별이 더욱 확연히 드러난다. 이것이 바로 『상서』 비교연구의 시작점이다.

(2) 문법의 차이

문법에도 약간의 차이가 있는데, 우선 대명사(代詞)가 앞에 온다는 점이다. 1인칭의 경우, 갑골문에서는 단수의 주격·목적격(賓格)으로 '여余'를 쓰고 소유격(領格)으로는 '짐朕'을 썼으며, 복수는 주격·목적격·소유격 모두 '아我'를 썼다. 서주 금문金文도 기본적으로 같은데, 다만 '아我'자가 단수의 주격·목적격으로도 폭넓게 쓰였고 '짐朕'자는 오직 단수의 소유격으로만 쓰였다. 그런데 「반경」에 쓰인 13개의 '짐朕'자 가운데 2개는 주격이고 2개는 목적격이었으니, 이는 상대商代의 용법이 아니다. 또한 20개의 '아我'자 가운데 2개의 단수 주격이 있는데 이는 서주의 용법이며, 3개의 단수 소유격은 동주 이후의 용법이다. 31번 사용된 '여余'자는 모두 단수로서 갑골문의 용법과 같지만 본자本字 대신 동주 때 관용적으로 가차된 '여予'자를 사용하고 있다. 또 2인칭의 경우, 갑골문에서 단수와 복수의 구별 없이 주격과 목적격에는 모두 '여女'(汝)자를 쓰고 소유격에는 '내乃'자를 썼다. 서주 금문도 이와 같은데, 다만 춘추시대에 들어 세 격格에 두루 쓰이는 '이爾'자가 나타나게 된다. 「반경」의 경우 '여汝'자가 39회 사용되었는데 갑골·금문의 용법과 같고, 14개의 '이爾'자가 보인다. 46개의 '내乃'자 가운데 소유격으로 쓰인 것이 25개로서 상대商代의 용법을 보존하고 있으며, 목적격으로 쓰인 1개는 동주의 용법을 보여 준다. 또한 부사 '내迺'자가 2인칭 대명사로 사용된 것이 20개인데, 갑골문에도 이런 용법이 있기는 하지만 부사 '내迺'자가 따로 있었으니 「반경」에는 '내迺'가 부사로 사용된 용례가 없다. 이 역시 미세한 차이점이다.

허사虛辭, 즉 접속사(連詞)·전치사(介詞)·조사·부사와 같이 문장을 매끄럽게 해 주는 글자들은 춘추전국시대의 문장과 별 차이가 없다. 예를 들어 접속사 '이而'자는 갑골문에는 없는데,[94] 하정생何定生은 『상서의 문법과

---

94) '而'자가 地名 및 祭名으로 쓰인 경우는 있다.

그 연대』(尚書的文法及其年代)에서 "이而자는 동주 이후의 글자로서 춘추전국시기에 널리 사용되었으니, 이 글자를 사용한 사람들은 절대 서주시대의 사람이 아니다"라고 하였다. 그런데 「반경」의 본문에는 도리어 "有條而不紊"(조리가 있어서 어지럽지 않음), "弗告朕而胥動以浮言"(나에게 고하지 않고 뜬소문으로 서로 충동질하다)와 같은 후대의 구절들이 보이는 것이다. 또한 접속사 '즉則'자는 갑골문에 보이지 않고[95] 금문金文에서는 서주 후기의 기물들 즉 「소백호궤召伯虎毁」·「혜갑반兮甲盤」·「장반牆盤」 등에만 사용되었는데, 「반경」에는 "則惟爾衆自作弗靖"(그대들 스스로 편안하지 못하게 만든다면) 구절이 있으니 이곳의 '즉則'자와 '이爾'자는 모두 주대에 보태진 글자로서 은대 갑골문의 옛 모습이 아니다. 이는 주대인들이 고문헌을 읽을 때 자주 있었던 현상이다. 가령 「반경」편에는 또 "邦之臧, 惟爾衆. 邦之不臧, 惟予一人有佚罰"(나라가 잘되는 것은 오직 그대들 때문이요, 나라가 잘못되는 것은 오직 나 한 사람이 형벌을 잘못 썼기 때문이다)라는 구절이 있는데, 「국어」「주어周語」에서는 "國之臧, 則惟爾衆. 國之不臧, 則維余一人是有逸罰"라고 하여 두 개의 '즉則'자와 한 개의 조사 "시是"자를 더해 「반경」의 구절을 인용하고 있다. 춘추시기의 사람들은 고서를 읽을 때 자기 시대의 언어와 단어를 거기에 더하였던 것이다. 이런 것들이 끊임없이 누적되면서 자연스럽게 「반경」은 갑골문과는 많이 달라졌다. 그러나 바로 이와 똑같은 이유로, 그 문구와 단어가 더해져서 변한 것들이 적지 않음을 증명함으로써 도리어 그 원본이 상대商代의 것임을 신뢰할 수 있게 되었다.

또한 일부 명사에도 유사한 변이가 있었다. 예를 들어 「반경」의 '천天'자는 상제上帝를 가리키는 것인데, 갑골문에서는 그렇게 쓰이지 않았다. 복사卜辭에서는 '천天'자를 '대大'의 의미로만 쓰고 지상신至上神을 칭할 때는 '제帝' 또는 '상제上帝'라는 말을 썼는데, 주인周人들은 지상신을 가리켜

---

95) 그러나 郭沫若은 甲骨文에서 '隹'자가 이 用法으로 사용되었다고 보았다.

'천天'이라 하고 '제帝'라고는 하지 않다가 상商을 멸한 뒤부터는 '제帝'자와 '천天'자를 함께 사용하였다. 이는 바로 엥겔스가 『포이에르바하론』에서 말한 것으로, 고대 각 민족들은 모두 자신들의 고유한 신이 있었는데 민족이 융합되는 과정에서 이민족의 신과 고유의 신을 함께 제단에 모시게 되면서 제帝와 천天이 병립하게 된 것이다. 『반경』은 '상제上帝'라는 단어를 사용하면서도 '천天'자를 5번 사용하였는데, 그 중 1개는 천명天命을 가리키고 나머지 4개는 모두 상제上帝를 가리킨다. 전승되어 오던 『반경』이 주대에 다시 작성되면서 당시 언어의 영향을 받고 두 민족의 신을 병존시키게 된 것이다. 그 결과 『반경』에는 갑골문과 맞지 않는 부분이 더 많아지게 되었다.

갑골문과 금문에는 공통적으로 두루 쓰인 특정한 전문 용어가 있다. 예를 들어 사관이나 대신이 왕명을 대신 선포할 때에는 "왕약왈王若曰"이라 하였고, 왕이 직접 신하들에게 말할 때에는 "왕왈王曰"이라 하였다. 이는 진몽가의 「왕약왈고王若曰考」[96]와 우성오의 「왕약왈석의王若曰釋義」[97]를 통해 밝혀진 내용이다. 그런데 『반경』 상편에 보이는 "왕약왈王若曰"은 반경 자신이 직접 귀족대신들에게 말하는 내용이므로 당시 용례에 부합하지 않다. 또 우성오가 지적했듯이 "왕약왈王若曰"은 은허갑골문 제3기 즉 상대商代 후기에서야 비로소 출현한 단어인데, 이러한 단어가 『반경』에 있다는 점도 주목할 만하다.

(3) 자의의 차이

일부 자의字義의 해석에 있어서도 갑골문의 해석과는 차이가 있는 것이 있다. 상서학에서 이의문자異義文字에 대한 연구가 시작된 것도 그

---

96) 『尙書通論』.
97) 『中國語文』 1966年 2期.

때문이다. '중衆'·'민民' 두 자의 경우, 곽말약은 갑골문과 금문에 의거해서 "중衆"을 노예로 해석하고 또 금문에 의거해서 '민民'을 노예로 해석하였다. 이러한 곽말약의 설은 고대사회를 연구하는 데 큰 도움을 주었고 개창開創의 공 또한 있으나, 이 설에는 논쟁의 여지가 있고 보충할 것도 많다. 가령 곽말약은 애초에 갑골문에는 '민民'자가 없다고 했는데, 실제로는 『은허복사殷虛卜辭』98) 1633, 『은허문자철합殷虛文字綴合』99) 9.1, 『은허문자갑편殷虛文字甲編』100) 11.8 및 1152 등의 편片에 '민民'자가 보인다. 다만 그 뜻은 여전히 불분명해서 그것들이 노예를 의미하는 것인지는 알 수 없다. 또한 갑골문 『은허서계전편殷虛書契前編』101) 5.45.5 "정중유재貞衆有災"의 '중衆'자가 노예를 의미하는 것이라면, 왜 은왕殷王이 그들에게 닥친 재해災害에 그렇게 관심을 가졌겠는가? 복잡한 사회문화 속에서 발달해 온 언어의 의미를 그렇게 간단하게 확정할 수는 없을 것이다.

먼저 '중衆'자에 대해 살펴보도록 한다. 원본 『반경』 중편中篇은 천도遷都하기 전에 민중들에게 한 강화講話인데, 그 속에 "기유중함조其有衆咸造"와 "용봉축녀중用奉畜汝衆"라는 구가 있다. 곽말약은 이곳의 '축畜'자에 근거해서 '중衆'을 노예라고 하였다. 그러나 본문을 보면, 반경은 특별히 '중衆'을 왕정王庭에 소집하여 아주 친밀한 어조로 직접 대화를 나누고, 그들로 하여금 사악한 것과 접촉해서 신체를 손상시키거나 심령心靈을 더럽히는 일이 없도록 하라고 설득하면서 천상天上에 있는 그들의 선조까지 거론하고 있다. 이러한 '중衆'이 어떻게 죽일 수도 있고 책망할 수도 있는 공구工具이겠는가? 아마도 '중衆'은 왕정王庭에까지 초대될 수 있는 귀족貴族이나 노예주奴隸主 또는 군중의 우두머리 등을 가리키는 말일 것이다. 원본

---

98) James Mellon Menzies(明義士), 1917. 원제는 *Oracle records from the waste of Yin.*

99) 中國科學院, 1955.

100) 董作賓, 1948.

101) 羅振玉, 1913.

하편은 반경이 백관百官들에게 강화한 것인데, 이곳의 두 '중衆'자가 모두 백관을 가리킨다는 점에서 위의 설은 더욱 명확하다. 다만 "경념아중敬念我衆"의 '중衆'자는 민중을 지칭하는 것으로 보인다. 원본 상편에는 또 7개의 '중衆'자가 있는데, 역시 귀척貴戚과 관원官員을 가리킨다. 따라서 「반경」의 '중衆'자는 노예를 가리키는 것이 아니라 '많다'는 뜻의 '중衆'자로 사용된 것이라고 할 수 있다.

다음은 '민民'자에 대해 살펴보도록 한다. 원본 중편의 8개 '민民'자는 반경의 말을 듣지 않고 천도를 반대하는 사람들을 가리키는 말로, 반경이 조정에 초대하여 직접 설득시키려 했던 바로 그 '중인衆人'들이다. 이처럼 '민民' 또한 '중衆'과 같으니, 비록 "축민畜民"이라고 했다 하더라도 어떻게 노예라고 할 수 있겠는가? 단옥재는 「설문해자주」에서 '축畜'자에 대해 이렇게 말하였다.

옛날에 '호好'자를 가차한 글자이다. 「설원說苑」에서 윤일尹逸이 성왕成王에게 "백성이 착하면 좋지만(畜) 착하지 않으면 원수가 됩니다"라고 하였고, 안자晏子는 경공景公에게 "좋은 군주(畜君)에게 무슨 원망이 있겠습니까? 축군畜君은 호군好君입니다"라고 하였으니, 축畜은 호好의 가차자假借字이다.

따라서 "축민畜民"은 "호민好民"으로 해석할 수 있다. 원본 하편에는 4개의 '민民'자가 나오는데, 반경은 그들이 흩어져 사는 것에 유감을 표시하면서 "공손히 민民의 명命을 받들 것"(恭承民命)임을 천명한다. 또 원본 상편에는 7개의 '민民'자가 있으니, 그들이 새 거주지에 익숙해하지 않자 반경은 친절한 태도로 자신이 그들을 중시한다는 점을 밝히면서 아울러 관원들에게 그 '민民'들에게 혜택을 베풀라고 지시하고 있다. 이러한 '민民'을 노예라고 할 수 있겠는가? 엥겔스는 「공산주의원리」에서 "노예는 사물로 취급되었으며 시민사회의 구성원이 아니었다"라고 하였으니, '민民'이 노예라면 당연히 국왕이 그처럼 친절하게 대할 필요가 없었다. 따라서 「반경」의 '민民'자는 상대商代 사회의 일반 성원을 가리키는 말로서 후세의 '인민人民'과 자의字義가 비슷했을 것이다. 근대 학자의 성급한 갑골문 해석을 좇아 경솔하게 노예라는 굴레를 씌워서는 안 된다.

이상에서 갑골문을 이용한 「반경」 3편에 대한 비교연구를 통해 그 원문이 비록 상대商代의 것이라고 하더라도 현재의 많은 문자들은 주대周代의 가공과 윤색을 거친 것임을 확인할 수 있었다. 「반경」은 주대의 문자와 문법들이 적지 않게 첨가된 상대商代의 문헌이었던 것이다.

한편, 「반경」편의 「상서서尙書序」에서는 "반경이 박은亳殷으로 천도하였다"(盤庚遷于亳殷)라고 하였는데, 역대 주소가들은 박亳과 은殷에 대하여 수많은 다른 해석을 하였다. 진晉의 속석束晳은 원수洹水 남쪽 즉 지금의 안양安陽 부근을 고대의 은허殷墟로 처음 고정하였으나, 역대 주소가들은 속석의 설을 망설妄說로 폄척하였다. 그러다가 갑골문 발견 이후 나진옥이 안양의 원수洹水 남쪽을 은허殷墟로 고정하면서 바로 지금의 안양 소둔小屯임을 밝혔으니, 이로써 속석의 설이 인정받게 되었다. 다만 소둔에서 출토된 은왕실의 갑골이 반경 시기의 것임을 확정할 수는 없었다. 그것은 주로 무정武丁 시기나 그 이후의 것이었으므로, 은허 갑골은 주로 은왕조 무정 이후의 시기를 검증하기에 적당한 역사자료라고 할 수 있다.

3) 「고종융일」에 관한 연구

이 편은 먼저 제목에서부터 해결해야 할 두 가지 문제가 있다. 그것은 '융일肜日'이 어떤 의미이며, 또 '고종융일高宗肜日'이 어떤 사건이냐 하는 것이다. 이 두 문제는 모두 갑골문 연구를 통해 해결되었다.

우선 '융일肜日'에 대한 이전 해석의 경우, 「이아爾雅」 「석천釋天」에서는

"역繹은 다시 제사지내는 것이다. 주周나라는 역繹이라 하고 상商나라는 융肜이라 하며 하夏나라는 복조復胙라고 하니, 모두 제사 이름이다"라고 하였는데, 손염孫炎은 『이아음의爾雅音義』에서 "제사 다음날에 다시 제사를 행하는 것이다"라고 하였고 곽박郭璞 주 또한 같으므로 위공본僞孔本도 이 설로써 해석하였다. 모든 고대 주소가들이 융肜을 제사 다음날에 다시 제사를 드리는 것으로 해석하였는데, 이것은 정제正祭 이후에 행해지는 또 한 차례의 정제를 말한다.

갑골문에는 '융일彡日'이란 단어가 있다. 이를 나진옥이 맨 먼저 '융일肜日'로 논정하였고 왕국유는 『관당집림觀堂集林』의 「고종융일설高宗肜日說」에서 이렇게 말하였다.

> 융일肜日은 제사 이름이니, "고종융일高宗肜日"이라는 것은 고종묘高宗廟의 역제繹祭이다. 은허의 복사로 증명해 보건대,…… "정미丁未일에 점을 치니 정貞하였다. 왕이 무정武丁에게 융일肜日의 제사를 올리니, 허물이 없었다"(丁未卜, 貞, 王賓武丁肜日, 无尤)라고 하였다. "貞王賓某甲某乙某祭"라는 형식이 적어도 백 개는 된다.

곽말약은 『복사통찬卜辭通纂』 59편片 고석考釋에서 다음과 같이 말하였다.

> 융일彡日은 제사 이름이다.…… 『서』의 "고종융일高宗肜日"과 이곳의 "강조정융일康祖丁彡日"은 같은 용례이다.

양수달은 「석융일釋肜日」에서 다음과 같이 말하였다.

> 융일彡日이 바로 『서』의 융일肜日이라는 것은 의심의 여지가 없다.…… 은인殷人들은 융일제肜日祭 외에 융석제肜夕祭도 지냈다.…… 전날의 저녁의 제사는 예제預祭이고, 당일에 지내는 제사는 정제正祭이다.…… 선유들이 초제初祭를 정제正祭보다 더 높은 정제正祭라고 한 것은 틀렸다.

이상은 근대 학자들의 복사卜辭에 근거한 정확한 해석이다.

진몽가陳夢家는 『은허복사종술殷虛卜辭綜述』 제11장에서 은인殷人들은 선조를 제사지낼 때 융일彡日·익일羽(翌)日·협일會日 3종의 제법祭法을 사용하였음을 지적하였다. 한 번의 제사에 융彡·우羽·협會 3종의 제사가 있는 것이다. 살펴보건대, 융제彡祭는 3종의 제사 가운데 가장 먼저 거행된 것으로서 은대인들에게는 성대한 제사로 인식되었으므로, 이는 이미 제사 다음날에 다시 제사를 올리는 것이 아니며 정제正祭 다음 단계의 제사 또한 아니다. 주대에 이르러 융제彡祭는 역제繹祭로 바뀌었으니, 제사 다음날에 다시 제사지내는 것은 주대의 제도이다.

다음은 "고종융일高宗肜日"의 문제이다. 이 구절은 갑골문의 "모왕융일某王彡日"과 똑같기 때문에 상대商代 자료의 원형을 그대로 보존하고 있음을 알 수 있다. 그러나 동주 이후부터 점차 이 제법을 이해하는 이가 드물어지고, 서한 이래의 주소가들은 그것을 전혀 이해하지 못하여 대부분 무정武丁(고종)이 성탕成湯을 제사지낸 것으로 해석하였다. 이후 송대에 들어 유학자들이 성탕成湯에 대한 제사라는 해석에 의문을 품기 시작했지만, 그들은 무정武丁이 그 부친의 근묘近廟를 제사지낸 것으로 여전히 잘못 이해하였다. 그러다 송말宋末의 김이상金履祥이 『상서표주尙書表注』에서 처음으로 "고종高宗은 묘호廟號이다.…… 조경祖庚이 고종의 묘묘廟에서 역繹 제사를 지낸 듯하다"라고 하였고, 원대에 추계우鄒季友가 또 다시 『서전음석書傳音釋』에서 "이는 필시 조경祖庚이 고종의 묘廟에서 융제肜祭한 것이다"라고 하였는데, 이것이 결국 갑골문과 우연히 일치하게 되었다. 갑골문에 적지 않은 "모왕융일某王彡日"이라는 형식이 발견되자, 왕국유가 김이상의 설을 긍정하면서 "고종융일高宗肜日"이라는 단어의 원의를 밝혀낸 것이다. 이 말은 은왕殷王 조경祖庚이 부친인 은고종殷高宗 무정武丁의 종묘에서 융일제肜日祭를 지냈다는 뜻이다. 과거에 이미 김이상, 추계우 등에 의해 정확한 관점이 제시되었지만 받아들여지지 않다가, 갑골문 자료가 출현하고 나서야 비로소 논정이 이루어진 것이다.

다음은 본문 중의 "구치雊雉"에 관한 문제이다. '구雊'는 '새가 울다'(鳴)로 해석되고, '치雉'는 야조野鳥의 일종이다. "구치雊雉"는 바로 '우는 꿩'이다. 본문은 고종융일高宗肜日의 제사를 지낼 때 꿩이 울부짖어 제사를 주관하던 은왕殷王을 놀라게 하자 대신 조기祖己가 위로의 말을 올렸다는 사실을 기록하고 있다. 그리고 한대 이래의 주소가들은 모두 이를 음양오행설에 결부시켜서 해석하였으니, 『상서대전尚書大傳』 등 서한의 저작들은 대부분 그것을 길조吉兆로 해석하였고, 유흠劉歆의 『홍범오행전洪範五行傳』과 동한의 『한서』 「오행지」 등은 무서운 흉조凶兆로 해석하였다. 정현의 설도 거의 같다. 위공본에 이르러서는 "들어보지도 못한 기이함"(耳不聽之異)이라고 하였고, 송유들은 "신神이 종묘제사宗廟祭祀의 잘못됨을 알려 준 것"이라고 하면서 그 해석에 드디어 꿩을 끌어들였다. 그러나 이런 해석들은 모두 원문의 본의와 전혀 맞지 않는 것들이다. 역대의 주소가들은 재이감응설에 얽매여 있었기 때문에 『상서』를 읽을 때에도 그런 해석만을 시도했던 것이다.

이러한 「고종융일」의 "명치鳴雉" 문제는 갑골학의 연구 성과에 힘입어 비로소 해결이 가능하게 되었다. 우성오는 「토템과 종교기원 및 하상의 토템에 관한 약론」(略論圖騰與宗敎起源和夏商圖騰)[102]에서 갑골문에 나타난 상족商族의 새(鳥) 토템의 문제를 제기하였다. 그리고 호후선胡厚宣은 한 걸음 더 나아가 갑골문 속의 상商 토템 중 현조玄鳥와 관련된 복사卜辭를 검증한 걸출한 논문 「갑골문에 나타난 상대商代 부족조部族鳥 토템의 유적」(甲骨文商族鳥圖騰的遺迹)[103]을 발표하였는데, 그의 결론은 다음과 같다.

---

102) 『歷史硏究』 1959年 1期.
103) 『歷史論叢』 第1輯.

왜 상대商代 사람들은 봉황鳳·치雉·상조祥鳥를 신조神鳥로 여겨서 성대한 체제禘祭와 보제報祭를 드렸을까? 왜 봉황鳳을 천제天帝의 사자(帝史)로 여겨서 현조玄鳥가 상商을 탄생시킨 것을 천제의 명命이라고 생각했을까? 왜 꿩이 우는 것과 꿈에 새가 모이는 것을 불상不詳한 징조로 여겨서 선조先祖에게 기도했을까? 또한 왜 특별히 조성鳥星을 제사지내야만 했을까? 이런 것들은 모두 초기 상족商族이 새(鳥)를 토템으로 했던 것과 관련이 있다고 생각된다.

주소가들의 각종 오행재이적인 해석과는 아무런 상관없이, 고대 상족商族은 선조들의 토템숭배로부터 이어받은 특수한 심리 형태로서 신조神鳥를 대표하는 꿩에 대해 특수한 경의敬意를 품고 있었다. 평상시에도 꿩이 우는 소리를 경계하고 두려워하던 그들은 성대한 융제肜祭를 지내는 가운데 갑자기 꿩 울음소리가 들려오자 자연스레 전전긍긍하면서 자신들의 행위가 선조의 노여움을 사서 벌을 받게 되는 것이 아닌가 하는 기분을 느끼게 되었고, 그로 인해 조기祖己가 일단의 위로의 말씀을 드렸던 것이다. 이처럼 「상서商書」편은 당시 은인殷人들의 진정한 심리 상태를 잘 기록하고 있으므로, 비록 주대 문자의 영향을 받긴 했으나 그 원형이 잘 보존되어 있는 상대의 믿을 만한 자료임에 틀림없다.

갑골문은 「고종융일」에 대한 연구에 많은 영향을 끼쳤다. 조기祖己에 관한 문제나 "전사무풍우닐典祀無豐于昵" 구절의 해석 문제, 또 편 속의 일부 애매한 문자들의 문제 등이 갑골문에 의해 해결될 수 있었다. 필자는 이미 이러한 내용들에 대해 「고종융일에 대한 담론」(談高宗肜日)[104], 「상서 고종융일의 사성寫成 시기」(商書高宗肜日的寫成時期)[105] 등의 논문에서 따로 설명하였으므로 여기에서는 서술하지 않기로 한다.

---

104) 『全國商史學術討論會論文集』에 실려 있다.
105) 『殷都學刊』 1985年 3期에 실려 있다.

4) 「서백감려」에 관한 연구

이 편은 주周의 문왕이 상商왕조 서북쪽의 여국黎國을 정복하자 위기를 느낀 상商의 귀족대신 조이祖伊가 상왕商王 주紂에게 경고하는 내용의 대화를 기록하고 있다. 이 가운데 일부 문제들도 갑골문 자료를 통해 새롭게 이해할 수 있게 되었다.

먼저 "서백西伯"에 관해서이다. 『사기』의 「은본기」와 「주본기」 및 『상서대전』 등은 모두 서백西伯이 문왕 창昌이며 여黎를 정복한 것도 바로 문왕이었다고 했고, 이에 관한 이설은 없었다. 그러나 군신대의君臣大義를 강조하는 송유들은 지인대덕至仁大德한 문왕이 결코 "천자天子의 기畿에 군대를 동원할 리 없다"고 보아, 여黎를 정복한 서백西伯은 주周 무왕武王의 별칭이라고 보았다. 그러나 이는 그들의 윤리도덕적 관점이 투영된 것일 뿐 사실史實의 근거가 아무것도 없었고, 왕부지는 『서경패소書經稗疏』에서 세 가지 이유를 들어 송유의 설을 강력하게 부정하였다. 근래 기산岐山에서 출토된 서주 갑골문 중 H 11.82와 H 11.84편片에서는 "책주방백冊周方白"이라 하여 상왕조 때에 문왕이 주周의 방백方伯이었다는 사실을 명확히 기록하고 있다. 당시의 갑골문 자료를 통해 그가 방백方伯으로 불렸다는 사실이 입증된 것이니, 그의 국가國家가 서쪽에 있었기 때문에 서백西伯으로 칭했던 것이다. 이는 신뢰할 만한 명백한 증거이다.

다음은 "조이祖伊"에 관한 문제이다. 『사기』 「은본기」에서는 "조이祖伊"를 주紂의 신하로만 적고 있고, 『위공전』에서는 "조기祖己의 후손(祖己後)으로 현신賢臣이었다"라고 하였다. 그러나 우리는 현재 발굴된 갑골문 자료에 의해 "조기후祖己後"라는 말이 틀린 것임을 알게 되었다. 따라서 "조祖"는 그의 성姓이 아니다. 원래 '조祖'는 친속관계를 나타내는 관용적인 칭호였다. 복사卜辭에서 은왕殷王은 돌아가신 선조를 칭할 때 조부祖父 이상에 대해서는 모두 조祖라 하였고, 부친 항렬에 대해서는 모두 부父라고 하였다.

조이祖伊의 경우, 그의 아들 항렬에서는 그를 부이父伊라고 부르고 손자 이하의 후손들은 조이祖伊라고 불렀을 것이다. 왕국유는 「고종융일설高宗肜日說」에서 「상서商書」에는 신하를 조祖라고 칭하는 법이 없다는 점을 지적한 후 "「서백감려」의 조이祖伊 역시 아마도 주紂의 제부형제諸父兄弟였을 것이다"라고 하였다. 제부형제諸父兄弟는 바로 지금의 사촌형제 즉 당형제堂兄弟이다. 조이祖伊는 주紂와 대화를 나눌 수 있는 자격이 있는 형제 항렬의 대귀족이었던 것이다. 동시에 왕국유는 그를 조祖라고 칭한 것은 이 본문이 당시에 기록된 원문이 아니고 구전 등으로 전해진 내용이 그의 손자 항렬에 이르러 비로소 기록되었기 때문이라고 여겨서, "「상서商書」가 죽백竹帛에 기록된 것은 (殷의 후예가 분봉된) 송宋의 초엽初葉이다"라고 하였다. 이러한 왕국유의 갑골문을 이용한 연구는 「상서」의 본문을 연구하는 데 매우 유용하다.

다음은 "여黎"의 문제이다. 지금은 문헌에 근거해서 여黎가 산서성 장치현長治縣 서남쪽 호관壺關 경내라는 것이 논정되고, 또 고음운古音韻에 근거해서 「상서」 본문의 "여黎"와 「상서대전尙書大傳」 및 「사기」「주본기」에 기록된 서백西伯이 정벌한 "기耆" 혹은 "기飢"가 같은 지역이라는 것이 논정된 상태이다. 이것은 '상'과 '주' 두 민족의 방언이 달라서 동일한 지명에 대한 독음讀音에 차이가 발생하게 된 것이다. 현재 갑골문에는 무정武丁·강정康丁·무을武乙 시기에 ㄅ, 乥, ㄅ方, 乥方 등을 정벌했다는 복사卜辭가 있는데, 이곳들은 모두 같은 지역이다. 진몽가는 동작빈이 ㄅ를 여黎의 초문初文으로 해석하고 곽말약이 리犂의 초문初文으로 해석한 것에 근거하여 그 글자는 ㄅ 위에 토土가 있는 형상이라 하면서, ㄅ 혹은 乥은 여국黎國의 여黎일 것이며 복사卜辭의 정벌당한 ㄅ는 호관壺關의 여국黎國일 것이라고 하였다.[106] 여黎의 문자적 연원은 이 설에 상당한 가능성을 부여한다.

---

106) 「殷虛卜辭綜述」「方國地理」에 보인다.

또한 복사卜辭를 보면 은대殷代의 수많은 적국敵國과 정복한 국가들이 대부분 산서성 남부에 있었다는 것을 알 수 있는데, 여국黎國지역도 여기에 해당된다. 즉 상대商代에 은殷(安陽)으로 수도를 옮긴 뒤부터 무정武丁을 거쳐 무을武乙에 이르기까지 몇 대에 걸쳐서 수도로부터 몇 백 리 떨어진 여국黎國을 평정하고, 그 지역에 자신들의 종족을 봉封하여[107] 수도 서쪽의 장막으로 삼았던 것이다. 그러나 주紂의 대에 이르러 병력을 검열하기 위해 이곳으로 군대를 모으자 동방에 있는 속국들이 병력의 부재를 틈타 반란을 일으켰다. 『좌전』 소공昭公 4년조의 "상주商紂가 여黎에서 군대를 검열하자 동이東夷가 반란을 일으켰다", 『사기』 「초세가」의 "주紂가 여산黎山의 회합을 갖자 동이東夷가 반란을 일으켰다"라는 기록은 바로 이 사건을 가리킨다. 이에 동이東夷지역을 진압하기 위해 상의 군대가 회군回軍하자, 이미 강대해진 주문왕의 세력이 여국黎國을 정복하여 상왕조를 크게 압박하게 되었다. 새로 출토된 주원周原 갑골문 H 11.42의 "𨡒酒○○用牡"는 주인周人들이 여黎를 정벌하려고 할 때, 혹은 이미 여黎를 정벌한 이후의 점복占卜으로,[108] 주문왕이 당시 여국黎國을 정복했다는 사실을 유력하게 증명해 주고 있다.

갑골문 가운데 『은허문자갑편殷虛文字甲編』 810편片에는 "지방래旨方來"라는 말이, 『은계수편殷契粹編』의 1124, 1126, 1127 등의 편에는 "벌지방伐旨方"이라는 말이 있다. 곽말약은 이 '지방旨方'을 은殷의 적국敵國으로 보면서 지역을 알 수 없다고 하였고, 양수달은 "경전에는 지방旨方이라는 명칭이 보이지 않는데, 나는 그것이 『상서』 「서백감려」의 여黎라고 생각된다"[109]라고 하였다. 그런데 진몽가는 『죽서기년통전竹書紀年統箋』과 『죽서기년의증竹書紀年義證』을 근거로 여黎와 기耆는 같은 지역이 아니며 문왕의 기耆

---

107) 『世本』에서 黎는 子姓으로 殷의 후예라고 하였다.
108) 『說文』에도 𨡒로 되어 있다.
109) 『積微居甲文說』 下.

정벌과 무왕의 여黎 정벌이 같은 사건이 아니라고 생각하여, 여黎는 복사ㅏ辭의 ㄅ이고 기耆는 복사의 ㅌ라고 하면서 문왕·무왕의 정벌을 구분하였다. 그러나 진몽가가 거론한 두 책은 명대明代의 위작인 『죽서기년竹書紀年』에 근거하고 있으므로 믿을 것이 못 되고, 진몽가 또한 그 설을 따르면서도 스스로 증거가 부족하다고 여겼다. 다만 생경한 갑골문의 지명으로 문헌의 지명과 맞추어 보는 것은 상당히 그럴듯해 보인다. 지방旨方이 은의 적국으로서 ㄅ과는 확실히 별개의 지역이라 한다면, 억지로 ㄅ과 같다고 보아서 여黎와 동일시해서는 안 될 것이다. 그러므로 여기의 갑골문 자료들을 경솔하게 채용하는 일은 없어야 한다.

「서백감려」편의 내용 가운데 갑골문과 일치하지 않는 부분들 중에는 『상서商書』의 다른 각 편과 유사한 곳도 있다. 이에 대해서는 이미 이들 편과 관련한 교석에서 살펴보았으므로 여기서는 거론하지 않는다.

5) 「미자」에 관한 연구

「미자微子」편의 문자 문제 가운데 갑골문과의 대비 연구는 차치하더라도 미자의 '미微'에 관한 문제는 매우 중요하다. 구주소의 경우, 『위공전』에서는 "미微는 기내圻內의 국명國名이고, 자子는 작위爵位이다"라고 하였고 공영달의 소疏에서는 이렇게 적고 있다.

> 미국微國이 기내圻內에 있었다는 것은 선유들이 전해 온 말이다. 정현은 미微와 기箕가 모두 기내에 있었다고 하였고, 『공전』에서는 비록 기箕는 언급하지 않았지만 당연히 기내에 있었다. 왕숙은 "미微는 국명이며 자子는 작위이니, 입국하여 왕의 경사卿士가 되었다"라고 하였다.

모두 미微가 상商의 수도에 인접한 기내畿內의 국國이며 그 국군國君은 자작子爵이라고 하였다. 미자계微子啓가 미국微國의 군君이었기 때문에 '미자微子'로 칭해졌다는 것이다. 그렇다면 미微는 은殷 기내의 어느 지역에 있었을까? 이에 대한 설은 몇 가지가 있는데, 대체로 산동山東과 산서山西의 두 설로 나뉘며 또 기내가 아닌 섬서陝西라는 설도 있다.

먼저 산동설山東說을 보면, 원대의 추계우鄒季友는 『서전음석書傳音釋』에서 "미微는 국명으로 산동山東 요성聊城에 있었으니, 지금(元代)의 박주博州 요성현聊城縣에 미자고성微子故城이 있다"라고 하였으며, 손성연孫星衍은 『상서금고문주소尙書今古文注疏』에서 다음과 같이 말하였다.

『수경주水經注』에 "제수濟水는 북쪽으로 수구성須句城 서쪽을 지난다. 제수濟水 서쪽에 안민정安民亭이 있는데, 정亭은 북쪽으로 안민산安民山과 마주하고 있다. 제수濟水는 또 북쪽으로 미향微鄕 동쪽을 지난다"라고 하였다. 『춘추』 장공莊公 28년조의 경문에 "겨울에 미郿에 축성築城하였다"(冬, 築郿)라고 하였는데, 경상번京相璠은 『공양전』에서는 미微라고 하였다. 동평東平 수장현壽張縣 북쪽 30리에 옛 미향微鄕이 있는데 노魯의 읍邑이다"라고 하였고, 두예杜預는 "미자총微子冢이 있다"라고 하였으니, 지금(淸代)의 산동山東 동평주東平州 경내로서 아마도 송宋의 지역도 그곳이었을 것이다. 『군국지郡國志』에 "박薄은 옛날에 산양山陽에 속했는데, 탕湯이 도읍한 곳이다"라고 하고 그 주注에 "두예杜預는 '몽현蒙縣 서북쪽에 박성薄城이 있고 가운데에 탕총湯冢이 있으며 또 서쪽에 미자총微子冢이 있다'고 하였다"라고 적고 있으며, 『원화군현지元和郡縣志』에서는 "패현沛縣 미산微山에 미자총微子冢이 있는데, 현에서 65리 떨어져 있다"라고 하였으니, 몽현蒙縣 서쪽의 박성薄城 탕총湯冢은 지금의 산동山東 조주曹州 남쪽에 있으며 패沛는 지금의 강남현江南縣으로 옛 송宋의 지역이다. 노魯와 송宋은 이웃해 있었고 모두 은殷과 천 리 이내에 있었는데, 누구의 설이 옳은지는 알 수 없다.

이처럼 산동 경내에 있었다는 설에도 여러 지역이 거론되어 강소江蘇에까지 이르므로 어떤 지역을 가리키는지 도저히 알 수 없다.

산서설山西說은 다음과 같다. 왕욱령王頊齡의 『서경전설회찬書經傳說匯纂』에서는 "『환우기寰宇記』에 '미자성微子城은 노潞의 동북쪽에 있다' 하였는데,

지금(淸代)의 산서山西 노안부潞安府 노성현潞城縣 동북쪽 15리에 미자진微子鎭이 있으니, 바로 고성故城이다"라고 하였다. 또 왕명성王鳴盛의 『상서후안尙書後案』에서는 다음과 같이 말했다.

정현은 또 미微·기箕의 두 국國이 모두 기내圻內에 있다고 하였는데, 노안부潞安府 노성현潞城縣 동북쪽 15리에 미자성微子城이 있고 요주遼州 유사현楡社縣 동남쪽 30리에 옛 기성箕城이 있으니 곧 미자微子·기자箕子의 봉지封地이다. 살펴보건대, '감려戡黎'의 '여黎'는 노안부潞安府 장치현長治縣에 있는데 정현은 기내라고 했으며, 노성潞城·유사楡社·장치長治는 인접해 있는데 역시 기내에 속했다.

또 『노성현지潞城縣志』에서는 "미微는 본래 기내畿內의 국國으로서 현재 성城의 동남쪽에 있었으며 조가朝歌와 멀지 않다. 미자微子가 처음 봉해진 지역으로 보이는데, 지금도 미자점微子店이 있다"라고 하였다. 이상은 모두 산서 경내에 있었다는 설로서 기본적으로 오늘날의 노성潞城 일대를 가리킨다.

그리고 별도의 일설로 섬서설陜西說이 있으니, 『노사路史』「국명기國名紀」에서는 "미微는 자작子爵으로, 부풍扶風 합양郃陽에 근거지가 있었다. 지금(宋代)의 기岐땅 미현郿縣에 미향郿鄕이 있다"라고 하였다. 그러나 이곳은 확실히 상왕商王의 기내畿內라고 볼 수 없으니, 『노사』의 저자 나필羅泌이 서쪽의 미微와 동쪽의 미微를 혼동하여 말했던 것이다.

이상의 설들 가운데 섬서설은 아예 미자와 관련이 없고, 나머지 두 설 또한 비록 그 지역에 미자의 유적이 남아 있긴 하지만 어느 한 곳도 확실한 믿음을 주지는 못한다. 상대商代의 지명을 논함에 있어 가장 이상적인 방법은 당시의 갑골문 속에서 증거를 찾는 것이다. 현재 발굴된 은허복사 속의 지명들 중에는 알 수 없는 지명들이 더 많은데, 이러한 알 수 없는 지명들 가운데 미微와 직접적으로 부합하는 곳은 아직 없다. 가령 앞에서 인용했던 『춘추』 장공莊公 28년조 "축미築郿"의 '미郿'가 『공양전』과 『곡량전』에는 '미微'로 되어 있고 『경전석문』에서는 "『좌씨左氏』에는 미㵟로 되어 있다"라고 하였다. 또 『예기』 「소뢰궤식례少牢饋食禮」의 "미수만년眉壽萬年" 주注에 "고문古文의 미眉는 미微이다"라고 하였고, 『국어』 「노어魯語」에 "상갑미上甲微"라고 하였는데 복사卜辭에 "상갑미上甲湄"라는 기록이 있다. 이러한 동음통가同音通假 현상은 미微가 미眉·미湄·미㵟와 통용되었음을 보여 준다. 그렇다면 『은허서계전편殷虛書契前編』 2.21.4의 "정貞, 익경술보우미翌庚戌步于眉", 『전후경진신획갑골집戰後京津新獲甲骨集』[110] 1546의 "물왕우미勿往于眉", 『은허서계속편殷虛書契續編』 164의 "정사丁巳, 정貞, 왕보자미王步自眉" 등의 복사를 통해 상대商代에 미眉로 불리던 지방이 있었으며, 그곳은 상왕商王이 자주 행행行幸했던 가까운 지역이었음을 짐작할 수 있다. 다만 그곳이 정확히 어느 지역인지는 쉽게 논정할 수 없다. 아울러 '미㵟'자는 복사에서 매우 자주 발견되는 글자인데, 그 가운데 지명으로 쓰인 경우도 많지만[111] 이 또한 막연하여 깊이 살펴볼 수 없다.

1976년 봄, 기산岐山에서 발견된 서주 갑골문에 '미微'라는 지명이 나와 사람들의 이목을 집중시켰다. H 11.4편片의 "其微, 楚以厥賣, 師氏受賣"라는 구절이 그것이다. 그리고 1976년 겨울에 다시 인근 부풍扶風에서 미씨微氏 일가의 동기銅器 50여 기器가 발견되자 몇몇 학자들은 이곳의 '미微'가 바로 『미자微子』의 '미微'라고 주장하였다. 이곳의 미자微子가 주 무왕에 투항하여 책봉된 후 그 자식들을 주周로 들여보내고 친족들을 부풍扶風으로 옮겨 살게 하였다는 것이다.[112] 그러나 살펴보건대, 주周 경내의 미微는 무왕을 따라 주紂 정벌에 나섰던 「목서牧誓」의 '용庸·촉蜀·강羌·모髳·미微·노盧·팽彭·복濮' 8국 중의 하나인 미微로서 이미 갑골문의 미자가 투항하기

---

110) 胡厚宣, 1954.
111) 예를 들어 『殷虛書契後編』 下26.10의 "…自…㵟", 『南坊』 1.26의 "…在…㵟" 등이 있다.
112) 그 家의 窖藏이 扶風 法門寺에서 출토되었다.

이전에 무왕의 상商 정벌에 함께하고 있었으므로, 갑골문의 미자는 확실히 상商의 귀족인 미자의 후예가 아니다. 왕국유는 「산씨반발散氏盤跋」에서 「목서」의 '미微'와 「입정立政」의 '미微'에 대해 언급하면서, 그 지역이 어디인 지를 알 수 없으나 「산씨반散氏盤」과 「익공돈益公敦」의 '미眉'일 것이라고 하고 이어서 다음과 같이 말하였다.

> 그 종족의 일부가 분가하여 위수渭水 북쪽으로 이거하였다. 그렇기 때문에 한대 우부풍右扶風의 속현에 미현郿縣이 있는 것이다. 『시』「대아大雅」에 "신백申伯 이 길을 떠나니, 왕이 미郿에서 전송하네"(申伯信邁, 王錢于郿)라고 하였으니, 종주宗周 시기에 이미 미郿족이 그 땅을 소유하고 있었고, 그 종족으로 인해 그런 지명을 얻게 된 것이다.

지금은 「장반墻盤」의 기록으로 말미암아 왕국유의 설을 입증할 수 있으 니, 그 지역은 확실히 부풍 경내에 있었다.[113] 살펴보건대, 구주소의 이 미微지역에 관한 해석들은 원래 『위공전』의 "모髳·미微는 모두 파촉巴蜀 에 있다"라는 기록에 근거한 것일 뿐이다. 또 청대 광서光緒 연간의 『팽현지 彭縣志』에서는 "미微는 미眉와 통하니, 지금의 미주眉州이다"라고 하였는데, 이는 『위공전』및 동음가차同音通假에 근거하여 견강부회한 것이어서 근거 로 삼기에 부족하다. 그래서 필자는 갑골과 금문의 자료들에 근거해서 볼 때 섬서陝西 미현眉縣을 『상서』의 「목서」·「입정」두 편에 기록된 주周의 속방屬邦인 미微로 해석하는 것이 정확하다고 본다. 다만 이를 「미자」의 미微로 해석할 수는 없다.

양균여는 『상서핵고』「미자」편의 해제에서 왕국유의 설을 인용하여 다음과 같이 적었다.

---

113) 그러나 唐蘭은 여전히 "微의 지역은 확실하지 않다"라고 했다. 「新出墻盤銘文解釋」(『文物』 1978年 3期)에 보인다.

왕국유는 은殷의 제도로 형종제급兄終弟及을 말했는데, 이에 따르면 당시의 자제子弟들은 모두 미래의 왕세자로서 따로 분봉할 필요가 없었다…… 비간比干의 경우에도 봉지封地가 있었다는 말은 들어보지 못했으니, 이것(微)이 국명國名인지는 더욱 확정하기 어렵다. 만약 지금의 노안潞安 동북쪽에 미자성微子城이 있었다고 하더라도 이는 아마 후대 사람들이 덧붙인 말일 것이다.

상商왕조는 영토가 광활했던 것으로는 보이지만 근본적으로 군현郡縣를 세울 만한 역사적 조건이 갖추어지지 못한 시기를 영위했다. 따라서 경내에는 필시 소국小國들이 세워졌을 것이고, 국國의 규모에 따라 서로 다른 작위爵位가 칭해졌을 것이며, 대략 주대周代의 양상처럼 수많은 봉국封國들이 존재하게 되었으리라는 점은 인정할 수 있다. 그러나 역사 속의 미자微子가 주紂의 이복형으로서 확실히 왕위를 계승할 자격이 있어서 국내國內에 봉해졌는지, 또 왕국유가 말한 바와 같은 이거 등이 있었는지에 대해서는 여전히 의문이 든다. 따라서 현재 이 문제에 대해 왕국유의 설을 따른다 하더라도 여전히 당란唐蘭이 말한 바와 같이 미자微子의 미微가 어느 지역인지를 확실하게 고정할 수는 없다. 노안潞安의 미자성微子城뿐만 아니라 앞서 나열한 각 지역의 미자 관련 유적들도 대부분 후대 사람들이 덧붙인 것이므로 미자가 봉국封國된 지역을 경솔하게 확정해 버려서는 안 될 것이다.

3. 「주서」 부분

은허 갑골문은 상대商代의 문자이기 때문에 주로 「상서商書」 각 편에 대한 연구에 적합하며, 이른바 「우하서」와 같은 경우 또한 춘추전국시기까지 일부 전해지던 상대商代의 자료를 근거로 작성되었기 때문에 역시 갑골문을 이용해 고교考校 연구를 진행할 수 있다. 이에 비해 「주서周書」 19편은 모두 주대周代에 완성된 것이기 때문에 주대의 금문金文을 이용한 비교연구가 적합할 것이다. 그런데 주초周初의 제 편들은 동시에 상대商代의 사건이나 문화와 관련된 것이 많으므로 은허 갑골문을 이용한 「주서」 연구도 활발하게 진행되고 있다. 새로 발견된 주원周原 갑골문이 「주서」와 직접적인 관련이 있지만 상대적으로 그 수량이 많지 않고 연구도 이제 막 시작되었기 때문에, 현재까지는 주로 상대商代 갑골문이 「주서」 연구에 영향을 끼치고 있다. 앞서 기술한 두 부분과 비교해서 내용이 많지 않으므로, 편을 나누지 않고 단지 관련 자료를 인용해서 몇 가지 예만 가지고 간략하게 서술하도록 한다.

1) 성탕함成湯咸

「주고酒誥」의 "자성탕함지우제을自成湯咸至于帝乙"의 '함咸'자에 대해 구주소들은 근본적으로 그 뜻을 이해하지 못하였다. 『공전』이나 『공소』에서는 단지 "탕湯에서 제을帝乙까지"(從湯至帝乙)라고만 했고, 청대에 들어서서도 경학자들은 모두 이 '함咸'자에 대해 여전히 무관심하였다. 그러다 청 중엽의 강성江聲에 이르러 비로소 『상서집주음소尚書集注音疏』에서 '함咸'을 '편徧'(遍)으로 해석하여 "성탕成湯에서 두루 제을帝乙에 이르기까지"(自成湯徧至于帝乙)라고 하였고, 모정牟庭의 『동문상서同文尚書』에서는 "「노어魯語」의 주注에 '함咸은 편編의 의미이다' 하였으니, 성탕成湯 이래 제을帝乙에 이르는 모든 제위帝位를 말한 것이다"라고 하였다. 이후 황식삼黃式三의 『상서계몽尚書啓幪』에서 간략하게 "함咸은 담覃과 통하며, 연延의 의미이다"라고 해석하였고, 마침내 장병린章炳麟의 『상서습유정본尚書拾遺定本』에서 이를 근거로 다음과 같이 해석하였다.

'함咸'의 성차聲借는 '담覃'이다. '담覃'은 '함咸'의 생성省聲(형성자의 聲部 생략)이니 본래 '함咸'에서 성부聲部가 온 것이며, 『석언釋言』에서는 "담覃은 연延이다" 하였다. 『대아大雅』에 "안으로 중국中國에서 노여움을 받아, 뻗쳐 귀방鬼方에 이르네"(內爰于中國, 覃及鬼方)라고 하였으니, 이 말은 "성탕成湯에서 이어져 제을帝乙에 이르기까지"(自成湯覃至于帝乙)라는 말과 비슷하다.

또 오여륜吳汝綸의 『상서고尙書故』에서도 "함咸은 탐撢과 같고, 탐撢은 생략되어 담覃이 되었다. 『이아』에 '담覃은 연延이다' 하였다.…… 함지咸至는 연지延至의 의미이니, 담급覃及과 유사하다"라고 하였는데, 현대의 『상서』 연구자들은 대부분이 이 설을 따르고 있다.[114] 이상은 모두 단어의 해석을 통한 연구이다.

그런데 주준성朱駿聲은 『상서고주편독尙書古注便讀』에서 "함咸은 아마도 무戊일 것이며, 태무太戊를 말한다"라고 하여, 처음으로 그것이 인명人名일 수도 있음을 말하였다. 하지만 태무太戊는 역대 상왕商王들 중 그리 특출한 인물이 아니므로, 이 구절은 각 대代의 은왕들을 가리킨다고 보아야 할 것이다. 바로 제1대 탕湯에서 시작하여 최후의 제을帝乙에 이르는 왕들이다. 제신帝辛은 망국지군亡國之君이므로 제을帝乙까지만을 거론한 것이다. 그렇다면 앞부분은 당연히 개국지군開國之君으로 보는 것이 타당하다. 이후 호후선胡厚宣은 「갑골문 상족商族의 새 토템 유적」(甲骨文商族鳥圖騰的遺迹)[115]에서 『은허문자을편殷虛文字乙編』 6664·5920·1877 등 3편片의 귀복갑龜腹甲 복사卜辭에 나타난 "함벌역우咸伐亦雨"의 문장, 『은허문자을편』 2293 등 9편片 복사卜辭의 "함빈우제咸賓于帝"·"대갑빈우제大甲賓于帝"·"하을빈우제下乙賓于帝"의 문장, 『은허서계전편殷虛書契前編』 1.4.3과 『복사통찬卜辭通纂』 237 등의 편片에 나타난 "㞢于咸·㞢于大丁·㞢于大甲·㞢于且乙"의 문장, 『은허문자을

---

114) 거론된 咸과 覃은 모두 '引'을 訓釋한 글자이다.
115) 『歷史論叢』 第一輯(中華書局, 1964).

편」 "𥛠于上甲·咸·大丁·大甲·下乙"의 문장 및 다른 3편片의 유사한 문장들을 근거로 다음과 같이 주장하였다.

이것은 왕의 세차世次를 기록한 것으로, 함咸은 상갑上甲의 뒤이고 대정大丁의 앞이다. 또한 복사를 보면 함咸을 단독으로 제사지낸 것은 대부분 을일乙日이므로, 함咸이 필시 대을탕大乙湯이라는 것은 의심의 여지가 없다. 『상서』「주고」에 "자성탕함지우제을自成湯咸至于帝乙"이라 하였는데, 『죽서기년竹書紀年』에서 "탕유칠명湯有七名"이라 하고 『금루자金樓子』에서도 "탕유칠호湯有七號"라 하였으니 아마도 '함咸'은 탕湯의 별명別名 중 하나일 것이다.

이 설은 우리에게 '함咸'의 의미에 대한 해결의 실마리를 열어 주었다. 이 '함咸'자는 확실히 탕湯의 7개 이름 가운데 하나일 것이다. 시마 구니오(島邦男)의 『은허복사종류殷虛卜辭綜類』에 기록된 탕湯의 이름에는 대을大乙 뒤의 '함咸'자에 80조條 이상의 복사가 열거되어 있는데, 이것이 확실한 증거가 될 듯하다. 그리고 복사의 '성成'자 또한 탕의 이름이다. 『은허복사종술殷虛卜辭綜述』411쪽에 기록된 『은허문자을편』5303의 "𥛠于上甲·成·大丁·大甲·下乙" 구절과 같은 '성成'자 갑골 30여 편片이 있는데, '성成'은 상갑上甲과 대정大丁의 사이에 있으므로 당연히 탕湯이다. 그러나 '성成'자는 '함咸'자는 각각 정丁(口)과 구口(ㅂ)를 의미 요소로 한다는 미세한 차이점이 있다. 은대의 문자 자료가 주대에 전해진 이후 '口'와 'ㅂ'가 혼용되어 '성成'자가 '함咸'자로 잘못 쓰인 것이 아닌가 생각된다. 결론적으로 호후선의 설명대로 「주고酒誥」의 '함咸'자는 탕湯의 이름으로 해석하는 것이 타당할 듯하며, 우리는 이를 근거로 진일보한 논증을 해야 할 것이다.[116]

---

116) 湯의 '七名'에 해당하는 것으로, 甲骨文에는 唐·大乙·咸·成 등이 있고 金文「叔尸鎛」에 成唐이 있으며 文獻들에서는 成湯·湯·唐·武湯·武王·天乙·履 등이 발견된다. 湯은 곧 唐으로서, 앞의 「湯誓」에서 이미 王國維의 說을 인용하여 논증한 바 있다. 이 외에 『殷虛卜辭綜述』409쪽에도 서술되어 있으므로 참고해 볼 만하다.

2) 중종조을中宗祖乙

「무일無逸」편은 앞머리에 다음과 같이 은대殷代의 명왕名王들을 서술한 구절을 두고 있다.

◦ 옛날 은왕殷王 중종中宗은 엄숙하고 공손하며 공경하고 두려워하여…… 이에 중종의 향국享國이 75년이었다.(昔在殷王中宗, 嚴恭寅畏,……肆中宗之享國七十有五年.)
◦ 고종高宗 때에 오랫동안 밖에서 고생하였고…… 이에 고종의 향국享國이 59년이었다.(其在高宗, 時舊勞于外,……肆高宗之享國五十有九年.)
◦ 조갑祖甲은 왕 노릇 하는 것을 의롭지 않게 여겨 오랫동안 소인小人으로 있었으니,…… 이에 조갑의 향국享國이 33년이었다.(其在祖甲, 不義惟王, 舊爲小人,……肆祖甲之享國三十有三年.)

그런 다음 "그 뒤에 세워진 왕들은 천성이 안일하여"(自時厥後, 立王生則逸) 이후 은대에는 좋은 국왕이 없고 "오직 탐락만을 좇았다"(惟耽樂之從)라고 되어 있다. '중종中宗'에 대해 『위공전』은 "대무大戊이며, 은가殷家 중세中世에 은왕조의 덕을 존숭하였기 때문에 중종中宗이라고 하였다"라고 하였으며, 『공소』에서는 "중종中宗은 묘호廟號이고, 대무大戊는 왕명王名이다. 상商은 성탕成湯 이후 정교政敎가 점점 쇠약해졌다가 이 왕에 이르러 중흥하였다. 은가殷家 중세中世에 그 왕조의 덕德을 존숭하고 그들의 묘廟를 훼손하지 않았기 때문에 중종中宗이라 칭했다"라고 설명하였다. 『위공전』은 '고종高宗'에 대해서는 「고종융일」편에서 설명하였기 때문에 이 편에서는 하지 않았고, '조갑祖甲'에 대해서는 "탕湯의 손자 태갑太甲이 왕위에 있는 것이 의롭지 못하다고 여겨 오랫동안 소인小人의 행태를 보였으므로 이윤伊尹이 동桐으로 추방하였다"라고 설명하였다. 이 세 명의 종宗에 대한 설명은 『사기』에 인용된 금문가의 설에 근거한 것으로, 「은본기」에는 "제태갑帝太甲은 태종太宗이라 불렀다", "제대무帝大戊는…… 따라서 중종中宗이라고 칭했다", "무정武丁은 정사를 바로잡고 덕행을 행하여…… 그 묘호를 고종高宗이라 하였다"라고 되어 있다.

여기에서의 첫 번째 문제는 이 세 종宗의 순서가 바르지 않다는 점이다. 태갑太甲은 중종中宗·고종高宗 이전에 재위하였는데 어째서 맨 뒤에 언급되었을까? 이에 대해 『위공전』은 재위 연수의 많고 적음에 따른 것이라고 해석하였고, 왕숙은 "도道를 앞세우고 과오를 뒤에 둔 것"(先有道後有過)이라고 해석하였다. 그런데 홍적洪適의 『예석隷釋』에서는, 한석경漢石經 잔석殘石에 "사고종지향국백년肆高宗之享國百年" 구절 바로 아래에 "그 이후로"(自時厥後)라는 기록이 이어지고, 이를 근거로 단옥재의 『고문상서찬이古文尙書撰異』에서는 『금문상서』의 "조갑祖甲" 두 글자가 '태종太宗'임을 고정하고 이것이 원래는 중종中宗·고종高宗의 앞에 서술된 것이었음을 밝혔다고 적고 있다. 피석서의 『상서통론尙書通論』도 이 설을 따르고 있으니, 이는 곧 현행본 『상서』가 착란되었다는 것이다.

두 번째 문제는 이 세 명의 종宗이 과연 누구인가이다. 대체로 '고종高宗'이 은왕 무정武丁이라는 것은 각종 문헌에서 확인되고 갑골문에도 반대되는 증거가 없기 때문에 큰 문제는 없다. 논란이 되는 것은 '조갑祖甲'과 '중종中宗'인데, 우선 정현은 조갑이 태갑太甲이라는 설에 동의하지 않았다.

> 조갑祖甲은 무정武丁의 아들 제갑帝甲으로, 형 조경祖庚이 있었다. 성품이 어질었기 때문에 무정이 형을 폐하고 아우를 세우고자 하니, 조갑祖甲이 이를 불의不義한 것으로 여겨서 민간으로 도피하여 오랫동안 소인小人으로 지냈던 것이다.

그러나 『공소』는 정현의 설을 논박하며, 「은본기」와 「국어」에 따르면 조갑祖甲은 음란한 군주였기 때문에 두 종宗과 이름을 나란히 할 수 없다고 하면서 「무일」편의 조갑은 태갑太甲이 되어야 한다고 단정하였다. 단옥재·피석서도 한석경漢石經을 근거로 태갑太甲으로 논정하면서, 다만 '태종太宗

으로 개칭되어야 한다고 지적하였다. 이는 여전히 갑골문 자료들을 이용해서 논정해야 할 문제이다.

'중종中宗'이 대무大戊라는 해석은 과거 문헌에서는 쟁점이 된 적이 없었지만, 갑골문에서 "중종조을中宗祖乙"이라는 문구가 발견되자 왕국유는 그 복사 자료를 근거로 『상서』 각 가家의 설을 뒤집었다. 그는 『은복사에 보이는 선공선왕先公先王에 관한 속고』(殷卜辭中所見先公先王續考) 중의 "중종조을中宗祖乙"이라는 제하의 글에서 다음과 같이 말하였다.

『전수당소장은허문자戩壽堂所藏殷虛文字』 속의 단편斷片에 "중종조을우길中宗祖乙牛吉"이라는 여섯 글자가 남아 있다. 조을祖乙을 중종中宗으로 칭한 것은 고래古來의 상서학자들의 설과는 전혀 다르고, 오직 『태평어람太平御覽』 83에 『죽서기년』을 인용하여 "조을등祖乙滕이 즉위하니 바로 중종中宗으로, 비庇에 거주하였다"[117]라고 한 기록이 있다. 이제 이 단편斷片으로 인해 『기년』이 옳고 고금 상서학자들의 설이 틀렸음을 알게 되었다. 『사기』 「은본기」는 대갑大甲을 대종大宗, 대무大戊를 중종中宗, 무정武丁을 고종高宗이라고 하였는데, 이는 『상서』 금문가의 설에 근거한 것이다. 현재 복사를 살펴보면 대갑大甲 · 조을祖乙은 종종 제사도 지내졌지만 대무大戊는 거론되지 않는다. 복사에 "○亥卜, 貞, 三示御大乙 · 大甲 · 祖乙五牢"[118]가 있고 또 "癸丑卜, ○貞, 求年于大甲十牢, 祖乙十牢"[119]와 "丁亥卜, ○貞, 昔乙酉酢……大丁 · 大甲 · 祖乙百㸬 · 百羊 · 卯三百牛"[120]가 있으니, 대을大乙 · 대갑大甲 이후에는 조을祖乙만이 거론될 뿐이다. 이 또한 중종中宗은 조을祖乙이지 대무大戊가 아니라는 증거이다.

또 그 부주附注에서는 "『안자춘추晏子春秋』 내편 「간상諫上」은 '대저 탕湯 · 대갑大甲 · 무정武丁 · 조을祖乙은 천하의 성군盛君이었다'라고 하여 조을祖乙

---

117) 今本 『紀年』의 注에 "祖乙의 시대에 商道가 부흥하여 中宗이라고 불렀다"라고 하였는데, 여기에 따른 것이다.
118) 羅振玉 拓本.
119) 『殷虛書契後編』 上27.
120) 『殷虛書契後編』 上28.

을 대갑大甲·무정武丁과 병칭하고 있다"라고 하였다.[121] 곽말약은 『은계수편殷契粹編』 247편片 "○又且乙中宗三羈"에 대한 고석考釋에서 왕국유의 설에 동의하여 "이 편의 중종中宗과 조을祖乙은 동일인이다"라고 하였고, 진몽가는 『은허복사종술殷虛卜辭綜述』에서 "중종조을中宗祖乙"을 칭한 복사 12조條를 보충하면서 모두 늠신廩辛·강정康丁 시기의 것이라고 하여 왕국유설을 증명하였다. 나아가 그는 "중종은 본래 종묘宗廟의 종宗으로 복사卜辭의 대종大宗·소종小宗과 유사하다. 무정武丁의 복사에 이미 중종이 있다"[122]라고 하였고, 또 『은계수편』 244·488편의 중종中宗 및 소을小乙과 관련된 두 조를 들어 복사卜辭의 소을小乙·대갑大甲·조을祖乙을 삼시三示로 칭하면서 중종삼시中宗三示는 아마도 대을大乙에서 조정祖丁에 이르는 역대 왕들 중의 삼을三乙 즉 삼시三示일 것이라고 하였다. 이렇게 갑골문은 「무일」의 중종中宗이 대무大戊가 아닌 조을祖乙임을 밝힘으로써 『상서』 구설舊說의 오류를 일차적으로 정정할 수 있게 해 주었다.

우성오는 왕국유의 설에 동의하면서도 수정된 의견을 제시하였다. 그는 처음에 "중종조을中宗祖乙" 복사의 모본摹本을 보고 지은 「중종조정中宗祖丁과 중종조을中宗祖乙에 대한 해석」(釋中宗祖丁和中宗祖乙)[123]에서 "왕국유는 복사卜辭와 전적典籍을 인용하여 중종中宗이 조을祖乙이며 대무大戊가 아니라고 했는데, 이 설이 옳다"라고 하였으나, 이 말에 이어서 복사에서는 백중伯仲의 중仲을 '中'으로 쓰고 중간中間의 중中을 '䇗'으로 쓰는데 지금 조정祖丁·조을祖乙을 칭한 복사의 "중종中宗"은 '中'을 썼으므로 사실은 '중仲'의 의미라고 덧붙이고 있다. "중종仲宗"은 정丁 혹은 을乙로써 선왕의 묘호를 세우고 그것을 구별하기 위해 사용한 칭호이지, 중흥中興의 중中의 의미가 아니라는 것이다. 이는 갑골문자의 원래 의미에 근거한 것으로,

---

121) 戩壽堂 所藏 『殷虛文字』도 이와 같다.
122) 『戰後京津新獲甲骨集』 1170; 『殷虛卜辭』 105.
123) 『甲骨文字釋林』(中華書局, 1979).

『상서』 문자의 훈의訓義를 명백히 밝히는 데 도움을 주었다.

한편 「무일無逸」에서는 이상의 세 명왕名王 이후를 부차적으로 언급하고 있다. 바로 그 이후의 은대 왕들이 모두 향락에 빠졌다는 기술인데, 이 또한 갑골문을 통해 증명되고 있다. 곽말약의 『복사통찬卜辭通纂』 및 『은계수편殷契粹編』 속의 사냥에 관한 내용들 중에는 갑골문을 저록한 것이 많다. 곽말약은 『수편粹編』 755片편에서 다음과 같이 말하였다.

> 은왕들이 사냥을 좋아했다는 사실은 사람을 놀라게 하기에 충분하다. 『서』 「무일」에서는 은나라는 조갑祖甲 이후로부터 "즉위하는 왕들의 천성이 안일하였다. 천성이 안일했기 때문에 농사의 어려움을 알지 못하고 소인小人들의 수고로움을 듣지 못한 채 오직 탐락耽樂만을 좇았다"(立王生則逸. 生則逸, 不知稼穡之艱難, 不聞小人之勞, 惟耽樂之從)라고 하였으니, 지나친 말이 아니라는 것을 알 수 있다.

이것들은 우리가 『상서』를 깊이 이해하는 데 도움을 주며, 그 대부분의 내용에 근거가 있다는 사실을 알게 해 준다.

3) 이윤伊尹 이하 제신

갑골문에는 『상서』 기록의 증거가 되는 자료들이 많다. 「군석君奭」편에 열거된 은殷의 명신 이윤伊尹·보형保衡·이척伊陟·신호臣扈·무함巫咸·무현巫賢·감반甘盤 등은 갑골문에서도 종종 보인다. 먼저 나진옥의 『은허서계고석殷虛書契考釋』에서 이윤伊尹·함무咸戊·조기祖己 등 3인을 기록하였으며, 왕국유의 『고사신증古史新證』에서는 이윤伊尹·함무咸戊 2인을 고정考訂하면서 이윤伊尹은 이伊로만 불리기도 했고 또 인윤寅尹이 이윤伊尹일 가능성도 있으며 「군석」의 무함巫咸은 함무咸戊라고 지적하였다. 곽말약은 『복사통찬卜辭通纂』 236편片과 『은허수편殷虛粹編』 151편片의 이伊가 대을탕大乙湯과 함께 제사지내진 이윤伊尹이라고 하였다. 또한 그는 『수편』 198편片에 황윤黃尹124)이 있는데, 『통찬』 236편片의 황윤黃尹이 대갑大甲과 함께 복사에 기록되어 있으므로 곧 그가 아형阿衡이자 이윤伊尹이라고 보았다. 그리고 『수편』 194편片의 "丁巳卜, 又于十立伊又九" 구절은 "又于伊十位又九"의 도치문이며, 이곳 복사의 '立'은 단위壇位를 의미하는 '위位'로 읽어야 한다고 하였다. 우성오는 「"又于十立伊又九"에 관한 해석」(釋又于十立伊又九)125)에서 갑골문 중의 많은 도치 문구들을 통해 곽말약의 설을 증명하였다. 또한 그는 『군석』편에 기록된 것은 주공이 상商의 공신들을 대략적으로 거론한 것이며, 갑골문의 복사에서는 이윤伊尹을 시작으로 해서 19위位를 선대 공신들을 더하여 제사하였으므로 이로써 상대商代에 종사從祀된 공신의 수를 확인할 수 있다고 했다. 진몽가는 『은허복사종술殷墟卜辭綜述』 가운데 선공先公의 구신舊臣을 논한 제10장에서 이윤伊尹·보형保衡126)·이척伊陟·무함巫咸·지임遲任·감반甘盤 등의 복사卜辭를 거론하면서 이들 구신들은 모두 갑골문에서 고찰할 수 있다고 하였다.

이상에서 보듯이 학자들의 설이 완전히 일치하지는 않지만 갑골문 속 인명에 관한 연구는 점차 심화되어 가고 있다. 이로써 우리는 『상서』에 기록된 상대商代의 인명들이 갑골문으로 증명될 수 있다는 사실과 『상서』의 기록이 완전하지 않다는 사실을 확인할 수 있으며, 아울러 갑골문에는 상대商代의 공신들이 더 많이 들어 있다는 사실도 알 수 있다.

4) 작책作册·축책祝册·왕빈王賓

『낙고洛誥』에 "王命作册逸祝册, 惟告周公其後, 王賓, 殺禋, 咸格"이라 하였고, 그 아래에 "작책作册은 일고逸誥"라 하였다. 『공전』에서는 "작책作册" 구에

---

124) 王國維는 寅尹으로 해석하였다.
125) 『甲骨文字釋林』.
126) 진몽가는 黃尹이란 명칭은 伊尹이 아니라 保衡을 가리킨다고 보았다.

대한 설명이 없이 바로 해석하여, "고하기를, 주공을 존숭하여 그의 후손을 노후魯侯로 삼고, 왕이 주공을 빈賓으로 삼아 특별하게 대하고자 희생을 잡고 정성스러운 마음으로 문왕과 무왕에게 제사를 올려 문왕과 무왕이 사당에 이르게 하였다"(告日, 尊周公, 立其後爲魯侯, 王賓異周公, 殺牲精意以享文武, 皆至其廟)라고 하였다. 『공소』에서는 "왕이 유사有司에게 책서를 작성하도록 명하니 이에 일逸이라는 사관이 그 책서를 읽으며 문왕과 무왕의 신위에 고하기를, 주공이 공을 세워 그의 후손을 국군國君으로 삼는다고 하였다. 이에 왕이 주공을 특별히 빈賓으로 받들어 희생을 잡고 문왕과 무왕에게 제사를 올려서 친히 사당에 오시도록 했다"(王命有司作策書, 乃使史官名逸者祝讀此策, 惟告文武之神, 言周公有功宜立其後爲國君也. 其時王尊異周公以爲賓, 殺牲享祭文王武王, 皆親至其廟)라고 하였다. 『채전』의 경우, 작책作冊 등의 해석은 공영달의 소와 같고, 뒤 구절의 해석은 "왕빈王賓은 우빈虞賓과 유사하며, 기송杞宋의 부류로서 제사를 돕는 제후이다"(王賓, 猶虞賓, 杞宋之屬, 助祭諸侯也)라고 되어 있다. 이들 주석 가운데 '일逸'이 사관의 이름이라 한 것을 제외한 나머지 부분들은 갑골문 자료에 의하면 모두 잘못된 해석이다.

"작책作冊"은 관명으로 복사卜辭에 자주 보이며,[127] 원 글자는 "乍冊"이다. 주대의 용례는 서주 금문에서 자주 발견된다. 손이양의 『주례정의周禮正義』 권52 「내사內史」에서 작책作冊이 바로 내사관內史官임을 밝혔다. 왕국유의 「석사釋史」[128]에서는 사관을 주초周初에 작책作冊이라 하고 그 우두머리를 윤씨尹氏라고 불렀다고 적고 있다. 진몽가의 『은허복사종술殷虛卜辭綜述』 518쪽에는 은대殷代의 작책作冊에 대해 설명하면서, 작책作冊이 발전하여 서주시기에는 작책내사作冊內史와 작책윤作冊尹이 되었으며 서주 말기에는 윤씨尹氏가 되었다고 하였다. '축祝'·'책冊'은 종교활동 가운데 신에게 고하

---

127) 『殷虛文字綴合』 268; 『戰後京津新獲甲骨集』 703 등.
128) 『觀堂集林』 6.

는 두 가지 방식으로, 『수편』 제1편片에는 "혜책용惠册用"과 "혜고조기축용惠高祖夔祝用"이라는 문장이 있는데 곽말약의 해석은 다음과 같다.

혜책용惠册用과 혜축용惠祝用은 대정對貞[129]이다. 축祝과 책册은 구별이 되는데, 축祝은 사辭로써 고하는 것이고 책册은 책策으로 고하는 것이다. 『서』「낙고洛誥」의 "작책일축책作册逸祝册"은 일逸이라는 작책이 축祝과 책册의 두 가지를 겸용했다는 것인데, 옛 해석들은 이를 놓치고 있다.

"왕빈王賓" 역시 복사卜辭 가운데서 자주 나타나는데, 나진옥의 『은허서계고석殷虛書契考釋』에서는 "복사卜辭에서 제사 모셔지는 분을 왕빈王賓이라고 하였으니, 제사를 지내는 사람은 왕이고 제사 모셔지는 분은 왕빈이다. 「주서周書·낙고洛誥」의 '왕빈살인함격王賓殺禋咸格'은 은殷의 언어로 쓴 것이다. 예전 사람들이 왕빈王賓을 '빈이주공賓異周公'으로 해석한 것은 잘못이다"라고 하였다. 왕국유의 「임호경 박사의 낙고에 관한 논의에 부치는 글」(與林浩卿博士論洛誥書)에서도 다음과 같이 말했다.

복사卜辭 중의 '빈賓'자에 관한 나진옥의 해석은 믿을 만하다. 또한 선조를 빈賓이라고 칭한 예가 경전經典에는 명확히 드러난 것이 없으나, 「단궁檀弓」에서 공자孔子가 "주나라 사람들은 서쪽계단 위에서 빈殯하였으니, 빈賓과 유사하다"(周人殯於西階之上, 則猶賓之)라고 하였고, 「잡기雜記」에서 증자曾子가 견전遣奠을 논한 곳에서는 "부모인데도 객客으로 빈賓하는 것은 슬퍼하는 것 때문이다"(父母而賓客之, 所以爲哀也)라고 하였다. 이는 살아있을 때는 친親하게 함이요 죽어서는 빈賓하는 것으로, 고대에는 당연히 이런 의미가 있었다. 『예禮』에 경대부卿大夫의 역제繹祭를 빈시賓尸라고 하였으니, 은주殷周 연간에 선왕先王을 왕빈王賓이라 칭한 것도 이상할 것이 없다. 「낙고洛誥」의 시대는 상대商代와 매우 가까웠으므로 여기의 왕빈王賓은 당연히 복사卜辭의 의미와 같다. 만약 이것을 주공周公이라고 해석한다면 아래에 있는 "함격咸格"의 '함咸'자가 가리키는 바가 없게 되고 만약 제사를

___

129) 긍정과 부정의 의문문을 대비적으로 사용한 갑골문의 문장.

돕는 제후諸侯라고 해석한다 해도 본 사건과는 관련이 없게 되므로, 이를 예전의
문왕·무왕으로 해석했던 것이다.

구주소들은 "왕빈王賓"을 주공周公이나 제사를 돕는 제후로 해석해 왔지
만, 나진옥과 왕국유 두 사람은 모두 이전에 죽은 선왕 즉 문왕文王·무왕武王
을 가리키는 명사로 보았던 것이다. 그런데 곽말약은 『복사통찬卜辭通纂』
39편片의 변석辨釋에서 다음과 같이 말했다.

이 설이 왕국유로부터 유래된 이래로 복사卜辭를 전공하는 학자들은 모두 그
설을 정론으로 삼았다. 그러나 내가 보기에는 매우 이치에 맞지 않다. 대체로
'王賓' 두 글자를 이어진 명사로 간주하다면 복사 가운데 '王賓云云'과 같은
예들은 모두 주동사主動詞를 빠뜨리게 되어 문법에 맞지 않다. 복사卜辭에 있는
'王其賓某某'의 경우[130], 王과 賓 사이에 '기其'자가 끼여 있으므로 賓은 분명히
동사이다. 그렇다면 '왕빈王賓' 역시 사냥의 길흉을 점치면서 '王田'·'王往'·'王步'
를 말한 것과 같은 용례이다.…… 賓은 儐(擯과 같다)의 고자古字이니…… 왕빈王儐이
란 곧 왕빈王儐이다. 『예운禮運』의 "예라는 것은 귀신을 접대하는 것이다"(禮者所以儐
鬼神)라는 말이 바로 복사에 사용된 '빈賓'자의 의미이다. 「낙고」에 있는 '왕빈王賓'
의 빈賓은 바로 '빈儐(擯)'자를 가차한 글자이니, '왕빈王賓'은 문왕과 무왕을
대접(儐)한다는 뜻이다. 옛날의 "주공을 특별하게 대우한다"(賓異周公)라는 설은
완전한 오류이며, 나진옥은 문왕과 무왕을 지칭하는 명사로 간주하였고 왕국유
가 「낙고해洛誥解」에서 이 설을 채용하였는데 역시 옳지 않다.

곽말약의 이 해석이 가장 정확하다. 그는 "왕빈王賓"의 참뜻을 밝히면서
빈賓이 동사로서 선왕에 대한 제례의 한 방식임을 알게 해 주었고, 이렇게
'빈賓'의 참뜻이 밝혀지면서 앞에서 거론한 「요전」의 "인빈출일寅賓出日"
역시 이해할 수 있게 되었다.
그 다음의 "살인殺禋"에 대해 구주소는 살생殺牲과 인사禋祀라고 하거나

---

130) 『卜辭通纂』 161片 및 『後』 下7.1.

명확하게 요제燎祭라고 해석하기도 했는데, 대체로 틀리지 않다. 다만 아래의 "함격咸格"을 "모두 이르다"(皆至)로 해석한 것은 틀렸다. 왕국유는 「낙고해洛誥解」에서 "함격咸格은 대개 인사禋祀를 모시매 이르러 오는 것이다"라고 하였다. 살펴보건대, '격格'의 의미는 흠향歆享과 같은 것으로서 제사를 향유한다는 뜻이다.

여기에 「낙고」의 "아이인공정我二人共貞"을 덧붙여 보면, 구주소는 그 의미를 풀이하지 못했다. 「위공전」에서는 "나와 공公이 함께 그 아름다움을 바르게 할 것입니다"(我與公共正其美)라고 마음대로 해석하였고, 하선夏僎의 『상서상해尚書詳解』에서는 "왕이 공公과 더불어 이 길한 점을 함께하고자 함이다"(王欲與公共當此吉卜)라고 해석하였으며, 마침내 『채전蔡傳』에서는 "정貞은 '마땅함'(當)의 의미이다"(貞, 猶當也)라고 하였다. 그러나 이는 모두 억설로서, 갑골문에서 점괘를 묻는 것을 정복貞卜이라 부르고 정복貞卜 작업을 담당한 사람을 정인貞人이라고 한 것을 모르는 데서 나온 해석이다. 이 구절은 바로 "우리 두 사람이 함께 점복占卜을 쳤다"라는 뜻이다. 갑골문의 관련 구절로는 『수편』 1424편의 "癸未卜, 爭○貞, 旬无尤, 咎"가 있으니, 곽말약은 "이는 쟁爭과 ○ 두 사람이 함께 점을 친 것으로, 『서』 「낙고」의 '아인인공정我二人共貞'은 바로 성왕成王·주공周公이 함께 점을 친 것이다"라고 해석하였다. 갑골문이 아니었다면 이러한 해석은 할 수 없었다.

5) 왕약왈王若曰

앞서 살펴본 「상서商書·반경盤庚」의 "왕약왈王若曰"은 「주서周書」의 편들에서 더 자주 나타난다. 「강고康誥」·「주고酒誥」·「낙고洛誥」·「강왕지고康王之誥」·「문후지명文侯之命」 등의 편에 모두 보이고, 「대고大誥」·「다사多士」·「다방多方」에는 주공이 인용한 "왕약왈王若曰"이 있으며, 「군석君奭」·「입정立政」에는 별도의 "주공약왈周公若曰"[131]이 있는데, 주소가들은 모두 이곳의

'약若'을 '순順'의 뜻으로 해석하였다. 동한 마융이 "왕순왈王順曰"[132]로 해석한 이래로 『위공전』·『공소』 등이 모두 그것을 계승했던 것이다. 오직 『채전』만이 「반경」편에서 "약왈若曰은 모두가 당시의 말씀인 것은 아니다. 그 대의大意는 '이와 같다'는 뜻이다"라고 해석했을 뿐인데, 이에 대한 별도의 설명이 없고 또 『주서』의 다른 편들에서도 이 말에 대해 해석하지 않았다. 이 말에 대한 해답은 근대 이후부터 찾게 된다.

먼저 동작빈은 『은허문자갑편殷虛文字甲編』 2504편片의 석문釋文에서 처음 으로 이 단어의 의미에 천착하여 문무정文武丁(太丁) 때의 것으로 논정하였고, 또 『모공정고년주석毛公鼎考年注譯』에서는 주인周人들이 사용한 "왕약왈王若 曰"은 은대殷代의 것을 계승한 것이라고 하였으며, 다시 『설문說文』 제4권에 「왕약왈고의王若曰古義」를 발표하여 "왕약왈王若曰"이 서간체 용어임을 주장 하였다. 이어 진몽가는 『서주동기단대西周銅器斷代』에 수록된 「주서 속의 왕약왈」(周書中的王若曰)[133]에서 주로 금문金文 자료들을 비교검토한 후 "왕약 왈王若曰"의 예시들을 상세히 거론하면서 사관史官 혹은 주공周公이 왕명王命 을 대신 선포할 때 "왕약왈王若曰"이라고 칭했다고 하였지만, 그 자의字義에 대해서는 여전히 해석해 내지 못하였다. 이후 담계보譚戒甫는 「'약若'자의 본뜻과 그 변천에 대해 논함」(論若字的本義及其演變)[134]에서 "왕약왈王若曰"의 '약若'자는 존귀하고 으뜸가는 지위의 의미를 담고 있다고 했는데, 이것은 갑골문·금문에서의 함의와는 전혀 상관이 없는 해석이다. 일본학자 가토 조켄(加藤常賢)은 『진고문상서집석眞古文尚書集釋』 부록의 「왕약왈고王若曰考」 에서 공영달·왕선겸·진몽가·동작빈 등의 설을 인용하고 이어서 『상서』 가운데 '약若'자가 있는 49개의 예를 수집한 후, 갑골문과 금문의 '약若'자는

---

131) 「商書·微子」에 "微子若曰"이 있다.

132) 『史記集解』, 「晉世家」에서 인용.

133) 『考古』 1956年 1期에 발표되었고, 이후 『尚書通論』 「王若曰考」에 수록됨.

134) 『武漢大學人文科學學報』 1957年 1期.

그 자형字形이 머리를 풀어헤친 신神의 형상이니 "왕약왈王若曰"은 신神의 의미를 담은 존칭이라고 하였다.

이러한 과정을 거쳐 최종적으로 우성오는 『왕약왈석의王若曰釋義』[135]를 펴내었다. 여기서 그는 『은허문자갑편』 2504편의 "王若曰, 羌……"과 금문金文, 그리고 『상서』 중의 예를 근거로 들고 더 나아가 왕인지의 설을 채용하여, "왕약왈王若曰"은 "왕이 이와 같이 말했다"(王如此說)로 해석되어야 한다고 논정하였다. 이와 함께 그는 주인周人들이 상대商代의 용어를 그대로 따랐다는 점과, 왕이 직접 신하들에게 명령할 때는 "왕약왈王若曰"을 칭하지 않았다는 점을 지적하고 있다. 대체로 사관史官이 어떤 신하에게 왕명을 전하거나 왕이 사관을 통해 어떤 신하에게 책명冊命을 내릴 때에, 편머리 혹은 편의 첫 단락에서는 "왕약왈王若曰"이라 하고 이하 다시 서술할 때에는 "왕왈王曰"로 간칭하였다는 것이다. 따라서 그는 『강고』 처음의 "왕약왈王若曰"과 그 아래 이어지는 11차례의 "왕왈王曰"은 이런 통례通例와 완전히 일치하며 편 끝에 나오는 "왕약왈王若曰"의 '약若'자는 당연히 연문衍文이 되고, 『다사』·『다방』의 두 번째 "왕약왈王若曰"과 『입정立政』 끝부분에 나오는 "주공약왈周公若曰"의 '약若' 역시 연문이며, 『재재梓材』편 맨 앞의 "왕왈王曰"은 당연히 "왕약왈王若曰"이 되어야 한다고 말한다. 살펴보건대, 우성오의 예에 따른다면 『여형呂刑』의 "왕왈약고유훈王曰若古有訓"은 '약若'자와 '왈曰'자가 잘못 도치된 것이 아니라 '왈曰'자 앞에 있어야 할 또 다른 '약若'자가 탈락된 것이다. 또한 우성오는, 『다사』의 "주공왈왕약왈周公曰王若曰"은 주공周公이 왕께서 이와 같이 말씀하신 것을 (대신) 발표한 예에 속하고 『대고』·『다사』의 "왕약왈王若曰"은 모두 앞의 주공周公의 말을 이어받은 것이므로 이런 예들과 부합된다고 보았다. 다만 기타 각 편의 "왕약왈王若曰"로 단칭單稱된 것들은 사관이 왕의 말씀을 기술한 것으로서, 주공이

---

135) 『中國語文』 1966年 2期.

왕의 말씀을 대신해서 전한 것과는 구별된다. 그러나 구설舊說들은 이런 의미를 알지 못했기 때문에 모두 주공이 왕의 말씀을 대신 전한 것이라고 해석하여 본의本義를 흐려 왔다.

이제 『상서』 속 "왕약왈王若曰"의 의미는 명백히 밝혀졌다. 진몽가가 사관이나 관원들이 왕명을 대신해서 발표한 것을 "왕약왈王若曰"이라고 칭했다는 설을 처음 제기한 이후, 우성오의 해석을 통해 그 의미와 예들이 더욱 명확해진 것이다. 「주서」 각 편의 "왕약왈王若曰"은 사관이 왕명을 대신 발표한 것이 아니라 사관이 왕의 말씀을 기록한 것인데, 주인周人들은 은인殷人들이 왕명을 대신 발표할 때 사용하던 단어를 그대로 답습해서 왕의 원래 말씀을 기록했음을 나타내었던 것이다.

6) 어사御事

「목서牧誓」에 "어사御事·사도司徒·사마司馬·사공司空"이라는 구절이 있고, 「대고大誥」·「주고酒誥」·「재재梓材」 모두 "서방군庶邦君"과 "어사御事"가 있으며, 「소고召誥」에는 "서은어사庶殷御事"와 "유주어사有周御事"가 있고, 「낙고洛誥」·「고명顧命」·「문후지명文侯之命」에도 주周의 "어사御事"가 기록되어 있는데, 구주소들은 모두 "어사御事"를 "일을 담당하다"(治事)로 해석하였다. 「목서」의 이 구절을 『공전』은 "삼경의 일을 담당하다"(治事三卿)라고 해석하였고, 『공소』는 사도司徒·사마司馬·사공司空 등 삼경三卿을 가리켜 말한 것으로 해석하였다. 전傳과 소疏는 모두 「대고」의 "어사御事"를 "일을 처리하는 것"(御治事者)으로 해석하였고 기타의 「고誥」들에서도 대체로 똑같이 해석하고 있으니, 결론적으로 어떤 활동을 가리키는 말이다. 그러나 왕국유는 「석사釋史」에서 『설문說文』의 "사事는 직분(職)이다. 사史의 뜻을 따르며, 지屮의 생성省聲(형성자의 성부 생략)이다"(事, 職也. 從史, 屮省聲) 구절을 근거로 "은인殷人의 복사卜辭에는 모두 '사史'로써 '사事'자를 대신하였는데, 이는 애초에

'사事'자가 없었기 때문이다. 「모공정毛公鼎」이나 「번생궤番生設」 같은 주초周初의 기물에서 비로소 '경사卿事'는 '사事'로 적고 '태사大史'는 '사史'로 적어 두 글자를 구별하기 시작하였다"라고 하고, 이어서 "천자天子와 제후諸侯의 집정執政을 통칭해서 '어사御事'136)라 하였는데, 은허복사에서는 '어사御史'로 칭해졌다"라고 하였다.

살펴보건대, '어御'자는 갑골문에서는 '𢾅'와 같은 형태로 썼고 예정隷定하면 '𢿘'이다. 나진옥은 "𢓊는 '午'와 같은 형태로서, 아마도 말채찍을 형상화한 것 같다. 사람이 길에서 채찍을 잡고 있는 것이 바로 '어御'이다"137)라고 하였다. 그러나 문유聞宥(1901~1985)는 "𢓊는 말채찍을 형상화한 것이 아니고, 𢓊와 𢀖는 떨어져 있어 역시 잡는다는 의미가 없다. 여기의 '午'는 실제의 소리 요소가 되고, 𢀖는 사람이 무릎 꿇고 영접하는 모습을 형상화한 것이다. '𢓊'는 길이다. 길에서 영접하는 것이 바로 '어御'이다"라 하고, 또 "그 훈訓이 '맞이하다'(迊)가 된 것은 의미를 소급한 것이며, 나머지 훈석은 모두 후대에 생겨난 것이다"(其訓迊者爲朔誼, 他訓爲後起誼)138)라고 하였다. 지금 「반경」·「목서」·「낙고」·「고명」 등의 편을 살펴보면 당唐 이전의 판본들에는 모두 '어御'자가 있고, 「위공전」에서는 이를 '맞이하다'(迎也)로 해석하였다. 그러다 천보天寶(742~756) 이후의 전본傳本들에서는 '어御'자가 '아迓'자로 고쳐졌는데, 단옥재가 이것은 당唐의 위포衛包가 「위공전」의 훈석을 근거로 해서 잘못 고친 것임을 고정하였다.

실제로 「곡량전」 성공成公 원년조에 "애꾸눈에게 애꾸눈을 맞이하게 하고, 절름발이에게 절름발이를 맞이하게 한다"(使眇者御眇者, 使跛者御跛者)라는 문장이 있고 또 「공양전」 성공 2년조에 "절름발이에게 절름발이를 맞이하

---

136) 小注에서 왕국유는 「牧誓」에서 「文侯之命」에 이르는 7篇의 '御事' 문장을 증거로 인용하고 있다.
137) 『殷虛書契增訂考釋』.
138) 「殷虛文字孳乳硏究」(『東方雜誌』 25卷 3號). 이는 王貴民의 인용에 근거한 말이다.

게 하고, 애꾸눈에게 애꾸눈을 맞이하게 한다"(使跛者迓跛者, 使眇者迓眇者)라는 문장이 있으니, 이로써 옛 전적의 '어御'자에는 '맞이하다'(迎迓)의 의미가 있어서 이 경우에는 항상 '아迓'자와 같이 쓰였음을 알 수 있다. 그러나 최근 왕귀민王貴民(1934~)의 「설어사說邘史」139)를 보니, 그는 문유聞宥의 설에 동의하면서 갑골문의 '어邘'자에 다음과 같은 세 가지 용법이 있다는 점을 지적하고 있었다. 첫째, 제사이다. 귀신을 맞이하는 제사를 뜻하는 "어제邘祭"와 같은 용례이다. 둘째, 정벌이다. "어벌邘伐"은 바로 "영격迎擊"의 의미이다. 셋째, "어사邘史"의 조합이다. 여기의 '사史'자는 갑골문 초기에는 ᖌ로, 후기에는 ᖰ 및 기타 조금 번잡한 여러 형태로 쓰였는데, 예정隸定하면 '사史'·'리吏'·'사事'의 세 글자가 된다. 이들은 서로 같이 사용되었으니, '사史'자는 곧 '사事'자이다. "어사邘史"는 갑골문에서 "呼某人 邘史", "呼某人入邘史" 등의 형식으로 상용常用되었는데, 이 "어사邘史"가 바로 "어사御事"로서 영접하는 업무나 접수하는 사무를 하는 것이다. 그 의미는 어떤 사람을 불러 왕실의 업무를 담당하게 한다는 뜻이다. 이로부터 "어사御事"가 파생되어 왕실의 정사政事를 담당하는 관직에 대한 칭호가 되었다. 왕국유는 다음과 같이 말하고 있다.

『상서』 가운데 주초周初에 만들어진 편들에서는 어사御事가 서사庶士·다사多士·윤씨尹氏·백관百官과 같이 배열되어 어떤 관직을 개괄하는 용어로 사용되었는데, 사도司徒·사마司馬·소자小子·소정少正·호신虎臣 등 특정 관직을 지칭하는 용어와는 달랐다. 어사御事는 어떤 때는 뭇 방군邦君의 다음에 위치할 때도 있고 어떤 때는 윤尹·사士의 뒤에 올 때도 있으나 왕실의 직무를 집행하는 관료군官僚群이 아닌 적은 없었다. 따라서 이것은 갑골문의 어사邘史와 상황이 완전히 일치한다. 다만 「주고」의 "상유어사相惟御事" 구절은 주소가들이 해석한 "일을 담당하다"(治事)의 뜻이 확실히 맞다. 이것은 또한 갑골문의 원래 용법과도 일치한다.

---

139) 『甲骨探史錄』.

이상의 정밀한 해석들은 『상서』에 나타나는 "어사御事"의 원래 의미를 비교적 정확하게 이해할 수 있게 해 주었다.

7) 천약天若

『강고康誥』에 "홍우천약弘于天若" 구절이 있는데, 구주소에서는 그 다음의 문장과 연결시켜서 "하늘의 명命을 크게 드러내고 덕德에 순응하여 너의 몸에 넉넉하게 하면 왕王에게 있는 명命이 폐해지지 않을 것이다"(弘于天, 若德裕乃身, 不廢在王命)라고 읽었다. 또 『주고酒誥』에 "자역유천약원덕玆亦惟天若元德" 구절이 있고, 『소고召誥』에도 "면계천약面稽天若" 구절이 2번 나온다. 구주소가들은 모두 이 구절들의 '약若'을 '순順'의 의미로 해석하였다. 『위공전』은 『강고』 구절을 "하늘의 명을 크게 하여 덕에 순응하면 폐해짐을 당하지 않고 왕의 명이 영원할 것이다"(大于天, 爲順德則不見廢, 常在王命)라고 해석하고, 『주고』 구절에 대해서는 "하늘이 큰 덕을 따라서 보우할 것이다"(亦惟天順其大德而佑之)라고 해석하였으며, 『소고』 구절은 "천심天心을 돌아보고 따른다"(面考天心而順之)로 해석하였다. 그리고 『공소』는 세 구절 모두 『위공전』의 해석을 따르면서 그 의미를 좀 더 부연하였다. 그러나 『순자』 「부국富國」편에서 『강고』의 이 구절을 인용하고 있는데, 이곳의 해석에 따르면 해당 구절은 마땅히 "홍복호천약宏復乎天若, 덕유내신德裕乃身……"으로 읽어야만 한다.

『강고』와 『주고』, 『소고』의 편들에는 모두 "천약天若"이라는 단어가 있다. 그런데 여기서의 '약若'을 '순順'으로 해석하면 매우 억지스럽다. 갑골문에는 "제약帝若", "제불약帝弗若"이라는 말이 자주 보이는데, 이는 은왕殷王이 상제에게 어떤 일을 보여 주기를 청했을 때 상제가 그것을 '허락'하거나 '불허'하는 상황과 관련 있다.[140] 여기의 '약若'은 마땅히 허락의 의미로

---

140) 陳夢家, 『殷虛卜辭綜述』, 507쪽의 卜辭 인용 참조.

해석되어야만 한다. 주인周人의 '천天'자는 은인殷人의 '제帝'자와 같은 의미로서 모두 '상제'를 가리키므로, "천약天若"은 곧 "제약帝若"이다. 이 단어는 상商·주周의 관용어로서 금문金文에서도 보인다.[141] 이상과 같이 볼 때 "천약天若"은 곧 하늘이 응답하는 것이고, "천불약天不若"은 하늘이 응답하지 않는 것이다. 물론 의미상으로는 "천약"을 하늘이 순응하는 것이라고 말하는 것도 옳다. '약若'자는 갑골문에서 사람이 양손으로 머리카락을 가지런히 하는 형상[142]으로서 그 뜻을 소급하면 '순順'의 의미가 되기 때문이다. 따라서 『복사통찬卜辭通纂』 367편片의 "제강약帝降若"과 "제강불약帝降不若"에 대해 곽말약이 "약若은 순順의 의미이고 불약不若은 '불순不順'의 의미이다. 『초사楚辭』「천문天問」에 '어찌해서 찐 고기를 바쳤는데 하늘이 따르지 않으셨나?'(何獻蒸肉之膏, 而後帝不若) 하였다"라고 해석한 것도 뜻은 통한다. 그러나 "천약天若"이 관용어였으므로 '약若'자는 복사卜辭의 상용의常用義에 의거해서 '허락'의 의미로 해석하는 것이 옳다.

8) 일부 문자어휘 참고자료들

갑골문 가운데 『상서』 연구와 관련된 자료로서 역사사실 혹은 인물 기록 이외에 절대다수를 차지하는 것으로 문자어휘文字語彙에 관한 자료들이 있다. 앞서 거론한 "왕약왈王若曰"·"어사御史"·"천약天若" 등이 모두 어휘에 관한 내용이다. 그 외에 「금등金縢」·「강고康誥」·「다사多士」·「강왕지고康王之誥」·「문후지명文侯之命」 등에 「상서商書·탕서湯誓」의 경우처럼 "여일인予一人"이라는 구절이 있는데, 이는 갑골문에 나오는 은인殷人의 옛 호칭을 주인周人들이 그대로 따른 것이다. 한편 오대징吳大澂은 「대고大誥」·「군석君奭」에 나오는 "영왕寧王"과 「대고」·「다사」·「군석」·「문후지명」에 나오는

---

141) 가령 「中山王嚳鼎」의 "智天若否" 등이 있다.
142) 丁佛言(1878~1931)의 『古籀補補』 참조.

"불조弗弔" 등을 지적한 바 있는데, 이것들은 비록 금문金文 자료에 의거한 것이기는 하지만 실제로 갑골문에서 연유한 것이었으니, 가령 '심心'을 포함하고 있는 '문文'자가 『전후경진신획갑골집戰後京津新獲甲骨集』 2857편片에 보이고 또 "불조弗弔" 구절이 『은허서계전편殷虛書契前編』 5.172편片에 보인다. 이러한 각종 어휘들은 「주서周書」 연구에 적지 않은 도움을 준다. 아래에서 종합적으로 열거해 보도록 한다.

「다방」은 "수많은 방국方國"이라는 뜻의 편명이다. 『위공전』은 이를 "온 천하의 제후"(衆方天下諸侯)로 해석하였다. 이 편은 "왕약왈王若曰, 유고이사국다방猷告爾四國多方"이라는 주공의 말로 시작하는데, 『위공전』은 "주공이 왕명을 받들어 대도大道에 따라 사방四方에 고하였다"(周公以王命順大道告四方)라고 해석하였다. 이는 단지 "상하사방上下四方"이라는 후대의 의미로 해석한 것이며, 『공소』는 의미를 확장하여 곧바로 "천하天下"로 해석하였다. 그런데 오늘날에는 복사를 통해 수많은 방국方國들을 확인할 수 있다. 곽말약의 『복사통찬卜辭通纂』에 복사를 정벌征伐 별로 열거한 것이 많이 있으며, 진몽가의 『은허복사종술殷虛卜辭綜述』 제8장은 "방국지리方國地理"를 전문적으로 기술한 부분으로 "모방某方"은 바로 "모국某國"과 같다 하여 30~40국國 이상을 거론하고 있다. 이후 양수달楊樹達의 「상서 다방에 대한 해석」(釋尙書多方)[143]에서는 갑골문 자료를 근거로 하여 "다방多方은 다국다방多國多邦"이며 "사국다방四國多方은 곧 고인古人들의 중첩어重疊語이다"라고 하였으니, 이로써 그 원의가 마침내 밝혀졌다.

「다사」에 "천읍상天邑商"이라는 구절이 있는데, 갑골문에도 "대읍상大邑商"·"천읍상天邑商"이 보이므로 주공이 은인殷人의 관용적 호칭을 그대로 따른 것임을 알 수 있다.[144]

---

143) 『積微居小學述林』.
144) 羅振玉의 『殷虛書契考釋』 및 이 책에 대한 王國維 序, 郭沫若의 『卜辭通纂』 755片 考釋, 陳夢家의 『殷虛卜辭綜述』 8章 등에 분석되어 있다.

「대고」에 "강할우아가降割于我家"라는 구절이 있는데, "아가我家"와 관련하여 「상서商書·반경盤庚」에 "난월아가亂越我家" 구절이 있고 또 「미자微子」에 "오가모손우황吾家耄遜于荒" 구절이 있다. 「대고」가 은인殷人의 언어를 계승하였음을 알 수 있다. 『위공전』은 「대고」에 대해서는 명확한 해석 없이 단지 "아가我家를 해침이 적지 않다"(害于我家不少)라고만 하고 「미자」 구절은 "가家가 혼란스럽다"(在家耄亂)로 해석하였으며 마융馬融은 "경대부는 가家라고 한다"(卿大夫稱家)라고 하였는데, 이는 모두 주대周代의 제도를 근거로 한 해석이다. 오늘날에는 갑골문을 통해 "아가我家"라는 단어가 있었음을 확인할 수 있다. 『은허서계전편殷虛書契前編』 4·15·4에 "貞, 我家舊臣无耂"가 있으니, 확실히 "아가我家"는 상商왕조를 가리킨다. 그래서 양수달은 『복사쇄기卜辭瑣記』에서 이 편片 및 「미자」의 구절을 근거로 "아가我家·오가吾家라는 명칭은 실로 은인殷人의 언어임을 알 수 있다"라고 하였다. 아울러 그는 「모공정毛公鼎」의 "명여알아방아가命汝辥我邦我家" 및 "홍아방아가弘我邦我家"를 인용하여, 이것은 모두 주왕周王의 명命을 서술한 말이며 아가我家와 아방我邦은 같은 의미로서 옛사람들이 중복해서 칭한 것이라고 하였다. 이로써 갑골문에서 금문金文, 『상서』에 이르기까지의 "아가我家"는 아방我邦 혹은 아국我國을 뜻하는 것임을 알 수 있으니, 「반경」·「미자」·「대고」의 단어들도 모두 이에 의거해서 해석되어야만 한다.

「낙고」에 "王曰公定予往已公功肅將祇歡"이라는 구절이 있다. 『위공전』은 "공公이 머물러 나를 안정시켰으니, 나는 공의 말을 좇아 낙읍洛邑으로 가면 그만이다. 공의 공功이 이미 커므로 천하 사람들이 모두 공의 공功을 존경한다"(公留以安定我, 我從公言, 往至洛邑, 已矣. 公功已進大, 天下咸敬樂公功)라고 해석하였다. 그러나 우성오는 『상서신증尙書新證』에서 이렇게 말했다.

『위공전』의 설은 매우 모호하다. 원래 '이已'는 사祀(제사)의 뜻이니, 『역易』 손損괘의 초구初九에 "제사에 빨리 간다"(已事遄往) 하였고, 『석문釋文』에서는 "이已는 「우서虞

書」에 사사祀로 되어 있다"(己, 虞作祀) 하였으며, 갑골문에는 '사祀'가 간혹 '사巳'로 되어 있다. 따라서 "이공공己公功"은 곧 "사공공祀公功"으로, "제사를 지내 공의 공功을 묘묘廟에 고함"이라는 의미이다. "제사를 지내 공의 공功을 묘에 고하는 것"을 "사공공祀公功"이라 하는 것은, 또한 「무성武成」 일문佚文의 "사괵우주묘祀馘于周廟"가 "주묘周廟에 귀를 베어 바쳐 제사지낸다"의 뜻인 것과 같다.

이처럼 '이己'는 본래 갑골문의 '사巳'이고 갑골문의 '사巳'는 '사祀'(제사)의 의미로 쓰였으므로, 은대殷代에 근접한 시기의 문헌에서는 이己가 사祀의 의미로 사용된다는 점에 주의해야 한다.

「진서秦誓」에 "여유일개신如有一介臣"이라는 구절이 있다. 『위공전」에서는 "몸과 마음을 단속하는 한 단정한 신하가 있다면"(如有束修一介臣)이라고 해석하였고, 「석문」에서는 "마융본馬融本에는 계界로 되어 있다. '일개一介'는 전일하고 성실한 것이니, '개介'는 '개个'로도 쓴다'라고 하였다. 그런데 「은계수편」 12편片에는 "帝五丰臣"이란 구절이 있다. 곽말약은 나진옥이 "丰"을 "옥玉"으로 해석한 것을 변석하면서 다음과 같이 말하였다.

금문金文에 옥玉을 의미 요소로 하는 글자는 자못 많으나 丰을 의미 요소로 하는 글자는 하나도 없다. 또한 "제오옥신帝五玉臣"으로 읽는다면 문장이 되지 않으므로 丰는 절대 옥玉자가 아니다. 나는 소전小篆의 '丰'자는 개介로 읽어야만 한다고 생각한다. 「진서秦誓」의 "약유일개신若有一个臣"을 「공양」 문공文公 12년조에서 인용하면서 "유일개惟一介"라 하였으니, 이와 마찬가지로 "오개신五丰臣"도 줄여서 "오개五丰"로 쓴다. 개介는 오늘날 개个로 쓰므로, 또한 "제오개신帝五丰臣"을 줄여서 "제오신帝五臣"[145]으로 쓰기도 한다.

우성오는 「석개釋丰」[146]에서 '丰'를 "개介와 같이 읽는다"(讀若介)라고 한 「설문說文」의 설에 동의하면서 이 글자의 원뜻을 고석하였다. 그는 먼저

---

145) 下片 즉 13片에 보인다.
146) 「甲骨文字釋林」.

대동戴侗의 『육서고六書故』에서 주장한 "개丰는 계契이다"(丰即契也), "개丰는 새겨진 치아를 본뜬 것이다"(丰象所刻之齒)라는 설을 따라야 한다고 주장하고, 이어서 『맹자』 「만장萬章」의 "이처럼 근심 없을 수 없다고 여기다"(爲不若是恝)에 대해 『설문』에서 "개㤿는 㤱로 쓴다" 한 것도 이 글자를 증명하기에 충분하며, 또한 "匃" 등의 글자와 통용된다고 하였다. 『역』 진晉괘의 효사에 "수자개복受玆介福"(이 복을 받다)이라는 구절이 있고, 또 『시』 「칠월七月」에 "이개미수以介眉壽"(오래 살기를 빌다)라는 구절이 있고 「사과보정師夸父鼎」에도 "이개미수以匃眉壽" 구절이 있으니, 이러한 것들은 모두 이 글자의 이해에 도움을 준다.

「고명顧命」과 「문후지명文侯之命」에 모두 "유원능이柔遠能邇"라는 구절이 있는데, 뒤에 「요전堯典」이 출현하면서 역시 이 구절을 가지게 되었다. 『위공전』은 이를 "먼 곳이 안정되면 가까운 곳을 안정시킬 수 있다"(安遠乃能安近)라고 해석하였는데, 의미는 기본적으로 맞다. 금문金文에 따르면 이 네 글자는 당시의 관용어였는데, 「대극정大克鼎」과 「번생궤番生段」에 "擾遠能𣄦" 구절이 있으므로 '이邇'를 '𣄦'로 썼음을 알 수 있다. 「진강정晉姜鼎」에도 "綏懷遠𣄦君子"라는 구절이 있다. 손이양孫詒讓은 「극정석문克鼎釋文」[147]에서 '𣄦'를 '𣄦'로 해석하면서, "일반적으로 '예藝'라고 쓴다. 『서書』 「입정立政」에 '예인표신藝人表臣'이 있는데, 예㙯는 이신邇臣을 말하는 것으로서 표신表臣과 상대되는 개념이다"라고 하였다. 왕국유는 「극정명고석克鼎銘考釋」[148]에서 "𣄦은 𣄦와 통한다. 「요전堯典」의 '격우예조格于藝祖'를 금문今文에서는 '가우조녜假于祖禰'로 썼으니, 예㙯와 녜禰가 통용되었음을 알 수 있다"라고 하였다. 「상서商書·고종융일」에 있는 "전사무풍우닐典祀無豐于昵" 구절의 '닐昵'자는 당唐 이전에는 모두 '니尼'자로 쓰였는데, 주소가들은 대부분

---

147) 『籀高述林』.
148) 『觀堂古金文考釋』.

이를 '녜묘禰廟'로 해석하였다. 왕명성王鳴盛·손성연孫星衍 등은 한대에 이르러서야 '녜禰'자가 생겨났고 한대 이전에는 '니尼'자로만 쓰였다는 점을 지적하였으며, 손이양·왕국유는 이 글자의 원형이 '𩨫'자라고 하였다. 이 글자는 「고종융일高宗肜日」에도 보이므로 상대商代에 이미 사용되었음을 알 수 있다. 『은계수편』 991편片에 "王其田𤞤" 구절이 있는데, 곽말약은 이곳의 '𤞤'자가 바로 금문金文의 '𤟥'자라고 생각하였다. 아울러 그는 손이양·왕국유의 해석에 동의하면서도 좀 더 깊이 탐색해 갔다.

두 학자는 '𤟥'을 '𩨫'라고 했는데, '𤟥'은 가차하면 '이邇'가 되고 '𩨫' 또한 '이邇'와 통하고 '녜禰'와 같으므로 모두 옳다. 그러나 '𤟥'의 본의本義는 말하지 못하였다. '𤟥'자는 '견犬'을 의미 요소로 하지 '극𠬝'을 의미 요소로 하지 않으므로 '𩨫'과 같은 글자가 아니다. 복사卜辭와 금문金文으로 상호 검증해 보면 '𤟥'가 '𤞤'의 생략형임을 알 수 있다. '𤞤'는 '견犬'을 의미 요소로 하고 '𤔔'를 소리 요소로 한다. '𤔔'는 '𩨫'의 이체자이니, 각각 '구臼'를 의미 요소로 하고 '극𠬝'을 의미 요소로 하는 동의자同意字이다. 그렇다면 '𤞤'는 '𤟥'과 같으며 '녜禰'의 본자本字일 것이다. 복사에서는 매번 가생假省하여 '𤞤'로 썼는데, '전성田省'을 말한 것이다. 이는 곧 '田𤞤'으로 문례文例가 서로 같다. 이 역시 서로 증거가 된다.

이로써 『상서』에서 의미가 비슷한 이邇 혹은 녜禰 그리고 가차자 니尼의 본자本字가 '𤟥'와 '𤞤'였음을 알게 되었다. "유원능이柔遠能邇"는 원래 상주商周의 관용어였다.

「금등金縢」에 "왕유질불예王有疾弗豫" 구절이 있는데, 『설문說文』 심부心部 '여恞'자 항목의 인용에서는 이곳의 '예豫'자를 '여恞'로 적고 있다. 『석문釋文』은 별본別本을 인용하여 '여忬'로 썼으며, 단옥재의 『고문상서찬이古文尚書撰異』에서는 "여忬는 곧 여恞"라고 하였다. 우성오는 「석심釋心」[149]에서 이렇게 말하였다.

---

149) 『甲骨文字釋林』.

갑골문에 '🐘'자가 두 번 보이는데 문장은 잔멸되었다.…… 이 글자를 살펴보면 '심心'을 의미 요소로 하고 '여余'를 소리 요소로 하니, 곧 '여悆'자이다. 『설문』의 '여悆'자 항목에서는 『주서周書』의 "유질불여有疾不悆"를 인용하고 있는데, '여悆' 는 '회喜'의 의미이다.…… '여悆'는 '예豫'의 고문古文으로, '예豫'는 후대에 나온 차자借字이다.

'예豫'자는 갑골문으로부터 이어져 온 것으로서 원래 '여悆'자로 쓰였다 는 것을 알 수 있다.

곽말약은 일찍이 금문金文을 통해 고대사를 연구하여 그 성과를 『금문소 무고金文所无考』에 담아 낸 바 있는데, 여기서 그는 금문金文에 없는 내용은 문헌 속에 있다 하더라도 신뢰하기 부족하거나 후대에 나온 것들이라는 점을 논증하였다. 오늘날 갑골문으로 『상서』를 연구하는 데에도 이 방법을 이용할 수 있겠지만, 서둘 것은 없다. 필자는 앞서 『상서商書』나 『주서周書』 부분에서 간략하게 이 방법을 운용하였지만 급하게 한 나머지 상세하게 다루지는 못하였다. 여기서는 단지 하나의 사례를 들어 간략히 살펴만 보겠다. 주 무왕이 주紂를 정벌하면서 한 맹세를 기록한 『목서牧誓』이 첫머리에는 "적의逖矣! 서토지인西土之人"이라는 구절이 있다. 여기의 '의矣' 자는 갑골문이나 금문金文에는 나타나지 않는다. 하정생何定生이 『상서의 문법과 그 연대』(尚書的文法及其年代)에서 "『상서』가 후대의 문장과 다른 이유는 연사連詞 및 조사助詞의 관계 때문이다"라고 하였듯이, 『상서』에는 후대 문체에 나타나는 연사連詞나 조사助詞와 같은 것이 원래 없다. 따라서 감탄을 나타내는 조사인 '의矣'자는 『상서』 속에 있으면 안 되는 글자이다. 『대고』·『강고』 등 주초周初에 만들어진 8편의 『고誥』와 그 이후의 『여형呂刑』 등을 보더라도 '의矣'자는 나타나지 않으며, 또한 문자 양식에 있어서 후대의 영향을 받은 『금등』·『무일』·『군석』 등의 편에서도 찾아볼 수 없다. 그런데 이 글자가 『주서周書』의 제일 첫 편에 들어 있고, 조금 뒤의 『입정立政』

에서는 6개의 '의矣'자가 사용되고 있다. 특히 「입정」은 반복해서 '의矣'자를 사용하고 있는데, 이는 「입정」의 문자가 동주인東周人의 영향을 받았다는 것을 설명해 준다. 왜냐하면 이처럼 어기語氣를 드러내어 문장을 부드럽게 해 주는 허사虛詞는 춘추시대 이후에야 비로소 발전한 것이기 때문이다. 결국 갑골문 및 금문金文과의 비교를 통해 고찰해 볼 때, 「상서」의 편들은 어떤 것들은 은상殷商의 언어와 서주西周의 언어에 속하는 것으로서 원본 「상서」를 계승한 것이고 다른 어떤 것들은 후대의 영향을 받아 「상서」 속으로 들어온 것임을 알 수 있다.

지금까지 갑골문 연구를 이용한 새로운 「상서」 연구의 상황에 대해 살펴보았다. 이와 관련해서는 자료가 매우 풍부하여 비록 서술이 매우 장황해졌음에도 거론하지 못한 것들은 여전히 많지만, 이미 거론한 것들만 해도 그 속에는 훌륭한 논의들이 무척 많다. 그 논의들은 「상서」의 태생적 문제점들을 이해하고 구주소의 오류들을 일소一掃하여 오류와 위설僞說로 점철된 「상서」의 본의本義를 회복시켜 줌으로써, 이전 2천 년 동안의 상서학과는 확실하게 구분되는 새로운 상서학의 성과를 이루어 내었다. 다만, 이러한 모든 성과는 단지 「상서」 원편原篇의 문자와 문구의 함의, 기록된 역사적 사실이나 인물 등의 문제에 국한된 것들일 뿐이었고, 「상서」의 심오한 사상이나 사회역사적 의의 등에 관한 깊은 탐색은 없었다. 곽말약은 그의 「중국고대사회연구」 제1편 「복사 속의 고대사회」(卜辭中之古代社會)의 '서설序說' 말미에서 다음과 같이 말하였다.

지금도 갑골과 복사에 대한 연구는 계속되고 있지만, 우리의 목표는 조금씩 구별된다. 우리는 고대 문물에서 고대의 사실들을 관찰하여 후대인들이 해 놓은 허위의 장식 즉 계급의 장식들을 제거해야만 한다.…… 갑골문 발견 이후 「시」・「서」・「역」 속의 각종 사회적 기구와 의식意識들은 비로소 그들의 원형을 찾게 되었고, 후대인들이 만들어 놓은 장식이나 위조 등이 구름 걷히듯 사라져서 맑은 하늘을 볼 수 있게 되었다.

이는 갑골문을 통한 『상서』 연구의 가장 중요한 의의이지만 필자의 이 책에는 아직 이런 분야가 반영된 곳이 없다. 그러나 곽말약이 이 분야에서 탁월한 성과를 일구어 낸 이래로 현재 사학史學이나 갑골학 분야의 연구는 나날이 발전해 가고 있으므로 장차 풍부한 성과들이 이 '갑골문과 『상서』 연구'의 절에 추가될 수 있으리라 생각된다.

제3절 고힐강과 『상서』 연구

 필자는 본 장의 제1절 '현대의 『상서』 연구 개황'을 서술하면서 '역사지
리' 부분에서 고힐강顧頡剛의 「우공禹貢」 연구에 나타난 학술적 요점과
훌륭한 독창적 견해 및 『상서』 연구를 진척시킨 공헌에 대해 상세하게
언급한 바 있다. 또한 '금문학파의 영향을 받은 학자' 부분에서도 비록
고힐강이 금문학자들의 견해를 일부 계승하긴 했지만 대부분은 스스로
정수를 수집하여 독창적인 발전을 일구어 냄으로써 현대 『상서』 연구의
성과를 풍성하게 하였다는 사실을 서술하였다. 이에 마지막으로 그의
『상서』 연구 성과를 전문적으로 다루어 보도록 한다. 그의 학식은 그의
명성에 완전히 걸맞은 것이었다. 그의 『상서』 연구의 중시와 『상서』에
대한 깊은 조예는 상서학의 새로운 수준을 체현한 것이었기 때문이다.
상서학 발전에 있어 고힐강은 전인미답의 신세계를 개척하였던 것이다.
『상서학사尚書學史』를 완성함에 있어 고힐강의 성과를 마지막으로 다루는
것은 상서학의 발전상과도 일치한다고 할 수 있다.
 애초 필자는 『고힐강선생학술顧頡剛先生學述』[150]에 「고대사의 중요 서적
인 상서 연구에 대하여」(對古史要籍尚書的研究)를 두고 4절節[151]로 나누어 그의

---

150) 1983年 脫稿, 1986年 中華書局에서 출판
151) ① 『尚書』, 史籍에서 儒家經典으로서의 『書經』으로. ② 『尚書』 연구에서 직면한 어려움
  과 문제들. ③ 前人의 연구성과 정리. ④ 상서학 연구를 새로운 수준으로 끌어올림.

『상서』연구를 소개한 바 있는데, 이후에 그 내용을 바탕으로 「고힐강 선생과 상서 연구」(顧頡剛先生與尙書硏究)라는 글을 써서 『사회과학전선社會科學戰線』 1984년 3기[152)에 발표하였다. 이 글은 3절節로 나뉘어 있다. 1) 『상서』 연구의 중시, 2) 『상서』 연구에서 직면하는 어려움과 문제들 그리고 전인前人들의 성과, 3) 상서학 연구를 새로운 수준으로 끌어올림이 그 각각이다. 이것은 『고힐강선생학술』에 수록된 글에서 1절을 없애고 별도의 제1절을 쓴 후 그 글의 2·3절을 합쳐서 제2절로 삼고 4절을 간추려 제3절로 삼은 것이다. 이 「고힐강 선생과 상서 연구」는 고힐강의 상서학 성과를 비교적 완전하게 다루고 있기 때문에 여기에 그 대부분을 가져오기로 한다. 다만 제2절의 내용 가운데 '『상서』 연구에서 직면하는 어려움과 문제들'은 이 책 앞부분의 각 장章에서 산견되고 '전인들의 성과'는 제8장과 9장에서 다루었기 때문에, 여기에서는 본문은 삭제하고 표제標題만을 두어 대략적인 대의大意를 남겨 두기로 한다. 제3절은 『고힐강선생학술』의 글과 중복되는 내용이지만 고힐강 상서학의 중요한 성과이기 때문에 싣지 않을 수 없고, 또 상서학의 통사通史를 서술한다는 점에서 보더라도 이처럼 중요한 내용을 싣지 않을 수 없다. 따라서 부득이하게 기본적으로 「고힐강 선생과 상서 연구」의 내용을 발췌하되 최대한 『고힐강선생학술』의 글과 중복되지 않도록 하였다.

1. 『상서』연구의 중시

고힐강은 평생 동안 고대사 연구에 종사하여 탁월한 업적을 남겼는데, 그 중에는 『상서』 연구로부터 기인한 것들이 많다. 가령 그의 학술 가운데

---

152) 『新華文摘』 1984年 12期에 초록이 게재되었다.

가장 유명한 "고대사는 시간의 흐름에 따라 누층적累層的으로 형성되었다"라는 학설은 그가 젊은 시절에 『상서』와 『시경』과 『논어』를 비교연구한 후에 내놓은 것으로, 북경대학을 졸업하고 교편을 잡은 지 얼마 되지 않은 시기였다. 이때 그는 5·4신문화운동의 사조를 계승하고 서양에서 유입된 "고대사는 너무 오래되어 상고할 수 없다"라는 견해를 받아들여 고대사에 대한 새로운 탐색법을 열망하고 있었다. 당시 그는 호적胡適·전현동錢玄同과 함께 1년 남짓 변위辨僞 활동과 토론을 함으로써 위고서僞古書와 위고사僞古事에 대한 예리한 식견을 지니게 된 상태였다. 1922년 봄, 그는 대학에서 강학한 지 1여 년 만에 고향 소주蘇州로 돌아가서 병환이 깊어진 조모를 봉양하였는데, 그러던 중 집안사람의 소개로 상해 상무인서관商務印書館에서 『중국본국사교과서中學本國史教科書』를 펴내게 되었다. 『상서』와 『시경』, 『논어』를 연구한 바로 이 책으로 통해 그의 유명한 학설이 나오게 된 것이다. 그는 당시의 정황을 다음과 같이 적었다.

내 본성이 남을 위해 일하는 것은 할 수 없어서, 교과서를 편찬하여 그것으로 일가一家의 저술을 이루고자 하였다. 나는 많은 생각을 했는데, 이 교과서를 살아 있는 역사로 만들어 책을 읽는 사람들에게 역사의 완전한 실체를 확인시켜 줌으로써 진실한 역사 관념과 연구의 흥미를 가지게 하고 싶었다. 상고사上古史를 어떻게 볼 것인가?…… 오랜 생각 끝에 『시』·『서』·『논어』 중의 상고사 전설들을 정리하여 『가장 이른 시기인 상고사 속의 전설들』(最早的上古史的傳說)을 만드는 것이 좋겠다고 생각했다. 내가 보기에 이 3부部의 책에는 고대사에 대한 관점이 비교적 잘 드러나 있으니, 요·순·우의 지위 문제라는 커다란 의문점이 그대로 나타난다.…… 나는 이 3부의 책에서 말하고 있는 우禹 관련 어구語句를 뽑아내어 깊이 탐구한 끝에 우禹에 관한 고대의 관념은 4시기로 나누어진다는 것을 알게 되었다. 가장 빠른 것은 『상송商頌·장발長發』의 "우부토하방禹敷土下方,……제위자생상帝位子生商"인데, 우禹를 하늘을 열고 땅을 개척한 신神으로 보았다. 그 다음은 『노송魯頌·비궁閟宮』의 "후직后稷……엄유하토奄有下土, 찬우지서纘禹之緖"인데, 우禹를 최초의 인왕人王으로 보았다. 그 다음은 『논어』의 "우직궁가禹稷躬

稼"와 "우禹······ 진력호구혁盡力乎溝洫"인데, 우禹를 농사짓는(耕稼)의 인왕人王으로 보았다. 마지막으로 「요전」의 "우배계수禹拜稽首, 양어직설讓於稷契"에서는 우禹의 후배와 후사들이 모두 동료로 바뀌었다. 요·순의 사적事跡은 또한 다음의 순서와 같이 나뉜다. 『시경』과 『상서』(앞부분 몇 편을 제외하고)에는 요·순을 언급한 부분이 없으니, 이때는 아직 그들과 비슷한 사람들을 알지 못했던 것 같다. 『논어』에는 비로소 그들이 등장하지만, 여전히 명확한 사실은 없다. 「요전」에 이르러서 드디어 그들의 덕행德行과 정사政事가 자세히 잘 드러나게 된다. 나는 이상과 같은 것들로 인해 우禹는 서주시기에 출현했고, 요·순은 춘추 말엽에서야 비로소 등장하였다고 생각하게 되었다. 후대로 가면 갈수록 점점 더 역사의 앞부분이 채워지게 된 것이다. 복희伏犧·신농神農이 만들어진 후, 요·순은 다시 그들보다 후대의 인물이 되었으니 우禹는 더 말할 것도 없다. 이에 나는 하나의 가설을 세웠다. 고대사는 누층적으로 만들어졌으며, 발생순서와 그 배열된 계통은 역으로 거슬러 올라간다는 것이다.[153]

『상서』 및 『시경』·『논어』와 같은 고대 문헌의 비교연구를 통해 이후 그의 학술의 중심사상이 되는 중국고대사에 관련한 기본 입장이 도출되어 나온 과정을 상세하게 설명하고 있다. 또한 그는 위의 인용에서 다음과 같이 말하기도 했다.

「요전」·「고요모」를 나는 신뢰하지 않는데, 그것들은 춘추시기에 만들어진 것들이다. 『논어』속의 고대사 개념들과 비교해 볼 때 필시 『논어』보다 뒤에 나왔을 것이라고 생각된다.

이것은 『상서』 편장에 대한 그의 추정 중 제일 먼저 제시된 것으로, 이후 『상서』의 고변考辨 연구와 같은 학술활동에서 이러한 견해는 일관되게 중시되었다. 그가 언급한 「요전」·「고요모」는 한대에 전해진 『상서』에서는 「우서虞書」속의 편장들이었는데, 「우서」·「하서夏書」의 4편은 과거에는

---

153) 『古史辨』 1冊의 「自序」, 51쪽.

줄곧 우하虞夏시대에 실재했던 문헌으로서 공자가 산존刪存시킨 '선왕先王의 보훈寶訓'으로 여겨져 왔던 편들이다. 그러나 고힐강은 그의 학술 초창기에 이들 몇 편이 우하시대의 문헌이 아닌 춘추전국시기의 문헌이라는 점을 명확히 지적하였던 것이다.

고힐강은 1920년대에 '고대사의 누층적 형성'이라는 유명한 학설을 제기한 후, 고대사에 대한 심도 있는 분석을 위해 구식舊式 체계의 고대사 문헌에 대한 다음의 4가지 고찰을 준비하였다. ① 고대 제왕의 계통 및 연대와 사적事蹟을 변석한 「제계고帝系考」, ② 삼대三代 문물제도의 유래와 그 차이를 변석한 「왕제고王制考」, ③ 제왕의 심전心傳 및 성현의 학파를 변석한 「도통고道統考」, ④ 경서의 구성과 경학의 변천을 변석한 「경학고經學考」가 그것이다. 그는 이 네 분야를 구식 체계의 역사 위조의 핵심으로 여겨, 만약 그에 대한 고찰들을 잘 완성하게 된다면 역사 위조의 틀을 깨뜨리는 완결판이 될 수 있을 것이라고 생각하였다.[154]

그가 생각한 4개의 고考를 살펴보자. 「제계고帝系考」는 민족사와 종교사에 속하는 것으로 그 목적은 고대사 중의 종족의 우상을 뒤엎는 데 있었고, 「왕제고王制考」는 정치제도사와 사회제도사에 속하는 것으로 그 목적은 고대사 중의 정치적 우상을 뒤엎는 데 있었다. 또 「도통고道統考」는 사상사와 종교사에 속하는 것으로 그 목적은 고대사 중의 윤리적 우상을 뒤엎는 데 있었으며, 「경학고經學考」는 학술사와 사상사에 속하는 것으로 그 목적은 고대사 중의 학술적 우상을 뒤엎는 데 있었다. 그는 이 4개의 고考를 완성하게 되면 중국 구식 체계의 고대사를 총결산할 수 있을 것이라고 여겼다.

1920년대 말에 이르러 고힐강은 앞서 서술한 4가지 방면에 대한 자료 수집을 끝마치고 적지 않은 고변考辨 성과를 내놓았는데, 아울러 그는

---

154) 『古史辨』 4冊의 「序」에 보인다.

이 4가지 방면을 지탱하는 가장 중요한 보루에 대한 공격을 염두에 두고 있었다. 가장 중요한 보루란 바로 봉건시대에 신성한 정치·도덕의 교과서로 받들어졌던 『상서』이다.

고힐강이 『상서』를 중시한 이유는 다음과 같다. 우선 '제계帝系'의 측면이다. 유가에 의해 확립된 요·순·우·탕·문·무의 고대사 체계는 바로 『상서』의 「요전」·「고요모」·「우공」 및 기타 각 편에서 기인한 것이었다. 따라서 『상서』를 봉건사학封建史學의 시초라 할 수 있다. 그리고 '삼황오제三皇五帝'의 설은 『위고문상서』에 의해 최종적으로 확정된 것이었다. 다음은 '왕제王制'의 측면이다. 유가가 고대에 가탁하여 제시한 일련의 제도들 역시 상술한 편들에 대부분 기록되어 있다. 이 때문에 고힐강은 1931년 연경대학燕京大學에 있을 때 『왕제고王制考』를 준비하면서 특별히 '상서 연구' 과목을 개설했던 것이다. 『상서』가 고대의 정치제도 분야와도 깊은 관련이 있음을 알 수 있다. 그 다음은 '도통道統'의 측면이다. 유가가 제창한 도통 역시 『상서』가 건립한 제계帝系의 수립으로부터 기원한 것이었다. 그들이 찬미해 마지않는 "요순우堯舜禹의 삼성三聖이 전수傳授한 심법"은 바로 위고문 「대우모」로부터 나온 것으로서 봉건윤리학의 성립에 결정적인 영향을 끼쳤다. 송대 리학을 일컫는 이른바 도학道學이라는 말도 삼성이 전수한 심법 중의 "인심유위人心惟危, 도심유미道心惟微" 구절을 이론의 핵심으로 삼았다고 해서 나온 이름이다. 마지막으로 '경학經學'의 측면이다. 『상서』는 오경五經 가운데 가장 지위가 높은 경전으로, 혼란스러웠던 2천여 년 동안의 금고문논쟁은 바로 『상서』와 『좌전左傳』 때문에 일어났다. 그리고 『위고문상서』는 또한 위서僞書의 전형으로, 역대의 제왕과 사대부들에 의해 윤리와 정치규범의 성경聖經으로 채택되어 천여 년의 봉건 역사에 지대한 영향을 끼쳤다. 따라서 고힐강은 이들 4가지 측면의 고대사를 효과적으로 총정리하기 위해서는 가장 먼저 그 보루를 격파하여 성경聖經

의 후광을 없애고 원사료原史料로서의 진면목을 회복시켜야 한다고 생각했다. 특히 그는 『상서』로 나아갈 것을 결심하여 평생 동안 끊임없이 전면적인 연구를 진행하였다.

2. 『상서』 연구의 어려움과 전인들의 성과

고힐강은 항상 말하기를, 『상서』는 최고最古의 문헌 사료로서 혼란했던 2천여 년 동안의 오랜 고문古文논쟁의 주요 문제가 되었을 뿐만 아니라 그 문제로부터 비롯된 각종의 다른 문제들을 포함하고 있기 때문에 이 책을 연구할 때에는 곳곳에 마치 에베레스트를 등반하는 것과 같은 곤란함과 번거로움이 있다고 하였다. 그래서 왕국유王國維 같은 조예 깊은 학자들이라 해도 『상서』를 "육예六藝 가운데 가장 이해하기 어렵다", "『서』에는 이해할 수 없는 것들이 거의 절반 이상이다"[155]라고 말했을 정도라는 것이다. 이처럼 『상서』의 연구에는 크고 많은 어려움이 따른다는 것이 이미 객관적인 사실이므로, 여기에서는 종합적으로 개괄할 수 있는 어려움과 문제들을 몇 가지로 구분해서 나열해 보겠다.

첫째, 문자의 난삽함으로 인해 해석에 이설異說이 많다.

둘째, 죽간竹簡은 훼손되기 쉬워서 여러 가지 착란錯亂이 생겨났다.

위의 두 내용은 『상서』의 원본原本과 관련된 문제로서 앞에서 설명한 바 있으므로 생략한다. 다음 내용들은 이보다 더 문제가 심각하다.

셋째, 대대로 위조가 끊이지 않았다. 그 위조의 역사는 다음과 같다. ① 전국시기의 『하서夏書』 위작(今文). ② 서한 초기의 『태서太誓』 위작(今文). ③ 서한 중기의 『백량편百兩篇』과 「상서서」(書序) 위작(古文). ④ 벽중서壁中書·중

---

155) 『觀堂集林』, 卷2, 1쪽.

비본中秘本·중고문中古文·하간헌왕본河間獻王本 등 한대의 각종 출처가 불분명한 고문들.156) 이들은 비록 당시에는 위작으로 여겨지지 않았지만 그 신뢰성과 관련하여 많은 논란들이 잇따랐다. ⑤ 진대晉代에 『공전孔傳』으로 표제된 위고문이 출현하여 『상서』의 정통이 되었고, 이것이 근대에까지 이어졌다. ⑥ 명대에 풍방豊坊의 『고서세학古書世學』이 나왔는데, 여기서는 은殷이 망할 때 기자箕子가 조선으로 가져간 판본과 진秦의 분서焚書 이전에 서복徐福이 일본으로 전한 판본이 있다고 주장하였다.

그런데 각종 위서僞書가 출현할 때에는 편장篇章의 위조에 그치지 않고 그 책이 오래된 것임을 나타내기 위해 고자체古字體를 위조해 내는 경우도 종종 있었다. 한대의 위고문은 과두문蝌蚪文을 위조한 것이었고, 진대晉代의 위고문은 예고정隷古定을 위조한 것이었다. 이후 당唐 천보天寶 연간에 들어 예고정체의 경서들을 당시의 글자(楷書)로 개사改寫하는 작업이 있었다. 이 과정에서 많은 글자들이 잘못 고쳐졌으니, 불행히도 오늘날 전해지는 각종 판본들은 대부분 잘못 고쳐진 위고문본이다.

넷째, 봉건시대의 사상통치는 『상서』에 겹겹의 모습들을 덧씌웠다. 가령, 금문가들은 한대의 신학神學인 '음양오행설陰陽五行說'로써 『상서』를 해석하여 신비로움을 더하였고, 고문가들은 "성도왕공聖道王功"의 설로써 『상서』를 해석하였으니 예를 들면 "계고稽古"를 "동천同天"으로 해석하는 것과 같은 것들이다. 송대 리학가들은 위고문에 기대어 "삼성三聖이 전수한 심법"을 고취시켰는데, 이는 『상서』를 중심으로 해서 군통君統·도통道統·학통學統을 결합한 것이었다.

단옥재는 위와 같은 역사적 정황들을 『상서』가 만난 '칠액七厄'으로 규정한 바 있는데, 고힐강은 그러한 액운이 실제로는 일곱 가지에 그친 것이 아니므로 과학적인 정리를 진행해서 우선적으로 이런 것들을 척결해

---

156) 이 중 『史記』「儒林傳」에 실린 孔氏家藏本과 東漢 杜林漆書本은 믿을 만하다.

야 한다고 지적하였다. 다행스럽게도 이와 관련하여 전인前人들이 일구어 놓은 성과가 이미 적지 않다.[157]

청학淸學과 전인前人의 성과를 계승한 고힐강은 청말에 도달한 학술의 바탕에다 현대학술의 수준을 더하였다. 그는 "서한으로 동한을 물리친다"(西漢之攘東漢)는 명제를 계승하면서 청말의 학자들이 예상했던 "전국시기의 제자학諸子學으로 서한을 물리친다"는 임무를 책임졌을 뿐만 아니라, 현대 과학의 방법으로 『상서』를 정리하는 임무도 도맡았다. 더 나아가 그는 "전국시기 이전의 자료로써 전국시기의 학學을 깨부순다", "성도왕공聖道王功의 공기空氣에서 진정한 고문적古文籍을 뽑아내는 것은 문적고정학文籍考訂學이라는 도구를 가지고 성도왕공聖道王功의 비밀창고로 뛰어드는 것이라고 할 수 있다"[158]라고 하였다. 그의 『고사변古史辨』은 바로 유가가 『상서』를 이용해 건립한 '요·순·우·탕·문·무·주공'의 군통君統과 도통道統에 의해 만들어진 것들에 대한 강력한 일격이었다. 그는 『고사변』 이후로도 지속적으로 『상서』에 대한 연구에 성의를 다하였다.

3. 상서학 연구를 새로운 수준으로 끌어올리다

고힐강의 『상서』 연구는 앞에서 말한 바와 같이 1922년부터 시작되었다. 이후 1923년에 금문 각 편에 대한 의견을 제시하였고, 1925년에는 「반경盤庚」과 「금등金縢」 두 편을 금역今譯하여 『고사변古史辨』 제1과 제2에 실었다. 1926년에는 하문廈門과 광주廣州의 대학에 재직하면서 『상서』와 『좌전』 과목을 개설하였으며, 1929년 연경대학燕京大學과 북경대학北京大學에서는

---

157) 제8장 및 제9장 1절 참조.
158) 『古史辨』 第1冊, 「自序」.

구식체계 고사정치古史政治 방면의 우상 타파와 경학 방면의 탐색을 위해 전문적인 『상서』 과목을 개설하였다. 특히 중산대학中山大學에서 펴낸 그의 『상서강의』는 한대에서 근대까지의 『상서』 연구자들의 설 62종을 수집한 것이며, 『상서학참고자료尙書學參考資料』 8권은 『상서』 연구를 위한 가장 기본적인 자료들을 모아 놓은 거작이다. 연경대학에서 펴낸 『상서연구강의尙書研究講義』는 갑·을·병·정·무의 5종으로 나뉘는데, 매 종은 다시 분책되어 자료 수집과 전문적인 주제 연구를 진행하고 있다. 또한 그는 『상서』 문자의 변천 과정을 추적하여 고정룡顧廷龍과 함께 『상서문자합편尙書文字合編』을 펴내었는데, 유리창琉璃廠 문해재각자포文楷齋刻字鋪에서 목판木版으로 판각하였다.159) 그리고 『상서』의 어떤 문장에서 어떤 글자를 찾을 수 있는지를 알려 주는 『상서통검尙書通檢』도 펴내었는데, 『상서』를 읽거나 연구할 때 편리함을 제공해 주는 도구이다. 그의 『상서학토론집尙書學討論集』 원고는 수많은 글자를 직접 손으로 베껴 쓴 것으로, 그가 행한 『상서』 연구의 전모를 파악할 수 있다. 이들 모두는 고힐강이 『상서』 연구에 바친 노력의 결과물이다.

고힐강은 자신이 청학淸學을 계승하였다고 여겼으며, 동시에 현대적 연구 방법의 영향도 수용하고 역사유물주의 과학이론도 받아들였다. 그리하여 그는 전인들의 학술적 성과에 기초하여 전인들과는 다른 성과를 이루어 낼 수 있었다. 그는 전인들이 이미 『상서』의 3가지 장애물 즉 위고문僞古文·한고문漢古文·도통道統의 허위성을 밝혀내었으므로 자신은 그로부터 더 나아가 이 3가지 장애물이 완전히 척결되도록 해야 한다고 생각했다. 위고문과 관련해서는 전인들이 이룩한 성과가 이미 성대하였으므로 계속해서 보충해 가기만 하면 되었는데, 다만 정리하는 측면에서 더 높은 수준으로 한층 더 충실하게 만들고 현대 학술의 요구에 부응해야

---

159) 당시에는 인쇄를 하지 못했고, 근래에 顧廷龍이 원고를 가다듬어 출판하였다.

만 했다. 한고문과 관련해서, 그는 청말 금문학자들의 설을 믿어 "신학위경新學僞經"이 옳다고 생각했지만[160] 당시 금문학자들이 대부분 한쪽으로 치우치고 논거가 소략하여 여전히 사람들을 굴복시키기에는 역부족이라고 보아서, 자기 자신이 계속해서 깊고 정밀한 작업을 해 나가야만 했다. 도통의 측면에서 보면, 비록 5·4운동 이래로 전통적인 도통관이 거의 치명적인 타격을 입었지만 해방 이전의 중국에서는 도통의 혼령이 완전히 소멸되지 않고 있었다. 다행히도 혁명의 승리로 인해 과학적인 혁명이론이 자연스럽게 봉건의 잔재들을 완전히 일소하였지만, 도통에 관한 학술적 내용들 즉 그것의 형성·작용·영향 그리고 도대체 그 정체가 무엇인가 하는 것 등을 확실하게 밝혀내는 데에는 여전히 많은 노력이 요구되고 있었다. 따라서 고힐강이 '고사사고古史四考'를 완성하는 데 있어 가장 중요하다고 생각했던 것은 바로 『상서』을 중심으로 한 전사全史 중에서도 도통의 작용에 관한 연구였다.

고힐강의 『상서』 연구는 위의 세 가지 항목에 국한된 것이 아니었다. 이 세 가지 항목은 오히려 전제에 불과한 것이었다. 그는 세 가지 장애물을 정리한 다음 금문 28편에 대한 분석으로 나아갔다. 비록 청초의 학자들이 위고문을 전복시키고 청말의 학자들이 다시 한고문을 부정하기는 했지만, 한금문漢今文 28편에 대해서는 그들 모두 믿어 의심치 않았다. 물론 과거에도 금문을 의심한 사람들이 없었던 것은 아니다. 일찍이 송대의 소식蘇軾은 『서전書傳』에서, 「강왕지고康王之誥」에 기록된 "최복衰服을 벗고 면복冕服을 입는 것" 즉 흉례凶禮에 길례吉禮의 복을 입는 것은 예에 어긋나며, 한대의 「고명顧命」은 신뢰하기 어렵다고 하였다. 또 정이程頤는 『서설書說』에서 「금등金縢」의 문장을 믿을 수 없다고 하였으며, 오역吳棫은 『서패전書稗傳』에서 「재재梓材」가 「낙고洛誥」의 탈문脫文이 아닐까 의심하였다. 조여담趙汝談의

---

160) 이는 여전히 연구해야 할 문제이다.

『남당서설南塘書說』에서는 "복생이 전한 여러 편들은 공격받을 만한 곳이 많다"라고 하면서, 그 중 「홍범洪範」은 기자가 지은 것이 아닐 것이라고 의심하였다. 그리고 홍매洪邁의 『용재삼필容齋三筆』에는 「요전」·「우공」·「홍범」·「여형」·「감서」·「반경」·「주고」·「비서費誓」 등의 편이 모두 의심스럽다고 한 조열지晁說之의 의견을 기록하고 있다. 마지막으로 이러한 설들을 계승하여 『시경』과 『상서』를 모두 의심하였던 왕백王柏은 그의 『서의書疑』에서 「순전」·「고요모」·「익직」·「홍범」·「다사」·「다방」·「입정」 등의 경문을 다 바꾸어 의변을 진행하였다. 명대에 들어서는 괄창括蒼의 왕렴王廉이 "「금등」은 성인의 서書가 아니다"라는 말을 한 적이 있다. 그러나 한학을 존숭하고 송학을 반대했던 청대의 한학자漢學者들은 금문을 의심한 송인宋人의 설을 일절 받아들이지 않았고, 오직 경학을 연구하지 않았던 원매袁枚만이 금문을 의심했을 뿐이다.[161] 후기 금문파인 강유위·양계초 등도 모두 금문을 존신하였다. 다만 양계초가 「요전」의 "만이활하蠻夷猾夏"·"금작속형金作贖刑" 등이 후대의 말임을 지적하면서 「요전」의 진실성을 회의했던 정도의 의문만이 있었다.[162] 그러다가 전현동에 이르러 금문의 위편僞篇들을 명확하게 단언하게 된다. 그는 「답고선생서答顧先生書」에서 "현재의 28편 중 역사적 가치가 있는 것은 몇 편 되지 않은 것 같습니다. 「요전」·「고요모」·「우공」·「감서」 등은 확실히 후기 주인周人들이 위조한 것입니다"[163]라고 하였다. 이에 고힐강 역시 금문 28편에 대한 의변을 진행하여 「요전」·「고요모」·「우공」 3편이 전국시기에 위조된 것임을 확언하고, 아울러 기타 각 편들도 끝없이 탐색하였다.

---

161) 袁枚는 經學과 관련된 전문 저서는 남기지 않았지만, 文集 속에 수록된 「金縢辨」에서 "「金縢」은 비록 今文이긴 하지만 이 역시 僞書이다"라고 하였으며, 또 「征苗疑」에서는 「舜典」·「禹貢」·「呂刑」의 征苗와 관련한 내용 역시 믿을 수 없다고 하였다.
162) 『中國歷史研究法』에 보인다.
163) 『古史辨』 1冊, 76쪽.

1923년 봄에 고힐강으로부터 비롯된 고대사논쟁이 전개된 이후, 그는 호적胡適에게 보낸 6월 1일자 서신에서 금문 28편에 대한 자신의 관점을 제시하였는데, 그는 금문 전편을 신뢰의 정도에 따라 3부분으로 나누고 있다. 서신에서는 다음과 같이 적고 있다.

선생께서는 저에게 『상서』의 쟁점을 다시 제기하여 『금문상서』의 신뢰할 수 없는 부분들을 지적하게 하셨는데, 이런 일들은 제가 바라던 바입니다. 얼마 전 저는 28편을 3조組로 나누어 보았습니다.
◇ 제1조(13편): 「반경」・「대고」・「강고」・「주고」・「재재」・「소고」・「낙고」・「다사」・「다방」・「여형」・「문후지명」・「비서」・「진서」
이 1조는 사상적으로나 문자적으로 모두 믿을 수 있는 진본입니다.
◇ 제2조(12편): 「감서」・「탕서」・「고종융일」・「서백감려」・「미자」・「목서」・「금등」・「무일」・「군석」・「입정」・「고명」・「홍범」
이 조는 한편으로는 문체가 평순平順하여 고문 같지가 않고, 다른 한편으로는 인치人治의 관념이 매우 중시되고 있어 당시의 사상이 아닌 것 같습니다. 이것들은 아마 후대의 위작僞作이거나 사관史官의 추기追記 혹은 진고문眞古文의 번역일 일 수도 있는데, 그 어느 것도 확정할 수 없습니다. 다만 동주東周 연간의 작품들인 것은 확실합니다.
◇ 제3조(3편): 「요전」・「고요모」・「우공」
이 조는 확실히 전국시기에서 진한시기 사이의 위작으로 당시의 제자학諸子學과 관련이 깊습니다. 당시에 『서』를 모방한 것들이 매우 많았는데, 이 3편이 그 가운데 가장 훌륭했습니다. 모방한 것들 가운데 허접스러운 것들[164]은 모두 실전失傳되었습니다.
그런데 이 표는 바로 발표할 수가 없습니다. 왜냐하면 저는 제3조만 사실에 입각하여 그것들이 위작임을 변석했을 뿐이고, 제1조와 제2조는 아직 확실히 구별할 수 없기 때문입니다. 저는 고문법을 연구해서 문법에 따른 그것들의 차이를 밝혀내고 싶습니다. 그것은 앞으로 해야 할 일이고, 지금 저는 제3조에 관해 「우공이 전국시기에 만들어졌음을 고정함」(禹貢作於戰國考)과 「요전・고요모의 위작 변석」(皐陶謨辨僞) 등 두 편의 논문을 쓰고자 합니다.[165]

---

164) 가령 『孟子』에서 인용한 "舜浚井" 구절과 같은 것들이 있다.

이러한 고힐강의 구분은 이미 학술계의 공인을 얻었고, 지금도 많은 학자들이 어떤 편들이 어느 시대에 써졌고 어느 시대에 정착되었는지를 열심히 탐구하고 있다. 고힐강은 「요전」·「고요모」·「우공」 3편에 대해서는 분명한 증거를 가지고 위서임을 확신했지만, 다른 편들에 대해서는 신중한 태도를 견지하였다. 이후에 나온 『삼황고三皇考』「자서自序」에서 그는 이에 대해 다음과 같이 말하고 있다.

『위고문상서』는 위진시대에 출현하였는데, 거기에 인용된 자료들은 대부분 존재하고 있는 것들이어서 사람들이 의심을 갖고 연구하기가 쉬웠다. 그로 인해 비록 경전의 권위를 지니게 되기도 했지만 마침내는 명청明淸의 학자들이 그것을 공격할 수 있었다. 그러나 28편은 춘추전국을 거치고 한초漢初에 정착된 이래로 연구할 수 있는 자료들이 극히 적어서, 비록 우리가 의심할 만한 곳이 있더라도 끝내 어떻게 해 볼 도리가 없다. 장래에 대량의 새로운 자료들이 출현한다면 28편의 문제를 해결할 수 있고 또 오제五帝의 문제도 해결할 수 있을 것이니, 그렇게 된다면 이는 사학계史學界의 큰 경사일 것이다.166)

고힐강은 실사구시實事求是의 태도와 과학구실科學求實의 정신으로 금문 28편을 다루었던 것이다. 그는 28편을 정리하고 연구하기 위해서는 수많은 작업들이 필요하다고 생각했다. 그는 이렇게 말하였다.

민국 20년(1931), 나는 연경대학燕京大學에서 '『상서』 연구' 과목을 강의하였다. 제1기 강의는 『상서』 각 편의 저작 시기였는데, 「요전」·「우공」 등의 편은 세상에 나온 시기가 매우 늦었기 때문에 충분히 역사지리 분야의 자료를 통해 그것들을 고정할 수 있었다. 그러나 『상서商書』 이하의 각 편들은 상대적으로 이른 시기에 편성되었기 때문에 정확한 시대를 고정하는 작업에는 많은 시간이 소요되었고, 또 어떤 한 방면으로만 고증하는 것이 불가능하였다. 그래서 나는 곧바로

---

165) 『古史辨』 1冊, 201쪽.
166) 『古史辨』 7冊, 49쪽.

상서학을 편집해 내기로 결정하였는데, 편집의 방법은 다음과 같다. 첫째, 각종 글자체의 본자本字를 집각集刻한 한 편編을 만들어, 문자의 변천 과정에서 잘못 전해진 문구가 얼마나 되는지를 확인한다. 둘째, 당唐 이전의 각종 서적들에 인용된 『상서』 구절을 집록輯錄하여 전본傳本과의 차이를 비교검토하고, 아울러 『일서逸書』의 본모습을 엿본다. 셋째, 『상서』를 연구한 역대 학자들의 글을 취합하고 정리하여 문제점들을 도출해 낸다. 넷째, 『상서』 용자조구用字造句의 문법을 연구하고 갑골문 및 금문金文과 비교하여 최종적으로 『상서』 전체에 대한 고정을 마무리한다.[167]

고힐강의 평생에 걸친 『상서』 연구는 바로 이러한 일련의 계획에 의거해서 진행된 것이었다. 이 계획에 따라 그는 『상서연구강의』와 『상서문자합편尚書文字合編』을 펴내고 『상서통검尚書通檢』을 주편하였으며, 상서학 자료를 집록하여 편집하고 『상서』의 편장들을 금역今譯하였다. 아울러 『상서』와 관련된 문제를 논한 논문들을 발표하고 또 관련 자료를 다루는 과정에서 수십 책에 달하는 필기筆記를 남기기도 했다.

고힐강은 금문 28편 가운데 특히 「요전」·「우공」 2편은 특수한 의의를 지닌다고 여겼다. 이 두 편은 전국시기의 유가들에 의해 만들어진 것이었기 때문이다. 그들은 「요전」으로 제왕의 계통과 고대 제도를 건립하였으며, 「우공」으로 지리와 공부貢賦 등을 종합적으로 서술하였다. 이 두 편은 당시 『상서』의 학문적 지위에 기대어 널리 선양됨으로써 마침내 상고 사료의 중심으로 자리매김하였는데, 특히 「요전」은 중국 고대사의 각 분야를 두루 언급하고 있다. 이 두 편이 『상서』 전체 내용의 중심이 되기 때문에 고힐강은 이 편들에 대한 고변考辨을 진행하기로 결심하게 되었다. 1923년 6월 호적에게 준 편지에서 그는 앞서 인용한 내용에 이어 「우공」과 「요전」·「고요모」에 대한 연구의 개요를 이렇게 설명하고 있다.[168]

---

167) 『尙書通檢』, 「序」.
168) 『古史辨』 1冊, 202~205쪽.

1) 「우공이 전국시기에 만들어졌음을 고정함」(禹貢作於戰國考): ① 고대 우禹 신화에는 치수治水만 있고 분주分州는 없다. ② 고대에는 종족種族 관념은 있었지만 일통一統 관념은 없었다. ③ 고대 '중국'은 지역이 넓지 않았다. ④ 전국칠웅의 강역 개척이 확대됨에 따라 통일統一 관념이 생기고…… 구주설九州說이 성립될 수 있었으며, 진시황 역시 통일을 이룰 수 있었다. ⑤ 추연鄒衍의 '대구주설大九州說'은 구주설에서 유래한 것이다. ⑥ 분야설分野說 역시 구주설에서 기인하였다. ⑦~⑩은 생략.169) ⑪ 「우공」이 진한시기의 서書가 아니라 전국시기의 서인 까닭.170)

2) 「요전·고요모의 위작 변석」(堯典皐陶謨辨僞): ① 요순설이 만들어지기 이전의 고대사. ② 춘추시기의 요순과 전국시기의 요순. ③ 같은 시기에 만들어진 「요전」과 「순전」. ④ 금본今本 「요전」·「고요모」의 출현.171) ⑤ 「요전」·「고요모」와 다른 서들과의 비교.172) ⑥ 「요전」·「고요모」 비평.173) ⑦ 「요전」·「고요모」를 진한시기의 서로 고정한 이유.174) ⑧ 「요전」·「고요모」 잡평雜評.175)

여기에 이어 고힐강은 「요전」과 「우공」의 문자들이 다소 뒤늦게 만들어졌다고 했는데, 왜냐하면 관련된 지역이 너무 많으면서도 많은 정성을 들여 만든 것이 아니었고 마음에 쉽게 와 닿지도 않았기 때문이다. 1931년에서 1933년 사이에 연경대학에서 펴낸 그의 「상서강의尙書講義」 5종은 모두 이 두 편에 대한 강의 내용을 담고 있다. 그 중 병丙·무戊 2종은 「요전」을 연구한 것이고, 갑甲·을乙·정丁 3종은 「우공」을 연구한 것이다. 「요전」 부분은 다음 5가지로 편성되어 있다. ① 「요전」 평론, ② 「요전」 저작 시기의 문제, ③ 요·순·우 선양의 문제, ④ 삭방朔方의 문제, ⑤ 우정구관虞廷九官의 문제. 덧붙여 「요전소증堯典疏證」이 또한 있다. 그리고 「우공」 부분은 다음의

---

169) 모두 九州의 州名을 논한 것들이다.
170) ① 禹는 獨立的이며 舜의 신하가 아니다. ② 각 州에 일정한 鎭山(主山)이 없다. ③ '南交'를 언급하지 않았다.
171) ① 秦制의 事實을 취함. ② 陰陽家의 思想을 취함. ③ 『立政』과 『呂刑』의 文才를 취함.
172) 7가지 問題로 分節하여 『論語』·『詩』·『呂刑』·『洪範』·『周書』·『楚辭』 등과 비교하였다.
173) 오랜 세월 동안 마구 뒤섞여 인용되었으며, 思想 발전의 과정에 위배됨.
174) 5가지 이유를 들고 있다.
175) 사실을 반영하고 있는 문구의 단어들 중 後代의 것이 7가지이다.

4가지로 편성되어 있다. ① 「우공」 연구 문헌의 휘집彙集 및 부기된 「13주州 문제 토론」과 「구족九族 문제 토론」, ② 『주례周禮』「직방씨職方氏」와 『주례정의 周禮正義』의 자료록, ③ 『왕회편전석王會篇箋釋』, ④ 『한서』「지리지」와 색인. 이상은 이 두 편에 대한 연구의 대강大綱을 설명하고 풍부한 자료를 제공해 주고 있다.

고힐강은 현재 우리는 「요전」·「고요모」·「우공」 등의 편을 만든 유가의 의도를 환히 볼 수 있다고 생각했다. 앞의 두 편은 유가의 정치이상을 역사화시킨 결정체로서, 자신들의 정치이상을 고대의 역사로 만들어 제시한 것이다. 이때 작자는 수많은 고대 자료를 최대한 이용하였다. 요·순·우·직稷·설契·고요皋陶·백이伯夷 등 각종 시기, 각종 민족의 서로 다른 고대전설 속 신화 인물이나 선조들을 하나의 왕조 속에 집중적으로 배치하여 서로 연관된 군신·형제·인척으로 구성하였고, 다시 그들의 위치를 종적으로 배치하여 순서대로 정권을 계승한 사람들로 만들었다. 유가는 또한 그들을 이상적인 성인聖人으로 간주하여, 수많은 아름다운 정치를 베풀었다고 설정하였다. 이것은 사람들로 하여금 아주 오랜 옛날 에 이미 황금시대가 존재했었다는 것을 믿게 함으로써 모두가 한마음으로 유가가 제시하는 길로 매진하게 만들려는 것이었다.

고힐강은 「상서강의」에서 현전본 「요전」이 한대에 만들어졌다는 설을 제기하였는데, 그 주된 이유는 본문의 십이주十二州·남교南交·삭방朔方 등의 지명과 교사郊祀·봉선封禪·거선량擧賢良, 제속형制贖刑·삼재고적三載 考績 등의 제도들이 모두 한대에 처음 나타났다는 데 있었다. 물론 이에 동조하지 않고 다른 의견을 제시한 사람들도 있었다. 가령 12주 문제의 경우, 곽말약은 십이궁十二宮에 의거하여 십이국토十二國土를 배합시킨 설일 수 있다는 점을 지적하였고, 그 외 다른 의견들도 제시되었다. 이에 고힐강은 『우공』(반월간) 1935년 9기에 「요전의 저작 시기 문제에 관한 토론」(堯典著作時代問題之討論)을 발표하여 자신의 설을 거듭 개진하였다.

지금 「요전」의 내용을 고찰해 보면 이 편이 다음과 같은 3가지 원류를 포괄하고 있음을 알 수 있다.

첫째는 원고遠古의 자료들이다. 유가는 자신들이 편집한 문건이 진정한 고문헌임을 주장하기 위해 당시 구할 수 있는 상고시대의 자료들을 모조리 수집하였다. 역법曆法의 초창기인 관상시대觀象時代의 원고 천문자료와 초기 역법자료[176], 사방신四方神과 사방풍四方風의 명칭, 자연에 대한 제사, 여러 지역이나 종족의 조상신 및 신화, 갑골문과 금문金文에서 볼 수 있는 흔적 등이 그러한 자료들인데, 이를 『산해경山海經』이나 『초사』 「천문天問」 같은 고대신화를 재구성한 자료들과 비교해 보면 「요전」이 이 방면의 신화고사神話故事들을 역사고사歷史故事로 바꾼 전형이라는 것을 확실하게 알 수 있다. 「요전」에는 신화 속의 사물들까지도 역사화·인물화되어 있으며, 또 전설의 형태로 전해져 온 원고씨족부락遠古氏族部落의 정치 정황, 부락회의部落會議의 모습, 제정祭政 지도자의 활동 등과 같은 것들도 반영되어 있다. 이러한 부분은 「요전」에 높은 사료적 가치를 부여하는 가장 중요한 측면이다.

둘째는 유가의 이상이나 사상에 관한 자료이다. 이것은 유전流傳되던 서로 다른 역사전설이 모아져 정리된 것들이다. 덕치德治 관념, 대학지도大學之道의 수修·제齊·치治·평平 같은 것들은 모두 유가의 것들로서 고대와는 무관하다. 또 우정虞廷의 각 관官들도 유가들이 시대 구분을 하지 않고 고인古人들을 마구잡이로 집어넣어 오랜 세월들이 한데 뒤섞여 있으니, 당시까지 전해지던 고대의 여러 시기 여러 종족들의 인명 자료들을 임의로 가지런하게 정리해 버린 것이다. 이는 마치 관우關羽(?~220)와 진경秦瓊(595~638)이 한자리에서 만나는 것과 같다.

---

176) 여기에는 純陰曆시기와 陰陽合曆시기의 두 가지 서로 다른 내력의 자료가 포함된다.

셋째는 한대의 그림자이다. 이는 한대 경생經生들이 「요전」을 재정리하면서 시대 관념이 없이 무지하게 진행해 버린 결과물이다. 하지만 그렇다고 해서 그 내용을 무조건 배척해서는 안 된다. 비록 고힐강이 거론한 그 많은 사례들의 대부분이 옳은 지적들이지만, 사마천의 『사기』를 보더라도 그 속에는 사마천 사후의 사건들이 적지 않게 기록되어 있다. 한 예로, 후대인 왕망 시기에 양웅揚雄이 사마상여司馬相如를 평가했던 말도 『사기』 속에 들어 있는 것이다. 따라서 한대에 이르러 「요전」 속에 진한秦漢의 사건들이 포함되었다고 해도 이상한 일은 아니다. 이것은 「요전」이 주대周代에 만들어졌다는 사실에 영향을 미치지 못한다. 마치 『사기』에 후대의 기록이 삽입되었다는 사실이 『사기』가 사마천의 손으로 써졌다는 사실에 영향을 미치지 못하는 것과 같다.

우리가 「요전」에 위의 내용들이 포함되어 있음을 알 수 있는 것은 고힐강의 예리한 관찰력에 힘입어 시야를 계발시킬 수 있었기 때문이다.

고힐강은 또한 「우공」은 통일 직전 즉 전국시대의 막바지에 지리학자에 의해 만들어진, 당시 칠국七國이 도달했던 강역을 천하로 파악한 뒤 그 자연지리를 근거로 구역을 획정한 종합적인 지리 기록이라고 여겼다. 통치를 희망하는 사람은 이 기록에 의거하여 각 주州의 토지를 효율적으로 이용하고 조정하였으니, 토지의 비옥 상태에 따라 전부田賦의 등급을 결정하였으며 각지의 특산물을 중앙에 공납하게 하였다. 이는 전국시기에 실질적이고 정치·지리적인 목적에 의해 만들어진 이상적인 토지계획이었다. 동아시아 지리는 2천여 년 전에 이미 이와 같이 과학적으로 관찰되고 인식되었던 것이다. 진실로 과학사의 걸작이라 할 만하다. 다만 유가는 이것을 대우大禹시대의 작품으로 만들어서, 홍수를 다스리고 구주九州를 확정한 우禹의 행적에 대한 기록으로 미화하였다. 그리하여 우를 요·순의 뒤를 이어 땅을 다스리고 하늘을 관찰한 성왕聖王으로 만들었으니, 이는 확실히 역사적 사실과는 부합하지 않는다. 그래서 고힐강은 정확한 「우공」 이해를 위해서는 역사지리적인 연구가 병행되어 야·한다고 여겼고, 이후 『우공』이라는 잡지를 발간하고 '우공학회禹貢學會' 를 건립하는 한편으로 수많은 시간과 정력을 쏟아서 전문적인 논문들을 발표하였다.

이상과 같은 과정을 거쳐 「요전」과 「우공」 그리고 「고요모」는 유가가 가공해 낸 후대의 편들이라는 사실이 논증될 수 있었다. 그런데 이것은 이들 편에 기초하여 건립된 유가의 고대사체계를 근본적으로 뒤흔들어 버리고 말았다.

1959년에 이르러 고힐강은 『상서』의 본문을 정리하는 데 역량을 집중하기로 결정하고, 우선 가장 어려운 것부터 착수하기로 한다. 그 첫 번째 대상이 된 편은 주고周誥 8편 중의 「대고」편이었다. 이 편은 가장 읽기 어려운 편이기도 하지만 동시에 주대 역사 가운데 가장 중요한 편이기도 해서, 이 부분을 정리하여 『대고역증大誥譯證』을 펴내기로 마음먹었던 것이다. 그는 1962년에 초고를 완성하였는데 그 분량이 너무 방대하였기 때문에 우선 그 요점을 정리하여 『역사연구』 1962년 4기에 「상서 대고편 금역今譯 발췌」(尙書大誥摘要)를 발표한다. 이 논문은 교감校勘·해석解釋·장구章句·금역 今譯·고증考證의 5개 부분으로 나뉘어 세밀하고 심도 있게 진행된 연구였다. 이것은 『상서』의 편장에 대한 교석정리校釋整理의 시작인 동시에 그 자신의 『상서』 정리 연구의 표본이었다. 학술계에서는 이 새로운 논문을 매우 중시하여 다양한 방법으로 지지하거나 토론하는 내용의 의견을 표시하였다. 그 가운데 대표적인 것으로는 이평심李平心의 글이 있다. 고힐강의 논문을 열렬히 추숭했던 그는 고힐강의 『상서』 연구와 정리에 다음과 같은 몇 가지 특징이 있다는 점을 들었다. 첫째, 교감·고증·훈해· 장구, 번역을 유기적으로 종합하여 일관된 연구 체계를 완성하였다.

둘째, 광범위하게 수집된 자료에 의거하여 교석을 진행하였고, 각 분야의 정수를 흡수하여 상서학의 내용을 풍부하게 하였다. 셋째, 경학사의 편견을 타파하고 좋은 부분만을 선택하여 더욱 발전시켰으며, 어느 한 방향으로 치우치지 않았다. 넷째, 각종 문제에 대한 전문적인 탐구를 『상서』의 일반 연구와 결합시켜 전문 지식과 특수 자료로써 교석을 진행하였다. 다섯째, 역사적 측면에서 고찰을 진행하여 『상서』 각 편의 역사적 배경과 맥락을 전면적·구체적으로 밝혀내었다.[177)]

고힐강의 『대고역증大誥譯證』 작업은 1962년 이후 계속해서 심화·확충되어 갔다. 그는 '교감校勘'에서 '금역今譯'까지의 4부분을 상편上編으로 삼고 '고증考證' 부분을 하편下編으로 삼았는데, 특히 하편에서는 「대고」편을 탄생시킨 중요한 공문서의 역사적 배경, 즉 주공이 동쪽으로 관管·채蔡·무경武庚을 정벌한 사건에 대해 세밀하게 고증考證하고 아울러 주초의 민족대이동의 중요한 사실史實도 정리하였다. 고힐강의 연구는 완전한 자료를 폭넓게 운용하는 것을 장점으로 했는데, 자료가 축적됨에 따라 역사적 사실 또한 더욱 명백하게 분석될 수 있었다. 그리고 「대고」 본문에 대한 해석과 고증도 주초의 역사에 대한 연구가 발전됨에 따라 더욱 방대해져서, 최후에 작성된 원고의 분량은 60만 자 정도에 달했다. 그 중 상편이 20여 만 자이고 하편은 40만 자에 가까웠다. 1962년에 하편의 초고가 만들어진 이래 1963년 이후로 매년 증정增訂과 개정改定이 거듭되어 1965년에 개정 제4고가 탈고되었으며, 1966년에 마지막으로 원고를 완성한 뒤 문화대혁명이 일어나자 절필하였다. 다만 이 시기에 하편의 한 부분을 독립시켜 펴낸 『주공의 동정에 관한 역사적 사실 고증』(周公東征史事考證)을 선보이기도 했는데, 이는 74세의 고령으로 행한 작업으로서 사적史籍에 관한 연구로부터 사사史事에 대한 고정考訂으로 전향한 것이었다. 그가

177) 「從尙書硏究論到大誥校譯」, 『歷史硏究』 1962年 5期.

이런 번거로운 작업을 수행하게 된 까닭은 바로 『상서』 연구로 인해 파급된 문제들을 정리해야 할 필요가 있었기 때문이다.

1982년 7월 19일 『광명일보光明日報』에 양관楊寬(1914~2005)은 「고힐강 선생과 고사변」(顧頡剛先生和古史辨)이라는 글을 발표하였는데, 여기에 다음과 같은 내용이 있다.

> 해방 이후 고힐강 선생은 오랫동안 『금문상서』 각 편의 교석 연구에 힘을 쏟았으니, 청대 이후로 학자들이 수많은 교석을 행했음에도 불구하고 여전히 많고 복잡한 문제들이 남아 있어 학자들이 파악하기가 매우 어려웠기 때문이다. 지금 선생의 이러한 방법은 왕국유의 "정본定本을 만들어 사람들로 하여금 상商·주周시대 사람들의 말을 듣는 것이 마치 오늘날의 사람들이 서로 말하는 것과 같게 한다면 고서古書를 읽는 데 어려움이 없을 것이다"[178]라는 말을 진정으로 체현한 것이다. 이는 실로 고대사 분야의 중요한 성과이다. 비단 학자들이 『상서』을 운용하여 상주사商周史를 건설하는 데 편리할 뿐만 아니라, 『주서周書』와 서주대 금문金文을 비교연구하는 데에도 유용할 것이다.

이 말은 고힐강의 『상서』 연구가 기존 연구에 비해 매우 조예가 깊고 성과 또한 많았으며, 고대사 분야에 대한 연구에도 중대한 역할을 하였음을 설명하고 있다. 「대고大誥」 한 편에 대한 정리 연구가 『상서』 연구의 표본을 수립한 사실만 보더라도 상서학이 앞으로 계속 발전해 갈 여지가 있음을 알 수 있다. 이러한 의미에서 필자는 마지막으로 고힐강이 행한 최고 수준의 연구 성과를 보여 줌으로써 상서학에 있어서 과학적 연구가 가지는 중대한 의의를 다시 한 번 상기시키고자 했다.

---

178) 『尙書覈詁』, 「序」에 보인다.

찾아보기

인명

서명

지은이 유기우劉起釪(1917~2012)

1917년 湖南省 益陽市 安化縣에서 태어났고, 1947년 中央大學(지금의 南京大學) 歷史系를 졸업하였다. 中國社會科學院 歷史研究所 研究生院 교수, 續修四庫全書 學術顧問, 中國殷商文化學會 이사, 中國社會科學院 榮譽學部委員 등을 역임하였다. 上古史와『尙書』를 전공하여 고대사의 각 영역에 걸쳐 수많은 연구성과를 남긴, 古史辨派의 대가이다. 주요 저술로는『尙書源流及傳本考』, 『尙書學史』, 『古史續辨』, 『日本的尙書學與其文獻』, 『尙書校釋譯論』, 『尙書硏究要論』 등이 있다.

옮긴이 이은호李殷鎬

성균관대학교 유학과를 졸업하고 동 대학교 대학원에서 석사 및 박사 학위를 받았다. 성균관대학교 유교문화연구소 전임연구원, 中國 山東師範大學 外教 등을 역임하였으며, 현재 성균관대학교 초빙교수로 있다. 주요 저술로『상서 깊이 읽기』(역서), 『원문독파 사서삼경 – 서경』(편역) 등이 있고, 주요 논문으로 「조선전기 서경 해석 연구」(박사학위논문), 「묵자의 書 인용에 관한 연구」, 「맹자의 書 인용에 관한 연구」, 「순자의 書 인용에 관한 연구」, 「규장각소장 중국본 書類와 그 가치」 등이 있다.

◀ 예문서원의 책들 ▶

원전총서

박세당의 노자 (新註道德經) 박세당 지음, 김학목 옮김, 312쪽, 13,000원
율곡 이이의 노자 (醇言) 이이 지음, 김학목 옮김, 152쪽, 8,000원
홍석주의 노자 (訂老) 홍석주 지음, 김학목 옮김, 320쪽, 14,000원
북계자의 (北溪字義) 陳淳 지음, 김충열 감수, 김영민 옮김, 295쪽, 12,000원
주자가례 (朱子家禮) 朱熹 지음, 임민혁 옮김, 496쪽, 20,000원
서경잡기 (西京雜記) 劉歆 지음, 葛洪 엮음, 김장환 옮김, 416쪽, 18,000원
열선전 (列仙傳) 劉向 지음, 김장환 옮김, 392쪽, 15,000원
열녀전 (列女傳) 劉向 지음, 이숙인 옮김, 447쪽, 16,000원
선가귀감 (禪家龜鑑) 청허휴정 지음, 박재양·배규범 옮김, 584쪽, 23,000원
공자성적도 (孔子聖蹟圖) 김기주·황지원·이기훈 역주, 254쪽, 10,000원
천지서상지 (天地瑞祥志) 김용천·최현화 역주, 384쪽, 20,000원
참동고 (參同攷) 徐命庸 지음, 이봉호 역주, 384쪽, 23,000원
박세당의 장자, 남화경주해산보 내편 (南華經註解刪補 內篇) 박세당 지음, 전현미 역주, 560쪽, 39,000원
초원담노 (椒園談老) 이충익 지음, 김윤경 옮김, 248쪽, 20,000원
여암 신경준의 장자 (文章準則 莊子選) 申景濬 지음, 김남형 역주, 232쪽, 20,000원

퇴계원전총서

고경중마방古鏡重磨方 — 퇴계 선생의 마음공부 이황 편저, 박상주 역해, 204쪽, 12,000원
활인심방活人心方 — 퇴계 선생의 마음으로 하는 몸공부 이황 편저, 이윤희 역해, 308쪽, 16,000원
이자수어李子粹語 퇴계 이황 지음, 성호 이익·순암 안정복 엮음, 이광호 옮김, 512쪽, 30,000원

연구총서

논쟁으로 보는 중국철학 중국철학연구회 지음, 352쪽, 8,000원
논쟁으로 보는 한국철학 한국철학사상연구회 지음, 326쪽, 10,000원
중국철학과 인식의 문제 (中國古代哲學問題發展史) 方立天 지음, 이기훈 옮김, 208쪽, 6,000원
중국철학과 인성의 문제 (中國古代哲學問題發展史) 方立天 지음, 박경환 옮김, 191쪽, 6,800원
역사 속의 중국철학 중국철학회 지음, 448쪽, 15,000원
공자의 철학 (孔孟荀哲學) 蔡仁厚 지음, 천병돈 옮김, 240쪽, 8,500원
맹자의 철학 (孔孟荀哲學) 蔡仁厚 지음, 천병돈 옮김, 224쪽, 8,000원
순자의 철학 (孔孟荀哲學) 蔡仁厚 지음, 천병돈 옮김, 272쪽, 10,000원
유학은 어떻게 현실과 만났는가 — 선진 유학과 한대 경학 박원재 지음, 218쪽, 7,500원
역사 속에 살아있는 중국 사상 (中國歷史に生きる思想) 시게자와 도시로 지음, 이혜경 옮김, 272쪽, 10,000원
덕치, 인치, 법치 — 노자, 공자, 한비자의 정치 사상 신동준 지음, 488쪽, 20,000원
리의 철학 (中國哲學範疇精髓叢書 — 理) 張立文 주편, 안유경 옮김, 524쪽, 25,000원
기의 철학 (中國哲學範疇精髓叢書 — 氣) 張立文 주편, 김교빈 외 옮김, 572쪽, 27,000원
동양 천문사상, 하늘의 역사 김일권 지음, 480쪽, 24,000원
동양 천문사상, 인간의 역사 김일권 지음, 544쪽, 27,000원
공부론 임수무 외 지음, 544쪽, 27,000원
유학사상과 생태학 (Confucianism and Ecology) Mary Evelyn Tucker·John Berthrong 엮음, 오정선 옮김, 448쪽, 27,000원
공자曰, 공자는 이렇게 말했다 안재호 지음, 232쪽, 12,000원
중국중세철학사 (Geschichte der Mittelalterischen Chinesischen Philosophie) Alfred Forke 지음, 최해숙 옮김, 568쪽, 40,000원
북송 초기의 삼교회통론 김경수 지음, 352쪽, 26,000원
죽간·목간·백서, 중국 고대 간백자료의 세계 1 이승률 지음, 576쪽, 40,000원
중국근대철학사(Geschichte der Neueren Chinesischen Philosophie) Alfred Forke 지음, 최해숙 옮김, 936쪽, 65,000원
리학 심학 논쟁, 연원과 전개 그리고 득실을 논하다 황갑연 지음, 416쪽, 32,000원
진래 교수의 유학과 현대사회 陳來 지음, 강진석 옮김, 440쪽, 35,000원

강의총서

김충열 교수의 노자강의 김충열 지음, 434쪽, 20,000원
김충열 교수의 중용대학강의 김충열 지음, 448쪽, 23,000원
모종삼 교수의 중국철학강의 牟宗三 지음, 김병채 외 옮김, 320쪽, 19,000원
송석구 교수의 율곡철학 강의 송석구 지음, 312쪽, 29,000원
송석구 교수의 불교와 유교 강의 송석구 지음, 440쪽, 39,000원

역학총서

주역철학사 (周易硏究史) 廖名春·康學偉·梁韋弦 지음, 심경호 옮김, 944쪽, 45,000원
송재국 교수의 주역 풀이 송재국 지음, 380쪽, 10,000원
송재국 교수의 역학담론 — 하늘의 빛 正易, 땅의 소리 周易 송재국 지음, 536쪽, 32,000원
소강절의 선천역학 高懷民 지음, 곽신환 옮김, 368쪽, 23,000원
다산 정약용의 『주역사전』, 기호학으로 읽다 방인 지음, 704쪽, 50,000원

한국철학총서

조선 유학의 학파들 한국사상사연구회 편저, 688쪽, 24,000원
퇴계의 생애와 학문 이상은 지음, 248쪽, 7,800원
조선유학의 개념들 한국사상사연구회 지음, 648쪽, 26,000원
유교개혁사상과 이병헌 금장태 지음, 336쪽, 17,000원
남명학파와 영남우도의 사림 박병련 외 지음, 464쪽, 23,000원
쉽게 읽는 퇴계의 성학십도 최재목 지음, 152쪽, 7,000원
홍대용의 실학과 18세기 북학사상 김문용 지음, 288쪽, 12,000원
남명 조식의 학문과 선비정신 김충열 지음, 512쪽, 26,000원
명재 윤증의 학문연원과 가학 충남대학교 유학연구소 편, 320쪽, 17,000원
조선유학의 주역사상 금장태 지음, 320쪽, 16,000원
한국유학의 악론 금장태 지음, 240쪽, 13,000원
심경부주와 조선유학 홍원식 외 지음, 328쪽, 20,000원
퇴계가 우리에게 이윤희 지음, 368쪽, 18,000원
조선의 유학자들, 켄타우로스를 상상하며 理와 氣를 논하다 이향준 지음, 400쪽, 25,000원
퇴계 이황의 철학 윤사순 지음, 320쪽, 24,000원
조선유학과 소강절 철학 곽신환 지음, 416쪽, 32,000원
되짚어 본 한국사상사 최영성 지음, 632쪽, 47,000원
한국 성리학 속의 심학 김세정 지음, 400쪽, 32,000원

성리총서

송명성리학 (宋明理學) 陳來 지음, 안재호 옮김, 590쪽, 17,000원
주희의 철학 (朱熹哲學硏究) 陳來 지음, 이종란 외 옮김, 544쪽, 22,000원
양명 철학 (有無之境─王陽明哲學的精神) 陳來 지음, 전병욱 옮김, 752쪽, 30,000원
정명도의 철학 (程明道思想硏究) 張德麟 지음, 박상리·이경남·정성희 옮김, 272쪽, 15,000원
송명유학사상사 (宋明時代儒學思想の硏究) 구스모토 마사쓰구(楠本正繼) 지음, 김병화·이혜경 옮김, 602쪽, 30,000원
북송도학사 (道學の形成) 쓰치다 겐지로(土田健次郎) 지음, 성현창 옮김, 640쪽, 3,2000원
성리학의 개념들 (理學範疇系統) 蒙培元 지음, 홍원식·황지원·이기훈·이상호 옮김, 880쪽, 45,000원
역사 속의 성리학 (Neo-Confucianism in History) Peter K. Bol 지음, 김영민 옮김, 488쪽, 28,000원
주자어류선집 (朱子語類抄) 미우라 구니오(三浦國雄) 지음, 이승연 옮김, 504쪽, 30,000원

불교(카르마)총서

학파로 보는 인도 사상 S. C. Chatterjee·D. M. Datta 지음, 김형준 옮김, 424쪽, 13,000원
유식무경, 유식 불교에서의 인식과 존재 한자경 지음, 208쪽, 7,000원
박성배 교수의 불교철학강의: 깨침과 깨달음 박성배 지음, 윤원철 옮김, 313쪽, 9,800원
불교 철학의 전개, 인도에서 한국까지 한자경 지음, 252쪽, 9,000원
인물로 보는 한국의 불교사상 한국불교원전연구회 지음, 388쪽, 20,000원
은정희 교수의 대승기신론 강의 은정희 지음, 184쪽, 10,000원
비구니와 한국 문학 이향순 지음, 320쪽, 16,000원
불교철학과 현대윤리의 만남 한자경 지음, 304쪽, 18,000원
유식삼심송과 유식불교 김명우 지음, 280쪽, 17,000원
유식불교, 『유식이십론』을 읽다 효도 가즈오 지음, 김명우·이상우 옮김, 288쪽, 18,000원
불교인식론 S. R. Bhatt & Anu Mehrotra 지음, 권서용·원철·유리 옮김, 288쪽, 22,000원
불교에서의 죽음 이후, 중음세계와 육도윤회 허암 지음, 232쪽, 17,000원

한의학총서

한의학, 보약을 말하다 — 이론과 활용의 비밀 김광중·하근호 지음, 280쪽, 15,000원

동양문화산책

주역산책 (易學漫步) 朱伯崑 외 지음, 김학권 옮김, 260쪽, 7,800원
동양을 위하여, 동양을 넘어서 홍원식 외 지음, 264쪽, 8,000원
서원, 한국사상의 숨결을 찾아서 안동대학교 안동문화연구소 지음, 344쪽, 10,000원
안동 풍수 기행, 와혈의 땅과 인물 이완규 지음, 256쪽, 7,500원
안동 풍수 기행, 돌혈의 땅과 인물 이완규 지음, 328쪽, 9,500원
영양 주실마을 안동대학교 안동문화연구소 지음, 332쪽, 9,800원
예천 금당실·맛질 마을 — 정감록이 꼽은 길지 안동대학교 안동문화연구소 지음, 284쪽, 10,000원
터를 안고 仁을 펴다 — 퇴계가 굽어보는 하계마을 안동대학교 안동문화연구소 지음, 360쪽, 13,000원
안동 가일 마을 — 풍산들가에 의연히 서다 안동대학교 안동문화연구소 지음, 344쪽, 13,000원
중국 속에 일떠서는 한민족 — 한겨레신문 차한필 기자의 중국 동포사회 리포트 차한필 지음, 336쪽, 15,000원
신간도견문록 박진관 글·사진, 504쪽, 20,000원
선양과 세습 사라 알란 지음, 오만종 옮김, 318쪽, 17,000원
문경 산북의 마을들 — 서중리, 대상리, 대하리, 김룡리 안동대학교 안동문화연구소 지음, 376쪽, 18,000원
안동 원촌마을 — 선비들의 이상향 안동대학교 안동문화연구소 지음, 288쪽, 16,000원
안동 부포마을 — 물 위로 되살려 낸 천년의 영화 안동대학교 안동문화연구소 지음, 440쪽, 23,000원
독립운동의 큰 울림, 안동 전통마을 김희곤 지음, 384쪽, 26,000원

일본사상총서

도쿠가와 시대의 철학사상 (德川思想小史) 미나모토 료엔 지음, 박규태·이용수 옮김, 260쪽, 8,500원
일본인은 왜 종교가 없다고 말하는가 (日本人はなぜ 無宗敎のか) 아마 도시마로 지음, 정형 옮김, 208쪽, 6,500원
일본사상이야기 40 (日本がわかる思想入門) 나가오 다케시 지음, 박규태 옮김, 312쪽, 9,500원
일본도덕사상사 (日本道德思想史) 이에나가 사부로 지음, 세키네 히데유키·윤종갑 옮김, 328쪽, 13,000원
천황의 나라 일본 — 일본의 역사와 천황제 (天皇制と民衆) 고토 야스시 지음, 이남희 옮김, 312쪽, 13,000원
주자학과 근세일본사회 (近世日本社會と宋學) 와타나베 히로시 지음, 박홍규 옮김, 304쪽, 16,000원

노장총서

不二 사상으로 읽는 노자 — 서양철학자의 노자 읽기 이찬훈 지음, 304쪽, 12,000원
김항배 교수의 노자철학 이해 김항배 지음, 280쪽, 15,000원
서양, 도교를 만나다 J. J. Clarke 지음, 조현숙 옮김, 472쪽, 36,000원
중국 도교사 — 신선을 꿈꾼 사람들의 이야기 牢鍾鑒 지음, 이봉호 옮김, 352쪽, 28,000원

남명학연구총서

남명사상의 재조명 남명학연구원 엮음, 384쪽, 22,000원
남명학파 연구의 신지평 남명학연구원 엮음, 448쪽, 26,000원
덕계 오건과 수우당 최영경 남명학연구원 엮음, 400쪽, 24,000원
내암 정인홍 남명학연구원 엮음, 448쪽, 27,000원
한강 정구 남명학연구원 엮음, 560쪽, 32,000원
동강 김우옹 남명학연구원 엮음, 360쪽, 26,000원
망우당 곽재우 남명학연구원 엮음, 440쪽, 33,000원
부사 성여신 남명학연구원 엮음, 352쪽, 28,000원

예문동양사상연구원총서

한국의 사상가 10人—원효 예문동양사상연구원/고영섭 편저, 572쪽, 23,000원
한국의 사상가 10人—의천 예문동양사상연구원/이병욱 편저, 464쪽, 20,000원
한국의 사상가 10人—지눌 예문동양사상연구원/이덕진 편저, 644쪽, 26,000원
한국의 사상가 10人—퇴계 이황 예문동양사상연구원/윤사순 편저, 464쪽, 20,000원
한국의 사상가 10人—남명 조식 예문동양사상연구원/오이환 편저, 576쪽, 23,000원
한국의 사상가 10人—율곡 이이 예문동양사상연구원/황의동 편저, 600쪽, 25,000원
한국의 사상가 10人—하곡 정제두 예문동양사상연구원/김교빈 편저, 432쪽, 22,000원
한국의 사상가 10人—다산 정약용 예문동양사상연구원/박홍식 편저, 572쪽, 29,000원
한국의 사상가 10人—혜강 최한기 예문동양사상연구원/김용헌 편저, 520쪽, 26,000원
한국의 사상가 10人—수운 최제우 예문동양사상연구원/오문환 편저, 464쪽, 23,000원

인물사상총서

한주 이진상의 생애와 사상 홍원식 지음, 288쪽, 15,000원
범부 김정설의 국민윤리론 우기정 지음, 280쪽, 20,000원